Die Katholisch-apostolischen Gemeinden in Deutschland und der „Fall Geyer"

von

Johannes Albrecht Schröter

Mit einem Vorwort von Prof. Dr. Helmut Obst

Dritte, leicht verbesserte Auflage

Tectum Verlag
Marburg 2004

Schröter, Johannes Albrecht:
Die Katholisch-apostolischen Gemeinden in Deutschland und der "Fall Geyer".
Dritte, leicht verbesserte Auflage.
/ von Johannes Albrecht Schröter
- Marburg : Tectum Verlag, 2004
ISBN 978-3-8288-8724-4

© Tectum Verlag

Tectum Verlag
Marburg 2004

Vorwort

Mit dieser Arbeit wird zum ersten Mal eine umfassende Geschichte der Katholisch-apostolischen Gemeinden in Deutschland unter ausführlicher Berücksichtigung der englischen Entstehungsgeschichte vorgelegt. Sie wurde von der Theologischen Fakultät der Martin-Luther-Universität Halle-Wittenberg als Dissertation mit dem Prädikat "summa cum laude" angenommen.
Die Arbeit ruht auf einer vorzüglichen Quellenbasis und nimmt den Forschungsstand umfassend zur Kenntnis. In jahrelangen Recherchen und durch den Aufbau zahlreicher persönlicher Verbindungen hat der Verfasser in Deutschland, England und den Niederlanden ein außerordentlich umfangreiches, teilweise ohne Übertreibung als sensationell zu bezeichnendes, bisher unzugängliches oder unbekanntes gedrucktes und handschriftliches Quellenmaterial erschlossen. Das in zahlreichen staatlichen, kirchlichen und privaten Archiven ausgewertete Aktenmaterial konnte das bisher von der Forschung gezeichnete Bild erheblich bereichern, partiell korrigieren und regionalgeschichtlich vielfach erstmalig überhaupt entfalten. Auf die weit über die Kirchen- und Theologiegeschichte hinausreichende interdisziplinäre Bedeutung der Arbeit sei ausdrücklich hingewiesen.
Die Besonderheit der Quellenlage beruht auf der Tatsache, dass wichtige Quellen nicht allgemein zugänglich sind. Einige davon sind durch heftige Auseinandersetzungen um die Legitimität neuer apostolischer Gruppen, insbesondere der Neuapostolischen Kirche, heftig umstritten und wurden teilweise unterdrückt, verändert oder selektiert. Dies bewog den Verfasser, ausführlich zu zitieren und wichtige Dokumente geschlossen zu veröffentlichen. Um der Materialfülle Rechnung zu tragen, entschied sich der Verfasser andererseits für eine oft lexikalische Darstellung. Die Anmerkungen erhalten deshalb ein besonderes Gewicht und sind von beträchtlichem Umfang. Sie bilden durch ihren außerordentlichen Faktenreichtum und bedeutsame Exkurse eine Fundgrube für die Forschung.
Der Arbeit kommt zweifellos auf lange Zeit der Rang eines Standardwerkes zu, nicht nur für die Geschichte der Katholisch-apostolischen Gemeinden, sondern auch für die Frühgeschichte der heute weltweit verbreiteten Neuapostolischen Kirche und anderer apostolischer Gemeinschaften.

Halle (Saale), den 24.7.1997   Prof. Dr. Helmut Obst
Institut für Systematisch-ökumenische Theologie
an der Theologischen Fakultät
der Martin-Luther-Universität Halle-Wittenberg

Vorwort zur 2. Auflage

Eine überraschend große Nachfrage hat dazu geführt, dass die 1. Auflage meines Buches bereits nach 3 Monaten vergriffen ist. So habe ich heute die Freude, das Vorwort für eine 2. Auflage schreiben zu dürfen. Diese Auflage ist durchgesehen und durch Korrektur einiger Druckfehler gegenüber der 1. Auflage geringfügig verbessert worden. Inhaltlich gab es keine Änderungen.
Die vorliegende Untersuchung lädt zum Gespräch ein: innerhalb der Katholisch-apostolischen Gemeinden über die Geschichte und den "Geist der ersten Zeit", innerhalb der Neuapostolischen Kirche vor allem über das oekumenische Anliegen der ersten Apostel der Neuzeit und über das Wesen und die Bedeutung charismatischer Ämter, in anderen apostolischen Gemeinschaften schließlich über die Frage, ob und inwieweit das "Modell" der katholisch-apostolischen Gemeinden kopiert werden kann bzw. darf. Nicht zuletzt möchte auch ich gern an diesem Gespräch teilnehmen und bin z.B. für Einladungen in Kreise von Interessierten offen. Außerdem wäre ich für Hinweise auf mögliche Fehler oder Unrichtigkeiten in meinem Buch dankbar.
Auch wenn die vorliegende Untersuchung eine wissenschaftliche ist, so wird das Buch doch getragen von dem Glauben, dass Gott heilsgeschichtlich handelt und korrigiert, beauftragt und zur Besinnung auf Christus mahnt, Geistliches von Menschlichem scheidet. Es wird insbesondere getragen von der Sehnsucht, die der Geist Christi in das Herz seiner Jünger legt: "...dass sie alle eins seien".
Gottes Segen möge die vorliegende Arbeit begleiten. (14.1.1998)

Vorwort zur 3. Auflage

Die ungebrochene Nachfrage macht eine neue Auflage erforderlich. Diese ist durch Präzisierung von Daten, Ergänzungen und einer Aktualisierung gegenüber der 2. Auflage leicht verbessert. Inzwischen liegt mit meinem 2001 erschienenen deutsch-englischen Buch "Bilder zur Geschichte der Katholisch-apostolischen Gemeinden" (ISBN 3-931743-43-X) eine fast 500 Bilder umfassende Illustration der hier beschriebenen Thematik vor.
Erfreulich ist die zunehmende Gesprächsnachfrage von Christen apostolisch geprägter Gemeinschaften. Sie zeigt, dass das Vermächtnis der Albury-Apostel als bleibende geistliche Orientierung von oekumenischer Dimension an Bedeutung gewinnt.
Der lebendige Christus selbst ist es, der als Weinstock den Reben Saft gibt (Joh.15,1-8) und uns vor einem "Schwimmen im eigenen Saft" bewahren will.

Jena, am 1. Juni 2004   Dr. Johannes Albrecht Schröter
                              Marderweg 49, D-07749 Jena, Tel./Fax 03641/828938

Inhaltsverzeichnis

	Seite
Vorwort	3
Einleitung	7

1. Zur politischen, sozialen und kirchlich-theologischen Situation Deutschlands (insbesondere Preußens) im zweiten Drittel des 19. Jahrhunderts) ... 19

2. Anfänge der katholisch-apostolischen Bewegung in Deutschland bis 1848 ... 23

3. Die Entwicklung der katholisch-apostolischen Gemeinde in der preußischen Hauptstadt Berlin bis 1863 (mit Ausblick bis zur Gegenwart) ... 34

4. Die Ausbreitung der Katholisch-apostolischen Gemeinden in den preußischen Provinzen bis 1863 (unter Berücksichtigung staatlicher und kirchlicher Reaktionen) ... 73

4.1.	Provinz Brandenburg	75
4.2.	Provinz Pommern	88
4.3.	Provinz Schlesien	110
4.4.	Provinz Sachsen	122
4.5.	Provinz Preußen	140
4.6.	Provinz Posen	174
	Abschließende Bemerkungen	177

5. Die weitere Entwicklung der Katholisch-apostolischen Gemeinden in Deutschland bis zur Gegenwart (Überblick) ... 182

6.	Heinrich Geyer und die Allgemeine christliche apostolische Mission	203
7.	Zusammenfassung	256

Unveröffentlichte bzw. schwer zugängliche Quellen und Dokumente   269

Quellen- und Literaturverzeichnis   337

Abkürzungen   367

Anmerkungen   371

Themenregister zu den Anmerkungen   587

Einleitung

> *Groß sind die Werke des HERRN; wer sie erforscht, der hat Freude daran.*
>
> Psalm 111,2

> *"Wenn Sie etwas ausarbeiten, streben Sie nach Vollkommenheit, aber verlangen Sie nicht, etwas Vollkommenes zu geben. 'Wer nur das Vollkommene leisten will, wird nichts leisten' - er kommt zu keinem Abschluß."*
>
> H.Thiersch an F.Oehninger (Brief vom 21.3.1872, in: OEHNINGER,1888,20)[1]

Den entscheidenden Anstoß zur intensiven Beschäftigung mit den Katholisch-apostolischen Gemeinden verdankt der Verfasser einer Begegnung mit der Dissertation *"Heinrich Thiersch als oekumenische Gestalt"* von Reiner-Friedemann EDEL (Marburg, 1962; 1971 neu aufgelegt unter dem Titel *"Auf dem Weg zur Vollendung der Kirche Jesu Christi"*) im Jahre 1975. EDEL kommt das Verdienst zu, in Form einer wissenschaftlichen Arbeit erstmals das oekumenische Anliegen und den geistlichen Charakter der Katholisch-apostolischen Gemeinden umfassend (und eindrücklich) dargestellt zu haben. Seine systematisch-theologische Untersuchung zeigt gewissermaßen das "Programm" der Katholisch-apostolischen Gemeinden auf und weckt zugleich die Frage, wie dieses in die Praxis umgesetzt worden ist. Wer jedoch nähere Einzelheiten zur Geschichte der Katholisch-apostolischen Gemeinden erfahren möchte, muss feststellen, dass eine gründliche, fundierte wissenschaftliche Untersuchung dazu bisher fehlt. (Von katholisch-apostolischer Seite gibt es zwar eine Darstellung der eigenen Geschichte in Form einer *"Zeittafel"* [BORN,1974; s.u.], die jedoch nicht mehr als ein Überblick - und leider auch nicht öffentlich zugänglich - ist.) Dieser Umstand überrascht, allein schon wenn man in Betracht zieht, dass die Katholisch-apostolischen Gemeinden eine weitverbreitete Bewegung war (1901: in 17 Ländern mit 938 Gemeinden und ca. 200.000 Mitgliedern [ebd.,88]), der sich mehr als 100 Geistliche aus verschiedenen Denominationen angeschlossen haben. Ohne eine genaue Kenntnis der Entwicklungsgeschichte der genuinen katholisch-apostolischen Bewegung ist auch eine sachgerechte konfessionskundliche Beurteilung der heute existierenden "apostolischen" Gemeinschaften nicht möglich.

Aus dem Gesagten werden die drei Hauptmotive deutlich, die zur Entstehung der vorliegenden Untersuchung geführt haben: 1. das Interesse an der Frage, ob und wie die Katholisch-apostolischen Gemeinden ihr anspruchsvolles Anliegen im Alltag verwirklicht haben, 2. der Wunsch, historische Vorgänge innerhalb der Katholisch-apostolischen Gemeinden so genau wie möglich zu rekonstruieren (verbunden mit der Freude am Aufspüren bisher unbekannter Fakten) und 3. die Überzeugung, dass die Kenntnis der Geschichte dieser Gemeinden (von den Anfängen bis heute!) für eine klarere Beurteilung später entstandener "apostolischer" Gemeinschaften von fundamentaler Bedeutung ist.

Der bisherige Forschungsstand ist folgender: Neben einer Vielzahl von kleineren Schriften und Artikeln über die Katholisch-apostolischen Gemeinden erschienen bisher 9 Monographien zu diesem Thema und mindestens ebenso viele Spezialuntersuchungen (wobei die Grenzen zwischen beiden Kategorien natürlich fließend sind). Die Literatur über Edward Irving ist hierbei nicht mit berücksichtigt (sie ist in Anm.3 der vorliegenden Untersuchung aufgeführt). Seit Anfang der 1960er Jahre gibt es eine auffallende Zunahme an Veröffentlichungen über die Katholisch-apostolischen Gemeinden.

Bei den Monographien handelt es sich um die Untersuchungen von KÖHLER (1876), MILLER (1878), SHAW (1946), EDEL (1962), R.DAVENPORT (1970), WEBER (1977), LIVELY (1977), TANG (1982) und FLEGG (1992). (vgl. das Literaturverzeichnis.)

In der Dissertation des niederländischen reformierten Theologen Johan Nicolaas KÖHLER *"Het Irvingisme. Eene historisch-critische Proeve"* (1876) ging es dem Verfasser offenbar mehr um eine literarische Bekämpfung der Katholisch-apostolischen Gemeinden als um eine objektive Untersuchung.[2] Mit dieser vom Vorurteil geprägten Einstellung zeichnet er ein entstelltes Bild von den Gemeinden, die damals allgemein als *"Irvingianismus"* bezeichnet wurden.[3] Sein Verfahren, ungeprüft (Fehl-)Informationen aus gegnerischen Schriften zu übernehmen, hat dazu geführt, dass viele Angaben in seiner Darstellung falsch sind. (Diese Mängel weisen - mehr oder weniger - fast alle vor 1950 erschienenen Schriften über die Katholisch-apostolischen Gemeinden auf.) Wertvoll für die Forschung ist jedoch die von KÖHLER zusammengestellte, chronologisch geordnete Übersicht der meisten der bis 1874 veröffentlichten Schriften und Artikel katholisch-apostolischen Ursprungs (ca. 350 Titel) sowie der Sekundärliteratur über die Katholisch-apostolischen Gemeinden (ca. 100 Titel).(S.413-437)

1878 erschien in London die zweibändige Monographie des (theologisch dem Traktarianismus nahestehenden) anglikanischen Geistlichen Edward MILLER *"The History And Doctrines Of Irvingism, Or Of The So-Called Catholic And Apostolic Church"*. Auch dieses Werk ist durch konfessionell geprägtes Vorurteil des Verfassers in seiner Objektivität beeinträchtigt. Doch gerade MILLERs

Untersuchung ist von prägendem Einfluss auf spätere Abhandlungen über die Katholisch-apostolischen Gemeinden gewesen: seine Argumente und Urteile über diese Bewegung tauchen in der nachfolgenden kritischen Literatur immer wieder auf. Die Monographie von MILLER enthält im Anhang wichtige Quellentexte (darunter das *"Great Testimony"* und Auszüge der beiden *"Smaller Testimonies"* [I,347-436; II,361-380]).

Ähnliche Nachteile wie diese beiden Arbeiten kennzeichnen auch das Buch des liberal-protestantischen Theologen vom Hartford Theological Seminary in Connecticut (USA), Plato Ernest SHAW (1883-1947), *"The Catholic Apostolic Church, Sometimes Called Irvingite"* (1946, Reprint 1972).[4]

KÖHLER, MILLER und SHAW bemühen sich um einen Gesamtüberblick, räumen der Entstehung der katholisch-apostolischen Bewegung, besonders der Person Irvings, breiten Raum ein und behandeln im zweiten Teil ihrer Darstellung Lehre und Besonderheiten der Katholisch-apostolischen Gemeinden. Der Leser erfährt nur wenig über die Ausbreitungsgeschichte (bei SHAW etwas mehr über den Werdegang der Gemeinden in Kanada und in den USA [1972,110-151]).

Die o.g. Dissertation von EDEL (1962), in der H.Thiersch und das oekumenische Anliegen der Katholisch-apostolischen Gemeinden positiv-kritisch gewürdigt werden, war die erste Monographie, die eine neue Beurteilung der Katholisch-apostolischen Gemeinden beinhaltet. EDELs Untersuchung, die auf einem umfassenden und sorgfältigen Quellenstudium beruht, ist zum Standardwerk geworden - nicht zuletzt durch ihre umfangreiche Bibliographie, welche (neben einer Auflistung aller Schriften von Thiersch) ein 630 Titel zählendes Verzeichnis deutschsprachiger katholisch-apostolischer Literatur enthält (EDEL,1971,347-377). Niemand, der sich intensiv mit den Katholisch-apostolischen Gemeinden beschäftigt, kann hinter dieses Buch zurück. Seinen Ansatz beschreibt EDEL folgendermaßen:

"Die 'katholisch=apostolischen Gemeinden' leben seit 1901 völlig zurückgezogen. Man kann sich als Angehöriger einer Landeskirche heute - ohne in den Verdacht zu kommen, Sektierer zu sein - ernst und eingehend auch öffentlich mit ihren Anliegen beschäftigen und auseinandersetzen. Dieses 'Werk Gottes', wie sie selbst ihre Bewegung bezeichnen, ist in seiner ersten Erscheinungsform abgeschlossen...

Für die Geschichtsschreibung gilt ... als oberster Grundsatz, alle tendenziösen Maßstäbe, Vorurteile und Antipathien außer acht zu lassen, um eine möglichst wesentliche Erfassung der wirklichen Anliegen zu gewährleisten. Um Verzeichnungen und Einseitigkeiten zu unterbinden, mußten die Anliegen der Gemeinden allseitig beleuchtet werden, d. h. nicht nach den Prinzipien, Methoden und Fragestellungen nur einer anderen Konfession, sondern aller 'Kirchenabteilungen'. Dies setzt den Verzicht auf exklusiv an nur eine Konfession gebundene Prinzipien voraus, ist aber unumgänglich, um der Sache auch nur einigermaßen gerecht zu

werden, da sich die Gemeinden eben an die ganze Kirche wenden und Fragen aufgreifen, die der Konfessions=Theologe bisher oft nicht einmal bereit war, ernsthaft zu prüfen.
Darüber hinaus halte ich eine persönliche grundsätzlich wohlwollende Einstellung zum Stoff und zu den Gemeinden als Grundvoraussetzung für nötig, um überhaupt ihrer Fragen und Anliegen gewahr werden zu können. Ohne ein subjektives Interesse für den Gegenstand ist meiner Meinung nach keine Objektivität zu erreichen, die der Sache gerecht wird. Freilich ist dabei die Beachtung auch aller negativen Fakten selbstverständlich mit eingeschlossen." (ebd.,7.14f)

Schon vor EDEL hatte Kurt HUTTEN in einem Kapitel seines Buches *"Seher, Grübler, Enthusiasten"* (1950; [13]1984) - als erster in der konfessionskundlichen Forschung - die Katholisch-apostolischen Gemeinden in ähnlicher Weise positiv-kritisch dargestellt und beurteilt.[5]

Eine fünfte Monographie stammt von Rowland A. DAVENPORT. Sein Buch *"Albury Apostles"* wurde vermutlich in den 1950er Jahren geschrieben (WEBER,1977,XI) und erschien 1970 ([2]1974). DAVENPORT stellt sowohl Geschichte als auch Lehre der Katholisch-apostolischen Gemeinden dar, beweist eine fundierte Quellenkenntnis und verwendet bis dahin kaum bekanntes Material. Er kritisiert u.a., dass in der älteren Forschung die Entstehung der katholisch-apostolischen Bewegung im großen und ganzen auf Irving zurückgeführt, die Bedeutung H.Drummonds für die Entwicklung der katholisch-apostolischen Bewegung dagegen übersehen wird.[6] Zur Ausbreitungsgeschichte der Katholisch-apostolischen Gemeinden enthält allerdings auch DAVENPORTs Buch nur spärliche Informationen.

Die jüngsten Monographien über die Katholisch-apostolischen Gemeinden sind die Dissertationen: *"Die katholisch-apostolischen Gemeinden. Ein Beitrag zur Erforschung ihrer charismatischen Erfahrung und Theologie"* des evangelischen Pfarrers Albrecht WEBER (Marburg, 1977), *"The Catholic Apostolic Church and the Church of Jesus Christ of Latter-day Saints. A Comparative Study of Two Minority Millenarian Groups in Nineteenth-Century England"* von Robert L. LIVELY jun. (Oxford, 1977), *"Het Apostolische Werk in Nederland tegen de achterground van zijn ontstaan in Engeland en Duitsland"* von Marinus Johannes TANG ('s Gravenhage, 1982) und *"'Gathered Under Apostles'. A Study of the Catholic Apostolic Church"* von Columba Graham FLEGG (Oxford, 1992).[7] WEBER hat für seine Untersuchung außerordentlich viel katholisch-apostolisches Quellenmaterial ausgewertet. In einer umfangreichen Bibliographie führt er u.a. 1.640 englischsprachige katholisch-apostolische Schriften auf und ergänzt die Namen der meisten Verfasser mit biographischen Informationen.[8] Neben dem systematisch-theologischen Hauptteil der Untersuchung sind besonders wichtig sein *"Abriß einer Geschichte der katholisch-apo-*

stolischen Bewegung" (S.1-104) und der Abschnitt *"Der wesentliche Unterschied zwischen der katholisch apostolischen Bewegung und der neuapostolischen Abspaltung"* (S.388-400). Auch FLEGG stützt sich in seiner Studie auf eine breite Basis katholisch-apostolischer Quellen und bezieht den in Northumberland aufbewahrten Nachlass des Apostels Drummond (s.AGNEW/PALMER, 1977) mit ein. Neben einem Überblick über die Geschichte der Katholisch-apostolischen Gemeinden und Untersuchungen zur Liturgie und Eschatologie enthält sein Buch erstmals eine ausführliche Darstellung ihrer Ekklesiologie. FLEGG fragt auch nach dem Einfluss der Ostkirchen auf die Entwicklung der Katholisch-apostolischen Gemeinden. (S.465-471) Seine Bibliographie ist nach Sachthemen geordnet.

Mehr Informationen über die Ausbreitungsgeschichte der Katholisch-apostolischen Gemeinden bietet das 1974 (im Selbstverlag und in nur sehr kleiner Auflage) erschienene Buch *"Das Werk des Herrn unter Aposteln"* des katholisch-apostolischen Autors Karl BORN. Es handelt sich dabei weniger um eine kritische historische Untersuchung, als vielmehr um eine vom Verfasser selbst als *"Zeittafel"* bezeichnete Aneinanderreihung von historischen und biographischen Fakten (die leider nicht immer ganz zuverlässig sind). Diese Darstellung vermittelt den bisher besten Überblick über die Geschichte der Katholisch-apostolischen Gemeinden von den Anfängen bis 1972.

Bei den Spezialuntersuchungen zu Einzelaspekten der Katholisch-apostolischen Gemeinden handelt es sich u.a. um die Arbeiten von: KRÄMER (1966, über den Apostel Carlyle), ORCHARD (1968, über Endzeitbewegungen in England Anfang des 19. Jh.), CHRISTENSON (1972, über Einflüsse der Katholisch-apostolischen Gemeinden auf die Charismatische Bewegung), STEVENSON (1974, über die katholisch-apostolische Eucharistie), NEWMAN-NORTON (1974, über die Geschichte der Katholisch-apostolischen Gemeinden seit 1901), LANCASTER (1978, über den Apostel Cardale), MAST (1985, über den Einfluss der katholisch-apostolischen Eucharistie auf liturgische Erneuerungsbestrebungen im 19. Jh.) und FLIKKEMA (1993, über die erste Lebenshälfte von H.Drummond). (vgl. das Literaturverzeichnis.)

Die Dissertation *"Thomas Carlyle of the Scottish Bar (1803-1855)"* von Franz KRÄMER (Freiburg/Schweiz, 1966) ist - im Unterschied zur Untersuchung von LANCASTER - für den an einer detaillierten Biographie des Apostels Interessierten enttäuschend. Sie enthält hauptsächlich eine recht oberflächliche Interpretation einiger Schriften von Carlyle. (Biographisch ergiebiger ist hier BRASH, 1904.) Die kleine Schrift *"A Message to the Charismatic Movement"* von Larry CHRISTENSON (1972, deutsche Ausgabe 1974) hat die Katholisch-apostolischen Gemeinden in das Blickfeld vieler Christen (besonders aus der Charismatischen Bewegung) gerückt. Das gewachsene Interesse an dieser Bewegung hängt nicht unerheblich mit dieser relativ weit verbreiteten Schrift zusammen. Seraphim NEWMAN-NORTON hatte bereits drei Jahre vor Erscheinen seiner Schrift *"The Time of Silence. A History of the Catholic Apostolic Church 1901-1971"* (³1975) eine für die Forschung sehr wertvolle Zusammenstellung von biographischen Angaben über katholisch-apostolische Amtsträger verfasst.[9] Mit der liturgisch reichen Eucharistiefeier der Katholisch-apostolischen Gemeinden beschäftigen sich die beiden Dissertationen *"The Catholic Apostolic Eucharist"* von Kenneth William STEVENSON (Southampton, 1974) und *"The eucharist service of the Catholic Apostolic Church and its influence on Reformed liturgical renewals of the nineteenth century"* des Amerikaners Gregg Alan MAST (Ann Arbor, 1985). In seiner Dissertation *"English Evangelical Eschatology 1790-1850"* (Cambridge, 1968) stellt S.C.ORCHARD die frühe katholisch-apostolische Bewegung in den Kontext anderer zeitgenössischer Endzeitbewegungen. Die kleine Schrift *"In de schaduw van de Mont Blanc. Henry Drummond 1786-1826"* von B.FLIKKEMA (1993) wertet z.T. den o.g. Drummond-Nachlass aus und enthält bisher unbekannte Fakten über Drummonds Lebensweg aus der Zeit vor Beginn der sog. *"Albury-Konferenzen"*. Erwähnt werden sollte auch die 1985 in Albury erschienene Broschüre *"Albury and The Catholic Apostolic Church"* von Georg Lancelot STANDRING, die in lexikalischer Form in Geschichte und Lehre der Katholisch-apostolischen Gemeinden einführt.

Durch die vorgenannten nach 1960 entstandenen Arbeiten müssen die älteren Veröffentlichungen zum Thema *"Irvingianer"* / Katholisch-apostolische Gemeinden als überholt angesehen werden. Das zu betonen ist notwendig, da die in bekannten Nachschlagewerken verbreiteten Darstellungen aus der Zeit vor dem 2. Weltkrieg in polemischer Absicht ein Bild von den Katholisch-apostolischen Gemeinden gezeichnet haben, das ihnen nicht gerecht wird, aber weiter wirkt. Dieses Bild, das Unterstellungen und falsche Angaben enthält, hat viele Theologen und Laien in ihrem Urteil geprägt. Bis in die jüngere Zeit hinein sind Informationen und Wertungen aus diesen Beiträgen ungeprüft in die konfessionskundliche Literatur übernommen worden.(s. dazu FLEGG,1992,5) Zu den wichtigsten Darstellungen aus der Zeit vor 1960 gehören: Th.KOLDE, Art. *"Irving, Edward, und der Irvingianismus"* in der RE³ (1901). Ders., *"Edward Irving. Ein biographischer Essay"* (1901).[10] K.HANDTMANN, *"Die Neu=Irvingianer oder die 'Apostolische Gemeinde'"* (1903, ²1907).[11] K.SCHMIDT, *"Jenseits der Kirchenmauern"* (1909). P.SCHEURLEN, *"Die Sekten der*

Gegenwart" (1912, ⁵1933).¹² O.EGGENBERGER, Art. *"Katholisch-Apostolische Gemeinde"* in der RGG³ (1959). Dazu gehört auch P.MEINHOLD, *"Ökumenische Kirchenkunde"* (1962).¹³ Die zwei letztgenannten Beiträge sind zwar im Urteil moderater, inhaltlich aber abhängig von überholten Darstellungen.
Auf römisch-katholischer Seite hat man sich nur wenig mit den Katholisch-apostolischen Gemeinden auseinandergesetzt. Die ausführlichste Darstellung ist enthalten in der 1858 erschienenen zweibändigen Monographie *"Geschichte des Protestantismus in seiner neuesten Entwicklung"* von Jos. Edmund JÖRG. Diese Darstellung trägt ausgesprochen polemischen Charakter.¹⁴ Eine sachlichere Bewertung erfahren die Katholisch-apostolischen Gemeinden in den konfessionskundlichen Beiträgen von Konrad ALGERMISSEN.¹⁵
Unter den Abhandlungen neuapostolischer Autoren zur Geschichte der Katholisch-apostolischen Gemeinden bis 1863 (die stets als "Frühgeschichte" der eigenen Gemeinschaft dargestellt wird) ist das Buch von Karl WEINMANN (Apostel für den Bezirk Hamburg) *"100 Jahre Neuapostolische Kirche 1863-1963"* (1963) erwähnenswert. Es enthält bis dato unbekanntes Quellenmaterial aus dem Archiv der neuapostolischen Gemeinde in Hamburg zur Geschichte der katholisch-apostolischen Gemeinde in Berlin und Hamburg sowie zu den Umständen der Abspaltung von 1863 (dem "Fall Geyer").¹⁶
Abschließend seien noch die wichtigsten Beiträge und Artikel der letzten Jahre über die Katholisch-apostolischen Gemeinden erwähnt: Neben der Darstellung der Katholisch-apostolischen Gemeinden bei HUTTEN (1984,22-35) verdienen vor allem die entsprechenden Kapitel bei OBST (³1990,20-45) und im *"HANDBUCH Religiöse Gemeinschaften"* (⁴1993,193-203) Beachtung. Von H.D.REIMER liegen drei interessante Aufsätze vor: *"Die büßende Gemeinde. Eine Begegnung mit katholisch-apostolischen Christen"* (MD 1974), *"Erstlingsschaft und Überrest. Die katholisch-apostolischen Christen unter uns"* (MD 1980) und *"Die Katholisch-apostolischen Gemeinden. Eine Zusammenfassung"* (KM 1988). Siehe auch denselben in: F.HEYER, *"Konfessionskunde"* (1977).
Das Ziel der vorliegenden Untersuchung besteht darin, die in der Forschung bisher kaum beachtete Ausbreitungsgeschichte der Katholisch-apostolischen Gemeinden in einem räumlich und zeitlich eingegrenzten Bereich (besonderer Schwerpunkt ist Preußen bis 1863) zu beleuchten und darzustellen. Der Verfasser tut dies in der Überzeugung, damit einen wesentlichen Beitrag zum besseren Verständnis der Katholisch-apostolischen Gemeinden als einer kirchengeschichtlich nahezu abgeschlossenen Bewegung zu leisten. Eine besondere Berücksichtigung Preußens lag nahe, da sich die Katholisch-apostolischen Gemeinden - abgesehen von England - hier am weitesten ausbreiten konnten.

Außerdem erwies sich die Quellenlage für dieses Land als sehr ergiebig (s.u.). Bei der Darstellung der Anfänge (Kap.2), in zahlreichen ausführlichen Anmerkungen (s. im Register unter "Anfänge [Deutschland]") sowie beim Ausblick bis zur Gegenwart (Kap.5) wird ganz Deutschland in den Blick genommen. Auf die Anfänge der Katholisch-apostolischen Gemeinden in England kann in der vorliegenden Untersuchung nicht näher eingegangen werden (s. dazu Anm.3, 20.a). Der Zeitraum bis 1863 umfasst in etwa die Gründungs- und "Konsolidierungs"-Phase der Katholisch-apostolischen Gemeinden. Zugleich markiert das Jahr 1863 durch die Abspaltung der Hamburger Gemeinde (Kap.6) einen für die Katholisch-apostolischen Gemeinden sehr schmerzlichen Einschnitt, der der Einheit der apostolischen Bewegung ein Ende setzte. Aus diesen Gründen (sowie im Hinblick auf das reiche Quellenmaterial über die Frühgeschichte der Katholisch-apostolischen Gemeinden in Deutschland) widmet die vorliegende Untersuchung der Zeit bis 1863 besondere Aufmerksamkeit.

Die Darstellung der Geschichte der Katholisch-apostolischen Gemeinden in Deutschland beginnt mit der historischen Einordnung in zeitgeschichtliche Zusammenhänge.(Kap.1) Sie legt vor allem Wert auf Biographien katholisch-apostolischer Amtsträger sowie auf die Gründe, die letztere zum Anschluss an die Katholisch-apostolischen Gemeinden bewogen haben. Weiterhin versucht sie, ein detailliertes Bild von der Organisation, dem inneren Leben und der Evangelisationspraxis der Katholisch-apostolischen Gemeinden zu entwerfen. Besonderes Augenmerk wird den staatlichen und kirchlichen Reaktionen auf die Katholisch-apostolischen Gemeinden gewidmet, speziell der Haltung einflussreicher Persönlichkeiten der preußischen Regierung. Des weiteren vermittelt die eingehende Untersuchung der Auseinandersetzung der Evangelischen Kirche mit den Katholisch-apostolischen Gemeinden als einer neuen, "konkurrierenden" Religionsgesellschaft auch für die aktuelle innerkirchliche Diskussion in dieser Frage ein sehr lehrreiches Beispiel.(s.Anm.79) Durch die vorliegende Arbeit wird die Kenntnis preußischer Kirchengeschichte und Innenpolitik insgesamt - z.T. über den Gegenstand der Untersuchung hinaus - durch eine Reihe interessanter, bisher kaum bekannter Fakten und Zusammenhänge erweitert.(s. z.B. die ausführlichen Anmerkungen 26, 44, 46, 51, 94) Einen Schwerpunkt der Darstellung bildet die Entwicklung der Berliner Gemeinde, die sich zur weltweit größten katholisch-apostolischen Gemeinde entfalten konnte. Die Beschreibung der Ausbreitungsgeschichte der Katholisch-apostolischen Gemeinden in Preußen erfolgt nach Provinzen geordnet. Um einen lebendigen Eindruck von den damaligen Vorgängen zu vermitteln, wird Details und Beispielen verhältnismäßig viel Raum gegeben. Jeder Darstellung der Geschichte einer

Einzelgemeinde ist ein kurzer Ausblick auf ihre Entwicklung bis zur Gegenwart angefügt.(Kap.3, 4) In Kap.6 werden (in dieser Gründlichkeit erstmals!) Leben und Wirksamkeit des umstrittenen "Schismatikers" Heinrich Geyer sowie Entstehung und Geschichte der Allgemeinen christlichen apostolischen Mission (einschließlich ihrer Abgrenzung zur Neuapostolischen Kirche) bzw. der Allgemeinen Apostolischen Mission unter Robert Geyer dargestellt. Der Anhang ergänzt die vorliegende Untersuchung mit bisher unveröffentlichten Dokumenten zur Geschichte der Katholisch-apostolischen Gemeinden in Preußen, zum "Fall Geyer" und zur Allgemeinen christlichen apostolischen Mission.

Diese Arbeit ist nicht nur für den konfessionskundlichen Fachmann geschrieben. Sie möchte auch katholisch-apostolischen Gemeindegliedern von heute zu einer vertieften Kenntnis der Geschichte ihrer eigenen Bewegung verhelfen. Nicht zuletzt will sie den nach 1863 entstandenen "apostolischen" Gemeinschaften ein möglichst genaues Bild der ursprünglichen katholisch-apostolischen Bewegung vor Augen führen, die - vor allem in ökumenischer und charismatischer Hinsicht - Maßstab bleiben wird.[17] Hinter die Fakten und Ergebnisse dieser Untersuchung kann keine der neuapostolischen Gemeinschaften (einschließlich der Neuapostolischen Kirche) mehr zurück.

Von den verarbeiteten Quellen sollen die wichtigsten kurz vorgestellt werden (vgl. das Quellen- und Literaturverzeichnis.): Vorausschickend muss gesagt werden, dass katholisch-apostolische Quellen (mit Ausnahme weniger Bücher) nicht öffentlich zugänglich sind. Für Außenstehende ist es fast unmöglich, katholisch-apostolische Schriften und Aufzeichnungen einzusehen.(vgl. FLEGG, 1992,24-28; S.198f der vorliegenden Untersuchung) Das in der vorliegenden Untersuchung mit viel Mühe und unter großem Zeitaufwand zusammengetragene katholisch-apostolische Material wird deshalb z.T. ausführlich zitiert, um es auf diese Weise bleibend zu dokumentieren.

Wichtiges Material verdankt der Verfasser der Bayrischen Staatsbibliothek München, in der H.Thierschs Nachlas aufbewahrt wird: Thierschs Privat-Tagebücher (1852-1872), Briefe an seine Frau (1847-1867; sie enthalten vor allem Berichte von seinen Reisen als katholisch-apostolischer Amtsträger), Teile seiner Korrespondenz mit den Aposteln Carlyle, Woodhouse, Cardale und weiteren katholisch-apostolischen Amtsträgern, außerdem CHRONIK und ACTA der katholisch-apostolischen Gemeinde in Marburg (1847-1864).

Weitere Gemeindechroniken waren dem Verfasser leider nicht direkt, sondern nur "indirekt" zugänglich, und zwar durch ein unveröffentlichtes Manuskript - hier *"private Aufzeichnungen eines katholisch-apostolischen Gemeindegliedes"* (pA) genannt -, in dem die wichtigsten Angaben aus Chroniken deutscher Ge-

meinden zusammengestellt sind. Befreundete katholisch-apostolische Gemeindeglieder unterstützten den Verfasser mit Literatur, Material aus Nachlässen, Informationen sowie weiterführenden bzw. kritischen Hinweisen. Ihnen gebührt bereits an dieser Stelle ein besonderer Dank.
Aus der großen Anzahl katholisch-apostolischer Schriften, die dem Verfasser zur Verfügung standen, gehören die folgenden zu den wichtigsten gedruckten Quellen der vorliegenden Untersuchung: F.V.WOODHOUSE, *"Eine Erzählung von Begebenheiten"* ([1847] 1901); Ch.W.BOASE, *"The Elijah Ministry. Supplement"* (1866?); E.A.ROSSTEUSCHER, *"Der Aufbau der Kirche Christi"* (1871); P.WIGAND, *"Heinrich Thiersch's Leben"* (1888); L.ALBRECHT, *"Das Apostolische Werk des Endes"* (1924); J.AARSBO, *"Dein Reich komme"* (1932); BORN, *"Das Werk des Herrn unter Aposteln"* (1974, s.o.); *"Die LITURGIE"* (1850/1962); *"Sammlung kirchlicher CIRCULARE"* (1895); *"Allgemeine RUBRIKEN"* (1895); *"VORSCHRIFTEN für den Kirchendienst"* (1895); die Adressbücher von 1878, 1900, 1922, 1980 und 1990; schließlich die Zeitschrift *"NEWSLETTER"* (1951-1961, 13 Nummern [sie enthalten Berichte aus katholisch-apostolischen Gemeinden in der ganzen Welt, s.WEBER,1977,87f]). Einige katholisch-apostolische Quellen waren dem Verfasser leider nicht zugänglich: z.B. die Jahresberichte der Apostel über die Arbeit in den Auftragsgebieten (s.BORN,1974,46) - ausgenommen der BERICHT über das Jahr 1863 -, Tagebuch-Aufzeichnungen und Briefe der Apostel (mit Ausnahme einiger oben erwähnter Briefe an Thiersch [zum Drummond-Nachlass s.Anm.25.b]), Protokolle der Apostel-Konzilien in Albury, der größte Teil der Koadjutoren-Zirkulare nach 1901, das bei NEWMAN-NORTON (1975,IX) erwähnte unveröffentlichte Manuskript von H.B.COPINGER *"Annals: The Lord's Work in the Nineteenth and Twentieth Centuries"* (in Maschinenschrift, o.J.) sowie das bei FLEGG (1992,499) aufgeführte Manuskript *"The Chronical of the Setting Up of the Church in Berlin"* von Carl Eduard SCHWARZ (1951).
Neben den katholisch-apostolischen Quellen bildet das in den ehemals preußischen Archiven zutage geförderte Material eine weitere wichtige Grundlage der vorliegenden Untersuchung. Erst in der Zusammenschau beider Quellengruppen entsteht ein differenziertes und recht objektives Bild, besonders im Hinblick auf das Verhältnis zwischen den Katholisch-apostolischen Gemeinden auf der einen und dem preußischen Staat bzw. der Evangelischen Landeskirche auf der anderen Seite. Das hier ausgewertete Material wurde vor allem aus den Aktenbeständen folgender preußischer Behörden zusammengetragen: Innenministerium und Ministerium der geistlichen etc. Angelegenheiten (im GSTA [PK]/M), Reichskirchenministerium (BAK/P), Polizeipräsidium Berlin und

Königliche Regierung Frankfurt/O. (BLHA/P), Evangelischer Oberkirchenrat und Evangelisches Konsistorium der Provinz Brandenburg (EZA) sowie Evangelisches Konsistorium der Provinz Sachsen (AEK/M). Die in diesen Beständen vorkommenden Akten über die Katholisch-apostolischen Gemeinden enthalten Berichte, Gutachten und Festlegungen der betr. Behörden sowie Eingaben katholisch-apostolischer Amtsträger. Der weitaus größte Teil dieses Archivmaterials wird in der vorliegenden Untersuchung zum ersten Mal ausgewertet.

Darüber hinaus wurden auch Lebenserinnerungen von Zeitgenossen der frühen Katholisch-apostolischen Gemeinden in Deutschland (wie E.L.v.GERLACH, A.VILMAR, H.DALTON) sowie Zeitungsartikel (u.a. aus der *"Evangelischen Kirchen=Zeitung"*, der *"Protestantischen Kirchen=Zeitung"* und der *"Neuen Preußischen Zeitung"*) hinzugezogen.

Abschließend einige Bemerkungen zum Methodischen: Alle in der vorliegenden Untersuchung dargestellten Fakten sind durch die im Quellen- und Literaturverzeichnis angegebenen Quellen verbürgt; Vermutungen sind ausdrücklich als solche gekennzeichnet. Es wird immer der älteste bzw. zuverlässigste Beleg angeführt. In Fragen der Lehre haben die von den Albury-Aposteln verfassten Schriften größeres Gewicht als die der übrigen katholisch-apostolischen Amtsträger.(vgl. WEBER,1977,XIIIf; FLEGG,1992,9-24) Die historischen Vorgänge und Entwicklungen sind mit Absicht stärker positivistisch dargestellt: mit Beurteilungen wird sparsam umgegangen - die Quellen sollen für sich sprechen. Deshalb (sowie aus o.g. Gründen) wird den Quellenzitaten relativ viel Platz eingeräumt. Grundsätzlich wird in der Schreibweise der jeweiligen Vorlage zitiert; nur in ganz wenigen Fällen ist - um der Verständlichkeit willen - die Interpunktion heutigen Regeln angepasst worden. Hervorhebungen werden in Zitaten nur dann vorgenommen, wenn diese auch im Original enthalten sind (statt Kursivschrift erscheint hier Normalschrift). Eine Ausnahme bildet das in wenigen Fällen vom Verfasser eingefügte *"sic"*, mit dem auf einen auffälligen Schreibfehler im Original oder auf eine inhaltlich bemerkenswerte Äußerung hingewiesen werden soll. Detailinformationen bzw. Erläuterungen zu Personen, Orten oder Begriffen werden artikelartig in den Anmerkungen zusammengefasst, um auf diese Weise den Darstellungsteil (Kap.1-7) von zu vielen Einzelheiten zu entlasten. Die in den Anmerkungen anzutreffende lexikalische Knappheit der Formulierung (einschließlich des Gebrauchs von Abkürzungen) hat ihren Grund in der Notwendigkeit, die Informationen aus Platzgründen zu komprimieren. Die Anmerkungen werden durch ein Themenregister erschlossen, das sowohl die Vielfalt der behandelten Einzelthemen als auch deren inhaltliche Vernetzung verdeutlicht. Ebenso sind die Anmerkungen selbst durch zahlreiche Querverweise vernetzt.

Allen, die mich mit Informationen, Rat, kritischen Hinweisen, praktischer Hilfe bei Schreibarbeiten und beim Korrekturlesen, vor allem aber mit Ermutigung und Fürbitte begleitet haben, möchte ich hier von ganzem Herzen danken.
Mein besonderer Dank gilt der Vereinigten Kirchen- und Klosterkammer in Erfurt (Stiftung öffentlichen Rechts), die durch eine großzügige Unterstützung die erste Drucklegung der vorliegenden Untersuchung gefördert hat.

1. Zur politischen, sozialen und kirchlich-theologischen Situation Deutschlands (insbesondere Preußens) im zweiten Drittel des 19. Jahrhunderts

Die politische und soziale Situation Deutschlands im zweiten Drittel des 19. Jahrhunderts wurde nicht unerheblich von dem in der Französischen Revolution erstmals mit aller Schärfe aufgebrochenen Konflikt zwischen dem "ancien régime" (Monarchie und konservativem Staatsapparat) einerseits und den demokratischen Bestrebungen des dritten und des sich entwickelnden "vierten" Standes andererseits bestimmt. Durch die dem Wiener Kongress (1815) folgende restaurative Politik ("Ära Metternich"), durch Zensur und Restriktionen - auch durch die politische "Friedhofsruhe" nach den "Karlsbader Beschlüssen" (1819) - konnte die demokratische Bewegung in Deutschland auf Dauer nicht unterdrückt werden. Sie wuchs vielmehr nach der Pariser Julirevolution (1830) in Gestalt liberaler, nationaler (Hambacher Fest, 1832) und "anarchistischer" Aktivitäten immer mehr an. Die sozialen Umwälzungen im 19. Jahrhundert ("industrielle Revolution" seit etwa 1835, Herausbildung eines Arbeiterstandes, Erstarken des Bürgertums), die rasante Entwicklung von Gewerbe und Handel, aber auch die unübersehbare Zunahme von Armut und Hunger (besonders unter Tagelöhnern, Landarbeitern und Kleinbauern in den Agrargebieten Ostelbiens, Handwerkern in Schlesien sowie Arbeiterfamilien in Großstädten) verlangten nach Änderung staatsökonomischer und vor allem politischer Strukturen.(vgl. NIPPERDEY,1991,219-248) Im aufstrebenden Bürgertum (dessen wachsende wirtschaftliche Bedeutung im Rahmen der industriellen Entwicklung ein wachsendes politisches Selbstbewusstsein nach sich zog) und unter weiten Teilen der Gebildeten wuchsen Zweifel an der Fähigkeit von Regierung und Verwaltungsapparat zur Lösung der durch die sozio-ökonomischen Veränderungen hervorgerufenen Probleme.(BRANDT,1981,196)

Diese politische und soziale Krisensituation spitzte sich in der zweiten Hälfte der 40er Jahre zu. Kritische Schriften (z.B. *"Vier Fragen beantwortet von einem Ostpreußen"* von J.Jacoby; s. W.GRAB, *"Preußische Demokraten im Zeitalter der Französischen Revolution und im Vormärz"*, in: SCHLENKE,1981,162-179), die schlesischen Weberunruhen 1844 und die Hungersnot 1846/47 sowie die enttäuschenden Ergebnisse des Vereinigten Landtages (1847) führten zu einer Steigerung der Unzufriedenheit. Den letzten Anstoß zur "Märzrevolution" 1848 gaben die Volksaufstände in Paris (24.2.) und in Wien (13.3.). Am 18.3. erfasste die Revolution Berlin. Der eiligen Installation der sog. Märzministerien und der Verkündung politischer Zugeständnisse durch die oktroyierte preußische Verfassung vom 5.12.1848 (Presse-, Versammlungs- und Religionsfreiheit, Ministerverantwortlichkeit und allgemeines Wahlrecht [für die zweite Kammer]) folgte eine politische Gegenrevolution, die ab 1849 in ein Jahrzehnt konservativer Reaktion mündete.(vgl. BERNSTEIN,1881; NIPPERDEY,1991, 674-683) Diese Reaktion vollzog sich in enger Verflechtung von Monarchie, Staatsapparat und Kirche und bediente sich in erster Linie restriktiver bürokratischer Mittel.[18] In Preußen wurde sie vor allem repräsentiert durch das "ministère occulte" Friedrich Wilhelms IV. (1840-1861) - der *"Kamarilla"* (ihr gehörten u.a. Leopold v.Gerlach, Anton Graf Stolberg und Marcus Niebuhr an) - und der sog. Kreuzzeitungspartei (politische Kräfte, deren Sprachrohr die *"Neue Preußische Zeitung"* war). Mit der Prinzregentschaft (1858) und der Thronbesteigung Wilhelms I. (1861-1888) sowie der Ernennung O.v.Bismarcks zum Ministerpräsidenten (23.9.1862) folgte den Jahren der Reaktion in Preußen eine "neue Ära", die vor allem durch eine konservativ-liberale, nationalistische und auf Stärkung des Bürgertums gerichtete Politik gekennzeichnet war.

Der Konflikt zwischen der bestehenden Ordnung und neuen Notwendigkeiten musste auch auf religiösem Gebiet Auswirkungen haben. Standen hierbei zwar theologische und kirchlich-praktische Fragen im Vordergrund, so war doch für das zweite Drittel des 19. Jahrhunderts charakteristisch die zunehmende politische Relevanz kirchlich-theologischer Auseinandersetzungen, oder anders gesagt: die Verquickung von theologischer Position und politischer Einstellung. Im Katholizismus bildete sich der "Ultramontanismus" mit seiner stark antimodernistischen und antinationalen Tendenz heraus, auf den der protestantisch dominierte Staat in späteren Jahren mit dem sog. Kulturkampf zu reagieren versuchte. Der Protestantismus dagegen war in mehrere große Lager geteilt: Der noch der Aufklärung verhaftete Rationalismus verlor zwar theologisch immer mehr an Bedeutung, hatte jedoch einen großen Teil der Pfarrerschaft geprägt. Er wurde durch das erstarkende Neuluthertum (K.Harms, A.Vilmar, A.v.Harleß, W.Löhe) und die konfessionelle Orthodoxie (z.B. der "Erlanger Schule"), besonders aber durch die "Partei" der 1827 gegründeten *"Evangelischen Kirchenzeitung"* (E.W. Hengstenberg) z.T. heftig bekämpft. Einflussreich war auch die Erweckungstheologie, die sich - geistesgeschichtlich gesehen - nicht selten mit Idealismus und Romantik verband. Die Vertreter dieser Theologie gehörten weithin zu den politisch Konservativen, die (wie J.Stahl) das Staatskirchentum verfochten. Die im Anschluss an die "spekulative" (P.Marheineke) entstandene "liberale Theologie" (A.E.Biedermann, F.C.Bauer) versuchte - beeinflusst durch die Philosophie Hegels - den Entwicklungsgedanken konsequent auf das Christentum anzuwenden. Aufgrund ihrer kritischen Distanz zur kirchlichen Überlieferung kam es besonders mit der konfessionell geprägten Richtung zu scharfen Auseinandersetzungen. Die "vermittlungstheologische" Fraktion innerhalb des deutschen Protestantismus (K.I.Nitzsch) suchte den Ausgleich zwischen den Konfessionellen und den Liberalen. Neben diesen innertheologischen Richtungskämpfen wurde die kirchliche Situation noch erschwert durch den Streit um Union, Agende und Bekenntnis nach 1817, durch das Problem des "Dissidententums" (ab 1830 die separierten Lutheraner, ab 1841 die "Lichtfreunde" bzw. "freien Gemeinden", ab 1844 - auf römisch-katholischer Seite - die Bewegung der "Deutschkatholiken") und durch kirchenpolitische Auseinandersetzungen zwischen liberalen und "konservativen" kirchlichen Kreisen um die Frage der kirchlichen Verfassung (HEYDEN,1957,II,204ff). Die kirchliche Verwaltung war eng mit dem Staatsapparat verbunden. Deshalb gewann - besonders nach dem Regierungsantritt Friedrich Wilhelms IV., der zunächst die Hoffnung auf eine Liberalisierung geweckt hatte - die Forderung nach Einführung synodaler Strukturen (bereits 1808 von F.Schleiermacher angeregt [BRANDT,1981,146f]) immer stärker an Gewicht. Doch auch hier erwies sich die alte Regierung als unfähig, eine grundsätzliche Lösung herbeizuführen.[19] Hatte sich die Frankfurter Nationalversammlung in der Deutschen Reichsverfassung vom 28.3.1849 für eine Trennung von Staat und Kirche ausgesprochen (Art.V, § 147 : "... *es besteht fernerhin keine Staatskirche"*, HANSEMANN, 1849,37), so ging man in Preußen diesen Weg nicht. Im Gegenteil. Zwar war durch das *"Patent, die Bildung neuer Religionsgesellschaften betreffend"* (vom 30.3.1847; s.u.) eine Tolerierung neuer religiöser Gemeinschaften vollzogen worden, jedoch in erster Linie zu dem Zweck, die Landeskirche von "Dissidenten" zu "befreien". (KUPISCH,1975,60) Eine von den Kultusministern M. Graf v.Schwerin (März bis Juni 1848) und A.v.Ladenberg (Juni 1848 bis 1850) im Revolutionsjahr geplante Presbyterial- und Synodalverfassung kam nicht zustande. Statt dessen wurde auf Initiative Friedrich Wilhelms IV., der im August 1848 die *"Wiederherstellung einer vom konstitutionellen Minister unabhängigen kirchlichen Zentralbehörde"* anordnete (HECKEL,1922,453), am 29.6. 1850 der Evangelische Oberkirchenrat *"als oberste, nur noch dem König unterstellte Kirchenbehörde"* (SCHAPER,1938,108) eingerichtet, die *"eine Brücke zum monarchischen Summepiskopat sein sollte"* (KUPISCH,1975,62f).

Eine für das "christliche Abendland" völlig neue Situation entstand nicht zuletzt durch die Infragestellung des Christentums im Zuge einer Säkularisierung der Philosophie (D.F.Strauß, B.Bauer, L.Feuerbach, K.Marx) und der Naturalisierung der Weltanschauung (C.Darwin), die zu einer verstärkten Ausbreitung

atheistischer Grundhaltungen und zur "Entchristlichung" eines nicht unbedeutenden Teiles der Gebildeten, aber auch der "unteren Schichten" beitrugen.(vgl. NIPPERDEY,1991,440-451)
Charakteristisch für die innere Situation vieler konservativ eingestellter Menschen im zweiten Drittel des 19. Jahrhunderts war die Sorge vor einer Auflösung bestehender Strukturen des "christlichen" Abendlandes, besonders aber die Angst vor einer Revolution. Die mit der Französischen Revolution aufgebrochene Kirchen- und Religionsfeindschaft, die in Frankreich in der Einführung des Vernunftskultes (1793) gipfelte, und der gewaltsame Sturz der alten Ordnung hatten daher für manchen eine apokalyptische Dimension. Nimmt man die desolate innere Situation der Landeskirchen hinzu, ihre enge Verflechtung mit dem Staatswesen, die ökonomische und deshalb nicht selten auch theologische Abhängigkeit vieler Landpfarrer von ihren Gutsherren (BÜCHSEL,1907,81f), den für den einfachen Mann verwirrenden Kampf der theologischen Richtungen und die Hilflosigkeit der Kirchen atheistischen Strömungen gegenüber, dann wird verständlich, dass viele Christen (vor allem der unteren sozialen Schichten) offen waren für eine eschatologisch orientierte Verkündigung und für vom Staat unabhängige kirchliche Gemeinschaften mit einem erneuerten geistlichen Amt.(vgl.Anm.85) Nicht zufällig spielte in dieser Zeit die Frage nach Kirche und Amt auch bei den konfessionellen Lutheranern eine so wichtige Rolle.
Ergänzend noch ein Wort zur demographischen und Infrastruktur in Preußen: 1864 zählte es in seinen 8 Provinzen, 25 Regierungsbezirken und 329 Landkreisen 19,2 Millionen Einwohner (1816: 10,4 Millionen), von denen 69,7% in Dörfern und Kleinstädten (unter 2.000 Einwohner) lebten.(BRANDT,1981, 222) Mit der "industriellen Revolution" hatte jedoch eine deutliche Abwanderung aus den ländlichen Gebieten eingesetzt, die zu einem starken Anwachsen der Städte führte. Von 1815 bis 1848 hatte sich z.B. die Einwohnerzahl Berlins auf 432.000 verdoppelt (1875 betrug sie bereits 967.000).(SCHULZE,1981, 238) *"Die Volkszählung von 1846 ergab, daß rund die Hälfte der gesamten Bevölkerung Preußens zu den abhängig Beschäftigten oder arbeitslosen Besitzlosen gehörte, davon waren noch die meisten in der Landwirtschaft und nur einige Prozent in den Fabriken beschäftigt."* (BRANDT,1981,200)
Im Jahre 1852 gab es in Preußen 12.789 km Staatsstraßen (1816: 3.261 km). Das Netz der chausseeartig gebauten Straßen betrug zum gleichen Zeitpunkt insgesamt 18.550 km.(ebd.,224) Mit Inbetriebnahme der ersten deutschen Eisenbahnstrecke zwischen Nürnberg und Fürth (1835) setzte in Deutschland ein rascher Ausbau dieses neuen Verkehrszweiges ein. 1838 fuhr die erste preußische Eisenbahn von Berlin nach Potsdam. 1842 waren in Preußen 800 km, 8

Jahre später bereits rund 4.200 km Streckennetz gebaut.(ebd.,227) In einem relativ kurzen Zeitraum entstanden wichtige Eisenbahnverbindungen zwischen großen Städten bzw. Gebieten von wirtschaftlicher Bedeutung. Damit verkürzte sich nicht nur die Reisedauer erheblich, sondern es wurden z.b. auch für die damalige Post Möglichkeiten einer schnelleren Verbreitung von Nachrichten und Druckerzeugnissen eröffnet. Faktoren dieser Art haben die Ausbreitung der Katholisch-apostolischen Gemeinden - wie auch anderer Gemeinschaften - nicht unwesentlich begünstigt.

2. Anfänge der katholisch-apostolischen Bewegung in Deutschland bis 1848

Die in England entstandene katholisch-apostolische Bewegung, deren Ursprünge eng mit den sog. Albury-Konferenzen (s.Anm.25.b) sowie mit der schottischen Erweckungsbewegung von 1830 zusammenhängen und zu deren Hauptmerkmalen die Wiederbelebung urchristlicher Ämter (Eph.4,11) gehörte, verstand sich selbst als ein *"Werk des Herrn"* zur Vollendung seiner weltweiten, gespaltenen Kirche. Den zwölf in den Jahren 1832 bis 1835 prophetisch berufenen Aposteln der katholisch-apostolischen Bewegung, die am 14. Juli 1835 in London zu ihrer Sendung an die Universalkirche feierlich *"ausgesondert"* worden waren (vgl. Apg.13,2f) und die sich anschließend für ein Jahr zur Vorbereitung auf ihre Aufgabe nach Albury - dem Zentrum der katholisch-apostolischen Bewegung (Sitz der Apostel) - zurückgezogen hatten (WOODHOUSE, 1901,48.55), wurden am 14.6.1836 durch Worte der Weissagung bestimmte Auftragsgebiete (*"Stämme"*) zugewiesen.[20]

Gleichzeitig wurde ihnen "gezeigt", dass sie ausgehen sollten, "um den religiösen Zustand in den Ländern zu erforschen, ihre mancherlei Sitten und Gebräuche zu beobachten, und zu lernen, wie bald und in welcher Weise denselben die Wahrheit, die Gott ihnen kundgethan, zugeführt werden könnte. Durch persönlichen Verkehr sollten sie einen richtigen Begriff von dem Gehalt und Wert der draußen obwaltenden Kultus= und Lehrformen erlangen und schließlich das Gold aus allen Teilen der Christenheit sammeln. Mit letzterem Ausdruck war ihnen bedeutet, daß in allen Teilen der Kirche Reste der Wahrheit, ob auch begraben unter dem Schutt menschlicher Lehren und Überlieferungen - wie das reine Gold in den Gründen der Erde - noch vorhanden seien. Also nicht bloß mit dem allgemeinen geistlichen Zustand der Länder und Völker sollten die ausziehenden Apostel sich bekannt machen, sondern geradezu alles das aufsuchen, was überall in Lehre und Praxis der Wahrheit Gottes ähnlich wäre. Das alles sollte nach ihrer Rückkehr dem ganzen Collegium der Apostel vorgelegt, von ihnen erwogen, geschätzt und gesichtet, und schließlich jegliches Gute der ganzen Christenheit in der Anbetung und dem Dienste des Hauses Gottes an seiner richtigen Stelle verwendet werden. Auch wurde ihnen gesagt, daß sie zur Zeit und auf dieser Reise mehr als Privatleute, als Lernende und Beobachtende, denn als Lehrer sich verhalten müßten." (ebd.,56f) [21]

Ab Herbst 1836 besuchten die Apostel - *"je wie sie es vermochten"* und *"je von einem Mitarbeiter begleitet"* (ALBRECHT,1924,19) - ihre Auftragsgebiete.[22] Thomas Carlyle (Apostel für Norddeutschland) besuchte wahrscheinlich noch im selben Jahr erstmals seinen *"Stamm"*, gemeinsam mit dem Engel-Evangelisten (vgl.Anm.59.b) Archibald Campbell Barclay.[23] Während die beiden damals zunächst noch nicht missionarisch in Erscheinung traten, sondern Norddeutschland erst einmal kennenlernen wollten, wurde der *"Irvingianismus"* bereits um diese Zeit in Deutschland bekannt, und zwar durch die kirchliche Presse: 1837 berichtete die EKZ ausführlich über die Entlassung des Professors S.Preiswerk und die vorzeitige Exmatrikulation dreier Studenten an der Ecole de Theologie der Société Évangélique in Genf, die sich offen zur katholisch-apostolischen Bewegung bekannt hatten. Einer dieser Theologiestudenten war wahrscheinlich der erste Deutsche, der sich dieser Bewegung angeschlossen hatte.[24]

Francis Valentine Woodhouse (Apostel für Süddeutschland und Österreich) besuchte spätestens im September 1838 erstmals sein Auftragsgebiet - begleitet vom Apostel Henry Drummond und dem Engel-Evangelisten William Renny Caird -, und zwar anläßlich der Übergabe des Testimoniums der katholisch-apostolischen Bewegung an den Kaiser Franz Ferdinand I. von Österreich (1835-1848).[25]

Über die Tätigkeit der Apostel in den Jahren 1837 und 1838 heißt es bei ROSSTEUSCHER (1886,497f [vgl.DOWGLASS,1852,6ff]):

"Überall traten die Apostel in Verkehr mit den gefeiertsten Kirchenmännern: Prälaten, Seelsorgern, Theologen; sie vernahmen deren Bekenntnisse und Meinungen, deren Klagen und Hoffnungen. Sie studierten die Verfassung der Kirchen, ihre Konfessionen, Liturgieen und Hymnen, die gerühmtesten Lehr= und Streitschriften und Andachtsbücher; sie beobachteten die Kulte und die Predigtweise und deren Wirkungen auf die Seelen; sie verfolgten alle geistlichen Bewegungen in den Kirchenkörpern und ermaßen den Stand und die Richtungen, welche der Glaube, wie der Unglaube und Aberglaube und die Sitte unter den Völkern genommen hatten. Die Mitarbeiter, die sie begleiteten, Propheten, Evangelisten und Hirten, halfen nach ihrer besonderen Begabung wesentlich dazu mit, daß nichts irgendwie Bedeutsames der Beachtung entging."

Weihnachten 1838 (1260 Tage nach ihrer *"Aussonderung"*; s.ebd.,469) versammelten sich die Apostel wieder in Albury zum gegenseitigen Bericht über ihre Eindrücke, Erfahrungen und Bereicherungen, die sie durch die Begegnung mit den verschiedenen Kirchen und Konfessionen erhalten hatten. *"Ihre Lehrzeit war jetzt zu Ende, und ihre eigentliche apostolische Tätigkeit zum Segen der ganzen Kirche sollte nun beginnen."* (ALBRECHT,1924,20) Zunächst widmeten sie sich einem weiteren inneren Ausbau der bis dahin entstandenen katholisch-apostolischen Gemeinden, die ja als *"ein Muster, ein Bild von dem, was Seine allgemeine Kirche sein sollte"* (Testimonium, nach ROSSTEUSCHER,1886,Beil.,86) gedacht waren.(ALBRECHT,1924,26) 1839 besuchten die Apostel erneut ihre Auftragsgebiete.

In bezug auf die nun beginnende Phase ihrer Wirksamkeit schreibt WOODHOUSE (1901,57f):

Angesichts der scheinbar unheilbaren Verschiedenheiten und Spaltungen in der Christenheit sei es Aufgabe des erneuerten Apostolates, diese *"Spaltungen zu heilen und diese Verschiedenheiten auszugleichen, mit dem Zustand der Kirche in allen Landen sich genau bekannt zu machen, damit sie unterscheiden könnten, - 'alles prüfen und das Gute behalten' - die Kirche in dem beständig vorrückenden Lichte der Weissagung voranzuleiten zur Erkenntnis des ganzen Ratschlusses Gottes; auch - soweit sie es ohne Einbruch in die bestehenden Ordnungen vermöchten - die ihre Autorität anerkennenden Gemeinden zu der vollkommenen Gestalt und Ordnung des Hauses Gottes aufzubauen, (ohne aber die vorhandenen Gesetze und Verfassungen anzutasten, noch antasten zu lassen: sofern dieselben der Kundmachung der Wahrheit und dem Fortschritt des Ratschlusses Gottes sich hinderlich erwiesen, würde der HErr Selbst sie baldigst niederwerfen lassen, durch die Hände der Gottlosen, aber nicht durch die der Gerechten), ein Schutz und Schirm für alle zu sein, welche um der Wahrheit willen ausgestoßen würden; Ausspender des Geistes für die, welche sie aufnehmen; endlich, standhafte Zeugen von dem schleunigen Kommen des HErrn zum Gericht über die, so ihre Botschaft verwerfen würden - hierin besteht die schwierige Aufgabe des letzten Apostolates, zu deren Lösung sie ein Maß von Weisheit und Unterscheidung, von Geduld und Sanftmut, von Glauben und Gnade bedürfen, wie es nur der Heilige Geist zu geben vermag, und wie es auch nur diejenigen handhaben können, welche dem Willen ihres Meisters gänzlich ergeben, von allen vorgefaßten Meinungen, Parteilichkeiten und hastigen Urteilen frei gemacht, und durch Gottes wirksame Gnade wahrhaft katholisch geworden sind. Und was diesfalls von den Aposteln gilt, bezieht sich auch auf die ihnen beigesellten Diener der übrigen Amtsklassen."*

Durch prophetisches Wort wurden die Apostel beauftragt, *"'Thüren zu finden'... Sie sollten also den geistlichen Zustand der Länder, die ihnen zugeteilt waren, beobachten, und zusehen wie sie ihnen am besten die Wahrheit zuführen könnten. Sie sollten ihre Einrichtungen und Gebräuche kennen lernen, um die in Theorie oder Praxis noch vorhandenen Wahrheiten zum allgemeinen Besten zu verwenden. Sie sollten endlich in jedem Lande solche Eingeborene auffinden, die, nachdem sie die Wahrheit gehört und geglaubt und über alle Werke und Wege Gottes Unterricht empfangen hätten, als Werkzeuge zur Kundmachung derselben unter ihrem Volke dienen könnten. Denn aus der Vision des Apostels Johannes, welcher 'die zwölf Thore der heiligen Stadt und einen Menschen, bei jedem der Thore' sah - ergab sich, daß zur Einführung der Wahrheit unter einem Volksstamme und zu einem vollgültigen Zeugnis an denselben das Amt und Werk eines Einzelnen, und zwar Eingeborenen des Landes, eines Wegebereiters, nötig ist, ehe die volle Amtsverrichtung Christi zur Segnung und Erbauung des Volkes von seiten derjenigen geschehen kann, welche die Funktionen des Cherubim=*

Dienstes aus dem einen Mittelpunkt in alle Gebiete des Erbteils des HErrn zu bringen haben - d. i. von seiten des Apostels, Propheten, Evangelisten und Hirten des Stammes. Die Aufgabe, überall einen Zugang dieser Art zu finden, und die geistliche Bedeutung des Ausdrucks 'Thor' und die Verwendung des bezüglichen Amtes war den Aposteln bei ihrer damaligen Zusammenkunft geoffenbart, und so gingen sie denn auch diesmal mit der besonders hierauf gerichteten Absicht aus." (ebd.,77f)

1839 (vermutlich im Sommer) kam der Apostel Carlyle erneut nach Norddeutschland. Er soll sich *"in dieser Zeit ein ganzes Jahr in Berlin"* aufgehalten haben.(WEINMANN,1963,30) Im Juni 1840 kehrte er (wie auch die übrigen Apostel) nach Albury zurück, da Auseinandersetzungen innerhalb der Katholisch-apostolischen Gemeinden in Großbritannien über das Verhältnis zwischen dem Apostel-Amt und den übrigen Ämtern zu einer *"Crisis of Authority"* (FLEGG,1992,77-81) geführt hatten.(s. WOODHOUSE,1867,11ff; ders.,1901, 81-86; BORN,1974,35f; WEBER,1977,46-49; vgl.Anm.67) Spätestens 1843/44 nahm Carlyle seine Besuche in Norddeutschland wieder auf.(BRASH,1904,35f; BORN,1974,37) Damals soll er u.a. längere Zeit in Leipzig (pA) und 6 Monate in Dresden (WEINMANN,1963,30) gewesen sein. Carlyle, der bald fließend Deutsch sprach, unternahm *"Reisen in das nördliche und östliche Deutschland, und zwar in einer Ausdehnung von Lübeck bis Königsberg und südlich bis Breslau"* (ebd.). Er lernte dabei viele Persönlichkeiten des kirchlichen und öffentlichen Lebens kennen. Eingehend beschäftigte er sich mit den kirchlichen, politischen, sozialen und kulturellen Verhältnissen in Deutschland. Seine Eindrücke und Erfahrungen beschrieb er in dem Buch *"The Moral Phenomena of Germany"*, das 1843/45 in England erschien. Carlyle ließ es über den preußischen Gesandten in London, C.K.J. Freiherr v.Bunsen, dem König Friedrich Wilhelm IV. zukommen, der es mit viel Interesse las und sich beim Verfasser ausdrücklich bedankte. Auch v.Bunsen interessierte sich für dieses Buch und lud (nach beendeter Lektüre) Carlyle zu einem ausführlichen Gespräch ein.[26]

1843 erschien in Deutschland (anonym) die von Carlyle (unter Mitarbeit von C.J.T.Böhm; BORN,1974,37) verfasste Broschüre *"Die Kirche in unserer Zeit. Ein Wort an Geistliche und Laien"* als erste Schrift der katholisch-apostolischen Bewegung in deutscher Sprache. Sie ist von dem Professor und Konsistorialrat A.G.Rudelbach (1792-1862), einem deutsch-dänischen Theologen der lutherischen Erneuerungsbewegung, *"das Auge der Kirche in unseren Tagen"* genannt worden.[27] Eine zweite deutschsprachige Schrift Carlyles erschien - ebenfalls anonym - 1847 in Frankfurt/M. unter dem Titel: *"Die Mosaische Stiftshütte, ihre Einrichtung und ihr Cultus als Vorbild für die christliche Kirche"*.

Als Mitarbeiter standen dem Apostel für Norddeutschland zur Seite: J.Smith (Prophet mit dem Apostel), J.Barclay (Evangelist mit dem Apostel),

F.W.H.Layton (als fungierender Hirte mit dem Apostel) sowie der Engel-Evangelist Böhm.[28] Die evangelistische Arbeit in Deutschland während der 40er Jahre lag fast ausschließlich in den Händen von Caird (Engel-Evangelist für Süddeutschland), Böhm und Barclay. Diese suchten zunächst Kontakt zu einflussreichen Persönlichkeiten aus Kirche, Theologie und Gesellschaft, die einen überkonfessionellen Standpunkt vertraten bzw. deren theologische und kirchliche Ansichten Anknüpfungspunkte für das Anliegen der katholisch-apostolischen Bewegung boten. Die Evangelisten hofften, unter jenen Persönlichkeiten Männer zu finden, durch deren Engagement die Ausbreitung der katholisch-apostolischen Bewegung in Deutschland unterstützt bzw. erleichtert würde. In der Regel wurden diese Kontakte erst über einen längeren Zeitraum gepflegt, ehe die Evangelisten - nach genauerer Kenntnis der jeweiligen kirchlichen Verhältnisse und der theologischen Position ihrer Gesprächspartner - das katholisch-apostolische Anliegen ansprachen und das Testimonium überreichten. Folgende Kontakte dieser Art lassen sich nachweisen:
Caird, dem LUTHARDT (1889,230) *"Liebenswürdigkeit und weltmännische Gewandtheit"* nachsagt, war ab 1841 wiederholt beim Präsidenten des Evangelisch-Lutherischen Oberkonsistoriums für Bayern Karl Roth in München und beim römisch-katholischen Bischof Peter v.Richarz in Augsburg zu Gast.[29] Nach seinen Absichten befragt, gab Caird an, dass er einem reichen Mann aus England, der sich für kirchliche Dinge interessiere (vermutlich H.Drummond), von Zeit zu Zeit Bericht über die kirchlichen Verhältnisse in Deutschland geben solle. (LUTHARDT,1889,230) Auch im Hause des Bayreuther Konsistorialrates Friedrich Heinrich Ranke war Caird ein gern gesehener Gast, der sich die Herzen der Familienangehörigen durch Liedvorträge und Kinderspiele eroberte. (RANKE,1886,439f)
1842 suchte Caird den römisch-katholischen Dekan in Oberroth J.E.G.Lutz auf, in dessen ehemaliger Gemeinde Karlshuld/Donaumoos es 1827/28 zu einer charismatischen Erweckung gekommen war.[30] Eine Frucht der ausführlichen theologischen Gespräche der beiden Männer war ein gemeinsames literarisches Projekt, nämlich die Abfassung der zweibändigen Schrift *"Ueber den Rathschluß Gottes mit der Menschheit und der Erde. Ein exegetisches Handbuch zum Studium sämmtlicher Bücher der heiligen Schrift"* (1846/47 erschienen).[31] Erst im Laufe dieser Arbeit kam Caird auf die Erweckungen in Schottland und England (1830ff) sowie auf die katholisch-apostolische Bewegung zu sprechen. Lutz, der erstaunt Parallelen zu den Karlshulder Ereignissen feststellte, öffnete sich daraufhin dem katholisch-apostolischen Anliegen.[32] Am 18.10.1846 be-

suchte Caird auch die römisch-katholische Gemeinde in Karlshuld und überreichte das Testimonium. (BORN,1974,38)
Außer Lutz wurden durch Caird noch weitere römisch-katholische Priester in Bayern für die katholisch-apostolische Bewegung gewonnen. Sie alle erhielten das Testimonium. Denjenigen Priestern, die den Wunsch äußerten, Amtsträger der Katholisch-apostolischen Gemeinden zu werden, legte der Apostel Woodhouse nahe, als Geistliche in der Römisch-Katholischen Kirche zu bleiben.[33]
Mit W.Löhe, dem Leiter der 1837 von ihm selbst gegründeten Missionsschule in Neuendettelsau (Bayern), hatte Caird ebenfalls ausgiebigen Kontakt. Sein erster Besuch bei Löhe fand möglicherweise schon um 1842 (BORN,1974,81), auf jeden Fall aber vor 1846 statt. Im Hinblick auf die theologischen - vor allem ekklesiologischen - Ansichten Löhes hatte Caird anscheinend gehofft, diesen für die katholisch-apostolische Bewegung gewinnen zu können. Löhe entschied sich zwar anders, ist aber - nach eigenem Zeugnis - theologisch von *"Caird, Thiersch, Carlyle stark angeregt"* worden (LÖHE,1956,V/2,1136).[34]
Der hessische Gymnasialdirektor A.F.C.Vilmar, der offenbar schon Ende der 30er Jahre den Aposteln Carlyle und Woodhouse begegnet war, hatte anfangs relativ engen Kontakt zur katholisch-apostolischen Bewegung. In der Folgezeit distanzierte er sich jedoch immer mehr von ihr.[35]
Anders als Löhe und Vilmar entschied sich ein Mann, der einer der prominentesten und wichtigsten Vertreter der Katholisch-apostolischen Gemeinden in Deutschland werden sollte: der Theologieprofessor Heinrich Wilhelm Josias Thiersch.[36] Über die Umstände und Gründe, die zu seiner Entscheidung führten, berichtet er selbst:

"Zu Ostern 1842 besuchte ich das Elternhaus in München und machte eine für mich höchst wertvolle Bekanntschaft. In einem theologischen Kränzchen bei Herrn Oberkonsistorialrat Faber traf ich Herrn William Caird aus Montrose in Schottland. Ich faßte Vertrauen zu seinem Charakter als Christ, ich fand mit Freuden große Übereinstimmung in unseren Ansichten. Ich hielt mit Überzeugung an den lutherischen Glaubenslehren fest, aber es war mir unmöglich zu sagen, wie man in Erlangen sagte: die Lutheraner sind die Kirche. Ich hatte zuviel Erfahrung von dem christlichen Leben unter den Römisch=Katholischen und den Reformirten. Ich kannte aus den Kirchenvätern eine Zeit, wo die christliche Kirche ohne Spaltung dastand und in ihrem Schooße die Güter vereinigte, welche jetzt an die getrennten Konfessionen verteilt erscheinen: feste Ordnung, Überlieferung und Autorität, gesunde biblische Lehre und strenge christliche Zucht. Je mehr mir das Bild der alten christlichen Kirche klar wurde, desto deutlicher erkannte ich auch die Verirrungen und den Abfall der Gegenwart. Die Hoffnung, von der die Christen der ersten Jahrhunderte erfüllt waren, daß nach solchen Kämpfen das Reich Christi in sichtbarer Herrlichkeit aufgerichtet werden wird, diese Hoffnung, welche in der Gegenwart bei so vielen Christen neu belebt wird, ... bildete für mich den lichten Morgenstern in dem Dunkel der Gegenwart. Alles dieses fand ich tiefer begründet und klarer

ausgesprochen, als ich es vermochte, in einer englischen Denkschrift an die Vorsteher der Christenheit, welche mir William Caird mitteilte. Ich nahm sie nach Erlangen mit und machte, um sie gründlich zu studieren, meine erste Bekanntschaft mit der englischen Sprache. Daß eine solche Einsicht und Gesinnung, wie ich sie hier kennen lernte, auf den Geist Christi und auf keinen andern zurückzuführen sei, war mir keinen Augenblick zweifelhaft. Im Lesen dieser Denkschrift und im Gespräch mit William Caird, der mich in Erlangen besuchte, bekam ich die Lösung großer Fragen aus den prophetischen Büchern der Schrift und aus der Kirchengeschichte, die mir sonst niemand hatte beantworten können, und hiemit war der Grund für eine weitere Stufe meiner theologischen Entwicklung gelegt." (WIGAND,1888,48f)
"In den Jahren 1845 und 1846 war ich von William Caird und Charles Böhm besucht worden, und ihre Mitteilungen über die a p o s t o l i s c h e n G e m e i n d e n *in England und Schottland, aus welchen jene Denkschrift hervorgegangen, waren ein Labsal für mein inneres Leben. Im Jahre 1847 lernte ich Thomas Carlyle kennen, und durch die Vorträge, die er in meiner Wohnung hielt, wurde ich vollends überzeugt, daß nicht allein die wahre Theorie von der Kirche, sondern auch ihre Verwirklichung in den apostolischen Gemeinden vorhanden sei. Bei dem ratlosen Zustand der mich umgebenden Kirche, ihres Kultus und ihres Lebens sah ich hier, was mir und jedem Christen als Heilmittel bestimmt und angeboten war. Ich kannte große Theologen und höchst achtungswürdige Christen in den verschiedenen Parteien, aber ich müßte blind oder undankbar sein, wenn ich nicht bekennen wollte, daß hier mehr Wahres und Göttliches als bei jenen zu finden ist. Überzeugt, daß die Güter des ursprünglichen Christentums wieder vorhanden sind, hätte ich es nicht verantworten können, wenn ich versäumt hätte, mich und die Meinigen derselben teilhaftig zu machen."* (ebd.,62)
Am 15.4.1885 schrieb Thiersch an seinen Schwiegersohn und Biographen Paul Wigand[37]:
"'Herr Caird und Herr Böhm beglaubigten sich mir 1842-46 als Evangelisten, als Friedensboten vom HErrn. Als ich sie fragte: Woher diese köstlichen Aufschlüsse über Gottes Wort, diese göttlichen Grundsätze?, bekam ich die Antwort: Dies hat Gott durch die Weissagung an das Licht gebracht. Ich konnte keinen Augenblick zweifeln, daß diese Gabe von Gott sei. Die Notwendigkeit von Aposteln sah ich lange nicht ein. Ich wartete ab, ob sie sich auch persönlich so beglaubigen würden wie die Evangelisten. Dies war im vollen Maße der Fall, als ich 1847 Herrn Carlyle sel. kennen lernte. Mit dieser Weihe und Kraft habe ich noch niemand predigen hören. Ich sah endlich ein, daß die Gemeinde und das apostolische Werk in seiner Gesamtheit Zeugnis für die Sendung vom Himmel sind, und daß ohne solche Sendung, also ohne Apostolat keine Hilfe für die Kirche zu erwarten ist, daß insbesondere prophetische Gaben ohne apostolische Leitung nicht ausreichen würden. In dem allen ist meines Erachtens kein Zirkelschluß'".(ebd.,297)
"Nach der ersten kurzen Begegnung mit Carlyle ... soll Thiersch ergriffen zu den Seinen gesagt haben: 'Eben war ein Apostel Jesu Christi bei mir!'" (EDEL,1971,57)
Der Anschluss Thierschs an die katholisch-apostolische Bewegung, die Übernahme eines geistlichen Amtes in den Katholisch-apostolischen Gemeinden und der Verzicht auf seine Professur erregten Aufsehen, stießen aber weithin auf Unverständnis und Ablehnung. WIGAND (1888,279) bemerkt dazu: *"Die gan-*

ze lutherische Theologenwelt fühlte sich gewissermaßen beleidigt, da sie ihren Thiersch zu den Füßen der Apostel sitzen sah." (vgl. ebd.,303f; LUTHARDT, 1889,234ff.239f)

Im einzelnen gestalteten sich Thierschs Kontakte mit Caird, Böhm und Carlyle folgendermaßen: Nach ihrer ersten Begegnung zu Ostern 1842 setzten Thiersch und Caird ihren Meinungsaustausch zunächst brieflich fort. Später besuchte Caird Thiersch in Marburg zu weiteren Gesprächen und zu theologisch-schriftstellerischer Zusammenarbeit. Von Ende (?) Mai bis zum 6. Juni 1846 überarbeiteten sie beispielsweise ein Manuskript von Caird (vermutlich zum Buch "Ueber den Rathschluß Gottes mit der Menschheit und der Erde", s.o.).(Th.Br., 70, 71/1)

Zur selben Zeit (konkret vom 30.5.-17.6. d.J. [Th.Br.,70, 72/2]) erhielt Thiersch (zum ersten Mal?) auch Besuch von Böhm, der sich zuvor in Frankfurt/M. - dem zweiten Kristallisationspunkt der frühen katholisch-apostolischen Bewegung in Deutschland neben Berlin - aufgehalten hatte. Beide Männer kannten sich offenbar schon durch briefliche Kontakte. Während dieses Besuches traf Böhm mit weiteren interessierten Personen zusammen - z.B. mit dem Rechtsanwalt Dr. Victor Andreä, der sich, ebenso wie der Buchhändler Heinrich Zimmer (beide aus Frankfurt/M.), der katholisch-apostolischen Bewegung bereits angeschlossen hatte.[38] Am 21.6.1846 schrieb Thiersch an seine Frau über die Begegnung mit Böhm: *"Viel gutes, herzerhebendes u. hoffnungstärkendes habe ich von Böhm vernommen und hoffe, auch Dir davon mittheilen zu können".*(Th.Br.,73/3)

Im Januar 1847 kam Carlyle in Begleitung des Apostel Woodhouse zum ersten Mal nach Marburg und hielt in Thierschs Wohnung geistliche Vorträge. In den folgenden Monaten widmete sich Carlyle, der 1847 mit seiner Familie in Frankfurt/M. wohnte, hauptsächlich der Besuchs- und Vortragstätigkeit, vor allem in Marburg, Frankfurt/M. und Berlin. Nachdem in Hessen ein kleiner Kreis von Anhängern der katholisch-apostolischen Bewegung gesammelt war, beschloss der Apostel, im Oktober 1847 in Frankfurt/M. die erste katholisch-apostolische Gemeinde in Deutschland zu gründen.[39]

In einem Brief vom 2.9.1847 bereitete Thiersch seine Frau auf dieses Ereignis vor: *"Gewiß fühlst Du mit mir, wie vielen Seegen wir empfangen haben durch das, was wir von Herrn Caird, Böhm und Carlyle gelernt. Aber etwas sehr unvollkommenes haftet daran, wenigstens bei mir, indem ich alles vielmehr in die Theorie und das Denken als in das Leben aufgenommen habe. Dieß sollte nicht so sein. Nicht dieß ist die Bestimmung des Herrn Carlyle, uns nur zu belehren, sondern uns auch mit Kraft des heil. Geistes für unser Leben zu stärken. Darum sehnt er sich so sehr, eine Gemeinde zu sammeln, in deren Mitte er das heil. Abendmahl mit uns feiern könne.*

Geschieht dieß, so ist damit nicht ein Austritt aus unserer bisherigen Kirche verbunden. Gestattet doch auch die Brüdergemeinde, daß Christen anderer Confessionen an ihrer Abendmahlsfeier antheil nehmen, ohne damit aus ihrer bisherigen Kirchengemeinschaft auszutreten. Nicht eine neue Kirche soll sich jetzt bilden, sondern <u>innerhalb</u> der bestehenden allgemeinen Kirche verwaltet Carlyle *nach dem Auftrag den ihm der HErr gegeben, die Sacramente.*
Mit dieser Abendmahlsfeier wünscht er aber die heilige Handlung der Handauflegung zu verbinden. Diese ist eine Art zweite Confirmation, oder vielmehr die rechte Confirmation, die wir noch nicht empfangen haben. Auch unsere Confirmation ist ein gottgefälliger u. gültiger Act, nämlich Erneuerung unserer Taufgelübde u. rechte Zulassung zum heil. Abendmahl gewesen; sie soll durch das, was uns jetzt nahe gelegt wird, nicht widerrufen, nicht aufgehoben, nicht geschmälert werden. Nun sollen wir jene Handauflegung empfangen, mit welcher die <u>Gabe</u> des heil. Geistes ertheilt wird, auf daß Er in den durch die Taufe und Absolution gereinigten Herzen wohne. Die biblische Belehrung ist Apostelgesch. c. 8 u. c. 19 zu finden. Wenn auch nur 12 Seelen, wie damals in Ephesus, sich finden, will uns Herr Carlyle *diesen Seegen mittheilen, zu dessen Mittheilung er beauftragt ist."* (Th.Br.,77/2f) [40]

Ob es dazu kommen würde, blieb zunächst fraglich. Thiersch schrieb am 18.9.:
"Herr Carlyle *hat an den regierenden Bürgermeister (*von Frankfurt/M.; Ende August - Verf.*) eine Anzeige seines Vorhabens u. eine Anfrage um Erlaubniß gerichtet. Wird diese verweigert, so hält er es für einen Wink, daß er in Frankfurt vorerst sein Vorhaben <u>nicht</u> ausführen soll, u. ich vermuthe, daß er in diesem Fall sich nach Berlin wenden würde."* (ebd.,81/6)

Am 7.10. reisten Thiersch und seine Frau nach Frankfurt/M., um sich auf den Empfang der apostolischen Handauflegung vorzubereiten.
"Am 9. Oct. Abends in der Versammlung (in Carlyles *Wohnung), u. am 10. Oct. Vorm. (in* Whites *Wohnung) erfolgten die ersten prophetischen Äußerungen durch den Mund des Jo*nath. Smith *(Dr.* Andreä *u. Dr.* Brückner *gingen von dem Tage an zurück.)"* (CHRONIK Marburg,I,3) [41]

"Sonntag den 17. Octob. 1847 ward der erste Gottesdienst nach apostol. Ordnung in deutscher Sprache in Frankfurt a. M. gehalten. Feier der h. Eucharistie und apostolische Handauflegung, welche außer einigen Mitgliedern aus England empfingen: Buchh. <u>Zimmer</u>, Cand. <u>Pilgrim</u> u. dessen <u>Frau</u>, Prof. <u>Thiersch</u> u. dessen <u>Frau</u>.
Der Apostel Carlyle *war in seinem Wirken unterstützt worden von den Evangelisten* Böhm, Caird *u.* White *u. dem Propheten* Jonathan Smith.*"* (ebd.)

Weitere Gottesdienste fanden am 24. und 31.10. sowie am 1.11. im Hause des Buchhändlers Zimmer statt.(BORN,1974,39) Im November kam Carlyle *"wieder nach Marburg begleitet von* Jon. Smith *auf 8-14 Tage u. lehrte wieder in der Wohnung des Prof. Thiersch".*(CHRONIK Marburg,I,4)

"Mittwoch 29. Dec. 1847 wurden bei dem Gottesdienste im Hause des Buchh. Zimmer (in Frankfurt/M. - Verf.*) Zimmer, Pilgrim u. Thiersch zum Amte (*Priester-Amt - Verf.*) berufen durch den Mund des* Jon. Smith.
Die Studirenden Geering *u.* Faesch *und Pfarrer* Becker *aus Neuenhain erhielten um diese Zeit die apostol. Handauflegung.*

Sonntag den 2. Jan. 1848 wurde Prof. Thiersch zum Priesterthum in der allgem. Kirche ordinirt." (ebd.) [42]

Der Aufbau einer katholisch-apostolischen Gemeinde in Frankfurt/M. glückte nicht, sondern wurde aufgrund einer "Gegenarbeit" durch Andreä (Anm.41.b) in der folgenden Zeit verhindert. Die wenigen dortigen Anhänger der katholisch-apostolischen Bewegung, für die es vorerst bei sporadischen Gottesdiensten blieb, mussten bis 1878 von Marburg aus geistlich versorgt werden (BORN, 1974,40).[43]

Was in Frankfurt/M. zunächst nicht gelang, wurde nur wenige Monate später in Berlin möglich: Am 19.3.1848 entstand dort die erste katholisch-apostolische Gemeinde in Deutschland, die kontinuierlich aufgebaut werden konnte. Die evangelistische Vorarbeit zu dieser Gemeindegründung leistete neben J.Barclay vor allem Böhm, der außer in Berlin auch in anderen Städten Preußens (besonders in Magdeburg) für die katholisch-apostolische Bewegung warb. Zur Weiterverbreitung ihrer Botschaft bedienten sich beide Evangelisten in erster Linie der Pflege persönlicher Kontakte. Auf diese Weise konnten Männer und Frauen für die katholisch-apostolische Bewegung gewonnen werden, die Böhm und Barclay den Zugang zu weiteren interessierten Personen und Kreisen ermöglichten. Ab etwa 1844/45 begannen die Evangelisten, für die allmählich wachsende Anhängerschar in Berlin religiöse Versammlungen und Vorträge über das katholisch-apostolische Anliegen zu halten.

Zu den ersten Anhängern, die durch Böhm gewonnen wurden, gehörte der Assessor und spätere Chefredakteur der *"Neuen Preußischen Zeitung"* (der sog. Kreuzzeitung) F.W. Hermann Wagener, der sich bereits 1843 (BORN,1974,79) der katholisch-apostolischen Bewegung zuwandte.[44] Ihm folgte einige Zeit später der Magdeburger Oberlandesgerichtsrat Friedrich Rathmann.[45] Über Wagener und Rathmann konnte Böhm auch mit dem Magdeburger Oberlandesgerichtspräsidenten Ernst Ludwig v.Gerlach in Verbindung treten, für den ein Anschluss an die katholisch-apostolische Bewegung jedoch nicht in Frage kam.[46] Spätestens 1844 wurde durch Barclay ein Mann gewonnen, der bald eine sehr wichtige Rolle in der Geschichte der katholisch-apostolischen Gemeinde Berlins spielen sollte: der Pfarrer Carl W.S. Rothe, Hilfsprediger an der Berliner St.-Elisabeth-Kirche.[47] Dieser Mann, dessen Anschluss an die katholisch-apostolische Bewegung in kirchlichen Kreisen besonderes Aufsehen erregte, gehörte bald schon zu den aktivsten Mitarbeitern des Kreises um Carlyle, Barclay und Böhm. Rothe blieb bis 1848 Pfarrer; er übernahm sogar noch im Oktober 1847 (VII/15) eine neue Pfarrstelle in Trebbin.

Anfang 1847 kam der Pfarrer der böhmisch-lutherischen Bethlehemsgemeinde Albert A.O. Koeppen mit Barclay in Kontakt. KÖHLER (1876,180f) schreibt:

"Terwijl nu een inmiddels verschenen tweede Evangelist, Barclay, vroeger kapitein der Britsche zeemacht, een bemiddeld man, door zijne gulle gastvrijheid en den aangenamen, gezelligen toon, die ten zijnent heerschte, velen tot zich trok, hield Carlyle bij zich aan huis voorlezingen, welke door verscheidene geestelijken en candidaten der theologie bijgewoond werden; en waaraan dan ook de predikant der Bethlehem's kerk, Köppen, geregeld deelnam."
Koeppen sympathisierte zunächst mit der katholisch-apostolischen Bewegung und schloss sich ihr 2 Jahre später endgültig an (s.u.).[48]
Zu den ersten, die sich in Berlin unter dem Eindruck der Vorträge von Böhm der katholisch-apostolischen Bewegung zuwandten, gehörten auch der cand. theol. H.Evers, der Techniker Max v.Pochhammer und der Obristlieutenant Moritz von den Brincken.[49]
Sympathien für die katholisch-apostolische Bewegung gab es auch bei Mitgliedern der preußischen Regierung. So schrieb Thiersch am 29.3.1851 an seine Frau über den ehemaligen Staatsminister L.G.v.Thile: *"Der Minister gehörte einst beinahe zu uns. Er stand zu derselben Zeit zugleich dem König v. Preußen am nächsten."* (Th.Br.,110/2) [50]
Friedrich Wilhelm IV., dessen Kirchenideal interessante Gemeinsamkeiten mit katholisch-apostolischen Anschauungen vom Wesen und der Verfassung der Kirche aufweist, zeigte ebenfalls Interesse für die katholisch-apostolische Bewegung, ohne jedoch näher auf sie einzugehen. Wenn er auch eine "von Aposteln geleitete Kirche" nicht akzeptieren konnte und der Gründung apostolischer Gemeinden kritisch gegenüberstand, so hat er doch andererseits die Katholischapostolischen Gemeinden in Preußen wiederholt in Schutz genommen und seinen Einfluss für deren Duldung geltend gemacht (s.u.).[51]
Im Winter 1846/47 besuchten die Apostel Carlyle und Woodhouse die preußische Hauptstadt.(KÖHLER,1876,180) Böhms evangelistischen Bemühungen war bis zu diesem Zeitpunkt - gemessen an seinen Erwartungen - verhältnismäßig wenig Erfolg beschieden. Es wird berichtet, dass der Evangelist (im Februar?) 1847 dem Apostel Carlyle geklagt habe, *"'wie fruchtlos die Anstrengungen bis dahin gewesen seien'"*, worauf dieser entgegnete: *"'Und doch hat der Herr ein grosses Volk in dieser Stadt.'"* ([1.Kor.18,10b] pA; s. dazu S.69-72 der vorliegenden Untersuchung)
Der Berliner Kreis um Böhm und Barclay wurde während der Reisetätigkeit der Evangelisten in Norddeutschland durch Rothe betreut. Nachdem der seine neue Pfarrstelle in Trebbin angetreten hatte, *"ging diese kleine Glaubensgemeinschaft im November desselben Jahres* (1847 - Verf.) *in die Hände des Engel-Evangelisten Böhm über, der die Sammlung bis zur Bildung der Gemeinde, und noch weiter fortsetzte"* (pA). Im Januar 1848 gab es in Berlin etwa 30-40

Anhänger der katholisch-apostolischen Bewegung (KÖHLER,1876,180), von denen knapp die Hälfte den "höheren Ständen" angehörte.
Am 17.1.1848 (BORN,1974,40) verlegte Carlyle seinen Wohnsitz von Frankfurt/M. nach Berlin (Mohrenstraße 48, beim Goldschmied E.E.Neuhaus), um sich - durch Betreuung des Anhängerkreises, das Knüpfen weiterer Kontakte und Vortragstätigkeit - ganz der Bildung einer katholisch-apostolischen Gemeinde in der Hauptstadt Preußens zuzuwenden.
Die Vorgeschichte zur Gründung der Berliner Gemeinde beschrieb Oberkirchenrat A.Twesten (Anm.50.c) in einem Bericht des Evangelischen Konsistoriums Brandenburg an das Ministerium der Geistlichen, Unterrichts- und Medizinal-Angelegenheiten vom 13.11.1849 (in: XXII) folgendermaßen:

"Vor mehreren Jahren traten hier ein ehemaliger Schottländischer Advocat Carlyle und ein ehemaliger Engländischer Marine=Capitain, Barclay auf, welchen sich später ein ehemaliger Kaufmann Böhm zugesellte, setzten sich mit Männern und Familien in Verbindung, bey welchen sie ein größeres Interesse für Religion und Kirche voraussetzen konnten, theilten ihnen, nach dem Maaße, als sie mit denselben bekannter wurden und sie empfänglich fanden, ihre religiösen Ansichten und Erfahrungen mit, gingen allmählig zu ausführlicheren Vorträgen, zunächst in Privatcirkeln über, mietheten sodann ein Local, wo größere Kreise versammelt werden konnten, und endigten mit Einrichtung eines förmlichen Gottesdienstes mit eigenthümlichen liturgischen Formen und für denselben berufenen und geweihten Personen. Es war vor dem zuletzt bezeichneten Stadium, im Februar v.J. daß der Prediger an der Böhmisch=Lutherischen Gemeinde, Köppen, uns eine von mehreren Personen an den Kirchenvorstand gerichtete Bitte vorlegte, dem p. Carlyle und Böhm die Benutzung ihres Betsaales zu dergleichen Vorträgen zu gestatten. Wir versagten unsere Genehmigung und machten zugleich das Königl. Polizeypräsidium auf diese Vorgänge aufmerksam, indem wir dasselbe ersuchten, dergleichen Vorträge auch in anderen Localen nicht ohne vorläufige Mittheilung an uns zu gestatten. Die bald darauf eingetretenen Märzereignisse und das in Folge derselben geltend gemachte freye Associationsrecht enthoben jedoch die Anhänger jener Männer aller Beschränkungen und machten uns eine weitere Behinderung oder Beaufsichtigung unmöglich."

3. Die Entwicklung der katholisch-apostolischen Gemeinde in der preußischen Hauptstadt Berlin bis 1863 (mit Ausblick bis zur Gegenwart)

"Der eigentliche Stiftungstag der Gemeinde zu Berlin ist der 19. März 1848, der Tag nach der Revolution. Für diesen Sonntag war von dem Apostel, Herrn Thomas Carlyle, die erste Handauflegung auf seinem Zimmer, (Mohrenstrasse [48 - Verf.] bei Goldschmied Neuhaus)

bestimmt worden. Sie geschah an wenigen Personen, die sich den Weg über Barrikaden bahnten." (erster Satz der Berliner Gemeindechronik, zitiert nach den pA)
Unter den *"wenigen Personen"*, die die apostolische Handauflegung empfingen (nach KÖHLER,1876,181, waren es nur sechs - ?), befand sich C.Rothe. Zu den Anwesenden gehörte auch Böhm, der in der Funktion eines Beauftragten Engels (Anm.62.b) zunächst die Leitung der neuen Gemeinde übernahm. Abgesehen von Gottesdiensten in der Matthaei-Kirche und in der Bethlehems-Kirche (durch Koeppen [v.MICKWITZ,1895,91]) soll dieser von Carlyle gehaltene Gottesdienst der einzige gewesen sein, der am Sonntag nach dem Ausbruch der Revolution in Berlin stattgefunden hat.(pA; vgl.DANG,1989,35)
Im zeitlichen Zusammentreffen der Märzrevolution mit der Gründung der ersten katholisch-apostolischen Gemeinde Deutschlands in Berlin sahen die Anhänger der katholisch-apostolischen Bewegung keine zufällige Konstellation. Sie fanden die bereits 1836/38 im Testimonium ausgesprochene Aufforderung an die *"Fürsten und Herrscher der Christenheit"* in ihrer Dringlichkeit bestätigt:
"Es giebt kein menschliches Schutzmittel gegen den Sturm, welcher über Euch hereinbrechen wird. Es gibt keine Rettung mehr vor dem kommenden Übel, als hinweggenommen zu werden, hinaufzusteigen auf den Berg Gottes, und zu warten und zu eilen auf die Zukunft des Tages des HErrn, wozu dieses Werk die einzige Vorbereitung ist!" (ROSSTEUSCHER,1886, Beil.,94)
Die Märzrevolution wurde - wie schon die Französische Revolution - als ein Zeichen der Endzeit interpretiert. Besonders in den Evangelisten-Vorträgen spielte die Auffassung, dass der Umsturz der bestehenden Ordnung ein Hinweis auf die beginnenden Gerichte Gottes an den Verantwortlichen sei, eine wichtige Rolle. Der starke Zuwachs, den die Katholisch-apostolischen Gemeinden nach der Märzrevolution in Preußen erfuhren (bemerkenswerterweise zu über 70% aus dem Handwerker-, Arbeiter- und Dienstbotenstand [s.u.] !), hängt deutlich mit dieser Interpretation, aber auch mit der inneren Situation der Evangelischen Kirche zusammen.(vgl.Kap.1) Die EKZ wies am 12.8.1848 (Sp.642f) ausdrücklich auf diese Zusammenhänge hin. Es heißt dort:
Der Zulauf zur katholisch-apostolischen Bewegung *"erklärt sich vollkommen aus der trostlosen Lage, in der sich die Evangelische Kirche namentlich seit dem jüngst erfolgten politischen Umsturze befindet; und es darf nicht übersehen werden, daß die Anfänge der hiesigen irvingianischen Gemeinde genau zusammenfallen mit dem Eintritte der Gräuel, welche Berlin erlebt hat. Überhaupt ist es diese gedrückte Stellung unserer Kirche, welche dem Irvingismus die wirksamsten Waffen in die Hände gibt. Auch ohne daß dessen Vertreter es uns erst begreiflich machen, ermessen wir den ganzen Umfang ihrer Gefahr; auch ohne ihre Prophezeiungen erwarten wir vor der Hand noch keine guten Tage. Wir müssen es ihnen einräumen, daß menschlicher Berechnung nach der entchristlichte Staat die Kirche tyrannisiren werde; und wenn sie es als Zeichen des tiefsten Verfalls schildern, daß Lehre und Verfassung*

nach Stimmenmehrheit entschieden werden solle, so haben wir diesen Gräueln der Verwüstung, dieser Verkehrung der heiligen Ordnung Gottes gegenüber, nur Klagen und Thränen. Und nichts ist uns begreiflicher, als daß bei solcher Sachlage Gemüther, die da nicht sehen auf das Unsichtbare, sondern auf das vor Augen liegende Sichtbare, denen zufallen, welche eine Arche zu bauen verheißen zur Rettung auf die Zeit, da das Meer und die Wasserwogen brausen werden."

Am 27.3.1848, 8 Tage nach Gemeindegründung, schrieb Carlyle an Thiersch:

"I celebrated the Eucharist for the first time here on the eventful morning of the 19th. And again yesterday. About 30 have received the laying on of hands - As we have not yet succeeded in getting a place of meeting, I will not ask you to come here just now. And I propose myself to return to Frankfurt in the beginning of April, to dispose of my family in the way which may then seem best. I hope our Baselers are not on their way hither. Do you think you can let me have the remainder of the Liturgy from Easter to Advent translated before the middle of April? I could then prepare it for the press. It is not unlikely that I may take my family to England." (B.ST.B.,H.Thierschiana II,149,Carlyle,3) [52]

Am 3.4. reiste Carlyle nach Frankfurt/M. Zu diesem Zeitpunkt zählte die Berliner Gemeinde bereits 60 Mitglieder.(Th.Br.,87/1)

Vom 11.-29.4. weilte Thiersch, der auf der Hin- und Rückfahrt in Trebbin bei Rothes Station machte, in Berlin. Er wohnte in dieser Zeit bei Pfarrer Koeppen. Während seines Aufenthaltes hielt Thiersch eine Reihe religiöser Vorträge (vgl. Anm.45) und - an Koeppens Stelle - *"Erbauungsstunden"* in einem Kirchsaal der Bethlehemsgemeinde vor jeweils 200-300 Zuhörern. Er sprach u.a. *"über I. Thessal. 4 u. II. Thess. 2, dann über den Sinn den wir für die Leiden u. Hoffnungen der ganzen Kirche haben müssen", "über die heil. Taufe u. über die Wirkungen des heil. Geistes"* sowie *"über die Prüfung der Geister u. die Unterwerfung unter die kirchl. Ordnung"*. Palmarum und Ostermontag predigte er jeweils in einem der Gottesdienste der böhmisch-lutherischen Gemeinde. (Th.Br.,88/3, 90/1f, 91/2) Diese Vorträge und Predigten haben Aufsehen erregt. So schrieb Thiersch am 26.4.1848 seiner Frau (Th.Br.,91/1f):

"Die Verdächtigung in der Postamtszeitung (gemeint ist wohl die "Frankfurter Oberpostamtszeitung" - Verf.) darf Dich nicht erschrecken. Meine Vorträge sind, wie wir hoffen, nicht ohne Seegen gewesen, und gewiß ganz unantastbar biblisch, auch nicht einmal auf Thatsachen eingehend sondern nur Wahrheiten aus der h. S. (heiligen Schrift - Verf.) nachweisend - wie ich es in jeder Versammlung in öffentlicher Predigt in jeder Kirche auch thun kann."

Koeppen arbeitete zu diesem Zeitpunkt schon verhältnismäßig eng mit Thiersch (dem bis dahin einzigen deutschen Priester der Katholisch-apostolischen Gemeinden) sowie mit Barclay und Böhm zusammen.(Th.Br.,92/2)

Während dieser und auch späterer Reisen hatte Thiersch immer wieder Gelegenheit, mit wichtigen Persönlichkeiten aus Kirche, Wissenschaft und Politik über die katholisch-apostolische Bewegung zu sprechen, so u.a. mit Neander,

Hengstenberg, Twesten, Tholuck, Delitzsch, Blumhardt, Herzog, v.Savigny, Schelling, Stahl, Eichhorn, Bunsen, E.L.v.Gerlach, v.Thile und dem preußischen Königspaar.[53]

Am 3.5. bzw. 5.5.1848 konnte die Berliner Gemeinde mit zusätzlichen Mittwochs- und Freitagsgottesdiensten (Morgendienst bzw. Nachmittagsgebete) beginnen.(Th.Br.,91/3) Unklar ist, welche Räumlichkeiten sie in dieser Zeit zu gottesdienstlichen Zwecken benutzen durfte. Erst ab 1.6.1848 (Himmelfahrt) stand der Gemeinde ein gemieteter Saal in der Zimmerstraße 78 (im Hause des Ingenieurs Elsner) zur Verfügung, in welchem sie sich fortan versammeln konnte. Dass Rothe 6 Jahre später den Himmelfahrtstag 1848 als den *"Stiftungstag der Gemeinde, die an diesem Tag zuerst ein Gotteshaus erhielt"*, bezeichnete (WEINMANN,1963,298), zeigt, welchen Stellenwert dieses Ereignis für die Gemeinde hatte.(vgl.ebd.,34)

Im Morgendienst des 22.6. fand die erste Anbietung zum Priester-Amt statt.[54] Zehn Männer boten sich an, als Amtsträger berufen zu werden. An acht von ihnen ergingen durch den Propheten J.Smith Worte *"unbestimmter Berufung"*, Rothe wurde als *"Ältester"* und Rathmann als *"Helfer"* bezeichnet. Rothe erhielt (nachdem er am 28.6. dem Evangelischen Konsistorium in Brandenburg seinen Entschluss, Amtsträger der katholisch-apostolischen Gemeinde in Berlin zu werden, angezeigt und auf eigenen Wunsch aus dem Pfarramt entlassen worden war) zusammen mit Rathmann am 20.8. die Ordination zum Priester-Amt durch den Apostel Carlyle. Die acht *"unbestimmt Berufenen"* wurden als Unterdiakone eingesetzt (unter ihnen M.v.d.Brincken, der wenige Monate später an der Sammlung einer katholisch-apostolischen Gemeinde in Frankfurt/O. mitwirkte; s.u.). Am selben Tag wurden die schon einige Zeit zuvor von der Gemeinde gewählten Diakone durch den Apostel in ihrem Amt bestätigt.

Der EKZ vom 2.8.1848 (Sp.609) zufolge hatte Carlyle bis Anfang August in Berlin bereits viermal die apostolische Handauflegung vollzogen. Am 20.8.1848 zählte die Berliner Gemeinde 135 versiegelte Mitglieder.(pA) Zu diesen 135 Gemeindemitgliedern gehörten - außer Rothe, Rathmann, v.d.Brincken und H.Wagener - mit hoher Wahrscheinlichkeit schon die Brüder Eduard und Friedrich W. Schwarz, der Kaufmann J.W.Hermes, der Buchdruckereibesitzer C.G.Brandis, der Maschinenbauer H.Deventer, die Lehrer A.Mittendorf und F.W.Haeger, der Schneidermeister G.Herbert, der Schneidergeselle C.Hennig, der Tischlermeister H.F.Borchert, M.v.Pochhammer und die Frau des Generals v.Zastrow.[55]

Am 21.8. verließ der Apostel Berlin. Unter der Leitung des Beauftragten Engels Böhm entfaltete die Gemeinde immer stärker ihr geistliches und liturgisches

Leben. Rothe, der am 13.9. (VII/15) von Trebbin nach Berlin übergesiedelt war, stand Böhm als Priester zur Seite.

Am 17.9.1848 trat zum erstenmal im Gottesdienst die Gabe der Weissagung bei einem deutschen Gemeindemitglied (dem späteren Priester-Propheten Borchert) hervor. Als erstes Kind innerhalb der deutschen Katholisch-apostolischen Gemeinden erhielt am 6.10. Rothes Tochter Luise (geb. am 14.9. d.J.) die Taufe nach katholisch-apostolischem Ritus (vollzogen von Böhm).(pA) Durch die auch weiterhin stattfindenden öffentlichen Evangelisten-Vorträge nahm die Mitgliederzahl der Berliner Gemeinde ständig zu.

Gegen Ende des Jahres 1848 wurde Koeppens Situation an der Bethlehemsgemeinde schwierig, da seine Sympathie für die katholisch-apostolische Bewegung bei einflussreichen Gemeindemitgliedern zunehmend auf Widerstand stieß. Nachdem er sich am 4.Advent in seiner Predigt schließlich offen zur katholisch-apostolischen Bewegung bekannt hatte, wurde er am 9.1.1849 von den Gemeindevorstehern schriftlich aufgefordert, nähere Auskunft über seinen Standpunkt zu geben. Die von Koeppen erteilte Auskunft verstärkte die kritische Haltung der Vorsteher, so dass diese sich an den Superintendenten Kober wandten, welcher zunächst versuchte, durch eine Aussprache zwischen dem Vorstand und Koeppen (am 24.1.) *"diese Angelegenheit auf dem Wege gütlicher Verständigung zu erledigen"*. Koeppen blieb letzten Endes bei seinem Standpunkt und bekannte sich auch zu der Tatsache, dass er die apostolische Handauflegung empfangen habe (wann genau, ist nicht bekannt; bereits im März 1848 [KÖHLER,1876,181] ?). Der Widerstand bei einem Teil seiner Gemeinde wuchs spürbar. Am 9.2.1849 verlangte der Kirchenvorstand vom Evangelischen Konsistorium in Brandenburg, dass Koeppen vernommen und gegebenenfalls aus der Gemeinde entfernt werde. Das Konsistorium versuchte daraufhin, Koeppen durch den mit ihm befreundeten Superintendenten Büchsel zu bewegen, Urlaub zu nehmen, bis sich die Aufregung gelegt habe. Als Koeppen auf dieses Ansinnen ablehnend reagierte, wurde Kober am 12.3. vom Konsistorium angewiesen, ihn aufzufordern, seine Funktion als Pfarrer freiwillig niederzulegen, bis er von einer Kommission des Konsistoriums vernommen worden wäre. Da Koeppen auch dieses nicht akzeptieren wollte und der Kirchenvorstand am 17.3. auf seine Suspension drängte, untersagte das Konsistorium Koeppen bis auf weiteres die Ausübung seiner gottesdienstlichen Funktionen. Am 29.3. wurde Koeppen für den 13.4. zu einer Aussprache in das Konsistorium bestellt (s.u.).(Bericht des Evangelischen Konsistoriums in Brandenburg an das Ministerium der Geistlichen etc. Angelegenheiten vom 22.5.1849 [in: XIV/153-154v]) [56]

Bereits am 10.2.1849 war Carlyle (von England über Marburg kommend) wieder in Berlin eingetroffen, begleitet von Smith, Barclay und Layton. Die folgenden Wochen markieren eine sehr wichtige Phase im Aufbau der jungen Berliner Gemeinde. Am 4.3. wurden bereits weitere 9 Männer als Unterdiakone eingesetzt (unter ihnen Haeger, Deventer und v.Pochhammer). Am 26.3. erfolgte durch Smith die Berufung des Diakons Hermes sowie der Unterdiakone Evers und Deventer zum Priester-Amt. Fünf Tage später wurde mit dem Ältesten Rothe der erste Deutsche zum Engel-Amt berufen.(vgl.Anm.47, 58.a,b) Während der Karwoche (1.-7.4.) fanden erstmals täglich Morgen- und Abendgottesdienste statt, die vom Apostel und seinen drei apostolischen Mitarbeitern gehalten wurden. Am Ostersonntag (8.4.) vollzog Carlyle die apostolische Handauflegung. Ostermontag wurden die Unterdiakone Hennig, v.d.Brincken und v.Pochhammer in das Diakonen-Amt eingesetzt.(pA)

Thiersch schilderte seine Eindrücke von den letztgenannten Ereignissen im Brief an seine Frau vom 12.4.1849 folgendermaßen:

"An diesen hohen Festtagen ward meine Erwartung von der Gemeinde, von dem Geist der Ehrfurcht, Anbetung u. heiligen Freude, der in ihr wohnt, von der heiligenden Macht der Gottesdienste nicht nur erfüllt, sondern übertroffen. An allen diesen hohen Festtagen wurde die heil. Eucharistie gefeiert; in den Morgen u. Abendgottesdiensten hielt H. Carlyle *selbst Betrachtungen über die Leiden unsers HErrn. Am Ostersonntag empfingen etwa 20 neue Mitglieder die apostolische Handauflegung* (die pA sprechen von 39 Personen - Verf.). *Am Mondtag wurden mehrere Diaconen und Diaconissinnen eingesetzt. Meine eigene geringe Mitwirkung beschränkte sich darauf, daß ich am Charfreitag die Passionsgeschichte zu lesen, am Samstag Vormittag u. am Sonntag Nachmittag eine Predigt für Rothe zu halten hatte.*
Unvergeßlich ist mir namentlich der Ostersonntag Morgen. Wahrlich da mußte man bekennen: Gott ist gegenwärtig, Gott in seiner unaussprechlichen Liebe, mit der Er uns in Christo geliebt und uns den heil. Geist geschenkt hat. Jonathan Smith stimmte während der Ausspendung der Communion einen prophetischen Lobgesang an, und von einem deutschen Mitglied der Gemeinde wurden unter Eingebung des HErrn die Worte gesprochen: 'Amen, ja ich komme bald.' Nie habe ich so gefühlt, welch eine Fülle von Liebe und Trost in diesen Worten liegt; es war die Stimme des HErrn, der seine trauernde Braut tröstet...
Pf. Becker von Neuenhain ist angekommen. Nächsten Dienstag wird der Gottesdienst stattfinden, wo ich mich zum Empfang einer höheren Ordination werde anbieten dürfen...
Ich vertraue fest, daß mir der HErr, wenn ich einst Marb(urg) *verlassen soll, eine solche Stelle anweisen wird, wie sie meinen Fähigkeiten entspricht, ich meine damit nichts hohes, sondern eine Thätigkeit in der ich gerade mit dem was ich habe dem HErrn dienen kann. Wenn das Wachsthum der Gemeinde und ihr Aufbau noch ferner so vom HErrn gefördert wird wie bisher, so wird eine solche Stelle sich finden. Nur viel leichter ist es mir jetzt gemacht daran zu glauben als früher!"* (Th.Br.,99/1ff)

"Pfarrer Köppen war während der Feiertage auf dem Lande in Pommern, aus Rücksicht auf d. Consistorium vermied er die Theilnahme am apostol. Gottesdienst, bis seine Sache entschieden ist." (ebd./2)

Am 13.4. fand Koeppens Vernehmung durch eine Kommission des Evangelischen Konsistoriums in Brandenburg - bestehend aus dem Oberkirchenrat Twesten, dem Konsistorialrat Hofprediger O.v.Gerlach und dem Regierungsrat Pehlemann - statt. (Eine Abschrift des Protokolls befindet sich in XII/36-41v.) Unmittelbar vor der Verhandlung schrieb Koeppen an seine Schwägerin Laura, geb. v.Bergmann (vgl.Anm.19):

"Heut stehe ich vor dem Consistorium um Rechenschaft abzulegen von meiner vermeintlichen Ketzerei! Ich bin bereits suspendirt und es wird sich heut entscheiden, ob ich werde wieder in mein Amt eingesetzt oder entfernt werden. Du glaubst nicht, meine liebe theure Laura, wie fern wie fern mir der Gedanke war, in solcher Weise aller Augen auf mich zu ziehen, ich habe nicht - Gott weiss es, - nach der Stellung eines Reformators getrachtet, aber ich konnte nicht schweigen! ...

Diese Hilfe Gottes habe ich gepredigt, gezeigt wie Gott wieder, ehe Christus wiederkommt, seinen Tempel reinigen und zu einem Bethause machen will. Das Alles haben Hunderte begierig aufgenommen, aber andere Hunderte haben geschrieen, hinweg mit diesem, der führt eine neue Lehre ein; und Gossner hat fleissig das Feuer geschürt! Sie haben mich verklagt und das Berliner Consistorium aus Furcht vor der Demokratie in der Kirche, hat ihre Klage angenommen und mich suspendirt und Gossner wieder eingesetzt! Ach Laura, ich leide gern der Wahrheit willen, aber das Liedlein das gute, das böse Liedlein - aller Welt zu sein, kommt mir schwer bei! Die Einen schreien: Um Gottes willen wie kann man Köppen absetzen, während man alle Rationalisten duldet, die andern: Er ist ein Irvingianer, er muss fort. Das Consistorium ist ganz für mich, aber im Stillen; ein Theil der Gemeinde aber, von Gossner angefachet, wider mich. Dieselbe Gemeinde, die im vorigen Jahre, als ich als Stiftspropst nach Heiligengrabe vom Könige berufen war, mit den besten Ehren und Geldmitteln, vom Könige mein Bleiben hier fussfällig erbeten, der ich dies ungeheure Opfer gebracht, und hier geblieben bin - die schreit jetzt: weg weg! Es ist Berlin! und damit ist Alles gesagt. Seit Paul Gerhardt ist in Berlin kein Prediger suspendirt worden, darum macht meine Sache einen so grossen Rumor im ganzen Land. Das Consistorium wagt natürlich nicht die Absetzung, weil kein Grund vorhanden; allein es will mich von der Gemeinde trennen und versetzen; ich aber werde keine Versetzung annehmen, sondern wahrscheinlich mich der hiesigen apostolischen Gemeinde anschliessen und in ihr ein Amt übernehmen. Das eben fürchten alle Freunde der alten Wirthschaft, sie besorgen, das(s) alle Gläubigen nach und nach sich dem Reformationswerk werden anschliessen, wie vor 300 Jahren geschah!" (KOEPPEN-Briefe, Brief vom 13.4.1849)

Über Koeppens Vernehmung heißt es im o.g. Bericht des Evangelischen Konsistoriums in Brandenburg an das Ministerium der Geistlichen etc. Angelegenheiten vom 22.5.1849:

"Bei dieser Unterredung ... wurde der p. Köppen besonders über die empfangene Handauflegung, sowie darüber befragt, ob er sich durch den Glauben an die göttliche Sendung der aus

England gekommenen Irvingianer nicht für gebunden halte, an deren Lehre zu glauben und wie er dieses mit seiner Stellung als lutherischer Geistlicher vereinigen, und wie die Zweifel seiner Gemeine an seiner Versicherung, dieselbe ferner der lutherischen Lehre gemäß unterrichten zu wollen, beseitigen könne. Auch hatte er sich insbesondere über das Ansehn der heiligen Schrift, über die Lehren von den letzten Dingen und vom Abendmahl und über die Ämter der Irvingianer zu äußern.
Zufolge des über diese Unterredung aufgenommenen ... Protocolls, sowie auch nach dem Ergebniß einer am folgenden Tage zwischen den beiden theologischen Mitgliedern der Commission und dem p. Köppen gehaltenen Besprechung blieb damals noch die Hoffnung übrig, daß derselbe nach weiterer Ueberlegung auf den rechten Weg zurückkehren würde." (XIV/154-v)

Am 16.4. wurden die beiden Pfarrer Koeppen und Becker sowie F.Schwarz und Jagdmann zum Priester-Amt berufen. Am 18.4. schrieb Thiersch an seine Frau:
"... morgen werden Köppen u. 3 andere als Priester ordinirt. Köppen wird in einem eigenen Local als Evangelist predigen; das Consist. hat seine Absetzung noch nicht ausgesprochen, aber nachdem er in 2 V(er)hören treues Bekenntniß abgelegt hat, ist kaum Wiedereinsetzung zu erwarten u. er wird der Absetzung durch Entsagung zuvorkommen." (Th.Br.,89/3)

Hermes, Evers, Jagdmann und Koeppen empfingen am 19.4. die Ordination zum Priester-Amt.(pA) Am gleichen Tage bat Koeppen seine Kirchenleitung, ihn aus dem Pfarramt zu entlassen. In seinem Gesuch führte Koeppen aus:
"Ein Königl. Hochwürdiges Consistorium hat ... meine Amtsthätigkeit in der Gemeine aufheben lassen und nach der am 13. d. Mts. mit mir gepflogenen Verhandlung ist es nach dem letzten Paragraphen ohne Zweifel, daß die Hohe Behörde der Gemeinde werde zu Willen sein und mein Amt in dieser Gemeine von mir nehmen. So lange ich nun mit der Fürsorge für diese Gemeinde betraut war, habe ich es für meine heilige Pflicht erachtet, kein anderweitiges Amt zu suchen; nun ich aber aus meiner bisherigen amtlichen Stellung als entfernt mich betrachten darf, habe ich nunmehr am heutigen Tage ein Amt in der Einen allgemeinen apostolischen Kirche angenommen. Ich halte es für meine Pflicht solches Einem Königl. Hochwürdigen Consistorium unverweilt anzuzeigen mit der gehorsamsten Bitte, mir möglichst bald mein Amt in der böhm. Gemeinde abzunehmen ..." (Abschrift in: XII/42v-43)

Koeppen wurde daraufhin aus seinem Amt als Pfarrer der Bethlehemsgemeinde entlassen.[57] Ein Teil seiner Gemeinde (genaue Zahlen sind nicht bekannt) folgte ihm. Am 24.4.1849 bat Koeppen, der inzwischen von Carlyle als Priester-Evangelist beauftragt worden war, den Magistrat von Berlin *"um Mitgebrauch einer der Kirchen Magistraturl. Patronates ..., um dem Theile meiner Gemeinde, der mit mir die Eine heilige allgemeine christl. Kirche erstrebt, fort dienen zu können"* (XIV/150). Dieser Bitte wurde offensichtlich nicht entsprochen.

Zur gleichen Zeit, als im "Fall Koeppen" die o.g. weitreichenden Entscheidungen fielen, stand Thiersch im Mittelpunkt anderer denkwürdiger Ereignisse: Am 13.4. hatte er Gelegenheit, mit dem preußischen König über das Anliegen der katholisch-apostolischen Bewegung zu sprechen.(s.Anm.51) Vier Tage spä-

ter wurde Thiersch (durch Smith) zum Engel-Amt berufen. Gemeinsam mit Rothe wurde er am 18.4. durch den Apostel konsekriert. (Diese war die erste Engel-Weihe im norddeutschen *"Stamm"*.) Am selben Tag schrieb Thiersch an seine Frau:
"Heute habe ich denn die zweite Ordination empfangen, nachdem ich mich gestern zum Dienst im höheren (bischöflichen) Amte angeboten hatte. Ich that es mit Furcht u. Zittern, aber der HErr nahm mich gnädig an. Das Wort der Weissagung deutete darauf hin, daß ich erst noch mehr sehen und hören und glauben solle von Gottes Werk und dann Zeugniß ablegen. - Es ist kein Zweifel, daß ich nach Gottes Willen eine Reise nach England machen muß, - wie ich hoffe u. wie H. Carlyle wünscht in den nächsten Herbstferien. Ob ich dann im Winter noch Professor bleiben soll, oder ganz meinem neuen Beruf mich widmen, wird sich zeigen. Mein Beruf wird wohl nicht der Dienst an einer einzelnen Gemeinde sein, sondern an der allgemeinen Kirche." (Th.Br.,89/1f) [58]

Nachdem durch Carlye die Priester Rathmann und Hermes als Älteste, Koeppen als Evangelist sowie Evers und Jagdmann als *"Helfer"* (*"Gehilfe"* und Stellvertreter eines Priesters im Ältesten-Amt [s.ALBRECHT,1924,48]) eingesetzt worden waren, wurde am 22.4. in Berlin zum ersten Mal der vollständige eucharistische Gottesdienst von Priestern, die aus der Gemeinde hervorgegangen waren, gefeiert. (Jagdmann wird übrigens in den dem Verfasser vorliegenden Quellen nach April 1849 nicht wieder erwähnt.) Um diese Zeit machte Layton die Gemeinde auch mit dem Psalmengesang in der zweizeiligen (gregorianischen) Singweise bekannt (s.u.).(pA) Carlyle, der am 22.4. in Frankfurt/O. die apostolische Handauflegung vollzogen hatte, reiste am 25.4. mit Smith und Layton nach England zurück, um an dem am 1.5. beginnenden Konzil der Diener der Allgemeinen Kirche in Albury teilzunehmen.(Th.Br.,99/3)

Damit endete ein erster, grundlegender Abschnitt in der Geschichte der katholisch-apostolischen Gemeinde Berlins.

Von Anfang an war Berlin das Zentrum der Katholisch-apostolischen Gemeinden in Norddeutschland. Hier wurden in den ersten Jahren alle wichtigen Ordinationen vorgenommen und liturgische Neuerungen bzw. Erweiterungen innerhalb des norddeutschen *"Stammes"* eingeführt. Von Berlin aus wurden Evangelisten entsandt, um auch in anderen Orten Anhänger für die katholisch-apostolische Bewegung zu gewinnen und die Gründung katholisch-apostolischer Gemeinden vorzubereiten. In Berlin hielt sich der Apostel mit seinen Mitarbeitern mehrere Wochen im Jahr auf, von hier unternahmen sie ihre alljährlichen Visitationsreisen zu den übrigen Gemeinden seines Auftragsgebietes (s.Kap.4). Die preußische Hauptstadt war der Ort, an welchem sich die Amtsträger der Katholisch-apostolischen Gemeinden in Norddeutschland trafen, um Erfahrungen auszutauschen und Weiterbildung in pastoralen und organisato-

rischen Fragen zu erhalten. Solange die von Berlin aus gegründeten Gemeinden noch keinen eigenen Vorsteher im Engel-Amt hatten bzw. nicht einem neuerrichteten Engel-Sitz als Filiale zugeordnet waren, unterstanden sie der Leitung des Engels der Berliner Gemeinde.(vgl.Anm.121.a)
Von Mai bis Mitte Oktober 1849 hielt sich Böhm in England auf. Seine Evangelisten-Tätigkeit in Norddeutschland (öffentliche Evangelisten-Predigten in Berlin an den Sonntagabenden, Vorträge, Besuche, Korrespondenz, Reisen) wurde in dieser Zeit von Koeppen weitergeführt.[59]
Da die Gemeinde noch ohne eigenes Propheten-Amt war, entsandte Carlyle etwa Mitte 1849 den Priester-Propheten J.Taylor aus Southampton (Anm.107) nach Berlin, damit die dortigen Gemeindeglieder in der Ausübung der Geistesgaben, die sich mehr und mehr entfalteten, unterwiesen würden. Es ging dabei in erster Linie um die Gabe der Weissagung.(Am 31.3.1850 äußerte sich erstmals bei einem deutschen katholisch-apostolischen Gemeindeglied - dem Priester Borchert - die Gabe der Glossolalie.) (pA)
Anfang November 1849 kehrte der Apostel Carlyle nach Berlin zurück. Am 8.11. wurden Wagener, Deventer und E.Schwarz als Diakone eingesetzt. Vom 18.-23.12. wurden täglich Morgen- und Abenddienste durch deutsche Priester gehalten. Am 1. Weihnachtsfeiertag fand die erste Zulassung von Kindern (ab schulpflichtigem Alter) zur Kommunion statt. (Kinder durften fortan jeweils an den drei hohen Festen und zu Allerheiligen am Abendmahl teilnehmen.) Am 26.12. vollzog der Apostel die apostolische Handauflegung und setzte fünf Männer als Unterdiakone ein (unter ihnen H.Geyer [s.S.204 der vorliegenden Untersuchung]). Zwei Tage später folgte eine Anbietung zum Priester-Amt, bei der die Diakone v.d.Brincken, v.Pochhammer, Hennig und E.Schwarz, die Unterdiakone Herbig, Haeger, Geyer und Borchert, ferner Zimmer und Pilgrim aus Frankfurt/M. (Anm.38.b, 39.c) sowie Roßteuscher (Marburg) *"dargestellt"* wurden. Bis auf letzteren erhielten alle (durch Taylor) die Berufung zum Priester-Amt. Am 21.1.1850 wurden v.d.Brincken, Hennig, E.Schwarz, Haeger, Borchert und Deventer von Carlyle ordiniert (v.Pochhammer sechs Tage später in Neustettin [s.S.93 der vorliegenden Untersuchung]).(pA)
Aufschluss über Größe und Ausbreitung der Berliner Gemeinde im Frühjahr 1850 gibt ein Bericht des Berliner Superintendenten Kober an das Evangelische Konsistorium in Brandenburg vom 23.3. d.J. (in: XXII). Er schreibt:
"Seit ihrem Stiftungstage, dem 19. März 1848. ist diese Gemeinschaft bisher beständig im Wachsen gewesen und zählt dem Vernehmen nach gegenwärtig über 400. Mitglieder. Ob darunter lauter Erwachsene zu verstehen, oder ob in diese Zahl auch die Kinder der Erwachsenen mit eingerechnet sind, darüber hat sich etwas bestimmtes nicht ermitteln lassen. Wie man hört, pflegen bei dem Hauptgottesdienste in der Regel etwa 120-130 Personen

zugegen zu sein; es ist indes dabei nicht zu übersehen, daß auch die Nachmittagsgottesdienste zahlreich besucht werden.
Wenn auch in neuerer Zeit einige bekannte Personen wieder zurückgetreten sind, so steht doch auch fest, daß noch immer neue Uebertritte stattfinden, die unserer kirchlichen Gemeinschaft nicht gleichgültig sein können...
Sonntäglich wird am späten Nachmittag ein Gottesdienst für Jedermann gehalten. Hier ist es namentlich der p. Boehm, der sein Talent in polemisirenden und überredenden Vorträgen geltend macht. Ihm steht eine große Gewandtheit in der Schriftauslegung und ein bedeutender geistlicher Gedankenreichthum zu Gebote. Durch seinen Einfluß mögen wohl die meisten Mitglieder gewonnen werden. In gleicher Absicht hält auch in der Woche der p. Koeppen Vorträge... Außerdem gehen diese Herren auch in den Häusern auf Bekehrungsversuche aus. So haben die beiden, Koeppen und Boehm unlängst in Charlottenburg ihr Werk begonnen, indem sie in mehreren Familien, wo die Hausfrauen zum Irvingianismus bereits neigten, die spröderen Männer ... zu überzeugen und zum Hinübertritt in das Rettungsschiff der wiederhergestellten apostolischen Kirche zu bewegen gesucht ... und zwar, wie ich aus bestimmten Zeichen schließen muß, - nicht ohne Erfolg."

Ab Mitte März 1850 übergaben Carlyle, Rothe und Evangelisten der Katholisch-apostolischen Gemeinden das *"Große Testimonium"* an kirchliche Behörden sowie an Geistliche der Stadt Berlin. So überreichten Carlyle und Barclay am 13.3. einem Mitglied des Evangelischen Oberkirchenrates (v.Uechtritz) persönlich das Testimonium.(IV/51) Mit einem Begleitschreiben (vom 15.4. d.J.) erhielt es das Evangelische Konsistorium in Brandenburg durch Barclay und Böhm.(s. in: XXII) Wenig später wurde es durch Böhm und Rothe dem Superintendenten Kober und dem römisch-katholischen Propst v.Kettler übergeben. Schließlich erhielten durch Rothe und Koeppen alle Geistlichen in Berlin das Testimonium.(pA) (Sowohl Reihenfolge der Empfänger als auch Auswahl der Überbringer waren nicht zufällig - man hatte beides bewusst in "hierarchischer Parallelität" vorgenommen [vgl.Anm.25.d].) Die Reaktionen auf diesen Vorstoß der Katholisch-apostolischen Gemeinden fielen meist negativ aus. So beschloss z.B. das Brandenburger Konsistorium, dass auf die o.g. Zustellung des Testimoniums *"keine Antwort ertheilt werden soll*(te)*"*.(s. in: XXII)

Im Sommer 1850 wurde in der Berliner Gemeinde durch den Apostel der Tabernakel eingeführt.(vgl.BORN,1974,42) Gleichzeitig wies Carlyle in seinen Vorträgen auf die Bedeutung der Fürbitte im eucharistischen Gottesdienst hin und ordnete an, *"daß während der Fürbitte das Sakrament auf den Altar gestellt wird, als Darstellung der Gegenwart des Herrn"* (pA).

Im Juli d.J. empfingen 37 Personen in Berlin die apostolische Handauflegung. (ebd.) Am 25.7. wurden F.Schwarz und Geyer zum Priester-Amt ordiniert. 4 Tage später erhielten die am 18.7. durch Smith zum *"höheren Amt"* berufenen Priester Rathmann, Koeppen, Hermes, v.Pochhammer und v.d.Brincken die

Engel-Weihe. Rathmann diente in der Berliner Gemeinde fortan als Engel-Gehilfe (*"Helfer"* und Stellvertreter des Engels der Gemeinde, der zwar alle liturgischen Funktionen eines Engels ausüben, in jurisdiktionellen Fragen jedoch nicht selbständig entscheiden konnte).
Am 6.8. fand in Berlin der erste *"Gottesdienst zur Ausübung geistlicher Gaben"* in Anwesenheit des inzwischen vollständigen vierfachen priesterlichen Amtes statt (vgl.Anm.54.c). Vom selben Tage an wurde der zweizeilige Psalmengesang praktiziert, mit dem Layton die Gemeinde bereits im April 1849 bekannt gemacht hatte. Beide Ereignisse kennzeichnen einen weiteren Fortschritt in der Entfaltung geistlichen Lebens und der liturgischen Ordnung in der Gemeinde.
1850 erschienen im Verlag des Diakons Brandis (Anm.38.c) zwei wichtige katholisch-apostolische Werke: die erste norddeutsche Ausgabe der *"Liturgie"* (mit einem Vorwort von Carlyle, das den Titel trägt: *"Über die rechte Weise des Gottesdienstes in der christlichen Kirche"*) und - ohne Angabe des Verfassers (Th.Carlyle) - *"Das apostolische Amt. Seine ursprüngliche Gestalt, sein Verfall und seine Wiederherstellung"*. Carlyles Buch entfaltet die Ausführungen des Testimoniums über das Apostel-Amt und kann als die bedeutendste katholisch-apostolische Abhandlung zu diesem Thema angesehen werden. (Sie wurde in der EKZ,1850,Nr.99-102, ausführlich besprochen.)
Mitte März 1851 hielt sich der Apostel für Russland, W.Dow, einige Tage in Berlin auf (Th.Br.,109/3) - offenbar im Zusammenhang mit einer Reise in sein Auftragsgebiet.(vgl.Anm.69.a) (Zwischen der Berliner Gemeinde und den nach 1866 sich bildenden katholisch-apostolischen Gemeinden in Russland [vor allem im Baltikum] haben später z.T. sehr gute Beziehungen bestanden.)
Am 10.4.1851 fand in Berlin die Anbietung von 7 Männern zum Priester-Amt statt, bei der erstmals der Priester-Prophet Geyer den Berufungsdienst in seiner eigenen Gemeinde ausführte. Am 22.4. erhielten F.Streibelein, E.Dieterich (beide aus Marburg), F.W.Rührmund und C.A.Schmidt die Priester-Ordination.[60]
Schwierigkeiten einiger neugegründeter Gemeinden mit staatlichen Behörden (s. Kap.4, bes. S.113 der vorliegenden Untersuchung) veranlassten die Amtsträger der Katholisch-apostolischen Gemeinden in Preußen, sich mit fünf gleichlautenden Eingaben vom 8.6.1851 an den Minister K.O.v.Raumer (Ministerium der Geistlichen, Unterrichts- und Medizinal-Angelegenheiten, 1850-1858) zu wenden.(Originale in: I/150-188a; Abschrift in: IV/180-185v) Es heißt dort:
"Durch die in der Landes=Verfassung gewährte Freiheit wurde es möglich, bei vollem Gehorsam gegen die von Gott uns gegebene Obrigkeit, in die Gemeinschaft der Apostel zu treten und uns durch sie zu Gemeinden erbauen zu lassen. Auch konnten wir während dreier Jahre ungestört unsern Gottesdienst feiern und die heiligen Handlungen, die Gott will beobachtet haben, vollziehen.

Seit Ende des vergangenen Jahres aber genießen wir nicht länger diese Freiheit, sondern in mehreren Fällen sind wir theils polizeilich, theils gerichtlich wegen Ausübung unseres Glaubens angeklagt und bestraft worden." (IV/183v)
Das Anliegen der Bittsteller ist folgendermaßen formuliert:
"Was wir demnach unterthänigst begehren ist: daß Ew. Excellenz die hohe Geneigtheit haben wollen, uns bei der ungestörten Ausübung unseres Gottesdienstes in dem von uns angegebenen Umfange zu schützen und insbesondere die Organe der Staatsgewalt mit Anweisung zu versehen, von fernerer polizeilicher oder gerichtlicher Verfolgung unserer Gemeinden abzustehen." (IV/184v-185)
Die Unterschriften dokumentieren den damaligen Ausbreitungsstand der Katholisch-apostolischen Gemeinden in Preußen. Für Berlin hatten unterzeichnet: der Engel Rothe, der Engel-Gehilfe Rathmann, die Priester E. und F. Schwarz, Borchert, Haeger, Geyer, C.A.Schmidt und Rührmund, die Diakone Messerschmidt, Schubert, Dannenberger, Brandis, Herbert und Wagener; für die Gemeinden in Hinterpommern (Neustettin und Bublitz): der Engel Koeppen, die Priester Evers, Kuchenbecker und Döhring, die berufenen (jedoch noch nicht ordinierten) Priester Kleist und Koska, die Diakone Ziesmer, Schulz, Freischmid, Teske, Herter, Berg (in Thurow) und Wolter (in Ratzebuhr); für Stettin: der Priester Herbig, die Diakone Rückforth und Liersch; für Liegnitz und Buchwäldchen: der Priester Hennig, die Diakone Nordheim, Speer, Seidel, Purmann, Friebel und Krause; für Frankfurt/O.: der Engel Hermes, der Priester Streibelein, die Diakone Ohlfsen-Bagge und Zimmermann. (Es fehlen die Unterschriften der Engel-Evangelisten v.Pochhammer und v.d.Brincken, des Priesters Deventer und des Diakons Mittendorf.) Gut drei Jahre nach der Gründung der ersten Gemeinde gab es somit in Preußen 2 Engel-Evangelisten und 7 katholisch-apostolische Gemeinden mit 3 Gemeinde-Engeln, 1 Engel-Gehilfe, 14 Priester, 2 berufenen Priestern und mindestens 24 Diakonen.(IV/185-v)
Die Antwort des Ministers auf die Eingaben war sehr knapp gefasst und fiel für die Bittsteller enttäuschend aus: Am 21.7. d.J. ließ er Rothe in einem Bescheid mitteilen, dass nur auf die allgemeinen Landesgesetze verwiesen werden könne und es ansonsten den Katholisch-apostolischen Gemeinden überlassen werden müsse, *"in denjenigen einzelnen Fällen, in welchen sie sich in ihren Rechten beeinträchtigt glauben, die Abhülfe ihrer Beschwerden in dem geordneten Instanzenzuge der Behörden zu suchen".*(IV/186 [Abschrift])
Im Mai/Juni 1851 konnte die Berliner Gemeinde - nach längerem Suchen - zusätzlich ein zweites, der Zahl ihrer Mitglieder angemessenes Lokal mieten, und zwar den bis dahin vom Handwerkerverein genutzten großen *"Bechstein-Saal"* in der Johannisstraße 4II (im Hause des Buchhändlers Veit). Bereits ein Jahr zuvor, als der Saal in der Zimmerstraße 78 schon nicht mehr ausreichend war, hat-

te Koeppen im Namen der Amtsträger der Berliner Gemeinde in einer Petition (vom 27.3.1850) den König gebeten, *"die vormals gottesdienstliche Stätte in dem hiesigen Königlichen Lagerhause, oder einen anderen geeigneten Raum in demselben ... zu bewilligen".*(I/80vf) Dieses Gesuch war jedoch durch Allerhöchste Kabinetts-Ordre vom 24.7.1850 abgelehnt worden.(I/1.56.69-75.79) Im Juli 1851 wurden die Priester Becker (ordiniert am 5.5.1851 in Marburg) und Roßteuscher (ordiniert am 3.7.1851 in Albury) in die Priesterschaft der Berliner Gemeinde aufgenommen. Becker wurde mit der Aufsicht über die Evangelisten-Tätigkeit (soweit sie in den Verantwortungsbereich der Gemeinde gehörte) und Roßteuscher mit der Zuständigkeit für liturgische Fragen beauftragt. (pA) Ende Juli d.J. zählte die Berliner Gemeinde mindestens 269 erwachsene Mitglieder (diese sind namentlich aufgeführt in: VII/11-12av). Hinzu kamen schätzungsweise 80 Kinder. (Am Ostersonntag d.J. waren knapp 50 Kinder im schulpflichtigen Alter zur Kommunion zugelassen worden [Th.Br.,113/4].) Ihrer Sozialstruktur nach bestand die Gemeinde zu etwa 70% aus Handwerker-, Arbeiter- und Dienstbotenfamilien. Nur etwa 5% der Mitglieder gehörten den "höheren Ständen" an (Adlige, höhere Staatsbeamte, Offiziere, Geistliche). Zu den übrigen 25% zählten Leute des Mittelstandes (Kaufleute, Unternehmer) sowie Lehrer und Witwen. Der Anteil der Frauen lag bei ca. 60%.[61]

In der zweiten Hälfte des Jahres 1851 kam es in der Berliner Gemeinde zu einem weiteren Ausbau der liturgischen Ordnung. So wurde am 10.9. erstmals die Taufe eines Kindes durch Untertauchen vollzogen. Am 5.11. wurde der wegen seiner Hinwendung zu den Katholisch-apostolischen Gemeinden aus dem Schuldienst entlassene Lehrer Nordheim als Organist und Chorleiter der Gemeinde eingesetzt. Eine Orgel wurde beschafft und ein Chor gegründet. Am 25.12.1854 erfolgte die feierliche Einkleidung und Segnung der Sänger. Weitere 15 Sänger wurden am 10.4.1860 eingesegnet. Ab 23.9.1855 übernahm Friedrich Stoll (Anm.73.c) die Leitung des Chores.(pA)

Entsprechend der Größe der Gemeinde nahm auch die Zahl der Gottesdienste zu: Ab 23.11.1851 fanden regelmäßig folgende gottesdienstliche Versammlungen statt: In der Johannisstraße 4: sonntags 6 Uhr (Morgendienst), 10 Uhr (Feier der Eucharistie - der Hauptgottesdienst), 15.30 Uhr Vorträge durch das vierfache Amt (bei Anwesenheit des Apostels und seiner Mitarbeiter durch diese selbst), 19 Uhr (öffentlicher Abenddienst mit Evangelisten-Predigt), montags Morgendienst, mittwochs Morgen- und Abenddienst (17 Uhr), freitags Vormittagsgebete (9 Uhr; mit Litanei, s.LITURGIE,1850,I,88ff) und Nachmittagsgebete (15 Uhr). In der Zimmerstraße 78: sonntags 10 und 19 Uhr, montags Morgendienst, freitags Vormittags- und Nachmittagsgebete.(VII/32) Ab dem

18.2.1855 wurden sonntags um 10 Uhr die Vormittagsgebete der Eucharistiefeier *"vorgeschaltet"*. Vom 17.9. d.J. an feierte die Berliner Gemeinde täglich Gottesdienste.(pA) Im Juni 1857 fanden bereits zu folgenden Zeiten Gottesdienste statt (auf beide Lokale verteilt): sonntags 6, 10, 14, 15.30, 16, 17 und 19 Uhr, sonst täglich Morgendienst und Nachmittagsgebete, freitags Vormittagsgebete sowie jeden vierten Dienstag (Gottesdienst *"zur Versammlung der Sieben Gemeinden* [in London]" [ab 27.5.1851?], vgl. CHRONIK Marburg,I,38; BORN, 1974,26.38; LITURGIE,1908,244-252; NEWSLETTER,III[1952],16-19) und am 14.7. (*"Tag der Aussonderung der Apostel"* [erstmals 1852]; s.LITURGIE, 1908,224ff) jeweils um 9.30 Uhr.(VII/52-v) Ab Dezember 1858 fanden dienstags, donnerstags und samstags die vollständigen Morgen- und Abenddienste, montags, mittwochs und freitags die kürzeren Morgen- und Abenddienste statt.(pA) Hinzu kamen die besonderen Gottesdienste zu den kirchlichen Festtagen und -zeiten (s. dazu die LITURGIE) sowie regelmäßige Gemeindeversammlungen in den Ältesten-Bezirken (s.u.). Die Feier des Engelfestes (29.9.; LITURGIE,1908,227-230) ist in Berlin erstmals für 1854 belegt. Ab 21.10.1855 waren (auf Anweisung des Apostels Woodhouse) alle Gottesdienste der Katholisch-apostolischen Gemeinden in Norddeutschland öffentlich.(pA)

Einen Eindruck von der Zahl der Gottesdienstbesucher um 1851/52 vermitteln zwei Polizeiberichte vom Sonntag, dem 4.1.1852, über die Versammlungen der Berliner Gemeinde: In der Johannisstraße 4 nahmen am Morgendienst (gehalten von v.d.Brincken) 15 Personen teil (Dauer: 1 Stunde). Um 10 Uhr fand die Feier der Eucharistie (v.d.Brincken) mit 260 Personen statt; im Anschluss wurde die *"Wahl des Herrn Rode"* (Rothes Wahl zum eingeführten Engel [s.u.]) bekanntgegeben - Dauer: insgesamt 3 Stunden. 15.30 Uhr Nachmittagskommunion mit *"Prediger Egger"* (Becker? Haeger?) und Geyer sowie etwa 20 Teilnehmern (Dauer: 1 Stunde). 19 Uhr öffentlicher Gottesdienst mit einer Evangelisten-Predigt von Böhm (keine Angaben zur Personenzahl; Dauer: 1 3/4 Stunden).(VII/36-v) Am gleichen Tage nahmen an den Gottesdiensten in der Zimmerstraße 78 um 10 Uhr 8 Männer, 16 Frauen und 8 Kinder, um 19 Uhr 3 Männer, 5 Frauen und 2 Kinder teil.(VII/34f)

1851 übernahm Böhm von dem knapp 70jährigen Barclay das Amt des Evangelisten mit dem Apostel für Norddeutschland und damit die Verantwortung für die gesamte Evangelisten-Arbeit in diesem *"Stamm"*, vor allem für die Tätigkeit der im allgemeinen Evangelisten-Werk wirkenden Amtsträger.(Anm.59.b)

Ab 4.12. d.J. hielt sich Carlyle wieder in Berlin auf. Zusammen mit Thiersch besuchte er im Dezember die Berliner Filialgemeinden in Spandau und Rathenow sowie im Januar die Gemeinden in Pommern.

Vom 4.1.1852 an übernahm der Engel v.d.Brincken vorübergehend die Leitung der Berliner Gemeinde. Diese wurde in der ersten Januarhälfte befragt, ob sie gewillt sei, ihren Engel Rothe (der während der Befragung beurlaubt war), als eingeführten Engel anzunehmen.[62] Alle Gemeindeglieder gaben ihre Zustimmung. Nachdem auch die übrigen Apostel ihr Einverständnis gegeben hatten, nahm Carlyle am 27.1.1852 die feierliche Einsetzung Rothes als *"Engel der Gemeinde"* zu Berlin vor.(pA) Als solcher leitete Rothe die *"Muttergemeinde"* Berlin bis zu seinem Tode (7.7.1876).

Im Zusammenhang mit Rothes Einsetzung als eingeführtem Engel wurden in der Berliner Gemeinde die *"große Fürbitte"*, der Siebenarmige Leuchter - in der Chronik der Gemeinde als *"Krone mit sieben Flammen"* bezeichnet -, der *"Stuhl des Engels"* ("Kathedra" im hinteren Teil des Chores, auf der Evangelienseite) und die Sakramentslampe eingeführt.(vgl.Anm.21, 62.a) Im Abenddienst des 8.2. wurde zum ersten Mal während der Fürbitte Weihrauch verwendet. Wenige Wochen später kam der Gebrauch des Weihwassers hinzu, dessen Sinn der Apostel und Rothe Anfang des Jahres der Gemeinde erklärt hatten. Die erste Wasserweihe fand am Karsamstag des Jahres 1852 statt.(pA; vgl.LITURGIE, 1908,72f)

Carlyle (der am 10.2. nach England zurückgekehrt war) hielt sich ab 2.9.1852 wieder in Berlin auf. Am 9.9. empfing der Priester-Prophet Geyer, der am 21.4. d.J. in Albury durch Taplin zum höheren Amt berufen worden war, die Engel-Weihe. Geyer war damit der erste deutsche Prophet im Engel-Rang. Weitere Höhepunkte während des Besuches des Apostels waren die Anbietung der Priester Becker, E.Schwarz und Hennig zum Engel-Amt am 28.9. (alle durch Geyer berufen), die apostolische Handauflegung am 12.10. und die Engel-Weihe Beckers am 14.10. (Becker übernahm kurz darauf die Stettiner Gemeinde.[s.S.89 der vorliegenden Untersuchung])

Die Reihenfolge der Amtshandlungen anlässlich eines Apostel-Besuches war in der Regel folgende: Erneuerung der (Tauf-)Gelübde durch diejenigen, die die apostolische Handauflegung empfangen sollten, die apostolische Handauflegung selbst, Segnung bzw. Einsetzung von Diakonen, Priester-Ordination (nach vorausgegangener Prüfung der Kandidaten durch den Hirten mit dem Apostel) und (gegebenenfalls) die Engel-Weihe. Diese Handlungen fanden normalerweise jeweils an verschiedenen Tagen statt.

Die apostolische Handauflegung wurde zwischen 1851 und 1863 in Berlin mindestens 17 mal vollzogen, wobei auch auswärtige Gemeindeglieder die Versiegelung empfingen: am 21.4.1851 (29 Personen), 1.1.52 (44), 7.2.52 (29, davon 3 aus Frankfurt/O.), 12.10.52 (26), 29.8.53 (38), 9.10.54 (28), 14.11.54

(28), 28.8.55 (Zahl nicht bekannt), 11.9.56 (38), 16.10.56 (22), 22.4.58 (56, davon 12 aus Wittenberg), 14.10.58 (24), 30.9.59 (36), 28.9.60 (28), 2.10.61 (25), 27.10.62 (104, davon 54 aus Potsdam) und am 2.11.63 (54).(pA; Th.Tgb.) Während seiner Besuche hielt der Apostel auch geistliche Vorträge für die Gemeinde und ihre Amtsträger. So sprach er in Berlin z.B. *"über den rechten Gottesdienst u. die sinnbildlichen Gebräuche bei demselben"* (15.12.1851; Th.Br., 115/1), über Heilungen (13.10.52), über das Verhältnis des Ältestenamtes zu den übrigen Ämtern (26. und 30.8.53), über Theologie und Medizin und die Gabe der Heilung (2.9.53), über Kirchenzucht und Beichte (6.9.53), über Ehe und unerlaubte Eheschließung (8.9.53; s. dazu CIRCULARE,1895,142-145. 206-222; VORSCHRIFTEN,1895,37-42; THIERSCH,1976,140-172), über das Propheten-Amt (1.10.54), über *"Taufe und Inwohn*(un)g *d*(e)s *h. Geistes"* (2.10.54) sowie über den einzuführenden Katechismus (5. und 6.10.54).(Th.Tgb.; pA) Vom 14.10.-14.12.1852 nahm Rothe pastorale Aufgaben außerhalb von Berlin wahr (u.a. längere Zeit in Burg [s.S.125 der vorliegenden Untersuchung]). Während seiner Abwesenheit leitete der Engel-Gehilfe Rathmann die Gemeinde. Um diese Zeit gehörten in Berlin dem vierfachen Priester-Amt an: der Älteste Roßteuscher, die Propheten Geyer und W.Beulig (Anm.73.e), die Evangelisten Rührmund und F.Schwarz sowie die Hirten Haeger und Herbig.

Aufgrund der Armut vieler Gemeindeglieder trafen sich im Februar und März 1853 die Männer der Gemeinde an jedem Dienstagabend, um deren wirtschaftliche Not zu erörtern. Das Ergebnis der Beratungen war, dass sich die Gemeinde einem allgemeinen Fasten unterzog. Mit den eingesparten Gütern, die als *"Speiseopfer" "dargebracht"* wurden, konnte den Armen geholfen werden.(pA) (Dieser Vorgang wiederholte sich im Juni 1854.)

Auf einer Versammlung aller Amtsträger der Berliner Gemeinde am 19.7.1853 wurde die Stadt in 4 Gemeindebezirke (Ältesten-Bezirke) aufgeteilt. Ein solcher Bezirk stand unter der Aufsicht eines Ältesten, welcher von je 1 Propheten, Evangelisten, Hirten und Diakon (dem *"Gemeindediakon"*) sowie deren *"Helfern"* unterstützt wurde. In der Anzahl der Berliner Ältesten-Bezirke sowie in deren Besetzung durch Amtsträger fanden bis 1863 mehrere Veränderungen statt. Am 31.1.1855 wurde Prof. C. Gustav v.Kries (Anm.68.c), der am 22.11.1854 mit 123 Stimmen zum Gemeinde-Diakon gewählt worden war, in sein Amt eingesetzt. Er und Julius Liehr erhielten als Gemeinde-Diakone am 16.10.1855 die Diakonen-Segnung durch den Apostel Woodhouse. Nachfolger von v.Kries wurde am 21.11.1856 Leonhardt Engelhardt. Am 30.11.1856 waren die 4 Bezirke folgendermaßen besetzt: 1. Bezirk: als Ältester der Engel Rothe, (als Prophet?, als Evangelist?, als Hirte?) und als Diakon Moritz Schubert (seit

18.2.1855 Haupt-Diakon der Berliner Gemeinde); 2.: Ältester Roßteuscher, (als Prophet Herbig?, als Evangelist Rührmund?, als Hirte Friedrich Messerschmidt [Anm.65.l] ?) und als Diakon Liehr; 3.: Ältester Hennig aus Liegnitz (der auf Weisung des Apostels für einige Zeit als Ältester in Berlin diente [Anm.55.i]), (als Prophet?, als Evangelist?, als Hirte?) und als Diakon August Dannenberger; 4.: Ältester F.Schwarz, (als Prophet Geyer?, als Evangelist Carl Heinrich Olbrecht?, als Hirte Gottfried Hickethier [Anm.65.e, 65.m] ?) und als Diakon Engelhardt. Am 15.3.1859 bestanden 3 Bezirke: 1.: Engel Rothe - Diakon Schubert; 2.: Ältester Roßteuscher (konsekrierter Engel seit dem 7.10.1858) - Diakon Liehr; 3.: Ältester F.Schwarz (berufener Engel seit dem 15.5.1858) - Diakon Pankratius Layritz (am 9.3.1859 als Gemeinde-Diakon eingesetzt). Nach dem Wegzug von Roßteuscher und F.Schwarz aus Berlin im Spätsommer / Herbst 1859 (s.u.) übernahmen die Priester Messerschmidt und G.Schwarz (Anm.73.a) deren Ältesten-Bezirke. Um diese Zeit versahen den Hirten-Dienst in den Bezirken die Priester Ludwig Beckemeyer ([Anm.65.f] zugleich unter Rothe und Messerschmidt) und Beulig (zugleich unter Rothe und G.Schwarz). Im April 1861 erfolgte aufgrund veränderter Wohnanschriften einiger Priester eine Neuaufteilung der Bezirke. Am 24.10.1861 wurden durch Woodhouse G.Schwarz und Ludwig Hoffmann (Anm.73.b) als Älteste und am 22.1.1863 Ferdinand Petzel und Carl Maaß als Gemeinde-Diakone eingesetzt.
Die Einrichtung von Ältesten-Bezirken sollte einer besseren seelsorgerlichen und diakonalen Betreuung der Gemeindeglieder dienen. Spätestens ab 1853 wurden jeweils in der Adventszeit alle Gemeindeglieder von ihren Ältesten und Diakonen besucht und dabei besonders auf die Praxis christlichen Lebens in Familie und Alltag hin angesprochen. (Im Dezember 1858 wurden bei solchen Besuchen z.B. die Hausandacht, christliche Kindererziehung und Heiligung des Sonntags erörtert.) Ansonsten galt die Ordnung, dass Besuche in den Häusern - abgesehen von der Krankenkommunion, der Krankensalbung und der Segnung eines Hauses bzw. einer Wohnung (s.RUBRIKEN,1895,119-123) - in der Regel nur durch Diakone (Unterdiakone, Diakonissinnen) ausgeführt wurden, Seelsorge- bzw. Beichtgespräche dagegen mit den Priestern gewöhnlich in der Kirche stattfanden (*"abgesehen von Fällen der Krankheit oder Schwachheit"*). (VORSCHRIFTEN,1895,5-9) Aller 4 bis 6 Wochen wurden Bezirksversammlungen veranstaltet, auf denen Priester und Diakone des Bezirkes Vorträge hielten und Fragen der Gemeindeglieder besprochen wurden.(ebd.,10f) (pA)
Im Jahre 1853 hielt sich Thiersch zweimal für längere Zeit in Berlin auf: das erste Mal vom 20.6.-6.7. (im Anschluss an seine Ausweisung aus Königsberg [s.S.154ff der vorliegenden Untersuchung]) und das zweite Mal - zusammen mit

Carlyle - vom 20.8.-9.9. Ende Juni arbeitete Thiersch mit Roßteuscher und weiteren Amtsträgern an der Revision der Liturgie.(Th.Tgb.) Im August bemühte er sich vergeblich darum, eine Anstellung an der Universität in Berlin und damit die Genehmigung zur Übersiedlung zu erreichen.[63]
In einem am 23.8. d.J. gehaltenen Vortrag setzte Carlyle die Berliner Amtsträger und Gemeindeglieder von einem Beschluss des Apostelkollegiums in Kenntnis, wonach fortan bei der Eucharistie nicht mehr reiner Wein konsekriert, sondern dieser, altkirchlichem Brauch entsprechend, mit Wasser vermischt werden sollte.(Th.Tgb.; pA)
Am 29.8.1853 wurden in Berlin erstmals einige römisch-katholische Christen aus Süddeutschland versiegelt. Thiersch schrieb am 25.8. an seine Frau:
"Kunigunde Müller aus Wiesentheid ist hier, welche ganz Aussehen und Sprache der Franken (Erlanger) hat, dann 2 junge Männer aus Schwaben (Mindelheim) u. 4 Frauen daher: Afra, Victoria, Genofeva - herrliche Namen - ! alle römisch-katholisch. Ihr Gehorsam, ihr heiliger Ernst und ihre Freude über das hier Erlebte erquickt unser Herz. Die alte Frau Eberle ist eine so treuherzige Schwäbin als ich je gesehen. Lauter für mich tröstliche Aussichten für mein Vaterland bietet dieser Anfang." (Th.Br.,145/1f) Und am 2.9.: *"Unsere Schwaben sind abgereist. Mit Weinen und Schluchzen nahmen sie Abschied. Sie waren hier so seelig! Am Mondt(ag) war der wichtige Tag der apostolischen Handauflegung. Sie fürchten demnächst aus der römischen Kirche excommunicirt zu werden, doch sind sie gefaßt auf alles. Die Genofeva* Rues *war früher Novizin in einem Kloster in Appenzell."* (ebd.,146/2) [64]
Am 10.9. reiste der Apostel nach Pommern und in die Provinz Preußen weiter, um die dortigen katholisch-apostolischen Gemeinden zu besuchen. Drei Tage später fand in Berlin die Anbietung der Priester Roßteuscher und Carl F. Döhring (aus Bublitz) zum höheren Amt statt, bei der jedoch nur letzterer berufen wurde. Am 14.10. empfingen E.Schwarz und C.Hennig die Engel-Weihe durch Carlyle. Der Apostel reiste am folgenden Tag nach Schlesien und kehrte am 19.10. nach England zurück.(pA)
In den Jahren 1852 bis 1854 wurden in Berlin durch den Propheten Geyer mindestens 13 Männer zum Priester-Amt berufen: Bei der Anbietung zum Priester-Amt am 8.2.1852 wurden W.Hermes (aus Belgien), J.F.Kleiner und C.Renner (beide aus der Gemeinde in Buchwäldchen) berufen. Die Ordination der letzteren fand einen Tag später statt. Am 5.7.1853 wurden berufen: Olbrecht, Beckemeyer (beide aus Berlin), G.Zwanzig (aus Burg), K.Hirsch (aus Frankfurt/O.) und A.Schmidt (aus Marburg). (C.Badow aus Spandau und C.Mehlmann aus Burg, die sich ebenfalls angeboten hatten, wurden nicht berufen.) Am 14.6.1854 erhielten die Berufung zum Priester-Amt: Messerschmidt und Hickethier (beide aus Berlin), C.W.L.Preuß (aus Rathenow), Rozek (aus Posen) und W.Gundlach (aus Marburg).(pA; Th.Tgb.) [65]

Im Herbst 1854 besuchte Carlyle zum letzten Mal seinen *"Stamm"* Norddeutschland. Von einer Norwegen-Reise kommend traf er am 29.9. in Berlin ein.[66] Die folgenden Tage waren für den Apostel, Thiersch und Böhm ausgefüllt mit intensiven Beratungen über liturgische Fragen. (Wahrscheinlich stand dabei die Durchsicht der Übersetzung im Vordergrund, die Thiersch in den Wochen zuvor von der 1853 erschienenen 4. Auflage der englischen Liturgie der Katholisch-apostolischen Gemeinden angefertigt hatte; s.Th.Tgb. [vgl.Anm.52].) Thiersch schrieb am 3.10. an seine Frau: *"... gestern, heute Sitzung lang, ermüdend. Aber man weiß doch wozu. Man darf arbeiten für die beste Sache und sieht das heilsame Werk unter den Händen wachsen."* (Th.Br.,168/2)

Vom 10.10.-3.11. besuchte der Apostel mit seinen Mitarbeitern die katholisch-apostolischen Gemeinden in Stettin, Königsberg, Danzig, Neustettin und Posen. Am 6.11. hielt Carlyle seinen letzten Vortrag in Berlin unter dem Thema: *"Wachet! Bleibet in erster Liebe!"*. Zwei Tage später wurden Messerschmidt, Hickethier und Preuß zum Priester-Amt ordiniert.(Th.Tgb.) Anschließend besuchte Carlyle die Gemeinden in Frankfurt/O. und Guben.

Die Visitationsreisen waren für alle beteiligten Amtsträger außerordentlich anstrengend und brachten den gesundheitlich bereits angeschlagenen Apostel an die Grenzen seiner physischen Belastbarkeit.(vgl.S.74f der vorliegenden Untersuchung) Gegen Ende seines Aufenthaltes in Norddeutschland erkrankte Carlyle ernsthaft. Am 14.11. vollzog er in Berlin die apostolische Handauflegung. Zwei Tage später reiste er nach Kassel. Thierschs damalige Notizen vermitteln ein anschauliches Bild von dem, was weiter geschah: *"Donnerstag den 16. November 1854 kam ich auf der Rückreise von Berlin in Cassel an u. nach mir an demselben Tage der Apostel u. der Priester Dieterich."* (CHRONIK Marburg, II,35) *"Carlyle kam um 10 sehr elend mit Hn. Dieterich an"*.(Th.Tgb.) *"Freitag den 17. Nov... Am Abend um 8 ertheilte der Apostel, der in grosser Schwachheit u. Schmerzen darniederlag, mit Mühe vom Bette aufgestanden* (laut Th.Tgb.: 'schwach und schmerzvoll' - Verf.) *die Handauflegung"*.(CHRONIK Marburg, II,35) Am 18.11. reisten Thiersch, Carlyle und Dieterich nach Marburg. *"Der Apostel lag noch immer in schwerem Leiden darnieder. Doch am Mittag des 19. Nov. nachdem bei dem Opfer der h. Euch. seiner gedacht worden war wichen die Schmerzen."* (ebd.,37) Am 20.11. vollzog Carlyle in Thierschs Wohnung an 19 Personen die apostolische Handauflegung (die letzte Versiegelung durch den Apostel!), allerdings ohne Feier der Eucharistie. Einen Tag später verließ er Marburg und kehrte nach England zurück. Thiersch vermerkte im Tagebuch: *"Dienst. 21. Nov. letzte Unterred(un)g mit Carlyle. Zu spät zum*

Bahnhof durch m. Schuld. Jammer u. Verdruß." Thiersch ahnte wohl kaum, dass es tatsächlich seine letzte Unterredung mit dem Apostel war.
In England verschlechterte sich der Zustand des Apostels. Offenbar hatte er sich (ohne Rücksicht auf seine gesundheitliche Situation) im Wirken für das Anliegen der katholisch-apostolischen Bewegung nahezu aller körperlichen Widerstandskräfte beraubt. Die Strapazen der Reisen nach Norwegen und innerhalb von Norddeutschland hatten ein übriges getan. R.DAVENPORT (1974, 142) schreibt: *"It is said that his untiring Work impaired his health and may have hastened his end...".* Mitte Dezember nahm Carlyles Erkrankung lebensbedrohlichen Charakter an. Sechs Wochen später (am 28.1.1855) starb er.
Die Ereignisse bis zum Tode des Apostels sowie deren Aufnahme innerhalb der Katholisch-apostolischen Gemeinden lassen sich anhand der Aufzeichnungen von Thiersch aus jenen Wochen wie folgt nachzeichnen:
"18. Dec. ... Brief v. Cap. Barclay *(aus Albury - Verf.): Mr. Carlyle very dangerously ill. Diese Nachricht an* Rothe, Schwarz, Becker, Brincken *u.* Koeppen... *Um 7 Selbstprüfung. Vor dem Einschlafen schwere Gedanken* (die gleiche Nachricht von Barclay erreichte am 18.12. auch Böhm in Berlin; pA - Verf.) *Dienst. 19. Dec. Um 9 in d*(e)*r Kap d. h. Euch. ... Gebet für den Apostel. Den ganzen Tag gehe ich traurig u. sehr gebückt ... Mittw. 20. Dec. Um 2* (mit? - Verf.) *den Priestern u. Diaconen üb. Tit. 1.2. Ernste Ermahnung w*(e)*gen des Ap. Krankheit... Samst. 23. Dec. fortwährend sehr gebeugt u. voll schwerer Gedanken üb. Hn.* Carlyles *Krankheit."* (Th.Tgb.)
Am gleichen Tage wurde in Berlin eine Eucharistie für den erkrankten Apostel gefeiert.(pA)
Am 24.12. schrieb Thiersch an J.Barclay:
"Hochverehrter väterlicher Freund! Am 18. d. M. bekam ich Ihre Nachricht von der gefährlichen Krankheit des Apostels. Ich schrieb an demselben Tage an alle Engel der Gemeinden in unserem Stamm. Am 19. feierte ich selbst die h. Euch. mit meinen Priestern u. Diaconen u. brachte Gebete für den Ap. dar. Dasselbe ist seitdem gewiss in allen Gemeinden geschehen. Wenn der HErr ihn abrufen würde so müssten wir sagen: du bist gerecht! Wir sind alle nicht dankbar genug gegen die Gnade Gottes im apost. Amte gewesen; wir haben die Erwartungen des HErrn nicht erfüllt. Wir sollten die Ap. tragen u. emporheben u. wir liessen uns tragen. Wir sollten uns auf den lebendigen Gott stützen u. wir haben uns auf seine Werkzeuge gestützt. Wir sollten alle wie Glaubenshelden dastehen u. wir haben (uns) *nur wie Schwächlinge an den Ap. hingehängt. Unsere Sorgen haben wir zu wenig auf den HErrn u. zuviel auf den Apostel geworfen. Wir haben ihn wie ein übermenschliches Wesen angesehen u. eine übermenschliche* (?) *Last auf ihn gelegt.
Wie wir so haben es auch die Gemeinden gemacht. Anstatt zu eilen in der Erfüllung des Willens Gottes, anstatt freudig u. aufrecht vorwärts zu schreiten haben manche sich von den Dienern Gottes nur so fortschleppen lassen u. auch dadurch die Bürde des Ap. vergrössert...
Der HErr, so hoffe ich, wartet noch, wie wir dieses Fest feiern, u. sieht Er Reue u. gute Vorsätze bei uns, so wird Er uns seinen Diener aufs neue schenken u. uns beistehen, ihm mehr Freude zu machen als vorher. Er zerbricht ja nicht gerne ein solches Gefäss der Gnade...*

Ist H. Carlyle nicht zu schwach, so theilen Sie ihm diess mit. Auch für die Frau Carlyle u. die Kinder beten wir." (B.ST.B.,H.Thierschiana II,148,J.Barclay,1, zitiert nach einer Abschrift) *"Dienst. 26. (Dezember 1854 - Verf.) ... Um 8 sehr traur. Nachricht von Hn. Carlyle - (am 15. sein Testam. am 19. die h. Salbung -) Um 10 wieder Nachricht. Zitternd mit dem Brief zu Matthaei: (ein wenig besser) ... Freit. 5. Jan. An Böhm. (bessere Nachricht v. Carlyle)"* (Th.Tgb.) *"Von dem Befinden des Apostels waren bessere Nachrichten vom 1. Jan. eingegangen. Vom 10. Jan. erhielten wir den Beschluss der Apostel, dass H. Francis Woodhouse die Sorge für die Gemeinden übernehmen solle, so lange H. Carlyle selbst dazu nicht im Stande sei; auch die Aufforderung täglich für den Apostel zu bitten."* (CHRONIK Marburg,II,42) *"Dienst. 16. Jan. Wichtiger Brief v. Woodhouse. H. Carlyle noch sehr krank. Jenem die Sorge übergeben. Dieß gemeldet an Rothe u. Schwarz und (Mittw. 17.) an Becker, Brincken u. Koeppen..."* (Th.Tgb.)
Am 18.1. fand in der Berliner Gemeinde ein Bußgottesdienst wegen der Erkrankung des Apostels statt.(pA) *"Mondt. 22. Jan. (Marburg - Verf.) ... Gebet in der Kap. für Carlyle."* (Th.Tgb.) *"Donnerstag den 25. Januar erhielt ich von den Apostelen (sic) durch Hn. Woodhouse die Aufforderung, am 26. den von ihnen angeordneten allgemeinen Tag der Demüthigung wegen der fortdauernden schweren Krankheit des Ap. Carlyles zu feiern."* (CHRONIK Marburg,II,43f) *"Freitag 26. Jan. Day of humiliation appointed by the Apostles for them and for all the Churches under them".*(Th.Tgb.) *"Ich hielt um 9 Uhr dess(elben) 26. die Litanei (Lection Ac. 12) dann die h. Euch. (Epist. Phil. I) (Evang. Matth. 8,14-17)."* (CHRONIK Marburg,II,44) *"Sonnt. 28. Jan.1855 ... Um 10 die h. Euch. ... 2. Febr. ... Mittagessen mit Schmidt u. den Kindern. Dann kamen um 2 2 Briefe mit schwarzem Rand... - die Todesnachricht."* (Th.Tgb.) *"An diesem Tage empfing ich Nachm. 2 Uhr durch ein Schreiben des Ap. Woodhouse die traurige Kunde, dass der Diener Gottes* Thomas Carlyle *am 28. Jan. Vorm. 10 Uhr entschlafen sei. Sonntag den 4. Febr. Nachm. belehrte ich die Gemeinde darüber, wie sie diese schwere Heimsuchung aufzunehmen habe. Gott sei Dank, es zeigte sich Betrübniss, Ehrfurcht und kein Wanken des Glaubens."* (CHRONIK Marburg,II,45) Noch am 2.2. benachrichtigte Thiersch Böhm und die Engel der Gemeinden in Norddeutschland. In der Berliner Gemeinde wurde ebenfalls am 4.2. der Tod der Apostel MacKenzie (s.u.) und Carlyle mitgeteilt sowie am 11.2. ein tröstendes Schreiben des Apostelkollegiums verlesen.(pA)
Carlyle *"died at the interesting old house adjacent to the Apostles' Chapel at Albury, now known again by its traditional name, Cooke's Place, after being called for a time The Grange. This house was occupied in succession by several of the apostles; it was there that the last of them died."* (R.DAVENPORT,1974,142)
Die Beisetzung des Apostels Carlyle erfolgte am 3.2. in Albury (auf dem Friedhof an der von Drummond erbauten new parish church).-
Über die Todesursache ist nichts Näheres bekannt. Für WEINMANNs Behauptung (1963,34), Carlyle sei an einer Lungenentzündung gestorben, fehlt der Beleg. Möglicherweise handelte es sich um ein Magenleiden, das schon seit längerer Zeit bestand. (Schon am 30.8.1847, beispielsweise, hatte Thiersch an seine Frau geschrieben: *"Herr* Carlyle *ist sehr krank, am Magen leidend, er sieht gealtert aus."* Und am 22.1.1852: Carlyle habe *"wieder viel an Magen-*

schmerzen zu leiden" gehabt; Th.Br.,76/1, 119/3; vgl.S.101 der vorliegenden Untersuchung)
MILLER (1878,I,271) urteilt über Carlyle:
"Mr. Carlyle's labours in North Germany had seriously impaired his health, and he sank during this year (1854 - Verf.). He had been of great use to the Body. A man of keen powers of mind, and thoroughly devoted to the cause, he had laboured hard both personally and with his pen."
Und R.DAVENPORT (1974,142) schreibt:
"His tribe was Simeon, North Germany, one of the more fruitful fields of Catholic Apostolic evangelisation. Carlyle worked very hard in his appointed sphere; his zeal, his command of the German language, and his intimate acquaintance with the life, literature, and ways of thought of the German people, combined to make his labours more productive of results than those of most of his colleagues. A fine scholar and linguist, learned in Greek, Hebrew, and Syriac, besides modern tongues, he was a prolific writer on many topics relevant to the Catholic Apostolic movement...
Carlyle was a man of attractive personality. 'All who knew him remember him as a man of singular modesty and singleness of heart, a man too, of much ability and bright, keen humour' (Zitat aus GRAHAM,1881,May 14 [vgl.KRÄMER,1966,29] - Verf.)."
Der Apostel hat in Norddeutschland insgesamt an mehr als 1.200 Personen die apostolische Handauflegung vollzogen, 33 Priester ordiniert und 12 Engel konsekriert.(AARSBO,1932,284f)
Thomas Carlyle starb im Alter von nur 51 Jahren als erster der aktiven Apostel. Zwei Tage vor ihm - am 26.1.1855 - war bereits Duncan MacKenzie (der sich 1840 vom Apostelkollegium zurückgezogen hatte), 70jährig, in London-Barnsbury heimgerufen worden.[67] ALBRECHT (1924,58) schreibt in diesem Zusammenhang:
"Wie mir vor vielen Jahren einer der apostolischen Koadjutoren mitteilte, sagte Herr Mackenzie, als er auf seinem Krankenbette von dem lebensgefährlichen Leiden des Herrn Carlyle hörte: 'Ich weiß, daß Gott seinen schwächsten Apostel - damit meinte er sich selbst - bald hinwegnehmen wird. Sehr schmerzlich ist es mir aber, daß er wahrscheinlich auch seinen stärksten Apostel - damit meinte er Herrn Carlyle - bald abrufen wird.' Zwei Tage nach Herrn Carlyles Tode, am 30. Januar 1855, sprach der Pfeiler der Apostel Herr Cardale in der Versammlung der Sieben Gemeinden die denkwürdigen Worte: 'Manche hatten gedacht, und ich bekenne, selbst zu ihnen gehört zu haben, daß die zum Apostelamt Berufenen, wenn sie treu blieben, nicht sterben würden, bis sie des Herrn Gäste in das himmlische Erbe geführt hätten. Wir haben uns geirrt!'"
Nach Carlyles Tod übernahm Woodhouse den *"Stamm"* Norddeutschland endgültig zusätzlich zu seinen bisherigen Auftragsgebieten Süddeutschland und Österreich. Am 5.2.1855 sandte Thiersch dem Apostel ein Verzeichnis aller Gemeinden und Amtsträger des norddeutschen *"Stammes"* zu. In den folgenden 6

Monaten konnte Woodhouse die Angelegenheiten seines neuen Auftragsgebietes nur auf brieflichem Wege (meist über Thiersch) regeln.(Th.Tgb.)
Im Juli 1855 rief der Engel Rothe männliche, versiegelte Glieder der Berliner Gemeinde auf, sich für das geistliche Amt anzubieten. Es meldeten sich daraufhin 31 Männer.
Um diese Zeit hielt sich Woodhouse in Süddeutschland auf. Von dort reiste er über Marburg nach Berlin, wo er am 14.8. eintraf. Er wurde begleitet vom Erzengel der Londoner Zentralgemeinde, Christopher Heath, der als Archidiakon der Allgemeinen Kirche die Aufsicht über die wirtschaftlichen Angelegenheiten aller Katholisch-apostolischen Gemeinden wahrnahm.[68] Am Sonntag, dem 19.8., hielt der Apostel im Anschluss an die Feier der Eucharistie *"eine väterliche ergreifende Ansprache über den Tod des Hn. Carlyle und unsere jetzige Lage"* (Th.Br.,159/3) und kündigte ein Konzil an, das er mit den Engeln des norddeutschen *"Stammes"* zu halten beabsichtigte (pA).
Dieses erste norddeutsche Engel-Konzil fand vom 22.8.-6.9.1855 in Berlin statt. Außer Woodhouse, Böhm, Thiersch und Heath nahmen daran teil: Rothe, Rathmann und v.Pochhammer (aus Berlin), v.d.Brincken (Frankfurt/O.), Becker (Stettin), Koeppen (Neustettin), Döhring (Ältester in Bublitz), Hennig (Ältester in Liegnitz) und E.Schwarz (Königsberg).(pA) (Der Engel-Prophet Geyer wird zwar als Teilnehmer nicht ausdrücklich erwähnt, war aber um diese Zeit ebenfalls in Berlin und wahrscheinlich bei - zumindest einigen - Konzilssitzungen anwesend. [Th.Tgb.])
Die - außer an Sonntagen - täglichen Sitzungen des Konzils wurden jeweils um 9 Uhr mit der Feier der Eucharistie eröffnet und erstreckten sich über den ganzen Vormittag. Zuerst erstattete der Apostel Bericht und gab neue Beschlüsse des Apostel-Kollegiums bekannt. Des weiteren berichteten seine apostolischen Mitarbeiter und die Engel über ihren jeweiligen Verantwortungsbereich, berieten mit dem Apostel anstehende Sachfragen und trafen gemeinsam Entscheidungen. Die Konzilien dienten auch der Weiterbildung der Amtsträger in geistlich-theologischen, pastoralen, liturgischen und jurisdiktionellen Fragen.
Weitere Engel-Konzilien im norddeutschen *"Stamm"* wurden in den Jahren 1858, 1859 und 1863ff durchgeführt. Engel-Konferenzen dieser Art haben in Berlin bis 1933 (letzte Engel-Versammlung in Norddeutschland) stattgefunden. Zunächst tagten die Konzilien in einem als Sakristei genutzten Raum der Johannisstraße 4, ab 1863 im Kirchgebäude der Berliner Hauptgemeinde.(s.u.)
In der Konzilssitzung des 24.8.1855 wurden finanzielle und "archidiakonale" Fragen behandelt.(vgl.Anm.68.b) Am 27.8. informierte Woodhouse die Amtsbrüder über die Haltung des Apostel-Kollegiums zur Frage einer Wiederbeset-

zung der Apostel-Stellen von MacKenzie und Carlyle.(s.S.208 der vorliegenden Untersuchung) Am 29.8. stand die Liturgie auf der Tagesordnung und am 3.9. ein grundlegender Vortrag des Apostels über die Taufe.(Th.Tgb.)
Einen Tag nach Ende des Konzils unterwies Woodhouse alle Amtsträger der Berliner Gemeinde in den Fragen katholisch-apostolischer Gottesdienstordnungen. Am 17.9. wurden die täglichen Morgen- und Abenddienste eingeführt. Gleichzeitig legte der Apostel fest, dass an Wochentagen die Eucharistie nur noch zu besonderen Anlässen gefeiert werden sollte.(pA)
Eucharistiefeiern an Wochentagen fanden in dieser Zeit in Berlin z.B. zu folgenden Anlässen statt: am 24.8.1855 aufgrund der damaligen Cholera-Epidemie (auch in der Berliner Gemeinde hatte es Todesfälle gegeben, Th.Br.,160/2), am 21.9. mit der Bitte um ein *"würdigeres Gotteshaus"* und am 15.10. d.J. wegen der polizeilichen Behinderungen der katholisch-apostolischen Bewegung in Königsberg, in Hessen und in Bayern (s.u.).(Th.Tgb.; pA)
Vom 10.9.-10.10.1855 besuchte Woodhouse erstmals die katholisch-apostolischen Gemeinden in Stettin, Königsberg (Ausweisung! [s.S.161f der vorliegenden Untersuchung]), Memel, Danzig, Muddel, Bütow, Bublitz, Neustettin, Posen, Liegnitz und Frankfurt/Oder.
Der Beginn der Amtstätigkeit in Norddeutschland war für Woodhouse in mehrfacher Hinsicht nicht leicht. So schrieb Thiersch am 31.8.1855:
"Dem Hn. Woodhouse *wird es schwer, deutsche Vorträge zu halten; ich freue mich ihm helfen zu können; mit Ehrfurcht nehmen wir wahr, mit welcher Weisheit und Bestimmtheit er ungeachtet so ungemeiner Schwierigkeiten sein hohes Amt verwaltet."* (Th.Br.,160/3)
Um seine Schwierigkeiten mit der deutschen Sprache zu überwinden, nahm Woodhouse Unterricht bei Hermann Dalton (1857-1858 Vikar in Frankfurt/M., anschließend bis etwa 1883 Prediger der Petri-Gemeinde in Petersburg). Dalton äußerte sich später über den Apostel folgendermaßen:
"Er hielt sich in jenem Winter (1855/56? - Verf.) *in Deutschland, in Frankfurt auf, in erster Linie als Apostel und oberster Aufseher über die wenigen irvingitischen Gemeinden hier in der Zerstreuung. Ein Irvingianer deutete mir an, als ob er mich als Lehrer in der Hoffnung erwählet, den jungen Kandidaten für seine vermeintlich apostolische Gemeinde zu gewinnen. Ich habe manche Teestunde in seiner angenehmen Gesellschaft verbracht; er hat nie über seine Sonderlehre und Sondergemeinde ein Wort oder nun gar ein Wort der Werbung gesprochen. In seiner ungemein anregenden Unterhaltung zeigte er sich nur als einen frommen, feingebildeten* gentleman, *der für einen Engländer in ungewöhnlichem Grade Teilnahme und Verständnis für geistiges Leben und Treiben der Leute auch außerhalb England besaß."* (DALTON,I,1906,476)
Woodhouse wohnte mit seiner Familie im Herbst 1856 (und vermutlich auch später noch) in Frankfurt/M., Eschersheimer Chaussee 32.(Th.Br.,186/2.8; vgl. CHRONIK Marburg,II,187) Seine Konversationen mit Dalton können auch

schon im Winter 1855/56 stattgefunden haben. - Daltons Haltung den Katholisch-apostolischen Gemeinden gegenüber blieb zeitlebens ablehnend.(DALTON,I,1906,329)
Ende 1855 traf die Katholisch-apostolischen Gemeinden ein neuer schwerer Schlag: Am 3.11. starb in Albury (nach langem Leiden und erst 55jährig) William Dow als dritter der zwölf Apostel.(CHRONIK Marburg,II,116) Auch Dows Auftragsgebiet wurde nun von Woodhouse übernommen, womit dieser - abgesehen von seinen Aufgaben in den USA und in Kanada (vgl.Anm.25.a) - für das katholisch-apostolische Werk in Süddeutschland/Österreich, Norddeutschland und Russland zuständig war. Von den Mitarbeitern des Apostels forderte diese neue Situation ein höheres Maß an Verantwortung als bisher. Entscheidungen, die nicht unbedingt vom Apostel selbst getroffen werden mussten, wurden in den folgenden Jahren zunehmend an sie delegiert. Zu diesem Zweck traf Woodhouse beispielsweise von Ende Januar bis Mitte Februar 1856 in Süddeutschland mit Thiersch zusammen, um mit diesem Angelegenheiten des norddeutschen *"Stammes"* zu beraten.(Th.Tgb.)
Im Frühjahr 1856 entwarfen Böhm und Rothe ein spezielles Testimonium für Norddeutschland, das im Mai - während des Sommer-Konzils der Diener der Allgemeinen Kirche in Albury - von Woodhouse, Barclay, Böhm und Thiersch durchgesehen und gebilligt wurde.(pA; Th.Tgb.) Diese Zeugnisschrift erschien im Juni d.J. bei H.Zimmer in Frankfurt/M. (sowie *"aufs neue abgedruckt im Jahre 1872"*). Das kleine, 14 Seiten umfassende Zeugnis trägt den Titel: *"An unsere Brüder in Norddeutschland: an alle, die auf Christum getauft sind und den Namen des HErrn bekennen, insbesondre an die Bischöfe und Oberhirten, an alle Geistlichen und Diener des HErrn"* und ist unterschrieben mit: *"Die Gemeinden in Norddeutschland, welche unter der Leitung der Apostel des HErrn stehn, sammt ihren Oberhirten, ihren übrigen Geistlichen und ihren Diaconen"*. Ab Ende Juli 1856 wurde dieses Testimonium durch Rothe allen Geistlichen der Stadt Berlin überreicht.(pA) In der Folgezeit erhielten es weitere kirchliche Amtsträger und Konsistorien in Norddeutschland, vor allem in Orten, in denen bereits katholisch-apostolische Gemeinden existierten. Wo es sich anbot, wurde das *"neue Zeugnis"* auch staatlichen Behörden zugestellt (z.B. im Mai/Juni 1857 durch Rothe und v.d.Brincken dem Polizei-Präsidium in Berlin; VII/46).
Die Katholisch-apostolischen Gemeinden, so heißt es im Testimonium von 1856, stünden auf der Grundlage des alten, gemeinsamen Glaubens, wie er in den drei altkirchlichen Symbolen ausgesprochen sei. Die Gemeinden beanspruchten,
"Bestandtheile der Einen katholischen Kirche zu sein, so wie sie die verschiedenen Confessionen und Landeskirchen als zu derselben katholischen Kirche gehörig anerkennen und es

für unerlaubt halten, sich von irgend einer derselben loszusagen".(S.2) Über die Bedeutung und Rolle der Apostel heißt es: *"Alle Bruchstücke der Wahrheit, welche in den verschiedenen Confessionen bald verstümmelt, bald einseitig übertrieben und darum oft einander feindselig vorhanden sind, fanden wir in ihrer Lehre in Eines zusammengefaßt, in das rechte Verhältniß zu einander gestellt, und darum sich gegenseitig ergänzend und vervollständigend."* (S.3f) Ebenso fänden die Gemeinden in der Liturgie *"alles Werthvolle der alten Liturgieen wieder, nur gereinigt, geordnet und vervollständigt durch die Weisheit und Erleuchtung, welche diese Männer für dieses Werk von Gott empfangen haben".*(S.5) Neu zur Geltung gekommen seien die Charismata; sie stünden wieder *"in einem geordneten Zusammenhang mit den Aemtern des HErrn (1. Cor. 12,4-6) und dienen ebensosehr zur Erbauung der Gemeinde, wie zur Unterstützung und Bekräftigung des Regimentes Christi in Seiner Kirche".*(S.6) Auch das dreifache Amt mit seiner vierfachen Entfaltung, die Versiegelung und die Ordnung der Entrichtung des Zehnten habe Gott durch den wiederhergestellten Apostolat neu ins Licht gerückt.(S.5-8) *"Der Auftrag, den diese Männer von Gott haben, erstreckt sich über die gesammte Kirche; daher war es ihr Bemühen, zuvörderst den Häuptern der Christenheit die Hülfe des HErrn anzubieten. Sie thaten dies vor Jahren in einem ausführlichen Zeugniß, worin sie den Lenkern in Kirche und Staat den wahren Zustand der Christenheit im Lichte Gottes vorhielten und ihnen den Weg des HErrn offenbarten, auf dem allein Rettung zu finden ist. Und wo sie seitdem durch die besondern Umstände sich von Gott darauf hingewiesen sahen, Gemeinden zu stiften, da thaten sie es nicht zur Verwerfung und Verdammung der bestehenden Ordnungen Gottes, und wahrlich nicht, um den zerrissenen Leib des HErrn noch mehr zu zerspalten, sondern um an einem Beispiele zu zeigen, was Gott für seine gesammte Kirche thun möchte, und um dem Glauben derer entgegenzukommen, die von ihnen die apostolischen Segnungen erwarteten und verlangten..."* (S.8f) Neben augenfälligen *"Hauptzügen unserer Zeit"* (Verwerfung von Autoritäten, durch die Gott *"die Menschen leiten und segnen will"*, Zuchtlosigkeit, Unwissenheit in Bezug auf die heilige Schrift, Unglaube, grober Materialismus und Gottesleugnung, *"das immer wachsende Elend der Völker, ihre in der Tiefe gährende Unzufriedenheit, ihr Mißtrauen gegen die Dauer der bestehenden Verhältnisse, ihr eigenmächtiges und gewaltsames Ringen, eine neue Ordnung der Dinge herbeizuführen, in der jeder Mißbrauch aufgehoben, alle Noth gestillt und ein Reich des Friedens und der Glückseligkeit, doch ohne Gott und ohne Christum aufgerichtet werden soll"*) - neben diesen Hauptzügen also habe Gott noch *"ein anderes Zeichen gegeben"*: *"Die Stimme des heiligen Geistes, die sich wieder hören läßt in der Kirche, verkündigt das Kommen des HErrn, und die Apostel, die der HErr aufs neue sendet, haben von Ihm den Auftrag empfangen, von Seiner nahen Zukunft zu zeugen, und Seine Kirche auf Seine Erscheinung zu bereiten."* (S.11ff) *"Durch diese Mittel, die Er selbst verordnet hat, wird Er die Hoffnung erfüllen, die der Kirche als ihr Ziel von Anbeginn ist vorgehalten worden: die Entschlafenen in Christo werden auferstehen und wir, die wir leben und überbleiben, werden zugleich mit ihnen hingerückt werden in den Wolken dem HErrn zu begegnen. (1 Thess. 4,16.17. 1 Cor.15, 51.52)."* (S.13)

Das *"neue Zeugnis"* fand in Kirche und Öffentlichkeit kaum Beachtung. Zu den wenigen bekannt gewordenen "Reaktionen" gehört ein kurzer Bericht mit ironischem Grundton, den die PKZ am 20.9.1856 (Sp.910) als Nachdruck von der *"Vossischen Zeitung"* übernahm.

Andererseits hatte sich die EKZ kurz vor der Drucklegung des neuen Testimoniums in einer sachlich ausgewogenen Artikelserie bereits ausführlich mit der katholisch-apostolischen Bewegung beschäftigt. In den Nummern 49-52 (erschienen vom 18.-28.6.1856; Nr.52 durch 2 Beilagen vermehrt!) druckte sie unter dem Titel *"Der Irvingismus"* die erweiterte Fassung eines Vortrages ab, der von F.W. Schulze auf einer Veranstaltung des *"Evangelischen Vereins"* gehalten worden war. Die Artikel setzten sich zwar kritisch mit ihrem Gegenstand auseinander, verzichteten aber auf unsachliche Polemik und nahmen Anfragen der katholisch-apostolischen Bewegung zum Zustand der Kirchen selbstkritisch auf - eine Haltung, in der sich die EKZ generell von fast allen damaligen Artikeln und Schriften über die Katholisch-apostolischen Gemeinden unterschied.(vgl.EKZ,1848,72.412[Anm.]; ebd.,1856,497)

Im Herbst 1856 konnte der Apostel Woodhouse in Berlin zweimal die apostolische Handauflegung vollziehen, und zwar an insgesamt 60 Personen.(s.o.) Unter denen, die am 11.9. versiegelt wurden, befanden sich der ehemalige Landrat v.Tucholka (*"ein alter Pole von feuriger Jugendkraft"*) und der Referendarius Wohlfahrt - ein Neffe des kurhessischen Innenministers H.D.v.Hassenpflug (1794-1862, dem einflussreichsten Gegner der katholisch-apostolischen Bewegung in Hessen!).(Th.Br.,184/2f) Am 26.9. erhielten 18 Diakone den apostolischen Segen zu ihrem Amt.(pA)

Ende Juni 1857 dienten in der Berliner Gemeinde neben Rothe, Rathmann und dem Engel-Propheten Geyer bereits 7 Priester und 14 Diakone. Es handelte sich dabei um die Priester Roßteuscher, F.Schwarz, Rührmund, Olbrecht, Messerschmidt, Beckemeyer und Hickethier sowie um die Diakone Schubert, Dannenberger, Brandis, Liehr, Layritz, Engelhardt, Mittendorf, Herbert, Petzel, Maaß, Hoffmann, Ehrenreich Rettig, Heinrich Flegel (Anm.73.d) und Friedrich Westphal.(VII/51-v) Am 26.12. d.J. boten sich in Berlin weitere 10 Männer aus katholisch-apostolischen Gemeinden des norddeutschen *"Stammes"* zum Priester-Amt an.(CHRONIK Marburg,III,5.1.1858)

1857 kam Woodhouse nicht nach Preußen. Dafür besuchte er in der 2. Hälfte d.J. die katholisch-apostolischen Gemeinden in Nordamerika (Abreise von Liverpool: am 29.7., Ankunft in Albury: Anfang Dezember).(ebd.,2.8.1857; Th.Tgb.,13.12.1857)

Im folgenden Jahr hielt sich der Apostel vom 20.-26.4., 11.-17.5., 14.-16.9. und 20.9.-15.10. (begleitet von Thiersch) in Berlin auf.(Th.Tgb.) Dort empfingen auch hin und wieder Anhänger der katholisch-apostolischen Bewegung aus anderen Ländern die apostolische Handauflegung. So berichtete Thiersch am 22.4.1858 an seine Frau: *"Unter den vielen, welche heute die apostolische*

Handauflegung empfangen, sind auch die Erstlinge aus Rußland und Dänemark. Wie würden sich H. Carlyle u. H. Dow seelig freuen, wenn sie dieß erlebt hätten!" (Th.Br.,204/3) 1862 wurden in Berlin auch neue Gemeindeglieder aus Prag versiegelt. (s.u.) [69]
Am 14.5.1858 wurden L. Fenner v.Fenneberg als Priester ordiniert und einen Tag später Roßteuscher, F.Schwarz und Rührmund (aus Berlin) sowie Deventer (Memel) und J.F.Kleist (Bublitz) durch Geyer zum Engel-Amt berufen.[70]
Vom 28.9.-8.10. d.J. kamen die leitenden Amtsträger der katholisch-apostolischen Gemeinden des norddeutschen *"Stammes"* in Berlin zu ihrem 2. Konzil zusammen. An diesem Konzil nahmen außer den Dienern der Allgemeinen Kirche teil: aus der Berliner Gemeinde die Engel Rothe, Rathmann und Geyer, die berufenen Engel Roßteuscher, Rührmund und F.Schwarz sowie die Priester Messerschmidt, F.B.A.Diestel und v.Fenneberg; aus anderen norddeutschen Gemeinden die Engel Becker, Hennig, E.Schwarz und Döhring, die berufenen Engel Kleist und Deventer sowie die Priester Zwanzig, E.Furch, A.Zimmermann, J.Koska und A.Sonnenberg.[71]
Zu den Tagesordnungspunkten des Konzils gehörten der Bericht des Apostels (28.9.), die Bekanntgabe neuer apostolischer Beschlüsse (30.9.), Informationen über die erste Prophetenkonferenz in Albury (1858 [Anm.115]) sowie Mitteilungen über das Propheten-Amt (6.10.). Den größten Raum nahmen jedoch die Verhandlungen über die Neuausgabe der norddeutschen Liturgie ein, an der Woodhouse, Böhm, Thiersch, Diestel, Döhring u.a. auch am Rande des Konzils intensiv arbeiteten. Es handelte sich dabei vermutlich um die 1. Aufl. der *"neuen Übersetzung nach der englischen Ausgabe von 1853"* (Berlin 1859?).(s.o.) Diese neue Ausgabe der Liturgie wurde am 21.8.1859 in der Berliner Gemeinde und des weiteren in allen norddeutschen Gemeinden eingeführt.(Th.Tgb.; pA [vgl.Anm.52])
Am vorletzten Tag des Konzils empfingen Kleist, Rührmund, Deventer und Roßteuscher die Engel-Weihe. Bis zur Übernahme der Magdeburger Gemeinde (s.u.) diente Roßteuscher in Berlin als Engel-Gehilfe im Ältesten-Dienst. Mit Kleist und Rührmund arbeiteten neben v.Pochhammer und v.d.Brincken nun zwei weitere Engel-Evangelisten im norddeutschen *"Stamm"*.
Die Jahre 1859/60 brachten für die Katholisch-apostolischen Gemeinden weitere schmerzliche Verluste: am 18.1.1859 starb J.Barclay; ihm folgten die Apostel S.Perceval (+ 16.9.1859) und H.Drummond (+ 20.2.1860; sein Auftragsgebiet Schweiz wurde ebenfalls von Woodhouse übernommen!). Doch zugleich gab es auch tröstliche Ereignisse. So entschloss sich (spätestens 1859) der Apostel H.Dalton, nach 13jähriger Unterbrechung wieder aktiv als Apostel mitzuarbei-

ten.[72] Ebenfalls 1859 wurde mit Böhm erstmals ein Apostel-Koadjutor berufen, und zwar als Koadjutor des Apostels für Norddeutschland.(Anm.28.c) (Böhm blieb bis 1867 gleichzeitig Evangelist mit dem Apostel für diesen *"Stamm"*.)
Auch in der Berliner Gemeinde gab es 1859 personelle Veränderungen: Im Spätsommer übernahm der Engel Roßteuscher die katholisch-apostolische Gemeinde in Magdeburg (aus Berlin verzogen am 26.8.; VII/73). Am 17.9. (zwei Tage nach seiner Ankunft in Berlin) genehmigte Woodhouse die Übernahme der Hamburger Gemeinde durch den berufenen Engel F.Schwarz, der diese zunächst als Ältester leitete. (Schwarz siedelte im Oktober d.J. nach Hamburg über.[WEINMANN,1963,70; vgl.Anm.121.a]) Gleichzeitig berief der Apostel dessen Bruder, Gottlieb Schwarz (Ältester in Spandau), nach Berlin.
Vom 21.-29.9.1859 fand in Berlin das dritte norddeutsche Engel-Konzil statt. Außer Woodhouse, Böhm und Thiersch nahmen daran teil: alle Engel des norddeutschen *"Stammes"* (v.Pochhammer, v.d.Brincken, Rothe, Rathmann, Geyer, Becker, Hennig, E.Schwarz, Döhring, Deventer, Roßteuscher, Kleist und Rührmund), F.Schwarz sowie als *"Zuhörer"* die Priester Olbrecht, Zwanzig, G.Schwarz, Messerschmidt, Stoll, Beulig, Buchholz (Danzig) und Diestel.(pA) Am 22.9. informierte der Apostel die Amtsbrüder vom Tode Percevals sowie von der wiederaufgenommenen Tätigkeit des Apostel Dalton und der Erwählung Böhms als Koadjutor für Norddeutschland. Das Konzil beschäftigte sich hauptsächlich mit dem Gebrauch der (neuen) Liturgie, mit Fragen der geistlichen Amtshandlungen, des Zehnten und der Kirchenverwaltung (Kirchenbücher). Am 26.9. sprach Rothe im Anschluss an die Sitzung *"im Namen aller Anerkennung aus für Hn. Woodh."*.(Th.Tgb.)
Im November 1859 gehörten zur Berliner Gemeinde 4 Engel und 10 Priester: Der Engel Rothe und die Priester Messerschmidt und G.Schwarz leiteten jeweils einen Ältesten-Bezirk. An der Seite Rothes standen der Engel-Gehilfe Rathmann und - als *"Helfer"* - der Priester Hoffmann (ordiniert am 4.10.1859, am 24.10.1861 [gemeinsam mit G.Schwarz] von Woodhouse in das Ältesten-Amt eingesetzt). Als Propheten dienten der Engel-Prophet Geyer (er war aufgrund seiner übergemeindlichen Aufgaben nur teilweise in der Berliner Gemeinde tätig) und der Priester Stoll, der jedoch noch nicht in das Propheten-Amt eingesetzt worden war, sondern zunächst nur als Prophet fungierte. Das Evangelisten-Amt versahen der Engel-Evangelist Rührmund (dieser unterstand dem Bezirks-Evangelisten v.d.Brincken und diente nur zeitweise in Berlin) und der Priester Flegel. Als Hirten dienten die Priester Beulig und Beckemeyer.(s.o.) Diese wurden am 7.11.1861 durch den Apostel in das Hirten-Amt eingesetzt. (vgl.Anm.54.c)[73]

Von ihrem bisherigen Beruf *"gelöst"* waren: Rothe, Rathmann, Geyer, Rührmund, G.Schwarz, Beulig, Beckemeyer und Stoll. Diese Männer dienten vollberuflich im geistlichen Amt und empfingen ihr "Gehalt" in erster Linie aus den Zehnten-Mitteln der Berliner Gemeinde. Flegel stand im November 1859 kurz vor seiner vollen Anstellung als Geistlicher. Messerschmidt diente der Gemeinde ehrenamtlich (d.h., ohne dafür Einkünfte zu beziehen). Die Priester Haeger und Hickethier waren um diese Zeit durch ihren Beruf an der Ausübung des geistlichen Amtes gehindert. Der Priester Herbig wurde anstelle von G.Schwarz mit der Leitung der Gemeinde in Spandau beauftragt.(pA)

Im Jahre 1859 erschien die erste Ausgabe eines Gesangbuches für die deutschen katholisch-apostolischen Gemeinden unter dem Titel: *"Hymnologium. Eine Sammlung der besten Lieder und Lobgesänge aus allen Jahrhunderten der Kirche mit beigefügten Melodien"* (Basel; 144 S.). Es war von Roßteuscher zusammengestellt worden, der - unter Aufnahme von evangelischem Liedgut - *"eine große Anzahl von Liedern aus dem lateinischen und englischen übersetzt, teilweise ergänzt und auch neu geschaffen"* hatte.(WEBER,1977,Anh.,103; BORN,1974,63.80)

Auf einer Versammlung aller Amtsträger der Berliner Gemeinde am 1.10.1860 überreichten die Diakone dem Apostel (der sich seit dem 25.9. wieder in Berlin aufhielt) eine Denkschrift. Die Diakone beklagten darin, dass die Gemeinde zu wenig Pflege durch die Diakone erhalte, da ihnen durch ihre weltlichen Berufe zu wenig Zeit und Kraft für ihre diakonale Arbeit bliebe. Die Denkschrift enthielt den Vorschlag, auch die Diakone - genauso wie viele Priester - ganz oder teilweise zu *"lösen"*, d.h., sie hauptberuflich in der Gemeinde anzustellen. Nach Beratung mit seinen Mitarbeitern stellte Woodhouse fest, dass dem angesprochenen Mangel durch eine Erhöhung der Zahl der Diakone abgeholfen werden solle und ordnete am 5.11. d.J. an, dass zur besseren diakonalen Arbeit mehr Diakone einzusetzen seien.(pA)

Da das bisherige Gottesdienstlokal in der Johannisstraße 4 für die Berliner Gemeinde inzwischen längst zu klein geworden war, begann diese Ende 1860 mit dem Bau einer Kirche in der Stallschreiberstraße 8a (im Viertel Luisenstadt). Am 2.11. wurde in Anwesenheit des Apostels der Grundstein gelegt. Bereits ein halbes Jahr später konnte die 600 Sitzplätze und mehrere Nebenräume umfassende Kirche in Benutzung genommen werden. Am 7.4.1861 fand der letzte Gottesdienst im Bechsteinsaal und tags darauf die Überführung der *"heiligen Geräte"* in die neue Kirche statt. Am Sonntag, dem 21.4., wurde die Kirche mit *"vollständigen"* Gottesdiensten feierlich eröffnet. Am 30.9. d.J. vollzog der Apostel die Altarweihe und die Segnung der Geräte, des Tabernakels, des Prothesistisches und der Kanzel.(pA; vgl.LITURGIE,1908,430-461) 40 Jahre lang diente die Kirche in der Stallschreiberstraße der (späteren) Berliner (Haupt-)Gemeinde als gottesdienstliche Stätte und als Tagungsort der Engel-Konzilien des norddeutschen *"Stammes"*. Thiersch beschrieb seinen ersten Eindruck von dem neuen Gebäude am 27.8.1861 folgendermaßen:

"Die Kirche habe ich schon besucht; noch sind die Wände kahl, unbemalt, fleckig, sonst ist das Gebäude würdig; freilich von außen wie schon oft gesagt, gleich einer Synagoge." (Th.Br.,281/3) Und am Sonntag, dem 6.10. d.J., schrieb er: *"Erst jetzt kann man die Gottesdienste recht geziemend ausführen in diesem neuen Gotteshause. Die Gesänge sind fast vollkommen schön, und man fühlt das Walten des guten Geistes.*

Mittwoch hatten wir die apostolische Handauflegung - nur 25 Personen, darunter der alte H. Blödner, ein Maler aus Warschau, der so rasch glaubte, wie der Kämmrer aus Mohrenland und den Tag darauf mußte er fort und zog seine Straße fröhlich.

Am Freitag wurden der treuherzige bescheidne Hallberger, der schon Gefängniß erduldet hat und Bülow aus Stettin - Süd und Nord - ordinirt. Ich hatte die Homilie. Diese Männer sind überglücklich. Am Samstag bekam H. Jacobs, römisch kath. Priester u. ehemaliger Mönch die Bestätigung seiner Weihe, eine hier noch nie gesehene Feier - er wird aufs Frühjahr, wenn Gott will, nach Holland gesandt..." (Th.Br.,289/2f) [74]

Vom 6.-10.10.1861 hielten Woodhouse, Böhm und Thiersch (täglich nach dem Abenddienst) geistliche und pastorale Vorträge für die in Berlin anwesenden Amtsträger und (am 10.10.) für die Gemeinde. Am 7. bzw. 8.10. fand die Prüfung neuer Kandidaten für das Engel-Amt (Olbrecht, Diestel - beide berufen am 30.10.1860 - und F.Schwarz) durch die Diener der Allgemeinen Kirche statt. Am 10.10.1861 erhielten die drei Kandidaten die Engel-Weihe.(Th.Tgb.)

Im November d.J. zählte die Berliner Gemeinde 450 erwachsene Kommunikanten und schätzungsweise 100-150 Kinder. Außer dem Engel Rothe und dem Engel-Gehilfen Rathmann dienten zu diesem Zeitpunkt in der Gemeinde 9 Priester, 16 Diakone und 6 Diakonissinnen.(III/206v)

Seit ihrer Gründung war die Berliner Gemeinde zahlenmäßig kontinuierlich gewachsen (August 1848: 135 versiegelte Gemeindeglieder; im Juni 1851 mindestens 269, Ende 1855 334 erwachsene Mitglieder; VII/11ff.41-v). Ende 1858 zählte die Gemeinde (einschließlich ihrer Filialen Spandau und Rathenow) 450 Mitglieder.(ebd./65) Zwischen dem 26.2.1854 und dem 20.9.1863 wurden in Berlin insgesamt 354 erwachsene Personen durch Evangelisten *"dem Hirtenamt übergeben"* (vgl.Anm.59.b).(pA) Die Gesamtzahl der Mitglieder wurde nicht nur durch Aufnahmen und Zuzug, sondern auch durch die Beendigung der Mitgliedschaft (Zahlen liegen nicht vor), durch den Wegzug von Gemeindegliedern, die andernorts beim Aufbau von katholisch-apostolischen Gemeinden halfen, sowie durch Todesfälle beeinflusst. Zwischen August 1851 und Juni 1863 kamen durch Aufnahme bzw. Zuzug mindestens 404 erwachsene Personen zur

Gemeinde hinzu. Im gleichen Zeitraum verlor die Gemeinde mindestens 128 erwachsene Mitglieder durch Wegzug (71) und Todesfälle (57).(In VII/2-4v.7f. 58-87v sind alle Namen aufgeführt.)
Wenige Wochen nach der Krönung König Wilhelms I. (am 18.10.1861) wandten sich die Engel-Vorsteher der katholisch-apostolischen Gemeinden in Preußen mit einer Petition (vom 25.11. d.J.) an ihren neuen Landesherrn.(II/49-61v) Sie machten darin auf die für sie unbefriedigende rechtliche Stellung der Gemeinden in Preußen (nur Vereinsstatus) aufmerksam und baten um deren Aufnahme *"in die Kategorie der geduldeten Religionsgesellschaften"* (III/212; s. den Wortlaut der Petition auf S.280-290 der vorliegenden Untersuchung).
Auf der juristischen Grundlage des *"Patent(s), die Bildung neuer Religionsgesellschaften betreffend"* vom 30.3.1847 (G.S.,1847,121 [zum Umfeld vgl. Anm.51]) - in Verbindung mit dem ALR (von 1794; Theil II,Tit.6,§§1-3.11-14, und Tit.11,§§9.10.) - hatten die Katholisch-apostolischen Gemeinden in Preußen zunächst den Status einer religiösen *"Privatgesellschaft"* (G.S.,1847, 123). Durch die *"Verordnung über die Verhütung eines die gesetzliche Freiheit und Ordnung gefährdenden Mißbrauchs des Versammlungs- und Vereinsrechtes"* vom 11.3.1850 (G.S.,1850,227-283) - in Verbindung mit Art. 12 und 30 der *"Verfassungs-Urkunde für den preußischen Staat"* vom 31.1.1850 (G.S., 1850,18.21) - fielen die Katholisch-apostolischen Gemeinden (in Ermangelung von Korporationsrechten) dagegen ab 1850 unter das Vereinsrecht. Jede einzelne Gemeinde hatte sich demzufolge - unter Einreichung von Statuten und Mitgliederverzeichnissen - von der jeweiligen Ortspolizeibehörde als Verein in die Vereinsregister eintragen zu lassen (§ 2 der Verordnung vom 11.3.1850).
Mit der (noch **vor** der Publikation der Verordnung vom 11.3.1850 entstandenen) Berliner Gemeinde hatten es die Behörden in dieser Hinsicht offenbar nicht eilig. Erst über ein Jahr später wurde die Gemeinde durch eine Verfügung vom 15.7.1851 seitens des Königlichen Polizei-Präsidiums in Berlin aufgefordert, Statuten und ein Mitgliederverzeichnis einzureichen.(VII/25v) Was das Verzeichnis betraf, so kam Rothe am 29.7. dieser Aufforderung nach, teilte dem Polizei-Präsidium aber gleichzeitig mit, die Behörde möge *"der Wahrheit trauen, daß wir solche Statuten oder schriftlich aufgestellte Regeln nicht besitzen"*, die äußeren Angelegenheiten würden durch die Diakone geregelt, *"Statut"* sei die Heilige Schrift.(ebd./11-12av.27-28) Ob in der folgenden Zeit Statuten von der Berliner Gemeinde eingereicht worden sind, ist unklar.(In Akte VII sind keine enthalten!) Die ältesten bisher bekannten Statuten der Katholisch-apostolischen Gemeinden in Preußen sind die am 24.8.1853 von Böhm für die Königsberger Gemeinde formulierten.(s.S.157 der vorliegenden Untersu-

chung) Soweit bekannt, sind die ältesten von Rothe unterzeichneten Statuten die Statuten der Berliner Filialgemeinde in Hamburg vom 4.4.1855 (abgedruckt bei WEINMANN,1963,335ff). Spätestens ab September 1857 (Magdeburger Gemeinde [s.S.129 der vorliegenden Untersuchung]) gab es für die Katholisch-apostolischen Gemeinden in Preußen einen einheitlichen Statutentext (der jedoch ortsbedingte Modifikationen zuließ). Statuten in dieser Textfassung waren der Petition vom 25.11.1861 beigefügt (s.S.277-280 der vorliegenden Untersuchung).

Bis Mai 1857 genoss die Berliner Gemeinde insofern eine Begünstigung durch das dortige Polizei-Präsidium, als von diesem stillschweigend auf eine der Vorschrift entsprechende regelmäßige Ergänzung der Vereinsunterlagen verzichtet wurde. (*"Am hiesigen Ort sind die s.g. Irvingianer wenig äußerlich hervorgetreten und es ist ihnen deshalb bis jetzt nur geringe polizeiliche Beachtung geschenkt worden."*, Königliches Polizei-Präsidium in Berlin an den Evangelischen Oberkirchenrat vom 20.3.1857 [V/156].) Das änderte sich allerdings mit der Verfügung vom 23.5. d.J., durch die das Polizei-Präsidium genaue Angaben über Amtsträger, Mitglieder, Gottesdienstzeiten usw. sowie vierteljährliche Veränderungsmeldungen von der Gemeinde einforderte.(VII/43f.54) Ausgelöst worden war diese zum einen durch Konflikte zwischen der Polizei und katholisch-apostolischen Amtsträgern außerhalb Berlins (z.B. v.Pochhammer in Magdeburg [s.S.126-129 der vorliegenden Untersuchung]), zum anderen durch *"Beschwerden"* (offenbar von Nichtgemeindegliedern!) im Hinblick sowohl auf die zeitliche Beanspruchung noch im "weltlichen" Beruf tätiger Amtsträger durch ihren geistlichen Dienst als auch auf die Entrichtung des Zehnten in den Katholisch-apostolischen Gemeinden.(V/156f) Auf die Länge der Zeit gesehen konnte die Berliner Gemeinde jedoch insgesamt - nach einer Aussage des Polizei-Präsidiums aus dem Jahre 1879 - *"unter voller Zustimmung des Herrn Ressortchefs ihre Wirksamkeit vollkommen ungestört"* ausüben.(VII/136v-137) Ebenso wie die bereits 1859 gestellten Anträge auf Verleihung von Korporationsrechten seitens der Magdeburger und der Königsberger Gemeinde wurde auch die "zentrale" Petition vom 25.11.1861 ablehnend beschieden. In ihrem gemeinsamen Gutachten zur Petition räumten der Innenminister Graf v.Schwerin (1859-1862) und der Kultusminister v.Bethmann-Hollweg (1858-1862) am 6.2.1862 zwar ein, dass das Verhalten der Katholisch-apostolischen Gemeinden bisher *"völlig tadelsfrei gewesen"*, stellten aber zugleich fest, *"daß der Antrag der Bittsteller mit den zur Zeit bestehenden staatsrechtlichen Grundsätzen nicht vereinbar und daher zur Gewährung nicht geeignet"* sei.(III/214[-219]; s. dazu Anm.96!) Daraufhin lehnte der König durch Allerhöchste Kabinetts-Ordre vom

10.2. die Petition ab.(ebd./219[-221]) In dem von beiden Ministern unterzeichneten Bescheid an Rothe (vom 6.3. d.J.) hieß es zur Begründung: dem Gesuch könne "*nicht gewillfahrt werden ..., da die Bestimmungen des Allgem. Landr. Thl. II. Tit: 11 §§ 17.ff., auf welche dasselbe gestützt ist, durch den Art. 12 der Verfassungs=Urkunde vom 31. Januar 1850 ihre Anwendbarkeit verloren haben*".(ebd./222) Mit anderen Worten: Der im ALR (II.Theil,Tit.11,§§20ff) vorgesehene Status einer "*geduldeten Kirchengesellschaft*" (s. dazu RE³,Bd.18 [1906],162f) war faktisch durch das freie Assoziationsrecht nach V.U. Art. 12 und 30 (Möglichkeit zur Gründung von Vereinen) hinfällig geworden. (Weitere Einzelheiten zur rechtlichen Situation s. in Kap.4)

Am 27.10.1862 empfingen in Berlin 104 Personen (pA) die apostolische Handauflegung, darunter 54 Personen (BERICHT,1863,6) aus der um diese Zeit gegründeten Gemeinde in Potsdam (s.S.87 der vorliegenden Untersuchung) sowie (4?) Gäste aus Prag.(Th.Br.,313/4) Am Abend dieses Tages konnten Thiersch, Böhm und Woodhouse in der Stallschreiberstraße 8a Vorträge vor einer vollen Kirche halten.(Th.Tgb.)

Gottesdienstliche Versammlungen fanden nicht nur in der neuerbauten Kirche, sondern parallel dazu auch an anderen Orten Berlins statt: in der Zimmerstraße 78, ab März 1858 in der Matthaeistraße 3 (bei J.Arlt) und ab August 1863 im Schulhaus Invalidenstraße 87 (VII/60f.88). Ab Advent 1861 wurden in 3 Wohnungen sowie (einmal monatlich) in der Kirche regelmäßige Gebetsversammlungen durchgeführt, verbunden mit der Praktizierung von Geistesgaben. Etwa ab dieser Zeit fanden auch jeden Dienstagabend Gemeindeversammlungen statt, in denen Belehrungen durch das vierfache Amt, durch Diakone und durch Engel gehalten wurden.(pA)

Der Jahreswechsel 1862/63 und das Jahr 1863 waren im wesentlichen überschattet vom "Fall Geyer".(s.Kap.6) Ab April 1863 gab C.Rothe als offizielle Monatsschrift der Katholisch-apostolischen Gemeinden in Norddeutschland das Blatt "*Pastorale Mittheilungen*" (1863-1931; s.EDEL,1971,366) heraus, das für die katholisch-apostolischen Leser an die Stelle von Geyers Zeitschrift "*Die Morgenröthe*" (1860-1863; s.S.212 der vorliegenden Untersuchung) trat.

Am 20.10.1863 eröffnete Woodhouse in Berlin (erstmals im neuen Kirchgebäude) das vierte norddeutsche Engel-Konzil. Es nahmen daran alle 14 Engel des "*Stammes*" sowie viele Priester teil. Am letzten Tag des Konzils (30.10.) fand eine Anbietung zum höheren Amt statt, bei der Th. de la Chevallerie (Berlin), Buchholz (Danzig), F.Grahmann (Bromberg), C.Kuchenbecker (Neustettin) und Koska (Bütow) durch den Propheten mit dem Apostel für Süddeutschland L.Faesch berufen wurden.(pA) [75]

Ende 1863 zählte die Berliner Gemeinde (einschließlich der Kinder) mehr als 700 Mitglieder. Sie blieb auch weiterhin der Mittelpunkt des katholisch-apostolischen Werkes in Norddeutschland. In den folgenden Jahren entwickelte sie sich - einschließlich ihrer *"Horngemeinden"* (s.u.) - zur größten aller katholisch-apostolischen Gemeinden in der Welt.

Die weitere Entwicklung bis zur Gegenwart

Zum siebenten Engel-Konzil in Berlin (17.-24.9.1867) versammelten sich um Woodhouse bereits 40 Engel und Engel-Evangelisten (AARSBO,1932,280) aus den europäischen Auftragsgebieten des Apostels. Während dieses Konzils (am 20.9.) wurden v.d.Brincken als Evangelist mit dem Apostel und Becker als Hirte mit dem Apostel (beide für Norddeutschland) feierlich eingeführt.(Th.Tgb.) Im Jahre 1871 zählte die Berliner Gemeinde mit ihren 4 Ältesten-Bezirken schon über 1.000 Kommunikanten. Eine Gemeindeteilung innerhalb der rasch wachsenden Stadt machte sich erforderlich. So wurde mit 250 regelmäßigen Kommunikanten die Horngemeinde Berlin-**Nord** von der Hauptgemeinde abgezweigt und am 24.7.1873 (pA; nach KÖHLER,1876,183, am 29.7.) mit der Übergabe einer neuerbauten, 500-600 Sitzplätze umfassenden Kirche in der Zionskirchstraße 16-17 ins Leben gerufen.[76] Die Nordgemeinde wurde geleitet von F.W.Haeger (zunächst leitender Ältester, Engel des Horns von 1874 bis Oktober 1879), Albert Roller (geb. 1833; Engel des Horns von 1879 bis März 1905) und dem Engel des Horns A.Schandert (+ nach 1922). Sie entwickelte sich mit bis zu 2.000 Kommunikanten zur mitgliederstärksten aller katholisch-apostolischen Gemeinden.(NEWSLETTER,IV[1953],9; BORN,1974,109)
Anfang 1885 wurde aus Teilen der Haupt- und der Nordgemeinde die Horngemeinde Berlin-**Ost** gebildet. Nachdem diese Gemeinde zuerst Räumlichkeiten in der Krautstraße 52 und ab Juli 1890 einen Saal in der Krautstraße 4/5 (part.) benutzen konnte, verfügte sie ab 1893 über eine eigene Kirche im Weidenweg 86. (s.VII/167-171.211-v.224.238) Engel des Horns in der Ostgemeinde waren: G.Zwanzig (1.3.1887-31.12.1890), Otto Kohl (1891 bis zu seinem Tod am 26.2.1915) und Ernst Naumann (1915-1940). Bei ihrer Gründung zählte die Gemeinde zwischen 100 und 200 Mitglieder. In 2 Ältesten-Bezirke geteilt, betrug die Anzahl um 1900 ca. 1.200 und im Jahre 1920 über 1.500 Personen. (Die gestiegenen Mitgliederzahlen nach 1901 - also nach Einstellung jeglicher Evangelisten-Tätigkeit nach außen - hatten ihre Ursache im natürlichen Nachwuchs innerhalb der Katholisch-apostolischen Gemeinden.)

Auf Initiative des Erzengels der Berliner Hauptgemeinde C.Rothe jun. (und nach einigen Schwierigkeiten) konnte am 5.8.1888 in einem Saal der Potsdamer Straße 27b die Horngemeinde Berlin-**West** eröffnet werden. Den "Grundstock" für diese Gemeinde bildeten 262 Gemeindeglieder sowie der am 6.4. d.J. konsekrierte Engel Carl L.W. Wagener, 1 Priester und 6 Diakone, die alle zuvor der Hauptgemeinde angehört hatten. Am 3.10.1894 erhielt die Westgemeinde eine eigene Kirche (mit 450 Sitzplätzen) in der Steglitzer Straße 55 (heute Pohlstraße). Diese Gemeinde stand unter der Leitung von C.Wagener (zunächst leitender Ä?, Engel des Horns 1888/89 bis 1892) und den Engeln des Horns Rudolf Gerds (1892-1897 [Anm.68.c]), Hermann Baltzer ([18.9.1840-27.1.1915] 1897-1915) und Oskar H. Quenzel ([29.9.1846-18.9.1929] 1915-1929). Ab 1897 gab es 2 Ältesten-Bezirke mit insgesamt 700 regelmäßigen Kommunikanten. Bis 1914 wuchs deren Zahl auf 1.100.

Die vierte Horngemeinde, Berlin-**Wedding**, wurde am 1.1.1891 mit über 500 Kommunikanten von der Nordgemeinde abgezweigt und konnte sofort eine neuerbaute Kapelle (Baubeginn: Oktober 1890; VII/244) in der Müllerstraße 14a (im Nordwesten Berlins) in Benutzung nehmen. Dieser Gemeinde standen als Engel des Horns vor: Julius König ([9.3.1833-1.12.1910] 1891-1910), ab 1.2.1911 A.Sinapius und schließlich E.Hannasky (+ 1928). In 3 Ältesten-Bezirke (Wedding, Gesundbrunnen und Moabit) eingeteilt, zählte die Gemeinde 1939 noch 1.350 Mitglieder.

Bis auf die Westgemeinde verloren alle Berliner Horngemeinden während des 2. Weltkrieges ihre Kirchengebäude (so z.B. die Nordgemeinde im November 1943 und die Ostgemeinde im April 1945).

Die ursprüngliche Berliner Gemeinde, die sich in der Stallschreiberstraße 8a versammelte, wurde nach der Gemeindeteilung **Hauptgemeinde** (Berlin-**Süd**). Durch prophetische *"Kundmachung"* am 13.2.1873 und apostolische Entscheidung wurde sie noch im selben Jahr zur Metropolitangemeinde *"erhoben"*. Ihr Engel Rothe rückte damit in den Rang eines Erzengels auf.[77] Außer diesem dienten in der Hauptgemeinde als Beauftragter Engel: der ehemalige evangelische Pfarrer J. Georg Müller ([s.S.131 der vorliegenden Untersuchung; 25.5.1870 Engel-Weihe, Engel-Gehilfe in Berlin ab 29.5.1870] vom 11.7.1876 bis zu seinem Tod am 5.3.1881), Carl Rothe jun. ([31.12.1849-30.8.1928; 12.3.1881 Engel-Weihe] von Oktober 1882 bis 1928) und Rudolf Christburg ([8.12.1863-1.11.1940; Engel-Gehilfe in der Hauptgemeinde ab 1.7.1910] 1928-1940). Während der Erkrankungen von C.Rothe sen. (+ 7.7.1876) und G.Müller (vermutlich auch während der Vakanz 1881/82) leitete A.Roller die Berliner Metropolitangemeinde.

Die Einführung der *"großen Fürbitte"* (Anm.62.a) erfolgte in der Berliner Hauptgemeinde (spätere Gemeinde Berlin-Süd) am 27.1.1852, in Berlin-Nord 1874, in -West am 1.10.1890, in -Wedding 1891 (?) und in -Ost im Jahre 1893. Die Berliner Hauptgemeinde und ihre 4 Horngemeinden hatten insgesamt 16 Filialen, von denen 5 durch einen Nächstbeauftragten Engel geleitet wurden. Zur Hauptgemeinde gehörten als Filialen: Adlershof, Charlottenburg (Nächstbeauftragter Engel), Neukölln (Nächstbeauftragter Engel), Potsdam (Nächstbeauftragter Engel; später Filiale von Berlin-West), Rixdorf, Spandau (Nächstbeauftragter Engel; später unter Berlin-Wedding), Ludwigslust und Rostock (Nächstbeauftragter Engel; später mit Beauftragtem Engel selbständig); unter Berlin-Nord: Eberswalde, (Bad) Freienwalde, Neu-Weißensee, Niederfinow, Schöpfurth; unter Berlin-West: Potsdam (s.o.) und Steglitz; unter Berlin-Wedding: eine Filiale in der Wriezener Straße 8 (VII/301v), Spandau (s.o.) und Oranienburg. Einige dieser Gemeinden gehörten nur vorübergehend als Filialen zu Berlin. 1892/93 gab es in Berlin außer den Horngemeinden und den o.g. Filialen noch 10 weitere Versammlungsorte, die teils zu gottesdienstlichen Zwecken, teils zu evangelistischen Veranstaltungen genutzt wurden.(VII/268v)
Die Mitgliederzahl aller Berliner Gemeinden wird in den Unterlagen des Königlichen Polizei-Präsidiums in Berlin für 1876 mit ca. 3.000 und für 1894 mit ca. 8.500 angegeben.(II/246; VII/274-275v; vgl.Anm.102) Um 1910 lag sie schätzungsweise bei 10.000. Ohne die Filialen zählten die 5 großen Berliner Gemeinden 1898 5.300 (VII/300) und um 1910 7.000-8.000 Mitglieder. In der Hauptgemeinde dienten zeitweilig mehr als 30 Diakone.
Da die Kirche in der Stallschreiberstraße 8a für die Hauptgemeinde schon bald zu klein geworden war, wurde am 7.7.1899 der Grundstein für einen Kirchenneubau in der Wilmsstraße 10/11 gelegt. Nach Plänen des Architekten und Priester-Evangelisten Carl Schröder (die sich an der von Professor August Thiersch entworfenen römisch-katholischen Ursulinen-Kirche in München orientierten) entstand eine Kirche in Kreuzform und Renaissancestil mit 40 m hoher Kuppel, Platz für 2.000 Personen (bei 1.100 festen Sitzplätzen), einer Nebenkapelle, einem Versammlungsraum (für 150-200 Personen) und mehreren Sakristeien. Die Eröffnung dieser Kirche, in der sich die Gemeinde Berlin-Süd noch heute versammelt, erfolgte am 12.5.1901.
Zwei Tage nach diesem Ereignis eröffnete der Koadjutor Dr. Isaac Capadose in der neuerbauten Kirche eine Konferenz, an der 132 Engel aus Norddeutschland, Holland und Russland sowie die für diese *"Stämme"* verantwortlichen Diener der Allgemeinen Kirche (insgesamt also mehr als 150 Diener im Engel-Amt [!], BORN,1974,93f) teilnahmen.[78] Bei diesem wohl größten Engel-Konzil in-

nerhalb der Katholisch-apostolischen Gemeinden auf dem europäischen Festland wurde vor allem das Verhalten der Gemeinden nach dem Tode des letzten Apostels (3.2.1901) beraten.(vgl.S.191 der vorliegenden Untersuchung)
Seit dem Tode des Apostel Woodhouse erfolgte auch in Berlin nach und nach ein natürlicher "Abbau" der Ämter (bemerkenswerterweise in derselben Reihenfolge wie in den Katholisch-apostolischen Gemeinden allgemein [vgl.S.193f der vorliegenden Untersuchung]): 1928 starb mit C.Rothe jun. der letzte Erzengel, 1940 wurden die letzten beiden Engel (E.Naumann und R.Christburg) heimgerufen, am 22.1.1956 verstarb mit Carl Schmidt der letzte der etwa 60 Priester, die nach 1901 die Berliner Gemeinden versorgten, und 1966 der letzte Diakon, Ernst Kuchenbecker. Von 1956-1959 zelebrierte der letzte Priester in der DDR, Rolf Meyertöns (4.3.1869-18.3.1959) aus Karl-Marx-Stadt (Chemnitz), regelmäßig in Berlin die Eucharistie, an der nicht selten 2.500 Kommunikanten teilnahmen.(s. auch NEWSLETTER,IV[1953],8f, IX[1956],18f, XII[1959],18)
Heute werden die 7 noch bestehenden Gemeinden von Unterdiakonen bzw. Laienhelfern betreut. In West-Berlin existieren 5 Gemeinden: Berlin-Süd (zählt 600 Mitglieder und umfasst auch den 1961-1989 abgetrennten Teil der Nordgemeinde; 2 Unterdiakone, wöchentlich 3 Vormittags-, 2 Nachmittagsgebete), Horn-Wedding und Charlottenburg (benutzen gemeinsam ein 1962 eingeweihtes modernes Gemeindezentrum mit Kirche; Akoluthen, Laienhelfern, einmal Vormittags-, zweimal Nachmittagsgebete), Horn-West (3 Unterdiakone, zweimal Vormittags-, einmal Nachmittagsgebete), Neukölln (Laienhelfer, zweimal Vormittags-, einmal Nachmittagsgebete) und Spandau (ca. 100 Mitglieder; 1 Unterdiakon, einmal Vormittags-, zweimal Nachmittagsgebete). Im bisherigen Ost-Berlin existieren 2 Gemeinden: Horn-Nord (zählt ca. 50 Gemeindeglieder und umfasst den östlichen Teil der früheren Nordgemeinde; Gottesdienste im Gemeindehaus der evangelischen Zionsgemeinde - 2 Unterdiakone, einmal Vormittags-, einmal Nachmittagsgebete, einmal Abenddienst) und Horn-Ost (ca. 250 Gemeindeglieder; Gottesdienste seit Advent 1988 in einer eigenen, neuerbauten Kirche in der Mühsamstraße - 1 Unterdiakon, einmal Vormittags-, zweimal Nachmittagsgebete, einmal Abenddienst). Die Gesamtzahl der Mitglieder aller 7 Berliner Gemeinden liegt gegenwärtig bei ca. 1.200.(Stand 1993)
(Wo nicht anders gekennzeichnet, sind die oben aufgeführten Fakten den pA bzw. den AdB 1878, 1900, 1922 und 1990 entnommen.)

4. Die Ausbreitung der Katholisch-apostolischen Gemeinden in den preußischen Provinzen bis 1863 (unter Berücksichtigung staatlicher und kirchlicher Reaktionen)

Bevor im folgenden Einzelheiten zur Entstehung katholisch-apostolischer Gemeinden in Preußen bis 1863 sowie Informationen über ihre Entwicklung bis heute mitgeteilt werden, sollen zunächst die allgemeinen Grundzüge der *"Aufrichtung"* einer katholisch-apostolischen Gemeinde kurz skizziert werden.(vgl. Anm.59.b)
In seiner Eingabe an den preußischen Innenminister F.v.Westphalen (1850-1858) vom 15.1.1852 ist von H.Wagener einmal darauf hingewiesen worden, dass die katholisch-apostolischen *"Evangelisten nicht auf selbsterwählte Weise wie religiöse Abenteurer überall wo es ihnen gefällt umher ziehen, sondern daß sie erstens unter einer bestimmten und festen Leitung stehen und zweitens daß sie nirgends auftreten, wo man nicht ihre Anwesenheit und ihre Botschaft zu hören wünscht"*.(III/32) Tatsächlich wurden die im Evangelisten-Werk der Allgemeinen Kirche arbeitenden Evangelisten nur in den Orten missionarisch tätig, in denen Personen oder Gruppen an der katholisch-apostolischen Bewegung bzw. an der Gründung einer katholisch-apostolischen Gemeinde interessiert waren. Nicht selten lag eine direkte Einladung vor.
Zunächst nahm ein unter der Leitung des für die Region zuständigen Engel-Evangelisten (Bezirks-Evangelist) stehender Diakon-Evangelist oder Priester-Evangelist in dem betreffenden Ort für Wochen oder Monate seinen Wohnsitz. Durch Besuche und Gespräche baute er persönliche Kontakte auf und sammelte einen Kreis von Interessenten. Zur Verbreitung ihrer Botschaft setzten die Evangelisten der Katholisch-apostolischen Gemeinden auch Broschüren ein, jedoch - nach Beobachtungen eines Zeitgenossen (und im Unterschied zu anderen religiösen Gemeinschaften) - in der Weise, *"daß sie solche Schriften nicht massenweise in's Blaue hinein ausstreuen, oder auch durch den Buchhandel regelmäßig verbreiten, sondern dieselben mit großer Vorsicht und in der Regel nur an bereits persönlich erkundete Personen austheilen"*.(JÖRG,1858,II,86) Hatte sich ein fester Anhängerkreis gebildet und gab es sichere Anhaltspunkte dafür, dass auch bei einem größeren "Publikum" Offenheit für das Anliegen der katholisch-apostolischen Bewegung vorhanden war, dann begann der Evangelist in einem gemieteten Raum mit öffentlichen Vorträgen. Diese wurden später vom zuständigen Engel-Evangelisten weitergeführt. Parallel dazu unterrichteten die Evangelisten den wachsenden Kreis von Anhängern in zusätzlichen Versamm-

lungen - detaillierter als in den Vorträgen - über Wesen und Ziele der katholisch-apostolischen Bewegung sowie über Sinn und Gestaltung katholisch-apostolischer Gemeinden. War der Anhängerkreis genügend vorbereitet und stand fest, welcher Engel-Gemeinde die künftige Gemeinde als Filiale zugeordnet werden sollte, dann wurde mit dem Akt *der "Übergabe an das Hirtenamt"* (Übergabe der gesammelten Gläubigen durch den Engel-Evangelisten an den Engel der Muttergemeinde) die neue Gemeinde *"aufgerichtet"* (gegründet). War an diesem Tage der Apostel anwesend, so wurde im Anschluss an die *"Übergabe"* auch die apostolische Handauflegung vollzogen (andernfalls wurde sie später nachgeholt). Innerhalb von 3 Tagen nach ihrer Gründung musste sich die neue Gemeinde in die Vereinsregister der Ortspolizeibehörde eintragen lassen. (s.o.) Mit der Leitung der Gemeinde wurde in der Regel ein erfahrener Amtsträger (Priester oder Diakon) aus einer anderen katholisch-apostolischen Gemeinde beauftragt, der sich daraufhin am neuen Ort niederließ bzw. - bei einer nahegelegenen Filiale - die Gemeinde zunächst von auswärts geistlich versorgte. In einigen Fällen übernahmen auch Priester-Evangelisten die Leitung der von ihnen gesammelten Gemeinden (z.B. Hennig und Deventer). Solange eine Gemeinde noch nicht unter der Leitung eines eigenen Beauftragten Engels oder eingeführten Engels selbständig geworden war, stand sie als Filiale unter der Oberaufsicht des Engels ihrer Muttergemeinde. Kleinere Gemeinden blieben während der ganzen Zeit ihres Bestehens in einem solchen Filialverhältnis, wobei die Muttergemeinde auch wechseln konnte.

Die evangelistische Arbeit für Außenstehende wurde auch nach der Konstituierung der katholisch-apostolischen Gemeinde fortgesetzt (bis 1901 [Anm.59.b]); zum einen durch die an Sonntagabenden stattfindenden öffentlichen Evangelisten-Predigten von Amtsträgern der eigenen Gemeinde, zum anderen durch besondere Vortragsreihen, die von Zeit zu Zeit durch Diener des übergemeindlichen Evangelisten-Werkes veranstaltet wurden. Auf diese Weise konnten für die betreffende Gemeinde immer wieder neue Mitglieder gewonnen werden.

Von großer Bedeutung für die Gemeinden waren die Besuche des Apostels und seiner Mitarbeiter. Diese Visitationsreisen brachten jedoch - bedingt durch die damaligen Verkehrsverhältnisse - viele Beschwerlichkeiten mit sich. Welche physischen Leistungen den Beteiligten abgefordert wurden, macht das folgende Beispiel deutlich: Im Herbst 1855 besuchten Woodhouse und Thiersch von Berlin aus 11 katholisch-apostolische Gemeinden in den Provinzen Pommern, Preußen, Schlesien und Brandenburg. Dabei haben sie mehr als 2.300 km zurückgelegt (rund 1.300 km mit der noch in den Anfängen steckenden Eisenbahn, fast 700 km mit der Postkutsche, 50 km mit offenem Bauernwagen und

300 km per Schiff), 8 apostolische Handauflegungen vollzogen, Gottesdienste und geistliche Vorträge gehalten, viele Gespräche mit Amtsträgern geführt usw. - und das alles in nur 30 Tagen! (Th.Tgb.) Nicht immer konnte der Apostel während einer Reise alle Gemeinden besuchen. Immer häufiger (besonders von der zweiten Hälfte der 50er Jahre an) musste er sich auf die größeren Gemeinden beschränken, wo dann auch Gemeindeglieder aus umliegenden kleineren Gemeinden an apostolischen Amtshandlungen teilnahmen. Im Zeitraum von 1849-1863 (außer 1857, s.S.61 der vorliegenden Untersuchung) fanden jährlich 1-2 Visitationsreisen des Apostels zu den katholisch-apostolischen Gemeinden in Preußen statt. Nach Provinzen geordnet ergibt sich dabei folgende zeitliche Aufteilung: Provinz Brandenburg: 1849, 1851, 1852, von 1854-1856 jährlich, 1858, 1862; Pommern: von 1850-56 sowie von 1858-63 jährlich; Schlesien: von 1851-56 jährlich, 1859, 1860, 1862; Provinz Sachsen: 1852, 1858, von 1860-63 jährlich; Provinz Preußen: von 1853-56 sowie von 1858-63 jährlich; Provinz Posen: von 1854-56 sowie von 1859-61 jährlich. Die folgende Darstellung beschreibt die Entwicklung der Katholisch-apostolischen Gemeinden in Preußen nach Provinzen geordnet, und zwar in der ausbreitungsgeschichtlichen Reihenfolge.(vgl.S.178ff der vorliegenden Untersuchung) Wo die verwendete Quelle nicht ausdrücklich genannt ist, stützen sich die Ausführungen auf Angaben aus den Th.Tgb., den AdB 1878, 1900, 1922 und 1990 sowie auf die pA. Die Angaben in III/206v-207v zum Gründungsjahr von Gemeinden (s.S.283f der vorliegenden Untersuchung) müssen im folgenden z.T. korrigiert werden.

4.1. Provinz Brandenburg

Frankfurt/Oder

Die Anfänge der katholisch-apostolischen Gemeinde in Frankfurt/0. reichen bis in die 2. Hälfte des Jahres 1848 zurück. Etwa zu Herbstbeginn d.J. hatte der Unterdiakon v.d.Brincken seinen Wohnsitz von Berlin nach Frankfurt verlegt, wo es ihm innerhalb nur weniger Monate gelang, einen relativ großen Anhängerkreis zu sammeln. Der Frankfurter Superintendent Kayser beschrieb seine Eindrücke von dem, was weiter geschah, in einem Bericht an das Evangelische Konsistorium in Brandenburg vom 4.5.1850 (in: XXII) folgendermaßen:
"Die Irvingianische Bewegung begann hierorts mit der Uebersiedelung des Obristlieutenants a.D. Herrn v. Brinxen (Brincken - Verf.). *Nachdem derselbe sich eine Zeitlang hieselbst aufgehalten, erschien etwa zu Anfang des vorigen Jahrs der sogenannte Evangelist* Behm (Böhm - Verf.) *aus Berlin und hielt in der Privatwohnung des Herrn v. Brinxen eine Reihe von Vor-*

trägen, um seiner Lehre Eingang zu verschaffen. Es versammelten sich dazu etwa 50-60 Leute von religiöser Erweckung, meistentheils aus den untern Ständen, und der Mehrzahl nach dem hierorts bestehenden Vereine der Brüdergemeinde angehörig. Auch ich und der damals hier noch ansässige Missionsprediger Reichhelm erboten uns, um uns über diese religiöse Erscheinung des Nähern zu belehren, die Erlaubniß diesen Vorträgen beiwohnen zu können, und wurde uns dieselbe nach einiger Zögerung gegeben. In den Vorträgen des Herrn Behm *kam nun in der That viel Ergreifendes, Tröstliches, ächt Christliches vor, welches nicht verfehlen konnte auf die Gemüther einen tiefen Eindruck zu machen. Aber man fing die durch den Druck der Gegenwart und die antichristlichen Erscheinungen des Zeitgeistes erschütterten Seelen durch die Zuversichtlichkeit, womit man auf den unmittelbar bevorstehenden Weltuntergang und die Wiederkunft Christi hinwies, sowie durch die oft recht geistreiche, aber unmäßig willkürliche allegorische u. typische Interpretationsweise, womit man namentlich aus dem alten Testament die Berechtigung der neuen Kirche nachzuweisen, und sie als den letzten Zufluchtsort und die von dem Herrn dargebotene Rettung aller heilsbegierigen Seelen darzustellen suchte. So konnte es nicht fehlen, daß ein großer Theil derer, welche diesen Vorträgen beigewohnt, trotz der besonnenen und milden Warnungen, welche wir Geistliche von der Kanzel aus hatten ergehen lassen, besonders da man inzwischen einen sogenannten Apostel von Berlin aus berufen, ihren Beitritt zu der neuen wahren Kirche erklärten."*

Im April 1849 hielt sich Böhm wieder in Frankfurt auf (Th.Br.,89/3) - wohl um die an der Bildung einer katholisch-apostolischen Gemeinde Interessierten auf den Empfang der apostolischen Handauflegung vorzubereiten. Am Sonntag, dem 22.4.1849, wurde durch Carlyle die apostolische Handauflegung vollzogen.(ebd.,99/3) Dieser Tag kann als der Gründungstag der Frankfurter Gemeinde angesehen werden.(vgl.BORN,1974,42 [das Jahr 1849 wird auch von VIII/5 bestätigt; III/207 nennt dagegen das Jahr 1850 als Gründungsjahr - s.S.284 der vorliegenden Untersuchung]) Ein Teil der Frankfurter Anhänger der katholisch-apostolischen Bewegung distanzierte sich jedoch in den folgenden Monaten wieder von der neuen Gemeinde. Kayser schrieb dazu im o.g. Bericht:
"Man ward irre, weil man doch durch die empfangene Handauflegung die verheißenen Gaben des heiligen Geistes nicht empfangen habe. Man wandte sich um Belehrung an die Brüdersocietät, und durch ein treffliches Schreiben derselben unterwiesen, trat ein großer Theil derselben von der eingegangenen Verpflichtung zurück."
Ende 1849 / Anfang 1850 verlegte der am 19.4.1849 zum Priester-Amt ordinierte H.W.Hermes seinen Wohnsitz von Berlin nach Frankfurt und übernahm die geistliche Betreuung der bis dahin priesterlosen Gemeinde. Ihm stand v.d.Brincken (Priester-Ordination am 21.1.1850) zur Seite. Vom 7.-14.1.1850 besuchte Carlyle zum zweiten Mal die Frankfurter Gemeinde, begleitet von ihrem Oberhirten, dem Berliner Engel Rothe. Im Frühjahr d.J. zählte sie 50-60 Mitglieder und hatte inzwischen einen Raum gemietet, in dem sonntags *"und an einigen Wochentagen"* Gottesdienste stattfanden.(Bericht von Kayser, s.o.)

Am 23.4.1850 wurde v.d.Brincken mit einer Verfügung der Polizeiabteilung des Frankfurter Magistrats unter Hinweis auf das *"Vereinsgesetz"* vom 11.3.1850 aufgefordert, *"die Statuten und das Namen=Verzeichniß der Mitglieder der hiesigen Irvingianer=Gemeinde binnen 8 Tagen einzureichen"*.(III/5) Daraufhin wandten sich Hermes und v.d.Brincken am 30.4. an den Minister der Geistlichen Angelegenheiten v.Ladenberg und den Innenminister v.Manteuffel mit gleichlautenden Eingaben. Darin baten sie, die katholisch-apostolischen Christen in Frankfurt *"als innerhalb der evangelischen Landeskirche stehend und berechtigt anzuerkennen und uns demgemäß bei unseren kirchlich=politischen corporativen Rechten insbesondere gegen die Verwechselung mit nicht anerkannten religiösen Vereinen auch gegen alle Behelligung durch polizeiliche Maßregeln bis zum endlichen Ausgang der Sache zu schützen"*.(III/4-v)

In dieser Eingabe, die als ein frühes Zeugnis von der Einstellung katholisch-apostolischer Christen zu ihrer Kirche sowie auch im Hinblick auf die Verwendung des Begriffes *"innere Mission"* sehr interessant ist, heißt es:

"Es sind nicht äußere Gründe, welche uns abgehalten haben, dieser Verfügung sofort und unweigerlich Folge zu leisten, es ist nicht ein unlauteres Interesse, welches es uns wünschenswerth machte, die Namen unserer Mitglieder zu verheimlichen, es sind vielmehr die höchsten politischen Rechte, welche wir durch derartige Auflagen in Frage gestellt sehen, und es sind die tief innerlichsten Beziehungen, welche es uns verbieten, uns als einen unter die Bestimmungen des Vereinsgesetzes fallenden religiösen Verein zu behandeln oder behandeln zu lassen.

Geborene Mitglieder der evangelischen Landeskirche haben wir bislang keinen Schritt gethan, welcher nach den bestehenden Gesetzen als ausdrücklicher oder stillschweigender Austritt aus dieser Kirchengemeinschaft gedeutet werden könne: wir entziehen uns den kirchlichen Abgaben nicht, wir ehren und anerkennen das geistliche Amt in der Landeskirche, so daß wir uns nach wie vor zu allen Amtshandlungen, welche eine bürgerliche Gültigkeit erheischen, des Amtes der Landesgeistlichen bedienen; wir ehren und anerkennen die geistlichen Behörden, so daß wir nichts hinter ihrem Rücken gethan haben oder thun werden, und Alles dies mit der alleinigen, für jeden Christen sich von selbst verstehenden, Beschränkung, daß wir Gott und seinen Ordnungen mehr gehorchen als den Menschen.

Und daß wir es nicht verschweigen: unser Zusammenhang mit der evangelischen Kirche ist nicht ein bloß äußerlicher, und unsere Differenz liegt nicht in der Entleerung sondern in der Erfüllung unseres Glaubens. Wir bekennen mit Herz und Mund die drei Symbole der allgemeinen christlichen Kirche, das apostolische, das Nicänische und das Athanasianische, wir bekennen mit Herz und Mund die Cardinallehre der evangelischen Kirche von der Rechtfertigung allein durch den Glauben, und wenn wir auch daneben bekennen die apostolische Lehre von der Einheit und göttlichen Einsetzung der Kirche und ihrer Ordnungen und Aemter, und wenn wir auch dem Spiritualismus und Subjektivismus der Zeit gegenüber einen besondern Nachdruck legen auf die Sacramente und Thaten Gottes zu unserer Seligkeit - ohne welche unser Glaube eitel Einbildung wäre - so können wir nicht meinen, daß diese Lehren ... in der

evangelischen Landeskirche unberechtigt seyn sollten, oder daß es gar einer Polizei=Behörde zustehen sollte, darüber selbständig zu befinden und uns als aus dem corporativen Verbande der evangelischen Landeskirche ausgeschieden und als unserer kirchlich=politischen Rechte beraubt zu behandeln...
Ja wollten wir selbst die Prüfung und Erörterung der kirchlichen Lehre als den weltlichen Behörden nicht zustehend bei Seite lassen, auch eine rein äußerliche Beurtheilung würde sich dem Anerkenntniß nicht entziehen können, daß unsere Thätigkeit nach außen keine andere ist als die einer innern Mission, einer Mission, deren Central=Comittée Männer sind, die wir als Boten Gottes ehren.
Niemand aber als Gott wird darüber richten dürfen, ob wir oder unsere Brüder die innere Mission auf bessere Weise treiben, und die Aufgabe der kirchlichen Behörden kann es nicht seyn uns von sich zurückzustoßen, uns, die wir ihnen nicht widerstreben sondern Handreichung thun, Handreichung zur Ergründung der tiefsten politischen und sozialen Fragen, welche, wenn irgend wo, auf dem Gebiete der Kirche ihre Lösung finden müssen." (III/2-4)
In seinem Bescheid an Hermes und v.d.Brincken vom 30.9.1850 verwahrte sich der preußische Innenminister gegen die in der Eingabe vertretene Auffassung, nach der die Mitglieder der katholisch-apostolischen Gemeinden als innerhalb der Evangelischen Landeskirche stehend zu betrachten seien, und bekräftigte noch einmal die Verfügung der Frankfurter Polizei vom 23.4.1850 (III/7f).[79]
Am 29.7. d.J. empfingen Hermes und v.d.Brincken in Berlin die Engel-Weihe. Beide dienten nun in der Frankfurter Gemeinde im *"höheren Amt"*: Hermes leitete sie als Nächstbeauftragter Engel (unter Rothe), der Engel-Evangelist v.d.Brincken fungierte zeitweilig als Engelgehilfe.(Anm.49.c)
Am 21.3.1851 kamen Carlyle und Thiersch nach Frankfurt. Während der Apostel bereits wenig später nach Schlesien weiterreiste, blieb Thiersch bis zum 28.3. und schrieb am folgenden Tag seiner Frau:
"Die Gemeinde hat ein sehr hübsches städtisches Local, fast zu schön für ihre geringe Anzahl. Sie hat Anfangs sehr gelitten, indem kein Hirte da war und mehrere Glieder abfielen. Jetzt erholt sie sich unter der Aufsicht des Herrn Hermes... Meist geringe Bürger sind die Mitglieder, dazu einige Bauernfamilien aus Izséhetzschnow (Izschetzschnow - Verf.) (!!) einem herrlich gelegenen Dorfe voll stattlicher Höfe an der Oder - welche letzteren es besonders treu meinen.
Nachdem am Sonntag H. Carlyle sein Amt ausgerichtet hatte, reiste er voraus und übertrug mir 4 Abendvorträge für die Gemeinde. Am 25. März morgens früh feierte ich selbst den Gottesdienst dieses Tages (Mariae Verkündigung)." (Th.Br.,110/2)
Von Ende April bis Ende September d.J. war F.Streibelein als Priester gastweise in Frankfurt tätig. Als Diakone dienten dort um diese Zeit der Maschinenbauer F.Ohlfsen-Bagge und der Tischlermeister August Zimmermann.(I/165)
Im Februar 1852 wurde Hermes vom Apostel mit der Oberaufsicht über die schlesischen Gemeinden Buchwäldchen und Liegnitz beauftragt, womit diese als Filialen zu Frankfurt kamen.(Th.Br.,122/2) Etwa ein halbes Jahr später wan-

derte Hermes jedoch mit seiner Frau und zwei Kindern sowie 4 weiteren Gemeindegliedern nach Russland aus.(Anm.55.c) Anfang Juli d.J. übernahm der Engel-Evangelist v.d.Brincken die Leitung der Frankfurter Gemeinde, einschließlich der beiden Filialen.(Th.Tgb.,3.7.1852)

Vom 5.-8.10.1852 kam Carlyle erneut nach Frankfurt, begleitet von Thiersch, der bis zum 11.10. blieb. Der Apostel und der Hirte mit dem Apostel hielten in diesen Tagen Gottesdienste und Vorträge und führten beratende Gespräche mit den Amtsträgern der Gemeinde. Am Tage seiner Abreise notierte Thiersch in seinem Tagebuch den *"Status"* der Gemeinde in Frankfurt. Danach gehörten zu ihr: v.d.Brincken als Nächstbeauftragter Engel, die Priester A.Zimmermann und Eduard Furch, der Diakon Karl Hirsch, der Unterdiakon Ed.Wolf und die Diakonissinnen Fellenberg und Peschke sowie 35 versiegelte und 3 noch nicht versiegelte Gemeindeglieder (unter den letzteren ein weiterer Unterdiakon!) - also insgesamt 45 Gemeindeglieder. Neun versiegelte Gemeindeglieder hatten sich wieder von der Gemeinde getrennt (unter ihnen der Diakon Ohlfsen mit Familie; ein Ehepaar hatte sich den Altlutheranern angeschlossen).

Ende Juni 1853 besuchten Thiersch und Geyer die Gemeinde. Durch den letzteren wurde der Diakon Hirsch am 5.7. d.J. in Berlin zum Priester-Amt berufen. In der ersten Novemberhälfte 1854 kam Carlyle - in Begleitung von Thiersch - zum letzten Mal nach Frankfurt. Am 11.11. fand die Prüfung der Priesteramts-Kandidaten Ferdinand Schubert, Julius Heinrich Zimmermann (später Nächstbeauftragter Engel in Erfurt [vgl.S.86.136 der vorliegenden Untersuchung]) und F.Grahmann durch Thiersch und den Apostel statt. Bei der zwei Tage später folgenden Ordination (der ersten in Frankfurt) wurden jedoch nur Zimmermann und Grahmann ins Priester-Amt eingesetzt. Am 12.11. empfingen 10 Personen aus Lindow die apostolische Handauflegung in Frankfurt.

In **Lindow** (Regierungsbezirk Frankfurt/O.; 10 km südlich von Frankfurt gelegen) war durch evangelistische Tätigkeit des Priesters A.Zimmermann eine kleine katholisch-apostolische Gemeinde entstanden, deren Anfänge in das Jahr 1853 zurückreichen. Im September d.J. hatte Zimmermann im Hause des Tischlermeisters und Gerichtsschulzen Richter in Unter-Lindow öffentliche Vorträge gehalten, die aufgrund einer Anzeige des Ortspfarrers zunächst polizeilich unterbunden, dann jedoch geduldet worden waren. Ab November d.J. führten v.d.Brincken und Zimmermann in Lindow nichtöffentliche Versammlungen für Interessenten durch. Von Anfang 1854 bis Ostern d.J. hielt sich auch M.v.Pochhammer dort auf. (In dieser ersten Zeit kamen die Amtsträger von Frankfurt aus zu Fuß nach Lindow!) Im Februar 1854 gab es in und um Lindow 12 Anhänger der katholisch-apostolischen Bewegung, von denen jedoch nur 5 tatsächlich Mitglieder der späteren katholisch-apostolischen Gemeinde wurden (darunter auch ein Schulvorsteher). Aufgrund des kompromisslosen Auftretens des Ortspfarrers gegen die katholisch-apostolische Bewegung zogen sich die übrigen in den folgenden Monaten wieder vom Kreis um Zimmermann zurück. Die Mitglieder dieses Kreises aber wurden vom Abendmahl und von der Übernahme des Patenamtes ausgeschlossen.[80] Der Bäcker Chr.Kleist verlor das Amt des Schulvorstehers. Seiner Tochter Amalie wurde im Frühjahr 1854 die Konfirmation verweigert.[81] Das Evangelische Konsistorium in Brandenburg erklärte sich nicht nur mit diesen Maßnahmen, sondern auch mit der Ansicht des Ortspfarrers einverstanden, *"daß die Umtriebe der Verbreiter Irvingianischer Irrlehren, sobald sie nachweisbar und von bedenklichen Erfolgen begleitet sind, polizeilich (!) verfolgt und eingestellt werden müssen"* (XXII, unter dem 21.2. und 18.4.1854).

Die Anhänger der katholisch-apostolischen Bewegung in Lindow besuchten - dessen ungeachtet - regelmäßig die evangelischen Gottesdienste (sofern sie nicht an der Eucharistiefeier der katholisch-apostolischen Gemeinde in Frankfurt teilnahmen). Ab Ostern 1854 fanden in Lindow keine Evangelisten-Vorträge mehr statt, dafür wurde die Gemeinde regelmäßig durch v.d.Brincken und Zimmermann besucht. Gottesdienstliche Versammlungen an Sonntagvormittagen wurden den katholisch-apostolischen Christen in Lindow von der Ortspolizei nicht gestattet. Am 18.2.1855 ließ sich der Lindower Kreis, dessen Mitglieder 4 Monate zuvor in Frankfurt die apostolische Handauflegung erhalten hatten, als Verein unter dem Namen *"Apostolische Gemeinde zu Lindow"* eintragen. Die neue Gemeinde stand als Filiale unter Frankfurt und wurde von Richter betreut, der inzwischen als Diakon eingesetzt worden war. Dieser hielt jeweils an zwei Wochentagen Gottesdienste (Morgen- und Abenddienst), meist in seiner Wohnung. Für die priesterliche Versorgung war A.Zimmermann von Frankfurt aus zuständig. Ein Anfang Juni 1855 von Zimmermann unternommener Versuch, die Eucharistie für die festgelegte Zeit (sonntags 10 Uhr) in Lindow polizeilich anzumelden, um sie in der dortigen Gemeinde zelebrieren zu können, führte nicht zum Erfolg. Als daraufhin die Gemeinde am 4.6. d.J. mit einer Eingabe Beschwerde führte, bekräftigte die Abteilung des Innern der Königlichen Regierung in Frankfurt nicht nur das Verbot der Eucharistiefeier, sondern untersagte sogar allen nicht direkt zum Verein *"Apostolische Gemeinde zu Lindow"* gehörenden katholisch-apostolischen Amtsträgern, in Lindow tätig zu werden. (Bis auf Richter betraf das alle katholisch-apostolischen Amtsträger!) Mit diesen beiden Verboten (bei denen sich die Abteilung des Innern auf das preußische Innenministerium berief - ohne jedoch von demselben zu diesen Maßregeln ermächtigt worden zu sein!) wurde der Lebensnerv der Lindower Gemeinde getroffen. Monatelang kämpfte sie um eine Rücknahme der Restriktionen, jedoch vergeblich. Im Juli 1859 existierte die kleine Gemeinde offenbar noch. Kurze Zeit später (vor 1861) ging sie in der Frankfurter Gemeinde auf.(s. V/38-39v.49-50v; XXII [ab 13.2.1854]; VIII/5-23v)

Vom 9.-10.10.1855 kam Woodhouse (in Begleitung von Thiersch) erstmals nach Frankfurt/O., um die dortige Gemeinde kennenzulernen.
Ende 1856 hielt v.Pochhammer in Frankfurt Evangelisten-Vorträge. Er verkehrte in dieser Zeit auch im Hause des Frankfurter Konsistorialrates Reichhelm (einem Schwiegersohn des Kirchenhistorikers J.W. August Neander).(s. TILLICH,1936,15f, und ebd.,Beiheft,5ff)
1857 wurde der Engel-Evangelist v.d.Brincken als Stellvertreter des Evangelisten mit dem Apostel für Norddeutschland (Böhm) eingesetzt und in diesem Zu-

sammenhang von seinen Aufgaben in der Frankfurter Gemeinde entbunden. Anfang April d.J. verlegte er seinen Wohnsitz nach Berlin. Vorsteher der Gemeinde in Frankfurt wurde nun der Priester A.Zimmermann. Ende 1861 umfasste die Gemeinde 39 erwachsene Kommunikanten, 1 Priester, 2 Diakone sowie 1 Diakonissin.(III/207)

Nach mehrjähriger Pause besuchte Woodhouse (zusammen mit Böhm und Thiersch) vom 24.-26.9.1862 erneut die Frankfurter Gemeinde. Am 25.9. vollzog der Apostel im neuen Gottesdienstlokal (Linden-Straße 5) die apostolische Handauflegung. Am 2.10. d.J. schrieb Thiersch:

"In Frankfurt an der Oder ... war ich seit 1855 nicht gewesen; auch da ist jetzt eine ganz andre lebensfrische Gemeinde, und ein schöner Versammlungssaal." (Th.Br.,310/2)

1863 zählte die inzwischen als Filiale unter Stettin stehende Gemeinde mindestens 50 erwachsene Mitglieder.

Vom 26.9.1869 bis Februar 1887 diente G.Zwanzig als Beauftragter Engel in der Frankfurter Gemeinde. Ihm folgten der spätere Hirte mit dem Apostel für Norddeutschland Alwin Ottomar Theodor Friebe (April 1887 bis 1895) und R.König (+ 1928). Ab 1894 war der frühere evangelische Pfarrer E.Reimann (Engel-Weihe 1886) Engel-Gehilfe in Frankfurt. 1878 gehörten zur Gemeinde folgende Filialen: Cottbus (Nächstbeauftragter Engel), Forst, Guben und Sagan. Später kamen hinzu: Biegenbrück b. Müllrose, Crossen a.O., Cüstrin, Fürstenwalde, Grünberg in Schlesien, Sommerfeld und Sternberg. (Einige dieser Gemeinden standen nur vorübergehend unter Frankfurt.) Um die Jahrhundertwende umfasste die Frankfurter Gemeinde etwa 600 Mitglieder. Ihre 1892 eingeweihte Kirche in der Bahnhofstraße 15a wurde 1945 zu zwei Dritteln zerstört. Heute (1993) wird die noch etwa 25 Mitglieder zählende Gemeinde von 2 Laienhelfern betreut. Wöchentlich findet 1 Gottesdienst statt (sonntags 10 Uhr).

Spandow (Spandau)

Anfang 1851 konnte die katholisch-apostolische Bewegung in Spandow (Regierungsbezirk Potsdam) Fuß fassen, und zwar durch *"Betstunden und Zusammenkünfte, welche einige von Berlin hierher herüberkommende Irvingianer um diese Zeit hier zu halten anfingen".*(Bericht des Spandower Pfarrers Guthke an das Evangelische Konsistorium in Brandenburg vom 2.6.1851 [in: XXII])

So kam im "Frühling dieses Jahres ... ein Schneidergeselle ... aus Berlin (F.Schwarz - Verf.) *hierher, machte in Begleitung zweier Soldaten bei einigen Erweckten Besuche und lud sie ein, zu einem hiesigen Gerichtsschreiber zu kommen, in dessen Wohnung er einen Vortrag über einige prophetische Stellen der heiligen Schrift halten werde. Diese Vorträge wurden wö-*

chentlich in den Abendstunden am Donnerstag (jetzt Sonnabend) fortgesetzt und bald versammelten sich dort die meisten regelmäßigen Besucher der Missionsstunden und Abendgottesdienste ... Den Schneidergesellen löste nach einiger Zeit ein weiterer Geförderter; der Kaufmann Behm, diesen der das Amt eines Engels versehende Maschinenbauer von Pochhammer, und diesen wieder ein Schneidermeister Becker (der Berliner Priester-Evangelist Pastor F.W.Becker? - Verf.) *ab, der die regelmäßig Kommenden, denn etliche blieben bald wieder weg und erkannten die neuen Lehren als Irrthümer, andre kommen nur hin und wieder, zu einer Gemeinde vereinigt hat...*" (Bericht Guthkes an das Evangelische Konsistorium in Brandenburg vom 16.9.1851 [ebd.])

Bereits am 22.6.1851 (pA) konnte durch die Übergabe von knapp 20 Gläubigen an das Hirtenamt (Rothe) in Spandow eine katholisch-apostolische Gemeinde gegründet werden, die der Berliner Gemeinde als Filiale unterstellt wurde. Ihre Mitglieder gehörten ausschließlich dem Handwerkerstande an. Ein Gemeindeglied kam aus der Römisch-Katholischen Kirche, zwei weitere hatten kirchliche Funktionen an der evangelischen Nikolai-Kirche (der Pantoffelmachermeister Carl Badow als Glockentreter und der Schneidermeister Brandt als Kirchendiener). Da der zuständige Pfarrer, der Superintendent und das Evangelische Konsistorium in Brandenburg die Ausübung kirchlicher Funktionen und eine gleichzeitige Mitgliedschaft in den Katholisch-apostolischen Gemeinden als miteinander nicht vereinbar ansahen, wurden Badow und Brandt Ende 1851 ihrer Kirchenämter enthoben. Die beiden Männer waren wahrscheinlich schon im Sommer d.J. als Diakone der katholisch-apostolischen Gemeinde in Spandow eingesetzt worden. Brandt stellte für Gemeindeveranstaltungen zunächst seine Wohnung zur Verfügung. Ab November 1851 konnte die Gemeinde ein gemietetes Lokal benutzen, das sie mit dem notwendigen Inventar ausstattete. Vorsteher wurde der Priester F.Schwarz, der die Gemeinde von Berlin aus betreute. Die von ihm gehaltenen Gottesdienste wurden zu dieser Zeit von etwa 40 Personen (z.T. aus Berlin kommend) besucht und fanden sonntagvormittags (!) (Eucharistie) und -nachmittags (Nachmittagsgebete) statt.(XXII [ab 2.6.1851])

Vom 13.-15.12. d.J. hielt sich Thiersch in Spandow auf, um die Gemeinde auf den ersten Besuch des Apostels Carlyle vorzubereiten.(Th.Br.,114f) Carlyle, der wenige Tage später nach Spandow kam (wo er bis zum 22.12. blieb [ebd.,116]), vollzog dort vermutlich auch die apostolische Handauflegung.

Staatliche Restriktionen im Frühjahr 1852 veranlassten die Spandower Gemeinde, sich am 27.5. mit einer Eingabe an den Minister der Geistlichen, Unterrichts- und Medizinal-Angelegenheiten zu wenden. In dieser Eingabe heißt es:

"... *vor etwa zwei Monaten ist unser Priester Herr Friedrich Schwarz aus Berlin vom hiesigen Kreisgericht verurtheilt worden, auch wurde denselben* (sic) *der Kindergottesdienst welchen er mit unsern Kindern hielt, durch Anregung der Schulkommission vom hiesigen Magistrat bei 5 Talern Strafe und Auflösung unserer Versammlung untersagt...*

Ein Hohes Staatsministerium wolle uns erlauben das Sakrament des Abendmahls in unserer Mitte so wie es in allen apostolischen Gemeinden Preußens *begangen wird feiern zu dürfen, und uns gleichzeitig den Kindergottesdienst wieder zu gestatten, ohne von uns den gesetzlichen Austritt aus der Landeskirche zu fordern."* (I/214-v)
Zu den sieben Männern, die diese Eingabe unterschrieben hatten, gehörte übrigens auch L.Preuß (1863-1878 "Apostel" der Allgemeinen christlichen apostolischen Mission), der etwa Anfang 1852 von Berlin nach Spandow verzogen war, wo er bis 1853 wohnte. Am 5.7.1853 bot sich Badow in Berlin zum Priester-Amt an, wurde aber nicht berufen.(s.S.52 der vorliegenden Untersuchung) Von Zeit zu Zeit wurde die Spandower Gemeinde von ihrem Oberhirten Rothe besucht - so etwa anlässlich von Neuaufnahmen (z.B. am 17.9.1854 4 Personen [WEINMANN,1963,306]) oder zur Visitation (z.B. Anfang Mai 1857). Von Ende 1858 bis Herbst 1859 diente G.Schwarz als Priester-Vorsteher (Ältester) in Spandow. Ihm folgte der Priester Herbig. Im November 1861 gehörten neben Herbig 2 Diakone und 25 erwachsene Kommunikanten zur Gemeinde.(III/206v) Anfang 1862 kehrte Herbig wieder zur Berliner Gemeinde zurück.
1878 wurde die Spandauer Gemeinde vom Priester A.Wagner geleitet. Ihr Versammlungslokal befand sich in der Breite(n) Straße 24. Um 1900 besaß sie eine ansehnliche Backsteinkapelle in der Ackerstraße 15 und stand unter der Leitung des Engels Joachim Vick (Nächstbeauftragter Engel unter dem Engel der Berliner Hauptgemeinde; Vick war später [um 1922] Beauftragter Engel in Barmen). 1922 war die Spandauer Gemeinde eine Filiale der Horngemeinde Berlin-Wedding und hatte ihren Vorsteher in dem Priester Rudolf Braitmaier. (Zur heutigen Situation s.S.72 der vorliegenden Untersuchung.)

Rathenow

Im Frühjahr 1851 begannen auch in Rathenow (Regierungsbezirk Potsdam) Evangelisten der katholisch-apostolischen Bewegung mit ihrer Tätigkeit, und zwar auf Einladung der dortigen Bürger Reinsch, Kersten und Stein. Spätestens im April kam zunächst J.G.Hochschildt aus Berlin nach Rathenow, der in Hauskreisen für Interessenten Vorträge hielt.[82] Ihm folgten ein *"Maschinenbauer"* (Deventer?), dann Böhm und schließlich v.Pochhammer, der - vermutlich zu Herbstbeginn d.J. - abendliche Versammlungen durchführte. Bereits im Oktober 1851 konnte durch die Übergabe von mindestens 9 Personen an das Hirtenamt (Rothe und E.Schwarz) eine kleine Gemeinde gegründet werden. Sie wurde der Berliner Gemeinde als Filiale zugeordnet und erhielt zum Priester-Vorsteher E.Schwarz, der Ende Oktober mit seiner Familie von Berlin nach Rathenow

übersiedelte.(Bericht von Superintendent Brandt aus Rathenow an das Evangelische Konsistorium in Brandenburg vom 29.10.1851 [in: IV]) Vom 27.-30.12. 1851 besuchten Carlyle und Thiersch die neue Gemeinde.(Th.Br.,117, 118/1)
Ab 28.3.1852 übernahm E.Schwarz von Rathenow aus auch die geistliche Betreuung der an diesem Tage gegründeten katholisch-apostolischen Gemeinde in Burg (s.S.123f der vorliegenden Untersuchung), wo er aller 3 Wochen Gottesdienst hielt. Anfang 1853 wurde durch die Polizei-Verwaltung von Rathenow ein Strafantrag gegen E.Schwarz *"wegen unbefugter Vornehmung geistlicher Amtshandlungen"* gestellt, der aber sowohl vom zuständigen Staatsanwalt als auch (am 5.6. d.J.) von der Oberstaatsanwaltschaft zurückgewiesen wurde.(Polizeiverwaltung in Rathenow an das Evangelische Konsistorium in Brandenburg v.10.6.1853 [in: XXII]) Ausgelöst hatte diesen Strafantrag (mit dem die Polizei von Rathenow vor allem das Abendmahl in der dortigen Gemeinde unterbinden wollte) eine Krankenkommunion, die Schwarz einem katholisch-apostolischen Gemeindeglied im Rathenower Krankenhaus gespendet hatte.(Evangelisches Konsistorium in Brandenburg an die Polizei-Verwaltung in Rathenow vom 6.7.1853 [in: XXII]) Rechtlich gesehen konnte ein Strafantrag *"wegen unbefugter Vornahme geistlicher Amtshandlungen"* nur deshalb gestellt werden, weil sich die (Laien-)Amtsträger der Katholisch-apostolischen Gemeinden nach wie vor als Glieder ihrer Evangelischen Landeskirche betrachteten, in der sie aber nicht zum kirchlichen Amt ordiniert worden waren.[83]
Am 14.10.1853 erhielt E.Schwarz in Berlin die Engel-Weihe. Wenig später (Ende Oktober / Anfang November) übernahm er die Königsberger Gemeinde als Beauftragter Engel. Die geistliche Betreuung der Gemeinde in Rathenow erfolgte daraufhin vermutlich von Burg aus. Priester-Vorsteher der dortigen Gemeinde war seit dem 25.10.1853 G.Zwanzig.
Im selben Jahr zog L.Preuß von Spandau nach Rathenow und arbeitete dort als Tischlergeselle.(WEINMANN,1963,352) Als Glied der Rathenower Gemeinde wurde er am 14.6.1854 in Berlin zum Priester-Amt berufen und am 8.11. d.J. auch dort ordiniert. Am 18.7.1855 verließ auch er Rathenow und übernahm die Leitung der Hamburger Gemeinde.(Anm.121.a)
Vom 11.-14.5.1855 besuchte der Engel-Prophet Geyer die Gemeinde in Rathenow und hielt dort mehrere geistliche Vorträge.(zum Inhalt s.H.GEYER, 1855/56,10)
Ein Apostel-Besuch fand erst wieder 1858 statt. Von Magdeburg kommend, wo am 18.4. 68 Personen die apostolische Handauflegung empfangen hatten, hielten sich Woodhouse, Thiersch und Rothe am 19./20.4. in Rathenow auf. Die kleine Gemeinde besaß um diese Zeit keinen anderen Versammlungsort als

einfachste Räumlichkeiten im Hause des Diakon-Vorstehers Reinsch. Im Vergleich zur prosperierenden Magdeburger Gemeinde machten die Verhältnisse in Rathenow auf Thiersch einen deprimierenden Eindruck. So schrieb er nach der Abreise:

"In einer engen Stube versammelte sich die Gemeinde - es ist eigentlich keine Gemeinde, so klein ist die Zahl." (Th.Br.,204/2)

Th.Tgb.,20.4.: *"Früh in Reinschs Lederladen d. Homilie gemacht. Um 8 Gottesdienst. Ich d. Homilie. 12 Pers. empf(ingen) d. Versiegel(un)g. Der Gesang leider fürchterlich schlecht. Ich sehr betrübt. - Conferenz bei Woodh. (im Hotel) ... Abfahrt um 2".*

Im November 1861 umfasste die Gemeinde 20 Kommunikanten, die von 2 Diakonen betreut wurden.(III/206v) Aller 4 Wochen fand die Feier der Eucharistie statt, die durch einen auswärtigen Priester gehalten wurde. An den übrigen Sonntagen besuchten die Gemeindeglieder die Gottesdienste in der Evangelischen Kirche.

1878 hatte die Rathenower Gemeinde in Adalbert Bölke wieder einen eigenen Priester-Vorsteher, der sie bis über das Jahr 1900 hinaus leitete. 1922 besaß die Gemeinde keine Priester und Diakone mehr. Noch vor 1900 wurde sie Filiale der Gemeinde in Brandenburg. Heute werden die ganz wenigen katholisch-apostolischen Gemeindeglieder in Rathenow von dort aus betreut.

Die Anfänge der Gemeinde in **Brandenburg/a.H.** (Regierungsbezirk Potsdam) reichen mindestens bis in das Jahr 1858 zurück. Am 16.11. d.J. wurde der Diakon-Evangelist Kleeberg von Berlin aus nach Brandenburg gesandt. Zur Gemeindegründung kam es jedoch erst 1868. Erheblichen Anteil daran hatte der Priester-Evangelist Wilhelm Anton Bimstein (16.6.1839-3.11.1894, Engel-Weihe am 10.3.1875 in Berlin, später Bezirks-Evangelist für den 2. norddeutschen Evangelisten-Bezirk Brandenburg-Schlesien). Erster Vorsteher der Gemeinde in Brandenburg wurde G.Schwarz, der diese zunächst als Priester (Ältester), dann als Nächstbeauftragter Engel (beides im Filialverhältnis zur Berliner Gemeinde) und später als Beauftragter Engel leitete.(Anm.73.a) Ihm folgten als Beauftragter Engel G.Zwanzig (Juli 1893 bis März 1894 [Anm.65.g]), H.Fischer und O.Ulfert. Die Brandenburger Gemeinde verlor im 2. Weltkrieg ihre Kirche (Potsdamerstraße 17). Heute (1993) versammeln sich die wenigen Gemeindeglieder unter Leitung ihres Unterdiakons sonntags (im Sommer um 8.30 und im Winter um 14 Uhr) im Saal der evangelischen Katharinen-Kirche.(vgl.NEWSLETTER,XII[1959],15f)

Guben

Nach evangelistischen Vorarbeiten durch den Unterdiakon F.Grahmann aus Frankfurt/O. (1849) und v.d.Brincken (Frühjahr 1852) konnte am 22.8.1852 in Guben eine katholisch-apostolische Gemeinde gegründet werden.(pA) An diesem Tage wurden etwa 20 Personen dem Hirtenamt übergeben (Böhm zelebrierte die Eucharistie). Am 10.10. d.J. vollzog Carlyle anlässlich seines ersten Besuches in der neuen Gemeinde die apostolische Handauflegung. In den folgenden Jahren stand Guben offenbar als Filiale unter Frankfurt/O., dann (ab 1857?) unter Stettin und nach 1867 wieder unter Frankfurt.

Ende Juni 1853 kamen Geyer, v.d.Brincken und Thiersch nach Guben. Neben mehreren Vorträgen (z.B. von Geyer über *"Träume und Gesichte"* und von Thiersch über *"christlichen Hausstand"*) sowie der Aufnahme von neuen Gemeindegliedern fand während des Besuches auch eine Anbietung zum Priester-Amt statt: Am 26.6. wurden durch Geyer die beiden Diakone F.Schubert (Tabakhändler) und H.Zimmermann (Schuhmacher) zum Priester-Amt berufen. An diesem Tage zählte die Gemeinde (einschließlich ihrer 4 Diakone) 30 Mitglieder, die fast ausschließlich dem Handwerkerstande angehörten. Ein Mitglied war von den Baptisten übergetreten.(s.Th.Tgb.,23.-26.6.1853)

Nach seiner Priester-Ordination am 13.11.1854 in Frankfurt/O. (s.S.79 der vorliegenden Untersuchung) diente H.Zimmermann als Priester in Guben. An diesem 13.11. besuchte Carlyle noch einmal die Gubener Gemeinde. Es war sein letzter Besuch in einer katholisch-apostolischen Gemeinde Preußens.

Im Oktober 1860 kamen Woodhouse und Böhm nach Guben.(Th.Br.,267/1) Um diese Zeit leitete Grahmann die dortige Gemeinde (bis zu seinem Wechsel nach Bromberg 1860/61 [s.S.176 der vorliegenden Untersuchung]).(pA) Ende 1861 gehörten zur Gubener Gemeinde 70 Kommunikanten, 1 Priester (H.Zimmermann), 2 Diakone und 1 Diakonissin.(III/207)

1878 hatte die Gemeinde ihr Versammlungslokal in der Alten Poststraße 6 und wurde vom Priester R.Schottky geleitet (unter der Aufsicht des Engels Zwanzig in Frankfurt/O.). 1886 konnte eine eigene Kirche in der Friedrichsstraße 18 in Benutzung genommen werden. 1890 war das vierfache Priester-Amt vorhanden und die Gemeinde unter einem Beauftragten Engel (1900: J.Palitzky) selbständig geworden. Filialen bestanden in Crossen und Grünberg in Schlesien, später auch in Kaltenborn. Um die Jahrhundertwende zählte die Gemeinde ca. 340 regelmäßige Kommunikanten. 1922 war sie unter der Leitung des Priesters W.Stobernack wiederum Filiale von Frankfurt/O. Heute umfasst die katholisch-apostolische Gemeinde in Guben ca. 20 Glieder, die von Laienhelfern betreut werden. Sie versammelt sich an jedem 1., 3. und 5. Sonntag im Monat um 10 Uhr zu den Vormittagsgebeten.

Potsdam

Zu den ersten, die in Potsdam für die katholisch-apostolische Bewegung warben, gehörte H.Wagener, der dort ein Haus besaß, das er von etwa 1852 bis Anfang 1858 (VII/62v) bewohnte. Ungefähr 1860/61 ließ sich v.d.Brincken für einige Zeit in Potsdam nieder. Durch seine Wirksamkeit in Hauskreisen gewann er eine Reihe von Anhängern (darunter einige Mitglieder des *"Evangelischen Jünglingsvereins"*). Anfang Dezember 1861 begann der Berliner Priester-Evangelist H.Flegel im Saal eines Tanzlokals in Potsdam mit öffentlichen Vorträgen, die eine zahlreiche Zuhörerschaft fanden, jedoch in den ersten beiden Fällen durch das Auftreten des Potsdamer Oberpfarrers Rauh regelrecht "gesprengt" wurden. Rauhs Absicht war es, die Evangelisten-Vorträge, denen auch viele Glieder seiner Nikolai-Gemeinde beiwohnten, *"an Ort und Stelle"* zu widerlegen. Flegel ging jedoch mit keinem Wort auf Rauhs Auslassungen (und Ausfälligkeiten) ein. Als es beim zweiten Vortrag durch Rauhs erneute Intervention zu tumultartigen Szenen kam, verließen Flegel und die Anhänger der katholisch-apostolischen Bewegung aus Protest den Saal. In der Folgezeit versuchte Rauh den *"Irvingianismus"* vor allem durch Vorträge sowie auf publizistischem Wege zu bekämpfen. Er konnte aber weitere Evangelisten-Vorträge nicht verhindern. Diese wurden ab Anfang Februar 1862 durch den Engel-Evangelisten Rührmund im *"Lüderschen Saal"* fortgesetzt, und zwar, *"da der Zudrang der neugierigen Hörer aus der rohesten Klasse polizeilich bedenklich wurde, nur gegen Einlaßkarten"*.(Oberprediger Rauh an das Evangelische Konsistorium in Brandenburg vom 17.2. und 14.4.1862 [in: XXII])
Am 27.10.1862 wurden 54 Personen (BERICHT,1863,6) aus Potsdam in Berlin versiegelt.(Thiersch spricht von 58 Personen [Th.Tgb.]; vgl.S.68 der vorliegenden Untersuchung) Wenig später (noch vor dem 16.12.1862 [VII/85v]) konstituierte sich die Potsdamer katholisch-apostolische Gemeinde. Sie stand bis zum Beginn unseres Jahrhunderts als Filiale unter Berlin(-Süd).
Am 26./27.10.1864 erhielt die Gemeinde Besuch vom Apostel Woodhouse. (Th.Tgb.) Im Herbst 1868 wurde Franz Lhotzky ihr Priester-Vorsteher. (Vermutlich ist dieser identisch mit dem früheren Hamburger Unterdiakon Lhotzky, der die Separation seiner Gemeinde von den Katholisch-apostolischen Gemeinden 1863 nicht mitvollzog [s.Anm.121.a].) 1878 leitete der Priester

Ferdinand Schulz und 1900 der Nächstbeauftragte Engel H.Luttuschka die Potsdamer Gemeinde, deren Versammlungslokal sich in der Hoditz-Straße 9 (heute Wilhelm-Staab-Straße) befand. Nach der Jahrhundertwende zählte sie ca. 100 Mitglieder. 1922 war die Gemeinde Filiale unter der Berliner Horngemeinde West, hatte ihr Lokal im Wall am Kiez 14 und wurde vom Priester Reinhold Beer geleitet. (Am 12.4.1926 wurde Beer Vorsteher der Gemeinde in Rostock, wo er am 11.4.1944 bei einem Luftangriff im Kirchgarten ums Leben kam.) Letzter Diakon-Vorsteher der Potsdamer Gemeinde war E.Kuchenbecker. 1945 wurde sie aufgelöst (über die Gründe ist nichts bekannt). Kuchenbecker zog nach Berlin. (vgl.S.72 der vorliegenden Untersuchung)

Bis 1964 fanden in Potsdam keine katholisch-apostolischen Gottesdienste statt. Die Gemeindeglieder besuchten diese in (West-)Berlin, bzw. ab 1961 in Brandenburg. Das Kirchgebäude wurde von einer Autoreparaturwerkstatt genutzt und Mitte der 70er Jahre abgerissen, um Wohnungsneubauten Platz zu machen. Nach 1961 beauftragte der Diakon Otto Terwede den Unterdiakon Heinz Depke (beide aus Berlin), die Potsdamer Gemeindeglieder erneut zu sammeln. Mit etwa 30 Personen begannen am 26.4.1964 wieder katholisch-apostolische Gottesdienste in Potsdam.

Diese finden heute 14tägig sonntags 16.00 Uhr im Saal der evangelischen Friedens-Kirche (Schopenhauerstraße 24) statt und werden von Laienhelfern aus Potsdam bzw. Berlin gehalten. Durch Zuzug, Nachwuchs, "Einheiratung" und "Wiederentdeckung" von früheren Gemeindegliedern, die in der Umgebung von Potsdam wohnen, ist die Mitgliederzahl auf ca. 100 angewachsen. (Ein solcher Zuwachs dürfte im Bereich der heutigen Katholisch-apostolischen Gemeinden einmalig sein.) Die Gemeinde plant den Bau eines Gemeindehauses.

4.2. Provinz Pommern

Stettin

Bereits im August 1848 begann die katholisch-apostolische Bewegung in Stettin Fuß zu fassen, und zwar durch evangelistische Bemühungen des Berliner Gemeindegliedes F.W.Haeger.(Anm.55.g) Einen Monat später hielt Böhm drei Vorträge, die jedoch kaum Erfolg hatten. Ende d.J. gab es einige wenige Anhänger der katholisch-apostolischen Bewegung in Stettin. Im April 1849 nahm der Diakon-Evangelist v.Pochhammer (unterstützt durch den Diakon-Evangelisten Hennig) die evangelistische Arbeit wieder auf. Am 10.7. reiste der Priester-

Evangelist Koeppen nach Stettin, *"um dort eine gesammelte Gemeinde zu organisieren"* (KOEPPEN-Briefe, Brief vom 5./9.7.1849). Bereits am 18.7.1849 konnte die Gemeinde gegründet werden (so BORN,1974,42; in III/206v wird allerdings das Jahr 1850 als das Stiftungsjahr angegeben [s.S.283 der vorliegenden Untersuchung]).
Ab 21.1.1850 hielt sich der Apostel Carlyle (in Begleitung von Rothe) erstmals in Stettin auf. Vermutlich fand während dieses Besuches eine apostolische Handauflegung (am 24.1.?) und die Ordination des ersten Priester-Vorstehers der neuen Gemeinde, Herbig, statt. (Herbig diente allerdings Ende März d.J. noch in der Berliner Gemeinde [I/81].)
Die Evangelisten-Tätigkeit wurde im Frühjahr 1850 durch Deventer fortgesetzt. Ein Jahr später hielt Böhm wieder Vorträge in Stettin, diesmal mit mehr Erfolg (Th.Br.,113/3 [vom 20.4.1851]: *"Böhm hat großen Erfolg dort gehabt."*). Ende April 1851 besuchte Thiersch die Gemeinde, in der neben dem Priester Herbig die beiden Diakone Rückforth und Liersch als Amtsträger tätig waren (I/181).
Im September 1852 kam Carlyle wieder nach Stettin. Um diese Zeit zählte die Gemeinde bereits 80 regelmäßige Kommunikanten. Im Oktober d.J. (kurz nach seiner Engel-Weihe am 14.10.) siedelte F.W.Becker nach Stettin über und übernahm als Beauftragter Engel die Leitung der bisher als Filiale unter Berlin stehenden Gemeinde.(Th.Br.,129/1) Gleichzeitig kehrte Herbig in die Berliner Gemeinde zurück. Seine Stelle nahm bald darauf H.Evers ein, der bisher als Priester in Neustettin gedient hatte.
Am 23.6.1853 schrieb Thiersch, der sich nach seiner Ausweisung aus Königsberg (s.S.154ff der vorliegenden Untersuchung) vom 17.-20.6. in Stettin aufgehalten hatte, an seine Frau:
"Die Gemeinde genießt Ruhe und hegt das vollste Vertrauen zu Hn. Pf. Becker. Der Gesang ist sehr erbauend; ohne Orgel, ohne Clavier haben sie 4stimmig singen gelernt!" (Th.Br., 141/4)
Anfang September 1854 fand in der Stettiner Gemeinde eine Anbietung zum Priester-Amt statt, bei der Geyer fungierte.(WEINMANN,1963,306) Am 10.10. d.J. hielt sich Carlyle (zusammen mit Böhm) zum letzten Mal in Stettin auf.
Woodhouse besuchte die Gemeinde zwischen 1855 und 1863 (abgesehen von Durchreisen) insgesamt siebenmal, meist in Begleitung von Böhm und Thiersch. Anlässlich dieser Besuche fanden u.a. folgende Amtshandlungen statt: die apostolische Handauflegung (am 16.10.1858, 6.10.1859, 3.10.1860, 20.9.1861 [18 Personen] und 18.10.1863 [60 Personen!]), Diakonen-Einsetzung (am 21.9.1861) und Diakonen-Segnung (am 16.10.1858 und 16.10.1863). Über die apostolische Handauflegung vom 20.9.1861 schrieb Thiersch: *"... sehr vom Geiste bewegt, eine sprach augenblicklich* (glossolalisch - Verf.)*"* (Th.Tgb.).

Um 1858 konnte die Stettiner Gemeinde ein neues Gottesdienstlokal in Benutzung nehmen. Thiersch berichtete am 20.10.1858 seiner Frau:
"Beckers wohnen in einem neuen großen Hause mit freier Aussicht nach Süden, parterre; neben der Studirstube ist der Saal der Gemeinde, lang und schmal - alles elegant und solid. Mehr noch als die gesunde Wohnung und Einrichtung erfreute mich der freudige und einträchtige Geist in dieser Gemeinde." (Th.Br.,221/1f)
Von Juli 1859 bis April 1860 diente v.Fenneberg als Priester gastweise in Stettin. (Anm.70.a) Im November 1861 gehörten zur Stettiner Gemeinde (neben Becker) 2 Priester, 4 Diakone, 3 Diakonissinnen und 180 erwachsene Kommunikanten. Der Engel-Gemeinde unterstanden zu diesem Zeitpunkt die Gemeinden in Frankfurt/O., Guben, Posen und Bromberg als Filialen.(III/206vf) Am 18.10.1863 empfingen 60 Personen in Stettin die apostolische Handauflegung.(Th.Tgb.) In diesem Jahr zählte die Gemeinde bereits 250 regelmäßige Kommunikanten.(pA) Nennenswerte Behinderungen gab es in Stettin nicht.
In den folgenden Jahren entwickelte sich die Stettiner Gemeinde zur drittgrößten in Norddeutschland (nach Berlin und Hamburg). Am 4.6.1865 wurde eine neuerbaute Kapelle im Süden Stettins (Artilleriestraße 2) eröffnet. 1871, als das vierfache Amt vollzählig vorhanden war, konnte Becker als Engel *"eingeführt"* und mit der *"großen Fürbitte"* begonnen werden. 4 Jahre später wurde Becker aufgrund wachsender Aufgaben im Amte des Hirten mit dem Apostel für Norddeutschland von der Gemeindeleitung entbunden.(Anm.42.e) Bis zur Übernahme der Gemeinde durch den Beauftragten Engel Dr. Ernst A.A. Tillich (24.1.1836-7.3.1910, Oberlehrer, apostolische Handauflegung 1868, Engel-Weihe 1876 in Berlin [s.TILLICH,1936]) am 5.10.1877 wurde diese durch C.Hennig geleitet, der als Nachfolger von Paul v.Gersdorf seit 1873 Engel-Gehilfe in Stettin war (bis 1878).[84]
Am 5.9.1878 wurde Tillich durch Böhm feierlich als Engel *"eingeführt"*. Nachdem die am 7.8.1892 durch den Propheten mit dem Apostel de la Chevallerie erfolgte *"Kundmachung"* der Stettiner Hauptgemeinde als Metropolitangemeinde durch den Apostel bestätigt worden war, wurde Tillich Erzengel.(vgl.Anm.77) Während Tillichs Amtszeit kamen zu den Filialgemeinden von 1878 (Greifenhagen, Königsberg/N., Schwedt [1900: Nächstbeauftragter Engel], Stralsund [1900 unter einem Beauftragten Engel selbständig], Vierraden, Anklam, Greifswald, Gützkow mit Jarmen [die letzten drei Gemeinden 1900 Filialen von Stralsund]) noch die Gemeinden Altendamm, Stolzenhagen und Swinemünde (1900: Nächstbeauftragter Engel) hinzu. Außerdem wurden in diesem Zeitraum 3 Horngemeinden in Stettin gegründet: Stettin-Bredow (im Nordosten der Stadt; entstanden 1877; ab 15.12.1882 eigene Kapelle in der Karlstraße 3, 200 regelmäßige Kommunikanten; 1900 bestand das vierfache Amt; Engel des Horns:

R.Schädel), Horn-Nord (1892 entstanden, 1896 Kapelle in der Petrihofstraße 3; 450 regelmäßige Kommunikanten, vierfaches Amt; Engel des Horns: F.Hoffmeister [bis 1911], F.Meinke) und Horn-Süd (bestand von 1902-1912, benutzte die ehemalige Kapelle der Hauptgemeinde in der Artilleriestraße 2).
Die Hauptgemeinde zählte 1895 bereits 800 regelmäßige Kommunikanten, so dass eine größere Kirche gebaut werden musste (Philippstraße 12, fertiggestellt 1902 [im gleichen Jahr Abzweigung der Horngemeinde Süd]). Nach Tillichs Tode leiteten der Beauftragte Engel W.Ulrich (14.8.1853-23.2.1932), F.Meinke (als Engel des Horns von Stettin-Nord, + 1935) und der Priester-Vorsteher Carl Lehmann (bis 1945; + 29.1.1955 in Flensburg [s.NEWSLETTER,VIII{1955}, 12]) die Stettiner Metropolitangemeinde mit den dazugehörigen Gemeinden. Alle drei 1939 noch vorhandenen Kapellen wurden im 2. Weltkrieg zerstört. 1945 hörten - nach Flucht und Umsiedlung - die Stettiner Gemeinden auf zu existieren. Ihre Mitglieder mussten in Deutschland eine neue Heimat finden.
Von der Auflösung um 1945 waren alle nachfolgend dargestellten katholisch-apostolischen Gemeinden der ehemaligen preußischen Provinzen Pommern, Preußen, Posen und Schlesien (außer Görlitz) betroffen.

Neustettin

Eine bemerkenswert rasche Ausbreitung erfuhren die Katholisch-apostolischen Gemeinden in Hinterpommern.[85] Die erste der dortigen Gemeinden entstand in Neustettin (Regierungsbezirk Köslin). Ihre Anfänge gehen auf einen Kreis religiös interessierter Laien zurück, der - angeregt durch eine geistliche Schrift aus England - ab 1848 bei dem Landschullehrer J.F.Kleist in Thurow (5 km südlich von Neustettin gelegen) zusammenkam. Weihnachten 1848 kam ein Mitglied dieses Kreises, Carl Kuchenbecker, bei seinem Onkel in Stettin (einem Mann namens Radatz) mit der katholisch-apostolischen Bewegung in Berührung. Der Thurower Kreis, der sich nach einer geistlichen Erneuerung sehnte, sah in dieser Begegnung eine Antwort auf seine Gebete um *"Wegweisung"*. Im Februar 1849 reiste der Thurower Mühlenbauer Hermann Berg nach Berlin, um die dortige katholisch-apostolische Gemeinde kennenzulernen. Nach seiner Rückkehr verfassten 5 Männer des Thurower Kreises ein Schreiben, in dem sie Rothe um die Entsendung eines Evangelisten baten.(pA)
Um diese Zeit wurde ein weiterer Landschullehrer aus der Umgebung von Neustettin (Döhring, Koska?; s.u.) mit der katholisch-apostolischen Bewegung bekannt. Einem Bericht der NkZ (1856,42f) zufolge war dieser

"mit dem Zustande der Landeskirche schon seit längerer Zeit unzufrieden und hatte in seiner Bekümmerniß über den Verfall des christlichen Glaubens und Lebens oft gebetet, daß der Herr das verfallene Zion wieder aufrichten möchte; er hatte sogar eine Fußreise nach A l t - s t e t t i n gemacht, um sich mit dem Stande der lutherischen (altlutherischen - Verf.) *Kirche bekannt zu machen; traf aber den Pastor derselben ... nicht anwesend und da der mit Vorlesung einer Predigt abgehaltene Nothgottesdienst in seiner Nüchternheit wohl nicht seinem Ideale einer neubelebten Kirche entsprochen hatte, so kehrte er in seinen Erwartungen getäuscht zurück. Dabei aber bleibt es psychologisch merkwürdig, daß er nicht den gewünschten Aufschluß in der Nähe suchte, da die nächste lutherische Nachbargemeine nur 2 Meilen von seinem Wohnorte entfernt war und der nächste lutherische Pastor etwa 5 Meilen, während er nach Alt=Stettin eine Reise von etwa 20 Meilen zurückzulegen hatte. Bei seiner Rückkehr traf er einen Bekannten, welcher in Berlin die Gottesdienste der Irvingianer kennen gelernt hatte und mit Begeisterung davon erzählte, und bei der ersten Bekanntschaft mit denselben erkannte er in ihrer Partei das Zion, nach welchem er so lange gesucht habe."*

Am 11.5.1849 traf der Diakon-Evangelist v.Pochhammer in Thurow ein und begann 2 Tage später im dortigen Schulhaus vor einem größeren Zuhörerkreis mit Evangelisten-Vorträgen. Weitere Vorträge fanden auch in Neustettin und in Ratzebuhr (s.S.105f der vorliegenden Untersuchung) statt. An Interessenten wurden geistliche Broschüren verteilt.(NkZ,1856,42) Im August feierte der Priester-Evangelist Koeppen in Abbau/Streitzig (5 km westlich von Neustettin) bei dem Bauer Bordt eine erste Litanei. Am 9.9.1849 wurden 25 Personen dem Hirtenamt (Rothe) übergeben. Dieser Tag, an dem auch 3 Diakone gewählt wurden, gilt als der Gründungstag der Neustettiner Gemeinde. Am 16.9. wurden weitere 8 Personen durch Koeppen übergeben. Vorläufig wurde v.Pochhammer mit der Betreuung der Gemeinde beauftragt. Mitte September feierten der Engel Rothe, Koeppen und 2 Diakone mit der neuen Gemeinde die Eucharistie in Thurow.(IV/15vf) Die NkZ (1856,43) schreibt in einer Meldung über die Gründung der Neustettiner Gemeinde, dass diese *"von der Bevölkerung zwar manche Anfechtung zu erdulden hatte, aber insofern auch wieder eine Begünstigung erfuhr, als die Stadtverordnetenversammlung auf Befürwortung eines toleranten Juden ihr* (im Herbst 1849 [XXII/23-v] - Verf.) *einen öffentlichen zu Versammlungen der städtischen Behörden benutzten Saal zu ihren Gottesdiensten einräumte".*

Weihnachten 1849 reiste v.Pochhammer nach Berlin, wo er am 28.12. zum Priester-Amt berufen wurde. Anfang Januar 1850 kehrte er nach Neustettin zurück, begleitet von Böhm, der dort weitere öffentliche Vorträge hielt. Von dieser Zeit an *"gewann die Sache eine andere Gestalt".* Der Neustettiner Superintendent Zahn, der bis dahin gehofft hatte, die Ausbreitung der katholisch-apostolischen Bewegung in Neustettin und Umgebung würde bald wieder zum

Stillstand kommen, beschrieb die neuen Ereignisse in einem Bericht an das Evangelische Konsistorium in Pommern vom 8.2. d.J. folgendermaßen:

"'Am 11ten Januar eröffnete Letzterer (:Charles Boehm:) eine Reihe von Vorträgen in einer vom hiesigen Magistrate der Gemeinde überwiesenen Schulstube, zu denen Jedermann freien Zutritt hatte. Man sang zuerst einige Liederverse aus dem hiesigen Kirchengesangbuche z.B. aus dem Liede: Aus tiefer Noth etc. Wir Menschen sind zu dem etc. und aus Liedern, die von den letzten Dingen handeln; dann folgten liturgische Gebete und darauf die Vorträge selbst und der p. Boehm und von Pochhammer fungirten dabei in ihrer eigenthümlichen Amtstracht, die in weißen Chorröcken und bei Hn. Boehm in einem breiten, rothen, über die Brust hangenden Bande bestand. Was den Inhalt dieser Vorträge betrifft, so schilderte darin Hr. Boehm anfangs vorzugsweise den Verfall sämmtlicher christlichen Kirchen, die alle von dem apostolischen Urbilde mehr oder weniger abgewichen wären, und seit der Apostel Zeiten die Fülle des Geistes verloren hätten. Späterhin verkündete er die kommenden Gerichte des Herrn, ja seine nahe Zukunft und leitete so die gespannten Gemüther auf das hin, was er doch eigentlich bei seinen Vorträgen zu verkündigen beabsichtigte, nämlich daß es Gott gefallen habe, in England das Apostolat in 12 Persönlichkeiten in gegenwärtiger Zeit wieder herzustellen und die Gaben des Geistes wie zu der ersten Apostel Zeit wieder zu erwecken. Zuletzt forderte er mit der größten Entschiedenheit zum Beitritt und zur Anerkennung dieser Sache auf.

Die mit großer Entschiedenheit und Wärme gehaltenen Vorträge verursachten eine große Aufregung in der Stadt und Umgegend. Herrn Boehm's Privatunterredungen und die für den engeren Kreis seiner Gemeinschaft täglich stattfindenden Predigten und Gottesdienste veranlaßten Manche zum Uebertritt und als der sogenannte Apostel, der Engländer Herr Carlyle und der Bischof Herr Roth (sic) aus Berlin hier auch angekommen waren, wurde die Aufregung noch bedeutender. Die für die Uebergetretenen bei verschlossenen Thüren gehaltenen Versammlungen, in denen auch das heilige Abendmahl oft ausgetheilt wurde, ließen das Ganze nun als eine in sich geschlossene kirchliche Gemeinschaft erscheinen, in der ein ziemlich ausführliches Ritual gebraucht wird.'" (IV/27v-29)

Carlyle und Rothe waren am 25.1.1850 nach Neustettin gekommen. 2 Tage später erhielt v.Pochhammer dort die Ordination zum Priester-Amt. Am 2.2. wurden weitere Personen aus Neustettin und Umgebung feierlich in die Gemeinde aufgenommen. Unter ihnen befanden sich die Lehrer Kleist, Döhring und Koska, die durch den Beitritt zur *"Gemeinschaft der apostolischen Christen"* (wie sich die Neustettiner Gemeinde zunächst nannte [IV/34]) wenig später ihre Ämter im Schul- und Küsterdienst verloren.[86] Am 3.2. empfingen 39 Personen die apostolische Handauflegung. Zur Unterstützung des Priester-Vorstehers v.Pochhammer berief Carlyle den Berliner Priester Evers nach Neustettin. Dieser diente dort bis Ende 1852 / Mitte 1853.(Anm.49.a)

Im November 1850 (pA) übernahm Koeppen als Beauftragter Engel die Leitung der Neustettiner Gemeinde, siedelte aber erst im Laufe des Jahres 1851 mit seiner Familie nach Neustettin über.[87]

Vom 27.2.-10.3.1851 hielt sich der Apostel zum zweiten Mal in Neustettin auf, begleitet von Barclay, Thiersch, Koeppen und Geyer. Thiersch spricht anerkennend von der dortigen *"durch ihren Eifer uns beschämenden Gemeinde"* und erwähnt den Rechtsanwalt Just und den Oberlehrer Buchholz als *"die einzigen Honoratioren, die sich zu unserer Gemeinde hinneigen"*.(Th.Br.,107/1, 108/2) Am 8.3. wurden C.Kuchenbecker, Döhring, Kleist und Koska durch Geyer zum Priester-Amt berufen. Am 9.3. vollzog der Apostel die Versiegelung. Einen Tag später wurden Kuchenbecker und Döhring ordiniert (nur 2 Tage nach ihrer Berufung!). Am Vorabend schrieb Thiersch an seine Frau:
"Ich habe einen Vortrag zur Vorbereitung auf die heutige Feier, gestern eine Homilie halten müssen und die Prüfung der Candidaten für d. geistl. Amt angefangen ... Der gestrige Tag war fast so herrlich wie der 17. Octob. 1847 in Frankfurt a.M." (ebd./3)
Während ihres Aufenthaltes in Neustettin wurden die katholisch-apostolischen Amtsträger vom Superintendenten Zahn, den Thiersch als *"süßlichen Pietisten"* charakterisiert, zu einer privaten Einladung gebeten:
"Dieser Zahn ist der Hauptgegner unserer 3 abgesetzten Schullehrer. Mit mir spricht er äußerst sanft. Einen Abend waren wir alle, auch Köppen zum Thee da und sollten disputiren (?), fühlten uns aber sehr beklommen." (ebd.)
Im Juni 1851 gehörten neben Koeppen folgende Amtsträger zur Gemeinde: die Priester Evers und Kuchenbecker, die berufenen Priester Kleist und Koska (noch als Diakone tätig), die Diakone Ziesmer und Schulz in Neustettin sowie der Diakon H.Berg (Priester-Berufung vor 1856, Ordination am 10.5.1858, vor 1878 Engel-Evangelist, + nach 1886) in Thurow und der Diakon Wolter in Ratzebuhr (letzterer betreute die dort lebenden Gemeindeglieder).(I/188v-188a)
Zwischen 1852 und 1854 kam Carlyle viermal nach Neustettin: Anfang Januar sowie im September 1852, im September 1853 und Ende Oktober 1854. Während dieser Besuche erhielten Kleist und Koska, August Sonnenberg aus Ratzebuhr (der spätere Beauftragte Engel in Danzig [s.S.171 der vorliegenden Untersuchung]) sowie Schulz und Erdmann aus Neustettin die Priester-Ordination.
Vom 13.-17.5.1853 besuchte Thiersch die Neustettiner Gemeinde. Er führte in diesen Tagen Gespräche mit Koeppen zu Grundsatzfragen (vgl.Anm.91). Eine vom letzteren ausgesprochene Suspension der Diakone Ziesmer und Bibelhausen wurde am 15.5. durch Thiersch bestätigt. Aus welchen Gründen sie erfolgte, ist nicht bekannt. Um diese Zeit hielt Koeppen wöchentlich einen Weiterbildungskurs für die Priester, Diakone und Unterdiakone seiner Gemeinde, an dem auch Carl Kuchenbeckers Bruder, Siegfried (Priester-Ordination am 25.10.1865 in Berlin, 1878 Priester-Vorsteher in Stolp), teilnahm. Koeppen schrieb über diesen Kurs: *"Ich habe ihnen vorerst gezeigt: wie man einen Vortrag über einen bibl. Abschnitt vorbereitet u. stelle Übungen mit ihnen an. Die*

Männer sind voll Freude u. Dank." (Koeppen an Thiersch vom 20.6.1853 [in: B.ST.B.,H.Thierschiana II,149,Koeppen,2/2])
Im Juni 1854 reiste der Diakon Buchholz (s.o.) nach England.(WEINMANN, 1963,300) Gut 2 Monate später fand in Neustettin eine weitere Berufung zum Priester-Amt statt. Vom 24.-30.10. d.J. hielten sich Carlyle, Böhm, Geyer und Thiersch in der Gemeinde auf. Zu dieser Zeit gab es dort bereits das vierfache Amt, so dass die *"große Fürbitte" "dargebracht"* werden konnte. Am 27.10. fand in Neustettin Döhrings Prüfung statt und einen Tag später - in einem festlichen Gottesdienst - seine Engel-Weihe. In den Vorträgen, die in diesen Tagen gehalten wurden, sprachen Carlyle über das Propheten-Amt, Böhm über das Apostel- und das Diakonen-Amt und Thiersch über das Engel-Amt. Am Nachmittag des 30.10. fand eine Belehrung durch die 4 Ämter der Allgemeinen Kirche (Geyer fungierte als Prophet mit dem Apostel [s. dazu S.206ff der vorliegenden Untersuchung]) für die Gemeinde und abends eine öffentliche Evangelisten-Predigt von Böhm *"vor einer großen Versammlung"* statt.(Th.Tgb.)
Der Ausbreitung und Festigung der katholisch-apostolischen Bewegung in Neustettin und an anderen Orten Hinterpommerns begegneten die zuständigen Geistlichen der Evangelischen Landeskirche auf sehr unterschiedliche Weise. In der rund 30 km nordwestlich von Neustettin gelegenen Parochie Gramenz z.B., wo 1855 in einem Dorf *"5 Familien und 4 einzelne Eheleute"* den Katholischapostolischen Gemeinden angehörten, ging der Ortspfarrer Dieckmann mit den strengsten Mitteln der Kirchenzucht gegen die dortigen katholisch-apostolischen Gemeindeglieder vor.(V/11f.61v) Eine ganz andere Behandlung erfuhren die katholisch-apostolischen Christen in Neustettin. Da auch diese nicht ihren Austritt aus der Evangelischen Kirche erklärt hatten, wurden sie *"als irrende Glieder der Landeskirche und dieser noch angehörig"* angesehen (ebd./ 58v). In einem Bericht des Evangelischen Konsistoriums in Pommern an den Evangelischen Oberkirchenrat vom 24.4.1855 (ebd./58-63v), der (unter ausdrücklicher Befürwortung des von Dieckmann verfolgten strengen Verfahrens) die Forderung nach einer Generalverfügung in dieser Frage enthält, heißt es:
"Es ist richtig, daß in der Parochie Neustettin, in welcher sich nach einem Berichte des Superintendentur=Verwesers Lehmann daselbst vom 17. Januar cr. 79 Personen der sogenannten apostolischen Gemeinde unter Leitung des ehemaligen Predigers Köppen und unter Bestreitung eines damit vollzogenen Austritts aus der Kirche angeschlossen haben, die landeskirchlichen Geistlichen die Taufen und Trauungen jener Glieder vollziehen, ihre Leichen auf Verlangen bestatten, und kein Bedenken tragen, solche Irvingianer, wie sie oben charakterisirt worden sind, zur Taufpathenschaft und zum Sakrament zuzulassen.
Ganz ähnlich verfährt der Superintendent Koch in Bublitz mit den dortigen Irvingianern. Der p. Lehmann sagt, er finde zu einem abstoßenden Verhalten gegen die Irvingianer keine Veranlassung. Es wäre zu fürchten, nicht nur, daß dieselben sich dadurch in sich mehr und mehr

befestigten, sondern auch, daß ein achtbarer und einflußreicher Theil der Gemeinde für den Köppen und seine Sache Parthei ergriffe. Die Richtigkeit des von ihm unter den obwaltenden Umständen eingeschlagenen Weges scheine sich theils dadurch zu bewähren, daß, so lange er dort im Amte sei (:seit 1851:), mit Ausnahme eines einzigen Falles kein Uebertritt geschehen sei, theils dadurch, daß die Frage über den Irvingianismus gänzlich ihr Interesse bei der landeskirchlichen Gemeinde verloren habe." (ebd./59v-60v)

In seiner Antwort an das Evangelische Konsistorium in Pommern vom 13.6. d.J. (ebd./64-v [sie kam dem Wunsch nach einer auf die Provinz Pommern bezogenen Generalverfügung übrigens nicht entgegen]) entschied sich der Evangelische Oberkirchenrat für ein strengeres Verhalten gegenüber den Mitgliedern katholisch-apostolischer Gemeinden.(vgl.ebd./113v) Dementsprechend legte das Konsistorium in Pommern *"behufs der Herbeiführung eines fortan überall gleichmäßig zu beachtenden Verfahrens"* in einer *"Verordnung"* an alle betreffenden Geistlichen der Provinz folgendes fest (zitiert aus der Anweisung an Lehmann in Neustettin vom 30.7.1855):

"Wenn Glieder unserer evangelischen Gemeinden nicht blos in eine vorübergehende Berührung mit den Irvingianern getreten sind, sondern gliedlich sich ihnen angeschlossen haben und kirchenamtliche Funktionen bei ihnen verwalten oder der kirchlichen Aemter und der Sakramentsverwaltung jener Gemeinschaft sich bedienen, so haben unsere Geistlichen unter Fortsetzung seelsorgerischer Einwirkung die Zulassung derselben zum heiligen Abendmahle, zum Pathenstande, zur Aussegnung der Wöchnerinnen, und zum Genuß anderer, das treue Halten zur Kirche und ihrem Bekenntniß voraussetzenden kirchlichen Rechte und Ehren zu beanstanden, in dem einzelnen Falle aber an uns zur Entscheidung zu berichten ..." (V/97v-98)

Welche praktischen Auswirkungen diese Verordnung hatte, zeigt das folgende Beispiel aus Neustettin: Im November 1855 hatten Koeppen und der Seilermeister Mann (katholisch-apostolisches Gemeindeglied) ihre jüngsten Kinder zur Taufe beim Superintendenten Lehmann angemeldet und als Paten Glieder der katholisch-apostolischen Gemeinde benannt. Nach Rücksprache mit dem Evangelischen Konsistorium in Pommern wies Lehmann diese Paten zurück. Daraufhin nahm Koeppen im Dezember die Taufen selbst vor und bat um deren Eintragung in das Kirchenbuch. Das Konsistorium gestand diesen Taufen jedoch nur den Charakter einer Laientaufe zu und machte deren Eintragung vom Akt einer Taufbestätigung durch Superintendent Lehmann abhängig. Koeppen und Mann gaben dazu ihre Einwilligung, zogen diese aber wieder zurück als deutlich wurde, dass die katholisch-apostolischen Paten kirchlicherseits nur als Zeugen der Taufe beim Bestätigungsakt gehört, nicht aber als Paten angenommen werden sollten. In dem betreffenden Bericht des Konsistoriums an den Evangelischen Oberkirchenrat vom 3.6.1856 heißt es weiter, Koeppen habe

"erklärt, daß er fortfahren werde, selbst zu taufen und die Taufen in die irvingistischen Tauf=Register einzutragen. Außerdem aber will er jede Taufe durch einen Vater in der Art gerichtlich bestätigen und beglaubigen lassen, daß vor diesem die Taufzeugen erklären, wie das Kind mit Wasser und auf den dreieinigen Gott laut des irvingistischen Taufformulars getauft sei. Das ebenfalls aufzunehmende Protokoll soll das den Irvingianern unzugängliche gerichtliche Geburtsregister ersetzen und gleichzeitig als Geburtsschein gelten."
Der Bericht schließt mit der Bitte, das Konsistorium *"zur Ausschliessung der genannten beiden Personen aus der evangelischen Landeskirche und zur Bekanntmachung dieses Aktes vor der Gemeinde ermächtigen, auch zu einem gleichen Verfahren in allen ähnlichen Fällen autorisiren zu wollen".*(V/89-96v)
Dieser Antrag wurde am 28.6.1856 vom Evangelischen Oberkirchenrat abgelehnt! (ebd./99-v)
Im Februar 1856 wurde Koeppen von Woodhouse bevollmächtigt, mit dem zuständigen Generalsuperintendenten Jaspis über das Taufproblem zu verhandeln. Thiersch schreibt dazu:
"... nur 2 Princip(ien) stellt H. W. auf: es ist wünschensw(ert,) d(a)ß wir selbst taufen; es ist erlaubt die h. Taufe v. d(e)r evang. Geistlichkeit anzunehmen".(Th.Tgb.,10.2.1856)
Ob und mit welchem Ergebnis solche Verhandlungen stattgefunden haben, ist nicht bekannt.[88]
Der erste Besuch des Apostels Woodhouse in Neustettin fand vom 29.9.-2.10. 1855 statt. Thiersch, der ihn begleitete, vermerkte am 30.9. in seinem Tagebuch:
"Um 10 d. ap. Handaufleg(un)g (19 P[er]sonen) Otto Pausebach weissagte unmittelbar nach dem Empfang d(e)r apost. Handauflegung."
Ende September 1856 folgte ein erneuter Besuch des Apostels, der letzte, den Koeppen erlebte. Ein Jahr später, am 10.9.1857, erlag der Beauftragte Engel der Gemeinde in Neustettin im Alter von nur 54 Jahren einer schweren Krankheit. In seinem Nekrolog auf Koeppen (NPZ,Nr.220[v.20.9.1857],Beilage) schrieb Thiersch:
"Ein tief liegendes Nierenleiden hatte sich schon vor langen Jahren angekündigt. Seit 1855 nahm es einen eben so schmerzvollen wie gefahrdrohenden Charakter an. 1857 wurden seine Leiden unsäglich. Er trug sie mit einer Geduld, welche wohl nur bei überirdischer Stärkung erklärlich ist. Er ahnte seinen Tod; eine beseligende Hoffnung der Auferstehung zum Leben hielt ihn im Geiste aufrecht, als sein sonst so kraftvoller Körper, durch das innere Uebel aufgerieben, einen Anblick des Jammers gewährte. Am 24. Juli setzte er seinen letzten Willen auf, bestellte sein Haus und bezeugte, daß er in dem Glauben sterbe, den er in den letzten Lebensjahren verkündigt hatte."
Da Koeppen es ausdrücklich wünschte, Thiersch noch einmal zu sehen, reiste dieser nach Neustettin, wo er am Samstag, dem 5.9., eintraf. Am 7.9. betete er in der (katholisch-apostolischen) Kirche mit den Ältesten Schulz (in Neustettin), Erdmann (in Neustettin?), Döhring (Bublitz) und C.Kuchenbecker (Pennekow

und Muddel) für Koeppen. Am Abend dieses Tages schrieb Thiersch an seine Frau:
"Erst Sonntag Morgen konnte ich mit Hn. P(astor) Köppen sprechen. Seine Schwäche ist unbeschreiblich. Zwar die großen Schmerzen haben nachgelassen, aber die innere Zerrüttung ist so groß, daß seit 8 Tagen sein Magen keine Speise annimmt. Hiezu kömmt ein schleichendes Fieber. Nur mit äußerster Mühe konnte er noch einige Worte sprechen ... Heute hat er durch die hiesigen Aeltesten die Salbung empfangen. Es war die höchste Zeit. Wäre ich eine Woche später gekommen, so wäre er vielleicht schon zu schwach gewesen, um mir sein Herz auszuschütten, was er mit Mühe noch vermocht hat." (Th.Br.,195/1f)

Am 8.9. besuchte auch der Superintendent Lehmann (!) den Todkranken. Thiersch, der sich aufopferungsvoll um Koeppen, dessen Familie und die Gemeinde kümmerte, schrieb am 10.9. (Th.Tgb.):

"Um 3 ließ Frau K(oeppen) d. Kinder aus d. Schule holen, u. v(er)langte eilend d. Krankencomm. Ich gab sie ihm in einem Löffel. Auch Frau u. Tochter genossen sie.
... Fortwährend in schmerzl. Spannung: Um 8 Dr. Franz da; er fand ihn sterbend, in m(eine)r Stube sagte er d(ie)ß zu Lehmann u. Just. Ich hielt den Abendsegen mit der Fam., ich ging hinüber; er klagte schwer üb. Mangel an Luft, wie sch(on) den ganzen Tag. Er sprach b(e)deutsame Worte. - Ich ging um 10 unt(er) den Sternenhimmel. Ich kam wieder. Er hatte nach Marie (Koeppens 19jährige Tochter - Verf.) gerufen. Ich brachte sie. Ich wartete im Vorzimmer. Es schlug ½ 11. Ich b(e)kam Einlaß, eben war er sanft eingeschlummert. Ich betete aus dem Herzen. (Frau Köppen, Marie Köppen, Frau Gabrecht waren gegenwärtig) ..." Am 12.9. schrieb Thiersch an seine Frau: *"Es ist ein großer Verlust, den die Kirche erlitten hat, denn der Seelige hatte große Fähigkeiten und edle Eigenschaften und hat viel für die Wahrheit aufgeopfert. Sieben Kinder, darunter fünf Jungen, sind noch unerwachsen. Ich habe meinen Bericht an die Apostel gesendet* (Apostelkollegium [Woodhouse befand sich gerade in Nordamerika] - Verf.) *und sie gebeten, für die Gemeinden zu sorgen. Zwei Sonntage werde ich ... in Pommern bleiben müssen, um inzwischen die Gemeinden selbst zu leiten."* (Th.Br.,196/2f) Und am 19.9.: *"Am Sonntag* (dem 13.9. - Verf.) *Nachmittag um 2 fand in Köppens Hause sich die Gemeinde ein. Der 130. u. 126. Psalm wurde gesungen; nach dem Gebet: Auferstehn ja auferstehn. Dann der Sarg geschlossen und in das Vorderhaus getragen. Nach fünf begann der Leichenzug. Ich wurde aufgefordert, neben dem Superintendenten zu gehen. Fast alle Honoratioren der Stadt folgten; Frau Köppen mit den Kindern in einem Wagen. Auch Frauen gingen im Zuge. Auf einem Hügel mit weiter Aussicht nach allen Seiten liegt der Kirchhof. Nie sah ich eine so andächtige Trauerversammlung. Der H. Superint. las 1. Petr. 1 und sprach recht herzlich und achtungsvoll. Die von mir angeordneten Gesänge: Jesus m. Zuversicht und Wachet auf ruft gingen sehr schön. Frau Köppen stand mit am Grabe. Der Sarg ihres zu Neujahr gestorbenen Kindes stand neben dem großen Sarg. Die ganze Volksmenge wartete in tiefer Stille bis das Grab ganz zugeschüttet war. Mit Untergang der Sonne kamen wir wieder in die Stadt ...*
Eine Lebensbeschreibung sandte ich an die neue preußische Zeitung (am 14.9. - Verf.) *... In dieser Trauerzeit wird nun die Aussteuer des Fräulein Marie fertig gemacht ..."* (Th.Br., 197/2ff)

Koeppen, dessen Lebensweg mit vielen schweren Schicksalsschlägen angefüllt war, gehörte zu den bemerkenswertesten Persönlichkeiten der Katholisch-apostolischen Gemeinden in Preußen. Ungeachtet äußerer Schwierigkeiten handelte er zu jeder Zeit seiner inneren Überzeugung gemäß.
"Viele wußten seine christliche Gesinnung und Aufopferung zu schätzen, andere wenigstens seine edle Erscheinung und sein offenes, geistig frisches Wesen." "... über seinen Hingang trauerte die ganze Stadt." (Nekrolog)
Aufgrund der Entscheidung des Apostelkollegiums, die Thiersch am 21.9.1857 in Bublitz bekanntgab, wurde C.Döhring (konsekrierter Engel, noch leitender Ältester in Bublitz) zum Nachfolger Koeppens bestimmt.(Th.Tgb.)
Döhring leitete von Bublitz aus die Diözesangemeinde Neustettin und die übrigen Filialen Pennekow mit Muddel, Ratzebuhr und Bütow zunächst kommissarisch. Nach der Rückkehr des Apostels Woodhouse aus Nordamerika wurde Döhring von diesem offiziell als Beauftragter Engel für Bublitz und Neustettin eingesetzt (im Januar 1858). Um diese Zeit wechselte C.Kuchenbecker von Pennekow nach Neustettin und wurde leitender Ältester der dortigen Gemeinde.
Thiersch blieb bis zum 5.10.1857 in Hinterpommern. Er bereitete in dieser Zeit Döhring auf seine neuen Aufgaben vor und besuchte die Neustettiner Filialgemeinden (s.u.).
In den folgenden Jahren hielt sich der Apostel Woodhouse - abgesehen von kurzen Zwischenaufenthalten (1858 und 1861) - bei seinen Visitationen in Pommern nicht mehr in Neustettin, sondern meist in der Gemeinde Bublitz (Sitz des Engels) auf. Dorthin reisten dann jedes Mal die Glieder der Neustettiner Gemeinde, um an den apostolischen Amtshandlungen teilzunehmen. Ende 1861 bestand die Gemeinde Neustettin aus 92 Kommunikanten, 2 Priestern, 4 Diakonen und 3 Diakonissinnen.(III/207)
Am 24.10.1870 konnte sie eine eigene Kapelle (in der Friedrich-Straße 10) einweihen. 1871 wurde C.Kuchenbecker Beauftragter Engel der Neustettiner Gemeinde, die damit wieder selbständig wurde. Ab 1874 konnte erneut die *"große Fürbitte" "dargebracht"* werden. 1878 gehörten die Gemeinden in Bütow, Ratzebuhr, Rummelsburg und Tuchen als Filialen zu Neustettin. Nach Kuchenbeckers Tod (1891) leiteten die Gemeinde als Beauftragte Engel: Carl A. Döhring jun. ([geb. 1844, Priester-Ordination am 9.6.1877, Engel-Weihe am 21.12.1882, Erzengel der Allgemeinen Kirche ab 15.7.1895] von 1891-1895 sowie von 1912 bis zu seinem Tod am 28.8.1927) und Hermann Borchert aus Königsberg/Pr. (1895 bis zu seinem Tod am 1912). 1895 zählte die katholisch-apostolische Gemeinde in der Kleinstadt Neustettin etwa 400 (!) regelmäßige Kommunikanten.(BORN,1974,51) 1900 gehörte zu ihr auch die katholisch-apostolische Gemeinde in Schneidemühl als Filiale.

Bublitz

Die Anfänge der katholisch-apostolischen Gemeinde in Bublitz (Regierungsbezirk Köslin), deren Gründung am 17.11.1850 erfolgte, standen in engem Zusammenhang mit denen der Neustettiner Gemeinde und waren vor allem von der evangelistischen Tätigkeit v.Pochhammers (Dezember 1849), Böhms (1850) und Koeppens bestimmt (IV/140v). Erster Vorsteher der Bublitzer Gemeinde wurde Döhring, der unter der Aufsicht Koeppens die Neustettiner Filiale zunächst als Priester leitete. Etwa im Februar 1851 begann die Gemeinde als erste der katholisch-apostolischen Gemeinden in Preußen mit dem Bau einer eigenen Kirche. Dies war notwendig geworden, da niemand in Bublitz der neuen Gemeinde ein Versammlungslokal vermieten wollte.(IV/141) Das Geld für den Grundstückskauf und den Bau (600 Taler [Th.Br.,108/2]) erhielt die Gemeinde offenbar als Darlehen aus Mitteln der Katholisch-apostolischen Gemeinden. Vom 10.-17.3.1851 besuchte Carlyle Bublitz, zusammen mit Barclay, Thiersch, Koeppen und Geyer. Am Ankunftstag schrieb Thiersch an seine Frau:
"Um 2 Uhr reisten wir unser 5 mit 4 Pferden (von wegen des schlechten Weges) nach diesem kleinen abgelegenen Städtchen kleiner als manches Dorf, nur 14-1500 Einwohner, wo merkwürdiger Weise fast die ganze Bevölkerung für das Werk Gottes günstig gestimmt ist. Aufgenommen in die Gemeinde sind bis jetzt nur 52 Erwachsene, fast lauter solche die durch Böhms Predigten erst aus Unwissenheit u. weltlichem Leben erweckt worden sind. Ich hielt heute Abend den ersten Vortrag. Köppen ist hier außerordentlich beliebt und heißt überall der Herr Bischof. Doch es wird schon noch anders kommen." (ebd.,108/4)
Und am 19.3.: *"Die Gemeinde besteht mit einer Ausnahme aus lauter ganz geringen Bürgersleuten, viel ärmer noch als die kleineren Bürger in Marburg. Die Willigkeit, Folgsamkeit, Aufopferung u. Ehrfurcht die in dieser Gemeinde herrscht ist sehr wohlthuend.
Diese Gemeinde ist die Antwort für diejenigen welche sagen unsere Kirche (!) sei nur eine Kirche für gentlemen und zugleich für die welche vorgeben, nur die Gläubigen würden aus der Landeskirche herausgeholt.
Am Mittw. (12.3. - Verf.) war die Erneurung der Gelübde, am Freitag die apost. Handauflegg. Am Sonntag ward Schullehrer Döhring als Hirte eingeführt. Am Samstag Abend predigte ich für die Gemeinde über d*(as) (christliche - Verf.) *Familienleben; am Sonntag Abend für die Fremden eine Evangelistenp*(re)d(i)gt *bei unbeschreiblichem Zudrang."* (ebd.,109/2)
Welche ethischen Konsequenzen der Anschluss an die Katholisch-apostolischen Gemeinden haben konnte, machen folgende Beobachtungen eines pommerischen Pfarrers deutlich:
"Es ist allerdings vorgekommen, daß bei manchen zu den Irvingianern übergetretenen Personen sichtbare Aenderungen vorgegangen sind. So trat ein Uhrmacher (Freischmid? [s.u.] - Verf.) in Bublitz zu ihnen über, welcher früher in völligem Unglauben gestanden hatte und beinahe Atheist gewesen war, und ich habe ihn später selbst als Zeugen der Wiederkunft Christi in seiner Herrlichkeit reden gehört - auch er betonte gerade d i e s e n Artikel als

den Kern ihrer Lehre. Eine Frau in Bublitz, welche in sündlichem Zank und in Feindschaft gegen die Obrigkeit gelebt hatte, wurde angehalten, dem Bürgermeister des Ortes Abbitte zu leisten. Ein Mann, der vorhin erwähnte Diakon (Teske?, Freischmid? [s.u.] - Verf.), früher separirter Lutheraner, welcher sich in der Revolutionszeit 1848 durch Ränke und Verleumdungen, sogar durch Pasquille an dem Herrn v. Bublitz (v.Below - Verf.) versündigt hatte, mußte diesem sein Unrecht bekennen und abbitten." (NkZ,1856,46f)

Am 1.6.1851 wurde die neuerbaute Kirche der Bublitzer Gemeinde in der Berg-Straße eröffnet. Um diese Zeit dienten als Amtsträger in der bereits 100 Glieder zählenden Gemeinde der Priester Döhring sowie die Diakone Herter, Teske und Freischmid (ein Uhrmacher!).(I/188a)[89]

Vom 8.-13.1.1852 besuchten Carlyle und Thiersch erneut die Gemeinde. In diesen Tagen wurden Kleist und Koska zum Priester-Amt ordiniert. Am 9.1. schrieb Thiersch an seine Frau:

"Hier wohnen wir in dem Häuschen welches Döhring, einer der drei abgesetzten Schullehrer, jetzt Hirte der hiesigen Gemeinde bezogen hat, unweit der neuerbauten, höchst einfachen Kirche - sie ist von sehr armen Leuten erbaut und das erste Gebäude dieser Bestimmung auf dem Continent. H. Carlyle hat durch Erkältung solche Magenschmerzen bekommen, daß ich für ihn die Predigt gestern Abend halten mußte, wie auch einmal in Neustettin. Die vertriebenen Schullehrer (2 von ihnen werden jetzt ordinirt) leben in großer Armuth." (Th.Br.,118/3)

Auch nach seiner Engel-Weihe (am 28.10.1854 in Neustettin) leitete Döhring die Bublitzer Gemeinde vorläufig noch als Ältester.

Vom 27.-29.9.1855 hielt sich Woodhouse erstmals in Bublitz auf (mit Thiersch). Am 28.9. wurden 33 Personen versiegelt.(Th.Tgb.)

Kurz nach Koeppens Tod besuchte Thiersch die Bublitzer Gemeinde (vom 16.-24.9.1857), für die er vorübergehend verantwortlich war (s.o.). An seine Frau schrieb er von dort:

"Hier bin ich insofern glücklich, als ich diesen treuen Dienern Gottes, Döring, Kleist und Freischmidt von großem Nutzen sein kann, morgen und die folgenden Tage hoffentlich auch der Gemeinde. In Berlin ist der Morgengottesdienst nicht so gut besucht wie hier. Und diese Gläubigen sind fast alle aus Unwissenheit durch die Evangelisten zum Licht gebracht worden und darum desto dankbarer und einfältiger. Die Armuth ist allgemein. Dörings Familie gibt ein ähnlich gutes Beispiel wie Geyers. Er ist ein ebenso einsichtsvoller Lehrer." (Th.Br., 197/4) Und am 20.9. im Tagebuch: *"Ein gesegneter Sonnt. Um 10 d. h*(eilige) *Euch. celebrirt. D*(ie) *Homilie üb. Matth. 6,24. - Kleist weissagte. Während d*(e)*r Comm*(union) *b*(e)*kam ich Worte üb. d. Barmherzigkeit, dieser m*(ein) *Sohn war todt u. ist wieder lebendig gew*(orden). *- als ich d. Gem*(einde) *so ansah. Ich versäumte* wieder *sie auszusprechen, aus Unentschlossenheit. Nachm. 3 Uhr Dienst, dann eine Taufe, d. ganze Gem. g*(e)*genw*(ärtig), *sehr erhebend. Alles an s*(eine)*m Orte. Dann m*(ein) *Vortrag üb. Psalm 132 u. Köppens Tod."*

Am 21.9. teilte Thiersch der Gemeinde den Beschluss des Apostelkollegiums mit, Döhring mit der Nachfolge Koeppens als Oberhirte der Neustettiner Diözese zu beauftragen.(s.S.99 der vorliegenden Untersuchung) Im Januar 1858

von Woodhouse als Beauftragter Engel bestätigt, nahm Döhring diese Aufgabe von Bublitz aus wahr. Die Verlegung des Engel-Sitzes nach Bublitz führte dazu, dass für die folgende Zeit dieser Ort zum Zentrum der katholisch-apostolischen Gemeinden in Hinterpommern wurde. Hier nahm Woodhouse bei seinen Visitationen alle nötigen Amtshandlungen auch für die Mitglieder der Filialgemeinden vor. So war der Besuch des Apostels vom 7.-10.5.1858 für die Gemeindeglieder *"ein christliches Volksfest. Von weit her kamen die Gäste; solche Freude, Eintracht und Gastfreundschaft herrschte, solch eine Einmüthigkeit der Anbetung ... Es waren* (am Sonntag, dem 9.5., - Verf.) *zwischen 200 und 300 Communikanten."* (Th.Br.,208/4) 9 Priester aus der Diözese nahmen am Gottesdienst in der überfüllten Kirche teil. 39 Personen wurden versiegelt. Einen Tag später wurden H.Berg und Wilhelm Fährmann (aus Bütow [s.S.108 der vorliegenden Untersuchung]) ordiniert.(Th.Tgb.)
Von 1859 bis 1863 kam Woodhouse jährlich im Herbst nach Bublitz. Am 9.10. 1859 empfingen 45 Personen die apostolische Handauflegung, unter ihnen auch H.v.Sanden aus Köslin (s.S.110 der vorliegenden Untersuchung). Am 6.10.1860 fand eine Segnung von 24 Diakonen statt und einen Tag später, in einem Gottesdienst mit 250 Kommunikanten, die Versiegelung. Am 15.9.1861 empfingen in Bublitz 40 Personen aus verschiedenen katholisch-apostolischen Gemeinden die apostolische Handauflegung.(Th.Tgb.) Insgesamt waren zu diesem Ereignis 150 Gäste von auswärts gekommen.(Th.Br.,285/2) Ende d.J. gehörten zur Bublitzer Gemeinde neben Döhring: 4 Priester, 7 Diakone (Vollzahl!), 3 Diakonissinnen sowie 134 erwachsene Kommunikanten.(III/207)
1862 war in Bublitz das vierfache Amt vollzählig, so dass Döhring als *"Engel der Gemeinde" "eingeführt"* werden konnte. Am 13.10. trafen Thiersch und Geyer dort ein, vier Tage später Woodhouse und Böhm. Am 19.10. fand für die Gemeinde eine Belehrung durch das vierfache Amt der Allgemeinen Kirche statt, bei der Geyer wiederum die Funktion des Propheten mit dem Apostel wahrnahm. 3 Tage später erfolgte Döhrings feierliche Einführung als *"Engel der Gemeinde"*. Thiersch, der zuvor eine Woche lang stellvertretend Döhrings Stelle eingenommen hatte (vgl. Rothes Einführung [S.49 der vorliegenden Untersuchung]), schrieb am 25.10. an seine Frau:

"Am Dienstag war in Bublitz der freudige Tag der Einsetzung des Hn. Döhring, wozu sich Gäste aus allen Gemeinden in Hinterpommern eingefunden hatten, 9 Priester 21 Diaconen. H. Woodhouse *selbst hielt die Homilie. Auf Mittag war ein Essen für etwa fünfzig Personen bereitet, in engem Raum, aber so gut wie irgend möglich bei der Armuth der dortigen Leute. Auch H. von Sanden und Frau speisten mit. H.* Woodhouse *hielt einen kleinen Speech um dem Hn. Döhring zu gratuliren. H. Böhm, H. Geyer ließen sich hören, nur zu ernsthaft, und endlich rückte ich* gezwungen *mit einem scherzhaften Toast auf Pommern heraus. Für die Gäste*

aus Pommern war dieß bescheidene Fest ganz besonders angenehm und merkwürdig."
(Th.Br.,313/1f)
Nach Döhrings Einführung als Engel konnten in Bublitz fortan vollständige Morgen- und Abenddienste mit der *"großen Fürbitte"* gehalten werden. Während des Apostel-Besuches im Herbst 1863 erhielten 31 Personen die apostolische Handauflegung, 2 Männer (Frick und Pantzlaff) die Priester-Ordination und mehrere Diakone die Segnung durch den Apostel.
Am 13.10.1864 empfing der Älteste der Bütower Gemeinde, Koska, in Berlin die Engel-Weihe. Später (bis zu seinem Tode 1886) diente er als Engel-Gehilfe in Bublitz. (1871 wurde die Neustettiner Gemeinde unter dem Beauftragten Engel C.Kuchenbecker selbständig und übernahm wieder die Filialen Ratzebuhr, Bütow und Rummelsburg. [s.o.]) 1878 gehörten als Filialen zu Bublitz: Körlin, Köslin, Muddel, Pennekow und Stolp; 1900: Köslin, Kolberg und Rummelsburg; 1922: Bütow, Rummelsburg und Wurchow. In den 1880er Jahren gehörten etwa 10% (!) der Einwohner von Bublitz zur katholisch-apostolischen Gemeinde. Von dieser Zeit an stagnierte - durch eine allgemeine Abwanderungsbewegung in die Großstädte - das Wachstum der katholisch-apostolischen Gemeinden im Regierungsbezirk Köslin. Auch aus Bublitz verzogen viele Gemeindeglieder nach Berlin, Stettin, Danzig usw., so dass die Gemeinde immer kleiner wurde. Folgende Engel leiteten (jeweils bis zu ihrem Tode) die Gemeinde: Der eingeführte Engel C.Döhring sen. (+ 1900), der Beauftragte Engel Hermann Saecker (+ 1924), der Beauftragte Engel C.Döhring jun. (+ 1927) von Neustettin aus und der Beauftragte Engel W.Ulrich (+ 1932) von Stettin aus.

Muddel und Pennekow

Bis 1851 hatte die katholisch-apostolische Bewegung auch in den beiden Dörfern Muddel (bei Stolpmünde) und Pennekow (bei Pustamin) im Regierungsbezirk Köslin so viele Anhänger gefunden, dass in diesem Jahr eine katholisch-apostolische Gemeinde gegründet werden konnte, deren Versammlungsort zunächst Pennekow war. An der Sammlung dieser Gemeinde, die als Filiale Neustettin zugeordnet wurde, hatte v.Pochhammer einen entscheidenden Anteil. Am 14.1.1852 besuchten Carlyle, Thiersch und Koeppen - *"auf einem offenen Bauernwagen"* von Schlawe kommend (Th.Br.,119/1) - die neue Gemeinde. Während der Apostel in Pennekow blieb (dem Ort, wo *"auf dem Schlosse Seehof der seltsame H. v. Below, Sectenhaupt und Aristokrat"* wohnte [vgl.Anm. 85]), besuchte Thiersch die *"fernerwohnenden Gemeindeglieder"* in Muddel und in Dünnow. (Auch im Dorf Saleske gab es katholisch-apostolische Gemeindeglieder.[I/357v]) In Dünnow hielt er im Hause der Witwe Mielke einen Vortrag. (Th.Br.,119/2)

Am 18.1. schrieb Thiersch aus Pennekow an seine Frau:

"Gestern kam ich unter eisig kaltem Wind von der Küste zurück ... und nachdem ich mich gehörig ausgeruht, machte ich Nachmittags meine Aufwartung im Schlößchen Seehof. Ohne Anmeldung, denn es war Niemand im Vorzimmer, gerieth ich in das Besuchszimmer, wo mich eine der jungen Damen in Trauer empfing (1852 starb der Bruder des Schlossherrn, Gustav v.Below - Verf.), bald nachher erschien der hochgewachsene alte Kriegsmann Herr von Below, unterhielt sich sehr freundlich mit mir, obwohl wir hieher gekommen sind um die Leute aus seinen Händen zu befreien (!). Er könnte als weltliche Obrigkeit uns hindern, thut es aber nicht. Betrübt ist es, ihn in seiner Stellung als Seperatistenhaupt zu sehen, ohne Beruf, bald vergöttert bald verachtet von seinen Anhängern, in seiner eigenen Familie von Zerwürfnissen heimgesucht. Die Frau katholisch, die Töchter altlutherisch der Sohn gar nichts. Die Herrschaften kamen alle zum Kaffee zusammen und fanden offenbar die Anwesenheit eines Gastes in ihrer ländlichen Einsamkeit recht unterhaltend. Heute sollten wir alle 3 auf Seehof speisen, was aber abgelehnt werden mußte schon wegen der ernsten kirchlichen Differenz in der wir stehen, deren Ernst u. Bedeutung der alte Herr nur nicht recht begreift. Pochhammer war ziemlich oft da, wie wir überhaupt seine(n) Spuren in Pommern überall begegnen. Wir wohnen hier im Hause des Schulzen Völkner alle drei (H. Carlyle, Köppen u. ich) in einem Stübchen neben der zur Capelle eingerichteten Stube; außer uns sind noch Kuchenbekker (Carl Kuchenbecker - Verf.) und Kleist als Gäste da, ersterer Hirte der hiesigen Gemeinde, letzterer einer der 3 abgesetzten Schullehrer, höchst gemüthlich ... - der nicht weit von dieser Gegend, in Danzig zu Hause ist." (ebd.,119/2f)

Während seines Aufenthaltes in Pennekow (bis zum 19.1.) hielt Carlyle einen Vortrag über die Notwendigkeit der Gründung katholisch-apostolischer Gemeinden (vgl.Anm.91). Wahrscheinlich fand auch eine apostolische Handauflegung statt.

Ende 1853 verweigerte der zuständige Ortspfarrer C.Kuchenbecker das Aufgebot zur Eheschließung. Über Kuchenbecker, der Beschwerde eingelegt hatte, heißt es im diesbezüglichen Bericht des Evangelischen Konsistoriums in Pommern an den Evangelischen Oberkirchenrat vom 11.11. d.J.:

"Der Beschwerdeführer ist Irvingianer und hat in der durch die Seehofer Separatisten ohnehin schon zersplitterten Gemeinde in Pennekow Grund zu neuer Separation gelegt. Mit etwa 50 Gemeindegliedern hält er einen abgesonderten Gottesdienst und verwaltet das Sakrament. Er nennt sich selbst einen Prediger der apostolischen Gemeinschaft in der evangelischen Landeskirche (!) und verlangt unter diesem Titel aufgeboten zu werden. Dies verweigert der Pastor Reich." (V/20-v)

Es blieb bei der kirchlichen Aufgebotsverweigerung.[90]

Vom 22.-24.9.1855 besuchten Woodhouse, Thiersch und Döhring Muddel. Thiersch schrieb am 27.9. an seine Frau:

"In diesem Dörfchen haben die Gläubigen der Gegend eine kleine Kirche erbaut. Über ihr Vermögen erwiesen sie Gastfreundschaft an uns. Wir wohnten in niedrigen Zimmerchen eines

Bauernhauses - wo es in der That muddelig duftete - aber wir nahmen mit Dank an, was die Leute gaben, es war ihr Bestes." (Th.Br.,166/2)

Am 23.9. wurden in der an einen Bauernhof angebauten *"niedlichen Kapelle"* (Thiersch) 8 Personen versiegelt. Den Nachmittagsdienst dieses Sonntages hielten Kuchenbecker und der Diakon Völkner aus Pennekow.(Th.Tgb.)

Vom 2.-5.10.1857 besuchte Thiersch die Gemeinde in Muddel und Pennekow, begleitet vom Ältesten Koska aus Bütow.

Vermutlich Anfang 1858 übernahm Kuchenbecker als Ältester die Gemeinde in Neustettin. Die Gemeinde in Muddel und Pennekow wurde in den nächsten Jahren offenbar durch Priester aus der *"Muttergemeinde"* Bublitz geistlich versorgt. Ende 1861 gehörten zu ihr 64 Kommunikanten, 4 Diakone und 2 Diakonissinnen. (III/207)

1878 existierten je eine Gemeinde in Pennekow (unter dem Priester L.Völkner [in seinem Haus fanden auch die Gottesdienste statt]) und in Muddel (unter der Aufsicht des Diakons W.Schröder; Versammlungslokal in *"W. Schröder's Hof"* [möglicherweise handelt es sich bei diesem Diakon um den früheren Schuhmachergesellen Wilhelm Schroeder, der Mitglied der katholisch-apostolischen Gemeinde in Berlin war und zwischen 1851 und 1857 von dort fortzog; VII/7]). In den AdB 1900 und 1922 wird nur noch Pennekow aufgeführt: 1900 unter der Leitung des Diakons Peter Papenfuss (Filiale der Gemeinde in Stolp [gegründet 1867/69]) und 1922 unter dem Priester F.Strelow (in Nitzlin bei Stemnitz wohnhaft) als Filiale von Danzig (vgl.S.172 der vorliegenden Untersuchung).

Ratzebuhr

Die Anfänge der katholisch-apostolischen Gemeinde in Ratzebuhr (Regierungsbezirk Köslin) standen in unmittelbarem Zusammenhang mit der Gründung der Neustettiner Gemeinde. Einem Bericht des Evangelischen Konsistoriums in Pommern an das Ministerium der Geistlichen etc. Angelegenheiten vom 27.9. 1849 zufolge begann die katholisch-apostolische Evangelisation im etwa 20 km südöstlich von Neustettin gelegenen Ratzebuhr Mitte Mai 1849. Von diesem Zeitpunkt an reiste v.Pochhammer, der seinen Wohnsitz in der Parochie Neustettin genommen hatte,

"wöchentlich zweimal nach Ratzebuhr *und hielt daselbst ... mit unermüdlichem Eifer Bibelstunden, zu welchen sich evangelische Gemeindeglieder in nicht unbedeutender Anzahl einfanden. Späterhin begab er sich an einem dritten Wochentage auch nach* Lümzow*, einem Filiale von* Ratzebuhr*, und fand dort gleichen Zulauf. Vorher hatte er sich bei dem Superintendenten* Klütz *gemeldet und auf dessen ernste Ermahnung demselben die bestimmte Zu-*

sage ertheilt, daß er seine Gemeindeglieder durchaus nicht von ihm abwendig machen wolle, daß er und die Seinigen die Ordnung der bestehenden Kirche vollständig beobachteten und auch, weil sie noch nicht von dem Staate als Kirche anerkannt wären, selbst weiter keine kirchlichen Handlungen verrichteten, sondern namentlich das heilige Abendmahl von Geistlichen der unirten Kirche empfingen, was denn auch wirklich innerhalb der Synode Neustettin *geschehen ist. Diejenigen, welche die Vorträge des* Pochhammer *besuchten, zeigten sich denn auch als die fleißigsten Kirchgänger und Abendmahlsgenossen und überhaupt als die am meisten erweckten und gläubigen Gemeindeglieder. Dennoch hielt es der Superintendent* Klütz *um etwaigen Abirrungen vorzubeugen, für angemessen, von Anfang des Monats* Juni *an selbst Bibelstunden in dem Schulhause zu* Ratzebuhr *zu halten, welche auch fleißig und zwar vornehmlich von denjenigen Personen, welche in die Versammlungen des* Pochhammer *gingen, besucht worden sind; einmal nahm sogar dieser selbst daran Theil.*
Dagegen nahm im Laufe des Sommers die Zahl derer, welche die Zusammenkünfte des Diakonus Pochhammer *besuchten, vielleicht deshalb, weil der Reiz der Neuheit gewichen war, und ein Argwohn über die Bestrebungen der Parthei entstand, immer mehr ab.*
In der letzten Zeit hat indessen diese Angelegenheit eine ganz veränderte Gestalt gewonnen. Am 28sten *August traf nämlich der Pastor* Koeppen *aus* Berlin *in* Ratzebuhr *ein, besuchte am folgenden Tage den Superintendenten* Klütz *und hielt am Abend eine Versammlung der bisherigen Zuhörer des* Pochhammer. *Am 11*^{ten} *September erschien der Prediger* Rothe ..., *besuchte gleichfalls den Superintendenten und hielt ebenso eine gottesdienstliche Zusammenkunft. Diese beiden Geistlichen haben nun aber auch in Verbindung mit zwei Diakonen in dem zur Parochie* Neustettin *gehörigen Dorfe* Thurow *das Abendmahl gefeiert, an welcher Feier sich auch Glieder der Gemeinde* Ratzebuhr *betheiligt haben. Zwar ist denselben hinterher gesagt worden, daß sie wohl gethan haben würden, ihren Pfarrer zuvor von diesem Entschlusse in Kenntniß zu setzen, und daß sie bei diesem auch fernerhin zum Abendmahl gehen könnten, aber der Superintendent glaubt sich dabei nicht beruhigen zu dürfen. Er hat den betreffenden Gemeindegliedern das Unbesonnene ihres Schrittes vorgehalten, ihnen eröffnet, wie und in welchem Falle der Genuß des heiligen Abendmahles das Ausscheiden aus einer Kirche und den Übertritt zu einer andern bedinge, wie jene Geistlichen gar nicht kirchlich befähigt wären, das Sakrament zu spenden und daß er sie nun nicht mehr zum heiligen Abendmahle annehmen könne, bevor die Entscheidung darüber von der ihm vorgesetzten geistlichen Behörde ergangen sei. Sie haben sich dies auch gefallen lassen und nur den Wunsch ausgesprochen, daß die Entscheidung recht bald erfolgen möchte, da die Geistlichen der Kirche, welcher sie sich zugewandt, sie ermahnt hätten, den Abendmahlgenuß oft und zwar bei dem Superintendenten* Klütz *zu wiederholen."* (IV/14-16v)
In seiner Antwort vom 3.12.1849 sprach sich das Ministerium der Geistlichen, Unterrichts- und Medizinal-Angelegenheiten noch grundsätzlich für (!) die Zulassung der betreffenden Gemeindeglieder zum evangelischen Abendmahl aus. (ebd./25-v [s.Anm.80])
Am 2.2.1850 wurden (wie vermutlich auch schon am 9.9.1849) Christen aus Ratzebuhr in Neustettin dem Hirtenamt übergeben. Ein Teil von ihnen empfing dort einen Tag später die Versiegelung. Die Glieder in Ratzebuhr gehörten zu-

nächst zur Neustettiner Gemeinde. Sie wurden vom Diakon Wolter betreut, der in Ratzebuhr wohnte.(I/188a)
1852 war der Priester Kleist evangelistisch in Ratzebuhr tätig. Im gleichen Jahr wurde dort eine eigene katholisch-apostolische Gemeinde gegründet.(III/207)
Am 17.5.1853 besuchte Thiersch Ratzebuhr und hielt dort einen Vortrag. Drei Tage später schrieb er an seine Frau:
"In Ratzebur (!) *war ich eine Nacht; jetzt erst habe ich die dortige Gemeinde kennen gelernt u. mich an ihrer Einfalt u. Einigkeit hoch erfreut."* (Th.Br.,137/1)
Ein zweiter Besuch Thierschs erfolgte am 25./26.9.1857. Er übernachtete beim Priester A.Sonnenberg, der in Ratzebuhr wohnte. Eine kleine Kapelle für die Gemeinde befand sich in Wolters Haus.(Th.Tgb.) Ende 1861 gehörten ihr an: 44 Kommunikanten, 2 Diakone und 2 Diakonissinnen.(III/207)
Abgesehen von der Zeit zwischen 1858 und 1871, in der die Gemeinde in Ratzebuhr Bublitz unterstand, war sie ständig Filiale der Neustettiner Gemeinde. 1878 waren A.Gördel und 1900 A.Seicke Priester-Vorsteher in Ratzebuhr. 1922 gab es dort keine Priester und Diakone mehr. Das Versammlungslokal befand sich seit mindestens 1878 in der Lange-Straße 149.

Bütow

Die katholisch-apostolische Gemeinde in Bütow (Regierungsbezirk Köslin) entstand durch die Tätigkeit des Priester-Evangelisten Kleist. Nachdem ihm zunächst der dortige Bürgermeister im Herbst 1852 öffentliche Vorträge untersagt hatte, wandte sich Kleist mit einer Beschwerde an die Königliche Regierung in Köslin. Diese gestattete am 15.12. d.J. die Vorträge.(III/139v.143) Ende Februar 1853 kam Böhm nach Bütow, um die gesammelten Gläubigen auf die Übergabe an das Hirtenamt vorzubereiten. Im Unterschied zu anderen katholisch-apostolischen Gemeinden Hinterpommerns gab es bei der Gründung der Gemeinde in Bütow (sie wurde am 10.3.1853 *"aufgerichtet"*) erhebliche Probleme. So schrieb der zuständige Engel Koeppen am 19.3. d.J. an Thiersch:
"Da ich wiedrum eine Gemeine unter meine Hand gestellt erhalten, achte ich es für meine Pflicht, Ihnen von Bütow Kunde zu geben.
... Herr Böhm hatte Hoffnung e(ine) große Schaar dort zu sammeln. Als die Stunde der Sammlung kam sprang ein großer Theil ab, nur 30 Pers. blieben bereit aufgenommen zu werden. Hr. Böhm tröstete sich damit, daß er noch nie mit solcher Sicherheit u. Freudigkeit Personen darstellen konnte, als diese gebliebenen 30 P. Aber noch am Tage der Aufnahme selbst gingen von diesen Aufgenommenen 7 Pers. unter Lästerung u. Schelten zurück. Ich habe solches Hn. Böhm gemeldet u. melde es Ihnen, damit die Schuld nicht auf uns Hirten falle. Diese Leute waren noch nicht in der Pflege der Hirten. Ich besuchte natürlich, als ich

solches hörte, diese Personen, lauter Weiber ... Ich fand sie sehr unwissend u. unvorbereitet, sie hatten nur Hn. Böhm gehört, nicht den Priest. Ev. Kleist, der sie nicht dem Engel Ev. vorgestellt, einige hatten nur 4 mal Hn. Böhm gehört. Sie bekannten fürchterlich erschrocken zu sein, als sie die 'bunte' Kleidung des Hn. B. gesehen. Er hatte nichts von d. Kleidern erwähnt. Sie bekannten mit bösen lästerlichen Worten zum Altar getreten zu sein, mit Ingrimm im Herzen, daß sie sich hätten täuschen lassen; sie wären am liebsten gleich davongelaufen. Sie besuchen nun die Gottesdienste der Landeskirche, sich darauf stützend: wir hätten gesagt: 'man brauche die Landeskirche, die evangel. nicht zu verlassen.' Sie wollen mit uns die Probe machen, ob wir unwahr geredet. Sie würden nie die Landesk. verlassen u. ihre Gottesdienste, diese seien viel lieblicher. Von e. Weinen über Jerusalem natürl. kein Gedanke. Dabei klagten sie uns an, sie getäuscht u. betrogen zu haben: wir hätten andere Kleider, andere Gottesdienste, anderes Regiment, selbst andere Lehren als die evangl. Landeskirche, wir sprächen nur von Nichtverlassen um sie wegzufischen etc. etc. ... Hier in Pommern ists noch nicht da gewesen, daß noch am Tage der Aufnahme fast ¼ wieder zurückgegangen. Natürlich macht das auch auf die Übrigen einen niederbeugenden Eindruck, u. es sollte mich nicht wundern, wenn nicht noch mehrere umkehren. Auf Kleist hat es hier in Neust(ettin) einen sehr beugenden Eindruck gemacht. Er hatte von Hn. Böhm aus Ratzebuhr einen strengen Nachweis erhalten sich an die Ordnung zu halten, er, Böhm würde es nur mit denen zu thun haben, die den Pr(iester) Ev(an)g(e)l(isten) gehört - u. nun habe er aufgenommen, die gar nicht in s(eine) Vorträge gekommen u. wiedrum vermisse er viele auf der Liste, die sie fleißig besucht u. die er als vorbereitet befunden. Kleist ist mehr als 12 Wochen in Bütow gewesen unter vieler Drangsal u. Arbeit u. es ist sein Interesse natürlich; Hr. Böhm nur etwas über 14 Tage. Wir Alle, ich, Kleist, die Leute, wünschten u. baten: Hr. Böhm möchte den dortigen Gerichts-Director (einen für diese Botschaft 10 mal mehr vorbereiteten Mann als jene 7) u. den dort(igen) Superintend(en)ten, der Kleist so liebreich aufgenommen, uns überall geschützt, auf d. Canzel selbst evangelistisch gepredigt, mich auch sehr freundl. aufgenommen - besuchen; er hat es nicht für gut gefunden u. ist uns natürlich nicht verpflichtet unsere Wünsche zu erfüllen." (B.ST.B.,H.Thierschiana II,149,Koeppen,1/1f) [91]

Priester-Vorsteher der neuen Neustettiner Filiale in Bütow wurde Koska, der (abgesehen von einer vorübergehenden Dienstzeit in Bublitz um 1860) der Gemeinde bis nach 1863 als Ältester vorstand. Mitte 1854 konnte in Bütow eine kleine katholisch-apostolische Kapelle (hinter dem Hause des Gemeindegliedes Gohrbrand am Markt, Mittel-Straße 104) eingeweiht werden. Ende September d.J. hielt sich Geyer in Bütow auf.(V/78)

Vom 24.-26.9.1855 besuchten Woodhouse und Thiersch die Gemeinde. Unter den 10 Personen, die am 26.9. die apostolische Handauflegung erhielten, befand sich auch der Lehrer W.Fährmann.[92] In der 2. Hälfte der 50er Jahre diente der Diakon Freischmid (s.S.100f der vorliegenden Untersuchung) in der Gemeinde Bütow. Zu dieser gehörten Ende 1861 1 Priester, 4 Diakone, 3 Diakonissinnen und 48 Kommunikanten.(III/207) Am 30.10.1863 wurde Koska in Berlin zum Engel-Amt berufen.

1878 unterstand die Bütower Gemeinde mit ihrem Priester-Vorsteher E.Schlücker noch Neustettin, 1900 der Gemeinde Rummelsburg und 1922 Bublitz. Ihr letzter Priester-Vorsteher war C.Schmidt (vor 1900 bis nach 1922).

Rummelsburg

Schon vor März 1851 hatte v.Pochhammer auch in Rummelsburg (Regierungsbezirk Köslin) für die katholisch-apostolische Bewegung geworben.(IV/140v) Eine katholisch-apostolische Gemeinde konnte dort jedoch erst 1858 gegründet werden. Vom 5.-7.5. d.J. kamen Woodhouse und Thiersch nach Rummelsburg, wo sich bereits v.d.Brincken (seit 1857 der für Pommern zuständige Bezirks-Evangelist), Döhring, Kleist, Koska und Freischmid aufhielten. Am 6.5. fand die Übergabe an das Hirtenamt (durch v.d.Brincken an Döhring) und tags darauf die apostolische Handauflegung an 29 Personen statt.(Th.Tgb.) Die Rummelsburger Gemeinde gehörte als Filiale zu Bublitz (zwischendurch auch [ab 1871] für einige Jahre zu Neustettin). 1859 sollen ihr 130 regelmäßige Kommunikanten angehört haben.(pA) 1860 begann sie mit dem Bau einer Kapelle auf dem Plonenberg. Ende 1861 zählte die Gemeinde Rummelsburg 84 Kommunikanten mit 1 Priester, 3 Diakonen und 2 Diakonissinnen.(III/207)
1878 stand sie unter der Leitung des Priesters A.Zentgraf, 1900 unter dem Priester J.Säcker. Kurz vor dem Tod des letzten Apostels wurde sie noch Sitz eines Nächstbeauftragten Engels. Um diese Zeit unterstand die Gemeinde in Bütow als Filiale der Rummelsburger Gemeinde. 1922 war P.Grase Priester-Vorsteher in Rummelsburg.

Mitte der 50er Jahre des 19. Jahrhunderts begann die katholisch-apostolische Bewegung auch in **Köslin** selbst Fuß zu fassen. Im Juli 1856 verlegte Th. de la Chevallerie seinen Wohnsitz von Danzig nach Köslin und warb dort für die katholisch-apostolische Bewegung. Im August hielt Kleist 4 Wochen lang sehr gut besuchte öffentliche Vorträge im *"Lenzschen Saal"*. Eine Verlängerung seiner vierwöchigen Aufenthaltsgenehmigung wurde jedoch am 6.9. d.J. von der Kösliner Polizei-Verwaltung verweigert.(III/146) Beschwerden von Kleist und Koeppen an das Innenministerium in Berlin blieben ohne Erfolg.(ebd./137-147) Auch H.Wagener - um diese Zeit Mitglied des Preußischen Abgeordnetenhauses für den Kreis Neustettin (wo er ein Rittergut besaß) - hatte sich beim preußischen Innenministerium offenbar in dieser Angelegenheit (ohne Erfolg) verwendet.(Randnotiz in ebd./158) So stagnierte zunächst die Ausbreitung der katholisch-apostolischen Bewegung in Köslin. Bald darauf wandte sich jedoch der Regierungsrat Hermann v.Sanden (der zu den Mitunterzeichnern der Stellungnahme der Königlichen Regierung Köslin an das preußische Innenministerium vom 24.10.1856 zur erwähnten Beschwerde von Kleist gehörte) den Katholisch-apostolischen Gemeinden zu. Den pA zufolge soll v.Sanden als Protokollant der Verhandlung gegen Koska, Kleist und Döhring (Ende 1850) von deren Auftreten so beeindruckt gewesen sein, dass er sich schon seit dieser Zeit mit der katholisch-apostolischen Bewegung auseinandergesetzt habe.(s.Anm.86) Nach 1856 trat v.Sanden offenbar in engeren Kontakt zu de la Chevallerie. (Diesen besuchte übrigens Thiersch in Köslin am 5.10.1857. [Th.Tgb.]) Schließlich schloss sich v.Sanden der Bublitzer Gemeinde an und empfing dort am 9.10.1859 die apostolische Handauflegung sowie am 7.10.1868 die Priester-Ordination. Ab 1868 waren der Priester-Evangelist H.Berg und der Engel-Evangelist Diestel in Köslin tätig. Am 21.3.1869 fand dort die erste katholisch-apostolische Eucharistiefeier und im Oktober d.J. die erste apostolische Handauflegung statt. Priester-Vorsteher der neuen Gemeinde (Filiale von Bublitz) wurde v.Sanden. 1876-1877 entstand in Köslin eine größere katholisch-apostolische Kirche mit einem 40 m hohen Turm in sehr guter Lage auf der Wallpromenade. Am 12.3.1881 erfolgte v.Sandens Berufung zum Engel-Amt. Sein Tod am 18.4.1883 verhinderte die geplante Engel-Weihe. 1900 wurde die Kösliner Gemeinde vom Priester L.Granzin und 1922 (als Stargarder Filiale) vom Priester Reinhold Darkow geleitet.

Bereits Ende der 1850er Jahre gab es katholisch-apostolische Christen auch in **Lauenburg** (Regierungsbezirk Köslin).(I/357v) Eine Gemeinde (Filiale unter Stolp) entstand dort jedoch erst nach 1878.

4.3. Provinz Schlesien

In Schlesien (nach Thiersch *"ein schönes fruchtbares Land ..., 3 Millionen Einwohner ..., reich an Producten in der Ebene und im Gebirg, aber übervölkert und die Bewohner eingeschüchtert, arm, allzu gebeugt vor den Vornehmen ..."* [Th.Br.,125/3]) konnte die katholisch-apostolische Bewegung zunächst im Re-

gierungsbezirk Liegnitz festen Fuß fassen. Eine erste Station für die Evangelisten aus Berlin (unter ihnen der Priester-Evangelist Hennig) war das Dorf Bienowitz. In einem Bericht des Evangelischen Konsistoriums in Schlesien an das Ministerium der Geistlichen etc. Angelegenheiten vom 5.6.1850 heißt es dazu:
"Die Parochie Bienowitz *sammt der Umgegend dürfte vorzugsweise aus dem Grunde dazu ausersehen seyn, als Stützpunkt für irvingianische Bestrebungen benutzt zu werden, weil der zum Irvingianismus übergetretene Pastor* Koeppen, *vormals als evangelischer Pfarrer in* Bienowitz *angestellt, daselbst noch bei Vielen in lebendigem Andenken steht und durch eine reich gesegnete Amtswirksamkeit seinen ehemaligen Parochianen empfohlen ist. Seit dem März d.J. sind daher am genannten Orte durch Empfehlungsschreiben des p.* Koeppen *unterstützte Versuche gemacht worden, der irvingianischen Lehre Boden zu gewinnen."*(IV/133-v)
Noch im März wurden die Evangelisten, die auch in einigen Nachbarorten Kontakte geknüpft hatten, ausgewiesen. Mitte 1850 durfte ein Evangelist in Bienowitz unter polizeilicher Aufsicht religiöse Zusammenkünfte abhalten. Bis auf den Barbier Carl Munsig und dessen Frau (beide Altlutheraner) schloss sich jedoch niemand aus Bienowitz der katholisch-apostolischen Bewegung an.(IV/ 310) Koeppen, der möglicherweise schon im Herbst 1849 seine frühere Heimat besucht hatte (diese Absicht äußerte er jedenfalls in einem Brief vom 9.7.1849), war bis Anfang 1851 mehrfach evangelistisch in der Liegnitzer Gegend tätig. So hielt er z.B. im Sommer 1850 öffentliche Vorträge in Panten.

Buchwäldchen

Die meisten der durch Koeppen und vor allem durch Hennig gewonnenen Anhänger der katholisch-apostolischen Bewegung lebten in Buchwäldchen (10 km von Liegnitz entfernt, im Landkreis Lüben). In diesem Dorf besaß Bolko Freiherr v.Richthofen - der (in späteren Jahren) einflussreiche Förderer der schlesischen katholisch-apostolischen Gemeinden (s.S.119 der vorliegenden Untersuchung) - ein Gut. Buchwäldchen wurde zum ersten Kristallisationspunkt der katholisch-apostolischen Bewegung in Schlesien, hier entstand im Frühjahr 1851 die erste der dortigen Gemeinden. Aus dem Liegnitzer Teil der Gemeinde Buchwäldchen entwickelte sich ein halbes Jahr später eine eigene Gemeinde. (s.u.) (Die äußeren Bedingungen und inneren Entwicklungsfaktoren, die hier im Zusammenhang mit der Geschichte der Gemeinde in Buchwäldchen beschrieben werden, gelten größtenteils auch für die Liegnitzer Gemeinde.)
Im Frühjahr 1851 kam Carlyle nach Schlesien. Vom 31.3.-8.4. besuchte er die Gemeinde in Buchwäldchen, begleitet von Barclay, Thiersch, Rothe, Geyer (? [Anm.111]) und Hennig. Am 3.4.1851 schrieb Thiersch an seine Frau:

"Hier wohnen wir in einem schlichten Bauernhaus in lieblicher ländlicher Stille. Als wir Mondt(ag) Abend im milden Sonnenschein hier ankamen, den Wald, die einzeln liegenden Wohnungen die Wiesengründe u. Felder sahen, riefen wir: H. Carlyle u. ich mit einem Munde: wie in Albury! Unterwirth ist der Schneidermeister Seidel, ein ruhiger verständiger Mann von 50 Jahren ... Im oberen Stock des Hauses ist die Kirche eingerichtet, mit 60-70 Plätzen, sehr eng u. niedrig, kaum groß genug für die Gemeinde. In einem winzigen Nebengebäude wohnen Carlyle u. Barclay, in der Bauernwohnung Rothe, Hennig u. ich, die Leute selbst schlafen auf dem Heuboden, welcher sowie der Stall sich unter dems(elben) Dache befindet." (Th.Br.,111/1)

Während des Aufenthaltes der katholisch-apostolischen Amtsträger fand eine apostolische Handauflegung, die Einsetzung von Diakonen, die *"Feststellung"* von Hennig als Priester der Gemeinde Buchwäldchen-Liegnitz sowie durch Rothe die Konfirmation mehrerer Kinder, denen Hennig Religionsunterricht erteilt hatte, statt.(IV/167 [vgl.Anm.81]) Am 4.4. hielt Carlyle einen Vortrag, der einige Wochen später als Broschüre unter dem Titel *"Die Geschichte des apostolischen Werkes in kurzer Uebersicht"* erschien (von Thiersch herausgegeben). In diesen Tagen beauftragte der Apostel auch Barclay und Thiersch mit der Abfassung eines Rundschreibens *"An die Engel, Priester, Diaconen und Unterdiaconen der Gemeinden des HERRN in Norddeutschland"*.(s.S.274-277 der vorliegenden Untersuchung)

Die neue Gemeinde umfasste Mitglieder aus Liegnitz, Buchwäldchen und etwa 10 weiteren Orten der Umgebung. Neben dem Priester Hennig dienten in der Gemeinde im Frühjahr 1851 als Amtsträger die Diakone Wilhelm Nordheim und Robert Speer (Liegnitz), Friedrich Seidel und J. Christian Purmann (Buchwäldchen), Gottlob Friebel (Gugelwitz) und Krause (Panten).(I/173 [zu Nordheim und Krause s.S.117f der vorliegenden Untersuchung])

Um eine weitere Ausbreitung der katholisch-apostolischen Bewegung zu verhindern, drängte das Evangelische Konsistorium in Schlesien bei der Königlichen Regierung (Abteilung des Innern) in Liegnitz auf polizeiliche Gegenmaßnahmen. In ihrem mehr zurückhaltenden Bescheid an das Konsistorium vom 4.4.1851 vertrat die Abteilung des Innern die Auffassung, dass solche

"Maaßregeln gegen die Sectirer sich darauf beschränken müssen, die Verrichtung unbefugter geistlicher Amtshandlungen dem betreffenden Staats= oder Polizei=Anwalt anzeigen zu lassen, was auch geschehen ist, ohne daß jedoch bis jetzt noch ein gerichtliches Verfahren Statt gefunden hätte und die unbefugte Ertheilung des Religions=Unterrichts an schulpflichtige Kinder dem p. Hennig nöthigenfalls mit polizeilichen Exekutions=Maaßregeln zu inhibiren ... Es steht sehr dahin, ob bei dem nicht unerheblichen Glaubensmuth der diese Sectirer beseelt, und der Begeisterung die sich bei ihren Anhängern kund geben soll, gegen diese neue Secession mit äußeren Zwangsmaßregeln etwas Erhebliches wird auszurichten sein; zumal auf der anderen Seite in heutiger Zeit die Antipathie der polizeilichen Behörden gegen solche äußern Zwangsmaaßregeln unverkennbar und natürlich ist." (IV/167-v)

Nach diesem - für das Verhalten preußischer Polizeibehörden zu dieser Zeit eher untypischen - Votum blieb dem Konsistorium nur die Möglichkeit, ihre Geistlichen anzuweisen, *"dem ... Staatsanwalt die Fälle, wo Eingriffe in fremde Parochialrechte stattgefunden, zur weiteren Verfolgung"* anzuzeigen.(ebd./166) Dies geschah auch bald. Im Frühsommer 1851 wurde Hennig aufgrund einer Anzeige des Pfarrers Steinbrück aus Liegnitz wegen der Taufe eines Kindes vom dortigen Gericht zu 10 Talern Strafe verurteilt - und das, obwohl die Eltern des Kindes nicht einmal zur Evangelischen Kirche, sondern zu den Baptisten gehörten! In der Berufungsverhandlung am 10.10.1851 wurde das Urteil bestätigt: 10 Taler Geldbuße oder 14 Tage Gefängnis. Außerdem musste Hennig die Kosten für beide Verfahren tragen. Interessanterweise war er dagegen in einem ähnlichen Fall im Sommer d.J. vom Gericht in Lüben freigesprochen worden. (I/190-v; IV/219)

Etwa im Frühsommer 1851 wurde den katholisch-apostolischen Christen in Schlesien die Feier der Eucharistie untersagt. (Diese und ähnliche Restriktionen an anderen Orten veranlassten die leitenden Amtsträger der katholisch-apostolischen Gemeinden in Preußen zu ihrer Eingabe vom 8.6.1851 [S.45f der vorliegenden Untersuchung].)

Im Herbst 1851 wohnten allein in Buchwäldchen ca. 40 katholisch-apostolische Gemeindeglieder. Der Pfarrer Deutschmann in Bienowitz berichtete im Oktober an seinen Vorgesetzten, den Superintendenten Stiller in Wahlstatt:

"Allsonntäglich ziehen ganze Schaaren von Leuten aus Hemersdorf, Kunitz, Panthen und noch weiter jenseits der Katzbach her durch Bienowitz durch nach Buchwäldchen und ebenso sollen die Mitglieder aus der Gegend nach Steinau und Lüben sich mehren." (IV/217)

Zu dieser Zeit hielt sich Rothe in Buchwäldchen und Liegnitz auf. Neben seinem Dienst innerhalb der katholisch-apostolischen Gemeinde versuchte er, in Gesprächen mit den zuständigen Geistlichen eine Rücknahme der Aufgebotsverweigerung für Hennig (Anm.90) zu erreichen. Einer der Amtsträger (Pfarrer Steinbrück [s.o.]) teilte am 17.10.1851 dem Superintendenten Stiller mit,

"zu seiner Ueberraschung hätte er Tags zuvor unter den Beichtenden und Abendmahlsgenossen Rothe und Hennig erkannt, sein Befremden aber zurückdrängen müssen; zum Empfange des Abendmahls wären sie mit gesenktem Haupte und mit über der Brust gekreuzten Händen getreten, und bei dem Segensspruche hätten sich dieselben unten an den Stufen des Altars platt zur Erde gelegt; offenbar wollten sie damit eine Demonstration ihrer Mitgliedschaft unserer Kirche machen, wie denn auch Hennig versichert hätte, ihre Mitglieder würden sich auch ferner das Abendmahl von evangelischen Geistlichen reichen lassen". (Stiller an das Evangelische Konsistorium in Schlesien vom 30.10.1851 [IV/218])

Am 26.10. nahmen Hennig und seine Gemeinde - nach vorheriger Anmeldung - am evangelischen Gottesdienst in Schönborn teil. Der dortige Ortspfarrer Gröger reichte allen das Abendmahl - auch Hennig (obwohl ihm Superintendent

Stiller dieses 2 Tage zuvor streng untersagt hatte).(ebd./218-v) Grögers freundliche Haltung den katholisch-apostolischen Christen gegenüber veranlasste das Konsistorium - unter Zustimmung des Evangelischen Oberkirchenrates - einen Pfarrvikar namens Roth in die Nähe von Schönborn zu versetzen, und zwar mit dem "Spezialauftrag" einer *"freien Wirksamkeit zur Bekämpfung des Irvingianismus".* (ebd./214-215v.205-v.221.293 u.ö.)
Bei einem diesbezüglichen Bericht des Evangelischen Konsistoriums in Schlesien an den Evangelischen Oberkirchenrat befindet sich eine in mehrfacher Hinsicht aufschlussreiche Randbemerkung des leitenden Mitgliedes des Evangelischen Oberkirchenrates v.Mühler (vom 12.5.1852):
"Außerdem stelle ich anheim, von dem p. Roth alle 4 Wochen einen genauen Bericht über den Stand der Sachen zu fordern, und davon uns eine Abschrift zusenden zu lassen, damit wir über die Macht und die Mittel der Gegner (!) *sicher informiert werden."* (ebd./249)
Im Januar 1852 reisten Hennig, J. Friedrich Kleiner (Schuhmachermeister in Fischerend) und Carl Renner nach Berlin. Dort wurden die letzteren am 8.2. durch Geyer zum Priester-Amt berufen und bereits einen Tag später ordiniert. Renner und Kleiner leiteten fortan die Gemeinde in Buchwäldchen, während Hennig die Leitung der Gemeinde in Liegnitz übernahm. Im Februar d.J. wurden die beiden schlesischen Gemeinden, die bisher Berlin unterstanden, Filialen der Gemeinde in Frankfurt/Oder.(s.S.78f der vorliegenden Untersuchung).
Am 31.1.1852 hatte das Evangelische Konsistorium in Schlesien dem Evangelischen Oberkirchenrat gegenüber zum wiederholten Male auf eine Entscheidung *"hinsichtlich einer eventuellen Excommunication der entschiedenen Widersacher"* der Kirche (gemeint waren aktive katholisch-apostolische Christen) gedrängt. Der Evangelische Oberkirchenrat verhielt sich jedoch zunächst abwartend.(IV/222f)
In Schönborn nahmen die Mitglieder der katholisch-apostolischen Gemeinde Buchwäldchen weiterhin am Abendmahl in der Evangelischen Kirche teil. So berichtete Pfarrer Gröger am 28./29.2.1852 an den Superintendenten Stiller,
"daß an demjenigen Sonntage, an welchem die Irvingianer in der Kirche zu Schönbrunn (Parochie Schönborn - Verf.) *das heilige Abendmahl feiern wollten, einer ihrer Vorsteher am Freitage vorher zu ihm komme, und ihm von ihrem Vorhaben Anzeige mache, mit der Bitte, daß er sie annehmen wolle; bei der Handlung selbst kämen sie gewöhnlich zuletzt an den Altar".*(Superintendent Stiller an das Evangelische Konsistorium in Schlesien vom 29.2. d.J. [ebd./230])
Gröger, der auch Hennig wiederholt zum Abendmahl zugelassen hatte, zog sich mit seiner Haltung den Unwillen der Kirchenleitung zu. So wies der Evangelische Oberkirchenrat am 29.3. d.J. das Konsistorium in Schlesien an, Gröger

"zu eröffnen, daß sein Verhalten in dieser Angelegenheit wenig dem Ernst und der Umsicht entspreche, welche den Dienern der Kirche besonders in dieser Zeit geboten sind".(ebd./232v)
Am 29.4.1852 wandten sich die Mitglieder der katholisch-apostolischen Gemeinden in Buchwäldchen und Liegnitz (104 Unterschriften!) an das Ministerium der Geistlichen, Unterrichts- und Medizinal-Angelegenheiten mit der Bitte, die Feier der Eucharistie (nach katholisch-apostolischem Ritus) zu gestatten.(I/212-213v) Der Inhalt des Bescheides auf diese Petition ist nicht bekannt. Dass es jedoch tatsächlich zur Aufhebung des Eucharistieverbotes kam, ist in erster Linie dem König Friedrich Wilhelm IV. zu verdanken, der die katholisch-apostolischen Christen in dieser Angelegenheit ausdrücklich in Schutz genommen hatte!(Anm.51) So schrieb der Minister v.Raumer (Ministerium der Geistlichen, Unterrichts- und Medizinal-Angelegenheiten) am 29.6.1852 an den Evangelischen Oberkirchenrat:
"Seine Majestät der König habe mir eröffnen zu lassen geruht, wie Allerhöchstdieselben bei der Anwesenheit in Schlesien erfahren, es sei von Seiten der evangelisch=geistlichen Behörde Anordnung getroffen, die Irvingianer vom heiligen Abendmahl auszuschließen.
Des Königs Majestät haben mir zu erkennen geben zu lassen geruht, daß Allerhöchstdieselben diese Anordnung nicht für begründet erachteten, indem es nicht angemessen sei 'Personen, welche in der Gemeinschaft der Kirche bleiben wollen, wider ihren Willen von derselben auszuschließen, um so mehr, da die Irvingianer der Hauptsache nach im Bekenntnisse mit der Evangelischen Kirche einig seien und nur in Verfassungssachen und in der Liturgie von ihr abwichen.'
Seine Majestät der König haben meinen Bericht über die Sache zu befehlen geruht und ich ersuche daher den Evangelischen Ober Kirchen Rath ganz ergebenst, mir über das Sachverhältniß, so wie über die oben bezeichneten Eröffnungen Sr. Majestät Wohldesselben Aeußerung gefälligst zugehen lassen zu wollen." (IV/276)
In einem diesbezüglichen Schreiben an den König (vom 5.7.) vertrat der Evangelische Oberkirchenrat den Standpunkt, dass die Kirche sich gegenüber dem *"Irvingianismus"* Mittel der Kirchenzucht vorbehalten müsse. Das Schreiben schließt mit den Worten:
"Mit solchem Ernste des Verhaltens ist aber die Liebe, welche die Kirche an ihren kranken Gliedern zu üben hat, wohl vereinbar, und wie wir dieselbe in unserer an das Consistorium in Breslau gerichteten Verfügung auch besthätigt zu haben uns bewußt sind, daß wir nicht die Irvingianische Gemeinschaft als Ganzes verurtheilt, sondern die einzelnen Glieder derselben der Seelsorge der Geistlichen empfohlen haben, so werden wir, wie Ew. K(önigliche) M(ajestät) huldreichst vertrauen wollen, ihrer auch in Zukunft uns nicht entäußern." (ebd./277v)
Nach einem mehr als einjährigen Verbot (ALBRECHT,1924,56) feierten die Gemeinden Buchwäldchen und Liegnitz am 29.8.1852 in Karthaus (s.u.) zum ersten Mal wieder die Eucharistie.(Th.Br.,125/3)

Am 11.9. d.J. kam Thiersch nach Buchwäldchen. Noch am selben Tag hielt er mit den Amtsträgern der Gemeinde eine Ratsversammlung. Einen Tag später nahm er an der Feier der Eucharistie teil (Kleiners "Primiz"), in der Renner die Homilie hielt. Während der Kommunion weissagten zwei Frauen aus der Gemeinde. (Einer dieser beiden Frauen, Johanna Müller, hatte [nach Thierschs Worten] der *"Pastor in Dittersbach die Trauung verweigert mit den Worten: solche Leute dürften nicht an der heil. Stätte getraut werden. Bald darauf starb er plötzlich beim Essen."* [Th.Tgb.,12.9.1852]) Thiersch, der bis zum 20.9. in Buchwäldchen blieb, besuchte auch Gemeindeglieder in den umliegenden Dörfern, führte Einzelgespräche mit den Amtsträgern und hielt 3 Abendvorträge über den *"christlichen Hausstand"*, *"die Einrichtungen im Chor der Kirche"* und über die Beichte. Mitte September d.J. dienten in der Gemeinde neben den beiden Priestern Renner und Kleiner: 3 Diakone (Seidel, Purmann, Friebel), 3 Unterdiakone und 2 Diakonissinnen. Außer diesen Amtsträgern gehörten 65 Mitglieder zur Gemeinde (43 im Bezirk des Priesters Renner, 22 unter Kleiner). 6 Gemeindeglieder hatten die Gabe der Weissagung, darunter 3 Frauen.(ebd.) Um diese Zeit wurden in Buchwäldchen bereits wöchentlich 5 Gottesdienste gefeiert (sonntags Eucharistie und Nachmittagsgebete sowie an 3 Wochentagen der Morgendienst). Der Apostel Carlyle kam am 1./2.10.1852 nach Buchwäldchen und hielt dort einen Vortrag. Am 3.10. empfingen Glieder der Gemeinde Buchwäldchen die apostolische Handauflegung in Liegnitz (Karthaus).(s.u.)
Da die Gemeinden in Buchwäldchen und Liegnitz *"aus lauter geringen Leuten"* (Th.Br.,127/4) bestanden, waren ihre finanziellen Mittel sehr gering. Ihr Zehnten-Aufkommen betrug im IV. Quartal 1852 zusammen rund 40, für das ganze Jahr 170 Taler. Von diesen Geldern hatte Hennig u.a. *"ungewöhnlich viel Gerichtsk(osten)"* zu bestreiten. Mehrfach unterstützte Thiersch aus übergemeindlichen *"Opfergaben zu beliebiger Verwendung"* arme Gemeindeglieder in Schlesien (besonders im Winter 1852/53) und sandte davon z.B. auch am 1.2.1853 5 Taler Unterstützung *"für die Kosten des neuesten Processes der 3 Priester in Schlesien"* ab.(Notizen am Schluss des Th.Tgb.I)
Von 1853 an hielten sich Carlyle bzw. Woodhouse bei ihren Reisen nach Schlesien hauptsächlich in Liegnitz auf. Dorthin kamen dann jedes Mal auch die Gemeindeglieder aus Buchwäldchen.
In den ersten Jahren des Bestehens der Gemeinde Buchwäldchen wandte sich ein Teil ihrer Mitglieder (schätzungsweise 10%) wieder von ihr ab, andere verzogen in den Einzugsbereich der Liegnitzer Gemeinde. Der Druck staatlicher und kirchlicher Behörden auf die katholisch-apostolische Bewegung in Schlesien ließ etwa ab Mitte der 50er Jahre langsam nach. Zur Situation in Buch-

wäldchen um 1857 hieß es in einem Bericht des Pfarrers Gröger an Superintendent Stiller vom 6.7. d.J.: Die Mitglieder der katholisch-apostolischen Gemeinde

"'*verhalten sich ruhig, und wenn auch ihre Oberen von Zeit zu Zeit nach Buchwaeldchen kommen und daselbst von Haus zu Haus gehen, um Anhänger für ihre Parthei zu werben, so finden sie keinen Anklang, denn die kirchlichen Gemeindeglieder sind zur Einsicht gelangt, daß die irvingischen Statuten für ihre Vermögensumstände nachteilig sind, und ich gehe mit den daselbst noch befindlichen Irvingianern so freundlich um, als wenn sie sich zur Kirche hielten.'"* (V/206v)

Ende 1861 zählte die als Filiale unter Liegnitz stehende Gemeinde Buchwäldchen 28 Kommunikanten, 1 Priester, 1 Diakon und 1 Diakonissin.(III/207) 1878 wurde sie vom Diakon Samuel Fritzsche geleitet. Ihre Kapelle befand sich damals im Hause des *"Stellbesitzers"* Berger.(AdB 1878) Um 1900 existierte diese erste der schlesischen katholisch-apostolischen Gemeinden nicht mehr. Sie ist offenbar in der Liegnitzer Gemeinde aufgegangen.

Liegnitz

Im Ergebnis der Evangelisten-Tätigkeit von Hennig und Koeppen hatte sich bis Frühjahr 1851 auch in Liegnitz ein Kreis von Anhängern der katholisch-apostolischen Bewegung gebildet, der schätzungsweise 30 Personen umfasste. Seine Mitglieder kamen aus Liegnitz sowie aus Karthaus, Panten und anderen Dörfern der Umgebung. Vom 24.-31.3. besuchten Carlyle, Barclay, Rothe und Geyer (? [vgl.S.111f der vorliegenden Untersuchung]) Liegnitz. Thiersch kam am 28.3. hinzu. Der Apostel setzte W.Nordheim (einen bis dahin zur Herrnhuter Brüdergemeine gehörenden älteren Schneidermeister) und R.Speer (beide aus Liegnitz) sowie Krause (Dorfschulze in Panten) als Diakone ein und vollzog am 30.3. die Aufnahme der gesammelten Gläubigen in die (zunächst noch zusammengefasste) Gemeinde Buchwäldchen-Liegnitz. Die während dieses Apostel-Besuches in Schlesien vollzogene apostolische Handauflegung nahm Carlyle offenbar wenige Tage später in Buchwäldchen vor.(s.o.) Am 29.3.1851 schrieb Thiersch aus Liegnitz an seine Frau:

"... diese Gemeinde u. die in Buchwäldchen wohin wir nächsten Mond(ag) reisen, werden zum 1. mal von Hn. Carlyle besucht. Auch hier sind keine Honoratioren in der Gemeinde. Aus ehemaligen Altlutheranern, Baptisten, Herrnhuthern, auch einigen wenigen Katholiken besteht sie; weit zahlreicher auf dem Lande. Hennig, dessen Äußeres sehr an Hn. Haeger erinnert, dieser treue Mann voll Klarheit u. Eifer steht diesen 2 Gemeinden vor; Pochhammer erzählte uns oft von ihm mit Liebe und mit Bewunderung. Gott erhalte ihn so. Er predigt mit außerordentlicher Kraft. Kaum nothdürftige Schulbildung hat er genossen und 2 Missionsan-

stalten denen er sich früher anbot, wiesen ihn zurück. Auch seine Mutter empfängt morgen die Aufnahme." (Th.Br.,110/3)

Zunächst besuchten die Liegnitzer Gemeindeglieder die von Hennig gehaltenen Gottesdienste in Buchwäldchen, wo es bereits seit Frühjahr 1851 einen als Kapelle hergerichteten Raum gab. Im Laufe d.J. kaufte Nordheim in dem *"eine Viertelstunde vor der Stadt"* Liegnitz gelegenen Dorf Karthaus ein stockwerkloses Haus, in dem ein schlichter Gottesdienstraum mit Kanzel und Altar eingerichtet wurde.(ebd.,125/3) Dieser wurde am 12.10.1851 durch Rothe (unter Hennigs Assistenz) eingeweiht. Spätestens seit diesem Tage fanden katholisch-apostolische Gottesdienste auch in Liegnitz/Karthaus statt, und zwar sonntäglich drei (einschließlich des öffentlichen Abendvortrages) sowie an jedem Donnerstagabend (genauso wie in Buchwäldchen).(IV/216v) Erst von diesem Zeitpunkt an kann man von einer eigenen katholisch-apostolischen Gemeinde in Liegnitz (Karthaus) sprechen. Nachdem Renner und Kleiner die Priester-Ordination erhalten hatten (s.o.) und mit der Betreuung der Gemeinde in Buchwäldchen beauftragt worden waren, wurde Hennig (der in Karthaus wohnte) Priester-Vorsteher der Liegnitzer Gemeinde.

Am 4.9.1852 (wenige Tage nach Aufhebung des Eucharistieverbotes [s.o.]) kam Thiersch nach Liegnitz. Er blieb dort (abgesehen von einem neuntägigen Aufenthalt in Buchwäldchen) bis zum 5.10. In dieser Zeit hielt der Hirte mit dem Apostel (dessen Anwesenheit die lokale Presse genauso aufmerksam registrierte wie die Wirksamkeit Hennigs [IV/191v; Th.Br.,127/4]) Vorträge und Gottesdienste, besuchte Gemeindeglieder, führte Gespräche mit Amtsträgern, nahm insgesamt 10 neue Mitglieder in die Gemeinde auf und setzte einen Diakon und einen Unterdiakon ein. Damit umfasste die Gemeinde (außer Hennig, den beiden Diakonen Speer und W.Scholz, den 2 Unterdiakonen und 2 Diakonissinnen) 40 Mitglieder. 9 Glieder - darunter die Diakone Nordheim und Krause - hatten sich inzwischen wieder von der Gemeinde zurückgezogen. (Trotz dieser Entscheidung Nordheims durfte die Gemeinde den in seinem Hause befindlichen Gottesdienstraum auch weiterhin benutzen.)

Auf Weisung des Apostels Carlyle reiste Hennig am 23.9. nach Berlin, wo er sich am 28.9. zum Engel-Amt anbieten durfte und durch Geyer auch berufen wurde. Einen Tag später kehrte der frühere Schneidergeselle - gemeinsam mit Carlyle - in seine Gemeinde zurück. Dort erhielten am 3.10. 18 Personen aus den Gemeinden Liegnitz und Buchwäldchen die Versiegelung. Am 5.10. schrieb Thiersch an seine Frau:

"Am Sonntag den 3. Oktob. vereinigten sich beide Gemeinden in Liegnitz zu einem gemeinsamen hochfeierlichen Gottesdienst. Es geschah die apostol. Handauflegung. H. Carlyle selbst predigte Vor= und Nachmittags, mit einer Ruhe und Weisheit wie sie nur dem aposto-

lischen Amte eigen ist ... Mein Abschied von diesen Gemeinden war mir innerlich wie ein Abschied von meiner Heimath." (Th.Br.,128/1)

Am 14.10.1853 erhielt Hennig in Berlin die Engel-Weihe, diente aber zunächst weiterhin als Ältester in Liegnitz. Am 15.10. d.J. visitierte Carlyle zum letzten Mal die schlesischen Gemeinden.

Woodhouse besuchte Liegnitz erstmals vom 5.-9.10.1855, begleitet von Thiersch. In diesen Tagen hielten sich dort auch der damalige Oberhirte der Gemeinde v.d.Brincken, v.Pochhammer (der in dieser Zeit in Liegnitz öffentliche Evangelisten-Vorträge hielt) und der Unterdiakon Edmund Fuchs (ein Student) auf. Letzterer half v.Pochhammer bei dessen Evangelisten-Tätigkeit. Am 7.10. vollzog Woodhouse die Versiegelung.

Weitere Apostel-Besuche in Liegnitz bis 1863 fanden Mitte Oktober 1856, vom 22.-24.10.1859 (apostolische Handauflegung für 26 Personen am 23.10., einen Tag später Segnung der Diakone Görisch und Göck), im Oktober 1860 und vom 21.9. (apostolische Handauflegung) bis 23.9.1862 statt. Geyer besuchte Mitte November 1859 die schlesischen Gemeinden.

Von Ende November 1856 bis Mitte 1859 diente Hennig auf Weisung des Apostels als Ältester in der Berliner Gemeinde.(s.S.50f der vorliegenden Untersuchung) Diese zeitweilige Umbesetzung hing wohl zum einen mit der Armut der schlesischen Gemeinden zusammen (zu geringe finanzielle Mittel für das Gehalt dreier Priester) und diente zum anderen der Weiterbildung und Vorbereitung Hennigs auf die Ausübung des Engel-Amtes. Während seiner Abwesenheit leitete vermutlich Kleiner die Liegnitzer Gemeinde.

Spätestens ab 1854 zeigte Bolko Freiherr v.Richthofen, dessen Schloss sich in Groß Rosen (30 km südlich von Liegnitz) befand, Interesse für die katholisch-apostolische Bewegung. Am 21.10.1861 wurden seine Frau und er in Magdeburg versiegelt. Freiherr v.Richthofen galt als der prominenteste Repräsentant und Förderer der Katholisch-apostolischen Gemeinden in Schlesien.[93]

1861 (pA) wurde Hennig Beauftragter Engel der Gemeinde in Liegnitz, die Ende d.J. 2 Priester, 4 Diakone, 3 Diakonissinnen und 93 erwachsene Kommunikanten umfasste und der Buchwäldchen als Filiale angehörte (III/207). Die Liegnitzer Gemeinde wurde später die *"Muttergemeinde"* in Schlesien, aus der - durch Evangelisten-Tätigkeit - die meisten der katholisch-apostolischen Gemeinden in dieser Provinz hervorgegangen sind.(vgl.BORN,1974,44)

Hennig blieb bis 1873 Beauftragter Engel in Liegnitz und diente anschließend als Engel-Gehilfe in Stettin. Sein Nachfolger wurde B.v.Richthofen, der die Liegnitzer Gemeinde ab 1873 als Beauftragter Engel und ab 16.4.1875 als eingeführter Engel leitete. Von 1873 bis Pfingsten 1878 stand ihm P.v.Gersdorf als Engel-Gehilfe zur Seite, der dann die Görlitzer Gemeinde (s.u.) als Nächstbeauftragter Engel übernahm. Zwischen 1878 und 1884 diente Carl Eduard Schwarz (s.S.176 der vorliegenden Untersuchung) als Engel-Gehilfe in der schlesischen *"Muttergemeinde"*. B.v.Richthofen, der bis 1895 eingeführter Engel in Liegnitz war, erbaute (vor 1878) auf seinem Grundstück in der Heinrich-Straße 7 der Gemeinde eine Kirche, die heute von einer Pfingstgemeinde genutzt wird. 1878 hatte die Gemeinde Filialen in Buchwäldchen, Bunzlau, Gleinitz, Goldberg, Görlitz (Nächstbeauftragter Engel), Hirschberg, Lüben, Rosen, (Groß Rosen) und Ruppersdorf. Später kamen hinzu: Freiburg in Schlesien (1900: Nächstbeauftragter Engel), Glogau, Lissa (Leszno), Waldenburg (1900: Nächstbeauftragter Engel), Zittau (1900: Nächstbeauftragter Engel), Jauer, Sagan und Sorau. Hirschberg stand 1900 ebenfalls unter einem Nächstbeauftragten Engel. Von 1895-1933 leitete Ernst Freiherr v.Richthofen (Anm.93) die Liegnitzer Gemeinde (erst als Beauftragter Engel und ab 14.11.1899 als eingeführter Engel). Um 1900 zählte diese ca. 500 regelmäßige Kommunikanten. (BORN,1974,85 [zu Liegnitz s. BUNZEL,1932,75ff; SCHIAN,1940,11f])

Görlitz

In Görlitz (Regierungsbezirk Liegnitz) hatte J.Barclay bereits im Jahre 1848 evangelistische Vorträge vor erweckten Christen gehalten, ohne dass es jedoch zur Entstehung eines Anhängerkreises gekommen war.
1855 reisten die Brüder Heinrich Weber (Fabrikant) und Ernst Weber (Kaufmann), Inhaber einer großen Tuchfabrik in Görlitz, zu Evangelisten-Vorträgen, die v.d.Brincken in Frankfurt/O. hielt. Durch diesen wurden sie mit F.Grahmann bekannt, der damals noch in der Textilbranche arbeitete. Die Gebrüder Weber holten Grahmann als 2. Betriebsleiter nach Görlitz, wo dieser nebenamtlich öffentliche Vorträge über die katholisch-apostolische Bewegung hielt. Dabei gewann er auch den 1. Betriebsleiter der Weberschen Fabrik, Heinrich Thomas (später Siebendiakon der Berliner Hauptgemeinde [vgl.Anm.54.d]).
1856 war v.d.Brincken evangelistisch in Görlitz tätig.(JÖRG,1858,II,187) Noch im selben Jahr wurden die Gebrüder Weber als erste Görlitzer in Frankfurt/O. dem Hirtenamt übergeben. Ende 1859 siedelte H.Weber nach Berlin über. Sein Bruder Ernst folgte ihm Anfang 1860. Beide hielten sich fortan zur dortigen katholisch-apostolischen Gemeinde.(pA; VII/6.73f)
1863 hielt der Priester-Evangelist F.Stoll Evangelisten-Vorträge größeren Stils in Görlitz. Schon sehr bald konnten 38 Personen dem Hirtenamt übergeben werden. Mit etwa 50 regelmäßigen Kommunikanten erfolgte am 16.8.1863 die

Gründung der Görlitzer Gemeinde. Unter den ersten Mitgliedern befanden sich auch H.Baltzer (später Engel des Horns der Horngemeinde Berlin-West [s.S.70 der vorliegenden Untersuchung]) und Gustav Scheffler (später Priester-Prophet in Görlitz). Als Versammlungsort diente der Gemeinde zunächst ein Zimmer im Gasthof *"Brauner Hirsch"* am Untermarkt. Am 20.9.1863 vollzog Woodhouse die erste apostolische Handauflegung in Görlitz. Ab 18.10. d.J. konnte regelmäßig (zunächst 14tägig) die Eucharistie gefeiert werden, und zwar mit einem auswärtigen Priester (aus Liegnitz?).

Am 18.11.1864 wurde der Liegnitzer Priester (Friedrich?) Kleiner zum Vorsteher der katholisch-apostolischen Gemeinde in Görlitz *"bestellt"*. 1873 zählte diese bereits 200 regelmäßige Kommunikanten. 1875 übernahm der am 10.3. d.J. zum Engel geweihte Major a.D. Rudolph Kassner (ein früheres Mitglied der Gemeinde in Berlin, zwischen 1851 und 1857 von dort verzogen [VII/7]) als Nächstbeauftragter Engel (unter Liegnitz) die Gemeinde. Kassner starb am 29.6.1878. Sein Nachfolger war seit Pfingsten d.J. der Nächstbeauftragte Engel P.v.Gersdorf. Dessen Wahl zum eingeführten Engel scheiterte an einer fehlenden Stimme. So wurde er am 1.9.1890 als Beauftragter Engel der damals ca. 430 regelmäßige Kommunikanten zählenden Gemeinde eingesetzt, die damit nicht länger Liegnitzer Filiale blieb. Von diesem Tage an konnte in Görlitz aufgrund des vollzähligen vierfachen priesterlichen Amtes die *"große Fürbitte"* *"dargebracht"* werden. P.v.Gersdorf diente bis 1897 in Görlitz. Ihm folgten als Nächstbeauftragte Engel Wilhelm Heinze (1897-1918) und G.Huhn (1918-1925). Görlitz hatte Filialgemeinden in Hoyerswerda, Löwenberg in Schlesien, Marklissa, Penzig und Steinkirchen (bei Rauscha).

Ab 1873 benutzte die Görlitzer Gemeinde für ihre Gottesdienste den großen Raum der Societät in der Friedrich-Wilhelm-Straße 2 (ein freistehender Saalbau), der als Kapelle ausgebaut und als solche am 26.7.1874 eingeweiht wurde. (pA. Laut AdB 1878 befand sich die Kirche *"beim 'Evangelischen Vereinshaus' an der Promenade"*. Der BUTTKOWSKY-Chronik [Bd.28,226-229 - mit interessantem Bildmaterial!] zufolge ist die frühere *"Kahle"* ab 26.7.1874 von der katholisch-apostolischen Gemeinde als Kapelle genutzt worden [sie wurde 1900 abgerissen].) Am 1.12.1901 konnte eine neuerbaute Kirche in der Bautzener Straße 21 / Lutherplatz (mit 40 m hohem Turm, 600 festen Sitzplätzen und einer Nebenkapelle) eröffnet werden.

Als Görlitz 1945 zur Festung erklärt wurde, erfolgte eine Evakuierung der Zivilbevölkerung. Von den Evakuierten kehrte nur ein kleinerer Teil zurück (darunter zwar etwa 100 ältere, aber wenig jüngere katholisch-apostolische Gemeindeglieder). So starb die Gemeinde in der Folgezeit verhältnismäßig schnell aus. Anfang der 70er Jahre wurde sie schließlich aufgelöst und das Kirchgebäude an die Siebenten-Tags-Adventisten verkauft. Die wenigen heute in Görlitz lebenden Gemeindeglieder gehören jetzt zur Gemeinde Bautzen, besuchen aber auch evangelische Gottesdienste.(pA)

Spätestens ab 1866 gab es evangelistische Aktivitäten der katholisch-apostolischen Bewegung in der Provinz-Hauptstadt **Breslau**.(s. dazu CIRCULARE,1895,138) 1868 konnte dort eine katholisch-apostolische Gemeinde gegründet werden. Ihr erster Engel war H.Flegel (eingesetzt vor 1878), der die Gemeinde ab 1889 als eingeführter Engel leitete (bis zu seinem Tode 1892). Ihm folgten als Beauftragter Engel C.Wagener (1892 bis 1899 sowie von 1915-1922), in der Zwischenzeit Bolko Freiherr v.Richthofen jun. (Anm.93) und Carl Kaufmann ([12.1.1870-30.3.1933] von 1926-1933). Noch vor 1900 gab es in Breslau neben der Hauptgemeinde (Breslau-Nord) eine Horngemeinde (Breslau-Süd [1900: Engel des Horns G.Kleiner]) und eine Filialgemeinde (Breslau-West). Insgesamt umfassten diese Gemeinden damals rund 1.000 regelmäßige Kommunikanten. Zur Breslauer Diözese gehörten 9 Filialen in den Orten Brieg (Nächstbeauftragter Engel, 1922 mit 4 Filialen), Canth, Freiburg, Gottesberg, Landeshut, Reichenbach (Nächstbeauftragter Engel), Schweidnitz, Stanowitz und Waldenburg (der Priester der Waldenburger Gemeinde, Ernst Krause, war der letzte Priester der Katholisch-apostolischen Gemeinden in Norddeutschland [vgl.S.194 der vorliegenden Untersuchung]). Während des 2. Weltkrieges existierte von den Breslauer Gemeinden nur noch die Hauptgemeinde, die sich im Januar 1945 (letzter Gottesdienst am 19.1.?) mit der Evakuierung der Breslauer Zivilbevölkerung (und nach der Zerstörung ihrer Kirche am Gärtnerweg 6) auflöste.

4.4. Provinz Sachsen

Bereits um die Mitte der 40er Jahre war Böhm in der Provinz Sachsen evangelistisch tätig. In Magdeburg konnte er nähere Kontakte mit H.Wagener, F.Rathmann und E.L.v.Gerlach knüpfen.(Anm.44-46) Im Jahre 1848 siedelten Wagener und Rathmann allerdings nach Berlin über. Damit verloren die wenigen Anhänger der katholisch-apostolischen Bewegung in und um Magdeburg zwei ihrer einflussreichsten und engagiertesten Vertreter. In den folgenden

3 Jahren blieb die katholisch-apostolische Anhängerschaft in der Provinz Sachsen vermutlich auf nur wenige durch Böhm gewonnene Personen aus dem Magdeburger Raum beschränkt.

Burg

Am 20.10.1851 erhielt der 26jährige Berliner Diakon-Evangelist J.G.Hochschildt (Anm.82) einen Evangelisten-Auftrag für Burg (Regierungsbezirk Magdeburg). Bald darauf begab er sich in diese *"mit Fabrikarbeitern überfüllten, in den unteren Schichten ihrer Bewohner durch das freigemeindliche Unwesen angesteckten, auf derselben Seite auch politisch unsichern Stadt"* (Evangelisches Konsistorium in der Provinz Sachsen an den Evangelischen Oberkirchenrat vom 7.6.1852 [IV/269]) und hielt für Interessenten Vorträge über die katholisch-apostolische Bewegung. Am 20.2.1852 traf auch v.Pochhammer in Burg ein und erklärte dem dortigen Superintendenten Lange *"mit Ruhe und Bescheidenheit ... ganz offen ..., er wünsche in Burg eine Irvingianische Gemeinde zu gründen"*. Wenig später suchte v.Pochhammer beim Burger Oberpfarrer Aly um Zulassung zum Abendmahl nach, stieß aber auf Ablehnung.(ebd./268v) Die Evangelisten-Vorträge v.Pochhammers und die Aktivitäten der katholisch-apostolischen Bewegung in Burg wurden jedoch von vielen der dortigen Einwohner (einschließlich des Bürgermeisters) begrüßt. So heißt es im o.g. Bericht des Evangelischen Konsistoriums in der Provinz Sachsen vom 7.6. d.J.:

"Hinsichtlich der Bemühungen der Irvingianer, deren Erscheinung von einer nicht geringen Anzahl der Bürger mehr als ein Gegengewicht gegen den in die Massen eingedrungenen Unglauben, denn als Einschwärzung einer Irrlehre betrachtet wurde, hatte derselbe (der zuständige Generalsuperintendent - Verf.) *in einer Besprechung mit dem Bürgermeister* Nethe *die Beobachtung aussprechen gehört: die Bürger sähen in dem sanften, gewandten, fügsamen Benehmen und in den angenehmen und wohlklingenden Vorträgen des p.* Pochhammer, *weil nichts Christo feindliches, so auch nichts Bedenkliches und Verführerisches; und die Polizei glaube nicht an eine irgend erhebliche Secession."* (ebd./269v-270)

Am 11.3.1852 kam Rothe in Begleitung mehrerer Amtsträger der Berliner Gemeinde nach Burg. Durch Vorträge und Gespräche bereitete er die durch die Evangelisten gesammelten Christen auf die Gemeindegründung vor. Diese wurde am 28.3.1852 mit der Übergabe von 14 Personen an das Hirtenamt (Rothe) vorgenommen.(IX/15v) Unter den Mitgliedern der neuen Berliner Filiale befanden sich auch Personen aus der Umgebung von Burg (z.B. aus Niegripp, Parchen, Sandau, Steglitz und Woltersdorf). Die pastorale Versorgung der *"apostolischen Gemeinde"* wurde dem Priester E.Schwarz in Rathenow über-

tragen, der fortan aller 3 Wochen Gottesdienste in Burg hielt. Überschattet wurde die Gemeindegründung allerdings durch ein am Gründungstage ausgesprochenes polizeiliches Verbot der Feier der Eucharistie.
M.v.Pochhammer hielt in den folgenden zwei Monaten weitere Vorträge und gottesdienstliche Versammlungen in Burg. Diese fanden an vier Abenden pro Woche sowie sonntags von 7-9 und von 16-17 Uhr im Hause des Ackerbürgers Christian Müller sen. statt. Ein Beobachter schrieb über die Zusammenkünfte:
"Die Gebete und Gesänge vor und nach dem Vortrage sind ähnlich der der evangelischen Kirche, nur mit dem Unterschiede daß die Zuhörer und der Vortragende beim Beten knien.
... Zu den Versammlungen finden sich gewöhnlich 40 Personen ein und gehören dieselben dem niederen Handwerksstande an." (IX/14v-15)
Auch in dem etwa 15 km von Burg entfernten Ort Parchen hielten Evangelisten der Katholisch-apostolischen Gemeinden um diese Zeit *"unter nicht unbedeutendem Zudrange der Arbeiter* (!) *mehrere Abendvorträge"*.(ebd./15v) In Niegripp mussten die Evangelisten und der Besitzer des benutzten Versammlungsraumes eine Geldstrafe bezahlen, da die Vorträge ohne polizeiliche Genehmigung stattgefunden hatten.(ebd./15v-16)
Am 24.5.1852 wandten sich die Mitglieder der Burger Gemeinde an das Ministerium der Geistlichen, Unterrichts- und Medizinal-Angelegenheiten mit der Bitte, die Eucharistiefeier zu gestatten. Unter den 21 Männern, die diese Petition unterschrieben hatten, befanden sich der Glasermeister Gottfried Zwanzig, der Schuhmachermeister Carl Thiele, Chr.Müller sen., der Schneidermeister Friedrich Killmey und Christoph Mehlmann (aus Niegripp).(I/216-v)
Im Sommer d.J. durfte die Eucharistie in den katholisch-apostolischen Gottesdiensten gefeiert werden, allerdings nur vorübergehend. Am 9.9.1852 berichtete Superintendent Lange an das Evangelische Konsistorium in der Provinz Sachsen:
"Am 15. Juli d.J. theilte der Tapezirer Ed. Schwarz aus Rathenow, sogenannter Hirte der Gemeinde, welcher jetzt die Vorträge hält, zuletzt das Abendma(h)*l aus, nachdem er bemerkt hatte, daß die Austheilung desselben jetzt der Gemeinde frei stehe, da die Gemeinde zu Spandau, dieserhalb angeklagt, vom Kammergericht frei gesprochen sei, und da auf weitere Veranlassung des Magistrats von dem hiesigen Staatsanwalt Keßler der Bescheid ergangen ist: 'daß nach der Bestimmung des Herrn Justiz-Ministers von der gerichtlichen Verfolgung der von den Irvingianern vorgenommenen geistlichen Amtshandlungen bis auf Weiteres Abstand genommen werden soll,'* (vgl.Anm.83 - Verf.) *so wird das heilige Abendmahl fortwährend zum großen Ärgernis unserer evangelischen Gemeinden, in den Versammlungen der Irvingianer abgehalten. Ihren Vorträgen liegen meistentheils Stellen des Alten Testamentes zu Grunde, z.B. Joel, 2, Zachar. 2 und dergl. - Sie scheinen jedoch nicht viel Anklang zu finden; denn zur Gedächtnißfeier der Aussonderung der Apostel am 15. Juli c. hatten sich nur einige und 20 Personen versammelt; am 9. August hatten sich 20, und am 30ten August gar nur 8*

Mitglieder eingefunden. Die Gemeinde überhaupt, aus 40 und einigen Mitgliedern bestehend, scheint sich aber nicht zu vermehren. Der frühere Leiter derselben, der Techniker Max von Pochhammer *ist seit einiger Zeit nach* Königsberg (Memel [vgl.S.143.151 der vorliegenden Untersuchung] - Verf.) *in Preußen zurückgekehrt."* (IX/34-35)

Am 15.10.1852 kamen Carlyle und Rothe nach Burg, einen Tag später auch Thiersch. Am 17.10. wurden dort 29 Personen versiegelt. Im Nachmittagsgottesdienst wurden durch Rothe die Gemeindeglieder Zwanzig und Mehlmann als Diakone, Thiele und Killmey als Unterdiakone sowie eine Frau Bose als Diakonissin eingesetzt.(Th.Tgb.) Am Tag darauf reisten der Apostel und Thiersch weiter. Letzterer schrieb am 21.10. seiner Frau:

"Sonntag war ich in dem Städtchen Burg, das wie ein Dorf mit 15000 Einwohnern aussieht. H. Carlyle *ertheilte die apostolische Handauflegung ohne Feier der h. Eucharistie, weil diese annoch* (sic) *verboten ist."* (Th.Br.,130/1)

Rothe blieb mehrere Wochen in Burg, um die neue Gemeinde innerlich und äußerlich zu festigen.(vgl.S.50 der vorliegenden Untersuchung)

Am 5.7.1853 boten sich Mehlmann und Zwanzig in Berlin zum Priester-Amt an. Nur Zwanzig erhielt die Berufung (durch Geyer) und wurde genau 2 Monate später (ebenfalls in Berlin) durch Carlyle ordiniert. Ab 25.10. d.J. leitete Zwanzig die Gemeinde in Burg als Priester-Vorsteher und übernahm zugleich die pastorale Versorgung der durch den Weggang von E.Schwarz priesterlos gewordenen Gemeinde in Rathenow (vgl.S.84 der vorliegenden Untersuchung).

Die kleine Gemeinde erhielt - abgesehen von gelegentlichen Visitationen durch ihren Oberhirten (dem Engel der Muttergemeinde) - nur selten Besuch von katholisch-apostolischen Amtsträgern mit übergemeindlichen Aufgaben. Zu den wenigen Ausnahmen gehörte ein Besuch des Engel-Propheten Geyer, der am 8.2.1855 in Burg einen Vortrag über geistliche Gaben hielt (s. H.GEYER, 1855/56,1). Von weiteren Apostel-Besuchen bis 1863 ist nichts bekannt.

Ab 1.1.1862 übernahm Zwanzig die neugegründete Gemeinde in Wittenberg. Zur Burger Gemeinde gehörten damals (noch) 2 Diakone und 20 Kommunikanten. (III/207)

Ab 1859 stand die Gemeinde Burg als Filiale unter Magdeburg. 1878 wurde sie von dem Diakon C.Thiele (Diakonen-Segnung am 11.10.1858 in Berlin) geleitet und hatte ihr Gottesdienst-Lokal in der Schartauer Straße 261. 1900 stand ihr der Diakon G.Rettky vor. 1922 gab es in Burg keinen Diakon mehr. Die Gemeinde versammelte sich um diese Zeit in der Johannesstraße 17. Seit dem Weggang des letzten Priesters besuchten die Gemeindeglieder nach Möglichkeit die Eucharistiefeier in der Magdeburger Gemeinde oder (vor allem zum Empfang des Abendmahls) die evangelischen Gottesdienste am Ort. Heute gibt es in Burg keine katholisch-apostolische Gemeinde mehr.

Magdeburg

In Magdeburg begannen die evangelistischen Vorarbeiten zur Gründung einer katholisch-apostolischen Gemeinde Anfang 1856 durch den Berliner Priester-Evangelisten W.Rührmund.(NEWSLETTER,VIII[1955],13) Am 22.4. d.J. beantragte v.Pochhammer beim Magdeburger Polizeidirektor v.Gerhardt mündlich die Genehmigung, in der Elbestadt öffentliche Vorträge über das Anliegen der katholisch-apostolischen Bewegung halten zu dürfen.(III/117) Da sich der Engel-Evangelist in dem betreffenden Gespräch zur Bekräftigung seines Antrages auf einen Bescheid des Innenministers berief, hielt es der Polizeidirektor für geraten, vor einer Entscheidung beim Innenministerium nachzufragen. So schrieb v.Gerhardt am folgenden Tag an den Minister, er habe (mit Billigung des Oberpräsidenten der Provinz Sachsen v.Witzleben) beschlossen,

"dem von Pochhammer *das Auftreten in hiesiger Stadt überhaupt nicht zu gestatten, falls nicht höheren Ortes das Gegentheil gewünscht werden sollte. Daß dies Letztere möglich sei, scheint mir aber daraus hervorzugehen, daß der* von Pochhammer *ein Rescript Sr. Excellenz des Herrn Ministers des Innern bei sich hatte, in welchem er angewiesen wird, sich direkt an Se. Excellenz zu wenden, sobald der Fall einträte, daß ihm Seitens der Lokalbehörden hinsichtlich seines Auftretens Hindernisse in den Weg gelegt würden."* (ebd./117v) [94]

Das Antwortschreiben v.Westphalens an v.Gerhardt vom 26.4.1856 macht deutlich, welches Maß an "Rückendeckung" den Katholisch-apostolischen Gemeinden in Preußen (besonders aber v.Pochhammer) seitens des Innenministers zuteil wurde. Es heißt dort: Man habe die Erfahrung gemacht,

"daß die Irvingiten im Allgemeinen der Verbreitung aufreizender und destructiver Grundsätze auf politischem, kirchlichem oder sozialem Gebiete sich bisher nicht schuldig gemacht, vielmehr überall Achtung für Gesetz und Ordnung an den Tag gelegt und sich solchergestalt vortheilhaft von den neueren Secten freigemeindlicher Richtung unterschieden haben. Sie wollen sich nicht einmal als aus der evangelischen Kirche ausgeschieden betrachtet wissen, und selbst von dem evangelischen Kirchen=Regiment quoad externa *sich nicht eximiren. Der Eingangs erwähnte* Max von Pochhammer *ist insbesondre schon längre Zeit als Beförderer u. Lehrer der irvingitischen Glaubensnormen in Königsberg i.Pr. thätig gewesen, ohne dort den Vorwurf eines ruhestörenden, ungesetzlichen Verfahrens sich irgend zugezogen zu haben. Im Gegentheil ist von der dortigen Polizeibehörde die große Ruhe und Ordnung in den von ihm geleiteten Versammlungen und sein fast ängstliches Bestreben, jeden Conflict mit den Gesetzen u. Behörden zu vermeiden, gerühmt worden.*(vgl.S.152 der vorliegenden Untersuchung! - Verf.)

Es wird hiernach ein gesetzlicher Grund, dem p. v.Pochhammer die polizeiliche Genehmigung zu den in dortiger Stadt beabsichtigten Vorträgen zu versagen, sofern nur die Vorschriften des Vereinsgesetzes v. 11. März 1850 von ihm beobachtet werden und v. Pochhammer anderweit nicht gegen die Gesetze fehlen sollte, nicht entnommen werden können." (III/119v-120)

Am Schluss eines fast gleichlautenden Schreibens an v.Witzleben (vom 29.4.) forderte der Innenminister den Oberpräsidenten auf, beim Polizeidirektor darauf einzuwirken, dass v.Pochhammers Vorträge polizeilich nicht behindert würden! (ebd./121-122v)
Im Mai 1856 begann v.Pochhammer mit einer öffentlichen Vortragsreihe, die sich zunächst bis Ende Oktober erstreckte. Die gut besuchten Vorträge fanden anfangs in der Kapelle der "Deutschkatholiken" statt. Ab Sommer hielt v.Pochhammer die Evangelisten-Predigten *"für Jedermann"* in einem Saal des Bornemann'schen Kaffeehauses, während er in der genannten Kapelle regelmäßige Versammlungen für den wachsenden festen Anhängerkreis durchführte. Beide Veranstaltungsreihen wurden regelmäßig durch einen Polizeibeamten überwacht.(ebd./150v [Zum Inhalt der Vorträge s.ebd./127-128v.] Erwähnt wird besonders, dass der Evangelist in seinen Veranstaltungen aus Gesangbüchern der Domgemeinde [!] singen ließ.[PKZ,1856,706, vom 26.7.1856]) Der auffallend hohe Anteil an *"Frauen und Mädchen aus mittleren und niederen Schichten der Bevölkerung"* (V/146v) unter v.Pochhammers Zuhörern - eine bei seinen Vorträgen häufig anzutreffende Tatsache - hatte nicht zuletzt seinen Grund in der attraktiven Erscheinung des unverheirateten Evangelisten. Interessanterweise nahmen viele Mitglieder der altlutherischen Gemeinde in Magdeburg an den Vorträgen v.Pochhammers teil. Wie die PKZ vom 4.10.1856 (Sp.944) dazu bemerkt, sei durch dessen evangelistische Bemühungen eine
"kleine Gemeinde von Gläubigen, die A l t l u t h e r a n e r , noch kleiner geworden; denn besonders unter diesen hat v.Pochhammer sein Contingent gefunden, und das hat wieder zur Folge gehabt, daß von altlutherischer Kanzel über einige Abtrünnige 'der Bann' ausgesprochen worden ist".
In einem Bericht des Magdeburger Konsistoriums an den Evangelischen Oberkirchenrat vom 9.10. d.J. steht über v.Pochhammers Wirksamkeit:
"Das schwärmerisch Anziehende dieser Vorträge und die persönliche Bemühung des p. von Pochhammer *um die sich ihm Zuneigenden hat nach und nach einen Kreis entschiedener Anhänger um denselben versammelt, so daß die Bildung einer wirklichen Gemeinde am hiesigen Orte in Aussicht genommen ist. Wie wir vernommen ist dies zwar noch vertagt und den zum Beitritt bereiten* (sic) *neuerdings verkündet, daß die befragten Oberen den zur Bildung einer festen Gemeinde geeigneten Zeitpunct noch nicht gekommen erklärt hätten. Inzwischen soll aber in diesen Tagen mit den dazu vorbereiteten Gliedern ein feierlicher Gottesdienst nach den Formen des irvingitischen unter Austheilung des heiligen Sacraments gehalten werden.*
Das Betrübende bei dieser Sache ist, daß der p. von Pochhammer *seine Anhänger nicht unter den Verlorenen, sondern unter den christlich erweckten und kirchlich erwärmten Gliedern der hiesigen evangelischen Gemeinden sucht, und das Bedenkliche, daß er denselben den Beitritt zu der Gemeinde der Irvingianer nicht als einen Austritt aus ihrer bisherigen Kirchenge-*

meinschaft darstellt. Wie er selbst ein regelmäßiger Besucher der hiesigen Domgottesdienste ist, so ermahnt er auch seine Anhänger zur ferneren Pflege der kirchlichen Gemeinschaft in Gottesdienst und Sacrament." (V/146v-147)

Das Evangelische Konsistorium in der Provinz Sachsen, das sich zu einer Reaktion veranlasst sah, hatte bereits am 26.9.1856 eine Kanzelabkündigung formuliert, die am Sonntag, dem 5.10., in den unierten und reformierten Gemeinden Magdeburgs verlesen wurde. Ihr Wortlaut ist folgender:

"Es verlautet, daß mehrere Mitglieder der evangelischen Gemeinden dieser Stadt und ihrer Umgebung der von den Irvingianern gebildeten Gemeinschaft, welche sich die apostolische Kirche nennt, beizutreten im Begriff und dabei in der Meinung stehen, daß ihr Verhältniß zur evangelischen Kirche des Landes unverändert bleiben würde, auch wenn sie der oben genannten Gemeinde der Irvingianer als Mitglieder sich anschlössen. Wir dürfen es nicht unterlassen, die Glieder unserer Gemeinden vor solchem Irrthum herzlich zu warnen, und die es angeht, darauf hinzuweisen, daß, wenn sie der Gemeinde der Irvingianer beitreten, und in den Irrthümern derselben verharren, sie sich der Gefahr aussetzen, von der Theilnahme am heiligen Abendmahle in den evangelischen Kirchen ausgeschlossen zu werden." (III/154)

Am Sonntag, dem 12.10. (nur eine Woche nach Verlesung der Kanzelabkündigung), feierte v.Pochhammer im Anschluss an seinen Vortrag in der Kapelle der "Deutschkatholiken" mit 56 Personen die Eucharistie. (Der Engel-Evangelist war *"dabei mit einem weißleinenen Talar, einer weißen, mit Gold gewirkten Stola, auf dem Nacken mit einem goldenen Kreuze und mit einem rothen langen Untergewande bekleidet"* [ebd./155v-156].) Daraufhin stellte der Polizeidirektor am folgenden Tage beim zuständigen Staatsanwalt Strafantrag gegen v.Pochhammer wegen *"unbefugter Vornahme von geistlichen Amtshandlungen"*. Am 14.10. informierte der Magdeburger Regierungspräsident den Innenminister von diesen Vorgängen.(ebd./155-156v) In seinem Bescheid vom 19.10. (dessen Inhalt auch dem Oberpräsidenten der Provinz Sachsen zur Kenntnis gegeben wurde) stellte v.Westphalen fest, dass v.Pochhammers Auftreten nicht strafbar gewesen sei, da es sich um Amtshandlungen ohne zivilrechtliche Wirkung gehandelt habe (vgl.Anm.83). In diesem Zusammenhang verwies der Minister noch einmal mit Nachdruck auf seinen Ende April d.J. v.Gerhardt und v.Witzleben mitgeteilten Standpunkt zur Behandlung der *"Irvingiten"* (s.o.). Gleichzeitig forderte er den Polizeidirektor auf, gegenüber den katholisch-apostolischen Christen *"jede kleinliche polizeiliche Vexation oder ein das religiöse Gefühl durch Schroffheit oder Verachtung verletzendes Auftreten der Polizei=Beamten nach wie vor zu vermeiden"*.(III/131v [129-135v])

Am 3.12.1856 fand vor einem Magdeburger Gericht die öffentliche Verhandlung gegen v.Pochhammer statt, bei welcher der Evangelist von der gegen ihn erhobenen Anschuldigung freigesprochen wurde.(ebd./148) Die PKZ vom 13.12.1856 (Sp.1189) schreibt dazu:

"Seine Vertheidigung soll sich darauf gegründet haben, daß, da nach der gegenwärtigen Gesetzgebung der Geistliche nicht mehr als Staatsbeamter anzusehen sei, auch der Staat nur auf die Amtshandlungen rücksichtigen könne, welche sich wie Taufe, Trauung, Confirmation auf bürgerliche Rechtsverhältnisse bezögen, daß die von den Irvingianern beim Abendmahl gebrauchten Formalitäten keineswegs durchgängig mit denen in der Landeskirche übereinstimmten, daß er selbst zwar so wenig wie sein(e?) Anhänger aus der Landeskirche gerichtlich ausgeschieden sei, wohl aber für seine Gemeinde die Weihen als Geistlicher empfangen habe, wofür ein aus London bezogenes Certificat seiner Ordination beigebracht wurde."

M.v.Pochhammer, der Ende Oktober 1856 seine Vortragsreihe zunächst abgeschlossen und sich in gleicher Mission nach Erfurt begeben hatte, kehrte am 8.2.1857 nach Magdeburg zurück, um seine Evangelisten-Tätigkeit wieder aufzunehmen. Wöchentlich fanden zwei Vorträge (je einer für den Anhängerkreis und für die Öffentlichkeit) im ehemaligen Versammlungslokal der damals noch verbotenen "freien Gemeinde" (Gr. Schulstraße 3) statt und wurden wiederum durch Polizeibeamte (diesmal in Zivilkleidung) überwacht. Der Leiter der "freien Gemeinde" (der ehemalige Pfarrer Leberecht Uhlich [1799-1872] - der übrigens genau über dem Versammlungslokal wohnte) äußerte sich zwar in seiner Zeitschrift *"Sonntagsblatt"* mehrfach *"in sehr beißender Weise"* über die Anschauungen der katholisch-apostolischen Bewegung, behinderte deren Magdeburger Anhänger aber nicht (NEWSLETTER,VIII[1955],13f).(III/161-162)

Die Gründung der Magdeburger Gemeinde erfolgte am Sonntag, dem 6.9.1857. An diesem für die dortigen Einwohner denkwürdigen Tage - König Friedrich Wilhelm IV. weilte zu einem Besuch in Magdeburg und nahm an einem Festgottesdienst im Dom teil - fand um 9 Uhr in der Gr. Schulstraße 3 durch v.Pochhammer die Übergabe von 64 Personen an das Hirtenamt (Rothe) statt. Bei einer zweiten Versammlung der Gemeinde am Abend desselben Tages war ein Mann (erstmals?) als Gast anwesend, der später als Beauftragter Engel an der Spitze dieser Gemeinde stehen sollte: F.J.Arndt.(NEWSLETTER,VIII [1955],13) [95] Am 7.9. zeigte Rothe (als zuständiger Oberhirte) dem Polizeidirektor v.Gerhardt die Gründung des Vereins *"Apostolische Gemeinde zu Magdeburg"* an.(IX/64-65 [die Statuten entsprechen im Wortlaut den auf S.277-280 der vorliegenden Untersuchung abgedruckten Statuten])

Das eingereichte Mitgliederverzeichnis ermöglicht nicht nur eine genaue Übersicht über die konfessionelle Herkunft der Gemeindeglieder, sondern gewährt auch einen detaillierten Einblick in die soziologische Struktur der Gemeinde in Magdeburg (diese ist durchaus repräsentativ für die Zusammensetzung der meisten katholisch-apostolischen Gemeinden in Preußen): 49 der 64 Gemeindeglieder kamen aus der Evangelischen Landeskirche, 13 von den Altlutheranern, eine Frau war römisch-katholisch, bei einer weiteren wird die Konfessionszugehörigkeit nicht genannt. Je 15 Frauen und Männer waren jünger, 23 Frauen und 11 Männer älter als 40 Jahre. 37 Personen übten keinen Beruf aus (darunter 7 Witwen, 1 *"Rentier"* und 1 Präbendatin [Empfängerin einer Klosterrente]). Mit den verbleibenden 27 Personen waren folgende Berufe vertreten: Schneiderin (5), Näherin (2), Bäckergeselle (2), Schuhmachermeister (2), Buchbindermeister (2) sowie (je 1) Lehrer, Kaufmann, *"Wildbrethändler"*, Viehhändler, Maler, Weinarbeiter, Kerzenmacher, Zuckerbäcker, Malerlehrling, Tischlergeselle, Metalldreher, Kontrolleur, Bote und Dienstmädchen.

Unter den Gründungsmitgliedern der Magdeburger Gemeinde befanden sich folgende spätere Amtsträger: der Lehrer Carl Heinzelmann, der Buchbindermeister C.C. Wilhelm Hildebrandt ([7.3.1830-15.11.1905] 1861 Priester-Ordination, erster Priester-Vorsteher der am 13.4.1864 gegründeten Gemeinde in Halle, 1875 Engel-Weihe, ab 1890 eingeführter Engel der Dresdener Hauptgemeinde), der *"Rentier"* P. Benedict Lausch, der Maler J.G. Christian Pechau, dessen Sohn J.G. Carl Pechau ([29.10.1841-17.6.1914] um 1900 Bezirks-Evangelist für den 3. norddeutschen Bezirk) sowie der Tischlergeselle J. Friedrich Telz (1878 Priester-Vorsteher in Halle, später Engel-Evangelist).(IX/69-71) Erster Priester-Vorsteher der neuen Berliner Filialgemeinde wurde C.H.Olbrecht, der am 2.10.1857 von Berlin nach Magdeburg übersiedelte. Die Gottesdienste der Gemeinde fanden in der Gr. Schulstraße 3 statt, und zwar zunächst sonntags um 7 bzw. um 10 Uhr (im 14tägigen Wechsel) sowie um 17 Uhr, außerdem mittwochs und donnerstags um 20 und freitags um 6 Uhr.(ebd./64v) Bereits neun Monate später (ab 30.5.1858) wurden täglich Gottesdienste gehalten.

Vom 17.-19.4.1858 besuchten der Apostel Woodhouse (von London kommend) und Thiersch erstmals die Magdeburger Gemeinde, begleitet von Rothe. Am 18.4. fand dort die erste apostolische Handauflegung statt. Drei Tage später berichtete Thiersch seiner Frau:

"In Magdeburg wohnte ich bei dem Diacon Lausch, an der Stadtmauer und war ausgezeichnet gut verpflegt. 68 Personen empfingen am Sonntag die apostolische Handauflegung. H. Woodhouse war Samstag früh angekommen. Nur 40 Stunden hatte seine Reise gedauert. Er reiste krank ab und kam gottlob gesund an. - Die Kirche in Magdeburg, Uhlichs Kirche, ist sehr elegant, aber eigentlich keine Kirche sondern ein Concertsaal zu nennen. Der Gesang war vierstimmig und sehr schön. Die Leute waren sehr liebevoll und willig. Man merkt die gutmüthige sächsische Art und Sprache." (Th.Br.,204/2)

Einem polizeilichen *"Tages-Bericht"* aus Magdeburg (vom 14.7. d.J.) zufolge zählte die Gemeinde zu diesem Zeitpunkt bereits 77 Mitglieder. In dem Bericht heißt es:

"Seit einigen Wochen sind auch 2 Diakone in zwei hiesigen Bürgern ernannt. Täglich findet wenigstens Eine religiöse Versammlung statt, Sonntags und Mittwochs deren zwei, die äußere Ordnung soll musterhaft sein." (V/219)
B.Lausch und Chr.Pechau, die wahrscheinlich schon im September 1857 als Diakone beauftragt und dann während des Apostel-Besuches als solche von Rothe eingesetzt worden waren, erhielten am 11.10.1858 in Berlin durch Woodhouse die Diakonen-Segnung.
Zum 1.1.1859 wurde der Mietvertrag für das Versammlungslokal in der Gr. Schulstraße 3 von der (inzwischen wieder zugelassenen) "freien Gemeinde" gekündigt. Die katholisch-apostolische Gemeinde kaufte daraufhin aus Spendenmitteln ihrer Mitglieder sowie mit Hilfe von Darlehen für 5.000 Taler den ehemaligen Deppe'schen Tanzsaal (Fabriken Straße 2b). Weitere 1.000 Taler wandte sie für dessen Umbau in eine Kapelle auf. (Das Zehnten-Aufkommen der Gemeinde betrug um diese Zeit etwas mehr als 600 Taler im Jahr.) Im Zusammenhang mit diesem Hauskauf, der aufgrund fehlender Korporationsrechte nicht auf den Namen der Gemeinde, sondern nur auf die Namen der Diakone erfolgen konnte, stellte die Gemeinde am 20.6. d.J. bei der Königlichen Regierung in Magdeburg einen Antrag auf Verleihung von Korporationsrechten.(III/175f. 180-182v) Dieser Antrag wurde jedoch abgelehnt.[96]
Ab Ende August 1859 übernahm Roßteuscher die Magdeburger Gemeinde, die zu dieser Zeit 102 Mitglieder zählte, als Beauftragter Engel.(NEWSLETTER, VIII[1955],14 [vgl.S.63 der vorliegenden Untersuchung]) In den Monaten zuvor hatte er sie als Rothes Engel-Gehilfe bereits von Berlin aus mit betreut.(pA) Unter Roßteuschers Leitung wuchs die Gemeinde rasch. Ein beachtlicher Chor entstand, der entscheidend zur musikalischen Schönheit der Gottesdienste beitrug, für die diese Gemeinde bekannt war.(NEWSLETTER,VIII[1955],14)
Am 9.9.1859 bot sich Pechau in Berlin zum Priester-Amt an, wurde aber nicht berufen. Im November übernahm Olbrecht die neugegründete Gemeinde in Erfurt (s.u.) als deren erster Priester-Vorsteher.
Vom 3.-7.11.1860 besuchte der Apostel in Begleitung von Böhm, Thiersch und v.d.Brincken erneut die Magdeburger Gemeinde. Am 5.11. empfingen 55 Personen die apostolische Handauflegung (unter ihnen der Pfarrer J. Georg Müller [vgl.S.70 der vorliegenden Untersuchung] sowie Glieder der 1859 gegründeten katholisch-apostolischen Gemeinde in Leipzig). Am 6.11. fand eine Diakonen-Segnung und einen Tag später die Priester-Ordination von E.Fuchs (berufen am 26.12.1856 in Berlin), C.Heinzelmann, Hochschildt und Conrad Schmidt (aus Erfurt) statt. Beeindruckt äußerte sich Thiersch in diesen Tagen:
"In der Kirche hier ist es sehr schön, alles nach dem besten Styl eingerichtet, der Gesang alter Kirchenmusik erhebend." (Th.Br.,270/3)

Um einem weiteren Anwachsen der katholisch-apostolischen Gemeinden in der Provinz Sachsen entgegenzuwirken, sah sich das Evangelische Konsistorium veranlasst, in einer erneuten Kanzelabkündigung vom 3.1.1861 (IX/105-106v [diesmal *"an die evangelischen Gemeinden in Magdeburg und Erfurt"*]) vor - wie dort es hieß - einem *"Weg, der nicht ohne Seelengefahr betreten werden kann ... ernstlich zu warnen"*. Die Kirchenleitung widersprach nochmals entschieden der Meinung, es könne jemand zugleich Glied einer katholisch-apostolischen Gemeinde und der Evangelischen Kirche sein. Weiter heißt es in der Kanzelabkündigung:

"Demzufolge haben wir die evangelischen Geistlichen dieser Stadt beauftragt, solche Personen, welche eingestandenermaaßen einer irvingitischen Gemeinde beigetreten sind, so lange, als sie derselben angehören, zum heiligen Abendmahle nicht zuzulassen, die Zulassung aber auch denjenigen zu versagen, welche sich nur zu der irvingitischen Secte halten, ihre Versammlungen besuchen, zu ihren Irrthümern sich bekennen und sich durch wiederholte Belehrung nicht davon zurückbringen lassen." (ebd./106v)

Am 20.8.1861 wurden in Magdeburg durch Geyer zum Priester-Amt berufen: die drei Lehrer K. Ludwig A. Kenter ([29.12.1833-1888] 1879 Engel-Weihe, später Beauftragter Engel in Marburg), Chr. Friedrich Kenter ([11.5.1838-10.11.1910] später eingeführter Engel in Magdeburg) und Wilhelm C.B. Kenter ([21.9.1840-4.10.1921] später Erzengel in Hannover) sowie Gottlob Schrader (diese vier aus Hannover und Umgebung), Otto König (aus Rinteln) und Wilhelm Hempel (aus Warburg).(CHRONIK Marburg,III,20.8.1861)

Um diese Zeit hielt v.Pochhammer erneut öffentliche Evangelisten-Predigten in Magdeburg, in denen er diesmal auch Kritik am Evangelischen Konsistorium in der Provinz Sachsen übte. So schrieb Thiersch (der auf einer Durchreise in Magdeburg Station gemacht hatte) am 27.8. d.J. seiner Frau:

"Ich horchte in der Evangelisten-Predigt; Pochhammer eiferte ganz gewaltig gegen jetzige Pharisäer (Th.Tgb.,26.8.1861: *"g*[e]*gen d. Consist*[orium]*"* - Verf.), *welche sagen, sie glauben an die Schrift und doch schriftmäßige Hoffnungen u. Gebete als Schwärmerei verwerfen."* (Th.Br.,281/1)

Vom 19.-23.10. d.J. besuchten Woodhouse, Böhm und Thiersch die Magdeburger Gemeinde. Am 19.10. weihte der Apostel den Altar des Kirchlokals. Zwei Tage später empfingen 54 Personen (darunter B. Freiherr v.Richthofen und eine größere Anzahl von Gemeindegliedern aus Leipzig) die Versiegelung. (vgl.S.119 der vorliegenden Untersuchung) Am 22.10. wurden Arndt, Hildebrandt und Telz zum Priester-Amt ordiniert.

Ende 1861 gehörten zur Gemeinde: der Beauftragte Engel Roßteuscher, 3 Priester, 5 Diakone, 4 Diakonissinnen, 215 erwachsene Kommunikanten (etwa 2/3 davon aus der Stadt, 1/3 aus der Umgebung) sowie die Gemeinden in Burg,

Leipzig, Erfurt, Weißensee und Wittenberg als Filialen.(III/207) Die Magdeburger Gemeinde zählte damals zu den größten Gemeinden in Preußen.
Mitte September 1862 hielten sich Woodhouse und Thiersch wieder in Magdeburg auf. Thiersch war in dieser Zeit u.a. beim Konsistorialdirektor Noeldchen und zweimal beim Ersten Appellationsgerichtspräsidenten E.L.v.Gerlach zu Gast. (Th.Tgb.,11.-14.9.1862 [Anm.46]) Am 15.9. d.J. fand eine apostolische Handauflegung statt, bei der wahrscheinlich auch v.Gersdorf die Versiegelung empfing. (Anm.84) Einen Tag später wurden Lorenz Müller (Weißensee) und Christian Müller zum Priester-Amt ordiniert. 1863 erfolgte ein weiterer Apostel-Besuch. Von Anfang Dezember d.J. bis Ende März 1866 diente Ludwig Kenter (ordiniert am 10.9.1863 in Marburg) als Priester in Magdeburg.
Ab Juli 1864 wurden von Magdeburg aus auch die Gemeinden in Marburg und Kassel betreut.(Anm.43.a-b) Im Oktober 1866 übernahm Roßteuscher die Gemeinde in Kassel und im April 1871 die Leipziger Gemeinde als Beauftragter Engel. Sein Nachfolger in Magdeburg wurde Arndt. Dieser leitete die Gemeinde als Beauftragter Engel bis zu seiner Einsetzung als Hirte mit dem Apostel für Norddeutschland (1882/83).(NEWSLETTER,VIII[1955],15) 1868 fand der letzte Besuch des Apostels Woodhouse in Magdeburg statt.(ebd.,14)
1878 hatte die Magdeburger Gemeinde bereits 9 Filialen: Braunschweig, Bremen, Burg, Halle, Hamburg (Anm.121.a), Hannover, Lübeck, Osnabrück und Wittenberg (1900: mit Nächstbeauftragtem Engel). In späterer Zeit standen auch die Gemeinden in Clausthal am Harz, Dessau, Quedlinburg, Salzwedel, Stendal und Zerbst als Filialen unter Magdeburg. Ab 1881 diente Friedrich Kenter als Engel-Gehilfe und ab 1883 als Beauftragter Engel in Magdeburg. In seine Amtszeit fällt der Bau einer Kirche in der Franziskanerstraße 2b (1893, 450 Plätze). Am 29.6.1900 wurde Kenter als *"Engel der Gemeinde" "eingeführt"*. Nach ihm standen der Gemeinde als Beauftragte Engel vor: Carl Müller ([seit 1.9.1900 Nächstbeauftragter Engel in der Chemnitzer Filiale Marienberg/Sa.] von Anfang Oktober 1906 bis 1928) und Eberhard Sinner ([um 1900 Nächstbeauftragter Engel in Düsseldorf] 1928-1933). Anfang der 30er Jahre dienten außer Sinner noch 2 Priester, 5 Diakone und 29 Unterdiakone in der Magdeburger Gemeinde, welche zu dieser Zeit (einschließlich ihrer Filialen) 1.200 Mitglieder zählte. Am 28.9.1944 wurde die Kirche durch Luftangriff zerstört. Am 30.9.1945 starb der letzte Priester der Gemeinde. Im Juni 1955 lebten noch 2 Diakone: der 90jährige Diakon Michaelis und der 84jährige Diakon Gnädig.(NEWSLETTER,VIII[1955],15)
Heute wird die etwa 20 Mitglieder umfassende Gemeinde durch einen Laienhelfer betreut. Für ihre Gottesdienste (Nachmittagsgebete jeden 1. und 3. Sonntag

und feiertags) stellte ihr viele Jahre lang die evangelische St.-Michael-Gemeinde einen Raum zur Verfügung. Seit 1998 besitzt die katholisch-apostolische Gemeinde eine eigene, kleine Kapelle. Zwischen ihr und der evangelischen Gemeinde (die übrigens zu Karfreitag am katholisch-apostolischen Gebetsdienst teilnimmt) bestehen gute nachbarliche Beziehungen.

Erfurt

Ende Oktober 1856 begann v.Pochhammer mit Evangelisten-Vorträgen in der Stadt Erfurt. Im Dezember d.J. nahmen daran bereits durchschnittlich 250 Zuhörer teil, welche - abgesehen von anfänglichen Ausnahmen - *"nur den unteren Ständen"* angehörten.(XV/18v-19) In einem Schreiben vom 10.10.1856 hatte das Evangelische Konsistorium in der Provinz Sachsen die geistliche Behörde in Erfurt, das Evangelische Ministerium, vor v.Pochhammers Aktivitäten gewarnt und die Verlesung der Magdeburger Kanzelabkündigung vom 26.9. d.J. (s.S.128 der vorliegenden Untersuchung) empfohlen.(IX/52-v) Am 15.12. antwortete das Evangelische Ministerium (das sich im Hinblick auf v.Pochhammer in keiner glücklichen Lage befand):

"... Wir haben es für jetzt noch nicht gethan. Inzwischen setzt der Irvingianische Evangelist v. Pochhammer in hiesiger Stadt seine Vorträge fort und gewinnt durch die Zuversichtlichkeit, mit welcher er sich in die Auslegung der tiefsinnigsten Stellen der heiligen Schrift prophetischen Inhalts einläßt und die angeblichen Offenbarungen über die letzten Dinge ausspricht, aus den untern Ständen aller Confessionen und besonders aus dem weiblichen Geschlechte noch immer eine zahlreiche Zuhörerschaft... Wir würden also jetzt mit jener Bekanntmachung vorgehen, wenn wir nicht meinten, daß nachdem der p. v. Pochhammer in Magdeburg von der Anklage, sich geistliche Amtshandlungen angemaßt zu haben, freigesprochen und hiernach das öffentliche Urtheil über seine Thätigkeit umgestimmt worden ist, diese Bekanntmachung nicht nur eine darauf Bezug nehmende Modifikation sondern auch eine Verschärfung erfahren müßte... Da nun das Bewußtsein des Volkes noch keineswegs im Stande ist, sich in die Theorie von den geschiedenen Gewalten in dem Maaße zu finden, daß es nicht verwirrt werden sollte, wenn ihm angesonnen wird, kirchlich für verboten zu erachten, was durch die Gesetze eines christlichen Staates erlaubt und geschützt wird; so würden wir uns hier unmöglich von der Kanzel aus über die Stellung der evangelischen Kirche zu der Thätigkeit des v. Pochhammer aussprechen können, ohne auch dieses Punktes irgendwie zu erwähnen... Uebrigens verschweigen wir nicht, daß es ziemlich allgemeine Sensation erregt, wie dem pp. v. Pochhammer von Staats wegen gestattet werden könne, Andachten und kirchliche Vorträge, denn sie sind mit Gesang u. Gebet eingefaßt, in Localien zu halten die sonst zur Aufführung von Concerten und auch zu Lustbarkeiten u. Tanzvergnügungen benutzt werden... Was der Staat ignorirt, sieht das Volk für erlaubt an und was erlaubt ist, erscheint ihm auch berechtigt." (IX/58-59v)

Im Laufe der folgenden 3 Jahre hielt sich v.Pochhammer mehrere Male für längere Zeit in Erfurt auf. Neben den öffentlichen Veranstaltungen verwandte er viel Zeit auf Besuche bei Personen, die sich für die katholisch-apostolische Bewegung interessierten. Am 7.9.1858 nahm Thiersch, der eine Reise nach Berlin in Erfurt unterbrochen hatte, an einem Vortrag v.Pochhammers im *"Krösserschen Hause"* teil. Zu dieser Zeit arbeitete v.Pochhammer mit dem Priester-Evangelisten Diestel zusammen, der bis zum Herbst 1858 vorübergehend in Erfurt wohnte.(Th.Tgb. [Anm.71.a])
Am 1.11.1859 wurde mit 58 Personen aus der Stadt und Umgebung (*"meistens dem Handwerker- und Arbeiter-Stande angehörend"*) die katholisch-apostolische Gemeinde in Erfurt gegründet.(IX/146) Die Leitung übernahm der Priester Olbrecht, der seinen Wohnsitz von Magdeburg nach Erfurt verlegte. Die neue Gemeinde stand als Filiale unter der Oberaufsicht des Beauftragten Engels der Magdeburger Gemeinde. Mit der Übergabe der gesammelten Gläubigen an Roßteuscher war v.Pochhammers Tätigkeit in Erfurt vorerst beendet. Er hatte in der thüringischen Stadt treue Helfer gefunden:
"Die eifrigste und thätigste Unterstützung hierin fand Herr v. Pochhammer an den beiden Gebrüdern Schmidt, von denen der eine, der Mühlenbesitzer Conrad Schmidt ein Local in seinem eigenen Hause zum Betsaal für die irvingiten-Versammlungen (sic) einräumte, den andern Heinrich Schmidt, ein Frucht-Mäkler die Sache mit ansehnlichen Beiträgen von Geldmitteln unterstützte." (Geistliches Ministerium in Erfurt an das Evangelische Konsistorium in der Provinz Sachsen vom 23.5.1861 [ebd./146v])
In den ersten Monaten fanden sonntäglich 2-3 sowie an jedem Freitagabend Gottesdienste für die Gemeinde statt.(ebd.)
Ende September 1860 kam erstmals der Apostel nach Erfurt, begleitet von Roßteuscher und Thiersch. Letzterer schrieb am 23.9. seiner Frau:
"Hier wohne ich in einer Mühle von Wasser und Bäumen umgeben, wo man nur das Rauschen und das Geläut von den Thürmen dieser alten Stadt hört. In diesem Hause ist oben die Kirche, geräumig genug für 200." (Th.Br.,263/2)
Am 22.9. fand die Segnung der Diakone (unter ihnen C.Schmidt) und einen Tag später die apostolische Handauflegung für 31 Personen aus Erfurt statt. Am 24.9. empfingen weitere 24 Gemeindeglieder aus der Erfurter Umgebung die Versiegelung in Weißensee.(s.u.) Am 30.10. d.J. wurde Olbrecht in Berlin durch Geyer zum Engel-Amt berufen. (Die Engel-Weihe erfolgte am 10.10.1861, ebenfalls in Berlin.) Am 7.11.1860 empfing C.Schmidt in Magdeburg die Priester-Ordination. (Lange konnte er jedoch sein Amt nicht ausüben; im September 1862 lebte er bereits nicht mehr.)
Im Mai 1861 zählte die Erfurter Gemeinde 132 Glieder, von denen mehr als 70 in der Stadt wohnten (darunter [als einzige "Honoratiorin"] die Witwe des Mag-

deburger Konsistorialrates Hildebrandt, die 1860/61 nach Erfurt übergesiedelt war). Die restlichen knapp 60 Gemeindeglieder kamen aus den Orten Günstedt, Ilversgehofen, Sömmerda, Tunzenhausen und Weißensee.(IX/147) Ende d.J. hatte sich die Zahl der Gemeindeglieder auf 138 erhöht. Diese wurden durch 2 Priester und 2 Diakone betreut.(III/207v)
Woodhouse und Böhm besuchten Erfurt erneut Ende Oktober 1861 und (gemeinsam mit Thiersch) Mitte September 1862. Um diese Zeit besaß die dortige Gemeinde bereits eine eigene, neuerbaute Kapelle, die auch heute noch von ihr benutzt wird (damals Johannismauer 992, jetzt Juri-Gagarin-Ring 165). Am 18.9.1862 schrieb Thiersch an seine Frau:
"In der neuen Kirche war gestern die apost. Handauflegung. Auch Frau Pastor Grabe war da, durfte sie aber leider von wegen d(e)s gestrengen Vaters nicht mit empfangen." (Th.Br., 308/2)
Am 19.9. erhielten weitere Diakone den Segen zu ihrem Amt.
Die Erfurter Gemeinde hatte auch Gemeindeglieder im angrenzenden Großherzogtum Sachsen-Weimar. So befanden sich z.B. unter den 15 neuen Mitgliedern, die im November 1863 in die Erfurter Gemeinde aufgenommen wurden, 4 Personen aus dem Großherzogtum.(IX/220)
Bald nach seiner Engel-Weihe wurde Olbrecht Nächstbeauftragter Engel der Erfurter Gemeinde (1862?). Ihm folgten in dieser Funktion v.Fenneberg (nach 1871) und um 1878 - die Gemeinde stand inzwischen als Filiale unter Leipzig - H.Zimmermann. (L.F.v.Fenneberg war seit Anfang 1865 mit einer Frau aus der Erfurter Gemeinde verheiratet.[IX/233v-234]) Weiter leiteten die Gemeinde als Beauftragte Engel: Dr. Carl Otto Moré ([1837-7.2.1910] ab 1894 Hirte mit dem Apostel für Süddeutschland/Österreich), von 1894 an Johannes Rührmund ([27.8.1849-10.11.1918] seit 1875 Engel-Evangelist, um 1900 Bezirks-Evangelist) und schließlich Gottfried Keil (eingesetzt vor 1900, bis 1925). Ende 1869 betrug die Zahl der Gemeindeglieder allein in Erfurt mindestens 160. (IX/261f) Die Gemeinde hatte Filialen in Gotha, Meiningen, Nordhausen und Weißensee. Heute zählt sie etwa 20 Gemeindeglieder und versammelt sich wöchentlich sonntags um 10 Uhr zu den Vormittagsgebeten und an jedem 1. und 3. Sonntag um 16 Uhr zu den Nachmittagsgebeten.

Weißensee

Die Anfänge der katholisch-apostolischen Gemeinde in Weißensee (Regierungsbezirk Erfurt) stehen in engem Zusammenhang mit v.Pochhammers Wirksamkeit in der rund 25 km südlich gelegenen Stadt Erfurt. Bereits vor 1859

wandten sich (fast ausschließlich evangelische) Christen aus Günstedt, Ilversgehofen, Sömmerda, Tunzenhausen und besonders Weißensee unter dem Eindruck der Vorträge und Besuche v.Pochhammers der katholisch-apostolischen Bewegung zu. Diese Christen gehörten zunächst zu der von ihnen mitgegründeten Erfurter Gemeinde.
Am 23./24.9.1860 besuchte der Apostel Woodhouse mit Thiersch, Roßteuscher und C.Schmidt (von Erfurt aus) Weißensee. Am Abreisetag empfingen 24 Personen die apostolische Handauflegung.
Um diese Zeit nahm Olbrecht in Weißensee 2 Taufen an Kindern katholisch-apostolischer Eltern (Glieder der Evangelischen Kirche!) vor: am 29.5.1860 taufte er den Sohn des Barbiers (Lorenz?) Müller und am 17.1.1861 ein Kind des Wagenmeisters Rothe (beide aus Günstedt).(IX/110v) Aus der Tatsache, dass zwei Kinder aus Günstedt in Weißensee getauft wurden, kann der Schluss gezogen werden, dass es hier bereits ein (provisorisches?) katholisch-apostolisches Versammlungslokal gab. Am 27.2.1861 schrieb der Weißenseer Superintendent Schmidt an das Evangelische Konsistorium in der Provinz Sachsen:
"Vor einigen Wochen ist die von dem Herrn Consistorial Rath Scheibe mir mitgetheilte Ansprache des Hochwürdigen Consistoriums an die Gemeinden (s.S.132 der vorliegenden Untersuchung - Verf.) hier, in Tunzenhausen und in Günstedt von der Kanzel verlesen worden. Seitdem treiben die Irvingianer ihr Wesen noch viel eifriger. Hier halten sie jetzt Sonntags und Montags Versammlungen, zu welchen sie öffentlich einladen.
Einen offenbaren Mißbrauch treiben sie mit der Feier des heiligen Abendmahls, an welcher sie auch Kinder, welche die hiesigen Schulen besuchen, Theil nehmen lassen.
Wegen eines Knaben, der Ostern confirmirt werden soll und bereits mit seinem Vater in der irvingitischen Versammlung das Abendmahl genossen hat, ist durch den Diaconus Grohmann dem Vater des Knaben eröffnet worden, daß der Knabe von der Confirmation ausgeschlossen werde, wenn er ferner eines solchen Mißbrauchs des heiligen Abendmahls sich schuldig mache." (IX/111-v [vgl.Anm.81])
Am 17./18.9.1862 besuchte Woodhouse in Begleitung von Böhm, Roßteuscher und Olbrecht erneut die katholisch-apostolischen Christen in Weißensee.
Im Herbst 1863 hielt der Barbier Müller (Diakon-Evangelist?) evangelistische Vorträge in einem Zimmer des Weißenseer Rathauses, das dem dortigen Wirt zur Verfügung stand.(IX/217) Am 1. Advent d.J. wurde in Weißensee eine zur Kapelle umgebaute alte Scheune als Gottesdienstlokal eingeweiht. Zu dieser Zeit gab es in Weißensee 1 Priester, einen *"Evangelisten"* (D ?) sowie 30 Gemeindeglieder aus Weißensee (11), Günstedt (10), Ottenhausen (2), Straußfurt (2), Tunzenhausen (2), Woltersdorf (1) und Wundersleben (2).(ebd./222)
1878 wurde die katholisch-apostolische Gemeinde in Weißensee vom Priester Lorenz Müller geleitet und stand als Filiale unter Leipzig. Ihr Lokal befand sich an der Fischthor-Mauer. 1900 gehörte Weißensee - wie schon in den ersten Jah-

ren - als Filiale zu Erfurt. Ihr Vorsteher war der Diakon Carl Börner. 1922 existierte die Gemeinde nicht mehr.

Wittenberg

Die letzte der bis 1863 gegründeten katholisch-apostolischen Gemeinden in der Provinz Sachsen ist die in Wittenberg (Regierungsbezirk Merseburg). 1855 warb der aus Guben nach Wittenberg verzogene Tuchwalker Karl Müller im Vorort Kleinwittenberg für die katholisch-apostolische Bewegung. Im gleichen Jahr hielt sich v.Pochhammer in Wittenberg auf. 1856 sandte Rothe den Diakon-Evangelisten Kleeberg aus Berlin in die Lutherstadt. Ein Jahr später folgten der Diakon-Evangelist H.Flegel und der Priester-Evangelist W.Rührmund.
Am 22.4.1858 empfingen 12 Personen aus Wittenberg in Berlin die apostolische Handauflegung (unter ihnen wahrscheinlich auch Albert Pechau, der die Versiegelten zunächst als Unterdiakon betreute). Die Wittenberger Mitglieder der Katholisch-apostolischen Gemeinden, die auch weiterhin die evangelischen Gottesdienste besuchten, standen ab Herbst 1859 unter der Oberaufsicht des Magdeburger Engels Roßteuscher.
Erst 1860 entdeckte man kirchlicherseits (fast zufällig), dass einige Glieder der evangelischen Gemeinden sich den Katholisch-apostolischen Gemeinden angeschlossen und die apostolische Handauflegung erhalten hatten. So berichtete der Wittenberger Superintendent Schapper am 15.11.1860 an das Evangelische Konsistorium in der Provinz Sachsen:
"Bei Aufstellung und Revision der Wählerlisten für die nothwendig gewordene Neuwahl einiger Mitglieder des hiesigen Gemeinde=Kirchenraths wurden mehrere Gemeindeglieder von hier und von Kleinwittenberg als Anhänger der irvingitischen Secte bezeichnet und es wurde die Frage erhoben, ob dieselben auf den Wählerlisten belassen werden könnten? Nachdem sie über ihre Stellung zur evangelischen Kirche, resp: zu der irvingitischen Secte amtlich befragt worden waren und unter ihnen 3 Männer von Kleinwittenberg und 2 von hier die Erklärung abgegeben hatten, daß sie durch die bei jener Secte übliche Versiegelung in die Gemeinschaft derselben förmlich aufgenommen worden seien, wurden diese Versiegelten nach Beschluß des Gemeinde=Kirchenrathes von der Wählerliste gestrichen, weiter aber die Frage erhoben, ob dieselben ferner noch könnten zu den Sacramenten der evangelischen Kirche zugelassen werden? In Uebereinstimmung der sämmtlichen Geistlichen an hiesiger Gemeinde wurde die Zulassung der förmlich übergetretenen Irvingianer zum Sacrament vorläufig beanstandet..." (V/244-245)
Seit etwa Mitte Juni 1860 hielt der Priester-Evangelist Diestel in einem gemieteten Raum des Gasthauses Heinze öffentliche Vorträge, die nicht selten von 60-80 Personen besucht wurden.(ebd./245v-246) Um einer Ausbreitung des *"Ir-*

vingianismus" in Wittenberg entgegenzutreten, ließen die *"nichtgeistlichen Mitglieder des Gemeindekirchenraths eine warnende Ansprache ... drucken".* (IX/87v) Doch weder ein Ausschluss vom Abendmahl noch publizistische Bekämpfung konnten eine Gemeindebildung verhindern.

Am 17.2.1861 feierte Roßteuscher in einem gemieteten Saal (in der Juristenstraße) mit dem festen Anhängerkreis die erste katholisch-apostolische Eucharistie in Wittenberg. Er tat dies, um den von der Landeskirche praktisch exkommunizierten Anhängern der Katholisch-apostolischen Gemeinden den Empfang des Abendmahles zu ermöglichen. (In späterer Zeit wandelte sich der harte Widerstand der evangelischen Geistlichen in freundliche Duldung.)

Am 1.4. d.J. mietete v.Pochhammer einen Saal in einem Privathaus in der Mittelstraße und hielt dreimal pro Woche öffentliche Evangelisten-Predigten.(ebd./ 117-124) Ab 7.7.1861 fanden dort regelmäßige Gottesdienste statt. Dieser Tag gilt als Gründungstag der Wittenberger Gemeinde, die fortan als Filiale unter Magdeburg stand. Vom 15./16.-18.10. besuchte der Apostel Woodhouse (gemeinsam mit Böhm) die neue Gemeinde und vollzog an 21 Personen die apostolische Handauflegung. Bis Ende 1861 wurden die Eucharistiefeiern in Wittenberg von Priestern aus der Magdeburger Gemeinde zelebriert.

Am 1.1.1862 erhielt die Wittenberger Gemeinde (ihr gehörten bereits 58 erwachsene Kommunikanten und 2 Diakone an [III/207v]) in G.Zwanzig ihren ersten Priester-Vorsteher. Gottesdienste fanden nun (außer an Sonntagen) auch montags, mittwochs und sonnabends statt. Vom 10.-12.9.1862 besuchte der Apostel erneut die Gemeinde, gemeinsam mit Böhm und Roßteuscher. Im November 1863 zählte sie (einschließlich der Kinder) 62 Personen.(IX/225)

In der folgenden Zeit gewann die Gemeinde neue Mitglieder auch aus der Umgebung von Wittenberg, z.B. aus Annaburg, Jessen, Luckenwalde, Niemegk und Nudersdorf. 1864 brannte das bisherige Gottesdienstlokal ab, ein neuer Raum musste hergerichtet werden. 1868 wurden 3 Gemeindeglieder (Friedrich Böttger, A.Pechau und K.Müller) zum Priester-Amt berufen. Am 26.9.1869 (2 Tage nach seiner Engel-Weihe) übernahm G.Zwanzig (Anm.65.g) die Leitung der Gemeinde in Frankfurt/Oder. Sein Nachfolger in Wittenberg wurde der Priester Friedrich Kenter. Am 17.11.1870 konnte dort eine neuerbaute Kapelle (in der Fleischergasse 221) eröffnet werden. 3 Jahre später erhielten Ernst Böttger und Wilhelm Wagner die Berufung zum Priester-Amt. Am 1.2.1880 wurde eine Filiale in Dessau (Herzogtum Anhalt) gegründet, wo bereits seit 1872 ein Diakon der Wittenberger Gemeinde wohnte.

1881 wurde F.Kenter als Engel-Gehilfe nach Magdeburg berufen. Die Leitung der Wittenberger Gemeinde übernahm der Priester-Prophet (!) F.Böttger. Ihm folgte 1884 E.Böttger, zunächst als Priester-Vorsteher und (nach seiner Berufung zum Engel-Amt am 5.4.1895 in Hannover und seiner Engel-Weihe am 27.8. d.J. in Albury durch den Koadjutor v.Pochhammer) von 1895 bis 1911 als Nächstbeauftragter Engel (unter Magdeburg). 1900 zählte die Gemeinde etwa 150 Mitglieder.(vgl.IX/310) Ab 1911 leiteten der Priester Calbitzer (aus Essen) und ab 1917 der Priester W. Max Schwarz ([18.5.1855-2.8.1955] Priester-Ordination am 10.11.1887, Priester-Evangelist, 1912-1917 Priester-Vorsteher in Stargard/Pommern) die Gemeinde. Am Himmelfahrtstag 1955 feierte diese anlässlich des 100. Geburtstages von Schwarz eine Eucharistie, die R.Meyertöns zelebrierte. Schwarz, der vorletzte Priester in der damaligen DDR, hatte bis in seine letzten Lebensjahre hinein mit vielen Gemeinden, die keinen eigenen Priester mehr hatten, die Eucharistie feiern können.

Gegenwärtig wird die Wittenberger Gemeinde durch einen Laienhelfer aus Berlin geleitet, zählt etwa 10 Mitglieder und kommt an jedem 1. und 3. Sonntag um 10 Uhr zu den Vormittagsgebeten zusammen. Die Kapelle in der Fleischerstraße (s.o.) wurde 1988 an den Bund Evangelisch-Freikirchlicher Gemeinden verkauft und heißt heute *"Hoffnungs-Kirche"*. Seit dieser Zeit versammelt sich die katholisch-apostolische Gemeinde Wittenbergs auf demselben Grundstück in einer kleinen Kapelle, die von der Evangelischen Kirche für sie errichtet wurde und im Beisein evangelischer und römisch-katholischer Geistlicher aus Wittenberg eingeweiht worden ist. Diese Kapelle ist heute zugleich eine oekumenische Begegnungsstätte.

4.5. Provinz Preußen

In keiner anderen Provinz des preußischen Königreiches sind katholisch-apostolische Amtsträger und Gemeinden so massiven Behinderungen - sowohl von polizeilicher als auch von kirchlicher Seite - ausgesetzt gewesen wie in der Provinz Preußen. Die Gründe dafür liegen hauptsächlich in der politischen und religiösen Situation Ostpreußens während der 40er und 50er Jahre des 19. Jahrhunderts. Schon im "Vormärz" galt Königsberg als eine Hochburg des Liberalismus und demokratischer Bestrebungen. Mit größtem Mißtrauen beobachteten die Polizeibehörden - besonders nach 1848 - alle Bewegungen, die Zulauf von Personen der sog. "unteren Stände" erhielten. Auch religiöse Gruppierungen außerhalb der Evangelischen Landeskirche - wie die Altlutheraner, die am 16.1.1845 durch den Königsberger Garnisonsprediger Dr. Julius Rupp

(1809-1884) gegründete "freie Gemeinde", die "Deutschkatholiken" und die (vor allem in der Provinzhauptstadt und in Memel missionarisch sehr aktiven) Baptisten - unterlagen entweder einer strengen polizeilichen Observanz oder wurden als Separatisten bzw. Dissidenten bekämpft.
In einem Bericht an das Ministerium der Geistlichen etc. Angelegenheiten vom 7.11.1884 nannte der Oberpräsident der Provinz Ostpreußen folgende Gründe für den Zulauf, den neue religiöse Gemeinschaften in seiner Provinz verzeichnen konnten:

"Als Grund für die Ausbreitung des Sektenwesens und der religiösen Bewegung ist vor Allem das starke religiöse Bedürfniß bei der Ostpreußischen Bevölkerung ... hervorzuheben, welchem durch die evangelische Landeskirche und ihre Organe zur Zeit nicht genügend entgegengekommen wird. Es kommt hierbei allerdings in Betracht, daß einzelne Geistliche, sei es aus Bequemlichkeit, sei es aus Ungeschick nicht die richtige Stellung gegenüber der religiösen Bewegung finden und nicht die zutreffende Wirksamkeit ausüben ... Daneben liegen die ostpreußischen kirchlichen Verhältnisse auch an sich so ungünstig, daß es zur Zeit unmöglich ist, das religiöse Bedürfniß der Bevölkerung ausreichend zu befriedigen. Die übergroßen Kirchspiele in Masuren und Littauen, wo ein Geistlicher 6 - 10.000 Gemeindeglieder in zwei Sprachen bei Entfernungen bis zu 2 Meilen und darüber zu versorgen hat, stellen ganz unerfüllbare Aufgaben für das geistliche Amt. Der Geistliche muß sich begnügen, die legalen Geschäfte abzuwickeln - aber die Seelsorge geht leer aus. Dazu kommt der herrschende Theologenmangel, der hier um so mehr zu beachten ist, als der Aufschwung der religiösen Bewegung ungefähr gleichzeitig mit demselben eingetreten ist..." (XXI/75-v)

Um eine weitere Verbreitung neuer Religionsgemeinschaften zu verhindern bzw. einzudämmen, begegnete die Ortspolizei (besonders in Königsberg und in Memel) auch katholisch-apostolischen Amtsträgern und Gemeinden zunächst mit unnachgiebiger Härte. Die meisten restriktiven Maßnahmen der Polizei gegen die Katholisch-apostolischen Gemeinden mussten jedoch (im Beschwerdefall) auf Anweisung des preußischen Innenministers v.Westphalen wieder zurückgenommen werden. In keiner anderen Provinz hat dieser die Katholisch-apostolischen Gemeinden gegenüber ortspolizeilicher Willkür so deutlich "in Schutz genommen" wie in der Provinz Preußen.

Memel

Die erste katholisch-apostolische Gemeinde Ostpreußens entstand in der nördlichsten Stadt des damaligen Deutschland - in Memel (Regierungsbezirk Königsberg [später Gumbinnen]). H.Deventer, dessen evangelistische Bemühungen im Dezember 1851 in Königsberg durch polizeiliche Ausweisung zunächst gescheitert waren (s.u.), kam kurz vor Weihnachten d.J. erstmals nach

Memel, um auch dort für das Anliegen der katholisch-apostolischen Bewegung zu werben. Über die Ereignisse während seines Besuches berichtet er in einer Beschwerde an v.Westphalen vom 15.1.1852 selbst:

"Ferner machte ich auf eine schriftliche Einladung zum vorigen Weihnachtsfeste einen Besuch bei christlichen Leuten zu Memel.

Ich meldete meine Ankunft in Memel sofort bei dasiger (sic) Polizei und erbat mir eine Aufenthaltskarte. Auf Angabe des Zwecks meines Aufenthalts wurde mir solche nicht nur verweigert, sondern mir sogleich anbefohlen, binnen 3 Tagen die Stadt zu verlassen.

Am 2ten Weihnachts=Abende hatte eine (sic) Fräulein Müller einen kleinen Zirkel einiger ihrer nächsten Freundinnen eingeladen, wozu auch ich nebst meinem Hauswirthe, dem achtbaren Bürger u. Kaufmann Rosenbaum die Einladung angenommen hatte, so daß die ganze kleine Gesellschaft mit Inbegriff unsere Wirthinn aus 10 Personen, nämlich 8 Damen und 2 Herren bestand.

Wir wurden plötzlich durch 2 hereintretende Polizei=Officianten ohne weiteres Fragen nach dem Zweck, aufgefordert, sofort auseinanderzugehen, so daß also nicht einmal einer alten Mutter verstattet war, diesen heil. Abend mit ihren beiden Kindern die heilige Festfreude zusammen zu genießen.

Ich wurde von den beiden Polizei=Beamten um 8 Uhr Abend noch mittelst ihrer Begleitung vor den dasigen Herrn Bürgermeister transportirt. Dieser überschüttete mich mit den erbittertsten Vorwürfen darüber, daß ich in jenem Familien=Kreise über christl. religiöse Gegenstände gesprochen, und befahl mir, bis nächsten Abend 6 Uhr die Stadt zu verlassen, wo nicht, so würde er mich scharf hinaustransportiren lassen. Vergebens bat ich, meinen Aufenthalt nur noch auf 8 Tage zu verstatten.

Am andern Morgen hatte ein Polizei=Beamter, welcher mich nicht zu Hause traf, Befehl hinterlassen, mich sofort zum Herrn Bürgermeister zu begeben.

Als ich nun, dieser Aufforderung zu genügen, mich auf dem Wege befand, wurde ich durch Ersteren auf der Straße arretirt und vor den Herrn Bürgermeister geführt. Hier wurde ich aufgefordert meine Paßkarte auszuliefern, welche ich schon bei meiner Ankunft vorgezeigt hatte. Da ich dieselbe indeß in meinem Quartier gelassen, so nahm genannter Herr mir noch eine Bescheinigung meines Geistlichen, Hn. Pastor Rothe in Berlin, und einen Privat=Brief ab, welcher letztere meine Reise nach Memel bestätigt, und unter polizeilicher Begleitung mußte ich nun meine Paßkarte holen. Diese sämmtlichen Papiere wurden mir, trotz meiner Bitte, nicht wieder zurück gegeben; statt dessen erhielt ich eine so genannte Reise=Route mittelst welcher ich nach Berlin sofort zurück gewiesen wurde, welcher Weisung ich natürlich nachkommen mußte." (III/15v-16v)

In einem Bescheid des preußischen Innenministeriums vom 29.2.1852 wurde Deventer mitgeteilt, dass er nach Memel zurückkehren und seine Legitimationspapiere vom dortigen Bürgermeister zurückverlangen könne.(III/24 [s. auch S.150 der vorliegenden Untersuchung])

Der Memeler Bürgermeister Zimmermann ging auch in den folgenden Jahren ausgesprochen feindselig gegen die Anhänger der katholisch-apostolischen Bewegung in seiner Stadt vor. Über die Einstellung dieses Mannes heißt es in einem Bericht der Königlichen Regierung (Abteilung des Innern) in Königsberg vom 1.11.1854: Die Durchsicht der betreffenden Akten aus Memel vermittle *"allerdings den Eindruck, dass der p. Zimmermann die Emissarien des Irvingianismus als Schwärmer oder Heuchler, ihr Werk als ein schädliches, die Ausbreitung der Secte abgesehen von der Zersplitterung der Landeskirche, polizeilich als nachtheilig(,) die Mittel, welche jene Emissarien anwenden um Anhänger zu gewinnen, als verwerflich betrachtet. Von diesem Standpunkte aus hat der Bürgermeister Zimmermann ... den Irvingiten eine besondere Gunst allerdings nicht zugewendet."* (III/92)

Als Deventer im Frühjahr 1852 erneut nach Memel kam, wurde ihm der Aufenthalt diesmal zwar gestattet, die Dauer jedoch auf 8 Tage begrenzt. (XVI/182v)

Zu den ersten katholisch-apostolischen Christen in Memel gehörte die 38jährige Lehrerin Henriette Lentz, Leiterin einer von ihr gegründeten privaten Grundschule. Ihre Hinneigung zur neuen Bewegung hatte für sie einschneidende Folgen: Mit der Begründung, H.Lentz habe *"sich der Secte der Irvingianer angeschlossen"*, ließ die Königliche Regierung in Königsberg (vom Memeler Magistrat dazu gedrängt) am 12.3.1852 die Grundschule schließen.(III/46)

Im Mai/Juni d.J. kam v.Pochhammer nach Memel. Begleitet von erheblichen Behinderungen seitens des Bürgermeisters sowie von Angriffen in der Presse hielt er bis Ende 1852 (polizeilich überwachte) Vorträge und Versammlungen, die von bis zu 100 Teilnehmern besucht wurden. Ab Sommer d.J. wurde er in seiner Evangelisten-Tätigkeit von Deventer unterstützt.(III/43; VII/38; XVI/197v.208)

Am 19.12.1852 erfolgte die Gründung der katholisch-apostolischen Gemeinde in Memel durch die Übergabe der gesammelten Gläubigen an den Beauftragten Engel von Stettin, W.Becker. Der Priester Deventer wurde Vorsteher der neuen Stettiner Filiale. Bei ihrer Eintragung als Verein wurde ein Mitgliederverzeichnis und (anstelle eigens formulierter Statuten) ein Exemplar der Liturgie eingereicht. Diese nicht ganz den Vorschriften entsprechende Anmeldung nahm Bürgermeister Zimmermann zum Anlass, der *"Apostolischen Gemeinde zu Memel"* *"die Rechte eines statutenmässig constituirten Vereins"* (zunächst) nicht zuzugestehen. Er verbot das Aufstellen von Kollektenbüchsen (für die Zehnten und Opfergaben) und untersagte im März 1853 die katholisch-apostolischen Gottesdienste, wobei er die Teilnahme von Kindern zum Vorwand nahm. Das Gottesdienstverbot stieß jedoch beim Landrat sowie beim zuständigen Staatsanwalt auf Missbilligung und musste deshalb wieder aufgehoben werden. (III/93v-99v)

Vom 24.5.-5.6. d.J. besuchte in der Person Thierschs zum erstenmal ein Diener der Allgemeinen Kirche die äußerlich und auch innerlich angefochtene Gemeinde. (In der Regel wählten die katholisch-apostolischen Amtsträger für ihre

Anreise nach Memel damals folgende Route: von Königsberg auf dem Landwege nach Cranz und von dort - in rund 10 Stunden - per Schiff durch den Beek-Kanal und das Kurische Haff bis Memel.)
Im Brief an seine Frau vom 26.5.1853 beschrieb Thiersch das abgelegene Memel folgendermaßen:
"Die Stadt ist wie alle diese nordischen weitläufig, mit niedrigen, doch sehr soliden Häusern (,) geraden Straßen, zierlichen Treppen und Sitzen vor den Hausthüren. Man spricht ein recht nettes Deutsch, die Bauern sprechen litthauisch, welches ich sehr zu lernen wünsche, denn es ist eine volltönende uralte indogermanische Sprache. Die litthauischen Bauern sind noch sehr fromm, frömmer als ihre Pfarrer und haben sich ihr altes Gesangbuch um keinen Preis rauben lassen. Die Frauen tragen seltsame Röcke wie Männer ...
Man lebt hier wie am Ende der Erde oder vielmehr wirklich am Ende - denn daneben von 2 Seiten ist die russische Gränze mit ihrer unerbittlichen Sperre ... " (Th.Br.,138/4f)
Thiersch traf in Memel eine Gemeinde an, die nur noch aus knapp 60% der ein halbes Jahr zuvor aufgenommenen Mitglieder bestand und in der es einiges zu ordnen gab. Seine Tagebuch-Aufzeichnungen aus diesen Tagen vermitteln ein sehr genaues Bild vom Zustand und den Problemen der Gemeinde: Von den insgesamt 52 Personen (14 Männer und 38 Frauen), die im Dezember 1852 in die Gemeinde aufgenommen worden waren (37 am 19.12. sowie 15 am 22. und 26.12.), hatte offenbar ein größerer Teil zuvor den Baptisten angehört (BORN, 1974,45). (Honoratioren bzw. Vertreter der "höheren Stände" gab es unter den Gemeindegliedern nicht.[Th.Br.,139/2]) 16 Personen (darunter 12 Baptisten [2 von ihnen waren als Diakone beauftragt worden]) hatten definitiv ihren Rücktritt erklärt, 7 weitere verhielten sich unentschlossen (unter ihnen ein ehemaliger Freimaurer). Zu den übriggebliebenen 29 Personen gehörten der Schmied Ferdinand Mampel (einziger Diakon), dessen Frau (Diakonissin), Johanna Müller (Diakonissin; bei ihr war Deventer Weihnachten 1851 zu Gast gewesen [s.o.]), H.Lentz sowie Herrmann Schoeler, den Deventer für geeignet zur Anbietung zum Priester-Amt hielt. Außer diesen Fakten notierte Thiersch zur Gemeindesituation (zunächst über die Zurückgetretenen):
"Geiz wegen der Zehnten der Hauptgrund. Doch war ihnen genug zuvor gesagt. Kobe *verlangte s. Zehnten zurück ... Jetzt sind 9 Männer, c. 20 Frauensp*(ersonen) *treu. In d*(e)*r Woche kommen keine Männer zum Gottesdienst. Die Baptisten h*(a)*b*(e)*n* nicht *gebeichtet vor der Aufnahme. Einige sagen: ja, wenn H. v. Pochh. wieder käme. Übelstand war, d*(a)*ß m*(an) *k*(eine) *Opf*(er)*büchsen aufstellen durfte u. Herrn* Deventer *die X u.* O.G. ("Zehnten und Opfergaben" - Verf.) *in d*(ie) *Hand gab (in s*[eine]*r Wohnung) Auch die* Detloff *u. d. Wittwe* Sembill *sind ohne Beichte aufgen*(ommen) *... Doch hat H. v. Pochh. ernstlich üb. d. Beichte gepredigt, auch h*(a)*ben einige gebeichtet ... Dev. hat fast tägl. Conflicte gehabt mit Bürgerm*(eister)*, Rentei, Landrath, Gendarmen, Predigern (Malkwitz unterbrach ihn im Vortrag).- Sonnt. Trinit. der Gottesdienst geschlossen. Am Sonnt. w*(er)*den zur Arbeit gezwungen:* Mackat *u.* Knopp *mitunter auch* Mampel*; Wittwe* Telch*; Johanna Geziss* (;) Reinack *(Pfarrer*

in Memel - Verf.) *hält d. Leute auf d(e)r Straße an ... Die Gem. besteht noch aus 2 Elementen: Die einsamen Frauenspersonen die armen Arbeiterfamilien. Diese etwas unwissend, ab(er) bieder. Der Gesang noch höchst kläglich. Dev. selbst*(ändig ? - Verf.). *Commercienrath* Mason *hat zu s(eine)n Arbeit(ern) gesagt: <u>ich</u> bin der liebe Gott."* (Th.Tgb., 25.5.1853)

In den 12 Tagen seines Aufenthaltes in Memel hielt Thiersch die meisten der regelmäßigen Gottesdienste (mittwochs Morgendienst, donnerstags Abenddienst, sonntags Eucharistie und Nachmittagsgebete) sowie insgesamt 10 Vorträge über Ehe, Kindererziehung, Hausgottesdienst, Abendmahl, Beichte, apostolische Handauflegung und einige Bibelabschnitte. Er besuchte Gemeindeglieder, zwei Pfarrer und den Superintendenten (letztere *"nur Anstands halber"* [Th.Br.,139/2]) sowie zwei Juristen. Am 30.5. führte Thiersch mit der Gemeinde eine Gesangsübung durch, zwei Tage später fertigte er für Deventer den Entwurf zu einer Beschwerde an. Im übrigen widmete er sich der theologischen und pastoralen Weiterbildung des Priester-Vorstehers (durch gemeinsame Bibelbetrachtung, Beratung, Gesangsübungen usw.). Am Sonntag, dem 5.6., ließ der Bürgermeister vor dem katholisch-apostolischen Gottesdienstlokal an die gerade von der Eucharistiefeier kommenden Gemeindeglieder in aufdringlicher Weise eine Schrift des Königsberger Theologieprofessors J.L.Jacobi mit dem Titel *"Die Lehre der Irvingiten, verglichen mit der heiligen Schrift"* (1853) austeilen. (Diese gegen die katholisch-apostolische Bewegung gerichtete Broschüre ist selbst von Gegnern der Katholisch-apostolischen Gemeinden - z.B. von Vertretern der Königlichen Regierung in Königsberg - als *"Schmähschrift"* bezeichnet worden [III/94].) (Th.Tgb.,24.5.-5.6.1853)

Ende September / Anfang Oktober 1853 besuchte Carlyle - zusammen mit dem Neustettiner Engel Koeppen (vgl.Th.Tgb.,21.8.1853) - die Gemeinde in Memel und vollzog dabei auch die apostolische Handauflegung. Der Apostel hatte vor seiner Abreise aus Berlin (10.9.) den Innenminister von dem beabsichtigten Besuch der Gemeinden in Pommern und Ostpreußen in Kenntnis gesetzt und diesen gebeten, zu verfügen, dass seinem Aufenthalt *"in Königsberg und Memel ... von den betreffenden Königlichen Polizeibehörden nicht störend entgegengetreten werde"* (III/67).(s.u.) Von Behinderungen des Apostels auf dieser Reise ist nichts bekannt.

Doch die Schikanen gegen die Gemeinde in Memel gingen weiter. Am 11.12.1853 wurde die Feier der Eucharistie verboten. In einer von Deventer und 22 Gemeindegliedern unterzeichneten Beschwerde vom 17.1.1854 an v.Westphalen werden außerdem folgende Vorgänge benannt:

"Der Herr Bürgermeister Zimmermann bemüht sich, ... uns auf alle nur erdenkliche Weise zu schmähen und zu beeinträchtigen.

Unsere Zusammenkünfte werden oft dadurch verhindert, daß verspätete Verfügungen des Herrn Bürgermeisters unsere gesetzlichen Anmeldungen unmöglich machen; unsere feierlichen Gottesdienste werden durch Herrn Bürgermeister Zimmermann in eigner Person gestört, unterbrochen, gelästert und durch Profanirung unserer durch priesterlichen Segen geheiligten Geräthe entweiht; die Ausübung des heiligen Abendmahls wird uns von der Polizei monatelang aufgehalten und diese unersetzlichen Verlüste geschehen uns, ohne daß wir den Weg der Gesetze im Mindesten verlassen.

Diese Unterbrechungen geschehen jedesmal entweder mit Vorgeben eines falschen Grundes ... oder sie geschehen ohne Vorgeben der Ursache, wie unter Andern auch am 4. Dezember 1853 durch den Polizeisergeanten Albrecht mitten in der Feier des heiligen Abendmahls...

... wir müssen leider noch erwähnen, daß Herr Bürgermeister ... uns mit Drohungen und mit Entziehung städtischer Wohlthaten verfolgt, so weit seine Amtskraft reicht, eben weil das Dasein unseres 'Vereins' ihm mißliebig ist...

Endlich haben wir uns zu beschweren, daß der Polizeisergeant Albrecht in Abwesenheit unseres Vorstehers und ohne Veranlassung ruhige Kinder der Gemeindeglieder aus unserer Versammlung hinausbrachte und daß derselbe im Auftrag von seinen Vorgesetzten an der Thür des Versammlungslokals Schmähschriften wider uns an die Versammelten aufdringlich austheilte; wohingegen die von einem Buchhändler nur für uns Gemeindeglieder gesandte(n) 'Liturgien' durch Herrn Bürgermeister Zimmermann mehrere Wochen mit Beschlag belegt wurden.

Seit der Entstehung unseres Vereins sind wir als ein politischer oder gar aufrührerischer Verein behandelt worden." (III/98ff)

Deventer wurde in der 2. Hälfte des Jahres 1854 auf Anzeige durch den Magistrat vom Staatsanwalt in Memel *"wegen unbefugter Anmaßung geistlicher Amtshandlungen"* angeklagt und bald darauf gerichtlich *"zur Strafe"* (Gefängnis? [vgl.ALBRECHT,1924,55]) verurteilt.(III/93v) Da sich die Anklage auf die Feier des heiligen Abendmahls bezog, bestand dieses Urteil zu Unrecht.(vgl. Anm.83) Der Ausgang der Berufungsverhandlung ist nicht bekannt. Auf Anweisung des Innenministers, der bereits am 3.4.1854 die Königliche Regierung zu Königsberg mit Nachdruck darauf hingewiesen hatte, *"daß schon nach den Vorlagen* (gemeint ist die o.g. Eingabe vom 17.1. d.J. - Verf.) *der Magistrat zu* Memel *jedenfalls zu weit gegangen ist, wenn er der gedachten Gemeinde die Austheilung des Abendmahls unter Androhung der 'gesetzlichen Strafen' untersagt hat"*, musste die Eucharistie im Herbst 1854 wieder zugelassen werden.(III/78.93v)

Mitte Oktober d.J. besuchte Carlyle (mit Böhm) Memel zum letzten Mal. Der Apostel Woodhouse hielt sich, begleitet von Thiersch, erstmals vom 17.-19.9. 1855 in der dortigen Gemeinde auf (apostolische Handauflegung am 18.9.).

Im Sommer 1857 verweigerte Pfarrer Habrucker aus Memel dem Priester Deventer das Aufgebot zur beabsichtigten Eheschließung mit einer jungen Frau

aus der dortigen katholisch-apostolischen Gemeinde. Beschwerden an das Evangelische Konsistorium in Preußen, an den Evangelischen Oberkirchenrat und an den Prinzregenten (den späteren König Wilhelm I.) führten zu keinem Erfolg. So blieb Deventer bei seiner im Laufe des Jahres 1859 erfolgten Heirat offenbar nur der Weg der zivilen Eheschließung.(vgl.Anm.90)
Am 15.5.1858 durch Geyer zum *"höheren Amt"* berufen, erhielt Deventer am 7.10. d.J. die Engel-Weihe (beides in Berlin). Nach 1861 übernahm er als Beauftragter Engel die Gemeinde in Memel (bis 1854 Filiale unter Stettin, seitdem unter Königsberg).
Bis 1863 fanden weitere Besuche des Apostels in Memel statt: vom 17.-19.10. 1859 (zusammen mit Thiersch und Schwarz; am 18.10. apostolische Handauflegung für 17 Frauen und einen Mann), Anfang Oktober 1860, vom 3.-6.9.1861 (mit Böhm und Schwarz), vom 30.9.-2.10.1862 (mit Thiersch; am 1.10. apostolische Handauflegung) und (wahrscheinlich) im Herbst 1863 (mit Böhm).
Ende 1861 gehörten außer Deventer 133 erwachsene Kommunikanten, 1 Priester und 4 Diakone zur Gemeinde in Memel. Unter den Amtsträgern befanden sich der Maurer Wilhelm Lutzkat (ordiniert am 10.9.1861), der Schneidermeister Adolph Schoeler und der Sattlermeister Herrmann Schoeler.
Spätestens ab 1862 verfügte die Gemeinde über ein neues, größeres Gottesdienstlokal (am Friedrichsmarkt [beim Glasermeister Wickenhagen]).
Vor 1878 entstand eine eigene Kapelle am Ferdinandsplatz 1, die 1945 durch Kriegseinwirkungen zerstört wurde. Im November 1884 zählte die Gemeinde mindestens 120 Mitglieder.(XXI/80) Deventer, der dieselbe fast 50 Jahre lang leitete und daneben auch evangelistisch im Baltikum tätig war, starb 1902. Die Memeler Gemeinde hatte nur eine einzige Filiale, und zwar in Tilsit (Kapelle 1894; 1900: Nächstbeauftragter Engel; eigene Filiale in Ragnit). 1902 wurde Tilsit selbständig (Beauftragter Engel). Im gleichen Jahr übernahm C.Wolf (+ nach 1933) die Memeler Gemeinde als Beauftragter Engel. Nach dem 1. Weltkrieg zunächst von Frankreich verwaltet, kam Memel 1923 zu Litauen und heißt seitdem Klaipeda. Der 2. Weltkrieg brachte das Ende der dortigen katholisch-apostolischen Gemeinde.

Königsberg

Besonders ereignisreich und interessant ist die Vor- und Frühgeschichte der katholisch-apostolischen Gemeinde in Königsberg. Diese zeigt exemplarisch (und zugespitzt) nahezu alle charakteristischen äußeren Faktoren auf, die die Situa-

tion der Katholisch-apostolischen Gemeinden in Preußen bis 1863 bestimmten. Auffällig ist hier vor allem die unterschiedliche Behandlung der Katholisch-apostolischen Gemeinden durch die Lokal- und die Zentralbehörden. So stand das harte restriktive Vorgehen des Königsberger Polizeipräsidiums (in den ersten Jahren) klar im Gegensatz zur freundlichen Duldungspraxis des Innenministers v.Westphalen. Auch im kirchlichen Bereich war die Einstellung der Provinzialbehörde (Evangelisches Konsistorium in Preußen) kompromissloser als die der Zentralbehörden (Evangelischer Oberkirchenrat, Ministerium der Geistlichen, Unterrichts- und Medizinal-Angelegenheiten). Allerdings waren hier die Unterschiede in den Reaktionen auf die katholisch-apostolische Bewegung nicht so groß wie die zwischen Ortspolizei und Innenministerium.
Ab August 1851 hielt sich der Priester-Evangelist Deventer in Königsberg auf. Über seine bis kurz vor Weihnachten während Tätigkeit schrieb er in einer Beschwerde vom 15.1.1852 an den Innenminister:
"Ich habe dort lediglich in christlichen Familienkreisen, in welche ich eingeladen war, ohne daß ich irgend welche Einladung gemacht hätte, über verschiedene religiöse Gegenstände erbetene Auskunft gegeben." (III/15)
Am 24.11.1851 traf v.Pochhammer in Königsberg ein. *"Im Gespräche mit Einzelnen, und in Vorträgen vor kleinen Privatversammlungen"*, an denen zwischen 8 und 14 Personen teilnahmen, sprach er - auf Deventers evangelistischer Vorarbeit aufbauend - über das Anliegen der katholisch-apostolischen Bewegung *"und miethete endlich einen Saal, um vor öffentlichen Versammlungen diese Vorträge fort zu setzen"*. Als v.Pochhammer den ersten öffentlichen Vortrag bei der Polizei anmelden wollte, verweigerte diese die Entgegennahme der Anmeldung. Mehr noch: Deventer und v.Pochhammer wurden über ihre Tätigkeit *"zu Protokoll vernommen"* und ultimativ aufgefordert, Königsberg innerhalb von 3 Tagen zu verlassen.(III/19-v [aus v.Pochhammers Beschwerde an den Innenminister vom 30.12.1851]) Deventer reiste daraufhin nach Memel, wo er wenig später ebenfalls ausgewiesen wurde (s.o.).
In Königsberg konnte v.Pochhammer dagegen durch persönliche Vorsprache bei dem Polizeipräsidenten Peters erreichen, dass dieser auf den Vollzug der Ausweisung zunächst verzichtete und die genannte Anmeldung doch noch entgegennahm. So fand die erste - und vorläufig einzige - öffentliche Versammlung am Sonntag, dem 21.12.1851, in einer Gesellenherberge unter der Aufsicht mehrerer Polizeibeamter mit 60 Personen (größtenteils Frauen) statt.
Der nächste Vortrag war für den 25.12. geplant. Es kam jedoch nicht mehr dazu. Durch eine Verfügung des Polizeipräsidenten vom 23.12. d.J. wurde v.Pochhammer erneut aufgefordert, die Stadt zu verlassen - diesmal innerhalb von 48 Stunden.(III/11.19-23v) Max v.Pochhammers Versuch, durch ein Gespräch mit

dem Oberpräsidenten der Provinz Preußen, Eichmann, die Zurücknahme der Ausweisung zu erreichen, blieb ohne Erfolg. In seiner Beschwerde vom 30.12. 1851 schrieb der Evangelist über diese Unterredung:
"Als ich die Ehre hatte Sr. Excellenz, dem Herrn Oberpräsidenten diese Sache vorzustellen, beschuldigte mich derselbe ebenfalls keines ungesetzlichen Schrittes, bezweifelte auch weder die Aufrichtigkeit meines Strebens, noch die Achtungswürdigkeit meiner Überzeugung, erklärte sich aber mit dem Königl. Polizei=Präsidio einverstanden, indem es für die kirchlichen Verhältnisse von Königsberg besser sei, wenn meine Thätigkeit künftighin wenigstens in Königsberg gehindert werde." (III/19v)

Zur Begründung der Ausweisung v.Pochhammers führte Peters in seinem Bericht an das preußische Innenministerium vom 1.2.1852 aus:
"Denn es war einleuchtend, daß dieselben (Deventer und v.Pochhammer - Verf.), wenn auch nach einer andern und weniger gefährlichen Seite hin die rechtgläubige evangelische Kirche ebenso schwächen und die, keineswegs sehr große Zahl ihrer Anhänger vermindern würden, als dies seit Jahren schon durch die Ruppsche freie Gemeinde geschehen war, und daß, da die Irvingianer gleichfalls das bestehende Kirchen=Regiment verwerfen und ihre geistlichen Amtshandlungen unter sich verrichten, durch Entstehung dieser neuen Sekte neue Verirrungen in Absicht der Civilstandsverhältnisse eintreten würden, womit polizeilicher Seits hier schon so viel gegen die freie Gemeinde zu kämpfen gewesen ist...
Wären der p. v.Pochhammer und Deventer hiesige Ortsangehörige gewesen, so würde gegen sie allerdings nicht haben eingeschritten werden können. Da sie indessen von auswärts hierher gekommen, und für ihr Verweilen der polizeilichen Erlaubniß bedürftig waren; so konnte ich nach meiner pflichtmäßigen Ueberzeugung ihrem, den Interessen unserer Landeskirche und der bürgerlichen Ordnung nachtheiligen Treiben durch Ertheilung jener Aufenthalts=Erlaubniß nicht noch Vorschub thun. Vielmehr mußte ich mich durch die Vorschriften im § 5 der General=Instruction über die Aufenthalts=Karten, vom 12.Juli 1817, für verpflichtet halten, denselben die Erlaubniß zum ferneren Aufenthalt am hiesigen Orte ... zu versagen, d.h. sie von hier auszuweisen." (III/22v-23 [Auf die Aufenthaltskarten wurde in Preußen erst ab 1863 verzichtet {s. Allerhöchste Kabinetts-Ordre vom 2.3. d.J. in: G.S.,1863}])

Max v.Pochhammer zog sich nach seiner Ausweisung zunächst in den rund 20 km südwestlich von Königsberg gelegenen Ort Brandenburg/Pr. zurück und schrieb dort am 30.12.1851 die bereits erwähnte Beschwerde an v.Westphalen. (III/19-21) Diese wurde von zwei weiteren Eingaben flankiert: der o.g. Beschwerde Deventers vom 15.1.1852 und einer Petition von Königsberger Anhängern der katholisch-apostolischen Bewegung vom 27.1. d.J. (ebd./11-12), in der diese den Minister baten, *"gütigst den öffentlichen Vorträgen freies Eingehen zu bahnen, durch die uns ein ganz unbeschreiblich großer Segen zu Theil geworden ist, und den man uns so plötzlich entrissen hat"* (ebd./11v).

Anfang Januar 1852 hatte außerdem H.Wagener Gelegenheit, mit dem Innenminister ausführlich über die Behinderungen der Evangelisten in Königsberg und Memel sowie *"über die Entstehung, den Glauben und die Hoffnung der in den Preußischen Landen gegründeten apostolisch-katholischen Gemeinden"* zu sprechen (ebd./26). Auf ausdrücklichen Wunsch des Ministers legte er letzteres in einer Eingabe an v.Westphalen vom 15.1.1852 noch einmal schriftlich dar. (ebd./26-40v) Wageners Vorstoß (im Zusammenhang mit den o.g. Eingaben) hatte Erfolg und trug offenbar entscheidend dazu bei, dass der Minister fortan den Katholisch-apostolischen Gemeinden mit Sympathie begegnete und im Falle polizeilicher Behinderungen wiederholt für Abhilfe sorgte.(Anm.44) Auf's Ganze gesehen hat diese Haltung v.Westphalens die Ausbreitung der Katholisch-apostolischen Gemeinden in Preußen erheblich erleichtert.(Anm.94)

Am 29.2.1852 ergingen die Bescheide an die Beschwerdeführer v.Pochhammer und Deventer sowie an die Königliche Regierung zu Königsberg. Den Evangelisten wurde vom Innenminister mitgeteilt, dass - wenn sie sich innerhalb der gesetzlichen Schranken bewegten - einem künftigen Aufenthalt in Königsberg und Memel nichts mehr im Wege stehen würde. Besonders bemerkenswert ist das Reskript an die Königliche Regierung, auf das in späterer Zeit immer wieder Bezug genommen wurde. Der Minister wies darin die im Bericht des Polizeipräsidenten vom 1.2. d.J. aufgeführten Gründe (s.o.) als *"nicht durchgreifend"* bzw. *"unerheblich"* ab und stellte fest:

"Was ferner die angebliche unkirchliche Haltung der Irvingianer in Bezug auf Kirchenverfassung und Kirchen=Regiment betrifft, so kann auch diese solange nicht geradezu behauptet werden, als die Irvingianer, wie sie es bis jetzt wirklich gethan, sich ausdrücklich für nicht aus der evangelischen Kirche ausgeschieden erklären und sich dem evangelischen Kirchen=Regimente quod ad externa *unterordnen...*

Es wird daher den etwa erneuerten Versammlungen der Irvingianer, solange sich dieselben in den Grenzen der bloßen Privatandacht bewegen und sonst keine Verletzung der Gesetze mit sich führen, ein Hinderniß nicht in den Weg zu legen seyn." (III/24-v [vgl.S.126 der vorliegenden Untersuchung])

Angesichts des Interesses, das v.Pochhammers Verkündigung unter Königsberger Bürgern gefunden hatte, sah sich neben dem Polizeipräsidium auch das Evangelische Konsistorium in Preußen veranlasst, einer Ausbreitung der katholisch-apostolischen Bewegung in Königsberg (und in der Provinz) entgegenzuwirken. Anfang 1852 erschien in den Nummern 3-5 des Königsberger *"Evangelischen Gemeindeblattes"* ein kritischer Aufsatz über den *"Irvingismus"*.(V/2) Am 7.5. d.J. wies das Konsistorium (in einem gedruckten Rundschreiben an die Superintendenten der Provinz) alle Geistlichen an, die alte Vorschrift der persönlichen Anmeldung zum Abendmahl neu zu beleben, um gegebenenfalls Anhänger des *"Irvingismus"* vom Abendmahl ausschließen zu können. So heißt es in dem Zirkular, das auch im Gemeindeblatt veröffentlicht wurde:

"Denn die evangelische Kirche würde sich selbst aufgeben, wenn sie denjenigen, die an ihrer Auflösung arbeiten, das Sakrament, das höchste Zeichen der Gemeinschaft, ohne Unterschied

reichen wollte; sie handelt also nur in ihrem Rechte, wenn sie da, wo alle seelsorgerische Einwirkung fruchtlos geblieben ist, das Sakrament versagt, und die in der Spendung desselben liegende Billigung der Irrlehre von sich ablehnt." (IV/243; vgl.Anm.80)

Als v.Pochhammer - nach einem zweiten Aufenthalt im Februar/März 1852 (I/250v) - Anfang Januar 1853 erneut nach Königsberg kam, um seine Evangelisten-Predigten wieder aufzunehmen, reagierte der Königsberger Theologieprofessor Jacobi sofort mit einer öffentlichen Gegenarbeit. Noch im Januar hielt er "an zwei verschiedenen Orten der Stadt und zwar in solchen Localen, welche den niedrigsten Schichten der Gesellschaft (!) leicht zugänglich waren, populäre Vorträge" über "'Die Lehre der Irvingiten, verglichen mit der heiligen Schrift'". (V/2-v [vgl.III/60v]) Diese Vorträge erschienen im Frühjahr 1853 als Broschüre. (vgl.S.145 der vorliegenden Untersuchung) Auch von den Kanzeln der Stadt wurde die katholisch-apostolische Bewegung nach Kräften bekämpft. In einem Bericht des Evangelischen Konsistoriums in Preußen an den Evangelischen Oberkirchenrat vom 28.4. d.J. heißt es dazu:

"Die letzte dieser Predigten hatte den Erfolg, den Emissair (v.Pochhammer - Verf.), der sich mit einer ostensibeln Beharrlichkeit in den Gottesdiensten der Löbenichtschen Kirche einfand zum sofortigen Verlassen derselben zu bestimmen." (V/2v)

Das Polizeipräsidium in Königsberg äußerte sich zu diesem Vorfall so:

v.Pochhammer habe sich in Königsberg nichts zu schulden kommen lassen, *"abgesehen von dem ungehörigen, auffälligen Weggehen aus der Löbenichtschen Kirche, als der Pfarrer Professor Cosack in der Predigt die Nichtigkeit der irvingitischen Apostel berührte: indeß auch hier ging das Benehmen des v. Pochhammer nicht bis zu einer gesetzlich strafbaren Störung des öffentlichen Gottesdienstes fort."* (Bericht an das Evangelische Konsistorium in Preußen vom 8.6.1853 [III/60])

Vom 9.1.1853 an hielt v.Pochhammer Vorträge und Versammlungen, die ungewöhnlich stark besucht wurden und ein halbes Jahr später zur Gründung einer katholisch-apostolischen Gemeinde in Königsberg führten.

Nähere Einzelheiten über v.Pochhammers Evangelisten-Tätigkeit in diesen 6 Monaten enthält der o.g. Bericht des Polizeipräsidiums vom 8.6.1853 (III/57-60v): Am ersten Vortrag, der in einem Tanzsaal (Magisterstraße 6) stattfand, nahmen 43 Personen teil. Die Teilnehmerzahl stieg innerhalb von 14 Tagen auf 300 Personen an, so dass die für den 25.1. angekündigte Versammlung wegen des zu kleinen Raumes polizeilich untersagt werden musste. Ab 28.1. hielt v.Pochhammer (dem das Evangelische Konsistorium in Preußen bescheinigte, dass seine *"Persönlichkeit ... sehr viel Anziehendes an sich"* trage [V/3]) öffentliche Vorträge im Kneiphöfschen Gemeingarten (Magisterstraße 55), die regelmäßig von 400-800 (!) Zuhörern besucht wurden. Bis zum 1.5. fanden dort 44 Vorträge des Engel-Evangelisten statt. Ab Februar führte er außerdem besondere Versammlungen für die festen Anhänger der katholisch-apostolischen Bewegung durch, zu denen er von Anfang an Einlasskarten ausgab. Bis Ende April fanden mindestens 16 dieser Versammlungen statt. Die Zahl der Teilnehmer lag zwischen 75 und 280 Personen. Weiter heißt es in dem Bericht:

"Mit Anfang Mai verlor v. Pochhammer die bisher von ihm benutzten Lokale, und die große Zahl der Personen die sich bis dahin zu seinen Vorträgen gedrängt hatte, veranlaßte das Polizei=Präsidium für jedes der demnächst von ihm für seine Versammlungen ausgewählten neuen Lokale bei der Natur und Beschaffenheit derselben nach technischer Untersuchung der (die? - Verf.) *Personenzahl festzustellen, welcher höchstens der Eintritt gestattet werden dürfe, was hinwiederum den v. Pochhammer veranlaßte, den Eintritt überhaupt nur gegen Einlaßkarten zu gestatten."*

So waren für das Lokal in der Fleischerherberge (Neue Gasse 3) 300 Personen zugelassen (bis 5.6. 4 Vorträge) und für das Lokal in der Tischlerherberge (3. Monkenquergasse 7) 150 Personen (im Mai und Juni 12 Versammlungen). Ohne Begrenzung der Personenzahl und ohne Einlasskarten fanden in dieser Zeit außerdem 5 Versammlungen in einer Reitbahn statt, die

"stets von 380-385 Personen, eine einzige aber nur von 323 Personen besucht gewesen sind. Dies dürfte denn die Zahl derjenigen Personen sein, welche unausgesetzt sich für die irvingitische Lehre interessiren, während nach den obigen Andeutungen circa *200 bereits als eigentliche Anhänger derselben anzusehen sein werden.*

In allen vorerwähnten Versammlungen ohne Ausnahme haben die Zuhörer abgesehen von vorübergehenden Besuchen aus Neugierde, den niederen Ständen, namentlich dem niederen Handwerkerstande angehört, und hat soviel bekannt geworden auch kein einziges Individuum aus höheren Ständen der irvingitischen Lehre sich zugewandt. Uebrigens hat in den Versammlungen stets das weibliche Geschlecht in sehr auffallender Weise die Ueberzahl über das männliche gehabt, da dann regelmäßig 1/6 der anwesenden (Anwesenden - Verf.) *Männer gewesen sind.*

Die Versammlungen ... währen regelmäßig 2 Stunden, beginnen mit Gesang und Gebet, wogegen die übrige Zeit mit einem Lehr=Vortrag des v. Pochhammer ausgefüllt wird. Sie haben sich stets durch große Ruhe und Ordnung ausgezeichnet. Auch außerhalb dieser öffentlichen Versammlungen ist v. Pochhammer auf das eifrigste bemüht, seine Lehre zu verbreiten, den von ihm in den Versammlungen wiederholt abgegebenen Erklärungen gemäß ist er in seiner Wohnung für seine Anhänger stets zugänglich, und findet dort ein reger Verkehr derselben statt. Ebenso befördert und besucht er deren Privat=Zusammenkünfte. Sein Verhalten ist übrigens ein streng gesetzliches und hat er oft ein sogar ängstlicher (ängstliches - Verf.) *Bestreben an den Tag gelegt, jeden Konflikt mit den Gesetzen und den Behörden zu vermeiden. In den Versammlungen welche regelmäßig durch Polizei=Beamte sorgfältig überwacht werden, ist nie etwas strafbares, ja nicht einmal ein Tadel oder Ausfall gegen die bestehenden Kirchen vorgekommen. Seine und seiner Anhänger wiederholte Gesuche das Kollektiren in den Versammlungen zur Deckung der Beleuchtungs etc. Kosten zu gestatten, hat das Polizei=Präsidium stets zurückgewiesen, weil in der Gestattung desselben eine ungehörige und dem öffentlichen Interesse nachtheilige Begünstigung der irvingitischen Sectirerei gese-*

hen werden mußten. Es ist diesem polizeilichen Verbote auch stets streng nachgelebt worden...
Die Mission des v. Pochhammer in hiesiger Stadt scheint übrigens nach den von ihm in seinen Versammlungen gegebenen Andeutungen vollendet zu sein, und er wird bald von hier abreisen. An seiner Stelle wird dagegen ... der ehemalige Professor der Theologie Dr. H. Thiersch aus Marburg die Ausbreitung der gedachten Irrlehre hier übernehmen, ja, dem Verlauten nach nunmehr mit der wirklichen Bildung einer Gemeinde vorgehen." (III/58v-60v)
Thiersch kam am 19.5.1853 in Königsberg an und bezog dasselbe Quartier wie v.Pochhammer. Am 20.5. suchte er, gemeinsam mit v.Pochhammer, den Königsberger Regierungsrat Heuer auf.(Th.Tgb.) Thiersch (als Bürger Kurhessens in Preußen ein "Ausländer") wollte offenbar sondieren, ob seine Wirksamkeit in Königsberg bei der Königlichen Regierung bzw. der Polizei auf Widerstand stoßen würde. Nach dem Gespräch mit Heuer bat Thiersch - *"um sicher zu gehen"* - brieflich den Marburger Polizeirat Müller, ihm *"einen Paß mit der Unterschrift des preuß. Gesandten"* (in Kassel) zu *"besorgen"*. (Th.Br.,137/4)
In den folgenden Tagen machte Thiersch einige Besuche (u.a. bei kirchlichen Amtsträgern [Oberkonsistorialrat Sartorius traf er nicht an]), nahm am Sonntag, dem 22.5., am Gottesdienst in der reformierten Kirche teil, hörte v.Pochhammers Vorträgen zu und gönnte sich ansonsten ein wenig Freizeit, die er für Spaziergänge durch Königsberg nutzte. Am 26.5. schrieb er an seine Frau:
"... Dabei besah ich mir die Stadt, deren am Wasser gelegene Theile großartig sind... Die Menge der Schiffe, das rohe barfüßige Schiffsvolk das Schreien und Singen der Verkäufer auf den Straßen, der lange Tag, endlich das Gefühl einer ungeheuren Entfernung von Deutschland* [* Man sagt dort: Kommen Sie aus Deutschland?] - alles dieß macht sich sehr interessant. Es wäre nicht so übel da zu wohnen ..." (Thiersch hatte 1846/47 einen Ruf als Professor nach Königsberg abgelehnt [s.WIGAND,1888,56] - Verf.)
Im übrigen blieb ich unbemerkt. Doch die Polizei lud mich vor u. examinirte mich, wenn auch ganz human. (Thiersch wurde am 23.5. auf dem Polizeipräsidium durch den Sekretär Wattmann befragt - Verf.)
Von den zukünftigen Gemeindegliedern lernte ich nur Hn. Serger kennen (sehr ähnlich Hn. Häger) u. Fräulein von Funk, über 50 alt, eine sehr fromme gewissenhafte, zartfühlende Dame, früher Theosophin. Von Pochhammer hörte ich 3 Predigten, sehr erhebend. In den geschlossenen Versammlungen (für 200 Personen) redete er mit großer Ruhe und Tiefe über göttliche Geheimnisse (am 20.5. über "die 4 heiligen Farben" und am Sonntag, dem 22.5., um 6 Uhr, über die Geistesgaben - Verf.), in der öffentlichen Versammlung in der Reitbahn am Sonnt. Nachm., wo über 400 Zuhörer waren, sprach er mit ungemeinem Feuer 2 Stunden lang (über die Versiegelung - Verf.), unter der gespanntesten Aufmerksamkeit. Er arbeitet ungeheuer, schon früh um 5 Uhr fangen die Besuche an, die er zu sich bestellt hat. Um 10 Uhr geht er aus u. macht Pflichtgänge. Erst spät Nachts kömmt er heim. Morgens u. Abends genießt er bloß kalte Milch. Seine Gottergebenheit und sein Eifer läßt kaum einen Raum für

eine lebhafte menschliche Freundschaft, nach der in mir so viel Verlangen ist." (Th.Br., 138/2f) [97]

Am 24.5. reiste Thiersch nach Memel (s.o.) und kehrte am 6.6. wieder nach Königsberg zurück. 3 Tage später teilte er seiner Frau die weitere Planung mit:

"Meine Wirksamkeit hier wird, so Gott will, nächsten Sonntag beginnen, mit der Aufnahme der ersten durch Pochhammer vorbereiteten P(er)s(o)nen (?). Sonnt. den 19. soll dann die erste Feier der heil. Euch. statt finden. In 4 Wochen können meine Vorträge wohl beendigt sein, aber meine Abreise hängt davon ab, wann derjenige Aelteste hier eintritt, dem ich die Gemeinde übergeben soll (E.Schwarz - Verf.). *Es ist bis jetzt alles so angelegt, daß dieß im Anfang July geschehen kann."* (ebd.,139/1f)

Doch es kam ganz anders. Thiersch fasste die dramatischen Ereignisse der nächsten Tage im Brief an seine Frau vom 15.6.1853 zusammen:

"Am 11. Juny bekam ich Winke, daß die hiesige Polizei mir nicht mehr gestatten würde als höchstens Vorträge zu halten. Die größte Vorsicht war nöthig und es schien, als würde es mit der Gründung der Gemeinde einen langsamen Gang gehen. Pochhammer allein vollzog die erste Aufnahme, vorigen Sonntag früh. Es geschah wie auf der Flucht, es war aber eine freudige Glaubensthat. Dem Gesetze nach mußte nun die Gründung des Vereins angezeigt werden, und zwar durch mich als dermaligen Vorsteher. Dieß geschah. Die Antwort des Polizei Präsidiums war, daß ich gestern vorgeladen wurde und die Eröffnung bekam: es sei mir auferlegt, binnen 24 Stunden abzureisen! Mein Paß mit der Unterschrift des preuß. Gesandten, mein Wohlverhalten u.s.w. wurden nicht beachtet und der Regierungspräsident bestätigte die Maaßregel. Widerstand ist nicht möglich, mir bleibt nur übrig, mich in Berlin beim Ministerium zu beschweren." (ebd.,140/1f)

Am Freitag, dem 10.6., hatte v.Pochhammer einen Vortrag über die *"Aufnahme"* (in eine katholisch-apostolische Gemeinde) gehalten. Am Nachmittag des nächsten Tages besuchte Thiersch den Rechtsanwalt Malenski, anschließend war er auf dem Polizeipräsidium. Abends fassten Thiersch und v.Pochhammer den Beschluss, dass letzterer die Aufnahme allein vollziehen solle. Diese fand am Sonntag, dem 12.6.1853, um 6 Uhr in der Fleischerherberge statt. In Thierschs Anwesenheit nahm v.Pochhammer - während einer *"erhebenden Versammlung"* (Th.Tgb.) - 22 Personen (11 Männer und 11 Frauen) in die mit diesem Akt ins Leben gerufene Königsberger Gemeinde auf. Zu den Aufgenommenen gehörten u.a. H.Serger, Joh.Neumann (später eingeführter Engel in Insterburg [s.u.]) und der Schuhmachermeister Samuel Hertz. Im Anschluss an die feierliche Aufnahme vervollständigte Thiersch die Unterlagen für die Eintragung des Vereins *"Apostolische Gemeinde zu Königsberg"* und brachte sie ins Polizeipräsidium, wo die Eintragung noch am selben Tag erfolgte. Die Unterlagen bestanden aus einem Exemplar der Liturgie und dem Mitgliederverzeichnis, das - Thiersch inbegriffen - letztlich 25 Namen enthielt.

Am Nachmittag des 14.6. wurde Thiersch auf das Polizeipräsidium vorgeladen, wo man ihm mitteilte, dass er die Stadt zu verlassen habe. Die betreffende (auf-

fallend scharf formulierte) Verfügung des Polizeipräsidenten vom 13.6. hatte folgenden Wortlaut:
"Dem Professor Dr. Thiersch ist die ihm ertheilte Aufenthalts=Karte abzufordern, und sein Paß mit dem Bemerken zurückzugeben, daß ihm der fernere Aufenthalt hieselbst nicht gestattet werden könne. Er ist demnächst auszuweisen (anzuweisen? - Verf.)*, in 24 Stunden, bei Vermeidung seiner Verhaftung und einer dreitägigen sofort zu vollstreckenden Gefängnißstrafe die hiesige Stadt zu verlassen. Gleichzeitig ist ihm ad prot: zu eröffnen, daß auch für den Fall mit der Vollstreckung der angedrohten Zwangsmaßregeln gegen ihn vorgeschritten werden würde, wenn er über diese Ausweisung höhern Orts Beschwerde zu führen beabsichtigen sollte."* (III/54)
Im Bericht des Polizeipräsidenten an die Königliche Regierung zu Königsberg vom 13.6. wird diese Verfügung folgendermaßen begründet:
"Der p. Thiersch ist Kurhessischer Unterthan, und da er nach seiner eigenen protokollarischen Angabe lediglich hierher gekommen ist, um hierselbst irvingitische Vorträge zu halten, er nach verschiedenen öffentlichen Erklärungen des p. v. Pochhammer bestimmt ist, den letzteren ... hierselbst abzulösen und mit der wirklichen Bildung einer Gemeinde vorzugehen, er auch endlich nach seiner Anzeige dieses wirklich gethan hat und sich sogar als Vorsteher des neuen Vereins bezeichnet; so habe ich mich zur Steuerung des überhand nehmenden im Interesse wahrer Bildung stets höchst gefährlichen sektirischen und schwärmerischen Unwesens für so befugt als verpflichtet gehalten, die Ausweisung des p. Thiersch aus hiesiger Stadt zu verfügen, zumal er als Ausländer keinen Anspruch auf die (das - Verf.) *in Art. 29 u. 30 der Verfassungs=Urkunde vom 31. Januar 1850 ausdrücklich nur den Preussen garantirte Recht hat."* (III/55v-56)
Am frühen Abend des 14.6. versuchte Thiersch beim Präsidenten der Königlichen Regierung, Kotze, eine Rücknahme der Ausweisungs-Verfügung zu erwirken, jedoch vergeblich. Im Tagebuch hat Thiersch dessen Hauptargumente in Stichworten festgehalten:
"'Wir h(a)b(e)n g(e)gen Sie n(ich)t d. Rücksichten zu nehmen wie g(e)gen Hn. v. Pochhammer. Es stört unsre kirchl. Einheit. Wir dürfen d. Sectenwesen nicht begünstigen. Wir handeln nach Pflicht u. Gewissen.'"
Am 15.6. gewährte die Polizei Thiersch einen Aufschub der Abreise um einen halben Tag. Im Brief an seine Frau vom 23.6.1853 beschrieb dieser seine letzten Stunden in Königsberg:
"Ich erhielt in Königsberg Erlaubniß noch <u>eine</u> <u>Nacht</u> zu bleiben. Am Abend war Vortrag von Pochhammer und auf Befragen erklärte es der anwesende Polizeibeamte für erlaubt, daß auch ich spreche. So habe ich meinen ersten und letzten Vortrag für die Gemeinde gehalten! Das war eine ernste und erhebende Stunde. Ich suchte die Betrübten zu trösten und die Aufgeregten zu beruhigen. Es ist nichts geringes, daß dieser Gemeinde die Abendmahlsfeier, auf die sie sich für den nächsten Sonntag gefreut hatte, so weggerafft worden ist. Am anderen Morgen um 5 war ich auf dem Dampfschiff.
Die (sic) *Fräulein von Funk fand sich auch in so früher Stunde schon ein und beschenkte mich mit einer Flasche Äpfelsaft. So nahm ich von Pochhammer, Kirchner (Jakob Kirchner,*

bis 1827 Lehrer in Beuggen [woher ihn Thiersch kannte], später in Russland und in Königsberg, wurde Ende 1851 in die Berliner Gemeinde aufgenommen und ging bald darauf wieder nach Königsberg [Th.Br.,117/4] - Verf.) *u. Serger Abschied und fuhr (als eine Art politischer Flüchtling) die spiegelglatten Fluthen des Pregelflusses hinab, hinaus in die Ostsee."* (ebd.,141/1f)

Thiersch reiste über Stettin nach Berlin zurück, wo er am 20.6. eintraf. Er beriet sich mit Wagener und sprach am 22.6. auch mit dem Geheimrat Scherer aus dem Innenministerium. Noch am selben Tage formulierte Thiersch eine Beschwerde an den Innenminister und brachte den Textentwurf zu Wagener, der die endgültige Fassung aufsetzen ließ. (Sie trägt die gleiche Handschrift wie Wageners Eingabe vom 15.1.1852 [s.S.150 der vorliegenden Untersuchung]!) Am 29.6. wurde die Beschwerde v.Westphalen zugestellt. Thiersch schreibt:

"... ich begab mich am Anfang dieses Monats dorthin (nach Königsberg - Verf.)*, mit der Absicht innerhalb des Vereins Vorträge zu halten und solche religiöse Handlungen, welche nach den Gesetzen des Staates erlaubt sind, vorzunehmen.*

Das Königliche Polizeipräsidium in Königsberg verweigerte mir jedoch gleich anfangs eine Aufenthaltskarte für sechs Wochen, um die ich nachgesucht hatte, und verfügte am 13. d. Mts. meine Ausweisung aus Königsberg...

Meine Ausweisung geschah in einer Form, welche kaum anders sein könnte bei einem Individuum das sich ohne Legitimation herumtriebe und politisch gefährliche Dinge im Schilde führte. Sie geschah mit völliger Nicht=Berücksichtigung meines von dem Kurhessischen Ministerium des Aeußern ausgestellten und von der Königlichen Preußischen Gesandtschaft zu Cassel visirten Passes, sie geschah ohne daß ich etwas Ungesetzliches gethan oder eine ungesetzliche Absicht geäußert hatte, sie geschah ehe ich überhaupt etwas unternommen, ehe ich auch nur einen Vortrag gehalten hatte. Bei der Stiftung des Vereins der 'apostolischen Gemeinde' am 12. Juni d.J. habe ich nicht mitgewirkt und wenn ich mich bei der gesetzlich vorgeschriebenen Einsendung der Statuten und des Mitgliederverzeichnisses als dermaligen Vorsteher derselben erklärt habe, so lag auch hierin um so weniger etwas strafbares oder gefährliches, da Vereine derselben Art an anderen Orten der Monarchie vollkommene Duldung genießen und in denselben notorisch eine entschieden loyale Gesinnung gehegt wird, so daß die gegen mich erfolgte polizeiliche Maaßregel weder durch ein Gesetz noch durch irgend welche Gründe des öffentlichen Wohles gerechtfertigt erscheinen dürfte. Hierauf glaube ich die gehorsamste Bitte gründen zu dürfen: Euer Excellenz wollen hochgeneigtest die qu. *Polizei=Verfügung aufheben, mir Genugthuung verschaffen und das Königl. Polizeipräsidium zu Königsberg i. Pr. anweisen, daß für den Fall meiner Rückkehr dahin meinem Aufenthalte daselbst, so lange ich mir keine ungesetzlichen Handlungen erlaube, nichts in den Weg zu legen sei."* (III/51v-53v)

Thierschs Beschwerde wurde - im Unterschied zu fast allen vergleichbaren Eingaben preußischer und englischer Amtsträger der Katholisch-apostolischen Gemeinden an v.Westphalen! - am 2.8.1853 abschlägig beschieden.(III/61) Damit blieb dem Hirten mit dem Apostel eine Rückkehr nach Königsberg vorläufig versagt.

Bereits am 22.6. hatte dieser dem Apostel vorgeschlagen, zum pastoralen Aufbau der neuen Gemeinde Rothe nach Königsberg zu senden. Doch Carlyle wollte offenbar kein weiteres Risiko eingehen und entschied deshalb, dass der Engel-Evangelist v.Pochhammer vorläufig die Leitung der Gemeinde übernehmen sollte. Dieser konnte zwar im Juni und Juli Gemeindeversammlungen und (weiter stark besuchte) Vorträge halten (insgesamt 36 Veranstaltungen [I/251v]), sah sich aber zunehmenden Behinderungen ausgesetzt, die ihn veranlassten, sich am 1.8. d.J. mit einer Beschwerde an den König zu wenden. In dieser beklagte v.Pochhammer u.a., dass man innerhalb von 6 Wochen der Gemeinde nur einmal gestattet habe, sich am Sonntag zu versammeln, dass das Polizeipräsidium Genehmigungen und Entscheidungen bewusst hinauszögere, dass Serger die Niederlassung und Kirchner der Aufenthalt in Königsberg verweigert würden und schließlich, dass die Polizei durch Einbehaltung der Aufenthaltskarte v.Pochhammers dessen Ausweisung vorbereite.(I/254-255) Die Königliche Regierung zu Königsberg (die übrigens v.Pochhammers Ausweisung verhinderte!) bestätigte in ihrem Bericht an das Ministerium der Geistlichen etc. Angelegenheiten vom 30.11.1853 den letztgenannten Vorwurf:

M.v.Pochhammers Aufenthaltskarte sei seit Jahresbeginn regelmäßig verlängert worden, *"und nur im Monat Juli c. als das Polizei Präsidium beabsichtigte, seine Ausweisung aufs Neue zu versuchen, wurde ihm die Aufenthaltskarte vorenthalten, demnächst aber als das Polizei Präsidium die beabsichtigte Ausweisung aufgegeben hatte, von Neuem prolongirt und ausgehändigt"*.(I/251)

Weitere Nachteile drohten der Königsberger Gemeinde dadurch, dass das Polizeipräsidium die eingereichte Liturgie nicht als ein den Vorschriften des Vereinsgesetzes entsprechendes Statut anerkannte (III/63) und dies zum Anlass nahm, der Gemeinde die Vereinsrechte vorzuenthalten. Um zu verhindern, dass der Gemeinde aus formalen Gründen noch mehr Nachteile entstanden, entschloss sich Carlyle, auf den bisherigen Grundsatz, als "Statut" ein Exemplar der Liturgie einzureichen, zu verzichten und besondere Statuten ausarbeiten zu lassen. Am 24.8.1853 formulierte Böhm Statuten für die Königsberger Gemeinde, die wenig später überarbeitet und am 6.9. d.J. durch Thiersch v.Pochhammer zugeschickt wurden. (Eine Abschrift mit dem Titel *"Statuten des christlich=kirchlichen Vereins, genannt apostolische Gemeinden zu ..."* s. in: ACTA Marburg. Dieser Text ist in den folgenden Jahren weiterentwickelt worden.[vgl.S.66f.277-280 der vorliegenden Untersuchung])

Ende August 1853 reisten Serger, Neumann und Hertz nach Berlin, wo sie am 29.8. die apostolische Handauflegung empfingen. Am 31.8. setzte Thiersch Hertz als Diakon sowie Neumann und Serger als Unterdiakone für die Königsberger Gemeinde ein.

Am selben Tage wandte sich Carlyle, der für den September eine Reise zu den ostpreußischen Gemeinden geplant hatte, mit einem Gesuch an v.Westphalen, in der Hoffnung, auf diese Weise mögliche Behinderungen vorbeugen zu können. Der Apostel schrieb:

"Euer Excellenz sind über Grundsätze und Gesinnung der Vereine, welche unter dem Namen 'apostolische Gemeinden' in den Königlich preußischen Staaten bestehen, so wie über meine Beziehung zu diesen Vereinen so wohl unterrichtet, und haben, überzeugt von dem loyalen und christlichen Streben dieser religiösen Gemeinschaft, der selben bisher so viel Duldung angedeihen lassen, daß hiedurch die Annahme gerechtfertigt ist: Euer Excellenz wünschen, daß auch in Zukunft kein anderes Verfahren gegen diese Richtung eingeschlagen werde.

In dieser Hoffnung habe ich den Vorsatz gefaßt, einen kurzen Besuch in Königsberg in Pr. und in Memel zu machen, und ich darf die Versicherung aussprechen, daß ich daselbst nichts gesetzwidriges, nichts der öffentlichen Ruhe gefährliches vornehmen, in keinerlei Beziehung zu dem großen Publicum treten, sondern mich darauf beschränken werde, innerhalb der dortigen Vereine religiöse Vorträge und Andachtsübungen zu halten, den Mitgliedern den Segen, den sie von mir erwarten, zu ertheilen und im Kreise derselben das heilige Abendmahl zu feiern - lauter Dinge, die gewiß ein polizeiliches Einschreiten nicht rechtfertigen dürften.

Der Umstand allein, daß nicht bei allen Königlichen Localbehörden dieselbe Sachkenntniß und dieselben Maximen wie bei Euer Excellenz vorauszusetzen sind, veranlaßt mich zu der vertrauensvollen Bitte: Euer Excellenz mögen hochgeneigtest verfügen, daß meinem bevorstehenden Besuch in Königsberg und Memel, so lange ich mich in den oben bezeichneten Schranken halte, von den betreffenden Königlichen Polizeibehörden nicht störend entgegengetreten werde." (III/66-67)

Der Minister, von dem Thiersch am 2.9. schrieb, dass er *"noch günstig gestimmt"* sei (Th.Br.,146/2), ließ Carlyle am 8.9. mitteilen, dass (wenn sich dieser in den von ihm selbst bezeichneten Grenzen bewege) für polizeiliche Behinderungen kein Grund bestünde.(III/69) In diesem Sinne war bereits am 6.9. der Oberpräsident der Provinz Preußen Eichmann instruiert worden.(III/64, Randnotiz) Drei Tage später erging eine entsprechende Anweisung des Innenministers an das Polizeipräsidium in Königsberg.(III/69-v) Am 10.9. reiste der Apostel zunächst nach Pommern und anschließend nach Königsberg. Dort waren im August alle Gottesdienste der katholisch-apostolischen Gemeinde untersagt worden.(Th.Br.,146/3) Carlyle kam in Begleitung des Engels Koeppen, der als Hirte mit dem Apostel fungierte. Ende September spendete der Apostel die Versiegelung. Nähere Einzelheiten über diese Reise, die offenbar ohne Behinderungen verlief, sind nicht bekannt.

Im November 1853 fand in Königsberg eine (offensichtlich durch v.Pochhammer in die Wege geleitete) Gerichtsverhandlung über die Ausweisungsverfügung gegen Thiersch (vom 13.6. d.J.) statt, die für letzteren erfolgreich ausging.(Th.Tgb., 8. und 28.11.1853 [Thiersch befand sich zu dieser Zeit in Marburg])

Im selben Monat verlegte der Älteste E.Schwarz seinen Wohnsitz von Rathenow nach Königsberg und übernahm (zunächst als Priester-Vorsteher [bald darauf als Nächstbeauftragter Engel?]) die Leitung der dortigen Gemeinde, die bis 1854 als Filiale unter Berlin stand. Noch vor dem 24.5.1854 wurde Schwarz Beauftragter Engel der Königsberger Gemeinde (zu der nun die Gemeinde in Memel als Filiale hinzukam).(III/102v)
Am 16.12.1853 hatte der Polizeipräsident von Königsberg der Gemeinde die Feier der Eucharistie untersagt. Als Schwarz dennoch damit fortfuhr, wurde gegen ihn - etwa im Februar 1854 - ein Strafantrag beim zuständigen Staatsanwalt gestellt, den letzterer aufgrund der bestehenden Rechtslage (keine geistliche Amtshandlung mit zivilrechtlicher Wirkung! [Anm.83]) am 13.5. d.J. zurückwies.(III/89v.96) Die Königsberger Polizei ließ sich jedoch immer wieder neue Mittel einfallen, um die katholisch-apostolische Gemeinde zu bekämpfen. So schreibt Schwarz am 24.5. d.J. in seiner Beschwerde an den Innenminister:
"Wiewohl ... sie das Erkenntniß des Geheimen Obertribunal in diesen kirchlichen Dingen kennt und die Verordnung an die Staats=Anwälte, keine Anklagen wider unsere Amtshandlungen anzunehmen, fährt die königl. Polizeibehörde in Königsberg und Memel fort uns aufs Äußerste zu bedrängen. Sie sendet in Königsberg Polizeidiener in unsere Versammlungen, die über diese kirchl. Dinge, über die Vorträge, über die Gabe der Weissagung Bericht erstatten müssen. Aber wie wacker und tüchtig diese Männer auch immerhin in ihrem polizeilichen Amte sein mögen, geistliche Dinge können sie nicht richten. Aber ihre Berichte werden als richtige an und aufgenommen und wir werden nach diesen irrigen Berichten strenger und strenger behandelt. Ein Polizeidiener meldete in Königsberg, daß eine weissagende Person 'sich auf dem Erdboden gewälzet' und der Mann hat nur gekniet; er habe 'gebrüllt wie ein Ochse' (so steht es in den Berichten) und er hat nur lebendig geredet. So sind wir auch in der Gefahr, wenn wir reden von geistlichen Dingen, in der Sprache der Bibel, vom Fürsten dieser Welt, vom Tödten des alten Menschen, vom Verlassen des Vaters und der Mutter um des Glaubens willen u.s.w. falsch verstanden und durch solche fleischliche Berichte verdächtigt zu werden unsere(r) Treue am Könige, ja unsern Verstand selbst. Solches erleiden wir seit Weihnachten fast täglich... So sind wir um die Feier der heil. Communion gekommen; so verbietet uns vor kurzem der Herr Polizei=Präsident in Königsberg die Abhaltung der noch übriggebliebenen Gottesdienste zur bisherigen Stunde, damit die (überwachenden - Verf.) Beamten in ihre Kirche gehen könnten und es ist nicht abzusehen, wo diese Drangsale treuer Kinder Gottes und treuer ja der getreusten Unterthanen Sr. Majestät unsers Königs enden werden." (III/101-102. Auf derartige Verzerrungen in *"Augenzeugenberichten"*, wie Schwarz sie hier anspricht, gründete sich [in polemischer Absicht] der größte Teil der gegen die katholisch-apostolische Bewegung gerichteten Literatur - angefangen von HOHL,1839 [z.B. S.139!], bis hin zu KOLDE [Essay/RE].)
Mitte Juni 1854 musste die Feier der Eucharistie durch den Polizeipräsidenten Maurach (Nachfolger von Peters) wieder zugelassen werden.(III/103) Um diese Zeit besuchte Koeppen die Gemeinden in Königsberg und Memel.

Im September kam der Engel-Prophet Geyer für mehrere Wochen nach Königsberg. Er hielt in der dortigen Gemeinde geistliche Vorträge und berief am 27.9. (anlässlich eines Anbietungs-Dienstes) Hertz, Serger und Neumann zum Priester-Amt.(vgl.Anm.112)
Über diese Anbietung sowie über die damalige Gemeindesituation wurde von dem mit der Überwachung der Gottesdienste beauftragten Polizeibeamten Faß (s.u.) am 9.10. ein detaillierter Bericht verfasst. Sein Rapport zeigt besonders eindrücklich, wie voreingenommen und ohne jedes Verständnis für geistliche Vorgänge die Polizei religiösen Gemeinschaften gegenüberstand und mit welchen Mitteln diese verächtlich gemacht wurden. Wesentliche Teile dieses Berichtes gelangten Mitte Oktober d.J. in das Königsberger *"Evangelische Gemeindeblatt"*. Dessen Artikel übernahm die PKZ, wodurch die verzerrte Darstellung in weiten Teilen Deutschlands bekannt wurde.(V/68-78; PKZ,1854, 1139f [vom 18.11. d.J.]; vgl.JÖRG,1858,II,155f!)
Mitte Oktober 1854 besuchten Carlyle und Böhm die Königsberger Gemeinde, die um diese Zeit etwa 140 weibliche und 50 männliche versiegelte Mitglieder zählte (V/68v; dem Novemberbericht der Königlichen Regierung in Königsberg an das Ministerium der Geistlichen etc. Angelegenheiten zufolge soll die Gesamtzahl der Mitglieder 300 Personen betragen haben [XVI/299v]). Am 17.10. schrieb der Apostel, den v.Westphalen protegierte (s.o.), an Thiersch:
"I was afraid we should be int(er)rupted here - as the police have been provoked by Geyer's visit - But they have mercifully let us alone. There is great life + blessing here." (B.ST.B., H.Thierschiana II,149,Carlyle,7/3)
Unter denen, die während dieses Apostel-Besuches die apostolische Handauflegung empfingen, befand sich offenbar auch Th. de la Chevallerie aus Danzig. (s.u. [vgl.XVI/299v])
Die fast nur aus Personen der "unteren Stände" (besonders des Handwerker- und Arbeiterstandes) bestehende Königsberger Gemeinde nannte sich zu dieser Zeit *"Evangelisch-apostolische Gemeinde"* (V/126; vgl.Anm.3). Ihr Gottesdienstlokal befand sich in einem Privathaus neben der Mennoniten-Kirche. (V/130v) Im Herbst 1854 fanden bereits 6-8 Gottesdienste pro Woche statt, die auch von Nichtgemeindegliedern (meist Neugierigen) besucht wurden.(ebd./68v) Dem Engel Schwarz standen zu dieser Zeit 2 ordinierte Priester (Hertz und Neumann [ebd./130v]) und mehrere Diakone zur Seite.(XVI/299v)
Die von Schwarz verwendete liturgische Kleidung wird im o.g. Bericht des Polizeibeamten Faß wie folgt beschrieben:
"In den Vormittagsversammlungen ... trägt er einen bis auf die Füße langenden schwarzen Rock, mit niedrigem stehenden Kragen und mit unzähligen Knöpfen vorn besetzt; darüber ein langes weißes Gewand mit weiten Aermeln, und von einer weißen Schnur mit Quasten zu-

sammengehalten. Ein weißseidenes, mit rother Seide gefüttertes Scapulier (gemeint ist wohl die Stola - Verf.), *mit eingesticktem* (sic) *rothen Kreuzen an den Enden, und ein goldenes Kreuz auf der Brust, vollenden seinen Anzug. In den Nachmittagsversammlungen dagegen ist er mit einem violettfarbenen Rock bekleidet, über welchem sich ein weißes mit Stickereien besetztes Chorhemd befindet; ein kurzer seidener Mantel von violetter Farbe umgiebt die Schultern und läßt die Brust so weit frei, daß ein Skapulier von gleicher Farbe, das goldene Kreuz und ... eine goldene Schnur mit dergleichen Quasten hinlänglich ins Auge fallen."*
(V/71-v; s.PKZ,1854,1139f [vom 18.11. d.J.]; vgl.RUBRIKEN,1895,124-133)
Ein neuer Versuch des Polizeipräsidiums in Königsberg, die Wirksamkeit von Schwarz empfindlich zu beeinträchtigen, schlug kläglich fehl, als dieser durch ein Königsberger Gericht im März 1855 von der im Herbst des Vorjahres gegen ihn erhobenen *"Anschuldigung die protestantische Kirche öffentlich in einer Weise dargestellt zu haben, welche sie dem Hasse und der Verachtung aussetzt"* unter *"Niederschlagung"* der Kosten freigesprochen wurde. Gegenstand der Verhandlung waren gewisse Äußerungen, die Schwarz nach Aussage zweier Polizeibeamter in zwei öffentlichen Vorträgen gemacht haben sollte. In der Urteilsbegründung hieß es dazu:
"Zeuge Herzer hat sich zwar an beiden Tagen Notizen über die Vorträge gemacht, allein sie lagen dem Gerichtshof nicht vor und die schriftliche Anzeige des Herzer sowohl ... wie seine Auslassungen in der Audienz geben zwar den Beweis, daß Zeuge nach seiner besten Ueberzeugung Vorträge religiösen Inhalts wiederzugeben bestrebt ist, seine geistige Entwikkelung jedoch nicht so beschaffen ist, um aus einem längern Vortrage bei Extrahirung von Worten diese so wiederzugeben, wie sie nach dem vom Redner in seinen Vorträgen beabsichtigten Sinn übereinstimmen. Dasselbe gilt vom Zeugen Schulz und es kommt hinzu, daß beide Zeugen den Inhalt des Vortrages vom 23. April v. Js. erst gemeinschaftlich redigirten, ehe sie ihn zur Anzeige brachten und daß hiebei schon Verschiedenheiten in der Auffassung hervortraten...
Unter diesen Umständen gewann der Gerichtshof nicht die Ueberzeugung, daß der Angekl. in seinen Vorträgen vom 19. u. 23. April die protestantische Kirche öffentlich in einer Weise dargestellt hat, welche sie dem Haß und Verachtung aussetzt." (III/112-v)
Die Schikanen der Polizei gegen die katholisch-apostolische Gemeinde gingen ungeachtet dieses Fehlschlages weiter und erreichten einen neuen Höhepunkt, als Woodhouse und Thiersch im Herbst 1855 nach Königsberg kamen.
In diesem Zusammenhang muss erwähnt werden, dass schon der Beginn dieser ersten Visitationsreise des Apostels Woodhouse in Norddeutschland von ebenso unglücklichen wie abenteuerlichen Umständen begleitet war: Am 8.8. d.J. hatte die Polizei in Marburg alle Versammlungen der dortigen Gemeinde verboten - 4 Tage vor der seit langem geplanten apostolischen Handauflegung. Thiersch entschloss sich, den Gottesdienst trotzdem stattfinden zu lassen (eine für ihn untypische Entscheidung, die er hinterher als unverantwortlich tief bereute). Als die Gemeinde am 12.8. versammelt war, betrat ein Polizeibeamter den Kirchraum

und begann dort, die Personalien aufzunehmen. Thiersch, der Woodhouse vor Unannehmlichkeiten bewahren wollte, konnte den Apostel (der sich - noch unbemerkt - in der Sakristei aufhielt) nur noch bitten, *"zu entfliehen* δια της θυριδος *(durch die Hintertür [oder das Fenster] - Verf.)"* - (Th.Tgb. [s.Anm. 43.a]). Vier Wochen später (am 13.9.) kamen Woodhouse und Thiersch nach Königsberg, wo die vorgesehene apostolische Handauflegung ebenfalls nicht zustandekommen sollte.

Thiersch reiste in der Hoffnung an, dass diesmal eine Ausweisung nicht stattfinden würde, *"denn der Minister des Innern hatte die mündliche Versicherung gegeben, es solle nicht wieder geschehen"* (Th.Br.,167/3). Diese Hoffnung erfüllte sich jedoch nicht.

"... in Königsberg", so schrieb Thiersch am 19.9. seiner Frau, *"... legte es der durch seine Feindschaft und Heftigkeit bekannte Polizeimann Faß recht darauf an, uns zu verhindern u. zu kränken.* (Th.Tgb.,15.9.1855: *"Um 7 kam Polizeiinspector Faß u. machte mir m. Ausweisung kund u. Verbot in d*(e)*r Versammlg. zu erscheinen. Er kam noch einmal durchsuchte meine Papiere 2½ St. lang; als ich fragte: ist das auch in Ihrer Instr*[uktion] *enth*[alten]*? -'wenn Sie noch einmal - verhafte ich Sie augenblicklich'. Noch spät zu* Woodhouse. Sonnt. 16. Sept. *Die Homilie geschrieben u. an Schwarz abgegeben. An das* Praesidium *u. den Präsidenten. - Um 10 tief betrübt. Ahnung u. Gebet. Zur Polizei... Er* [Woodhouse - Verf.] *war an der ap. Handaufleg*[un]*g verhindert worden u. ihm die Predigt verboten."* - Verf.)
... Am Sonntag führte er (Faß - Verf.) *Hn.* Woodhouse *vom Altar weg in die Sacristei und obgleich Nachmitt. der Präsident der Polizei dieß mißbilligte wiederholte jener am andren Morgen als nun die h*(eilige) *Feier doch stattfinden sollte, dasselbe Verfahren. Die armen Leute, welche den Segen empfangen sollten, wurden nach Hause geschickt.*
(Th.Tgb.,17.9.: *"Früh blieb ich zu Hause. H.* Woodhouse *wollte mit Erlaubniß des Präsidenten die Euch. feiern, ward abermals unterbrochen u. verhindert. Große Betrübniß d*(e)*r Gemeinde."* - Verf.)
... Ich mußte den Sonntag (wie vor 5 Wochen in Marburg) ohne Gottesdienst zubringen und ich erfuhr wie auch dieß zum Besten dient. H. Woodhouse *nahm alles mit Würde und großer Geduld auf u. man sollte meinen, einst müßte noch der Sinn jenes Widersachers verändert werden. Mondtag früh gab uns die Polizei noch das Geleit bis zum Postwagen..."* (Th.Br., 164/2f)

Woodhouse und Thiersch reisten nach Memel, wo sie ohne polizeiliche Störung tätig sein konnten. Auf der Rückreise begab sich Thiersch in Königsberg noch einmal zur Polizei:

"Die Eröffnung besser als ich dachte: einige Papiere confiscirt, heute Ab(end) *noch abreisen."* Weiter hielt Thiersch im Tagebuch fest: *"Um 10 zum Bahnhof mit* Woodh.(;) *betrübter Abschied von der Gem.*(;) *Glieder die auf dem Perron standen..."* (Th.Tgb.,19.9.1855)

Die Willkürlichkeit dieser Ausweisung wird besonders deutlich, wenn man den tatsächlichen Hergang mit den wenig später angeführten Gründen vergleicht. So heißt es im Novemberbericht der Königlichen Regierung zu Königsberg an das

Ministerium der Geistlichen, Unterrichts- und Medizinal-Angelegenheiten: Thiersch habe Schriften bei sich gehabt, die *"in Betreff der Ehe den Landesgesetzen widersprechen";* Woodhouse, *"in den meisten Fällen der Verfasser jener bezeichneten Schriften",* sei *"daher ebenfalls ausgewiesen"* worden.(I/286 [gemeint ist vermutlich ein Zirkular der Apostel an die Gemeinde-Engel von 1852/53 über die verbotenen Ehegrade nach Lev.18 und 20 sowie Dtn.27, vgl. CIRCULARE,1895,209; THIERSCH,1976,157-169]) Die Ausweisung war jedoch verfügt worden, bevor der Polizeibeamte Faß Thierschs Schriften beschlagnahmt hatte (s.o.)!

Am 15.10.1855 fand in der Berliner Gemeinde *"ein Tag der Demüthigung und des Gebets"* mit einer vom Apostel zelebrierten Eucharistie statt, *"um für die Gemeinden wie Königsberg u. Marburg und für die Gläubigen in Bayern den HErrn anzurufen".*(Th.Br.,169/5) Am 16.10. besuchten Woodhouse, Thiersch und Böhm gemeinsam den Justizrat H.Wagener, offenbar um sich mit diesem über die geplante Vorsprache beim Innenminister zu beraten. Zwei Tage später hatten Woodhouse und Thiersch eine Audienz bei v.Westphalen, die der Hirte mit dem Apostel folgendermaßen beschrieb (Th.Tgb.,18.10.1855):

"Um 7 (abends - Verf.) mit Woodhouse *zum Minist. d. Innern. Lang in d*(e)*r Antichambri. Ruhig geworden dann kurze ab*(er) *günstige Audienz. 'S*(eine) *Maj*(estät) *will solche Belästig*(un)*gen nicht. Warum h*(a)*ben Sie sich n*(ich)*t an Eichmann u. Kotze (Oberpräsident und Regierungspräsident in Königsberg - Verf.) gewendet?'"*

Am 13.10. hatte außerdem E.Schwarz eine (von Thiersch formulierte [ebd.,6.10. 1855]) Beschwerde an den Innenminister eingereicht, die dieser zum Anlass nahm, der Königsberger Regierung noch einmal grundsätzliche Instruktionen zu erteilen. In der hochinteressanten Verfügung vom 22.10. d.J. heißt es: Der Minister müsse auf die in früheren Erlassen (z.B. vom 29.2.1852, s.o.)

"hervorgehobenen Gesichtspunkte für die Behandlung der s.g. apostolischen ... Gemeinden wiederholt aufmerksam machen, wonach namentlich, bei der im Allgemeinen loyalen und ruhigen Haltung dieser Dissidenten, mit Ausweisung auswärtiger Irvingianer, so lange deren Verhalten ein gegen die Gesetze nicht verstoßendes ist, nicht zu verfahren, auch kirchliche Amtshandlungen innerhalb der Gemeinde nur soweit als solche in ihrer gleichzeitig bürgerlichen Bedeutung in die Rechtssphäre des Staates störend eingreifen, zu inhibiren sind. Überhaupt wird ein Übermaß polizeilicher Correctionen und ein die religiösen Ansichten der Gemeinde schroff verletzendes Auftreten der kontrollirenden Polizeibeamten sorgfältig zu vermeiden sein, damit die polizeiliche Aufsicht in ihrer Rückwirkung auf die Dissidenten nicht zu nachtheiligen Ergebnissen u. unnöthigen Bedrückungen ausschlage...

Insbesondre scheint aber auch der Polizei-Inspector Fast (Faß - Verf.) die geeignete Persönlichkeit nicht zu sein, um mit der angemessenen schonenden Rücksicht die obrigkeitliche Aufsicht über die Gemeinde-Versammlungen zu handhaben, und die tit. (Königliche Regierung zu Königsberg - Verf.) wolle, wenn sie bei näherer Prüfung dieß bestätigt findet, darauf Be-

dacht nehmen, daß der p. Fast in dieser Function durch einen persönlich geeigneteren Beamten ersetzt werde." (III/113v-114)

Diese Verfügung setzte den harten polizeilichen Maßnahmen gegen die katholisch-apostolische Gemeinde in Königsberg ein Ende.

Dafür sah sich die Evangelische Landeskirche in zunehmendem Maße veranlasst, einem weiteren Anwachsen der katholisch-apostolischen Bewegung in Königsberg entgegenzuwirken. So besuchte ein Königsberger Prediger die katholisch-apostolischen Gottesdienste

"wiederholt und fleißig ..., um zu erkunden, was in denselben vorging. Seine Wahrnehmungen und Auffassungen legte er dann, natürlich in polemischer Form in dem in Königsberg erscheinenden 'Evangelischen Gemeindeblatte' nieder, die Irvingianer hielten es aber niemals für erforderlich oder der Mühe werth, auf diese Relationen des 'Evangelischen Gemeindeblattes' irgend Etwas zu erwidern." (PKZ,1855,1162f [vom 8.12.1855])

Schwerwiegender und folgenreicher als diese publizistische Gegenarbeit war eine Anweisung des Evangelischen Konsistoriums in Preußen an alle evangelischen Geistlichen der Provinzhauptstadt vom 22.11.1855, in der es hieß:

"Der Evangelische Oberkirchenrath hat auf unsern Antrag (!) angeordnet, daß die Führer und Mitglieder der in der hiesigen Stadt aufgetretenen Irvingiten=Sekte zu ihrer Vernehmung vorgeladen und einzeln und abgesondert von einander zu einer Erklärung darüber aufgefordert werden sollen, in welchem Verhältnisse zu der evangelischen Landeskirche sie sich betrachten. Diese Erklärungen sollen sodann aufgezeichnet und die aufgenommenen Verhandlungen eingereicht werden.

Euer p. (Namen - Verf.) übersenden wir demgemäß anliegend ein Verzeichniß der in Ihrem Pfarrsprengel wohnenden Irvingiten (dieses hatte sich das Evangelische Konsistorium in Preußen vom Polizeipräsidium zuarbeiten lassen [V/100] - Verf.) mit der Aufforderung, sich der erwähnten Vernehmung derselben zu unterziehen...

Ein Zwang zum Erscheinen kann gegen die Irvingiten zwar nicht angewendet werden; es wird Ihnen jedoch auch ohne einen solchen wohl gelingen, dieselben zum Erscheinen zu vermögen. Sollte Einer oder der Andere, wie nicht unwahrscheinlich, erklären, daß sich sein Verhältniß zu der evangelischen Landeskirche nicht geändert habe, so wird derselbe zu befragen sein, wie er diese Erklärung damit in Einklang bringen könne, daß die Irvingiten notorisch ihren (ihre - Verf.) bestimmt wiederkehrenden gottesdienstlichen Versammlungen und ihre besondern geistlichen Obern (sic) haben, daß sie abgesondert von der Kirche das heilige Abendmahl feiern, und besondere kirchliche Abgaben (den Zehnten) entrichten." (V/106-v)

Diese Vernehmungen fanden im Dezember 1855 / Januar 1856 statt und bestätigten, dass sich die Glieder der katholisch-apostolischen Gemeinde nach wie vor als Angehörige der Evangelischen Landeskirche betrachteten. Aufgrund dieses Ergebnisses wies der Evangelische Oberkirchenrat das Evangelische Konsistorium in Preußen am 28.6.1856 an, die katholisch-apostolischen Christen - in Konsequenz ihrer o.g. Haltung - zur Einstellung ihrer Gottesdienste aufzufordern. (V/139v) Die katholisch-apostolische Gemeinde reagierte auf diese Aufforderung mit der Zustellung des Testimoniums von 1856 (vgl.S.59f der vorliegenden Untersuchung) an die Königsberger Geistlichen, nicht aber mit der Einstellung ihrer Gottesdienste.(V/162v) Daraufhin wurde ein Jahr später durch eine Kanzelabkündigung die Ausschließung katholisch-apostolischer Christen vom Abendmahl (innerhalb der evangelischen Gemeinden der Stadt Königsberg) ausgesprochen.[98]

1856 schloss sich F.Diestel, Oberlehrer in Lyck, der Königsberger Gemeinde an. Wegen *"Uebertritt zu der Sekte der Irvingianer"* verlor er bald darauf sein Schulamt.(Anm.71.a)

Anfang Oktober d.J. hielt sich Woodhouse (in Begleitung von Böhm) zum zweiten Mal in Königsberg auf. Diesmal konnte eine apostolische Handauflegung stattfinden. Außer dem Apostel, Böhm und Thiersch reisten auch andere Amtsträger mit übergemeindlichen Aufgaben nach Königsberg, um mit ihrem besonderen Dienst beim Ausbau der dortigen Gemeinde zu helfen: z.B. im August 1857 v.d.Brincken, im November d.J. v.Pochhammer (öffentliche Evangelisten-Predigten) und im Februar 1858 sowie Ende 1859 / Anfang 1860 Geyer (Vorträge, Berufungsdienst bei der Anbietung zum Amt, Unterweisung der Gemeinde im Gebrauch von Geistesgaben).

Ein dritter Besuch des Apostels Woodhouse in der Hauptstadt der Provinz Preußen fand 1858 statt (auch diesmal ohne polizeiliche Behinderungen [Th.Br.,207/1]). Vom 29.4.-3.5. d.J. besuchte er die Gemeinden in Königsberg und Memel, wobei insgesamt 81 Personen die apostolische Handauflegung empfingen und 2 Männer zum Priester-Amt ordiniert wurden. Auf Thierschs Begleitung hatte er vorsichtshalber verzichtet, da eine schriftliche Anfrage beim Königsberger Polizeipräsidium, ob Thierschs Anwesenheit geduldet würde, bis zur Abreise ohne Antwort geblieben war.(ebd.,206/1)

Doch die Zeit der polizeilichen Willkürmaßnahmen gegen die katholisch-apostolische Bewegung in Königsberg war tatsächlich vorbei. Vom 6.-18.4.1859 konnte Thiersch (im Auftrag des Apostels) die dortige Gemeinde ungestört besuchen, nachdem die Polizei schriftlich sein Kommen erlaubt hatte. (Th.Tgb.,2.4.1859) Während seines Aufenthaltes hielt Thiersch mehrere Gottesdienste und führte pastorale Gespräche mit den katholisch-apostolischen Amtsträgern, hauptsächlich mit Schwarz und den Priester-Vorstehern der beiden Königsberger Filialen (Deventer aus Memel und Buchholz aus Danzig). Unter den Personen, die Thiersch in diesen Tagen besuchte, befand sich auch der *"Baumeister"* (Th.Br.,289/4) und Inhaber eines Baugeschäfts Rudolf Rosochacky, der damals bereits zur Königsberger Gemeinde gehörte.(vgl.S.213 der vorliegenden Untersuchung)

Einen Eindruck von den Verhältnissen, die Thiersch in Königsberg vorfand, vermittelt die folgende Bemerkung über den Nachmittag des 12.4.:

"Am Sonntag Nachmittag hielt ich ohne Anwesenheit der Polizei den Vortrag, über Hiob 42 - die zweifache gottesdienstliche Pflicht: Demüthigung und Fürbitte - vor einer sehr zahlreichen und sehr empfänglichen Gemeinde." (Th.Br.,223/1)

Nach und nach verbesserten sich die äußeren Bedingungen der Gemeinde in Königsberg. So wurde ein am 25.3.1859 von Schwarz an das preußische Innenministerium gerichteter Antrag auf Genehmigung des Einsammelns der Zehnten und Opfergaben in den Gottesdiensten (Aufstellen von Opferbüchsen) und der Erteilung religiösen Unterrichts an Kinder der Gemeinde durch katholisch-apostolische Amtsträger vom damaligen Innenminister v.Flottwell am 25.5. d.J. positiv beschieden.(III/168-172v) Einem von Schwarz am 2.10.1859 gestellten Antrag auf Verleihung von Korporationsrechten für die Königsberger Gemeinde wurde allerdings nicht stattgegeben.(ebd./173f.196-199v; s.Anm.96)

Vom 14.-17.10.1859 kamen Woodhouse und Thiersch nach Königsberg. Am 16.10. empfingen 61 Personen die apostolische Handauflegung (darunter auch Gäste aus Schippenbeil und Wehlau, s.u.) - *"2 weissagten, mehrere erfuhren die Kraft d(e)s heil. Geistes (Glossolalie - Verf.)"* (Th.Tgb.).

Am 14.10.1860 konnte der Apostel in Königsberg an 42 Personen die apostolische Handauflegung vollziehen. Am nächsten Tag fand eine Diakonen-Segnung und am 16.10. die Ordination von Kirchner, Rosochacky und Märker (aus Danzig) zum Priester-Amt statt.

Am 1.9.1861 empfingen 51 Personen die apostolische Handauflegung (in einem Gottesdienst mit 311 Kommunikanten! [Th.Tgb.]). Zehn Tage später wurden Lutzkat (aus Memel?), Wilhelm Borowsky (ein Großneffe des evangelischen Erzbischofs Ludwig Ernst v.Borowsky [1740-1831]; kam vor 1859 zur katholisch-apostolischen Bewegung, vor 1878 Engel-Evangelist) und de la Chevallerie zum Priester-Amt ordiniert. Letzterer diente zunächst als Priester-Prophet in Danzig.(s.u.)

Ende 1861 gehörten zur Gemeinde in Königsberg (der damals zweitgrößten katholisch-apostolischen Gemeinde in Deutschland) 364 erwachsene Kommunikanten mit einem Beauftragten Engel, 6 Priester, 11 Diakone und 10 Diakonissinnen sowie drei Filialen (Memel, Danzig und Insterburg).(III/207)

Am Engelfest 1862 (29.9.) fand in Anwesenheit von Woodhouse, Geyer, Böhm und Thiersch die Grundsteinlegung zum Bau einer Kirche für die Königsberger Gemeinde auf dem Grundstück Alt-Roßgärtner-Prediger-Straße 4 statt. Thiersch beschrieb dieses Ereignis im Brief an seine Frau vom 2.10. d.J.:

"Am Mondtag, ungeachtet eines Regens, ward zum Bau der Kirche am Roßgärtner Thor der Grundstein gelegt - eine seltene Feier, mit Verwunderung sah ich diesen Erfolg im Andenken

an die harten Kämpfe, die es 1853.54.55 gekostet hat, um Fuß zu fassen in Königsberg. In den Grundstein kam eine Glaskapsel, darin ein Pergament mit einer Urkunde, u. neue Münzen u. eine Liturgie. Die Psalmen wurden ungeachtet des schlechten Wetters mit Freude angestimmt. Der Regen hielt nur das Publicum fern, nicht die Gemeinde und nicht die Polizei, die sich jetzt ganz zahm verhält." (Th.Br.,310/3f)
Den Bau der Kirche (abgeschlossen mit der Altarweihe am 1.9.1864) leitete Rosochacky.(H.GEYER,1893,29)
Am Tag der Grundsteinlegung empfing in Königsberg Luise v.Dittmann, Ehefrau des Hofrates am Petersburger Hof Alexander v.Dittmann, die apostolische Handauflegung (einzeln! [Th.Tgb.]).(s.Anm.69.a)
Am Montag, dem 7.10.1862, fand die Einführung von E.Schwarz als *"Engel der Gemeinde"* statt. Diestel fungierte bei dieser feierlichen Zeremonie als Archidiakon. Damit stand - nach Berlin - eine zweite katholisch-apostolische Gemeinde in Deutschland unter einem eingeführten Engel (Bublitz folgte 2 Wochen später als dritte Gemeinde [s.o.]). Am Vormittag des 8.10. fand die Segnung von 6 Diakonen durch den Apostel und am Nachmittag eine Beratung aller Amtsträger (über die Aufgaben des - inzwischen in Königsberg vollständigen - vierfachen priesterlichen Amtes) statt. Es folgten am 9.10. die apostolische Handauflegung und einen Tag später die Ordination der Priester Laps und Lebrecht Dussek (1878 Nächstbeauftragter Engel in Elbing).
Am späten Abend des 10.10. "berief" Geyer den Priester Rosochacky (heimlich) zum Apostel - ein im Hinblick auf seine Folgen für die katholisch-apostolische Bewegung äußerst problematisches Ereignis. Rosochacky distanzierte sich jedoch drei Monate später von dieser "Berufung", blieb Mitglied der Königsberger Gemeinde, wurde einige Zeit darauf (vor 1867?) zum Engel-Amt berufen und diente dann vermutlich als Engel-Gehilfe in Königsberg.(s.S.214.220f der vorliegenden Untersuchung)
Der nächste Besuch des Apostels Woodhouse fand im Herbst 1863 statt. Bis mindestens 1868 kam er jedes Jahr einmal nach Königsberg.
1878 gehörten zur Königsberger Gemeinde Filialen in Brandenburg/Pr., Domnau, Elbing (Nächstbeauftragter Engel), Fischhausen, Holland/Pr., Labiau, Schippenbeil (gegründet am 12.2.1864) und Wehlau. Später kamen noch Allenstein und Tapiau hinzu. E.Schwarz starb am 17.2.1893. Nach ihm leiteten die Königsberger Hauptgemeinde als Beauftragte Engel: Hermann Borchert (bis 1895 [dann Beauftragter Engel in Neustettin]), Otto Strelow (bis zu seinem Tod 1920 [sein Sohn Johannes war der letzte Diakon auf dem europäischen Festland; s.Anm.68.c]), Hermann Zimmerling ([1900 Beauftragter Engel in Braunschweig] bis 1928) und Heinrich Werner (+ 11.10.1933).

1892 entstand eine Horngemeinde (Königsberg-Süd), die ihr Gottesdienstlokal in der Kneiphöfschen Hofgasse 22 hatte. Engel des Horns waren dort: Daniel Kauffmann ([22.1.1833-20.9.1909] zunächst Engel-Gehilfe in der Hauptgemeinde, Engel des Horns ab 1894?), H.Werner (um 1900) und Carl Kauffmann ([Sohn von Daniel Kauffmann] Engel-Evangelist, dann Engel des Horns von 1902-1904 und anschließend Beauftragter Engel in Tilsit, Rostock und Breslau [s.o.]). Der Horngemeinde wurden die katholisch-apostolischen Gemeinden in Domnau, Schippenbeil und Wehlau als Filialen zugeordnet. 1922 existierte die Horngemeinde nicht mehr.

1892 wurde die Hauptgemeinde als Metropolitangemeinde *"kundgemacht"* und am 11.1.1899 als solche bestätigt.(BORN,1974,45 [Anm.77.a])

Die Zahl der erwachsenen katholisch-apostolischen Christen lag im November 1884 bei mindestens 1108.(XXI/80) Beide Königsberger Gemeinden umfassten zur Jahrhundertwende mehr als 1.000 regelmäßige Kommunikanten. 1929 sagte ein evangelischer Pfarrer auf einer Kreissynode in Königsberg über die dortige katholisch-apostolische Gemeinde: *"In der Altroßgärt(n)er Predigerstraße kommen 600 zusammen... Es sind vielfach schlichte, aufrichtige Christen, mit denen ein Zusammengehen möglich ist."* (WIEN,1929,11) Im Zuge der Eroberung Königsbergs Anfang 1945 löste sich die Gemeinde auf.

Danzig

Die evangelistische Arbeit in Danzig begann im Jahre 1853. Nachdem der Neustettiner Diakon Buchholz erste Anhänger für die katholisch-apostolische Bewegung gewinnen konnte, folgte Ende Dezember d.J. der aus Danzig stammende (und ebenfalls von Koeppen beauftragte) Priester-Evangelist Kleist. Dieser meldete die von ihm geplanten öffentlichen Evangelisten-Vorträge vor ihrer Eröffnung bei der Danziger Polizeidirektion an. Die ersten beiden Vorträge konnten (überwacht) ungehindert stattfinden, und zwar *"im Hause des Gastwirthen* Both *zu Vorstadt-Stadtgebiet"* (III/74). Doch dann machte die Polizeidirektion die Genehmigung weiterer Evangelisten-Predigten davon abhängig, dass Kleist sich zuvor bei einem von zwei namentlich benannten evangelischen Geistlichen aus Danzig *"vorzustellen und ein Zeugniß von diesen beizubringen habe, daß seine Vorträge und Belehrung nicht der Staatsreligion zuwider wären, nächstdem aber ohne nachtheiligen Einfluß auf ein Publikum, wie das um ihn sich sammelnde zu seien scheinen, mithin polizeilich nachgelassen werden könnten"* (Königliche Regierung zu Danzig an das preußische Innenministerium vom 18.2.1854 [ebd./74v]). Auf Grund einer Beschwerde von Kleist an den preußischen Innenminister vom 5.1.1854 wurde dem Evangelisten durch einen Bescheid der Königlichen Regierung zu Danzig (vom 20.3. d.J.) die Fortsetzung der seit Jahresbeginn unterbrochenen öffentlichen Vorträge (ohne die von der Polizei zu Unrecht gestellte Bedingung) gestattet.(ebd./72-77v; vgl.ebd./143v) Kleist, der Anfang Januar 1854 Danzig vorübergehend verlassen hatte, kehrte Ende d.M. dorthin zurück. Am 26.1. hatte ihm Koeppen einen Begleitbrief ausgestellt, der eine genaue Umschreibung des Evangelisten-Auftrages enthielt und folgenden Wortlaut hatte:

"Sie haben den Auftrag unter Gottes Beistand in Danzig den nach Wahrheit hungernden Seelen die Dinge zu verkündigen, die Gott jetzt in diesen Tagen zur Stärkung und Erhaltung Seiner Kirche auf Erden getan hat und die Er in Seinem Worte vorausverkündigt hat. Sie haben sich dabei ganz der Gesetze und Gebote der Obrigkeit zu unterwerfen, wie es einem Christen zusteht und die Segnungen in der Kirche zu achten, die annoch in derselben, durch Gottes große Gnade, bewahrt geblieben sind, ohne Ansehen der Konfessionen und Parteiungen in derselben.
Rufen Sie den Herrn an, das Haupt der Kirche, Jesum Christum, daß jedermann Sie höre und ansehe als Seinen Boten und Diener, der nicht seine oder irgend eines Menschen Weisheit und Erfindung bringt, sondern, wenn auch im schwachen Gefäße, Gottes Evangelium, das alte, längst verkündigte, aber von den Christen vergessene Evangelium." (pA)

In Danzig wohnte Kleist bei dem Seilermeister Landmann. Bis zur Wiederzulassung seiner Vorträge sprach er in Familienkreisen und kleinen religiösen Zirkeln über das Anliegen der katholisch-apostolischen Bewegung.(III/77v)

Ab Mitte 1854 hielt v.Pochhammer Evangelisten-Vorträge in Danzig. Bereits am 17.9. d.J. konnte durch die Übergabe von 24 Personen an das Hirtenamt (Koeppen) eine katholisch-apostolische Gemeinde gegründet werden. Koeppen blieb noch einige Zeit in Danzig, um die neue Gemeinde zu unterweisen. Zu den ersten Gemeindegliedern gehörten Th. de la Chevallerie, der Tischlermeister Carl Michael Hirschmann (aus Alt-Schottland bei Danzig), der Schneidermeister Märker und der spätere Priester Landmann (ordiniert am 27.9.1865 in Königsberg).

Am 11.10.1854 traf Thiersch in Danzig ein. Während seines zwölftägigen Besuches führte er eine Reihe intensiver Gespräche mit Gemeindegliedern (besonders mit de la Chevallerie), suchte den Polizeipräsidenten v.Clausewitz auf, hielt mehrere Vorträge (z.B. über die Eucharistie, die Ehe und die apostolische Handauflegung) und feierte am Sonntag, dem 15.10., die Eucharistie und die Nachmittagsgebete mit der Gemeinde. Diese hatte ihre Kapelle im Hause von Hirschmann eingerichtet.

Am 17.10. d.J. schrieb Carlyle, der sich mit Böhm in Königsberg aufhielt, an Thiersch einen Brief, in dem er sich kritisch zu einer Kompetenzüberschreitung

v.Pochhammers in Danzig äußerte und noch einmal grundsätzlich auf den eigentlichen Sinn der apostolischen Handauflegung hinwies. Es heißt dort:
"Pochhammers connexion with the people at Dantzig ceased when he gave them over into Koppen's hands - In impressing (?, schwer lesbar - Verf.) *a judgement as to their present state and seeking to influence your conduct towards them, he is quite beyond his border - can only do harm + should not be listened to - else you will ringn* (ring not? - Verf.) *your own discernment - lose your faith + be brought into perplexity.*

Moreover you may as well require of people who wish to enter the church to be already what they will become by entering it, as require those who seek the laying on of hands to be already that which it should make them - This laying on of hands seems always to be regarded as a mere ceremony for which man must be prepared, instead of an ordinance for the imparting of strength. If the rulers think so, no wonder that the people are so little strengthened. They must have desire for the grace + faith that the ordinance will bestow it - More you ought not to require - else you walk by sight, not by faith.

I propose to be in Dantzig on Thursday evening + shall be ready to lay hands on Sunday on any you may present to me - <u>not less than 10.</u>" (B.ST.B.,H.Thierschiana II,149,Carlyle,7/1f)

Am 19.10. kamen Carlyle und Böhm nach Danzig. In den folgenden Tagen hielten die drei Diener der Allgemeinen Kirche mehrere Vorträge für die Gemeinde. Am 22.10. empfingen - nach Erneuerung der Tauf-Gelübde - 19 Personen (darunter 6 Ehepaare) die Handauflegung durch den Apostel. Nachmittags setzte Thiersch Märker und Hirschmann als Diakone sowie Kleist jun. und Landmann als Unterdiakone ein. Am nächsten Tag reisten Carlyle, Böhm und Thiersch nach Neustettin weiter.

Die Danziger Gemeinde (Königsberger Filiale) wurde vorläufig nur von einem Diakon geleitet. Ihr gehörten - abgesehen von de la Chevallerie - ausschließlich Personen des Handwerker- und Arbeiterstandes an. Ende 1854 konnte die Gemeinde das ehemalige Versammlungslokal der Altlutheraner als Kapelle in Benutzung nehmen. Im Dezember d.J. hielt v.Pochhammer dort dreimal wöchentlich Evangelisten-Predigten.(III/109)

Am 20.1.1855 beauftragte Thiersch brieflich den Königsberger Engel, de la Chevallerie als Diakon-Evangelisten einzusetzen. Der Danziger Offizier wirkte in dieser Funktion hauptsächlich in den Provinzen Pommern und Preußen (z.B. 1856 in Köslin [s.S.109 der vorliegenden Untersuchung; Anm.75.a]).

Am 20./21.9.1855 besuchte Woodhouse in Begleitung von Thiersch und Schwarz erstmals die Gemeinde in Danzig. Am 21.9. empfingen dort 3 Frauen die apostolische Handauflegung. Anschließend fand eine *"Sitzung mit den Diaconen üb. Anschluß an d. evangl. K*(irche)*"* (!) statt.(Th.Tgb.) Noch hatte die kleine Danziger Gemeinde nur das Diakonen-Amt, und das Zehnten-Aufkommen reichte nicht aus, um einen eigenen Priester zu unterhalten. Aus diesen Gründen verwies der Apostel die Gemeindeglieder zum Empfang des Abendmahls bis auf weiteres an die Evangelische Landeskirche.(vgl.WOODHOUSE, 1901,101-108)

1858 übernahm Buchholz aus Neustettin als erster Priester-Vorsteher die Danziger Gemeinde. Ende April d.J. kam Woodhouse mit Thiersch und Schwarz nach Danzig und vollzog am 28.4. die Versiegelung. Das Lokal der Gemeinde befand sich um diese Zeit in der Hökergasse 15.

Bis 1863 fanden noch vier weitere Besuche des Apostels in Danzig statt: vom 11.-14.10.1859 (mit Thiersch; apostolische Handauflegung am 12.10., am 13.10. Segnung der Diakone Hirschmann, Märker, de la Chevallerie und Landmann), im Oktober 1860 (mit Böhm), am 11./12.10.1862 (am 12.10. apostolische Handauflegung und Vortrag des vierfachen Amtes durch den Apostel, Geyer [der als Prophet mit dem Apostel fungierte], Böhm und Thiersch) und Anfang Oktober 1863 (mit Böhm und Becker, der stellvertretend für Thiersch als Hirte mit dem Apostel diente [Th.Br.,333/3]).

Ende 1861 gehörten zur Danziger Gemeinde bereits 87 Kommunikanten, 2 Priester (Buchholz und Märker) und 4 Diakone.(III/207) Der am 10.9. d.J. in Königsberg ordinierte de la Chevallerie war ab 1862 als Priester-Prophet in Danzig tätig und wechselte im Frühjahr 1863 zur Berliner Gemeinde, wo er 1½ Jahre später als Nachfolger Geyers Engel-Prophet für Norddeutschland wurde.

Ab Ende 1864 diente Buchholz als Nächstbeauftragter Engel (unter Königsberg) und ab 1869 A.Sonnenberg (zunächst Nächstbeauftragter Engel unter Königsberg, vor 1878 Beauftragter Engel) in Danzig. Am 27.9.1875 konnte der erste Gottesdienst in der neuerbauten Kapelle Am Schwarzen Meer 18 (später 26) gefeiert werden. Ab 13.3.1882 besaß die Danziger Gemeinde das vollständige vierfache Amt. Sonnenberg starb am 29.9.1890. Sein Nachfolger als Beauftragter Engel wurde der Neustettiner Engel-Gehilfe (Engel-Gehilfe auch in Danzig?) Johannes Döhring (geb. 1853, Sohn von C.F.Döhring), der am 8.12. 1893 als *"Engel der Gemeinde" "eingeführt"* wurde.

Während eines Besuches des Koadjutors Capadose kam es am 15.8.1898 zur prophetischen *"Kundmachung"* der Danziger Gemeinde als Erzengel-Sitz *"in dem geistlichen Stamm Polen"*.(BORN,1974,48) Angesichts der 23 Jahre später erfolgten politischen Anbindung Danzigs an die 1918 gegründete Republik Polen (1921 beauftragte der Völkerbund Polen mit der politischen, wirtschaftlichen und militärischen Betreuung der "Freien Stadt Danzig", wodurch es zu einer engen Verbindung zwischen Polen und Danzig kam) wie auch im Hinblick auf den status quo nach 1945 muss diese bemerkenswerte Zuordnung Danzigs als wirklich prophetisch bezeichnet werden.[99]

Durch apostolische Entscheidung wurde die Gemeinde in Danzig am 11.1.1899 in den Rang einer Metropolitangemeinde erhoben. Um die Jahrhundertwende zählte sie ca. 700 regelmäßige Kommunikanten und hatte Filialen in Elbing (1900: Nächstbeauftragter Engel Friedrich Bormann), Marienburg, Schöneck/ Westpreußen und Stargard/Westpreußen. Später kamen noch hinzu: Lauenburg/ Pommern, Pennekow, Schneidemühl und Stolp. Aufgrund der stark angewachsenen Kommunikantenzahl in der Metropolitangemeinde erfolgte 1906 die Abzweigung einer Filiale in Danzig, die allerdings - bedingt durch den Wegzug vieler deutscher Gemeindeglieder nach dem 1. Weltkrieg - 1919 wieder aufgelöst wurde. Anfang der 20er Jahre existierte auch in Danzig-Langfuhr eine kleine katholisch-apostolische Filialgemeinde (1922 bereits ohne Priester und Diakone). Johannes Döhring starb als letzter eingeführter Engel innerhalb der Katholisch-apostolischen Gemeinden am 29.12.1941. Seit Ende des 2. Weltkrieges gibt es die Danziger Gemeinde nicht mehr.

Insterburg

Im Sommer 1861 wurde in Insterburg (Regierungsbezirk Gumbinnen) durch Übergabe von 108 Personen an das Hirtenamt (E.Schwarz in Königsberg) eine apostolische Gemeinde gegründet. (Keine andere katholisch-apostolische Gemeinde in Deutschland hatte bis dahin so viele Gründungsmitglieder!) Das erste Kirchenlokal befand sich neben der Insterburger Strafanstalt. Priester-Vorsteher der Gemeinde wurde J.Neumann (Gründungsmitglied der Königsberger Gemeinde [s.o.]).
Vom 7.-9.9. d.J. besuchten Woodhouse, Thiersch, Schwarz, de la Chevallerie und Borowsky die neue Königsberger Filiale. Am 8.9. wurden 99 Personen versiegelt. Ende 1861 gehörten zur Gemeinde 110 Kommunikanten, 1 Priester (Neumann) und 2 Diakone.(III/207)
Am 2./3.10.1862 hielt sich der Apostel (gemeinsam mit Thiersch, Geyer und Schwarz) ein weiteres Mal in Insterburg auf. Thiersch notierte im Tagebuch:
"Freit. 3. Oct. Um 9 apostl. Handauflegg. Ich die Homilie. Allgem. Weinen u. Bewegung. Um 1 Vortrag. Ich üb. Pharaos Träume. *Um 4 Abreise nach* Wehlau... *Um 8 sch*(on) *wieder Vortrag: ich üb.* Daniel 1. *Samst. 4. Oct. früh um 6 apostl. Handauflg. Ich die Homilie (also in 24 St. 2 Homil. u. 2 Vorträge)."*
Während des Apostel-Besuches in Insterburg Anfang September 1864 kam es zu einem gefährlichen Zwischenfall ganz eigener Art: Am 4.9. wurden Woodhouse, Thiersch und Schwarz auf dem Weg zur Kapelle von einer wildge-

wordenen Kuh angegriffen. Wie durch ein Wunder überstanden sie die lebensbedrohliche Situation unverletzt.[100]
Einen Eindruck von der jungen Insterburger Gemeinde vermitteln zwei briefliche Äußerungen Thierschs aus dem Jahre 1865. Im Hinblick auf den 22.9. schrieb er am 19.9. an seine Frau:
"An diesem Tage werde ich in Insterburg (Finsterburg) in Litthauen sein, wo ich voriges Jahr der wilden Kuh am 4. Sept. entging. Die dortige Gemeinde ist besonders reich an Liebe und Hingebung." (Th.Br.,402/5) Und am 22.9. aus Insterburg: *"H. Neumann der stille charakterfeste, den ich einst (am 31.8.1853 - Verf.) als Diacon einsetzte für Königsberg, jetzt Aeltester an der Gemeinde hier, hat ein eignes Haus erworben und darin aus 3 Zimmern einen Saal hergestellt, der für die Gemeinde bereits zu klein ist. Neben diesem Saal in Neumanns Wohnung bin ich mit Hn. Woodhouse und Hn. v. Brinken. Ich begann den Tag in der Kapelle..., meditirte ... meine Homilie. Um ½ 10 Uhr hielt ich sie bei der apost. Handauflegung... In diesem Hinterland herrscht kindliche Einfalt und Gehorsam vor, ein williger, dankbarer Geist mit feierlicher Rüstung ist zu spüren."* (ebd.,403/1f)
Noch vor 1878 wurde Neumann zum Engel geweiht. Von da an diente er in Insterburg als Beauftragter Engel (später als eingeführter Engel). 1878 befand sich das Versammlungslokal in der Lindenstraße 9. 1884 zählte die Gemeinde etwa 400 erwachsene Mitglieder.(XXI/80) Nach 1900 baute die Gemeinde eine Kapelle in der Friedrich-Straße 15. Als Filialen gehörten zu Insterburg die Gemeinden in Grafenort, Gumbinnen, Lyck, Ragnit, Stallupönen und Tilsit. Neumann starb 1897. Um 1900 war Insterburg vorübergehend Sitz eines Nächstbeauftragten Engels unter Königsberg. Von 1903-1907 diente der vormalige Engel-Evangelist Friedrich Westermann in Insterburg und anschließend (bis 1928) H.Werner (beide als Beauftragte Engel).

Wehlau

In Wehlau (Regierungsbezirk Königsberg) hatten schon Anfang 1858 öffentliche Evangelisten-Vorträge stattgefunden.(XVII/9v) Im April 1859 besuchte E.Schwarz (erstmals?) die dortigen Gläubigen.(Th.Br.,222/2) Die Wehlauer Gemeinde stand als Filiale unter Königsberg (-Hauptgemeinde; zeitweilig auch unter der Horngemeinde). 1878 war Fr.Wiechmann und 1900 C.Kauffmann Priester-Vorsteher in Wehlau. 1922 gab es dort keine Priester und Diakone mehr. 1884 zählte die Gemeinde ca. 90 erwachsene Mitglieder.(XXI/80) Versammlungslokale befanden sich (1878) im alten Gerichtsgebäude (Klosterstraße 1), um 1900 in der Pinnauerstraße 13 und später (1922) am Markt 6.

4.6. Provinz Posen

Posen

Die evangelistischen Vorarbeiten zur Bildung einer katholisch-apostolischen Gemeinde in der Provinzhauptstadt Posen (deren Bevölkerung sich um die Mitte des 19. Jahrhunderts aus etwa 70% Katholiken und 30% Protestanten bzw. aus 60% Polen und 40% Deutschen zusammensetzte) begannen spätestens 1853. Im Laufe des folgenden Jahres (oder bereits Ende 1853 [vgl.JÖRG, 1858,II,187]?) kam v.Pochhammer nach Posen, hielt mehrere Wochen lang öffentliche Evangelisten-Vorträge und sammelte einen Kreis von Personen, die die Gründung einer katholisch-apostolischen Gemeinde anstrebten.(V/66)
Noch 1854 (spätestens im Herbst) konnte durch die Übergabe von etwa 40 Gläubigen an das Hirtenamt (Becker) die *"Aufrichtung"* der Posener Gemeinde erfolgen. Die neue Gemeinde (Stettiner Filiale) bestand offenbar mehrheitlich aus Polen und hatte von allen katholisch-apostolischen Gemeinden in Norddeutschland den höchsten Anteil an römisch-katholischen Mitgliedern.
Vom 31.10.-3.11. d.J. kamen Carlyle und Thiersch nach Posen. Becker hielt sich zur Vorbereitung der Gemeinde auf den Apostel-Besuch bereits dort auf. Am Abend des Ankunftstages hielt ein Mitglied der Gemeinde namens Rozek (Pole?) einen Vortrag in Polnisch. (In diesem Zusammenhang sei erwähnt, dass Thiersch [im Hinblick auf Posen?] schon im März 1853 mit dem Erlernen der polnischen Sprache begonnen hatte [Th.Tgb.,15.3.1853].) Rozek, der bereits am 14.6. d.J. in Berlin zum Priester-Amt berufen worden war, arbeitete vermutlich als Diakon-Evangelist in Posen. Am 1.11. fand in einem kleinen Versammlungslokal in der Taubenstraße 2 die apostolische Handauflegung statt. Den Abenddienst hielt Becker, es folgte ein Vortrag des Apostels. Am 2.11. fanden Rozeks Prüfung für das Priester-Amt sowie ein Vortrag von Thiersch über die apostolische Handauflegung und das Diakonen-Amt statt. Rozek wurde am Tag darauf von Carlyle ordiniert.
Am 3./4.10.1855 besuchten Woodhouse und Thiersch die Gemeinde. Am zweiten Tag fand (in einem *"sehr engen Raum"*) der Dienst der apostolischen Handauflegung statt, in dessen Verlauf durch Rozek Worte der Weissagung gesprochen wurden. Gegen Mittag des 4.10. war *"ein Polizeiinspector bei Hn. Woodhouse: Sie sind Ap! - Um 3 ich* (Thiersch - Verf.) *mit Hn. W(oodhouse) zu Polizeirath Niederstetter. 'Warum aus Kön(igsberg) ausgewiesen?' Gnädig ging es ab."* (Th.Tgb.) Zu dieser Zeit dienten in der Gemeinde außer Rozek noch zwei Diakone (Johannes? Kallisky und der Schneidermeister Wille).

In der ersten Oktoberhälfte des Jahres 1856 kam der Apostel (zusammen mit Böhm) ein zweites Mal nach Posen.
Im Dezember 1858 konnte die Gemeinde, die inzwischen auf etwa 50 Mitglieder (einschließlich der Kinder) angewachsen war, eine neuerbaute Kapelle in der Halbdorfer-Straße 32 in Benutzung nehmen.(I/345; Thiersch nannte sie *"stattlich"*.[Th.Tgb.,20.10.1859]) Am 21.10.1859 empfingen 6 Personen die apostolische Handauflegung. Ein weiterer Apostel-Besuch (Woodhouse kam in Begleitung von Böhm) fand am 23./24.9.1861 statt. Um diese Zeit gehörten zur Posener Gemeinde 78 Kommunikanten, 1 Priester, 2 Diakone und 2 Diakonissinnen.(III/206v)
Der Jahresbericht der Apostel für 1863 enthält eine Passage, die sich offenbar auf Posen bezieht:
"Der Bericht der Engel über die ihnen anbefohlenen Gemeinden ist im Allgemeinen günstig... Von einer anderen Gemeinde wird gesagt: 'sie zeigte sich von Anfang an geistlich gesund, und so ist es noch; der Gehorsam gegen die Priester, die Ehrfurcht gegen die Diaconen, die fleißige Theilnahme an den Gottesdiensten, die gewissenhafte Darbringung der Zehnten u. die Freigebigkeit in Opfern verdient alles Lob. Daß die Zahl der Mitglieder nicht rascher zugenommen hat, ist von der Feindschaft zwischen Polen u. Deutschen (römisch=Katholischen u. Protestanten) herzuleiten, indem wir von beiden Parteien mit Argwohn betrachtet werden.'" (BERICHT,1863,6)
Nennenswerte Konflikte zwischen der katholisch-apostolischen Gemeinde in Posen und kirchlichen bzw. staatlichen Behörden hat es anscheinend nicht gegeben. In den vorliegenden Quellen (Akten des preußischen Innenministeriums, des Ministeriums der Geistlichen, Unterrichts- und Medizinal-Angelegenheiten, und des Evangelischen Oberkirchenrates) fehlen - im Unterschied zu anderen preußischen Provinzen - beispielsweise Hinweise auf Verweigerungen von Taufen oder Trauungen bei katholisch-apostolischen Christen, die offensichtlich sowohl von evangelischen als auch von römisch-katholischen (!) Geistlichen ohne wesentliche Beanstandungen vorgenommen wurden.
1878 wurde die Posener Gemeinde (als Bromberger Filiale) von dem Nächstbeauftragten Engel R.v.Preetzmann und 1900 von dem Nächstbeauftragten Engel C.Waschnewski geleitet. Sie hatte eigene Filialen in Gnesen und Samter. 1894 wurde in der Langestraße 4 eine neuerbaute Kirche für die Gemeinde eingeweiht. Nach dem 1. Weltkrieg kam Posen (Poznan) zu Polen.(Anm.99) Zwischen 1919 und 1921 siedelten viele Deutsche nach Deutschland über, wodurch auch die Gemeinde in Poznan eine große Anzahl ihrer Mitglieder verlor. 1922 unterstand sie als Filiale der Gemeinde in Hannover (s.u.), wurde vom Priester H.Deidock geleitet und hatte ihr Versammlungslokal in der Wilda ul Poplinskich 12.

Bromberg

Am 16.3.1859 kam F.Diestel von Berlin nach Bromberg, nahm dort vorläufig seinen Wohnsitz und begann, für das Anliegen der katholisch-apostolischen Bewegung zu werben und die Gründung einer Gemeinde vorzubereiten. Der Priester-Evangelist wohnte beim Buchbinder Pauseback und wurde offenbar in seiner Arbeit durch Borowsky unterstützt. Am 18./19.4.1859 besuchte Thiersch diese drei Männer auf einer Durchreise. Eineinhalb Jahre später (vom 17.-19.10. 1860) reiste der Hirte mit dem Apostel ein zweites Mal nach Bromberg, wo kurz zuvor eine katholisch-apostolische Gemeinde gegründet werden konnte. Er kam auch diesmal allein. Am 20.10. schrieb er an seine Frau:

"Auf dem Heimweg (von Königsberg nach Marburg - Verf.) *machte ich Halt in Bromberg, da fand ich Hn. Pf. Becker und hielt eine Ansprache an die Gemeinde, welche ganz neu gestiftet ist - eine Gemeinde voll Einfalt und Freudigkeit."* (Th.Br.,267/3)

Erster Priester-Vorsteher der neuen Stettiner Filiale wurde F.Grahmann aus Guben, der Ende 1860 / Anfang 1861 nach Bromberg übersiedelte. Der Apostel Woodhouse hielt sich erstmals vom 11.-13.9.1861 in Bromberg auf. Ihn begleiteten Böhm und Thiersch. Am 12.9. empfingen 51 Personen die apostolische Handauflegung. Ende d.J. umfaßte die Gemeinde 140 Kommunikanten, 1 Priester, 1 Diakon (Pauseback?), mindestens 1 Unterdiakon (Heinrich Müller) und 1 Diakonissin.(III/206v) Am 30.10.1863 wurde Grahmann in Berlin zum Engel-Amt berufen und am 13.10.1864 auch dort zum Engel geweiht.

Bis 1866 hatte die Bromberger Gemeinde eine eigene Kirche errichtet (Elisabeth-Straße 33). Nach seiner Engel-Weihe leitete Grahmann die Gemeinde als Beauftragter Engel. Ihm folgten 1884 Carl Eduard Schwarz ([4.4.1852-24.7.1910, Sohn des Engels E.Schwarz in Königsberg] zunächst Beauftragter Engel, dann eingeführter Engel, schließlich Erzengel, ab 13.7.1900 außerdem Erzengel der Allgemeinen Kirche) und Ernst Kauffmann (Sohn von Daniel Kauffmann [s.o.]; Engel-Weihe am 22.5.1893 in Bromberg, + 8.7.1944), der der Metropolitangemeinde Bromberg von 1902-1921 als Beauftragter Engel vorstand. Bromberg war am 3.8.1894 als (erster) polnischer Erzengel-Sitz *"kundgemacht"* worden, und das, obwohl die Gemeinde fast ausschließlich aus deutschen Mitgliedern bestand.

Ihre Bestätigung als Metropolitangemeinde erfolgte 1895 (noch vor der Bestätigung der Danziger und der Königsberger Gemeinde als Erzengel-Sitze!). Nach der Jahrhundertwende gehörten der Bromberger Gemeinde ungefähr 1.000 Mitglieder an. Sie besaß eine Horngemeinde und Filialen in Bischofswerder, Graudenz (1878: Priester-Vorsteher August Zimmermann, 1900: Nächstbeauftragter Engel G.Nowotnik), Kulm/Westpreußen, Marienwerder, Osterode/Ostpreußen,

Posen (Nächstbeauftragter Engel), Samter und Thorn (Nächstbeauftragter Engel). Zeitweise waren es 10 Filialen.(BORN,1974,103)
Nachdem Bromberg polnisch geworden war (Bydgoszcz), siedelten in den Jahren 1919-1921 viele deutsche Gemeindeglieder nach Deutschland über (unter ihnen auch der Priester Powitzki, der 1920 nach Berlin kam und dort als vorletzter Priester der Berliner Gemeinden am 30.8.1952 starb). Ende 1921 übernahm E.Kauffmann die Metropolitangemeinde Hannover als Beauftragter Engel, blieb aber zugleich Oberhirte seiner bisherigen Diözese. 1922 wurde die Gemeinde in Bydgoszcz (inzwischen Filiale unter Hannover) vom Priester J.Kuchenbecker geleitet. Auch diese (Rest-)Gemeinde löste sich 1945 auf. Das Kirchengebäude (Sniadeckich 41) wird heute von einer Freikirche genutzt.(pA)

Abschließende Bemerkungen

Zur Gründung katholisch-apostolischer Gemeinden in den preußischen Westprovinzen (Rheinprovinz und Westfalen) kam es erst nach 1863. Bereits im Februar und März 1854 hatte der Priester-Evangelist Rührmund (von Thiersch beauftragt) in den Orten Berleburg, Freudenberg, Laasphe und Olpe (Regierungsbezirk Arnsberg/Westfalen) evangelistische Vorträge gehalten, die jedoch so gut wie keinen Erfolg hatten.(Th.Tgb.,3.2.-28.3.1854; vgl.III/79-82) Anfang der 60er Jahre schlossen sich in Köln und im Rheinland einige Personen der katholisch-apostolischen Bewegung an. Mitte der 60er Jahre war der Magdeburger Diakon-Evangelist Albert Pechau in Gladbach ([heute Mönchengladbach] Regierungsbezirk Düsseldorf, Rheinprovinz) evangelistisch tätig.
1867 konnte dort die erste Gemeinde in den Westprovinzen gegründet werden. Am 6.3. d.J. vollzog Woodhouse in Gladbach die erste apostolische Handauflegung in Westdeutschland. Zu den Versiegelten gehörten auch 8 Personen aus Köln. Die Gladbacher Gemeinde (Filiale von Kassel) wurde zunächst durch den Diakon Chr.Kemper geleitet und erhielt am 19.9.1869 in E.Fuchs aus Magdeburg ihren ersten Priester-Vorsteher. Die nächsten Gemeindegründungen in Westdeutschland erfolgten 1872 in Düsseldorf, dann in Duisburg, etwa 1873 in Barmen/Wuppertal (alle im Regierungsbezirk Düsseldorf) und - nach evangelistischen Vorarbeiten durch v.Pochhammer - am 26.12.1876 in Köln. (BORN, 1974,66; vgl. NEWSLETTER,I[1951],10ff, und ebd.,II[1952],13)
In der folgenden Übersicht werden noch einmal alle katholisch-apostolischen Gemeindegründungen in Preußen bis 1863 in chronologischer Reihenfolge aufgeführt (unter Angabe der an der Gründung beteiligten Evangelisten, dem kon-

kreten Ereignis, auf welches sich das angeführte Datum bezieht, und den darstellenden Seiten in der vorliegenden Untersuchung):

1. Berlin (Böhm, Barclay) 19.3.1848 (erste apostolische Handauflegung) (S.34-72)

2. Frankfurt/O. / Provinz Brandenburg (v.d.Brincken, Böhm) 22.4.1849 (apostolische Handauflegung) (Ende 1849 / Anfang 1850 Konstituierung der Gemeinde unter dem ersten Priester-Vorsteher) (S.75-81)

3. Stettin / Provinz Pommern (Haeger, Böhm, v.Pochhammer, Hennig, Koeppen) 18.7.1849 (Übergabe an das Hirtenamt) (S.88-91)

4. Neustettin / Provinz Pommern (v.Pochhammer, Koeppen) 9.9.1849 (Übergabe) (S.91-99)

5. Bublitz / Provinz Pommern (v.Pochhammer, Böhm, Koeppen) 17.11.1850 (Übergabe) (S.100-103)

6. Buchwäldchen / Provinz Schlesien (Hennig, Koeppen) Frühjahr 1851 (Übergabe/Aufnahme und apostolische Handauflegung) (S.111-117)

7. Liegnitz / Provinz Schlesien (Hennig, Koeppen) Frühjahr 1851 (30.3. d.J. Aufnahme in die Gemeinde Buchwäldchen-Liegnitz; spätestens am 12.10. d.J. Konstituierung einer eigenen Gemeinde Liegnitz) (S.117-120)

8. Spandau / Provinz Brandenburg (F.Schwarz, Böhm, v.Pochhammer) 22.6.1851 (Übergabe) (S.81ff)

9. Rathenow / Provinz Brandenburg (Hochschildt, Deventer?, Böhm, v.Pochhammer) Oktober 1851 (Übergabe) (S.83ff)

10. Muddel und Pennekow / Provinz Pommern (v.Pochhammer) 1851 (Übergabe) (S.103ff)

11. Burg / Provinz Sachsen (Hochschildt, v.Pochhammer) 28.3.1852 (Übergabe) (S.123ff)

12. Ratzebuhr / Provinz Pommern (v.Pochhammer, Koeppen, J.F.Kleist) (2.2.1850 Übergabe einiger Personen in Neustettin) 1852 (Konstituierung) (S.105ff)

13. Memel / Provinz Preußen (Deventer, v.Pochhammer) 19.12.1852 (Übergabe) (S.141-147)

14. Bütow / Provinz Pommern (J.F.Kleist, Böhm) 10.3.1853 (Übergabe) (S.107ff)

15. Königsberg/Pr. / Provinz Preußen (Deventer, v.Pochhammer) 12.6.1853 (Aufnahme, Vereinseintragung) (S.147-168)

16. Guben / Provinz Brandenburg (Grahmann, v.d.Brincken) 22.8.1854 (Übergabe) (S.86f)

17. Danzig / Provinz Preußen (J.F.Kleist, v.Pochhammer) 17.9.1854 (Übergabe) (S.168-172)

18. Posen / Provinz Preußen (v.Pochhammer) Sommer/Herbst 1854 (Übergabe; 1.11. d.J. apostolische Handauflegung) S.174f)

(zu 2.) Lindow / Provinz Brandenburg (A.Zimmermann, v.d.Brincken, v.Pochhammer) (12.10.1854 apostolische Handauflegung in Frankfurt/O.) 18.2.1855 (e.V.; Gemeinde um 1860 in der Frankfurter Gemeinde aufgegangen) (S.79f)

19. Magdeburg / Provinz Sachsen (Rührmund, v.Pochhammer) 6.9.1857 (Übergabe) (S.126-134)

20. Rummelsburg / Provinz Pommern (v.Pochhammer, Kleist?, v.d.Brincken) 6.5.1858 (Übergabe) (S.109)

21. Erfurt / Provinz Sachsen (v.Pochhammer, Diestel) 1.11.1859 (Übergabe) (S.134ff)

22. Bromberg / Provinz Preußen (Diestel, Borowsky?) Sommer/Herbst 1860 (Übergabe) (S.176f)

23. Weißensee / Provinz Sachsen (v.Pochhammer) (1.11.1859 Übergabe einiger Personen in Erfurt) 24.9.1860 (apostolische Handauflegung in Weißensee; spätestens ab Ende 1860 katholisch-apostolische Gottesdienste in Weißensee [offenbar gehalten von Amtsträgern aus der Erfurter Gemeinde]; ab 1862/63 Weißenseer Gemeinde mit eigenem Priester-Vorsteher) (S.136ff)

24. Wittenberg / Provinz Sachsen (Kleeberg, Flegel, Rührmund, Diestel, v.Pochhammer) (22.4.1858 apostolische Handauflegung in Berlin für 12 Personen aus Wittenberg) 7.7.1861 (Konstituierung) (S.136ff)

25. Insterburg / Provinz Preußen (Evangelist?) Sommer 1861 (Übergabe) (S.172f)

26. Wehlau / Provinz Preußen (Evangelist?) Sommer (?) 1862 (Übergabe; 4.10. d.J. apostolische Handauflegung) (S.173)

27. Potsdam / Provinz Brandenburg (v.d.Brincken, Flegel, Rührmund) (27.10.1862 apostolische Handauflegung in Berlin für 54 Personen aus Potsdam) November/Dezember 1862 (Konstituierung) (S.87f)

28. Görlitz / Provinz Schlesien (Grahmann, v.d.Brincken, Stoll) 16.8.1863 (Übergabe) (S.120ff)

Dieser beachtliche Ausbreitungsstand der Katholisch-apostolischen Gemeinden in Preußen Ende des Jahres 1863 ist in erheblichem Maße auf die rastlose evangelistische Tätigkeit Max v.Pochhammers zurückzuführen. Die Gründungsgeschichte von 17 der bis dahin entstandenen 29 Gemeinden ist eng mit seinem Namen verbunden (darunter die der großen Gemeinden Neustettin, Königsberg, Danzig, Magdeburg und Erfurt). Die Bedeutung dieses Engel-Evangelisten für die Ausbreitung der Katholisch-apostolischen Gemeinden in Norddeutschland - besonders in Preußen - kann nicht hoch genug eingeschätzt werden.
Anhänger der katholisch-apostolischen Bewegung bzw. Mitglieder katholisch-apostolischer Gemeinden gab es nicht nur in den o.g. Orten. Schätzungsweise 10-15% von ihnen wohnten in der näheren oder weiteren Umgebung, ein Teil auch weit verstreut im Lande. Allein in der Provinz Sachsen lassen sich z.B. bis 1863 etwa 20 Ortschaften ohne katholisch-apostolische Gemeinden nachweisen, in denen katholisch-apostolische Christen wohnten.

Die zahlenmäßige Entwicklung der Katholisch-apostolischen Gemeinden in Preußen bis 1863 ergibt folgendes Bild: Mitte 1851 existierten 7 katholisch-apostolische Gemeinden mit 3 Gemeinde-Engeln, 1 Engel-Gehilfen, 14 Priestern, 2 berufenen (jedoch noch nicht ordinierten) Priestern und mindestens 24 Diakonen.(IV/185-v; außerdem dienten in Norddeutschland zu dieser Zeit 2 Engel-Evangelisten) Bis Ende 1852 hatten in Norddeutschland (in Preußen, Hessen und Frankfurt/M.) 1.004 Personen (ALBRECHT,1924,38) und bis Ende 1854 (hinzugekommen war Hamburg, s.u.) mehr als 1.200 Personen (AARSBO,1932,284) die apostolische Handauflegung erhalten. Im Herbst 1861 gab es in Preußen 24 katholisch-apostolische Gemeinden in 6 Diözesen mit insgesamt mindestens 2.974 Mitgliedern (darunter 6 Gemeinde-Engel, 45 Priester, 92 Diakone und 47 Diakonissinnen).(III/206v-207v; vgl.S.283f der vorliegenden Untersuchung) (In der Zahl der Amtsträger sind nicht enthalten die berufenen bzw. bereits ordinierten Männer, die zu diesem Zeitpunkt noch nicht in ihr Amt eingesetzt worden waren, sowie die Engel-Evangelisten [s.u.].)
Im *"Bericht der Apostel von 1863"* schrieb Woodhouse über das Jahr 1862 u.a.:
"Im September und October 1862 wurde <u>Norddeutschland besucht</u>. In Hamburg, Wittenberg, Magdeburg, Erfurt, Weissensee, Liegnitz, Guben, Frankfurt a.d. Oder, Memel, Königsberg, Danzig, Stettin, Bublitz und Berlin wurde die Handauflegung ertheilt an 464 Personen. Vier Priester wurden ordinirt, 16 Diaconen gesegnet. In Königsberg und in Bublitz wurde der Engelsitz errichtet u. das vierfache Amt eingeführt. Eine neue Gemeinde ist in Potsdam gesammelt worden; 54 Personen kamen von hier zur Handauflegung nach Berlin. Unter den Lithauern in Ostpreußen, in den Umgebungen von Memel, ist eine erfreuliche Bewegung. Ein junger lithauischer Geistlicher steht in vollem Glauben u. legt Zeugniß davon ab...
In Norddeutschland sind fünf E.(-)Evangelisten thätig (v.d.Brincken, v.Pochhammer, Kleist, Rührmund und Diestel - Verf.), welche mehr Arbeit finden, als sie leisten können. Die Ausbreitung findet besonders im Nordosten statt. Doch ist auch in Köln und im Rheinlande ein Anfang gemacht u. es ist Aussicht auf Bildung neuer Gemeinden in Görlitz u. in Halle ª/Saale." (BERICHT,1863,6f) (Diese Jahres-Berichte der Apostel über die Entwicklung der katholisch-apostolischen Bewegung in den einzelnen *"Stämmen"* gab es seit 1853 [ALBRECHT,1924,55].)
Während seiner Visitationsreise durch Norddeutschland im Herbst 1863 vollzog Woodhouse an 522 Gemeindegliedern die apostolische Handauflegung, segnete 34 Diakone, ordinierte 6 Priester und weihte 5 Engel.(BORN,1974,62)
Ende 1863 gab es in Preußen 28 katholisch-apostolische Gemeinden mit insgesamt etwa 4.000 Mitgliedern.

5. Die weitere Entwicklung der Katholisch-apostolischen Gemeinden in Deutschland bis zur Gegenwart (Überblick)

In den nicht zu Preußen gehörenden Gebieten Deutschlands konnten bis Ende 1863 nur 6 katholisch-apostolische Gemeinden gegründet werden (in Norddeutschland 4, in Süddeutschland lediglich 2): Marburg (am 4.2.1849), Kassel (5.2.1854), Hamburg (19.4.1854), Ulm (16.8.1856), Leipzig (1859) und Seifertshofen/Hürben in Bayern (13.7.1862).(Anm.43.a,b, 64, 121.a)
Dass dem *"Werk des Herrn unter Aposteln"* noch 38 Jahre für die weitere Ausbreitung zur Verfügung stehen und die Zahl der Gemeinden in Deutschland sich bis 1901 mehr als verzehnfachen würden, hielt im Jahre 1863 wohl kaum jemand für möglich - im Gegenteil: Von den 12 Aposteln lebten nur noch 6, die beiden jüngsten (Woodhouse und Dalton) waren 58 Jahre alt. Durch den Tod des Propheten Taplin (1862) hatten die Katholisch-apostolischen Gemeinden eine ihrer prägendsten Gestalten verloren. (Anm.22.b) 1864 starb Sitwell, 1865 folgte King-Church. An der Ratsversammlung der Apostel und ihrer Mitarbeiter vom 22.6.-17.7.1867 in Albury nahmen noch 4 Apostel, 4 Koadjutoren, 4 Propheten mit dem Apostel, 3 Evangelisten mit dem Apostel und 5 Hirten mit dem Apostel teil. Ein Brief, den Thiersch während dieser Ratsversammlung an eine katholisch-apostolische Gemeinde in Süddeutschland schrieb, dokumentiert, dass man innerhalb der Katholisch-apostolischen Gemeinden bereits zu dieser Zeit mit dem baldigen Abschluss des *"Werkes"* rechnete. Thiersch schrieb:
"Vor den Augen fleischlich gesinnter Menschen ist der Erfolg der Arbeit der Apostel und der anderen Diener gering... Die Kirche im Ganzen genommen hat die Apostel nicht anerkannt. Und doch ist der Erfolg groß vor den Augen Gottes und der von Gott Erleuchteten.
In weiten Kreisen ist das Zeugniß <u>gehört</u> worden, in den Gemeinden ist die Vorbereitung und freudige Aussicht auf den Tag Jesu Christi eine Wahrheit... Es ist zwar schmerzlich nur noch 4 von den Aposteln am Leben zu sehen, aber bei diesen vier wohnt dennoch die Weisheit der Zwölf. Vor Gottes Augen besteht das vollständige Amt...
Noch besteht die tägliche Fürbitte, mit welcher die Apostel und die Engel vor Gott erscheinen. Es ist die Fürbitte Christi in ihnen, und durch diese Fürbitte wird der letzte Ausbruch der Bosheit und das Gericht noch aufgehalten. Wenn sie aufhört, dann wird man inne werden, welche Macht und welcher Schutz in dieser Fürbitte lag, auf welche die Welt jetzt nicht Achtung giebt. Die Zeit ist weit vorgerückt, die Arbeit der Apostel im sterblichen Leibe nähert sich ihrem Schlußtag und die Fürbitte auf Erden wird ein Ende nehmen." (H.Thiersch, *"An die Gemeinde in Ulm und Stuttgart"*, vom 11.7.1867, S.5ff, in: H.Thierschiana II,Nr.148)
1869 starb der Apostel Dalton. Bis spätestens 1874 besuchte Woodhouse noch persönlich Gemeinden in den ihm anvertrauten *"Stämmen"*. Am 5.10.1875 übertrugen die drei noch lebenden Apostel Cardale, Armstrong und Woodhouse alle

künftigen Reisen in die Auftragsgebiete den Koadjutoren.(BORN,1974,71; vgl. AARSBO,1932,280; BEYER,1932,16)
Am 18.7.1877 wurde der *"Pfeiler"* der Apostel Cardale heimgerufen vier Tage nach der 42. Jahresfeier der Aussonderung der Apostel.
"In diesem Dienste wurde nach dem Schlußgebet vor der Kommunion, als Herr Cardale kurz vorher krank die Kirche verlassen hatte, ein Wort der Weissagung gesprochen, worin es hieß: 'Ihr seid angelangt an der Fülle der Zeit in Hinsicht auf das apostolische Werk, das der Herr seinen Zwölfen aufgetragen hat. Heute seid ihr angekommen bei dem vollen Maße dieses Werkes...'" (ALBRECHT,1924,60) Dieses Wort vom *"vollen Maß"* ist von führenden Amtsträgern der Katholisch-apostolischen Gemeinden weniger "quantitativ" als vielmehr "qualitativ" (also auf die liturgische und organisatorische Entfaltung der Gemeinden bezogen) verstanden worden.(s.WOODHOUSE,1877)
1878 gab es in Norddeutschland bereits 94 katholisch-apostolische Gemeinden - davon standen 5 (Königsberg, Bublitz, Leipzig, Liegnitz und Stettin) unter der Leitung von eingeführten Engeln; unter Beauftragten Engeln standen 11, Nächstbeauftragten Engeln 9, Engeln des Horns 1 (Berlin-Nord), Priestern 41 und unter Diakonen 27 Gemeinden. Zum gleichen Zeitpunkt existierten in Süddeutschland 13 Gemeinden, von denen 3 (Hürben, Stuttgart und Augsburg) durch Beauftragte Engel, 5 durch Priester und 5 durch Diakone geleitet wurden. In den 5 norddeutschen Evangelisten-Bezirken (Anm.59.b) waren 9 Engel-Evangelisten tätig: Hermann Berg, Carl Bimstein, Wilhelm Bimstein, Wilhelm Borowsky, Friedrich Hamann, Ferdinand Kleist, Rudolph Müller, Albert Pechau und Gotthard Baron v.Richthofen. In Süddeutschland arbeiteten die Engel-Evangelisten Georg Lutz, Jakob Spindler und Friedrich Stoll.(AdB 1878)
Am 9.10.1879 starb der Apostel Armstrong. Die Leitung der Katholisch-apostolischen Gemeinden lag nun allein in den Händen des Apostels Woodhouse, dem zu diesem Zeitpunkt 7 Koadjutoren zur Seite standen.[101] In den folgenden rund 21 Jahren bis zum Tode des Apostels verdreifachte sich die Zahl der katholisch-apostolischen Gemeinden sowie die der Gemeindeglieder insgesamt. Die Gründe dafür lagen zum einen in der breiteren personellen Basis des Evangelisten-Werkes, zum andern aber auch im natürlichen Nachwuchs innerhalb der Gemeinden.
Infolge des starken Wachstums der Katholisch-apostolischen Gemeinden zwischen 1880 und 1901 und bedingt durch die zunehmende Altersschwäche des Apostels - ab 1891 musste sich dieser bei den Eucharistiefeiern in Albury auf das Sprechen des Segens beschränken; 6 Jahre später war ihm selbst das nicht mehr möglich (BORN,1974,80.83.87) - wuchs für die apostolischen Mitarbeiter und die Engel das Maß an Eigenverantwortung.(vgl.CIRCULAR,1899,12) Zur Bewältigung der dem Apostel obliegenden Amtsaufgaben wurden mehr und

mehr sog. apostolische Delegationen (bestehend aus zwei Amtsträgern im Engel- bzw. Erzengel-Rang) eingesetzt. Diese führten im Auftrage des Apostels Visitationen, die apostolische Handauflegung, Diakonen-Segnungen und Priester-Ordinationen aus (Engel-Konsekrationen blieben dem Apostel bzw. den Koadjutoren vorbehalten). Der Einsatz apostolischer Delegationen lässt sich schon für das Jahr 1859 nachweisen.(s.S.210 der vorliegenden Untersuchung) Verstärkt traten sie jedoch ab 1890 in Aktion. Ab 1896 wurden apostolische Amts-handlungen fast ausschließlich von solchen Delegationen ausgeführt. (BORN,1974,28.79.83; ALBRECHT,1924,49) Um die übergemeindlichen Dienste personell abzusichern, wurden zwischen 1878 und 1900 14 Engel in das Amt eines Erzengels der Allgemeinen Kirche eingesetzt - darunter 5 Deutsche (C.L.W.Wagener, C.A.Döhring, C.E.Schwarz, Dr. P.Wigand, L.Albrecht). (Anm.77.b)

An der Seite von Carlyle bzw. Woodhouse dienten in Norddeutschland die folgenden apostolischen Mitarbeiter:

    Koadjutor: C.J.T.Böhm (berufen am 17.7.1859, bis zu seinem Tod am 11.4.1880; nach ihm waren als Koadjutoren in Norddeutschland tätig: M.v.Pochhammer [von 1880 bis zu seinem Tod am 2.12.1895], teilweise F.B.A.Diestel [s.Anm.101] und I.Capadose [1895 bis zu seinem Tod am 13.10.1920])

    Prophet mit dem Apostel:

        J.Smith (bis 1850/51) (von 1851 bis Ende 1862 nahm der Engel-Prophet H.Geyer die Aufgaben des Propheten mit dem Apostel für Norddeutschland und auch für Süddeutschland wahr; er ist jedoch nicht in dieses Amt eingeführt worden [s.S.209 der vorliegenden Untersuchung])

        Th. de la Chevallerie (ab 1863 beauftragt, als Prophet mit dem Apostel für Norddeutschland in das apostolische Konzil zu Albury eingeführt am 26.6.1867; bis zu seinem Tod am 2.8.1898)

        Eduard Pauli (1898 bis zu seinem Tod am 28.4.1909)

    Evangelist mit dem Apostel:

        J.Barclay (bis 1851)

        C.J.T.Böhm (1851 bis 1867)

        M.v.d.Brincken (eingeführt am 20.9.1867, bis zu seinem Tod am 21.1.1870)

F.B.A.Diestel (1870 bis 1879)

Rudolph Müller (1879 bis zu seinem Tod am 5.4.1902)

Hirte mit dem Apostel:

(F.W.H.Layton   fungierender Hirte mit dem Apostel bis ca. 1850)

H.W.J.Thiersch (beauftragt spätestens 1851, als Hirte mit dem Apostel für Norddeutschland in das apostolische Konzil zu Albury eingeführt am 21.7.1854; bis 20.9.1867)

F.W.Becker (20.9.1867 bis zu seinem Tod am 26.12.1881)

Dr. F.J.Arndt (1882 bis zu seinem Tod am 19.1.1909)

(A.O.T.Friebe - als Arndt's *"Gehilfe"* dessen Nachfolger, jedoch nur als fungierender, nicht als eingeführter Hirte mit dem Apostel, 1909 bis zu seinem Tod am 25.4.1926)

In Süddeutschland waren folgende Männer als apostolische Mitarbeiter tätig:

Koadjutor: W.R.Caird (2.8.1865 bis 1875 [vgl.Anm.101])

M.v.Pochhammer (von 1875 bis zu seinem Tod am 2.12.1895 [nach BORN,1974,81, war ab 1886 auch E.L.Geering als Koadjutor in Süddeutschland tätig; ab 1895/96 betreute Edward Heath {+ 29.8.1929} dieses Auftragsgebiet; vgl.Anm.101])

Prophet mit dem Apostel:

(J.Smith? - bis 1851?)

(von 1852/53 bis 1862 H.Geyer, s.o.)

L.Faesch (1863 bis zu seinem Tod am 8.2.1906 [vgl. Anm.42.d])

(Rudolf Lattmann [eigentlich Prophet mit dem Apostel für Österreich] - als Faeschs *"Gehilfe"* für Süddeutschland und die Schweiz dessen Nachfolger, jedoch nur als fungierender, nicht als eingeführter Prophet mit dem Apostel, 1906 bis zu seinem Tod am 16.6.1930; s.BORN,1974,110)

Evangelist mit dem Apostel:

(W.R.Caird fungierender Evangelist mit dem Apostel bis 1865)

(1865 bis 1875 E.L.Geering?)

C.E.G. Freiherr v.Richthofen (1892 bis 1895; BORN, 1974,85.102)
Ludwig Alphons Woringer jun. (1895 bis zu seinem Tod am 8.4.1923)
Hirte mit dem Apostel:
(Micaiah Smith [+ Juni 1867] als fungierender Hirte mit dem Apostel bis 1855)
H.W.J.Thiersch (1855 bis zu seinem Tod am 3.12.1885)
L.A.S.Thiersch (1885 bis 1894)
Dr. C.O.Morè (1894 bis zu seinem Tod am 7.2.1910)

Im März 1900 gab es in Norddeutschland 236 katholisch-apostolische Gemeinden: 10 von ihnen standen unter einem eingeführten Engel (die 5 Erzengel-Sitze: Berlin, Stettin, Bromberg, Hannover und Danzig sowie Bublitz, Liegnitz, Dresden, Stargard/Pommern und Chemnitz), 25 unter Beauftragten Engeln, 58 unter Nächstbeauftragten Engeln (bzw. Engeln des Horns), 80 unter Priestern, 49 unter Diakonen; 14 sehr kleine Gemeinden hatten (abgesehen von Unterdiakonen) keine eigenen Amtsträger und wurden von Nachbargemeinden aus versorgt. In Süddeutschland existierten zu diesem Zeitpunkt 41 Gemeinden (keine eingeführten Engel, Beauftragte Engel 4, Nächstbeauftragte Engel 8, Priester-Vorsteher 7, Diakonen-Vorsteher 18, Gemeinden ohne eigene Amtsträger 4). Damit zählte Deutschland in seinen damaligen Grenzen insgesamt 277 katholisch-apostolische Gemeinden. Außerdem gab es deutsche katholisch-apostolische Gemeinden in Riga (Beauftragter Engel) und in New York (Nächstbeauftragter Engel). In 6 weiteren Städten der USA fanden regelmäßig katholisch-apostolische Gottesdienste in deutscher Sprache statt.(AdB 1900) Nach BORN (1974,88) soll es Anfang 1901 weltweit 938 katholisch-apostolische Gemeinden mit einer Gesamtzahl von etwa 200.000 Mitgliedern gegeben haben: Mit 315 hatte der "Stamm" England die größte Anzahl an Gemeinden. Ihm folgte Norddeutschland mit 305 Gemeinden, die 100 Gemeinde-Engeln unterstanden und etwa 60.000 (ebd.) Mitglieder zählten. Zum Evangelisten-Werk der Allgemeinen Kirche in Norddeutschland gehörten zu diesem Zeitpunkt 5 Bezirks-Evangelisten (Vollzahl), 12 Engel-Evangelisten und eine größere Anzahl von Priester- und Diakon-Evangelisten. (ebd.,106) In Süddeutschland gab es 43 Gemeinden mit etwa 5.000 bis 7.000 Mitgliedern (vom Verfasser geschätzt). Die von BORN gezählten Gemeinden umfassten *"auch ganz kleine Gemeinden ohne ein eigenes geistliches Amt, in deren Mitte in periodischen Abständen die hl. Eucharistie durch einen von der Muttergemeinde kommenden Priester gefeiert wurde"*.(ebd.,88) Genaue Mitgliederzahlen liegen nicht vor.[102] Weltweit ha-

ben sich etwa 100 Geistliche aus verschiedenen Kirchen den Katholisch-apostolischen Gemeinden angeschlossen. In Deutschland waren es mindestens 30 Geistliche und Theologen, darunter 7 römisch-katholische Priester.[103]
Am 7.11.1900 fand in Köln die letzte apostolische Handauflegung in Norddeutschland statt. Es war möglicherweise die letzte apostolische Amtshandlung in diesem *"Stamm"* überhaupt.(BORN,1974,87) Zu der Zeit zählte die Ratsversammlung in Albury noch 41 Mitglieder.(BEYER,1932,23)
Am Sonntag, dem 3.2.1901, gegen 13 Uhr, starb der Apostel Woodhouse in seinem Wohnsitz *"The Grange"* in Albury Park (neben der Apostelkapelle gelegen) - 11 Tage vor seinem 96. Geburtstag.
Der Tod des letzten der Albury-Apostel markiert den tiefgreifendsten und folgenreichsten Einschnitt in der Geschichte der Katholisch-apostolischen Gemeinden. Angesichts des hohen Alters des Apostels und der recht ernsten gesundheitlichen Situation in den letzten Monaten seines Lebens (BORN,1974, 87) kam Woodhouse's Ableben für die meisten nicht überraschend.(VALENTIN,1939,6f) Dennoch hat es in den Katholisch-apostolischen Gemeinden die Hoffnung gegeben, *"daß sein Leben bis zum Kommen des HErrn verlängert werden möchte"*. (Vier Predigten,1952,7) Diese Hoffnung war u.a. durch eine *"Nachschrift"* des Apostels Woodhouse zur Neuauflage seiner (erstmals 1847 erschienenen) Schrift *"A Narrative Of Events"* im Jahre 1885 genährt worden. Der Apostel hatte dort auf die Frage, was nach dem Tod des letzten Apostels geschehen solle, mit dem Zitat geantwortet: *"'So ich will, daß er bleibe, bis daß Ich komme, was gehet es dich an?' (Joh.21,22.) -"* (WOODHOUSE,1901,140; vgl.VALENTIN,1939,4!) Andererseits hatte es (mindestens seit den 1870er Jahren) wiederholt Weissagungen gegeben, die mit zunehmender Deutlichkeit auf eine künftige Hinwegnahme der Apostel hinwiesen.(vgl.WEBER,1977,97; s. bes. NEWMAN-NORTON,1975,1-4) So sagte der Engel der Londoner Zentralgemeinde, Henry Strange Hume (1840-1928), am 10.2.1901 in einer Ansprache:
"The Apostles have always declared their inability to make any provision for the event of their removal: they persistently refused to entertain the supposition that they should attain to the resurrection and translation apart from those who had been their fellow labourers, and those who had been sealed as a first fruits by their hands... But many words have been spoken during past years, which more or less clearly pointed to a hiding of the Apostleship for a time. Many words have been spoken about the opening of the seventh seal, and of that 'silence in heaven for about the space of half an hour', which should follow." (HUME,1901,10f [vgl. Offb.8,1])
Nach ALBRECHT (1924,61) ist mit dem Tode des Apostels Woodhouse *"das apostolische Werk des Endes im sterblichen Fleische eigentlich zu seinem Abschluß gekommen"*.

Die Konsequenzen dieser Tatsache sind von den beiden 1901 übriggebliebenen Koadjutoren Capadose und Heath durchgehalten worden. Diese haben
"immer wieder entschieden betont, sie könnten in keiner Weise den Platz der Apostel ausfüllen. Weil sie nur Gehilfen l e b e n d e r Apostel seien, so hätten sie nun kein Recht mehr, nach der Hinwegnahme des apostolischen Amtes noch ferner apostolische Handlungen zu vollziehen." (ebd.,62)
Capadose und Heath übernahmen zwar die Leitung der Katholisch-apostolischen Gemeinden, beschränkten sich aber im wesentlichen auf die Beratung der Engel in "ihren" (früheren) Auftragsgebieten.
Nach Auffassung der Koadjutoren und der übrigen Amtsträger der Katholisch-apostolischen Gemeinden hat 1901 für die Gemeinde die ***"Zeit der Stille"*** begonnen, die gekennzeichnet ist vom freiwilligen Verzicht auf jede weitere Ausbreitung, vom natürlichen Abbau der Ämter in den Katholisch-apostolischen Gemeinden sowie vom Warten auf die Wiederkunft Jesu.(VALENTIN,1939; R.DAVENPORT,1974,173-181; NEWMAN-NORTON,1975) 1916 schrieb der Koadjutor Heath in einem Rundschreiben an die Engel der von ihm betreuten *"Stämme"*:
"That silence can only be broken by the act of God Himself...
Whatever light as to the future conduct of God's work may be contained in words of prophecy in former or recent years, it must be remembered that no words of prophecy in the Christian dispensation convey any authority to act. We must wait for God to give fresh authority before we can take any fresh step. Moreover, the general tendency of recent light is to suggest that the next step which God will call on us to make is not in the direction of testimony but in that of humiliation and confession." (E.HEATH,1916, unter Punkt 5)
Woodhouse's Tod hatte für die Katholisch-apostolischen Gemeinden einschneidende Veränderungen zur Folge (vgl. BORN,1974,91f; NEWMAN-NORTON, 1975,7f): Die Eucharistie mit der apostolischen Fürbitte in der Apostelkapelle zu Albury konnte wegen des fehlenden apostolischen Amtes nicht mehr in ihrer vollständigen Form gefeiert werden. Analog dazu entfielen in den von eingeführten Engeln geleiteten Gemeinden die vollständigen Morgen- und Abenddienste mit der Darbringung der *"großen Fürbitte"* und dem Gebrauch von Weihrauch. An ihre Stelle traten die kürzeren Morgen- und Abenddienste - ohne den nach dem Verständnis der Katholisch-apostolischen Gemeinden so wichtigen besonderen Fürbittenteil. ALBRECHT schrieb später:
"Wir wissen: es war die Aufgabe der Apostel und der mit ihnen verbundenen Gemeinden, die feierliche Fürbitte in der Eucharistie und in den vollständigen Morgen= und Abenddiensten Gott darzubringen. Durch diese Fürbitte sollten die gerechten Gerichte Gottes in ihrem vollen Ausbruch noch zurückgehalten werden. Dies haben wir bei Lebzeiten der Apostel mehr wie einen Glaubenssatz hingenommen. Jetzt aber haben uns die großen Weltereignisse gezeigt, wie wahr das gewesen ist...

Hat sich nicht gerade in den 13 Jahren nach dem Abscheiden des letzten Apostels und dem Aufhören der Fürbitte all das Entsetzliche entwickelt und vorbereitet, das im Jahre 1914 in dem Weltkriege und seinen fürchterlichen Folgen zum Ausbruch gekommen ist? ...
So sehen wir deutlich, welche Bedeutung die Arbeit der Apostel für die W e l t gehabt hat, und wie sehr die großen Ereignisse, deren Zeugen wir jetzt sind, die Wahrheit ihres Wirkens bestätigen." (1925,169ff)

Weitere Veränderungen im liturgischen Bereich waren u.a. das Auslöschen des Siebenarmigen Leuchters und der Wegfall der täglichen Morgenkommunion nach dem Morgendienst. Im August 1901 erklärten die beiden Koadjutoren nach einer Konferenz mit den apostolischen Mitarbeitern und den Erzengeln der Allgemeinen Kirche, dass sie sich nicht für berechtigt fühlten, Diakone zu segnen, Priester zu ordinieren oder Engel zu konsekrieren. Alle katholisch-apostolischen Amtsträger blieben somit auf der Stufe des Amtes, die sie vor dem Tode des Apostels erreicht hatten. Das Evangelisten-Werk der Allgemeinen Kirche stellte seine Arbeit ein. Die Bezirks-Evangelisten, Engel-Evangelisten und ihre Mitarbeiter wurden zum Dienst in den Gemeinden eingesetzt. Die apostolische Handauflegung wurde nicht mehr vollzogen. Neue Gemeindeglieder wurden im Prinzip nicht mehr aufgenommen. Nur *"in ganz vereinzelten und bestimmt beschränkten Fällen"* wurden in den folgenden Jahren noch Personen dem Hirtenamt übergeben.(ALBRECHT,1924,62) Dies geschah, solange Priester lebten, und zwar dann, wenn ein Christ ein katholisch-apostolisches Gemeindeglied geheiratet und auf ausdrücklichen Wunsch hin Unterricht empfangen hatte.

Bemerkenswert an der (kirchengeschichtlich wohl einzigartigen!) Haltung der Katholisch-apostolischen Gemeinden nach Woodhouse's Tod sind - neben dem Verzicht auf *"menschliche Selbsthilfe"* (s.EDEL,1971,224ff) und freiwilliger Beschränkung in den o.g. essentiellen Punkten - vor allem ihre Selbstkritik und Bußgesinnung. In einer 1905 in Albury gehaltenen Predigt heißt es:

"Als zuerst das apostolische Amt hinweggenommen war, enthüllte uns der HErr nicht sofort die ganze Größe unsers Fehlschlagens.
Wir wurden aufgefordert zu überlegen, ob wir nicht einerseits die Segnungen, deren wir uns durch Apostel erfreuen durften, unterschätzt hätten, und andererseits, ob wir uns nicht mehr auf die Apostel gestützt hätten, statt dem Herrn selbst anzuhangen: und wir fühlten, daß es so war, und Schritt für Schritt, sacht und liebevoll, führte uns der Herr in die Tiefe. Er überführte uns, daß wir zuviel aus unserer Stellung als Erstlinge der Kirche machten, und daß es uns sehr an Liebe zu unsern Brüdern in allen Abteilungen der Kirche gebrach, und wir haben das vor Ihm bekannt." (Unsere jetzige Lage,1905,9f)

ALBRECHT schreibt (1925,169):
"So haben wir leider die Sünde unsrer Brüder im Anfang der Kirche, ja die Sünde aller vorangegangenen Zeiten und Haushaltungen wiederholt. Und das muß uns zu immer tieferer

Buße und Demütigung führen. Ja gerade in dieser demütigen Bußgesinnung sollen wir jetzt der ganzen Kirche vorangehen. Denn nur auf diesem Wege können wir das Heil Gottes schauen. Nur auf dem Wege in die Tiefe können wir mit der ganzen Kirche zur himmlischen Höhe emporsteigen."

In seiner Schrift *"Stille im Himmel bei einer halben Stunde"* (1939) äußerte sich der letzte katholisch-apostolische Amtsträger im Erzengel-Rang (Bezirks-Evangelist) Anton Valentin ([10.12.1865-19.4.1951] ab 1919 Beauftragter Engel in Wien) zum eigentlichen Zweck der Katholisch-apostolischen Gemeinden (S.4):

"Zu welchem Zweck wurden nun diese Gemeinden gegründet? Wie ein Architekt einen Plan, ein Bildhauer ein Modell verfertigt, ehe er an seine eigentliche Arbeit geht, so haben die Apostel in den Gemeinden der Kirche gleichsam ein Modell im Kleinen hingestellt, ein Muster in Einrichtung und Verwaltung, in Lehre und Gottesdienst. Und diese Gemeinden haben (das war der andre Zweck ihrer Aufrichtung) in ihren Gottesdiensten ... für die ganze Kirche feierlich Fürbitte dargebracht, die von den Aposteln selbst in der Kapelle zu Albury zusammengefaßt wurde."

ALBRECHT konkretisiert diesen Gedanken des Modell-Charakters:

"In den ... Kirchenabteilungen erkennt man zwar hier und da die Nöte und Gefahren der Gegenwart. Aber man sucht sich selbst zu helfen. Da sagt man z.B.: Ja, es ist wahr: die Kirche hat eine Einheit nötig; darum wollen wir sie herzustellen suchen. Ferner: die Kirche bedarf einer Belebung ihrer Gottesdienste, sie bedarf vor allem der Eucharistie; das werden wir schon einführen. Weiter: die Kirche muß mehr auf die Volksmassen wirken; dazu werden wir Mittel und Wege finden. Die Kirche muß jetzt etwas Besondres tun, ihre Diener zu unterhalten, wenn der Staat keine Mittel mehr bewilligt; nun, wir wollen sehen, wie wir das am besten erreichen können. So zerarbeitet sich Laodizea tatsächlich in der Menge seiner eignen Pläne und Wege, und es will nicht sehen, daß alles, was es durch seine Weisheit und Kraft ins Werk zu setzen sucht, schon längst von dem Herrn durch seine Apostel der ganzen Kirche angeboten, aber von ihr zurückgewiesen worden ist. Denn haben nicht die Apostel die wahre Einheit der Kirche aufgerichtet? Haben sie nicht den Gottesdienst der Kirche, namentlich die heilige Eucharistie, nach des Herrn Sinn und Willen geordnet? Haben sie nicht der Kirche in dem Diakonenamt das rechte Mittel gegeben, sich der Armen und Bekümmerten anzunehmen? Und haben sie nicht durch die Geltendmachung des Zehntengebots die Diener Christi aus aller unwürdigen Abhängigkeit von Staat und Gemeinden befreit und ihre äußere Lage so geordnet, daß sie in ihrer ganzen Amtsführung ihre himmlische Stellung behaupten können? So sehen wir jetzt, wo keine Apostel mehr da sind, wie groß der Segen ihres Amtes gewesen ist, und was alles der Kirche geschenkt worden wäre, wenn sie diese Knechte Gottes im Glauben aufgenommen hätte." (1925,174f)

In den Katholisch-apostolischen Gemeinden lebt die Erwartung eines zweiten, größeren *"Werkes"* Gottes in seiner Kirche - die Aussendung der *"Siebzig"* (vgl. Luk.9,1 und 10,1). Von dieser, sich auf Worte der Weissagung (die mindestens bis in die 1860er Jahre zurückreichen, s.EDEL,1971,220ff!) gründenden Erwartung wird sehr zurückhaltend gesprochen: *"Wer die Siebzig sind, wann sie auftreten, wie sich ihr Werk im einzelnen gestalten wird, das alles ist uns*

unbekannt." (ALBRECHT,1925,177) Herbert Heath (1849-1931, Engel in Bishopsgate) äußerte sich 1905 in einer Predigt ausführlicher zu diesem Thema:
"I believe in these days the Lord has only sent out 11 or 12 personally called Archangels, and in the present time there are not that number alive. But the Lord will have His 70; He knows His 70 whom He will send forth, He has them in His eye - not from among us, I suppose, but His mighty men in every part of the Church whom He is about to send forth. For, look you, the Lord is now but doing a rehearsal, if I may so speak, of that which He is going to do in fuller power among the baptised. The Lord has manifested now the ministry of Archangels as a sort of foretaste of what he is going to do when He will send forth His 70 as He sent forth the 12. But they will be two bands - the two witnesses." (H.HEATH,1905,3)
In dieser Äußerung wird die Erwartung ausgedrückt, dass die *"Siebzig"* nicht aus den Katholisch-apostolischen Gemeinden, sondern aus den verschiedenen Denominationen hervorgehen und ihr Werk (ein *"zweites Zeugnis"*) in noch größerer Vollmacht als die 12 Apostel unter den Getauften, d.h. in der weltweiten Kirche, ausrichten werden.(s. auch WOODHOUSE,1863,29; THONGER, 1887; STEWART,1907,4f; HUME,1901,18; H.THIERSCH,1932,22; Vier Predigten,1952,16)
Doch zurück ins Jahr 1901, in welchem das von den katholisch-apostolischen Amtsträgern und Gemeindegliedern bewusst angenommene "Auslaufen" der Katholisch-apostolischen Gemeinden begann. Mitte Mai d.J. hielt der Koadjutor Capadose in Berlin eine Konferenz mit den Engeln aus Norddeutschland, Holland und Russland ab, um die Situation nach dem Tod von Woodhouse zu beraten. (s.S.71f der vorliegenden Untersuchung) Ähnliche Konferenzen fanden im selben Jahr in Kopenhagen, Stuttgart, Bern und New York statt.(BORN, 1974,93f) In der 1. Julihälfte des Jahres 1902 wurden täglich Bußgottesdienste *"für die g e m e i n s a m e S c h u l d der Christenheit"* (VALENTIN,1939, 10) gehalten - zunächst eine Woche lang nur im Kreise der Amtsträger und dann (vom 8.-14.7.) gemeinsam mit den Gemeinden. In diesen Gottesdiensten mit ausgewählten Sündenbekenntnissen aus der Liturgie sollte die Eucharistie (und damit die Absolution) unterbleiben.(CAPADOSE/HEATH,1902; VALENTIN,1939,9f; BORN,1974,94) Aufgrund eines am Pfingstmontag d.J. gesprochenen Wortes der Weissagung wurden ab 1.6.1903 alle Gemeindeglieder, welche das 20. Lebensjahr vollendet hatten, die apostolische Handauflegung nun aber nicht mehr empfangen konnten, in jährlichen Gottesdiensten *"dargestellt"* und Gott anbefohlen, indem man ihre Namen auf dem Altar niederlegte. Diese *"Darstellung"* schloss auch Personen ein, die durch Eheschließung zu den Katholisch-apostolischen Gemeinden gekommen waren. Wer sich sonst den Gemeinden anschließen wollte, wurde normalerweise an die *"Landeskirche"* verwiesen.(BORN,1974,94; SCHMIDT,1909,85)

Am 24.11.1908 fand die letzte *"Versammlung der Sieben Gemeinden in London"* statt. Der Tod einer der Engel der Sieben Gemeinden (J.W.Ackery, eingeführter Engel in Southwark, + 29.11.1908) machte die Fortführung der Versammlungen aufgrund der nun nicht mehr vorhandenen Vollzahl der Engel der Sieben Gemeinden unmöglich.(BORN,1974,97)

Der 1. Weltkrieg brachte eine nahezu vollständige Unterbrechung der Kontakte zwischen den Katholisch-apostolischen Gemeinden in England und Deutschland mit sich. Der fungierende Hirte mit dem Apostel Friebe, der 1914 seinen Wohnsitz in Albury hatte, wurde bei einem Urlaub in Deutschland vom Kriegsausbruch überrascht und konnte vorläufig nicht wieder nach England zurückkehren (erstmals wieder im Juli 1922 [ebd.,105]).

Aufgrund einer Denunziation des suspendierten Priesters P.Jakob aus Leipzig, der aus Rachemotiven Friebe der Spionage für England bezichtigt hatte, wurden im Herbst 1915 führende Amtsträger der Leipziger Gemeinden durch die Politische Abteilung der Polizei vernommen. Jakobs Anschuldigungen erwiesen sich jedoch als völlig haltlos.(XXIII/106-114v)

Am 13.10.1920 verstarb (86jährig) der auch für Norddeutschland zuständige Koadjutor Capadose in Albury (im Cottage *"Cooke's Place"*). Seit 1906 war er aufgrund einer Lähmung beider Beine an einen Krankenstuhl gebunden, so dass er zwar bis zuletzt als Ratgeber die Leitung der ihm anvertrauten Auftragsgebiete wahrnehmen, jedoch in den verbleibenden Lebensjahren nicht mehr selbst Gottesdienste halten konnte. Der übriggebliebene Koadjutor Heath konnte den durch Capadoses Tod entstandenen Verlust nicht ersetzen.

"Edward Heath did not take administrative charge of the tribes committed to Dr. Capadose by the Apostle Woodhouse. The Apostles had been a unity, not so the Coadjutors. In a circular to the Angels on the situation resulting from Dr. Capadose's death he explained that there was now no one, save the Lord, who could give a charge concerning the tribes in Dr. Capadose's care. He was willing to act as an elder brother in advising any angels in that charge who might seek to ask him questions of principle, but generally speaking, they must act for themselves, he could give them no commands. He felt that the time had come when the angels in the tribes committed to himself should refer less to him. He warned them against the mistake of believing that a council of bishops was any substitute for Apostolic authority, and also against taking any step without a definite indication of the Lord's mind. At the same time they must be ready for the Lord's purpose." (NEWMAN-NORTON,1975,21; vgl. ALBRECHT, 1924,63; Vier Predigten,1952,19; BORN,1974,104; WEBER,1977,99f)

Im Unterschied zu dem durch Heath betreuten *"Stamm"* Süddeutschland hatten die Gemeinden in Norddeutschland nun keine zentrale Leitung mehr.

1922 gab es in Deutschland (innerhalb der infolge des 1. Weltkrieges entstandenen Grenzen) 297 katholisch-apostolische Gemeinden. Davon entfielen auf Norddeutschland 266 (3 mit einem eingeführten Engel - Berlin-Süd, Frankfurt/M. und Liegnitz -, 29 mit Beauftragtem Engel, mit Nächstbeauftragtem Engel 6, mit einem Engel des Horns 10, mit Priestern 83, mit Diakonen 42 sowie 93 Gemeinden ohne ortsansässige Amtsträger). Süddeutschland zählte 31 Gemeinden (3 mit Beauftragtem Engel, 2 mit Nächstbeauftragtem Engel, 6 mit Priestern, 11 mit Diakonen und 9 ohne ortsansässige Amtsträger). Weitere 11 Gemeinden gehörten seit dem Vertrag von Versailles nicht mehr zum Deutschen Reich: Memel (Beauftragter Engel), Danzig (eingeführter Engel im Erzengel-Rang), Danzig-Langfuhr (Gemeinde ohne eigenen Amtsträger), Bromberg/Bydgoszcz (Priester), Graudenz/Grudziadz (Diakon), Lissa/Leszno (Gemeinde ohne eigenen Amtsträger), Posen/Poznan (Priester), Schöneck/ Skarszewy (Diakon), Stargard/Starograd (Priester), Straßburg/Strasbourg (Priester), und Mühlhausen i.Els. / Mulhouse (Diakon).(vgl.Anm.99) Deutsche katholisch-apostolische Gemeinden gab es nach wie vor in Riga und in New York, deutschsprachige Gottesdienste in 6 Städten der USA.(AdB 1922)

Am 29.8.1929 starb Edward Heath im Alter von 84 Jahren in Albury (in *"Cooke's Place"*). Für die Katholisch-apostolischen Gemeinden war der Tod des letzten Koadjutors ein weiterer schmerzlicher Einschnitt, auf den sie jedoch innerlich vorbereitet waren (Vier Predigten,1952,18).(BORN,1974,109f) Von dieser Zeit an wurde in Albury die Eucharistie nicht mehr sonntags, sondern nur noch mittwochs gefeiert.(s.Anm.25.b)

Hatte sich bis 1929 die Zahl der Amtsträger "nur" quantitativ verringert, so begann mit dem Tode des letzten Koadjutors eine zweite Phase der *"Zeit der Stille"*, in der - interessanterweise entsprechend der hierarchischen Gliederung von "oben" nach "unten" - nacheinander die einzelnen Ämter ausstarben. Der letzte noch zu Lebzeiten des Apostels Woodhouse eingesetzte Amtsträger war der 1972 in Australien verstorbene Diakon Leacock.

So starben in einem Zeitraum von 42 Jahren weltweit als

    der letzte apostolische Mitarbeiter (Prophet mit dem Apostel für Österreich, ab 1906 fungierender Prophet mit dem Apostel für Süddeutschland u. die Schweiz, s.o.)
        Rudolf Lattmann (Zürich) + 16.6.1930 (79j.)

    der letzte Erzengel der Allgemeinen Kirche
        Ludwig Albrecht (Bremen) [104] + 28.2.1931 (69j.)

    Erzengel einer Metropolitangemeinde, zugleich letzter eingeführter Engel
        Johannes Döhring (Danzig) + 29.12.1941 (88j.)

    Bezirks-Evangelist (später Beauftragter Engel)
        Anton Valentin (Wien) + 19.4.1951 (85j.)

	Engel	Karl Schrey (Siegen) +3.11.1960 (91j.)
	Priester	Wilfrid Maynard Davson (London-Paddington)
		+16.2.1971 (95j.)
	Diakon	Charles William Leacock (Sydney/Australien)
		+25.6.(7.?)1972 (95j.)

in Norddeutschland als:
- der letzte Engel   Karl Schrey (s.o.)
- Priester   Ernst Krause (Hannover [früher Waldenburg/Schlesien, S.122 d.v.U.])
  +20.10.1959 (90j.)
- Diakon   Johannes Strelow (Bremen) +18.10.1970 (96j.)

(in der ehemaligen DDR:
- Priester   Rolf Meyertöns [Chemnitz/Karl-Marx-Stadt]
  +18.3.1959 [90j.]
- Diakon   Franz Ebert [Leipzig] +27.3.1969 [?])

in Süddeutschland:
- Engel   Heinrich Kintzinger (Stuttgart) +2.10.1944 (87j.)
- Priester   Friedrich Gommel (Ulm) +15.8.1960 (90j.)
- Diakon   Karl Otto Schlittenhardt (Dietlingen)
  +16.2.1963 (92j.)

(BORN,1974,110-139)

Auffällig ist das hohe Alter nicht nur der letzten, sondern vieler katholisch-apostolischer Amtsträger überhaupt. Die meisten von ihnen waren bis kurz vor ihrem Tode noch dienstfähig.

Nach dem Heimgang von Heath und Albrecht waren die Gemeinden ganz auf sich gestellt. Im August 1933 fand in Berlin die letzte norddeutsche Engel-Konferenz statt, an der 16 Engel teilnahmen. Bei dieser Zusammenkunft wurde beschlossen, dass im Falle des Todes eines Engels der Engel der Nachbar-Diözese die Fürsorge für die verwaisten Gemeinden übernehmen solle. (Analog wurde dies später - solange möglich - auch durch die letzten Priester praktiziert.) (pA)

In der Zeit des sog. Dritten Reiches änderte sich die rechtliche Stellung der Katholisch-apostolischen Gemeinden nicht - die Einzelgemeinden in Deutschland blieben nach wie vor eingetragene Vereine. Schwierigkeiten gab es gegen Ende des 2. Weltkrieges durch das Verbot von Gottesdiensten an Wochentagen während der normalen Arbeitszeit. Amtsträger der Katholisch-apostolischen Gemeinden, die sich an dieses Verbot nicht hielten, sind in einigen Fällen von der Polizei vorübergehend festgenommen und mit Geldstrafen belegt worden. Die Auswirkungen des Krieges trafen die Katholisch-apostolischen Gemeinden schwer. Nicht wenige Amtsträger und Gemeindeglieder wurden Opfer der Bombenangriffe - so z.B. 2 Priester und etwa 100 Gemeindeglieder, die am 27.7.1943 bei einem Luftangriff auf Hamburg im Feuersturm ums Leben kamen (BORN,1974,118). Mindestens 20 katholisch-apostolische Kirchen wurden völlig zerstört (davon drei in Berlin [s.S.70 der vorliegenden Untersuchung]) und ein großer Teil schwer beschädigt.(NEWMAN-NORTON,1975,26) Durch Flucht und Umsiedlung lösten sich 1945-1947 die deutschen katholisch-apostolischen Gemeinden östlich der Oder-Neiße-Linie auf. Die meisten ihrer Mitglieder suchten sich in Westdeutschland eine neue Heimat.

1952 lebten in beiden Teilen Deutschlands noch 1 Engel und 17 Priester. Immer spürbarer wurde der Ämtermangel für die Gemeinden, immer weiter mussten die wenigen, betagten Priester reisen, um wenigstens hin und wieder größeren und mittleren Gemeinden die Feier der Eucharistie zu ermöglichen.(vgl.BORN, 1974,128) Meist folgte ihnen auf diesen Reisen eine große Anzahl von Gemeindegliedern. Wenn z.B. der Priester Meyertöns aus Karl-Marx-Stadt (Chemnitz) in den 50er Jahren in Berlin die Eucharistie feierte, so nahmen daran nicht selten 2.500 Kommunikanten teil.(s.S.72 der vorliegenden Untersuchung)

Während die Gemeinden im englischsprachigen Bereich nach dem Tode ihrer letzten Amtsträger bis auf ganz wenige Ausnahmen freiwillig auf ein Weiterbestehen verzichteten, ihre Kirchgebäude Gemeinden anderer Denominationen überließen (in der Regel gegen eine nur symbolische Pachtgebühr) und ihre Glieder sich meist der Anglikanischen Kirche anschlossen (NEWSLETTER,II [1952],13; BORN,1974,124.128), gingen die Gemeinden in Deutschland, Österreich, der Schweiz, Frankreich, Belgien, der Niederlande und in Skandinavien diesen Weg nicht.(WEBER,1977,100f) Hier gewann das Hilfsamt des Unterdiakonen und der Dienst von Laienhelfern (die beide durch das Engel-Amt eingesetzt werden durften) zunehmend an Bedeutung.(vgl.VORSCHRIFTEN,1895, 42f.49ff; s. auch FLEGG,1992,150f) Wo keine Priester und Diakone mehr vorhanden waren, übernahmen vielerorts Unterdiakone die Durchführung des Gottesdienstes, der in diesen Fällen als eine Art Lesegottesdienst auf die Vormittags- bzw. Nachmittagsgebete mit Litanei beschränkt war. (s.u.) Für solche Gottesdienste gab der letzte Engel Schrey (Engel-Weihe am 21.5.1900 in Albury), der sich schon mehrfach in Rundbriefen zu diesem Thema geäußert hatte, am 15.10.1956 besondere Richtlinien heraus. In seinen letzten Lebensjahren hat Schrey noch eine große Anzahl von Unterdiakonen und Laienhelfern eingesetzt. (Laienhelfer sind zuletzt auch durch Priester eingesetzt worden.)

Doch auch die Erhöhung der Anzahl von Unterdiakonen und Laienhelfern änderte nichts an der grundlegend neuen Situation, auf die die Katholisch-apostolischen Gemeinden zugingen. Am 10.11.1960, anlässlich der Eucharistie zum Gedächtnis des eine Woche zuvor verstorbenen Engels Schrey, sagte der Londoner Priester Davson in Siegen: *"Wir befinden uns in der Zeit, wo nicht so sehr die heiligen Ämter, sondern die Gemeinden mehr in den Vordergrund treten."* (Zur Erinnerung,1960,30) Mit dem Tode Davsons (s. BORN,1974,139; WEBER,1977,Anh.,57 [die letzte katholisch-apostolische Eucharistie hatte Davson am 1. Weihnachtstag 1970 in London-Paddington zelebriert]) und des letzten Diakons Leacock begann die "dritte Phase" der *"Zeit der Stille"* für die Katholisch-apostolischen Gemeinden (die "zweite" hatte mit dem Tode des letzten Koadjutors eingesetzt): die Phase ohne eigentliche Amtsträger, eine Phase, in der sich die Katholisch-apostolischen Gemeinden (einst ganz auf die Ämter bezogen) heute als eine wirkliche "Laienkirche" vorfinden.

Die folgende Tabelle dokumentiert die zahlenmäßige Entwicklung der katholisch-apostolischen Gemeinden in Deutschland insgesamt, in Norddeutschland (für 1980 werden auch die Zahlen für die ehemalige DDR und die frühere BRD genannt) und in Süddeutschland sowie der Unterdiakone in den letzten Jahren. (Berücksichtigt sind nur die Orte, in denen katholisch-apostolische Gottesdienste stattfanden bzw. noch stattfinden, nicht aber diejenigen, bei denen in den AdB nur Kontaktadressen genannt werden.)

	insg.	(UD)	Ndt.	(UD)	(DDR	[UD]	BRD	[UD])	Sdt	(UD)
1878	107		94						13	
1900	277		236						41	
1922	297		266						31	
1980	121	(107)	103	(97)	(48	[34]	55	[63])	18	(10)
1990	99	(67)	86	(60)					13	(7)

(AdB 1878, 1900, 1922, 1980, 1990)

Nach REIMER (1974,23.29) gab es 1974 in der früheren BRD noch 140 Gemeinden mit *"schätzungsweise 11000 katholisch-apostolische(n) Christen"*. 1985 waren es insgesamt 73 Gemeinden mit ca. 4.400 Mitgliedern (davon in Süddeutschland: 17 / 700). Die 39 Gemeinden in der ehemaligen DDR zählten zur gleichen Zeit knapp 2.000 Mitglieder.(pA) Heute (2004) liegt die Zahl in Norddeutschland bei etwa 3.000, in Süddeutschland bei 250 Gemeindegliedern. Der deutliche Rückgang der Mitgliederzahlen fällt nicht überall gleich stark ins Auge. In den größeren Gemeinden sinken die Zahlen aufgrund des natürlichen

Nachwuchses nur wenig (in Potsdam ist die katholisch-apostolische Gemeinde nach 1964 sogar ziemlich stark angewachsen! s.S.88 der vorliegenden Untersuchung). Dagegen werden viele der kleineren Gemeinden aufgrund der vorhandenen Altersstruktur in absehbarer Zeit ausgestorben sein. Dort, wo die Gottesdienste eingestellt werden, bietet man die Kirchengebäude anderen Religionsgemeinschaften an (s. z.B. S.122 der vorliegenden Untersuchung). Zur heutigen Situation der Gemeinden schreibt BORN (1974,133):

"Diese Restgemeinden leben abseits von den verfaßten Landeskirchen, bedienen sich dieser aber zum Vollzug der Taufe, der Trauung und der Beerdigung, sowie zur Konfirmation ihrer Kinder, zum Teil auch zum gelegentlichen Empfang des hl. Abendmahles, während der andere Teil sich bisher dieser Speise enthält. Sie glauben, in dem durch das Aussterben des priesterlichen Amtes bedingten Wegfall der hl. Eucharistie in ihren Gemeinden eine Weisung zur Enthaltung zu erkennen..."

WEBER (1977,101) bemerkt dazu:

"Die Vertreter beider Auffassungen können sich auf bestimmte Äußerungen in der literarischen Hinterlassenschaft katholisch-apostolischer Amtsträger stützen."

Hier tritt ein schwerwiegendes Problem zutage: Je mehr Engel und Priester ausstarben, umso einflussreicher wurden die richtungsweisenden Äußerungen der zuletztlebenden Amtsträger. Von ihrer persönlichen Auffassung hing also für den künftigen Kurs der Gemeinden sehr viel ab. Schrey wirkte offenbar stärker im Sinne einer Abgrenzung gegenüber den großen Kirchen (besonders der evangelischen). Kurz vor seinem Tode schrieb er:

"Gewiß macht sich auch der Geist von Unten bemerkbar - wie in der Christenheit, so auch unter den Heidenvölkern - und dies ist die eigentliche Triebkraft der heutigen Unsicherheit. Für die Heiligen GOTTES sind dies alles Winke und Mahnungen, denn wir warten auf nichts anderes, als auf den ankommenden Herrn - und zwar in Bereitschaft als Erstlingsfrucht - zu der wir berufen, vom HErrn eingeholt zu werden, darnach die ganze Ernte..." (Zur Erinnerung,1960,22)

Als *"gesammelte Erstlingsschar"* sollten die Katholisch-apostolischen Gemeinden nach Schreys Ansicht beisammen bleiben, Bestehendes bewahren und sich nicht *"den Entartungstendenzen auf protestantisch-kirchlichem Boden"* (BORN,1974,133) aussetzen. Ähnlich dachte auch Davson, dessen Gemeinde in London-Paddington sich nicht - wie die übrigen Gemeinden in England - aufgelöst hat, sondern noch heute (1997) regelmäßig am Sonntag (Vormittagsgebete mit Litanei, Nachmittagsgebete) zusammenkommt.(s. auch NEWMAN-NORTON,1975,32-37) In einer Ansprache anläßlich des Todes von Schrey äußerte Davson in Siegen:

"Brüder, was Ihr nie aus den Augen verlieren dürft ist, daß Ihr eine durch Apostel gesammelte Gemeinde seid. Der HErr hat Euch gesetzt hinter verschlossene Türen, bis der Greuel vorübergegangen ist... Ich sehe es an als die Pflicht und das Vorrecht der sehr wenig

übriggebliebenen Priester, um zu besuchen, zu speisen, um Bande zu lösen, so weit unsere Kräfte es erlauben.
Und für weitere Nahrung und Sakramentsbedienung dürfen wir ausgehen zu den Kirchen um uns her, - wenn wir nur daran denken, sofort zurückzukehren dorthin, wohin wir gehören, - und auch bedenken, daß wir diese Dinge ausschließlich nur von denen empfangen können, die, - (wie die Apostel uns unterwiesen haben) - ordnungsmäßig und schicklich ordiniert sind zu diesem Zweck. Ist dieses nicht möglich, und sprechen die Umstände dagegen, dann müssen wir vertrauen auf den HErrn, und im Glauben stehend weiterreisen in der Kraft der früheren Speisungen, wie Elia es tat." (Zur Erinnerung,1960,32)

Die Herausgeber der (in den deutschen katholisch-apostolischen Gemeinden weit verbreiteten!) Broschüre *"Zur Erinnerung"* an K.Schrey, in welcher die Äußerungen Davsons nachzulesen sind, ergänzten diese mit einem folgenschweren Zusatz (gegen den sich Davson später energisch gewehrt haben soll; pA):

"Anmerkung: 'Ordnungsgemäß und schicklich' ordiniert sind die Priester der anglikanischen, der römischen und der griechischen Kirchen-Abteilungen. Es trifft dies nicht zu auf die Geistlichen der evangelischen Landeskirchen in Deutschland.
Zu dieser Ansicht für (sic) *das Zirkular der Apostel vom Juli 1868 Nr. XXXI."* (ebd.)

Die Herausgeber können sich bei ihrer - in den inhaltlichen Zusammenhang der Davson-Äußerung gestellten! - Bemerkung auf das genannte Zirkular gerade nicht berufen, denn es geht darin nur um die Begründung der confirmatio ordinis, keineswegs aber um eine Herabstufung des evangelischen Abendmahls. Dort heißt es vielmehr ausdrücklich: Die Apostel wollen

"die Berechtigung der nicht von Bischöfen ordinirten Geistlichen, als Diener Christi zu gelten, nicht bestreiten oder schmälern, und die Giltigkeit ihrer geistlichen Amtshandlungen nicht in Frage stellen...
Also: Obwohl wir nur die bischöfliche Ordination für genugsam halten, um die priesterliche Würde zweifellos festzustellen, gehen die Apostel doch nicht so weit, zu sagen, daß die in den nichtbischöflichen Gemeinschaften verwaltete Communion keine Communion, oder daß die Geistlichen derselben keine Diener Christi seien." (CIRCULARE,1895,149ff [Verfasser: F.V.Woodhouse]; vgl. WIGAND,1888,459, und Anm.74.d)

Dieses Beispiel macht die Gefahr einer Verengung gegenüber dem ursprünglichen, betont oekumenischen Ansatz der Apostel deutlich. Es zeigt die Notwendigkeit, richtungsweisende Aussagen der zuletztlebenden katholisch-apostolischen Amtsträger mit den entsprechenden authentischen Äußerungen der Apostel genau zu vergleichen. Gleichzeitig macht es auf eine Haltung aufmerksam, die in den heutigen Katholisch-apostolischen Gemeinden (besonders in Deutschland) häufig anzutreffen ist: viele Unterdiakone und Gemeindeglieder leben zurückgezogen in selbstgewählter Abgrenzung zur *"Landeskirche"*. *"Zeit der Stille"* bedeutet für sie: Festhalten am Bestehenden, Konzentration auf die eigene Gemeinde, kein *"Zeugnis"* nach außen. Sie achten darauf, dass katholisch-apostolische Literatur nicht in fremde Hände kommt (s.NEWMAN-NORTON,1975,Preface) - obwohl die darin enthaltene Botschaft nach ihrem eigenen Verständnis für die ganze Kirche Jesu Christi von fundamentaler Bedeutung ist! -, und sie stehen der Beschäftigung Außenstehender mit der Geschichte der Katholisch-apostolischen Gemeinden in der Regel mindestens kritisch, meist jedoch ablehnend gegenüber. Ihr Argument: *"Das 'Werk' ist abgeschlossen. Wir leben in der Stille".* Die Evangelische Kirche - so meinen sie - kann ihnen geistlich nicht das bieten, was sie (trotz aller Einschränkungen) in den eigenen Gemeinden vermittelt bekommen.

Doch es gibt auch eine andere Haltung innerhalb der Katholisch-apostolischen Gemeinden: Im Mai/Juni 1961 erschien vom Unterdiakon Hermann Leitz in Freiburg i.Br. eine zweiteilige (hektographisch vervielfältigte) Textsammlung für Gemeindeglieder unter dem Titel: *"Apostolische Belehrungen und 'Richtlinien' für die Zeit im 'Vorhof'".* In dieser Zusammenstellung von Zitaten aus der (überwiegend älteren) katholisch-apostolischen Literatur macht Leitz deutlich, welches Maß an Offenheit gegenüber den anderen Kirchen die Apostel und führende Mitarbeiter von den katholisch-apostolischen Gemeinden erwartet haben. Der Unterdiakon zitiert z.B. aus den PM (1905,101ff):

"'Hat ER uns nicht 'Philadelphia' genannt, d.h. 'Bruderliebe'? Aber wie wenig haben wir unserer Brüder gedacht, aller getauften Kinder Gottes, der ganzen Kirche, die doch unser aller Mutter ist! Ja, auch wir haben unsere Mutter vergessen. Wir haben unsere Seligkeit für uns gesucht, wir haben uns genügen lassen, allein entrückt zu werden zu dem Herrn!
... 'Wir sind zwar besorgt gewesen für das Heil unserer eigenen Seele, aber den Leib Christi haben wir aus den Augen verloren und vergessen, daß wir nur alle zusammen als ein Leib, und nicht als einzelne in die Herrlichkeit aufgenommen werden können.'" (LEITZ,1961,I,2 [Unterstreichungen durch Leitz])

Und aus den PM (1914,37): *"'Wir treten mehr und mehr in die Reihen unserer Brüder zurück, vor denen wir keine Vorrechte mehr besitzen, seitdem der Herr das Amt der Apostel zurückgezogen hat.'"* (LEITZ,1961,I,1)

Leitz ging im 2. Teil seiner Textsammlung auch auf die o.g. Anmerkung zur Davson-Ansprache in Siegen ein (ebd.,II,5):

"Wer von uns wollte 'apostolischer' sein als die Apostel und 'die Berechtigung der nicht von Bischöfen ordinierten Geistlichen, als Diener Christi zu gelten', 'bestreiten oder schmälern' mit dem Hinweis darauf, daß sie nicht 'schicklich' ordiniert seien?"

Im Nachwort zum 1. Teil schreibt Leitz schließlich (I,9):

"Nur, ... wenn wir also u.a. auf alle Selbsthilfe und 'Not=Erweiterungen' von Diensten und Funktionen der UD. verzichten, wenn wir willig und bescheiden uns zu 'unsern Brüdern um uns her' halten ohne die eigene 'Versammlung zu verlassen', nur dann werden wir den Brüdern ein gutes Zeugnis geben..."

Ebenso eindringlich warnte der Stuttgarter Unterdiakon Kurt SCHOLZ in seiner Schrift *"So du Glauben hättest"* und seiner Zusammenstellung von Zitaten (vorwiegend aus der älteren katholisch-apostolischen Literatur) unter dem Titel *"Stimmen der Väter"* (beide 1964) vor Elitarismus und Isolierung der Katholisch-apostolischen Gemeinden gegenüber anderen Kirchen.(s. auch SCHOLZ, 1965!)
Unterdiakon Leitz hielt den Litanei-Dienst in seiner Gemeinde grundsätzlich nicht am Sonntagvormittag, sondern am Sonntagnachmittag, um den Gemeindegliedern den Besuch des evangelischen bzw. römisch-katholischen Gottesdienstes zu ermöglichen. Heute gibt es nicht wenige Gemeindeglieder (vor allem jüngere), die ähnlich denken wie Leitz. Sie beteiligen sich aktiv am Gemeindeleben in der Evangelischen Kirche (seltener in anderen Religionsgemeinschaften), wo ihre Mitarbeit eine wirkliche Bereicherung darstellt. Man findet katholisch-apostolische Christen (selbst Unterdiakone!) in Kirchenvorständen und in Synoden. Junge katholisch-apostolische Christen engagierten sich in den 70er Jahren z.B. in der Charismatischen Bewegung im Bereich der damaligen DDR. Es gibt auch eine Reihe von evangelischen Pastoren in Deutschland, die aus den Katholisch-apostolischen Gemeinden stammen.(vgl.REIMER,1980,329)
In den früher zu Preußen gehörenden Gebieten sind katholisch-apostolische Gemeindeglieder normalerweise zugleich Mitglieder der Evangelischen Kirche, aus der sie - wie ihre Vorfahren - nie ausgetreten sind. Sie geben in ihren Gemeinden den *"Zehnten"* und zahlen (in den meisten Fällen) außerdem Kirchensteuer. Sofern sie es selbst wünschen, werden sie in jeder Hinsicht wie evangelische Gemeindeglieder behandelt, d.h. sie haben freien Zugang zu den Sakramenten und Amtshandlungen. Anders ist die Situation z.B. im Gebiet des früheren Königreiches Sachsen. Dort hatte man bis 1901 evangelisch-lutherische Christen, die Mitglieder der Katholisch-apostolischen Gemeinden geworden waren, aus ihrer Kirche ausgeschlossen. In mehreren Fällen haben in den letzten Jahrzehnten katholisch-apostolische Gemeindeglieder durch Kircheneintritt eine Doppelmitgliedschaft angenommen. Diese Christen bringen sich engagiert in die jeweilige Kirchgemeinde ein. Seit den 1950er Jahren lässt die Evangelisch-Lutherische Landeskirche in Sachsen Mitglieder der Katholisch-apostolischen Gemeinden zum Abendmahl zu. Außerdem ermöglicht sie ihnen - entsprechend der Praxis in den anderen Evangelischen Kirchen Deutschlands - die Inanspruchnahme geistlicher Amtshandlungen.(vgl.HANDBUCH,1993,203f)
Zwischen katholisch-apostolischen Gemeinden und Gemeinden anderer Denominationen gibt es - auf's Ganze gesehen - fast keine Berührungspunkte. Sie leben ruhig nebeneinander. Dort, wo katholisch-apostolische Gemeinden ihre

Gottesdienste in Räumen benachbarter Kirchen halten dürfen, bestehen freundliche Nachbarschaftsbeziehungen.
Die katholisch-apostolischen Gottesdienste werden inzwischen auch durch Laienhelfer (männliche Gemeindeglieder, ohne Einsetzung durch Engel oder Priester) gehalten. Mehr als 80% aller Gottesdienste der Katholisch-apostolischen Gemeinden finden am Sonntagvormittag (also in der Zeit der evangelischen bzw. römisch-katholischen Hauptgottesdienste) statt. Die *("kürzeren")* Vormittags- und Nachmittagsgebete (s.LITURGIE,1962,73-78.82-95) bestehen aus liturgischen Elementen, Gebeten, Psalmen, Schriftlesungen, Liedern sowie einer Homilie. Letztere wird nicht von den Unterdiakonen bzw. Laienhelfern geschrieben, sondern aus der katholisch-apostolischen Literatur - für den Sonntag passend - herausgesucht und verlesen. Die Unterdiakone und Laienhelfer fungieren nicht im Altarraum (das stand nur den Amtsträgern vom Priester-Amt aufwärts zu), sondern von der ersten Bank bzw. vom Mittelgang aus. Weissagungen gab es in katholisch-apostolischen Gottesdiensten nur, solange die Eucharistie gefeiert werden konnte.(vgl. BORN,1974,124; NEWMAN-NORTON,1975,25) Anderen, interessierten Christen wird die Teilnahme am katholisch-apostolischen Gottesdienst in den meisten Fällen gestattet.
Unterdiakone und Laienhelfer nehmen in einzelnen Fällen auch Taufen, Einsegnungen von Konfirmanden, Trauungen und Beerdigungen innerhalb der Gemeinden vor. In größeren Gemeinden gibt es eine eigene christliche Unterweisung für Kinder, die von Gemeindegliedern gestaltet wird. Die religiöse Erziehung in der Familie wird sehr ernstgenommen. Unterdiakone und gemeindeleitende Laienhelfer treffen sich in gewissen Abständen, um über Gemeindeangelegenheiten zu beraten und sich bei anstehenden Fragen abzustimmen. Im Gebiet der früheren DDR finden mehrmals im Jahr sog. Jugendtreffen statt, bei denen sich jüngere Gemeindeglieder mit Geschichte und Lehre der Katholisch-apostolischen Gemeinden, mit Kirchenkunde und oekumenischen Fragen beschäftigen (Stand 1994).
Die Katholisch-apostolischen Gemeinden besitzen einen eigenen Verlag: Hermann Meier Nachfolger (in Siegen, früher in Berlin [Anm.38.c]). Hier erscheint fast ausschließlich ältere katholisch-apostolische Literatur - entweder in Nachauflagen oder abgedruckt in der monatlich erscheinenden Zeitschrift *"Smyrna-Stimmen"*. Der Verlag gibt aber auch die jährlichen *"Lektions-Tabellen"* (Bibelleseplan mit Perikopen und Psalmen für die täglichen Gottesdienste bzw. Hausandachten) und die in größeren Abständen erscheinenden Adressbücher heraus. Fast alle Druckerzeugnisse tragen den Vermerk *"Nur für Gemeindeglieder"* und können nicht über den Buchhandel bezogen werden.

Die heutigen Katholisch-apostolischen Gemeinden sind Gemeinden ohne übergeordnete Leitung. Niemand ist da, der verbindlich die Richtung festlegen dürfte - falls diese einen neuen Kurs bedeuten würde. So bleiben die Gemeinden und ihre Mitglieder in der Spannung zwischen Abgeschlossenheit und Öffnung, zwischen Aufrechterhaltung des Vorhandenen und Verzicht auf Sonderexistenz, zwischen dem Bewusstsein *"Erstlingsfrucht"* bei der Wiederkunft Christi zu sein und der Bereitschaft, in der Praxis zum *"Weizenkorn"* (vgl.Joh.12,24) in den Kirchen zu werden. Die Erwartung der baldigen Wiederkunft Christi ist in den Katholisch-apostolischen Gemeinden nach wie vor sehr lebendig und für sie charakteristisch. Was die *"Weizenkorn"*-Aufgabe betrifft, so gibt es einerseits eine sehr interessante Wirkungsgeschichte der Botschaft der Albury-Apostel im Bereich geistlicher Erneuerungsbewegungen, in Kommunitäten und unter kirchlichen Amtsträgern - eine Geschichte, die eine eigene Untersuchung wert wäre. Andererseits widerspricht die an manchen Orten zunehmende innere und räumliche (neue Kirchenbauten!) Abgrenzung von den übrigen Christen dem ursprünglichen, oekumenischen Anliegen der katholisch-apostolischen Bewegung und damit teilweise dem bis heute geltenden Selbstverständnis der Katholisch-apostolischen Gemeinden. Ob diese ihrer geistlichen und kirchengeschichtlichen *"Weizenkorn"*-Aufgabe gerecht werden, hängt entscheidend davon ab, ob ihre Mitglieder in Zukunft stärker den Austausch und die Gemeinschaft mit anderen Christen suchen und gestalten - um so tatsächlich als *"sterbendes Weizenkorn"* *"Frucht zu bringen"*.

Soweit zu den Katholisch-apostolischen Gemeinden, die in absehbarer Zeit - von einigen größeren Gemeinden auf dem europäischen Kontinent einmal abgesehen - als Gemeinschaft ausgestorben sein werden.
Dass damit jedoch die Idee einer durch Apostel geleiteten Kirche nicht ausgestorben sein wird, sondern in soziologischer Gestalt einer großen und vieler kleiner apostolischer Gemeinschaften fortbesteht, ist auf die Aktivitäten eines Mannes zurückzuführen, der sich als Amtsträger der Katholisch-apostolischen Gemeinden mit der Vakanz verwaister Apostel-Stellen nicht abfand: Heinrich Geyer.
Er meinte, dem ursprünglichen Ansatz der Katholisch-apostolischen Gemeinden treu zu bleiben, ahnte aber nicht, welche Entwicklungen er auslösen würde...

6. Heinrich Geyer und die Allgemeine christliche apostolische Mission

Heinrich Geyer und die Katholisch-apostolischen Gemeinden

Johann Heinrich Ernst Ludwig Geyer wurde als ältester Sohn des Schuhmachermeisters Carl Christian Geyer und der Bauerstochter Elisabeth, geb. Heinemann, am 27.3.1818 in Hardegsen bei Göttingen (Königreich Hannover) geboren. Zu seinen Vorfahren gehörte der fränkische Ritter Florian Geyer von Geiersberg, der im Bauernkrieg auf seiten der Bauern kämpfte und in der Schlacht bei Hall am 4./9.6.1525 ums Leben kam. Geyer hatte mindestens vier Schwestern und zwei Brüder (August, später Rechnungsrat in Hannover, und Ludwig, Schuhmacher, der später nach Amerika auswanderte).(J.GEYER,1918,1ff)

Am 26.4.1818 empfing Geyer in Hardegsen die Taufe. Aufgrund der schwierigen wirtschaftlichen Verhältnisse der Familie wurde er schon in seinen Kinderjahren zu Hilfsarbeiten in der väterlichen Werkstatt herangezogen. Geyer galt als ein guter Schüler. Nach Abschluss der Schule wurde er - da er über eine schöne Handschrift verfügte - als Schreiber beim Amtsgericht in Northeim angestellt. Auf Dauer befriedigte ihn jedoch diese Tätigkeit nicht. *"Er wollte gern Schulmeister werden und erhielt auch von seinem Vater die Erlaubnis, das Präparandeninstitut in Hannover zu besuchen."* (ebd.,6) Nach zwei Jahren Ausbildung übernahm Geyer als knapp Zwanzigjähriger seine erste Schulstelle in Lutterbeck bei Hardegsen.

Am 6.10.1839 heiratete er in Stöckheim die sieben Jahre ältere Mamsell Louise Kühne (22.2.1811-19.8.1891), Tochter des Domänen- und Mühlenpächters Gottlob Kühne in Hollenstedt. 1840/41 übernahm Geyer die Schulstelle in Dinkelhausen. Am 5.9.1844 erhielt er vom Konsistorium in Hannover die wesentlich besser bezahlte Stelle in Volpriehausen bei Uslar. Hier kümmerte sich Geyer besonders um obdachlose Kinder. Er öffnete ihnen sein Haus und gründete - als die Mittel zum Unterhalt nicht mehr ausreichten - das durch staatliche Hilfe und private Spenden getragene *"Rettungshaus Bethesda"* als erste *"Rettungsanstalt für verwahrloste Kinder"* im Königreich Hannover. Geyer, den der König für dieses Engagement *"mehrfach in Audienz"* empfing, holte sich u.a. von Johann Hinrich Wichern im *"Rauhen Haus"* zu Hamburg *"neue Anregungen"* für sein Werk. (J.GEYER,1918,6-10)

Geyer entwickelte in Volpriehausen auch Aktivitäten im religiösen Bereich. Da der dortige Pastor es nicht *"verstand..., das religiöse Leben zu wecken"*, begann Geyer *"gleichgesinnte Leute um sich zu sammeln und in seinem Hause Erbauungs- und Gebetsversammlungen abzuhalten. Diese*

wurden bald aus der ganzen Umgegend reichlich besucht und bildeten ein geistiges Zentrum für die nach religiöser Vertiefung verlangenden Seelen des dortigen Kreises." (ebd.,10)
Im Frühjahr 1849 stieß Geyer, der schon seit längerer Zeit mit dem kirchlichen Leben unzufrieden war, auf eine evangelistische Schrift der Katholisch-apostolischen Gemeinden:
"Immer klarer erkannte Heinrich Geyer die kirchlichen Schäden seiner Zeit und sann auf Hilfe. Da wurde er durch einen scheinbaren Zufall, in dem er aber eine Fügung Gottes erblickte, mit einer geistigen Bewegung bekannt, die gleichfalls darauf ausging, dem kirchlichen Verfall zu begegnen und eine Erneuerung und Belebung des Glaubenslebens herbeizuführen. In eine Zeitschrift, die er durch die Post erhielt, hatte sich einst eine kleine Schrift geschoben, die von einem Pastor Koeppen verfasst war und über das 'apostolische Werk', das von England ausging und nun auch in Deutschland Ausbreitung fand, berichtete...
Heinrich Geyer war sofort von der Notwendigkeit dieses Werkes durchdrungen. Er setzte sich mit Pastor Köppen in Verbindung und erhielt nun Aufschluss und Belehrung über Entstehung und Fortgang der apostolischen Bewegung." (ebd.,10.13)
Geyer, der zweimal brieflich um Besuch eines Vertreters der katholisch-apostolischen Gemeinde in Berlin gebeten hatte (pA), konnte im Juni 1849 Koeppen als Gast in Volpriehausen begrüßen.[105] Diese Begegnung überzeugte Geyer endgültig, und er begann, sich in seinen religiösen Versammlungen für das Anliegen der katholisch-apostolischen Bewegung einzusetzen. Die Folge war, dass aufgrund einer Anzeige des Ortspfarrers das Konsistorium Geyer seines Amtes enthob.(J.GEYER,1918,13f) Soweit bekannt, war Geyer der erste Lehrer in Deutschland, der aufgrund seines Anschlusses an die katholisch-apostolische Bewegung entlassen wurde.(vgl.Anm.86)
Da Geyer in Volpriehausen nicht mehr bleiben konnte, siedelte er mit seiner Familie nach Berlin über.
"Von Berlin aus war er schon öfter aufgefordert worden, dorthin zu kommen und den Gottesdiensten beizuwohnen. Auch zweifelte man nicht daran, dass er bald zum Priester berufen würde." (J.GEYER,1918,14)
Geyer traf am 26.10.1849 (pA) in Berlin ein. Seine Frau (die *"in allen Dingen mit ihm einig war"* [J.GEYER,1918,14]), seine drei Söhne und eine zum Haushalt zählende Nichte zogen wahrscheinlich erst Anfang 1850 nach (ebd.).[106]
Durch H.Wagener erhielt Geyer zunächst eine Anstellung als Korrektor bei der *"Neuen Preußischen Zeitung"* (sog. Kreuzzeitung) *"und konnte so notdürftig die Familie über Wasser halten"*.(J.GEYER,1918,14; im Juli 1851 gab Geyer dann als Beruf *"Privatlehrer"* an [VII/12v])
Am 26.12.1849 empfing Geyer in der Berliner Gemeinde die apostolische Handauflegung durch den Apostel Carlyle und wurde noch am selben Tag als Unterdiakon eingesetzt. Bereits zwei Tage später erfolgte während einer Anbietung zum Priester-Amt Geyers Berufung, und zwar durch den Priester-Prophe-

ten John Taylor.(s.S.43 der vorliegenden Untersuchung)[107] Der Kern der Berufungs-Worte soll (nach einer handschriftlichen Notiz von R.Geyer [Anm.133]) folgendermaßen gelautet haben:
"'Der Herr will Dich emporheben, der Herr vertraut Dir an Sein Wort, das da bleibet für immer, durch welches Du sollst Deine Opfer bringen, Dein Herzens Begehren vor dem Herrn, u. sie darstellen vor seinem Fußschemel. Der Herr ruft Dich zu diesem Werk, Er setzt Dich in Sein Haus.'" (Notizheft von R.GEYER,S.30 [in Privatbesitz])

Am 13.2.1850 wurde Geyer (durch Rothe) in das Diakonen-Amt eingesetzt und am 25.7. d.J. - gemeinsam mit F.Schwarz - von Carlyle (unter Assistenz von J.Barclay und Thiersch) zum Priester-Amt ordiniert.[108] Am 28.7. schrieb Thiersch, der sehr bald freundschaftliche Bande mit Geyer geknüpft hatte, an seine Frau:

"Schon am andern Morgen um 6 Uhr war eine heilige Handlung bei der ich zu assistieren hatte: die Ordination der Brüder Geyer u. Schwarz zum Priesteramte. Geyer ist mir besonders werth u. es ist mir rührend ihn und seine Familie in ihrer ärmlichen Wohnung und Kleidung zu sehen. Mit 3 eigenen u. 2 angenommenen Kindern haben sie Haus u. Hof verlassen u. leben nun in der größten Eingeschränktheit ohne Magd in zwei kleinen Zimmern hoch oben in denen es nicht sehr nett aussieht.
Geyer ist ungefähr in meinem Alter, bescheiden u. ernst in seinem Wesen, man sieht ihm noch in etwas das Gebeugte des Schullehrerstandes an. Seine Gabe entfaltet sich immer köstlicher. Er ist einer von den Armen, die Gott im Glauben reich gemacht hat." (Th.Br.,106/1f) [109]

Geyer verfügte über eine prophetische Begabung, die von den leitenden Amtsträgern rasch erkannt worden war. Diese Beobachtung und eine Andeutung (intimatio) in den Berufungs-Worten (*"... der Herr vertraut Dir an Sein Wort ..."*) führten wohl zu der Entscheidung des Apostels, den neuen Priester der *"Amtsklasse"* der Propheten zuzuordnen (Anm.54.c). Am 27.7. (zwei Tage nach der Ordination Geyers) *"mußte"* Thiersch *"Jonathan Smith als Dollmetscher* (sic) *dienen in einer langen Unterred(un)g mit Geyer"* (Th.Br.,106/3), in welcher der Priester-Prophet wahrscheinlich über das Wesen und die Aufgaben des Propheten-Amtes näher unterrichtet wurde.[110] Vor Geyer war in der Berliner Gemeinde bereits H.F.Borchert (Anm.55.j) als Priester-Prophet eingesetzt worden. Borcherts Bedeutung sollte jedoch nie an die von Geyer heranreichen. Am 6.8.1850 fand in Berlin der erste Gottesdienst *"zur Ausübung geistlicher Gaben"* in Anwesenheit des vierfachen priesterlichen Amtes statt.(pA; vgl. VORSCHRIFTEN,1895,29ff; RUBRIKEN,1895,55f) Möglicherweise hat Geyer bei dieser Gelegenheit erstmals als ordinierter Prophet fungiert.
Im Frühjahr 1851 begleitete Geyer den Apostel Carlyle, Barclay und Thiersch (vierfaches Amt!) nach Pommern. Am 8.3. wurden bei einer Anbietung zum Priester-Amt in Neustettin 4 Männer durch Geyer berufen.(s.S.94 der vorliegenden Untersuchung) Der Priester-Prophet führte hier wahrscheinlich zum

ersten Mal den Berufungs-Dienst aus. Interessant ist, dass Carlyle in dieser Angelegenheit Geyer mit nach Pommern nahm und nicht den erfahreneren Propheten Taylor, der in Berlin zurückgeblieben war (Th.Br.,109/3). Geyer hat nach eigenen Angaben im Anschluss an den Besuch in Pommern den Apostel auch nach Schlesien begleitet und dort am 4.4.1851 in Buchwäldchen dessen Vortrag *"Die Geschichte des apostolischen* Werkes" gehört.(s.S.111f der vorliegenden Untersuchung) Der Apostel äußerte darin Gedanken, die Geyer später als Argument für die Auffüllung des durch den Tod einiger Apostel unvollständigen zwölffachen Apostelkollegiums benutzt hat.[111]

Am 10.4.1851 diente Geyer erstmals bei einer Anbietung zum Priester-Amt innerhalb der Berliner Gemeinde.(s.S.45 der vorliegenden Untersuchung)

Noch gab es für den *"Stamm"* Norddeutschland keinen eingeführten Propheten mit dem Apostel. J.Smith hatte zeitweilig diese Funktion ausgeübt, wird aber nach dem Sommer 1850 in bezug auf Norddeutschland nicht mehr erwähnt. Der Aufenthalt Taylors in Berlin lässt sich auch nur bis Frühjahr 1851 nachweisen. Geyer war aufgrund seiner Fähigkeiten bereits zu dieser Zeit ein aussichtsreicher Kandidat für das Amt des Propheten mit dem Apostel für Norddeutschland. Ende 1851 wurde das Fehlen dieses Amtes für die Berliner Gemeinde in besonderer Weise sinnfällig. So schrieb Thiersch am 27.12. an seine Frau:

"Am Nachmittag des zweiten Feiertages war eine feierliche Handlung in der Kirche, die wir in Deutschland noch nicht gehabt haben, nämlich eine Belehrung der Gemeinde durch die Diener der allgem. Kirche.
Zuerst hatte ich, dann H. Böhm, dann H. Carlyle *eine Ansprache zu halten. Es fehlte noch die des Propheten, dessen Platz unter uns noch leer ist."* (Th.Br.,117/4)

Am 10.2.1852 reiste Geyer, gemeinsam mit Carlyle, von Berlin aus nach England.(ebd.,122/3) Während seiner Abwesenheit wurde Geyer in der Heimatgemeinde durch den Priester-Propheten Beulig vertreten. Am 21.4. d.J. erfolgte in der Apostelkapelle zu Albury Geyers Anbietung zum *"höheren Amt"* und seine Berufung durch den *"Pfeiler"* der Propheten Taplin. Durch Taplin ist Geyer während dieses ersten Aufenthaltes in Albury nicht nur tiefgreifender als bisher im Gebrauch der prophetischen Gabe unterwiesen, sondern auch nicht unwesentlich geprägt worden.(vgl.CIRCULARE,1895,80) Am 2.5. kehrte Geyer nach Berlin zurück.(pA) Dort empfing er am Donnerstag, dem 9.9.1852, durch Carlyle die Engel-Weihe. Geyer war der erste deutsche Prophet innerhalb der Katholisch-apostolischen Gemeinden im Rang eines Bischofs (und nach F.L.Petitpierre [s.Anm.115] der zweite Engel-Prophet auf dem europäischen Festland). Geyer war als solcher nun für den ganzen *"Stamm"* Norddeutschland zuständig, diente aber zugleich als Prophet in der Berliner Gemeinde (unter dem Engel Rothe). Praktisch übernahm Geyer jetzt die Funktion eines Propheten mit dem

Apostel für Norddeutschland - zu einer Einführung in dieses Amt sollte es jedoch nie kommen.(zum Amt des Propheten mit dem Apostel s.ALBRECHT, 1982,75) Bis zur Abspaltung Anfang 1863 übte Geyer den Dienst eines Engel-Propheten mit "übergemeindlichem Auftrag" als Begleiter des Apostels für Norddeutschland allein aus. Er hat in dieser Zeit sehr viele katholisch-apostolische Gemeinden in Norddeutschland und (spätestens ab 1857) in Süddeutschland sowie in der Schweiz besucht - gemeinsam mit anderen Amtsträgern oder allein (beides im Auftrage des Apostels).[112] Die thematische Vielfalt seiner Vorträge, die er sowohl in Berlin als auch in den besuchten Gemeinden hielt, ist erstaunlich. Sie umfasste ein weites Feld biblischer, heilsgeschichtlicher, charismatischer und existentieller Fragen.(s. H.GEYER,1855/56; Th.Tgb.) Geyer hat durch seine reiche Vortragstätigkeit, durch seine Ansprachen, Belehrungen und Homilien einen nicht unbedeutenden Einfluss auf das geistliche Wachstum der Gemeinden gehabt. Sein Enkel schreibt dazu:

"Durch seine vielen Reisen wurde unser Grossvater ... weithin bekannt, zumal er in vielen Städten auch öffentliche Vorträge hielt. Wegen seiner klaren Erkenntnis der religiösen Zusammenhänge, seines tiefen Blickes für seelische Bedürfnisse und seiner rednerischen Begabung war er bei allen Gemeinden als Prediger und Seelsorger sehr geschätzt. Seine große Korrespondenz gibt davon ein beredtes Zeugnis." (J.GEYER,1918,16)

Doch seine Stärke lag vor allem auf dem charismatischen Gebiet. Geyer hatte neben der Gabe der Weissagung auch die der Glossolalie, der Auslegung der "Sprachen" und der Krankenheilung.[113]

Neben Geyer gab es in Norddeutschland in der Zeit bis 1863 noch einige wenige Priester-Propheten, deren Aufgaben jedoch im wesentlichen auf ihre Heimatgemeinden beschränkt blieben (z.B. Borchert, Herbig und Beulig in Berlin, A.Schmidt in Marburg und de la Chevallerie in Danzig). Die übergemeindlichen Propheten-Aufgaben im *"Stamm"* Norddeutschland wurden in dieser Zeit fast ausschließlich von Geyer wahrgenommen. Seine wichtigste Funktion war dabei die prophetische Berufung von Amtsträgern in den Anbietungs-Gottesdiensten. Zwischen 1852 und 1862 sind fast alle Priester und Engel in Norddeutschland sowie einige in Süddeutschland und der Schweiz durch Geyer berufen worden. (WEINMANN,1963,76; BORN,1974,57) Geyer gehörte damals zu den bekanntesten und angesehensten Amtsträgern in Norddeutschland und auf dem europäischen Festland. Sein Hauptwirkungsfeld blieb jedoch die Berliner Gemeinde - das Zentrum der Katholisch-apostolischen Gemeinden in Norddeutschland. Hier fanden die wichtigsten Berufungen ins geistliche Amt und die Konzilien der Engel des norddeutschen *"Stammes"* mit dem Apostel statt. Als einziger Engel-Prophet nahm Geyer automatisch eine besondere Rolle ein. Es darf aber nicht vergessen werden, dass Geyer (trotz seines Engel-Ranges) als

Amtsträger der Berliner Gemeinde dem Engel Rothe unterstellt war. An diesen Verhältnissen, die sicher nur als vorübergehende gedacht waren, hat sich bis 1862/63 nichts geändert.
In den übergemeindlichen Angelegenheiten war Geyer dem Apostel bzw. dem *"Pfeiler"* der Propheten Taplin unterstellt. Das Verhältnis zwischen dem Engel-Propheten und Carlyle (unter dessen Leitung jener ja seinen Weg innerhalb der Gemeinden begonnen hatte) war harmonisch, ja freundschaftlich. Geyer schätzte den Apostel sehr, sah in dessen frühem Tode aber keine Katastrophe für die katholisch-apostolische Bewegung. Er schrieb später (H.GEYER,1893,4f):
"Bei dem wiedererwachten apostolischen Werke waren die ersten Gläubigen so erfreut, daß sie die feste Hoffnung hatten, sie würden nicht mehr sterben, sondern sogleich entrückt werden zum Himmel. Und als nun bald nachher einige Glieder doch noch starben: und sogar noch 1834 Mr. Irving starb: da war die Bestürtzung sehr groß. Später starben noch mehr; aber als 1854 (1855 - Verf.) *unser geliebter Apostel* Thomas Carlyle *starb, da war der Jammer noch größer. Aber es war geschehen, und Gott konnte und wollte es nicht ändern.*
Carlyle *hatte wie ein* Paulus *gewirkt und auf seinen letzten Reisen, namentlich in* Norwegen, *seine Gesundheit völlig eingebüßt.*
Ich meinestheils habe seinen Verlust nicht betrauert, in jener <u>kindischen Weise</u>, weil wir nun keine Hoffnung hätten auf die Vollendung der Kirche, wenn sogar Apostel stürben, im Gegentheil, ich habe niemals geglaubt, daß Apostel unersätzlich wären. Aber ich habe aufrichtig getrauert um den Verlust dieses treuen und gewaltigen Arbeiters im Weinberge des Herrn, namentlich in Norddeutschland." [114]
Am 21.6.1855 berieten die Apostel in Albury über die Frage, ob die Stellen der 5 Monate zuvor verstorbenen Apostel MacKenzie und Carlyle wieder ausgefüllt werden könnten.(BORN,1974,49) Als Ergebnis ihrer Beratungen teilten sie den Gemeinden in einem Zirkular vom Juni d.J. mit, dass sie in der heiligen Schrift keine Ermächtigung für einen solchen Schritt gegeben sähen und sie deshalb keine Initiative zur Auffüllung des Apostel-Kollegiums ergreifen, sondern *"diese Sache dem HErrn ganz anheimstellen"* würden.(WOODHOUSE,1863,3f, s. den Wortlaut auf S.311 der vorliegenden Untersuchung [vgl. das englische Zitat aus der Urschrift bei FLEGG,1992,88]) Diese Haltung der Apostel erläuterte Carlyles Nachfolger Woodhouse am 27.8. d.J. den leitenden Amtsträgern des norddeutschen *"Stammes"* in Berlin. An der betreffenden Ratsversammlung innerhalb des ersten norddeutschen Engel-Konzils nahm wahrscheinlich auch Geyer teil.(s.S.57f.291 der vorliegenden Untersuchung)
Mit der Übernahme des *"Stammes"* Norddeutschland durch Woodhouse begann auch für Geyer ein neuer Abschnitt in seiner Amtstätigkeit. Der Apostel (der die Entwicklung der norddeutschen Gemeinden kaum persönlich miterlebt hatte, dafür aber Erfahrungen aus seinen bisherigen Auftragsgebieten mitbrachte [s.Anm.25.a]) und der Engel-Prophet mussten sich aufeinander einstellen. Das

Verhältnis der beiden Männer gestaltete sich freundlich-korrekt (so lud Woodhouse Geyer z.B. mehrfach zum Tee oder zu gemeinsamen Ausflügen ein [s.Th.Tgb.,4.9.1856 u.ö.]). Berufungen durch Geyer sind (abgesehen von den Ereignissen 1860 in Albury [s.u.]) vom Apostel nie beanstandet worden (v.POCHHAMMER,1892,25). Dennoch bemerkt man beim genaueren Hinsehen eine wache Aufmerksamkeit, mit der Woodhouse den Propheten begleitete. Sehr sorgfältig wertete er die prophetischen Äußerungen aus seinem Auftragsgebiet Norddeutschland für den jährlichen "Record" aus (Thiersch erwähnt immer wieder Konferenzen mit dem Apostel über die Gabe der Prophetie und über neue Weissagungen [s. z.B. Th.Tgb., 28.1.1856, 6.10.1858]). Auch wenn Geyer bis 1862 der herausragende Prophet (und einziger Engel-Prophet) für Deutschland und die Schweiz blieb, ließ Woodhouse ihn doch spüren, dass er (noch) nicht die Stellung eines Dieners der Allgemeinen Kirche (als Prophet mit dem Apostel) einnahm: zu vielen Beratungen des Apostels mit Böhm und Thiersch (als Diener der Allgemeinen Kirche) wurde Geyer nicht hinzugezogen (s. z.B. Th.Tgb.,18.-20.8.1855), auf eine Mitwirkung Geyers beim Vortrag des vierfachen Amtes der Allgemeinen Kirche traf häufig dasselbe zu (z.B. am 9.9.1855 [Th.Tgb.]; pA). Woodhouse (1863,13f) äußerte sich am 19.2.1863 zur Frage, warum Geyer nicht als Prophet mit dem Apostel eingesetzt worden ist:

Dies komme *"nicht davon her, daß es meinerseits oder bei den Aposteln in Albury an Verlangen gefehlt hätte, Herrn G. hierfür zu wählen. Diese Sache ist in der Rathsversammlung in Albury öfter erörtert worden, auch habe ich sie oft mit Herrn Böhm und Prof. Thiersch besprochen. Doch kam die Wahl des Herrn G. nie zu Stande in Folge der Unterscheidung, die uns Gott gab über seinen unrechten Geisteszustand, und sein Nichtgeeignetsein zur Erhebung in eine so hohe und verantwortliche Stelle, wiewohl wir zu der Zeit von seiner jetzt an den Tag gekommenen geheimen Wirksamkeit wenig oder nichts wußten. Durch die neuesten Ereignisse ist offenbar geworden, wie er seit Jahren in Deutschland und der Schweiz, wo immer er Eingang fand, verrätherischer und versteckter Weise gewirkt hat."*

Diese Haltung wurde noch bestärkt durch ein Wort, das der Engel-Prophet Prentice (Anm.22.b) (1859?) in Albury in Gegenwart von Geyer geäußert hatte und das Woodhouse in einer Mitteilung den deutschen Amtsträgern weitergab: *"'Seid sehr wachsam über die Worte, die in Deutschland in Kraft geredet werden; Satan sucht durch jene Thür einen Eingang, siehe der HErr hat euch gewarnt'"*. (WOODHOUSE,1863,14 [vgl.S.304.316f der vorliegenden Untersuchung!]; eine Reaktion auf dieses Wort ist möglicherweise das Zirkular des Apostels Woodhouse *"Ueber den rechten Gebrauch der Gabe der Weissagung"* vom Dezember 1859 [s.CIRCULARE,1895,83-87]) Hinter dieser kritischen Haltung verbargen sich keine grundsätzlichen Ressentiments gegen das Propheten-Amt. Im Gegenteil: Spätestens Anfang 1858 hatten die Apostel drei Gebetswochen (jeweils vor den großen Festen) angeordnet, *"damit es Gott gefalle, Propheten zu erwecken und die Ordnungen Seines Hauses vollständig zu machen"*.(WOODHOUSE,1863,11. In Berlin ist in der Karwoche 1858 damit begonnen worden.)

Die Prophetenversammlung 1860 in Albury

Noch wichtiger war ein weiterer Schritt: So haben die Apostel
"im Jahre 1858 alle Engel=Propheten, und die zum Engelamt berufenen Propheten, auch sonstige Priester=Propheten, die ihnen geeignet schienen, einberufen, um sie in ihrem Amte zu unterweisen, um ihre Begabung kennen zu lernen und zu beurtheilen in wieweit etliche von ihnen fähig wären um als Propheten mit den Aposteln erwählt zu werden, mit der Absicht, auf diesem Wege die Zahl der 12 apostolischen Propheten vollzumachen." (ebd.,12)
Diese zweiwöchigen *"prophetic meetings"* haben in den Jahren 1858-1861, (1864?), 1865-1867 (auch später noch?) in Albury stattgefunden. Hauptzweck der Zusammenkünfte war das Studium und die prophetische Auslegung der Heiligen Schrift. 1858 und 1859 wurden die Bücher Esra, Nehemia und Esther, 1860 und 1861 die Offenbarung durchgearbeitet. Anwesend waren außer den Propheten und den Aposteln auch apostolische Mitarbeiter (letztere - nach Thierschs Worten - *"um zu lernen"* [Th.Br.,275/2, 205/3]).[115]
Nach dem Tode der Apostel MacKenzie, Carlyle und Dow (1855) wurden die Katholisch-apostolischen Gemeinden gerade in den Jahren 1859ff erneut und schmerzlich an die drohende Gefahr des Aussterbens des Apostolats erinnert. So mussten Thiersch und Caird am 4.6.1859 den (nicht mehr reisefähigen?) Apostel Drummond in einem *"act of delegation"* bei der Anbietung und Berufung des Priesters Lutz zum Engel-Amt (hierbei fungierte Geyer) in Basel vertreten. (s.Anm.77.b) Am 17.7. d.J. wurde Böhm als erster zum Koadjutor der Apostel berufen und im September von Woodhouse für Norddeutschland eingesetzt. (Anm.28.c, 101) Am 16.9. d.J. starb der Apostel Percival als vierter der Apostel (Thiersch notierte am 21.9. im Tagebuch: *"Abends bei Brincken mit der Gräfin Blankensee. Daselbst durch Woodh. die traurige Nachricht d*(a)*ß H. Spencer Perceval entschlafen. Ging betäubt davon."* [zu Perceval s. AARSBO, 1932,276f; NEWMANN-NORTON,1971,87; BORN,1974,52; WEBER,1977, Anh.,96; Anm.20.b.4]). Am 20.2.1860 starb der Apostel Drummond in Albury. (Anm.25.b) Der Apostel Tudor hat (aus Altersgründen? [+ 4.3.1861, 77j.]) am *"prophetic meeting"* 1860 nicht mehr teilnehmen können. Auf dieser Prophetenversammlung, die sich mit Offb. 1-16 befasste, waren nur noch 6 Apostel anwesend. Die bemerkenswerten Ereignisse der ersten beiden Tage der Ver-

sammlung (29./30.5.1860 [BORN,1974,54]) schilderte Hauptakteur Geyer mehr als 30 Jahre später in seinen Erinnerungen (H.GEYER,1893,6-9) so:
"Sodann kam im Jahre 1860 oder 1861 die Offenbarung St. Johannes. Dieses Jahr war für uns von ganz besonderer Bedeutung.
Kaum hatten wir das erste Capitel gelesen, als der Prophet Taplin *in Weissagung ausbrach: 'Nach dem Modell (die sieben Gemeinden in London) soll der wahre Bau verwirklicht werden und in die Erscheinung treten:* Ephesus London, Smirna Berlin, Pergamus Paris, Thyatira Rom, Sarden (sic) Wien, Phyladelphia Bern, Laodicäa ...... im Norden'.
An dem folgenden Tage wurden Capitel zwei etc., die sieben Sendschreiben nach klein Asien gelesen, und bei den ersten Versen welche ich zu lesen hatte, über Ephesus London, *kamen die Worte der Weissagung, nachdem alle Werke anerkannt und gepriesen waren: 'Aber ich habe wieder* (wider - Verf.) *dich daß du die erste Liebe verlässest, thue Buße und thue die ersten Werke.*
Sehne dich nach den Aposteln welche deine Stühle verlassen haben (sechs standen damals schon leer) der Herr giebt dir zwei Apostel auf die leeren Stühle zum Unterpfand, daß er auch die übrigen wieder besetzen wird, damit eure Schultern nicht zerbrechen: Charles Boehm *und* William Caird *welche als treue Mitarbeiter erfunden sind, als Apostel.*
Mit diesem Augenblick wurde unsere Versammlung sofort durch die Apostel aufgelöst, nur der Prophet für England Taplin *blieb da, wir übrigen waren entlassen.*
Am Abend desselben Tages aber versammelten wir uns, nemlich die 12 Propheten wie gewöhnlich bei Mr. Taplin *auf dessen Einladung zum Thee, wobei wir uns über unsere amtlichen Pflichten, und besonders über biblische Aufschlüsse und Erfahrungen zu unterhalten pflegten. Bei dieser Gelegenheit sprach der alte Prophet Capitain* Taylor, *die Aufmerksamkeit auf das Tagesereigniß lenkend, seine Freude aus über die Berufung der beiden Apostel, wozu alle übrigen ihre Zustimmung gaben.*
'Ja' sagte der Prophet der Centralkirche am Gordon-Square *'ich kann noch etwas hinzufügen: während der Berufung hatte ich eine Vision, der Himmel öffnete sich und ich sah die vier Cherubim wie sie mit Wohlgefallen herab schaueten auf diese Handlung.' Wir wurden durch diese Mittheilung nathürlich tief bewegt.*
Nachher wurde aus unserer Mitte, ich weis nicht mehr durch wen, die Frage an Mr. Taplin *gerichtet, ob von diesen jetzt lebenden Aposteln wohl noch etliche sterben würden?*
Darauf antwortete derselbe: Ja nicht einer wird übrig bleiben, alle werden in den Staub sinken' aber fügte er hinzu: alle Aemter die 12 Apostel, 12 Propheten und alle die dazu gehören, werden in ihrer vollen Zahl vorhanden sein, wenn der Herr erscheint seine Kirche zu vollenden.
Ich hätte die Apostel, welche fehlen, längst im Geiste namhaft machen können, aber der Geist sagte mir zugleich, sie werden verworfen werden.
Weiter ging Mr. Taplin *nicht, auch aus der heutigen Rathsversammlung der Apostel verrieth er kein Wort, und das war auch ganz in der Ordnung.*
Am folgenden Tage wurde ich zu dem Apostel Woodhouse *beschieden. Dieser fragte mich ganz kurz: 'Haben Sie die Meinung, daß diese <u>zwei Männer</u> jetzt wirkliche Apostel sind?' Ich antwortete darauf: 'Die Apostel haben verordnet, daß die Propheten kein Urtheil haben sollen, über das Ergebniß ihrer Weissagung; sondern die Apostel haben das Urtheil zu fällen,*

ich weis nur, daß dies Wort vom heil. Geiste war, für welches ich verantwortlich bin, alles Uebrige überlasse ich den Aposteln. Darauf erwiederte mir Mr. Woodhause (sic): 'die Apostel verwerfen diese, und jede andere Berufung von Aposteln, weil diese jetzigen ausreichen bis zur Zukunft Christi. Dazu konnte ich nun weiter kein Wort sagen sondern war still. Mit diesen Erfahrungen und Gefühlen kehrte ich denn auch im Vorsommer 1862 (1860 - A.S) nach Berlin zurück. Daß meine geistige Stimmung nicht gehoben war, lag wohl klar vor Augen." [116]
Äußerlich blieb alles so, als wäre nichts geschehen. Doch innerlich begann der Engel-Prophet mehr und mehr auf Distanz zu Woodhouse zu gehen. Dessen Ablehnung neuer Apostel-Berufungen konnte Geyer nicht akzeptieren. Er versuchte nun zunehmend, andere katholisch-apostolische Amtsträger für seine eigenen Vorstellungen zu gewinnen.(s.u.)

Im Herbst 1860 begann Geyer mit der Herausgabe der Zeitschrift: *"Die Morgenröthe. Ein christliches Sonntags=Blatt für Stadt und Land"* (Berlin, 10.11.1860 bis März 1863). Dieses Blatt, das als Privatunternehmen Geyers kein "offizielles Organ" der Katholisch-apostolischen Gemeinden in Norddeutschland war, hatte einen *"sehr großen Leserkreis in allen apostolischen Gemeinden Deutschlands"* (HANDTMANN,1903,686). Geyer wollte mit ihm aber auch Christen außerhalb der Katholisch-apostolischen Gemeinden erreichen. Immerhin war es (3 Jahre vor Erscheinen der *"Pastoralen Mittheilungen"*) das erste katholisch-apostolische Erbauungsblatt in Deutschland.(s. dazu S.68.292f der vorliegenden Untersuchung)[117]

1861 reiste Geyer gleich zweimal nach England: zum *"prophetic meeting"* (Mai) sowie zur Ratsversammlung der Apostel und ihrer Mitarbeiter (zweite Dezemberhälfte [pA]).(vgl. Th.Br.,273/3f; BORN,1974,38)

Die Berufung Rosochackys zum Apostel

Das Jahr 1862 (das Todesjahr Taplins) sah Geyer auf dem Höhepunkt seiner Amtstätigkeit innerhalb der Katholisch-apostolischen Gemeinden. Es brachte aber auch das jähe Ende. Auf zwei großen Visitationsreisen mit Woodhouse, Böhm und Thiersch (im Mai/Juni in die Schweiz und nach Süddeutschland, im September/Oktober nach Ostpreußen und Pommern) nahm Geyer praktisch alle Funktionen eines Propheten mit dem Apostel wahr - etwa bei *"Belehrungen durch das vierfache Amt"* der Allgemeinen Kirche (z.B. am 18.5.1862 in Zürich) oder bei der Einführung des Engels E.Schwarz in die Königsberger Gemeinde (am Montag, dem 13.10.1862, schrieb Thiersch an seine Frau: *"In Königsberg hatten wir vom Dienstag bis Freitag täglich feierliche Handlungen, wobei das 4fache Amt [H. Woodhouse, Geyer, Böhm und ich] mitwirkte."* [Th.Br.,311/1]). Ob Geyer nach dem Tode des *"Pfeilers"* der Propheten Taplin (8.4.1862) seine Bedeutung als einer der herausragenden Propheten im apostolischen Werk zu überschätzen begann (selbst Woodhouse bezeichnete ihn um diese Zeit als Prophet *"mit einer mächtigen Gabe"* [WEINMANN,1963,349]), ist nicht klar. Manches deutet darauf hin.

Im Juni 1862 hatte Woodhouse in seinem Zirkular *"Ueber das prophetische Amt"* sowohl auf die Anfechtung der Katholisch-apostolischen Gemeinden durch das Sterben der Apostel als auch noch einmal ausdrücklich auf die Aussichtslosigkeit neuer Apostel-Berufungen hingewiesen:

"Die Todesfälle, die unter uns in den letzten sieben Jahren stattgefunden haben, ein Hinsterben solcher, die von Anfang an dem Werke des HErrn mit uns betheiligt waren, die Unmöglichkeit, ihre Stellen auszufüllen - das sind wahrlich große Versuchungen, das sind wahrlich Stunden der Finsterniß. Doch durch den Glauben vermögen wir das helle Licht hinter diesen dicken Wolken zu schauen. Dieses Licht ist die Hoffnung unserer baldigen Befreiung."
(CIRCULARE,1895,82)

Geyer dachte anders.[118] Ende 1861 oder Anfang 1862 *"bezeichnete"* er (laut Böhm [s.S.297 der vorliegenden Untersuchung!]) einen katholisch-apostolischen Amtsträger in Berlin (Diestel?, v.Pochhammer? [vgl.v.POCHHAMMER, 1892,18f!]) als Apostel. Dieser nahm die Berufung jedoch nicht an.

Am 28.9.1862 traf Geyer (aus Berlin kommend) in Königsberg mit Woodhouse, Böhm, Thiersch und Diestel zusammen. Die folgenden Tage waren angefüllt mit Besuchen der Gemeinden in Memel, Insterburg und Wehlau sowie mit einer Reihe apostolischer Amtshandlungen in Königsberg, die in der feierlichen Einführung des dortigen Engels gipfelten.(s.S.167 der vorliegenden Untersuchung) Diese zweite Einführung eines Engels in Norddeutschland (verbunden mit der Einführung der *"großen Fürbitte"* [Anm.62.a]) und die festlichen Gottesdienste zur apostolischen Handauflegung, Diakonen-Segnung und Ordination machten auf die Beteiligten einen erhebenden Eindruck. Geyer, der während des Königsberger Aufenthaltes die Aufgaben eines Propheten mit dem Apostel wahrnahm (BORN,1974,57), wohnte beim Ältesten der dortigen Gemeinde, Rudolf Rosochacky ([geboren im Mai 1818, verstorben am 22.11.1884; Priester-Ordination am 16.10.1862 - alles in Königsberg] Sackheimer Kirchenstraße 25), die übrigen Diener der Allgemeinen Kirche wohnten bei E.Schwarz (Domplatz 15^c). (Th.Tgb.,5.10.1862) (Übrigens bestanden auch zwischen Rosochacky und Thiersch freundschaftliche Beziehungen. So hat letzterer z.B. während eines neuntägigen Aufenthaltes in Königsberg im April 1859 Rosochacky gleich viermal besucht [Th.Tgb.].)

Am 10.10., dem Abend vor der Abreise der Amtsträger nach Danzig und Pommern (vgl. S.171 und 102 der vorliegenden Untersuchung), berief Geyer den Ältesten Rosochacky zum Apostel. H.GEYER berichtet selbst (1893,9f):

"... im Herbst 1862 hatte ich eine Reise mit dem Apostel und dem Hirten nach Königsberg zu machen, die Gemeinde zu besuchen, wo dieselbe ziemlich hinangewachsen war. Ich wurde einquartirt bei dem <u>Priester</u> Maurermeister Rosochacky.
Dieser Mann war mir bekannt als ein begabter Mensch; ruhigen Gemüths, einsichtsvoll, als Priester treu, als Geschäftsmann <u>intelligent</u>, er hat sogar einige wichtige Erfindungen gemacht; sein Atelier war musterhaft, weshalb ihm auch von den Behörden die wichtigsten Bauten übertragen waren; z.B. Bahnhof etc. An demselben Abend den 10. Octbr.1862 lag der Geist des Herrn so schwer auf mir, daß ich körperlich fast erdrückt wurde, da mit einemmale kam der Geist Gottes mit Kraft über mich und rief den mitanwesenden Diener Rosochacky zum Amte eines Apostels. Jedoch wurde ihm gesagt, er solle sich nicht in die Angelegenheiten der bisherigen Apostel mengen, sondern ruhig abwarten die Zeit, da Gott ihn vor größerer Versammlung vieler Zeugen bestätigen würde; indem mit ihm eine neue Reihe der Zwölfzahl beginnen würde.
Nun diese Berufung war in aller Ruhe um Mitternacht geschehen, auch von dem Berufenen voll und freudig anerkannt; weil die öffentlichen Berufungen verworfen waren, bestand sie vorläufig zu Recht; waren doch in England in den vierziger (sic) Jahren auch nur im Privatzimmer die Apostel und manche anderen Ämter berufen." [119]

Geyer informierte Woodhouse am nächsten Morgen von der Berufung Rosochackys nicht.
Am 22.10. machten der Apostel, Böhm, Thiersch und Geyer auf der Heimreise von Bublitz nach Berlin Station in Belgard. Thiersch notierte in seinem Tagebuch: *"Üb(er)nacht in Ottos Hotel; ich mit Geyer G(e)spräch üb(er) s(eine) V(er)heimelich(un)g + prospectus vor Woodhouse"*. Bei diesem Gespräch ging es sicher nicht um die Berufung Rosochackys. Es ist eher anzunehmen, dass Thiersch mit seinem Freund über dessen kritische Haltung in Bezug auf die von Woodhouse vertretene Ablehnung neuer Apostel-Berufungen sprach und Geyer zur Offenheit gegenüber dem Apostel zu bewegen suchte. In welchem Ausmaß dieser inzwischen versucht hatte, Amtsbrüder und Gemeindeglieder auf die Berufung neuer Apostel vorzubereiten, ahnte Thiersch zu dieser Zeit nicht.[120]
Im Gottesdienst der Berliner Gemeinde am 26.10. saßen der Apostel, Böhm und Thiersch als Diener der Allgemeinen Kirche im Heiligtum des Altarraumes (pA), Geyer unter den Priestern der Gemeinde, deren Sitze - eine Stufe niedriger - im Ober-Chor standen. Diese Sitzordnung verdeutlicht noch einmal die amtliche Stellung Geyers. Am 29.10. verließen Woodhouse und Thiersch Berlin.

Geyers Suspension vom Amt

Knapp 4 Wochen später traten (von Geyer provoziert?) die Differenzen zwischen dem Propheten und seinen Vorgesetzten offen zutage - der "Fall Geyer" nahm seinen Lauf: Am Sonntag vor dem 1.Advent (23.11.) äußerte Geyer im Morgendienst nach der Verlesung der vorgegebenen Perikope Spr.26,23-27,5 (verbunden mit 2.Thess.2,1-3 und Offb.7,1-8) eine von der apostolischen Entrückungslehre abweichende Weissagung. In seinem Brief vom 6./9.1.1863 stellte Rothe diese Tatsache als den Auslöser für eine im Grunde längst anstehende Auseinandersetzung dar und schilderte, was nun geschah:

"Da endlich gab eine Weissagung Gelegenheit, dass ich mit ihm sprechen musste. Sie geschah am Sonntag vor Advent im Morgend. zu der Lekt. Spr. Sal. 26,27. Die Weissagung lautete dahin, dass wir den Boshaftigen, den Widerchrist würden erscheinen sehen. Wir sollten nicht erschrecken, er würde in der Gemeinde erkannt werden. Aber wir würden ihn sehen. Ich konnte nicht umhin, ihm zu bemerken, dass diese Weissagung der überlieferten apost. Lehre widerstreite." (ROTHE,1863,5)

Der Engel beanstandete die Weissagung (vgl.CIRCULARE,1895,83ff) und forderte Geyer am 29.11.1862 in einem längeren Gespräch auf, einige von Rothe formulierte Fragen zur katholisch-apostolischen Entrückungslehre schriftlich zu beantworten. Geyers Antwort zeigte keine Änderung seiner Haltung. Daraufhin sprach Rothe noch einmal in Gegenwart aller Berliner Priester mit dem Propheten. Geyer versprach eine Abhandlung, in welcher er alle seine *"Bedenken"* niederlegen wolle. Diese offenbarte nun vollends seine Lehrabweichungen. Da Geyer von seinem Standpunkt nicht abrücken wollte, suspendierte ihn Rothe (nach einer weiteren Unterredung im Kreise der Priester) am 17.12. (laut pA am 16.12.) und informierte den Apostel (über Thiersch). Auf Geyers Verlangen, wenn er schon als Priester suspendiert sei, doch als Engel im Chor sitzen und an der Kommunion teilnehmen zu dürfen, ging Rothe nicht ein.

Am 4. Advent (21.12.) wurde die Berliner Gemeinde offiziell davon in Kenntnis gesetzt, dass dem Propheten Geyer die Ausübung seines Amtes untersagt worden war. Bis zum 31.12. fanden mehrere Vorträge statt, in denen die Gemeindeglieder über den "Fall Geyer" informiert und die betreffenden Lehrfragen eingehend besprochen wurden.(s.S.291-297 der vorliegenden Untersuchung.)

Thiersch hatte Rothes Mitteilung über Geyers Suspension am 19.12. erhalten, diese gleich an den Apostel weitergeleitet und Rothe geantwortet.(Th.Tgb.) Wie sehr diese Situation den apostolischen Hirten belastete, zeigt eine Tagebuch-Notiz vom 30.12.: *"Die Nacht unruhig wegen Geyer..."* Am 30./31.12. erhielt er eine Bestätigung der Suspension Geyers vom Apostel, die er sofort an Rothe weiterleitete.(BORN,1974,58) Woodhouse schrieb:

"'Ich sehe nicht, wie Sie anders hätten verfahren können, als Sie getan haben. Wenn irgendein Diener Gottes, sei er Engel oder Priester oder Diakon, sei er Prophet, Evangelist oder Hirte, sich daran setzt, die Lehre der Apostel anzunehmen nur insoweit sie nach seiner gewissen Überzeugung mit der Schrift übereinstimmt, wenn jemand noch weiter geht und in einer Schrift die Lehre, die er von den Aposteln vernommen hat, absichtlich widerlegt und seinen Entschluss äussert, kein Jota von dem, was er geschrieben hat, zurückzunehmen, dann bleibt nichts übrig, als ihn zu suspendieren.'" (ROTHE,1863,9f [S.296 der vorliegenden Untersuchung])

Neben der Lehre sahen Rothe und Woodhouse in Geyers Position vor allem die Autorität der Apostel in Frage gestellt. Das machte die Suspension des Engel-Propheten unausweichlich.

Am 2.1.1863 setzte Rothe Geyer von der apostolischen Bestätigung der Suspension (*"laut Schreibens des apostolischen Hirten, Herrn Professor Thiersch zu Marburg vom 31. Dezember 1862"*) in Kenntnis.(J.GEYER,1918, 22) Damit war Geyer offiziell in seinem Amt *"stillgestellt"* und *"von der heiligen Communion ausgeschlossen"*.(s.S.302 der vorliegenden Untersuchung [zum *"Verfahren bei Anklagen gegen Diener"* s.VORSCHRIFTEN,1895,84-88]) Am selben Tag informierte Thiersch (mit einer *"Masse von amtl. Briefen wegen Geyers Wend*[un]*g"* [Th.Tgb.]) leitende katholisch-apostolische Amtsträger in Norddeutschland (und Süddeutschland?).

In seinem Brief vom 6./9.1.1863 schrieb ROTHE:
"Ich kann mir denken, welche Erschütterung dies auf alle diejenigen hervorbringen wird, die Geyer als einen hervorragenden Diener in dem Werke des HErrn kannten und schätzten, auf die vielen, die ihm persönlich nahestanden und jetzt zum erstenmal in der Entfernung von seinem Zustande hören." (1863,10)

Geyer hat später die Schuld an seiner Suspension Rothe und Woodhouse zugewiesen, indem er (zu Unrecht) behauptete, die Apostel hätten 1862 nicht mehr die ursprüngliche apostolische Lehre von der Entrückung vertreten.(H.GEYER, 1893,25f) Auf dieser Behauptung baute er seine eigene Darstellung der Ereignisse von Ende 1862 auf:

*"Bis zum Jahre 1862 hatte sich noch nichts gerührt die früheren apostolischen Lehren, wie sie vorhin beschrieben sind(,) umzustoßen.
Da im Jahre 1862 am Sonntage vor Advent faßte ein Berliner Engel der Gemeinde C. Rothe die Weissagung über Sprüche Salom. 26 auf als <u>falsche Weissagung</u>, weil sie sich auf 2. Thessal. 2 bezog, nämlich, daß der Mensch der Sünde erst offenbar werden würde, bevor die Auserwählten entrückt wären. Dieses wurde nun mein Anklagegrund, gegen den ich mich nicht anders als durch die Heilige Schrift legitimirt, verteidigen sollte. Ich wurde des Amtes entsetzt und zwar ohne daß ich der Gemeinde konnte Antwort geben."* (ebd.,26)

Und in einem als Manuskript gedruckten *"Offenen Sendschreiben an die apostolischen Gemeinden Deutschlands"* (1863), in welchem er zu seiner Suspension öffentlich Stellung nahm, schrieb Geyer (im Frühjahr 1863?):

"So war ich denn nun mit einem Schlage aus meinem Amte gestossen, in welchem ich seit mehr als 12 Jahren unverdrossen und mit Freudigkeit gedient hatte. Ich darf es dreist sagen: ich habe, soweit die Gemeinden deutscher Zunge reichen, von Osten bis Westen, die Liebe und das Vertrauen der Gemeinden genossen und bin auf gewaltsame Weise aus einer Gemeinschaft hinausgeworfen, welcher ich mit der innigsten Liebe und Wärme dennoch angehören werde bis in Ewigkeit. Jetzt aber fühle ich mich verpflichtet, die Lehre weiter zu besprechen, um die es sich hier handelt. Denn es wäre unter aller Menschenwürde, wenn jemand eine Hierarchie aufzustellen wagte, welche uns verbietet, selbst im Worte Gottes zu forschen, wie die ersten Christen taten zu des Apostels Freude: 'Sie forschten aber täglich in der Schrift, ob sich's also hielte.' (Apostelgesch. 17,11)." (zitiert nach J.GEYER,1918,22)
Von katholisch-apostolischer Seite bemühte man sich, einer Beeinflussung der Gemeinden durch Geyer vorzubeugen. So vermerkte z.B. Thiersch in der CHRONIK Marburg (III): *"Sonntag den 4. Januar musste ich der Gemeinde die traurige Mitteilung machen, dass der Engel der Gem. in Berlin genöthigt war Hn. Geyer zu suspendiren, u. warnen vor etwaigen Versuchen des Hn. Geyer Gläubige auf seine Seite zu bringen."*

Die Abspaltung der Hamburger Gemeinde

Buchstäblich zur selben Stunde vollzog sich im "Fall Geyer" eine überraschende und dramatische Zuspitzung, deren Folgen für die katholisch-apostolische Bewegung von großer Tragweite sein sollten. Schauplatz der Ereignisse war die katholisch-apostolische Gemeinde in Hamburg. Auf Einladung von F.Schwarz, Preuß und einigen Diakonen (s.S.306 der vorliegenden Untersuchung), ausgesprochen am 1.1.1863, waren Rosochacky und Geyer am 3.1. in die Hansestadt gereist, um tags darauf am Gottesdienst teilzunehmen. Bei dieser Gelegenheit sollte der Königsberger Älteste als Apostel präsentiert werden.[121] Rosochacky hatte sich auf sein Auftreten als Apostel u.a. dadurch vorbereitet, dass er sich Tage zuvor von Böhm ein Testimonium und von Roßteuscher Gewänder erbeten hatte.(s.S.298 der vorliegenden Untersuchung) Auch Geyer erschien im vollen Ornat, obwohl er vom Dienst suspendiert war.
Schwarz schildert nur sehr knapp, was am Sonntag, dem 4.1.1863, in seiner Gemeinde geschah:
Er *"ließ beide nach Hamburg kommen im Anfang Januar 1863 und stellte sie vor die Gemeinde, legte unter dem Hauptengel Rothe als Engel öffentlich mein Engelamt nieder und nahm Rosochasky als meinen Apostel an, um mich unter sein Amt zu stellen und frug darauf die Gemeinde: Wer diesen Bruder als Apostel annehmen will, der stehe auf! Alle erhoben sich bis auf fünf Glieder. Ich als Engel stellte mich unter einen früheren Ältesten."* (F.SCHWARZ, 1891 [zitiert nach SALUS,1913,272])

Ausführlicher berichtet H.GEYER (1893,27-29):
"Am Sonntag den 4. Januar war der öffentliche Gottesdienst in der Kapelle I. Marienstraße 4 (5 - Verf.) und Bruder Rosochazki und ich saßen im Chor im Ornat, ersterer als Apostel, ich als Prophet. Die Gemeinde kannte ja nathürlich mich sehr gut und freute sich, allein den Bruder Rosochazki kannte sie nicht, auch wußte die Gemeinde noch nichts von einem neuen Apostel in Deutschland, sondern nur die Priester und Diakonen. Aber trotzdem kamen nachher während der Heiligen Comunion drei verschiedene Weissagungen aus der Mitte der Gemeinde, daß ein <u>Apostel des Herrn in ihrer Mitte sei</u>, und zwar mit großer Freude.
Jetzt also war der Augenblick gekommen wo das Wort des Heiligen Geistes bei der Berufung erfüllt wurde, 'nicht früher amtlich zu wirken bis er öffentlich vor vielen Zeugen anerkannt wäre'. Die Gemeinde wurde also am Schlusse des Gottesdienstes auf den Nachmittag berufen, dem Gottesdienste beizuwohnen, wo ihr viele wichtige Mittheilungen zutheil werden würden.
Dieses geschah, und zuerst erzählte ich nun den Hergang der Dinge, sowie er sich nach dem Vorhergegangenen ereignet hatte. Danach ergriff der Apostel Rosochazki *das Wort und erklärte mich in Vollmacht seines Apostelamtes als völlig frei von der ungerechten Excommunication der bisherigen Apostel. Sodann forderte er die Priester und Diakonen auf durch Aufstehen sich zu erklären, ob sie sich auch unter denselben Bann stellen, und durch ihn, diesen Apostel sich freisprechen lassen würden. Alle erhoben sich außer einem Diakon, der sich entschuldigte, vormittags nicht gegenwärtig gewesen zu sein und also sich der Abstimmung enthalten müsse. Dagegen erhob sich die ganze Gemeinde. Der Apostel sprach also demgemäß über die ganze Gemeinde sammt allen Dienern die vollkommene Absolution aus und jeder Diener wurde wiederum in sein früheres Amt zum Voraus eingesetzt. Nachdem erfolgten dann noch weitere Predigten des Apostels und Propheten über den Hergang der Sache, darauf der Abendgottesdienst und nachher die freudige Versammlung bei Bruder* Schwarz + Stechmann." (Rothes Mitteilung über die Exkommunikation Geyers war bereits am 2.1.1863 in Hamburg eingetroffen [WEINMANN,1963,92].)

Außer Schwarz und Preuß stellten sich auch die Diakone Stechmann, Detloff, Klees und Hohl unter den neuen Apostel.(s.S.309 der vorliegenden Untersuchung) Der Diakon Neumann und 4 Gemeindeglieder lehnten dagegen die Anerkennung Rosochackys als Apostel ab. *"Diese Zahl erhöhte sich später auf etwa 30."* (BORN,1974,58) [122]

Einer der beiden Hamburger Unterdiakone (Lhotzky oder Köster) informierte sofort Rothe von den Geschehnissen. Der Engel erhielt den betreffenden Brief am 6. Januar. Neumann und Kunigunde Müller (s.S.29 der vorliegenden Untersuchung) schrieben umgehend an den Hirten mit dem Apostel in Marburg. Dieser telegraphierte am 6.1. nach Berlin an Böhm, *"daß Geyer in Hamburg sei und großes Unheil in der dortigen Gemeinde anrichte"*.(pA; vgl.H.GEYER, 1893,29) Gleichzeitig sandte er einen Brief an den Koadjutor ab.(Th.Tgb., 6.1.1863) BORN (1974,58) beschreibt, was weiter geschah:

"Rosochacky gab dem Engel C. Rothe in Berlin mit Schreiben vom 6.1.1863 bekannt, daß er als Apostel die Hamburger Gemeinde übernommen und die Leitung dem Engel Schwarz übertragen habe. Um die gleiche Zeit unterrichtete auch Schwarz den Apostel Woodhouse in

diesem Sinne. Schon vorher hatte (am 4.1.1863) der treu gebliebene Diakon Neumann (bzw. ein Unterdiakon [s.o.] - Verf.) *den Engel Rothe über die Vorgänge in Hamburg in Kenntnis gesetzt. Rothe reiste unverzüglich nach Hamburg, stand hier aber trotz wiederholter Bemühungen vor verstockten Herzen und fand kein Gehör."* (vgl.WEINMANN,1963,92)

Auch Geyer hatte dem Apostel Woodhouse und Rothe brieflich mitgeteilt, *"daß er einer andern Ordnung der Dinge angehöre u. unter einem andern Apostelamt arbeite"*.(BERICHT,1863,7)

Rothe war noch am Abend des 6.1. nach Hamburg abgereist. H.GEYER (1893,29) berichtet über dessen Bemühungen:

"Am 7. Januar 1863 traf Herr Rothe schon mit dem Frühzuge in Hamburg ein und bestürmte die Gemeinde im Frühgottesdienst mit Excomunication und Auflösung der Gottesdienste. Aber obgleich derselbe damit nichts ausrichten konnte, und sich sodann an die Gemeindeglieder wandte, so blieb doch die also geordnete Ordnung fest."

Auch die Bemühungen des (spätestens am 9.1.) nach Hamburg entsandten Engel-Evangelisten Rührmund, die Gemeinde umzustimmen, blieben erfolglos. Man ließ ihn nicht in die Kapelle, so dass ihm nur blieb, die Familien "privat" zu besuchen. (s.S.297 der vorliegenden Untersuchung; WEINMANN,1863,98)

Da beide die Hamburger Gemeinde zu einer Sinnesänderung nicht bewegen konnten, musste der Engel Konsequenzen ziehen. Seinen Entschluss teilte er ihr in einem Brief vom 11.1.1863 mit. Es heißt dort (laut WEINMANN [1963, 342f], der übrigens durchgängig den Begriff *"Engel"* durch *"Bischof"* ersetzt hat!):

"Es ist mir von einem Priester der Gemeinde zu Königsberg, namens Rosochacky, *der die Abwesenheit seines Bischofs benutzt hat, um sich heimlich aus seinem Dienst zu entfernen* (E.Schwarz war abwesend, als Rosochacky seine Reise nach Hamburg antrat - Verf.), *am 9. Januar 1863 ein Schreiben, datiert vom 6. Januar 1863, zugesandt, worin derselbe mir anzeigt, daß er am 10. Oktober 1862 zum Apostel berufen und am 4. Januar 1863 in der Gemeinde Hamburg bestätigt sei, daß er die Gemeinde zu Hamburg übernommen und die Leitung derselben dem bisherigen Ältesten Fr. Schwarz als 'selbständigen Bischof' übertragen, auch die Zehnten und Opfer meiner Aufsicht entzogen und darüber anderweitig verfügt habe.*

Ich erkläre nun als der von den rechtmäßigen Aposteln beauftragte Bischof der Gemeinde zu Hamburg, daß alle jene von einem falschen Apostel vorgenommenen Handlungen völlig nichtig und ungültig sind.

Den Ältesten Schwarz, *der diesen falschen Apostel und einen von seinem Bischof suspendierten Propheten in der Gemeinde zu Hamburg eingeführt und mich geflissentlich in Täuschung über das, was er in Hamburg vornehmen wollte, gehalten hat,* suspendiere ich *und ebenso alle Priester und Diakone, die in dem Namen und der Anerkennung jenes falschen Apostels irgendwelche Dienste und Amtshandlungen verrichtet haben.*

Euch aber, teure Glieder der Gemeinde, die ihr so sehr von denen mißbraucht worden seid, die über eure Seelen hätten wachen sollen, warne ich, an jenen Diensten teilzunehmen. Fliehet den Altar, der so entweiht ist, und der erst einer Reinigung und einer neuen Weihe bedarf.

Nehmt nicht das heilige Sakrament aus den Händen von Priestern, die euch verführt und die eure Seelen so gefährdet haben, es würde eure Verstrickung nur noch fester machen. Gehet inzwischen in die Kirchen der Stadt, haltet euch an die Belehrungen und Predigten des Evangelisten, den ich gesandt habe und der Priester, die ich noch senden werde. Überliefert den Zehnten und die Opfer einstweilen dem Diakon Neumann. *Betet, daß der Feind, der auf eine so furchtbare Weise in die Gemeinde zu Hamburg eingebrochen ist, überwunden werde. Wir werden euch mit unserm Gebet unterstützen...*
Nachschrift: Ich bemerke, daß ich alles, was ich tue, den Aposteln berichte und in völliger Übereinstimmung handle mit Herrn Böhm, *dem Vertreter des Apostels."*
Am 8.1. und 12.1. versandte Böhm Rundschreiben an seine norddeutschen Amtsbrüder im Engel-Amt, in welchen er Einzelheiten und Hintergründe zu den Hamburger Geschehnissen mitteilte.(s.S.297f der vorliegenden Untersuchung) Rosochacky war inzwischen nach Königsberg zurückgekehrt. Dem vermeintlichen "Aufstieg" folgte ein schmerzlicher Fall: Thiersch sprach in einem Brief (vom 7.1.?) dessen Suspension vom Priester-Amt aus. Rosochacky begann sich zu fragen, ob seine Apostel-Berufung wirklich göttlichen Ursprungs war. In der klaren Ablehnung seines Apostolates außerhalb der Hamburger Gemeinde sah er immer deutlicher einen Hinweis darauf, dass Gott den von Geyer eingeschlagenen Weg, der mit Ungehorsam verbunden war, nicht bestätigte. Laut F.Schwarz war es Rosochackys Frau (ein sehr aktives Gemeindeglied), die ihren Mann zum Zweifeln brachte.(SALUS,1913,372) Nach WOODHOUSE (1875,4) fand Rosochacky *"im Verkehr mit dem Engel* (E.Schwarz - Verf.) *Gnade, seine Sünde zu erkennen und zu bereuen".* M.v.POCHHAMMER schrieb später über Rosochackys Wendung:
"Als er von Hamburg nach Königsberg zurückkehrte, behandelten ihn die Brüder dort mit großer Schonung, und zeigten ihm ihre Liebe und ihren Schmerz. Da gab ihm Gott Gnade zur Umkehr. Er wurde wieder nüchtern, bekannte seinen Hochmuth und seine Falschheit, suchte und fand Vergebung und erzählte uns darnach, von dem Augenblicke jener falschen Berufung an sei es wie ein Zauber über ihn gekommen, und er sei all' die Zeit wie geistlich berauscht gewesen." (v.POCHHAMMER,1892,19f)
Die Nachricht vom Rücktritt Rosochackys traf am 15.1. in Berlin ein.(pA) Nachdem Rosochacky an Rothe und Geyer geschrieben hatte, teilte er auch F.Schwarz in einem Brief vom 17.1.1863 seinen Sinneswandel mit.(s.S.299ff der vorliegenden Untersuchung) Es heißt dort:
"... Wolltest Du noch etwa sagen, daß meine Berufung gültig sei, weil sie von Geyer *ausgesprochen ist, als er noch in Amt und Ehren war, so antworte ich: Wäre er damals wirklich vom Heiligen Geist getrieben, und wollte mich Gott zu seinem Apostel haben, so wäre die Berufung nicht heimlich geschehen, sie hätte nicht nötig gehabt, das Licht zu scheuen. Gott hätte seinem Diener wohl gezeigt und vorher verkündigt, was er zu tun vor hatte. Auch hierin kann ich nicht den Heiligen Geist finden. Fragen wir nun endlich, wie es möglich gewesen sei, so in die Ränke Satans zu geraten, so arg sich zu verirren und zu versündigen, wie wir es*

getan, so müssen wir gestehen, daß dies nur hat geschehen können, weil der Feind bei uns Anknüpfungspunkte gefunden hat in unserm Eigendünkel und Hochmut. Es ist Zündstoff genug in uns vorhanden gewesen, um ein Feuer der Empörung anzuzünden und hoch genug ist diese Flamme emporgeschlagen, um eine ganze Gemeinde mit zu verzehren. Nie in meinem ganzen Leben werde ich es vergessen, in welchem Abgrund ich mich befunden habe und wäre die Liebe Jesu nicht größer gewesen als Satans List, als unser Hochmut und Dünkel, so wären wir auf ewig verloren gewesen...

Nun, lieber Bruder, fordere ich Dich auf, vor dem heiligen und gerechten Gott: Kehre um! Stelle alle Gottesdienste ein, zeige, daß Du ein wahrer Diener Gottes bist. Es kann Dir unmöglich verborgen sein, wie ohne Frieden auch die ganze Gemeinde ist. Darum säume keinen Augenblick. Sei Du der erste, der sich demütigt unter die gewaltige Hand Gottes, damit nicht die furchtbare Verantwortung auf Dir liegt, wenn dereinst die Gemeinde uns vor Gott verklagt, daß wir sie in so großes Elend verführt haben.

Ich bitte Dich, diesen Brief der Gemeinde vorzulesen, damit sie wisse, wie ich stehe, damit ihr womöglich die Augen aufgetan werden." (zitiert nach WEINMANN,1963,346f)

H.GEYER (1893,29) kommentierte Rosochackys Sinneswandel so:

"Rosochatzki reiste nach Königsberg zurück, und wurde durch die vielen weichlichen Umarmungen der früheren Brüder erweicht und schließlich zum Abfall gebracht. Ja in einem Briefe gestand er mir daß er in Hamburg aus dem Taumelkelch Satans getrunken habe. Dafür wurde er nach kurzer Zeit als <u>Helfer</u> des Engels in Königsberg eingesetzt, und er erbaute der Gemeinde eine neue schöne Kapelle." (Diese befand sich bereits seit Herbst 1862 im Bau! [vgl.S.166f der vorliegenden Untersuchung])

Am 18.1.1863 konnte Thiersch seiner Gemeinde bekanntgeben, dass Rosochacky *"bereits zur Erkenntnis seines Irrwegs u. zu reuevollem Widerruf gebracht worden sei"*.(CHRONIK Marburg,III)

Rosochackys Exkommunikation wurde aufgrund seiner radikalen Distanzierung von den o.g. Ereignissen schon bald wieder aufgehoben. Am 5.4.1863 zog der Apostel dessen Suspension vom Priester-Amt zurück. Nur wenig später durfte sich der Älteste zum Engel-Amt anbieten, wurde berufen und (vor 1867? - vgl. WEINMANN,1963,95 [Foto]) geweiht. Er diente offenbar fortan als Engel-Gehilfe in Königsberg (BORN,1974,58). Sein Beispiel zeigt, welche "Wiedereingliederung" für Geyer, F.Schwarz und die Hamburger Gemeinde möglich gewesen wäre.

In Hamburg löste Rosochackys Rücktritt Bestürzung, Verunsicherung und Ratlosigkeit aus. Am Sonntag, dem 25.1., beriet F.Schwarz mit der Gemeinde über einen Ausweg aus der peinlichen Situation. Man beschloss, wieder Anschluss an die Berliner Gemeinde (und damit an die Gemeinschaft der katholisch-apostolischen Gemeinden) zu suchen. Tags darauf fuhr Schwarz nach Berlin.

Dort hielt sich seit dem 22.1. Thiersch auf, der am 19.1. von Woodhouse angefordert worden war. Der Apostel traf (wegen Sturmes über dem Kanal verspätet [Th.Br.,314/1]) erst am 26.1. in Berlin ein. Am Nachmittag dieses Tages fand in seiner Berliner Wohnung (Luisenstraße 38) eine erste Besprechung mit den apostolischen Mitarbeitern statt. Schriftlich wurden Geyer und F.Schwarz auf den nächsten Tag bestellt, um ihnen Gelegenheit zu geben, sich zu den Vorgängen am 10.10.1862 in Königsberg und am 4.1.1863 in Hamburg zu äußern. Die von Thiersch verfassten Schreiben enthielten auch die Anklagepunkte. (s.S.302f der vorliegenden Untersuchung) F.Schwarz berichtet:

"Da Rosochasky durch seine Frau zum Zweifeln gebracht wurde und gefallen war, ging ich auf mein und der Gemeinde Verlangen nach Berlin zu dem Engel Rothe, um zurückzukehren. Er verlangte von mir und von der Hamburger Gemeinde, zu sagen: daß das, was durch Geyer mit Rosochasky geschehen ist, ein Teufelswerk sei. Darauf gab ich ihm die drei genannten Bücher (gemeint sind das Testimonium, WOODHOUSE,1848 und CARLYLE,1850 - Verf.), worauf er erwiderte: Daran haben wir uns nicht zu binden. Darauf sprach ich: Wir werden die Tat n i e als Teufelswerk erklären; denn die Sünde gegen den Heiligen Geist wollen wir nicht begehen, was ihr tut, ist eure Sache!
Damit ging ich weg. Doch danach wurde ich aufgefordert in der Sakristei vor dem Apostel zu erscheinen." (F.SCHWARZ,1891 [zitiert nach SALUS,1913,272])

Geyer war schon einige Tage vor F.Schwarz nach Berlin zurückgekehrt. Auch er wollte nach Rosochackys Sinneswandel die Spaltung verhindern. Am 23.1. schrieb Thiersch seiner Frau:

"Große Herzenserleichterung ist es zu sehen, wie die Empörung abnimmt und Gottes Gnade sich wirksam erweist. H. Geyer ist wieder hier und sucht Annäherung." (Th.Br.,314/4)

In den PM (1863,33) heißt es:

Als Geyer *"von Hamburg zurückkehrte, und der Engel, Herr Rothe, mit ihm sprach, gab er nicht nur zu, daß er die Suspension verdient, sondern, wie er sich selbst ausdrückte, dreimal verdient hätte"*.

Über den 27.1. schrieb Thiersch in sein Tagebuch:

*"Um 10 Conferenz. D. Urtheil üb. Geyer u. Schwarz festgestellt. - Um ½ 4 in d. Sacristei diese 2 gesehen. Um 8 Raths*v(er)*samml*(un)*g das*(elbst) *wo H. Woodh. d. Urtheil v*(er)*kündigte."* (Nach BORN [1974,59] bedeutete dies die *"endgültige"* Suspension.)

Die Gespräche des Apostels mit Geyer und Schwarz am Nachmittag hatten aus seiner Sicht zu keinem positiven Ergebnis geführt, so dass nichts blieb, als beiden das ins Auge gefasste Urteil in der abendlichen Ratsversammlung in Anwesenheit aller Amtsträger zu verkünden. In den PM (1863,33) heißt es über diesen Nachmittag, an dem Geyer zur Anklage Stellung nehmen musste:

"In Folge dieses Schreibens erschien Herr Geyer in der Sacristei der Kirche zu Berlin vor dem Apostel, um sich zu verantworten, und als er gefragt wurde, ob er zugäbe, daß diese Klagen richtig seien, antwortete er nicht nur: ja, sondern fügte hinzu, daß er dieses Geständniß mit tiefem Schmerze ablegen müßte."

Ganz aufrichtig war Geyer nicht, als er sich der Anklage, deren Kernpunkt die Verletzung der Gehorsamspflicht gegenüber seinen geistlichen Vorgesetzten war (s.S.302f der vorliegenden Untersuchung), (scheinbar) beugte. Denn nur wenig später versuchte er (laut Rothe) in seiner Zeitschrift *"Die Morgenröthe"* *"seine Leser glauben (zu) machen, daß seine Suspension und Excommunication nur wegen Lehr=Unterschiede(n) geschehen und eine That der größten Ungerechtigkeit sei".*(ebd.) (Es fällt übrigens auf, dass Geyer in seinem Bericht von 1893 mit keinem Wort auf die Verhandlung mit Woodhouse und auf das Urteil eingeht.)

Über das Verfahren gegen Schwarz berichtet Woodhouse in seinem Brief an die Hamburger Gemeinde vom 6.2.1863 (s.u.):

"Die Suspension des Priesters Fr. Schwarz und seine Ausschließung von dem heiligen Abendmahl habe ich am 27. Januar ihm mündlich bestätigt, als er bei mir in Berlin war. Ich habe ihn ermahnt, von Gott die Gnade der Buße zu suchen wegen seiner großen Sünde, wodurch er Verwirrung in der Kirche Gottes angerichtet und dem großen Widersacher, dem Teufel, gestattet hat, die Gemeinde zu verführen, die er vor des Feindes Gewalt hätte schützen sollen. Und am Schlusse meiner Ermahnung habe ich ihm gesagt, ich würde beständig vor dem Thron der Gnade für ihn beten, damit es Gott gefalle, ihn aus den Stricken des Teufels zu befreien und zur Gemeinschaft seiner heiligen Kirche wiederherzustellen. Er aber ist, ungeachtet ich seine Verbindung mit der Gemeinde zu Hamburg gänzlich aufgelöst habe, dorthin zurückgekehrt, verhärtet und entschlossen, bei seinem vermessenen Treiben zu beharren." (WEINMANN,1963,349 [den vollständigen Text s.ebd.,347-351]; vgl.S.303f der vorliegenden Untersuchung)

Das *"Urtheil, ausgesprochen über die, die gesündigt haben,"* sollte - so Woodhouse - *"nicht zur Verdammniß dienen, sondern zur Rettung".*(s.S.306 der vorliegenden Untersuchung) Das Urteil war eine Maßnahme der Kirchenzucht, deren Ziel die Läuterung des Schuldiggewordenen ist. Geyer und Schwarz wurden verurteilt, bekamen aber die Chance, durch Unterwerfung, Gehorsam und Bewährung nach einer bestimmten Zeit von Exkommunikation und Suspension befreit zu werden.

Nach der Urteilsverkündung, so der Apostel später, *"verließen"* Geyer und Schwarz *"die Rathsversammlung, indem sie darauf bestanden, daß das ganze Werk in Hamburg vom Heiligen Geiste sei, wiewohl auf einem ordnungswidrigen Wege. Sie verweigerten es, sich dem Urtheile des Apostels zu unterwerfen."* (WOODHOUSE,1875,4)

Schwarz stellt den Vorgang sehr vereinfacht dar:

"... danach wurde ich aufgefordert in der Sakristei vor dem Apostel zu erscheinen. Br. Geyer und ich kamen; wir wurden nach nichts gefragt. Woodhouse las die Ausschließung aus dem Amt uns vor, und wir waren abgefertigt. Ich fuhr sofort nach Hamburg zurück, wo an demselben Tage abends noch die Gemeinde zusammen kam. Es wurde beschlossen, so lange ohne Apostel zu bleiben, bis der Herr uns einen geben würde." (F.SCHWARZ,1891 [zitiert nach SALUS,1913,272])

Am 28.1. schrieb Thiersch an seine Frau:

"Gestern war der traurige Tag, wo hier das Urtheil über Hn. Geyer gesprochen werden mußte. Wie er es aufnimmt weiß man noch nicht. Sage davon nichts(;) bis Sonntag bekommt die Gemeinde eine amtliche Mittheilung... Ich habe nach Wiesentheid nichts von Hn. Geyer geschrieben. Wer es geschrieben hat, soll auch die Fortsetzung schreiben, daß es mit ihm auf gutem Wege ist, aber in Hamburg noch nicht." (Th.Br.,315/3f) Und am Freitag, dem 30.1.1863, notierte er im Tagebuch: "Conferenz bei Woodh. von 9 - ½ 2. Keine Nachrichten v. Geyer. Nachm. Versendung d(e)s lithogr(aphisch vervielfältigten) Urtheils üb. Geyer u. Friedr. Schwarz." (s.S.301-306 der vorliegenden Untersuchung)

M.v.Pochhammer erinnerte sich später:

"In jener Zeit war es, daß der Apostel sehr ausführlich und eingehend Alles mit dem Propheten besprach und ihm seinen Irrthum zeigte. Er erwies ihm große Liebe, und zeigte ihm mit der That, daß er ihn vor Noth und Sorgen schützen wollte (dazu s.u. - Verf.). *Schließlich gab er ihm Zeit Alles zu überlegen und Gottes Gnade zu suchen. Kehre er um, sollte ihm vergeben werden, beharre er aber in seinen Irrthümern, so könne er freilich nicht länger unter den Aposteln dienen. Damals waren alle seine bösen Schliche noch nicht an's Licht gekommen; man traute ihm noch immer das Beste zu und glaubte, er sei nur im Irrthum. Lange ehe die Frist um war, schrieb der Prophet einen scheinbar demüthigen Brief an den Apostel, in welchem er sagte, er sähe seine Irrthümer ein, nähme seine falschen Behauptungen zurück und wolle sich unterwerfen. Zur selben Zeit aber schrieb er Briefe in entgegengesetztem Sinne an Diener Gottes unter den Aposteln, um sie zum Abfall zu verführen."* (v.POCHHAMMER, 1892,20)

In den pA heißt es ergänzend:

"Noch vor Ablauf der gesetzten Frist erklärte Geyer in einem Brief an den Apostel, daß er 'seine Irrtümer einsehe und seine falschen Behauptungen zurücknehme'. Da Geyer gleichzeitig anders lautende Briefe an Freunde und Bekannte schrieb, nämlich an verschiedene Engel, konnte diese Erklärung gegenüber dem Apostel nicht angenommen werden."

Am 26.1.1863 bat Thiersch v.Fenneberg, ihm 4 Briefe Geyers zu überlassen. (Th.Tgb.) Im Mai 1863 schickte *"H. Geyer gehässige Briefe gegen den Apostel nach Hannover"*, die Thiersch zu einem Rundschreiben veranlassten.(CHRONIK Marburg,III,23.5.1863)

Am 29.1. war Rothe nochmals (für 4 Tage [Th.Br.,316/2]) nach Hamburg gereist, um als Oberhirte der Gemeinde die frühere Ordnung wieder herzustellen. Thiersch schrieb am 2.2. in sein Tagebuch:

"Nachm. Rothe zurück v. Hambg. Sein Bericht in d. Sacristei, traurig." Und am 3.2. an seine Frau: *"Unterdessen geht unsre traurige Arbeit ihren Gang; die Empörer in Hamburg fahren fort in ihrer Vermessenheit, und H. Geyer ist, nachdem er das wohlverdiente Urtheil aus dem Munde des Apostels vernommen in der größten Erbitterung, will nichts mehr hören, spricht von Umkehr zur Landeskirche und einem Schulamt. Man giebt die Hoffnung nicht auf, doch trauert man wie bei einem Todesfall."* (Th.Br.,316/1)

Am 5.2. verfasste Woodhouse ein *"Sendschreiben an die Treugebliebenen in Hamburg"*, in welchem er diesen für ihre Treue gegenüber den Aposteln dankte und sie über die Exkommunikation von Schwarz und Geyer informierte.(s. den vollen Wortlaut auf S.306-309 der vorliegenden Untersuchung) In einem weiteren Brief *"An die Gemeinde in Hamburg, bis dahin unter der Leitung von Friedrich Schwarz und Ludwig Preuß"* vom 6.2.1863 äußerte sich der Apostel zum Verhalten der Gemeinde beim zweiten Besuch des Engels Rothe und bestätigte die Suspension ihrer Amtsträger:

"Der Priester Preuß hat bei dem letzten Besuche des Engels an diesen geschrieben: 'Wenngleich Herr Rosochazky und Herr Geyer, sowie Herr Schwarz und alle Gemeindeglieder es für Stricke und Taumelkelch des Satans halten würden, ich nicht.' Die Diaconen haben in einem Briefe an den Engel von demselben Tage, dem 30. Januar 1863, erklärt, daß weder ihm noch irgendeinem Gleichgesinnten Einlaß in die Kapelle gestattet werde, falls derselbe öffentlich auftreten wollte.

Nun, meine Brüder und Kinder in Christo, wer hat Euch bezaubert? Welche Gewalt des Bösen ist über euch gekommen? Welcher Geist hat Besitzung von Euch ergriffen? Wer sind eure neuen Führer, die ihr euch gewählt habt anstatt der Apostel des Herrn Jesu Christi?

... Als der Engel zu euch kam und eure Vorsteher ihm widerstanden und ihn verhinderten euch anzureden, da sprach er ein Urtheil der Suspension über die Priester und Diaconen aus und über alle Gemeindeglieder, die mit ihnen gemeinsame Sache gemacht hatten und verbot die kirchlichen Gottesdienste und die Spendung der heiligen Communion.

Dieses Urtheil des Engels bestätige und bekräftige ich hiemit, und als ein Knecht und Apostel des Herrn Jesu Christi, durch dessen Hände ihr die Gabe des heiligen Geistes empfangen habt, und durch den ihr in der Wahrheit, wie sie in Jesu ist, unterwiesen worden seid, warne und ermahne ich euch und jeden Einzelnen von euch: meidet die Gottesdienste, welche durch diese suspendirten Priester gehalten werden, ziehet Euch zurück von der Communion, welche diese Frevler zu verwalten sich unterwinden, während sie sich selbst von der Gemeinschaft des Leibes Christi losgerissen haben. Haltet euch ferne von ihnen und suchet durch Demüthigung vor dem Herrn von dem Gerichte befreit zu werden, welches durch ein Beharren auf diesem bösen Wege gewißlich über euch kommen wird; und ich werde nicht aufhören, zu dem allmächtigen Gotte für euch zu beten, daß Er euch von der Gewalt des Teufels befreie, und daß ihr zu seiner Zeit wiederhergestellt werden möget, zu der Gemeinschaft Seiner heiligen Kirche und zu der Hoffnung, eingesammelt zu werden mit den Erstlingen.

Berlin, den 6. Februar 1863. **Francis V. Woodhouse.**

Zu dem Vorstehenden füge ich hinzu, daß demnächst ein Engel=Evangelist (v.Pochhammer - Verf.) nach Hamburg kommen wird, um Denen, die diese Warnung zu Herzen nehmen, Hülfe anzubieten, sie über ihre Lage und über den Weg der Rettung zu erleuchten. Auch werde ich später, so Gott will, einen Priester nach Hamburg senden, damit solche, die durch das Wort des Evangelisten zur Erkenntniß und zur Buße gebracht worden sind, Lossprechung von ihrer Sünde empfangen können.

Berlin, den 6. Februar 1863. **C. Rothe,** *Engel der Gemeinde."*

(Vorlage: lithographiertes Original; der vollständige Text ist auch [verändert!] wiedergegeben bei WEINMANN,1963,349ff)

Geyer stellt die Vorgänge dagegen so dar:

"In Hamburg *haben wir uns etwas später nochmals brieflich an den Engel der Gemeinde in Berlin gewandt mit sämmtlichen Unterschriften der Diener und der Gemeinde, um uns wieder unter die Ordnungen der alten Gemeinde zu stellen, nur mit dem Vorbehalt, das, was in* Hamburg *geschehen, nicht als Teufelswerk anerkennen zu müssen. Darauf wurde uns dan*(n) *durch Herrn* Woodhause *(sic) eine nochmalige Excomunication zutheil. Jetzt war das Eis gebrochen und die Gemeinschaft hörte auf."* (H.GEYER,1893,29f)

Am 9.2. schrieb Thiersch an seine Frau:

"Deinen Wunsch, mit Hn. Geyer zu sprechen fühlte auch ich, aber seine Stimmung ist so schlimm u. seine Sache so ernst, daß man nicht weiß, ob so ein Versuch nützen oder schaden wird. Ich muß ihn in Rothes Händen lassen." (Th.Br.,317/2)

Am Morgen des 10.2. hatte Thiersch dann doch noch einmal ein Gespräch mit Geyer.(Th.Tgb.) Von dieser Unterredung existiert nur dessen Darstellung (H.GEYER,1893,30f):

"Am 10. Januar (Febr. - Verf.) 1863 besuchte ich nochmals auf besonderes Verlangen in Berlin den Professor Thiersch, *welcher mich zum Herrn* Woodhause *senden wollte, der noch immer in* Berlin *weilte. Ich wurde von ihm befragt, wovon ich mich und meine Familie ernähren wollte? Ich sagte*(:) *einfach durch Händearbeit, er eröffnete mir nun daß Herr* Woodhause *für mich 200 Thaler mitgebracht habe damit ich nicht in Verlegenheit komme, bis alles in Ordnung sei. Ich erwiederte: 'und was soll ich dafür leisten'? ich soll bekennen was in* Hamburg *geschehen ist, das ist vom Teufel. 'Ja,' sagte er 'das wohl, aber sie könnten es wohl etwas glimpflicher ausdrücken. 'Ja' sage ich 'aber die Sache bliebe doch wohl dieselbe? 'Ja' meinte er, aber gehen Sie zu ihm, er hat mir gesagt, daß er 200 Thaler für Sie bei sich hat, die er Ihnen gleich ausliefern wird, damit Sie vorläufig nicht Mangel leiden mit Ihrer Familie. Ja sagte ich, Judas hat für dreißig Silberlinge seinen Herrn verrathen, ich thue es auch für 200 Thaler nicht, und wenn die Erde noch so viel Gold und Silber hätte, ich thäte es nicht, denn der Herr sagt, wenn ein Mensch würde wieder Gott den Vater oder auch den Sohn sündigen,' so könnte ihm noch vergeben werden, aber wer wieder den Heiligen Geist sündigt, hat keine Vergebung ewiglich, weder in dieser noch in der zukünftigen Welt. Wir können das in* Hamburg *geschehene nicht verläugnen."* [123]

In seiner Verbitterung hat Geyer die menschliche und soziale Geste des Apostels völlig missverstanden. Seine Ausführungen machen aber auch deutlich, dass Berufung und Präsentation Rosochackys als Apostel für ihn die Qualität eines status confessionis hatten. Außerdem fühlte er sich wohl an die gebunden, die ihm folgten. Wie aus einem Brief Thierschs vom 10.2.1863 hervorgeht, hatte Geyer auch Anhänger außerhalb Hamburgs (s.S.309f der vorliegenden Untersuchung):

"Während alle Gemeinden, so viel man weiß, durch Gottes Güte vor dieser Verführung beschützt blieben, zeigte sich in Bütow *in Hinterpommern, daß der Priester daselbst, Eduard* Freischmidt *und der Diacon Ferdinand* Freischmidt, *in Alles eingeweiht waren und die Gemeinde in* Bütow *auf denselben Irrweg wie die Gemeinde in* Hamburg *bringen wollten. Der Engel C.* Döhring *sah sich genöthigt, beide zu suspendiren und von der h. Communion auszu-*

schließen. Der Apostel hat dieses Urtheil bestätigt. Die Gemeinde blieb unverführt und ist jetzt dem Priester Schulz ... *anvertraut."*
Der "Fall Geyer" beschäftigte die Katholisch-apostolischen Gemeinden auch in den folgenden Monaten sehr. Am 10.2.1863 informierte Thiersch seine Amtsbrüder im Engel-Amt über den Stand der Dinge.(s. auch S.322f der vorliegenden Untersuchung) Am 19.2.1863 schloss der Apostel Woodhouse seine schriftliche *"Belehrung über die Frage nach der Möglichkeit einer Berufung neuer Apostel"* ab, die als Manuskriptdruck an die Engel (und Priester-Vorsteher?) in Deutschland verschickt wurde und die als die gründlichste Auseinandersetzung mit den Ansichten Geyers innerhalb der Katholisch-apostolischen Gemeinden angesehen werden kann.(s.S.305.310-318 der vorliegenden Untersuchung!) *"Am Tage vor Pfingsten (23.5.1863 - Verf.) gedachten die Gemeinden mit Schmerz an die Fortdauer der Empörung in Hamburg u. des Mis*(s)*brauchs geistlicher Gaben daselbst."* (CHRONIK Marburg,III) Die von Geyer aufgeworfenen Fragen wurden auch auf dem Konzil der Apostel und ihrer Mitarbeiter im Juli 1863 in Albury ausführlich erörtert (Th.Tgb.: *"Donnerst. 2. July. Meeting von 10-24. Discussion üb. Geyers Irrthümer eröffnet."*). Entscheidende Änderungen in den bisherigen Positionen hat es nicht gegeben. Zu den Konsequenzen, die die Apostel aus dem "Fall Geyer" zogen, gehört das Zirkular *"Ueber das Verfahren in Fällen der Anklage und Beschwerde gegen die Vorgesetzten"*, das Woodhouse am 28.10.1863 auf einer Ratsversammlung in Berlin vorstellte. In diesem Zirkular sind genaue *"Maßregeln zur Verhütung jedes Mißbrauchs der Gewalt und Autorität, und, falls ein solcher stattgefunden haben sollte, zur Berichtigung desselben"* festgelegt, z.B. die Möglichkeit der Einsetzung eines *"Geschwornengericht(s)"* (Untersuchungsausschuss) oder die Eröffnung eines Appellationsverfahrens.(CIRCULARE,1895,176-179)
Im *"Auszug aus dem Bericht der Apostel von 1863"* wird Geyers Lehre von den Albury-Aposteln zusammenfassend folgendermaßen beschrieben:
"Apostel u. Propheten seien zwei gleichstehende Aemter, ganz unabhängig voneinander, kein Apostel oder Engel habe das Recht über das Wort eines Pr. zu urtheilen. Die Zahl der Apostel sollte, wie die der andern Aemter in der Kirche jederzeit ergänzt werden. Die Hoffnung in den Gemeinden der ersten Zeit, die Zukunft des HErrn zu erleben, sei abergläubig gewesen u. sei es auch jetzt; es sei schriftwidrig, zu erwarten, daß Einzelne oder Gemeinden der großen Trübsal entfliehen, u. das Verlangen danach sei Feigheit u. Mangel an Liebe. Unter den Christen gebe es keine Erstlinge; jene Erstlinge in der Offb. c. 14 umfassen die ganze Kirche. Endlich, da die Apostel u. Gemeinden in England keinen Glauben hätten, dieses neue Werk anzuerkennen, seien sie in die Lage der Kirchenparteien gekommen, welche gegen das Werk des HErrn streiten." (BERICHT,1863,7)
Nachfolger Geyers als fungierender Prophet mit dem Apostel für Norddeutschland wurde der Priester-Prophet de la Chevallerie (Anm.75.a), der sich am 25.4.

1863 in Berlin niederließ und dort am 19.5. in sein Amt als Priester-Prophet eingeführt wurde.(pA) Zunächst jedoch übernahm der erfahrenere Priester-Prophet Faesch (Anm.42.d) aus Basel vorübergehend Geyers Aufgaben. Faesch, der nach seiner Engel-Weihe (am 21.5.1863 in Berlin) Prophet mit dem Apostel für Süddeutschland und die Schweiz wurde, wirkte bis zur Engel-Weihe de la Chevalleries (am 13.10.1864) auch im norddeutschen *"Stamm"*. So diente er z.B. am 22.5. und am 30.10.1863 in Berlin bei der Anbietung zum höheren Amt. Am 26.6.1867 wurde de la Chevallerie offiziell als Prophet mit dem Apostel für Norddeutschland eingesetzt.

Die Berufung neuer Apostel

Die Hamburger Gemeinde hatte nach der Rückkehr von F.Schwarz aus Berlin (28.1.)
"beschlossen, die Gottesdienste aufgrund der apostolischen Vorschriften und Lehre fortzusetzen und den HErrn zu bitten, ihre Not anzusehen und ihr, so es Ihm gefiele, wahre Apostel zu schenken. Nach einigen Wochen wurde der unter Schwartz dienende junge Priester Preuss zum Apostel berufen. Sein Amtsgebiet war ein Teil Norddeutschlands; sein Stamm wurde durch das W.d.W. ("Wort der Weissagung" - Verf.) *als E p h r a i m bezeichnet."* (*"Rekord der Hamburger katholisch-apostolischen Gemeinde"* [Allgemeine christliche apostolische Mission], Abschrift in Maschinenschrift, S.2)

H.GEYER schreibt über die Entwicklung in Hamburg, die ihm aus den Händen zu gleiten drohte (1893,31):
"Es mag hier noch hinzugefügt werden, daß um dieselbe Zeit wehrend (sic) *ich in* Berlin *war* (er blieb dort bis zum 19.3.1863 [s.u.] - Verf.)*, in* Hamburg *durch einen* Diakon (Hoppe? - Verf.) *der Priester* Preuß *als Apostel berufen wurde. Ich wurde durch den Vorsteher Priester* Schwarz *nach* Hamburg *gerufen, um hier Rath zu geben, indeß ich konnte geschehene Dinge nicht ungeschehen machen. Es war im Wege der Unordnung geschehen, so wie Ruben seines Vaters* Jacob *Bette bestiegen* (Gen.35,22 - Verf.)*, so konnte ich auch ein solch uneheliches Kind nicht tödten.*
Wir mußten nun unser Schicksal tragen, bis am 25. Juli 1878 dieser Bruder Preuß *starb. Ich schweige von all dem Leiden, welches uns während der zeit* (sic) *wiederfuhr."*

Max v.POCHHAMMER kommentiert (1892,21):
"Der abgefallene Prophet meinte, er sei nun das Haupt geworden. Als er in Berlin hörte, daß Weissager einen der Priester in Hamburg zum angeblichen Apostel berufen hätten, sagte er zu einem Freunde in Berlin, er wolle nach Hamburg gehen und diesem Unwesen steuern. Als er aber in Hamburg war, fand er sich nicht imstande die Leitung zu behalten. Er hatte die Leute zum Ungehorsam verführt und sie in die Stricke des Feindes geleitet und konnte sie nun nicht aufhalten. Sie gingen immer weiter auf dem bösen Wege, und er mußte mit ihnen gehen, um nicht von ihnen verworfen zu werden."

Die genauen Umstände der Berufung lassen sich nicht mehr eindeutig klären. Im *"Brief des vierfachen Amtes"* vom 19.5.1863 (s.u.) heißt es:
"Nachdem es dem HErrn gelungen war, hier ein gläubiges Volk zu finden und Gottesdienste nicht nur auf der bisherigen Grundlage, sondern auch in dem Geiste des Fortschritts abgehalten wurden, gelang es dem HErrn am 8. Februar 1862 (1863 - Verf.) *in dem öffentlichen Eucharistischen Gottesdienste <u>durch drei verschiedene Weissagungen</u>, sowie <u>später</u> noch durch ein Wort aus dem Munde des Apostolischen Propheten H.Geyer den unterzeichneten Mitbruder Ludwig Preuss zum Apostelamt zu berufen."* (S.319 der vorliegenden Untersuchung)

WEINMANN (1963,353) schreibt:
Die Berufung des Apostels Preuß *"geschah im neuen Kirchenlokal in der 1. Marienstraße 4 durch einen Diakon, dessen Name aber nicht bekannt ist. Obgleich die Rufung höherer Ämter nur durch den zuständigen Propheten zu geschehen hatte, so wurde die Rufung des Priesters Preuß zum Apostel durch einen Diakon von dem Propheten Geyer, der an diesem Tag auf Reisen war, nachher doch gutgeheißen."*

Bis zur *"Aussonderung"* des Apostels (am Dienstag, dem 10.3. [R.GEYER, 1944,4], oder am 18.3.1863 [Notizheft von R.Geyer]?) stand die Hamburger Gemeinde unter der Leitung des durch Rosochacky als *"selbständiger"* Engel eingesetzten F.Schwarz. Neben ihm und Preuß dienten in der knapp 150 Glieder umfassenden Gemeinde mindestens 4 Diakone (Stechmann, Detloff, Klees, Hohl [und Thiem? vgl.Anm.121.a]) und eine Reihe von Unterdiakonen. Die Gottesdienste fanden bis zum 22.4.1877 in einer (erst am 24.8.1862 eingeweihten) Kapelle in der 1. Marienstraße 5 statt.

Am 19.3.1863 siedelte Geyer mit seiner Frau und seinen vier Söhnen nach Hamburg (St. Pauli, Wilhelminenstraße 48) über.(WEINMANN,1963,104) In seiner Gemeinde galt er als *"Tor-Prophet"*. Auch nach der Berufung von Preuß blieb Geyer die eigentliche geistliche Autorität, so dass man der Hamburger Gemeinde von außen den Namen *"Geyerianer"* beilegte (s.HANDTMANN, 1907,8). Geyer ist es zu verdanken, dass in ihr (bis zur Entstehung der *"Apostolischen Gemeinde"* unter F.Krebs [s.u.]) die Grundelemente katholisch-apostolischer Tradition in Gemeindeordnung und Kultus weitgehend bewahrt blieben.

Über Geyers Neubeginn in Hamburg schreibt sein Enkel:
"Mit ungebrochenem Mut begann der 45jährige den neuen Lebensabschnitt, der keineswegs rosig vor ihm lag. Mit der Beschränkung des Wirkungskreises ging eine Beschränkung der Geldmittel Hand in Hand. Sie reichten nicht mehr aus, um die Söhne weiterhin das Gymnasium besuchen zu lassen...
Unser Grossvater versah in Hamburg seinen Dienst mit der alten Hingebung und Treue, musste aber im Laufe der Jahre manche Enttäuschung erleben. Er reiste viel, um auch in anderen Städten Gemeinden zu gründen, was ja auch hier und da, z.B. im Harz, gelang. Um seine Einnahme zu verbessern, verfiel er auf mancherlei Projekte, ohne rechtes Glück damit zu haben. Als er z.B. eine Erfindung, Brennesseln für die Textilindustrie zu verwerten, zum

Patent anmelden wollte, zeigte es sich, dass ihm ein anderer Erfinder gerade zuvorgekommen war." (J.GEYER,1918,26)

Geyers Umzug aus Berlin brachte auch das Ende seiner Zeitschrift *"Die Morgenröthe"* mit sich, deren letzte Nummer im März 1863 erschien. Dafür gab er noch im selben Jahr in Hamburg ein neues Blatt unter dem Titel *"Der Sendbote"* heraus.(s.Anm.117)

Innerhalb der Gemeinde machten sich Geyer, Schwarz und Preuß mit Eifer an den Ausbau ihres "apostolischen Werkes". So fanden bereits im Frühjahr 1863 Versiegelungen, Priester-Ordinationen (Stechmann) und Gottesdienste mit vierfachem Amt statt.(BERICHT,1863,7) Am 19.5. d.J. richteten Preuß (als *"Apostel f. Norddeutschland"*), Geyer (als *"Prophet mit dem Apostel"*), Stechmann (bereits als *"Engelevangelist"*!) und Schwarz (als *"Pastor mit dem Apostel u. Bischof des Tors"*) ein Schreiben an die Apostel in Albury, das jedoch unbeantwortet blieb. (s.S.318-322 der vorliegenden Untersuchung [einen ähnlichen Brief hat es noch einmal 1886 gegeben - mit gleichem Resultat; s.WEINMANN,1963,375-384]) Sie formulierten darin ihr Selbstverständnis und ihren Anspruch (unangenehm berühren dabei ihre "geistlichen Drohungen"):

"Nach Gottes wunderbarem Ratschluss sind wir erwählt worden, die Ausführung dessen zu beginnen, was Ihm von England aus nicht gelungen ist; dennoch bleibt Euch der Ruhm, den Grund dazu gelegt zu haben; und weder Euch noch uns steht es zu, darüber zu rechten oder zu richten, welches Weges sich der allweise und allmächtige Gott bedient, Seinen Vorsatz und Ratschluss auszuführen.

... Ihr habt durch Gottes Gnade die Bahn gebrochen für die Wiederherstellung der Kirche Christi ... , warum wollt Ihr mit uns zürnen, <u>*wenn wir Befehl haben von demselben HErrn*</u>*, auf derselben Grundlage weiterzubauen und ein Stück Arbeit hinauszuführen, was Ihr dem HErrn verweigert habt zu tun, indem Ihr vielleicht die Notwendigkeit derselben verkanntet? Warum wolltet Ihr durch Euer böses Geschrei uns zwingen, in Eure Gemeinden zu dringen, um Zeugnis abzulegen? was sicher geschehen wird, indem wir bereits dazu von vielen Seiten aufgefordert sind. Wir ermahnen Euch also brüderlich, Euch nicht ferner mit der falschen Hoffnung zu täuschen, als ob durch Euer bisheriges Verfahren etwas ausgerichtet wurde, Gottes Werk in Hamburg zu vernichten. Täuschet Euch nicht! Ihr streitet wider den lebendigen Gott und jeder Hieb wider Sein Werk wird zehnfach auf Euch zurückfallen."*

Am Pfingstmontag, dem 25.5.1863 (nicht am 27.5. [WEINMANN,1963, 107.353]!), wurde Schwarz zum Apostel berufen. In den vorhandenen Quellen heißt es dazu:

"Am zweiten Pfingstfeiertag wurde ich vom Herrn nicht allein durch Geyers Mund, sondern durch den Mund v i e l e r w e i s s a g e n d e n P e r s o n e n gerufen, ein Apostel des Herrn zu sein." (F.SCHWARZ,1891 [zitiert nach SALUS,1913,272])

"Die Berufung des Schwartz geschah durch zahlreiche Worte der Weissagung; seine Berufung wurde durch den Dienst mehrerer weissagender Gemeindeglieder bestätigt." (Rekord der Allgemeinen christlichen apostolischen Mission [s.o.], S.4) Im genannten Rekord (S.4f)

werden zwei von drei Weissagungen zitiert. Es heißt dort: (1) *"O, du sollst gekrönt werden... Der Ruhm ist gross, sogar auf Erden wirst du Ehre empfangen. Der HErr will dich zu grosser Ehre machen. Er will dich auf Seine Ehre setzen. Du sollst auf dem Stuhl sitzen, wo Er gesessen. O, gib alles, was du hast. O, opfere den letzten Tropfen Blut..."*
(2) *"Ja, eine Jungfrau ist schwanger und wird einen Sohn gebären, einen Helden, der sein Volk selig machen wird. Er wird die Schafe auf grüner Aue weiden und sie zu frischem Wasser führen. Er wird gross werden und herrlich hingehen in der Kraft und Macht. Der HErr will in ihm mächtig sein, Er will mächtig sein und alle Heiden weiden..."*
(3) *"<u>fehlt</u> (Ein W.d.W. fehlt und konnte bisher nicht ausfindig gemacht werden. Es betrifft das W.d.W., das an diesem Tag durch Geyer ausgesprochen wurde.)"*

Dem Apostel Schwarz wurde - nach eigenen Angaben - *"durch die Weissagung Holland, speziell Amsterdam, als Arbeitsgebiet angewiesen"* ([WEINMANN, 1963,107] als *"Stamm Juda"* [nach katholisch-apostolischer Auffassung war "Juda" England, das unter Cardale stand!; s.Anm.20.b.1]). Diese Weissagung stammt wahrscheinlich von Geyer.(WEINMANN,1963,158.354)

Schwarz *"wurde am 8. September 1863 während der Heiligen Eucharistie für die Sieben Gemeinden - also an einem Dienstag - ausgesondert"*. (Rekord der Allgemeinen christlichen apostolischen Mission [s.o.], S.2) In diesem Gottesdienst wurden u.a. folgende Worte der Weissagung gesprochen: (3 [vermutlich Geyer - Verf.]) *"O, gehe hin wie Abraham. O, gehorche der Stimme des HErrn. O, du Knecht des HErrn, gehe in das Land, das dir eine Fremdlingsschaft erscheinen wird. Glaube, gehe hin! O, der Herr hat dich angewiesen, in Amsterdam die Perle zu suchen. Diese ist eine der zwölf Perlen...*
Suche, suche, du Apostel des HErrn, bis du sie finden wirst... Er will dir in jenem Land auch einen Profeten geben; Er will dir alle Gehilfen geben, deren du bedarfst.
An diesem Tage ... will der HErr ein Denkmal aufrichten. Heute richtet Er ein Eben-Ezer auf. Er sondert dich heute aus. Er nimmt von dir die Last eines Engels (Hirten?), die du bis heute getragen. Er setzt dich über viel...
O, du Apostel des HErrn... Er hat dir diesen Stamm bezeichnet ... gehe an der Ems Mündung, gehe an das südwestlich Ufer und alles, was sich jenseits befindet, hat Dir der HErr gegeben. Von Minden aus sollst du der Weser Lauf folgen, und alles, was sich jenseits der Weser befindet und was weiter nordwestlich liegt, befiehlt dir der HErr, soll zu diesem Tor gehören."
(ebd.,5f) Und im Abenddienst desselben Tages: (1 [Geyer? - Verf.]) *"O, du des HErrn Apostel, der HErr will Seine Kirche gründen auf zwölf, und nicht auf drei, auch nicht auf sechs, sondern auf zwölf. O, bitte den HErrn, dass Er dir die Zwölfzahl geben möge. Ist nicht das Feld zur Ernte weiss? O denke nicht: mein HErr kommt noch lange nicht! O, der HErr wird in den Knechten hingehen, in seinen Dienern und das Werk wird wohl geraten..."* (ebd.,7)

Interessant sind an diesen prophetischen Worten die Entsendung des neuen Apostels (fort von Hamburg!) in ein Land, in welchem es bisher noch keine katholisch-apostolischen Gemeinden gab (s.Anm.74.c), die für eine Weissagung auffällig präzise geographische Beschreibung und der Hinweis auf die Auffüllung der Zwölfzahl des Apostolates, der Schwarz bis an sein Lebensende als Ziel (und Obergrenze!) vor Augen stand.

"Am 24. September (nach HEIJDER [1988,15] am 27.9. - Verf.) *1863 erreichte Schwartz seinen Amtssitz, die Stadt Amsterdam... Hier hat Schwartz bis zu seinem Tode ... gedient und gewohnt."* (Rekord [s.o.],S.2)
Schon einige Monate zuvor waren die (bereits vor dem 25.5.1863 berufenen?) *"Sendungs-Evangelisten"* Franz Hübner (geb. am 17.7.1840, 1861 apostolische Handauflegung und Unterdiakon), Carl Meyersahm (1829-16.3.1869) und Heinrich August Allihn nach Amsterdam *"vorausgesandt"* worden.(WEINMANN,1963,146f.156-160; HEIJDER,1988,16f) Schwarz gründete in den Niederlanden die *"Apostolische Zending"* (später in *"Hersteld Apostolische Zendingkerk"* umbenannt).
Auf diesen Zweig der apostolischen Bewegung, der um 1870 *"die liturgischen Ordnungen des Gottesdienstes, die priesterlichen Gewänder und die meisten sonstigen Symbole als äußerliche Formen abgeschafft"* hat (BORN,1974,59; s. dazu HANDTMANN,1903,665; SCHMIDT,1909,94f; Anm.128), kaum erfolgreich war und mit großen Schwierigkeiten zu kämpfen hatte (WEINMANN, 1963,146-155), kann hier nicht näher eingegangen werden. (Einzelheiten zur Wirksamkeit des Apostels Schwarz in den Niederlanden s. bei HEIJDER,1988.)
Als Schwarz einige Jahre später (noch vor 1878) versuchte, wieder in die Hamburger Gemeinde zurückzukehren bzw. diese für seine liturgische Neugestaltung zu gewinnen, kam es zu harten Meinungsverschiedenheiten mit den dortigen Amtsträgern (besonders mit Geyer), woraufhin er sich von der Allgemeinen christlichen apostolischen Mission in Hamburg trennte und in die Niederlande zurückkehrte.(HANDTMANN,1903,665) M.v.POCHHAMMER schreibt:
"Als er nach einigen Jahren zurückkehrte, weil er in Holland nichts Bleibendes hatte aufrichten können und nun die frühere Gemeinde wieder übernehmen wollte, ward er zurückgestoßen und mußte nach Holland zurückkehren. Damals bekannte er in einem Briefe an seine Verwandten, es geschehe ihm recht, denn er habe die Gemeinde mit Unrecht an sich gebracht; und man thue ihm nun, wie er früher seinem Engel gethan hatte." (vgl.Anm.55.b)
Geyer entfaltete von Hamburg aus eine rege evangelistische Reisetätigkeit, durch die in der Folgezeit neue Anhänger für die Allgemeine christliche apostolische Mission gewonnen werden konnten.(s.S.322 der vorliegenden Untersuchung) In der CHRONIK Marburg (III[1863]) heißt es:
"Ende Sept. war H.Geyer aus Hamburg nach Hannover gekommen, um Anhänger zu werben, leider fand er Aufnahme bei Hn. Schrader in Gierswalde, doch schien er sonst keinen Schaden anzurichten. Der Evangelist M. v.Pochhammer reiste selbst an die Orte um die Leute zu stärken."
Spätestens 1864 nahm die Hamburger Gemeinde (die sich vorübergehend *"Allgemeine apostolische Gemeinde"* genannt hatte) den Namen *"Allgemeine christliche apostolische Mission"* an.[124] (Die - wahrscheinlich von Geyer formulierten - *"Grund-Principien"* der Allgemeinen christlichen apostolischen Mis-

sion in Hamburg von 1863/64 sind auf S.323-330, die Statuten von 1866 auf S.330ff der vorliegenden Untersuchung wiedergegeben.) Im selben Jahr erschien eine eigene Liturgie der Allgemeinen christlichen apostolischen Mission, die eine überarbeitete und vereinfachte Form der norddeutschen Liturgie der Katholisch-apostolischen Gemeinden darstellt.[125]

Über die Tätigkeit von Preuß (dem *"Apostel für Norddeutschland und Skandinavien" - "Stamm Ephraim"*) in dieser Zeit sagen die Quellen wenig. Während er sich bemühte, in Hamburg und im norddeutschen Raum seinem Apostel-Amt gerecht zu werden, ist von einer Wirksamkeit in Skandinavien nichts bekannt. Um seinen Lebensunterhalt zu verdienen, arbeitete er in seinem Beruf als Tischler bei einer Hamburger Firma. Geyer und er waren im Hinblick auf den Ausbau der Allgemeinen christlichen apostolischen Mission auf Zusammenarbeit angewiesen. Das Verhältnis der beiden Männer war jedoch von Anfang an problematisch und verschlechterte sich bis zum Tode von Preuß immer mehr.[126]

Nach WEINMANN (1963,108) soll es bis zum Herbst 1864 neben Preuß, Geyer (und Stechmann) keine weiteren priesterlichen Ämter in der Allgemeinen christlichen apostolischen Mission gegeben haben.

Am Sonntag, dem 30.10.1864, wurden durch Geyer (oder nur unter seiner *"Mitwirkung"* [ebd.,140]?) vier Männer (mindestens zwei von ihnen Diakone der Hamburger Gemeinde) zu Aposteln berufen - unter gleichzeitiger Nennung ihrer Auftragsgebiete:

"Bösecke sollte in Breslau 'das Tor' setzen für Schlesien, die Lausitz, Böhmen, Mähren *und* Polen; ('Stamm Benjamin' - Verf.)
Hohl *sollte in* Süddeutschland ('Stamm Simeon' - Verf.) *das Werk des Herrn gründen und vornehmlich in den Städten* Gießen *und* Frankfurt am Main *und den diese Städte umgebenden Dörfern und Städten wirken;*
Hoppe *sollte nach* Nordamerika *ziehen und in* New York *beginnen;*
Stechmann *sollte nach* Ungarn *gehen und dort das Evangelium verkündigen."* (ebd.,108f)

Damit hatten die Allgemeine christliche apostolische Mission und die Apostolische Zending zusammen sechs Apostel. Geyer und die fünf Apostel in Deutschland (ohne Schwarz) bildeten nun den *"Central-Vorstand"* der Allgemeinen christlichen apostolischen Mission. Bösecke trat nach seiner Apostel-Berufung in der Öffentlichkeit als *"Prediger"* der Allgemeinen christlichen apostolischen Mission auf und wirkte bis 1872 zunächst in Hamburg und Berlin, danach hauptsächlich in Schlesien.(s.u.) Im März 1865 zog der Apostel Hohl mit seiner Familie in seinen Heimatort Weikersheim in Württemberg, um von dort aus Mission zu treiben.(WEINMANN,1963,355) Abgesehen von der Sammlung einiger Anhänger (ab 1881) im Raum Gießen und (ab 1885) in Frankfurt/M. blieb sein Werk ziemlich erfolglos. Über Hoppes Tätigkeit als

Apostel bis zum Jahre 1872 ist nichts bekannt. Ende Februar d.J. reiste er in die USA. Bis etwa 1880 wirkte er in Chicago und anschließend in New York. An beiden Orten konnte er je eine Gemeinde gründen. Stechmann reiste bereits Ende November 1864 nach Amsterdam, um sich von Schwarz zum Apostel-Amt zurüsten zu lassen. Später ging er auftragsgemäß nach Ungarn bzw. Siebenbürgen (VERZEICHNIS,1982,41), konnte dort aber *"nicht Fuß fassen, er war den Anforderungen im fremden Land nicht gewachsen, denn er beherrschte auch die Landessprache nicht"*.(WEINMANN,1963,122) In späteren Jahren distanzierte er sich von Geyer und den Vorgängen, die 1863 zur Abspaltung der Hamburger Gemeinde von den Katholisch-apostolischen Gemeinden geführt hatten.[127] Bis 1878 wurde (1872) mit F.W.Menkhoff noch ein siebenter Apostel berufen, der jedoch der Apostolischen Zending zuzuordnen ist.[128]

Die Gründung von weiteren Gemeinden

Von Hamburg aus konnte 1864 in Schladen/Harz eine erste neue Gemeinde gegründet werden. Ihre Anfänge gehen auf den Schneider Fritz Vollbohm zurück, der in Hamburg die Allgemeine christliche apostolische Mission kennengelernt hatte. Im Frühjahr 1864 hielt der Apostel Preuß in Schladen den ersten Gottesdienst (entweder im Hause Vollbohms [SALUS,1913,290] oder im Elternhaus von H. Friedrich Niemeyer [1853-1920], des 1886 von Menkhoff und Krebs eingesetzten Apostels für Australien, der sich 1906 von der Neuapostolischen Gemeinde trennte [WEINMANN,1963,124ff]). Da Preuß die Versammlung nicht angemeldet hatte, musste er eine dreitägige Gefängnisstrafe antreten. Am 25./26.7.1864 fand bei Schladen (*"auf dem sogenannten preussischen Zollen im Preußischen"*) in einem eucharistischen Gottesdienst die erste Versiegelung statt, die der Apostel in Anwesenheit von Geyer nachts unter freiem Himmel vornahm. An dieser Veranstaltung, die bis um 5 Uhr morgens dauerte, nahmen (nach einem dem Verfasser in Abschrift vorliegenden Polizeibericht) 20 Personen teil. Vollbohm wurde als Diakon eingesetzt. Versiegelt wurden u.a. die späteren Apostel der Apostolischen Gemeinde Friedrich (Fritz) Krebs (30.7.1832-20.1.1905) und Georg Gustav Adolf Ruff (20.9.1839-2.5.1906). Letzterer diente bald darauf als Evangelist unter Hohl in Süddeutschland. Krebs wurde Unterdiakon, war bereits 1866 Priester (der erste Priester der Allgemeinen christlichen apostolischen Mission außerhalb Hamburgs), wurde 1874 in das Ältesten-Amt und 1881 von Menkhoff *"in das Apostelamt gesetzt"* (WEINMANN,1963,130). Unter seiner aktiven Mitwirkung entstanden von

Schladen bzw. Hamburg aus kleine Gemeinden der Allgemeinen christlichen apostolischen Mission in Winneburg, Wedela, Osterode, Braunschweig und Wolfenbüttel.(ebd.,124-132.354; SALUS,1913,290f)
Im Laufe des Jahres 1865 hatten Geyer und Bösecke in Berlin missionarische Erfolge. So konnte Geyer Ende Dezember d.J. religiöse Versammlungen für einen kleinen Interessentenkreis bei der Polizei anmelden. Die Versammlungen der Allgemeinen christlichen apostolischen Mission in Berlin fanden (mit jeweils 12-16 Personen) bis zum Sommer 1866 regelmäßig, in der zweiten Jahreshälfte dagegen nur in größeren Abständen statt, da Geyer wieder nach Hamburg zurückgekehrt war. Bösecke hatte Berlin bereits im Mai verlassen. Die kleine Gemeinde der Allgemeinen christlichen apostolischen Mission löste sich bald wieder auf und musste ab Ende 1878 neu gesammelt werden.[129]
Die Allgemeine christliche apostolische Mission konnte auch in dem kleinen Dorf Lurup bei Hamburg Fuß fassen, und zwar durch Geyer:
"Im Jahre 1866 erwarb er im Dorfe Lurup eine Landstelle, die er drei Jahre lang mit Hilfe seiner treuen Gattin, seines Sohnes Gottlieb und einer Nichte ... bewirtschaftete. Hier widmete er sich besonders der Obstkultur. Aber es zeigte sich, dass er bei der Landwirtschaft keine Rechnung fand, und so gab er sie wieder auf." (J.GEYER,1918,26f)
Der Prophet hatte im Sommer 1867 (!) gemeinsam mit dem Bäckermeister F.Wachmann sen. aus Osterode/Harz zwei Bauernhöfe mit *"Gebäuden, ... Acker, Wiesen, Weide und Garten ... zwei Pferden, vier Kühen, zweien Schweinen"* usw. zur gemeinsamen Bewirtschaftung gekauft (WEINMANN,1963,359). Zwei Jahre später verkaufte Geyer (der sich im Kaufvertrag als *"Pastor"* bezeichnen ließ) seine Anteile an Wachmann. Ab 1874 fanden in Lurup bei Familie Wachmann im kleinsten Kreise apostolische Gottesdienste statt, die (bis 1878?) stets von Geyer geleitet wurden.(ebd.,105.162ff.359-362)
Geyer war in den Jahren nach 1867 vor allem schriftstellerisch tätig. Er verfasste u.a. auch Flugschriften und kleine Traktate für die evangelistische Arbeit. Mit diesen Schriften warb z.B. der spätere Apostel Wilhelm Christian Sebastian (13.6.1846-9.6.1912, Schlosser, ab 1899 Apostel der Apostolischen Gemeinde), der, von Hamburg als Diakon-Evangelist ausgesandt, im Sommer 1872 in Braunschweig eine *"Christlich-apostolische Gemeinde"* gründete.(SALUS, 1913,324f; WEINMANN,1963,132ff) Die Hamburger Gemeinde wuchs in dieser Zeit auf sonntäglich mehr als 300 erwachsene Kommunikanten an. (ebd.,143) Ab 6.5.1877 fanden ihre Gottesdienste in der Breiten Straße 25 ([heute Mönckebergstraße] Hinterhaus) statt.(s. dazu ebd.,62ff)
Der Apostel Bösecke siedelte 1872 mit seiner Familie nach Schönau a.d. Katzbach (Schlesien) über, wo Verwandte eines Hamburger Gemeindegliedes wohnten (WEINMANN,1963,320).[130] Am 7.9.1874 konnte er dort und wenig später

in Hirschberg (Regierungsbezirk Liegnitz) je eine apostolische Gemeinde gründen. Die neugegründeten Gemeinden sind auch von Geyer besucht worden. (s.u.) So schreibt SALUS (1913,349):

"Zur Prophetenzeit war es üblich, daß bei der Einsetzung von Ämtern zuerst der Apostel, dann der Prophet den Segen erteilte. War der Apostel Preuß zum ersten Male in Schladen gewesen, so erschien kurze Zeit danach der Prophet Geyer, um seinen Vorgänger zu ergänzen. Als Böseke die ersten Glieder in Schönau sammelte, stellte sich bald Geyer ein, um die geleistete Arbeit zu besehen und zu vertiefen. Der Prophet stempelte gewissermaßen die Amtshandlungen der Apostel und erteilte den Obersegen."

Die Spaltung der Allgemeinen christlichen apostolischen Mission im Jahre 1878

Die innere Situation der Hamburger Gemeinde der Allgemeinen christlichen apostolischen Mission war in der zweiten Hälfte der 1870er Jahre durch das zunehmend gespannte Verhältnis zwischen Geyer und Preuß außerordentlich belastet. Es hatten sich zwei Parteien gebildet, von denen die größere zu Geyer hielt. Die ohnehin komplizierte Situation wurde erschwert durch eine unheilbare Erkrankung des Apostels. Preuß litt vermutlich an Magenkrebs und konnte in seinen letzten Lebensmonaten das Bett nicht mehr verlassen.(WEINMANN, 1963,356.364) Als klar wurde, dass er nicht mehr lange leben würde, entstand die Frage nach einem Nachfolger. Diese Frage hat natürlich vor allem Geyer bewegt. Am Sonntag, dem 31.3.1878, berief er im Gottesdienst der Hamburger Gemeinde den dortigen Diakon J.F.L.Güldner zum Apostel für Norddeutschland und Skandinavien (dem Auftragsgebiet von Preuß, der zu diesem Zeitpunkt noch lebte!). Güldner gehörte zu den Gemeindegliedern, die auf der Seite Geyers standen.[131] Die Berufung erfolgte mit folgenden Worten:

"O, der HErr ist müde des Haders und des Streits, Er sehnet sich nach Frieden, darum ruft Er dich Seinen Knecht Güldner *zum Apostel, aber arbeite in Frieden, arbeite im Geist des HErrn."* (zitiert nach H.GEYER,1893,1 [Geyers Erinnerungen werden mit diesen Worten eingeleitet; sie tragen jedoch nicht Geyers Handschrift])

Geyers Enkel schreibt (J.GEYER,1918,27):

"Wenige Tage nach seinem 60. Geburtstag, am 31. März 1878, machten sich feindselige Bestrebungen vonseiten des Apostel Preuss gegen Geyer geltend. An demselben Tage wurde ein Bruder Güldner von Geyer kraft seines Prophetenamtes zum weiteren Apostel berufen."

Preuß, der sich offensichtlich übergangen fühlte, war mit dieser Berufung nicht einverstanden. Er konnte *"dagegen aber nichts unternehmen, denn das Prophetenwort galt in der Weissagung damals als das Wort des Herrn".*(WEINMANN, 1963,138) Er bestimmte (*"noch auf dem Totenbette"* [SALUS,1913,288]?) den

Ältesten Eduard Wichmann *"zu seinem Nachfolger bzw. zum Vorsteher der Hamburger Gemeinde im Falle seines Ablebens"* (WEINMANN,1963,356). Am 10.5. erlitt Preuß einen Schlaganfall und starb am 25.7.1878. Vier Tage später wurde er auf dem Michaelis-Friedhof beigesetzt.(ebd.,357ff) Damit wurde in Hamburg der Central-Vorstand der Allgemeinen christlichen apostolischen Mission nur noch durch Geyer (und Stechmann?) vertreten.

Unter dem Einfluss von Wichmann - der (laut F.Schwarz) *"selber Apostel zu sein"* wünschte (s.u.) - und Krebs versuchten die Gegner Geyers und seiner Anhänger die Aussonderung von Güldner mit allen Mitteln zu verhindern. Es ging dabei vor allem um einen Richtungskampf. So war der eigentliche Grund für die folgende Spaltung - nach Aussagen eines Amtsträgers der Allgemeinen christlichen apostolischen Mission (Jakob Weber [s. HANDTMANN,1907,IV, und ders.,1903,664f]) -

"'ein revolutionärer Angriff dieser und verschiedener anderer Leute gegen das Fundament apostolischer Lehre. Man machte Geyer zum Vorwurf, daß er die apostolische Missionsgemeinde in die Landeskirche zurückpredige, und man übersah dabei, daß die apostolische Mission sich noch nie von der Gesamtkirche getrennt hat. Man erklärte die ganze Kirche liebloserweise für Babel, und hätte Krebs seinerzeit die Macht gehabt, er würde alle 'Schwarzröcke' auf dem Scheiterhaufen verbrannt haben, wie er sich auszudrücken beliebte. Zur Hauptsache hat Krebs dies Feuer geschürt und in Hamburg einen Teil der Gemeinde mit angesteckt. So lag auf der Hamburger Gemeinde eine zeitlang eine Gewitterschwüle, bis es inmitten eines Gottesdienstes am 4. August 1878 zu einer offenen Revolte kam.'" (ebd.,665)

An diesem Tage (eine knappe Woche nach der Beerdigung des Apostels Preuß) wiederholte Geyer offenbar die prophetische Berufung Güldners und schickte sich (als der ranghöchste der anwesenden Amtsträger) an, Güldner als Apostel für Norddeutschland und Skandinavien auszusondern. Ein Gemeindeglied, Sophie Geß, schildert, was daraufhin geschah:

"Als die Berufung durch den Propheten Geyer ausgesprochen war, erhob sich, wenn ich nicht irre, ein Widerspruch ('ein Gemurmel' [handschriftlich eingefügt durch R.Geyer - Verf.]) aus der Gemeinde, ich erinnere mich noch sicher daran, dass F.Wachmann (damals noch Gemeindeglied) rief: 'Es muss geschieden werden.' Es mögen auch noch mehr widersprechende Worte gefallen sein, an die ich mich nicht mehr genau erinnern kann. Darauf erhob sich Wichmann (Ältester), drückte den Propheten Geyer, mit beiden Händen auf dessen Schulder (sic) fassend, nieder und sagte: 'Nun will ich mal die Sache in die Hand nehmen.' Danach brach bei Jakob Weber, damals noch Gemeindeglied, die erste Gabe der Weissagung durch, die etwa folgenden Wortlaut hatte: 'Wer bist du, o Mensch, der du dem Arm des Herrn wehrest! Weil du solches tust, werde ich dich ausspeien aus meinem Munde.' (Hierbei will ich gleich bemerken, dass Wichmann einen sehr schlimmen Tod gehabt hat, es sind ihm die Glieder abgefault bzw. einzeln abgenommen worden.) Meines Wissens waren Krebs und noch zwei andere Diener vom Harz schon am Vormittag bei Karl Frank am Alsterweg eingetroffen, sie kamen dann aber erst zum Nachmittagsdienst. Was da vor sich gegangen ist, weiss ich

nicht, weil ich nicht zugegen war. Wenn ich recht unterrichtet bin, wurde in diesen Dienst vereinbart, dass am Abend desselben Tages eine Abstimmung darüber stattfinden sollte, ob die Berufung Güldners anerkannt oder eine Trennung stattfinden sollte. Es fand dann am selben Abend tatsächlich eine solche Versammlung und Abstimmung in der Wohnung des Evangelisten Gerstenkorn statt, die Verwerfung der Berufung des Apostels Güldner und die Trennung wurde beschlossen. Was im Einzelnen vorging, weiss ich nicht, weil ich nicht selbst zugegen war. Danach haben die Anhänger des Krebs und Genossen dem Apostel Güldner und dem Propheten Geyer sowie ihren Anhängern den Zutritt zur Kapelle verwehrt. Apostel Güldner und Prophet Geyer haben dann vorerst provisorisch ein Kirchlokal in der Schauenburgerstrasse (Gesellschaftshaus) gemietet und bald danach die Kapelle in Cremon Nr. ([30] fehlt - Verf.) eingerichtet. Die Kapelle in der Breiten Strasse mit vollständiger Einrichtung haben die Neuapostolischen mit Gewalt behalten." (den vollständigen Text s.S.333f der vorliegenden Untersuchung; vgl.WEINMANN,1963,138f)

Die Vorgänge in jenem Gottesdienst müssen in der Tat würdelos gewesen sein. (s.ebd.,139f) Jedenfalls nahmen Geyer und seine Anhänger *"ihre Gewänder, ließen die ganze Kirchen= und Altar=Einrichtung zurück und gingen von dem 'entheiligten Ort', ohne auch nur ein Wort zu sagen, fort, um ihn nie wieder zu betreten, während ihnen nach der Mitteilung eines Ohrenzeugen* (Jakob Weber - Verf.) *'jene Wüteriche Schimpfworte nachriefen.'"* (HANDTMANN,1903,665)

H.GEYER schreibt über den 4.8.1878 (1893,31f):

"Von diesem Sonntage ab hörten die Gottesdienste in dem bisherigen Locale in der Breitenstraße mit uns auf, weil dieser Aufruhr für uns zu unwürdig war, um an dem so entweihten Altare noch ferner zu dienen, und ich machte der Gemeinde deshalb bekannt, daß diejenigen welche sich als wahre apostolische Gemeindeglieder ferner bekennen wollten, sich in dem Locale einfinden möchten, welches am nächsten Sonnabend in den Kirchenanzeigen der größten Zeitungen Hamburgs *angezeigt würde."*

Der überwiegende Teil der Gemeinde ging mit Geyer - die meisten vom ersten Gottesdienst im neuen Kirchlokal an (s.u.), viele folgten später. Von den mehr als 300 erwachsenen Kommunikanten, die bis zum 4.8.1878 die Gottesdienste in der Breiten Straße 25 besucht hatten, waren dort (unter der *"neuen Ordnung"*) *"noch Anfang der achtziger Jahre keine 50 Mitglieder übriggeblieben"*. (WEINMANN,1963,142f) WEINMANN schreibt (ebd.):

"Nun war die Gemeinde buchstäblich verwaist." Auf ihr habe *"damals eine furchtbare Depression... gelegen..., denn es mußte nun wieder praktisch ganz von vorne angefangen werden"*.

Von einem *"Abfall Geyers"*, den neuapostolische Autoren immer wieder behaupten (z.B. WEINMANN,1963,138; SALUS [1913,287.357] geht sogar noch einen Schritt weiter, indem er Geyer als *"Gefäß der Unehre"* bezeichnet und mit Genugtuung feststellt, dass durch die Ereignisse vom 4.8.1878 *"dieser Zankapfel endlich aus der Gemeinde hinausgetan"* worden ist!), kann angesichts der Fakten überhaupt keine Rede sein. Der weitaus größere Teil der Hamburger Ge-

meinde folgte Geyer und Güldner (und damit deren Positionen). Diese Gemeinde ist die eigentliche und rechtmäßige Fortsetzung der Allgemeinen christlichen apostolischen Mission. Mit dem zurückgebliebenen Rest, der *"wieder praktisch ganz von vorne anfangen"* musste, setzte unter dem Einfluss von Menkhoff und Krebs eine andere Entwicklung ein.
Der 4.8.1878 war die Geburtsstunde der Neuapostolischen Kirche.

Die Anfänge der "Neuapostolischen Kirche"

Nachdem Geyer und die Mehrzahl der Gemeindeglieder die Kapelle in der Breiten Straße verlassen hatten, folgten chaotische Szenen in der Restgemeinde. Es kam anschließend und später zu "wilden" Apostel-Berufungen. Auf diese Weise fand man jedoch keinen neuen Apostel. F.SCHWARZ schreibt (Testament,3):
"In seiner Irrlehre ging er (Geyer - Verf.) so weit, daß er einen Mann, der ganz seiner Meinung war, im Verborgenen zum Apostel berief. Kaum war der damals noch lebende Apostel gestorben, da stellte der Prophet Geyer der Gemeinde den neuen Apostel vor. Jedoch diese Gemeinde nahm ihn durch die zwei Hauptämter nicht an und die Spaltung war da. Es war die Pflicht vom Propheten Geyer gewesen, nach Fühlungnahme mit dem regierenden Ältesten, die Apostel der anderen Stämme vom Hinscheiden des Apostels in Kenntnis zu setzen. Jedoch dieser Älteste wünschte selber Apostel zu sein. Und der andere Älteste wünschte wahrscheinlich auch als solcher an des Verstorbenen Stelle zu treten. Denn Geyer und diese Ältesten handelten, als ob gar keine Apostel wären, sie wollten ohne uns Apostel handeln. Die Frau des einen Ältesten rief durch Weissagung ihren Mann und der Sohn seinen Vater zum Apostel im Stamm; also waren schon zwei Apostel. Eine Dienstmagd rief ihren Herren zum Apostel, das waren also drei. Ein vierter wurde im Stillen noch durch andere weissagende Personen berufen. Ja mehrere Brüder sind mir bekannt, die meinten, Apostel für den Stamm sein zu können. Wir Apostel haben keinen (Apostel) angenommen, denn wenn wir als Apostel gegen Ergänzung des zwölffachen Apostolats wären dann könnten solche Ausschreitungen stattfinden. Das Ende war, daß Geyer und der von ihm berufene Apostel einige Mitglieder aus der alten Gemeinde mitgeschleppt haben."
Wichmann "erhielt" aufgrund einer *"Weissagung"* wenig später von Menkhoff das Bischofsamt und wirkte als Gemeinde-Vorsteher (WEINMANN,1963, 145f). Doch schon am 21.9.1879 wurde er von diesem seines Amtes enthoben, *"wobei die milde Ausrede 'wegen Mangel an Zeit' ihm den Abgang erleichtern sollte. Nachher hat man nichts mehr von ihm gehört, sein Name taucht in keinen Annalen mehr auf, und niemand kann sich erinnern, diesen Namen Wichmann je gehört zu haben."* (ebd.,364)
"Der Älteste-Apostel und der andere Älteste, der sicher Apostel sein wollte, haben sich unter den kirchlichen Formen (Frommen? - Verf.) in Babel verloren. Auf Wunsch vom Ältesten F.Krebs und seiner Mitältesten bat die Gemeinde den Apostel Menkhoff, ihnen helfen und sie schützen zu wollen. Dieser Bitte wurde zugestimmt..." (F.SCHWARZ,Testament,3f) (Im Jahre

1881 übernahm dann der Apostel Krebs selbst die Aufsicht über die Hamburger Restgemeinde.)

Genau ein Jahr nach dem Tode von Preuß wurde auf einer Versammlung neuapostolischer Amtsträger in Braunschweig (dem Wohnort von Krebs) die Frage erörtert, ob Güldner als Apostel anzuerkennen sei oder eine neue Berufung abgewartet werden solle. Anwesend waren die drei Apostel Schwarz, Menkhoff und Hohl. Der Berliner Prophet Marticke, der Geyer nahestand, versuchte, die Entwicklung zugunsten Güldners zu beeinflussen. Das Protokoll der Versammlung (s.S.334ff der vorliegenden Untersuchung) macht die ganze würdelose Hilflosigkeit der Vertreter der *"neuen Ordnung"* deutlich. Versammlungen wie diese wären in den Katholisch-apostolischen Gemeinden undenkbar gewesen.

F.SCHWARZ (Testament,4) stellt die Vorgänge auf dieser Versammlung folgendermaßen dar:

"Der 25. July wurde angesetzt als der Tag, an dem er (Menkhoff - Verf.) *den Herrn fragen sollte, wer ihm als Apostel dienen sollte. In diesem Gottesdienst der in Braunschweig gehalten wurde, waren drei Apostel anwesend. Ich, F.W. Schwarz, wurde als Ältester* (ältester Apostel - Verf.) *aufgefordert, den Dienst zu leiten. Wir fragten Gott den Herrn: 'Wer soll dir als Apostel an Stelle und im Stamm des verstorbenen Apostels Pruiß dienen?'*
Eine weissagende Person, die Geyer nachfolgte (Marticke - Verf.), *sprach: Ich habe den Apostel gegeben durch Geyer.* <u>Sofort sprach ich während des Dienstes:</u> <u>'Ich als Apostel verwerfe</u> <u>diese Worte,'</u> *und fragte andermal den Herren Gott auf dieselbe Weise. Darauf sprach der Herr durch Weissagung: 'Wenn das Trauerjahr vorbei sein wird, dann werde ich den Knecht rufen, der mir als Apostel an Stelle des verstorbenen Apostels dienen wird.'*
Da kamen viele Weissagungen, u.a. diese Trostworte: Laßt euch die Freude, die ihr bisher empfangen habt, zur Bekräftigung und Ermutigung dienen; Mein Apostel Menkhoff wird euch bis auf eine andere Zeit an der Hand führen."

Unter Berufung auf einen Augenzeugen schildert HANDTMANN (1907,23) die Vorgänge in Braunschweig so:

"Zunächst hielten Krebs und Genossen ein Konzilium in Braunschweig. Man fragte Gott, 'ob Güldner ein Apostel' sei, und als auf dreimaliges Fragen keine Antwort kam, schrie man förmlich Gott an, 'warum er denn keine Antwort' gäbe. Das ging eine Weile so fort, bis die ganze Versammlung in eine solche Ekstase geriet, daß Berufungen über Berufungen erfolgten, der eine dies schrie, der andere das. Der eine rief diesen aus, der andere schrie: 'Nein, der soll es sein.'... Das Ende vom Liede war, daß Menkhoff zunächst die Leitung übernahm und danach Krebs designiert wurde. Dies die Darstellung des unerbaulichen Anfanges der 'apostolischen Gemeinde' genau nach der Mitteilung meines Gewährsmannes, welcher das Protokoll über jenes 'Konzilium' in Braunschweig in den Händen gehabt hat bzw. noch hat."
(vgl.SCHMIDT,1909,96)

Dem Verfasser liegt ein aus der Allgemeinen christlichen apostolischen Mission / Allgemeinen Apostolischen Mission stammender *"Original=Bericht über die Apostolische Versammlung in Braunschweig am 25. Juli 1879 und über die*

Entstehung der 'Neu=apostolischen Gemeinden'" in Abschrift vor, dessen Wortlaut der folgende ist (vgl. mit S.334ff der vorliegenden Untersuchung):
"Vorbemerkung. Im Frühjahr 1878 wurde in der Torgemeinde in Hamburg in einem eucharistischen Gottesdienst in der Kapelle in der Breitenstrasse ganz plötzlich und unerwartet durch den Tor=Propheten Heinrich Geyer (also in der göttlichen Kirchen=Ordnung) der Diakon Johann Güldner zum Apostel berufen. Das erregte deswegen in der Gemeinde Aufsehen und Bedenken, weil damals der für Norddeutschland zuständige Apostel Ludwig Preuss noch lebte und seinen Apostelsitz in der Torgemeinde Hamburg hatte. Als aber bald darauf (nämlich am 25. Juli 1878) der Apostel Ludwig Preuss unerwartet (nämlich erst 50 Jahre alt) starb, musste es jedem gläubigen Gemeindeglied einleuchten, dass die Berufung des Diakonen Johann Güldner zum Apostel ein Werk weiser und väterlicher Fürsorge Gottes für Sein Apostolisches Werk war. Zu dieser folgerichtigen Erkenntnis gelangten auch die meisten Gemeindeglieder und nahmen den Apostel Güldner als Gottes Boten dankbar auf. Einige Priester aus Hamburg und vom Harz konnten sich aber nicht zu dieser Erkenntnis göttlichen Waltens durchringen anscheinend, weil sie meinten Gott brauche zur Berufung eines Apostels ihren Rat und ihre Mithilfe oder gar ihre wichtige Persönlichkeit. In dieser Verblendung lehnten sie den zum Nachfolger des Apostels Preuss in der göttlichen Ordnung durch den zuständigen, rechtmässigen Tor=Propheten H.Geyer zum Apostel=Amt berufenen Bruder J.Güldner ab und machten hinter seinem Rücken ein Komplott mit dem Ziel, diesen Apostel zu stürzen und die Berufung eines Apostels nach ihrem Wunsch und ihrer Wahl herbeizuführen. Zu diesem Zweck beriefen die Unzufriedenen auf den 25. Juli 1879 (also gerade 1 Jahr nach dem Tode des Apostels Preuss) eine Versammlung nach Braunschweig ein und luden dazu auch den Senior der in Deutschland berufenen Apostel, nämlich F.W.Schwarz aus Amsterdam ein. Wie aus dem weiteren Verlauf und aus dem ganzen Auftreten des Apostels Schwarz hervorgeht, hatten die Empörer diesen Apostel über die Persönlichkeit, den Glauben und die Fähigkeiten des Apostels J.Güldner absichtlich falsch unterrichtet und auch den Torpropheten Geyer ganz unberechtigter Weise in ein sehr schlechtes Licht gerückt. Infolgedessen war der Apostel Schwarz gleich von Anfang an gegen die Brüder Geyer und Güldner sehr eingenommen und leitete in diesem Sinn und Geist die ganze Versammlung. Nur daher ist es zu erklären, dass Ap. Schwarz sogar die Antwort verwirft, die ihm Gott durch den Mund des Propheten Marticke aus Berlin gab, als er in dieser Versammlung in Braunschweig Gott fragte, ob Güldner ein vom Herrn berufener Apostel sei. Der darüber vorliegende Originalbericht lautet wie folgt:
Frage des Apostels Schwarz: 'Ist Güldner durch Dich, Herr, berufen als Apostel für diesen Stamm?'(')
Antwort durch den Propheten Marticke aus Berlin: <u>'O führet mich nicht in Versuchung</u>, spricht der Herr. Ich bin der Heilige, Allmächtige und Allgegenwärtige, <u>o lasset euch an meiner Gnade genügen.</u>'
Darauf kommt eine kräftige Ermahnung durch Bdr. Wachmann (einfaches Gemeindeglied [WEINMANN,1963,160] - Verf.): 'O fraget den Herrn, ihr habt gehört, ihr sollt Ihn fragen'.
(Bemerkung: am Abend zuvor wurde in der Ratsversammlung über die Stellung dieser Frage debattiert. Daraus geht deutlich hervor, dass die versammelten Brüder den rechtmässig berufenen Apostel J.Güldner nicht annehmen und die Berufung eines anderen Apostels herbei

führen, also ihren eignen Willen über den Willen Gottes setzen wollten, das geht auch deutlich aus den folgenden Worten des Ap. Schwarz hervor, denn im Originalbericht heisst es weiter:) Sodann sagt der Apostel Schwarz: 'Wir glauben nicht das Ausgesprochene durch den Br. Martike.'
Auf eine nochmalige Frage des Ap. Schwarz kam keine Antwort. Was soll auch Gott noch antworten, wenn man seine erste Antwort nicht glaubt. Eine spätere Folge dieses Unglaubens und Ungehorsams war dann die (handschriftlicher Zusatz von R.Geyer: *'durch einen Laien erfolgte'* - Verf.) *Berufung von Krebs* (handschriftlicher Zusatz: *'in der Scheune des Bauern Fricke'* - Verf.) *in Osterode am Harz."*

Die endgültige Ablehnung des Apostels Güldner durch die einflussreichen Amtsträger der Braunschweiger Versammlung vom 25.7.1879 besiegelte die Trennung der Hamburger Restgemeinde, der Gemeinden am Harz und später auch der Gemeinden in Berlin und Schlesien von der Allgemeinen christlichen apostolischen Mission. Menkhoff und (ab 1881) Krebs übernahmen die Leitung dieser Gemeinden, wobei es zu erneuten Spaltungen kam.(s.Anm.127.a)

Die Trennung der unter dem Einfluss von Menkhoff und Krebs stehenden apostolischen Christen von der Allgemeinen christlichen apostolischen Mission war, konfessionskundlich gesehen, ein Schritt von erheblicher Tragweite. Es entwickelte sich die als *"neue Ordnung"* verstandene *"Apostolische Gemeinde"* (später Neuapostolische Gemeinde / Neuapostolische Kirche), in der (abgesehen von der Grundidee und den Ämtern) bald kaum noch etwas an die Katholisch-apostolischen Gemeinden erinnerte. Ab 1878 gewannen Männer an Einfluss, die (wie Menkhoff, Krebs und Hallmann) katholisch-apostolische Verhältnisse nicht persönlich kennengelernt hatten. Durch die Abspaltung von der Allgemeinen christlichen apostolischen Mission gaben sie das Bindeglied zur authentischen katholisch-apostolischen Bewegung auf und schieden nach und nach katholisch-apostolisches Erbe (brüderliche Einstellung zu den Christen anderer Denominationen, Liturgie, Gemeindeordnung, Gebrauch der Charismata im Gottesdienst usw.) rigoros aus. Besonders deutlich wird dies am Beispiel des Propheten-Amtes, das unter der Führung des (Stamm-)Apostels Krebs immer mehr zurückgedrängt wurde, was eine zunehmende Opposition wichtiger (noch direkt oder indirekt durch Geyer geprägter) Propheten - wie Freischmid, Marticke, Ansingh, Hugo (Anm.132) und Kohlhage - zur Folge hatte.(s.SALUS, 1913,345-358) (Zu den Unterschieden zwischen Katholisch-apostolischen Gemeinden und Neuapostolischer Kirche s.WEBER,1977,388-400.) Die Hamburger Gemeinde der Allgemeinen christlichen apostolischen Mission, deren Glieder größtenteils aus der katholisch-apostolischen Zeit dieser Gemeinde stammten, bewahrte dagegen viele Elemente der katholisch-apostolischen Tradition (nach 1878 noch bewusster). Will man die Neuapostolische Kirche konfessionskundlich richtig einordnen, so muss man sie auch an der Allgemeinen christlichen apostolischen Mission nach 1878 messen. (Zur weiteren Geschichte der Hamburger Restgemeinde s.WEINMANN,1963,142-146.177ff)

Die Allgemeine christliche apostolische Mission (Allgemeine Apostolische Mission) nach 1878

"Geyers und seines Apostels Güldner Anhänger waren nach jenem Aufruhr vom 4. August sehr bald wieder kirchlich installiert, so daß ihre Gottesdienste nicht eine Woche lang eine Unterbrechung erlitten, während jene Abgefallenen als eine 'apostolische Gemeinde,' wie sie sich sofort nannten, ohne Apostel und Propheten dastanden." (HANDTMANN,1907,21f)
H.GEYER berichtet (1893,32f):
"Wir fanden gleich in dem Gesellschaftshause von Borgert in der Schauenburgerstraße freundliche Aufnahme nebst allem Zubehör, Schrank, Tisch + Stühlen etc. Ich selbst wandte mich dann ungesäumt schriftlich und mündlich an Herrn Senator Dr. Petersen, dem Präsidenten der Polizei, dem ich schon seit 1863 bekannt war. Derselbe ertheilte mir auf meine schriftliche + mündliche Mittheilung seine völlige Erlaubniß, unsre Gottesdienste jetzt an genanntem Orte fortzusetzen, aber auch zugleich den Rath(,) unsere Gottesdienste und Predigten in den Zeitungen jeden Sonnabend im Kirchenanzeiger anzuzeigen. Dieses thun wir auch noch bis heute. Wir (haben [? unleserlich - Verf.]) in Hamburg in der Schauenburgerstraße auch (2 [? unleserlich - Verf.]) Jahre verlebt, und sind dann in einem gemietheten Locale im Cremon 30 II Etage Aufgang links, wo wir bis heute durch Gottes Gnade noch ungestört unsere Gottesdienste feiern, bis Gott uns einen andern Ort bestimmt."
(Im Cremon 30 hatte übrigens die neugesammelte katholisch-apostolische Gemeinde Hamburgs vor 1878 ihr Gottesdienstlokal [pA].)
Noch Jahre nach der Spaltung stießen immer wieder Glieder aus der Hamburger Restgemeinde (Apostolische Gemeinde *"neuer Ordnung"*) zur Allgemeinen christlichen apostolischen Mission, so z.B. 1880 der Evangelist Gerstenkorn. (vgl.WEINMANN,1963,368) Ein großes Wachstum war der Gemeinschaft unter Güldner aber nicht mehr beschieden.
Die Jahre nach 1878 waren geprägt durch Auseinandersetzungen mit Amtsträgern der *"neuen Ordnung"* unter Menkhoff und Krebs, die beständig versuchten, Amtsträger und Gemeinden der Allgemeinen christlichen apostolischen Mission in die Apostolische Gemeinde *"neuer Ordnung"* hinüberzuziehen.
Ein Beispiel ist der Kampf um den Einfluss in den schlesischen Gemeinden Schönau und Hirschberg. Diese 1874 durch Bösecke gegründeten Gemeinden wurden auch nach 1878 des öfteren von Geyer besucht. Laut WEINMANN (1963,118ff) verbot Bösecke, der sich der *"neuen Ordnung"* geöffnet hatte, dem Propheten eines Tages *"den Zugang zur Gemeinde"*. Am 29.5.1887 wurde in

Schönau durch den Propheten Freischmid (der Geyer nahestand) der Priester Ernst Obst (10.1.1841-5.5.1919) zum Apostel berufen. Obst suchte jedoch Anschluss an die Apostel um Menkhoff und Krebs, was den heftigsten Widerstand von Freischmid hervorrief.(SALUS,1913,293) 1889 haben der Apostel Hoppe und Geyer die schlesischen Gemeinden der Allgemeinen christlichen apostolischen Mission in der Absicht besucht, sie für ihre Organisation zurückzugewinnen.(ebd.) Ihr Besuch blieb jedoch ohne Erfolg.(vgl.Anm.89.b, 127.a,c) 1890/91 wurde der Verleger Heinrich Walther Lehsten (15.8.1854-16.9.1940 [s. Anm.117]) zum Bischof der (1894 ca. 200 Mitglieder zählenden) Gemeinde der Allgemeinen christlichen apostolischen Mission in Hamburg berufen.(XXX/81) Bis zuletzt blieb Geyer der spiritus rector der Allgemeinen christlichen apostolischen Mission. Die Gottesdienste bereicherte er, der (endlich) als *"Säulenprophet"* galt, mit würdigen, tiefsinnigen, trostvollen Weissagungen, die sich in der Regel an Schriftlesungen anschlossen und diese interpretierten.(vgl. Anm.113) (Dem Verfasser liegen Abschriften aus dem Rekord der Hamburger Gemeinde aus den Jahren 1886-1889 vor.) Als Beispiel sei eine (im Rückblick auf 1863 bemerkenswerte) Weissagung vom 17.10.1886 zitiert:

"O haltet fest das Band der Liebe, welches ist das Band der Vollkommenheit. Bleibet in der Einigkeit des Geistes, laßt euch zusammenbinden durch das Band des Friedens, darinnen werdet ihr stark werden. O die Einigkeit im Geiste des lebendigen Gottes, sie macht euch stark. O alle Zersplitterung, alle Zerstreuung, sie schwächet. O habt ihr nicht gesehen, wie der Feind zerstreut hat? Ist es nicht der alte Satan, der das Volk des Herrn zu zerstreuen sucht? Darum sammelt! Der Herr sagt: Wer nicht sammelt, der zerstreut, darum sammelt, damit ihr Eins seid mit Ihm."

Bis in die letzten Lebensjahre hinein war Geyer unermüdlich für die Allgemeine christliche apostolische Mission tätig, hielt zahlreiche Vorträge, widmete sich der Überarbeitung der Liturgie seiner Gemeinden und beschrieb neben der Darstellung der Vorgänge, die zur Entstehung der Allgemeinen christlichen apostolischen Mission führten (H.GEYER,1893), auch seine eigene Lebensgeschichte. (Zwischen 1863 und 1896 hat er übrigens auffällig oft seine Wohnung gewechselt, was Rückschlüsse auf seine finanzielle Situation zulässt.)

Über Geyers Lebensabend schrieb sein Enkel:

"Schon längst hatte der in Hamburg ansässige jüngste Sohn Gottlieb nebst seiner Frau die Eltern gebeten, ganz zu ihnen zu ziehen. Aber sie wollten lieber für sich bleiben. Zuletzt ging es aber nicht mehr. Und unser Vater nahm im März 1891 die lieben Alten ganz in seine damals Martinallee 5 belegene Wohnung. Der guten Mutter war das sorglosere Leben nicht lange mehr beschieden. Die Altersschwäche nahm zu, und am 19. August 1891 ist sie im Alter von 80 Jahren und 5 Monaten sanft entschlummert.

Unser Grossvater versah noch einige Jahre seinen Dienst, so gut er konnte. Dann trat auch bei ihm die Altersschwäche auf. Am 4. Oktober 1896, also im 79. Lebensjahr, beschloss er bei

klarem Bewusstsein und im unerschütterlichen Glauben an seinen Erlöser, den er im Leben so viel und freudig verkündigt hatte, in Frieden seinen Erdenlauf." (J.GEYER,1918,29)
Geyer wurde auf dem Friedhof in Hamburg-Ohlsdorf beigesetzt.(s.WEINMANN,1963,139)
Heinrich Geyer gehörte zu den begabtesten Vertretern der katholisch-apostolischen Bewegung in Deutschland, besonders in prophetisch-charismatischer, katechetischer und auch in organisatorischer Hinsicht. K.SCHMIDT (1909,93) charakterisiert ihn folgendermaßen:
"Er war von der Natur mit einem sehr freundlichen, gewinnenden Wesen ausgestattet, hatte ein gute Gabe zur Erbauung, war durchaus nüchtern und besaß die Fähigkeit - er war ehemaliger Volksschullehrer -, seinen Geist in Zucht und Ordnung zu halten, Gedanken wirklich zu durchdenken und die Feder ruhig und sachlich zu führen."
Auf der anderen Seite war Geyers Persönlichkeit widersprüchlich und umstritten. Seinem Ansatz ist er - trotz heftiger Ablehnung von katholisch-apostolischer und neuapostolischer Seite - bis zuletzt treu geblieben.(eine ausführliche kritische Würdigung Geyers s. auf S.263-267 der vorliegenden Untersuchung)
Nachfolger Geyers im Propheten-Amt (auch als *"Tor-Prophet"* für Hamburg?) wurde der Verleger Jakob Weber, der übrigens um 1900 den Verlag von Lehsten übernahm (HANDTMANN,1903,686). Aus einer Korrespondenz, die Weber 1903 mit dem evangelischen Pfarrer Karl Handtmann führte, geht hervor, dass die Allgemeine christliche apostolische Mission dem Ansatz Geyers auch nach dessen Tode treu zu bleiben versuchte, in einigen Punkten aber auch weiterging als er: freundliche Haltung gegenüber den Katholisch-apostolischen Gemeinden, oekumenische Gesinnung im Hinblick auf die Kirchen, scharfe Kritik an den *"Krebsianern"*:
"'So wenig wir uns,' schreibt ein Vertreter der 'Apostolischen Mission,' 'von der gesamten Kirche trennen können, mit der wir durch den einen Glauben, die eine Taufe und die einerlei Hoffnung unseres Berufs verbunden sind, so wenig können wir uns in Rücksicht auf diese Gnadenmittel von der alten Ordnung getrennt erachten. Gottes Werk bleibt Gottes Werk, und wo etwas wahrhaft im Namen unseres Herrn geschieht, da können und sollen wir es nicht wehren oder übel nachreden, ... auch wenn man uns nicht nachfolgt." (s.HANDTMANN, 1907,18ff)
Noch zu Lebzeiten Geyers hatte die Hamburger Gemeinde der Allgemeinen christlichen apostolischen Mission mit dem Bau einer Kapelle in der Alexanderstraße 18/20 (später Nr. 7/9) in Hamburg St. Georg begonnen, die im November 1899 eröffnet wurde.(General-Anzeiger [Hamburg],Nr.263,Beiblatt [v. 8.11. 1899]) Nicht lange nach der Eröffnung gab es Versuche seitens der *"Apostolischen Gemeinde"* in Hamburg, die Gemeinde der Allgemeinen christlichen apostolischen Mission zum Anschluss an die *"neue Ordnung"* zu bewegen. So besuchten neuapostolische Gemeindeglieder aus Hamburg, gemeinsam mit zwei

Priestern aus Amsterdam, Gottesdienste der Allgemeinen christlichen apostolischen Mission in der neuerbauten Kapelle und warben um einen Zusammenschluss. Ihre Bemühungen blieben jedoch ohne Erfolg. HANDTMANN (1903, 666) schreibt dazu:

"Es ist damals von Hamburg aus mit Priestern der von Schwarz in Amsterdam gegründeten Gemeinde viel korrespondiert worden und ihnen deutlich zu verstehen gegeben, daß 'Gott selbst eine Scheidung zwischen Licht und Finsternis gemacht' habe, daß man 'mit ihnen nicht zusammen arbeiten könne'. 'Ich erinnere Sie daran,' heißt es in einem dieser Briefe, 'was der Herr zu uns gesprochen, als die Brüder 1878 von uns abfielen. Diese Brüder haben alles abgeschafft, haben sich selbst entkleidet und die Aemter und Ordnungen, welche der Herr uns gegeben, verworfen, und mußten nun die Speise der Irrtümer verzehren, die ihnen aus Holland gereicht wurde. Ja, die Speise der Irrtümer als Taufe, Versiegelung und Abendmahl der Toten und Verwirrung der geistlichen Gaben. Und das Ende ist, daß ihren falschen Aposteln Krebs, Wachmann, Nieh(a)us u.s.w. göttliche Ehre erwiesen wird, wodurch Antichrist in der Kirche auf den Thron gesetzt wird.' Und weiter heißt es: 'Gott möge uns auch ferner bewahren, daß wir nichts hinzufügen, noch etwas abnehmen, und daß wir auch ferner verabscheuen, was auch vor seinen Augen ein Greuel ist. Nie und nimmer werden wir Gottes heilige Sakramente schänden; nie und nimmer werden wir für Tote taufen, versiegeln und das Abendmahl nehmen."

Am 31.3.1904 starb Güldner, der Apostel der Allgemeinen christlichen apostolischen Mission für Norddeutschland und Skandinavien. Er wurde - wie Geyer - auf dem Ohlsdorfer Friedhof beigesetzt. Über seine Amtstätigkeit, die sich im wesentlichen auf Hamburg, Schlesien und Berlin beschränkte, ist fast nichts bekannt. Von den innerhalb der Allgemeinen christlichen apostolischen Mission in Hamburg berufenen Aposteln war nur noch Stechmann am Leben, der sein Apostel-Amt aber offenbar nicht mehr ausübte. Die anderen 1864 berufenen Apostel waren bereits gestorben. Von ihnen hatten sich lediglich Bösecke und Hohl der Apostolischen Gemeinde unter Menkhoff und Krebs angeschlossen (Bösecke wohl eher schwankend). Hoppe ist der Allgemeinen christlichen apostolischen Mission treu geblieben.

Nach dem Tode von Güldner bestand die Gemeinde der Allgemeinen christlichen apostolischen Mission in Hamburg, die sich jetzt *"Allgemeine Apostolische Mission"* nannte, unter der Leitung von Lehsten fast 10 Jahre ohne das apostolische Amt. 1907 schrieb HANDTMANN (1907,20): *"Allem Anschein nach hat die Gemeinde mit vielen Schwierigkeiten zu kämpfen, und ihre Glanzperiode scheint vorüber zu sein."*

Überraschenden Zuwachs erhielt die Hamburger Gemeinde, als sich ihr spätestens im Oktober 1909 die *"Allgemeine Apostolische Mission"* in Jena anschloss, die durch Abspaltung von der dortigen *"Alt-Apostolischen Gemeinde"* entstanden war.[132] Sie wurde von dem damaligen Schultheiß Robert Hermann Geyer (einem ehemaligen neuapostolischen Priester) geleitet.[133] Die Jenaer Gemeinde übernahm die Liturgie und Kirchenordnung der Hamburger Gemeinde vollständig (selbst die Gestaltung des Siegels). Sie gewann (dank des engagierten Einsatzes ihres Priester-Vorstehers Geyer) rasch an Bedeutung innerhalb der Allgemeinen Apostolischen Mission. So richtete sie beispielsweise vom 25.5.-2.6. 1912 in Jena einen *"Allgemeinen Apostolischen Pfingst-Kongress"* aus, der Amtsträger und Gemeindeglieder der Allgemeinen Apostolischen Mission zusammenführen sollte und zugleich evangelistisch ausgerichtet war.

Die Allgemeine Apostolische Mission unter Robert Geyer

Im Herbst 1913 fand in Hamburg eine Konferenz der Amtsträger der Allgemeinen Apostolischen Mission statt - wahrscheinlich anlässlich des Besuchs des in den USA lebenden *"Säulenpropheten"* Jakob Westphaln (s.Anm.127.c). Er war dem Apostel Hoppe nach Amerika gefolgt, diente dort zuletzt als Engel-Prophet und kam nun, ein Jahrzehnt nach dessen Tod, im Alter von über 70 Jahren nach Deutschland, um einen neuen Apostel für Amerika zu berufen. Hoppe hatte sich bis zuletzt mit seinen Gemeinden in den USA der Allgemeinen christlichen apostolischen Mission in Hamburg verbunden gefühlt. R.Geyer schrieb über dieses Ereignis:
"Im Jahre 1913 kehrte der Prophet Westphalen, getrieben vom Hl. Geist, der ihm nachts in Amerika die Weisung gegeben hatte, nach Hamburg zurück. Dort berief der Hl. Geist durch seinen Mund Robert Geyer ... zum Apostel und den Sohn des 1878 berufenen Apostels Güldner, Wilhelm Güldner, zum Propheten." (R.GEYER,1944,4)
Am Sonntag, dem 12.10.1913, berief der Engel-Prophet im (öffentlichen) eucharistischen Gottesdienst während der Kommunion Titus Kopisch aus Dresden als Apostel an Stelle des Apostels Güldner, Geyer als Apostel an Stelle des Apostels Hoppe, Wilhelm Güldner (19.1.1875-17.1.1959 [später *"Tor-Prophet"* der Allgemeinen christlichen apostolischen Mission]) zum Propheten, Unterdiakon Conrad Lehsten (+ 1918) zum Priester und Karl Tullius ebenfalls zum Priester (Hirte). Die Berufungs-Worte für Kopisch und Geyer lauteten:
"Und du, <u>Titus Kopisch</u>, der du den Herrn schon lange gesucht hast: Er setzt dich in das Amt eines <u>Apostels</u> auf den Stuhl Seines Knechtes Preuß. Vergesse, was dahinten und strecke dich nach dem, was vor dir liegt. Es wird ein Schwert durch deine Seele fahren, auf daß vieler Herzen Gedanken offenbar werden... Fahre nicht hoch her, halte dich herunter zu den Niedrigen und Geringen, der Herr ist in den Schwachen mächtig...
Und du, Robert Geyer, der Herr ruft dich als Apostel für Nordamerika, du sollst bauen das Tor, das darniederliegt in New York. Warte die Zeit ab, bis daß der Herr den Weg frei machen wird, bis du gerufen wirst aus dem Tor... Fürchte dich nicht und glaube... Traget einer

des andern Last... Fürchte dich nicht, du kleine Gemeinde, Er wird aufschließen und niemand wird zuschließen, Er wird euch öffnen die Tür zur großen Menge." (hektographiertes Berufungs-Protokoll, von Westphaln eigenhändig unterzeichnet)

Mit der Berufung Geyers (einem der aktivsten Mitglieder der Allgemeinen Apostolischen Mission) durch einen Propheten des Apostel Hoppe erhielt nicht nur die Allgemeine Apostolische Mission wieder einen Apostel, es wurde dadurch auch eine personelle Verbindung zur frühen Allgemeinen christlichen apostolischen Mission hergestellt.

Die Berufung von Kopisch ([1861-1.12.1942; ehemals katholisch-apostolischer Priester in Görlitz] er nannte sich später *"Anastasius"*) erwies sich dagegen in der Folgezeit als ein Missgriff. Der Dresdener, der P.v.Gersdorf (Anm.84) als seinen Lehrer bezeichnete, wurde offenbar nicht ausgesondert und setzte sich immer mehr von der Allgemeinen Apostolischen Mission ab (Geyer spricht von *"Abfall"*). Kopisch pflegte seine eigentümlichen theologischen Ansichten, die an die neuapostolische Lehre vom *"Christus in den Aposteln erschienen"* erinnern (verbunden mit einer harten, widersprüchlichen Fundamentalkritik an den Katholisch-apostolischen Gemeinden, wie er sie z.B. 1924 in seiner kleinen Schrift *"Die Offenbarung des Christus durch das Werk der Apostel im Jahre 1835 und dessen Stillstand"* zum Ausdruck brachte) und hatte schwere Kontroversen mit Westphaln, den Hamburger Amtsträgern und Geyer (weil dieser nicht auftragsgemäß nach Amerika ging, sondern als Apostel in Deutschland wirkte). Kopisch, über den es in einer Notiz von Geyer heißt, er habe der *"Oberste unter den Aposteln"* sein wollen und habe sich *"Apostel-König"* genannt (vgl. die Berufungs-Worte durch Westphaln), hatte 1924 mindestens einen Mitarbeiter (und eine Gemeinde?) in Plauen.

Der 1. Weltkrieg verhinderte die Übernahme des Auftragsgebietes USA durch Geyer. So wirkte er weiter in der Jenaer Gemeinde. Ein von dieser am 28.8. 1914 beim Kultus-Department des Großherzoglichen Sächsischen Staatsministeriums in Weimar gestellter Antrag auf Rechtsfähigkeit wurde am 25.9.1914 abgelehnt. Die Gemeinde zählte zu dieser Zeit 40-50 Mitglieder, von denen die Hälfte in Jena ansässig waren. Die übrigen kamen aus Neuengönna, Volkstedt, Bürgel, Hermsdorf und Kraftsdorf. Sie waren größtenteils Mitglieder der Evangelischen Kirche (drei von ihnen waren römisch-katholisch) und gehörten dem unteren Beamten-, dem Handwerker- und Arbeiterstand an.(Brief des Superintendenten Gramms aus Jena an das Weimarer Kultus-Department vom 11.9. 1914) Gemeinsam mit dem berufenen Apostel Geyer (noch Priester) dienten damals in der Gemeinde der am 28.11.1915 zum Priester-Amt (Hirte) ordinierte Hermann Preuß (geb. am 9.1.1867, nicht verwandt mit dem Apostel Preuß), der Priester Heinz Sauermann, Otto Ratzmann (1.12.1864-2.1.1948, 1916 zum

Priester-Amt berufen, Diakon seit 1919, Ordination zum Priester-Evangelisten am 4.12.1921) und der Diakon Johannes Branstner (+ nach 1957). Geyer und seine Gemeinde traten außer mit evangelistischen auch mit caritativen Aktivitäten (wie die *"Brocken-Sammlung"* [s.Anm.133]) an die Öffentlichkeit. Einer der Höhepunkte in der Geschichte der Allgemeinen Apostolischen Mission war die Konferenz der Amtsträger vom 12.-22.5.1921 in Hamburg. Am 15.5. wurde Geyer (laut Protokoll) *"durch den Bischof* (Lehsten - Verf.) *und die übrigen anwesenden Priester"* als Apostel (für Amerika?) *"ausgesondert"*. (Von Kopisch war zu dieser Zeit bereits keine Rede mehr.) Weiterhin wurden während dieser Konferenz 13 Personen versiegelt (darunter 2 Priester und 3 Diakone) sowie Sühlsen (s.u.) aus Hamburg und Eli aus Bochum am 15.5. zum Priester-Amt berufen, ins Diakonen-Amt gesetzt und bereits einen Tag später (!) ordiniert. Am 22.5.1921 wurde W.Güldner durch Geyer in Hamburg zum *"Propheten des Tors für Norddeutschland"* geweiht (nachdem er 6 Tage zuvor durch den Priester-Evangelisten Johannes Ortel aus Frankfurt/M. zum Propheten im Bischofsamt berufen worden war). Die Abenddienste am Pfingstsonntag und an Trinitatis wurden mit dem vierfachen Amt gefeiert. Zur Allgemeinen Apostolischen Mission in Hamburg, Jena, Frankfurt/M. und Bochum gehörten nun neben dem Apostel und Bischof Lehsten mindestens 8 Priester und 4 Diakone.

Die um 1920 entstandene Gemeinde der Allgemeinen Apostolischen Mission in Bochum wurde von Heinrich Oswald Heimeroth ([8.4.1890-5.9.1972] ab 30.10.1921 Diakon in Bochum, 27.4.1924 Ordination zum Priester-Evangelisten, Berufung zum Engel-Amt am 22.6.1934 durch Güldner, zwei Tage später Bischofs-Weihe zum Engel-Evangelisten durch Apostel Haug [s.u.] in Rüschlikon) geleitet. Für ihre Gottesdienste konnte sie die evangelische Christuskapelle benutzen. Gottesdienste der Allgemeinen Apostolischen Mission fanden auch in Buer statt, außerdem gab es Gemeindeglieder in Bottrop. Der Bischof der Hamburger Gemeinde Lehsten wurde am 5.6.1922 durch Güldner zum Erzbischof berufen und am 11.6.1922 in Hamburg durch Geyer zu diesem Amt geweiht. Ihm zur Seite standen die Priester Karl Tullius (der um 1923 das sporadisch erscheinende Erbauungsblatt *"Altchristlicher Kirchenbote. Pastorale Mitteilungen"* herausgab), W.Güldner (am 26.5.1929 durch Geyer zum Erzbischof im Propheten-Amt geweiht) und Hugo Emanuel Traugott Sühlsen (22.3.1874-1.11.1953, 16.5.1921 Priester-Ordination, am 24.6.1934 in Rüschlikon durch Haug zum *"Bischof im Evangelistenamt des Tores"* geweiht, später als *"Conservator des apost. Kultus"* beauftragt) sowie Diakone und Unterdiakone. Die Hamburger Gemeinde musste nach 1923 ihre Kapelle aufgeben und richtete ihr Kirchlokal in der Bürgerweide 62 ein. Die Ausübung aller geistlichen Ämter in

der Allgemeinen Apostolischen Mission war strikt ehrenamtlich. Anspruch auf Vergütung bestand nicht und wäre aufgrund der sehr beschränkten Mittel der Allgemeinen Apostolischen Mission auch gar nicht möglich gewesen.
Geyer besuchte die USA (nach einer prophetischen Aufforderung durch Güldner im Jahre 1924) übrigens erst vom 20.11.1925 bis 2.2.1926. Diese Reise, die ihn nach New York und Evanston bei Chicago führte (wo er mit Westphaln zusammentraf), "sollte" (so Geyer) *"nach Gottes Willen nur eine Informations= und Missionsreise zur Umschau und Kenntnisnahme der amerikanischen Verhältnisse und Bevölkerung sein"*. Dass der für Amerika berufene Apostel sich nicht mehr um sein Auftragsgebiet gekümmert hat, ist ihm später von Amtsbrüdern mehrfach vorgehalten worden.(vgl.Anm.133, 138)
Die Aktivitäten Geyers wurden seit der Mitte der 1920er Jahre immer stärker durch Kreise der *"Hochkirchlichen Bewegung"* (um Herzog, Geyer, A.Glinz und F.Heiler), später auch durch den Schweizerischen Diakonieverein beeinflusst. Ein Beispiel dafür ist die 1922 (offenbar in Jena) erfolgte Gründung des *"Eucharistischen Samariter-Ordens"* innerhalb der Allgemeinen Apostolischen Mission, eine Art "oekumenischer Plattform", an den Geyer sehr hohe Erwartungen knüpfte, der aber von Amtsträgern der Allgemeinen Apostolischen Mission (wie dem Jenaer Priester Ratzmann) lange Zeit abgelehnt wurde. Dieser Orden ließ sich als Verein eintragen und hatte (spätestens 1930) seinen Sitz in Hamburg. In einer von Geyer verfassten Selbstdarstellung der Allgemeinen Apostolischen Mission (unter dem Titel *"Die Oekumenische katholisch-apostolische Mission. Ein Bericht über Ursprung, Zweck und Organisation"* [um 1936, 6 hektographierte Seiten]) heißt es:

"Im Rahmen der im Ökumenisch=apostolischen Missionswerk verankerten geistlichen Arbeitsgemeinschaft des Eucharistischen Samariter=Ordens, welche eine allmähliche, stufenweise Annäherung und Verbindung der getrennten christlichen Konfessionen bezweckt, werden bereits ökumenische Versammlungen und Gottesdienste gehalten, in welchen katholische, evangelische, apostolische und andere ökumenisch gesinnte, ordinierte Geistliche in brüderlicher Eintracht zusammen dienen, ohne ihre Konfession zu verleugnen. Dieses Ziel ist aber nicht mit einem Mal, sondern stufenweise oder klassenweise zu erreichen wie in einer Schule. Auf der 1. Stufe der Annäherung verbinden sich gläubige Christen in der Erkenntnis, daß sie durch die heilige Taufe (ohne Rücksicht darauf, in welcher Kirchenkonfession sie getauft sind) Kinder Gottes und Geschwister Christi geworden sind, und deshalb trotz aller leider vorhandenen konfessionellen Trennung als Kinder des einigen Gottes zusammengehören. Auf der 2. Stufe schließen sich die gläubigen Christen noch enger zusammen in altchristlicher Kommuniongemeinschaft und auf der 3. Stufe vereinigen sich die weiter geförderten Gläubigen zur urchristlichen Bruderschaft. Auf diese Weise wird das hohe Ziel der Ökumenisch katholisch=apostolischen Mission auf Wiedervereinigung der getrennten christlichen Konfessionen zunächst wenigstens in kleinen Kreisen erreicht und dies dürfte allen

Christen, welche sich nach Einigkeit und Frieden sehnen, ein Ansporn sein, diesen gottgewollten Weg der Einigkeit zu beschreiten. Dies ist der Weg zur 'Una sancta ecclesia' und zum tausendjährigen Friedensreich Christi auf Erden."

Ein gänzlich neues Kapitel in der Geschichte der Allgemeinen Apostolischen Mission begann 1924, als Geyer - vermutlich durch die Vermittlung des der Allgemeinen Apostolischen Mission nahestehenden evangelischen Pfarrers Eugen Herzog (19.11.1881-28.3.1952, 1924-1926 Vorsitzender des *"Hochkirchlich-Ökumenischen Bundes"*) - in Kontakt mit Bischöfen der gallikanischen Kirche in der apostolischen Sukzession des Patriarchats von Antiochien kam. Nach nicht einfachen Verhandlungen, begonnen 1924 in der Nähe von Feldkirch in Tirol unter Teilnahme von Aloysius Stumpfl (s. dazu HOCHKIRCHE 12[1930], 34-54, und 13[1931],276-284), erklärten sich "Frei-Bischöfe" der gallikanischen Kirche in Südfrankreich bereit, Geyer die bischöflichen Weihen zu spenden. So empfing der Apostel am 10.5.1925 in Stuttgart die (Diakonats- und) Priesterweihe durch die Bischöfe Aloysius Stumpfl und Mar Timotheos II. und am 18.8. d.J. in Bern die Weihe zum Bischof und *"Erzbischof der allgemeinen apostolischen Kirchengemeinschaft"* durch Louis Marie Francois Giraud (6.5. 1875-3.6.1950, Erzbischof von Almyrós), Pierre Gaston Vigué und Mar Timotheos II. Geyer erhielt bei seiner Konsekration den Weihenamen *"Barnabas"*.[134] In der o.g. Selbstdarstellung heißt es dazu:

"Um unsere Verbindung mit den antiochischen Bischöfen auch organisch zu gestalten und gleichzeitig auch unsere organische Verbindung mit dem biblischen Apostolat herzustellen, erklärten sich diese Bischöfe bereit, den Aposteln in dem von uns vertretenen ökumenischen katholisch-apostolischen Missionswerk die kanonischen Weihen zum priesterlichen und bischöflichen Amt zu spenden. Die beiden z.Zt. unter uns lebenden ökumenischen Apostel, welche bis dahin noch keine gültigen Weihen zum Priester- und Bischofsamt empfangen hatten, nahmen diesen Vorschlag der antiochischen Bischöfe mit Dank an und empfingen durch dieselben nach vorherigen Empfang der katholischen Firmung und der Diakonats und Priesterweihen im Jahre 1925 bzw. 1934 (Gotthilf Haug [s.u.] - Verf.) in der Schweiz die kanonische Weihe zum Erzbischofsamt mit Weihebefugnis, um dadurch in der Lage zu sein, den apostolischen Priestern und Bischöfen nach Kirchenrecht rechtsgültig die kanonischen Successionsweihen zu erteilen."

Die Einführung der apostolischen Sukzession innerhalb der Allgemeinen Apostolischen Mission ging nicht reibungslos vonstatten. Sie bedeutete immerhin gegenüber der (katholisch-)apostolischen Gemeindeverfassung, in der Apostel und Engel prophetisch berufen und durch das charismatische Amt ausgesondert bzw. geweiht wurden, einen grundsätzlich anderen Ansatz. So gerieten die Absichten Geyers und seiner Konsekratoren zumindest vorübergehend in Spannung mit der Position anderer Amtsträger der Allgemeinen Apostolischen Mission. Diese Position wird in der o.g. Selbstdarstellung so beschrieben:

"... wenn die in England berufenen 12 Apostel wirklich von Gott berufene und verordnete Apostel sind, was wir mit vollster Glaubensüberzeugung bejahen, dann haben auch alle von ihnen geweihten Bischöfe und Priester eine <u>apostolische Succession</u> und sind sonach rechtmäßige Bischöfe und Priester auch ohne die historischen kanonischen Successionsweihen der katholischen Kirchen."

In einem Manuskript über Geyer (*"Apostolische Sukzession"* [ohne Angabe des Verfassers], S.8), das interne Kritik enthält, heißt es im Hinblick auf die Allgemeine Apostolische Mission:

"Mit der Weihe von Robert Hermann Geyer zum Bischof und der gleichzeitigen Ernennung zum Erzbischof erhofften sich die an dieser Konsekration Beteiligten eine bischöfliche Organisierung der 'Allgemeinen Apostolischen Mission.'
Als 'Stammvater des apostolische Episcopates' hatte ihn Stumpfl schon gesehen. Doch das Prophetentum der Hamburger Gemeinde scheint sich zuerst lange und erfolgreich einer episcopalen Neustrukturierung widersetzt zu haben. In den Briefen an Geyer spottet Stumpfl ab und zu über den engherzigen 'Sektengeist' der apostolischen Gemeinden.
Am 14.4.1926 klagt Stumpfl: 'Selbstverständlich habe ich und auch die anderen Bischöfe immer geglaubt, Du wärest für die Allgemeine Apostol. Kirchengemeinschaft konsekriert worden, aber es nimmt ja niemand dort die Weihen an.'"

Dies änderte sich jedoch bald. Geyer hat von seiner Befugnis zur Bischofsweihe im Hinblick auf die Allgemeine Apostolische Mission (und den Schweizerischen Diakonieverein) in mindestens 5 Fällen Gebrauch gemacht.(s.Anm.133) (Stumpfl nahm übrigens seit 1929 eine sehr ablehnende Haltung gegen Geyer ein, deren Gründe wohl mehr in der umstrittenen Persönlichkeit des "Freibischofs" liegen, der sich mit manchem der von ihm Konsekrierten später überworfen hat.(vgl. Anm.134)

Durch Herzog (?) kam Geyer auch in Kontakt mit dem *"Schweizerischen Diakonieverein"* (Sitz Rüschlikon) und den Diakoniestationen der *"Vereinigung vom gemeinsamen Leben"* (Sitz Oberweiler bei Badenweiler), zu welchen eine enge Verbindung aufgebaut wurde und rege Kontakte bestanden. Am 6.12.1928 besuchte Geyer (zusammen mit Lehsten) erstmals den Schweizerischen Diakonieverein im Nidelbad/Rüschlikon. Geyer wurde auch dort als Apostel anerkannt und betrachtete umgekehrt die Mitglieder der *"kirchlichen Abteilung"* des Schweizerischen Diakonievereins zugleich als Mitglieder seiner *"Oekumenischen katholisch-apostolischen Mission"*. Bei THIESEN (1944,5) heißt es:

"Dem ... Apostel Barnabas II. (Geyer - Verf.) war es durch Gottes Gnade vergönnt, im Jahre 1928 einem Ruf der Gründer und Leiter des bekannten Schweizer Diakonievereins, der seinen Sitz in Rüschlikon bei Zürich in der Schweiz hat, Folge zu leisten und unter Assistenz des Säulenpropheten Wilhelm Güldner und des hochbetagten Erzbischofs Heinrich Lehsten den größten Teil der auf urchristlicher Grundlage stehenden Brüder und Schwestern vom gemeinsamen Leben in den Jahren 1928 und 1929 für das apostolische Werk zu gewinnen."

Die Kontakte zwischen Geyer und dem Schweizerischen Diakonieverein bzw. der *"Vereinigung vom gemeinsamen Leben"* (Oberweiler) gestalteten sich durch Teilnahme an den Konzilien und rege Korrespondenz in den folgenden Jahren sehr eng.

Seit Beginn der 1930er Jahre kam es zu weiteren Apostel-Berufungen: Am 28.3.1932 wurde während eines *"Oekumenischen Konzils"* im *"Kurhaus Bethesda"* in Oberweiler Gotthilf Haug berufen (die Aussonderung fand schon einen Tag später statt).[135] Der am 10.8. berufene und am 12.8.1949 ausgesonderte Apostel Paul Riedinger (geb. am 18.10.1882, evangelisch-methodistischer Superintendent) starb bereits am 28.12.1949. Am 16. und 18.10.1952 wurde Gottfried Edel in Basel und Badenweiler berufen. Er wurde (offenbar auf eigenen Wunsch) nicht ausgesondert.[136]

Die Gemeinde der Allgemeinen Apostolischen Mission in Jena hatte um 1920 ihr Gottesdienstlokal Am Rähmen 2a^I aus finanziellen Gründen aufgeben müssen. Sie versammelte sich spätestens ab Ende 1921 am Camsdorfer Ufer 17^I und von 1932 bis zum Tode von Geyer (1957) in der Wöllnitzerstraße 32. In der Jenaer Gemeinde dienten außer Geyer auch gastweise fungierende Amtsträger der Allgemeinen Apostolischen Mission. Die Kapelle in der Wöllnitzerstraße enthielt neben einer massiven Holzkathedra für den Apostel auch einen siebenarmigen Leuchter, obwohl die Gemeinde weder das Engel-Amt noch das vierfache Amt besaß! Die Gottesdienste wurden in reichem Ornat und nach der Liturgie der Allgemeinen christlichen apostolischen Mission von 1894 zelebriert. 1936 zählte sie nur noch 15-18 Mitglieder.(XXX/81) In dieser Zeit änderte sie häufig ihren Namen - 1930/31: *"Eucharistischer Samariter=Orden e.V. (Interkonfessionelle Vereinigung zur Heilung natürlicher und geistiger Schäden der Christenheit)"*, 1934: *"Katholisch=Apostolische Gemeinde und Eucharistischer Samariter=Orden e.V."*, 1935: *"Katholisch=Apostolische Gemeinde und Oekumenische Mission in kanonischer Succession (Urchristliche Organisation zur Verbrüderung der getrennten christlichen Konfessionen)"*, 1938: *"Katholisch Apostolische Gemeinde in kanonischer Succession der urchristlichen Kirche von Antiochien"*, zwischenzeitlich auch *"Katholisch=apostolische Kirchgemeinde (Urkirche)"*. Der hier ausgedrückte Anspruch stand in krassem Widerspruch zur Wirklichkeit der bis auf wenige Mitglieder geschrumpften und am Rande der Bedeutungslosigkeit existierenden Allgemeinen Apostolischen Mission. Der "Titelfeteschismus" des Apostels und Erzbischofs Geyer offenbarte letztlich eine tiefe Hilflosigkeit angesichts des (trotz Westphalns Weissagung von 1913) ausbleibenden Missionserfolges. Auch neue "Etiketten" konnten den Verfall der Allgemeinen Apostolischen Mission nicht mehr aufhalten.

1936 gehörten zur Allgemeinen Apostolischen Mission zwei Apostel (Geyer und Haug), zwei Erzbischöfe (Geyer und Lehsten) sowie vier Bischöfe: Güldner (Prophet) und Sühlsen in Hamburg, Herzog in Bad Nassau (geweiht durch Geyer und Lehsten am 24.6.1929 in Rüschlikon; war ohne eigene Gemeinde!) und H.Heimeroth in Bochum (Evangelist). In ein- bis dreijährigem Abstand fanden Konzilien der Amtsträger der Allgemeinen Apostolischen Mission statt - meist in Hamburg, in Camburg, in Bochum, in Oberweiler oder in Rüschlikon.

Mitte der 1940er Jahre gab es Gemeinden, die der Allgemeinen Apostolischen Mission zuzurechnen sind, in Deutschland, der Schweiz (Auftragsgebiet des Apostels Haug), den Niederlanden, den USA und Australien. Die deutschen Gemeinden befanden sich in Hamburg (noch ca. 15 Mitglieder), Jena, Bochum (außer Hamburg die einzige Gemeinde, in der es neben dem Engel-Amt offenbar zeitweilig auch das vierfache Priester-Amt gab), Buer (Diakon), Heidenheim (Priester), Köln-Nippes (Baudriplatz 7), München (ab Herbst 1953 mit dem vierfachen Priester-Amt), Neheim-Hüsten, Oberweiler, Stuttgart und in Witten. Die kleine Gemeinde in Frankfurt/M. (Rossdorferstraße 21; 1921 gab es dort 2 Priester und 1 Diakon) existierte in den 1940er Jahren offenbar nicht mehr. Anfang der 1950er Jahre wurde sie unter der Leitung von Priester Theuteburg neugegründet. (Eine kleine Gemeinde soll es auch in Gera gegeben haben.) Bis auf Heidenheim und Oberweiler besaßen die Gemeinden nur gemietete Räume für Zusammenkünfte. Es gab natürlich auch Mitglieder in anderen Städten (z.B. um 1921 in Berlin). Die Mitgliederzahlen gingen stetig zurück. So zählte die Jenaer Gemeinde 1957 nur noch 6-8 Mitglieder. Insgesamt hatte die Allgemeine Apostolische Mission in ihren besten Zeiten kaum mehr als 800 Mitglieder (vom Verfasser geschätzt). Auf den Konzilien wurden trotz der geringen Anzahl von Mitgliedern in den Gemeinden eine unverhältnismäßig große Anzahl von Priestern und Diakonen ordiniert bzw. eingesetzt.

Einer der letzten Höhepunkte in der Geschichte der Allgemeinen Apostolischen Mission und zugleich das Signal für eine mit Geyer zu Ende gehende Epoche war das im September 1953 in Bochum stattfindende Konzil, an dem etwa 20 Amtsträger der Allgemeinen Apostolischen Mission aus Deutschland und der Schweiz teilnahmen. Während dieses Ereignisses wurden am 20.9. vier Männer zu Priestern berufen. (Drei von ihnen erhielten ihre Ordination am 6.10. d.J. in München.) Einen Tag später wurden durch Geyer, seinen Koadjutor Eugen Karl Belz und Güldner zwei neue Erzbischöfe für die Schweiz geweiht: Johann Nicolaus Richard Heß (*"zum Erzbischof im Prophetischen Säulenamt für die Schweiz"*) und Paul Johann Martin Schelker (zum *"Erzbischof im Pastoralen*

Säulenamt für die Schweiz").[137] Interessant ist, dass der Apostel Geyer bei diesen Weihen die Weihebefugnis nicht weitergab:
"Diese kanonische Weihe zum Erzbischofsamt berechtigt und ermächtigt jedoch den Geweihten nicht zum Vollzug von Heiligen Versiegelungen und Priester= oder Bischofsweihen, weil diese heiligen Handlungen nach biblisch=apostolischem Kirchenrecht dem Amt der Apostel und Coadjutoren vorbehalten bleiben." (Weiheurkunde für M.Schelker)
Dadurch, dass nur die beiden Apostel Weihebefugnis hatten, blieb die katholisch-apostolische Tradition gewahrt, nach der nur dem Apostel das Recht auf Ordination zusteht.
Als Geyer auf dem Konzil die Umbenennung der Allgemeinen Apostolischen Mission in *"Katholisch Apostolische Kirche in Deutschland"* bekanntgab, die er als *"die eigentliche Nachfolgerin der von Gott in England wiedergeschenkten Kirche"* bezeichnete, brachen Grundsatz-Diskussionen über den künftigen Namen der Bewegung und vor allem über die alte Streitfrage des Verhältnisses von apostolisch-charismatischer und kanonischer Weihe auf. Geyer, bei dem sich altersbedingte Verfestigungen deutlich bemerkbar machten, beharrte vor allem gegenüber den Brüdern aus der Schweiz auf seinen Positionen. Das Protokoll dieser Diskussionen zeigt, dass der Apostel in seinem Wunschtraum von einer unüberbietbaren Verbindung mit den Ur- und den Albury-Aposteln durch die Geschichte der Allgemeinen christlichen apostolischen Mission **und** die Sukzession immer weniger in der Lage war, auf sachliche und geistliche Argumente seiner Mitbrüder zu hören.[138]
Der Apostel und Erzbischof Robert Geyer starb im Alter von 83 Jahren am 9.10.1957 in Camburg. Die Beisetzung erfolgte 6 Tage später durch seinen Koadjutor Belz.(s.Anm.133)
Nach dem Tode Geyers löste sich die Jenaer Gemeinde der Allgemeinen Apostolischen Mission auf. Die wenigen übriggebliebenen Mitglieder besuch(t)en die Evangelische Kirche, aus der sie nie ausgetreten waren. 1970 soll es in Hamburg noch einen Priester und in Bochum-Weitmar noch einen Engel (Heimeroth?) gegeben haben.(HUTTEN,1984,472) Heute leben dem Vernehmen nach an beiden Orten noch frühere Mitglieder der Allgemeinen Apostolischen Mission. Gemeinden als solche gibt es nicht mehr.
Seit Geyers Tod wurden zum Apostel-Amt berufen: Eugen Belz (Anm.137.a), Gerhard Hochgraeber ([+ vor 1984] berufen am 29.4.1979?, ausgesondert am 29.4.1979) und Jakob Schelker jun. ([geb. am 16.9.1911] berufen und ausgesondert für Frankreich und die Schweiz am 29.4.1979). Letztere empfingen am 18.5.1979 die Bischofsweihe in antiochenischer Sukzession, um "beide Linien" wieder zu vereinen.

Die Tradition der Allgemeinen christlichen apostolischen Mission / Allgemeine Apostolische Mission lebt fort im Schweizerischen Diakonieverein und in der aus diesem hervorgegangenen *"Christentumsgesellschaft in Deutschland"* bzw. in der *"Vereinigung vom gemeinsamen Leben im Ökumenischen Christusdienst"* (die z.B. auszugsweise die Liturgie der Allgemeinen christlichen apostolischen Mission von 1894 benutzt). Zu verschiedenen apostolischen Gemeinden bestehen zwar freundschaftliche, aber unverbindliche Beziehungen.

Die Allgemeine christliche apostolische Mission entstand mit der Absicht, ein Aussterben der Apostel (und ihrer Gemeinden) zu verhindern. Sie ist jedoch darin den Katholisch-apostolischen Gemeinden vorangegangen. Andererseits hat die Allgemeine christliche apostolische Mission / Allgemeine Apostolische Mission dazu beigetragen, dass das katholisch-apostolische Erbe in kirchlichen, oekumenischen, charismatischen und bruderschaftlichen Kreisen bekannt geworden ist, wo es bis heute eine stille, segensreiche Wirksamkeit ausübt.

7. Zusammenfassung

Im Spektrum der im 19. Jahrhundert entstandenen religiösen Gemeinschaften stellen die Katholisch-apostolischen Gemeinden eine Besonderheit dar. Entstanden aus einer stark endzeitlich orientierten Bewegung in England, geprägt von Männern, die zum größten Teil Theologen oder theologisch gebildete Laien waren, getragen vom ersten großen charismatischen Aufbruch der Neuzeit, setzten sie sich für ein Ziel ein, das sie - in dieser Betonung - von anderen neu entstandenen Religionsgemeinschaften unterscheidet, nämlich für die (durch Apostel herbeigeführte) Einheit der Christenheit und deren Vorbereitung auf die Parusie Jesu. Der sich schon früh herausbildende universelle Ansatz kam nicht von ungefähr. Zum einen wurde er von evangelikal geprägten Persönlichkeiten in die Bewegung hineingetragen, die sich - wie Drummond - bereits wenige Jahre nach dem Wiener Kongress (1815) in den Dienst von Missions- und Bibelgesellschaften gestellt hatten, welche weit über Englands Grenzen hinaus tätig waren. Zum anderen entwickelte sich England vom ersten Drittel des 19. Jahrhunderts an zur Weltmacht. Das Selbst- und das Sendungsbewusstsein vieler Engländer ist dadurch mitbestimmt worden. Besonders deutlich wird dies im sog. Viktorianischen Zeitalter (1837-1901), dessen Ende interessanterweise genau mit dem Ende der Blütezeit der Katholisch-apostolischen Gemeinden zusammenfällt (Woodhouse starb 12 Tage nach Königin Viktoria I.). Schließlich darf nicht übersehen werden, dass sich schon damals der Anglikanismus, aus dem viele der Mitglieder der Katholisch-apostolischen Gemeinden stammten, theologisch und liturgisch als eine "Brücke" zwischen den Konfessionen empfand.

Das Bewusstsein, in der Endzeit zu leben, war auch eine Folge des durch die Französische Revolution ausgelösten Schocks vieler konservativ geprägter Menschen, die in der Zerstörung alter, "gottgewollter" Ordnungen, besonders aber in der entfesselten Kirchenfeindschaft und der zunehmenden Entchristlichung Europas seit Ende des 18. Jahrhunderts apokalyptische Vorboten zu entdecken meinten. Bibelstudien, die sich mit den *"Zeichen der Zeit"* beschäftigten, verstärkte Bemühungen um Heidenmission und ein neu erwachtes religiöses Interesse an der eschatologischen Rolle des jüdischen Volkes waren die Folge. Endzeitpredigten, vor allem die des populären Geistlichen Edward Irving, erhielten viel Zulauf.

Die von Drummond initiierten *"Albury-Konferenzen"* (1826-1830) brachten die wichtigsten der an eschatologischen Fragen interessierten Geistlichen und Laien Großbritanniens an einen Tisch. Viele Zeitgenossen missverstanden die Ergebnisse dieser Konferenzen als eine Bekräftigung der Botschaft Irvings und verkannten das Neue in der sich entwickelnden *"katholisch-apostolischen"* Bewegung. Mit Recht ist von daher die vielgebrauchte Fremdbezeichnung *"Irvingianismus"* für die katholisch-apostolische Bewegung als nicht zutreffend und irreführend in den letzten Jahrzehnten fallengelassen worden.

Das "Neue" in der katholisch-apostolischen Bewegung begann mit der starken Erwartung einer (bei Joel 3,1-5 für die Endzeit verheißenen) Ausgießung des Heiligen Geistes. Charismatische Aufbrüche in Schottland und England (auch in Deutschland) wurden zunächst vorsichtig, dann enthusiastisch als Bestätigung dieser Erwartung begrüßt. Prophetische Worte und Berufungen in urchristliche Ämter (Eph.4,11) bestimmten die weitere Entwicklung. Neu war vor allem die Wiederbelebung des Apostel-Amtes, dem eine entscheidende eschatologische Bedeutung beigemessen wurde. (Das um dieselbe Zeit bei den Mormonen praktizierte Apostel-Amt ist in seiner Bedeutung mit dem innerhalb der Katholisch-apostolischen Gemeinden kaum vergleichbar.) Das Selbstverständnis der Katholisch-apostolischen Gemeinden, eine entscheidende Endzeitbewegung zu sein, wurzelt im Sendungsbewusstsein ihrer Apostel, die es als ihren göttlichen Auftrag ansahen, die Christenheit zur Einheit des Glaubens, zur *"una sancta, catholica et apostolica ecclesia"* (Nicaenum), zusammenzubringen und sie als *"geschmückte Braut"* (Offb.,21,2) Christus bei seiner Wiederkunft entgegenzuführen. Letztere wurde als nahe bevorstehend erwartet. Konkrete Termine sind jedoch nicht behauptet worden.

Nach einer einjährigen Vorbereitungszeit in Albury, dem Zentrum der Bewegung, besuchten die Apostel ab 1836 ihre jeweiligen Auftragsgebiete, um die dortigen kirchlichen Verhältnisse und Traditionen zu studieren. Was sie für wertvoll hielten und als Allgemeingut der einen Kirche betrachteten, trugen sie zusammen und ließen es in den als "Muster" verstandenen Katholisch-apostolischen Gemeinden in Leben, Lehre und Kultus lebendig werden.

In Deutschland konnte die katholisch-apostolische Bewegung schon Mitte der 1840er Jahre Fuß fassen. Als sehr wichtig für die weitere Ausbreitung erwiesen sich Persönlichkeiten wie Thiersch, Wagener oder Rothe, die durch ihre Reputation den Katholisch-apostolischen Gemeinden ein gutes Image verschafften und Kontakte zu König, Regierung und Kirchenleitung herstellten. Durch die Mitarbeit dieser Männer sowie mehrerer evangelischer Pastoren sind die Katholisch-apostolischen Gemeinden mit größerer Aufmerksamkeit wahrgenommen worden.

Bis 1848 konnten jedoch nur wenige Anhänger gewonnen werden. Das änderte sich durch die Märzrevolution. Viele Menschen meinten, dass die im Testimonium (1836/38) angekündigten Endzeiterschütterungen tatsächlich begonnen hätten. Die Botschaft der Apostel verhieß ihnen, dass sie durch die Versiegelung zu den *"Erstlingen"* gehören, die vor *"der großen Trübsal"* entrückt werden sollen.(s.u.) Dies fiel auf fruchtbaren Boden: Es entstanden in Berlin und anderen Orten Preußens in nur wenigen Jahren nach 1848 eine ganze Reihe von (z.T. recht großen) katholisch-apostolischen Gemeinden.

In keinem deutschen Staat hat sich die katholisch-apostolische Bewegung so weit ausbreiten können wie in Preußen. Das lag vor allem an der toleranten Haltung des religiös interessierten Königs Friedrich Wilhelm IV., der Kontakte zu namhaften Vertretern der Katholisch-apostolischen Gemeinden hatte. Zwischen seinen kirchlichen Plänen und katholisch-apostolischem Gedankengut gab es bemerkenswerte Parallelen. Keiner der Monarchen, an die das Testimonium übergeben worden war, hat die Katholisch-apostolischen Gemeinden mit soviel Sympathie aufgenommen wie er. Sein anfängliches Interesse verlor sich jedoch bald. Dennoch blieb seine Haltung stets wohlwollend und beeinflusste in gewissem Umfang Entscheidungen der Minister der preußischen Regierung (vor allem des Innenministers v.Westphalen), die durch Duldung bis hin zur Gewährung von Schutz den Katholisch-apostolischen Gemeinden mehrfach entgegenkamen. Verständlich wird dieses Verhalten auf dem Hintergrund der Tatsache, dass die Anhänger der Katholisch-apostolischen Gemeinden in

der Regel konservativ und königstreu eingestellt waren. Häufig führte jedoch die tolerante Haltung der Obrigkeit in Preußen gegenüber den Katholisch-apostolischen Gemeinden zu Irritationen bei den Lokalbehörden. Diese begegneten den Katholisch-apostolischen Gemeinden in den ersten Jahrzehnten oft sehr restriktiv und unnachgiebig (vor allem in Ostpreußen).
Sehr wichtig für die Ausbreitung und Entwicklung der Katholisch-apostolischen Gemeinden in Deutschland war neben Thiersch (dem die Gemeinden eine hervorragende pastorale Pflege verdanken) der spätere Koadjutor v.Pochhammer - einer der erfolgreichsten Evangelisten der Katholisch-apostolischen Gemeinden -, der Tausende durch seine Ausstrahlung für das Anliegen der katholisch-apostolischen Bewegung begeisterte. Die Mitglieder der Katholisch-apostolischen Gemeinden kamen übrigens zu mehr als 80% aus dem Angestellten-, Handwerker-, Arbeiter- und Bauernstand. Sie waren größtenteils evangelische Christen. Ein kleinerer Teil stammte aus Freikirchen, nur wenige kamen aus der Römisch-Katholischen Kirche. Um 1900 waren die Katholisch-apostolischen Gemeinden nach den großen Kirchen, den Altlutheranern und den Baptisten die fünftstärkste Religionsgemeinschaft in Deutschland.
Innerhalb der Evangelischen Landeskirche Preußens gab es nach 1848 unterschiedliche Reaktionen auf die Katholisch-apostolischen Gemeinden. Erste Probleme tauchten auf, als Pastoren wie Rothe, Koeppen und Becker in die Katholisch-apostolischen Gemeinden eintraten und Ämter übernahmen. Dann entstand Klärungsbedarf, als Christen, die katholisch-apostolischen Gemeinden beigetreten waren, darauf bestanden, weiterhin Mitglieder der Evangelischen Kirche zu sein. Stimmen im Evangelischen Oberkirchenrat, die für eine gleiche Behandlung der Katholisch-apostolischen Gemeinden wie die der Herrnhuter Brüdergemeine (also als einer von der Evangelischen Kirche anerkannten überkonfessionellen Gemeinschaft) plädierten (Twesten), fanden keine Mehrheit. Gegenmaßnahmen bis hin zum Ausschluss vom Abendmahl, mit denen man einer Abwanderung von Kirchenmitgliedern begegnen wollte, wichen später einer mehr oder weniger freundlichen Duldungspraxis, die die Akzeptanz einer Doppelmitgliedschaft einschloss. In der Tat war die Situation für die Kirche eine schwierige: Die Katholisch-apostolischen Gemeinden stellten mit ihrer Organisation und Leitung durch Apostel eine Herausforderung dar, die das eigene Selbstverständnis fundamental berührte. Ein großes Problem für die Kirche war auch, dass sie sich in ihrer Kirchenzucht durch die staatliche Toleranzpolitik behindert fühlte. Ein Wandel in der Einstellung kam zum einen, weil sich die Kirche mit der Existenz dieser Gemeinschaft allmählich abfand und zum anderen, weil sowohl die Erfahrungen mit den Katholisch-apostolischen

Gemeinden als auch der Vergleich mit anderen "Sekten" eine positivere Haltung nahelegte.

Nach England erreichten die Katholisch-apostolischen Gemeinden in Deutschland ihre größte Ausbreitung. 1901 zählten sie in Norddeutschland etwa 60.000 Mitglieder in 305 Gemeinden und in Süddeutschland (wo eine Ausbreitung durch den stärkeren Einfluss der Römisch-Katholischen Kirche erschwert worden war) etwa 6.000 Mitglieder in 43 Gemeinden. (Weltweit waren es ca. 200.000 Mitglieder in 938 Gemeinden.)

Die Katholisch-apostolischen Gemeinden verstehen sich selbst als durch Apostel gesammelte Gemeinden in der *"einen, heiligen, katholischen und apostolischen Kirche"* - also als einen Teil der Gesamtkirche Jesu Christi, nicht als die Kirche bzw. die exklusive Heilsgemeinschaft. Sie sehen sich als *"ein Muster, ein Bild von dem, was Seine allgemeine Kirche sein sollte"* (Testimonium), als "Modell" der in ihrer Verschiedenheit versöhnten und dem HErrn entgegengehenden Kirche, als ein Ferment oekumenischer Integration. (Ihr Erscheinungsbild ist freilich durch das 19. Jahrhundert geprägt, besonders was die sprachliche Gestalt ihrer inhaltlich bemerkenswerten Liturgie betrifft.) Herzstück katholisch-apostolischer Lehre ist die Überzeugung, daß Jesus Christus zur Vollendung der Kirche *"in den letzten Tagen"* Apostel gesandt hat und daß diese Sendung auf die nahe Parusie des HErrn hinweist.

Die Frage, warum die Apostel eigene Gemeinden gegründet haben, ist von Cardale 1865 folgendermaßen beantwortet worden:

"Die beiden Hauptgründe, weshalb die Aufrichtung dieser Gemeinden unter den jetzigen Verhältnissen stattfindet, sind die geistliche Fürsorge für die, die auf andre Weise keine Pflege finden können, s o w i e   d i e   D a r b r i n g u n g   d e r   u n a b l ä s s i g e n   F ü r - b i t t e   für Kirche und Welt." Es müsse aber eigentlich *"bedauert werden, daß der nunmehr sichtbar gewordene Zustand und die Verhältnisse der Kirche"* die Gründung von Gemeinden *"notwendig machten"*.(zitiert nach AARSBO,1932,32)

Die Sammlung von Christen, welche die Sendung der Apostel annahmen, in katholisch-apostolische Gemeinden, hatte aber auch einen eschatologischen Aspekt: Sie wurde als Sammlung der *"Erstlinge"* angesehen, die noch vor Beginn der endzeitlichen *"großen Trübsal"*, befreit von der *"Stunde der Versuchung"*, zum *"Berg Zion"* entrückt werden.(Offb.3,10; 7,14; 14,1.4; 1.-Thess.4,17) Insofern galten die Katholisch-apostolischen Gemeinden als *"Schutz"* am *"Tag des HErrn"*.(Testimonium)

Trotz der Zusammenführung von Christen in besondere Gemeinden legten die Katholisch-apostolischen Gemeinden größten Wert darauf, keine eigene Religionsgemeinschaft zu sein. So wurde neuen Mitgliedern erklärt, sie würden durch den Beitritt ihre Heimatkirche nicht verlassen. Diese Erklärung geriet allerdings mit der Tatsache in Spannung, dass sie sich durch ihren Anschluß an die Katholisch-apostolischen Gemeinden in einer fest strukturierten kirchlichen Gemeinschaft mit eigenen Ämtern und eigener Sakramentsverwaltung vorfanden und (deshalb!) von ihrer Kirche zur Rede gestellt oder auch exkommuniziert wurden. (Es gab katholisch-apostolische Amtsträger - wie A.Koeppen -, die das *"Nichtverlassen"* der Heimatkirche für eine Illusion hielten.) Ein Kirchenaustritt ist von den Gliedern der Katholisch-apostolischen Gemeinden dennoch stets abgelehnt worden.

In der Frage der Gründung eigener Gemeinden hat es eine Entwicklung in der Position der Apostel gegeben: Während im Testimonium von "planmäßigen" Gemeindegründungen noch keine Rede war, spielte sie (vor allem aufgrund der ausgebliebenen Annahme der Botschaft des Testimoniums durch die *"Häupter der Christenheit"*) bald eine wesentliche Rolle: Spätestens ab 1848 wandten sich die Apostel verstärkt der *"Aufrichtung"* von katholisch-apostolischen Gemeinden zu. Das Evangelisten-Amt erfuhr in dieser Zeit insofern eine Akzentverschiebung, als gegenüber der bisherigen Praxis, in erster Linie auf dem Wege persönlicher Kontakte für das Anliegen der Apostel zu werben, die öffentlichen Vorträge mit dem Ziel, eine katholisch-apostolische Gemeinde zu gründen, in den Vordergrund traten. Die 1847 eingeführte apostolische Handauflegung hat das Interesse an einem Beitritt zu den Katholisch-apostolischen Gemeinden offensichtlich befördert. Es darf jedoch nicht übersehen werden, dass auch Christen versiegelt wurden, die nicht Mitglieder der Katholisch-apostolischen Gemeinden waren (z.B. der evangelische Pfarrer F.Oehninger).

Zu den interessantesten Besonderheiten der Katholisch-apostolischen Gemeinden gehört die Wiederentdeckung neutestamentlicher Charismata und die Wiederbelebung urchristlicher Ämter. Bemerkenswert sind vor allem der Einsatz des Propheten-Amtes als Gemeindeamt und der Gebrauch der Gabe der Weissagung für die Berufung von Amtsträgern sowie für die Interpretation der Heiligen Schrift. Die wichtigsten Worte der Weissagung, die der Engel und der Apostel geprüft hatten, wurden als *"Licht"* im *"Record"* festgehalten. Neuoffenbarungen hat es nicht gegeben. An der Hochschätzung des Propheten-Amtes haben die Katholisch-apostolischen Gemeinden bis zuletzt festgehalten. Doch durch Erfahrungen, die die Apostel mit Propheten gemacht hatten, trat neben die Betonung der Aufgaben und der Bedeutung des Propheten-Amtes zunehmend die Beschreibung der Abgrenzung der Kompetenzen von Apostel- und Propheten-Amt. Die Frage der Zuordnung beider Ämter zueinander hat

mehrere Male zu einem Konflikt geführt, der erst nach 1863 innerhalb der Katholisch-apostolischen Gemeinden endgültig zugunsten der Autorität des Apostel-Amtes über das Propheten-Amt entschieden worden ist.
Es ist in den Katholisch-apostolischen Gemeinden auf überzeugende Weise gelungen, Charismata in die Gemeindepraxis (besonders in den Gottesdienst) zu integrieren. In dieser Hinsicht bleiben die Katholisch-apostolischen Gemeinden ein interessantes Paradigma für die Kirchen. Allerdings zeigt die Geschichte der Katholisch-apostolischen Gemeinden auch, dass eine fruchtbare und dauerhafte Integration von Geistesgaben und charismatischen Ämtern in das Gemeindeleben nur dann gelingen kann, wenn diese durch die Autorität des Leitungsamtes (Apostel, Engel) geprüft und geordnet werden. Die Nüchternheit im Umgang mit den Charismata hat deren Reichtum für die Katholisch-apostolischen Gemeinden bewahren helfen und diese zur *"Auferbauung der Gemeinde"* (1.Kor.14,12) nutzbar machen können. Zugleich hat sie verhindert, dass die Katholisch-apostolischen Gemeinden eine *"Schwärmerkirche"* (KOLDE) wurde.
Wenn sich auch die Katholisch-apostolischen Gemeinden soziologisch gesehen als eine geschlossene, klar strukturierte und von den Kirchen unabhängige Religionsgemeinschaft darstellen, so kann man sie nicht (wie oft geschehen) als "Sekte" bezeichnen. Sie haben keine (der Bibel widersprechenden) Sonderlehren und erheben nicht den Anspruch, allein die wahre Kirche zu sein. Ihre Mitglieder sind in den meisten Fällen zugleich Mitglieder der Landeskirche. Sie verketzern andere Christen nicht, sondern erkennen alle, die getauft sind und Christus als ihren HErrn bekennen, in oekumenischer Gesinnung grundsätzlich als Schwestern und Brüder an, die miteinander zum Leib Christi gehören. Die verschiedenen Kirchen betrachten sie als *"Kirchen-Ab-Teilungen"* der einen Kirche Christi.
Die Katholisch-apostolischen Gemeinden unterscheiden sich von anderen Religionsgemeinschaften besonders dadurch, dass sie nach dem Tod des letzten der 12 Albury-Apostel ihren ursprünglichen Ansatz durchhielten und konsequent auf jede weitere Evangelistentätigkeit und Ordination verzichteten. Damit nahmen sie einen "Abbau" der Gemeinden bewusst auf sich. Nach dem Aussterben ihrer Amtsträger haben sich die Katholisch-apostolischen Gemeinden entweder aufgelöst (im englischsprachigen Bereich) oder bleiben zur Bewahrung des bis heute in Lehre und Tradition Vorhandenen und zum Besuch ihrer inzwischen auf Liturgie und Gebet beschränkten Gottesdienste beisammen.(z.B. in Deutschland)
Interessant ist auch, dass eine Gemeinschaft mit einer solch stattlichen Ämterstruktur, wie sie die Katholisch-apostolischen Gemeinden bis 1901 entwi-

ckelt hatte, in zweifacher Hinsicht "Laienkirche" war und blieb: Zum einen waren die meisten ihrer Amtsträger Laien (d.h. keine studierten Theologen; viele kamen aus sehr einfachen Verhältnissen und hätten in den Landeskirchen wohl kaum eine Chance zum geistlichen Amt gehabt). Diese Amtsträger haben z.T. erstaunliche geistliche und pastorale Fähigkeiten entwickelt. Zum anderen sind die Katholisch-apostolischen Gemeinden heute als Religionsgesellschaft ohne Amtsträger eine reine "Laienkirche": eine Gemeinschaft, in der nur noch wenige Unterdiakone ihren Dienst versehen und ansonsten einfache Gemeindeglieder die liturgischen Gebetsdienste leiten.

Weiterhin kann positiv über die Katholisch-apostolischen Gemeinden gesagt werden, dass sie vor allem Menschen der "unteren Schichten" erreicht haben. Sie haben auch gezeigt, dass Charismata und Amt in einer fruchtbaren Zuordnung zueinander stehen können und dass eine an der frühen Kirche orientierte Gemeindeordnung den geistlichen Reichtum einer Kirche fördern kann. Ihnen ist eine oekumenische Liturgie zu verdanken, die ein beachtenswertes Modell für die Kompilation liturgischer Traditionen der verschiedenen Denominationen darstellt. Darüber hinaus haben die Katholisch-apostolischen Gemeinden den Blick neu auf die Frage gelenkt, wie die Christenheit auf die Parusie ihres HErrn vorbereitet werden kann. In ihnen ist bis heute die Erwartung der baldigen Wiederkunft Jesu lebendig, die den Glaubenseifer beflügelt. Durch die genannten Elemente bleibt diese interessante Bewegung eine bleibende Anfrage und Herausforderung an die Kirchen von heute.

Seit einiger Zeit droht allerdings das positive Bild der Katholisch-apostolischen Gemeinden in Gefahr zu geraten. Sie führen heute (sofern sie noch - wie in Deutschland - als Gemeinden bestehen) eine Sonderexistenz, für die es ein Pro und ein Contra gibt. Angesichts des geistlichen Reichtums ihrer Tradition ist es verständlich, dass sie ihre Tradition bewahren und an neue Generationen weitergeben möchten. Daß sich viele katholisch(!)-apostolische Christen aber mit dem *"Bewahren"* begnügen, Doppelmitgliedschaften nicht aktiv ausfüllen (durch die sie viel von dem ihnen Anvertrauten in das Gespräch der übrigen Christen einbringen könnten), dass sie in ihrer Kritik am *"Verfall"* der Kirchen in der Gefahr stehen, pauschal zu urteilen und sich im Gegensatz zum universellen und oekumenischen Ansatz der Apostel in ihrer Einstellung verengen, ist zu bedauern, denn der Beitrag der Katholisch-apostolischen Gemeinden ist für die Kirchen und Gemeinden wichtig.

Doch während die katholisch-apostolischen Christen heute in Zurückgezogenheit ihren Glauben leben (*"Zeit der Stille"*), stehen inzwischen neu-apostolische Gemeinschaften (besonders die Neuapostolische Kirche) im Blickpunkt, die ihre Existenz letztlich einem Mann verdanken, der die Katholisch-apostolischen Gemeinden verlassen hatte, eigene Wege ging und sowohl von seinen "Eltern" als auch von einem Teil seiner "Kinder" leidenschaftlich abgelehnt wurde: Heinrich Geyer. Er gehörte einst als Engel-Prophet zu den bekanntesten und begabtesten Amtsträgern der Katholisch-apostolischen Gemeinden in Deutschland. Er war nicht nur charismatisch sehr begabt, sondern auch auf katechetischem und organisatorischem Gebiet. Bis zu seiner Suspendierung Ende 1862 übte er einen nicht unbedeutenden Einfluß auf die geistliche Entwicklung der Katholisch-apostolischen Gemeinden aus. Zwischen 1852 und 1862 sind fast alle katholisch-apostolischen Amtsträger in Deutschland durch ihn berufen worden. 1862/63 kam es durch eine Apostel-Berufung Geyers, durch das Bekanntwerden seiner abweichenden Lehrauffassungen und durch die Trennung der Hamburger Gemeinde von den Katholisch-apostolischen Gemeinden zu einem schweren Konflikt ("Fall Geyer"), der auch inhaltliche Widersprüche der katholisch-apostolischen Bewegung deutlich machte.

Als Hintergrund für die Berufung neuer Apostel durch Geyer muss vor allem sein großes Engagement für die "apostolische Sache" gesehen werden, zu der für ihn der zwölffache Apostolat als Institution gehörte. Geyer war von der Notwendigkeit des Apostel-Amtes für die Zurüstung der Christenheit auf die Wiederkunft Jesu überzeugt und sah durch das Sterben der Apostel dieses Werk gefährdet. Deshalb konnte er die Ablehnung einer Wiederbesetzung verwaister Apostel-Stellen nicht akzeptieren. Ein weiterer Grund war seine Sicht des "eschatologischen Fahrplans": Während die Albury-Apostel lehrten, dass die *"Erstlinge"* (z.B. durch Apostel versiegelte Christen) vor Beginn der *"großen Trübsal"* zum Herrn entrückt werden (s.o.), meinte Geyer, die ganze Kirche würde aus der *"Trübsal"* entrückt. Geyer teilte nicht die Naherwartung innerhalb der Katholisch-apostolischen Gemeinden, welche die Wiederkunft Jesu noch zu Lebzeiten der Apostel erhoffte. Dies bedeutet in der Konsequenz die Aussicht auf eine längere Tätigkeit des Apostolates und führt folgerichtig zur Ergänzung verwaister Apostel-Stellen. Weiterhin spielte seine Auffassung vom Verhältnis des Apostel- und Propheten-Amtes zueinander und eine daraus resultierende, zunehmende Opposition gegen Entscheidungen der Apostel in bezug auf die Amtstätigkeit der Propheten eine große Rolle. Für Geyer standen das Apostel- und das Propheten-Amt (*"Recht"* und *"Licht"*) als die beiden *"Grundämter"* der Kirche (Eph.2,20) gleichberechtigt nebeneinander. In den Auseinandersetzungen zwischen Geyer und den Albury-Aposteln wurde die Frage nach der Kompetenz des Apostel- und des Propheten-Amtes zugespitzt auf die Entscheidung darüber, ob neue Apostel-Berufungen durch Propheten einer Zustimmung der vorhandenen Apostel bedürfen oder nicht. Geyer sah nicht ein, wieso Apostel etwas verwerfen durften, was den Propheten vom Heiligen Geist als *"Wort der Weissagung"* gegeben war. Da er (besonders nach 1860) mit der Ablehnung der Berufung neuer Apostel rechnen musste, berief er Rudolf Rosochacky heimlich und inszenierte - gemeinsam mit F.Schwarz - konspirativ dessen Vorstellung als Apostel in der Hamburger Gemeinde (1863). Schließlich muß auch die Diskrepanz zwischen dem eigenen prophetischen Selbstbewusstsein und seiner offiziellen Stellung innerhalb der Katholisch-apostolischen Gemeinden als Hintergrund gesehen werden. Geyer wußte, daß er ein Prophet *"mit einer mächtigen Gabe"* (so Woodhouse 1863) war. Nach Taplins Tod (1862) sah er sich selbst als einen der führenden Propheten der Katholisch-apostolischen Gemeinden an. Andererseits war Woodhouse gegen eine feste Einsetzung Geyers als *"Prophet mit dem Apostel"* für Norddeutschland. Geyers Unzufriedenheit darüber war wohl auch eine Triebkraft für seine Aktivitäten zur Berufung neuer Apostel.

Geyers Vorstellungen mussten zum Konflikt mit den Aposteln führen. Die Grundsatzfrage, ob der endzeitliche Apostolat nur zwölf konkrete Personen umfasst oder eine Institution sei, hatten sie bereits nach dem Tode der ersten Albury-Apostel eindeutig beantwortet. Als Grund wurde auf die zwölffache, gewachsene Einheit und auf die nahe Wiederkunft Jesu hingewiesen, die durch eine Ergänzung der Apostel-Plätze ja geradezu geleugnet würde. Weiterhin wurde betont, dass der erneuerte Apostolat ebenso wie der Ur-Apostolat nur auf eine Generation beschränkt sei. Außerdem wurde auf die Zahl der 24 Ältesten der Offenbarung (Offb.4,4) als Bestätigung eines doppelten Zwölfer-Apostolates verwiesen.

Es stellt sich die Frage, ob die Entscheidung der Albury-Apostel, neue Apostel-Berufungen nicht anzuerkennen, angesichts der nicht eingetroffenen Parusie sowie des nicht erreichten Zieles, die ganze Christenheit dafür zuzurüsten, richtig war. Es muss auch gefragt werden, ob die Orientierung auf die Sammlung von *"Erstlingen"*, die der *"großen Trübsal"* durch die Entrückung entfliehen, nicht eine vom ursprünglichen Ziel wegführende Beschränkung darstellt. Im Testimonium wird das Fehlen des Apostel-Amtes beklagt und der Mangel der Kirchen auf diesen Umstand zurückgeführt. Das Bleiben des Apostel-Amtes zur Vollendung der Kirche bis zur Parusie wäre folgerichtig - allerdings ein Apostel-Amt, das nicht für eine exklusive Gemeinschaft da ist, sondern sich an alle Christen gesandt weiß, ohne sich ab- oder andere auszugrenzen.

Die Allgemeine christliche apostolische Mission (Hamburger Gemeinde) entstand nicht durch Schisma, sondern durch Abspaltung. Es gab eine Zeitspanne nach dem Rücktritt Rosochackys als Apostel, in der eine Trennung hätte u.U. abgewendet werden können. Doch sah weder Woodhouse einen Kompromiss, noch war Geyer bereit, an einer entscheidenden Stelle einzuräumen, dass es möglicherweise nicht Gottes Geist war, der Rosochacky durch ihn zum Apostel *"berufen"* hatte. Es ist zu fragen, ob es wirklich nur die Alternative Heiliger Geist - Werk Satans gab, oder ob es nicht dazwischen so etwas wie menschliches Wunschdenken gibt, das jenseits von Gut und Böse liegt und das man weitgehend ohne Gesichtsverlust hätte zurücknehmen können.

In der Allgemeinen christlichen apostolischen Mission konnte Geyer seine Vorstellungen verwirklichen: Neue Apostel wurden berufen, das Propheten-Amt gegenüber dem Apostel-Amt aufgewertet, an die Stelle der katholisch-apostolischen Entrückungslehre trat die Lehre von der allgemeinen Auferstehung bei der Parusie Christi (ohne vorherige Entrückung der *"Erstlinge"*). Vom Gedanken der *"Sammlung der Erstlinge"* hin zur *"oekumenischen Mission"* unter den Konfessionen trat eine Akzentverschiebung ein. Die Liturgie wurde vereinfacht und evangelischen Einflüssen geöffnet. Die Allgemeine christliche apostolische Mission ist von Geyer so entscheidend beeinflusst worden, daß man sagen kann: sie ist (abgesehen von katholisch-apostolischer Tradition) im wesentlichen sein Werk. Doch die von ihm ausgelöste Bewegung, die entstanden war, weil sie die gewachsene katholisch-apostolische Ordnung an wesentlichen Punkten nicht akzeptiert hatte, zerbrach schließlich selbst an geistlicher Unordnung (Mißbrauch des Propheten-Amtes und der Apostel-Berufung), fehlender Autorität, mangelnder Amtsfähigkeit verantwortlicher Amtsträger, an Parteiengeist und Machtstreben. Das Problem begann schon bei den leitenden Amtsträgern: Aus der Allgemeinen christlichen apostolischen Mission sind Apostel hervorgegangen, die dem Propheten geistig, an Erfahrung und an Ausstrahlungskraft unterlegen waren. Hinsichtlich ihrer Persönlichkeit, ihrer Begabung und ihres "Erfolges" standen die Apostel der Allgemeinen christlichen apostolischen Mission den Albury-Aposteln, die durch ihre Würde und geistliche Tiefe überzeugten, deutlich nach. Die profilierteste und prägende Persönlichkeit der Allgemeinen christlichen apostolischen Mission war und blieb Geyer. Er hat in der Allgemeinen christlichen apostolischen Mission ein starkes Propheten-Amt mit schwachen Aposteln "bezahlt" und war mit seinem Ansatz letztlich nicht erfolgreich. Geyer hatte - wenn auch ungewollt - Verhältnisse geschaffen, unter denen Kräfte an Einfluß gewannen, die die Einheit der Allgemeinen christlichen apostolischen Mission zerstörten und in der Separation einen Weg nach ihren eigenen Vorstellungen gingen. Als Geyer sich weigerte, diesen Weg anzuerkennen und ihn als Irrweg verurteilte, trafen ihn dafür Haß und Feindschaft. So hat Geyer für seine Auffassung vom apostolischen Werk, wie sie sich in der Allgemeinen christlichen apostolischen Mission ausprägte, neben kirchlicher Kritik von zwei Seiten Ablehnung erfahren: von den Katholisch-apostolischen Gemeinden, weil er ihren, den ursprünglichen Weg verlassen hatte, von neuapostolischer Seite, weil er deren neuen Weg nicht mitgehen konnte und wollte. Doch zwischen beiden steht die Allgemeine christliche apostolische Mission, in deren Mitte Geyer als angesehener Amtsträger starb. Ihr hinterließ er insbesondere seine oekumenische Gesinnung, die zeitlebens sein Handeln bestimmt hatte und die wohl den größten Unterschied zwischen der Allgemeinen christlichen apostolischen Mission und der Apostolischen Gemeinde / Neuapostolischen Kirche ausmacht. HANDTMANN meinte allerdings 1903 (Reformation,685) einschränkend:

"Freilich scheint mir bei Heinrich Geyer die 'Gefahr', daß er die 'apostolische Mission' 'in die Landeskirche zurückpredige' ganz und gar nicht bestanden zu haben. Vielmehr habe ich nach seinen Schriften den Eindruck, daß er, obgleich er 'in der Gesamt=Christenheit doch auch an Haupt und Gliedern noch einen heiligen Ueberrest findet, welcher nicht in die herrschenden Kirchensünden gewilligt hat und nicht damit befleckt ist', die Schäden der Konfessionen und auch insbesondere der Landeskirchen überscharf kritisiert und bei aller Begeisterung für die Einheit der Kirche doch d a s Sektenhafte an sich trägt, daß er die 'apostolische Mission' die Form sein läßt, in welche der Herr der Kirche die Einheit zu gießen hat. 'Die richtige Kirche' ist nach ihm doch nur 'die Eine heilige und apostolische Kirche' mit den vier Aemtern, und 'der Bergungsort ist das apostolische Werk'. Ich mag auf seine Ausführungen nicht weiter kritisch eingehen, freue mich nur, wenn die gegenwärtige Leitung der 'Apostolischen Mission', wie es ja den Anschein hat, für das Gute auch in anderen Kirchen einen verständnisvolleren Blick hat als er."

Wenn sich die Neuapostolische Kirche selbst bis auf die Anfänge der Katholisch-apostolischen Gemeinden zurückzuführen sucht und behauptet, eine direkte Fortführung des Werkes der Albury-Apostel zu sein, befindet sie sich damit weder historisch noch inhaltlich im Recht. Die Geschichte der heutigen Neuapostolischen Kirche begann erst 1878, als sich Geyer mit der großen Mehrheit seiner Gemeinde von einem kleinen, von F.Krebs beeinflussten Flügel der Allgemeinen christlichen apostolischen Mission trennte. Dieser Vorgang war die Geburtsstunde der "Apostolischen Gemeinde" (der späteren Neuapostolischen Kirche). Von denen, die Krebs folgten, hatte kaum einer katholisch-apostolisches Gemeindeleben kennengelernt. Es gab in der sich entwickelnden Neuapostolischen Kirche nicht einmal einen ehemaligen katholisch-apostolischen Amtsträger vom Priester- Amt aufwärts, der eine Art "Fortführung" hätte gewährleisten können. Die katholisch-apostolische Liturgie war außer Kraft gesetzt. Von den Katholisch-apostolischen Gemeinden und der Allgemeinen christlichen apostolischen Mission ist die Neuapostolische Kirche auch konfessionskundlich deutlich zu unterscheiden. In der Neuapostolischen Kirche hat man das Propheten-Amt als "Unruhefaktor" und als Hindernis für eine volle Machtentfaltung des (neuapostolischen) Apostel-Amtes beseitigt. Damit wurde dem Apostel-Amt ein notwendiges geistliches "Gegengewicht" genommen, das vor autoritären und anderen Fehlentwicklungen weiter hätte warnen können. Die Katholisch-apostolischen Gemeinden (und im wesentlichen auch die Allgemeine christliche apostolische Mission) unterscheiden sich von der Neuapostolischen Kirche vor allem in der oekumenischen Gesinnung (kein Exklusivitätsanspruch!), durch die Tätigkeit des Propheten-Amtes und den Gebrauch von Charismata (besonders der Weissagung) im Gottesdienst sowie fundamental in der liturgischen Praxis. Eine an Personenkult erinnernde Verehrung von Aposteln hat es in den Katholisch-apostolischen Gemeinden nie gegeben. Das *"Stammapostelamt"* findet weder in der Bibel noch in der Geschichte des genuinen apostolischen Werkes eine Rechtfertigung. Der Begriff *"Stamm"* verband sich hier mit dem Auftragsgebiet eines Apostels, nicht aber mit der Autorität eines Apostels über seine Kollegen.

Die Fortsetzung der Geschichte der Allgemeinen christlichen apostolischen Mission unter Robert Geyer (in der Allgemeinen Apostolischen Mission) ist von viel menschlichem Bemühen gekennzeichnet, konnte aber deren Verfall nicht aufhalten. Während die Blütezeit der Katholisch-apostolischen Gemeinden gerade durch ihren Verzicht auf Fortsetzung nach 1901 als historisches Beispiel ihren Wert behalten wird, zeigt das Ende der Allgemeinen Apostolischen Mission deutlich den Unterschied zwischen dem "Kairos" einer Bewegung und dem menschlichen Versuch, die "Idee" einer historisch begrenzten Bewegung möglichst genau kopieren und am Leben erhalten zu wollen.

Bis heute fehlt es nicht an Versuchen, Ämter und Gemeinden nach dem "Originalmuster" der Katholisch-apostolischen Gemeinden ins Leben zu rufen (siehe z.B. die "Gossliwyl-Apostel" in den 1980er Jahren oder gegenwärtig die "katholisch-apostolische" Bewegung um den Niederländer Henk van Wijk). Gemeinschaften mit diesem Ansatz haben kaum Bedeutung erlangt. Man kann das, was die Katholisch-apostolischen Gemeinden als Bewegung im 19. Jahrhundert darstellten, nicht kopieren.

Diejenigen aber, die aus der katholisch-apostolischen "Idee" etwas "Eigenes", eine Religionsgemeinschaft "neuer Prägung" gemacht haben (wie es bei der Neuapostolischen Kirche der Fall ist), sollten dies auch zugeben und nicht eine Kontinuität behaupten, die nicht vorhanden ist.

Anhang: Unveröffentlichte bzw. schwer zugängliche Quellen und Dokumente

Seite

I. Brief von H.W.J.Thiersch an seine Frau Bertha vom 7./11.10. 1849 (aus Albury)   271

II. *"An die Engel, Priester, Diaconen und Unterdiaconen der Gemeinden des HERRN in Norddeutschland."* (Rundschreiben aus dem Jahre 1851, verfasst im Auftrage des Ap Th.Carlyle von J.-Barclay und H.Thiersch)   274

III. Statuten der Katholisch-apostolischen Gemeinden in Preußen (vor 1861 verfasst)   277

IV Petition der Oberhirten der Katholisch-apostolischen Gemeinden in Preußen an den König Wilhelm I. vom 25.11.1861   280

V. Brief von C.Rothe *"An meine zerstreuten Gemeindeglieder"* vom 6./9.1.1863   291

VI. Rundschreiben Ch.J.T.Böhms vom 12.1.1863   297

VII. Brief R.Rosochackys an F.W.Schwarz vom 17.1.1863   299

VIII. Zirkular zum offiziellen Verfahren gegen H.Geyer vom 28.1.1863 (Auszüge)   301

IX. F.V.Woodhouse's *"Sendschreiben an die Treugebliebenen in Hamburg"* vom 5.2.1863   306

X. Rundschreiben von H.W.J.Thiersch vom 10.2.1863   309

XI.	F.V.Woodhouse's *"Belehrung des Apostels über die Frage nach der Möglichkeit einer Berufung neuer Apostel"* vom 19.2.1863 (1.Teil)	310
XII.	*"Brief des vierfachen Amtes in Norddeutschland an das Collegium der Apostel des HErrn in Albury"* vom 19.5.1863 (Allgemeine christliche apostolische Mission)	318
XIII.	Brief H.W.J.Thierschs an einen Amtsbruder in der Schweiz vom 22.12.1863	322
XIV.	*"Grund-Principien der Allgemeinen apostolischen Gemeinde zu Hamburg"* (1863/64)	323
XV.	Statuten der Allgemeinen christlichen apostolischen Mission (1866)	330
XVI.	*"Authentischer Bericht über die Entstehung der Neu=Apostolischen"* (Erinnerungen von Sophie Geß, 1934)	333
XVII.	*"Worte des Heiligen Geistes, geredet am 25. Juli 1879 zu Braunschweig"* (Teil II: *"Frage um Apostel"*) (1879)	334

I. Brief von H.W.J.Thiersch an seine Frau Bertha Th. vom 7./11.10.
1849 (aus Albury)

Albury den 7. October 1849
Sonntag Abend

Theure Bertha!

Dieser Tag an dem ich so viel Deiner gedachte (Bertha Thierschs Geburtstag - Verf.) *soll nicht enden ohne den Anfang eines Briefes, wenngleich ich Deinen zweiten, den ich mit Sehnsucht erwarte, noch nicht erhalten habe. Ich gedachte Deiner in der Kirche und ich gedachte Deiner im Gespräch mit den befreundeten Familien* Carlyle *und* Woodhouse *an deren Wohnort ich seit Freitag Abend verweile. Auch Mystress* Woodhouse *(Schwester der Frau* Carlyle*) sprach von Dir mit der Theilnahme einer wahren Freundin.*
Dieses Albury ist wirklich auch im Äußern ein kleines Paradies. Die Gegend ein wellenförmiges Hügelland ist mit manigfachen mächtigen Baumpflanzungen bedeckt, die in diesem feuchten und milden Clima eine erstaunliche Höhe erreichen. In einem Park, der ganz einem natürlichen Walde gleicht und von einem Bach durchströmt wird, der einen Teich bildet, liegt im Styl des 16.? Jahrhunderts gebaut das Haus des Herrn Drummond *(ehemals eine Abtei) in der Stille des Waldes versteckt. Auf der andern Seite des Wassers steht die Capelle, wo sich die in der Nähe wohnenden Familien zum Gottesdienst versammeln. In verschiedenen Entfernungen liegen einzelne zierliche, kleine Häuser, eigentlich Pächterwohnungen mit sehr niedrigen Stuben, jedes gerade für eine Familie groß genug und jedes von einem Garten umgeben. In einem dieser (*Cottages*) Gartenhäusern, wohnen* Carlyles *- siehe die Abbildung!* (von Thiersch im Brief gezeichnet - Verf.) *in andern, andere von den Männern welche hier ihren Wohnsitz aufgeschlagen haben für die Zeiten wo sie gemeinsam berathen, oder sich von ihren auswärtigen Arbeiten zurückziehen müssen. Von* Carlyles *Haus (jetzt Holland House genannt - Anm. des Abschreibers) (in dem man sich völlig auf dem Lande und von aller Welt abgelöst fühlt), hat man eine halbe Stunde bis zur Kirche. Am ersten Abend that mir, der ich auf der Eisenbahn dem endlosen Getös und Qualm von London entronnen war, die Stille der Natur nur von Naturlauten, dem Wasser(r)auschen, dem abendlichen Krähenruf und dem Gezwitscher einiger Waldvögel unterbrochen, diese unbeschreiblich erfrischende milde Luft (heute war ein Gewitter) außerordentlich wohl. -*
Carlyles *sind vorige Woche erst aus Schottland zurückgekommen. Er kehrt nächsten Montag nach Deutschland zurück. Die Frau und die Kinder bleiben den Winter hier.* Hildret u. Alice *sind sehr gewachsen,* Fanny *weniger, sie ist noch so brav und gut wie damals, vor 2 Jahren.* <u>*Heute Abend vor 2 Jahren*</u> *kamen wir in Frankfurt, im Tannenbaum an - o ein glückseliger Abend, ach möchte bald wieder so einer kommen! - Frau* Carlyle *ist einigermaßen ergraut (schon!). Ihre Schwester die drei sehr nette Kinder hat (*Franz, Susan, Henriette*) sieht ihr sehr ähnlich. Heute Mittag war ich bei Herrn* Woodhouse *eingeladen und er dachte mit viel Liebe an seinen Aufenthalt bei uns und an alles Einzelne.* Wilhelm *fing damals zu sprechen und zu gehen an und wurde bald darauf so krank. Sehr freut es mich, daß er mir das Zeugniß eines*

guten Betragens gegen Dich gab, - möchte ich es immer verdienen. Auch er kommt nächstens nach Deutschland und zwar nach Bayern. Seine letzte Reise war nach Amerika, wo in den vereinigten Staaten, sowie in Canada *viel Aussicht auf Verbreitung der Wahrheit ist.*
Außerdem sind von den Zwölfen gegenwärtig Tudor, Armstrong u. Sitwell *hier, die ich heute in der Kirche sah, sowie* Taplin, *den begabtesten unter den Propheten, durch den die größten Aufschlüsse gegeben worden sind. Die Zahl der* Comunicanten *war heute ungefähr siebzig.*
Außer den Familien der hier wohnenden Geistlichen gehören auch Landleute der Umgegend zu der Gemeinde, welche vor Zeiten durch Caird *gesammelt worden sind (dessen 2 Kinder bei Herrn* Drummond *erzogen werden). Der Pfarrer des (westlich vom Park gelegenen) Dorfes* Albury *(eine Pfarrei von 800 Seelen)* Hooper, *ist ganz von dem Werk des HErrn überzeugt, predigt und schreibt in diesem Sinn, hat aber noch seine Stellung als anglicanischer Geistlicher inne.*
Das Äußere des Gottesdienstes ist hier nicht so schön wie in London *insofern als die Liturgie nicht <u>gesungen</u> wird wie dort. Die Kirche eigens für den Gebrauch der apostolischen Gemeinde erbaut, ist sehr alterthümlich u. merkwürdig. - Dieß ist die Stätte, wo die von Gott ausersehenen Männer gemeinschaftlich gelernt und gearbeitet, <u>auch schwere Zeiten und harte Glaubensprüfung</u> überstanden haben, und von wo aus auch uns so viel zu Theil geworden ist. - Ein Nebengebäude durch einen Gang mit der Kirche verbunden enthält den Versammlungssaal (*Council Room*) wo die Berathungen der Zwölfe stattfinden.*

Mittwoch d. 10. Oct.

<u>*Vorgestern, gestern,*</u> <u>heute</u> *wartete ich mit Schmerzen auf einen Brief von Dir. Ich schrieb von* London *aus 2 mal an Dich am 24. Sept. u. am 1. October(,) am 1. O*(ctober) *zugleich an Mardorf und habe nur einen Brief von Dir vom 22. Sept. Mein Heimweh ist nicht gering und ich sehne mich sehr danach Dich im Vergleich mit Deinem Brief, der so betrübt lautete, getröstet zu wissen.*

Donn. d. 11. Oct.

<u>*Auch heute*</u> *kein Brief. Bist Du wirklich durch Krankheit oder andere betrübende Umstände abgehalten so will ich nicht durch noch länger verzögerte Absendung Dich noch mehr betrüben. -*
Mein Aufenthalt hier ist auch in geistiger Hinsicht verschieden von dem in London. *Der Verkehr im gewöhnlichen Leben hat nicht so viel Stärkendes und Aufmunterndes wie das Verweilen im Hause Gottes, der Blick in eine <u>Gemeinde</u> im vollen Sinne des Wortes: Es <u>soll</u> aber auch so sein. Es soll so sein daß die apostolische Salbung, Weisheit und Kraft in dem amtlichen Wirken sich bewähren, wo wir sie bewährt gefunden haben. Im geselligen Leben <u>soll</u> sich nichts Absonderliches zeigen, weil dies allzuleicht zur Scheinheiligkeit und gemachtem Wesen führt. - Besonders hingezogen fühle ich mich zu Herrn* Armstrong. *Er reist jetzt wieder nach Griechenland, dem Ort seiner auswärtigen Bestimmung. Inzwischen trägt er für die Gemeinden in Irland, seinem Vaterland Sorge. Er ist von Statur wie am Geist eine äußerst kräftige Gestalt, dabei gemüthlich wie ein Süddeutscher und sehr unterrichtet im Griechischen*

und Lateinischen. Herr Taplin *ist ein außerordentlich einfacher Mann ohne allen falschen Pathos. - Montag Abend war ich bei Herrn* Drumond *zum Dinner eingeladen. Mir war es etwas bang wegen meiner (von der* Tabitha *so sehr bekämpften)* <u>Stimmung</u> *gegen die reichen Leute. Aber nur Anfangs fühlte ich mich befangen. Herr* Drumond *hat das Äußere eines sehr ehrwürdigen Geistes. Ich fühlte mich an den Fürst von Attinghausen in Schillers Tell erinnert. Er ist reich, aber er hat guten Gebrauch von seinem Vermögen gemacht und hat für die Wahrheit Vieles aufgeopfert. - Seine Söhne sind alle gestorben, eine seiner 2 Töchter an* Lord Lowain *verheirathet, der mit im Hause wohnt.* Cairds *Kinder: (*Henry *16 Jahre alt und* Mary *10 J. alt) ihrer seeligen Mutter sehr ähnlich - waren mit am Tisch. Neben mir saß (wie ich später erfuhr) eine junge Gräfin* de Crouy, *die auch zu der Gemeinde gehört.*
Die andern Einladungen die ich erhielt waren zum breakfest wie es hier zu Lande gewöhnlich ist bei Herrengesellschaften. Meine Arbeit bestand in Berichtigung des 2. u. 3. Theils der Liturgie. Ich sehne mich nach einer anstrengenderen Beschäftigung. Nächsten Dienstag ist in London *die feierliche Versammlung der 7 Gemeinden (monatlich einmal) auf die ich mich sehr freue. Noch einige wichtige Besuche habe ich in* London *zu machen, auch einen Ausflug nach* Oxford *(2 Stunden Eisenbahn von* London*) aber meine Sehnsucht nach Hause wird mich bestimmen mit dem allen* <u>möglichst zu eilen</u>. *Der Tag meiner Heimreise ist zwar noch nicht bestimmt, aber so viel an mir liegt, soll er nicht länger verschoben werden als absolut nöthig ist. -*
Diesen Morgen um halb 7 feierte Carlyle *in der Kirche die heil. Eucharistie mit dem besondern Zweck der Fürbitte für Deutschland und namentlich auch für* Marburg. *Und diese Fürbitten werden* <u>gewiß</u> *erhört. Auch wenn schwere Stunden und Tage wiederkommen, so werden sie uns nur zur Förderung auf dem Wege zur Herrlichkeit gereichen und werden uns einst* <u>nicht</u> *gereuen.* <u>Nur</u> *so viel Betrübniß und Leid sendet uns Gott als wir zu unserer Läuterung* <u>nöthig</u> *haben. Und Er will nicht, daß wir uns selbst Betrübniß und Qual machen.*
Ach wie gerne möchte ich alles thun um Dir Deine Mühen im Haushalt und mit den Kindern zu erleichtern! um Dir eine so aufmerksame Bedienung zu verschaffen, wie man sie hier zu Lande hat.
Irgend ein Wort von den Kindern würde mich so erfreuen! Ich hoffe mich ihnen mehr und mehr widmen zu können, weit mehr als bisher. Ist vom Minister wieder etwas erfolgt? Ich denke nicht. Herr Carlyle *ist mit meiner an den Prorector abgegebenen Erklärung zufrieden und ich vermuthe, man wird mir meinen ganzen Gehalt für den Winter lassen, auch wenn ich nur* Dogmatic *lese. Über den Sommer ist noch nichts bestimmt.*
Nach München *habe ich geschrieben, einen Brief, der Dich auch intressiren würde. Meine Adresse bleibt dieselbe:* Riverhouse, Duncon Street, Islington London - H. Layton *besorgt dann die Briefe an mich, wo ich auch sei.*
Mit inniger Liebe, mit herzlichstem Segenswunsch für die Kinder alle
    Dein Dir innig verbundener stets getreuer
              Heinrich.

Noch besondern Gruß an Mardorf, *dem ich wahrscheinlich noch einmal schreiben werde, und durch ihn allen unsern Glaubensfreunden. Meinen Gruß auch dem Herrn Magnificus* Wetzell *und Herrn* Dr. Lotz.

(Es folgt eine Zeichnung von Carlyles Haus.)

(Quelle: Th.Br.,103 [Abschrift])

II. *"An die Engel, Priester, Diaconen und Unterdiaconen der Gemeinden des HERRN in Norddeutschland."* (Rundschreiben aus dem Jahre 1851, verfasst im Auftrage des Ap Th.Carlyle von J.Barclay und H.Thiersch)

An die
Engel, Priester, Diaconen
und Unterdiaconen der Gemeinden des
HERRN in Norddeutschland.

Gnade sei mit euch und Friede von Gott unserem Vater und dem HERRN Jesu Christo. Amen.

Während seiner letzten Reise zu den Gemeinden unseres Stammes hat der Apostel uns Beiden, dem Evangelisten und dem Hirten, die wir ihn begleiten, den Auftrag gegeben, ein Wort der Ermahnung an euch, geliebte Brüder, zu richten.
In dem Maaße als der HERR sein Werk unter uns beschleunigt und ausbreitet, wächst die Bürde und Verantwortlichkeit unseres und eueres Amtes. Von eurer Treue hängt es ab, ob das, was auf dem gelegten Grunde erbaut wird, an jenem Tage zerstört oder anerkannt werden soll. Die Christen um uns her fragen nicht mehr nur nach dem Wort der Predigt; sie fragen, und zwar mit vollem Rechte, nach dem Zeugniß der Gemeinden. Die Gemeinden aber sind auf euch gewiesen. Was ihr seid, wird sich in ihnen abspiegeln.
Das Werk, an dem ihr mitarbeitet, bleibt ein Werk des Glaubens, wie in seinem Anfang, so in seinem Fortschritt und in seiner Vollendung. Machet nicht das Sichtbare oder Fühlbare zum Grunde eures Muthes. Lasset den Unsichtbaren den Eckstein sein, auf dem ihr euch erbauet. Eure Ämter stammen von Gott und mit Gottes Verheißung sind sie versehen. Jeder von euch besitzt zur Erfüllung seiner Berufspflicht ebenso gewiß ein ausreichendes Maaß von Gnade wie diejenigen, die in den höchsten Ämtern der Kirche stehen. Achtet eure Ämter und Alles, was ihr darin (zu) thun und zu reden habt, heilig. Keines von allen Worten Samuels fiel auf die Erde. Darin liegt eine Verheißung für das wiederhergestellte Priesterthum. Jedes eurer Worte soll den Weg in das Gewissen der Menschen finden und Heil oder Gericht mit sich bringen. Schwächet nicht durch Unglauben oder Leichtsinn dieß Vorhaben des HERRN. Lasset die Wahrheit einen Theil eures Wesens bilden, damit Ströme des lebendigen Wassers von euch ausgehen mögen. Redet nicht aus bloßer Erinnerung an früher empfangene Lehren, sondern stets aus gegenwärtigem Glauben. Aus dem guten Schatze eures Herzens bringet

Altes und Neues hervor; jedoch nichts von eigenen Gedanken und Erfindungen, sondern was ihr in Gottes Kirche empfangen habt.

Vermeidet den Selbstbetrug derjenigen, welche meinen, sie machen Fortschritte in der Heiligung weil sich ihre Berührungen mit dem Heiligthum vermehren. Erhöhte Wachsamkeit ist euch nöthig; geistlicher Tod ist die Strafe derer, die fremdes Feuer vor den HERRN bringen. Der ganzen Gemeinde erwächst Schaden aus jeder glaubenslosen und geistlosen Verrichtung gottesdienstlicher Handlungen.

Ihr habt ein reiches Maaß des Geistes der Anbetung nöthig. Ihr werdet es haben, wenn ihr die Gabe Gottes, die in euch ist, erwecket. Bereitet euch auf jeden heil. Dienst mit Gebet, damit Christus es sei, der das Werk in euch ausrichtet.

Der Engel ist für die ganze Gemeinde verantwortlich. Die Kraft der Ämter, die unter ihm stehen, und die Lauterkeit der Gaben des Heiligen Geistes in seiner Gemeinde hängt zum großen Theil von dem inneren Zustande des Engels ab. Seine Aufgabe ist die Geister zu unterscheiden und im Sinne Christi zu herrschen. Dazu hat er seine Weihe empfangen. Um sie zu bewähren, ist himmlische Gesinnung nöthig. In dem Maaße, als der Engel aus der himmlischen Gesinnung fällt, verliert er die Fähigkeit zur Unterscheidung der Geister und die Kraft des Regiments.

Die ihr als Hirten arbeitet, scheuet den Schmerz nicht, der euch selbst und der Gemeinde aus scharfer Züchtigung entsteht. Scheuet nicht das Offenbarwerden der versteckten Schäden. Verwässert eure Ermahnungen nicht, sondern, wenn ihr nur gewiß seid, daß ihr aus Liebe redet, so gebrauchet scharfen Zuspruch, denn wenn eure Zurechtweisung Niemanden wehe thut, wird sie auch Niemanden retten. Schließet die Augen gegen die Fehler der Gemeinde nicht zu, murret aber auch nicht über Gottes Volk. Wundert euch nicht, wenn ihr Mängel gewahr werdet, denn im zunehmenden Lichte wird das Verborgene immer deutlicher gesehen. Vergesset nicht, daß Gottes Volk heilig ist, glaubet an die Salbung, die in der Gemeinde ist, und stützet euch darauf in euren Gebeten und Ermahnungen.

Indem ihr Andere zur Beichte auffordert, richtet zugleich euch selbst. Es werden Werke, die dem Satan gelungen sind, vor euch aufgedeckt; widerstehet ihm, daß er nicht euch selbst antaste; stehet in der Beichte da ganz in die Kraft und Heiligkeit des HERRN gehüllt. Haltet euch völlig in der Zucht. Die Sünden, die ihr erlasset, sind in die Tiefe des Meeres versenkt. Ihr müsset sie nicht allein vor den Menschen verschweigen, ihr dürft auch den, der gebeichtet hat, im gewöhnlichen Verkehr nie fühlen lassen, was ihr von ihm wisset. Und achtet darauf, daß ein jeder von euch selbst einen Seelsorger habe.

Genießt ihr den Zehnten, wozu euch Gott das Recht gegeben hat, so sehet um so fleißiger zu, daß ihr dem HERRN dienet und nicht euch selbst; gebt euch ganz der Gemeinde hin, wie sich der HERR für die Kirche hingegeben hat.

Er selbst ist das Vorbild wie für die Hirten, so auch für die Evangelisten. Er war der Verkündiger des Friedens. Vom Vater gesalbt ging Er aus, das Evangelium den Armen zu predigen. Er glaubte an Seine Salbung und wirkte im Vertrauen auf Seinen Vater. Auch ihr seid zu dem gleichen Werke gesalbt, durch euch will Er es jetzt ausrichten. Vertrauet auf eure Berufung, Ordination und Sendung, gedenkt aber auch an Christi Wort: ich kann nichts von mir selber thun, der Vater aber, der in mir ist, derselbige thut die Werke.

Als die Jünger sprachen: HERR stärke uns den Glauben, da sagte Er: wenn ihr Glauben hättet wie ein Senfkorn, würdet ihr sagen zu diesem Berge: wirf dich in's Meer, und er würde euch gehorsam sein. Um ihren Glauben zu stärken, stellte er ihnen die Wirkung des Glaubens vor Augen. Thaten des Glaubens rufen Glauben hervor. Wollt ihr im Evangelisten-Amte etwas für den HERRN ausrichten, so gehe euer ganzes Auftreten und euer Wandel aus Glauben hervor.
Vernunftmäßige Begründung und Klarheit der Darstellung kann Hindernisse entfernen und Wege ebnen, aber den Glauben schafft sie nicht. Menschliche Beredtsamkeit und Anregung des Gefühls in der Predigt kann Hörer sammeln und Menschen an den Menschen fesseln, aber sie bringt keine Früchte für Gott. Der Evangelist, der sich darauf stützt, wird die Menschen zu solchen machen wie er selbst ist, aber nicht zu Nachfolgern Christi.
Wie kann ein Evangelist mit Erfolg ermahnen, wenn er selbst nicht thut, was er von anderen verlangt? Sein Gewissen zeugt gegen ihn. Er fühlt, daß seine Worte hohl sind und daß er auf dem Wege ist(,) ein abgestumpfter Heuchler zu werden. Er kann, er darf das nicht strafen, wovon er weiß, daß er es selbst thut.
Aber wenn ihr auch selbst ein gutes Gewissen habet, so werdet ihr doch nichts erreichen, so lange ihr so mit den Menschen redet, als wären sie rein und bedürften nur einer Vermehrung ihrer Kenntnisse. Redet sie an als solche, die mehr oder weniger kein reines Gewissen haben, doch nicht um sie zu peinigen, sondern um ihnen zur Reinigung des Gewissens zu helfen.
Sehet zu, daß ihr recht Grund leget, ehe ihr die Gläubigen zur Aufnahme in die Gemeinde darstellt. Seid insbesondere höchst vorsichtig in eurem Verfahren mit solchen, deren Ehe dem Gebote Christi zuwider geschieden worden ist, oder die in einer Ehe leben, über deren Rechtmäßigkeit Zweifel erhoben werden können. Habt Acht auf euren Wandel. Denn wenn auch der Wandel der Gemeinde untadelig ist, so kann doch der Evangelist durch einen Fehltritt viel verderben. Ihr genießt zeitliche Gaben von denen, die euch aufnehmen und es ist recht, wenn eure Zuhörer damit ihren Glauben beweisen. Sorget dafür, daß ihr ihnen wirklich geistliche Speise dafür bietet. Hütet euch vor selbstsüchtigen Forderungen und vor jeder Unbescheidenheit im Gebrauch dessen was euch angeboten wird. Hütet euch vor Einmischung in Familienangelegenheiten und andere Dinge, die euch nichts angehen. Haschet aber auch nicht nach dem Schein der Heiligkeit. Zeiget den Menschen ein menschliches Angesicht und redet mit ihnen als Brüder. Suchet das Wahre und Gute, das an ihnen zu finden ist, auf. Doch schmeichelt Niemand und schwächet nicht euer Zeugniß durch übertriebene furchtsame Anbequemung. Trotzet nicht. Laßt euch mit den Streitsüchtigen nicht ein. Mißbraucht eure Stellung nicht um euch zu erheben und Andere zu schelten, wodurch Widerstand statt Gehorsam des Glaubens hervorgerufen wird. Die Wahrheit soll es sein, welche Widerstand erregt und nicht das unweise Benehmen des Evangelisten. Redet nicht von tiefen Geheimnissen, leget die Wahrheit einfältig und faßlich vor und doch nicht in den Formen des fleischlichen Verstandes.
Es ist kein gutes Zeichen, wenn ein Evangelist ängstlich nach dem Erfolg seiner Predigten fragt und nach dem Eindruck, den dieses oder jenes Wort hervorgebracht hat. Er hat nicht Christi Sinn; undenkbar ist es, daß Christus so verfuhr. Unglaube und Eitelkeit versteckt sich unter der übertriebenen Besorgniß wegen des Erfolgs und unter dem unsteten Wechsel von Begeisterung und Befangenheit. Der Evangelist prüfe sich selbst, und hat er das Zeugniß sei

nes HERRN für sich, so stehe er fest und unbewegt und warte ruhig auf die Früchte seiner Arbeit. Auch lasset euch nicht durch einen anscheinend glänzenden Erfolg täuschen. Die Erfahrungen im Evangelisten-Amte sind ein immerwährendes Gericht über des Menschen eigene Weisheit und Kraft. Nicht einmal nur, sondern vielmal ist es den Evangelisten durch den Heiligen Geist gesagt worden: ihr werdet euren Lohn nicht sehen bis der HERR kommt.

Endlich trachtet nach der Bestätigung eures Wortes durch die den Evangelisten verheißenen mitfolgenden Zeichen, damit euch selbst und Allen klar werde, daß es wirklich Gottes Botschaft ist, die ihr bringet.

Und ihr Diaconen und Unterdiaconen, lasset eure Hingebung an den Gottesdienst und euren reinen Wandel eine Aufmunterung der Gemeinde sein. In der Liebe der Gemeinde müssen die Priester fußen und dadurch erstarken. Ihr seid es, die ihr diese Liebe anfachen und den Priestern entgegen bringen müsset. Bewahret das Geheimniß des Glaubens in reinem Gewissen. Aus eurer Mitte will sich der HERR seine Priester berufen; soll euer Amt die Vorstufe für das Priesterthum sein, so sehet zu, daß ihr die Zeit der Erziehung und Vorbereitung, in der ihr stehet, recht benutzet.

Und nun, geliebte Brüder, befehlen wir euch dem HERRN, der das gute Werk in euch angefangen hat, und es nach seiner Treue in euch und durch euch hinausführen wird bis an den Tag Seiner herrlichen Erscheinung. Dem Vater, dem Sohne und dem Heiligen Geiste sei Preis, Ehre und Anbetung in Ewigkeit. Amen.

Berlin in der Osterwoche 1851.

John Barclay
Heinrich W.J.Thiersch.

(Vorlage: eine Abschrift in Maschinenschrift)

III. Statuten der Katholisch-apostolischen Gemeinden in Preußen (vor 1861 verfasst)

Statuten

des am ... gestifteten religiösen Vereins, genannt die Apostolische Gemeinde zu ...

I. Zweck.

§. 1. Der Zweck des Vereines ist ein rein religiöser, nämlich: daß seine Mitglieder durch Benutzung aller Segensmittel, die der christlichen Kirche gegeben sind, in ihrem geistlichen Leben gefördert und tüchtig gemacht werden, alle ihre Pflichten gegen Gott und Menschen, in ihren Familien und in ihren Geschäften als Bürger und Unterthanen und als Glieder der christlichen Kirche zu erfüllen.

II. Name.

§. 2. Die Gemeindeglieder nehmen für sich und alle Getauften nur den Namen 'Christen' in Anspruch, bedienen sich aber um der äußeren Nothwendigkeit willen des Namens einer Apostolischen Gemeinde.

III. Thätigkeit.

§. 3. Die Segensmittel, vornehmlich Wort und Sacrament, werden von dem Vorsteher und den übrigen in der Gemeinde bestellten Amtsträgern gehandhabt und verwaltet. Dies geschieht theils im besonderen Verkehre mit den Einzelnen, theils und vornehmlich in den allgemeinen Versammlungen der Gemeinde.

§. 4. Dabei wird die Heilige Schrift dem Glauben gemäß erklärt und angewendet, der von Anfang an der christlichen Kirche übergeben ist, wie derselbe in den drei allgemein anerkannten ökumenischen Glaubensbekenntnissen, dem apostolischen, dem nicenischen und dem athanasianischen ausgesprochen ist.

§. 5. Die Gottesdienste und alle heiligen Handlungen werden so gefeiert, wie es in der beiliegenden Liturgie vorgeschrieben ist, insofern es die den bestehenden Landes=Gesetzen schuldige Rücksicht erlaubt.

§. 6. Dann und wann empfängt die Gemeinde Besuch anderer Amtsträger, namentlich eines Apostels und seiner Mitarbeiter. Auch deren Amtsverrichtungen sind in der Liturgie dargelegt.

IV. Mitglieder.

§. 7. Mitglied der Gemeinde zu werden, muß man getauft sein, im lebendigen christlichen Glauben stehen, und die Aufnahme in die Gemeinde begehren, die dann durch den Vorstand vollzogen wird.

§. 8. Durch den Beitritt zur Gemeinde sagt sich Niemand von der Gemeinschaft der allgemeinen Christenheit los. Die Mitglieder verwerfen und verachten auch nicht die sonst bestehenden kirchlichen Ordnungen, sondern empfangen nur zu den Segnungen, die sie schon besitzen oder anderswo haben können, auch noch weitere Segnungen, und zwar vornehmlich diejenigen, die nur durch das apostolische Amt gespendet werden können.

§. 9. Es ist daher den Mitgliedern der Besuch der sonst bestehenden christlichen Kirchen und die Benutzung der darin gebotenen Segnungen keineswegs verboten.

V. *Vorstand*.

§.10. Den Vorstand der Gemeinde bildet ein Oberhirte, dem in der Regel mehrere andere Geistliche zur Hilfe in seinen Funktionen untergeben sind.

§.11. Die Geistlichen werden nicht von der Gemeinde gewählt; sie empfangen Amt und Auftrag von den Aposteln, werden jedoch der Gemeinde nicht aufgedrungen, sondern nur mit Zustimmung derselben angestellt.

§.12. Die übrigen Amtsgehilfen des Vorstehers sind Diakonen, Unterdiakonen und Diakonissinnen. Die Diakonen werden von der Gemeinde gewählt und von dem Vorsteher in ihr Amt gesetzt. Die Unterdiakonen und Diakonissinnen werden vom Vorsteher gewählt und unter Beistimmung der Gemeinde eingesetzt.

§.13. Wie der ganze Zweck des Vereines, so ist auch der Einfluß des Vorstandes streng auf das religiöse Gebiet beschränkt.

§.14. Es wird keinerlei Zwang in der Gemeinde geübt, weder äußerlicher, noch Gewissenszwang.

VI. *Amt*.

§.15. Das Amt des Vorstehers besteht vornehmlich darin, daß er die oberste Leitung der Gemeinde besorgt. Er hat in allen Angelegenheiten zu entscheiden, und thut das Wichtigste selbst.

§.16. Das Amt der übrigen Geistlichen ist, dem Vorsteher bei der Feier der Gottesdienste und der speciellen Seelsorge zu helfen, oder in seinem Auftrage selbstständig zu handeln.

§.17. Das Amt der Diakonen ist, die äußeren Angelegenheiten zu besorgen, die Armen zu besuchen und den Geistlichen bei den Gottesdiensten und der Seelsorge durch Uebernahme der mehr äußerlichen Dinge zu helfen.

§.18. Die Unterdiakonen sind Gehilfen der Diakonen und die Diakonissinnen helfen überall, da, wo eines der genannten Aemter der Hilfe einer Frau bedarf.

VII. <u>Geldmittel.</u>

§.19. Die Mitglieder erkennen sich nach Gottes Wort für verpflichtet, den zehnten Theil ihres reinen Einkommens Christo darzubringen.

§.20. Aus diesen Mitteln wird der Unterhalt der Diener der Gemeinde bestritten. Opfergaben, welche außerdem freiwillig beigesteuert werden, dienen zur Erhaltung des Gottesdienstes und zur Pflege der Armen.

§.21. Die Entrichtung dieser Geldbeträge ist rein dem Gewissen des Einzelnen überlassen, und es findet dabei keinerlei Kontrolle statt. Auch wird Niemand im Voraus zu bestimmten Summen verpflichtet.

VIII. <u>Austritt.</u>

§.22. Ein Mitglied, das sich selbst von der Gemeinschaft zurückzieht, oder lossagt, wird durch keinerlei Zwang zurückgehalten. Innerlich gilt ein solcher noch als Glied der Gemeinschaft; doch dürfen keine anderen als rein geistige Mittel angewendet werden, ihn zur Rückkehr zu bewegen.

<u>Anmerkung</u>. Die Verbindlichkeit dieser Statuten beruht auf ihrer Uebereinstimmung mit der heiligen Schrift, indem sie dasjenige auszusprechen suchen, was der Heiligen (sic) Schrift gemäß in der ganzen christlichen Kirche beobachtet werden sollte.

(Quelle: II/63-64v [Abschrift])

IV. Petition der Oberhirten der Katholisch-apostolischen Gemeinden in Preußen an den König Wilhelm I. vom 25.11.1861

Allerdurchlauchtigster Großmächtigster König,
Allergnädigster König und Herr!

Die allerunterthänigst unterzeichneten Vorsteher apostolischer Gemeinden in Ew. Majestät Staaten nahen ehrfurchtsvoll dem Throne, mit der Bitte um die im Gesetz vorgesehene landesherrliche Genehmigung für ihre Gemeinden, so daß dieselben, wenn auch ohne die, - nur durch ein besonderes Gesetz zu verleihenden, - Corporationsrechte, doch im übrigen die Stellung einer geduldeten Religionsgemeinschaft im Sinne des Allgemeinen Landrechts und des Königlichen Patents nebst der dazu gehörigen Verordnung vom 30. März 1847, erhielten. Zur Begründung dieses Gesuches stellen wir allerunterthänigst vor, wie folgt:

Die apostolischen Gemeinden verdanken ihren Ursprung gewissen vom Geiste Gottes, wie wir glauben und bezeugen, gewirkten Thatsachen, welche zu Anfang der Dreißiger Jahre in England und Schottland zuerst hervortraten. Gläubige Männer hatten damals dort und auch auf dem Continente schon seit Jahren Angesichts des immer weiter fortschreitenden geistlichen Verfalles der Christenheit, einzeln und in Versammlungen den allmächtigen Gott angerufen, sich Seiner Kirche zu erbarmen, Seinen Geist wieder in der Kraft und Fülle wie im Anfange wirken zu lassen, und so den Glauben, die Hoffnung und Liebe der ersten Jünger in dem Geschlechte dieser letzten Tage wieder hervorzurufen. In Antwort auf solche zahlreiche und inbrünstige Gebete traten zuerst im Jahre 1830 in Schottland jene Gaben des Heiligen Geistes, welche im Anfang der Kirche in allgemeiner Uebung der Christen waren (1 Cor. 12-14 und v.a.m.), aber nach Verlauf der ersten Jahrhunderte nur noch sporadisch in der Christenheit vorgekommen sind: Weissagung, Zungenreden, Visionen, Krankenheilungen u.s.w. wieder mächtig hervor. Aber - und dies war das Unterscheidende der neuen Erweckung - die Frucht jener geistlichen Erscheinungen war nicht ein schwärmerisches Treiben inspirirter Individuen, dergleichen sonst oftmals aufgetaucht und wieder verschwunden ist, sondern ein wahrhaft solider kirchlicher Aufbau, geeignet, den Ausgangspunkt für die Reconstituirung und Vollendung der ganzen Kirche Christi abzugeben. Die Summa der Worte, welche damals durch geistliche Antriebe gesprochen wurden, ging dahin, daß der HErr von nun an ein Heilswerk eigener Hand beginne, um Seine ursprünglichen Stiftungen wieder herzustellen und die Kirche - mit Vielen oder Wenigen - vorzubereiten auf Seine Wiederkunft in der Herrlichkeit. Im Verfolg solcher göttlichen Ankündigungen wurden zwölf Männer bezeichnet, in deren unmittelbarer Berufung Gott das apostolische Amt wieder erneuerte, und denen Er die Leitung dieses Gnadenwerkes an Seiner Kirche anvertraute. Durch die so berufenen Apostel ward bereits im Jahre 1836 ein Testimonium an die geistlichen und weltlichen Häupter der Christenheit angefertigt, worin sie über die verhängnißvolle Lage der Kirche und der christlichen Völker, über den Weg zur Rettung durch das jetzige Wirken Gottes, über ihre eigene Sendung und die Grundsätze ihres Verfahrens mit denen, die ihre Botschaft annehmen würden, Zeugniß und Rechenschaft gaben. Wir erlauben uns, ein Exemplar dieses Testimoniums der Apostel unter Anlage A *ehrfurchtsvoll anzuschließen.*

Durch die Apostel wurden in den Gemeinden, welche sich zuerst in England, Schottland und Irland, dann in Frankreich, Nordamerika, der Schweiz, endlich auch in Norddeutschland um sie sammelten, jene Ordnungen der Verfassung, welche der Kirche im Anfang gegeben waren, nach dem Worte der heiligen Schrift (1 Kor.12,28ff. Ephes.4,11ff. u.a.m.) und dem damit übereinstimmenden Lichte, das durch Weissagung fortwährend zuströmte, wieder aufgerichtet. Verschiedene Männer wurden vom Heiligen Geiste berufen und von den Aposteln ordinirt, um als Propheten, Evangelisten, Hirten und Lehrer, als Mitarbeiter der Apostel in der Sorge für die Angelegenheiten der ganzen Kirche thätig zu sein. An die Spitze jeder Hauptgemeinde ward zur Aufsicht über sie und die damit verbundenen Filiale ein Bischof *(nach biblischer Bezeichnung auch der Engel der Gemeinde genannt, Offenb.Joh.2.3.) gestellt und unter ihm die Ordnungen der* Priester *für die Seelsorge, der* Diakonen *für die äußeren Angelegenheiten der Gemeinde, beide je in einer der Größe und den Bedürfnissen der Gemeinde entsprechenden Anzahl.*

Diese Grundzüge der kirchlichen Verfassung, wie sie unter uns besteht, namentlich soweit sie sich in der Einrichtung der Localgemeinden darstellen, haben die Gemeinden Preußens in übereinstimmender Form in die Statuten aufgenommen, welche sie bei ihrer Constituirung als religiöse Vereine im Sinne des Gesetzes vom 11. März 1850 den Polizeibehörden vorzulegen hatten. Eine Abschrift dieses Statuten=Formulars bildet Anlage B.
Weiter übergaben die Apostel den Gemeinden eine <u>Liturgie</u>, *als die Vorschrift zur Abhaltung jener wahren und würdigen kirchlichen Anbetung, welche in den Gottesdiensten der Gemeinden geübt werden sollte. Ein Exemplar derselben haben wir als* Anlage C *allerunterthänigst beigefügt.*
Die Grundsätze der christlichen Glaubenslehre, welche bei uns aufrecht gehalten wird, erhellen durchweg schon aus den vorbezeichneten Schriftstücken. Eine concentrirtere Darstellung derselben giebt das Manifest oder Zeugniß, welches die Gemeinden Norddeutschlands im Jahre 1856 veröffentlicht haben, um unter den immer bedrohlicher gewordenen kirchlichen, politischen und socialen Schwierigkeiten der Zeit die Aufmerksamkeit aller ihrer Mitchristen auf die göttliche Reformation zu lenken, welche in den apostolischen Gemeinden begonnen ist. Indem wir dasselbe sub lit. D *anschließen, fügen wir ehrfurchtsvoll über unser Verhältniß zu den bestehenden christlichen Confessionen noch Folgendes hinzu.*
Wir legen den größten Nachdruck darauf, nicht eine neue Secte zu bilden, welche sich durch irgend einen fundamentalen Unterschied der Lehre oder des Lebens von dem Leibe der Kirche getrennt hätte. Im Gegentheil glauben wir den einzigen wahrhaft katholischen Standpunkt einzunehmen, der, allen Christen gleich nahe gelegt, in dem großen Worte der heiligen Schrift bestehet, daß <u>alle</u> Getaufte den Leib Christi, die Kirche Gottes bilden.(Röm.6,3ff. 12, 4ff. 1 Cor. 12,12.13 u.a.m.) Wir vermögen uns daher weder mit einer der großen, geschichtlich gewordenen Confessionen zu identificiren, noch auch von denselben oder irgend einer anderen christlichen Gemeinschaft ausdrücklich loszusagen, insofern in ihnen allen insgesammt und in jeder einzelnen nur in einem Theile die Eine Kirche Christi, die Gemeinde der Getauften besteht, deren gesammtes Leben wir mitleben, deren gesammten Gliedern wir uns verbunden halten wollen. Eben darum legen wir uns keine neue, den herkömmlichen ähnliche Partheibezeichnung bei - den vielfach uns beigelegten Namen "Irvingianer" müssen wir als principiell und thatsächlich unrichtig zurückweisen -, sondern begnügen uns, wenn einmal eine Benennung unserer Gemeinschaft gefordert wird, mit Epitheten, die ebenso gewiß allen christlichen Kirchen zukommen, als sie leider aus der Praxis aller verschwunden, oder doch gegenüber den confessionellen Benennungen in Schatten getreten sind: als <u>apostolische</u> oder <u>katholisch-apostolische</u> Gemeinden.
Demgemäß lehnen wir ferner jegliche Verpflichtung zu den besonderen Symbolen der getrennten römischen, griechischen und evangelischen Confessionen, z.B. dem Tridentinum, der Augsburgischen Confession u.s.w. ab, ohne damit ein Verwerfungsurtheil über deren relativen Wahrheitsgehalt aussprechen zu wollen. Wir halten uns außer an die kanonischen Bücher der heiligen Schrift alten und neuen Testaments einfach an die drei oekumenischen, von allen rechtgläubigen Christen verehrten Symbole der alten Kirche, das apostolische, nicenische und athanasianische; indem wir das weitere Detail der Lehrbestimmungen der En(t)-faltung einer gesunden, auf jenen Grundsäulen ruhenden Glaubenserkenntniß und den Entscheidungen überlassen, welche die Apostel in Uebereinstimmung mit dem geschriebenen

Worte Gottes vorkommenden Falles treffen oder treffen möchten. Wir vermeiden principiell alles Lehrgezänk und namentlich die Einmischung in die seit Jahrhunderten festgestellte Polemik der großen Confessionen, nur bestrebt, die Vollgestalt der allzulang zerrissenen christlichen Wahrheit festzuhalten, in den Christen jeder Confession das Bewußtsein ihrer Zusammengehörigkeit in der Einen Heerde Christi zu stärken, und der Geringfügigkeit ihrer Streitpunkte gegenüber die große Thatsache ihrer göttlichen Vereinigung hervorzuheben.
So kann auch von sectirerischen Besonderheiten der Moralgrundsätze bei uns keine Rede sein. Das Gesetz der Liebe, das hauptsächlichste, welches der HErr den Seinigen gegeben hat, suchen wir in gewissenhafter Ausführung der zehn Gebote gegen Gott wie gegen den Nächsten zu verwirklichen und in den Gemeinden durch jene einzig rechtmäßige Kirchenzucht einzuschärfen, welche sich mit der Würde und der Freiheit jedes Christen verträgt.
- Wir verfolgen keine eigenen politischen oder socialen Ziele, sondern ermahnen die Glieder der Gemeinden, Gott mit reinem Gewissen auf jeder Gesellschafts= oder Amtsstufe zu dienen, auf die sie gestellt sein mögen, und Ihm durch treue Erfüllung ihrer persönlichen, bürgerlichen und amtlichen Pflichten wohlzugefallen. Wir ehren den König und alle Obrigkeit als Gottes Ordnung und bringen für den weltlichen Stand täglich in unsern Gottesdiensten besondere Fürbitte dar. - Wir erkennen die Pflicht der Christen an, auf den Ruf des Königs und nach den Gesetzen des Landes Kriegsdienste zu thun. - Wir halten den Eid heilig und haben keine Einwendung gegen irgend eine mit dem Glauben an Gott und Sein heiliges Evangelium verträgliche und vom Gesetz vorgeschriebene Eidsformel. Indem wir hierzu noch unsern Katechismus als Anlage E *beifügen, berufen wir uns zugleich freudig auf das Zeugniß der Königlichen Behörden, unter deren Augen die Gemeinden in Preußen zum Theil schon seit dem Jahre 1848 bestanden haben.*

Königliche Majestät! durch das vorstehend allerunterthänigst Vorgetragene und die hinzugefügten Anlagen dürfen wir glauben, den vom Allg. Landrecht (Theil II Tit. 11, § 21) erforderten Nachweis geliefert zu haben, daß unsere Religionsgesellschaft (sofern sie als eine neugebildete erschiene) nichts lehrt, oder treibt, "was mit der Ehrfurcht gegen die Gottheit dem Gehorsam gegen die Gesetze, der Treue gegen den Staat oder der allgemeinen Sittlichkeit unvereinbar wäre." -
Wir erlauben uns demnächst zur ferneren Unterstützung unseres allerunterthänigsten Gesuches um die landesherrliche Genehmigung einige Data über die äußeren Verhältnisse der Gemeinden ehrfurchtsvoll vorzulegen.
Es sind dermalen in Preußen sechs Hauptgemeinden oder Diöcesen apostolischer Gemeinden errichtet, nämlich:

1. <u>Berlin</u>, *gestiftet 1848; 450 erwachsene Communicanten mit 10 Priestern, 16 Diakonen und 6 Diakonissinnen.*
   Hierzu gehören als Filiale:
   a, <u>Spandau</u>, *gestiftet 1849, 25 Communicanten mit 1 Priester, 2 Diakonen,*
   b, <u>Rathenow</u>, *gestiftet 1851, 30 Communicanten, mit 2 Diakonen;*
2. <u>Stettin</u>, *gestiftet 1850; 180 erwachsene Communicanten mit 2 Priestern, 4 Diakonen, 3 Diakonissinnen;*

hierzu als Filiale:
 a, <u>Bromberg</u>, gestiftet 1860, 140 Communicanten mit 1 Priester, 1 Diakonen 1 Diakonissin,
 b, <u>Posen</u>, gestiftet 1856, 78 Communicanten, 1 Priester, 2 Diakonen, 2 Diakonissinnen;
 c, <u>Frankfurt a.O.</u> gestiftet 1850, 39 Communicanten mit 1 Priester, 2 Diakonen, 1 Diakonissin,
 d, <u>Guben</u>, gestiftet 1854, 70 Communicanten 1 Priester, 2 Diakonen, 1 Diakonissin,
3. <u>Liegnitz</u>, gestiftet 1850, 93 erwachsene Communicanten mit 2 Priestern, 4 Diakonen, 3 Diakonissinnen;
 hierzu als Filiale:
 <u>Buchwäldchen</u>, gestiftet 1850, 28 Communicanten mit 1 Priester, 1 Diakonen, 1 Diakonissin;
4. <u>Bublitz</u>, gestiftet 1850 194 erwachsene Communicanten mit 4 Priestern, 7 Diakonen, 3 Diakonissinnen.
 Dazu die Filiale:
 a, <u>Neustettin</u>, gestiftet 1849, 92 Communicanten mit 2 Priestern, 4 Diakonen, 3 Diakonissinnen
 b, <u>Ratzebuhr</u>, gestiftet 1852, 44 Communicanten mit 2 Diakonen, 2 Diakonissinnen,
 c, <u>Muddel-Pennekow</u> gestiftet 1851, 64 Communicanten mit 4 Diakonen, 2 Diakonissinnen
 d, <u>Bütow</u>, gestiftet 1853, 48 Communicanten mit 1 Priester, 4 Diakonen, 3 Diakonissinnen.
 e, <u>Rummelsburg</u>, gestiftet 1859, 84 Communicanten mit 1 Priester, 3 Diakonen, 2 Diakonissinnen,
5. <u>Königsberg i. Pr.</u>, gestiftet 1853, 364 erwachsene Communicanten mit 6 Priestern, 11 Diakonen, 10 Diakonissinnen.
 Hierzu die Filiale:
 a, <u>Danzig</u>, gestiftet 1854, 87 Communicanten mit 2 Priestern, 4 Diakonen,
 b, <u>Insterburg</u>, gestiftet 1861, 110 Communicanten 1 Priester, 2 Diakonen.
 c, <u>Memel</u>, gestiftet 1852, 133 Communicanten mit 2 Priestern, 4 Diakonen,
6. <u>Magdeburg</u>, gestiftet 1857, 215 erwachsene Communicanten, mit 3 Priestern, 5 Diakonen, 4 Diakonissinnen,
 hierzu als Filiale:
 a, <u>Burg</u>, gestiftet 1852, 20 Communicanten mit 2 Diakonen,
 b, <u>Erfurth</u>, gestiftet 1859, 138 Communicanten, mit 2 Priestern, 2 Diakonen,
 c, <u>Wittenberg</u>, gestiftet 1861, 58 Communicanten mit 1 Priester und 2 Diakonen.

Wir haben also augenblicklich in Preußen in Allem 24 Gemeinden mit etwa 3000 erwachsenen Communicanten. Die Zahl der Communicanten ist beinahe in allen Gemeinden während der ganzen Zeit ihres Bestandes in stetigem Wachsthum gewesen. Neue Gemeinden sind in der Bildung begriffen und werden auch in Zukunft durch Gottes Gnade, ohne Zweifel noch fortwährend entstehen. Wir können getrost aussprechen, eine vielleicht nur allmählich, und ohne Lärmen, aber desto sicherer anwachsende Religionsgemeinschaft zu sein, welche ihre Lebensfähigkeit seit den 13 Jahren ihres Auftretens in Preußen hinreichend bewährt haben dürfte. Mehrere Gemeinden besitzen kirchliche Localitäten oder Kapellen auf eigenem Grund und Boden, obwohl dieselben in Ermangelung von Corporationsrechten auf die Namen der jedesmaligen Diakonen oder anderer Gemeindebeamten hypothekarisch eingetragen sind. Zu eigenen Schulanlagen haben wir weder bisher irgend eine Veranlassung gefunden, noch dürften wir uns jemals, auch bei günstigeren Verhältnissen zu dergleichen entschließen. Der gesetzliche Schulunterricht, ergänzt durch besonderen Religionsunterricht, den die heranwachsende Jugend durch die Priester der Gemeinden zur Vorbereitung auf die Einsegnung empfängt, genügt unseren Bedürfnissen und Ansprüchen.

Die pecuniäre Fundirung der Gemeinden ist ein für allemal dadurch gesichert, daß wir die Darbringung des Zehnten unseres reinen Einkommens als ein bleibendes Gebot Gottes, und darum als eine heilige, religiöse Pflicht betrachten, deren Erfüllung den Gemeindegliedern, wenn auch ohne jegliche formelle Controle, allein rein um des Gewissens willen obliegt. Indem den Gläubigen eine gemeindliche Organisation und seelsorgerische Fürsorge am Orte selbst nur in dem Maße gewährt wird, als ihre genügende Anzahl und der Betrag ihres Zehnten dies ermöglicht, entgehen wir den meisten finanziellen Schwierigkeiten, denen kirchliche Neubildungen ausgesetzt zu sein pflegen. Wenn aber die Fundirung der Gemeinden durch den Gott geweiheten Zehnten selbst zu einem Glaubenspunkte wird, so erfreuen sich die Gemeinden der einzigen und zugleich größten Sicherung ihres äußeren Daseins, welche nach unserer Ueberzeugung der Kirche hienieden gestattet ist. Den Besitz von Liegenschaften, mit einziger Ausnahme von solchen, die unmittelbar zu kirchlichen Gebäulichkeiten dienen, würden wir, auch wenn uns deren gesetzliche Uebernahme möglich wäre, grundsätzlich ablehnen, weil durch deren Verwaltung die Geistlichkeit unvermeidlich in weltliche Sorgen und Geschäfte verwickelt wird.

Endlich, um auch diese Seite der äußeren Erscheinung der Gemeinden nicht unberührt zu lassen, was die Personalien unserer Geistlichkeit betrifft, so werden zu Priestern, die durch apostolische Ordination nach vorausgehender Candidatenprüfung in das Amt gesetzt sind, nur solche Männer gewählt, die im Stande sind, die christliche Glaubens= und Sittenlehre in ihrer Tiefe und in ihrem Zusammenhange sowohl selbst zu verstehen als auch auf würdige und verständliche Weise vorzutragen. Eigentlich gelehrte und besonders theologische Vorbildung wird indessen, obwohl gewünscht, doch nicht als unerläßlich angesehen. Unter unseren Geistlichen finden sich daher außer studirten Theologen auch zahlreich Männer aus anderen höheren und geringern Ständen, zum Theil selbst solche, die noch in ihren weltlichen Berufsarten thätig sind. - Zu Diakonen werden absichtlich solche Männer gewählt, die neben den erforderlichen geistlichen Eigenschaften durch den Betrieb eines weltlichen Amtes oder Geschäftes in der Lage sind, ihren Brüdern ein Vorbild für das Verhalten der Christen in der Welt zu geben.

Königliche Majestät! Indem Allerhöchst Ihnen wir die voranstehenden Angaben über die äußeren Verhältnisse unsrer Gemeinden zu einer hochgeneigten Würdigung unterbreiten, geben wir uns der Hoffnung hin, Ew. Majestät werden der zugleich soliden und ächt biblischen und kirchlichen Einrichtung, deren wir uns durch Gottes Gnade erfreuen, die Anerkennung nicht versagen, durch welche der Erfolg unseres Gesuches zunächst bedingt ist.

Wir kommen nunmehr zu der staatsrechtlichen Begründung unsrer allerunterthänigsten Bitte.

Der Art. 13 der Verfassungsurkunde bestimmt, daß Corporationsrechte an Religions= und geistliche Gesellschaften nur durch ein besonderes Gesetz ertheilt werden können. Nun hat aber Ew. Majestät Regierung wiederholt erklärt, daß ihr die Verhältnisse der "Dissidenten" noch nicht dazu reif erscheinen, um ihrerseits die gesetzliche Verleihung von Corporationsrechten an dieselben veranlassen zu können. Hiebei sind offenbar auch unsere Gemeinden mitgemeint. Wir freilich werden immer, soviel an uns ist, die Anwendung des religiösen und kirchlichen Begriffes der Dissidenz auf unsere katholisch-apostolischen Gemeinden abweisen müssen, es aber schwerlich hindern können, mit wirklichen Dissidenten in Eine staatsrechtliche Kategorie gestellt zu werden. Daß demgemäß Ew. Majestät Regierung auch unsere Verhältnisse für noch nicht reif zur Ertheilung von Corporationsrechten halten werde, müssen <u>wir</u> sowohl nach ihren erwähnten allgemeinen Aeußerungen, als insbesondere aus einem Ministerialrescripte vom October 1859 befürchten. Kraft desselben wurde nämlich dem Vorsteher der apostolischen Gemeinde zu Magdeburg durch die Königliche Regierung daselbst auf sein Gesuch betreffend die Rechte der juristischen Person eröffnet, "daß es für die Staatsregierung an zureichendem Anlasse fehle, zur Herbeiführung eines bezüglichen Gesetzes in vorliegendem Falle die Initiative zu ergreifen." Sicherlich empfinden wir unsererseits keine geringe Schwierigkeit, wie wir auch in Zukunft die Reife und Vertrauenswürdigkeit unserer Verhältnisse besser darthun sollten, als sie sich nach einer dreißigjährigen Dauer des ganzen Werkes, nach dreizehn Jahren seit Begründung von Gemeinden in Preußen, bei dem stetigen Anwachsen, dem biblischen Glaubensgrunde, der wahrhaft kirchlichen Verfassung, der ganzen soliden inneren und äußern Haltung der Gemeinden, schon jetzt darstellen. Wie dem auch sei, so haben wir uns in die beschwerliche Lage, die Rechte der juristischen Person selbst für den Besitztitel unserer Kirchengebäude noch länger entbehren zu müssen, vorläufig ergeben. Wir haben daher neuerdings weder Ew. Majestät Regierung, noch die hohen Häuser des Landtages mit Petitionen um ein Corporationsgesetz behelligt, sondern uns diesfalls ganz auf die Erwartung der allgemeinen Maßnahmen begeben, welche Ew. Majestät Regierung in Aussicht gestellt hat, und welche dann sicherlich auch uns zu Gute kommen werden.
Indem wir aber jetzt Ew. Majestät Throne mit ehrfurchtsvoller Bitte nahen, haben wir ein Ziel im Auge, dessen Erreichung lediglich von landesherrlicher Concession abhängig, uns eine gesetzlich begründete Stellung verschaffen würde, die unseren Bedürfnissen doch einigermaßen genügte. Wir bitten allerunterthänigst um die landesherrliche Genehmigung der Rechte einer geduldeten Religionsgesellschaft, vorläufig ohne Corporationsrechte.
Das Gesetz unterscheidet drei Kategorien religiöser Gesellschaften: öffentlich aufgenommene Kirchengesellschaften mit den Rechten privilegirter Corporationen, (A.L. Th.II. Tit. 11 § 17ff. vergl. N° 5 der "Zusammenstellung der im A.L. enthaltenen Bestimmungen über Religionsfreiheit", bei dem Königlichen Patent betreffend die Bildung von neuen Religionsgesellschaften vom 30. März 1847); ferner geduldete Religionsgesellschaften, deren Rechte sich nach der besonderen Concession bestimmen, welche ihnen vom Landesherrn ertheilt wird, (Allg.L. Th.II Tit.11. § 20.27.ff. vergl. Zusammenstellung p. N° 4); endlich religiöse Privatgesellschaften oder Vereine ohne besondere staatsrechtliche Concession und Stellung (A.L. Th.II Tit. 6 § 1.2., vergl. Zusammenstellung sub. N° 2 und Verf.Urk. § 29.30., sowie Verordnung über Vereins= und Versammlungsrecht p. vom 11. März 1850). Die Klasse der geduldeten Religionsgesellschaften unterscheidet sich von den öffentlich aufgenommenen (A.L. Theil

II Tit. 11 § 17 u. § 237), insbesondere den geschichtlich und nach Staatsverträgen bevorrechteten Kirchen (patent vom 30.März 1847 alinea 1, und Zusammenstellung p. N° 5), wesentlich dadurch, daß sie weder die Rechte privilegirter Corporationen, noch überhaupt nicht notwendig irgendwelche Corporationsrechte haben. Die Verf.Urk. § 13 setzt das Dasein von "Religionsgesellschaften" - also im Sinne der sonstigen Gesetzgebung sowohl von staatlich concessionirten als auch blos privaten, vereinsrechtlichen - voraus, "die keine Corporationsrechte haben". Das Allg.L. (Theil II Tit. 6 § 25 und öfter) unterscheidet klar Gesellschaften, die zwar vom Staat ausdrücklich genehmigt sind, aber dennoch keine Corporationsrechte haben. Endlich die "Zusammenstellung" p. zu dem Patent vom 30. März 1847, die hier N° 4 ergänzend eintritt, und die Anwendung dieser landrechtlichen Bestimmungen auch auf kirchliche Gesellschaften constatirt, erwähnt nirgends die Corporationsrechte als ein der Kategorie der geduldeten Religions=Gesellschaften wesentliches Attribut.

Es ist also klar, daß eine bis dahin nur auf dem Boden des Vereinsrechtes stehende Religionsgesellschaft durch staatliche Concession in die Categorie der ausdrücklich geduldeten Religionsgesellschaften auch so erhoben werden kann, daß sie keine Corporationsrechte erhält. Nun ist aber gerade nur die Verleihung von Corporationsrechten durch § 13 der Verf.Urk. von einem durch alle Factoren der Gesetzgebung zu erlassenden Gesetze abhängig gemacht, während in Bezug auf die sonstige staatliche Genehmigung das frühere Recht oder die zu Rechte bestandene Praxis der Concessionirung lediglich durch landesherrliche Entschließung offenbar unverändert geblieben ist. Es werden einer solchergestalt landesherrlich genehmigten Religionsgesellschaft immerhin noch wichtige Rechte zu Theil, die dem bloßen Vereine versagt sind, nämlich die in der Königlichen Verordnung vom 30. März 1847 betreffend die Geburten, Heirathen und Sterbefälle p. § 1-15. incl. detailirten Rechte.

Allergnädigster König! Die Erlangung der Rechte, welche in der bezeichneten Verordnung der Kategorie der geduldeten Religionsgesellschaften zugestanden werden (§ 1) ist für uns von der höchsten Wichtigkeit. Die apostolischen Gemeinden haben bisher lediglich als religiöse Privatgesellschaften im Sinne des Allg. Landr. (Zusammenstellung p N° 2) oder als Vereine nach Maßgabe des Gesetzes vom 11. März 1850 bestanden. Diese Stellung hat zwar unsere Versammlungen (mit den im Vereinsgesetz enthaltenen Umständlichkeiten) und unsere Predigten gedeckt, aber uns nicht einmal die freie Ausübung eigentlicher Religionshandlungen, als der Taufe, des heiligen Abendmahls u.s.w. so unzweifelhaft gesichert, daß nicht unsere Priester öfter wegen Anmaßung geistlicher Amtshandlungen gerichtlich verfolgt worden wären. Und die Anklage pflegte sich dabei nicht ohne Anschein auf die landrechtlichen Bestimmungen zu berufen, nach denen die Glieder bloßer religiöser Privatgesellschaften in rechtlicher Beziehung lediglich als Angehörige derjenigen Religionsparthei angesehen werden sollten, zu der sie bis dahin gehört haben (Zusammenstellung p. zu dem Patent vom 30. März 1847 sub. N° 2). Glücklicher Weise haben die Königlichen Gerichte resp. Obergerichte in besserer Würdigung der verfassungsmäßigen Religionsfreiheit jene Anklagen, wenigstens in den meisten Fällen zurückgewiesen.

Dagegen sind wir wegen der rechtsgültigen Feststellung unserer Geburten, Trauungen und Sterbefälle oftmals polizeilichen Bedrohungen und immer rechtlichen Beeinträchtigungen ausgesetzt, für welche wir bisher keine Abhilfe bei einer höheren Instanz möglich gefunden haben, so lange wir als bloße Vereine bestehen. Die kirchlichen und namentlich evangelischen Oberbehörden haben nämlich, weil sie sich von der göttlichen Berechtigung unseres Bestehens und Wirkens bis dahin nicht überzeugten, keine Bedenken getragen, uns zu excommuniciren und von den Religionshandlungen der bevorrechteten Kirchengesellschaften auszuschließen. Können wir demgemäß die Taufe unserer Kinder, die Trauung und selbst das Aufgebot unserer Ehen, die kirchliche Bestattung unsrer Todten bei den Geistlichen der Parochie, der wir durch unsern Wohnort angehören, entweder garnicht oder nur gegen gewissensbeschwerende Clauseln erhalten, so haben uns andererseits auch die Ortsgerichte den Zugang zu ihren Civilstandsregistern versagen zu müssen geglaubt, weil wir Bedenken tragen, förmliche Austrittserklärungen abzugeben (Verordnung vom 30. März 1847 § 16 p). Wir scheuen uns aber Gewissenshalber durch eine solche Erklärung in Widerspruch mit dem Hauptartikel unsers Glaubens an die Kirche, daß sie sei die Gemeinschaft aller Getauften, zu treten, und den Anschein auf uns zu laden, als trennten wir uns dennoch, um eines Rechtsvortheils willen von den Getauften in den bevorrechteten Kirchengemeinschaften: So ist es geschehen, daß wir, in dem Maße, als die kirchenbehördlichen Maßregeln gegen uns streng gehandhabt wurden, eigentlich gar keine Möglichkeit mehr hatten, unserer und unserer Kinder gesammten Personalstatus auf rechtsgültige Weise festgestellt zu bekommen. Von den Kirchenbüchern, welche öffentlichen Glauben haben, abgewiesen, zu den gerichtlichen Civilstandsregistern nicht zugelassen, haben wir schwere Rechtsnachtheile nicht nur für uns selbst zu befahren, sondern haben auch den Königlichen Dienst in der Einen Hinsicht beeinträchtigen müssen, daß unsere jungen Männer dereinst in keiner der amtlichen Verzeichnisse, welche als Grundlagen der Militairaushebung benutzt werden, sich finden würden.

Königliche Majestät! Die Unzuträglichkeiten, unter denen unsere apostolischen Gemeinden solchergestalt leiden, sind schwerer, weil umfassender, als diejenigen, welche Ew. Majestät Regierung wiederholt bewogen haben, mit Gesetzesvorschlägen zu Gunsten der Wiederverheirathung Geschiedener und zu Gunsten von Dissidenten, wie der freien Gemeinden, Deutschkatholiken u.s.w. hervorzutreten. Denn die Lücke in der Gesetzgebung, durch welche jene Ersteren betroffen werden, bezieht sich doch nur auf den einen Punkt der Eheschließung, und die erwähnten Dissidenten haben wenigstens keine so schweren, auf den Grund ihres Glaubens und ihrer Lehre hinabreichenden Gewissensbedenken gegen Austrittserklärungen, als wir. Allerdings ist uns nicht unbewußt, daß die Landesgeistlichen in Bezug auf die Führung der Kirchenbücher rechtlich als Civilstandsbeamte zu betrachten [Richter, Lehrbuch des Kirchenrechts § 279], folglich dem Königlichen Ministerium unterworfen sind und daher höheren Ortes angehalten werden könnten, auch unsern Personalstatus, obwohl man uns kirchlich excommunicirt hat, unweigerlich in ihren Kirchenbüchern einzutragen. Aber abgesehen von den Schwierigkeiten, die dann noch immer bezüglich unserer Trauungen und Eheschließungen bestehen bleiben würden, so haben wir Bedenken getragen, das Königliche Justiz= resp. Cultusministerium um Seine Intervention in diesem Sinne anzugehen, weil wir die mißliebigen Begegnungen und Gewissensbeschwerungen vermeiden wollten, welchen unsere Gemeindeglieder öfter ausgesetzt sein dürften, wenn den Geistlichen der privilegirten Kirchen die Vollziehung unserer Personalstandsacta anbefohlen würde. -

Allergnädigster König! Wir haben die Beschwerlichkeiten, Nachtheile und geistlichen wie weltlichen Bedrückungen, welche durch unsere bisherigen Rechtsverhältnisse herbeigeführt, oder ermöglicht waren, seit einer Reihe von Jahren geduldig ertragen und gemäß den Grundsätzen christlicher Ergebung, die uns heilig sind, weder in der Presse, noch bei den Behörden und höheren Staatsgewalten viel Aufhebens davon gemacht. Wir haben in den letzten Jahren auf die Erledigung unserer Beschwerden durch die von Ew. Majestät Regierung gemachten Gesetzesvorschläge über facultative Civilehe und Ordnung der Civilstandsregister gehofft. Nachdem aber auch diese allgemeine Regulirung einer weiteren Zukunft, deren Eintreten schwerlich genau zu bestimmen ist, aufbehalten werden mußte, so haben wir im Hinblick auf den HErrn im Himmel, der die Herzen der Könige lenkt, es nunmehr gewagt, unsere Lage Ew. Majestät allerunterthänigst vorzustellen und von Allerhöchst Ihrer Weisheit und Gerechtigkeitsliebe diejenige Verbesserung derselben zu erflehen, welche die Gesetze des Landes vorzeichnen, nämlich:

Ew. Majestät wolle huldreichst geruhen kraft Allerhöchst Ihrer landesherrlichen Prärogative: "Die Religionsgemeinschaft der apostolisch-katholischen (sic) *Gemeinden nach vorgenommener Prüfung ihrer Verfassung, Lehren und Gebräuche, in die Kategorie der geduldeten Religionsgesellschaften aufzunehmen, dieselbe - jedoch unter Ausschluss von Corporationsrechten, die ihnen nur durch ein besonderes Gesetz verliehen werden können - der in der Verordnung vom 30. März 1847 § 1-15 detailirten Rechte theilhaftig zu erklären so zwar, daß die künftig etwa noch entstehenden Gemeinden derselben Religionsgemeinschaft auch zu derselben rechtlichen Stellung zugelassen werden sollen, und Allerhöchst Ihren Justizminister mit der Ausführung der bezüglichen Kabinetsordre Allergnädigst zu beauftragen."*

Allergnädigster König! Das Königliche Patent vom 30. März 1847 enthält unter alinea 3 die Verheißung, daß eine "Religionsgesellschaft, die sich in Hinsicht auf Lehre und Bekenntniß mit einer der durch den Westphälischen Friedensschluß in Deutschland anerkannten christlichen Religionspartheien in wesentlicher Uebereinstimmung befindet", u.s.w. noch höherer Rechte theilhaftig werden sollte, als die in der gleichzeitigen Verordnung den "geduldeten Religionsgesellschaften" zugestandenen, - Rechte, wie sie z.B. seiner Zeit durch eine Königliche Generalconcession den separirten Lutheranern gegeben worden sind. Wir unsererseits glauben und könnten es unschwer nachweisen, daß wir alle in jener Stelle des Patents namhaft gemachten Bedingungen erfüllen, daß wir insbesondere nach Lehre, Bekenntniß und Cultus nicht nur mit einer jener staatsrechtlich anerkannten christlichen Confessionen, sondern mit ihnen allen zugleich in der wesentlichsten Uebereinstimmung uns befinden, daß wir recht eigentlich den Consensus der bisher getrennten Confessionen repräsentiren und also, wenn irgend Jemand, einen Anspruch auf jene Königliche Verheißung hätten. Dennoch wollten die allerunterthänigst gezeichneten gern allen weiter aussehenden Ansprüchen entsagen, durch welche mancherlei weitläufige, rechtliche und politische Erörterungen veranlaßt werden könnten, wenn die nur jenes geringere Maß von Rechten erlangten, welches zugleich ihrem eigenen dringenden Bedürfniß und dem staatlichen Erfordernisse einer nothdürftigen Ordnung dieser Verhältnisse einigermaßen genügen könnte. Für den Fall, daß Ew. Majestät behufs der Prüfung unserer Verhältnisse über einzelne mit unserm alleruntherthänigsten Gesuche zusammenhängende Fragen weitere Auslassungen von unserer Seite zu befehlen geruhen sollten, haben wir einen Ausschuß von Männern unserer Gemeinden ernannt, um die Befehle Ew. Majestät entgegen zu nehmen und Allerhöchst Ihnen oder Dero Beauftragten jegliche Auskunft zu ertheilen. Mögen Ew. Majestät geruhen, in dieser Hinsicht eventuell die folgendsgenannten Herrn vernehmen zu lassen:

den alleruntherthänigst mitunterzeichneten Pastor Rothe, Oranienstraße 135, den Königlichen Obristlieutenant a.D. Moritz v. d. Brinken (sic), Alexandrinenstraße 89, beide zu Berlin; den Lic. d. Theol. Dr. Roßteuscher, Große Schulstraße 15 zu Magdeburg, welche sich auf jeden gegen Einen von ihnen diesfalls kundgemachten Befehl versammeln und als unsere Bevollmächtigten erforderliche Berichte geben werden.

Indem wir mit schuldiger christlicher Fürbitte für Ew. Majestät Allerhöchste Person, Haus und Regierung verharren, wagen wir schließlich auf allergnädigste Berücksichtigung unseres Gesuches zu hoffen.

Ew. Majestät, ihres Allergnädigsten Königs

Berlin, den 25. November 1861.   *alleruntherthänigste und treugehorsamste: die ersten Geistlichen und Vorsteher der apostolisch-katholischen Gemeinden in Preußen:*

    (sign.) C. Rothe,   Berlin, zugleich für die Gemein den zu Spandau und Rathenow,
    =   F.W. Becker, Stettin, zugleich für die Gemeinden zu Bromberg, Posen, Frankfurth a.O. und Guben.
    =   E. Schwarz, Königsberg, zugleich für die Gemeinden zu Danzig, Insterburg und Memel,
    =   C. Hennig,   Liegnitz, zugleich für die Gemeinde zu Buchwäldchen,
    =   C. Döhring, Bublitz, zugleich für die Gemeinden zu Neustettin, Ratzebuhr, Muddel-Pennekow, Bütow und Rummelsburg,
    =   E. Roßteuscher, Magdeburg, zugleich für die Gemeinden zu Burg, Erfurt und Wittenberg.

(Quelle: III/204-213 [Abschrift; das Original befindet sich in II/49-61v])

V. Brief von C.Rothe *"An meine zerstreuten Gemeindeglieder"* vom 6./9.1.1863

Berlin, den 6.Januar 1863.

An meine zerstreuten Gemeindeglieder!

Es ist eine schmerzliche Pflicht, die ich erfülle, wenn ich Euch, Geliebte in dem HErrn, nicht länger in Unkenntnis lasse über ein betrübendes Ereignis, welches in der Gemeinde zu Berlin kurz vor dem Feste stattgefunden hat und das unsere Weihnachtsfreude sehr gedämpft haben würde, wenn nicht der glaubensvolle Blick auf den HErrn uns wieder erhoben und getröstet hätte. Es betrifft den Propheten G e y e r . Schon seit längerer Zeit war es dem Diener der allgemeinen Kirche und manchem seiner Brüder bekannt, dass er nicht in allen Stücken mit dem, was die Apostel lehrten, übereinstimmte. Als vor Jahren der selige Herr Carlyle und dann noch mehrere Apostel von dieser Welt abgerufen wurden, da stiegen in dem Schmerz, dass die volle Zahl der Apostel gebrochen sei, in manchen Herzen die Gedanken auf, ob es wohl dem HErrn gefallen werde, die Vollzahl wieder herzustellen und andere Männer als Apostel zu berufen. Als aber die überlebenden Apostel erklärten, dass wir solcher Gedanken uns zu entschlagen hätten, dass wir keine Ergänzung oder Fortsetzung dieses Apostelamtes, welches der HErr erweckt habe, um Seine Kirche zur Vollendung zu führen, erwarten sollten, sondern unsere Sehnsucht und Gebet nur darauf sollte gerichtet sein, dass die Zahl derer, welche der HErr zur Versiegelung bestimmt habe, bald möchte gesammelt und so der Augenblick nahe gebracht werden, in dem die entschlafenen Heiligen auferstehen und die Lebenden mit ihnen vereinigt dem HErrn entgegengerückt werden könnten in der Luft, da gaben wir solche Gedanken gehorsam und freudig auf, denn nun sehen wir selbst in dem Scheiden solcher Knechte Gottes die Zeichen, dass die Zukunft des HErrn immer näher rücke und unsere Hoffnung richtete sich umsomehr auf dies <u>eine Ziel</u>, dessen Erreichung allen Trost in sich schliesst. Aber so war es nicht mit unserem Bruder. Er gab den Gedanken, dass der HErr das Apostolat noch ergänzen und fortsetzen werde, nicht auf, er nahm die Erinnerungen und Belehrungen, die Bitten und Ermahnungen, die an ihn von seinen Vorgesetzten wie von seinen Brüdern gerichtet wurden, nicht an, und dieser eine Punkt, in welchem sich zuerst sein Ungehorsam kundgab, erwies sich nach und nach als der fruchtbare Ausgangspunkt einer Reihe von Irrtümern und Abweichungen von der apostolischen Lehre und der Hoffnung der Kirche, die uns belebt. Es wird den Gliedern der Gemeinde erinnerlich und bekannt sein, dass vor mehreren Jahren die Apostel uns Aufschluss gaben über die verschiednen Perioden, in denen sich nach dem Lichte, das ihnen in der Versammlung der Apostel und Propheten zuteil geworden war, das Werk des HErrn bis zu Seinem Kommen in Herrlichkeit und in der Vereinigung aller Seiner Heiligen und Gläubigen als der Braut des Lammes, der himmlischen Stadt Jerusalem, vollenden würde. Es wurde uns da gesagt, <u>dass jetzt die Apostel es zu tun hätten mit der Sammlung der Erstlinge</u>, welche als Lohn ihres Glaubens es davontragen würden vor der Zeit der Trübsal und dem Aufsteigen des Widerchrists hingerückt zu werden, dass dann die Trübsale und jene grossen Kämpfe auf Erden beginnen werden, welche in Offenb. Joh.

durch die Zeit der zwei Zeugen Kap. 11. angedeutet sind, in welchen diejenigen, die für die Ordnungen in Kirchen und Staaten streiten, zuletzt der Macht des Tieres unterliegen werden. Doch auch diese empfangen ihren Lohn, der im 11. und 12. Verse jenes Kap. 11 ausgedrückt ist. Endlich kommt dann die 3. und schrecklichste Zeit, in der die Gewalt des Widerchrists ungehindert herrscht und alle die verfolgt werden, welche noch den Namen Christi bekennen, und die Schrift sagt es uns, dass es eine unzählbare Schar sein wird, welche dem Herrn Treue halten oder sich wieder aufraffen werden zum Bekenntnis Seines Namens bis in den Tod. Auch diese alle, welche die grosse Ernte bilden, erhalten ihren Lohn und kommen endlich mit Palmen in den Händen, und der HErr wischt ab von ihren Angesichtern ihre Tränen Off. 7.

Nun, diese Aufschlüsse, welche uns einerseits einen so tröstenden Blick eröffnen in den Reichtum der Barmherzigkeit Gottes auch für die zukünftigen Zeiten, während sie uns allerdings andererseits zeigen, wieviel daran liegt, jetzt nicht Seine gnädige Stimme zu überhören, da Er alle einladet, jenen kommenden Gerichten zu entfliehen, sie wurden von unserem Bruder nicht mit der Freude und dem Glauben aufgenommen, mit welcher sie die Gemeinden begrüssten. Verirrt in seinen Gedanken von Aposteln, die hier auf Erden die Auserwählten durch alle Zeiten bis an das Kommen des HErrn zum Gericht hindurch leiten würden, war seine Hoffnung nicht gerichtet auf ein Entfliehen vor den kommenden Trübsalen Luk.21,36, auf ein Bewahrtwerden vor der grossen Stunde der Versuchung, die über den ganzen Weltkreis kommen soll Offb.3,10 durch eine Entrückung dem HErrn entgegen in der Luft 1.Thess.4,17 sondern auf jene Sammlung der grossen Ernte. Dieses jetzige apostolische Werk erschien ihm zu klein, nur ein Anfang zu sein. Die Apostel schienen ihm den Plan Gottes nicht recht zu verstehen, mehr ein Hindernis für die Entfaltung des Werkes des HErrn zu sein als eine Förderung. Es schien ihm etwas Hochmütiges, dass wir, die geringe Schar, uns für die Spitze der Kirche halten wollten, die der HErr bestimmt hätte, auf eine ganz wunderbare Weise vor den anderen hinweggenommen zu werden. Es schien ihm etwas Liebloses, dass wir uns von unseren übrigen Brüdern, der grossen Schar, die der HErr noch unter den Getauften habe, trennen wollten. Er wollte dann lieber mit ihnen verlassen sein, lieber ein Bann für seine Brüder sein als den Vorzug haben vor ihnen aus den Trübsalen gerettet zu werden. Solche irren Vorstellungen und Gefühle, welche den Weg, den die hl. Liebe Gottes zu nehmen entschlossen ist, auf fleischliche Weise zu überbieten suchten bewegten unseren Bruder, und leider blieb er nicht bloss bei Gedanken, er ging auch in allerlei Versuche und Taten über, seine Meinungen, die er für die eigentlichen Gedanken Gottes hielt, in der Trennung seines Geistes von den Aposteln auszuführen. Wir schweigen hier über manche Abwege unseres Bruders, die noch grösser gewesen wären, wenn er nicht überall dem Glauben und der Scheu treuer Gem.Glieder und Brüder, in seine Gedanken einzugehen und seinen Wegen zu folgen, eine Schranke und einen Widerstand gefunden hätte. Besonders gehört hierher seine Schriftstellerei. Er warf sich auf, dieselbe auch besonders in der Absicht, ein grösseres Feld für seine Tätigkeit zu finden, zu einem grösseren Kreise zu reden, auf die Massen wirken zu können, die grosse Ernte vorzubereiten. Umsonst wurde ihm von allen Seiten entgegnet, dass es ihm nach seinem Amt als Propheten am wenigsten sein könne, seine Blicke nach aussen hin zu wenden, für die Aussenstehenden zu wirken, statt sich in die Geheimnisse der Schrift forschend zu vertiefen und sie innerhalb der Gemeinde durch Weissagung oder Lehre auszusprechen. Er achtete nicht auf die Vorstellungen, die ihm von dem Apostel, von der Säule der Propheten, von sei-

nen anderen Vorgesetzten und Brüdern (gemacht wurden ? - Verf.), sondern berief sich auf seine persönliche Freiheit und fing an, die "Morgenröthe" herauszugeben. Wieviel dieses Blatt anderen genützt habe, wage ich nicht zu entscheiden. Dass es ihm aber nicht von Nutzen gewesen ist, hat sich nur zu klar erwiesen. Die Befürchtungen, die man für ihn von dieser Beschäftigung hatte, sind nur zu sehr erfüllt. Er isolierte sich dadurch immer mehr von der Gemeinde und dem Umgange der Brüder, er hatte nun neben der Gemeinde ein anderes Interesse, das bald das für die Gemeinde überwog und merkwürdigerweise, während er meinte, die welche ausserhalb der Gemeinde standen, in ihrem Glauben emporzuheben, sank er vielmehr in seinem Glauben zu jenem Glauben immer mehr herab, auf welchem sich die Kirche, die noch nicht von Aposteln geleitet wird, befindet. Ihm schwand die Hoffnung, welche die Gemeinde belebte durch die Apostel, welche jetzt der Kirche geschenkt sind - es mögen viel oder wenige überbleiben - zu der Vollendung zu kommen und dem HErrn mit verwandelten Leibern entgegengeführt zu werden, immer mehr, er verlegte diese Entrückung ganz an das Ende der Zeiten, wenn der HErr kommen würde zum Gericht in Seiner Herrlichkeit, dann würde jene Auferstehung der Gerechten und die Verwandlung der Lebenden stattfinden. Wir hätten uns anzuschicken, alle durch die grosse Trübsal zu gehen, den Widerchrist zu sehen und seine Herrschaft zu erleiden. Das Entrinnen und Entfliehen, das uns verheissen sei, bedeute nichts weiter als den Schutz der kirchlichen Ordnungen: Apostel, Propheten, Evangelisten und Hirten und Lehrer, die wir bis an das Ende geniessen würden.

In welchen Widerspruch er auf diese Weise getreten sei mit der Lehre der Apostel und dem Glauben der Gemeinde, konnte er sich wohl nicht verhehlen, doch entdeckte er sich darin nicht vollständig. Er ging in den Belehrungen an die Gemeinde über die unterscheidenden Punkte vorsichtig hinweg, doch im Privatgespräch tat er diesem und jenem seine Ansichten kund und erfüllte dadurch manches Gemüt mit Zweifel und Unruhe. Harte Kämpfe hatten mit ihm aus diesem Grunde manche seiner Mitpriester, die in der Seelsorge mit solchen zu tun bekamen, die statt durch den Propheten in der Hoffnung der Kirche befestigt zu werden, vielmehr in Gefahr geraten waren, dieselbe zu verlieren. Ich gestehe, dass mir als Engel, unter dem er diente, vieles von dem, was ich bis jetzt erzählte, verborgen blieb, denn gegen mich sprach er sich nicht so frei aus wie gegen andere Priester und diese, die sich über seinen Geisteszustand tief betrübten und ihn oft darüber straften, schwiegen aus Schonung gegen ihn, immer hoffend, dass er selbst noch möchte seine Irrtümer einsehen und die falsche Stellung, die er gegen die Apostel eingenommen habe bereuen.

Da endlich gab eine Weissagung Gelegenheit, dass ich mit ihm sprechen musste. Sie geschah am Sonntag vor Advent im Morgend(ienst) zu der Lekt. Spr. Sal. 26,27. Die Weissagung lautete dahin, dass wir den Boshaftigen, den Widerchrist würden erscheinen sehen. Wir sollten nicht erschrecken, er würde in der Gemeinde erkannt werden. Aber wir würden ihn sehen. Ich konnte nicht umhin, ihm zu bemerken, dass diese Weissagung der überlieferten apost. Lehre widerstreite. Wir hätten die Hoffnung, vor der persönlichen Erscheinung des Widerchrists entrückt zu werden. Darauf antwortete er nun unumwunden: er kenne nach der Schrift nur eine Entrückung am Ende der Tage, wenn alle würden verwandelt werden nach 1. Chor. 15,51. Er stützte sich auf das (")Alle("). Ich fragte ihn, ob er die Lehre der Apostel in Bezug auf die Entrückung nicht kenne. Er erwiderte, er kenne sie wohl, aber er könne sie nicht mit der Schrift vereinigen, die Schrift wisse nur von einer Entrückung und zwar am Ende, wenn alle, die zur Braut des Lammes gehörten, versammelt wären. Ich war erstaunt und voll Schmerz, als er mir diesen Blick in seinen Geisteszustand eröffnete und ich wahrnahm, wie weit seine Abweichung von der Apost. Lehre und seine Verwerfung der apost. Autorität in Bezug auf die Auslegung der Schrift bei ihm ginge. Ich konnte es noch immer nicht recht fassen und setzte daher einige Fragen auf, die ich ihm vorlegte und wobei ich ihn aufforderte, sie mir schriftlich zu beantworten. Sie bezogen sich auf Stellen der hl. Schrift über die Zukunft der Kirche, die nur durch das Licht, das die Apostel uns gebracht haben, ihre wahre Bedeutung erhalten haben und sonst unverständlich sein müssen. Er aber gab mir eine Erklärung, die mir bewies, dass er sich ein ganzes System von Vorstellungen über die Zukunft der Kirche gebildet habe, das von dem, was die Apostel uns überliefert haben, völlig abwich. Umsonst war es, dass ich ihn auf die Stellung aller Diener und auch der Propheten zu der apost. Lehre und der Autorität der Apostel aufmerksam machte, weder Ermahnungen noch Bitten machten auf ihn Eindruck. Ich sagte ihm nun, dass ich nicht umhin könnte, von seinem Zustande dem Apostel Anzeige zu machen, doch würde es mir lieb sein, ihn erst in Gegenwart aller Priester zu sprechen. Darauf teilte ich den Priestern die Sache mit und erfuhr, dass die meisten von ihnen manchen Zusammenstoss mit Geyer gehabt hätten, dass er versucht habe, auch ihnen seine Meinungen einzuflössen und dass sie eine solche Offenbarung seines Zustandes schon lange vorausgesehen hätten. An einem bestimmten Tage kam ich nun mit Geyer und sämtlichen Priestern in der Sakristei zusammen. Alle hatten Gelegenheit, sich gegen ihn auszusprechen, alle versuchten, was sie vermochten in Liebe und in Ernst, um ihn zu bewegen, seinen irrigen Standpunkt zu erkennen, den Glauben, den er einst selbst bekannt, in dem er früher geweissagt hatte, wiederzugewinnen und der Autorität der Apostel sich zu unterwerfen. Ich bat ihn, an seinen eigenen Zweifeln zweifelhaft zu werden und wenn er Schwierigkeit habe, manche Schriftstellen mit dem, was die Apostel uns gelehrt haben, zu vereinigen, dies offen auszusprechen und vor die Apostel zu bringen aber nicht im Sinne des Zweifels sondern des Glaubens, erwartend, von ihnen belehrt zu werden und willig ihre Lehre anzunehmen. Es schien, als ob dies einen Eindruck machte. Er versprach, eine ausführliche Schrift aufzusetzen, alle seine Bedenken auszusprechen und sie mir zu übergeben, damit ich sie den Aposteln vorlegen könne. Ich schöpfte Hoffnung. Allein, wie wurde ich enttäuscht, als er mir nach etwa 8 Tagen die versprochene Schrift überreichte! Es war nicht, dass er seine eigenen Meinungen in Frage stellte und sie dem Urteil der Apostel unterwarf, sondern es war eine ausführliche Widerlegung der Lehre der Apostel in Bezug auf die Entrückung und die ganze Zukunft der Kirche, indem er teils die Schriftstellen anders erklärte, teils die Apostel mit ihren eigenen Worten aus dem Testimonium zu schlagen suchte, wonach sie selbst früher behauptet haben sollten, dass die Entwicklung der ganzen Kirche zuteil werden würde und dass Apostel eine Ordnung der Kirche wären, die nie wieder aufhören sollte, Stellen aus dem Zusammenhange gerissen, die mit den klaren Aussprüchen über die Entrückung in demselben Testimonium in ausdrücklichem Widerspruch stehen. Er behauptete, auf dem Glaubensgrunde der Kirche, wie er in den drei ökumenischen Glaubensbekenntnissen ausgesprochen sei, zu stehen, er könne aber kein neues Dogma wie das der Entrückung nach der Lehre der Apostel annehmen. Der Schmerz der Priester, denen ich dies mitteilte, war derselbe wie der meine. Hierauf kam ich noch einmal mit Geyer in Anwesenheit aller Priester zusammen. Ich erklärte ihm, wie sehr die eingereichte Schrift meinen Erwartungen nicht entsprochen hätte, dass seine Beweis-

gründe nur für den beweisend wären, der auf seinem Standpunkte stehe, sonst brächten sie wieder Finsternis und Verwirrung hinein, wo nach der apost. Lehre Licht herrsche. Ich konnte ihm schliesslich nur die Frage vorlegen, ob er die Apostel als die, von welchen er die Lehre der Kirche und die wahre Auslegung der Schrift zu empfangen habe, anerkenne. Er erwiderte, er erkenne sie an, soweit sie mit der Schrift übereinstimmten. Was er geschrieben habe, sei seine gewisse Überzeugung, er nehme davon nicht ein Jota zurück. Hierauf blieb mir nichts übrig, als ihm zu erklären, dass ich dann es in Erwägung ziehen müsste, ob ich seinen Dienst als Priester noch ferner gebrauchen könne.

Aus dieser Darlegung wird wohl jeder ersehen, dass es nicht in Übereilung und Leidenschaft geschah, wenn ich im Laufe des Tages - es war der 17. Dez. - Herrn Geyer erklärte, dass ich mich genötigt sähe, die Suspension über ihn auszusprechen. Auch kündigte ich ihm an, dass ich am nächsten Sonntage der Gemeinde würde eine Mitteilung darüber machen müssen. Sollte er bis dahin anderes Sinnes werden, so sollte er mich davon in Kenntnis setzen. Überdies würde ich sogleich dem Apostel durch den apostolischen Hirten Anzeige von dem ganzen Vorfall machen und ihm die Schriftstücke übersenden. Am Sonnabend erhielt ich von ihm einen Brief, worin er mich und die Priester beschuldigte, der ganzen Angelegenheit eine Wichtigkeit gegeben zu haben, die sie gar nicht besässe. Er wünschte, wenn er auch von mir als Priester suspendiert sei, als Engel im Chor zu sitzen und zur Communion zu gehen. Auf diese Forderung ging ich nicht ein. Ich konnte keinen Sinn damit verbinden, dass er die Autorität der Apostel verwerfe und doch an einem Altar, der nur sein Recht hat, aufgerichtet zu sein, wenn Gott Apostel wiedergegeben hat, die Kommunion zu spenden, als nur wenn wirklich Apostel das sind, was wir glauben, das sie sind, denn es handelt sich bei dieser Angelegenheit gar nicht bloss um die eine Lehrfrage von der Entrückung, es handelt sich um die Lebensfrage der Gem. und Kirche, ob der HErr wahrhaft Apostel gegeben hat und ob Apostel die Autorität sind, welche in der Kirche gilt. Kann ein Prophet die Schrift nach seiner Willkür erklären, warum nicht auch ein Evangelist und Hirte und jeder Laie, dann sind wir wieder auf das Meer der menschlichen Meinungen hinausgesetzt. Wir aber danken Gott, dass Er uns Seine Wahrheit kundtut durch die Apostel als die einzigen, von denen es in der Schrift heisst: Wie mich der Vater gesandt hat, so sende ("ich euch" - Verf.) *Joh. 20,21,* wer euch höret, der höret mich, und wer euch verachtet, der verachtet mich, und die sprechen können wie Paulus: So sich jemand lässt dünken, er sei ein Prophet oder geistlich, der erkenne, was ich sage (schreibe), denn es sind des HErrn Gebote *1. Kor. 14.* Darauf habe ich dann am Sonntag 4. Advent nach geendigter Communion der Gem. mitgeteilt, dass ich zu dem schmerzlichen Schritt genötigt worden sei, dem Propheten Geyer die Ausübung seines Dienstes zu untersagen, indem ich ihr kurze die Gründe auseinandersetzte und sie auf weitere Vorträge, die gehalten werden sollten, verwies. Diese sind auch von mir und den Priestern gehalten worden. Der letzte am Sylvesterabend, an dem ich der Gem. am ausführlichsten den Zusammenhang ähnlich wie in diesem Briefe mitteilte. Was ist die Wirkung davon gewesen? Großer Schmerz über den Zustand unseres Bruders, von dem die wenigsten eine Ahnung hatten, heisse Gebete und Tränen, dass er (Gott - Verf.) ihn möchte zurückführen und ihn wieder in unserer Mitte dienen lassen. Aber kein Wanken hat sich in der Gemeinde gezeigt, im Gegenteil, nach dem einstimmigen Urteil aller Diakonen und nach dem Eifer, der sich in dem Besuch der Gottesdienste zeigt, ist ihre Hoffnung bewusster geworden, sie ist darin ge-

stärkt und erhoben worden. Inzwischen ist die Bestätigung dessen, was ich getan vom Apostel eingegangen. Er schreibt: "Ich sehe nicht, wie Sie anders hätten verfahren können, als Sie getan haben. Wenn irgendein Diener Gottes, sei er Engel oder Priester oder Diakon, sei er Prophet, Evangelist oder Hirte, sich daran setzt, die Lehre der Apostel anzunehmen nur insoweit sie nach seiner gewissen Überzeugung mit der Schrift übereinstimmt, wenn jemand noch weiter geht und in einer Schrift die Lehre, die er von den Aposteln vernommen hat, absichtlich widerlegt und seinen Entschluss äußert, kein Jota von dem, was er geschrieben hat, zurückzunehmen, dann bleibt nichts übrig, als ihn zu suspendieren."
Ich kann mir denken, welche Erschütterung dies auf alle diejenigen hervorbringen wird, die Geyer als einen hervorragenden Diener in dem Werke des HErrn kannten und schätzten, auf die vielen, die ihm persönlich nahestanden und jetzt zum erstenmal in der Entfernung von seinem Zustande hören. Möge dies uns allen zur warnenden Lehre gereichen, wie wenig wir auf Menschen zu sehen haben. Was ist der Mensch, wenn er nicht durch Gottes Gnade gehalten wird! Und wer sich lässt dünken, dass er stehe, sehe wohl zu, dass er nicht falle. Wenn ich noch etwas über das jetzige Verhalten unseres Bruders hinzufügen soll, so kann ich nur sagen, es ist nicht befriedigend sondern Besorgnis erregend.
Soweit war ich mit meinem Briefe gekommen (6.1.; Fortsetzung des Briefes am 9.1.1863 - Verf.), als ich die Nachricht erhielt, dass Sonntag, am 4. Januar, Geyer in Hamburg mit einem neuen Apostel erschienen sei, dass der Älteste F. S c h w a r z ihn und diesen Apostel aufgenommen habe, dass Schwarz von diesem zum selbstständigen Engel in Hamburg gemacht und meine Autorität über Hamburg aufgehoben sei, dass die ganze Gemeinde in Hamburg durch Schuld ihrer Hirten in diesen Fallstrick des Satans gefallen, der Mitpriester P r e u s s und die Diakonen schon seit den Feiertagen auf dies Ereignis vorbereitet, damit ganz einverstanden seien, nur ein Diakon und zwei Unterdiakonen gegen alles dieses protestiert hätten. Von diesen wenigen Treuen wurde meine Ankunft dringend ersehnt. Ich reise sogleich in der Nacht dorthin und fand es, wie sie geschrieben. Ich übergehe die Einzelheiten, wie dies vorgegangen. Ich teile hier nur mit: Das Unerhörte ist geschehen. Ein von seinem Engel suspendierter Prophet setzt sich mit einem Ältesten, dem von demselben Engel die Leitung einer Herde anvertraut ist, in Verbindung mit einem Priester in Königsberg, den er schon für künftige Fälle bei seiner letzten Anwesenheit an jenem Orte hinter dem Rücken des dortigen Engels als Apostel berufen hat, natürlich nicht in der Kirche sondern in einem Privatzimmer. Die Gem. in Hamburg wird für die Aufnahme dieses Apostels und Propheten bearbeitet. Sie erscheinen dort im Gottesdienste vor der Gem., und es findet noch einmal eine öffentliche Bestätigung jener himmlischen Berufung durch denselben Propheten Geyer statt. Dieser wird dafür von dem neuen Apostel zu seinem apostolischen Propheten und der Älteste Schwarz zum selbstständigen Engel in Hamburg ernannt. Der Gemeinde wird verheissen, dass (sie - Verf.) der Ausgang- und Mittelpunkt eines neuen grossen Fortschritts im Werke des HErrn sein werde, dass eine neue Reihe von Aposteln anhebe, dessen (deren? - Verf.) Zwölfzahl bald werde erfüllt sein, dass auch alle die leeren Stellen, welche durch den Tod so vieler Diener des HErrn entstanden wären und welche die bisherigen Apostel aus Mangel an Licht über den Plan des HErrn nicht hätten ausfüllen wollen, bald würden besetzt sein und dass ein grosses Werk im Beginnen sei. Die arme, von ihrem Hirten verführte Gem., der dies alles zum Teil ganz überraschend kam, befragt, ob sie hierin ein Werk des HErrn erkenne,

antwortete bis auf jene oben genannten Männer mit Ja, sie ist seitdem wie in einem Rausche, ja wie unter einem Bann des Teufels. Man wollte mir den Zugang zum Gotteshause wehren, da meine Autorität aufgehört habe, doch ging ich hinein und erklärte in der Sakristei in Gegenwart des dienenden Priesters und Diakonen alle Gottesdienste für nichtig und den Gebrauch der Liturgie in ihren Händen für eine Lüge. Ich habe die wenigen treuen Glieder gestärkt und hoffe, dass allmählich die Ernüchterung aus des Teufels Strick eintreten werde. Der Evang(elist) Rührmund ist nun da, um die einzelnen Familien zu besuchen.
An ihren Früchten sollt ihr sie erkennen! Was ist die Frucht dieser neuen Apostel und Propheten? Das Fleisch hat durch sie erlangt, was es begehrte. Sie haben sich gegenseitig mit Würden beschenkt und der Gemeinde mit grossen Dingen geschmeichelt. Obwohl sie heuchlerisch vorgeben, sich nicht von den bisherigen Ordnungen des HErrn trennen zu wollen, haben sie sich sehr tatsächlich geschieden, ja gegen dieselben empört. Unter der Decke der Heimlichkeit, der Lüge und List ist dieses neue Apostel- und Prophetentum in die Erscheinung getreten. Was wird sein Ende sein? Der HErr wird sie richten.

Berlin, den 9. Januar 1863.
Rothe

(Vorlage: eine Abschrift in Maschinenschrift)

VI.   Rundschreiben Ch.J.T.Böhms vom 12.1.1863

Berlin, 12. Januar 1863.

Mein lieber Bruder!

Zur näheren Erläuterung des in   H a m b u r g   Geschehenen theile ich Ihnen Folgendes mit: Es stellt jetzt sich klar heraus, daß das in meinem Schreiben vom 8. d. M. erwähnte Ereigniß die Ausführung eines schon längst vom Feinde heimlich vorbereiteten Planes war. Die Hauptpersonen dieser Verführung sind Herr   G e y e r , Herr   F r i e d r i c h   S c h w a r z   in   H a m b u r g   und der Priester Herr   R o s o c h a c k i   in   K ö n i g s b e r g .
Schon seit Jahren hat Herr   G e y e r   heimlich gegen die Apostel des Herrn conspirirt. Vor mehr als zwei Jahren versuchte er es, den hiesigen Aeltesten Herrn   G o t t l i e b   S c h w a r z   zur Empörung zu verführen. Vor einem Jahre wagte er es, in der hiesigen Gemeinde heimlich Leute an sich heranzuziehen, Versammlungen mit ihnen zu halten, etlichen von ihnen Verheißungen von großen Dingen, die Gott mit ihnen vorhaben sollte, zu geben, auch einen jetzt auswärts wohnenden Mann als Apostel zu bezeichnen. Diese Versuche scheiterten damals an der Treue der Männer, an die sich Herr   G e y e r   wandte, und aus Liebe und Schonung verbargen diese Männer diese gefährlichen Vorgänge vor ihrem Engel.

Am 10. Oct. v. J., als Herr G e y e r mit dem Apostel in K ö n i g s b e r g zur Einsetzung des Engels amtlich gegenwärtig war, verführte er den dortigen Priester R o s o c h a c k i , indem er heimlich ihm vorhielt, daß er zum Apostel bestimmt sei und als solcher späterhin bestätigt werden sollte. Dieses that er hinter dem Rücken des Apostels, mit und unter dem er diente.

Herr R o s o c h a c k i , in die Falle gegangen, bereitete sich ohne alles Wissen seines Engels und mit großer List auf sein Auftreten als Apostel, unter anderem, indem er sich an mich mit der Bitte um ein Testimonium und an Dr. R o ß t e u s c h e r wegen Gewänder wandte.

Herr F r i e d r i c h S c h w a r z , der schon von dem hier vor einem Jahre Geschehenen gewußt haben soll, und in die sämmtlichen Ansichten und Pläne des Hrn. G e y e r eingeweiht gewesen sein muß, hatte von diesem Nachricht von dessen Suspension und andere Mittheilungen bekommen, ehe er von seinem Engel die Suspension erfuhr. Trotzdem schrieb er an Hrn. R o t h e , als ob er von gar nichts gewußt hätte. Heimlich bereitete er seinen Mitpriester und die Diakonen auf das was geschehen sollte und belehrte die ganze Gemeinde in demselben Sinne, ja hielt Gebetsversammlungen für denselben Zweck und brachte es endlich soweit, daß eine förmliche Einladung an den suspendirten Propheten Herrn G e y e r erging.

Nachdem Alles so vorbereitet war, erschienen plötzlich am Sonntage den 4. d. M. die beiden Männer, Herr G e y e r und Herr R o s o c h a c k i , bei der Feier der heiligen Eucharistie in der Gemeinde zu Hamburg, und kein Wunder, daß die arme Gemeinde, nachdem sie von allen Denen, die sie hätten schützen sollen, verrathen und dem Teufel preisgegeben war, von der ganzen Hölle überfluthet und hingerissen wurde.

Ueber den Mißbrauch, den Herr G e y e r von gewissen Lehren und Schriftstellen macht, brauche ich jetzt nicht zu reden. "An ihren Früchten," sagt der HErr, "sollen wir sie erkennen," und trotz aller List und Heuchelei des Feindes hat der Herr es doch gnädiglich so gefügt, daß diese Verführung mit solchen unverkennbaren Zeichen ihres Ursprungs auftreten sollte, daß jeder ehrliche und aufrichtige Christ davor zurückschrecken muß. Mit Verleugnung aller Grundsätze der Wahrheit, der Aufrichtigkeit, der Ehrlichkeit, der Treue und Dankbarkeit haben diese Verführer ihr Werk angefangen. Alle ihre Vorgesetzten haben sie betrogen und verrathen, während ihnen nur Vertrauen, Liebe und große Geduld entgegengetragen wurden. Das Ihrige haben sie gesucht; die Sache Gottes und seiner Kirche haben sie verleugnet. Ihren Ehrgeiz, die Wurzel ihres Unheils, haben sie auf Kosten ihrer unglücklichen Brüder befriedigt. Herr G e y e r hat sich sofort von seinem Apostel zum apostolischen Propheten, und Herr Friedr. S c h w a r z sich zum selbstständigen Engel von H a m b u r g ernennen lassen. Der Gemeinde zu H a m b u r g sind große Verheißungen gegeben worden.

Dieses ist der Thatbestand, wie ich ihn genau geprüft und gewissenhaft darstellen kann.

Charles J. T. Böhm,
Coadjutor des Apostels beauftragt mit der Fürsorge
für die Gemeinden in Nord=Deutschland.

(Vorlage: gedrucktes Rundschreiben)

VII. Brief R.Rosochackys an F.W.Schwarz vom 17.1.1863

Königsberg 17.1.1863
Epheser 6, Vers 12

An Herrn F. Schwarz in Hamburg.

Lieber Bruder in Christo!

Gewiß hast Du es Dir nicht erklären können, warum ich bis jetzt geschwiegen habe, warum ich nicht in der Kraft des neuen Amtes gekämpft habe, damit unsere Gegner besiegt und niedergeschlagen würden. O, lieber Bruder, die Ursache ist die, daß ich diese Kraft noch nicht habe finden können. Jetzt, da wir eine Reihe von Ereignissen erlebt haben und imstande sind, Vergleichungen anzustellen, müssen wir doch wie Männer herantreten an unser eigenes Tun und es scharf ins Auge fassen; denn Du weißt ja wohl besser noch, als ich, wie listig Satan ist, wie er den Herrn selbst durch Worte der heiligen Schrift zu verlocken trachtete, indem er die Worte verdrehte und fleischlich gebrauchte. Wir wollen also gemeinschaftlich prüfen und uns dann aber auch bestimmt dahin entscheiden, wo wir Jesum sehen, gleichviel, ob uns die tiefste Demut zuteil wird. Ja, ich sage, daß wir uns dahin wenden, wo Demütigung unser Teil sein wird, und uns von da abwenden, wo man uns huldigen und uns erheben will. Es ist ein mächtiger Kampf entbrannt; zwei Mächte kämpfen miteinander und müssen also diese Mächte einander feind sein, denn sonst würden sie nicht miteinander auf Leben und Tod kämpfen. Auf der einen Seite muß notwendigerweise Christus, der Herr, auf der anderen Seite Satan stehen. Es ist unmöglich, daß beide Parteien von ein und demselben Geist geführt sein können. Weder beide Seiten können vom Heiligen Geist, noch können beide Seiten vom Teufel getrieben sein. Dies ist bewiesen in Lukas 11, 17-23. Wir haben also noch zu suchen, auf welcher Seite wir Jesum finden. Und ist uns dies gelungen, so muß auf der anderen Seite Satan stehen, und wir dürfen nicht einen Augenblick schwanken, uns zu entscheiden. Wer nicht mit mir ist, der ist wider mich. Wir haben wiederholt ausgesprochen und bekannt, daß wir die Apostel in England und die uns durch sie gegebenen Ordnungen als göttliche anerkennen und auch fernerhin sie als solche ehren wollen. Du weißt es besser als ich, daß der Herr uns durch diese seine Apostel unschätzbaren Segen, reichen Trost, köstliche Hoffnungen, eine herrliche Berufung und eine göttliche Signatur gegeben hat. Durch sie hat er uns Anweisung gegeben, ihn anzubeten in schönen Gottesdiensten, mit seinem Opfer im Allerheiligsten zu erscheinen, als göttliches Priestervolk uns zu wissen. Durch sie hat er uns geführt aus den verworrenen und halbdunklen Gassen voll Öde und Dürre zu dem rechten Weg, der zu ihm führt, zu ihm, der unser Licht und Leben ist. Ist es nicht der Herr gewesen, der uns aus unserer eigenen Niedrigkeit und Unwissenheit hervor geholt hat, um ihm schon hier auf Erden im heiligen Amt zu dienen. Wir können es ja nicht leugnen, daß es Jesus gewesen ist, der solches durch seine Apostel getan und daß es sein Amt ist, das zu verwalten er uns durch seine Apostel aufgetragen hat. Wollen wir noch mehr Beweise suchen für die Wahrhaftigkeit seines Werkes, das er in unsern Tagen durch Apostel getan hat, so werden uns deren wohl unzählige aufstoßen und wir müssen bekennen und tun es gern, daß Jesus Christus der ewige Sohn des ewigen Vaters mit seinen Aposteln und mit ihrem Werke ist. Hieraus folgt unwidersprechlich, daß mit denen, die seinen Aposteln feindlich gegenüberstehen, der Herr nicht sein kann, denn sein Reich ist ein einiges Reich. Wer nicht mit mir ist, der ist wider mich. Führt uns nicht der Geist Gottes, so führt uns der Antichrist.

Und so ist es uns ergangen. Als die Gemeinde zu Hamburg die Kunde vernahm, daß ein weiterer Apostel berufen sei, da war ihre erste Tat Empörung gegen die ihr von Gott gegebene Ordnung. Unmöglich war dies ein Wirken des Heiligen Geistes. Ohne weiteres nahm die Gemeinde Partei für Geyer gegen die von Gott verordneten Diener des Herrn. Wer hat der Gemeinde das Recht und die Ausrüstung gegeben, den Geyer frei sprechen und den ihr vorgesetzten Engel Rothe zu verurteilen? Wer hat der Gemeinde das Recht gegeben, mich als Apostel anzuerkennen und als solchen mich zu proklamieren? Wäre meine Berufung eine göttliche gewesen, so hätte kein Widerspruch mit den übrigen Aposteln entstehen können, denn ein Apostel Jesu Christi kann nicht den andern Apostel des Herrn hinauswerfen und absetzen helfen. Geyer war exkommuniziert, nicht nur aus der Gemeinde zu Berlin, sondern auch aus der Kirche Christi, und als solchem war ihm alle Befugnis und alle Befähigung genommen, eine Aussonderung sowohl als auch die Berufung einer Gemeinde auszusprechen. Der Heilige Geist hat ihn in seinem Zustand nicht geleitet. Wolltest Du noch etwa sagen, daß meine Berufung gültig sei, weil sie von Geyer ausgesprochen ist, als er noch im Amt und Ehren war, so antworte ich: Wäre er damals wirklich vom Heiligen Geist getrieben, und wollte mich Gott zu seinem Apostel haben, so wäre die Berufung nicht heimlich geschehen, sie hätte nicht nötig gehabt, das Licht zu scheuen. Gott hätte seinem Diener wohl gezeigt und vorher verkündigt, was er zu tun vor hatte. Auch hierin kann ich nicht den Heiligen Geist finden. Fragen wir nun endlich, wie es möglich gewesen sei, so in die Ränke Satans zu geraten, so arg sich zu verirren und zu versündigen, wie wir es getan, so müssen wir gestehen, daß dies nur hat geschehen können, weil der Feind bei uns Anknüpfungspunkte gefunden hat in unserm Eigendünkel und Hochmut. Es ist Zündstoff genug in uns vorhanden gewesen, um ein Feuer der Empörung anzuzünden und hoch genug ist diese Flamme emporgeschlagen, um eine ganze Gemeinde mit zu verzehren. Nie in meinem ganzen Leben werde ich es vergessen, in welchem Abgrund ich mich befunden habe und wäre die Liebe Jesu nicht größer gewesen als Satans List, als unser Hochmut und Dünkel, so wären wir auf ewig verloren gewesen.

Was ist aber zu tun? Sollen wir hartnäckig fortwandeln auf dem Weg, auf welchem wir doch nicht den geringsten Frieden gefunden haben, sollen wir uns soweit verstricken, daß es uns unmöglich wird, herauszukommen? Nimmermehr! Ich gehe kein Haarbreit weiter mit. Es ist unleugbar wahr, daß die Gottesdienste einer Gemeinde, die sich in offener Empörung befindet, nimmermehr von Gott angenommen werden, daß die Feier der heiligen Eucharistie ihr zum furchtbaren Gericht werden muß.

Nun, lieber Bruder, fordere ich Dich auf, vor dem heiligen und gerechten Gott: Kehre um! Stelle alle Gottesdienste ein, zeige, daß Du ein wahrer Diener Gottes bist. Es kann Dir unmöglich verborgen sein, wie ohne Frieden auch die ganze Gemeinde ist. Darum säume keinen Augenblick. Sei Du der erste, der sich demütigt unter die gewaltige Hand Gottes, damit nicht die furchtbare Verantwortung auf Dir liegt, wenn dereinst die Gemeinde uns vor Gott verklagt, daß wir sie in so großes Elend verführt haben.

Ich bitte Dich, diesen Brief der Gemeinde vorzulesen, damit sie wisse, wie ich stehe, damit ihr womöglich die Augen aufgetan werden. Ich habe auch an Geyer geschrieben, ebenso wie an Dich. Lies seinen Brief durch, Du wirst aus demselben noch manche Ergänzung zu diesem entnehmen können. Ich bemerke noch, daß ich Abschrift dieses Briefes an Herrn Pastor Rothe zur beliebigen Benutzung gesandt habe und ob Du mich gleich einen Verräter und Abtrünnigen schelten möchtest, so bin ich doch überzeugt, daß Du mir dereinst danken wirst. Glaube im Gegenteil, daß ich ein Verräter an Jesu Christo wäre und an seiner Gemeinde, wenn ich auf dem betretenen Weg weiterginge. Es wird gut sein, wenn wir gegenseitig alles austauschen, was wir einander geschrieben haben, um auch nicht durch Schriftstücke an unsere eigene Schande erinnert zu werden. Gott helfe uns allen!

Dein Bruder in Christo

(gez.) R. Rosochacky

(Quelle: WEINMANN,1963,345ff [Abschrift])

VIII. Zirkular zum offiziellen Verfahren gegen H.Geyer vom 28.1.1863 (Auszüge)

Berlin 28. Januar 1863.

Theurer Bruder!

Im Auftrage des Apostels theile ich Ihnen Folgendes mit über sein Verfahren gegen Hn. H. Geyer und Hn. Friedrich Schwarz. Nachdem er in Berlin angekommen, ließ er zunächst an beide eine Vorladung ergehen (N° 1 u. 2). Nachdem sie die Richtigkeit der gegen sie vorgebrachten Thatsachen anerkannt hatten, eröffnete ihnen der Apostel in der Rathsversammlung der Kirche zu Berlin am 27. Januar Abends 8 Uhr das Urtheil mit beigefügter Ermahnung an jeden von beiden (N° 3 u. 4), und schloss mit einer Ermahnung an alle Versammelten. Lesen Sie diese Documente in der Rathsversammlung Ihren Priestern und Diakonen vor, treffen Sie dieselbe Veranstaltung auch für die Filiale, machen Sie sonst von dieser Mittheilung mit Weisheit Gebrauch und schicken Sie mir dieselbe später zurück. Seiner Zeit soll Ihnen auch das Verfahren gegen den Aeltesten Rosochacki und gegen die Gemeinde in Hamburg, bei der sich leider noch keine Besserung zeigt, zur Kenntniß gebracht werden.

Hochachtungsvoll
der Ihrige
H.W.J. Thiersch.

N° 1

An Hn. H. Geyer, ordinirten Engel, bis dahin als Priester=Prophet im vierfachen Amte in der Gemeinde zu Berlin täthig.

Berlin, 26. Januar 1863.

Theurer Bruder!

Im Auftrage des Apostels Fr. Woodhouse *setzte ich Sie in Kenntniß, daß er hierher gekommen ist, um die Klagen zu untersuchen, welche gegen Sie durch den Engel der Gemeinde zu Berlin Hn. K.* Rothe *erhoben worden sind, und ich fordere Sie auf, Dienstag, 27. Januar d.J. Nachm. ½ 4 Uhr in der Sacristei der Kirche hierselbst zu erscheinen, um sich gegen solche Klagen und andere Klagen, welche gegen Sie vorgebracht werden mögen, zu verantworten.*

Die Klagen lauten: Nachdem Sie durch den Engel der Gemeinde zu Berlin im Amte stillgestellt oder suspendirt, auch von der heiligen Communion ausgeschlossen waren wegen Widerstrebens gegen seine Autorität und wegen Weigerung, aus seinem Munde die Lehre der Apostel anzunehmen: so haben Sie sich nach Hamburg begeben, sind daselbst in der Kirche mit ihren kirchlichen Gewändern erschienen und haben unter Mitwirkung des Hn. Friedrich Schwarz, eines ordinirten Engels, der zu der Zeit unter dem Engel der Gemeinde zu Berlin als Priester über die Gemeinde in Hamburg Aufsicht führte, gewisse amtliche Handlungen vollbracht und angebliche Worte der Weissagung ausgesprochen, auch sonst sich herausgenommen, als Priester in derselben Gemeinde zu wirken, dies alles zum Trotz der von dem Engel über Sie ausgesprochenen Suspension, mit Uebertretung Ihrer Gelübde kirchlichen Gehorsams und mit Verachtung der Autorität, welche dem genannten Engel durch die Apostel über Sie übertragen ist.

H.W.J.Thiersch,
Pastor mit dem Apostel.

....

N° 3

Heinrich Geyer, *durch Dein eigenes Geständniß und durch die Beweisführung des Engels der Gemeinde zu Berlin bist Du schuldig erfunden des Widerstrebens gegen die Autorität des Engels, unter welchem Du als Priester=Prophet im vierfachen Amte dientest und hast Dich, im Widerspruch mit Deinem Gelübde kirchlichen Gehorsams, geweigert, aus dem Munde des Engels die Lehre der Apostel anzunehmen; und nachdem Du in Folge dessen vom Amte und von der Communion suspendirt worden, hast Du Dich nach Hamburg begeben, und der über Dich ausgesprochenen Suspension zum Trotz bist Du Sonntag den 4. Jan. d.J. und später in Deinen kirchlichen Gewande daselbst in der Kirche erschienen und hast Dir angemaßt, als*

Priester aufzutreten, vermeintliche Worte der Weissagung auszusprechen und die Gemeinde zu belehren.

In allen diesen Thaten bist Du schuldig der Sünde des Ungehorsams und der Empörung gegen den HErrn Jesum Christum in Seinen Dienern, welche rechtmäßig über Dich gesetzt sind, schuldig der Sünde, von der in der h. Schrift geschrieben steht: Ungehorsam ist eine Zaubereisünde und Widerstreben ist Abgötterei und Götzendienst.

Nachdem ich die Wahrheit von diesem allen ermittelt habe, welche Du auch selbst zu leugnen nicht wagst, nachdem ich Dir Gelegenheit gegeben habe, Dich darüber auszusprechen, schreite ich jetzt zur Bestätigung der That des Engels, der sich um der ihm anbefohlenen Gemeinde Gottes willen genöthigt gefunden hat, das Urtheil der Suspension und der Ausschließung von der Communion ohne vorhergehenden Bericht an die Apostel, über Dich auszusprechen; und ich fälle das Urtheil über Dich:

Im Namen des HErrn Jesu Christi, des Hauptes der Kirche und kraft der Autorität, die mir in dem Stamme in Norddeutschland von den Aposteln übertragen ist, erkläre ich Dich für suspendirt von der Ausübung des Amtes, sei es als Engel oder als Priester und von aller Ausübung der Gabe der Weissagung, welche Du verkehrt und mißbraucht hast; ferner erkläre ich dich ausgeschlossen von der heiligen Communion als moralisch und geistlich unrein; endlich erkläre ich Alles, was Du seit Deiner Suspension durch den Engel und in unrechtmäßiger Ausübung Deines Amtes und Deiner Gabe geredet und gethan hast, für ungültig und nichtig.

Ich ermahne Dich, von Gott die Gnade der Buße zu suchen für diese großen Sünden, wodurch Du in Seiner Kirche Verwirrung verursacht, die Schwachen und Unbeständigen irregeführt, Deine Seele in Gefahr gebracht und, so lange Du in einem solchem Zustande bleibst, die Hoffnung, mit den Erstlingen eingesammelt zu werden, verwirkt hast, und Dich selbst ausgeschlossen von der Gemeinschaft der Apostel, welche ist die Gemeinschaft mit dem Vater und Seinem Sohne Jesu Christo.

Und nun, mein Bruder, laß mich Dich daran erinnern, wie ich vor mehr als zwei Jahren bemüht war, die falschen Lehren und Ansichten in Dir zu berichtigen, welche, indem Du ihnen ungeachtet aller Warnungen, Belehrungen und väterlichen Ermahnungen anhingest, jetzt solche bittere Früchte gebracht haben.

Du hast Dich geweigert, das Wort der Weissagung in Deinem Munde dem Urtheil der Apostel zu unterwerfen, und der HErr hat in Seinem gerechten Verfahren dem großen Widersacher gestattet, Deine Gabe zu verderben und durch Deinen Mund Lügenworte und trügliche Verheißungen auszusprechen.

Du hast Dir angemaßt, über Deinen Engel zu richten und keine Bedenken getragen, heimlich die Unterscheidung und das Urtheil der Apostel in Zweifel zu ziehen, und nun hat der HErr Dich öffentlich vor Gericht gebracht und durch den Mund Seines Apostels Deine Sünde an Dir heimgesucht. Du nahmest Dir heraus, Deine Worte und Deine Gabe selbst zu unterscheiden und zu beurtheilen und bist dadurch so verblendet worden, daß Du alle Unterscheidung zwischen der Kraft des Heiligen Geistes und der Kraft Satans, die Dich in Bewegung setzte, verloren hast. Während der letzten zwei Jahre hast Du insgeheim gegen die Apostel gewirkt mit Verstellung und Verrat und andere von ihrer Treue abzubringen gesucht, und nun hat Deine Sünde Dich gefunden, denn der Teufel hat Dich selbst verführt.

Du hast viel zu verantworten, nicht nur für Dich selbst, sondern auch um der Schwachen willen, welche Du irre zu leiten vermocht hast.
Ich will nicht mehr sagen. Dein eigenes Gewissen und das Auge Gottes, das auf Dir ruht, wird Dir die Wahrheit des Gesagten und die Gerechtigkeit dieses Urtheils klar machen.
Der HErr sei Dir barmherzig und erhöre unser Gebet, das wir vor dem Throne der Gnade darbringen wollen, damit es Ihm gefalle, Dich aus diesem Stricke des Teufels zu befreien, Dich von Deiner Sünde zu reinigen und wiederherzustellen zur Gemeinschaft Seiner heiligen Kirche.

....

N° 5

Und nun, meine Brüder, die ihr in eurem Amte treu geblieben und auf der Seite der Apostel und des Engels gestanden seid bei diesem furchtbaren Anlauf des Feindes zur Zerstörung des Werkes des HErrn in diesem Lande, lasset uns nicht hochmüthig sein, sondern uns fürchten. Während wir Gott danken, daß Er uns vor den feinen Fallstricken des Argen bewahrt hat, lasset uns diese unsre Brüder auf dem Herzen tragen und suchen, ihnen zurechtzuhelfen im Geist der Sanftmuth, da wir wissen, daß auch wir versucht werden können. Wie wahr sind die Worte des Apostels Petrus: Seid nüchtern und wachet, denn euer Widersacher, der Teufel geht umher wie ein brüllender Löwe und sucht, welchen er verschlinge.
Dieser Ansturm des Argen ist nicht von gewöhnlicher Art; er ist schon seit Jahren vorbereitet worden und nicht ohne vorhergehende Warnung über uns gekommen.
Während der Versammlung der Propheten mit den Aposteln in Albury vor drei Jahren wurde ein Wort durch einen der Propheten gesprochen des Inhalts: wachet eifrig über die Worte, die in Deutschland in Kraft gesprochen werden, denn Satan sucht durch jene Thür einen Eingang; siehe der HErr hat euch gewarnt.
Gleich bei meinem nächsten Besuche in Deutschland fragte ich unsern Bruder Geyer, ob er gegen Jemand unter den prophetischen Personen in Deutschland Verdacht habe, oder ob er etwas wüßte, worauf dies Wort sich beziehen könnte? Bei dieser Gelegenheit kamen seine irrigen Ansichten über die Amtsgrenze der Propheten und über die Autorität der Apostel, auch seine Ungesundheit in der Lehre im Allgemeinen ans Licht und ich wurde damals nur dadurch davon abgehalten, ihn zu suspendiren, daß er versicherte, wenn gleich er in seinem Verstande der Lehre der Apostel, wie ich sie hinstelle, nicht beistimmen könnte, so hätte er doch nicht den Wunsch und die Absicht, die Lehre zu bestreiten oder sich den Aposteln zu widersetzen; er wollte die Punkte, in denen er von den Aposteln abwich, nicht öffentlich vorbringen. Ich ahnte nicht, daß er dennoch versuchen würde, im Stillen solche, bei denen er Einfluß hatte, von ihrem Gehorsam abzubringen und sie ihrer Hoffnung zu berauben.
Der Fallstrick, den der Feind vor unsre Füße gelegt hat, ist gesehen und aufgedeckt worden, und wiewohl wir Leid tragen über die unglücklichen Betrogenen in Hamburg, müssen wir uns doch zugleich freuen, daß das Uebel nicht weiter ausgebreitet worden ist. Und ich gebe hiermit im Namen der Apostel, den Engeln, Priestern und Diaconen und allen treuen Gemeindegliedern in Deutschland unsern Dank zu erkennen für ihre treue Anschließung an die

Apostel und für ihren Widerstand gegen diesen Anlauf des Feindes. Nicht durch die Apostel streitet der HErr gegen die, welche sagen, sie seien Apostel u. sind es nicht, sondern durch die Engel u. durch die treuen Priester u. Diaconen, die unter ihnen stehen.

Geliebte Brüder, ich hege das Vertrauen, daß der Sieg, den wir bei dieser Gelegenheit über die Macht des Feindes davongetragen haben, das Mittel sein wird, um die Gemeinden in Deutschland mächtig zu stärken, sie mehr und mehr zusammenzubinden, sie zu fördern in Werthschätzung der Gemeinschaft der Apostel des HErrn Jesu Christi u. sie zu beleben in der Hoffnung auf unsere gemeinsame Errettung von der Stunde der Versuchung, welche kommt über alle, die auf Erden wohnen u. in unsrer Bereitschaft, hinweggenommen zu werden und zu stehen mit dem Lamme auf dem Berge Zion als die Erstlinge für Gott u. das Lamm, in deren Munde kein Falsches erfunden ist, und die unsträflich sind vor dem Throne Gottes.

Ich beabsichtige, so Gott will, ehe ich Deutschland verlasse, eine Mittheilung an die Gemeinden zu machen über die Punkte der Lehre, welche in Frage gestellt worden sind: - über die Erstlinge und die Ernte und über die Ansichten der Apostel hinsichtlich der Ergänzung ihrer Zahl und der Berufung anderer Apostel, unabhängig von den Zwölfen, welche der HErr in diesen letzten Tagen der Kirche gegeben hat. - Anlangend das sehr schmerzliche Verfahren, davon ihr heute Zeugen gewesen seid, so ist es eingeschlagen worden nach der Vorschrift des Apostels: der an Timotheus schreibt: die da sündigen, rüge in Gegenwart aller, damit auch andre sich fürchten. Das Betragen unsrer Brüder ist so offenkundig, und hat solche Bestürzung in den ganzen Gemeinden verursacht, daß nichts geringeres, als ein öffentlicher Urtheilsspruch der Nothwendigkeit des Falles angemessen scheint, u. ich gebe mich der Hoffnung hin: Niemand, der hier gegenwärtig ist, wird, nachdem er Zeuge des heut Geschehenen gewesen, geneigt sein, in d. Fußstapfen dieser irre gegangenen Brüder zu treten. Der Apostel Paulus gebot der Gemeinde zu Corinth, Zucht zu üben gegen einen, der eine grobe fleischl. Sünde begangen hatte, wodurch eine schädliche Wirkung auf die Gemeinde eingetreten war: "Ich zwar, als der ich mit dem Leibe nicht da bin, doch mit dem Geist gegenwärtig, habe schon als gegenw. beschlossen über den der solches also gethan hat, in dem Namen unsers HErrn Jesu Christi in eurer Versammlung mit meinem Geiste, u. mit der Kraft unsers HErrn Jesu Christi, ihn zu übergeben dem Satan zum Verderben des Fleisches, auf daß der Geist selig werde am Tage des HErrn Jesu."

Die bei dieser Gelegenheit begangene Sünde wiegt noch schwerer; denn wäre sie erfolgreich gewesen, so hätte sie zur Zerstörung dieses Werkes des HErrn geführt, in dem wir alle stehen und zum Erlöschen der Hoffnung, welche durch die allerersten in Weissagung unter uns geredeten Worte in uns neubelebt worden ist: "Siehe der Bräutigam kommt, gehet aus, Ihm entgegen" - unserer Hoffnung, als kluge Jungfrauen <u>geborgen</u> <u>zu</u> <u>werden</u> vor der großen Trübsal und der Erscheinung und Herrschaft des Antichrists.

Sollte ich meine Pflicht gegen den HErrn, gegen die Apostel und gegen die mir anvertrauten Gemeinden treu erfüllen, so durfte ich nicht weniger thun, als ich gethan habe.

Paulus spricht von der Macht, die den Aposteln gegeben ist, zur Erbauung, nicht zur Zerstörung. Aber auch die Macht, zu rächen den Ungehorsam ist ein Theil der Ausrüstung der Apostel. Sie haben die Macht, zu binden sowohl als zu lösen, und was sie auf Erden binden, ist auch im Himmel gebunden.

Vor vielen Jahren redete ein Engel=Prophet Worte in Kraft, welche von den Aposteln verworfen wurden, und er ließ sich aufreizen, in geistlicher Kraft den Aposteln zu widerstehen. Diese mußten gegen ihn einschreiten, er widersetzte sich ihrem Verfahren, und der Feind nahm Besitz von ihm; er starb in einem Irrenhause und sagte bis zuletzt, die Apostel hätten ihm dies auferlegt. Alle, welche sich den Aposteln widersetzen, müssen in ein Gericht kommen, seien sie Amtsträger oder Laien, Einzelne oder Gemeinden. Dennoch soll das Urtheil, ausgesprochen über die, die gesündigt haben, nicht zur Verdammniß dienen, sondern zur Rettung.

So lasset uns denn diese unsere Brüder auf dem Herzen tragen und beständig für sie beten, damit diese Handlung der Zucht die Wirkung habe, sie zur Erkenntniß ihrer Sünde zu bringen, und zum HErrn zu bekehren; damit Er sie losmache von den Banden, womit Er sie bindet; also daß wir alle den HErrn preisen mögen für Seine Güte und erkennen, daß Seine Barmherzigkeit ewiglich währet.

(Vorlage: vervielfältigtes Rundschreiben)

IX. F.V.Woodhouse's *"Sendschreiben an die Treugebliebenen in Hamburg"* vom 5.2.1863

<u>Sendschreiben an die Treugebliebenen in Hamburg.</u>

Geliebte Brüder und Kinder in Christo Jesu!

Die Ereignisse der letztvergangenen Wochen sind ohne Zweifel euch sowohl wie uns wie ein Traum gewesen.
Euer Glaube ist sehr hart geprüft worden. Ihr seid den Angriffen des Feindes ausgesetzt gewesen, und die, welche über euch wachen sollten, um euch vor den Fallstricken zu bewahren, sind selbst Werkzeuge in seiner Hand geworden, durch die er euch von eurer Treue abzubringen suchte. Ihr seid Zeugen davon gewesen, wie in der Gemeinde, zu der ihr gehört, ein empörerischer Prophet auftrat und ein Aeltester aus einer andern Gemeinde, der seine Stelle heimlich verlassen hatte, in eure Mitte kam und sich als ein Apostel ausgab. Solches hätte nicht geschehen können, wären die Wächter treu geblieben und hätten sie sich in ihrer rechten Stellung bewahrt. Aber die Einladung ging aus von dem Aeltesten Friedrich Schwarz und dem Priester Preuß und einigen Diaconen, und die Gemeinde in Hamburg wurde der Herd einer Verschwörung, bei deren Fortgang die daran Betheiligten nicht mehr in ihrer eigenen Gewalt standen, denn sie hatten sich gegen den HErrn in Seinen Dienern, die rechtmäßig über sie gesetzt waren, empört, und das mit Empörung begonnene Werk endigte vermöge na-

türlicher Folge mit den schrecklichen Scenen, die vor euren Augen stattgefunden haben, indem die ganze Gemeinde mit wenigen Ausnahmen dem Einfluß eines bösen Geistes anheimfiel und eine Zeit lang so zu sagen gebunden an Händen und Füßen als Spielball dem Argen übergeben wurde.

Man kann nicht voraussagen, welches das Ende derer sein wird, welche die Anführer in dieser Verschwörung waren. Mit Ausnahme des Priesters Rosochazki *aus Königsberg, der Gnade empfangen hat, den Strick des Teufels, in welchen er gerathen war, zu erkennen, und umzukehren von dem bösen Wege, sieht man an ihnen wenig Spuren davon, daß sie ihre Irrthümer aufgeben und Vergebung und Befreiung suchen möchten. Ein Geist des Betrugs ist über sie gekommen, und sie vermögen nicht zu unterscheiden zwischen Licht und Finsterniß, zwischen den Wirkungen des h. Geistes und den bösen Wirkungen Satans.*

Der Priester Rosochazki *hat sich nach seiner Rückkehr nach Königsberg von jenem gottlosen Bündniß zurückgezogen, und wiewohl er noch von seinem Amte suspendirt und von der h. Communion in Folge seiner moralischen und geistlichen Unreinheit ausgeschlossen ist, dürfen wir doch hoffen, der Engel wird bald im Stande sein, über ihn zu berichten, daß er über sein böses Verfahren soweit erleuchtet und bußfertig genug ist, um Absolution zu empfangen u. zur Gemeinschaft der Kirche Christi wieder hergestellt zu werden.*

Aber was können wir von den Anderen sagen? Jeder Schritt, den man gethan hat, um diesen schrecklichen Anlauf Satans zu hemmen und diese Verblendeten und Betrogenen zur Wahrnehmung ihrer Gefahr und zur Erkenntniß ihrer Sünde zu bringen, scheint sie nur zu verhärten und sie desto fester in dem Stricke des Teufels zu binden.

Zum Schutze für die Gemeinden, um der Ehre des Namens unsers HErrn Jesu Christi willen und um den Angriff des Feindes zurückzuschlagen, war ich genöthigt, den Propheten Geyer zu suspendiren, dessen Verstellung, Unlauterkeit und geheime Umtriebe von Tag zu Tage deutlicher ans Licht kommen. Er ist von der Gemeinschaft des Leibes Christi ausgeschlossen worden als moralisch u. geistlich unrein, er ist für unfähig erklärt worden, einen prophetischen Dienst auszurichten und alles, was er in Hamburg geredet und gethan hat, ist für nichtig und wirkungslos erklärt worden.

Ein ähnliches Verfahren habe ich mit dem Aeltesten Fr. Schwarz *und mit dem Priester* Preuß *eingeschlagen; beider Verbindung mit der Gemeinde in Hamburg ist für gänzlich abgebrochen erklärt worden. Auch jene Diaconen, welche sich auf die Seite der Empörer gestellt und ihren Engel verworfen haben, sind von ihrem Amte und von der h. Communion suspendirt worden. Auch habe ich die That des Engels bestätigt, wodurch er alle an diesem Werke betheiligten Glieder der Hamb. Gemeinde von der h. Communion ausgeschlossen hat; ebenso habe ich die weitere Handlung des Engels bestätigt, wodurch er die Gemeinde für aufgelöst und jede Fortsetzung der Gottesdienste untersagt hat.*

Die Gemeinde, zu der ihr gehört habt, existirt nicht mehr. Ein Geist des Betrugs ist über sie gekommen, und es bleibt keine andere Maßregel übrig als diese, sie als einen Greuel vor den Augen Gottes abzubrechen.

Es ist kaum möglich zu denken, daß dieses elende Werk des Feindes lange zusammenhalten werde. Rosochazki *hat sich mit Abscheu zurückgezogen von dem Abgrunde, der sich unter ihm aufthat;* Geyer *hat seine Absicht erklärt, Wiederanschluß an die Landeskirche und eine Lehrerstelle zu suchen; Friedrich* Schwarz, *nachdem er das ihm Anvertraute schmachvoll*

verrathen hat, kann sich nicht lange des Vertrauens derer erfreuen, welche er irre geführt hat; Preuß hat vor wenig Tagen in einem Briefe erklärt: wenngleich die drei anderen die Sache für Satans Taumelkelch erklärten, würde er sie doch für das Werk des heiligen Geistes erklären. Sie haben keine Einheit unter sich und kein Haupt; sie sind ohne Führer; der Teufel kann zwar niederreißen und irre führen und seine Schlachtopfer bethören, aber er kann sie nicht auferbauen.
Einige, die anfangs auch irre geführt und an diesem Werk des Gottlosen betheiligt waren, sehen bereits den Fallstrick und verlangen nach Umkehr u. Andre werden ohne Zweifel bald ihrem Beispiel folgen.
Und nun, meine Geliebten, danke ich Gott von ganzem Herzen, daß Er euch Gnade gegeben hat, euch vom Anfang an von dieser Befleckung frei zu erhalten. Der HErr wird euch für eure Treue belohnen, und welchen größeren Lohn kann Er euch geben, als indem Er Eure vom Feinde weggerissenen Brüder zu euch zurückbringt. Welche größere Freude könnt ihr haben, als die, daß ihr Zeugen seid ihres Verlangens nach Reinigung und Wiederherstellung zur Gemeinschaft der heiligen Kirche und der Apostel des HErrn Jesu Christi und, daß ihr zu ihrer Bekehrung mithelfen dürft.
Die Gemeinde in Hamburg ist als eine Körperschaft verderbt und von dieser Plage angesteckt worden, und wie ein vom Aussatz angestecktes Haus muß sie niedergerissen, die Steine, an denen der Aussatz gefunden wird, müssen weggeschafft werden, neue Steine müssen an d. Stelle der verunreinigten kommen.
Seid geduldig, meine Brüder, und wartet auf die Zeit des HErrn, wo Er euch wieder heimsuchen wird; ihr habt keinen Mangel; eure Hoffnung stehet auf die Erscheinung des HErrn Jesu Christi, da wir nicht entkleidet, sondern überkleidet werden sollen, daß der Tod verschlungen werde von dem Leben. Ihr habt das Siegel des heiligen Geistes empfangen, damit ihr seid Erstlinge Gott und dem Lamm.
Lasst euch nicht irren, wenn die Betrogenen prahlen mit ihren Gottesdiensten, Versammlungen und Weissagungen. Satan wird sie, nachdem er sie eine Zeitlang bethört hat, in Zerrüttung stürzen.
Was kann man unter einer Schaar von Leuten erwarten, die, nachdem sie wegen ihrer Sünde, ihrer moralischen und geistlichen Unreinheit ausgeschlossen worden sind von den Gottesdiensten und Sacramenten der h. Kirche, damit fortfahren, dem Allmächtigen ins Angesicht trotzen, sich unterwinden, Gebete und die h. Eucharistie spottweise darzubringen. "Irret euch nicht, Gott läßt sich nicht spotten." "Wer unwürdig isset und trinket, isset und trinket ihm selber das Gericht." "Das Gebet des Gottlosen wird Sünde sein."
Noch einmal sage ich zu euch, den wenigen treugebliebenen Diaconen, Unterdiaconen u. Gemeindegliedern: Seid geduldig, ihr Geliebten, der HErr hat euer Zeugniß gesehen u. wird eure Arbeit anerkennen. Kommen etwelche von den Abgewichenen wieder zu euch, so helfet ihnen wieder zurecht im Geiste der Sanftmuth, aber zeiget ihnen zugleich euren Abscheu gegen ihr gottloses Wesen.
Es kann sein, daß euer Glaube und eure Treue dazu dienen wird, den HErrn zu bewegen, daß Er nicht das Licht Seiner Kirche von der großen Stadt, darin ihr wohnt, wegnehme. Es kann geschehen, daß durch eure Geduld u. Ausdauer der größere Theil derjenigen, die durch ihre eigenen Hirten irregeleitet worden sind, zurückgebracht werde.

Ich danke euch, meine geliebten Kinder, daß ihr auf der Seite der Apostel des HErrn Jesu Christi gestanden seid bei diesen (diesem - Verf.) *Versuch zur Zerstörung des Werkes Gottes in diesem Lande. Euer Glaube wird nicht unbelohnt bleiben. Der Friede unsers HErrn Jesu Christi sei mit euch allen.*

Fr. V. Woodhouse

(Vorlage: vervielfältigtes Rundschreiben; Datum von Thiersch handschriftlich ergänzt)

X. Rundschreiben von H.W.J.Thiersch vom 10.2.1863

Berlin, 10. Februar 1863.

Theurer Bruder!

Bei der Mittheilung des apostolischen Urtheils über Hn. H. Geyer *und Hn. Fr.* Schwarz *in dem Cirkular vom 28. Januar c. versprach ich, Ihnen weitere Nachricht über diese Angelegenheit. Jene beiden hatten zwar vor Anhörung des Urtheils Hn. C.* Rothe *so viel eingeräumt, daß ihr Verfahren ordnungswidrig gewesen sei; hierbei aber behielten sie sich vor, was am 10. October in Königsberg und am 4. Januar c. in Hamburg geschehen war, nicht zu verwerfen, sondern für ein Werk Gottes zu halten. Wie wenig diese ihre angebliche Reue genügte, kam ans Licht, indem nach Anhörung des apostolischen Urtheils H. Fr.* Schwarz *diesem Urtheil zum Trotze sofort nach Hamburg zurückkehrte, um die Fahne der Empörung wieder zu erheben, und auch Herr* Geyer *sich nicht beugte.*
Indem der Priester Ludwig Preuß *in Hamburg und die Diaconen* Stechmann, Detloff, Klees *und* Hohl *aufs Entschiedenste für Herrn Fr.* Schwarz *Partei nahmen und die Empörung fortsetzten, war der Apostel genöthigt, auch über diese Diener das Urtheil der Suspension und Excommunication zu fallen* (fällen - Verf.)*, und die Gemeinde in Hamburg aufzulösen. Sein Sendschreiben an die Abgewichenen in Hamburg, das ich gedruckt beilege, und sein Sendschreiben an die Treugebliebenen, daselbst, welches hier autographirt folgt, geben vollständige Auskunft über den Stand der Dinge. Alle geistliche Gemeinschaft mit der Rotte, welche sich dort fälschlich apostolische Gemeinde nennt, muß gemieden werden. Die Treugebliebenen und Wiedergewonnenen, bis jetzt etwa 35, versammeln sich daselbst in einem Locale:* Kaffamacherreihe 27, (Klemensplatz, 3te Thür, 2 Tr.)*; unter ihnen der Diacon Eduard* Neumann*, Börsenpassage 1. Hiernach sind die Angaben im Verzeichniß der Gemeinden zu verändern.*
Während alle Gemeinden, so viel man weiß, durch Gottes Güte vor dieser Verführung beschützt blieben, zeigte sich in Bütow *in Hinterpommern, daß der Priester daselbst, Eduard* Freischmidt *und der Diacon Ferdinand* Freischmidt*, in Alles eingeweiht waren und die Ge-*

meinde in Bütow *auf denselben Irrweg wie die Gemeinde in* Hamburg *bringen wollten. Der Engel C.* Döhring *sah sich genöthigt, beide zu suspendiren und von der h. Communion auszuschließen. Der Apostel hat dieses Urtheil bestätigt. Die Gemeinde blieb unverführt und ist jetzt dem Priester* Schulz *(vormals in Neustettin) anvertraut.*

Aus Königsberg *sind die Nachrichten sehr tröstlich. Nachdem der Apostel am 31. Januar c. über Hn.* Rosochazki *das Urtheil in derselben Weise, wie über Hn.* Geyer *und Hn.* Friedrich Schwarz *gefällt hatte, und dieses Urtheil in Königsberg durch den Engel verkündet worden war, unterwarf sich H.* Rosochazki *ohne Rückhalt; es scheint, daß er durch Gottes Gnade über seine Verirrungen völlig erleuchtet ist, und man für ihn baldige Wiederzulassung zur h. Communion hoffen darf.*

Heute hat der Apostel die heilige Eucharistie gefeiert, um Gott dem Allmächtigen für die Bewahrung der Gemeinden des Stammes bei diesem gefährlichen Anlauf des Feindes zu danken und Ihn um Sein Erbarmen über die Abgewichenen und in des Feindes Strick Gerathenen anzuflehen.

Vor seiner bevorstehenden Rückkehr nach England gedenkt er eine schriftliche Unterweisung über die zwei angefochtenen Lehrpunkte zu hinterlassen: über die Frage, ob eine Wiederbesetzung der Stellen der entschlafenen Apostel und eine Berufung neuer Apostel zu erwarten sei und über unsere Hoffnung auf eine Entrückung vor der großen Trübsal.

H.W.J.Thiersch.

(Quelle: vervielfältigtes Rundschreiben)

XI. F.V.Woodhouse's *"Belehrung des Apostels über die Frage nach der Möglichkeit einer Berufung neuer Apostel"* vom 19.2.1863 (1.Teil)

Die neuesten Ereignisse, das Thun des Propheten H. G. und der mit ihm Verbündeten, die vermeintliche Berufung eines Priesters in einer der Gemeinden zum Apostelamte und dessen Auftreten in Hamburg, wo er einige Tage die Handlungen eines Apostels sich anmaßte - alles Dies läßt es wünschenswerth erscheinen, daß ich mich bemühe, die Gemüther der Engel und der Gemeinden in Deutschland über diese Frage nach der Berufung neuer Apostel zu beruhigen - sei es, daß diese neuen Apostel die Zwölfzahl wieder vollständig machen, oder daß sie als Apostel eine eigene Stellung einnehmen sollen, ganz unabhängig von denen, die in den Gemeinden in London durch die Handauflegung der 7 Engel am 14. Juli 1835 für ihr Amt ausgesondert worden sind.

Die durch den Propheten H. G. vorgetragenen Ansichten sind so wandelbar, daß es kaum möglich ist, zu wissen, was er eigentlich meint. Vor zwei Jahren äußerte er sich gegen mich in dem Sinne, daß die Apostel von Zeit, zu Zeit, wie sie durch den Tod hinweggenommen würden, durch andere ersetzt werden sollten. Später nahm er eine andere Stellung ein und sprach von einem anderen Apostolate, das nach der Wegnahme der gegenwärtigen Apostel erweckt werden sollte. Dem Priester R. scheint er gesagt zu haben, seine Berufung geschehe zur Wiederbesetzung der Stelle von solchen, die entschlafen sind, endlich aber lautete ein Wort, das er zu Hamburg in Kraft sprach dahin: dieser neue Apostel sei der erste einer neuen Reihe von zwölf Aposteln, und diese seien dargestellt durch die 12 Perlenthore des neuen Jerusalems.

Diese höchst unklaren und veränderlichen Ansichten würden keinen Anspruch auf Berücksichtigung haben, wenn nicht die Engel und Gemeinden in Norddeutschland bis zu einem gewissen Grade in Unwissenheit darüber zu sein schienen, was die Apostel über diese Frage denken. Deshalb versuche ich es, ihnen die Ansichten der Apostel, so wie sie sind, darzulegen.

Die Frage nach einer Wiederbesetzung der Stellen der durch den Tod hinweggenommenen Apostel ist nicht neu. Gleich nach dem Tode unseres Bruders, des seligen Apostel Carlyle, der am 28.Januar 1855 entschlief, fingen einige von den Engeln an, die Frage zu erörtern: ob nicht die Apostel Schritte thun würden, um eine Wiederbesetzung seiner Stelle herbeizuführen?

Damals haben die Apostel nach reiflicher Erwägung der Sache eine Mittheilung an die Engel in einem Circular vom Juni 1855 gemacht, das auch ins Deutsche übersetzt und durch den Pastor mit dem Ap. den Engeln zugesandt wurde. Daselbst heißt es:

"Die Frage, ob von den Aposteln Schritte gethan werden können, und welche, um nach dem Hinscheiden der Apostel Carlyle und Mackenzie ihre Stellen auszufüllen, wurde vorgebracht und erörtert. Die Apostel erwogen, daß für einen solchen Schritt keine Ermächtigung in der heil. Schrift gegeben ist, daß das Beispiel des Judas, der durch Uebertretung fiel, hierher nicht paßt; daß sie also nicht gutheißen, auch nicht selbst ergreifen können die Initiative (den ersten Schritt) eines Versuchs zur Ausfüllung der Stelle eines berufenen und ausgesonderten Apostels, der durch den Tod hinweggenommen worden; daß sie also diese Sache dem HErrn ganz anheimstellen und sich damit begnügen müssen, mit desto größerem Fleiß zu arbeiten, damit sie vor Ihm am Tage Seiner Erscheinung als treue Knechte anerkannt werden mögen."

Aus dieser Mittheilung sieht man, daß sich die Apostel damals überzeugten, die heilige Schrift gebe ihnen kein Licht, einen solchen Schritt zu thun, sie enthalte auch nichts, wodurch sie sich rechtfertigen könnten, falls sie sich Autorität zuschrieben, irgend etwas der Art zu thun.

Laßt uns zuerst den Fall des Judas betrachten. Von ihm erklärte der HErr beinahe am Anbeginn Seines Wirkens: er habe einen Teufel, Joh. 6, und als er von seinem Meister den Bissen angenommen hatte, fuhr der Satan in ihn, er ging hinaus, verrieth seinen Herrn und als er sah, daß der Herr zum Tode verurtheilt war, ging er hin und erhängte sich selbst. Unser HErr selbst sprach von Judas als dem Verräther, er nannte ihn den Verlorenen, den Sohn des Verderbens Joh. 17. Judas bekam nicht den endgültigen Auftrag als Apostel von unserem HErrn nach seiner Auferstehung und war nicht unter denen, die am Pfingstfest den heiligen Geist empfingen. Der HErr selbst und nicht ein Mensch hatte ihn für verloren erklärt.

Als Petrus vor dem Tage der Pfingsten den anderen Aposteln kund gab, es sei nothwendig, die Stelle des Judas auszufüllen, geschah es, damit die Zwölfzahl einmal für immer voll werde, nicht um ein Präcedens (Beispiel) aufzustellen, wornach die Apostel, so oft einer aus ihrer Mitte stürbe, verfahren sollten.

So entspricht denn, wie in der obigen Mittheilung angegeben ist, der Fall des Judas in keiner Weise den Fällen, wo einer von den Zwölfen, die der HErr beauftragt und für ihr Werk ausgesondert hat, entschlafen ist.

Die Gründe, wodurch die Apostel sich verhindert fühlen, Schritte zur Besetzung solcher Stellen zu thun, sind von der Art, daß eben deshalb die Apostel auch den Engeln nicht erlauben können, Schritte zu thun, wie z.B., Gebete zu Gott darzubringen, daß Er die Zahl vollmachen möge; ebensowenig können sie Propheten, die unter den Aposteln stehen gestatten, auf eigne Hand Männer zum Apostelamt zu berufen. Gegen alle solche Versuche gilt die Antwort: die Apostel finden nichts in der heil. Schrift, das sie ermächtigt, die Stellen wieder auszufüllen.

Gesetzt aber, die Stellen sollten wieder besetzt werden, so würde das einzige Beispiel in der heil. Schrift beweisen, daß der Anfang hierzu von den Aposteln selbst ausgehen müßte, denn so war es, als Matthias erwählt wurde.

Ebenso geschah es, als im Jahre 1835 einer von denen, welche der HErr als Apostel zu gebrauchen vorhatte, sich weigerte zu kommen und dem Herrn in diesem Amte zu dienen. Die Apostel selbst wurden veranlaßt, zwei Männer zu wählen in genauer Uebereinstimmung mit dem, was mit Matthias stattfand.

Das Verfahren des HErrn mit Paulus ist so außergewöhnlich und das in der heil. Schrift über Barnabas gegebene Licht so unzureichend, daß wir unmöglich durch diese beiden Beispiele angeleitet werden können, solche Schritte zu thun. Zu gleicher Zeit aber zeigen alle Umstände, die sich auf Paulus und Barnabas beziehen, auf das Bestimmteste, daß diese Brüder nicht an die Stelle des Jacobus Zebedäi Sohn (Apostelgesch. 12) oder eines anderen bereits entschlafenen Apostels Israels berufen, erwählt oder eingesetzt worden sind. Ueberdies wissen wir, daß Paulus und Barnabas keine Anstalten trafen, um andere an ihre Stelle zu setzen; daß die noch lebenden Apostel für Israel als ihre Zahl durch den Tod vermindert wurde, nichts thaten, um die Stellen der hinweggenommenen auszufüllen; endlich Johannes, der zuletzt von den Aposteln noch lebte, hat keine Winke gegeben, daß andere an seiner Statt berufen oder eingesetzt werden sollten.

Darum ist die Sachlage ganz klar eine solche, daß bei dem gänzlichen Mangel eines Lichtes, einer Bürgschaft oder eines Beispiels in der heil. Schrift die Apostel gezwungen sind, die Initiative ihrerseits abzulehnen, und ebenso anderen nicht zu gestatten, daß sie so etwas thun, wofür es an jedem Beweise in der heil. Schrift gebricht.

Gott k a n n neue Apostel berufen. Er k a n n wiederholen was mit Paulus und Barnabas geschehen ist. Wir unterwinden uns nicht, der Macht Gottes eine Schranke zu setzen. G o t t m a g d i e s e s thun, ich meine, hierfür ist Beweis in der Schrift vorhanden, aber kein Beweis ist in der Schrift vorhanden für die Wiederbesetzung der Stellen von Aposteln, welche berufen, ausgesondert und ausgerüstet waren und dann durch den Tod hinweggenommen worden sind.

Man hat einige Stellen aus dem Testimonium angeführt zum Beweise, daß die Apostel zur Zeit, wo sie dieses Zeugniß ablegten, anderer Meinung gewesen wären als jetzt. Sie hätten damals behauptet: das Apostelamt hätte in der Kirche zu allen Zeiten dauern sollen; die ganze Kirche muß durch das vierfache Amt vollendet werden; während das Apostelamt zwölffach ist, ist die Zahl derer, welche in diesem Amte einander folgen mögen, nicht beschränkt; es war die Sünde der Kirche, daß sie in der ersten Zeit die Apostel aussterben ließ; die Bi-

schöfe hätten damals Tag und Nacht zu Gott rufen sollen, Er möge der Kirche die Apostel erhalten, und nach deren Tode, Er möge sie ihr wiederherstellen.
Nimmt man an, das Testimonium behaupte, Apostel hätten 1800 Jahre in der Kirche bleiben und ihre Zwölfzahl hätte so lange Jahrhunderte hindurch stets vollständig erhalten werden sollen, so fällt auf die ersten Apostel selbst, auf Petrus, Paulus und Johannes die Schuld, indem sie keine Maßregeln zur Vervollständigung der Zahl ergriffen. Paulus gab dem Timotheus und Titus Delegation und Auftrag, wie sie nach seiner Hinwegnahme handeln sollten. Paulus sagt zu den Aeltesten von Ephesus (Apostelgesch. 20, 26-32: "Und nun siehe ich weiß, daß ihr mein Angesicht nicht mehr sehen werdet, alle die, durch welche ich gezogen bin und gepredigt habe das Reich Gottes, darum zeuge ich euch an diesem heutigen Tage, daß ich rein bin von Aller Blut. Denn ich habe euch nichts verhalten, daß ich euch nicht verkündigt hätte, alle den Rath Gottes. So habt nun Acht auf euch selbst und auf die ganze Heerde, unter welche euch der heilige Geist gesetzt hat zu Bischöfen zu weiden die Gemeinde Gottes, welche Er durch Sein eigenes Blut erworben hat. Denn das weiß ich, daß nach meinem Abschied werden unter euch kommen greuliche Wölfe, die der Heerde nicht verschonen werden. Auch aus euch selbst werden aufstehen Männer, die da verkehrte Lehren reden, die Jünger an sich zu ziehen. Und nun lieben Brüder, ich befehle euch Gott und dem Wort Seiner Gnade, der da mächtig ist, euch zu erbauen und zu geben das Erbe unter allen, die geheiligt werden."
Petrus schrieb in seinem 2. Briefe: "Darum will ich es nicht lassen, euch allezeit solches zu erinnern, wiewohl ihr es wisset, und gestärkt seid in der gegenwärtigen Wahrheit. Denn ich achte es billig zu sein, so lange ich in dieser Hülle bin, euch zu erwecken und zu erinnern. Denn ich weiß, daß ich meine Hülle bald ablegen muß, wie mir denn auch unser HErr Jesus Christus eröffnet hat. Ich will aber Fleiß thun, daß ihr allenthalben habet nach meinem Abschied solches im Gedächtniß zu halten."
In diesen Stellen ist keine Andeutung gegeben, daß die ersten Apostel, sei es Paulus oder Petrus, versucht hätten, ihre Stellen oder die Stellen anderer Apostel zu besetzen. Auch ist im Testimonium keine Stelle, welche besagt, daß das Apostelamt achtzehnhundert Jahre in der Kirche hätte fortbestehen sollen.
Hat das Testimonium behauptet, die ganze Kirche müsse durch das vierfache Amt vollendet werden, so ist damit nicht mehr gesagt, als im Briefe an die Epheser K. 4. Und es ist vollkommen richtig, daß als die Zeit des HErrn kam, Sein Werk wieder aufzunehmen und die, so Er willig fand zur Vollkommenheit zu führen, daß dann das apostolische Amt und das vierfache Amt wieder gegeben werden mußte. Doch ist in der hierher gehörigen Stelle nicht gesagt, noch auch angedeutet, daß während der Zeit, wo die Kirche ins Gericht kommt, während der Herrschaft des Thieres und der großen Trübsal, die Kirchen noch unter einem zwölffachen Apostelamt stehen und also vorwärts geführt werden sollen bis zur Erscheinung des HErrn.
Hat man im Testimonium gesagt: das Apostolat ist zwölffach aber die Zahl derer, die in demselben aufeinander folgen mögen, ist nicht beschränkt, so ist damit nur eine Thatsache ausgesprochen, die aus dem Apostelamte des Paulus und Barnabas, so wie aus der Entstehung des gegenwärtigen Apostolates, klar hervorgeht. Dabei bleibt aber das Verhalten der Apostel der ersten Zeit, wie es oben gezeigt worden, solcher Art, daß es den Schluß zu ziehen verbietet, als meinten die Apostel, ihre Zahl sollte von der ersten Zeit an bis jetzt immer neu ergänzt werden.

Die Kirche wollte unter der Leitung der ersten Apostel nicht zur Vollkommenheit fortschreiten; Bischöfe und Vorsteher wie Diotrephes waren nicht bereitwillig, sich den Aposteln zu unterwerfen; und nach dem Tode der Apostel waren Bischöfe, die an ihre Stelle traten, hiermit zufrieden. Gegenwärtig, da Apostel der Kirche wiedergegeben worden sind, haben die Bischöfe und Regierer der Kirche, anstatt gemeinschaftlich mit den unter Aposteln stehenden Christen zu Gott zu beten, daß Er die Apostel mit dem vollen Segen des Evangeliums Christi aussenden wolle, ihre Annahme verweigert. Dies ist ihre Sünde und wird ihr Gericht sein. Aus dieser Ursache geschieht es: während das vierfache Amt zur Vollendung der Heiligen gegeben ist, wird die ganze Kirche mit Ausnahme einer kleinen Schaar solcher, die sich hingeben um zum Maaße des vollen Alters Christi zu gelangen, unter Gottes Gericht kommen und nur durch Gerichte gerettet werden, anstatt durch das vierfache Amt sich zur Vollkommenheit führen zu lassen.

Der eigentliche Zweck und die Hauptabsicht des Testimoniums war, der Christenheit zu zeigen, daß nur ein heiliges Volk vor dem HErrn bestehen kann, wann Er kommt; nur solche die mit dem heiligen Geiste erfüllt sind, an ihren Stirnen mit dem Siegel des lebendigen Gottes versiegelt. "Die Darreichung des heiligen Geistes und die Vollendung der Kirche kann nur durch die am Anfang hiezu gegebenen Ordnungen stattfinden. Sie werden wieder gegeben; Apostel, Propheten, Evangelisten, Hirten und Lehrer werden das Werk Gottes ausrichten, und die Nachfolger des Lammes, die Unbefleckten, in deren Munde kein Falsches erfunden wird, die unsträflich sind vor dem Throne Gottes, sie werden mit dem Lamme auf dem Berge Zion stehen, sie werden erscheinen als Erstlinge für Gott und das Lamm, das Unterpfand jener herrlichen Aerndte, wann des Menschen Sohn Seine Engel senden und Seine Auserwählten sammeln wird von den vier Winden, von einem Ende des Himmels bis zum andern. Und dies ist euer Beruf ihr Getauften, denn Gott hat euch nicht verstoßen; dies ist eure Hoffnung. Aber werdet ihr hören? Gott weiß es. Ohne Zweifel viele werden hören, alle können hören und jeder, der da hört, wird gewißlich versiegelt werden und vor der Zerstörung dewahrt (bewahrt - Verf.) in dem Gezelte Gottes zur bösen Zeit."

So sagt das Testimonium (S. 74-76) und so ist es wahr. Und dies ist Gottes Absicht, indem Er der Kirche wieder Apostel giebt und Sein vierfaches Amt herstellt, die zu vollenden, die sich Ihm hingegeben und Sein Werk anerkennen, und sie hinwegzunehmen, ehe Seine Gerichte ausgegossen werden. Was bedarf es nun weiter zu sagen! Das gegenwärtige Werk ist ein Werk des Glaubens, nicht des Schauens. Unsere Hoffnung ist nicht eine Hoffnung, die wir sehen; "denn wie kann man deß hoffen, das man siehet? so wir aber deß hoffen, das wir nicht sehen, so warten wir sein durch Geduld."

Die Zahl derer, die zu den versiegelten Erstlingen gehören sollen, muß voll werden, und wenn der Letzte von denen, welchen diese Würde vorbehalten ist, versiegelt ist, wird der HErr erscheinen, und wir werden zu Ihm als heilige Erstlinge gesammelt werden.

Bringt nun die Berufung neuer Apostel eure Hoffnung euch näher? Im Gegentheil. Jene, die sich an dieser neuen Sache betheiligen, läugnen eure Hoffnung. Sie läugnen nicht nur die Lehre der Apostel, sondern ebenso sehr und noch entschiedener den Gesammtinhalt des Lichtes der Weissagung, wie es uns von Anfang an gegeben worden ist und von Jahr zu Jahr immer mehr zugenommen hat, indem das Wort der Weissagung uns aufforderte, als solche, die mit dem heiligen Geiste versiegelt worden sind, nichts zwischen die Gegenwart und die

Erscheinung des HErrn zu stellen, da Er vom Himmel kommen wird, um seine Erstlinge zu sich zu nehmen und sie zu retten vor den Gerichten, die über Seine Kirche kommen, weil sie Seine Apostel verschmäht, das Siegel des heiligen Geistes anzunehmen sich geweigert hat und nicht zur Vollkommenheit fortschreiten will.
Die seltsamen Behauptungen, welche H. G., wo er ein geneigtes Gehör fand, ausgebreitet hat, kommen nur nach und nach zu unserer Kenntniß. Dazu gehört die Aussage, die von ihm ausgegangen sein soll, der heilige Geist habe überall durch die Propheten bezeugt, daß die Stellen der entschlafenen Apostel ausgefüllt werden sollten, dasselbe sei im Worte der Weissagung durch Herrn Taplin, die Säule der Propheten, gesagt worden, diesen hätten die Apostel deshalb suspendirt und er sei vor Gram darüber gestorben. An diesen Angaben ist kein wahres Wort. Keine Weissagungen haben stattgefunden über die Wiederbesetzung der erledigten Apostelstellen, kein Beispiel einer Berufung eines neuen Apostels ist seit der Aussonderung der Apostel im Jahre 1835 vorgekommen; *)
Herr Taplin war nicht suspendirt noch irgend einer Rüge verfallen zur Zeit seines Hinscheidens noch irgend jemals während der letzten zwanzig Jahre. Am Tage seines Abscheidens hat er sich dankbar gegen die Apostel ausgesprochen für all ihr Verfahren mit ihm; er räumte ein, daß er sich mitunter verletzt gefühlt hatte durch die Weise, wie sie die durch ihn gesprochenen Worte behandelten; aber er habe allemal späterhin Ursache gehabt, einzusehen, daß das Verfahren der Apostel ganz richtig gewesen sei.
Die beste Erwiederung auf die Aussage, daß die Apostel gegen die Weissagung und die Propheten gleichgültig seien, besteht in der Thatsache, daß die Apostel vor Jahren feierliche Gebete zu Gott, allemal eine Woche lang, unmittelbar vor den drei großen Festen, angeordnet haben, damit es Gott gefalle, Propheten zu erwecken und die Ordnungen Seines Hauses vollständig zu machen. Alle Apostel und anderen Diener der allgemeinen Kirche, die nicht durch unabweisbare Verhinderungen abgehalten sind, finden sich zu diesen Zeiten ein, um sich an diesen Gebeten zu Gott dem Allmächtigen zu betheiligen. Ferner: die Apostel haben im Jahre 1858 alle Engel=Propheten, und die zum Engelamt berufenen Propheten, auch sonstige Priester=Propheten, die ihnen geeignet schienen, einberufen, um sie in ihrem Amte zu unterweisen, um ihre Begabung kennen zu lernen und zu beurtheilen in wieweit etliche von ihnen fähig wären um als Propheten mit den Aposteln erwählt zu werden, mit der Absicht, auf diesem Wege die Zahl der 12 apostolischen Propheten vollzumachen. Diese Versammlungen wurden regelmäßig jedes Jahr fortgesetzt bis voriges Jahr, da sie aus Ursachen, deren Erörterung hier nicht erforderlich ist, unterblieben. Bei der ersten dieser jährlichen Versammlungen waren zwölf Propheten zugegen, unter ihnen je einer aus Norddeutschland, der Schweiz, Schottland und Frankreich. Auf den Vorwurf, als schätzten die Apostel die Propheten gering und wären gleichgültig und unachtsam gegen die Worte, dient ferner zur Antwort: Alles, was den Engeln mitgetheilt worden ist über die Erstlinge und deren Hinwegnahme, über die Zeugnisse, die nacheinander durch verschiedene Schaaren mit verschiedenem Maße des Glaubens abgelegt werden sollen, und über die Lage der bei der Wegnahme der Erstlinge Zurückbleibenden, -

---

*) Einige Worte durch Herrn Geyer gesprochen und von ihm selbst so gedeutet sind von den Aposteln theils ganz anders erklärt, theils sofort als unächt abgewiesen worden. (Anm. im Original - Verf.)

alles dies sind nicht Dinge, welche die Apostel selbst erfunden oder durch ihre eigene Auslegung der heil. Schrift, in Ermangelung prophetischen Lichtes, hervorgebracht hätten; sondern im Gegentheil: es ist die Verarbeitung und Vereinbarung des mannigfachen Lichtes, das durch die Weissagung gegeben worden, nicht allein bei den Versammlungen der Propheten mit den Aposteln in den Jahren 1858, 1859, 1860 und 1861, sondern auch bei anderen Gelegenheiten um dieselbe Zeit, und nicht bloß in London und Albury, sondern in den verschiedensten Gemeinden durch den Mund aller Propheten in wunderbarem Einklang.

Vielleicht in keinem Stücke ist die Verwegenheit und Vermessenheit des Propheten H. G. so auffallend wie hierin, daß, während er denen, die auf ihn horchten, beizubringen suchte: die Apostel zwar seien fehlbare Menschen, hätten geirrt und könnten noch irren, aber das Wort der Weissagung sei unfehlbar und für das Wort der Weissagung trete er auf gegen die fehlbaren Ansichten der Apostel, so stehen die von ihm aufgestellten neuen Lehren in geradem Gegensatz mit dem gesammten Inhalte des Lichtes der Weissagung während der letzten fünf Jahre, und jeder seiner Meinungen wird auf das Bestimmteste widersprochen durch Worte der Weissagung aus den verschiedensten Gemeinden in dem neuesten Record, der eben jetzt übersetzt wird und demnächst an die Engel gelangen soll.

Die Thatsache ist richtig, daß von den sieben Propheten, welche vor 28 Jahren (1835) mit den Aposteln in der damals eröffneten Rathsversammlung der 7 Gemeinden in London saßen, fünf entschlafen, auch daß sechs von den Aposteln hinweggenommen worden sind. Aber daß nur 2 Engel=Propheten noch übrig seien, d.h. nur zwei solche, die in der allgemeinen Kirche dienen könnten, ist nicht wahr. Der Prophet Prentice, der von Herrn Taplin als sein Coadjutor erwählt worden ist und jetzt dessen Stelle als Prophet mit dem Apostel für den Stamm in England einnimmt, sowie auch als Coadjutor für die Säule der Propheten in Albury und in der Versammlung der 7 Gemeinden, ist ein dritter Prophet im Dienste der allgemeinen Kirche; Captain Taylor ist der vierte, den mehrere der Engel in Deutschland kennen, der noch voriges Jahr durch den Apostel King Church in Belgien und Dänemark gebraucht worden ist. Der Engel Prophet Petitpierre in Paris ist der fünfte, und daß Norddeutschland bis jetzt den sechsten nicht liefert (entsprechend der Sechszahl der noch lebenden Apostel) kommt nicht davon her, daß es meinerseits oder bei den Aposteln in Albury an Verlangen gefehlt hätte, Herrn G. hierfür zu wählen. Diese Sache ist in der Rathsversammlung in Albury öfter erörtert worden, auch habe ich sie oft mit Herrn Böhm und Prof. Thiersch besprochen. Doch kam die Wahl des Herrn G. nie zu Stande in Folge der Unterscheidung, die uns Gott gab über seinen unrechten Geisteszustand, und sein Nichtgeeignetsein zur Erhebung in eine so hohe und verantwortliche Stelle, wiewohl wir zu der Zeit von seiner jetzt an den Tag gekommenen geheimen Wirksamkeit wenig oder nichts wußten. Durch die neuesten Ereignisse ist offenbar geworden, wie er seit Jahren in Deutschland und der Schweiz, wo immer er Eingang fand, verrätherischer und versteckter Weise gewirkt hat. Gottes wachsames Auge über sein Werk und der Werth der den Regimentsführern verliehenen Gabe der Unterscheidung, wird dadurch erwiesen. Das in einer früheren Mittheilung schon erwähnte, zu Albury in Gegenwart des Herrn G. durch den Propheten Prentice gesprochene Wort: "Seid sehr wachsam über die Worte, die in Deutschland in Kraft geredet werden; Satan sucht durch jene Thür einen Eingang, siehe der HErr hat euch gewarnt" - dient ebenfalls dazu, daß wir der wachsamen Obsorge unsers himmlischen Vaters für Sein Werk volles Zutrauen schenken, und uns zu zeigen wie Er denen, die Er als Regierer in Seinem Hause setzt, Vertrauen beweiset. Der Strick ist vergeblich gelegt worden vor den Augen des Vogels. Der heilige Geist sah, was im Verborgenen wirkte; ein Ausbruch wurde endlich nur zugelassen, damit die falschen Brüder entdeckt und ihre Werke zerstört würden.

Unmittelbar nachdem die Apostel (1835) ausgesondert worden waren, wurden sie angewiesen, mit einander nach Albury zu gehen, einem kleinen abgelegenen Dorfe, daselbst beisammen zu bleiben und in der Schrift zu forschen, und die Propheten wurden ihnen zugewiesen, um ihnen Licht zu geben. So begaben sie sich dorthin, an den Ort, wo die erste Gemeinde errichtet, der erste Evangelist ordinirt, der erste Engel geweiht worden war, und ein ganzes Jahr forschten sie in der heiligen Schrift, indem sie jedes Capitel und beinahe jeden Vers erwogen, ihre Ansichten über die bei dem Lesen zur Sprache kommenden Lehrpunkte aussprachen und überreiches Licht der Weissagung empfingen durch die Säule der Propheten und durch andere Propheten die von Zeit zu Zeit herab kamen und bei ihnen verweilten.

Durch dieses anhaltende Studium der heiligen Schrift und diesen Austausch der Gedanken lernten sie, ohne ihre individuelle Eigenthümlichkeit aufzuopfern und ihre besonderen Meinungen über untergeordnete Dinge aufzugeben, eines Sinnes zu sein in den großen Lehren des Evangeliums, und sich so auszudrücken, daß sie bei Kundgebung ihrer Ansichten nicht in Widerspruch und Streit mit den Ansichten der anderen gerathen. Seit ihrer Aussonderung ist jeder Punkt der Lehre und Praxis wiederholt vor sie gebracht und erörtert worden, und auf solchem Wege sind sie zu einer zwölffachen Einheit geformt worden, die durch keine anderen Mittel zu Stande kommen konnte. Und wiewohl mehrere von ihnen nun hinweggenommen, so sind doch die, welche übrig bleiben, nicht dadurch verhindert die Lehre der Apostel mit Zuversicht kund zu machen. Es würde unmöglich sein, daß irgend welche andere Männer durch den bloßen prophetischen Ruf diesen Aposteln in der Weise beigesellt werden könnten, daß sie ein Theil ihres Collegiums würden, eins mit ihnen in der Lehre, eins in Herz und Geist, wie jene eins gemacht worden sind, nicht durch ein plötzliches Wunder, sondern durch jahrelangen täglichen geistlichen Verkehr. Dies allein könnte schon zum Beweise dienen, wie unmöglich eine solche Hinzufügung zu den Zwölfen sein möchte, wodurch die Neuankommenden im Stande wären, mit voller Zuversicht den Sinn der Apostel auszusprechen, oder sich bewußt sein könnten, mit jenen auf gleichem Fuße zu stehen.

Nach allem was am Eingang gesagt worden ist über den gänzlichen Mangel an Licht oder Beispiel in der heil. Schrift für Ergreifung irgend welcher Maßregeln zur Wiederbesetzung der Stellen entschlafener Apostel, möchte es unnütz sein, zu überlegen, welcher Art solche Maßregeln sein müßten.

So viel ist aus dem Erwähnten klar: jeder neue Apostel, der den vorhandenen hinzugefügt werden sollte, müßte das volle Vertrauen derer besitzen, mit dem er zu arbeiten hat. Mit anderen Worten: nur solche könnten wählbar sein, mit denen die Apostel in vollkommener Uebereinstimmung zu wirken vermochten; deshalb müßte der erste Schritt der sein, daß die Apostel selbst eine Wahl von einem oder von mehreren träfen, wenn gleich darnach ein Wort der Weissagung eintreten könnte. Offenbar kann man nicht einen Augenblick daran denken, daß die Apostel ihre Zustimmung dazu gäben, sich irgend einen unbekannten Mann als Genossen ihrer Arbeit aufbürden zu lassen, den irgend ein Prophet seiner Meinung nach zum Apostel zu berufen getrieben worden ist.

Findet eine Anbietung zum Priesteramt statt, so dürfen nur solche Männer sich darstellen, die von dem Engel als fähig erkannt werden, die ihr Verlangen, sich anzubieten, kund gegeben und des Engels Bewilligung bekommen haben. Kein Prophet in einer besonderen Gemeinde würde die Erlaubniß haben, auf den Eindruck hin, den er hat, sofort zur Berufung eines Mannes zum Priesteramt zu schreiten. Wenn eine Anbietung zum Engelamte geschehen soll, so werden die Engel aufgefordert, dem Apostel die Namen der Priester zu nennen, in denen sie ein solches Wachsthum in Gnade wahrnehmen, daß sie dieselben für geeignet zur Anbietung halten; nur solche, die auf diesem Wege die Bewilligung erhalten haben, werden angeboten. Während nun solche weise und gottgefällige Vorschriften aufgestellt und befolgt werden, als ein Schutz, damit nicht ungeeignete Männer zur Stufe eines Priesters oder Engels erhoben werden, will Herr G. uns überreden, wie er sich selbst überredet hat, daß er, oder, wie man wohl schließen darf, irgend ein anderer Prophet, befugt sei, für sich allein und ohne Beihülfe durch die Unterscheidung der Vorsteher der Kirche, Männer zu Aposteln zu berufen, daß damit die Sache abgethan sei, und daß die Apostel verpflichtet seien, solche ohne ein Wort der Bemerkung oder der Einrede, in ihre Genossenschaft aufzunehmen.

(Übersetzt durch Thiersch. Im 2. Teil seiner Schrift setzt sich Woodhouse mit Geyers Lehre von der Entrückung auseinander.)

(Quelle: WOODHOUSE,1863,2-17)

XII. "Brief des vierfachen Amtes in Norddeutschland an das Collegium der Apostel des HErrn in Albury" vom 19.5.1863 (Allgemeine christliche apostolische Mission)

*An das
ehrwürdige Collegium
der Apostel des HErrn
<u>zu Albury.</u>*

Hamburg, den 19. Mai 1863.

Ehrwürdige Brüder in Christo!

Wir Unterzeichneten würden uns nicht herausgenommen haben, an Euch zu schreiben, wenn nicht eine ausserordentliche Veranlassung uns dazu verpflichtete. Wir sind vor kurzem durch die Stimme des heiligen Geistes ermahnt worden, an Euch, teure und geliebte Apostel, ein Wort der Ermahnung und Warnung als ein Zeugnis von dem, was Gott in unserer Mitte gewirkt hat, ergehen zu lassen. Wir kommen dieser Pflicht umso lieber nach, als wir uns voll-

ständig bewusst sind aller durch Euch vom HErrn empfangenen Segnungen, so wie auch, dass wir samt unsern Glaubensgenossen gegen Euch keinerlei Feindschaft hegen. Wir und vielleicht der grösste Teil der Apostolischen Gemeinden in Deutschland haben seit dem Tode des Apostels Thomas Carlyle gehofft, dass die Stellen der entschlafenen Apostel ebenso gut wie die der übrigen Diener des HErrn würden ersetzt werden bis auf die persönliche Wiederkunft unseres HErrn Jesu Christi. Um deswillen halten wir die in Albury im Jahre 1860 geschehene Berufung der beiden Diener Böhm und Caird zum Apostelamte für völlig gerechtfertigt und vollgültig sowie auch am rechten Orte, gleichviel ob Ihr oder die beiden Brüder selbst den Ruf annehmen möget oder nicht. Für uns bleibt jener Akt eine Tat Gottes so gut wie Eure eigene Berufung. - Da der HErr nun nicht auf diesem officiellen Wege Seinen Ratschluss ausführen konnte, weil Ihr Ihm hindernd in den Weg tratet und Euch erlaubtet, darüber zu entscheiden, ob noch Apostel sein sollten oder nicht, so war Gott genötigt, nachdem Er wohl 2½ Jahre geharrt hatte, abermals und zwar auf einem Privatwege zur Berufung von Aposteln den Anfang zu machen. Und so geschah am 10. Oktober 1862 zu Königsberg die Berufung des Apostels Rososchaki, welche für uns eine göttliche Tat ist und bleibt. Diese Taten Gottes, zur Vollendung Seiner Kirche geschehen, stehen ganz abgesondert von der Suspension und Excommunication unseres Mitbruders, des Propheten Heinrich Geyer, welche durch den Engel Rothe zu Berlin erfolgte in Veranlassung einiger Glaubenspunkte in Bezug auf die erste Auferstehung, Verwandlung und Entrückung. Wir wollen uns aber nicht dabei aufhalten, diese Lehre zu erörtern, noch Euch zu belehren, auch nicht gedenken der masslosen Ungerechtigkeiten und Schmähungen, sowie aller der greulichen Lügen und gehässigen Verfolgungen, welche seitdem nicht bloss wider unsern Bruder Geyer, sondern wider uns alle, besonders auch gegen unsern Bruder Friedrich Schwarz begangen worden sind; sondern wir stellen uns einfach auf den Boden der weiteren Tatsachen in Hamburg. Nachdem Rososchaki sein Apostelamt verleugnet hat, liegen alle früheren Ereignisse hinter uns, und wir halten uns nur an das, was nach jener Zeit seit dem 4. Januar 1862 (1863 - Verf.) in Hamburg geschehen ist. Nachdem es dem HErrn gelungen war, hier ein gläubiges Volk zu finden und Gottesdienste nicht nur auf der bisherigen Grundlage, sondern auch in dem Geiste des Fortschritts abgehalten wurden, gelang es dem HErrn am 8. Februar 1862 (1863 - Verf.) in dem öffentlichen Eucharistischen Gottesdienste <u>durch drei verschiedene Weissagungen</u>, sowie <u>später</u> noch durch ein Wort aus dem Munde des Apostolischen Propheten H.Geyer den unterzeichneten Mitbruder Ludwig Preuss zum Apostelamt zu berufen. Derselbe nimmt nicht nur diese <u>mehrfache</u> Berufung gläubig und im Gehorsam seines HErrn an, sondern <u>ist sich seines apostolischen Berufes auch vollkommen bewusst und trägt somit das göttliche Zeugnis für sein Amt auch in sich selbst</u>. Die Aussonderung für sein Amt geschah auf weitere Aufforderung des Heiligen Geistes am 18. März 1863 und so hat er seitdem als Apostel gehandelt, hat Priester ordiniert, welche seit dem Sonntage Palmarum im Segen arbeiten;

und versiegelt die Getauften, welche die Gaben des Heiligen Geistes begehren. Das göttliche Werk, das hier und von hier aus geschah, ist nicht ein Werk, das wir ersonnen und nach unserem Plan ausgedacht, oder wie uns Schuld gegeben ist, schon Jahre lang vorbereitet hätten, sondern es ist das Werk, von dem der Heilige Geist seit länger als 20 Jahren <u>in Eurer Mitte durch Propheten gezeugt hat</u>, besonders durch den <u>Pfeiler der Propheten, Martin</u> (Edward

Oliver - Verf.) *Taplin, wie dies sämtliche Records ausweisen. Nach Gottes wunderbarem Ratschluss sind wir erwählt worden, die Ausführung dessen zu beginnen, was Ihm von England aus nicht gelungen ist; dennoch bleibt Euch der Ruhm, den Grund dazu gelegt zu haben; und weder Euch noch uns steht es zu, darüber zu rechten oder zu richten, welches Weges sich der allweise und allmächtige Gott bedient, Seinen Vorsatz und Ratschluss auszuführen. -*

Ihr, ehrwürdige Brüder, seid um Eurer Mission willen von allen Kirchengenossenschaften und Häuptern, verkannt und verketzert, ja ausgestossen worden und habt um Christi willen diese Schmach willig auf Euch genommen. Wir sind wiederum von Euch und Euren Engeln und Priestern um unseres Berufes und Glaubens willen ebenso, ja noch weit härter verkannt, geschändet, verfolgt, verketzert und ausgestossen worden; doch auch wir nehmen diese Schmach willig auf uns und gedenken nicht darüber Richter zu sein. Gottes Gedanken sind höher als die Eurigen und unsere. - Gleichwie die Bannflüche und Excommunicationen, welche einst über Euch und Eure Glaubensgenossen von den Häuptern Eurer Kirchengemeinschaften ergingen, spurlos an Euch und uns vorübergingen und Gottes Werk nicht zu hindern vermochten, so sind jetzt wieder Eure Bannflüche und Excommunicationen wider uns und unsere Glaubensgenossen ebenso unfruchtbar und unwirksam, weil wir uns der Sendung und Leitung der höheren Hand Gottes bewusst sind. Gottes Werk an uns und durch uns wird dadurch nicht gehindert sondern sogar gefördert. Wir sehen deshalb mit desto grösserem Schmerz, welche Früchte Euer Verfahren wider uns in den von Euch gepflegten und geleiteten Gemeinden hervorbringt. Die täglich bei uns aus vielen Gemeinden Deutschlands einlaufenden Nachfragen gaben uns den tatsächlichen Beweis, mit welchem Geiste des Hasses, mit welcher brutalen, mehr päpstlichen Härte man dort überall gegen die Mitglieder einschreitet und über das Werk des lebendigen Gottes unter uns urteilet. Wir wissen es vielleicht besser als Ihr, welche Früchte Euer Verfahren gegen uns in Euren Gemeinden trägt und noch tragen wird. Wir wissen es, dass ein Teil der Glieder in den apostolischen Gemeinden gänzlich zum Abfall von Gottes Werk gebracht wird. Sie glauben fortan weder Euch noch uns. Ein anderer Teil wird eingeschüchtert und gehorcht aus Zwang den anmassenden Drohungen. Ein weit grösserer Teil aber fängt jetzt allmählich an, zu überlegen und zu prüfen, wie denn aus verschiedenen Gemeinden schon einzelne Brüder als Abgesandte nach Hamburg gekommen sind, um zu prüfen und tatsächlich sich zu überzeugen. Unsere Sendung ist zunächst nicht an die versiegelten apostolischen Gemeinden, sondern an die Gesamtheit der Getauften. Darum fühlen wir den tiefsten Schmerz, welcher auch in dem Herzen Jesu ist, darüber, dass Ihr und Eure Engel durch Euer bisheriges Verfahren gegen uns Eure mühsam gesammelten Herden so rücksichtslos zertretet und zerstört. Ja, wir glauben, es voraussagen zu können, dass sich Eure Herden mit der Zeit zerstreuen werden, wenn Ihr nicht bald Einhalt tun werdet dieser mit Zwang versuchten Knechtschaft, auferlegt durch ein ausser allem geschichtlichen Zusammenhange stehendes Glaubenssystem und durch eine Hierarchie, welche notwendig in die finsterste Verdummung des Mittelalters zurückführen muss Wir treten nicht in unserm eigenen, sondern im Namen Jesu Christi, des Auferstandenen, vor Euch; wir folgen nicht unserer, sondern der Stimme des Heiligen Geistes, Euch, geliebte Brüder, zu bitten, und zu ermahnen, abzustehen von dem bisherigen Verfahren gegen uns, nach welchem Ihr uns auf die rücksichtsloseste Weise falsche Apostel, falsche Propheten, Verführer, Hochmütige, Frevler, Treulose, Diebe, Räuber etc. heisset. Wir erinnern Euch daran, dass die Häupter in der

Landeskirche, sowie in der römischen Kirche Euch samt und sonders mit demselben Recht ebenso genannt haben und bis heute nicht aufhören. Ja, in ihren Augen seid Ihr auch nichts wie falsche Apostel, falsche Propheten, Hochmütige, anmassende Frevler u.s.w.- Ihr habt dies auch ertragen, desgleichen werden auch wir dies ertragen. Aber wir halten Euch trotzdem für <u>rechtmässige Diener des HErrn</u>; obgleich wir solche ungerechte Schmach von Euch willig auf uns nehmen, kehren wir uns ebensowenig daran wie Ihr. Doch solltet Ihr Euch vor allem fürchten vor Gott, dem Heiligen und Gerechten, in dessen Namen wir alles tun und getan haben, was von uns geschehen ist und geschehen wird. Könnet Ihr uns nicht als Brüder, die gleiche Aufträge mit Euch haben, aufnehmen, so glaubet es uns wenigstens, dass wir <u>in keinerlei Weise Euch feindlich gegenüber stehen</u>, sondern weiter bauen wollen auf dem ewigen Grunde und Eckstein Jesu Christo, die Stadt Jerusalem, welche in Trümmern liegt, auf dass sie mit ihren Toren und Mauern aus dem Staube erstehe, wie es die Stimme der Weissagung, welches ist das Zeugnis Jesu, so oft und so viel durch alle Records ausgerufen hat. Am allerernstlichsten ermahnen wir Euch aber, angesichts des grossen Busstages vor Pfingsten, wo die Sünde gebüsst wird, welche die Kirche durch die Verwerfung des apostolischen Amtes und der Stimme des Heiligen Geistes begangen hat, Euch tief zu demütigen vor der heiligen Majestät des lebendigen Gottes wegen der furchtbaren Lästerung des Heiligen Geistes und Berufung der Apostel, welche durch den Apostel F. Woodhouse und die unter ihm arbeitenden Diener schriftlich und mündlich ausgesprochen worden sind, indem sie Gottes Taten und Worte des Heiligen Geistes für Werke und Worte des Teufels erklärten. Wir warnen Euch im Namen Jesu Christi vor solchen ferneren Versündigungen. Stehet ab um Christi willen von diesem Wege! Könnet Ihr nicht uns glauben, dann nehmt wenigstens die Stellung Gamaliels ein; überlasset das Gericht dem HErrn und erlaubet Euch kein Gericht über andere Apostel des HErrn. Ein Zurücktreten unsererseits in die früheren Verhältnisse ist uns jetzt um unserer Mission willen völlig unmöglich; an eine Verbindung mit Euch zu denken, ist uns dann möglich, wenn Ihr alle hier geschehenen Taten als wahrhaft göttlich anerkennt und unserer Mission niemals hindernd in den Weg tretet. - Ihr habt durch Gottes Gnade die Bahn gebrochen für die Wiederherstellung der Kirche Christi; Ihr habt im Schweisse Eures Angesichts gearbeitet, warum wollt Ihr mit uns zürnen, <u>wenn wir Befehl haben von demselben HErrn</u>, auf derselben Grundlage weiterzubauen und ein Stück Arbeit hinauszuführen, was Ihr dem HErrn verweigert habt zu tun, indem Ihr vielleicht die Notwendigkeit derselben verkanntet? Warum wolltet Ihr durch Euer böses Geschrei uns zwingen, in Eure Gemeinden zu dringen, um Zeugnis abzulegen? was sicher geschehen wird, indem wir bereits dazu von vielen Seiten aufgefordert sind. Wir ermahnen Euch also brüderlich, Euch nicht ferner mit der falschen Hoffnung zu täuschen, als ob durch Euer bisheriges Verfahren etwas ausgerichtet wurde, Gottes Werk in Hamburg zu vernichten. Täuschet Euch nicht! Ihr streitet wider den lebendigen Gott und jeder Hieb wider Sein Werk wird zehnfach auf Euch zurückfallen. Mögen diese einfältigen Worte der Ermahnung in Eurem Herzen und Willen Gehör finden! Sie sind ebenso aufrichtig als treu gemeint und begleitet mit den innigsten Wünschen, dass Eure Arbeit fernerhin den Segen Gottes zur Seite haben möge.
Indem wir Euch zu dem Heiligen Pfingstfeste den reichsten Segen Gottes wünschen, empfehlen wir uns Eurer Liebe als Eure aufrichtigen Brüder in dem HErrn.

Ludwig Preuss	(gez.) *Heinrich Geyer*
Apostel f. Norddeutschland	*Prophet mit dem Apostel*
Louis Stechmann	*Friedrich Schwarz*
Engelevangelist	*Pastor mit dem Apostel u.*
	Bischof des Tors

(Vorlage: Abschrift in Maschinenschrift)

XIII. Brief H.W.J.Thierschs an einen Amtsbruder in der Schweiz vom 22.12.1863

Cassel
22. December 1863.

Theurer Bruder!

Der Ap. hat gehört, daß H. G(eyer) im Hannöverischen, in Magdeburg und in Berlin gewesen ist und bei schwachen, unlauteren oder ausgeschlossenen Gemeindegliedern Versuche gemacht hat, sich einen Anhang zu bilden, mit dem Vorgeben, er sei der unschuldig Verurtheilte und Unterdrückte. In Erwägung, daß auch in Zukunft ähnliche Angriffe zu erwarten sind und daß den Engeln die Pflicht obliegt, als gute Hirten ihre Gemeinden zu schützen, findet der Apostel für gut, Ihnen folgendes in Erinnerung zu bringen.

In der Sache zu Hamburg wirkt ganz eigentlich der jetzt in der Welt weit und breit herrschende Geist der Empörung und des Trotzes gegen Gott. Von diesem Geiste zeigen sich jene Männer erfüllt, indem sie, wiewohl excommunicirt durch die, deren Autorität sie feierlich anerkannt hatten, fortfahren mit der Feier der h. Eucharistie, und dieß für ein Gott wohlgefälliges Opfer ausgeben. Wie kann es anders kommen, als daß der Feind immer mehr Macht über solche gewinnt? Jener Urtheilsspruch gegen G., Fr(iedrich) Schw(arz), Pr(euß), die Diaconen und die Gemeinde in Hamburg war ausdrücklich abgefaßt als Suspension vom Amte und Ausschließung von der h. Eucharistie und Communion, bis sie sich unterwerfen, ihren Selbstbetrug einsehen und von ihrer Verunreinigung befreit sind.

Dieses Urteil ist ganz dasselbe, das auch über Hn. R(osochacky) gefällt wurde, obwohl er sich bereits von jenen gesondert, den Strick des Feindes erkannt und seine Sünde bekannt hatte. Auch er blieb von der Communion ausgeschlossen bis der Engel berichten konnte, daß er von dem Bösen gereinigt sei, wodurch der Feind Gewalt über ihn bekommen hatte.

Es ist eine Thatsache, die H. G. allezeit zu verheimlichen sucht, daß er und Schw. und die anderen in H(amburg) sich niemals unterworfen haben. Alles was sie einräumten, war, daß sie in unordentlicher Weise gehandelt hätten, aber zugleich bestanden sie allezeit darauf, daß das Werk in H. ein Werk des heil. Geistes sei, obwohl begonnen und weitergeführt mit Empörung, Verheimelichung und Widerspenstigkeit gegen den Apostel und gegen die Engel, unter denen diese Männer standen. H. G. hat noch nie eine Erklärung darüber gegeben, wie der h. Geist in solchen Werkzeugen wirken konnte. Daß er selbst und seine Genossen glauben können und behaupten, jene Berufung von App. (Aposteln - Verf.) *sei vom h. Geiste, während jeder Schritt mit heimlichen Umtrieben geschah und der erste Erfolg eine Auflehnung gegen alle Ordnungen Gottes war - dieß ist der beste Beweis der großen moralischen und geistlichen Unreinheit, in der sich diese Unglücklichen befanden.*

Hochachtungsvoll
der Ihrige
(gez.) H.W.J.Thiersch

(Vorlage: Original)

XIV. "Grund-Principien der Allgemeinen apostolischen Gemeinde zu Hamburg" (1863/64)

Grund-Principien

der

Allgemeinen apostolischen Gemeinde zu Hamburg,
(welche nicht zu verwechseln ist mit den s.g. Irvingianern.)

-----*-----

1) **Glaubensbekenntniß, Zweck und Arbeitsfeld.**

Die apostolische Gemeinde besteht aus Gliedern der verschiedensten christlichen Gemeinschaften und Kirchen=Confessionen, ohne sich von diesen losgesagt zu haben. Auf der Grundlage der k a n o n i s c h e n B ü c h e r d e r h e i l. S c h r i f t, *alten und neuen Testaments, sowie der drei ältesten ökumenischen Glaubensbekenntnisse "des apostolischen, nicenischen und athanasianischen," und der Wahrheiten in den symbolischen Büchern der Kirche, reichen die Glieder derselben sich brüderlich die Hände, um im gemeinsamen Glauben, in der Liebe und Hoffnung sich gemeinsam zu erbauen auf der ewigen Grundlage der Apostel und Propheten, da Jesus Christus der Eckstein ist, und wandeln friedlich im Gehorsam gegen Gott und Menschen, in Kirche und Staat, eingedenk der Worte des Apostels: Wo eine Obrigkeit ist, die ist von Gott geordnet. Die apostolische Gemeinde hält fest an den zwei Sacramenten, der heiligen Taufe und dem heiligen Abendmahl, letzteres in beiden Gestalten. Die Gemeinde ist eine a p o s t o l i s c h e , nicht nur weil Apostel an ihrer Spitze stehen, auch nicht allein, weil die ältesten Symbole die Kirche von jeher so bezeichnet haben; sondern weil sie das Wort des HErrn festhält: "G l e i c h w i e m i c h m e i n V a t e r g e s a n d t h a t , s o s e n d e i c h e u c h ."Um deswillen ist sie auch gewissermaßen eine innere M i s s i o n s g e m e i n d e . Der erste Ruf des HErrn an die Kirche, welche die Apostel an der Spitze hatte, war die Sendung an Juden und Heiden, um die Welt mit dem Geiste Gottes zu erfüllen und zu durchdringen. Da indeß später die Kirche zum großen Theil wiederum vom Geiste dieser Welt durchdrungen worden ist, so geht der Ruf des HErrn in dieser letzten Zeit dahin, die Christenheit wiederum zu erwecken und zu sammeln aus der Zerstreuung dieser Welt, sie zu heiligen und zu reinigen von allem ungöttlichen Wesen und von den todten Werken, sie zu erfüllen mit dem heil. Geiste und zur Einheit in Christo Jesu wieder zurückzuführen, um würdig vorbereitet zu sein auf den Tag der Erscheinung Jesu Christi. Demnach ist das Werk der Gemeinde e i n W e r k d e r i n n e r n M i s s i o n im eigentlichsten Sinne des Wortes.*

Wenn auch das Zeugniß der Sendboten der apostolischen Mission von der nahen Zukunft Christi, vom Verfall der Kirche und deren Wiederherstellung und Vollendung, Auferstehung und Gericht u.s.w. die ganze Kirche, Gläubige und Ungläubige, angeht, so sind das Arbeitsfeld der apostolischen Arbeiter in Bezug auf G r ü n d u n g v o n G e m e i n d e n doch nicht sowohl die wohlversorgten und gläubigen christlichen Kirchengemeinden, an deren Spitze treue Seelsorger wirken, sondern diese Sendung geht eines Theils an solche Christen, welche im Verborgenen diese Botschaft längst erwartet und darum gebetet haben, also darauf vorbereitet sind. Sodann aber an die v o n d e r H e e r d e C h r i s t i z e r s t r e u t e n Schafe des geistlichen Hauses Israel, d. h. an solche Christen, welche vom Glauben der Väter abgewichen sind und durch den herrschenden Geist des Unglaubens oder durch irgend welche andere Beweggründe, der Gemeinschaft der Kirche entfremdet abgesondert haben, und aus der Gemeinschaft mit Gott in Christo gefallen sind, und durch Wort und Wandel bezeugen, daß sie im Widerspruche stehen mit Gott und Seinem Worte. Ihre Sendung geht auch an Solche, welche durch die Sünde verirrt sind vom Wege der Gottseligkeit und Ehrbarkeit, oder die durch Unlauterkeit des Herzens in Verbitterung gegen Gott und alle göttliche Ordnung gerathen sind, und durch Betrug der Sünde sich in leibliches und geistliches, zeitliches und ewiges Verderben stürzen. Diesen verirrten Seelen in brüderlicher Liebe nachzugehen, mit geduldiger Hingebung, durch Ermahnung, durch Beistand und Hülfe sie zurecht zu bringen, das ist die große Aufgabe, welche die Gemeinde sammt ihren Vorstehern zu erfüllen sucht. Christen, welche ohne Weide, ohne Gott, ohne Gottes Wort und Sakrament dahinleben, für das Himmelreich und für das bürgerliche Leben zu gewinnen; wo es möglich ist, ihnen mit gutem Rath und helfender That an die Hand zu gehen, ein neues ruhiges und gottseliges Familienleben fördern zu helfen, Stätten des Elends und des geistlichen und leiblichen Verderbens in Stätten des Segens und Friedens zu verwandeln, und in solcher Weise die Kirche auf den großen Tag Christi vorbereiten zu helfen, dahin zwecken alle Bemühungen dieses Werkes der Liebe ab. Ja die apostolische Sendung verschmäht es nicht, auch da, wo es gestattet wird, sich der Kranken anzunehmen; auch zu den Gefangenen und Verbrechern zu gehen, um ihnen das Evangelium zu predigen in den Gefängnissen, und sich für entlassene Sträflinge zu verwenden, damit sie nicht untergehen, sondern moralisch gehoben werden und ihr ehrliches Unterkommen finden können in der bürgerlichen Gesellschaft. Um deswillen bittet dieselbe alle hohen Häupter in Kirche und Staat, alle christlichen Geistlichen und alle gläubigen Christen um Deren Mitwirkung und Unterstützung durch ihren Einfluß und Fürsprache. Christus unser HErr hat gesagt: **Die Gesunden bedürfen des Arztes nicht, sondern die Kranken**, *und am Tage des Gerichts wird Er antworten: Alles was ihr an den Hungrigen, Durstigen, Nackenden, Kranken und Gefangenen, als an einem der geringsten meiner Brüder gethan habt, das habt ihr mir gethan. Die apostolische Gemeinde zu Hamburg ist überzeugt, daß dieser* **praktische Dienst** *die* **wahre** *Zubereitung der Kirche für die Zukunft Christi ist;* **darum**, *und weil sie nicht in geistlicher Ueberhebung und Selbstgenügsamkeit sich oben an zu drängen wagt, als wäre sie allein die kleine Schaar der Auserwählten und über alle andern Christen erhaben; weil sie im Dienst und in der Handreichung gern sich* **unter** *alle Brüder stellt, als die Schaar derer, die zu Tische* **dienen**, *und weil sie nicht in die mancherlei überspannten Irrlehren willigen kann, die nicht in der heiligen Schrift begründet sind,* **mit der ganzen Kirche Christi als Ein Leib** *vollendet zu werden hofft,* **darum darf man sie nicht mit den sogenannten Irvingianern** *verwechseln, denn das apostolische Werk in Hamburg ist ganz unabhängig von Jenen.*

2) Verhältniß zu den verschiedenen Confessionen und Geistlichen.

Die allgemeine apostolische Gemeinde zu Hamburg steht auf demjenigen **allgemeinen Boden** *der christlichen Kirche, welcher allen christlichen Partheien oder Confessionen gemeinsam angehört, d. h. sie nennt sich nicht paulisch, apollisch, kephisch etc. (1 Cor. 1 u. 3), sondern sie ist gleich dem Täufer Johannes* **die Stimme eines Predigers in der Wüste, zu richten dem Herrn den Weg und zu machen auf dem Gefilde der Kirche eine ebene Bahn**. *Darum kümmert sie sich nicht um die Unterscheidungslehren der verschiedenen Partheien, sondern umfasst Alle mit gleicher Liebe, und bewegt sich in dem Glauben und in der Liebe und Hoffnung, welche für* **Alle** *sind. Weil sie keine* **eigene Parthei** *bildet* **neben** *den übrigen, so hält sie es auch nicht für nöthig, durch irgend einen Akt der Aufnahme in ihre Gemeinschaft die Mitgliedschaft ihrer Glieder zu beurkunden. Die heil. Taufe allein berechtigt Jedermann dazu, wie zur Theilnahme an allen Gnadenmitteln, vorausgesetzt, daß er dieselben mit gläubigem Verlangen begehrt. Ebenso hält jedes Mitglied der apostolischen Gemeinde sich berechtigt, in allen andern Confessionen die Segnungen zu empfangen; wo die Taufe und Trauung unsern Gemeinde=Gliedern verweigert wird, da verrichten wir sie selbst, soweit uns das Gesetz es gestattet. Die apostolische Gemeinde will nicht eine Kirche in der Kirche sein. Erfüllung der Gebote Christi, Nachfolge in seinen Fußstapfen, Liebe zu allen Menschen und zwar in That und in der Wahrheit; dieses ist das wahre Kennzeichen der Jüngerschaft Christi. Vermöge dieser Stellung ist es allein nur möglich* **Allen** *anzugehören, und nicht bloß für eine einzelne Abtheilung Parthei zu ergreifen. Diese allgemeine Stellung ist nothwendig, um* *für die ganze Christenheit, für alle Getauften wirken zu können. Es wäre eine übertriebene Erwartung, zu verlangen, daß alle Partheien zu einer einzelnen Parthei übertreten sollten. Die Gemeinde verhält sich also auch zu den Geistlichen aller Confessionen wie eine treue Helferin, welche die verlorenen Schafe C h r i s t o zuzuführen sucht; sei es, daß sie dieselben unter die Obhut Jener zurückzubringen, oder daß sie solche in e i g e n e n Gemeinden zu verpflegen sucht. Sie erkennt alle zu Recht bestehenden Geistlichen, welche eine kirchliche Ordination empfangen haben, als Gottes Diener an; und wenn Gemeinden errichtet werden, so soll damit nicht nur praktisch bewiesen werden, wie die apostolischen Gemeinden vor 1800 Jahren gestaltet waren, sondern sie sind ein Werk der N o t h w e n d i g k e i t . Der höchste Wunsch eines rechtschaffenen Geistlichen kann aber nur der sein, daß die verlorenen Schafe für Christum wiedergewonnen werden. Da nun für's Meiste die von der Kirche entfremdeten Christen eine eigenthümliche Abneigung gegen alle ihre früheren Ordnungen zu haben pflegen, und ihr geistiger Zustand einer so umfassenden Sorgfalt und beständigen umsichtigen Pflege bedarf, so daß er eine außerordentliche seelsorgerische Leitung beansprucht, welche auf dem bisherigen Wege und mit den vorhandenen kirchlichen Einrichtungen und Versorgungen nicht zu erreichen war: so ist es nothwendig geworden, für die oben erwähnte Missionsthätigkeit s e l b s t s t ä n d i g e   k i r c h l i c h e   O r d n u n g e n u n d   A e m t e r zu haben, welche ohne großen Kostenaufwand aus dem Werke selbst hervorwachsen.*

In der Wiedererweckung des a p o s t o l i s c h e n und des p r o p h e t i s c h e n Amtes beruhet die Möglichkeit der Berufung und Ordination aller der Diener, welche in dieser Mission thätig mitwirken. Die Ordination und Sendung durch eine einzelne Confession an a l l e   C o n f e s s i o n e n würde von den U e b r i g e n   A l l e n nicht anerkannt werden, weil sie sonst einer einzelnen Confession die Autorität über Alle einräumten, was nicht geschehen würde. Wollte Gott also ein Werk der Rettung bringen an die g a n z e Kirche, so bedurfte er dazu außerordentlicher Wege und Werkzeuge, die A l l e umfassen. Darum sind Apostel und Propheten der Kirche nothwendig geworden.

Wo die Geistlichen der Ortsgemeinden in der Landeskirche im Geist und im Sinne der apostolischen Sendung an der geistlichen Pflege der Gemeinden mit Theil zu nehmen bereit sind, wird solches mit Dank angenommen werden. Eine innere Missionsthätigkeit, welche nur auf eine vorübergehende Erweckung hinzuarbeiten sucht, wird nur höchstens eine vorübergehende Wirkung hinterlassen, und wird, gleich einem Kometen, welcher viel von sich reden macht und darnach am Horizont verschwindet, ebenfalls nichts als die Erinnerung hinter sich lassen, höchstens einzelne gute Früchte.

3) *Charakter der apostolischen Sendung.*

Die Leiter der apostolischen Thätigkeit sind demnach, wie aus dem Vorhergehenden erhellt, der festen U(e)berzeugung, daß ihr Auftrag n i c h t   g e s t ü t z t   i s t   a u f   e i n e f r e i w i l l i g e   m e n s c h l i c h e   U e b e r e i n k u n f t , und die Organisation ihrer Arbeit k e i n e   m e n s c h l i c h e   E r f i n d u n g , sondern e i n e   g ö t t l i c h e   u n d   a u s s e r o r d e n t l i c h e   S e n d u n g ist, welche auf den G r u n d p r i n c i p i e n   d e r   K i r c h e   C h r i s t i   i n   i h r e r   U r g e s t a l t beruht, wie dieselben im neuen Testamente, namentlich in den Stellen: Eph. 4 und 1 Cor. 12 - 14 und an anderen Orten be-

schrieben werden. Der immer größer werdende Abfall von Christo, der massenhafte Verfall des göttlichen Wandels, die immer lauter werdenden Klagen der Seelsorger, die Ueberhand nehmenden kirchlichen Zerwürfnisse, das grauenhafte Umsichgreifen der Sünden aller Art u.s.w. zeigen es deutlich, daß die bestehenden kirchlichen Mittel nicht ausreichen, und daß Gott, der Allmächtige und Allbarmherzige das Gebet Seiner treuen Knechte und Kinder erhört hat in der Sendung einer außerordentlichen Hülfe und Rettung. Die apostolische Gemeinde glaubt an die nahe Zukunft Christi, und an das damit verbundene Gericht, aber sie glaubt auch zugleich, daß der Herr vorher, wie er verheißen hat, außerordentliche Anstalten treffen werde zu einen (sic) *mächtigen Zeugniß an die gesammte Christenheit, wo er seine Engel oder Boten senden wird mit hellen Posaunen, Seine Auserwählten, d.h. die Christen, zu sammeln, von einem Ende des Himmels bis zum andern.(Matth. 24, v. 31.) Bevor das Gericht erscheint, will Er durch ein Werk der Buße erst ein Werk der Errettung vorangehen lassen, denn Gott ist gnädig und barmherzig, geduldig und von großer Güte und Treue, und will nicht den Tod des Sünders, sondern daß er sich bekehre und lebe ewiglich. Die apostolische Gemeinde ist sich des Berufs bewußt, zu dieser Arbeiterschaar des Weinberges Christi zu gehören, welche jetzt in der späten 11ten Stunde gedinget worden ist, und daß noch viele Andere sich ihr beigesellen werden.*

4) *Gliederung ihrer Berufsthätigkeit, Centralisation und Verfassung.*

Da die Gemeinde es freiwillig und im Gehorsam gegen ihren Beruf auf sich genommen hat, gleich ihrem HErrn und Meister in dieser Welt die Mühseligkeiten dieser Arbeit zu theilen, so ist es nöthig gewesen, daß in allen Thätigkeiten ihrer Wirksamkeit die größtmöglichste Ordnung herrsche. Diese Ordnung und Verfassung beruhet aber ebenfalls nicht auf menschlicher Erfindung, sondern auf den ewigen Principien des göttlichen Wortes, und sind beleuchtet worden durch das Licht des heil. Geistes und bewährt durch praktische Erfahrung.
Alle Gliederung und Ordnung zerfällt hauptsächlich in zwei Theile:

A. *Die Thätigkeit nach Außen, in der Verkündigung der göttlichen Zeugnisse und Gründung von Gemeinden;*

B. *Die Thätigkeit nach Innen, und zwar zur weiteren Pflege, Seelensorge und Versorgung der Gemeinden.*

Da Gott die Menschen mit verschiedenen inneren Geistes= und Seelen=Anlagen und, wie das auch psychologisch feststeht, nach einem vierfachen Charakter geschaffen hat, so nahm der HErr schon Bedacht bei der Gründung Seiner Kirche im Anfang, auch für diese Bedürfnisse durch v i e r g e i s t l i c h e C a n ä l e z u s o r g e n*; und gleich wie Gott in dem irdischen Paradiese den einen Hauptstrom in vier Ströme theilte, damit sie dasselbe bewässern und befruchten möchten: also schuf Gott auch für das geistliche Paradies, die Kirche, die vier geistlichen Ströme: Apostel, Propheten, Evangelisten und Hirten, um durch diese Aemter, welche aus dem* e i n e n *Hauptstrome, Christus, hervorgehen, den geistlichen Garten Gottes zu bewässern und zu befruchten, und die Kirche vor Einseitigkeit und Unfruchtbarkeit zu bewahren.*
Die Apostel, um das Regiment der Kirche zu führen und die Gemeinden in der gesunden Lehre der Kirche zu unterweisen, die Gemeinden mit dem heil. Geiste zu erfüllen durch ihr Gebet

und Auflegung der Hände, und die Geistlichen zu ihren Aemtern, zu welchen sie durch den heiligen Geist berufen sind, zu weihen oder zu ordiniren und einzusetzen.

Die Propheten sind das Werkzeug Gottes, wodurch der heil. Geist zunächst die göttlichen Rathschlüsse in der heil. Schrift kund macht. Sie sind es, welche die Gemeinden unterweisen in der rechten Ausübung der geistlichen Gaben und Kräfte, und durch die der heil. Geist kund macht die Personen zum Dienste des Amtes in der Kirche Christi. Sie sind es, welche den Aposteln beigegeben sind als das Licht, so daß beide zusammen als das Licht und Recht und als die lebendige Grundlage der Gemeinde des Herrn dastehen: A p o s t e l u n d P r o - p h e t e n , d a J e s u s C h r i s t u s d e r E c k s t e i n i s t . (Eph.2, v.20.) Das Amt der Propheten ist aber auch das geeignete Werkzeug, wodurch Gott bei etwaiger eingetretener Lauheit, oder bei verborgener Unlauterkeit wiederum aufweckt und das Gewissen der Gemeinde wach ruft, damit das geistliche Leben vorwärts schreite. Ebenso gießen sie aus die Tröstungen des heil. Geistes in die Herzen der Gläubigen. u.s.w.

Die Evangelisten sind die Botschafter, welche vornehmlich das Evangelium hinaustragen und verkündigen Denen, die verirret sind, das Himmelreich. Sie sind die Prediger der Buße und verkündigen den Bußfertigen die Gnade Gottes in Christo Jesu.

Die Hirten und Lehrer sollen die Gesammelten weiden und mit Hülfe der ihnen beigegebenen Geistlichen oder Seelsorger pflegen und leiten wie es recht ist. Mit dieser Hirten= oder pastoralen Thätigkeit beginnt denn die i n n e r e Wirksamkeit. Diese vier genannten Diener stehen an der Spitze je eines größeren Gebietes ihrer Wirksamkeit, um gemeinsam die gesammte innere und äußere Thätigkeit zu leiten, um zu lehren und überall Sorge zu tragen für die Zubereitung tüchtiger Arbeitskräfte zum Werke des Amtes aus der Mitte der Gemeinde heraus. Ihre Zahl überhaupt ist vollkommen je in der Zwölfzahl. Alle übrigen Diener sind ihre Mitarbeiter und Helfer. Die Gliederung der Amtsthätigkeit zur Fürsorge für die einzelnen Gemeinden ist geordnet nach der Weise, wie die Apostel zur Zeit der ersten Christen die Einrichtungen trafen. Es stehen Bischöfe oder Vorsteher an der Spitze einzelner größerer Gemeinden, welche auch kleinere Gemeinden ihres Sprengels als Filiale mit übernehmen. Je nach Bedürfniß des Umfanges ihrer Heerde stehen Hülfsgeistliche als Aelteste, Priester oder Presbyter, wie sie in den apostolischen Schriften des neuen Testaments genannt werden, unter ihnen, welche ebenfalls vermöge ihrer Begabung in der vierfachen Amtsgestalt wirken. Diese wachen über die Seelen und tragen die nöthige Sorgfalt für alle geistlichen Bedürfnisse der Gemeinde in Lehre und Verwaltung der heil. Sakramente, in Ausrichtung der Gottesdienste und fleißigem Besuch der Familien. Sämmtliche Geistliche gehen hervor aus dem Schooß der Gemeinde. Gleichwie aber schon am Anfang die Apostel sprachen: Es taugt nicht, daß wir das Wort Gottes unterlassen und den Tischen dienen (in Bezug auf Armenpflege etc.), und die Gemeinde aus ihrer Mitte sieben Männer wählte, die ein gutes Gerücht hatten und voll heiligen Geistes und Weisheit waren, um sie zu diesem Zweck zu bestellen, so findet sich auch in der apostolischen Missionsgemeinde dieselbe Ordnung der Diakonie. Die Diakonen, durch die Gemeinde gewählt und durch ihre Bischöfe mit Gutheißung der Apostel geweiht und eingesetzt, gehen den Vorstehern der Gemeinde zur Hand in der Verwaltung der Opfer und Liebesgaben, welche für die Unterhaltung der Geistlichen, und für die Armen und dürftigen Wittwen und Waisen eingehen. Ferner tragen sie Sorgfalt als die ältesten Brüder in der Ermahnung aller Gemeindeglieder zu einem gottseligen Wandel, in der Anleitung zur Förderung der

Hausandachten; geben Rath und That, wo es nöthig ist, zur ordentlichen Führung der Berufsgeschäfte und schaffen den Dürftigen nöthigen Beistand auch in der Krankenpflege. Dabei verwalten die Diakonen zugleich auch die äußere Ordnung in den öffentlichen Gottesdiensten, belehren die Gemeinde von ihrem Standpunkte aus auch öffentlich aus dem Worte Gottes über den christlichen Wandel, nachdem es Noth ist, damit ein Jeglicher treu sei in der Erfüllung seiner Pflichten gegen Gott und Menschen, gegen die Ordnungen Gottes in der Kirche wie im Staat. Ebenso werden auch ehrbare Frauen als Diakonissinnen eingesetzt, um in der d i e n e n d e n L i e b e den Frauen und Jungfrauen der Gemeinde beizustehen, wo es nöthig ist.

Die apostolische Gemeinde erlaubt sich durchaus kein tadelndes Urtheil über die Vereinsthätigkeit der innern Mission anderer Christen; sondern freut sich derselben, wo Gott sie segnet; aber sie verfolgt im Gehorsam ihren Beruf, wie Gott sie leitet. Die Erfahrung hat es gelehrt, und die Geschichte weiset es nach, daß durch vorübergehende Bekehrungsversuche, wie schon oben angedeutet, der gehoffte Zweck nicht für die Dauer erreicht wird, wenn nicht durch ein geordnetes und sorgfältig gegliedertes Gemeindeleben nachhaltig gesorgt wird. Der Segen schwindet, wo die geistige Strömung nicht unter fortgesetzter Aufsicht und Pflege ein festes Flußbett gewinnt. Ebenso ist aber ein sehr wichtiger Faktor zum gedeihlichen Fortblühen der Mission:

    5)   ***Ein würdiger Cultus, ein erhebender, erbaulicher öffentlicher Gottesdienst.***

Eine hinreichende Fürsorge durch die Predigt des göttlichen Wortes, durch Belehrung und gesunden Unterricht über den Glauben und die Pflichten eines Christen, sowie durch sorgfältige Seelsorge und Diakonie sind Hauptstützen eines gedeihlichen Gemeindelebens. Dennoch sind sie allein noch nicht ausreichend zur Erhaltung des himmlischen Sinnes und göttlichen Lebens: sondern ein erhebender und erbaulicher Cultus, eine das innerste Leben des Geistes ergreifende Anbetung Gottes, welche die Gemeinde mit ihren Gliedern in die seligste Gemeinschaft mit Gott erhebt und darin erhält, muß dem Ganzen erst die höhere Weihe geben. In der Predigt und Seelsorge tritt Gott mittelbar segnend hervor zu den Menschen; in der Anbetung tritt der Mensch wiederum in die lebendige Gegenwart Gottes. Beides ist unumgänglich nothwendig, wie die Strömung des Blutes a u s dem Herzen zurück in das Herz.

In der Anbetung Gottes zeigt sich der wahre priesterliche Charakter der Gemeinde, welcher nicht nur in der Fürbitte Alles umfasst, sondern dem Gott des Himmels und der Erde geistliche Opfer darbringt. Der Mittelpunkt der Anbetung Gottes ist, wie in den ursprünglichen Christengemeinden, die s o n n t ä g l i c h e Feier des heiligen Abendmahles in der Eucharistie, um beständiges Leben zu schöpfen aus der Urquelle alles Lebens, und des HErrn Tod zu verkündigen, bis daß Er kommt.

    6)   ***Von den Mitteln zur Unterhaltung dieses Werkes.***

Die apostolische Gemeinde bringt die zur Bestreitung aller für die Zwecke der Mission erforderlichen Mittel durch freiwillige Opfer und Liebesgaben auf. Sei es für die Unterhaltung der Geistlichen, sei es zur Versorgung der Armen, der Wittwen und Waisen oder zur Un-

terhaltung und Beschaffung von Gotteshäusern und dgl., jedoch bringt sie ihr Opfer freiwillig dem Herrn dar und nicht den Menschen, eingedenk der apostolischen Regel: Ein Jeglicher nach seiner Willkür, nicht mit Unwillen oder aus Zwang; denn einen fröhlichen Geber hat Gott lieb.

Als etwaiges Maß für die freiwilligen Opfer zur Bestreitung der Unterhaltungskosten für die Geistlichen u.s.w. hat die Gemeinde im Allgemeinen angenommen die in der heiligen Schrift begründete und auch im Alterthum der christlichen Kirche übliche Darbringung des Zehnten. Doch unterliegt dieser Gebrauch keinem Zwange und keinerlei Controle, sondern es ist lediglich dem Ermessen jedes Einzelnen überlassen, wie weit Glaube und Liebe ihn gehen heißt.

Die Verwaltung der Gelder für die einzelnen Gemeinden ist in den Händen der von denselben erwählten Diakonen; die für die Zwecke der a l l g e m e i n e n K i r c h e bestimmten Gelder stehen unter der Verwaltung von Erzdiakonen.

Der Vorstand der allgemeinen apostolischen Gemeinde zu Hamburg.

(Vorlage: gedrucktes Original)

XV. Statuten der Allgemeinen christlichen apostolischen Mission (1866)

Statuten

der

Allgemeinen christlichen apostolischen Mission.

1. Zweck.

Die allgemeine, christliche, apostolische Mission hat die Aufgabe, unter den C h r i s t e n aller Confessionen lebendigen Glauben an den in Christo Jesu geoffenbarten dreieinigen Gott, und gottseligen Wandel zu erwecken und zu befördern. Brüderliche Einheit im G l a u b e n , in der H o f f n u n g und L i e b e ; treue Pflichterfüllung gegen Gott und Menschen: in der K i r c h e , im S t a a t und in der F a m i l i e , sind das Z i e l der Bestrebungen dieser Mission, um die Christen dadurch würdig vorzubereiten für das Reich Gottes und die Zukunft unsers HErrn und Heilandes Jesu Christi, worin die Grundlage zu finden ist für unser zeitliches und ewiges Heil.

2. Glaubens=Bekenntniß.

Als Glaubens=Bekenntniß hält diese allgemeine, christliche, apostolische Gemeinschaft zunächst fest an dem geschriebenen Worte Gottes in den canonischen Büchern der g a n z e n B i b e l , a l t e n u n d n e u e n T e s t a m e n t s , und zwar in e n t s c h i e d e n p o s i t i v e r W e i s e ; sodann aber bekennt sie sich ebenso positiv zu den drei älteren Glaubens=Bekenntnissen der a l l g e m e i n e n christlichen Kirche: dem a l t e n a p o s t o l i s c h e n , dem n i c ä n i s c h e n und dem sog. a t h a n a s i a n i s c h e n S y m b o l u m .

3. Verhältniß zu den christlichen Confessionen in der ganzen Kirche.

Die apostolische Mission bewegt sich auf allgemeinem, christlichem Standpunkte, und mischt sich nicht in speciell confessionelle Angelegenheiten und Unterschiede; sondern sie begnügt sich damit, die Seelen für C h r i s t u m zu gewinnen, und dieselben zu der wahren Nachfolge Christi zu führen.

Alle c o n f e s s i o n e l l e n Sachen überläßt sie G o t t s e l b s t , sowie den Confessionen und der Zeit, und sucht auch deshalb Niemand von seiner Confession oder Kirchengemeinschaft, die doch nur **ein Theil des Ganzen** sein kann, zu trennen, so lange solche festhalten an den Lehren und Geboten der heiligen Schrift, sowie an jenen drei alten Bekenntnissen der christlichen Kirche (1. Kor. 1, 10-13. und Kap. 3, 1-23).

Die Stellung, welche diese Missionsthätigkeit innerhalb der christlichen Kirche, gegenüber den Confessionen und ihren Geistlichen, einnimmt, ist demnach eine entschieden freundliche, helfende und dienende; keineswegs aber eine hemmende und störende; weil dadurch der gleiche Zweck, nämlich die H e i l i g u n g , befördert wird, den diese ebenfalls nothwendig verfolgen müssen. Jedoch ist diese dienende Stellung eine s e l b s t s t ä n d i g e , und nicht von der Confession a b h ä n g i g e .

4. Versammlungen.

Aus dieser angedeuteten Stellung geht deshalb nun auch hervor, daß die g o t t e s - d i e n s t l i c h e n o d e r a n d e r e n V e r s a m m l u n g e n der apostolischen Gemeinschaft die dabei betheiligten Glieder nicht hindern an dem Besuch der Gottesdienste ihrer besonderen Kirchengemeinschaft, der die angehören, so lange darin das l a u t e r e W o r t G o t t e s und die heiligen Sacramente nach hergebrachtem altchristlichem Ritus, und zwar das heilige Abendmahl in b e i d e r l e i G e s t a l t e n , rechtmäßig und würdig verwaltet werden. Im Gegentheil: es ist das Bestreben der Mission, alle ihre Mitglieder zum recht fleißigen K i r c h e n b e s u c h und zur treuen Benutzung der göttlichen Gnadenmittel anzuhalten, und sie zu ermuntern, ihre S e e l e n s o r g e r u n d L e h r e r zu lieben und zu ehren.

Die Versammlungen und Gottesdienste der M i s s i o n s = G e m e i n s c h a f t sind deshalb zu einer T a g e s z e i t abzuhalten, wo k e i n H a u p t g o t t e s d i e n s t d e r h e r r s c h e n d e n K i r c h g e m e i n d e stattfindet. So weit die Segnungen der Kirche *durch die heiligen Sacramente und andere Gnadenmittel zum hinreichenden geistlichen Wachsthum mangeln, sucht die apostolische Mission durch Aushülfe darin möglichst Ersatz zu leisten.*

5. Auftrag oder Beruf zu dieser Mission.

*Der Auftrag zur Ausrichtung der allgemeinen christl. apostolischen Mission stützt sich zunächst auf den Glauben an den **lebendigen, immerwirkenden, dreieinigen Gott**, der sich geoffenbaret hat in dem **Mensch gewordenen Gottessohn Jesus Christus**, welcher als der **Auferstandene** z u r R e c h t e n G o t t e s i m H i m m e l s i t z e t, und als Solcher bis zu Seiner Wiederkunft durch den eiligen Geist Seine Kirche auf Erden l e i t e t, r e - g i e r t und s e g n e t, und **fortwährend** auch als der **Lebendige** die zu **jeder Zeit** e r - f o r d e r l i c h e n D i e n e r und W e r k z e u g e, als Herr und H a u p t S e i n e r **ganzen** Kirche b e r u f e n **hat** und **ferner** zu b e r u f e n b e r e c h t i g t ist. Auf dem Festhalten an diesem Glauben beruhet auch die Existenz der Evangelischen Kirche, sowie jeglicher christlichen Confession.*

6. Von den materiellen Mitteln.

Die m a t e r i e l l e n M i t t e l zur Bestreitung der gesammten Ausgaben, welche sowohl durch d i e M i s s i o n s t h ä t i g k e i t s e l b s t, als für nothwendige Pflege der A r - m e n und K r a n k e n veranlaßt erden, werden sämmtlich durch f r e i w i l l i g e L i e b e s o p f e r aufgebracht, welche unter der Leitung des Central=Vorstandes verwaltet und verwandt werden; und zwar nach der Regel, welche Christus und Seine Apostel gegeben haben: G e b e n i s t s e l i g e r, d e n n N e h m e n; und: E i n J e g l i c h e r n a c h e i n e r W i l l k ü r; n i c h t m i t U n w i l l e n o d e r a u s Z w a n g; d e n n e i n e n f r ö h l i c h e n G e b e r h a t G o t t l i e b. Apostelgeschichte 20, 35. Siehe auch Spr. Sal. 3, 9. und Gal. 6, 6-10. 2. Kor. 9, 6-8.

Hamburg und Berlin den 22. Februar 1866.

Der Central-Vorstand der allgemeinen christlichen apostolischen Mission.

(Vorlage: gedrucktes Original)

XVI. "Authentischer Bericht über die Entstehung der Neu=Apostolischen" (Erinnerungen von Sophie Gess, 1934)

<u>Authentischer Bericht über die Entstehung der Neu=Apostolischen.</u>
<u>Wortgetreue Protokoll=Abschrift.</u>

Gegenwärtig: *Hamburg, den 28.Mai 1934.*
                                                                                          (Hammerlandstrasse 203,I.)
Robert Geyer aus Camburg
Hugo Sühlsen aus Hamburg
Sophie Gess geb. Bull aus Hamburg

Auf Befragen des Apostels über die Entstehung des Neuapostolischen Werks erklärt Frau Sophie Gess: "Ich war damals (1878) knapp 20 Jahre alt (geboren 1858), apostolisches Gemeindeglied und bedienstet bei dem Erzdiakonen Karl Frank, Krämer, in Hamburg. Bei der Berufung des Apostels Johann Güldner war ich persönlich zugegen, sie erfolgte im Jahre 1878 (Datum weiss ich nicht mehr) im eucharistischen Gottesdien(s)t in der Kapelle Breite Strasse Nr. (fehlt - Verf.) in Hamburg. Die Berufung des Diakonen J. Güldner zum Apostelamt erfolgte nach der Homilie durch den Propheten Heinrich Geyer. Anwesend waren als Diener ausserdem noch der Priester (Älteste) Eduard Wichmann, Evangelist Gerstenkorn, Hirte Böcke, wahrscheinlich auch der Hirte Herm. Bachstein. Der damals noch lebende Apostel Preuss war meines Wissens nicht zugegen, er war schon krank und starb bald darauf (25.VII.1878) am Schlaganfall. Als die Berufung durch den Propheten Geyer ausgesprochen war, erhob sich, wenn ich nicht irre, ein Widerspruch ("ein Gemurmel" [handschriftlich eingefügt durch R.Geyer - Verf.]) aus der Gemeinde, ich erinnere mich noch sicher daran, dass F. Wachmann (damals noch Gemeindeglied) rief: "Es muss geschieden werden." Es mögen auch noch mehr widersprechende Worte gefallen sein, an die ich mich nicht mehr genau erinnern kann. Darauf erhob sich Wichmann (Ältester), drückte den Propheten Geyer, mit beiden Händen auf dessen Schulder (sic) fassend, nieder und sagte: "Nun will ich mal die Sache in die Hand nehmen." Danach brach bei Jakob Weber, damals noch Gemeindeglied, die erste Gabe der Weissagung durch, die etwa folgenden Wortlaut hatte: "Wer bist du, o Mensch, der du dem Arm des Herrn wehrest! Weil du solches tust, werde ich dich ausspeien aus meinem Munde." (Hierbei will ich gleich bemerken, dass Wichmann einen sehr schlimmen Tod gehabt hat, es sind ihm die Glieder abgefault bezw. einzeln abgenommen worden.) Meines Wissens waren Krebs und noch zwei andere Diener vom Harz schon am Vormittag bei Karl Frank am Alsterweg eingetroffen, sie kamen dann aber erst zum Nachmittagsdienst. Was da vor sich gegangen ist, weiss ich nicht, weil ich nicht zugegen war. Wenn ich recht unterrichtet bin, wurde in diesen Dienst vereinbart, dass am Abend desselben Tages eine Abstimmung darüber stattfinden sollte, ob die Berufung Güldners anerkannt oder eine Trennung stattfinden sollte. Es fand dann am selben Abend tatsächlich eine solche Versammlung und Abstimmung in der Wohnung des Evangelisten Gerstenkorn statt, die Verwerfung der Berufung des Apostels Güldner und die Trennung wurde beschlossen. Was im Einzelnen vorging, weiss ich nicht, weil ich nicht selbst zugegen war. Danach haben die Anhänger des Krebs und Genossen dem Apostel Güldner und dem Propheten Geyer sowie ihren Anhängern den Zutritt zur Kapelle verwehrt. Apostel Güldner und Prophet Geyer haben dann vorerst provisorisch ein Kirchlokal in der Schauenburgerstrasse (Gesellschaftshaus) gemietet und bald danach die Kapelle in Cremon Nr. (fehlt - Verf.) eingerichtet. Die Kapelle in der Breiten Strasse mit vollständiger Einrichtung haben die Neuapostolischen mit Gewalt behalten."

(Gezeichnet:)   Sophie Gess geb. Bull.

Als Zeugen der Niederschrift:
Gez. Robert Geyer.   Gez. Hugo Sühlsen

Die Richtigkeit bestätigt
Gez. Sophie Gess geb. Bull
Hamburg d. 19. Juni 1935

(Vorlage: Abschrift des *"Protokolls"* in Maschinenschrift. Die letzten 3 Zeilen wurden handschriftlich von Sophie Gess angefügt.)

XVII. *"Worte des Heiligen Geistes, geredet am 25. Juli 1879 zu Braunschweig"* (Teil II: *"Frage um Apostel"*) (1879)

Vorbemerkung (Verf.):   Die erste Hälfte des Protokolls enthält Worte der "Berufung" zum Priester-Amt für: Ernst Vollbohm (durch Stolte), Wilhelm Sebastian (durch Stolte), Friedrich Fricke aus Osterode (durch Wichmann), (Friedrich?) Strube (durch Wichmann, Wachmann und Stolte), Fritz Keune (durch Vollbohm und Becker), Heinrich Brandes (durch Becker und Stolte; *"dazwischen"* durch einen nicht genannten *"Propheten"* die Worte: *"O lasset nicht Zank sein zwischen uns und Euch!"*), Adolph Brauer aus Hamburg (durch Wichmann und Frau Fricke) und Heinrich Schnelle (durch Vollbohm). Daran schließt sich an:

Frage um Apostel

Ap. Schwarz: *Ist* Güldner *durch Dich Herr berufen als Apostel für diesen Stamm?*
Als keine Antwort kam wurden die Worte geredet von Maticke (Marticke - Verf.) *aus Berlin:*
   "O führet mich nicht in Versuchung, spricht der Herr. Ich bin der Heilige, Allmächtige und Allgegenwärtige, o lasset Euch an meiner Gnade genügen."
Darauf kommt sofort eine kräftige Ermahnung durch Bruder Wachmann: *"O fraget den Herrn, Ihr habt gehört. Ihr sollt ihn fragen."*

(Bemerkung: Den Abend zuvor wurde in der Rathsversammlung über die Stellung dieser Frage debattirt, worauf dieselben Worte kamen: "O fraget den Herrn, o fraget den Herrn, können Kinder ihren Vater nicht fragen?")
Sodann fragt Apostel Schwarz: *"Wir glauben nicht das Ausgesprochene durch den Bruder Marticke."*

Frage 2. *Welche Antwort giebst Du, o Herr. (Pause)*
Als wieder keine Antwort kam, sprach der Ap. Schwarz:
"Siehe Herr, da Du kein 'Nein' u. kein 'Ja' gegeben hast, ist es für uns ein Beweis, daß die Aussage nicht nach Deinem Willen war. Amen."
Der Ap. Schwarz *stellt sodann nach einer Einleitung die Frage:*
"Hast Du einen Deiner Knechte, der Dir dienen soll als Apostel in diesem Stamm, es sei er habe als Apostel gedient, es sei als Priester, es sei einer aus der Gemeinde, es sei einer der nicht vor Dir hier liegt, rufe ihn jetzt, gieb das Licht, wie soll weiter gehandelt werden?
Es folgt keine Antwort. Darauf der Ap. Schwarz *nochmals fragt:*
"Dein Knecht frägt zum 2ten Male, hast Du einen Deiner Knechte hier, der Dir jetzt als Apostel dienen soll?"
Antwort durch Brandes. *"O lasset Euch an der Freude genügen, die Ihr bis jetzt gehabt habt, doch sollt Ihr Euch noch weiter freuen. O mein Apostel* Menkhoff *soll bis auf Weiteres Euch an der Hand leiten. O Apostel* Menkhoff *zittere nicht. Laß Dir die Arbeit nicht zu viel sein. Freue Dich, daß ich Dir so viel anvertraut habe. O warte mein Knecht, bis ich durch einen Anderen, den ich mir vorbehalten habe, Dich Deines Dienstes entledige.*

Der Apostel Schwarz *sagt: "Um den Apostel* Menkhoff *selber bittet Dein Knecht, gieb noch ein Zeugniß und bestätige das Zeugniß mit noch einem.*
Schw. Fricke. *O werfet Euch in die Arme des Himmlischen Vaters.*
II *O wer wird auf den heiligen Berg gehen, wer wird ... (unvollständig)*
O ziehet an die Liebe, welche ist das Band der Vollkommenheit.

Stolte. *Ja, vier habe ich zugeschnitten, zwei sollen hervorgehen ... bis ich sie setze als*
III *die 2 Flügel der... (unvollständig)*

Frage für Apostel Hohl

I *Apostel Schwarz frägt: "Dein Knecht, der Ap.* Hohl, *den Du gesandt hast nach* Württemberg, *weiß nicht, was er thun soll. Seine Mittel erlaubten ihm es bisher nicht, sich auszubreiten. Darum frägt er Dich, ob er in* Württemberg *bleiben, oder nach* Hamburg *zurückkehren soll? Sprich, o Herr, durch Weissagung."*

	Da keine Antwort erfolgte:
II	"Soll Dein Knecht in Württemberg *verbleiben, oder nach Hamburg zurückkehren und sein Geschäft dort betreiben.*
	Welche Antwort giebst Du?
	Es erfolgte keine Antwort.
III	*"Willst Du haben, daß er allein handeln soll, nach eigenem Ermessen?*

Antworten	*O der Herr redet nicht und ruft nicht seine Knechte, ohne daß er nicht*
von	*weiß, auf welche Weise er sie verwenden will. O mein Knecht* Hohl *soll*
Wachmann,	*der Hülfe des Herrn harren ... wie er ihn hat erhalten ...*
Wichmann	*o Du sollst nicht sorgen und zagen, schau auf ...*
u.	*aber der Herr will, daß Deine Brüder seine Apostel Dich stärken in*
Anderen	*Gemeinschaft des Gebets und Dich in brüderlicher Liebe unterstützen,*
	geistlich und leiblich.
	O er will, daß ausströme ...
	O die Last wird von Deinen Schultern fallen ...
	O der Herr wird ihm darreichen, reichlich die Fülle.

Außerdem wurde dem Sinne nach so ungefähr geredet, daß für Br. Hohl *aus allen Stämmen, wo Apostel sind, für seinen Unterhalt gesorgt werden soll. -*

Hohl.	O weinet und klaget, o weinet u. klaget über die P... (unleserlich - Verf.) *o seid brüderlich, o ergreifet die rechten Waffen, o seid nicht fleischlich, u. Liebet (?) Euch, o liebet Euch, wie Euch Euer Herr u. Meister liebet. Kennet Ihr die Waffen,* (die Ihr - Verf.) *berufen seid, o die Waffen des Geistes, der Liebe, der Hoffnung, das soll Eure Stütze sein.*
....	(Es folgen Weissagungen verschiedener, ungenannter Personen allgemeinen Inhalts - Verf.)

In dem Abenddienst, welcher in der Hamburger Gemeinde am Dienstag den 29. Juli 1879 abgehalten wurde, kam noch eine Weissagung durch Br. Ed. Wichmann, *durch welche die Berufung des Br.* Brauer *vollinhaltlich bestätigt wurde. -*

(Vorlage: hektographiertes Original)

Quellen- und Literaturverzeichnis

*(Die kap Quellen und Schriften sind mit einem * gekennzeichnet. Bei neueren Autoren kap Herkunft sowie bei H.Wagener [vgl.Anm.44] ist der * in Klammern gesetzt. Die Schriften H.Geyers [ab 1863] und der AcaM/AAM sind mit einem + versehen. Siglen und Abkürzungen s. im Abkürzungsverzeichnis.)*

I   Acta betreffend: die Secte der sogenannten apostolischen /: Irvingianer :/ Kirche. Bd. I März 1850 - Dez. 1859 GSTA(PK)/M: Rep.76 III, Sekt.I, Abt.XIIIa, Nr.25, Bd.I

II   dass.: Bd. II Jan. 1860 - Mai 1924 GSTA(PK)/M: Rep.76 III, Sekt.I, Abt.XIIIa, Nr.25, Bd.II

III   (IM) Acta betr. die Religions=Gesellschaft der Irvingianer, sowie die mit diesen in Verbindung stehenden apostolischen Gemeinden. Vom 30. Sept. 1850 - 19. Juli 1864 GSTA(PK)/M: Rep.77, Tit.416, Nr.30, Bd.I

IV   (E.O.) Die Sekte der sog. apostolischen (Irvingianer) Kirche Bd. I Juli 1849 - Apr. 1853 EZA: EOK Gen., XII.Abt., Nr.3, Bd.I

V   dass.: Bd. II Mai 1853 - Juli 1862 EZA: EOK Gen., XII.Abt., Nr.3, Bd.II

VI   dass.: Bd. III Aug. 1862 - Aug. 1883 EZA: EOK Gen., XII.Abt., Nr.3, Bd.III

VII   Acta des Königlichen Polizei=Präsidii zu Berlin, betreffend die apostolische Gemeinde - Irvingianer. 1848-1899 BLHA/P: Pr.Br., Rep.30, Berlin C, Tit.95, Sekt.5, Vereine, Nr.14895

VIII   Acta betreffend die Irvingianer=Gemeinden. 1850-1871 BLHAP: Pr.Br., Rep.3 B, Regierung Frankfurt/O., I, Pol., Nr.618

IX   Acta betreffend die Sekte der sogenannten apostolischen Christen oder Irvingianer. 1850-1908 AEK/M: Rep.A, gen., 1465 (vom Verf. paginiert)

X   Acta betreffend die Anstellung des Oberlandesgerichts=Assessors Wagener als Hülfs=Arbeiter beim Königl. Consistorium. 1847 AEK/M: Rep. D WK 1

XI   Briefe des Kronprinzen und Königs Friedrich Wilhelm IV. von Preussen an den Geheimen Legationsrath, Königlichen Ministerresidenten am Päpstlichen Hofe in Rom, außerordentlichen Gesandten bei der Schweizer Eidgenossenschaft in Bern, Gesandten in London, Wirklichen Geheimen Rath, Mitglied des Herrenhauses Dr. Freiherrn von Bunsen. Entwürfe, Abschriften, Originale. 1830-1857 GSTA(PK)/M: HA Rep.50 J., Nr.244a

XII	Acta betr. die Angelegenheiten der Bethlehems (vulgo Böhmischen) Kirchengemeinden. Patron: Se. Majestät der König. fol. 24 1819-1918 GSTA(PK)/M: G.Z.K. 2.2.1./23246
XIII	Acta betreffend: die Angelegenheiten der Böhmischen- oder Bethlehems-Kirche zu Berlin, auch Anstellung und Besoldung der Prediger und Kirchen-Bedienten bei derselben. Bd. V 1835 - Dez. 1846 GSTA(PK)/M: Rep.76 III, Sekt.12, Abt. IX-XX, Nr.36, Bd.V
XIV	dass.: Bd. VI Jan. 1847 - Dez. 1854 GSTA(PK)/M: Rep.76 III, Sekt.12, Abt.XIX-XX, Nr.36, Bd.VI
XV	(MGA) Acta betr. die Einsendung der von der Königlichen Regierung zu Erfurt an des Königs Majestät monatlich zu erstattenden Zeitungsberichte und die von allen wichtigen und die öffentliche Aufmerksamkeit in Anspruch nehmenden Vorfällen zu machenden Anzeigen. Bd. III 1857-1864 GSTA(PK)/M: Rep.76 II, Sekt.XIII, Spez.a, Nr.6, Bd.III
XVI	(MGA) Acta betr. die Einsendung der von der Königlichen Regierung zu Königsberg an des Königs Majestät monatlich zu erstattenden Zeitungsberichte und die von allen wichtigen und die öffentliche Aufmerksamkeit in Anspruch nehmenden Vorfällen zu machenden Anzeigen. Bd. II 1849-1858 GSTA(PK)/M: Rep.76 II, Sekt.II, Spez.a, Nr.5, Bd.II
XVII	dass.: Bd. III 1858-1865 GSTA(PK)/M: Rep.76 II, Sekt.II, Spez.a, Nr.5, Bd.III
XVIII	(Nachlas Bunsen) Briefe an Freiherr von Bunsen GSTA(PK)/M: Rep. 92, Nachlass Bunsen, Dep.B, Briefe, Reihe Ia, Nr.40
XIX *	Anonymes englisches Schreiben an König Friedrich Wilhelm IV., betr. die Christliche Kirche usw. d.d. Berlin, 18. Februar 1847 (von Thomas Carlyle) GSTA(PK)/M: G.Z.K. 2.2.1./22806
XX	Acta betreffend: die Angelegenheiten der St. Elisabeth- Kirche auf der Rosenthaler Vorstadt bei Berlin, desgleichen die Anstellung und Besoldung der Prediger und Kirchenbedienten bei derselben. Bd. I März 1843 - Dez. 1851 GSTA (PK)/M: Rep.76 III, Sekt.12, Abt.XIX-XX, Nr.63, Bd.I
XXI	(RKM) Acta betr. die in der evangelischen Landeskirche der alten und neuen Provinzen hervortretenden sektirerischen und separtistischen *(sic)* Bewegungen, sowie die Nachrichten über die Ausbreitung des Sektenwesens. Mai 1883 - 1936 BAK/P: RKM/23420
XXII	(Kons.Br.) (Acta betr.) Irvingianer Bd. I 12.10.1849 - 16.3.1876 EZA: Rep. Gen. G III 62, Bd. I (Nr.799) (nicht paginiert)

XXIII	Akten des Polizeiamts der Stadt Leipzig, betreffend die katholisch-apostolischen Gemeinden in Leipzig. 1890-1934 StA/L: PP-V Nr.4838
XXIV	Acta des Königlichen Polizei=Präsidii zu Berlin, betreffend die Gemeinde der allgemein=christlichen apostolischen Mission. 1866-1900 BLHA/P: Pr.Br., Rep.30, Berlin C, Tit.95, Nr.15311
XXV	Acta betreffend die von dem evangelischen Pfarrer Koeppen in Bienowitz herausgegebene *"Dorf=Kirchen=Zeitung"*. May 1845 - Jan. 1846 GSTA(PK)/M: Rep.76 III, Sekt.16, Abt.XXIII, Nr.1
XXVI	(Brief von H.) Wagener (an König Friedrich Wilhelm IV. von Preußen). 5.8.1856 GSTA(PK)/M: HA Rep.50 J., Nr.1518
XXVII	Die Besetzung der Diakonat-Predigerstelle zu Trebbin. EZA: Kons. Berlin-Brandenburg Spec. Zossen-f-2b
XXVIII	Acta betr. die Besetzung der lutherischen Predigerstelle bei der böhmischen oder Bethlehemskirche auf der Friedrichsstadt. EZA: Konsistorium Berlin-Brandenburg, Nr.3974
XXIX	Acta des Königlichen Gerichtshofes für kirchliche Angelegenheiten betreffend die Berufung des Pastors R. Alpers in Gehrden, gegen das Erkenntniß des Kgl. Landes-Consistoriums zu Hannover vom 1. Juni 1883 GSTA(PK)/M: Rep.76 I, Sekt.27, Spez., Nr.108
XXX	Bistum der evangelisch-katholischen apostolischen Gemeinden in Deutschland. Oktober 1935 - (Aug. 1937) BAK/P: Nr. RKM/23855

AARSBO,1932 *   Aarsbo, J.: Dein Reich komme. Zeugnisse und Lebensbilder aus dem Werke des HErrn in der Kirche 1830-1880. I. Zeugnisse aus den Schriften der Apostel zur Erweckung und Erbauung nebst einer kurzen Uebersicht über ihren Lebenslauf. Berlin, 1932

ABEND- UND MORGENROTH +   Abend- und Morgenroth der Kirche Christi; ihre Vergangenheit, Gegenwart und Zukunft. Geschauet (später: Beleuchtet) im Lichte des Wortes Gottes, an der Hand der Geschichte. Monats Blatt für denkende Christen und Geistliche aller Confessionen. (Hg.: H.Geyer) Hamburg, Juli 1873 bis Dez. 1887

ACTA Marburg *   Acta die Gemeinde zu Marburg, Cassel, Biedenkopf usw. und die Rechte ihrer Mitglieder betreffend. (Teil I:) Eingaben an das Ministerium S. F. (?) H. den Kurfürsten usw. 1848-1856; (Teil II:) Acta die Gemeinde zu Marburg betreffend. 1857 - April 1861. in: B.ST.B., H.Thierschiana II, Nr. 94

AdB,1878 *	(Adressbuch) *"Adressen-Liste"*. hg. von E.A. Roßteuscher, Leipzig, (1. Mai) 1878
AdB,1900 *	Kirchliches Adressen-Buch. Berlin (März) 1900
AdB,1922 *	Kirchliches Adressenbuch. (Leipzig) (März) 1922
AdB,1980 *	Kirchliches Adreßbuch. (Siegen), 1980
AdB,1990 *	Kirchliches Adreßbuch. (Siegen), 1990
ADB,1876	*"Bunsen, Christian Carl Josias Freiherr von"* in: Allgemeine Deutsche Biographie. Bd. 3 (1876), 541-552
ADB,1894	*"Thiersch, Heinrich Wilhelm Josias"* in: ebd., Bd. 38 (1894), 17-22

AGNEW/PALMER,1977   Agnew, J. und Palmer, R.: *"Report on the papers of Henry Drummond of Albury (1786-1860) and members of his family (1670-1865)"* hg. von der Royal Commission on Historical Manuscripts, 1977 (dieser Katalog enthält eine Auflistung des schriftlichen Nachlasses von H. Drummond)

ALBRECHT,1924 *	Albrecht, Ludwig: Das apostolische Werk des Endes. Zwei Vorträge. Berlin, 1924 (^{3}1962, Siegen)
ALBRECHT,1925 *	ders.: Von Paradies zu Paradies. Sieben Vorträge. Berlin, 1925 (^{2}1940)
ALBRECHT,1982 *	ders.: Abhandlungen über die Kirche, besonders ihre Ämter und Gottesdienste. Ein biblisches Glaubensbuch. (1896), Marburg, ^{5}1982
ALGERMISSEN,1925	Algermissen, Konrad: Christliche Sekten und Kirche Christi. 2. u. 3. neu bearb. u. stark verm. Aufl., Hannover, 1925 (darin: "Die Katholisch-apostolische Gemeinde", 184-208)
ALGERMISSEN,1961	ders.: Art. *"Katholisch-Apostolische Gemeinden"* in: LThK2, Bd. VI (1961), 73f
ALGERMISSEN,1962	ders.: Das Sektenwesen der Gegenwart. Der Christ in der Welt. Eine Enzyklopädie. Hg. J.Hirschmann, XVI. Reihe, Bd. V, ^{2}1962 (darin: *"Die apostolischen Sekten"*, 15-30)
ALGERMISSEN,1966	ders.: Konfessionskunde. Celle, ^{8}1966 (darin: *"Die Apostolischen Gruppen"* [bearbeitet von K.Keinath], 782-794)
AMESBURY,1853 *	Amesbury, Joseph: Memorial to the Ministers and Other Brethren of The Churches in Zion. London, 1853

AMESBURY,1854 *	ders.: The Hope of Zion. A Letter to Henry Drummond, Esq. o.O., o.J. (offenbar 1854)
ANDREÄ,1848	Andreä, Victor: Lebensfragen der Kirche Christi. Zehn Betrachtungen, veranlaßt durch das Auftreten des sogenannten Irvingismus in Deutschland. Frankfurt/M., 1848
ANDREWS,1856 *	Andrews, William Watson: The Work of the Catholic Apostolic Church in America. New York, 1856

AN UNSERE BRÜDER (1856) * (KaG in Ndt.:) *"An unsere Brüder in Norddeutschland: an alle, die auf Christum getauft sind und den Namen des HErrn bekennen, insbesondre an die Bischöfe und Oberhirten, an alle Geistlichen und Diener des HErrn."* (Frankfurt/M.) 1856 (Neudruck 1872)

BARCLAY,1851 *	Barclay, John und Thiersch, Heinrich: *"An die Engel, Priester, Diaconen und Unterdiaconen der Gemeinden des HERRN in Norddeutschland"* (Zirkular, als Manuskript gedruckt) Berlin, 1851 (Abschrift in Masch.schr., o.O., o.J.)
BENZ,1953	Benz, Ernst: Bischofsamt und apostolische Sukzession im deutschen Protestantismus. Stuttgart, 1953
BERICHT,1863 *	(Apostel-Kollegium:) Auszug aus dem Bericht der Apostel von 1863. (angefertigt von H.Thiersch, vervielfältigt) 1864
BERNSTEIN,1881	Bernstein, A.: Die Jahre der Reaktion. Historische Skizze. Berlin, 1881
BEYER,1930 *	Beyer, Willy: Die Sieben Gemeinden in London. Eine Beschreibung der Londoner Kirchen mit zwölf Abbildungen. Berlin, 1930
BEYER,1932 *	ders.: Albury und die Kapelle der Apostel. Berlin, 1932
BLITZE +	Blitze, Donner und Stimmen. Zeugnisse der Wahrheit an das christliche Volk. Monats=Blatt. (Hg.: H.Geyer) Hamburg, Jan. 1891 bis Juni 1892
BOASE,Suppl. *	Boase, Charles William (+ 1872): The Elijah Ministry. Supplement. o.O.; o.J. (geschrieben 1866 [so R.DAVENPORT,1974,101] ?) (darin am Ende die Notiz: *"This 'Supplement' was left unfinished and unrevised by the Author of 'The Elijah Ministry.'"*; *"The Elijah Ministry"* erschien 1868 in Edinburgh)
BÖHM,1850 *	Böhm, Charles John Thomas (anonym): Reden mit Zungen und Weissagen. Apostel, Propheten, Evangelisten, Hirten und Lehrer. Ein Wort

der Ermahnung, Warnung und Tröstung für alle Kinder Gottes. Berlin, (1848) ²1850

BÖHM,1851 *   ders. (anonym): Was sind die sogenannten Irvingianer für Leute? Eine Frage, beantwortet für Alle, die über diese Sache etwas Zuverlässiges zu wissen wünschen. Berlin, 1851 (⁴1896)

BÖHM,1856 *   ders.: Textsammlung für Evangelisten. Berlin, 1856

BÖHM,1876 *   ders.: Winke für die Arbeit insbesondere die Vorträge der Evangelisten. (1852) Neue Aufl.: Liegnitz 1876 (Nachdruck 1987, Lüdenscheid)

BÖHM,1878 *   ders.: Schatten und Licht in dem gegenwärtigen Zustande der Kirche. Neun Abhandlungen über christliche Wahrheiten für unsere Zeit. (Vorwort von H.Thiersch) (Frankfurt/M. u. Erlangen, 1855) Basel, ³1878 (⁴1896)

BÖTTGER,1858   Böttger, Moritz Gottwalt: Briefwechsel mit Irvingianern. Geführt und herausgegeben von Moritz Gottwalt Böttger. Leipzig, 1858 (²1863)

BÖTTICHER,1848   Bötticher, W.: Die unter uns missionirenden englischen Apostel; Wahrheit und Irrthum in der Lehre ders. und in ihrem Streben, die ganze Christenheit auf die nahe bevorst. Wiederkunft Christi vorzubereiten. Berlin, 1848

BÖTTICHER,1849   ders.: Noch ein Wort der Warnung vor Irvingistischen Irrlehren, besonders in Betreff der Zukunft Christi. Berlin, 1849

BOLITHO/PEEL,1967   Bolitho, Hector, and Peel, Derek: The Drummonds of Charing Cross. London, 1967

BORN,1974 *   Born, Karl: Das Werk des Herrn unter Aposteln, wie es sich im 19./20. Jahrhundert in den Katholisch-apostolischen Gemeinden vollzogen hat. Seine Entstehung, sein Fortgang und sein Abschluß. Darstellung in der Form einer Zeittafel. Bremen, 1974

BRAND,1977   Brand, B. L.: Edward Irving. Een roepende in de woestijn *"repent ye, for the kingdom of heaven is at hand"*. (Dipl.arb.) Universität Utrecht, 1977

BRANDT,1981   Brandt, Peter: Preußen. Zur Sozialgeschichte eines Staates. Eine Darstellung in Quellen. (Katalog zur Ausstellung *"Preußen. Versuch einer Bilanz"*, Bd. 3) Hamburg, 1981

BRASH,1904	Brash, Thomas: Thomas Carlyle's Double-Goer And His Connection With The Parish of Row. Helensburgh, 1904
BRENNECKE,1987	Brennecke, Hans Christof: "Eine heilige apostolische Kirche", in: Berliner Theologische Zeitschrift 4/1987, 231-251
BÜCHSEL,1907	Büchsel, Carl: Erinnerungen aus dem Leben eines Landgeistlichen. Berlin, ^{9}1907
BUNZEL,1932	Bunzel, U.: Die Neben= und Gegenkirchliche Bewegung, in: Schlesien. Ort?, 1932
BURNE,1895 *	Burne, Newdigate Hooper Kearsley: Albury And The Apostles' Chapel. An Adress. Dundee, 18th August 1895. (Abschrift in Masch.schr., o.O., o.J.)
BURTON,1994	Burton, Maurice: Albury. A Short Guide to The Parish. Albury, 1994 (posthum hg. vom Albury Trust)
BUTTKOWSKY-Chronik	Buttkowsky-Chronik, Bd. 28 (Neuzeitliche Kirchen), Ort?, Jahr?
Caird	s. LUTZ,1846/47
CAMPBELL,1877	Campbell, Donald (Hg.): Memorials of John McLeod Campbell, D.D., ed. by his son The Rev. Donald Campbell, M.A. 2 Bde., London, 1877
CAPADOSE,1923	Capadose, Abraham: Conversion of Dr. Abraham Capadose, a Portuguese Israelite. Den Haag?, 1923
CAPADOSE/HEATH,1902 *	Capadose, Isaac, and Heath, Edward: Letter To The Angel Evangelists And Angels In Charge Of Churches (Regarding A Special Service Following Seven Days Of Humiliation). (Koadjutoren-Zirkular) Albury, 7th July 1902. (gedruckt)
CARDALE,1830 *	Cardale, John Bate: *On The Extraordinary Manifestations In Port Glasgow.* To the Editor of the 'Morning Watch'. (Brief) London, 16.11.1830 (Abschrift in Masch.schr., o.O., o.J.)
CARDALE,1834 *	Last Letters Of Edward Irving. (hg. von J.B.Cardale, London, 24.12.1834) (Abschrift in Masch.schr., o.O., o.J.)
CARDALE,1854 *	ders.: A Discourse Delivered In The Catholic Apostolic Church, Gordon Square, On The Occasion Of Consecrating The Altar, And Opening The Church For Public Worship, Christmas Eve 1853. London, 1854

CARDALE,1855 *   ders.: A Letter on certain statements contained in some late articles in 'The Old Church Porch' entitled 'Irvingism.' Addressed to a Minister. London, 1855

CARDALE,1860 *   ders.: Notes of Lectures Delivered In The Seven Churches In London In The Months Of October, November, And December, 1860. Printed For The Use Of The Clergy In he Churches In London And In England. London, o.J. (Kommentierung prophetischer Äußerungen aus den *"prophetic meetings"* 1858-1860)

CARDALE,1865 *   ders.: Notes of a Ministry on the Office of Coadjutor, and particularly on the Office of Coadjutor To An Apostle. Delivered on Tuesday, August 1, 1865. London, 1865

CARDALE,1868 *   ders. (anonym): A Short Discourse on Prophesying and the Ministry of the Prophet in the Christian Church. London, 1868

CARDALE,1878 *   ders.: Readings Upon The Liturgy And Other Divine Offices Of The Church. (5 Bde., London, 1851-1878), Bd. II (2. erw. Aufl.) 1878 (London)

CARDALE,1898/99 *   dass. (Ausgabe in 2 Bänden) London, Bd. I 1898, Bd. II 1899

CARLISLE,1822   Carlisle, Nicholas: Collection for a History of the Ancient Family of Carlisle. London, 1822

Carlyle, Jane Welsh   s. FROUDE,1883

CARLYLE,Germany *   Carlyle, Thomas: The Moral Phenomena of Germany. London?, 1843 (^{2}1845, London)

CARLYLE,Kirche *   ders. (anonym): Die Kirche in unserer Zeit. Ein Wort an Geistliche und Laien. Düsselthal, 1843 (weitere Auflagen: 1847, 1861, 1879, 1934, 1962, 1969)

CARLYLE,1847 *   ders. (anonym): Die Mosaische Stiftshütte, ihre Einrichtung und ihr Cultus als Vorbild für die christliche Kirche. Frankfurt/M., 1847 (^{2}1899, Berlin)

CARLYLE,1850 *   ders. (anonym): Das apostolische Amt. Seine ursprüngliche Gestalt, sein Verfall und seine Wiederherstellung. Berlin, 1850

CARLYLE,1851 *   ders. (anonym): Die Geschichte des apostolischen Werkes in kurzer Uebersicht. Berlin, 1851

CARLYLE,1854 *	ders. (anonym): Ueber die Symbole im Gottesdienste der Kirche. Frankfurt/M., 1854 (^{3}1899, Berlin)
CARLYLE,1870 *	ders.: Blicke eines Engländers in die kirchlichen und socialen Zustände Deutschlands. Übersetzt von Bolko Frh. v.Richthofen (Übersetzung der 2.Aufl. von *"The Moral Phenomena of Germany"*, 1845). Breslau, 1870
CARLYLE,1878 *	ders.: Collected Writings Of The Late Thomas Carlyle, Esq., Of The Scottish Bar. London, 1878
CARLYLE,1934 *	s. CARLYLE,Kirche
CARRÉ,1837 *	Carré, Collings Manger: Correspondence entre les membres du Comité de la Soc. Evangelique de Genéve et Messieurs S. Preiswerk et C.M. Carré, accompagnée de quelques remarques. Genéve, 1837
CARSTENS,1928	Carstens, Willi: 65 Jahre neuapostolische Gemeinde. Hamburg, 1928
CHRISTENSON,1972 CHRISTENSON,1974	Christenson, Larry: A Message to the Charismatic Movement. Minneapolis, 1972 (deutsche Ausgabe: Eine Botschaft an die Charismatische Bewegung. Marburg, 1974)
CHRISTOPH,1950	Christoph, Siegfried: Hermann Wagener als Sozialpolitiker. (Diss.) Universität Erlangen, 1950
CHRONIK Marburg *	Chronik der apostolischen Gemeinde in Marburg und der Umgegend, von ihrer Stiftung im Jahre 1847 an. (I) Begonnen von Heinrich W.J. Thiersch. Erster Theil Bis zum 31. März 1854.

(II) Zweiter Band von Anfang April 1854 bis Ende December 1856.(III) Dritter Band, vom 1. Jan. 1857 bis zum 10. July 1864. Aufgezeichnet durch H.W.J. Thiersch. (3 Hefte, handgeschrieben, Heft I u. II paginiert; Original in: B.ST.B., H.Thierschiana II, Nr. 93)

CIRCULAR,1899 *	(Capadose, Isaac:) Circular an die Engel der Gemeinden u. E.=Ev. im Stamme Nord= Deutschland. Albury, August 1899 (gedruckt)
CIRCULARE,1895 *	Sammlung kirchlicher Circulare pastoralen Inhalts. Berlin, (1867) ^{3}1895 (eigentlich 4. verm. Aufl. - eine 3. verm. Aufl. erschien 1885 in Basel für die Schweiz und Sdt.)
COPINGER,1908 *	Copinger, Harold Bernard: A Bibliography by H.B.Copinger (Begun Easter 1908). o.O. (in Masch.schr.)
DALLIMORE,1983	Dallimore, Arnold: The Life of Edward Irving. Fore-runner of the Charismatic Movement. Edinburgh, 1983

DALTON,1864 *	Dalton, Henry: Apostleship. A Sermon. London, 1864
DALTON,1865 *	ders. (anonym): An Address delivered to the Prophets assembled at Albury on Whit-Monday. London, 1865
DALTON,1878	Dalton, Hermann: Johannes Goßner. Ein Lebensbild aus der Kirche des neunzehnten Jahrhunderts. Berlin (1873) ²1878 (³1898)
DALTON,I,1906	ders.: Lebenserinnerungen. (3 Bde., Berlin, 1906-1908) Bd. I, 1906
DANG,1989	Dang, Katharina: Kirche in der Revolution - Berlin vor 140 Jahren, in: ZdZ, 1989, 34-39
J.DAVENPORT *	Davenport, John Sidney: Edward Irving and the Catholic Apostolic Church. New York, 1863
R.DAVENPORT,1974 (*)	Davenport, Rowland A.: Albury Apostles. The Story Of The Body Known As The Catholic Apostolic Church (Sometimes Called *"The Irvingites*[n]*")*, London, (1970) ²1974
de CAUX,1899 *	de Caux, William: Early Days of the Lord's Work in France. o.O., 1899
v.DITTMANN,1878 *	Dittmann, Victor von (anonym): Die Kirche und die in der Heiligen Schrift vorgesehenen Mittel und Wege Gottes, dieselbe zu erhalten und zu vollenden. Augsburg, ²1878
DNB,Cardale	*"Cardale, John Bate"* in: Dictionary Of National Biography. London, Bd. 3 (1887?), 945ff
DNB,Carlyle	*"Carlyle, Thomas"* (Ap) in: ebd., Bd. 3 (1887?), 1019f
DNB,Drummond	*"Drummond, Henry"* in: ebd., Bd. 16 (1888?), 28f
DNB,Dundas	*"Dundas, Henry"* in: ebd., Bd. 16 (1888?), 186-191
DNB,Irving	*"Irving, Edward"* in: ebd., Bd. 10 (Jahr?), 489-493
DNB,Perceval	*"Perceval, Spencer"* (sen.) in: ebd., Bd. 15 (Jahr?), 821-827
DOW,1879 *	Dow, William: Der Weg zum Frieden. Sieben Predigten über die Anfangsgründe der Lehre Christi. (mit Vorwort von H.Thiersch) Augsburg, 1879
DOWGLASS,1852 *	Dowglass, Thomas (anonym): A Chronicle of Certain Events which have taken place in the Church of Christ, principally in

England between the Years 1826 and 1852. London, 1852

A.DRUMMOND,1934   Drummond, A. L.: Edward Irving and his Circle. London, 1934

H.DRUMMOND,1834 *   Drummond, Henry: Narrative Of The Circumstances Which Led To The Setting Up Of The Church Of Christ At Albury. Albury, 1834 (Abschrift in Masch.schr., o.O., o.J.)

H.DRUMMOND,1857 *   ders.: The Law of Marriage. The Speech Of Baron Von Gerlach In The Prussian Chamber, On The Marriage Law. With Preface By Henry Drummond, M.P. London, 1857

H.DRUMMOND,1860 *   ders.: Speeches In Parliament And Some Miscellaneous Pamphlets Of The Late Henry Drummond, Esq. (Edited by Lord Lovaine) 2 Bde., London, 1860

EBERHARDT,1922   Eberhardt, Fritz: F.W. Hermann Wagener, die ideellen Grundlagen seines Konservatismus und Sozialismus. (Diss.) Universität Leipzig, 1922 (in Masch.schr.)

EBrit,Drummond   *"Drummond, Henry"* in: Enzyclopaedia Britannica. Bd. 8 (1967?), 600

EBrit,Dundas   *"Dundas, Henry"* in: ebd., Bd. 15 (1967), 231

EDEL,1971   Edel, Reiner-Friedemann: Auf dem Weg zur Vollendung der Kirche Jesu Christi. Die oekumenische Sendung der katholisch=apostolischen Gemeinden an die Gesamtkirche Jesu Christi dargestellt in Leben und Wirken des Prof. Dr. Heinrich W.J. Thiersch. (Diss.) Universität Marburg, ²1971 (die 1. Aufl. erschien 1962 in Marburg unter dem Titel: Heinrich Thiersch als oekumenische Gestalt. Ein Beitrag zum oekumenischen Anliegen der katholisch-apostolischen Gemeinden.)

EGGENBERGER,1959   Eggenberger, Oswald: Art. *"Katholisch-Apostolische Gemeinde"*, in: RGG³, Tübingen, III (1959), 1196f

EGGER,1857 *   Egger, Lorenz: Verketzerungsgeschichte des excommunicirten Priesters Lorenz Egger, ehemal. Kaplans in Haunstetten bei Augsburg, von ihm selbst aktenmäßig erzählt und herausgegeben. Ulm, 1857

EKL²,1962   Siedenschnur, G.: Art. *"Katholisch-Apostolische Gemeinde"* in: EKL²; Göttingen, II (1962), 571f

ENGELBERG,1985   Engelberg, Ernst: Bismarck. Urpreuße und Reichsgründer. Berlin, 1985

FERNSEMER,1857 *   Fernsemer, Balthasar: Aktenmäßige Inquisitions=Geschichte des Balthasar Fernsemer, excommunicirten Priesters und ehemaligen Pfarrers zu Dietershofen, im Bisthume Augsburg. Nebst einer historisch=dogmatischen Abhandlung über die Kirche. Ulm, 1857

FLEGG,1992 (*) Flegg, Columba Graham: 'Gathered Under Apostles'. A Study of the Catholic Apostolic Church. Oxford, 1992

FLIKKEMA,1993 Flikkema, Bart: In de Schaduw van de Mont Blanc. Henry Drummond 1786-1826. Appingedam, 1993

FLIKKEMA,1997 Flikkema, Bart: Edward Irving. A Bibliography, compiled by B. Flikkema. Appingedam 1997 (Manuskriptkopie im Selbstverlag)

FRIEDBERG,1882 Friedberg, Emil: Die Grundlagen der preußischen Kirchenpolitik unter Friedrich Wilhelm IV. Leipzig, 1882

FRIEMEL,1972 Friemel, Franz Georg: Johann Michael Sailer und das Problem der Konfession. Leipzig, 1972 (Erfurter Theologische Studien, Bd. 29)

FROUDE,1883 Froude, James Anthony (Hg.): Letters and Memorials of Jane Welsh Carlyle, prepared for publication by Thomas Carlyle (der Schriftsteller). 3 Bde., London, 1883

FROUDE,1972 dass.: Neuaufl. London, 1972

GAAB,1869 * Gaab, Dr. Ernst: Zeugniß eines evangelischen Geistlichen über Gottes Werk in unsern Tagen, vorzugsweise den evangelischen Geistlichen und Theologen in Württemberg zur Beachtung gewidmet. Ort?, 1869

GENERAL CATALOGUE British Museum. General Catalogue of Printed Books. London, 1959ff (führt nahezu alle in England gedruckten kap Schriften auf)

v.GERLACH,1903 Gerlach, Ernst Ludwig von: Aufzeichnungen aus seinem Leben und Wirken 1795-1877. (hg. von Jakob v.Gerlach) 2 Bde. (I 1795-1848, II 1848-1877), Schwerin, 1903

Geyer, Heinrich Zeitschriften und Veröffentlichungen s. auch in Anm. 117

H.GEYER,Botschaft + ders.: Eine Botschaft an alle Christen von H. Geyer. (Flugschrift, Hg.: Central-Vorstand der AcaM in Hamburg), o.J.

H.GEYER,Kirche + ders.: Vergangenheit und Zukunft der Kirche von H. Geyer. (Flugschrift, Hg.: Central-Vorstand der AcaM in Hamburg), o.J.

H.GEYER,1855/56 * (ders.:) Vorbildliche Bedeutung alttestamentlicher Geschichte. Vorträge von Edward Oliver Taplin. 1855-1856. Übersetzung aus dem Englischen im Tagebuch von Heinrich Geyer (Notizbuch Geyers, enthält außerdem Gliederungen zu Homilien und Vorträgen von Geyer aus den Jahren 1855-1858) Lüdenscheid, o.J. (Manuskript-Fotokopie einer Schreibmaschinen-Abschrift, die im Auftrag von Robert Geyer angefertigt wurde)

H.GEYER,1857 *   ders.: Der christliche Katechet, oder Anleitung zum Religionsunterricht in Kirche, Schule und Haus. Frankfurt/M., 1857

H.GEYER,1858 *   ders.: Die christlichen Dienstboten und Dienstleute, ihre Stellung und Dienstpflichten dargestellt im Lichte der zehn Gebote Gottes. Berlin, 1858

H.GEYER,1859 *   ders.: Historische Gemälde aus dem Leben der alten Deutschen. 1. Heft: *"Die alten Pommer-Wenden"*. Cassel, 1859

H.GEYER,1859/1861 *   ders.: Historische Gemälde des biblischen Altertums. Eine Volksschrift zur Belehrung und Unterhaltung. 1. Teil: *"Die Urwelt und ihre Bewohner Die Urgeschichte der Welt bis zur Sündfluth)"*. Cassel, 1859 (^{3}1891); 2. Teil: *"Die heiligen Patriarchen"*. Cassel, 1861 (vgl. Anm. 117)

H.GEYER,1863 +   ders.: Offenes Sendschreiben an die apostolischen Gemeinden Deutschlands. (als Manuskript gedruckt) Berlin, 1863

H.GEYER,1889 +   ders.: Vergangenheit und Zukunft der Kirche Christi. Hamburg, 1889

H.GEYER,1893 +   ders.: Wie ist es gekommen daß zweierlei Apostolische=Gemeinden entstanden sind? (handgeschriebenes Manuskript), 1893

J.GEYER,1918   Geyer, Johannes: Heinrich Geyer. Sein Leben, Wirken und Kämpfen, dargestellt von seinem Enkel Johannes Geyer, Pastor zu Hamburg, zum 27. März 1918. (in Masch.schr.)

R.GEYER,1900   Geyer, Robert: Allgemeine Apostolische Kirche. (Begleitbroschüre zur LITURGIE/AAG) Jena, 1900

R.GEYER,1944 +   ders.: Die Geschichte der katholisch=apostolischen Gemeinden. Vortrag, gehalten am 21.2.1944 in Camburg (gedruckt, 4 S.)

GRAB,1981   Grab, Walter: *"Preußische Demokraten im Zeitalter der Französischen Revolution und im Vormärz"* in: SCHLENKE,1981,162-179

GRAHAM,1881   Graham, H. G.: Beitrag über Thomas Carlyle (Ap) in: The Athenaeum. Journal of Literature, Science, The Fine Arts, Music, and The Drama (London 1881, January to June), May 14

GROSER,1933 *	Groser, Thomas: Amtsaufgaben und Legitimation von Aposteln. 3 Vorträge. ([1872] aus dem Englischen übers.) Berlin, 1933
G.S.,1847 G.S.,1850 G.S.,1863	Gesetz=Sammlung für die Königlichen Preußischen Staaten. Berlin, Jahr (1847, 1850, 1863)
HAACK,1929	Haack: Art. *"Irvingianer"* in: RGG², Tübingen, III (1929), 397f
HAMILTON,1893 *	Hamilton, Robert Moffat (anonym): A Short History Of Some Remarkable Spiritual Occurrences In 1827-8, Among Peasants In Bavaria, And The Sequel In 1842, 1870. London, 1893
HANDBUCH,1993	Handbuch religiöse Gemeinschaften: Freikirchen, Sondergemeinschaften, Sekten, Weltanschauungen, missionierende Religionen des Ostens, Neureligionen, Psycho-Organisationen. (hg. von Horst Reller u.a.) Gütersloh, (1978) ⁴1993
HANDTMANN,1903	Handtmann, Karl: Die Neu=Irvingianer. in: Die Reformation. Deutsche Evangelische Kirchen=Zeitung für die Gemeinde. (Berlin) Jg. 2 (1903), 664ff.682-686
HANDTMANN,1907	ders.: Die Neu=Irvingianer oder die *"Apostolische Gemeinde"*. Ihre Geschichte, Lehre und Eigenart dargestellt. Gütersloh, (1903) ²1907 (darin: *"Die alten Irvingianer"* [KaG], 2-8; *"Die deutschen Irvingianer [Geyerianer]"* [AcaM], 8-20)
HANSEMANN,1849	Hansemann, David: Die Deutsche Verfassung vom 28. März 1849. Mit Anmerkungen von David Hansemann, Abgeordneten der Ersten Preußischen Kammer. Berlin, ⁶1849
HARE,1894,II	Hare, Augustus J.C.: The Life and Letters of Frances Baroness Bunsen. 2 Bde., London, 1894
E.HEATH,1891 *	Edward Heath: Paper On The Gift Of Prophesy and the Duty Of Angels With Regard To Prophetic Persons. Albury, 1891
E.HEATH,1916 *	ders.: Koadjutoren-Zirkular über die Ergebnisse der Konferenz der Koadjutoren mit Mitarbeitern der Allg. Kirche vom 28./29.3.1916. Albury, 1916 (gedruckt)
H.HEATH,1905 *	Heath, Herbert: The Ministry Of Archangels (Sermon), Bristol, 1905 (in Masch.schr.)
HECKEL,1922	Heckel, Johannes: Ein Kirchenverfassungsentwurf Friedrich Wilhelms IV. von Preußen aus dem Jahre 1847. Zeitschrift d. Savigny Stiftung f.

	Rechtsgeschichte, Bd. 43 Kanonistische Abteilung XII, Jg. 1922, 444-459
HEIJDER,1988	Heijder, M.: Het venster op F. W. Schwarz. De grondlegger van het Apostolische Werk in Nederland. Amsterdam, 1988 (hg. von der Stichting Het Apostolisch Genootschap)
HEYDEN,1957,II	Heyden, D. Hellmuth: Kirchengeschichte Pommerns. I. Bd: Von den Anfängen des Christentums bis zur Reformationszeit. Köln Braunsfeld, ²1957; II. Bd: Von der Annahme der Reformation bis zur Gegenwart. ²1957
HOCHKIRCHE	Die Hochkirche. (Hg.: Paul Schorlemmer bzw. [später] Friedrich Heiler) München, 1919-1934
HOHL,1839	Hohl, Michael: Bruchstücke aus dem Leben und den Schriften Eduards Irvings. St. Gallen, 1839
HOPF,1913	Hopf, Wilhelm: August Vilmar. Ein Lebens= und Zeitbild. 2 Bde., Marburg, 1913
HUME,1901 *	Hume, Henry Strange: An Address, delivered by the Angel of the Church (Central Church, London) on Sunday 10th February 1901 (on Death of the Apostle Woodhouse). London, 1901 (lithograph. vervielfältigt)
HUTTEN,1968	Hutten, Kurt: Seher, Grübler, Enthusiasten. Sekten und religiöse Sondergemeinschaften der Gegenwart. Stuttgart (1950), ¹¹1968
HUTTEN,1984	dass.: ¹³1984 (Untertitel: *"Das Buch der traditionellen Sekten und religiösen Sonderbewegungen"*)
HYMNOLOGIUM *	Hymnologium. Eine Sammlung der besten Lieder und Lobgesänge aus allen Jahrhunderten der Kirche. Mit beigefügten Melodien. (zusammengestellt von E.A.Roßteuscher) Basel, 1859 (⁴1898)
Irving	s. CARDALE,1834 (und Anm. 3)
ISING,1991	Ising, Dieter (Hg.): Johann Christoph Blumhardt. Ein Brevier. Göttingen, 1991
JACOBI,1853	Jacobi, Justus Ludwig: Die Lehre der Irvingiten verglichen mit der heiligen Schrift. Berlin, 1853 (²1868)
JEDELE,1910	Jedele, E.: Die kirchenpolitischen Anschauungen des Ernst Ludwig von Gerlach. (Diss.) Universität Tübingen, 1910

JÖRG,1858	Jörg, Jos. Edmund: Geschichte des Protestantismus in seiner neuesten Entwicklung. 2 Bde., Freiburg/Br., 1858

KANTZENBACH,Briefe	Kantzenbach, Friedrich Wilhelm: *"Unbekannte Briefe von Johann Evangelist Georg Lutz an Professor Heinrich Wilh. Josias Thiersch (Ihre B edeutung für die Geschichte der katholisch-apostolischen [irvingianischen] Bewegung in Bayern)"* in: Zeitschrift für bayrische Kirchengeschichte, Jg. 24 (1955), 200-206

KANTZENBACH,Lebensbilder	ders.: *"H.W.J.Thiersch"* in: Lebensbilder aus Kurhessen und Waldeck (hg. von I. Schnack), Marburg, Bd. V, 1955, 391-397

KANTZENBACH,1956	ders.: *"Heinrich Wilhelm Josias Thiersch und Ernst Ludwig von Gerlach"* in: Zeitschrift f. Religions- und Geistesgeschichte, Jg. 8 (1956), 56-60

KANTZENBACH,1959	ders.: *"Heinrich Wilhelm Josias Thiersch. Ein Theologe zwischen Protestantismus und Katholizismus"* in: Materialdienst des konfessionskundlichen Instituts des Evangelischen Bundes, Bensheim, Jg. 10 (1959), 1-5

KANTZENBACH,1967	ders.: *"Heinrich Wilhelm Josias Thiersch. Erweckung und Sammlung der Endgemeinde"* in: Zwischen Erweckung und Restauration. Einige Kapitel aus der unbekannten Kirchengeschichte des 19. Jahrhunderts. Ort?, 1967, 68-80

KNAK,1887	Knak, Johannes: Festbüchlein der böhmisch-lutherischen Gemeinde der Bethlehems=Kirche zu ihrer hundertfünfzigjährigen Jubelfeier am Sonntag Jubilate 1887, gewidmet von ihrem Pastor Johannes Knak. Berlin, 1887

KÖHLER,1876	Köhler, Johan Nicolaas: Het Irvingisme. Eene historisch-critische Proeve. (Diss.) Universität Utrecht, 's Gravenhage, 1876

v.KOENIG,1951 *	Koenig, Amarant von: Albury in der Stille. Ein Besuch an geweihter Stätte. Rendsburg, 1951

KOEPPEN-Briefe *	Koeppen, Albert August Otto: Briefe an verschiedene Verwandte (1837-1853) (Abschrift in Masch.schr.)

KOEPPEN,Kirchenordnung	ders.: Die Kirchenordnung und Disciplin der alten Hussitischen Brüderkirche in Böhmen, Mähren und Polen, ein ehrwürdiges beherzigenswertes Denkmal evangelischer Reformation vor Luther, unserer evangelischen Kirche verdeutscht dargereicht von Albert Köppen, evangelischen Pfarrer zu Bienowitz bei Liegnitz. Leipzig, 1845

KOEPPEN,Unterweisung	ders.: Unterweisung zur Seligkeit, aufgrund der heiligen Schrift. Ort?, 1845
KÖSTLIN,1880	Köstlin, Julius: Art. *"Irving, Irvingianer"* in: RE² (Leipzig), Bd. VII (1880), 152-160
KOLDE,Essay	Kolde, Theodor: Edward Irving. Ein biographischer Essay. Leipzig, 1901
KOLDE,RE	ders.: Art. *"Irving, Edward, und der Irvingianismus"* in: RE³, Bd. IX (1901), 424-437
KRÄMER,1966	Krämer, Franz: Thomas Carlyle of the Scottish Bar (1803-1855). (Diss.) Universität Freiburg/Schweiz, 1966
KRAMMER,1922	Krammer, Mario: Theodor Fontanes Erinnerungen an Hermann Wagener. Ein Nachtrag zu den *"Wanderungen durch die Mark"*. in: Deutsche Rundschau, 192 (1922), 50-53
KUPISCH,1975	Kupisch, Karl: Die deutschen Landeskirchen im 19. und 20. Jahrhundert. Göttingen, ²1975
LACUNZA,1791	Lacunza, Emanuel (Pseudonym: Juan Josaphat Ben-Ezra): La Venida del Mesias en Gloria y Majestad. o.O., 1791 vollendet (1827 von E. Irving ins Englische übersetzt unter dem Titel: The Coming of Messiah in Glory and Majesty; vgl. ROSSTEUSCHER,1886,99; BORN,1974,7; WEBER,1977,9f)
LANCASTER,1978	Lancaster, John: John Bate Cardale, Pillar of Apostles: A Quest for Catholicity. (Diss.) Universität St. Andrews/USA, 1978 (1977?)
LAYTON,1866 *	Layton, Frederick William Hanham: The Instant Coming of our Lord Jesus Christ, and the only Preparation by which the Church can be enabled to Meet Him. 2 Vorträge, London, 1866
LEITZ,1961 *	Leitz, Hermann: Apostolische Belehrungen und 'Richtlinien' für die Zeit im 'Vorhof'. 2 Teile, Freiburg/Br., 1961 (Masch.schr.)
LEWALTER,1938	Lewalter, Ernst: Friedrich Wilhelm IV. Das Schicksal eines Geistes. Berlin, 1938
LICKFOLD,1935 *	Lickfold, J. Malcolm: The Catholic Apostolic Church Gordon Square, London. Notes On The Architectural Features And The Furniture, With Glossary Of Technical Terms. London, 1935
LITURGIE/AAG	Die Liturgie. Andachts=Buch zum Gebrauch bei allen Gottesdiensten und gottesdienstlichen Handlungen der Allgemeinen Apostolischen

Kirche (Alt=Apostolische Gemeinde). (bearbeitet von Robert Geyer) Stapelburg, 1900

LITURGIE/AcaM,1894 +   Die Liturgie. Andachts-Buch zum Gebrauch bei allen Gottesdiensten der christlichen Kirche. (AcaM) Hamburg, 1894 (Verlag der Allgem. christlich apostol. Mission) (Sie enthält die Liturgie [299 S.], den Psalter [191 S.], die Bibel=Lektionen [25 S.] und einen Liederanhang [10 S.].) Eine 1. Aufl. war bereits 1864 erschienen.

LITURGIE,1850 *   Die Liturgie. Erster Theil: Die Gottesdienste für das ganze Jahr. Zweiter Theil: Gelegentliche Handlungen und Gebete. Berlin, 1850 (s. Anm. 52)

LITURGIE,1897 *   Die Liturgie sowie die anderen Gottesdienste der Kirche. Berlin, 1897

LITURGIE,1908 *   dass., Berlin, 1908

LITURGIE,1962 *   dass., Siegen, 1962 (Fotomechanischer Nachdruck der Ausgabe 1908)

LIVELY,1977   Lively, Robert L. jun.: The Catholic Apostolic Church and the Church of Jesus Christ of Latter-day Saints. A Comparative Study of Two Minority Millenarian Groups in Nineteenth-Century England. (Diss.) Universität Oxford, 1977

LÖHE,1956,V/2   Löhe, Wilhelm: Gesammelte Werke. Bd. V/2, Neuendettelsau, 1956

LUTHARDT,1889   Luthardt, Christoph Ernst: Erinnerungen aus vergangenen Tagen. Leipzig, 1889

LUTZ,Abschiedswort *   Lutz, J.E.G.: Abschiedswort an meine bisherige Pfarrgemeinde Oberroth, ihr zur Erinnerung, meinen Freunden und Nichtfreunden zur Beruhigung. Kaufbeuren, ²1857

LUTZ,Gottes Werk *   ders.: Gottes Werk in unserer Zeit, dargelegt vor dem Hochwürdigsten Domkapitel des Bisthums Augsburg in der Untersuchungssache des Johannes Evangelist Georg Lutz ehemal. Pfarrers und Decanes in Oberroth. Von ihm selbst herausgegeben. Ulm, 1857

LUTZ,1846/47 *   Lutz, Johann Evangelist Georg, und Caird, William Renny (anonym): Ueber den Rathschluß Gottes mit der Menschheit und der Erde. Ein exegetisches Handbuch zum Studium sämmtlicher Bücher der heiligen Schrift. Bd. I Schaffhausen, 1846, Bd. II Frankfurt/M. 1847 (³1879)

MAST,1985   Mast, Gregg Alan: The eucharist service of the Catholic Apostolic Church and its influence on Reformed liturgical renewals of the nineteenth century. (Diss.) Universität Ann Arbor/Michigan, 1985

v.d.MEER,1979 (*)	van der Meer, R.: De continuiteit van een millenistische groep ring: De Katholiek Apostolische Gemeente. (Dipl.arb.) Universität Rotterdam, 1979
MEHLHAUSEN,1982	Mehlhausen, Joachim: "Friedrich Wilhelm IV. Ein Laientheologe auf dem preußischen Königsthron", in: Vom Amt der Laien in Kirche und Theologie (Festschrift für Gerhard Krause, hg. von H. Schröer und G. Müller), Berlin 1982, 185-214
MEINHOLD,1962	Meinhold, Peter: Ökumenische Kirchenkunde. Lebensformen der Christenheit heute. Stuttgart, 1962 (darin: *"Die Katholisch-apostolische und Neuapostolische Gemeinde"*, 555-562)
MEMORANDUM,1887 *	Memorandum über die Katholisch-Apostolischen Gemeinden in Rußland. Reval, 1887 (verfasst im Okt. 1886 in St. Petersburg)
MENKHOFF,1869 (+)	Menkhoff, Friedrich Wilhelm: Grundsätze und Glaubens-Bekenntniß der Apostolischen Gemeinde in Bielefeld. Eine Form, worin man das h. Abendmahl feiern kann. o.O., 1869
v.MICKWITZ,1895 *	Mickwitz, Karl von: Stimmen aus der Kirche über die Wiederkunft des Herrn. Wichtige Zeugnisse für den Tag des Herrn von Luther, Melanchthon und anderen Vätern und Lehrern der Kirche. (1.Teil Basel, 1893) 2.Teil Basel, 1895
MILLER,1878	Miller, Edward: The History And Doctrines Of Irvingism, Or Of The So-Called Catholic And Apostolic Church. 2 Bde., London, 1878
MORGENRÖTHE (*)	Die Morgenröthe. Ein christliches Sonntags= Blatt für Stadt und Land. (Hg.: H.Geyer) Berlin, 10.11.1860 bis März 1863
NEWMAN-NORTON,1971	Newman-Norton, Seraphim: A Biographical Index Of Those Associated With The Lord's Work. Compiled By Seraphim Newman-Norton. London, 1971 (in Masch.-schr.)
NEWMAN-NORTON,1974	ders.: Hamburg Schism and the Apostel Woodhouse's Teaching on the possible call of New Apostles. Leicester, 1974 [Albury Society Publications No. 1] (Eine Rückübersetzung von WOODHOUSE, 1863, ins Englische; in Masch.schr.)
NEWMAN-NORTON,1975	ders.: The Time Of Silence. A history of the Catholic Apostolic Church 1901-1971. London, (1974), ^{3}1975 [Albury Society Publications No. 2] (in Masch.schr.)

NEWSLETTER * Newsletter. (hg. von A.P.Young und L.H. Halliwell) Bolton, 1951-1961; ersch. in 13 Nummern (Nr. I: Oct. 1951; II: April 1952; III: Oct. 1952; IV: April 1953; V: Nov. 1953; VI: June 1954; VII: Dec. 1954; VIII: Aug. 1955; IX: April 1956; X: March 1957; XI: Febr. 1958; XII: May 1959; XIII: April 1961)

NIPPERDEY,1991 Nipperdey, Thomas: Deutsche Geschichte. 1800-1866: Bürgerwelt und starker Staat. München, (1983) ^{5}1991

NIPPOLD,1868/71 Nippold, Friedrich (Hg.): Christian Carl Josias Freiherr von Bunsen. Aus seinen Briefen und nach eigener Erinnerung geschildert von seiner Witwe (Fanny v.B.). deutsche Ausgabe, durch neue Mitteilungen vermehrt von Friedrich NIPPOLD. 3 Bde., Leipzig, 1868-1871 (Bd. II: 1869)

NkZ,1856 Neue kirchliche Zeitschrift. (hg. von Kliefoth und Mejer) Schwerin, 1856ff (darin: *"Mittheilungen aus den religiösen und kirchlichen Zuständen Pommerns"*, 1856, 18-51)

NORTON,1861 * Norton, Robert: The Restoration Of Apostles And Prophets In The Catholic Apostolic Church. London, 1861

NOTES,o.J. Notes On The Old Parish Church, Albury, Surrey. (Published by Redundant Churches Fund) London, o.J.

OBST,1990 Obst, Helmut: Apostel und Propheten der Neuzeit. Gründer christlicher Religionsgemeinschaften des 19./20. Jahrhunderts. Berlin, (1980) ^{3}1990 (1.Aufl. der Neubearbeitung)

OBST,1996 ders.: Die Neuapostolische Kirche - Die exklusive Endzeitkirche? Neukirchen/Vluyn, 1996

OEHNINGER,1878 * Oehninger, Friedrich: Gottes Walten in der Kirche der Gegenwart. Referat vor dem Züricher Synodalverein von Friedrich Oehninger, Pfarrer in Schwerzenbach bei Zürich. Augsburg, 1878

OEHNINGER,1888 * ders.: Heinrich W. J. Thiersch's Briefe an einen evangelischen Geistlichen. Zum Besten seiner Amtsbrüder herausgegeben von Friedrich Oehninger, Pfarrer. Augsburg, 1888

OEHNINGER,1893 * ders.: Miniaturbilder aus dem persönlichen Verkehr mit Vertretern verschiedener Kirchen und Richtungen. Basel, 1893

OLIPHANT,1862 Oliphant, Margaret: The Life of Edward Irving. Minister of the National Scotch Church, London. Illustrated by his Journals and Correspondence. 2 Bde., London, 1862

OLIPHANT,o.J.	dass.: 5. Aufl. (o.J.)
ORCHARD,1968	Orchard, S. C.: English Evangelical Eschatology 1790-1850. (Diss.) Universität Cambridge, 1968
pA *	(anonym:) Private Aufzeichnungen eines katholisch-apostolischen Gemeindegliedes. o.J. (in Masch.schr.)
PFARRERBUCH,1941	Evangelisches Pfarrerbuch für die Mark Brandenburg seit der Reformation. (hg. vom Brandenburgischen Provinzialsynodalverband) Berlin, 1941
PICKEL,1910	Pickel, G.: *"Johann Evangelist Georg Lutz und der Irvingianismus im Donaumoos"* in: Beiträge zur bayrischen Kirchengeschichte. Erlangen, Bd. XVI (1910), 49-71.97-121
PM *	Pastorale Mittheilungen. Berlin, 1863-1931 (Die einzelnen Hg. s. bei EDEL,1971,366)
v.POCHHAMMER,1892 *	Pochhammer, Max von: Brief an einen Engel über den Abfall H. Geyers. Albury, 1892 (als Manuskript gedruckt)
PREDIGER +	Der Prediger in der Wüste. Monats=Blatt. Eine Wächterstimme an alle Christen, zur Vorbereitung auf die Wiederkunft unseres HErrn Jesu Christi. (Hg.: H.Geyer) Hamburg, Okt. 1887 bis Sept. 1889
QUEHL,1856	Quehl, Rino (?): Aus Dänemark. Berlin, 1856
RANKE,1886	Ranke, Friedrich Heinrich: Jugenderinnerungen mit Ausblicken auf das spätere Leben. Ort?, 1886
v.RANKE,1873	Ranke, Leopold von (Hg.): Aus dem Briefwechsel Friedrich Wilhelms IV. mit Bunsen. Leipzig, 1873
REIMER,1974	Reimer, Hans Dieter: *"Die büßende Gemeinde. Eine Begegnung mit katholisch-apostolischen Christen"* in: MD 20/1974, 306ff
REIMER,1977	ders.: *"Die Katholisch-apostolischen Gemeinden"* in: Heyer, F., Konfessionskunde, Berlin, 1977, 742-753
REIMER,1980	ders.: *"Erstlingschaft und Überrest. Die katholisch-apostolischen Christen unter uns"* in: MD 12/1980, 324ff
REIMER,1988	ders.: *"Die Katholisch-apostolischen Gemeinden"* in: KM 2/1988,10-20)

RHEINWALD,1840	Rheinwald, G.F.H.: Acta historico=ecclesiastica. Seculi XIX (Jg. 1837) Hamburg, 1840, 793-867
RICHTER,1861	Richter, Ludwig: König Friedrich Wilhelm IV. und die Verfassung der evangelischen Kirche. Berlin, 1861
v.RICHTHOFEN,1933 *	Richthofen, Carolina von: Erinnerungen an Max von Pochhammer. Berlin, 1933
ROOT,1912	Root, J. C.: Edward Irving: Man, Preacher, Prophet. Boston/Mass., 1912
ROSSTEUSCHER,1862 *	Roßteuscher, Ernst Adolf: Art. *"Irving"* in: Staats= und Gesellschaftslexikon (hg. v. Hermann Wagener) Bd. X (1862), 159ff
ROSSTEUSCHER,1871 *	ders.: Der Aufbau der Kirche Christi auf den ursprünglichen Grundlagen. Eine geschichtliche Darstellung seiner Anfänge. Basel, 1871
ROSSTEUSCHER,1886 *	dass., ^{2}1886 (enthält als Beilage *"Das Zeugnis der Apostel an die geistlichen und weltlichen Häupter der Christenheit. Aufgestellt im Jahre 1836"* [Testimonium]) (^{4}1969; ohne das Testimonium)
ROSSTEUSCHER,1885 *	ders.: Eine Belehrung über Frauendienst und Diakonissen=Amt in der Kirche. Berlin, 1885 (^{3}1963)
ROTHE,1844 *	Rothe, Carl: Die wahren Grundlagen der christlichen Kirchenverfassung. Ein Beitrag zur Beantwortung der kirchlichen Verfassungsfragen unserer Zeit. Berlin, 1844
ROTHE,1896 *	ders.: Wo ist die Eine, heilige, katholische und apostolische Kirche? Sieben kirchengeschichtliche Vorträge. Berlin, (1872) ^{2}1896
RUBRIKEN,1895 *	Allgemeine Rubriken oder Anweisungen zur Ausführung der Liturgie und andern Gottesdienste der Kirche. Revidierte Ausgabe. Berlin, 1895 (^{1}1864, ^{2}1880; s. EDEL,1971,370f)
RUTTORF,1987	Ruttorf, Reinhard: Literaturverzeichnis zur Katholisch-apostolischen Kirche. Dortmund, 1987 (in Masch.schr.)
SÄEMANN +	Der Säemann. Monats=Blatt für häusliche Erbauung und christlichen Religionsunterricht der Kinder. Praktisches Hülfsmittel für Eltern, Lehrer, Erzieher, Gouvernanten, sowie für alle Freunde des göttlichen Wortes. (Hg.: H.Geyer) Hamburg, Jan. 1878 bis Dez. 1879

SALUS,1913	Salus (Pseudonym; der Verf. heißt Eberhardt Emil Schmidt): Alte und neue Wege oder Streifzüge durch die geistig kirchlichen Fürstentümer und Gewalten der Vergangenheit und Gegenwart. Leipzig, (1912) ²1913
SCHAPER,1938	Schaper, Ewald: Die geistespolitischen Voraussetzungen der Kirchenpolitik Friedrich Wilhelms IV. von Preußen. Stuttgart, 1938
SCHEURLEN,1923	Scheurlen, Paul: Die Sekten der Gegenwart. Stuttgart, (1912) ³1923 (darin: *"Die alten Irvingianer"*, 50-54
SCHEURLEN,1930	dass., ⁴1930 (darin: *"Die Katholisch-apostolische Gemeinde"*, 111-121) (⁵1933)
SCHIAN,1940	Schian, Martin: Kirchliche Erinnerungen eines Schlesiers. Görlitz, 1940
SCHLENKE,1981	Schlenke, Manfred (Hg.): Preußen. Beiträge zu einer politischen Kultur. (Bd. 2 des fünfbändigen Katalogs *"Preußen. Versuch einer Bilanz"*) Hamburg, 1981
SCHMIDT,1909	Schmidt, Karl: Jenseits der Kirchenmauern. Evangelische Gemeinschaft, Katholisch-apostolische Gemeinde, Neuapostolische Gemeinde. Ein Beitrag zur neuesten Kirchengeschichte. Berlin, 1909 (darin: *"Katholisch-apostolische Gemeinde [Irvingianer]"*, 61-88)
SCHMIDT,1975	Schmidt, Kurt Dietrich: Grundriß der Kirchengeschichte. Göttingen, (1960) ⁶1975
SCHOEPS,1964	Schoeps, Hans-Joachim: Das andere Preußen. Konservative Gestalten und Probleme im Zeitalter Friedrich Wilhelms IV. Berlin, ³1964
SCHOLLER,1891 *	Scholler, Ludwig Wilhelm: Kirchengeschichtliches aus dem deutschen Süden. Mitteilungen aus dem Leben von Joh. Evang. Georg Lutz, ehemal. Pfarrer und Dekan in Oberroth. Basel, 1891
SCHOLZ,Stimmen *	Scholz, Kurt: Stimmen der Väter. Stuttgart, 1964 (in Masch.schr.)
SCHOLZ,1964 *	ders.: So du Glauben hättest. Stuttgart, 1964 (in Masch.schr.)
SCHOLZ,1965 *	ders.: Dein Wort ist meines Fußes Leuchte. Stuttgart, 1965 (in Masch.schr.)
SCHRÖTER,2001	Schröter, Johannes Albrecht: Bilder zur Geschichte der Katholisch-apostolischen Gemeinden. Jena, 2001 (deutsch-englisch)

SCHULTZE,1867   Schultze, R.: König Friedrich Wilhelms IV. Gedanken über die Zukunft der preußischen Landeskirche. Berlin, 1867

SCHULZE,1981   Schulze, Hagen: *"Preußens Arbeiterbewegung"* in: SCHLENKE,1981,237-252

F.SCHWARZ,Concept   Schwarz, Friedrich Wilhelm: Een Concept van den Apostel F. W. Schwartz, (Stamm Juda). o.O., o.J.

F.SCHWARZ,Testament ders.: testament apostel F.W.Schwarz. Amsterdam, 1975 (Rückübersetzung ins Deutsche, in Masch.schr. [hg. von der Apostolische Zendingkerk])

F.SCHWARZ,1872 (+)   ders.: Das Buch für unsere Zeit. Die Offenbarung St. Johannis, für die Gemeinde erklärt. 2 Bde., (o.O., 1872) Arnheim/Niederlande, ²1975 (Hg.: Apostolische Zendingkerk)

F.SCHWARZ,1890 (+)   ders.: Apostel oder nicht im neunzehnten Jahrhundert? Eine Zeitfrage. Amsterdam, 1890 (Rückübersetzung ins Deutsche? niederländische Originalausgabe: *"Apostelen of niet? en wel in onze negentiende eeuw! Eene Vraag des tijds"* Amsterdam, 1889 [Vorwort von J.Ruijs, vom Februar 1866]; deutsche Nachaufl. unter dem Titel *"Apostel oder nicht im neunzehnten [bezw. zwanzigsten] Jahrhundert? Eine Zeitfrage."* Bielefeld, 1919)

F.SCHWARZ,1891   ders.: Brief an neuapostolische Gemeinden vom 29.4.1891 (gedruckt); wiedergegeben bei SALUS,1913,269-272

W.SCHWARZ,1877   Schwarz, W.: Rezension zu J.N.Köhler: Het Irvingisme. Eene historisch-critische Proeve. 's Gravenhage, 1876. in: StKr, 1877, 353-374

SENDBOTE (Blätter) + Der Sendbote. Frische Blätter und Früchte vom Baume des Lebens zur Gesundheit des christlichen Volkes. Ein Sonntagsblatt für Stadt und Land. (Hg.: H.Geyer) Hamburg, 26.7./11.10.1863 bis 24.9.1865

SENDBOTE (Wächterstimme) + Der Sendbote. Eine Wächterstimme aus Zion, an alle Reichsgenossen Jesu Christi, zur brüderlichen Vereinigung und Vorbereitung auf den großen Tag des Herrn. Monats=Blatt der allgemeinen, christlichen, apostolischen Mission. (Hg.: H.Geyer) Hamburg, 1.10.1865 bis Dez. 1873

SHAW,1972   Shaw, Plato Ernest: The Catholic Apostolic Church, Sometimes Called Irvingite. A Historical Study. New York, (1946) 1972 (Reprint) (s. auch Anm. 4)

SITWELL,1888 *	Sitwell, Francis (anonym): Licht zur Abendzeit oder der Ratschluß Gottes mit der Kirche von ihrer Gründung bis zur Vollendung. (deutsche Übersetzung hg. von F. Diestel und E.L.Geering) Basel, (1867) ²1888
SMIT,1869	Smit, Ijsbrand: Valsche Apostelen en valsche Profeten, of oude grieven en nieuwe Bewijzen tegen den Apostel F. Schwarz en zijne verzegelde Aanhangers. Amsterdam, 1869
SPINDLER,Bitte *	Spindler, Philipp Jakob (Hg.): Bitte exkommunizirter Laien in Schwaben und Franken und fünf exkommunizirter katholischer Priester der Diözese Augsburg an die hohe Kammer der Abgeordneten in Bayern Schutz gegen Verfolgung und religiöse Freiheit betreffend. Augsburg, o.J.
SPINDLER,1857 *	ders.: Aktenmäßige Darstellung der offiziellen Verhandlungen über die Glaubensansichten im Betreff des sogenannten Irvingianismus und die wegen derselben erfolgte Privation und Exkommunikation des Domvikars I. Ordinariats= Secretärs und bischöflichen Kathedralfonds=Administrators Philipp Jakob Spindler zu Augsburg. Von ihm selbst herausgegeben. Kaufbeuren, 1857
SPINDLER,1863 *	ders.: Anrede bei Grundsteinlegung zu der Katholisch=apostolischen Kirche in Hürben, gehalten am 29.10.1863. Augsburg, 1863
STANDRING,1985	Standring, George Lancelot: Albury and The Catholic Apostolic Church. A Guide to the Personalities, Beliefs And Practices Of The Community Of Christians Commonly Called The Catholic Apostolic Church. Albury, 1985
STEVENSON,1974 (*)	Stevenson, Kenneth William: The Catholic Apostolic Eucharist. (Diss.) Universität Southampton, 1974
STEVENSON,1979 (*)	ders.: The Catholic Apostolic Church - its History and its Eucharist. in: Studia Liturgica, Jg. 13 (1979), 21-45
STEVENSON,1982 (*)	ders.: The Liturgical Year in the Catholic Apostolic Church. in: Studia Liturgica, Jg. 16 (1982), 128-134
STEWART,1907 *	Stewart, Hugh: The Ministry of Archangels. (Sermon) Glasgow, 1907 (Masch.schr.)
STRACHAN,1973	Strachan, Gordon: The Pentecostal Theology of Edward Irving. London, 1973
TANG,1984	Tang, Marinus Johannes: Het Apostolische Werk in Nederland tegen de achtergrond van zijn ontstaan in Engeland en Duitsland. (Diss.) Universität Utrecht, 's Gravenhage, (1982), 1984 (⁴1989)

TAPLIN,1960 *	Taplin, Edward Oliver: Der Zustand der Abgeschiedenen. 6 biblische Ansprachen. Marburg, 1960 (Übersetzung von 6 Vorträgen *"On The Condition Of The Departed"*, die Taplin 1850 gehalten hat) (Neuauflage Lüdenscheid, 1987)
TARBET,1856 *	Tarbet, William: Edward Irving and the Catholic Apostolic Church. London, 1856
THIERSCH,1857 *	Thiersch, Heinrich Wilhelm Josias: Nekrolog auf Albert Köppen, in: NPZ, Beilage zu Nr. 220 vom 20.9.1857 (Suppl. 27/9 1857)
THIERSCH,1857/58 *	ders.: Kleinodien aus dem Brautschmuck der Kirche Jesu Christi. Weissagungen aus den Jahren 1857 und 1858. (Herausgeber: H.W.J. Thiersch) Manuskript-Fotokopie, Lüdenscheid, o.J. (Abschrift einer Abschrift aus dem *"Record des Jahres 1858"* von Robert Geyer)
THIERSCH,1866 *	ders.: Friedrich Thierschs Leben. 2 Bde. Leipzig und Heidelberg, 1866
THIERSCH,1976 *	ders.: Über das Hirtenamt. Eine praktische Hilfe für die Praxis. Marburg, ²1976
Th.Br. *	ders.: Briefe an seine Frau Bertha aus den Jahren 1847-1867. Deponiert in der B.ST.B., H.Thierschiana II, unter Nr. 148
H.Thierschiana II *	H.Thierschiana II. Nachlass-Repertorium von H.W.J. Thiersch (in der B.ST.B. München)
Th.Tgb. *	ders.: Privat-Tagebücher der Jahre 1852-1872. Deponiert in der B.ST.B. München, H.Thierschiana II, Nr. 101 a-f
H.THIERSCH,1932 *	Thiersch, Hermann: Unsere russischen Brüder. Sechs Vorträge. Berlin/Göttingen, 1932
THIESEN,1944 +	Thiesen, Joseph Maria: Die Katholisch-Apostolische Kirche in der biblisch-apostolischen Succession der Urkirche von Antiochien. (Halle) 1944 (hektogr. Manuskript)
THONGER,1887 *	Thonger, James: Eight Sermons On 'The Seventy'. Preached At Leeds In 1887. (hektogr. Manuskript, London, o.J.)
THORNTON,1870	Thornton, William Thomas: Die Arbeit, ihre unberechtigten Ansprüche und ihre berechtigten Forderungen, ihre wirkliche Gegenwart und ihre mögliche Zukunft. (übersetzt von Hugo Schramm) Leipzig, 1870

TILLICH,1936 *	Tillich, Ernst: Weg und Wort des Dr. Ernst Tillich. Briefe eines Vaters an seinen Sohn. (hg. von Franz Tillich) Berlin, 1936 (mit einem *"Beiheft"* für Mitglieder der KaG [aus dem Jahre 1935])
v.TREITSCHKE,1919	Treitschke, Heinrich von: History of Germany in the ninetenth Century. Engl. translation by E. & C. Paul. 7 Bde., London, 1915-1919 (Bd. VII: 1919)
TRIPP,1969	Tripp, H. D.: The Liturgy of the Catholic Apostolic Church. in: Scottish Jour. Theol., Jg. 22, 1969, 437-454.
UNSERE FAMILIE	Unsere Familie. Die Zeitschrift der Neuapostolischen Kirche. (Hg.: Richard Fehr) Frankfurt/M., 1941ff
Unsere jetzige Lage, 1905 *	Unsere jetzige Lage. Zwei Predigten, gehalten von Dienern der Gemeinde zu Albury. Liegnitz, 1905
VALENTIN,1939 *	Valentin, Anton: Stille im Himmel bei einer halben Stunde. Ein Rückblick. Berlin, 1939
VERZEICHNIS,1982	Verzeichnis der Apostel. (neuapostolische Liste der Apostel von der Zeit Jesu an) Frankfurt/M., Aufl. vom 30.6.1982
Vier Predigten, 1952 *	(Christopher Barclay Heath?:) Vier Predigten. (Übertragen aus dem Englischen) Berlin, 1952
VORLESUNGEN,1954 *	Schrey, Carl (Hg.): Vorlesungen über das Entstehen des Apostolischen Werkes in der Endzeit. (Originaltitel: Lezingen over het ontstaan van het Albury-Werk. Den Haag, 1950.) (Aus dem Holländischen übertragen) Siegen, 1954
VORSCHRIFTEN,1895 *	Vorschriften für den Kirchendienst und die kirchliche Verwaltung. Berlin, Revidierte Ausgabe 1895 (^{1}1880)
WAGENER,1857 (*)	Wagener, Hermann: Das Judentum und der Staat. Berlin, 1857
WAGENER,1883 (*)	ders.: Die Politik Friedrich Wilhelm IV. Berlin, 1883
WAGENER,1884 (*)	ders.: Erlebtes. Meine Memoiren aus der Zeit von 1848 bis 1866 und von 1873 bis jetzt. Berlin, ^{1}1884, ^{2}1884
WAGENER,1885 (*)	ders.: Die kleine aber mächtige Partei. Nachtrag zu *"Erlebtes"*. Meine Memoiren aus der Zeit von 1848 bis 1866 und von 1873 bis jetzt. Berlin, 1885

WALMSLEY,1986   Walmsley, R. Charles: A description of the Mansion and Grounds at Albury Park, Guildford Surrey, and of the Old Parish Church of Albury. (1974) (Dorking) ³1986

WEBER,1973 (*)   Weber, Albrecht: Briefe von Dekan Johann Georg Lutz an Professor Dr. Dr. H.W.J. Thiersch. Ein ökumenischer Beitrag zur süddeutschen und englischen Kirchengeschichte im 19. Jahrhundert. in: Zeitschrift für bayrische Kirchengeschichte Jg. 42 (1973), 193-241

WEBER,1977 (*)   ders.: Die katholisch-apostolischen Gemeinden. Ein Beitrag zur Erforschung ihrer charismatischen Erfahrung und Theologie. (Diss.) Universität Marburg, 1977

WEINMANN,1963   Weinmann, Karl: 100 Jahre Neuapostolische Kirche 1863-1963. Apostelbereich Hamburg. Frankfurt/M., 1963

WHITLEY,1953   Whitley, H. C.: Edward Irving. An Interpretation of His Life and Theological Teaching. (Diss.) Universität Edinburgh, 1953

WHITLEY,1955   ders.: Blinded Eagle. London, 1955

WIEN,1929   Wien, (Vorname?): Welche Sekten, Freikirchen und außerkirchlichen Gemeinschaften sind im Kirchenkreise Königsberg/Pr. tätig? Wie groß ist die Zahl ihrer Mitglieder und Anhänger? Wie ist das Verhältnis zwischen ihnen und der Kirche? Referat auf der Kreissynode. Königsberg/Pr., 1929

WIGAND,1888 *   Wigand, Paul (Hg.): Heinrich W.J. Thierschs Leben (zum Teil von ihm selbst erzählt). Basel, 1888

WILKS,1854   Wilks, W.: Edward Irving. An Ecclesiastical and Literary Biography. London, 1854

WOHNUNGSANZEIGER,1851   Allgemeiner Wohnungsanzeiger für Berlin, Charlottenburg und Umgebungen auf das Jahr 1851. Berlin, 1851

WOLFF,1861   Wolff, Joseph: Travels and Adventures of the Rev. Joseph Wolff. London, 1861

WOODHOUSE,1847 *   Woodhouse, Francis Valentine (anonym): A Narrative Of Events Affecting The Position And Prospects Of The Whole Christian Church. Printed For Private Circulation. London, 1847 (erw. Aufl. 1885)

WOODHOUSE,1848 *   ders.: Erzählung von Thatsachen in Verbindung mit der jetzigen Lage und der Zukunft der ganzen christlichen Kirche. Gedruckt zur Privat-Mitteilung. (Übersetzung des vorigen von E. A. Roßteuscher [anonym]) Frankfurt/M., 1848 (s. auch WOODHOUSE,1901)

WOODHOUSE,1854 * ders. (anonym): The Census And The Catholic Apostolic Church. London, 1854

WOODHOUSE,1859 * ders. (anonym): The Book Of Esther In Its Typical Application To The Christian Church. With Remarks On The Inspiration Of Holy Scripture. London, 1859

WOODHOUSE,1863 * ders.: Belehrung des Apostels über die Frage nach der Möglichkeit einer Berufung neuer Apostel und über die Hoffnung auf eine Errettung der Erstlinge vor der großen Trübsal. (Rundschreiben an die Vorsteher der KaG in Deutschland vom 19. Februar 1863. Als Manuskript gedruckt) Marburg, 1863

WOODHOUSE,1867 * ders.: A Teaching on the Prophetic Office, Delivered At Albury On Whit-Monday. London, 1867

WOODHOUSE,1875 * ders.: Brief an den Engel im Haag in Holland *(J.J. Landsman - Verf.)* vom Jahre 1875, enthaltend eine Mittheilung der Thatsachen betreffs des H. Geyer'schen Abfalls anfangs des Jahres 1863. (Als Manuskript gedruckt) Hg.: J. Arndt. Osnabrück, 1896

WOODHOUSE,1877 * ders.: On Our present position. A Teaching in the Assembly of the Seven Churches in London. 9th October 1877. London, 1877 (Abschrift in Masch.schr., o.O., o.J.)

WOODHOUSE,1878 * ders.: On Apostolic Visitations. A Teaching in the Assembly of the Seven Churches in London. 26th February, 1878. London, 1878 (Abschrift in Masch.schr., o.O., o.J.)

WOODHOUSE,1901 * ders.: Eine Erzählung von Begebenheiten, welche die gegenwärtige Lage und die Aussichten der gesamten Kirche Christi betreffen. durchgesehene Ausgabe nach der Übersetzung des sel. Dr. Roßteuscher vom Jahre 1886. Berlin, ^{4}1901 (vgl. WOODHOUSE,1901)

WORSFOLD,1974 Worsfold, James E.: A History of the Charismatic Movements in New Zealand. With a breviate of the Catholic Apostolic Church in Great Britain. o.O., 1974

WRIGHT,1892 * Wright, William Walter: The Holy Sealing. Walsall, 1892

WÜRTTEMB.KG,1893 Calwer Verlagsverein (Hg.): Württembergische Kirchengeschichte. Stuttgart, 1893

YEARS,1980	(ohne Angabe des Verf. [R. Charles Walmsley und G. Lancelot Standring?]) The Years of Ferment, being the story behind the building of The Catholic Apostolic Church in Albury, Surrey in 1840. Albury, 1980

v.ZEDLITZ-NEUKIRCH,1836
v.ZEDLITZ-NEUKIRCH,1837
v.ZEDLITZ-NEUKIRCH,1839

Zedlitz-Neukirch, L. Freiherr v. (Hg.): Neues Preussisches Adels-Lexikon oder genealogische und diplomatische Nachrichten von den in der preussischen Monarchie ansässigen oder zu derselben in Beziehung stehenden fürstlichen, gräflichen, freiherrlichen und adligen Häusern, mit der Angabe ihrer Abstammung, ihres Besitzthums, ihres Wappens und der aus ihnen hervorgegangenen Civil- und Militärpersonen, Helden, Gelehrten und Künstler. 5 Bde., Leipzig, 1836-1839 (I,II 1836; III,IV 1837; V 1839)

ZÖCKLER,1907	Zöckler: Art. *"Thiersch"* in: RE³, XI(1907), 684-692
Zur Erinnerung, 1960 *	Zur Erinnerung an den jüngst entschlafenen Engel und fungierenden Archidiakon des Apostels für Norddeutschland KARL SCHREY in Siegen + 3. November 1960. Siegen, 1960

Abkürzungen

(Zu den kursiv entschlüsselten Abkürzungen s. das Quellen- und Literatur-Verzeichnis.)

AAG	Alt-Apostolische Gemeinde
AAM	Allgemeine Apostolische Mission
AcaM	Allgemeine christliche apostolische Mission
Ad	Abenddienst
AdB	Adreßbuch der KaG (spätestens ab 1863)
ADB	Allgemeine Deutsche Biographie (1875-1910)
AdI	Abteilung des Innern
AEK/M	Archiv des Evangelischen Konsistoriums der Kirchenprovinz Sachsen / Magdeburg
Ä	Ältester
AG	Apostolische Gemeinde ("neue Ordnung")
a.H.	am Harz
Ak	Akoluth
AK	Allgemeine Kirche
A.K.O.	Allerhöchste Kabinetts-Ordre
ALR	Allgemeines Landrecht für die Preußischen Staaten
Anb.	Anbietung zum geistlichen Amt
Anf.	Anfang
Ap	Apostel
Apg.	Apostelgeschichte
apHA	apostolische Handauflegung
AZ	Apostolische Zending
B.A.	Bachelor of Arts
BAK/P	Bundesarchiv Koblenz / Abteilung Potsdam (früher ZSTA/P)
BE	Beauftragter Engel
Ber.	Berufung
ber.	Berufen
BEv	Bezirks-Evangelist
BLHA/P	Brandenburgisches Landes-Hauptarchiv Potsdam (ehemals StA/P)
Br.	Brief
B.ST.B.	Bayrische Staatsbibliothek (München)
D	Diakon
Darst.	Darstellung
D-Ev	Diakon-Evangelist
Dkn	Diakonissin (der KaG)
DNB	Dictionary of National Biography (1885ff)
Dtn.	Deuteronomium

d.v.U.	der vorliegenden Untersuchung
E	Engel
EA	(MGA-) Abteilung für die Evangelisch-Geistlichen Angelegenheiten
EBrit	Enzyclopaedia Britannica
EdH	Engel des Horns
eE	eingeführter Engel
EE	Erzengel
E-Ev	Engel-Evangelist
EG	Engel-"Gehilfe" (Stellvertreter des Engels)
EKL	Evangelisches Kirchen-Lexikon (1956-1959)
EKZ	Evangelische Kirchen=Zeitung (1827ff)
E.O.	Evangelischer Oberkirchenrat (Berlin)
Eph.	Epheser-Brief
E-Pr	Engel-Prophet
erw.	erweiterte
Ev	Evangelist
evang.	evangelisch
Ev.m.d.Ap.	Evangelist mit dem Apostel
Ex	Exodus
EZA	Evangelisches Zentralarchiv Berlin
EZW	Evangelische Zentralstelle für Weltanschauungsfragen (Berlin / Stuttgart)
fung.	fungierend(er)
Fußn.	Fußnote
G.S.	Gesetz=Sammlung für die Königlichen Preußischen Staaten (1806ff)
GSTA(PK)/M	Geheimes Staatsarchiv (Preußischer Kulturbesitz) / Abteilung Merseburg (früher ZSTA/M)
H	Hirte
HAZ	Hersteld Apostolische Zendingkerk
H.m.d.Ap.	Hirte mit dem Apostel
IM	(preußisches) Ministerium des Innern
i.Schl.	in Schlesien
kaB	katholisch-apostolische Bewegung
KaG	Katholisch-apostolische Gemeinden
kap	katholisch-apostolisch
Kgl.Reg.	Königliche Regierung (eines preußischen Regierungsbezirkes)
KM	Konfessionskundliche Mitteilungen für Mitarbeiter der Kirche (Hg.: Ev.-Luth. Landeskirche Sachsens, Konfessionskundliches Arbeits- und Forschungswerk [Ev. Bund])

Koadj	Koadjutor
Kons.Br.	Konsistorium der Evangelischen Kirche in Brandenburg
Kons.Pm.	Konsistorium der Evangelischen Kirche in Pommern
Kons.Pr.	Konsistorium der Evangelischen Kirche in der Provinz Preußen
Kons.S.	Konsistorium der Evangelischen Kirche in der Provinz Sachsen
Kons.Schl.	Konsistorium der Evangelischen Kirche in Schlesien
Kor.	(1./2.) Korinther-Brief
KPPr	Königliches Polizei-Präsidium (Berlin)
Lev.	Leviticus
Lhf	Laienhelfer
Lit.	Literatur
lithogr.	Lithographisch
Lit.verz.	Literaturverzeichnis
LThK	Lexikon für Theologie und Kirche (^{2}1957ff)
M.A.	Master of Arts
Masch.schr.	(Schreib-)Maschinenschrift
Md	Morgendienst
MD	Materialdienst der EZW (1938ff)
MEGA	Marx-Engels-Gesamtausgabe
MEW	Marx-Engels-Werke
MGA	(preußisches) Ministerium der Geistlichen, Unterrichts- und Medizinal-Angelegenheiten
M.P.	Member of Parliament
NaG	Neuapostolische Gemeinde
NaK	Neuapostolische Kirche
nap	neuapostolisch
NBE	Nächstbeauftragter Engel
ndt.	norddeutsche(r)
Ndt.	Norddeutschland
Ng	Nachmittagsgebete
NkZ	Neue kirchliche Zeitschrift (1890ff)
NPZ	Neue Preußische Zeitung (1848ff)
o.D.	ohne Diener (Amtsträger)
Offb.	(Buch der) Offenbarung Johannis
OKR	Oberkirchenrat
ord.	Ordiniert
Ord.	Ordination
P	Priester
pA	*"private Aufzeichnungen eines kap Gemeindegliedes"*
P-Ev	Priester-Evangelist

P-Pr	Priester-Prophet
PKZ	Protestantische Kirchen=Zeitung für das evangelische Deutschland (1854ff)
Pm.	Pommern
PM	Pastorale Mittheilungen (1863ff)
Pr	Prophet
Pr.m.d.Ap.	Prophet mit dem Apostel
Prov.Br.	Provinz Brandenburg
Prov.Pm.	Provinz Pommern
Prov.Pr.	Provinz Preußen
Prov.S.	Provinz Sachsen
Prov.Schl.	Provinz Schlesien
RE	Realenzyklopädie für protestantische Theologie und Kirche
Reg.	Register
Reg.Bez.	(preußischer) Regierungsbezirk
Rev.	Reverend
RGG	Religion in Geschichte und Gegenwart
RKM	Reichskirchenministerium
röm.-kath.	römisch-katholisch
Schl.	Schlesien
SDV	Schweizerischer Diakonieverein
Sdt.	Süddeutschland
StA/L	Staatsarchiv Leipzig
StKr	Theologische Studien und Kritiken
Sup.	Superintendent
Th.Br.	Thiersch-Briefe (an seine Frau Bertha)
Thess.	Thessalonicher-Brief
Th.Tgb.	Thiersch-Tagebücher
UD	Unterdiakon
v	nachgestelltes "v" nach Seitenangabe: Rückseite eines Aktenblattes
Vg	Vormittagsgebete
V.D.M.	Verbi Divini Minister (Diener des Wortes Gottes - ordinierter Geistlicher)
V.U.	Verfassungs-Urkunde für den Preußischen Staat (vom 31.1.1850)
Wpr.	Westpreußen
ZdZ	Zeichen der Zeit. Evangelische Monatsschrift (1946ff)

Anmerkungen

[1] (S.7 d.v.U.) Die Quellenangabe bei Zitaten, Summarien und Hinweisen erscheint in d.v.U. nicht als durchnummerierte Fußnote im Anmerkungsteil, sondern in bibliographischer Kurzform unmittelbar nach dem Zitat selbst (s. dazu das Quellen- und Literaturverzeichnis). Namen von Autoren bzw. Hauptworte der Titel werden hierbei mit Großbuchstaben geschrieben. Am Beginn jeder Anmerkung ist diejenige Seite im Haupttext vermerkt, auf die sich die Anmerkung bezieht.

[2] (S.8.) Siehe hierzu die informative Rezension von W.SCHWARZ (1877), um 1863 evang. Pfarrer in Rotterdam.

[3] (S.8.) Bis weit in das 20. Jh. hinein ist die katholisch-apostolische Bewegung (kaB) als *"Irvingianismus"* bzw. sind die Mitglieder der Katholisch-apostolischen Gemeinden (KaG) als *"Irvingianer"* bezeichnet worden (s. die Titel der älteren Literatur über die KaG). Diese Bezeichnung geht von der historisch undifferenzierten, nicht haltbaren These aus, Edward Irving (4.8.1792-8.12.1834) sei der Gründer und die prägende Gestalt der KaG gewesen (vgl. KÖHLER,1876,439; KOLDE,Essay,III). Ohne Zweifel war Irving am Anfang einer der bekanntesten Vertreter der kaB (SHAW [1972,5] nennt ihn, zutreffender, ihren *"Herold"*), doch er starb, bevor sie die charakteristische Gestalt gefunden hatte, die das eigentliche Wesen der KaG ausmacht und wirkungsgeschichtlich von Bedeutung ist. FLEGG (1992,63) schreibt: *"Clearly, he played an important role as a catalyst in bringing this body into being, though no more important a role than that of Drummond. The eventual liturgical and ecclesiological developments of the Catholic Apostolics, due especially to Cardale as well as Drummond, went far beyond anything that Irving could have envisaged."* (Zu Irving s. ROSSTEUSCHER, 1886,158ff; WILKS,1854; TARBET,1856; OLIPHANT,1862; J.DAVENPORT,1863; DNB, Irving; ROOT,1912; A.DRUMMOND,1934; WHITLEY,1953; ders.,1955; STRACHAN, 1973; BORN,1974,9-21; BRAND,1977; DALLIMORE,1983; FLEGG,1992,6.46-63.461f; KÖHLER,1876,413ff; COPINGER,1908,40f u. FLIKKEMA,1997 [Lit.].) Wer meint, Irving sei der Gründer der KaG, verkennt den Stellenwert derjenigen Männer, die - wie H.Drummond, J.B.Cardale, Th.Carlyle (s.BRASH,1904,34) und E.O.Taplin - die KaG in viel stärkerem Maße geprägt haben als Irving (s.u.). (Wenn Irving im folgenden weitgehend ausgeklammert ist, so geschieht dies lediglich im Hinblick auf die notwendige thematische Begrenzung d.v.U., bedeutet aber keineswegs die Ausblendung seiner wichtigen Rolle bei der Entwicklung der frühen kaB!)
Seitens der KaG ist die Bezeichnung *"Irvingianer"* von Anfang an mit Nachdruck zurückgewiesen worden (s. BÖHM,1850,3ff; MILLER,1878,II,395; S.282 d.v.U.). Irving selbst hat sich entschieden gegen sie verwahrt (s. NORTON,1861,131; WEBER,1977, XVI; vgl. CARDALE,1834; ROSSTEUSCHER,1886,436ff; WOODHOUSE,1901,36f; OEHNINGER,1878, 29).
In England nannten sich die unter Ap stehenden Gemeinden ab 10.1.1849 in der Öffentlichkeit *"Catholic Apostolic Church"* (BORN,1974,41. Nach FLEGG [1992,74f] ist der offizielle Name im Zusammenhang mit einer Volkszählung im Jahre 1851 mehr oder weniger zufällig zustande gekommen: *"The title 'Catholic Apostolic Church' was an accident of this census: it was not intended to be in any way representative of exclusive claims. A census clerk, enquir-*

ing about the Newman Street church, requested information from a member of the congregation regarding its denomination. On receiving the reply that members belonged not to a denomination but to the 'One, Holy, Catholic and Apostolic Church', the clerk registered the buildings as 'the Catholic Apostolic Church'...").* Die deutschen kap Gemeinden verwendeten in den ersten Jahren ihres Bestehens z.T. recht unterschiedliche Selbstbezeichnungen: *"apostolische Gemeinde"* (so Thiersch 1847 [CHRONIK Marburg,I,1]), *"Gemeinschaft der apostolischen Christen"* (Neustettin 1850 [s.S.93 d.v.U.]), *"apostolisch-katholische Gemeinden"* (Eingabe kap Amtsträger v. 8.6.1851 [S.45f d.v.U.]), *"katholisch-apostolische Gemeinden"* (C.Rothe an den preuß. Kultusminister v.Raumer v. 12.7.1851 [I/190]), *"apostolische Gemeinschaft in der evangelischen Landeskirche"* (Pennekow 1853 [S.104 d.v.U.]), *"Evangelisch-apostolische Gemeinde"* (Königsberg 1854 [S.160 d.v.U.]) oder *"allgemeine apostolische Gemeinde (zu Berlin)"* (1856 [V/158]). Spätestens ab Mitte der 50er Jahre des 19. Jh. setzten sich die Bezeichnungen *"Apostolische Gemeinden"* (s. S.277 d.v.U.; ROSSTEUSCHER,1886,III) bzw. *"katholisch-apostolische Gemeinden"* (S.282 d.v.U.) durch - letztere generell ab etwa 1880, auch in Abgrenzung zu den sich ausbreitenden "neuapostolischen" Gemeinden, die sich zunächst ebenfalls *"Apostolische Gemeinde"* nannten (ab 1907 *"Neuapostolische Gemeinde"*). Von außen wurden beide Richtungen weiterhin (auch offiziell) als *"Irvingianer"* bezeichnet. Erst zur Volkszählung im Königreich Preußen am 1.12.1900 - bei der noch immer nicht zwischen beiden Gemeinschaften unterschieden wurde - druckte man auf Beschwerden hin in die Zählkarten statt wie bisher *"Irvingianer"* nun *"Apostolische Gemeinde (Irvingianer)"* (HANDTMANN,1907,23f [vgl.Anm.102]). In der konfessionskundlichen Literatur setzte sich die Bezeichnung *"Katholisch-apostolische Gemeinden"* etwa ab Ende der 20er Jahre unseres Jh. durch.(s.Anm.12)

Den Namen der Katholisch-apostolischen Gemeinden erläutert Ludwig ALBRECHT (Anm.104) folgendermaßen (1924,22): *"Da nun die g a n z e Kirche katholisch=apostolisch ist, so ist folgerichtig auch jede e i n z e l n e c h r i s t l i c h e G e m e i n d e als ein Teil der Gesamtkirche eine katholisch=apostolische Gemeinde, mögen sich auch die Gemeinden in den verschiedenen Abteilungen der Kirche mit selbsterwählten Namen der Spaltung nennen. Wenn daher die Apostel die von ihnen gesammelten Gemeinden als 'katholisch=apostolische Gemeinden in der Einen heiligen, katholischen und apostolischen Kirche' bezeichnet haben, so soll das nicht etwa ein Sondername sein, noch wollen w i r in höherem Sinne katholisch=apostolisch sein als jede andre Gemeinde in der Kirche. Wir bezeugen vielmehr durch diesen Namen, daß wir in Glaube, Liebe und Hoffnung mit der ganzen Kirche aller Zeiten aufs engste verbunden sind."* (s. auch WOODHOUSE,1854,11f.15f; SITWELL, 1888,218f; LEITZ,1961,II,1) Wenn in d.v.U. - anders als bei HUTTEN, EDEL oder WEBER - die Schreibweise *"Katholisch-apostolische Gemeinden"* verwendet wird, so geschieht dies keinesfalls in Verkennung des oben zitierten Selbstverständnisses der Gemeinden, sondern deshalb, weil es sich hier um eine geschichtlich und soziologisch klar umrissene Körperschaft handelt, die als solche einen bestimmten (großgeschriebenen) Eigennamen trägt. Die am Nicaenum orientierte, bewusst oekumen. Bedeutung des Namens, der nicht Exklusivität, sondern die Einordnung in die Gesamtkirche zum Ausdruck bringen möchte, wird dadurch nicht beeinträchtigt.(vgl.Anm.5, 79.b) Die Abkürzung *"kap"* (= katholisch-apostolisch) wird in d.v.U. nicht im allgemeinen, sondern im speziellen Sinn (also immer auf die KaG bezogen) gebraucht. Der Begriff "katholisch-apostolische Bewegung" (kaB) bezeichnet die Anfänge der KaG (in England von 1826 bis zum 14.7.1835, in Deutschland von 1837/38 bis 1848), bezieht alle Personen ein, die sich dem Anliegen der Albury-Ap verbunden wussten (unabhängig davon, ob sie sich den KaG anschlossen oder nicht) und umfasst schließlich die Geschichte der KaG selbst.(vgl.WEBER,1977,Hauptteil A; s.S.23 d.v.U.) (REIMER [1988,18f] begrenzt den Begriff der kap *"Bewegung"* auf die Zeit bis 1901, hat dabei aber nicht die Wirkungsgeschichte des kap Anliegens im Blick, die bis in die Gegenwart reicht.) Mit *"kap Gemeinde"* ist die Einzelgemeinde, mit *"KaG"* die Gemeinschaft als ganze gemeint.

4   (S.9)   Dieses Buch ist von Karl WEINMANN (Apostel der NaK) ins Deutsche übersetzt worden (möglicherweise wegen der relativ günstigen Beurteilung, die die NaK darin erfährt [vgl.WEBER,1977,Anh.,139]) - unter dem Titel: *"Die Katholisch-Apostolische Kirche, deren Anhänger zuweilen auch Irvingianer genannt werden. Eine geschichtliche Studie"* (Hamburg?),1965 (WEINMANN hat in seiner Übersetzung die Quellenangaben weggelassen...).

5   (S.10)   HUTTEN schreibt (1984,31): *"Die katholisch-apostolischen Gemeinden wissen sich der gesamten Kirche aller Bekenntnisse zugeordnet. Der Gedanke der Einheit der Kirche, dem ihre Apostel dienen wollten, hat seine verpflichtende Geltung behalten. Sie nehmen diese Einheit der Kirche in ihre Mitverantwortung hinein. Sie verstehen ihre Liturgie nicht als eine Sonderordnung ihrer Gottesdienste, die sie von den Gottesdiensten anderer Bekenntnisse unterscheiden soll, sondern als ein Muster, das der gesamten Kirche gegeben ist, um sie über die Trennung hinweg zu verbinden. Sie verstanden auch nie ihre eigene Gemeinschaft als die exklusive Heilsgemeinde der Endzeit."* Bis zur 11. Aufl. seines Werkes (ab [12]1982 weggelassen) hatte HUTTEN diese Einschätzung noch durch den folgenden Vergleich der KaG mit der Herrnhuter Brüdergemeine ergänzt (1968,23f [vgl.1950,57]): *"So wird der Begriff 'katholisch' = allumfassend bei ihnen in seinem ursprünglichen Sinn ganz ernst genommen. Das erlaubt es auch nicht, sie als eine 'Sekte' zu bezeichnen. Will man sie einordnen, dann muß man sie etwa mit der Brüdergemeine zusammennehmen, die zwar auch eine eigene Gemeinschaft bildet, aber durch die Gemeinsamkeit der Glaubensgrundlage, die gesamtchristliche Schau und Verantwortung, die brüderliche Zusammenarbeit und die Verzahnungen der Mitgliedschaft in einer engen Verbindung mit der Kirche steht. Wie die Brüdergemeine mit ihren besonderen Gaben von der Kirche als eine Bereicherung und ein wertvolles Glied im Kreis der christlichen Gemeinschaften empfunden wird, so haben ihr auch die katholisch-apostolischen Gemeinden in der Vorbildlichkeit ihres Wandels, der wachen Ausschau nach dem wiederkommenden Herrn und der liebenden Verbundenheit mit der ganzen Kirche Christi auf Erden etwas Wichtiges zu geben."* (Bereits kurz nach der Gründung der ersten kap Gemeinde in Deutschland ist von dem Berliner Theologieprofessor A.Twesten [Anm.50.c] auf Gemeinsamkeiten zwischen beiden Gemeinschaften hingewiesen worden. So schrieb er in einem Bericht an das MAG v. 13.11.1849 über die KaG: *"In gewisser Hinsicht könnte man sie mit der Brüdergemeine vergleichen, inwiefern nämlich auch diese, bey einem verhältnißmäßig geringeren dogmatischen Interesse und dem sich in der Anerkennung verschiedener Tropen aussprechenden Indifferentismus das Hauptgewicht auf die Gemeindeverfassung legt, wodurch sie dem Ideal einer sich gänzlich der Leitung des Herrn überlassende Gemeinschaft von Brüdern nachstrebt; nur daß die sogenannten Irvingianer die Restauration der gesammten Kirche im Auge haben."* [in: XXII; s. auch Anm.79.c]) Die Neuausgabe von *"Seher, Grübler, Enthusiasten"* [12]1982 bringt das Kapitel über die KaG in einer stark überarbeiteten Fassung, die neuere Forschungsergebnisse berücksichtigt. - Eine ähnliche Beurteilung der KaG wie bei HUTTEN findet sich auch im EKL[2] (1962).

[6] (S.10) R.DAVENPORT schreibt (1974,4): *"Almost without exception it has been customary to begin with Edward Irving and to give a detailed account of his whole career, so that the impression is created that he was the foremost if not the only initiator of all that was to happen later. Not always has adequate attention been paid to the general environment of thought which provided the suitable soil for the emergence and growth of the movement; and the part played by the forceful and important figure of Henry Drummond has been relegated to the background, as also the early developments outside London, particularly those at Drummond's home, Albury Park, Surrey. An effort seems due to set the balance more even."* Und (ebd.,20): *"No-one has taken in hand the task of writing his life in full length; a pity, because he was what the subjects of many long and fulsome biographies have not been - he was a Person."* ROSSTEUSCHER (1886,102f) äußert sich ähnlich: *"Wäre überhaupt ein Einzelner als das Haupt dieser Schule* (gemeint sind die sog. Albury-Konferenzen [1826-1830] - Verf.) *zu bezeichnen, so könnte es nur Drummond sein, der sicherlich auf ihre Thätigkeit und Fortentwickelung den größten Einfluß gehabt hat."* (vgl.Anm.3; zu Drummond s.Anm.25.b)

[7] (S.10) WEBER stammt - ebenso wie R.DAVENPORT, STEVENSON und FLEGG - aus einer kap Familie. 1973 gab er Briefe von J.G.Lutz an H.Thiersch heraus. In der Einführung zu dieser Publikation schreibt WEBER (1973,199): *"Der Herausgeber dieser Briefe ... kennt die kath.-apost. Gemeinden durch elterliche Beziehungen seit seiner Jugendzeit und verdankt ihnen vieles, in geistlicher, theologischer und ökumenischer Hinsicht."* STEVENSON ist heute (1992) anglik. Geistlicher in Guildford. Auch FLEGG hat - nach eigenen Angaben - *"family connections with the Catholic Apostolics"* und ist Mitglied einer Orthod. Kirche (*"the background of the author [exists] in both the Catholic Apostolic community and the Eastern Church"*).(1992,3.7)

[8] (S.10) Die Bibliographien von EDEL (1971,347-383) und WEBER (1977,Anh.,1-131) umfassen nur einen (allerdings wesentlichen) Teil der kap Literatur. Ein annähernd vollständiges Verzeichnis gibt es bisher nicht. Die umfangreichste Zusammenstellung (COPINGER,1908) nennt über 3.000 Titel. Der größte Teil der in England erschienenen kap Literatur ist auch aufgeführt im GENERAL CATALOGUE. In der EZW liegt eine weitere Bibliographie kap Schriften vor (RUTTORF,1987).(REIMER,1988,20) Siehe auch FLIKKEMA,1997.

[9] (S.12) (Mar Seraphim) NEWMAN-NORTON (geb. 1948 in London, der bürgerliche Vorname ist dem Verf. nicht bekannt) ist offenbar kein Mitglied der Catholic Apostolic Church, hat sich aber intensiv mit ihr beschäftigt. Im Febr. 1971 wurde er zum Priester der Orthodox Metropolis of Glastonbury ord., nachdem er dort 3½ Jahre als Diakon gewirkt hatte. Eine Zeitlang diente er als Protosynkellos (Sekretär) des Holy Governing Synod seiner Kirche. Von Beruf ist er Lehrer; 1984 war er als solcher in der Gegend von Darford (Kent) tätig. 1971 schrieb er ein Buch über *"Julius, Bishop of Iona"*. Er ist/war Vorsitzender der *"Albury Society"* (gegründet vor 1974, die Geschäftsstelle befand sich in Leicester - ob diese Gesellschaft heute noch existiert, ist unklar). Zu den Veröffentlichungen der *"Albury Society"* gehören *"The Time of Silence"* und die 1974 von N.-N. hg. Schrift des Ap WOODHOUSE (1863) *"The Hamburg Schism"* sowie die von J.Pinnington und N.-N. verfaßte Schrift *"Apostolic and Conciliar Witness"* (1978). *"The Time of Silence"* enthält auf S.41 die Statuten der *"Albury Society"* - einer Gesellschaft von Menschen, die (so heißt es dort) interessiert sind *"in the history, doctrines and liturgy of the Catholic Apostolic Church"* und es sich zum Anliegen ge-

macht haben, *"to perpetuate its traditions in the modern world".* NEWMAN-NORTONs diesbezügliche Aktivitäten sind allerdings bei den kap Christen in England umstritten. Von großem Wert für die Forschung ist sein (nur in wenigen Exemplaren vorhandener) *"Biographical Index"* (NEWMAN-NORTON,1971). Dieser enthält biographische Daten von 1187 kap Amtsträgern (die umfassendste Sammlung ihrer Art!) und basiert sowohl auf Vorarbeiten von kap Gemeindegliedern aus England als auch auf einer gründlichen Auswertung der jährlichen BERICHTE der Ap aus ihren *"Stämmen".* Diese Schrift ist übrigens eine der Hauptquellen für BORN,1974.

10   (S.12) Die folgenden beiden Zitate aus dem Essay von **KOLDE** machen deutlich, mit welcher Einstellung der Autor an das behandelte Thema herangeht. Im Hinblick auf die charismatische Erweckung in Schottland (ab März 1830) schreibt er (S.58): *"Dabei versteht es sich von selbst, daß auch für den Fall, daß wir wunderbare Gebetserhörungen annehmen müßten, die Behauptung, daß sich darin eine neue besondere Ausgießung des Heiligen Geistes manifestiere, ein Hirngespinst ist, da wir eine solche nicht zu erwarten haben."* Und bezugnehmend auf den Bericht von der Berufung Cardale's zum Ap (nach ROSSTEUSCHER,1886,345ff) meint KOLDE (S.73): *"Es gibt vielleicht keine Sekte, die leichter zu widerlegen, als der Irvingianismus; man braucht nur seine Geschichte zu kennen. Mit Leuten, die auf die geschilderte Weise ihren Glauben begründen, ist auch eine Auseinandersetzung unmöglich. Sie sind keine Betrüger, aber sie sind die Opfer ihrer geistlichen Begehrlichkeit und einer ins Maßlose entwickelten Einbildungskraft, auf die weder Schrift= noch Vernunftsgründe mehr Eindruck machen, weil der Enthusiasmus sie gefangen hält."* KOLDE hat auch die falsche Behauptung weitergetragen, innerhalb der KaG seien konkrete *"Zeitpunkte ... für das Kommen des Herrn in Aussicht gestellt"* worden (RE^3,IX,433). Gerade diese Behauptung ist immer wieder von anderen Autoren ungeprüft übernommen worden (s. z.B. SCHMIDT, 1909,80). Bereits 1855 hatte sich der Ap Cardale in einem offenen Brief, mit dem er auf einige Artikel der Zeitschrift *"The Old Church Porch"* reagierte, eindeutig zu diesem Punkt geäußert: *"We say not, for God hath not revealed, that this glorious event will happen this year, or the next; we say not, that God hath given any personal assurance to any single individual, that he shall not pass through death; but with the holy apostle, and with the Church eighteen centuries ago, we wait for and expect at any moment the coming of our adorable Saviour, the resurrection of our departed fathers and brethren, and our own 'gathering together unto Him.'"* (CARDALE,1855,59, zitiert nach WEBER,1977,343; vgl. AARSBO, 1932,32f; HUTTEN,1982,30)

11   (S.12) HANDTMANNs Buch enthält zwar im Hinblick auf die KaG (S.1-8) eine Reihe unzutreffender Behauptungen, bietet aber interessantes Material zur Frühgeschichte der "neuapostolischen" Bewegung. Seine Informationen zum "Fall Geyer", besonders aber die (bisher gründlichste) Darstellung der Geschichte der AcaM bis zum Beginn des 20. Jh. (S.8-20 [erstmals in zwei Aufsätzen in der Zeitschrift *"Die Reformation"* veröffentlicht, s.HANDTMANN, 1903]), machen das Buch zu einer wertvollen Quelle für die konfessionskundliche Forschung.

12   (S.12) Auf welcher Grundlage die genannten Autoren die KaG darstellen und beurteilen, wird z.B. bei SCHMIDT deutlich: Er führt (außer den PM des Jahres 1897 und Einzelteilen der LITURGIE) ganze 2 kap Quellenschriften an (1909,198) - seine "Hauptquellen" sind dafür die Darstellungen von KOLDE...

Der Beginn einer allmählichen Trendwende in der Bewertung der KaG durch die konfessionskundliche Literatur zeichnete sich Ende der 20er Jahre ab. Ein Vergleich zwischen der 3. und der 4. Aufl. des genannten Buches von SCHEURLEN zeigt dies an: Während der Autor noch 1923³ *"Die alten Irvingianer"* auf nur 4½ S. und zusammen mit der NaK abhandelte (S.50-54; auf S.67 sind lediglich 2 kap Quellen angegeben!), räumte er ihnen 1930⁴ in einem eigenen Kapitel (*"Die Katholisch-apostolische Gemeinde"*) 11 S. in einer völlig überarbeiteten Textfassung - mit gewandeltem Urteil - ein (S.111-121; auf S.121 sind 10 Quellenschriften genannt).

13 (S.12) MEINHOLDs Verfahren, die KaG und die NaK in einem Kapitel unter der Überschrift *"Die Katholisch-apostolische und Neuapostolische Gemeinde"* zusammen abzuhandeln (eine auch von anderen Autoren geübte Darstellungsweise), ist im Hinblick auf die Unterschiede und Gegensätze zwischen beiden Gemeinschaften unsachgemäß.(s. dazu WEBER,1977,389) Abwegig ist auch die Auffassung, nach welcher der Begriff "katholisch" im Namen der KaG durch deren Berührung mit der Röm.-Kath. Kirche angenommen worden sei - eine (übrigens auch von HAACK,1929, geäußerte) These, die das Selbstverständnis der KaG völlig verkennt. M. schreibt: *"Die zweite (? - Verf.) Weltreise der Apostel von 1836/37 hatte auch eine für den Fortgang der Bewegung entscheidende Folge. Man war von dem römischen Katholizismus besonders beeindruckt worden, denn jetzt trat das 'Katholische' im Gegensatz zu den ursprünglichen Absichten immer deutlicher hervor. Man nannte sich selbst 'Katholisch-apostolische Gemeinde'."* (1962,556)

14 (S.13) JÖRG veröffentlichte seine Beiträge über den *"Irvingianismus"* zu einer Zeit, in der die Röm.-Kath. Kirche (besonders in Bayern) mit aller Schärfe gegen die Anhänger der kaB in den eigenen Reihen vorging (s.Anm.33.b, 64). Seit 1852 war J. Herausgeber der *"Historisch-politischen Blätter für das katholische Deutschland"* (1838ff). Die Ergebnisse seiner journalistischen Erkundungen über die KaG (größtenteils aus Zeitungsberichten zusammengetragen, s.1858,I,S.V) wurden 1856 zuerst dort veröffentlicht, erschienen im gleichen Jahr als Broschüre (*"Der Irvingianismus"*, München) und zwei Jahre später als umfangreicher Abschnitt in der genannten Monographie (1858,II,77-198). Dass er viele kap Aussagen offensichtlich nicht aus den Originalschriften kennt, sondern nur aus "gegnerischer" Literatur, die diese (aus dem Zusammenhang gerissen) in polemischer Absicht zitiert, gibt J. selbst zu, wenn er in Bezug auf die kap Quellen schreibt: *"Bei der Seltenheit dieser Schriften ist es erwünscht, daß uns etliche gegnerischen Arbeiten vorliegen, welche eine Reihe derselben auszugsweise benützt haben, und zwar sowohl englische als deutsche."* (ebd.,86)

15 (S.13) Im LThK² (1961) und in seiner *"Konfessionskunde"* (1966⁸) gibt ALGERMISSEN nur einen sehr knappen Überblick über die KaG (die übrigens in der *"Konfessionskunde"* zusammen mit anderen *"apostolischen Gruppen"* behandelt werden). Ausführlicher äußert er sich dagegen in seinem Buch *"Christliche Sekten und Kirche Christi"* (1925³) sowie in der Enzyklopädie *"Das Sektenwesen der Gegenwart"* (1962²). In *"Christliche Sekten und Kirche Christi"* ordnet A. die NaK mehr in die "Richtung" des Protestantismus ein, während er die KaG stärker in der (röm.-) katholischen "Linie" sieht.(1925,5) So stellt er bei letzteren vor allem die Bezugspunkte zur eigenen Kirche heraus und kommt zu dem Schluss: *"Die Katholisch=apostolische Gemeinde ist ... bis an die Schwelle der (röm.- [Verf.]) katholischen Kirche gekommen. Ihr Denken und Empfinden ist katholisch... Mögen die letzten Priester der Ka-*

tholisch= apostolischen Gemeinde ... ihren Gläubigen den Weg zeigen über jene Schwelle, vor der diese Gemeinde stehen geblieben ist, den Weg hinein zur alten Mutterkirche!" (ebd., 206f; zur Haltung der KaG der Röm.-Kath. Kirche gegenüber s.EDEL,1971,152-166)

[16] (S.13) So wird neben einer Reihe von Briefen kap Amtsträger (Haeger, Rothe, Böhm, Woodhouse) auch ein Brief des durch Geyer zum neuen Ap *"berufenen"* R.Rosochacky abgedruckt, obwohl dieser darin seine *"Berufung"* als *"Satans List"* verwirft (s.S.299ff d.v.U.). WEINMANNs Buch enthält außerdem wertvolles Bildmaterial zur Geschichte der KaG. - Zur Frühgeschichte der nap Bewegung s. auch: SALUS,1913, und CARSTENS,1928.

[17] (S.15) Folgende Themen müssen von der konfessionskundlichen Forschung noch aufgearbeitet werden: das kap Verständnis vom Prophetenamt (Anm.110), die Ausbreitungsgeschichte der KaG außerhalb Deutschlands, die Wirkungsgeschichte des kap Anliegens in neueren geistlichen Bewegungen (z.B. Schweizerischer Diakonieverein; Oekumenischer Christusdienst; Charismatische Bewegung) sowie der konfessionskundliche Vergleich zwischen den KaG und anderen - auch neuen - apostolischen Gemeinschaften.

[18] (S.20) Karl Marx z.B. schrieb 1858 in einem Artikel der *"New York Daily Tribune"* über die Situation der Preußen: *"Bei jedem ihrer Schritte, selbst bei einer einfachen Ortsveränderung, tritt die allmächtige Bürokratie in Aktion, diese zweite Vorsehung echt preußischer Herkunft. Man kann weder leben noch sterben, weder heiraten, Briefe schreiben, denken, drucken, sich Geschäften widmen, lehren oder lernen, eine Versammlung einberufen, eine Fabrik bauen, auswandern, noch überhaupt irgend etwas tun ohne 'obrigkeitliche Erlaubnis'."* (K.Marx, Die Lage in Preußen. [Übers.] in: MEW 12,1961,616)

[19] (S.21) Ein charakteristisches Beispiel ist das Verhalten des Staates im Hinblick auf die innerkirchlichen Auseinandersetzungen in Schlesien ab 1842/43. Der schles. Pfarrer A.Koeppen (Anm.48) beschrieb in Briefen an eine Schwägerin (Laura, geb. v. Bergmann, Pfarrfrau in Rujen/Livland) die Situation folgendermaßen: *"In Schlesien tritt der Zwiespalt nunmehr immer heller heraus. Ein Prediger Professor Succau in Breslau giebt seit einem Jahre eine Zeitschrift heraus 'Der Prophet'. Dies Blatt wird immer mehr das Organ der christlichen Opposition. Consistor. Hahn in Breslau hat gleichfalls seit einem Jahre ein Kirchenblatt (die Annalen mit einem wöchentlichen Anzeiger) ausgehen lassen, in welchem sich nur entschieden gläubige Theologen hören lassen. Es sind schon einige Kreise von gläubigen Predigern in diesem Blatte wider den Propheten aufgetreten ... Der Staat sieht der Zerfleischung der Kirche zu. Der König verliert dadurch immer mehr an Liebe! er will laviren! Er soll entweder sagen: ich bin nicht Landesbischof - dann soll er aber auch offen die Kirche freigeben, dass sie sich selbst reformire, oder sagen ich bin Bischof, - dann soll er aber auch etwas thun! Es ist unglaublich, wie der Staat der Sache solange zusehen kann! ... Ich habe es immer gesagt, wird der Staat nicht energisch auftreten, dann wird das Volk also auftreten in Staat und Kirche. Wir Preussen gehen unfehlbar einer Umwälzung entgegen, die Ursache dazu giebt der Staat selbst durch seine Furchtsamkeit, Halbheit, Unendschiedenheit, nichtswürdiger Humanität. Mir kommt unsere jetzige Obrigkeit vor, wie ein alt gewordener Vater, der seine grossgewordenen Söhne nicht mehr regieren kann; überall Nachgeben - aber kein Selbst handeln."* (KOEPPEN-Briefe, Br. v. 3.2.1843) *"Ich kann Dir nicht sagen, welch ein Chaos, welch ein Mischmasch jetzt die Preussische Kirche darstellt, Conferenzen über Conferenzen*

und Synoden über Synoden - aber diese alle aus eigener Machtvollkommenheit! Der Staat verbietet, droht, wir berufen uns zu 100, 200 zusammen, unter den Augen der Regierung. Der Staat hat verspielt; der hat zu lange theilnahmlos zugesehen. Nun will er eingreifen, anordnen - umsonst! will er nicht 3, 4 hundert Prediger allein in Schlesien absetzen wegen Ungehorsam gegen seine Befehle - so macht er nichts! Die Synoden in Breslau, Jauer, Görlitz, Schweidnitz, Sagan etc. Versammlungen von 100-200 Predigern haben sich als eine bedeutende Macht dem Staat gegenüber gestellt, sie verlangen eine freie Kirche und Synodal-Ordnung, wie in Rhein-Preussen, in Livland, in Baden! Kurz, die Kirche läuft dem Staate davon!" (Br. v. 14./30.11.1843) *"Die Synoden haben keinen Ersatz gehabt. überall nimmt der Staat nur* halbe *Massregeln und die verwirren in solcher Zeit mehr, als dass sie nützen. Ihre Resultate haben furchtbare Oppositionen und Acclamationen hervorgerufen."* (Br. v. 2.5./ 9.6.1845)

20.a (S.23) Zu den Anfängen der katholisch-apostolischen Bewegung s. H.DRUMMOND,1834; WOODHOUSE,1847; CARLYLE,1851; DOWGLASS,1852; TARBET,1856; NORTON, 1861; OLIPHANT,1862; BOASE,Suppl.; ROSSTEUSCHER,1871; MILLER,1878; ALBRECHT,1924; SHAW,1972; VORLESUNGEN,1954; R.DAVENPORT,1974; BORN,1974; WEBER,1977 (S.1f weitere Lit.); REIMER,1988; FLEGG,1992,33-70.(s. auch im Reg. d.v.U.)

20.b (S.23) Folgende Männer wurden als Apostel *"bezeichnet"* (appointed ist nach kath.-apost. Verständnis zutreffender als *called*; s. dazu CARLYLE,1850,46-49.57-91; DALTON,1864; CARDALE,1878,II,418f; ROSSTEUSCHER,1886,347.397!; WOODHOUSE,1901,117f; ALBRECHT,1924,8f):

(Es muss an dieser Stelle darauf hingewiesen werden, dass einige Daten in der Lit. unterschiedlich angegeben werden. Die folgenden Angaben sind am sichersten bezeugt. Kurzbiographien der einzelnen Ap s. u.a. in AARSBO,1932,269-288; R.DAVENPORT,1974, 76ff.91-96; NEWMAN-NORTON,1971, u. in WEBER,1977,Anh. [unter den einzelnen Namen]):

1. Der 29j. Rechtsanwalt (solicitor) John Bate Cardale (7.11.1802-18.7.1877, Anglikaner). Seine *"Kundmachung"* als Ap geschah erstmals am 31.10.1832 während einer häuslichen Gebetsversammlung in London durch Drummond (mit den Worten: *"'Convey it* [the Holy Ghost - Verf.], *convey It, for art thou not an Apostle?'"*, zitiert nach Emily Cardale [s.u.]); eine prophetische *"Bestätigung"* erfolgte am 7.11. d.J. durch Taplin im Hause Irvings.(so ROSSTEUSCHER,1886,346f, unter Berufung auf Woodhouse) Cardale's Schwester Emily berichtet dagegen in einem Brief v. 13.2.1872, daß die Ber. ihres Bruders (die sie persönlich miterlebt habe) am 7.11.1832 im Hause Irvings erfolgt sei - mit den oben wiedergegebenen Worten Drummonds. (SHAW [1972,75] zitiert diesen Brief aus einer Predigt von Rev. William Bramley-Moore, gehalten am 10.7.1895 in der Zentralkirche am Gordon Square in London.) Cardale war später als erstberufener Ap der *"Pfeiler der Apostel"* (primus inter pares!). Sein Auftragsgebiet (seit dem 14.6.1836 [s.u.]) war England (der *"geistliche Stamm Juda"* [s.Anm.20.c]). Außerdem waren ihm die USA und Kanada als *"Vorstadt"* (suburb of Christendom; s. dazu WOODHOUSE,1901,56) zugeordnet (so bei MILLER,1878,I,181; AARSBO,1932,270; BEYER,1932,14; SHAW,1972,110; WEBER, 1977,36. Laut BOASE,Suppl.,826, u. BORN,1974,29, gehörten diese Gebiete zum Verantwortungsbereich des Ap Woodhouse [s. Anm.25.a].).

(Zu C. s. ROSSTEUSCHER,1886,238f.243f.341ff.346-353 u.ö.; AARSBO,1932,269ff; R.DAVENPORT,1974,76-81.136 u.ö.; BORN,1974,14-28.39.73 u.ö.; WEBER,1977,Anh., 35-40; MILLER,1878,I,110ff; DNB,Cardale; SHAW,1972,72f; NEWMAN-NORTON, 1971,19f; LANCASTER,1978; STANDRING,1985,23ff.)

2. Der 46j. Bankier und Gutsbesitzer (landowner) Henry Drummond (5.12.1786-20.2.1860, Anglikaner, M.P., E der kap Gemeinde in Albury). Im Januar 1833 wurde er in einer Gebetsversammlung in London durch den berufenen Ä Dr. John Bayford (Anm.22.b) erstmals und am 25.9. d.J. in Albury durch denselben ein weiteres Mal als Ap bezeichnet. (BOASE,Suppl.,797; NORTON,1861,124ff) Drummonds Auftragsgebiet war Schottland und der protest. Teil der Schweiz *("Stamm Ruben")*.(Anm.25.b)

3. Der 47j. königliche Beamte (Royal officer [clerk in the Tower; BOASE,Suppl.,810] constable of the Tower; NEWMAN-NORTON,1971,66]) Henry John King (10.5.1785 [1787?] - 16.9.1865, Mitglied einer Independenten-Gemeinde, ab Mai 1833 Ä der kap Gemeinde in Bishopsgate [am 13.2.1849 nahm er - mit Genehmigung der Königin - den Namen King-Church an]). Am 3.4.1833 wurde er in der Ratsversammlung der kap Amtsträger in London (durch Cardale?, BOASE,Suppl.,810 [BOASE irrt allerdings im Jahr]) zum Ap ber.; ein zweites Mal durch Cardale - ebenfalls in der Ratsversammlung - am 26.12. d.J. (NEWMAN-NORTON,1971,66; nach ROSSTEUSCHER [1886,397] erfolgte Kings Ber. erstmals am 18.12.1833 durch einen Pr der Gemeinde in Bishopsgate). Das Auftragsgebiet von King (-Church) waren die Vereinigten Niederlande und Dänemark *("Gad")*.

4. Der 38j. Staatsbeamte Spencer Perceval (11.9.1795-16.9.1859, Anglikaner, Jurist, zwischen 1818 und 1832 dreimal M.P., Ä der Zentralgemeinde in London sowie in Oxford) ältester Sohn des am 11.5.1812 im House of Commons ermordeten Premierministers Spencer Perceval sen. (1762-1812, s. DNB,Perceval; SHAW,1972,80), Enkel des 2. Earl von Egmont und Schwager des englischen Innenministers S.H.Walpole (WEBER,1977, Anh.,96). Seine *"Kundmachung"* als Ap geschah am 14.12.1833 durch Taplin und am 21.12. d.J. durch Bayford.(BORN,1974,19f) Am 4.4.1834 wurde er in Irvings Gemeinde (Newman Street) ein weiteres Mal durch Taplin prophetisch als Ap bezeichnet (mit dem Ausdruck, er sei *"a captain of the Lord's hosts"*, BOASE,Suppl.,810). Percevals Auftragsgebiet war Italien *("Ascher")*.

5. Der 32j. Ire Rev. Nicholas Armstrong (25.12.1801-9.10.1879, Geistlicher der Church of Ireland in Dublin, dann anglik. Pfarrer in Dunstan-in-the-West [London], wurde aus seiner Kirche verdrängt und sammelte in London-Southwark eine kap Gemeinde, die er nach seiner Weihe am 6.1.1834 als E leitete; s. ROSSTEUSCHER,1886,293-297; AARSBO, 1932,277; BORN,1974,20ff; WEBER,1977,Anh.,16). Er wurde am 18.1.1834 in Irvings Haus (BOASE,Suppl.,810) durch Taplin als Ap bezeichnet (BORN,1974,20; nach ROSSTEUSCHER,1886,397, durch einen Pr der Gemeinde in Southwark) und ein weiteres Mal am 22.2. d.J. in der Ratsversammlung der kap Amtsträger. Sein Auftragsgebiet: Irland mit Griechenland und dem Orient *("Naphtali")*.

6. Der 29j. Rechtsanwalt (barrister of the English Bar) Francis Valentine Woodhouse (14.2.1805-3.2.1901, Anglikaner, Ä in Irvings Gemeinde). Seine Ber. erfolgte am 13.8.1834 durch Drummond (BOASE,Suppl.,810, u. BORN,1974,20; nach R.DAVENPORT [1974,93] durch Cardale), eine Bestätigung am 17.9. d.J. - beide Male in der Ratsversammlung in London.(BORN,1974,20) Woodhouse's Auftragsgebiet *("Manasse")* umfasste Sdt. (zur Abgrenzung s.u.) und Österreich.(Anm.25.a)

7. Der 51j. walisische Schriftsteller, Altsprachenlehrer und Künstler (artist) John Owen Tudor (1783/84-4.3.1861, Anglikaner, am 5.4.1833 zum Ä ber., am 14.4. ord., ab 29.12.1833 E der Gemeinde in Brighton). Erste Ber. am 18.2.1835 in der Londoner Ratsversammlung, Bestätigung während eines Gottesdienstes in London im Juni d.J. - beides durch Taplin. Auftragsgebiet: Polen mit Indien und Australien (als *"Vorstadt"*) - *"Levi"*.(s.FLIKKEMA, 1993,39)
8. Der 30j. Rev. Henry Dalton (1805-6.11.1869, gebürtiger Ire, Anglikaner, Priester in Bridgnorth, ab 31.10.1834 [NEWMAN-NORTON,1971,28] od. 26.2.1835 [BORN, 1974,22] E der Gemeinde in Birmingham). Seine Ber. als Ap erfolgte am 4.3.1835 (ebd.; nach ROSSTEUSCHER,1886,449, im Apr. d.J.) in Birmingham durch Taplin (im Beisein von Cardale). Da es schon früher eine Berufungsandeutung (intimatio) für Dalton gegeben hatte, nahm er nun als 7. (vor Tudor) seinen Platz im Ap-Kollegium ein.(BORN,1974,22f) Auftragsgebiet: Frankreich und der röm.-kath. Teil der Schweiz (*"Simeon"*).(Anm.72)
9. Der 31j. schott. Rechtsanwalt (advocate of the Scottish Bar) Thomas Carlyle (17.7.1803-28.1.1855, Presbyterianer, P in der kap Gemeinde in Edinburgh). Bezeichnung als Ap am 1.5.1835 (BORN,1974,23 [andere Quellen sprechen vom 28.4.]) in Edinburgh (im Hause des E Walter Tait) durch den Pr Taplin; eine Bestätigung erfolgte wenig später in der Londoner Ratsversammlung (Juni?). Sein Auftragsgebiet (*"Isaschar"*) war Ndt.(s.u.). (Anm.23.a)
10. Der 38j. Hauptmann und Großgrundbesitzer (squire) von Barmoor Castle/ Northumberland Francis Sitwell (1797-5.8.1864, Anglikaner, Kirchenpatron, durch seine Schwester Mary verwandt mit dem Erzbischof von Canterbury A. Campbell Tait; ab 8.3.1834 E der kap Gemeinde in Lowick). Erste Ber. am 20.5.1835 durch Taplin (während eines Gottesdienstes in Lowick), Bestätigung (kurze Zeit später) in der Londoner Ratsversammlung. Auftragsgebiete: Spanien und Portugal mit Südamerika (als *"Vorstadt"*) - *"Sebulon"*.(zu S. s. VORLESUNGEN,1954,66ff; FLIKKEMA,1993,18ff)
11. Der 35j. Rev. William Dow (10.2.1800-3.11.1855, Schotte, Presbyterianer, parish minister in Tongueland [heute Tongland - bei Kirkcudbright/Schottland], aufgrund seiner Beziehung zur kaB aus dem Amt entlassen, ab 1.6.1834 E der kap Gemeinde in Kirkcudbright). Dow wurde in Abwesenheit am 3.6.1835 in der Londoner Ratsversammlung durch Taplin berufen. Auftragsgebiet: Russland (*"Joseph"*).(zu D. s.DOW,1879,IIIf)
12. Der 50j. schott. Apothekergroßhändler (wholesale chemist) Duncan MacKenzie (1784/85-26.1.1855, Presbyterianer, ab 7.10.1834 E der kap Gemeinde in London-Islington). Seine Ber. erfolgte am Tage der Aussonderung der Ap (14.7.1835) in der Londoner Zentralgemeinde (Newman Street) durch Taplin - im Auswahlverfahren zwischen zwei Kandidaten (s.ROSSTEUSCHER,1886,463f; vgl.Apg.1,21-26). -

MacKenzie trat damit an die Stelle des schottischen Geistlichen Rev. David Dow (1797/98-16.6.1878, älterer Bruder von William D., Presbyterianer, erst parish minister in Irongray [bei Dumfries/Schottland], dann aufgrund seiner Beziehung zur KaB amtsenthoben, hatte sich im Mai 1833 selbst als Ap bezeichnet, war jedoch 5 Monate später anderen Sinnes geworden). D.Dow war am 4.6.1835 in Dumfries durch Taplin tatsächlich als (12.) Ap bezeichnet worden, wollte diese Ber. nun aber nicht mehr annehmen.

(Etwa 1840 ging er nach Südafrika, kehrte 1865/66 nach Schottland zurück, empfing 1870 mit seiner Familie die apHA, diente ab 1872 als *"überzähliger"* Ä in der kap Gemeinde in Edinburgh, wurde zum E-Amt ber., zur E-Weihe kam es aber nicht mehr.[s.

BOASE,Suppl.,816; ROSSTEUSCHER,1886,400-408.456-463; NEWMAN-NORTON, 1971,33; BORN,1974,24f; WEBER,1977,Anh.,60])
Das Auftragsgebiet von MacKenzie (der 1840 von seiner Funktion als Ap zurücktrat [s.Anm.67]) umfasste Schweden und Norwegen (*"Benjamin"*).
Das Kollegium der Albury-Ap bot soziologisch gesehen folgendes Bild: Von den 12 Männern gehörten 8 zur Church of England, drei waren Presbyterianer (Church of Scotland) und einer war Independentist; 8 stammten aus England (einer davon aus Wales), 2 aus Schottland und 2 aus Irland. Unter den 12 Ap befanden sich 3 Geistliche (2 Anglikaner und ein Presbyterianer), 3 Rechtsanwälte sowie je ein Bankier, Staatsbeamter (Jurist), königlicher Beamter, Großgrundbesitzer, Altsprachenlehrer und Apothekengroßhändler. Der jüngste Ap (Woodhouse) war bei seiner Ber. 29, der älteste (Tudor) 51 Jahre alt (Durchschnittsalter des Kollegiums: 37 Jahre). Bis auf MacKenzie gehörten alle der höheren Bildungsschicht bzw. der *"lower aristocracy"* an.(FLEGG,1992,66)
Acht der zwölf Männer wurden zuerst durch Taplin prophetisch als Ap bezeichnet, zwei weitere durch Drummond, einer durch Bayford und einer möglicherweise durch Cardale (vgl. BOASE,Suppl.,810, mit BORN,1974,17). Zur Notwendigkeit und zum Verfahren der Bestätigung der appointments schreibt ROSSTEUSCHER (1886,449): *"Die vielfältig wiederholten Worte der Propheten wurden erst ... im Koncil* (Londoner Ratsversammlung - Verf.) *geprüft, ehe die Männer anerkannt wurden und ihre Stellen* (im Ap-Kollegium - Verf.) *einnahmen."* (s. auch ebd.,397)
Thiersch (Anm.36) urteilte über die Ap in einem Brief aus Albury v. 1.8.1854: *"Ich habe nun auch die anderen Apostel als eben so köstliche, gediegene Männer kennen, persönlich kennen gelernt; so auffallend die Eigenthümlichkeit eines jeden ist, so verdienen sie doch alle neben der amtlichen auch die größte persönliche Hochschätzung."* (Th.Br.,154/2) Selbst Kritiker der KaG haben mit großem Respekt von den Albury-Ap gesprochen. So schrieb F.W.Schulze 1856 in der EKZ (Sp.497): *"Es kommt dazu, daß die Häupter des Irvingismus, soweit sie hier persönlich bekannt geworden sind, durchaus als Männer bezeichnet werden müssen, die die Noth der Zeit und die Gebrechen der Kirche wirklich auf dem Herzen tragen. Es ist ihnen heiliger Ernst mit der Sorge für ihre Seele. Viele haben keineswegs etwa in einem Momente vorübergehender Begeisterung, sondern nach ruhiger Erwägung der Umstände ihrer Sache die größten Opfer gebracht..."*

20.c (S.23) Die Aufteilung der Christenheit unter die Ap in 12 Auftragsgebiete (*"Stämme des geistlichen Israel"*, s. WOODHOUSE,1847,85; ROSSTEUSCHER,1886,481-484) geht auf ein prophetisches Wort zurück, das Drummond (!) in der 13. Versammlung des (aller 4 Wochen jeweils dienstags tagenden) *"Council of Zion"* am 14.6.1836 aussprach. (BORN,1974, 28f; vgl. MILLER,1878,I,180; WOODHOUSE,1901,55; BOASE,Suppl.,826. Andere Quellen [ROSSTEUSCHER,1886,482; ALBRECHT,1924,14] geben den 15.7.1836 an. Doch dieser Tag war weder ein Dienstag, noch fiel auf ihn die o.g. 13. Versammlung des *"Council of Zion"*. Möglicherweise spielte er aber bei der konkreten Zuordnung der Auftragsgebiete eine Rolle, da es sich bei diesem Datum um den alten kirchlichen Gedenktag *"Apostolorum divisio"* handelt.[CARLYLE,1851,13; ROSSTEUSCHER,1886,482.484; ALBRECHT,1924, 12. Zum *"Council of Zion"* s. BOASE,Suppl.,815f; BORN,1974,20.26; WEBER,1977,30-33.]) Nach BORN (1974,29) war die Aufteilung der Stämme bis zum 30.9.1836 abgeschlossen. Zu den *"Stamm"*-Bezeichnungen schreibt er (ebd.): *"Die beigegebenen Stammbezeichnungen sind erst im Verlaufe der folgenden Jahrzehnte durch Worte der Weissagung be-*

kannt, aber amtlich nicht festgelegt worden; sie befinden sich jedenfalls zusammengestellt in keiner authentischen gemeindlichen Veröffentlichung." Diese Bezeichnungen werden unterschiedlich überliefert.(s. BOASE,Suppl.,826; R.DAVENPORT,1974,110f.116; BORN,1974, 29 [vgl.CIRCULARE,1895,233f]; der Verf. folgt FLEGG,1992,70ff)
(Für die universelle Ausweitung des Auftrags der Ap hat es zwar schon 1833 prophetische Hinweise gegeben [s.Anm.21], doch es darf nicht übersehen werden, dass er der weitgereiste und seit mehr als zwei Jahrzehnten missionarisch außerordentlich aktive H.Drummond war, auf den die Aufteilung der Christenheit in Auftragsgebiete zurückgeht.[vgl.Anm.25.b] Außerdem muss berücksichtigt werden, dass eine solche "Initiative" im sendungsbewussten und expandierenden Großbritannien des 19. Jh. durchaus der Aufbruchstimmung der frühen viktorianischen Ära entsprach.)
"Sdt." umfasste alle deutschen Territorien etwa südl. der Main-Linie (Pfalz, Baden, Württemberg, Hohenzollern, Bayern), "Ndt." die übrigen deutschen Gebiete (eine genaue Abgrenzung sucht man in der kap Lit. vergebens).

21 (S.24) Die universale Dimension ihres Auftrages war den Aposteln bereits 1833, also schon zwei Jahre vor ihrer Aussonderung, prophetisch angekündigt worden. WOODHOUSE schreibt (1901,78f): *"Längst, nämlich als das Geheimnis des Leuchters* (s.u. - Verf.) *zuerst geoffenbart, und noch ehe eine der Londoner Gemeinden aufgerichtet war, wurde durch das Wort der Weissagung erklärt, daß der HErr nicht allein in England, sondern in allen Landen Scharen von Propheten, Evangelisten und Hirten haben wolle, welche unter der Leitung Seiner Apostel Seine Gnade ausspenden sollten."* Die entscheidende Passage lautet im Original: *"Thou (Jesus - Verf.) wilt again manifest Thyself in Thy Church. Thou art giving, and wilt give, apostles, prophets, evangelists, pastors, and teachers. In this land shall be a company of apostles, prophets, evangelists, pastors, and teachers: and prophets, evangelists, pastors, and teachers, wilt Thou have in other lands. And in all lands, in all the churches, Thou wilt manifest Thyself in all gifts of the Spirit, in all holy fruits of the Spirit."* (H.DRUMMOND,1834,22; den vollständigen Text der am 1.5.1833 vom Ap Cardale ausgesprochenen Weissagung über den Siebenarmigen Leuchter [*"the mystery of the candlestick"*] s. ebd.,22f; BOASE,Suppl., 797-800; SHAW,1972,85f; deutsche Übersetzung bei ROSSTEUSCHER,1886,382ff; zur Interpretation - auch im Bezug auf die Einzelgemeinde - s.CARDALE,1898/99,I,259f.313f)
Die erste der (sieben) kap Gemeinden in London (Irvings Gemeinde in der Newman Street) wurde als *"apostolische Gemeinde"* am 5.4.1833 *"aufgerichtet"*.(BORN,1974,18) Sie wurde die spätere *"Zentralgemeinde"*.(zu den Sieben Gemeinden in London s. BEYER,1930; R.DAVENPORT,1974,307ff)

22.a (S.24) Insgesamt gingen neun Ap auf die Reise, während Cardale, Armstrong und Tudor in England blieben, um die Gemeinden auf den Britischen Inseln zu betreuen und die Verbindung mit den Ausgesandten zu halten.(ROSSTEUSCHER,1886,486) -
Es gab bereits vor dem Herbst 1836 missionarische Aktivitäten der katholisch-apostolischen Bewegung außerhalb der Britischen Inseln:
Nach Nordamerika wurden ausgesandt vom 1./4.2.-16.7.1834 die Ev W.R.Caird (Anm.25.c) und George William Ryerson (1792-1882, methodist. Geistlicher aus Kanada [s. SHAW, 1972,112ff.117-120; BORN,1974,77]) und am 17.5.1836 die Ev Caird und William Hastings Cuthbert.(ebd.,20.28; vgl. BOASE,Suppl.,809; ROSSTEUSCHER,1886,441f [zu den ersten Gemeindegründungen in Kanada u. den USA s.Anm.25.a])

Ab 1834/35 wirkten Ev der kaB auch in Frankreich - zunächst der von der Insel Jersey stammende Dr. med. Collings Manger Carré ([1809-Aug.1854] Ev ab Febr. 1833, E-Weihe am 29.10.1849 in der Londoner Zentralgemeinde [Th.Br.,104/1], BE in Paris u. Ev.m.d.Ap. für Frankreich; ROSSTEUSCHER,1886,353.442; NEWMAN-NORTON,1971,21; BORN, 1974,17; WEBER,1977,Anh.,46).
Im Apr. 1836 bereisten Drummond und Taplin (Anm.22.b) Frankreich. Während ihres Besuches wurde Jean Charles Louis Duproix ([1811-1882] Franzose, Mitglied der kap Gemeinde in London-Chelsea, am 23.2.1836 zum P-Ev ord. und 5 Tage später nach Frankreich gesandt) durch Taplin zum E-Amt berufen. Am 7.8.1836 erhielt Duproix in der (Mitte d.J. von protest. Christen gegründeten) kap Gemeinde Landouzy-la-Ville durch den Ap Dalton die E-Weihe - als erster auf dem europäischen Festland.(BORN,1974,30) Die *"Aufrichtung"* der ersten kap Gemeinden in Frankreich (Landouzy, Saulsoir, Parfondeval u. Montigny - alle 1836 gegründet!) geht auf die Tätigkeit der Ev Carré und Pierre Méjanel ([1785-1856] reform. Geistlicher aus Nordfrankreich, als erster zu den *"60 evangelists to the nations"* ber. [Anm.59.b], ab 1854 Ev.m.d.Ap. für Frankreich; s. WEBER,1977,Anh.,92; ROSSTEUSCHER,1886,442; BRASH,1904,30) zurück. (AARSBO,1932,282; zur Frühgeschichte der KaG in Frankreich s. de CAUX,1899) Beide Männer waren Missionare der 1818 durch H.Drummond mitbegründeten (und von ihm finanziell unterstützten) *"Continental Society for the Diffusion of Religious Knowledge"* (auch *"Continental evangelisation society"* genannt [ROSSTEUSCHER,1886, 100]), Méjanel bereits ab 1818.(BORN,1974,8f; WEBER,1977,8 u. Anh.,49.63; vgl.Anm. 25.b) Durch diese Gesellschaft wurden übrigens auch der Däne Carl v.Bülow (der sich später den KaG anschloss) und (1823) Johann Gerhard Oncken (1800-1884), durch den die baptist. Bewegung in Deutschland Eingang fand, ausgesandt.(s. WEINMANN,1963,24-27; FLIKKEMA,1993,16f.23ff)

22.b (S.24) Edward Oliver Taplin (1800-7.4.1862) wurde in Stratford on Avon geboren. Er war von Beruf Lehrer und Vorsteher einer ihm gehörenden Schule in London-Holborn (Castle Street). Seine Spezialfächer waren Hebräisch, Griechisch, Latein und Mathematik. Obwohl er als Sohn eines anglik. Geistlichen (MILLER,1878,I,68) der Church of England angehörte, schloss er sich Irvings (presbyt.) Gemeinde an, besuchte die dortigen Gebetsversammlungen und später (ab Frühjahr 1831 [nach Beginn der charismatischen Erweckung in London, BORN,1974,14]) auch die Privatversammlungen in Irvings Haus.(R.DAVENPORT,1974,39f; ROSSTEUSCHER,1886,251, bezeichnet T. als *"ein altes Mitglied der Gemeinde"* Irvings; vgl.CIRCULARE,1895,78) Am 25.8.1831 traten (*"in the vestry of Regent Square Church"* [NEWMAN-NORTON,1971,107]) bei T. erstmals die Gaben der Prophetie und der Glossolalie hervor. In einem Abendgottesdienst der Gemeinde Irvings am 16.10. d.J. gebrauchte T. diese Gaben zum ersten Mal öffentlich (an diesen Abendgottesdiensten nahmen in der Regel mehr als 1.000 Personen teil!). Das erregte großes Aufsehen.(ROSSTEUSCHER,1886,244-253; BORN,1974,15) Als einer der ersten prophetisch Begabten gehörte T. nicht nur zu den auffälligsten, sondern bald schon zu den wichtigsten Vertretern der frühen kaB.(s. ROSSTEUSCHER,1886,265-268.346f.351; R.DAVENPORT,1974,63f) Am 20.10.1832 berief er (so BORN,1974,16) Drummond zum *"Hirten"* (pastor [H.DRUMMOND,1834,7]) der kap Christen in Albury. Diese war die erste prophetische Ber. eines kirchlichen Laien in ein geistliches Amt innerhalb der kaB. Am 26.12. d.J. gebrauchte er bei einer wiederholten Ber. die Bezeichnung *"angel"* und forderte den wenige Wochen zuvor zum Ap berufenen Cardale *"in the Spirit"* auf, Drummond zum E der (kap) Gemeinde in Albury zu ordinieren.(ebd.,8f [vgl.Anm.

25.b, 58.a]) Am 5.4.1833 wurde T. vom Ap Cardale *"zu einem Propheten der Kirche"* ordiniert.(ROSSTEUSCHER,1886,362; s. ebd.,361-366; BOASE,Suppl.,804) Nicht lange danach (spätestens 1835) erhielt er (als Pr) die E-Weihe. Als es 1834 zwischen T. und den Ap zu Meinungsverschiedenheiten über die Kompetenzen des Ap-Amtes kam, zog sich der Pr *"eine Zeitlang"* von der seit Aug. 1833 wöchentlich tagenden Ratsversammlung der kap Amtsträger zurück (bis zum Febr. 1835).(ROSSTEUSCHER,1886,449; vgl.ebd.,410f.424ff; s.u.)

T. war primus inter pares der Sieben Propheten des *"Council of Zion"* (BORN,1974,26), welche die Ap nach dem Tag der Aussonderung zu deren einjähriger Klausur nach Albury begleiteten, um die *"Lehrzeit"* der Ap durch prophetische Auslegung der Heiligen Schrift zu unterstützen.

Zu diesen Sieben Propheten (die im Range von E-Pr standen) gehörten außer Taplin:

Dr. John Bayford (1773-12.1.1844, Anglikaner, kirchlicher Richter [proctor], Stellvertreter des *"Pfeilers der Propheten"* [dazu s.u.]; NEWMAN-NORTON,1971,8f; BORN,1974,37; WEBER,1977,Anh., 20)

John Bligh (+ 16.4.1862, Kongregationalist, Kupferschmied; ROSSTEUSCHER,1886,390; NEWMAN-NORTON,1971,11; BORN, 1974,56f)

William Henry Martin (1815? - 16.11.1853, Handelskaufmann; ebd.,46)

Jonathan Smith (+ 1864?, Baptist, Bäcker; Anm.28.a)

John Hester (1806? - 28.9.1879, Baptist, Butler; NEWMAN-NORTON, 1971,56; BORN,1974,75)

Robert Horsnail (1793-1838, Quäker, Landwirt; ROSSTEUSCHER,1886,387; NEWMAN-NORTON,1971,60; BORN,1974,34)

(Am 31.8.1835 wurden Bayford, am 28.11.1836 Smith und am 21.2.1837 die vier übrigen Pr als E-Pr in der AK - als unmittelbare Mitarbeiter der Ap - geweiht [NEWMAN-NORTON,1971,9; BORN,1974,33]. Zur Ap-Klausur in Albury s. CARLYLE,1851,12f; BOASE,Suppl.,819; ROSSTEUSCHER,1886,449f.469-480.)

Spätestens ab Jan. 1836 (BORN,1974,28.33) war Taplin als *"Pfeiler* (pillar) *der Propheten"* der Träger des höchsten Pr-Amtes innerhalb der KaG und damit zugleich Ratgeber für die übrigen Pr.(s.CIRCULARE,1895,80) Nach der Aufteilung der Ap-Auftragsgebiete diente er außerdem als Pr.m.d.Ap. für England. Am 31.5.1847 empfing er - als einer der ersten innerhalb der KaG - die apHA durch den Ap Cardale.(Anm.40)

T. war verheiratet mit Sarah J. Taplin (geb. 1809 in Birmingham). Das Ehepaar wohnte in Albury (im Vale Cottage). Der Pr starb am 7.4.1862, 61j., in Gomshall/Surrey (laut kirchlichem Sterberegister *"died at hs. Duties* [;] *Ho: in Shere"*). Er wurde am 12.4.1862 in Albury beigesetzt.

Durch T. wurden viele einflussreiche Amtsträger der KaG in ihre Ämter ber. (darunter zwei Drittel der Ap sowie der erste Koadj [Anm.28.c]). Wichtige prophetische Aussagen, die die innere Entwicklung und die Ausprägung der KaG entscheidend beeinflusst haben (wie z.B. die Wiederbelebung der Bezeichnung *"Engel"* für den Gemeindebischof [s.o.] oder die Initiierung der apHA [Anm.40]), kamen aus seinem Munde.(s.CIRCULARE,1895,79!) Die Bedeutung Taplins für die Gestaltung der KaG kann von daher nicht hoch genug eingeschätzt werden. Woodhouse sagte in einem Nachruf über ihn: *"Er darf den größten ruhmreichsten Gottesmännern, die je auf Erden in dem Namen des allmächtigen Gottes und getrieben durch den Heiligen Geist zu ihren Mitmenschen gesprochen haben, gleich gestellt werden. Er steht als ein Muster des Propheten in der christlichen Haushaltung da; denn wir wissen von Keinem in den ersten Zeiten der Kirche, in welchem die prophetische Gabe in diesem Maße als Zweig des vierfachen Amtes ans Licht kam. Seine Stelle ist leer. Er hat keinen Nachfolger auf Erden, ebenso wie jene treuen Apostel, welche entschlafen sind, keine Nachfolger hinterlassen haben."* (ebd., [78-]81; AARSBO,1932,140-145) Thiersch schrieb nach seiner ersten Begegnung mit dem Pr (1849): *"Herr Taplin ist ein außerordentlich einfacher Mann ohne allen falschen Pathos."* (s.S.273 d.v.U.) Und J.E.G.Lutz (Anm.29-33.a) berichtet von seinem ersten Besuch in Albury im Jahre 1857 (SCHOLLER,1891,143f): *"'Am Tage nach meiner Ankunft sagte Mr. Drummond: 'Jetzt wollen wir in die Kirche gehen, zuvor aber noch bei dem Propheten (Taplin? [Anm. von Scholler - Verf.]) vorsprechen. Ich erschrak darob. Ich dachte an die Propheten des alten Bundes, die zu den Einzelnen redeten: 'So spricht der Herr.' Ich dachte an meine Vergangenheit, meine Versäumnisse u.s.w. Wir kamen an ein Haus, neben dem ein Garten lag, in welchem ein einfacher Mann beschäftigt war. Mr. Drummond sagte: 'Dies ist der Prophet.' Derselbe ging freundlich auf mich zu, grüßte mich und drückte seine Freude aus, daß ich soweit vom Bayerland gekommen sei, Gottes Werk und die Gemeinden völlig kennen zu lernen. Er ging mit uns in die Kirche. Ich war nun sehr gespannt auf den Propheten. Ich dachte, ich will sehen, was kommt. Nach der Lesung der heil. Schrift bemerkte ich, daß eine Kraft über ihn komme. Es kam mir vor, als ob sein Gesicht bleich würde, nicht von Schrecken, sondern von der Kraft des Herrn. Es wurden durch ihn Worte des Heiligen Geistes über die Lesung gesprochen. Caird saß neben mir und sagte mir leise die Worte auf Deutsch in's Ohr. Ich mußte staunen über die Fülle von Licht, die über diesen Abschnitt der heil. Schrift verbreitet wurde.'"*

Das Verhältnis zwischen T. (bzw. den Pr) und den Ap war mehrere Male durch z.T. erhebliche Differenzen getrübt. So hatten es z.B. während der Krise des Jahres 1840, in der vor allem die Kompetenzen des Pr-Amtes umstritten waren (vgl.S.26 d.v.U.), die Ap für notwendig erachtet, vorläufig *"von prophetischen Worten überhaupt keinen Gebrauch (zu) machen"*, bis die Krise überwunden sei.(WOODHOUSE,1901,83 [vgl.Anm.110]) Dieser Zustand dauerte bis 1842 an. Danach nahm *"das prophetische Amt eine untergeordnete, obwohl eine viel bedeutendere Stelle im Werke des HErrn ein"*.(CIRCULARE,1895,76) Im Zusammenhang mit einer Erwiderung auf die Behauptung Geyers, T. habe prophetisch die Wiederbesetzung der verwaisten Apostelstellen angekündigt (Anm.116), sei deshalb von den Ap suspendiert worden und darüber aus Gram gestorben, äußerte WOODHOUSE (1863,11): *"Herr Taplin war nicht suspendirt noch irgend einer Rüge verfallen zur Zeit seines Hinscheidens noch irgend jemals während der letzten zwanzig Jahre. Am Tage seines Abscheidens hat er sich dankbar gegen die Apostel ausgesprochen für all ihr Verfahren mit ihm; räumte ein, daß er sich mitunter verletzt gefühlt hatte durch die Weise, wie sie die durch ihn gesprochenen Worte behandelten; aber er habe allemal späterhin Ursache gehabt, einzusehen, daß das Verfahren der Apostel ganz richtig gewesen sei."*

Stellvertreter (coadjutor) des *"Pfeilers der Propheten"* waren Bayford (bis + 12.1.1844) und James Filgate Prentice (1813-3.1.1881; BORN,1974,76). Taplins Nachfolger als fung. *"Pfeiler"* der Pr (acting pillar [als "eigentliche" *"Pfeiler"* der vier Amtsklassen galten nur die vier zuerst in dieses Amt eingesetzten Männer; ROSSTEUSCHER,1886,421; WOODHOUSE, 1901,45f; WEBER,1977,31f]) und Pr.m.d.Ap. für England waren Prentice, George Vowles (1819-22.11.1890) und Charles Hammond (23.9.1840-10.7.1922; BORN,1974,105). Zu T. s. ferner: Die *"Times"* v. 12.4.1862; R.DAVENPORT,1974,148ff; WEBER,1977,Anh.,108ff (Taplins Schriften [s. dazu FLEGG,1992,18]).

23.a (S.24) Thomas Carlyle wurde am 17.7.1803 in King's Grange (22 km südwestl. von Dumfries in Südwestschottland) geboren. Er entstammte einem alten schott. Adelsgeschlecht. Sein Vater war der Gutsbesitzer William C., seine Mutter Margaret Heriot, Witwe von William McMurdo aus Savanna (Georgia). (Der spätere Ap C. ist nicht zu verwechseln mit dem Historiker, Philosophen u. Schriftsteller gleichen Namens [1795-1881], dessen Verhältnis zum Erstgenannten ein ziemlich distanziertes war [*"There is in fact nothing common to us but the name, and the general descent from Adam."*, {T.Carlyle, Phil., an Llandough, v. 7.7.1843, in: Staatsbibliothek Berlin, Darmstädter Autographensammlung, Nachlass Decker, 2e 1845/2}].
S. auch GRAHAM,1881; BRASH,1904,1-6; KRÄMER,1966,24.27.29f u.ö.)
C. besuchte dieselbe Schule wie sein späterer Freund Irving (Adam Hope's School [Academy] in Annan), kam dann auf die Akademie in Dumfries und absolvierte schließlich ein Jurastudium an der Universität in Edinburgh. 1824 wurde er dort als Advocat in das schott. Rechtsanwaltskollegium (Scottish Bar) aufgenommen. Im Okt. d.J. fiel ihm - nach dem Tode seines Verwandten John C. aus Torthorwald - der Titel *"Baron Carlyle of Torthorwald"* zu, von welchem er jedoch keinen Gebrauch machte. Dieser Titel war 1470/71 vom schott. König James III. verliehen worden, ruhte aber seit 1579.(CARLISLE,1822,140f; DNB,Carlyle; BRASH,1904,3; NEWMAN-NORTON,1971,21; WEBER,1977,Anh.,41) Am 7.9.1826 heiratete C. Frances Wallace Laurie (1807-22.2.1874), eine Tochter des Rev. Archibald Laurie D.D. aus Loudoun (heute Stadtteil von Ayr/Südwestschottland). (Frances' jüngere Schwester Henrietta wurde 1842 die Frau des Ap Woodhouse.) C. gehörte möglicherweise zu den Teilnehmern der *"Albury-Konferenzen"*.(s. dazu WEBER,1977,14 [anders FLEGG,1992,36f])
1830 übernahm er die Verteidigung in dem spektakulären Verfahren gegen den schott. Geistlichen John McLeod Campbell (+ 1872) aus Row bei Dumbarton (westl. von Glasgow), der sich vor einem kirchlichen Gericht für seine der strengen calvinistischen Prädestinationslehre widersprechende theologische Haltung verantworten musste und schließlich 1831 durch die General Assembly der Church of Scotland seines Amtes enthoben wurde.(BRASH,1904; ROSSTEUSCHER,1886,128-158) C., der über eine beträchtliche theologische Bildung verfügte und von dieser auch publizistisch Gebrauch machte (s.WEBER,1977,Anh.,42f), kam durch sein Eintreten für Campbell mit der schott. charismatischen Erweckungsbewegung (ROSSTEUSCHER,1886,191-232) und mit Irving in Berührung.(s. dazu OLIPHANT,o.J., 315; BRASH,1904,26f.34) Er schloss sich in Edinburgh der presbyt. Gemeinde an der College Church an, deren Pfarrer Rev. Dr. Walter Tait (+ 22.2.1841) war. Tait wurde aufgrund seines Eintretens für die charismatische Bewegung durch die Generalsynode der Church of Scotland am 2.8.1833 seines Amtes enthoben. Er löste sich, zusammen mit der Mehrzahl seiner Gemeindeglieder, von seiner Kirche und gründete die erste kap Gemeinde in Schottland. Ab 21.3.1834 leitete er diese als Engel.(s. BOASE,Suppl.,809f; ROSSTEUSCHER,1886,398-407; NEWMAN-NORTON,1971,106; BORN,1974,20) Während der durch David Dow verursachten Wirren in der jungen Edinburgher Gemeinde (1833/34) suchte C. die Verbindung mit den Ap in London und trug dadurch zur Klärung der Verhältnisse bei.(s. dazu OLIPHANT,o.J.,405ff) Am 20.4.1833 war C. in Irvings Gemeinde als einer der Sieben Diakone (Anm.54.d) eingesetzt worden.(NEWMAN-NORTON,1971,21) Wenig später diente er als Ev und *"Gehilfe"* des Ä in der Edinburgher Gemeinde (so BORN,1974,23; laut Th.Br.,150/2 war er Ä).
Am 1.5.1835 wurde C. in Taits Haus durch Taplin als Ap *"kundgemacht"*.(Anm.20.b.9) Nach diesem Ereignis gab er seine Anwaltspraxis in Edinburgh auf (BRASH,1904,33) und siedelte

mit seiner Frau nach Albury über, um sich ganz den apostolischen Aufgaben widmen zu können.(vgl.CARLYLE,1851,10ff) Im Jahre 1836 unternahm er verschiedene Visitationsreisen zu kap Gemeinden in England.(Einzelheiten bei NEWMAN-NORTON,1971,21) Im selben Jahr wurde ihm Ndt. als Auftragsgebiet zugewiesen. 1852 übernahm er zusätzlich Polen (anstelle des Ap Tudor [ebd.]), 1854 wirkte er auch in Norwegen und Schweden (Anm.66). Wann C. als Ap Ndt. zum ersten Mal besucht hat, ist nicht genau bekannt. Nach Hermann DALTON (1878,393) war es im Jahre 1836: "*Die beiden Irvingianer, der 'Apostel für Deutschland,' C a r l i s l e, und der 'Evangelist' B a r c l a y waren bereits 1836 nach Berlin gekommen, für ihre Ansichten Anhänger zu gewinnen.*" NEWMAN-NORTON (1971,21) schreibt dagegen: C. "*visited Germany - Summer 1837, and returned in Septr. with his family*" (im Herbst d.J. begleitet durch den E-Ev J.J.Morewood [Moorwood?]; ebd.,79). Auch nach BORN (1974,33) hat C. Deutschland erstmals im Sommer 1837 besucht, und zwar in Begleitung des apostolischen Mitarbeiters A.C.Barclay (s.u.) und der beiden (zu den "*60 evangelists to the nations*" [Anm.59.b] gehörenden) E-Ev F.Chapman und Morewood. BRASH (1904,35) erwähnt Aufenthalte des Ap Carlyle in Deutschland in den Jahren 1838 und 1843. Krämer (1966,24) zitiert aus einem Brief der Frau des Schriftstellers Carlyle an ihren Gatten v. 30.8.1838, in welchem sie diesen u.a. über eingegangene Post informierte und dabei mitteilte: "*...and one* (letter - Verf.) *from your namesake, wanting letters to 'Germany, with which he wants to acquaint himself' - or rather, in the language of truth, where he is going as a missionary (so Dr. Marshall tells me). I answered it politely.*" (zitiert nach FROUDE,1883, I,101f) - Der Ap C. verfügte über eine hervorragende Kenntnis der deutschen Sprache.(BRASH,1904,34f)

Carlyle's Schriften sind aufgeführt u.a. in: COPINGER,1908,12; KRÄMER,1966,119f; WEBER,1977,Anh.,40-46. Ein Notizbuch Carlyle's aus dem Jahre 1847 (es enthält Stichpunkte zur Auslegung biblischer Bücher) befindet sich in der B.ST.B., H.Thierschiana II,139; ebenso einige Briefe an Thiersch sowie von C. handgeschriebene Berufungsurkunden (ebd.,149). C. hat auch ein Tagebuch geführt (Th.Tgb.,25.8.1858), über dessen Verbleib leider nichts bekannt ist.

Zu C. s. CARLISLE,1822,139ff; CAMPBELL,1877,I,77.103.115; GRAHAM,1881; DNB, Carlyle; BRASH,1904; AARSBO,1932,283ff; KRÄMER,1966; NEWMAN-NORTON,1971, 21; WEBER,1977,Anh.,40ff; s. auch S.53-56 und im Reg. der vorliegenden Untersuchung.

23.b (S.24) Laut NEWMAN-NORTON (1971,7) und BORN (1974,33) wurde Carlyle 1837 von Captain <u>Archibald Campbell Barclay</u> (nicht zu verwechseln mit John B. [s.u.]) nach Deutschland begleitet. B. (1804-25.6.1860) diente innerhalb der KaG zunächst als Ev (ord. am 13.4.1833), dann als E in Birmingham (E-Weihe am 7./15.7.1835), wurde am 28.8.1835 zum besonderen Mitarbeiter der Ap ber. (als "*apostolischer Evangelist*" ? [ebd.]) und gehörte zu den ersten drei kap Amtsträgern, die zum Amt eines EE (für den Dienst sowohl in einer Einzelgemeinde als auch [übergemeindlich] in der "*Allgemeinen Kirche*" / universal church) eingesegnet wurden (am 11.2.1839 [Anm.77.b]). B. war auch Ev.m.d.Ap. für Irland.(s. ROSSTEUSCHER,1886,460; NEWMAN-NORTON,1971,6f; BORN,1974,34f.54)

23.c (S.24) <u>John Barclay</u>, der spätere Ev.m.d.Ap. für Ndt., wurde 1782 geboren und war von Beruf Kapitän der Royal Navy. Er gehörte zu denen, die sich während des Verfahrens gegen J.M.Campbell (1830, s.o.) für diesen einsetzten.(BRASH,1904,15ff) Damals wohnte B. in Edinburgh. Hier schloß er sich der kaB an und diente (wie Carlyle) bald als Ä in der Gemeinde des E Tait. Am 1.7.1835 empfing er in Barmoor durch den Ap Cardale die E-Weihe und wurde Nachfolger des am 20.5. d.J. zum Ap berufenen Sitwell im Amt des E der Gemeinde in Lowick.(ROSSTEUSCHER,1886,460) Im gleichen Jahr wurde er als E-Ev den *"60 evangelists to the nations"* zugeordnet. 1839 verließ er Lowick, da er inzwischen als Mitarbeiter der Ap erwählt worden war. Bald darauf wurde er als Ev.m.d.Ap. für Ndt. eingesetzt, wo er wahrscheinlich schon ab 1843/44 wirkte (ab ca. 1845 gemeinsam mit Böhm [Anm.28.c]). Im Rahmen seiner evangelistischen Arbeit (deren Schwerpunkt vor allem in Berlin lag) besuchte B. 1847/48 auch pietistische Adlige in der Gegend um Trieglaff/Pm.(IV/1; vgl.Anm.85!) Seine Berliner Mietwohnung befand sich am Ascanischen Platz 4.(WOHNUNGSANZEIGER,1851) Barclays letzter Aufenthalt in Berlin (und damit in Ndt.) endete am 2.8.1851.(pA) Er verbrachte seinen Lebensabend in Albury, wo er 74j. am 18.1.1859 starb und 6 Tage später beigesetzt wurde. Thiersch, der freundschaftlich mit B. verbunden war, charakterisierte den Ev in einem Brief v. 15.4.1848 folgendermaßen: *"Der alte* Capitain, *von mittlerer Statur, schwarzgrauem Haar, feinen Zügen ist ein höchst einfacher, gerader, gastfreier Mann."* (Th.Br.,88/3) B. hatte großen Anteil an der Sammlung und Pflege kap Gemeinden in Preußen - so sind u.a. die beiden evang. Pfarrer Rothe und Koeppen (Anm.47, 48) durch ihn für die kaB gewonnen worden.(pA) Barclays Nachfolger im Amt des Ev.m.d.Ap. für Ndt. wurde Böhm.(NEWMAN-NORTON,1971,7; BORN,1974,51f; s.S.48 d.v.U.) Eine handschriftliche autobiographische Skizze Barclays (*"A Sketch of my Life"*) befindet sich im Münchener Stadtarchiv (EDEL,1971,377).

24 (S.24) Die im Sommer 1837 in der EKZ erschienene Artikelserie trug die Überschrift: *"Aktenstücke über die auf den Irvingismus sich beziehenden Vorfälle in der theologischen Schule zu Genf".*(Sp.425-430.433-440.481-496) Die ausführlichen Artikel gewähren einen interessanten Einblick in die Wirksamkeit kap Ev unter Angehörigen der Ecole de Theologie und beschreiben detailliert die Gegenschritte der Schulleitung: Bereits 1835 waren Amtsträger der KaG nach Genf gekommen und hatten Kontakte mit Prof. Samuel Preiswerk (1799-1871, V.D.M.) geknüpft und *"die bei ihm befindlichen Studirenden"* besucht.(ebd.,425) Im Sommer 1836 kamen der Ap *"D..."* (ebd.,485; Drummond [Anm.25.b]) und der Ev Carré (Anm.22.a) in die Schweizer Metropole. Carré, der sich mindestens bis 1837 dort aufhielt, mietete ein Haus (in das auch P. einzog [EKZ,1837,482]) und begann dort im Dez. 1836 mit regelmäßigen Versammlungen für Personen, die an der kaB interessiert waren. Zu den Studenten, die an den Versammlungen teilnahmen, gehörten *"mehrere Deutsche".*(ebd.,427) Am 23.3.1837 wurden die Studenten *"Z. (ein Elsasser)"*, *"W."* (möglicherweise der spätere Baseler Realschullehrer Dr. Ludwig Alphons Woringer sen., später E-Ev, + 1867/68 [vgl.WEBER,1973, 203,Anm.7]) und *"L."* im Anschluss an eine Disziplinar-Verhandlung exmatrikuliert.(EKZ, 1837,427f.495f) P. war bereits am 17.2. d.J. entlassen worden. Er fand eine Anstellung als Pfarrer einer reform. Gemeinde in Basel. In einem Schreiben an den Vorsteher seiner Kirche v. 17.10. d.J. (abgedruckt ebd.,751f) distanzierte er sich von der KaB. Er schrieb u.a.: *"Ich kann es ... nur bedauern, daß die Evangelische Gesellschaft von Genf* (gegründet 1831 - Verf.) *einseitige und übel zusammengereihte Bruchstücke als Auszüge des Protokolls ihrer Sitzungen unter dem Namen von Aktenstücken öffentlich bekannt gemacht hat ..., und ich zweifle nicht, daß sie selbst, bei der christlichen Freundschaft, die sie nie aufgehört hat mir zu bezeigen, das Unpassende ihres allzuschnellen Verfahrens fühlen wird...*
Um so mehr aber ist es mir unangenehm, daß meine persönlichen Erlebnisse Gegenstand öffentlicher Besprechung geworden sind, als das Endergebniß meiner näheren Berührungen

mit dem sogenannten Irvingschen Kirchensysteme ein entschieden negatives ist, und ich, wie ich nie zu demselben übertrat, auch weit entfernt bin, zu demselben zu treten." (vgl.ROSSTEUSCHER,1886,157) (1837 hat auch CARRÉ den vollständigen Schriftwechsel der Leitung der Ecole de Theologie und mit P. veröffentlicht [s. das Lit.verz.; vgl.EKZ,1837,486-495].) P. hatte jedoch in späteren Jahren Kontakt zu Thiersch und auch zu den KaG: So bat Thiersch z.B. am 21.6.1846 brieflich seine Frau Bertha, das für die Anfänge der KaB so wichtige, 1827 von Irving übersetzte Buch von Emanuel Lacunza (Pseudonym: Juan Josaphat Ben-Ezra) *"The Coming of Messiah in Glory and Majesty"* (*"La Venida del Messias en Glorie y Majestad"* s. dazu VORLESUNGEN,1954,14; vgl.WEBER,1977,9f) bei P. in Empfang zu nehmen und mitzubringen.(Th.Br.,73/3) Am 12.6.1856 nahm P. mit E.L.Geering an einem Vortrag von Thiersch teil.(Th.Tgb.,12.6.1856, vgl. ebd.,15.1.1857, 2.9.1860; WIGAND,1888, 44) P. ist auch als Dichter christlicher Liedtexte bekannt geworden.
Eine kap Gemeinde in Genf entstand erst 1856.

25.a (S.24) <u>Francis Valentine Woodhouse</u> (14.2.1805-3.2.1901) war höchstwahrscheinlich ein Sohn des anglik. Geistlichen J.C. Woodhouse, Dean von Lichfield, der durch ein Buch über die Apokalypse bekannt geworden ist.(so MILLER,1878,I,167; SHAW,1972,81; R.DAVENPORT,1974,93; WEBER,1977,Anh.,126; STANDRING,1985,91; FLEGG,1992,65; - nach NEWMAN-NORTON,1971,122, war W. der sechste Sohn des Besitzers des White Hart Hotel in Bath, Richard Woodhouse [+ 1833]; s. dazu WEBER,1977,Anh.,126) W. studierte in Oxford am Eton College und am Exeter College Jura (B.A. 1826, M.A. 1829), wurde 1829 als Rechtsanwalt (barrister) im Inner Tempel in London aufgenommen und Mitglied des English Bar. Der spätere Ap arbeitete zwar nur wenige Jahre als Rechtsanwalt, blieb aber bis zu seinem Tode Mitglied seines Berufskollegiums. Bei SHAW (1972,81) heißt es dazu: *"... at the time of his death he was the Father of the British Bar, having been a lawyer seventy-two years. His name, however was practically unknown as a barrister except that it appears in the Law List."* W. heiratete im Febr. 1842 Henrietta Liston Laurie (1809-3.4.1873), Tochter des Rev. Dr. Archibald Laurie und jüngere Schwester der Frau des Ap Carlyle (Anm.23.a). Obgleich anglik. Herkunft, hielt sich W. zur Gemeinde Irvings und gehörte zu jenen jungen Männern, die *"auf die Straßen und Plätze von London hinausgingen und kühnen Mutes den Fall Babels und die nahe Zukunft des HErrn verkündigten, sowie Gottes unendliche Liebe und Erbarmung gegen alle, die sich von ihren Sünden bekehren und den Namen des HErrn anrufen würden"* (WOODHOUSE,1901,[3]9; vgl.AARSBO,1932,279). Er wurde UD, D und am 14.4.1833 durch Cardale zum Ä (nach NEWMAN-NORTON,1971,122 als *"Help"*) ordiniert. (W. diente nie im E-Amt.) Am 13.8.1834 erhielt der 29j. W. in der Londoner Ratsversammlung (wahrscheinlich durch Drummond) als 6. die prophetische Ber. zum Ap-Amt. (W. war der jüngste unter den Albury-Aposteln.) Nach einer erneuten Ber. (Bestätigung) nahm er am 17.9. d.J. im Konzil seinen Platz unter den Ap ein. Anf. Dez. d.J. reiste W. nach Glasgow, um dem im Sterben liegenden Irving menschlich und geistlich beizustehen. (ROSSTEUSCHER,1886,434-439; BORN,1974,21) Nach Irvings Tod am 8.12.1834 (SHAW, 1972,55) sorgte W. für dessen Witwe (R.DAVENPORT,1974,93). W. unternahm mehrere Visitationsreisen zu kap Gemeinden in England und Schottland.(ROSSTEUSCHER,1886, 447; WEBER,1977,Anh.,127) 1836 erhielt er als Auftragsgebiet Sdt. und Österreich, wo jedoch eine Verbreitung der Botschaft der kaB durch die geltenden Religionsgesetze sehr erschwert war (s.Anm.32, 33, 64). Aufgrund dieser Tatsache unterstützte W. zunächst den Ap Cardale in dessen Auftragsgebiet Nordamerika. BORN (1974,89) zufolge reiste W. zwischen

1836 und 1857 achtmal dorthin (laut SHAW [1972,131f] siebenmal): 1836/37 (für ein volles Jahr [Dez. 1836 Gründung der ersten kap Gemeinde im kanad. Kingston/Ontario u. am 14.1.1837 einer weiteren in Toronto, BORN,1974,28.32]), 1839, 1840 (WOODHOUSE,1901, 82), 1844, 1846, 1848 (25.4. d.J. erste apHA auf dem amerik. Kontinent in Kingston), 1850-1851 u. im Sommer 1857.(SHAW,1972,81.136) Am 1.12.1850 konnte in der 1849 gegründeten Gemeinde in New York die erste Eucharistie gefeiert werden.(BORN,1974,43; AARSBO, 1932,279) Die erste kap Gemeinde in den USA war bereits etwa 1846 in Potsdam/Bundesstaat New York gegründet worden.(SHAW,1972,145; BORN,1974,83) Ab 1860 wurden die amerik. Gemeinden vom Ap Armstrong besucht.(s.NEWMAN-NORTON,1971,4. Ob W. eine für Frühjahr 1860 geplante Amerika-Reise [Th.Br.,242/2] selbst durchgeführt hat, ist nicht bekannt.) (Einzelheiten zur Geschichte der KaG in Kanada u. den USA s. bei ANDREWS,1856 u. bei SHAW,1972,110-151. 1901 gab es in Kanada 12 u. in den USA 29 kap Gemeinden. [BORN,1974,88])

Nach WEINMANN (1963,31) hielten sich W. und Carlyle im Winter 1846/47 in Berlin auf. Im Jan. 1847 und vom 13.-19.2.1850 waren sie bei Thiersch in Marburg zu Gast. (CHRONIK Marburg,I,4.14) Am 10.7.1852 besuchten W., Caird und der E der kap Gemeinde in Edinburgh W.F.Pitcairn (+ 1891) den röm.-kath. Dekan Lutz in Oberroth (Sdt.).(WEBER, 1973,214f.206; s.Anm.33.a) Nach dem Tode der Ap Carlyle und Dow im Jahre 1855 übernahm W. deren Auftragsgebiete Ndt. und Russland. 1856 konnte in Ulm die erste kap Gemeinde in Sdt. *"aufgerichtet"* werden.(s.Anm.64) 1871 gründete er eine Gemeinde in Petersburg (s.Anm.69.a), ein Jahr später eine Gemeinde in Wien (s.Anm.97). 1871 besuchte W. erstmals Rom, 1873 ein letztes Mal Italien und Russland. (WEBER,1977,Anh.,127) Nach 1874 unternahm er keine Reisen außerhalb Englands mehr; die apostolischen Dienste in den Auftragsgebieten wurden nun ganz von den Koadj übernommen. Nach dem Tode von Armstrong (1879) oblag ihm als dem letzten Ap die Fürsorge über alle *"Stämme"* - 21 Jahre lang. Bis 1891 konnte er noch *"die besondern apostolischen Dienste in Albury und London ausführen"* (AARSBO,1932,280), die er von da an ebenfalls den Koadj übertrug. Ab 4.3.1897 war es W. aufgrund der Abnahme seiner körperlichen Kräfte nicht mehr möglich, den apostolischen Segen am Ende der Eucharistiefeier selbst zu sprechen. Ein letztes Mal konsekrierte er am 6.6.1900 (Pfingstmontag) das Chrisma für die apHA und die Ordinationen.(STANDRING, 1985,91) Knapp zwei Monate später (am 1.8.) empfing er die Krankensalbung. *"It was said of him that his face shone with an inward beauty and that, even in death, he appeared worthy to be called an apostle."* (FLEGG,1992,90) Am 3.2.1901 starb W. als letzter der Albury Apostel. Fünf Tage später wurde er beigesetzt (durch den Ortspfarrer Rev. R.J. Dundas). Sein Grab befindet sich auf dem Ortsfriedhof in Albury - unterhalb der von Drummond erbauten Kirche, neben dem Grab des erstberufenen Ap Cardale. R.DAVENPORT (1974,93) schreibt über W.: *"... benevolence and graciousness marked his character throughout his long life"*. (vgl.S.58.182-187 d.v.U.) Zu W. s. ROSSTEUSCHER,1886,431f; ALBRECHT,1924,61; AARSBO,1932,279f; NEWMAN-NORTON,1971,122; SHAW,1972,81f; BORN,1974,20f. 23.28f.89 u.ö.; R.DAVENPORT,1974,93; WEBER,1977,Anh.,126f. Die Schriften von W. sind aufgeführt: ebd.,128ff; EDEL,1971,279.

25.b (S.24) <u>Henry Drummond</u> (geb. am 5.12.1786 auf dem Gut *"The Grange"* in der Nähe von Alresford/Hampshire, + 20.2.1860 in Albury) gehörte als einer ihrer Initiatoren zugleich zu den herausragenden Persönlichkeiten der kaB. Eine Biographie dieses vielseitigen Mannes fehlt bisher.(vgl.Anm.6; Einzelheiten zu Drummonds Lebensweg bis 1826 s. bei FLIKKEMA,

1993)

D. war das älteste von vier Kindern des Bankiers Henry Drummond sen. (Mitbesitzer eines großen Londoner Bankhauses [s.u.]) und Anne D., Tochter von Henry Dundas (seit 1802 1. Viscount Melville of Melville [28.4.1742-28.5.1811], Advokat, brit. Staatsmann, Regierungsmitglied, Lord President of the Scottish Court of Session, First Lord of the Admiralty [s. DNB,Dundas; EBrit,Dundas; FLIKKEMA,1993,4]). D. konnte auf bedeutende Vorfahren zurückblicken. Die prominenteste unter ihnen war Margarete D. (+ 1375), die 1363 den schott. König David II. (1329-1371) heiratete. Drummonds Urgroßvater war der 4. Viscount Strathallan.

D. besuchte ab 1793 ein vornehmes Schulinternat in Harrow (übrigens gleichzeitig mit dem späteren Literaten George Byron [1788-1824] u. dem späteren Premier Robert Peel [1788-1850]). Im Alter von 7 Jahren verlor D. jun. seinen Vater (+ 4.7.1794). 1802 folgte Drummonds Mutter ihrem zweiten Ehemann James Strange, den sie 1798 geheiratet hatte, nach Indien. Ihre Kinder aus erster Ehe ließ sie unter der Obhut ihres eigenen Vaters in England zurück. Im Hause seines Großvaters hatte D. Umgang mit führenden Persönlichkeiten seiner Zeit, so z.B. mit dessen Freund, William Pitt d.J. (1759-1806, Premier 1784-1801 u. 1804-1806, hat D. politisch-konservativ geprägt [FLIKKEMA,1993,5]) und dem schott. Evangelisten Robert Haldane aus Airthrey. Nach Abschluss seines Studiums am Christ Church College in Oxford (begonnen 1802; ohne akademischen Grad [R.DAVENPORT,1974,16]) und einer Russlandreise im Jahre 1807 (auf welcher er erfolglos versuchte, den Zaren Alexander I. in Moskau für die Gründung einer jüd. Kolonie auf der Krim zu gewinnen [FLEGG,1992,35]) heiratete D. am 23.6. d.J. seine Nichte Lady Henrietta (1783-7.10.1854), älteste Tochter von Robert Auriol Hay-Drummond, des 9. Earl of Kinnoull. D. zog mit seiner Frau auf das Landgut *"The Grange"* in Hampshire, das er von seinem Vater geerbt hatte. Aus dieser Ehe gingen 5 Kinder hervor (seine drei Söhne starben alle jung): Henry (+ 1.5.1827, 16j.), Louisa (1813-1890, sie heiratete 1845 Algernon George Percy - Lord Lovaine [ältester Sohn des Earl von Beverley], später 6. Duke of Northumberland [+ 1899; er übernahm nach Drummonds Tod den Besitz Albury Park, s.u.]), Adelaide (13.5.1818-8.1.1883, sie heiratete Sir Thomas Rokewode Gage of Hengrave Hall, + 1866), Malcolm Henry (+ Karfreitag [25.3.] 1842, 21j.) und Arthur (+ 6.8.1843, 20j.).

Seit dem Tode des Vaters war D. als ältester Sohn Mitbesitzer (Partner) der 1717 vom Onkel seines Großvaters gegründeten *"Drummond's Bank"* am Charing Cross in London.(MILLER, 1878,I,30; s.BOLITHO/PEEL,1967) 1844 schied er aus dieser Position aus, bezog aber weiterhin ein namhaftes Einkommen aus dem Familienunternehmen. Für seine Aufenthalte in London besaß D. in der Hauptstadt ein eigenes Haus am Belgrave Square.(R.DAVENPORT, 1974,17) Zweimal war er Mitglied des brit. Unterhauses (Tory): 1810-1813 als Abgeordneter für Plympton Earle und 1847-1860 (er war damals seit 14 Jahren Ap!) für West Surrey (s.MILLER,1878,I,254ff). Eine Reihe Gesetzesvorlagen sind von D. initiiert worden, so z.B. ein Gesetz gegen die Unterschlagung von Bankdepositen (1812). Wiederholt kämpfte er gegen die Ausbeutung von Kindern in Fabriken und Bergwerken.(s. dazu YEARS,1980,6) Sozialen und religiösen Fragen widmete er besondere Aufmerksamkeit. Seine Parlamentsreden erschienen 1860 (H.DRUMMOND,1860). E.L.v.GERLACHs Landtags-Rede zur Reform des Eherechts ist von D. übersetzt und in England herausgegeben worden.(s. H.DRUMMOND, 1857; v.GERLACH,1903,II,210.318)

1814 besuchte er (wie auch andere reiche Adlige aus England) Paris, um an der Krönung Louis XVIII. teilzunehmen. 1817 zog sich D. aus seiner Kirche (Church of England) zurück

und schloss sich unter dem Einfluss von James Harrington Evans evangelikalen Kreisen (*"Church-Evangelicals"*) an. Das religiöse Leben in der Anglik. Kirche erschien ihm durch den Einfluss der Aufklärung verflacht, so dass er in den kommenden Jahren seine Kraft in den Dienst der u.a durch Henry Thornton, William Wilberforce, Thomas Chalmers, Edward Irving, James und Robert Haldane getragenen Erweckungsbewegung und deren Aktivitäten im Rahmen von Missionsgesellschaften und Gesellschaften zur Verbreitung des Evangeliums stellte.(FLIKKEMA,1993,8)
Ebenfalls 1817 trat D. eine Reise nach Palästina an, die er jedoch aus Witterungsgründen auf halbem Wege abbrechen musste.(ebd.,9f) Im selben Jahr (?) verkaufte er sein Landgut an den Bankier Alexander Baring und ließ sich von den Verpflichtungen gegenüber *"Drummond's Bank"* suspendieren.
Im Juni d.J. ging er mit seiner Frau nach Genf - dem "Zentrum" des Calvinismus.(ebd.,10-25) Dort traf er erneut auf R.Haldane (R.DAVENPORT,1974,16f), durch dessen Einfluss er sich verstärkt der Unterstützung missionarischer Unternehmungen der *"Evangelicals"* zuwandte. So wurde er 1817 Vizepräsident der Londoner *"Society for Promoting Christianity Among the Jews"* (1808 von dem Judenchristen Joseph Frey gegründet und 1817 durch Lewis Way reorganisiert).(s.FLIKKEMA,1993,27ff) Im Rahmen dieser (nicht nur auf missionarische Aktivitäten unter Juden festgelegten) Gesellschaft finanzierte D. u.a. die Aussendung des judenchristlichen Missionars Dr. Joseph Wolff (1792-1862; s.ebd.,20f) nach Palästina, Afrika und Asien (1821; s.WOLFF,1861). 1818 war D. Mitbegründer der stark vom Endzeitgedanken her geprägten *"Continental Society for the Diffusion of Religious Knowledge"* (zu ihren Missionaren gehörten P.Méjanel, C.M.Carré, J.G.Oncken u. C.v.Bülow [FLIKKEMA, 1993,16f.23ff; s.Anm.22.a]) und 1831 Mitbegründer der *"Trinitarian Bible Society"* (einem Zweig der *"British and Foreign Bible Society"*).(BORN,1974,8ff; WEBER,1977,8f.,Anh.,63) In Drummonds Haus in Genf traf sich bald nach seiner Ankunft eine freie Gemeinde von Erweckten (unter ihnen auch Méjanel), die am 21.9.1817 in Campagne Pictet erstmals miteinander das Abendmahl feierten. Diese Gemeinde war bald erheblichen Anfeindungen ausgesetzt: Maskierte bewarfen das Versammlungslokal mit Steinen, Méjanel wurde am 4.3.1818 aus Genf ausgewiesen.(FLIKKEMA,1993,16f)
Großzügig unterstützte D. ab 1817 die Verbreitung des Evangeliums mit beträchtlichen Mitteln aus seinem Vermögen (z.B. den Druck von Bibeln und Traktaten). 1818 ließ er auf eigene Kosten in London eine Kirche für Evans bauen (John St. Bedford Row, unweit des British Museum).(ebd.,9) In Genf traf D. übrigens erstmals seinen späteren Ap-Kollegen Sitwell (Anm.20.b.10), der hier durch D. starke geistliche Impulse erhielt und nach seiner Rückkehr nach Barmoor Castle dort durch regelmäßige Gebetsversammlungen einer Erweckung den Weg bahnte. Sitwell blieb in Kontakt mit D. und lernte durch ihn später auch Cardale und Irving kennen.(FLIKKEMA,1993,18ff!) Um 1818 besuchte D. die Stadt Rom.(ebd.,22)
Auch auf anderen Gebieten engagierte sich D. als Förderer. So stiftete er 1825 in Oxford die erste und lange Zeit einzige Professur für Politische Ökonomie.(R.DAVENPORT [1974,17] bemerkt dazu: *"Since he had been accustomed to exercise his considerable gift of sarcasm at the expense of economic theories and theorists, this step occasioned some surprise; but Drummond was a man of surprises."* [vgl.MILLER,1878,I,31]) Bemerkenswert ist, dass der erste Lehrstuhlinhaber, der Jurist William Nassau Senior (1790-1864, Prof. für Politische Ökonomie in Oxford 1825-1830/31 u. 1847-1852) - im Unterschied zu seinen Nachfolgern - auf lange Zeit hin der einzige Nichttheologe in dieser Position war.(THORNTON,1870,IX)

Ebenso vielseitig wie seine Interessen und Aktivitäten war Drummonds umfangreiches schriftstellerisches Werk (WEBER,1977,Anh.,64-70, führt 137 Titel auf!), das einen sehr unterschiedlichen Leserkreis hatte. So hat beispielsweise Karl Marx während seiner Londoner Studien zur politischen Ökonomie im Febr. 1851 auch eine Schrift von D. (*"Causes which led to the Bank Restriction Bill"*, London, 1839) durchgearbeitet und exzerpiert.(MEGA,IV/7, 1983,601)

D. hatte keine stabile Gesundheit (so litt er u.a. an Tbc). Zeitlebens besaß er nur eine funktionstüchtige Lungenhälfte. Auf dringenden Rat seines Arztes hatte er bereits sein in klimatisch ungünstiger Region gelegenes Landgut aufgegeben.(s.o.) 1819 - nach seiner Rückkehr aus Genf - kaufte D. von Charles Wall den Landbesitz Albury Park bei Albury (rund 50 km südwestl. von der Londoner City in der Nähe von Guildford/Surrey gelegen), wohin er noch im selben Jahr mit seiner Familie übersiedelte.(BURNE,1895,1) Das Herrenhaus ließ er später durch den berühmten Architekten Augustus Welby Northmore Pugin (Erbauer der Houses of Parliament in London) umbauen. Lage und Charakter des Dorfes Albury (1841: 1.079 u. 1961: 1.239 Einwohner [BORN,1974,10]) sind oft gerühmt worden. So schreibt beispielsweise BEYER (1932,4): *"In einem lieblichen Tale gelegen, umsäumt von leicht ansteigenden Höhenzügen, atmet der Ort eine wohltuende Ruhe... Albury* (ist) *ein Ort des Friedens... Malerisch ist der Blick von den sanft ansteigenden Hügelketten ins Tal, abwechslungsreich die Szenerie im Orte selbst. Wie fast die ganze Gegend des südlichen Surrey, so ist auch Albury frei von jeder Industrie. Herrensitze englischer Edelleute, Gutshöfe und kleine Ackerwirtschaften sowie Gärtnereien bilden den Grundstock der ansässigen Bevölkerung."* Und MILLER (1878,I,35) bemerkt: *"This village may be called with justice one of the most charming spots in England."* (vgl.S.271 d.v.U.; R.DAVENPORT,1974,314ff) Dieser Ort wurde zum Ausgangspunkt und Zentrum der KaG.

Von Albury aus, wo D. fortan lebte, pflegte er seine vielfältigen Kontakte zu Freunden und Bekannten aus der Erweckungsbewegung und den Missionsgesellschaften und unternahm weitere Reisen auf den Kontinent.(FLIKKEMA,1993,26)

Durch den Kauf von Albury Park (zu welchem eine old Saxon church [Baubeginn vor 1066] gehörte) war D. *"the leading landowner in the district and patron of the living of Albury"* (R.DAVENPORT,1974,17). Bald wurde er auch High Sheriff von Surrey.

Von Anfang an war er bemüht, die wirtschaftliche Situation seiner Pächter und Landarbeiter durch Überlassung von Parzellen (allotments) zu verbessern. R.DAVENPORT (ebd.,20) beschreibt ihn als *"a conscientious landlord, well ahead of most country gentlemen of his time in his care for his tenantry and labourers (he was a pioneer of the allotment system)..."* und hebt besonders hervor sein *"kindly interest in his tenants as shown by the admirable state of the cottages on his estate occupied by them and by his workers"*. Seine Großzügigkeit gegenüber den Bauern und Siedlern auf seinem Besitz war damals ein ungewöhnlicher Vorgang, der viel Aufmerksamkeit erregte.(s. dazu DNB,Drummond; R.DAVENPORT,1974,314ff; YEARS,1980,4-11; ROSSTEUSCHER,1886,278f)

Vom 28.11.-8.12.1826 fand auf Einladung von D. in der Bibliothek seines Hauses in Albury Park eine geistliche Tagung statt, zu der etwa 40 Männer zusammenkamen, die durch gemeinsames Studium der Bibel (besonders der prophetischen Bücher) und Austausch ihrer Ansichten (auch zu eschatologischen Positionen von Männern wie Isaak Newton, Johann Albrecht Bengel, W.Cunningham, E.Lacunza) zu mehr Klarheit über Gottes Willen für ihre Zeit kommen wollten.(s. dazu FLIKKEMA,1993,31-41) Diese vom anglik. Geistlichen Lewis Way angeregte Versammlung war die erste der fünf sog. *"Albury-Konferenzen"*, die von 1826-29 jährlich zu Beginn der Adventszeit und 1830 im Juli stattfanden. Sie waren einer der wichtigsten Ausgangspunkte für die KaB. Die Teilnehmer (2/3 waren Geistliche, 1/3 Laien) kamen aus unterschiedlichen Denominationen (eine genauere Aufschlüsselung s. bei STANDRING,1985, 13). Unter ihnen befanden sich der Ortspfarrer Hugh McNeile (rector in Albury 1822-1834 [+ 1879]; er führte bei den Konferenzen den Vorsitz [MILLER,1878,I,37; s. auch FLIKKEMA, 1993,37f]), James Haldane Stewart (1776-1854; er hatte sich seit 1820 in weitverbreiteten Traktaten für eine Gebetsbewegung um die erneute Ausgießung des Heiligen Geistes eingesetzt [BORN,1974,9]), der Missionar J.Wolff (s.o.), die späteren Ap Drummond, Perceval, Tudor und Dow, die späteren kap Amtsträger John Bayford ([Anm.22.b] er wurde E-Pr), George Cornish Gambier (1795-1879, EE der AK u. H.m.d.Ap.), Edward Irving ([vgl.Anm.3] E) und Henry John Owen (1796-1872, E) sowie Rev. John Hooper (1796-1857), der 1834 als McNeiles Nachfolger Ortspfarrer von Albury wurde und 1847 die apHA empfing. (Zur Teilnehmerliste s. H.DRUMMOND,1834,2; BOASE,Suppl.,745; MILLER,1878,I,41; R.DAVENPORT,1974,22f.) Hauptthemen der Konferenzen waren: Die Zeichen der Endzeit, die Zukunft der Juden (bes. ihre Heimkehr nach Palästina) und die Wiederkunft Christi im Lichte der Bibel sowie notwendige Konsequenzen für die Kirche. Die intensive Beschäftigung mit den Endzeitprophetien der Bibel weckte bei den Beteiligten ein großes Verlangen nach baldiger Erfüllung der Verheißungen.

Die Ergebnisse der ersten vier *"Albury-Konferenzen"* ließ D. in dem dreibändigen Werk *"Dialogues on Prophecy"* (1827-1829) veröffentlichen. (Einzelheiten zu den *"Albury-Konferenzen"* s. bei H.DRUMMOND,1834,1-4; BOASE,Suppl.,743-751.776f; MILLER,1878,I,35-46; OLIPHANT,o.J.,203-206.251f.272ff.296ff!; ROSSTEUSCHER,1886,100-120; R.DAVENPORT,1974,21-28; BORN,1974,10-14.) D. finanzierte auch die geistliche Quartalsschrift *"The Morning Watch"* (1829-1833, Hg.: J.Tudor).

Inzwischen war es in Schottland (1829/30) und in London (1831) zu charismatischen Erweckungen gekommen.(s.Anm.25.c) Im Juni 1831 hörte D. zum ersten Mal von den in London hervorgetretenen Geistesgaben. Zunächst noch skeptisch, versuchte er sich ein eigenes Bild zu machen und war schließlich davon überzeugt, dass dieses *"Werk"* von Gott sei.

Im Sept. d.J. initiierte er in Albury und Guildford Gebetsversammlungen, in denen um Geistesgaben gebetet wurde. Das rief den Widerstand des Ortspfarrers McNeile hervor, der in seinen Predigten gegen die charismatische Erweckungsbewegung auftrat. D., dem es unerträglich war, in seiner Kirche *"to hear the work of the Holy Ghost attacked"* (H.DRUMMOND,1834, 6), begann am 29.7.1832 mit seiner Familie und etwa 20 Gleichgesinnten aus der Umgebung (Anglikanern u. Methodisten) in seinem Hause eigene Abendgottesdienste zu halten. An diesem 29.7. trat während des Gottesdienstes erstmals bei D. die Gabe der Prophetie hervor. Am 20.10. d.J. wurde er in Albury durch *"one of the prophets in London"* (H.DRUMMOND, 1834,7; Taplin? [BORN,1974,16]) zum *"Hirten"* (pastor) der kleinen Gemeinschaft ber. - mit dem ausdrücklichen Hinweis, daß er auf seine Ord. warten solle, ohne die er keine Eucharistie zelebrieren dürfe.

Elf Tage später bezeichnete D. in einer Londoner Gebetsversammlung Cardale als Ap (s.Anm. 20.b.1). Am 26.12.1832 *"ordinierte"* Cardale D. zum *"Engel"* (vgl.Anm.22.b, 58.a) der (kap) Hausgemeinde von Albury. Diese "durfte" nun die Eucharistie feiern. D. informierte sogleich seinen Ortspfarrer, stieß aber auf völlige Ablehnung.(Einzelheiten s. bei H.DRUMMOND, 1834,4-11; ROSSTEUSCHER,1886,279-288.338-353; BORN,1974,12-17; zu McNeile s.- STANDRING,1985,59f.) D. war somit der erste E innerhalb der entstehenden KaG, und Albury galt als *"die erste geistliche Gemeinde"* (BEYER,1932,12) unter diesem Amt. Im Jan.

1833 und am 25.9. d.J. wurde D. selbst als Ap bezeichnet.(Anm.20.b.2; die letztgenannte Ber. war bereits am Vorabend prophetisch angekündigt worden [FLEGG,1992,64f]) Bis zum 12.7.1836 diente er jedoch weiterhin als E der (kap) Gemeinde in Albury und als *"Pfeiler der Hirten"*, während er gleichzeitig als Ap wirkte.
Nach ihrer Aussonderung am 14.7.1835 verbrachten die 12 Ap zunächst 1 Jahr in Albury (dem *"hiding place"* [BURNE,1895,2]), um sich in Drummonds Haus auf ihren künftigen Dienst vorzubereiten.(BOASE,Suppl.,819) Am 14.6.1836 erfolgte aufgrund eines Wortes der Weissagung (gesprochen von D.!) die Aufteilung der Christenheit in 12 *"Stämme"*.(Anm.20.c) Er selbst übernahm die Verantwortung für Schottland und den protest. Teil der Schweiz. Zeitweilig war er auch für Frankreich und Italien zuständig. (vgl.Anm.72; zu Drummonds Visitationsreisen s.NEWMAN-NORTON,1971,34) 1836 übergab er ein Testimonium der Ap an die engl. Bischöfe und ein weiteres an den König und die Mitglieder des Privy Council.(s.u.)
Die Kontakte zwischen Albury und den Sieben Gemeinden in London waren eng, was allerdings angesichts der damaligen Verkehrsbedingungen in der Praxis recht beschwerlich war: *"In the early days of the work of the Lord there was no direct coach road, and no railway; and many a time* (young - Verf.) *ministers have walked up through the night to be present at the Meeting of the Seven Churches in London the next day."* (BURNE,1895,2 [die Strecke betrug ca. 45 km!])
Einen Großteil seines Vermögens verwendete D. (*"one of the wealthiest commoners in England"*, SHAW,1972,83) für den Bau und die Restaurierung von Kirchen. Am 4.9.1840 wurde die Apostles' Chapel in Albury Park eingeweiht. (Sie liegt neben dem Haus *"Cooke's Place"*, das vorher auch *"The Grange"* genannt wurde.) Man hatte sie baulich mit dem einige Zeit zuvor errichteten oktagonalen sog. *"Chapter House"* (das den *"Council Room"* für die Ratsversammlungen der Ap enthielt, s.u.) verbunden. Die Baukosten der - prophetisch auch als *"The Chapel of the Great King"* bezeichneten - Kapelle (BURNE,1895,3) betrugen £ 16.000. Gebäude und Grundstück übereignete D. den KaG.(BORN,1974,36; zur Apostelkapelle und ihrer besonderen Bestimmung s.BURNE,1895; BEYER,1932,12f.19-23; STANDRING,1985,16f) An der Einweihung hat der im Aug. 1840 zurückgetretene Ap MacKenzie (Anm.67) nicht mehr teilgenommen. Weiterhin stiftete D. für die anglik. Gemeinde in Albury eine neue Kirche. (Der letzte Gottesdienst in der *"old parish church"* fand im Dez. 1841, die Einweihung der neuen Kirche am 19.10.1842 statt. Die Schließung der bis auf das 10. Jh. zurückgehenden Kirche [sie war in einem so schlechten Zustand, daß sie als irreparabel galt] blieb nicht ohne Proteste.[s.NOTES,o.J.,7f]) Auf dem Friedhof an der new parish church (im Volksmund *"resurrection corner"* genannt) liegen viele der höchsten kap Amtsträger begraben. 1850 ließ D. die parish church im Nachbarort Chilworth restaurieren.(BURNE,1895,1) Schließlich trug er einen Teil der hohen Baukosten für die Errichtung der Kirche der Londoner Zentralgemeinde am Gordon Square.(SHAW,1972,74; zur Zentralkirche s. CARDALE,1854; LICKFOLD, 1935; R.DAVENPORT,1974,138-141)
D. setzte sich mit großer Energie für die Ausbreitung der kaB ein. So konnte er z.B. am 1.7.1849 in Basel und am 18.10.1850 in Paris die Gründung einer kap Gemeinde vornehmen. Noch 6 Monate vor seinem Tode vollzog er während einer Visitationsreise durch die Schweiz die apHA an etwa 200 Personen.(NORTON,1861,187) Er gab die schott. Ausgabe der Liturgie heraus (1850). Am 20.2.1860 starb D. im Alter von 73 Jahren. Er ruht, zusammen mit seiner Frau und vier seiner Kinder, in der old parish church in Albury Park, wo er am 28.2. d.J. beigesetzt wurde. Sein Motto hieß: *"Gang warily"*.

D. gehörte zu den bedeutendsten und prägendsten Gestalten der KaG. Vielseitig wie er selbst sind die Urteile über ihn, von denen (ergänzend zur Zusammenstellung bei R.DAVENPORT, 1974,17-20.143-146) hier einige zitiert werden sollen. Nach BRASH (1904,3) war D. *"a man of considerable influence in his day".* (1839 z.B. hatte die Royal Society ihn - als einen *"gentleman attached to Science"* - zu ihrem Mitglied gewählt [STANDRING,1985,34].) Irving schrieb am 21.11.1825 an seine Frau über D.: *"Henry Drummond was in the chair; he is in all chairs - I fear for him. His words are more witty than spiritual; his manner is s p i r - i t u e l , not grave..."* (OLIPHANT,o.J.,176 [vgl.ebd.,203f!]) Während seines ersten Aufenthaltes in Albury schrieb Thiersch am 11.10.1849 an seine Frau: *"Montag Abend war ich bei Herrn Drummond (sic) zum Dinner eingeladen. Mir war es etwas bang wegen meiner ... Stimmung gegen die reichen Leute. Aber nur Anfangs fühlte ich mich befangen. Herr Drummond hat das Äußere eines sehr ehrwürdigen Geistes. Ich fühlte mich an den Fürst von Attinghausen in Schillers Tell erinnert. Er ist reich, aber er hat guten Gebrauch von seinem Vermögen gemacht und hat für die Wahrheit Vieles aufgeopfert."* (Th.Br.,103/8, zitiert nach einer Abschrift; vgl.S.273 d.v.U.) Der Schriftsteller Carlyle beschrieb in seinen *"Reminiscences"* D. folgendermaßen: *"A man of elastic pungent decisive nature; full of fine qualities and capabilities, but well nigh cracked with enormous conceit of himself, which, both as pride and vanity (in strange partnership, mutually agreeable), seemed to pervade every fibre of him, and render his life a restless inconsistency: that was the feeling he left in me; nor did it alter afterwards, when I saw a great deal more of him, - without sensible increase or diminution of the little love he first inspired in me."* (FROUDE,1972,294) MILLER (1878,I,287f) äußerte über D.: *"He had been a prominent personage in Parliament ... He was zealous in the performance of his duties, so he deemed them, as an Apostle, though, as has been already remarked, his Parliamentary life was inconsistent with an adequate realization of the vast responsibilities involved in the high office to which he laid claim. He was very valuable to his fellow-members, as being by wealth, and by the business habits and abilities which he inherited and developed, the 'financial backbone' of their System. Much also of the grandeur of their worship is due to his high tastes and aims. His unyielding firmness, added to the strong will of Mr. Cardale, did much to sustain their fortunes in critical times ... He was unquestionably a remarkable man, and his loss was irreparable."* Und STANDRING (1985,33) schreibt: *"He was a generous landlord and in the year of his arrival* (at Albury - Verf.) *allowed allotments to his labourers on the estate while during the Hungry Forties he was at pains to provide local employment. William Cobbett declared that Drummond was famed for his justice and his kindness towards the labouring classes who God knew had very few friends among the rich."*
Zu D. s. H.DRUMMOND,1834,1-11; ders.,1860,I,S.III-IX (ein Lebensbild Drummonds, geschrieben von seinem Schwiegersohn Lord Lovaine); ROSSTEUSCHER,1886,101-104.278-288.338ff.346.351ff.396f u.ö.; AARSBO,1932,271-274; R.DAVENPORT,1974,15-20.80. 113.136.143-146 u.ö.; BORN,1974,10f.15ff.27-30.53f u.ö.; WEBER,1977,7-14.,Anh.,63f; MILLER,1878,I,30-46.110-119.135-138.254ff.287 u.ö.; DNB,Drummond; EBrit,Drummond; NEWMAN-NORTON,1971,34; SHAW,1972,73ff.83 u.ö.; STANDRING,1985,33f; FLIKKEMA,1993. Drummonds schriftlicher Nachlass (er enthält u.a. Briefe an Familienmitglieder, von Irving und von Ap-Kollegen) ist als sog. Northumberland Collection auf Alnwick Castle aufbewahrt und aufgelistet in AGNEW/PALMER,1977.(FLEGG,1992,11.487)
Eine Zeichnung des Herrenhauses in Albury Park ist abgebildet bei WALMSLEY,1986 (vor S.9).

Auch nach Drummonds Tod blieb Albury der Mittelpunkt der KaG. Hier hatten die Ap und später auch andere Diener der AK ihre Heimat, hier wurden die jährlichen, meist um Pfingsten und um Weihnachten stattfindenden Konzilien der Ap bzw. Koadj mit den apostolischen Mitarbeitern durchgeführt. Das letzte apostolische Konzil trat (mit 2 Koadj, 11 apostolischen Mitarbeitern u. 6 EE der AK) am 16.4.1914 zusammen. Der 1. Weltkrieg verhinderte weitere Zusammenkünfte.(BORN,1974,38.101) Ab 1858 fanden in A. (einmal jährlich) auch mehrere 14tägige Propheten-Konferenzen statt.(Anm.115) Von Mitte der 1860er Jahre an kamen E aus den *"Stämmen"* für einige Wochen nach A., um den Ap und Koadj bei den Gottesdiensten in der Apostles' Chapel (den *"vollständigen Morgen- und Abenddiensten"* im vierfachen Amt mit der Fürbitte der Ap für Kirche und Welt; vgl. Anm.54.c; S.188f d.v.U.!) zu assistieren und durch den Umgang mit ihnen eine Weiterbildung zu erhalten.(s. dazu ALBRECHT,1924,46f; BORN,1974,65; zur geistlichen Bedeutung Alburys s. WOODHOUSE,1901,97f, u. WEBER, 1977,57f; zum besonderen Charakter der apostolischen Gottesdienste in A. s. BURNE,1895, 3-6; BEYER,1932,12f) Für die auswärtigen Amtsträger stand das schöne, im Dorf A. gelegene, typisch englische Haus *"Weston Dene"* als Gästehaus bereit.

Die kap Ortsgemeinde wurde von einem E geleitet, dessen Funktion sich aufgrund der besonderen Situation in A. (Anwesenheit der Ap) von der anderer Gemeinde-E unterschied. Folgende Männer dienten als E in Albury:

Henry Drummond (Ap)	vom 26.12.1832 bis 12.7.1836
Rev. William Leonard Addington, 2nd	Viscount Sidmouth (geb. am 13.11.1794) - vom 2.1.1837 bis + 25.3.1864 (BE?)
Dr. William Gason Hamilton John Roe	(1827-5.5.1891, EG in der Londoner Zentralgemeinde) - von Ende Mai 1864 bis Sommer 1865 (s.Th.Br.,401/4)
Newdigate Hooper Kearsley Burne	(geb. am 14.11.1830, Schwiegersohn von Lord Sidmouth [s.o.], ab 18.6.1879 EE der AK) - vom Sommer 1865 bis + 3.5.1898 (BE)
Ludwig Augustus Samuel Thiersch	(8.9.1848-19.5.1920, H.m.d.Ap. für Sdt., Schweiz u. Amerika; vgl.Anm.36) - von 1898 bis 1899
Dr. Richard Hughes	(geb. am 20.8.1836, ab 13.7.1900 EE der AK) - vom 1.1.1900 bis + 3.4.1902 (BE)
Ludwig A.S. Thiersch	von 1903 bis 1907 (BE)
Georg Velden	(geb. 1856/57) - von 1909/10 bis + 27.6.1930 (BE)

(NEWMAN-NORTON,1971,16.61.113; BORN,1974,63.104.110f)
Nach dem Tode des letzten Koadj Heath (29.8.1929) fand die Eucharistie in A. nicht mehr sonntags, sondern nur noch mittwochs statt. *"Später reduzierte sich diese Feier bis auf einmal im Monat."* (ebd.,110; vgl.S.193 d.v.U.) Nach dem Tode des BE Velden übernahm der P (H) Henry Goldney Rees die Leitung der kap Ortsgemeinde in A., die 1930/31 noch einige D besaß und *"aus etwa 50 regelmäßigen Kommunikanten"* (meist *"Witwen, Kinder und Enkel entschlafener Diener der Allgemeinen Kirche"*) bestand. (v.RICHTHOFEN,1933,23; nach BEYER [1932,4] gehörten damals etwa 10% der Bevölkerung Alburys zur kap Gemeinde) Die letzte Feier der Eucharistie in A. fand am 26.7.1944 statt. Rees, der durch Krankheit fortan dienstunfähig war, starb am 11.1.1953. Für kurze Zeit wurde die Gemeinde noch durch einen betagten D betreut, dann hörten alle Gottesdienste auf.(pA) Seitdem ist die Apostles' Chapel geschlossen. *"Today it stands at the entrance to the village, a silent, almost forgotten shrine."*

Yet members still come to the village from all over the world to see the spiritual Bethlehem of the Lord's work in these latter days. Inside all is in perfect order, polished and untouched..." (NEWMAN-NORTON,1975,24; s. auch: v.KOENIG,1951; NEWSLETTER,XIII[1961],3f) Schon 1933 hieß es bei C.v.RICHTHOFEN (1933,23): *"Alles ist dort ... w i e z u g e - d e c k t . Aber schnell kann der Schleier wieder gelüftet werden. Die in Albury zurückgelassenen Glieder hoffen auf nichts anderes als auf die baldige Wiederkunft des Herrn und die erste Auferstehung und Verwandlung."*
Heute (1995) befinden sich nur noch die Apostles' Chapel und das daneben gelegene Haus *"Cooke's Place"* (hier wohnten nacheinander: Lord Sidmouth, Cardale, Woodhouse, Capadose, E.Heath) sowie Lyne Cottage im Besitz der KaG.(verwaltet von Trustees) Das Gästehaus *"Weston Dene"* wurde verkauft.(pA) Albury Park und das Herrenhaus gingen nach Drummonds Tod in den Besitz der Percy-Familie (der Dukes von Northumberland) über. Nach dem Tod der Witwe von Alan 8th Duke von Northumberland (1965) stand das Haus 4 Jahre leer, bis das Anwesen von der *"Country Houses Association Limited"* gekauft wurde, die dort 40 kleine, komfortable Eigentumswohnungen für Senioren einrichtete und gleichzeitig Haus und Park als Sehenswürdigkeit für interessierte Besucher offenhält.(WALMSLEY, 1986,1; zum heutigen A. s. auch BURTON,1994)

25.c (S.24) William Renny Caird (geb. am 30.10.1802 in Montrose/Schottland, + 23.10. 1894) zählte zu den bedeutendsten Ev der KaB. Er stammte aus der schott.-presbyt. Kirche.(WEBER,1977,Anh.,31) Sein ursprünglicher Beruf wird in den Quellen unterschiedlich angegeben: ROSSTEUSCHER nennt ihn einen *"Geistlichen"* (1886,280.340). Laut BORN (1974, 12.16) war er Kaufmann. MILLER (1878,I,58) bezeichnet ihn als *"a clerk in a writer's office in Edinburgh"* und BRASH (1904,31) als *"clerk"* des Rechtsanwaltes Th.Carlyle (!) (vgl. Anm.23.a). Nach dem 21.3.1830 besuchte C. den Ort Fernicarry bei Port Glasgow (Schottland), um sich von der dort aufgebrochenen charismatischen Erweckungsbewegung, in der besonders die Gnadengaben der Glossolalie und der Krankenheilung für Aufsehen sorgten (s. CARDALE,1830; OLIPHANT,o.J.,286-289; ROSSTEUSCHER,1886,191-232), ein Bild zu machen. Eine der exponiertesten Vertreterinnen dieser Erweckung, die Schneiderin Mary Campbell (1806-1839), wurde 1 Jahr später Cairds Frau.(MILLER,1878,I,51-60; BRASH, 1904,26-31) Beide gingen nach England, um dort als Laien-Missionare zu wirken. Im Apr. 1832 kamen sie nach Albury, wo sie von nun an wohnten. C. wirkte evangelistisch unter den Bewohnern von Albury. Auf seine Tätigkeit geht die Sammlung der kleinen Gemeinde zurück, die sich ab 29.7. d.J. in Drummonds Haus zu Abendgottesdiensten versammelte (s.o.). Am 20.10. d.J. wurde C. durch Drummond prophetisch zum *"evangelist"* (Ev-Amt) berufen. Am 24.12. d.J. erhielt er in Albury als erster innerhalb der kaB eine "charismatische" Ordination zu diesem Amt durch den zwei Monate zuvor zum Ap berufenen Cardale.(H. DRUMMOND,1834,6ff; MILLER,1878,I,58ff.116; ROSSTEUSCHER,1886,280.282f.286f.340.351. 442f.) C. evangelisierte in der folgenden Zeit in mehreren Städten Englands und legte dabei den Grund für künftige kap Gemeinden (z.B. 1835 für die später großen Gemeinden in Manchester u. Liverpool [ebd.,444]; s.NEWMAN-NORTON,1971,17). Vom 1.2.-16.7.1834 und 1836 wurde C., der inzwischen zum E geweiht worden war, als einer der *"60 evangelists to the nations"* (s.Anm.59.b) nach Nordamerika ausgesandt, wo er u.a. die Gründung der Gemeinde Kingston vorbereiten konnte.(vgl.Anm.22.a, 25.a)
Mary und William C. hatten 2 Kinder: Henry (geb. 1833) und Mary Henrietta (1839-1856 [beerdigt am 11.11. d.J. in Albury]).(Th.Br.,103/8; s.S.273 d.v.U.) Auf mehreren Evangelisten-

Reisen wurde C. von seiner Frau begleitet. Während einer dieser Reisen starb Mary C. am 12.12.1839 in Strasbourg im Alter von nur 33 Jahren.(so BORN,1974,12; Thiersch zufolge starb sie Mitte 1841 [Th.Br.,187/3])
Als Mitarbeiter des Ap Woodhouse wirkte C. in den 40er Jahren vor allem in Süddeutschland. Hier trat er ab 1842 in Verbindung mit Männern wie Thiersch, Lutz und Löhe (von denen sich die ersteren der kaB anschlossen [s.S.27ff d.v.U., bes.Anm.34]). C. gehörte zu den wichtigsten Wegbereitern der kaB in Deutschland.(vgl.LUTHARDT,1889,230-248) Er nahm am ersten kap Gottesdienst auf deutschem Boden (17.10.1847 in Frankfurt/M.) teil. 1849 sammelte er - zusammen mit L.A. Woringer sen. (s.Anm.24) - eine kap Gemeinde in Basel (gegründet am 1.7.1849). Um das Anliegen der kaB möglichst weit zu verbreiten, scheute er keine Mühe. Als C. z.B. in den 50er Jahren in Italien evangelisierte, schrieb Lutz in einem Brief v. 3.5.1853 an Thiersch: *"Freund Caird hat uns aus Bellinzona über das Generale einen sehr ausführlichen und erfreuenden Brief geschrieben. Er lernt über Hals und Kopf Italienisch, und hofft desselben bald Meister zu sein. Der Herr segne sein Wirken jenseits der Berge!"* (s.WEBER,1973,222f) Am 30.5.1860 wurden C. und Böhm (Anm.28.c) während einer Pr-Konferenz in Albury durch den E-Pr H.Geyer als Ap *"bezeichnet"*. Das Ap-Kollegium erkannte jedoch diese Berufungen nicht an.(s.S.211f d.v.U.) Am 2.8.1865 wurde C. zum Koadj ber. und im Dez. d.J. (HANDTMANN,1907,8 [laut NEWMAN-NORTON,1971,17, im Nov. 1865]) von Woodhouse zu seinem Koadj für Sdt., Schottland und die Schweiz *"erwählt"*. (s.BORN,1974,64) Am 13.6.1866 entbanden ihn dafür die Ap vom Amt des Ev.m.d.Ap. für Schottland. 1875 wurden ihm die Arbeitsgebiete des inzwischen verstorbenen Koadj Symes (Kanada, USA, Frankreich und Belgien) übertragen (seine bisherigen Gebiete übernahm L.Geering [s.Anm.101]). Bis ins hohe Alter besuchte C. die ihm anvertrauten Arbeitsgebiete.(z.B. 1881 Belgien u. Frankreich u. 1886 [84j.!] Nordamerika [NEWMAN-NORTON,1971,17]) C. starb am 23.10.1894 in Newrington/Edinburgh. Vier Tage später wurde er in Albury beigesetzt.
Cairds Schriften sind aufgeführt bei WEBER,1977,Anh.,31.

25.d (S.24) Bereits 1835 hatten die Ap (aufgrund einer prophetischen Weisung) ein "Zeugnis" (testimony/Testimonium) an den Erzbischof von Canterbury und die Bischöfe der United Church of England and Ireland verfasst (Endfassung aus Einzelbeiträgen der Ap durch Cardale; Text [leicht gekürzt] bei MILLER,1878,II,371-380), das am 25.12. d.J. zuerst vor den Mitgliedern des *"Council of Zion"* (BORN,1974,26) verlesen und ab Jan. 1836 durch die Ap Drummond und Woodhouse (ebd.,27) den Adressaten persönlich überreicht wurde.
Um die gleiche Zeit verfasste der Ap Perceval (der auch als *"Prophet für England"* bezeichnet wurde, WOODHOUSE,1901,53; BORN,1974,52) ein Zeugnis an den englischen König William IV. und die Mitglieder des Privy Council (Textauszüge bei MILLER,1878,II,361-371). Anf. 1836 übergab Perceval dieses Testimonium dem König persönlich (in Audienz) und wenig später (zusammen mit Drummond [ebd.,I,178; AARSBO,1932,276] oder Sitwell [BORN,1974,28]) den Mitgliedern des Privy Council. (DOWGLASS,1852,24f; BOASE, Suppl.,820ff; ROSSTEUSCHER,1886,472-480; WOODHOUSE,1901,53ff; BORN,1974, 27f.65; WEBER,1977,34f) (R.DAVENPORT [1974,112f] teilt in diesem Zusammenhang die folgende kleine Anekdote mit: *"If a story which appeared in the P i l o t , February 23rd 1901, is true, the motives of the messengers could be misinterpreted; 'When these emissaries arrived at Holland House to deliver the T e s t i m o n y to Lord Holland, then a Cabinet-Minister, Lady Holland stationed the servant outside the door with instructions to run in if he*

heard his Lordship scream.'")
In der zweiten Hälfte des Jahres 1836 begannen die Ap mit der Abfassung des Großen Testimoniums *"The Great Testimony. To The Patriarchs, Archbishops, Bishops, And Others In Places Of Chief Rule Over The Church Of Christ Throughout The Earth, And To The Emperors, Kings, Sovereign Princes And Chief Governors Over The Nations Of The Baptized"*, das - unter Verwendung der ersten beiden Zeugnisse - wiederum aus Beiträgen der einzelnen Ap von Cardale zusammengestellt und 1837/38 vollendet wurde. Die *"ernste und würdige Schrift"*, wie HUTTEN (1968,18) dieses Dokument mit der tiefen oekumen. Intention nannte, wurde in vier autorisierten Ausgaben gedruckt: in Englisch, Lateinisch, Deutsch und Französisch.(Die Originalausgaben sind aufgeführt bei KÖHLER,1876,417; der engl. Text ist abgedruckt bei RHEINWALD,1840,793-867, u. MILLER,1878,I,347-436; eine deutsche *"außeramtliche Übersetzung"* [ROSSTEUSCHER,1886,487] s. in ebd.,Beil.,1-95.) ROSSTEUSCHER sagt über das Testimonium (ebd.,486f): *"Nach unserem Urteil ist dies Zeugnis der Apostel ... das wichtigste Stück, das die eigentlich kirchliche Litteratur seit dem Abschluß des Neuen Testamentes aufzuweisen hat. Dasselbe umschreibt die ewigen Grundsätze, auf denen Gottes Verfahren mit Seiner Kirche beruht, und stellt ihnen die Ergebnisse gegenüber, welche die christliche Geschichte bisher geliefert hat... Eine genaue Kenntnis des für alle Zeit denkwürdigen Aktenstückes möchte man einem jeden wünschen."* Nach Aussage des Ap Woodhouse war dieses Zeugnis vor allem gedacht für die Verantwortlichen in Kirche und Staat (zuerst sollten es erhalten der Papst, der Kaiser von Österreich u. der französische König [s. dazu WOODHOUSE,1901,59]), weil *"der HErr mit den Häuptern verhandeln wolle durch die Häupter"* (ebd.,58). Am 2.7.1838 wurde das Testimonium durch Drummond und Perceval dem Kardinal Lord Acton in London für Papst Gregor XVI. (1831-1846) übergeben. Lord Acton reichte es noch im selben Monat an das *"Secretary of Memorials for the Roman Pontiff"* (DOWGLASS,1852,26) weiter. Im Sept. d.J. übergaben Drummond und Woodhouse das Testimonium in Wien dem Staatskanzler Klemens Wenzel Lothar Fürst v.Metternich (1773-1859) für Kaiser Ferdinand I (1835-1848). Eine Übergabe des Zeugnisses an König Louis-Philippe von Frankreich (1830-1848) durch Drummond und Dalton in Paris Ende 1838 kam *"wegen Hoftrauer"* (vorerst?) nicht zustande.(s.ALBRECHT,1924,17f)
Zum Großen Testimonium s. DOWGLASS,1852,25f; BOASE,Suppl.,827-830; WOODHOUSE,1901,58-63; ROSSTEUSCHER,1886,485-496; ALBRECHT,1924,15-18; WEBER, 1977,37-43; EDEL,1971,80f.
Über Reaktionen dieser Persönlichkeiten ist nichts bekannt. Im Hinblick auf die im Testimonium 1836/38 ausgesprochene Warnung vor einem *"Sturm"*, der über die *"Fürsten und Herrscher der Christenheit" "hereinbrechen"* werde, ist die folgende Äußerung der EKZ aus dem Jahre 1856 (Sp.508) über die drei ersten "Adressaten" des Zeugnisses sehr interessant: *"Sie haben demselben keine Folge gegeben; und die Zeit liegt nicht weit hinter uns, in der man die Behauptung wohl versuchen konnte, die Strafe sey dafür nicht ausgeblieben. Der Papst sah sich genöthigt, Rom zu verlassen, der Kaiser von Oestreich* (sic) *war veranlaßt, seine Krone niederzulegen und wilder Aufruhr durchtobte seine Länder. Louis Philipp ward für immer verbannt."* (s. dazu ROSSTEUSCHER,1886,494-497; vgl.S.35f.60f d.v.U.)
"Nachdem nun die erwähnten drei Oberhäupter das Zeugnis empfangen hatten, sollte es fernerhin den Regierern in all den christlichen Ländern überliefert werden, wo die Apostel hingesendet, die Wahrheit angenommen und Gemeinden gesammelt werden würden; und überall solle es die allgemeine Richtschnur für die Verkündigung ihrer Botschaft bilden." (WOODHOUSE,1901,62f)

Folgende weitere Übergaben des Großen Testimoniums an Staatsoberhäupter und hohe kirchliche Persönlichkeiten sind bekannt geworden:

1838 (Okt.)	König Karl Johan XIV. von Schweden (1818-1844), in Stockholm; Ev.-luth. Erzbischof von Uppsala (Ap MacKenzie und Dalton)	(BORN,1974,34)
1847 (Febr.)	König Friedrich Wilhelm IV. von Preußen (1840-1861), in Berlin	(Ap Carlyle und BEv Böhm)
1850/55	Röm.-kath. Erzbischof von Paris (E C.H.M.Massiot)	(ebd.,42)
1851	Zar Nikolaus I. von Russland (1825-1855), in Petersburg	(BEv W.M.White; Anm.41.a) (BORN,1974,43)
1854	Bischof Martensen, Primas der Dänischen Staatskirche, in Kopenhagen	(BEv Böhm) (ebd.,47)
1856 (Febr.)	Röm.-kath. Bischof von Würzburg	(H.m.d.Ap. Thiersch, nicht persönlich übergeben, s.u.)
1856 (Febr.)	Friedrich Wilhelm I., Kurfürst von Hessen-Kassel (1847-1866)	(Thiersch, nicht persönlich)
1856 (Febr.)	König Maximilian II. von Bayern (1848-1864)	(Thiersch, nicht persönlich) (Th.Tgb.,21.,22. u. 25.2.1856)
1861 (Nov.)	König Wilhelm I. von Preußen (1861-1888)	(E der ndt. Gemeinden) (s.S.66.280ff d.v.U.)
um 1870	König Christian IX. von Dänemark (1863-1906)	(BEv J.O.Thomsen)

(Der dän. König Christian X. soll - angeregt durch Berührungen mit den KaG - am 31.10.1936 auf Schloss Amalienburg vor 150 geladenen Gästen aus Kirche und Gesellschaft 3 Stunden lang aus dem Testimonium [das einst sein Großvater Christian IX. erhalten hatte] vorgelesen haben und von dessen Botschaft sichtlich bewegt gewesen sein.[s. NEWMAN-NORTON,1975,25f; BORN,1974,47])

Natürlich ist das Testimonium an wesentlich mehr Personen übergeben worden - fast immer nur persönlich oder durch direkte postalische Zusendung, verbunden mit einem Anschreiben (wie z.B. die o.g. "Übergaben" durch Thiersch; s. auch S.44 d.v.U.). Neben den erwähnten testimonies gab es noch eine Reihe weiterer "Zeugnisse".(s.COPINGER,1908,82; WEBER, 1977,Anh.,2f; BORN,1974,64.78f u.ö.; SHAW,1972,244-250; S.59f d.v.U.) Aufs Ganze gesehen blieben das Große Testimonium und die übrigen *"Zeugnisse"* ohne nennenswerte Resonanz. Bei den Monarchen haben nur William IV. von England und Friedrich Wilhelm IV. von Preußen Interesse erkennen lassen.(vgl.Anm.51) In ihren Ländern konnte auch die größte Anzahl von kap Gemeinden gegründet werden (1901: England 315, Ndt. 305 Gemeinden [davon über 80% in Preußen]).

26   (S.26) *"The Moral Phenomena of Germany"* erschienen Anf. 1843, eine 2., verm. Aufl. 1845. Letztere lag der deutschen Übersetzung durch Bolko Freiherr v.Richthofen zugrunde, die 1870 unter dem Titel *"Blicke eines Engländers in die kirchlichen und sozialen Zustände Deutschlands"* in Breslau herauskam (s.Anm.93). Carlyle's Buch ist in erster Linie als eine literarische Frucht seiner Beschäftigung mit Deutschland anzusehen, eine von großem Ver-

ständnis und von der Sachkenntnis des Gebildeten getragene kritische Würdigung der Verhältnisse in dem "Land", das sein Auftragsgebiet geworden war. Die kaB wird in diesem Werk nicht ausdrücklich erwähnt. In seiner Dissertation über Carlyle (eine durch Fehler und Oberflächlichkeit insgesamt enttäuschende Arbeit) unterstellt KRÄMER (1966,90) dem Ap, er habe das Buch verfasst, um sich dadurch in die *"höchste Gesellschaft* (Deutschlands - Verf.) *einzuführen".* Dies ist eine erhebliche Verkürzung. Natürlich hat Carlyle seine *"Moral Phenomena of Germany"* auch höhergestellten Persönlichkeiten in Deutschland zugestellt, doch das Hauptmotiv seiner Arbeit war, dem englischen Leser Deutschland näher zu bringen. (s.ROSSTEUSCHER,1886,498)

Innerhalb der KaG wird überliefert, dass Carlyle's Buch das *"lebhafte Interesse"* des preuß. Königs Friedrich Wilhelm IV. erweckt habe und daß der Ap im Schloss Charlottenburg *"des öfteren zu Gast war"* (AARSBO,1932,284; BORN,1974,48; WEBER,1977,Anh.,41; KRÄMER,1966,28). Während ersteres in dieser Arbeit belegt werden kann, ließ sich letzteres bis heute nicht nachweisen - auszuschließen ist es jedoch nicht. Der Kontakt zwischen dem Apostel Carlyle und Friedrich Wilhelm IV, kam zustande durch die Vermittlung des Gelehrten und Staatsmannes Christian Carl Josias Freiherr v.Bunsen (1791-1860, von Mitte 1841 bis Juni 1854 preuß. Gesandter in London). Etwa 1843 hatte der Ap ein Exemplar der 1. Aufl. seiner *"Moral Phenomena"* über die Preuß. Gesandtschaft an den König geschickt. Am 24.2.1843 schrieb Bunsen an Carlyle: *"'My Dear Sir, - I have been commissioned by His Majesty the King, my master, to express to you his warm thanks for the interesting work,* The Moral Phenomena of Germany, *which has been transmitted to His Majesty through his legation, and which the King has perused with particular interest. In executing this honourable commission I take the liberty of adding that your work seems to have appeared in an important crisis, both in the Protestant and the Roman Catholic Church of Germany... I have the honour to remain with great regard, my dear sir, yours faithfully, BUNSEN.'"* (BRASH,1904,37f) Im Sept. 1843 erhielt Carlyle einen persönlichen Dank vom König. BRASH zitiert die engl. Übersetzung (ebd.,38): *"'Owing to special circumstances, your treatise upon the German nobility, which you have had the consideration to send to me, has only just come to my hand, and I take occasion to offer you my sincere thanks. FREDERICK WILLIAM. Berlin, September 5, 1843.'"*

Anf. 1845 sandte Carlyle dem König und Bunsen je 1 Exemplar der 2. Aufl. seines Buches zu. Bunsen schrieb ihm daraufhin am 23.1. d.J.: *"'Dear Sir, - I have received and read the book you have been so kind to send me. Accept my best thanks for it. I shall be most happy to send the copy to the King, and those for four common friends at Berlin you have entrusted to my care. I wish and hope the work to be generally read in Germany. You have studied us as no foreigner has done this long while, and your censure is worth more than many others' praise.'"* (ebd.) Im weiteren Verlauf des Briefes äußerte Bunsen seine Meinung zu einigen Passagen in den *"Moral Phenomena"* und lud Carlyle zu einem Besuch ein: *"'I should be very glad to speak to you and hear you on these sacred subjects instead of writing, which explains nothing. I am to-day in town, and at home till two o'clock. I go then to our little place in the country till Monday. Could and would you come to see us there? ... It would bring you any one of these days in time for our dinner. We have place for you, and hope you will give us at least one whole day.'"* (ebd.,39f) Dieser Besuch erfolgte offenbar bereits am 28.1.1845.(s. R.DAVENPORT,1974,142) Die Baronin v.Bunsen schrieb später über dieses Ereignis an ihren Sohn George: *"'At the same time we saw for one day a remarkable man, Thomas Carlyle, not the author of 'The French Revolution,' & c. - but a member of a new sect, and called the* Apostle of Germany! *You would expect an impostor or madman, but we found neither: a man and a gentleman, amiable, intelligent, and I believe truly pious and well-intentioned; suffering from the common English distemper of* half-learning, *when nothing else is half: there is a whole man, a whole intelligence, a whole resolution, unity of intention, - and thus is half-learning the more dangerous, in destroying the balance. This Mr. Carlyle has been in Germany, known many people at Berlin, and has written a book on Germany, containing more truth both in praise and censure than has been told, I should think, by anybody who has yet treated the subject. But curious are the glimpses which the book affords, of the new church by which the author would supersede all existing forms!'"* (HARE,1894,II,76f [zitiert nach KRÄMER,1966,26f]) Am 18.5.1845 äußerte sich Carlyle in einem ausführlichen Brief an Bunsen (geschrieben in Albury) zu dessen Buch *"Die Verfassung der Kirche der Zukunft"* (1845).(abgedruckt bei EDEL,1971,315-320 [die Quelle ist ebd.,377 genannt]) Dieser Brief macht deutlich, daß die theologischen Ansichten der beiden Männer in vielen Fragen weit auseinandergingen.(vgl.BENZ,1953,139-143)

Auch mit anderen Vertretern der kaB hatte Bunsen Kontakt. So sandte ihm Thiersch am 5.6.1846 aus Marburg ein Exemplar seiner *"Vorlesungen über Katholizismus und Protestantismus"* (1846) zu. Im Begleitbrief (dessen Hauptzweck ein wissenschaftliches Anliegen war) schrieb Thiersch zur Übergabe seines Buches: *"Ich thue dieß durch meinen Freund, Herrn William Renny Caird aus Montrose in Schottland, einen Theologen, dessen belehrender Umgang mir von großem Seegen gewesen ist, und mit dem ich mich durch große Übereinstimmung unserer Ansichten in religiösen und kirchlichen Dingen verbunden fühle. Ich bin überzeugt, daß es nicht erst meiner Bitte bedarf, um ihm bei Euer Excellenz eine gütige Aufnahme zu sichern."* (XVIII/118; vgl. Anm.25.c, 32, 34; S.27ff d.v.U.) Doch weder Carlyle noch Caird vermochten in Bunsen Verständnis für die kaB zu wecken. Dieser äußerte sich Ende 1847 in einem Brief an den Kabinettsminister L.G.v.Thile (1781-1852 [Anm.50.a]) ausgesprochen negativ über die KaG (v.Thile war offenbar in seinem Brief auf das Testimonium eingegangen): *"Man muß sich immer vergegenwärtigen, daß die englisch=schottische Theologie ganz ideenlos geworden ist, und die, welche ihr durch Idee und Wissenschaft zu helfen suchen, nur eine Fehlgeburt wie den Puseyismus und den Irvingianismus hervorzubringen vermögen. Jene Kirchen überhaupt leben nur noch durch die sittliche Kraft der Nation, und diese ist zum Theil dem göttlichen Leben zuzuschreiben, das in der Bibel ruht, zum Theil der politischen Freiheit, zum Theil dem Segen des Erbtheiles ihrer Väter, daß sie Deutsche sind.*

Jedenfalls ist der noch nicht einmal über die Schwelle des Christenthums gekommen, viel weniger zum Apostel berufen, der wie jener Herr Carlyle glaubt, die abgestorbenen oder absterbenden Kirchen der Christenheit durch hierarchische Verfassung und liturgische Formeln wieder lebendig zu machen. Das aber thun jene anmaßenden Männer in dem, was ich von ihnen weiß; und es sollte mich wundern, wenn sie in jener Zuschrift, von der Sie reden, etwas wesentlich Anderes, also überhaupt etwas, thäten.

Wann eine wahre, zweite Reformation kommen werde, weiß ich nicht; allein daß, wenn sie kommt, sie nur, wie die Welt jetzt steht, von Deutschland kommen kann, dessen halte ich mich ganz sicher...

Die wahre Religion ist wesentlich Geist, und etwas so Geistloses, wie jene beiden jüngsten Ausgeburten des englischen und schottischen Geistes, der Puseyismus und der neu aufgestutzte Irvingianismus, ist deshalb eigentlich ebenso irreligiös als die Irreligiosität des Unglaubens." (NIPPOLD,1868/71,II,404f)

Die Unterschiede zwischen den theologischen Positionen Bunsens und der kaB werden auch in einer Beurteilung des Freiherrn durch Thiersch deutlich, die in einem Brief an den Pfarrer Friedrich Oehninger (1837-1912) v. 6.3.1884 anklingt: *"Charles K i n g s l e y ... gehörte wie Maurice zu den Social Christians, welche betonten, daß durch das Christentum ein freudiges, kraftvolles Leben gefördert und die materielle Lage der niederen Stände verbessert werden solle... Dabei war Kingsley kein Irrlehrer wie Bunsen... Max Müller ist sein Schwager, und dieser ist leider wie Bunsen herabgesunken in eine pantheistische und materialistische Weltanschauung."* (OEHNINGER,1888,64)
Zu Bunsen s. auch NIPPOLD,1868/71; ADB 3(1876),541-552.(vgl.Anm.50.a,c u. 51)

27 (S.26) Diese zuerst in Düsselthal (bei Düsseldorf) edierte Schrift ist bis heute in 7 Aufl. erschienen (zur 1. bis 6. Aufl. [1962] s.EDEL,1971,358; eine 7. Aufl. brachte 1969 der kap Verlag Hermann Meier Nachf. [Siegen] heraus; vgl.WEBER,1977,Anh.,43). Carlyle analysiert in seinem interessanten Werk mit theologischer und kirchengeschichtlicher Sachkenntnis den Zustand der Kirche seiner Zeit, ohne auf die Ap und die KaG hinzuweisen. Vielmehr versucht er, beim Leser den Wunsch nach einem besonderen Eingreifen Gottes zu wecken, um auf diese Weise den Boden für die Aufnahme der Botschaft der Ap zu bereiten. So heißt es z.B. gegen Schluss seiner Ausführungen (1934,89): *"Er allein kann ein Werk tun, wodurch nicht nur für den Augenblick oder für eine besondere Kirche etwas gewirkt wird, sondern das zur Befreiung und Wiederbelebung der ganzen Kirche dienen soll, und worin Seine Kinder in allen Bekenntnissen, die auf Seine Erlösung warten und auf Ihn hoffen, Seine Hand wiedererkennen werden. Und wie wird der Herr dies tun? - Er Selbst gibt die Antwort: 'Ich muß dir wieder Richter geben wie zuvor und Ratgeber wie im Anfang; alsdann wirst du eine Stadt der Gerechtigkeit und eine fromme Stadt heißen!' - Wenn der Herr wieder in Seiner Kirche solche Männer erweckt wie im Anfang; wenn Er uns wieder Richter und Ratgeber gibt, die unmittelbar von Ihm beauftragt und befähigt sind, sich der Leitung Seiner ganzen Kirche anzunehmen - Männer, die nicht von Menschen, sondern durch Jesum Christum und Gott den Vater berufen sind, dann wird es möglich sein, die Kirche aus ihren Trennungen, Irrtümern und mancherlei Mängeln und Gebrechen zu erretten und die Kinder Gottes von aller Unterdrückung und geistlicher Gefangenschaft zu befreien. - Sie schrien zum Herrn, heißt es, und Er erweckte ihnen Richter, und so war der Herr mit den Richtern und half ihnen aus ihrer Feinde Hand."* (vgl.Anm.47)
Die Äußerung Rudelbachs ist in der kap Literatur bisher immer verkürzt wiedergegeben worden: *"Dr. Rudelbach zählt den Verfasser* (von 'Die Kirche in unserer Zeit' - Verf.) *zu den Augen der Kirche."* (v.MICKWITZ,1895,117; ebenso AARSBO,1932,284; WEBER,1977, Anh.,42) Das wohl richtige Zitat, nach dem <u>Carlyle's Schrift</u> *"das Auge an der Kirche in unseren Tagen"* genannt worden ist, findet sich in einem zwischen Aug. 1849 und 1850 geschriebenen Brief A.Koeppens an seine Schwägerin Laura, geb. v.Bergmann, (s. v.MICKWITZ,1895,104) und stammt mit hoher Wahrscheinlichkeit aus einer Rezension dieser Schrift in der von Rudelbach und Guericke herausgegebenen *"Zeitschrift für die gesamte lutherische Theologie und Kirche"* (1850?,S.141-150?). (Diese Zeitschrift hat der Verf. [trotz intensiver Bemühungen] bisher nicht einsehen können.) (Thiersch über Rudelbach: s. bei WIGAND, 1888,57)

28.a (S.27) <u>Jonathan Smith</u> (+ zwischen 1863 u. 1865) war von Beruf Bäcker (ROSSTEU-

SCHER,1886,301; nach BOASE,Suppl.,819, *"shopkeeper")* in Eynsham und gehörte zur dortigen Gemeinde der Particular Baptists, die (als ländliche Filiale der Oxforder Baptistengemeinde) unter der Leitung von James Hinton stand. Dieser hatte sich für den Aufruf J.H. Stewarts, um eine erneute Ausgießung des Heiligen Geistes zu beten (s.Anm.25.b), eingesetzt und 1829 mit 70 Personen - dem größeren Teil seiner Eynshamer Gemeinde - ein neues Versammlungslokal bezogen. 1832 trat hier die Gabe der Glossolalie, 1833 die der Weissagung hervor. Am 19.6.1834 wurde Hinton zum E seiner (nun zur kaB gehörenden) Gemeinde Eynsham berufen.(s. ROSSTEUSCHER,1886,299-303.394f; NEWMAN-NORTON,1971,57) S. gehörte dieser Gemeinde schon vor 1830 an. ROSSTEUSCHER (1886,301) schildert ihn als einen tiefreligiösen Mann, *"der an der Hand der Schriften von Richard Baxter, Wesley u.a.m. nach der Vollkommenheit trachtete...; er fastete häufig, er betete regelmäßig siebenmal am Tage. Seine Gebetskraft muß mächtig gewesen sein: im Gebet ging ihm die Gewißheit auf, daß der HErr Seine Kirche erneuern werde, wie am Anfang ... Die Geförderten in E(y)nsham schlossen sich enge an den prophetischen Jüngling an."* Laut NEWMAN-NORTON (1971,102) besuchte S. (zusammen mit Taplin) 1831 Cardale. Auch Hinton nahm Kontakt zur kaB in London auf.

1835 gehörte S. zu den Sieben Propheten des *"Council of Zion",* die nach der Aussonderung der Ap ein Jahr lang mit diesen in Albury "in Klausur" waren.(s.Anm.22.b; übrigens gehörte noch ein weiterer der Sieben Propheten - J.Hester - früher zu den Baptisten in Oxford [ROSSTEUSCHER,1886,301]) Am 28.11.1836 wurde S. zum E-Pr für den Dienst in der AK (unmittelbarer Mitarbeiter der Ap) ordiniert. Kurz darauf reiste er (für ein volles Jahr?) nach Kanada, um dort als Begleiter des Ap Woodhouse an der Gründung der ersten kap Gemeinden auf dem nordamerik. Kontinent (Kingston [Dez. 1836] u. Toronto [14.1.1837]) mitzuwirken. (BORN,1974,28.32f.63; Anm.25.a)

Später diente S. als Pr.m.d.Ap. für Norddeutschland. Er wirkte mit bei der Gründung der ersten deutschen kap Gemeinde am 17.10.1847 in Frankfurt/M. (Anm.41.b, 43.c), hielt sich im Winter 1847/48 in Marburg auf (HOPF,1913,I,432) und war dann vor allem in der am 19.3.1848 gegründeten Berliner Gemeinde tätig. Seine Aufenthalte dort lassen sich bis Ende Juli 1850 nachweisen.(Th.Br.,106/3) (Ab Sommer 1849 diente der P-Pr Taylor gastweise in Ndt. [s.Anm.107]; ab Frühjahr 1851 wurde Geyer als Pr mit übergemeindlichem Auftrag für diesen Bereich eingesetzt [s.S.206f d.v.U.].) Mitte der 50er Jahre wohnte S. in London-Chelsea. Er war Teilnehmer der *"prophetic meetings"* in Albury (1858ff; Anm.115) und diente ab etwa 1860 als Pr.m.d.Ap. für Irland (BORN,1974,63). Ebenso wie sein Geburts- ist auch sein Sterbedatum nicht bekannt.

28.b (S.27) Rev. Frederick William Hanham Layton (1805-21.10.1878) erhielt seine Ausbildung am St. Peter's College in Cambridge (B.A.) und wurde Geistlicher der Church of England. 1831 zum Diakon und 1832 zum Priester geweiht, diente er als Hilfsgeistlicher (curate) in Wem/Shropshire von 1831-1835.(NEWMAN-NORTON,1971,70) L. war, *"nachdem er das Werk des HErrn lange für Schwärmerei gehalten, durch einen Amtsbruder von dem wahren Charakter desselben überzeugt und in seinem Eifer dazu getrieben worden, dieses Zeugnis zu predigen, mit so viel Aufsehen und Erfolg, daß ihn der Bischof absetzte. Im Begriffe, eine neue Anstellung in der Londoner Diöcese zu suchen, war er mit den Dienern der Gemeinden in nährern Verkehr gekommen, und in ihrer Mitte unvermutet durch Weissagung zum Engelamte berufen worden..."* (ROSSTEUSCHER,1886,464 [laut NEWMAN-NORTON,1971,70], wurde L. am 25.2.1835 *"called over the people at Wem";* den pA zufolge soll er bereits 1834

zum E-Amt ber. worden sein]) *"Zunächst diente er als Ältester* (in der Londoner Zentralgemeinde [Newman Street] - Verf.), *und nachdem die Zahl der sieben Engel ausgefüllt war, schien vorerst keine Aussicht, daß seine Berufung verwirklicht werden würde."* (ROSSTEUSCHER,1886,464) Als jedoch am 14.7.1835 der E der Gemeinde London-Islington, MacKenzie, als 12. Ap bezeichnet worden war, konnte Laytons Ber. verwirklicht werden: Noch am selben Tage wurde er - unter Handauflegung durch die 12 Ap - in das Amt des E der kap Gemeinde Islington eingesetzt.(ebd.) Damit gehörte er zu den Sieben Engeln der Sieben Gemeinden in London, die den Ap zu ihrer Aussonderung die Hände auflegten.(ebd.,466f) Aufgrund der besonderen Bedeutung der Sieben Gemeinden (nach kap Verständnis sind sie *"ein Sinnbild der Gesamtkirche"* [WOODHOUSE,1901,43.47]) standen ihre E im Rang eines EE (ALBRECHT,1924,51).(zu den Sieben Gemeinden s. auch Anm.21)
L., der bis zu seinem Tode als E in Islington diente, begleitete den Ap Carlyle als fung. (nicht eingesetzter) H.m.d.Ap. nach Norddeutschland. (Ein Aufenthalt in Berlin vom 10.2.-25.4. 1849 ist in der CHRONIK der Gemeinde belegt [pA; vgl.S.39.42 d.v.U.]. Bei der Gründung der ersten deutschen Gemeinde am 17.10.1847 in Frankfurt/M. hatte der Ev W.M.White [Anm.41.a] die Aufgaben des H.m.d.Ap. übernommen.) Ab 24.2.1850 diente Thiersch als H.m.d.Ap. für Norddeutschland.(Anm.58.c [Thiersch hat seinen "Vorgänger" übrigens mehrfach in London besucht, s. z.B. Th.Tgb.,15.6.1854]) 1850 hielt L. Vorträge über die Heilige Schrift *"at C.A.C. College"* (NEWMAN-NORTON,1971,70, - einer theologischen Weiterbildungseinrichtung der KaG in England [vgl.FLEGG,1992,81]). Im Okt. 1855 wurde ihm die Oberaufsicht über die kap Gemeinde in Paris (NBE J.C.L.Duproix) übertragen. Im Spätsommer 1857 begleitete L. den Ap Drummond bei einer Visitation der kap Gemeinden in die Schweiz und besuchte anschließend die Gemeinde in Paris.(Th.Br.,197/6) Vom 29.-31.7.1861 besuchte er Thiersch in Marburg.(Th.Tgb.) Zwei öffentliche Ansprachen, die er am 3. u. 10.9.1866 in der Myddleton Hall in Islington über *"The Instant Coming of our Lord Jesus Christ, and the only Preparation by which the Church can be enabled to meet Him"* hielt, erschienen gedruckt.(MILLER,1878,I,295; KÖHLER,1876,426; weitere Schriften s. bei COPINGER,1908,44) L. starb im Alter von 73 Jahren in London als letzter der Sieben Engel, die am 14.7.1835 den Ap zu ihrer Aussonderung die Hände aufgelegt hatten (s.S.23 d.v.U.). (NEWMAN-NORTON,1971,70)

28.c (S.27) Charles John Thomas Böhm (1812-11.4.1880) wurde als Sohn eines dän. Amtmanns (aus Schleswig-Holstein) und einer Engländerin (aus London) in Kopenhagen geboren. Nach dem Tode des Vaters zogen Mutter und Sohn nach London (1834). B. trat dort als Korrespondent in das Bank- und Handelshaus Hambro ein. Auf einer seiner Dienstreisen hörte er in Liverpool durch den Kaufmann William Tarbet (1795-1881 [1887? WEBER,1977,Anh.,110], einem Freund Irvings [1876-1881 E der kap Gemeinde in Liverpool; NEWMAN-NORTON, 1971,107]) von der kaB. Auf Tarbets Empfehlung hin besuchte B. kap Gottesdienste in London und schloss sich der kaB an.(vgl.WEINMANN,1963,38) Bereits am 12.7.1836 wurde er (24j.!) in der Londoner Zentralgemeinde durch Cardale zum E geweiht und am 1.8. (WEBER, 1977,Anh.,23) oder 9.8. d.J. (NEWMAN-NORTON,1971,12) an gleicher Stelle zu einem der *"60 evangelists to the nations"* (BEv für Ndt. [von Anfang an?]) "ordiniert". 1838 begleitete B. zunächst (zusammen mit dem Pr Taylor [Anm.107]) den Ap King-Church in die Niederlande und nach Dänemark.(AARSBO,1932,275; BORN,1974,33) Im Juni/Juli 1844 (u. im Okt. 1857) besuchte er Schweden.(NEWMAN-NORTON,1971,12)

In den 40er Jahren wirkte B. vor allem in Norddeutschland. Zu diesem Zweck musste er die deutsche Sprache erlernen.(BÖHM,1878,V) Seine Ev-Tätigkeit in Carlyle's Auftragsgebiet begann spätestens 1845. Gemeinsam mit J.Barclay (der schon vor ihm in Ndt. gearbeitet hatte [s.S.32ff d.v.U.]) war er hauptsächlich in Berlin, aber auch in Magdeburg, Frankfurt/M., Marburg und anderen Städten tätig.(vgl.Anm.38.a,b, 39.a, 44-48, 49.b) Zu einer ersten persönlichen Begegnung mit Thiersch kam es spätestens Mitte 1846 (s.S.29f d.v.U.). Böhms evangelistische Arbeit umfasste vor allem die Aufnahme und Pflege persönlicher Kontakte (s.Anm.46), Korrespondenz, Gründung von religiösen Zirkeln und Vortragstätigkeit. (vgl.Anm.59.b) An der Gründung der ersten kap Gemeinden in Ndt. hatte er entscheidenden Anteil.(s.S.178f d.v.U.) Ende Febr. 1847 übergab B. dem preuß. König Friedrich Wilhelm IV. und 1850 führenden Geistlichen in Berlin das Testimonium.(vgl. S.44 d.v.U.; Anm.51) Der am 19.3.1848 gegründeten Gemeinde in Berlin stand er mehr als ein Jahr als BE vor.
Zwischen 1848 und 1851 heiratete B. die Berliner Generalstochter C.v.Zastrow. (Anm.55.k) Aus dieser Ehe gingen mindestens drei Kinder hervor, von denen ein Zwillingskind 1856 starb.(Th.Br.,184/2) Das Ehepaar Böhm wohnte in Berlin - zunächst in der Luisenstr. 18 (hier wohnte [nach 1848] auch Carlyle während seiner Berliner Aufenthalte) und spätestens ab 1866 in Charlottenburg.
1851 übernahm B. als Nachfolger J.Barclays das Amt des Ev.m.d.Ap. für Ndt., das er bis Sept. 1867 innehatte (vgl.S.69 d.v.U.; seine offizielle Einführung als H.m.d.Ap. für Ndt. in der Ratsversammlung der Ap u. ihrer Mitarbeiter in Albury erfolgte jedoch erst am 28.4.1857 [Th.Tgb.]). Anf. 1854 bereitete er in Hamburg die Gründung der dortigen Gemeinde vor. (s.Anm.121.a) Im Sommer d.J. sowie in den Jahren 1857-1862 war B. wiederholt evangelistisch auch in Dänemark, besonders in Kopenhagen, tätig. (Er fungierte spätestens ab 1862 auch als Ev.m.d.Ap. für Dänemark [BERICHT,1863,3; WEINMANN,1963,300; BORN,1974, 55].) Schon 1854 hatte B. das Testimonium dem Primas der Dänischen Staatskirche Bischof Martensen in Kopenhagen übergeben. (BORN,1974,47; vgl. WIGAND,1888,143f!; Anm. 25.d, 66, 69.b)
Im Jahre 1855 erschien Böhms Hauptwerk *"Schatten und Licht in dem gegenwärtigen Zustande der Kirche. Neun Abhandlungen über christliche Wahrheiten für unsere Zeit"* (mit einem Vorwort von H.Thiersch). Dieses Buch enthält viele Vorträge Böhms in überarbeiteter Form (BÖHM,1878,V) und gehört zu den wichtigsten dogmatischen Arbeiten, die die KaG hervorgebracht haben. 1860 lag es bereits in engl. und holl., 1865 in dän. und 1884 in schwed. Übersetzung vor. In Deutschland / Schweiz erlebte Böhms Werk 4 Auflagen.
Am 17.7.1859 wurde B. in der Apostelkapelle zu Albury durch Taplin als erster zum Koadj-Amt ber., und zwar mit folgenden Worten: *"'Jesus beruft dich, apostolischer Botschafter. Er möchte dich, Koadjutor, gebrauchen für ihn (den), den Er zu sich versammelt hat. Er wird dich am Tage Seiner Erscheinung bekennen. Suche, gebraucht zu werden; suche die Kinder des, der abgeschieden ist, zu sammeln und zu segnen.'"* (zitiert nach BORN,1974,52; vgl. WEINMANN,1963,39; zum Koadj-Amt s.Anm.101) Im Sept. d.J. *"ernannte"* (so Thiersch) ihn Woodhouse als seinen Koadj für Ndt. (u. Skandinavien?).(CHRONIK Marburg,III,Sept. 1859; vgl.HANDTMANN,1907,8) Ab 1865 diente B. auch als Koadj in Irland (BORN, 1974,52) sowie von 1870/75-1877 in Russland. Sein eigentliches Arbeitsfeld blieb jedoch Norddeutschland.
Eine am 30.5.1860 durch Geyer erfolgte Ber. Böhms zum Ap-Amt ist von den Ap nicht anerkannt worden.(s.S.211f d.v.U.)

Der Koadj starb 67j. am 11.4.1880 in Charlottenburg. Er verfügte über eine reiche theologische Bildung und gehörte zu den aktivsten Amtsträgern der KaG. Der Berliner Sup. Kober hat ihn als *"besonders begabten und einflußreichen Redner"* charakterisiert. (XXII/23.3.1850) Am 8.1.1881 sagte Woodhouse in seiner Ansprache *"The Harvest is past"* vor der Versammlung der Sieben Gemeinden in London über B. (zitiert nach WEINMANN,1963,39): *"Ich kann seinen Tod heute nicht erwähnen, ohne ihm das Zeugnis auszustellen, daß er einer der treuesten, rührigsten und weisesten Amtsträger war, die der Herr in unseren Reihen hat erstehen lassen, um den Aposteln in ihrer Arbeit zu helfen.*

Die Kirchen, die in Norddeutschland unter seiner Aufsicht standen, haben unter ihm an Zahl zugenommen und Fortschritte im geistigen Leben gemacht, und zwar in einer höchst zufriedenstellenden Weise. Unter seiner Hand wuchs die Zahl der Gemeinden, denn er wurde in seiner Arbeit durch drei treue Amtsbrüder unterstützt. Die Last der Pflege und Versorgung der Gemeinden in Norddeutschland, die in der Tat eine sehr große war, war durch ihn von den Schultern der Apostel genommen. Diese waren aber auch andererseits in der Lage, in ihn ihr vollstes Vertrauen zu setzen, daß er gläubig, treu, und mit Weisheit alle ihre Anordnungen durchführen würde zum Segen des Ganzen. Daß wir nun seiner Dienste beraubt sind, ist für uns ein wirklich sehr großer und unersetzlicher Verlust."

Zu B. s. AARSBO,1932,275; BORN,1974,30.37.39.41.52.54.76 u.ö.; WEBER,1977,Anh.,23; WEINMANN,1963,30-39; NEWMAN-NORTON,1971,12. Böhms Schriften s. bei COPINGER,1908,7; EDEL,1971,355f; WEBER,1977,Anh.,23ff.

[29] (S.27) Peter von Richarz (23.5.1783-2.7.1855), seit 1837 röm.-kath. Bischof der Diözese Augsburg, war - nach dem Urteil SCHOLLERs (1891,116) - *"ein erleuchteter, edeldenkender und mildgesinnter Mann, der Gottes Werk (die kaB - Verf.) kannte und der Schärfe im Verfahren gegen die Bekenner desselben abhold war".* Er ist nicht nur mehrfach von Caird besucht worden, sondern sehr wahrscheinlich auch vom Ap Carlyle. Denn offenbar auf diesen Bischof bezieht sich die folgende Tgb.-Notiz E.L.v.Gerlachs v. 1.7.1847: *"'Wagener erzählte sehr beifällig C a r l y l e s (des Irvingiten=Apostels) Antwort an eines süddeutschen römisch=katholischen Bischofs Tafel auf die Aeußerung: der Protestantismus müsse zurück wie der verlorene Sohn - 'Ja! aber zurück i n d e s V a t e r s H a u s, wo der ältere Bruder darüber sehr unzufrieden war'."* (v.GERLACH,1903,I,481; vgl.Anm.44, 46)

Als sich der röm.-kath. Dekan Lutz und einige seiner Priester-Kollegen in den 40er bzw. Anf. der 50er Jahre innerlich der kaB zugewandt hatten und ihnen - nachdem dies bekannt geworden war - ein Verfahren durch das Bischöfliche Ordinariat in Augsburg drohte (s.Anm.30-33), geriet R. in eine nicht einfache Situation, da er einerseits offenbar Sympathien für die kaB und für Lutz hegte, andererseits aber aufgrund seiner Stellung eine weitere Ausbreitung der Bewegung in seiner Diözese nicht zulassen konnte. Am 7.5.1852 schrieb Lutz an Thiersch: *"Schon im Dezbr. 1849 fiel Mehreres vor, in Folge dessen mich der liebe Bischof nach Augsburg berief, u. 10 Stunden mit mir unter vier Augen verhandelte. Schon damals legte ich das Werk des Herrn, soviel ich glaubte, daß es rathsam sei, sowie die Gründe, welche mich persönlich von der Göttlichkeit desselben überzeugen, dem Bischof vor, und als Caird - meiner Bitte und Erzählung gemäß - alles an A. Drummond berichtet hatte, billigte dieser meine H(an)dl(un)gsweise, u. ließ durch Caird uns Priestern sagen, wir sollen (uns) in Allem so benehmen, daß wir der Sache so Zeugniß geben, daß wir den Bischof in keine Verlegenheit bringen."* (zitiert nach WEBER,1973,213) *"Wenige Tage nach Cairds Abreise (etwa Febr. 1852 - Verf.) erhielt ich von dem edlen Bischof Richarz von Augsburg ein sehr bedeutsames,*

das jetzige Werk des Herrn u. Cairds Besuche betreffendes Schreiben. Und (um? - Verf.) *in Beantwortung desselben ganz sicher zu gehen, schickte ich es augenblicklich nach Basel um Rath von C.* (Caird - Verf.) *u. W.* (Woodhouse?, L.A.Woringer sen.? - Verf.) *u.s.w. Caird gab, nach Berath*(un)*g der Sache mit Ap. W., Rath, u. demgemäß antwortete ich dem lieben Bischof. Schon damals stellte es Caird in Zweifel, ob er unter den eingetretenen Umständen hieher kommen werde...*
Unterm 18ten März d(es) *l*(aufenden) *J*(ahres) *übersendete ich dem l*(ieben) *Bischof einen so vollständigen Bericht, daß er nun hiedurch u. meine früheren Mittheilungen eine vollständige Kenntnis von dem Werke des Herrn hat. Die Sache gab sich ungesucht: Er fragte, u. ich antwortete. Indeß ist die Stellung des Bischofs eine schwierige. Was wir Priester u. mit uns etwa 100 Laien glauben und erwarten, ist durch unser Bekenntniß in Wort, Schrift u. That nicht nur in Augsburg, sondern in der ganzen Diözese bekannt. Man gab Klagschriften gegen uns an's b*(ischöfliche) *Ordinariat ein, in welchen wir als Irvingianer bezeichnet werden, und drohte dem Bischof, daß man, wenn nicht gegen uns eingeschritten werde, die Sache veröffentlichen werde; was aber bis heute noch nicht geschehen ist...*
Dies ist nun die Sachlage, aus welcher Sie gewiß ersehen, daß die Absendung eines Evangelisten vorderhand nicht ratsam sei." (ebd.,212f)
Am 2.3.1853 erließ das Bischöfliche Ordinariat in Augsburg eine Kanzelabkündigung für die gesamte Diözese, in welcher gegen den *"Irvingianismus"* (und alles, was man dafür hielt) Stellung bezogen wurde.(s.ebd.,217ff.224ff) Dieser Erlass ist nicht von R. verfasst worden. (ebd.,226) Am 20.7.1853 schrieb Lutz an C.Rothe in Berlin: *"Sie erinnern sich gewiß noch an den Erlass des bischöfl. Ordinariates Augsburg in Betreff der 'Irvingianer,' den ich Ihnen im Frühjahr mitgetheilt habe. Da nun der liebe Bischof in diesem Sommer die hiesige Kirche einweihen und den Kindern meines Dekanatsbezirkes die Firmung ertheilen sollte, so waren wir alle sehr begierig, was er diesfalls thun und wie er sich insbesondere gegen mich benehmen würde, da er weiß, daß ich dem Werke des Herrn /'Irvingismus'/ von Herzen zugethan sei. - Der Bischof war nun da; und die Sache verlief sich so.*
Ich hatte ihn schriftlich eingeladen, nicht in einem Gasthause, sondern bei mir zu wohnen. Er nahm diese Einladung an. Samstags - den 9. Juli trat er, von 12 Priestern empfangen, in mein Haus ein ...
Während der ganzen Dauer seines Hierseins war der Bischof gegen mich, meine Hausleute, Pfarrer Fischer (einem 'Irvingianer') die lautere Liebe, benahm sich ganz so, wie wenn er bei mir daheim sei, und drückte öfters seine Freude aus, unter uns sein zu können. Ich war öfters mit ihm allein; wir sprachen über verschiedene theologische Gegenstände, aber über das Werk des Herrn, das er kennt und von dem er weiß, daß Fischer und ich es als solches anerkennen und lieben, fragte und sagte er nichts, gab auch keine Veranlassung, daß ich darüber hätte etwas sagen können. - Er weiß, daß Fischer, ich u.a. in der ganzen Diözese als 'Irvingianer' bekannt sind, u. doch wohnte er drei Tage bei mir, und erwies uns beiden in Gegenwart aller anwesenden Geistlichen ganz besondere Liebe. - Wie ist nun all dies zu nehmen? - Ich glaube, gut. 'Wer nicht gegen euch ist, sagt der Herr, der ist für euch'...
(P.S.: - Verf.) *21. Juli. - Soeben erzählte man mir, daß man sich ausser dem hiesigen Dechanatsbezirke verwundert frage: warum doch der Bischof bei einem Irvingianer drei Tage lang wohne, firme u.s.w. ? - O daß der Herr dem geliebten edlen Bischofe das Herz aufschlösse!"* (ebd.,226ff; vgl.UNSERE FAMILIE,1992/8,42f)
R. starb ein Jahr darauf. Weder er noch irgend ein anderer Bischof hat sich den KaG angeschlossen. Nach seinem Tode wurde ein gegen Lutz bereits eingeleitetes Verfahren deutlich

verschärft und führte schließlich zur Exkommunikation des Priesters.(s.Anm.32) Der Nachfolger v.Richarz' (Bischof Michael Deinlein? [vgl.WEBER,1973,234]) stand den KaG äußerst feindselig gegenüber. So heißt es im BERICHT der Ap von 1863 (S.6): *"Der römisch=katholische Bischof von Augsburg, der neulich seine Diöcese bereiste, um die Firmung zu ertheilen, erklärte, daß Baptisten und Methodisten selig werden könnten, aber, die an unsern Gottesdiensten Theil nähmen, nicht."*

30 (S.27) Johann Evangelist Georg Lutz (12.3.1801-9.7.1882) wurde als Sohn einfacher Landleute und als ältestes von 6 Geschwistern in Burg (bayr. Oberdonaukreis) geboren, absolvierte das Gymnasium in Dillingen und erhielt nach Abschluss des Priesterseminars am 7.6.1823 (KANTZENBACH,Briefe,200) die Priesterweihe.(biographische Einzelheiten s. bei SCHOLLER,1891) Theologisch wurde er vor allem durch seinen Lehrer, dem späteren Regensburger Bischof Johann Michael Sailer (1751-1832), aber auch von röm.-kath. Priestern wie Martin Boos (+ 1825), Johannes Baptista Goßner (1773-1859) und Bayr geprägt, dazu durch Schriften von Thomas à Kempis, Luther, Knox, Arndt und Taylor.(s. WEBER,1973,206ff; SCHOLLER,1891,2ff; DALTON,1878,45-202; KANTZENBACH,Briefe; FRIEMEL,1972,84-88!) Nachdem L. zunächst als Pfarrvikar in Weißenborn, Burg und Unterroth und ab 1824 in Grimoldsried (heute Grimmolsried) gearbeitet hatte, trat er am 23.8.1826 die Pfarrstelle in dem kleinen Ort Karlshuld (bei Neustadt a./D.) auf dem von 1790-1795 trockengelegten und anschließend kolonisierten Donaumoos an. Diese Gemeinde, die etwa 940 Glieder umfasste und um die es in sozialer, sittlicher und religiöser Hinsicht schlecht stand (s. SCHOLLER,1891,4-15; UNSERE FAMILIE,1992/2,42ff), erlebte zum Jahreswechsel 1827/28 eine Erweckung. Zwei Monate später kam es zu charismatischen Erscheinungen in Gemeindeversammlungen (Febr. bis Juli 1828).(SCHOLLER,1891,20.38) L. beschrieb die Vorgänge in einem Brief an William Fettes Pitcairn (E der Gemeinde in Edinburgh [+ 25.9.1891]) v. 3.2.*"1852"* (gemeint ist 1853 [vgl. WEBER,1973,206 mit 214f]) folgendermaßen: *"Der Herr goß den Geist des Gebetes über Jung und Alt in ungewöhnlichem Maasse aus, und es schien sich in den Jahren 1827 u. 28 eine schöne Gemeinde sammeln zu wollen. In denselben Jahren gieng mir auch Licht auf über die Charismen, u. 1.Kor.12. Ephes.4. wurden mir sehr wichtig, indem sich dieselben in der Gemeinde äusserten. Zwei Personen (ein Mann u. eine Frau) bekamen prophetische Gaben, und folgende Punkte waren es vorzüglich, die sehr oft gesagt wurden: Der Herr wolle jetzt Seine Kirche wiederherstellen wie am Anfange; dieses Heiles u. Segens werde Er Protestanden, Katholiken u.s.w. ohne Unterschied theilhaftig machen; Er werde wieder Apostel geben und Propheten, wie am Anfange; es werden in vielen Ländern Viele gerettet werden, bevor die Gerichte des Herrn ausbrechen."* (ebd.,207; vgl. ROSSTEUSCHER, 1886,303-307; SCHOLLER,1891,15-26.28-38; HAMILTON,1893,15-21) *"Lutz selbst wurde in einem Gesichte gezeigt, daß der Herr wieder Apostel senden werde."* (SCHOLLER,1891, 22) Um dem *"Aftermystizismus"* in Karlshuld zu wehren, wurde L. Ende 1831 von dort abberufen.(ebd.,46-76) Es traf Lutz in einer Situation, in welcher er sich gerade in eindrucksvoller Weise für das soziale Wohl seiner Gemeinde (die eine harte Notzeit erlebte) eingesetzt hatte. (s. ebd.,42-46; UNSERE FAMILIE,1992/4,45f) Nach einigem Schwanken und wiederholten Versuchen, die Entscheidung, ihn zu versetzen, anzufechten, traten schließlich er und 600 Glieder seiner Gemeinde Anf. 1832 zur Evang. Kirche über. (SCHOLLER,1891,77-92) Dort hielt es L. jedoch nur wenige Monate - dogmatische Gründe veranlassten ihn zu einem Rücktritt in die Röm.-Kath. Kirche, um den er sich nach seinem Austritt aus der Evang. Kirche (6.6.1832) bemühte. Der größte Teil der zuvor mit ihm konvertierten Gemeinde folgte seinem

Beispiel (bis auf 180 Glieder). Ab 16.11. d.J. gehörte er wieder dem Klerus der Röm.-Kath. Kirche an und diente ab Dez. d.J. in Unterroth, ab 1834 in Tafertshofen und ab 14.11.1839 in Oberroth, *"wo er nach Verlauf einiger Jahre auch Kammerer und Dekan wurde"*.(ebd.,93-100; vgl.UNSERE FAMILIE,1992/6,42ff) Sein Dekanat umfasste 20 Gemeinden.

Im Jahre 1842 wurde ihm von seinem Freund Leinfelder, Pfarrer in Augsburg, ein Mann aus England empfohlen, den L. nur widerstrebend nach Oberroth einlud. L. hatte zuvor an Leinfelder geschrieben: *"'Dieser Mann wird wohl der Vorsteher einer Sekte sein. Du weißt, daß ich mir die Finger schon einmal verbrannt habe; ich will sie mir nicht zum zweiten Male verbrennen.'"* (SCHOLLER,1891,102) Über den Besuch des Engländers (der im Herbst d.J. stattfand, WEBER,1973,208) berichtet L.: *"Der Herr kam, es war der Schottländer William Caird. Ich fand in ihm einen sehr freundlichen und liebevollen Mann... Ich mußte staunen über die Erkenntnis dieses Mannes. Er sagte mir manches über die prophetischen Stellen der heil. Schrift und was er sagte, war mir neu. Ich ging einige male mit ihm spazieren und es wurde von Vielem geredet. Ich behielt jedoch mein Mißtrauen bei und ließ mich nicht näher mit ihm ein. Als Herr Caird wieder abreiste, ließ ich ihn gehen, ohne ihn wieder eingeladen zu haben.*
Als er fort war, fiel es mir schwer auf's Herz... und schrieb wieder an Herrn Caird, um ihn zu bitten, mich wieder zu besuchen und länger bei mir zu bleiben.
Nach einiger Zeit kam er wieder. 'Jetzt,' sagte ich zu ihm, 'machen wir uns an die Bibel. Wir fangen beim ersten Blatt an und hören beim letzten auf. So lange müssen Sie bei mir bleiben.' Caird versprach, die ganze Bibel mit mir durchzugehen und lange bei mir zu bleiben, wenn er auch ab und zu wieder verreisen müsse. Wir begaben uns nun an die Arbeit und machten bei vielen Stellen der heil. Schrift Notizen." (SCHOLLER,1891,103; vgl.WEBER,1973,208f; s. weiter Anm.32) (Am 30.4.1863 wurde Leinfelder in Hürben von Thiersch besucht [Th.Tgb.].)

---

31 (S.27) Bd.I Schaffhausen 1846, Bd.II Frankfurt/M. 1847 (im Verlag von H.Zimmer [Anm. 38.b]). Die 1. Aufl. erschien anonym. In ²1858 und ³1879 werden Caird und Lutz als Verfasser genannt und der Untertitel lautet *"Ein Leitfaden zum richtigen Verständnisse der heiligen Schriften des Alten und Neuen Bundes"*.(s.KÖHLER,1876,417. Zum Zweck dieser Schrift s. CAIRD,1858,I,XIIIf.) Am 13.7.1855 verbot das Domkapitel der Augsburger Diözese *"von allen Pfarrkanzeln des Bisthums... unter Androhung schwerer kanonischer Strafen"* das Lesen dieser Schrift.(ebd.,XIII)

32 (S.27) Lutz berichtet selbst: *"'Caird ging sehr langsam mit mir voran. Er nahm Anstand, mir gleich von der erneuten Sendung von Aposteln zu sagen. Als wir einmal beisammen saßen und den Abschnitt Epheser 4 vor uns hatten, redete er von den Ämtern der Kirche, wie sie am Anfang vorhanden waren. Im Laufe der Rede ließ er die Worte fallen: 'In England giebt es Gemeinden, wie am Anfang.' Ich war ganz erstaunt über diese Worte und fragte: 'Wer leitet diese Gemeinden?' 'Sehr einsichtsvolle Männer' war die Antwort. 'Wie heißt man diese einsichtsvollen Männer?' fragte ich weiter. 'Apostel' sprach Caird. 'Was? Apostel?' sagte ich. 'Ist das wahr? Auf Apostel und auf ein besonderes Werk Gottes in der Kirche warte ich schon 14 Jahre.' 'So wartest Du auf Apostel? Wie kommst Du dazu?' frug nun Caird voll Verwunderung und Interesse. Ich erzählte ihm nun von meinen Erlebnissen auf dem Donaumoose, wie dort einige Personen in Weissagung gesprochen hätten, und daß in diesen Worten gesagt worden sei, der Herr werde, ehe Er kommt, wieder Apostel und Gemeinden wie am Anfang geben. 'Wann haben die Leute gesprochen?' fragte Caird. 'Ende Februar im Jahre*

1828 haben sie angefangen zu reden' erwiderte ich. 'Um jene Zeit,' rief Caird, 'haben auch in Schottland die weissagenden Personen zu reden angefangen.'" (SCHOLLER,1891, 104f) L. schloss sich innerlich der kaB an, blieb aber röm.-kath. Priester.
Seine Einstellung konnte jedoch nicht verborgen bleiben. Spätestens ab 1850 war öffentlich bekannt, dass L. und einige seiner Kollegen der kaB nahestanden. (WEBER,1973,225; s.Anm.33) Dies lag nicht zuletzt daran, dass die Mitverfasserschaft von L. an dem von Caird (anonym) herausgegebenen Buch bekannt geworden war.(SCHOLLER,1891,113-116; CAIRD,1858,I,XIIf)
Am 4.10.1854 wurde gegen L. durch das Bischöfliche Ordinariat zu Augsburg ein Verfahren eröffnet, das mit der Suspension des Priesters am 17.5.1856 und seiner Exkommunikation am 6.3.1857 endete. Das Verfahren war nach dem Tode des Bischofs P.v.Richarz (Anm.29) verschärft worden.(s. dazu WEBER,1973,228-238; LUTZ,Abschiedswort; LUTZ,Gottes Werk; SCHOLLER,1891,114-141; UNSERE FAMILIE,1992/8,42-45) Am 18.4.1857 musste er Oberroth verlassen - den Ort, in welchem er 17 Jahre lang segensreich gewirkt hatte.(SCHOLLER,1891,136. - In diesen Zeitraum fällt auch der Besuch, den der Ap Woodhouse den röm.-kath. Priestern L. u. Fischer am 10.7.1852 in Obenhausen abgestattet hat [WEBER,1973,214]. Am 14.7.1857 besuchte L. Oberroth.)
Im Juni 1857 reiste L. auf Einladung des Ap Drummond nach Albury, wo er (wahrscheinlich die apHA und) die confirmatio ordinis (Anm.74.d) erhielt.(WEBER, 1973,238) Was er in England erlebte, überzeugte ihn vollends von der Echtheit des *"Werkes des Herrn"*. Auf seiner Rückreise von dort schrieb er am 1.7. d.J. an Thiersch: *"Was Gottes Werk selbst betrifft, so kann ich nun freudig sagen, daß ich es an Ort und Stelle so gefunden, wie man mir gesagt und ich erwartet habe. Ich gieng nicht nach England, um mich von der Wahrheit und Göttlichkeit der Sache erst zu überzeugen; aber es freut mich, das, was ich vorher schon als wahr und göttlich durch Gottes Gnade glaubte, nun auch als solches selbst gesehen zu haben, und werde es nun in Bayern überall, wo ich kann, erzählen."* (WEBER,1973,239) Später berichtete L.: *"'Als ich von England wieder zurückkam, sprach ich noch mit mehreren bayerischen Geistlichen. Ich sagte ihnen, wenn sie noch Bedenken gegen Gottes Werk hätten, möchten sie selbst nach England gehen und die Gemeinden prüfen. Ich habe sie geprüft und sei lebendig überzeugt.'"* (SCHOLLER,1891,144; vgl.UNSERE FAMILIE,1992/10,42f)
Zunächst wohnte L. einige Zeit in der Wohnung Cairds in Ulm und besuchte u.a. die kap Gemeinden in Paris und Basel (ebd.,43). Später diente er als P in den kap Gemeinden Basel und Bern. In Basel wurde er am 4.6.1859 durch Geyer zum E-Amt ber., erhielt noch im selben Jahr die E-Weihe und leitete in diesem Amt die Gemeinde in Bern 10 Jahre lang. Seit 1860 war er zugleich BEv (BORN,1974,77). 1869 wurde er von der Leitung der Gemeinde in Bern entbunden, siedelte nach Augsburg über und widmete sich nun mit großer Hingabe der Ev-Tätigkeit in Süddeutschland.(SCHOLLER,1891,144ff.150) 1870 besuchte er erstmals seit rund 40 Jahren wieder die Gegend von Karlshuld. Im unmittelbar benachbarten Ort Grasheim war 1869 eine kap Gemeinde (mit eigenem P-Vorsteher) entstanden (s. dazu UNSERE FAMILIE, 1992/10,44ff, zu der auch frühere Gemeindeglieder von L. aus Karlshuld gehörten.(SCHOLLER,1891,148ff; BORN,1974,68. Am 18.10.1846 hatte Caird in Karlshuld das Testimonium übergeben.) Ab 1876 wohnte L. in Eßlingen. Die nap Zeitschrift UNSERE FAMILIE (1992/10,46) zitiert aus der Eßlinger Gemeindechronik: *"Im Jahr 1869 kam Lutz nach Augsburg und von dort auch in das ihm so vertraute Donaumoos. 1874-1876 hielt er Zeugnisvorträge in Ulm, 1875 in Geislingen und 1875-1876 in Gerstetten und Altheim, bis er 1876 in Esslingen seinen Wohnsitz aufschlug und hier die Gemeinde pflegte..."*

Am 9. Juli 1882, einem Sonntagmorgen, angezogen zum Kirchgang, überfiel den Vorsteher Lutz eine Schwäche, die seinen Tod herbeiführte. Damit erfüllte sich die Bitte, die dieser Gottesstreiter immer wieder dem Herrn entgegengebracht hatte, er möge ihn doch an einem Sonntag ... sterben lassen. Nach seinem Tod fand sich kein Nachlaß; er hatte alles verschenkt...'" Der Grabstein von L. befindet sich noch heute auf dem Friedhof zu Eßlingen. (s.ebd.,43) (vgl.SCHOLLER,1891,150)
L. war der wohl bedeutendste Vertreter der KaG aus dem Bereich der Röm.-Kath. Kirche in Deutschland. An der Ausbreitung der kaB in Sdt. hat er einen entscheidenden Anteil. Zu L. s. SCHOLLER,1891; HAMILTON,1893; WEBER,1973; KANTZENBACH,Briefe; BORN, 1974,11.36.50.77 u.ö.; PICKEL,1910; Dokumentation *"Die Anfänge von Gottes Werk in Deutschland"* (1-5) in: UNSERE FAMILIE,1992,Nr.2.4.6.8.10 (jeweils S.42ff). Seine Schriften sind aufgeführt bei EDEL,1971,364f.(vgl.Anm.64)

33.a (S.28) Lutz und andere röm.-kath. Priester hatten schon Anf. der 50er Jahre die Ap gebeten, sie als P in die KaG zu übernehmen.(WEBER,1973,201-206) Einen Tag nach dem Besuch von Woodhouse bei Fischer und Lutz am 10.7.1852 (s.Anm.25.a, 32) schrieb letzterer an Thiersch: *"Unsere Verhältnisse, Wünsche und Erwartungen u.s.w. wurden, soviel es in solch kurzer Zeit möglich war, besprochen, u. wir sind nun beruhigt und bereit, in unseren Verhältnissen auszuharren und fortzuwirken, da wir nun das Wort eines Apostels haben, daß wir von den Aposteln anerkannt seien, und es ihr Wille sei, daß wir in unserer Stellung bleiben und in ihr für die Wahrheit zeugen sollen. Der Wille des Herrn geschehe! Doch sehnen und flehen wir aus vollem Herzen, daß Er bald unsere Fesseln löse!"* (WEBER,1973,215; s. auch SCHOLLER,1891,142)
Der von Woodhouse bekräftigte Grundsatz ist charakteristisch für die Haltung der Albury-Apostel.(vgl. CIRCULARE,1895,151; AARSBO,1932,31) Kein Geistlicher ist angehalten worden, sein Amt in seiner *"Kirchen-Abteilung"* aufzugeben, um Amtsträger der KaG zu werden. Dagegen wurden in vielen Fällen Priester und Pfarrer, die sich offen zur kaB bekannten, vom Amt suspendiert (eine Ausnahme machte hier nur die Church of England [s.ROSS-TEUSCHER,1886,478f; s. jedoch Anm.28.b]). Es gab aber auch Pfarrer wie Hooper (Anm. 25.b) oder Friedrich Oehninger (1837-1912 [BORN,1974,100]), die sich den KaG zugehörig betrachteten, die apHA empfangen hatten und zeitlebens Amtsträger ihrer Kirche blieben. (s.Anm.40, 103)

33.b (S.33) *"Lutz kannte wenigstens 30 römisch=katholische Geistliche, die damals ihren Glauben an die Sendung von Aposteln bekundet haben."* (SCHOLLER,1891,113; andere Quellen sprechen von etwa 40 [NEWSLETTER,VIII{1955},14]) Der größte Teil von ihnen hatte vermutlich persönlichen Kontakt mit Caird.(SCHOLLER,1891,113) Einige Namen sind überliefert: die Priester Bayr, Wengenmayr und Singer (Schüler von Sailer; sie starben alle vor 1853 [WEBER,1973,219f]), Bautenbacher, Schuster, Badent und Schmidt (ebd.,209.215) sowie Pfarrer Leinfelder in Augsburg (s.Anm.30). Diese blieben Priester ihrer Kirche. Außer Lutz wurden noch 5 Priester aufgrund ihrer Beziehung zur katholisch-apostolischen Bewegung exkommuniziert. Es handelt sich dabei um:
Philipp Jakob Spindler (+ Aug. 1880), Domvikar und Ordinariatssekretär in Augsburg, innerer Anschluss an die KaB spätestens 1853, deshalb Verfahren ab Juni 1855 durch den Augsburger Dompropst Dr. F.J.v.Allioli, suspendiert im Febr. und exkommuniziert am 6.8.1856. Endgültiger Anschluss an die KaG, ab Mitte Nov. 1856 für mindestens 6 Monate in Schottland und

England, apHA am 1.9. und confirmatio ordinis am 2.9.1857 in Basel durch Drummond, ab 20.6.1858 für kap Christen in München zuständig, am 21.5.1863 daselbst E-Weihe durch Woodhouse, dann BE in Hürben (der ersten kap Gemeinde in Bayern), ab 1870 BEv für Sdt. und die Schweiz, gleichzeitig Archidiakon (Anm.68.b). S. hat sich intensiv (und erfolgreich) für die Zulassung kap Gemeinden in Bayern eingesetzt.(Anm.64) S. auch SPINDLER,Bitte; SPINDLER,1857; WEBER,1973,209 u.ö.; SCHOLLER,1891,140.143; BORN,1974,50.57.

Balthasar Fernsemer (6.3.1814-22.3.1889), Pfarrer in Dietershofen bei Babenhausen, Eröffnung des Verfahrens gegen ihn spätestens am 21.9.1855, Suspendierung am 3.6., Exkommunikation am 13.8.1856, endgültiger Ausschluss aus seiner Kirche am 13.5.1857. Am 1.9. apHA und einen Tag später confirmatio ordinis durch Drummond in Basel, daselbst am 22.5.1863 Ber. zum E-Amt durch den E-Pr L.Faesch. Später E-Weihe, bis 1875 E in Hürben. Über seinen weiteren Weg ist nichts bekannt.(FERNSEMER,1857; WEBER,1973,209f; SCHOLLER,1891,138)

Johann Adam Fischer (17.7.1805-3.12.1865), Kammerer und Erzdiakon in Obenhausen, am 10.7.1852 von Woodhouse besucht (s.Anm.32); wurde exkommuniziert. 1.9.1857 apHA, 2.9. confirmatio ordinis durch Drummond in Basel, anschließend P-Vorsteher der ersten sdt. kap Gemeinde in Ulm, 22.5.1863 Ber. zum E-Amt in Basel durch Faesch, 10.5.1864 in Basel E-Weihe durch Woodhouse, BE in Ulm.(WEBER,1973,209)

Baron de Saint Marie Eglisa, um 1856 Pfarrer in Ottmarshausen bei Westheim. (Lutz erwähnt ihn im Febr. 1853 als Anhänger der kaB [WEBER,1973,216].) Über seinen weiteren Weg ist dem Verf. nichts bekannt.

Lorenz Egger (1823-1892; röm.-kath. Priesterweihe 1854/55 durch Bischof v.Richarz [Anm.29]), Kaplan in Haunstetten, ein Vetter von Lutz (s.o.), Ende 1855 als *"des Irvingianismus 'verdächtig'"* aus dem Amt entlassen (WEBER,1973,230), wohnte längere Zeit bei Lutz, erhielt am 1.9. die apHA und am 2.9.1857 die confirmatio ordinis durch Drummond in Basel. Diente als P in der 1856 gegründeten kap Gemeinde in Zürich. In Basel Ber. zum E-Amt durch Faesch am 22.5.1863, E-Weihe am 10.5.1864 durch *Woodhouse*. Erster E (ab 1873 eE) der Gemeinde in Zürich von 1865-1891. E. war auch Archidiakon für die Schweiz.(EGGER, 1857; WEBER,1973,230.234; BORN,1974,49f)

Außer den 6 röm.-kath. Priestern wurde in Bayern auch eine größere Anzahl von Laien exkommuniziert: nach JÖRG (1858,II,193) waren es zwischen 1856 und 1858 über 50; insgesamt sollen es etwa 400 Personen gewesen sein (ALGERMISSEN,1950,675; HUTTEN,1982, 29; UNSERE FAMILIE,1992/10,44; s. auch WEBER,1973,137). Die meisten siedelten (um Verfolgungen zu entgehen) nach Württemberg über.(SCHOLLER,1891,140; s. weiter Anm. 64; EKZ,1858,50)

[34] (S.28) Der genaue Zeitpunkt des ersten Zusammentreffens zwischen Caird und dem evang. Pfarrer Wilhelm Löhe (1808-1873) konnte bisher nicht ermittelt werden. Bekannt ist, dass L. Anf. Jan. 1846 Caird zu einem achttägigen Besuch in Neuendettelsau erwartete. (Dies war aber offenbar nicht die erste Begegnung der beiden Männer [LÖHE,1956, V/2,1137,Fußn. 293.1].) In einem Brief v. 17.8.1846 schrieb L. an einen nicht namentlich genannten Freund über das Zusammentreffen: *"Du weißt, daß ich dem Evangelisten Caird, dem Gevatter des Thiersch, tagelang zugehört habe. Ich habe nicht wenig von ihm gelernt."* (ebd.,1137,Fußn. 293)

Im Zusammenhang mit Erläuterungen zu seiner Schrift *"Drei Bücher von der Kirche"* (1845) äußerte L. in einem Brief an Franz Delitzsch (1813-1890) v. 15.7.1847: *"Zur Klarheit in der*

Sache hatten mich Reden und mitgeteilte Schriften eines gewissen RW. Caird aus Schottland, eines Evangelisten der aus dem Irvingianismus hervorgegangenen Sekte, deren Namen ich nicht weiß, gebracht, wenn ich gleich vieles nur als Anlass zur Erkenntnis des Besseren benützen konnte. Caird ist ein Freund und Gevatter von Thiersch, und ich habe lange, ehe Thierschs Buch (die Vorlesungen ["Vorlesungen über Katholizismus und Protestantismus" - Verf.]) erschien, aus Cairds Munde vieles vernommen, was Th. dann in der Weise der deutschen Gelehrten wiedergab. Ich vermute fast, daß C. und Th., der für allerlei Einfluß zugänglich scheint, voneinander gelernt haben, - welcher mehr vom andern, kann ich nicht bestimmen." (ebd.,1138,Fußn.294; Löhes *"Drei Bücher von der Kirche"* sind in einer Rezension mit dem *"Irvingianismus"* in Zusammenhang gebracht worden [ebd.,1137,Fußn.293.2])
Interessant ist auch, wie L. in einem Brief an L.A.Petri (1820-1873) v. 16.12.1847 auf dessen Anfrage zur kaB eingeht: *"... Auch hat man bei uns viel zu sehr aus dem Auge gelassen, daß die Kirche hier nicht bloß eine Sammlung der Heiligen, sondern eine Heilsanstalt und eine Erzieherin der Völker ist. Für diesen ihren heiligen Erdenberuf ist es nicht gleichgiltig, ob sie von den apostolischen Satzungen sich weisen und leiten läßt oder nicht. Ich weiß in der Welt nichts Praktischeres als die ganze Pädagogie Gottes, wie sie in den kirchlichen Einrichtungen der Apostel sich enthüllt. - Ich weiß nicht, ob Sie hierin mit mir stimmen, aber so ist mir. Ich wünsche von ganzer Seele, daß dergleichen Gedanken in Umlauf gebracht würden und habe Delitzsch einmal drum gebeten, seinen Fleiß, seine Treue und seinen Namen daran zu wagen.*
Die Schriften des Carlyle und andere dergleichen Publikationen des Irvingianismus kenne ich seit Jahren. Es sitzt schon eine Reihe von Jahren auch in Augsburg eine Art Carlyle, namens Caird, gleich Carlyle ein 'Evangelist' seiner Sekte. Er ist ein angenehmer, gescheiter Mann, und es war mir lieb, ihn ein paar Male auf Wochen im Hause zu haben, wo er mir die ganze Sache - oder doch einen großen Teil davon - enthüllte, aus Schriften vorlas, die Bibel mit mir studierte usw. Daß ich von meinem Standpunkte aus gar oft nicht beistimmen konnte, versteht sich; aber es war mir merkwürdig, wie doch an allen Orten der Welt der Mangel an Einigung gefühlt und wie sehr beklagt wird, daß man bei der Reformation sogar von allem Organisieren absah. Man mußte vielleicht, und es war vielleicht gut; aber hier sollte das Werk der Reformation vervollständigt werden. Es scheint mir für die Kirche viel ersprießlicher, die Pädagogie (oder das Pastorale, wenn man's im höhern Sinn fassen will) der Apostel zu studieren, als die Lehre weiterzubilden..." (ebd.,1148,Fußn.311 [Interessant ist, dass L. zu dieser Zeit offenbar nicht um das Ap-Amt von Carlyle wusste.]) Zu Löhes Haltung gegenüber Thiersch s. auch ebd.,1137,Fußn.293.2; Thiersch über L.: s.WIGAND,1888,136.

[35] (S.28) August Friedrich Christian Vilmar (1800-1868) war ab 1853 Gymnasialdirektor in Marburg, seit 1850 Vortragender Rat im Kasseler Innenministerium und ab 1855 Theologieprofessor (in Marburg).(s. WIGAND,1888,76-82; HOPF,1913) In einem Brief an seinen Sohn Otto (Theologiestudent in Leipzig) v. 15.2.1848 äußerte sich V. ablehnend zu der Frage, ob man (wie Thiersch) gleichzeitig Glied der Evang. Kirche und der KaG sein könne, und fährt dann fort: *"Sonst haben diese Leute, die ich ja seit 8-10 Jahren (!) recht gut kenne, manche sehr richtige Blicke in die Bedürfnisse der Kirche getan und sind mir in manchen von meinen sichersten Überzeugungen, in einem Punkte auch mit bereits weiter ausgebildeter Lehre, entgegengekommen. Doch der Konventikel=Schein, den die Sache trägt, schreckte mich zuletzt ab... Die Liturgie dieser 'Kirche der Zukunft' kenne ich übrigens, und diese ist vortrefflich."* (HOPF,1913,I,432; vgl.Anm.26, 52)

An seine Schwester Sophie Schilling, *"die besondere Veranlassung hatte, sich über das Irvingianertum zu unterrichten"* (HOPF,1913,I,433), schrieb V. am 23.2.1850: *"'Die Irvingianer kenne ich seit etwa zehn Jahren, als die ersten Apostel (Carlyle und Woodhouse, letzterer der Apostel für Amerika) herumreisten, dazumal in tiefer Verhüllung, indem sie sich für Mitglieder der englischen Hochkirche ausgaben und sich auch ganz so anstellten. Vielfältige Berührungen verbanden mich ziemlich nahe schon mit jenen sog. Aposteln, später mit Thiersch und den Evangelisten Caird und Böhm, sodann mit dem Irvingianer Zimmer (Buchhändler, damals in Frankfurt, jetzt in Erlangen) und dem enthusiastischen Anhänger der neuen Lehre Dr. Viktor Andreä in Frankfurt.'"* (ebd.; s.Anm.38.a, 41.b) Erst etwa 1846/47 erwähnte Carlyle V. gegenüber seine Ber. zum Ap-Amt - ein Faktum, das V. nicht anerkennen konnte. Von dieser Zeit an gingen auch die Wege von V. und Thiersch (beide bis dahin eng befreundet) immer weiter auseinander.(s. WIGAND,1888,82-90.407f; OEHNINGER,1888,50f.70; Th.Br., 107/1; CHRONIK Marburg,III,11.3.1861; HOPF,1913,I,429-435; JÖRG,1858,II,186)

36   (S.28) Dr. theol. Dr. phil. <u>Heinrich Wilhelm Josias Thiersch</u> wurde als ältestes Kind des bedeutenden Philologen und Philhellenen Friedrich Th. (1784-1860, Sohn des Bäckermeisters Benjamin Th. [1752-1832] aus Kirchscheidungen a.d. Unstrut und Henriette Th. [geb. Lange, + 1813]) und Amalie Th. (1794-1878, Tochter des Gothaer Generalsuperintendenten Chr.F. Josias Löffler [1752-1816]) am 5.11.1817 in München geboren. Friedrich Th., Protestant, seit 1809 in München, wurde 1811 zum Lehrer der vier Töchter des bayr. Königs Max Joseph I. (1799-1825) berufen. Von daher rührt die Bekanntschaft Heinrich Thierschs mit Prinzessin Elisabeth, die am 20.11.1823 den preuß. Kronprinzen und späteren König Friedrich Wilhelm IV. heiratete.(s.Anm.51; zu F.Th. s. H.THIERSCH,1866; WIGAND,1888,1-27)

Heinrich Th. erhielt in seiner Kindheit zunächst Unterricht durch seinen Vater, besuchte ab 1825 eine lateinische Privatschule in München, wechselte 1827 auf das dortige neue Gymnasium über, verbrachte 1829 ein halbes Jahr auf der lateinischen Schule in Nürtingen am Neckar und trat anschließend in das alte (später Wilhelms-) Gymnasium in München ein. Dort bestand er 1833 das Absolutorialexamen, welches unter der Leitung von Ignaz v.Döllinger (1799-1890) gehalten wurde. Th. genoss eine umfassende, gediegene humanistische Ausbildung bei angesehenen Professoren und Lehrern seiner Zeit. Prägend für seine religiöse Entwicklung waren für ihn die seiner Konfirmation zu Pfingsten 1832 vorausgehenden Konfirmandenstunden bei dem luth. Pfarrer Dr. Böckh. Eine Reise nach Italien, die er in Begleitung seines Onkels, des Gothaer Kirchenrates Karl Hey, im Sommer 1833 unternehmen durfte, erweiterte seinen Horizont und förderte seine poetischen Neigungen. Leider war Th. seit seinem 6. Lebensjahr durch eine Lähmung des rechten Fußes gehbehindert.(WIGAND, 1888,28-34)

Im Okt. 1833 wurde Th. (knapp 16j.) von der Münchener Universität immatrikuliert. Er hörte (außer bei seinem Vater) vor allem bei Schelling, Görres und Schubert. Während der vier Semester, die er in München studierte, wandte er sich besonders der klassischen Altertumswissenschaft zu, belegte aber auch theologische Vorlesungen. Im Herbst 1835 ging er nach Erlangen, wo er sich hauptsächlich den theologischen Studien widmete (u.a. bei Olshausen u. Harleß), wechselte vier Semester später nach Tübingen und wurde am 19.5.1838 in München zum Doktor der Philosophie promoviert. Einige Wochen später folgte er einem Ruf an die Evang. Missionsschule in Basel, wo er bis Frühjahr 1839 als theologischer Lehrer wirkte. Von Basel aus besuchte er mehrere Male die Missionsanstalt in Beuggen am Rhein, die von Christian Heinrich Zeller (1779-1860) geleitet wurde. Hier lernte er seine spätere Frau (Zellers

Tochter Bertha [1818-1868]) kennen.
Im Okt. ging Th. als Repetent nach Erlangen, habilitierte sich und wirkte dort ab 7.3.1840 als Privatdozent.
Am 22.9.1840 heirateten Th. und Bertha Zeller.(ebd.,35-48) Aus dieser Ehe gingen 13 Kinder hervor, von denen 3 im frühesten Kindesalter starben:
1. Bertha   (1841-1913, heiratete 1872 den späteren Koadj Emil Ludwig Geering [1827--1894])
2. August   (1843-1917, Architekt u. Archäologe, Prof. an der Technischen Hochschule in München; von ihm stammen die Pläne für einige Kirchengebäude der KaG [z.B. in Zürich]

>Sein Sohn Hermann [1874-1939], Archäologe, Prof. in Freiburg u. Göttingen, leitete als D-Vorsteher zuletzt die Kasseler Filialgemeinde in Göttingen.
>Dessen Bruder Paul [1879-1928], Prof. für Raumkunst u. Architektur, 1915 Begründer der heutigen *"Hochschule für Kunst und Design"* in der Burg Giebichenstein zu Halle, entwarf u.a. den Flughafen Leipzig-Schkeuditz, diente innerhalb der KaG als Ak u. Organist.)

3. Wilhelm (1845-1907, E der Gemeinde in Basel, 1872 Heirat mit Hanna Geering)
4. Mathilde (1847-1884)
5. Ludwig Augustus Samuel (1848-1920, H.m.d.Ap. für Sdt., die Schweiz u. Amerika, BE in Albury [s.Anm.25.b] u. in Basel)
6. Anna (geb. 1850)
7. Friedrich (1852-1921, Architekt u. Maler, Prof. an der Technischen Hochschule in München, 1897 in den Adelsstand erhoben)
8. Monika (geb. 1853, heiratete 1880 den früheren evang. Pfarrer Ludwig Wilhelm Scholler [16.9.1838-6.4.1903], BE in Augsburg [s.Anm.64, 103])
9. Heinrike Johanna Pauline (1855-1856)
10. Luise (1856-1919, heiratete 1881 Paul Wigand [Anm.37])
11. Maria (geb. 1858, heiratete 1895 den ehemaligen evang. Pfarrer Paul Fr. Tappolet [1842-1914], E der Gemeinde in Zürich u. Archidiakon für die Schweiz)
12. Ernst (starb im Geburtsjahr 1862)
13. Heinrich Franz Nathanael (starb im Geburtsjahr 1863)

Am 5.11.1842 erhielt Th. eine Berufung an die Universität Marburg, wo er ab 1.4.1843 als außerordentlicher und ab Jan. 1846 als ordentlicher Professor der Theologie (für Neues Testament, Dogmatik und Dogmengeschichte) tätig war. Am 8.4.1843 siedelte die Familie Th. in die hess. Universitätsstadt über.(Th.Tgb.) Zu Weihnachten d.J. wurde ihm von der Theologischen Fakultät die Würde eines Dr. theol. h.c. verliehen.
Schnell gewann Th., den man schon bald *"allgemein als die Zierde der theologischen Fakultät in Marburg"* betrachtete (JÖRG,1858,II,186), ein hohes Maß an Achtung unter seinen Kollegen und den Studenten. Auch das kirchliche Leben in Marburg wurde durch Thierschs *"energische Glaubenszeugnisse auf der Kanzel"* (ZÖCKLER,1907,686) nicht unwesentlich geprägt.(s.WIGAND,1888,49ff.71ff.100-110)
"Thierschs Hauptinteresse galt der Kirche." (EDEL,1971,33) Erfüllt von einer tiefen Religiosität, war er nicht nur für die geistlichen Wahrheiten seiner luth. Kirche offen, sondern gleichermaßen für die Schätze christlicher Wahrheit in anderen Denominationen. *"Thierschs wahrhaft katholisches Herz, voll Liebe und Teilnahme für die ganze Kirche und reich an Ver-*

ständnis für alles, was sie bewegte, freute sich mit, wo sich Erfreuliches in der Christenheit ereignete; wo man aber der Ehre des HErrn zu nahe trat, und wo sich Unglaube zeigte, da empfand er es mit tiefem Schmerze und trat eifrig dagegen auf." (WIGAND,1888,169) Seine zutiefst oekumen. Gesinnung und sein überkonfessioneller Standpunkt - wie sie etwa in Thierschs zweibändigen *"Vorlesungen über Katholizismus und Protestantismus"* (1846 [^{2}1848]; s. dazu WIGAND,1888,56 [s. auch Anm.63]) deutlich zum Ausdruck kamen - hatten sich schon vor der Begegnung mit kap Amtsträgern (1842ff) herausgebildet und boten für diese den entscheidenden Anknüpfungspunkt. Umgekehrt ist der spürbare Einfluß kap Gedanken auf die *"Vorlesungen"* von Th. keineswegs bestritten worden.(s. BÖHM,1878,XI; Anm.34; WIGAND,1888,418-424]) Thierschs *"ganze theologische Richtung und seine Erfahrungen auf kirchlichem Gebiete"* ..., seine *"immer mehr wachsende wahrhaft katholische Liebe zu allen christlichen Brüdern, seine Erkenntnis der Einheit und Herrlichkeit der Kirche im Altertum und die Hoffnung auf das Kommen Christi und die Aufrichtung Seines Reiches: das alles... war die Vorbereitung zur Annahme der neuen Sendung von Aposteln".*(ebd.,294f) Zwei Beispiele sollen Thierschs oekumen. Haltung verdeutlichen: Von einem Erholungsaufenthalt im Wildbad Gastein schrieb er am 12.9.1847 an seine Frau: *"In die Kirche konnte ich auch heute <u>nicht</u> gehen. Mache ich die Cerimonien der Messe nicht mit, so ärgere ich die einfach fromme Gemeinde; mache ich sie mit, so legt man es mir als Übertritt aus. Doch empfinde ich di(e)se Lage schmerzlich. Überall wo Christen sind sollten wir einfach u. unbefangen in unsers Vaters Haus gehen. Ich erbaue mich, so weit es in der Einsamkeit geht, an der Liturgie der* catholic churches." (Th.Br.,79/4) Th. besuchte mit seinen Kindern häufig abwechselnd die Gottesdienste der drei in Marburg vertretenen Kirchen: z.B. am 23.10.1853 die reform., am 30.10. die luth., am 1.11. (Allerheiligen) die röm.-kath., am 6.11. d.J. die luth. Kirche und so weiter.(Th.Tgb.) Sein Verhältnis zu den verschiedenen Denominationen hat er z.B. im Jahre 1870 in seiner *"Erklärung die katholisch=apostolischen Gemeinden in Baiern betreffend"* verdeutlicht.(s. WIGAND,1888,343ff; Anm.79.b!)

Thierschs Anschluss an die KaG erfolgte - nach intensiver und prüfender Beschäftigung mit ihrem Anliegen - im Jahre 1847.(s. dazu WIGAND,1888,278ff.294-305.396-403.426f; OEHNINGER,1888,8; EDEL,1971,55-62; S.28ff d.v.U.) Am 17.10. d.J. empfing er die Versiegelung. Am 29.12. wurde er zum P-Amt ber. und 4 Tage später ordiniert. Am 18.4.1849 erhielt er die E-Weihe, nachdem er am Vortag durch Smith zu diesem Amt ber. worden war. (Anm.42.a, 58.c) Um sich ganz dem geistlichen Amte widmen zu können, fasste er den Entschluss, auf seine Professur zu verzichten. Am 1.8. d.J. stellte er einen Enthebungsantrag beim zuständigen Ministerium in Kassel. (s.WIGAND,1888,394ff) Nach Abschluss des folgenden Wintersemesters erfolgte im Jan. 1850 seine Entlassung. Ab Sommer d.J. wurde ihm auch die Möglichkeit genommen, als theologischer Privatdozent tätig zu sein. Th. bemerkt dazu: *"Die Entsagung war mir nicht leicht geworden, besonders um meiner Eltern willen, welche lebhaft gewünscht hatten, daß ich einem im November 1848 an mich ergangenen Rufe nach Erlangen folgen sollte."* (ebd.,63; vgl.EDEL,1971,320f) Am 5.8.1850 schrieb Th. an den Dekan der Theologischen Fakultät in Marburg, der ihm wenige Tage zuvor konkrete Fragen in bezug auf sein Verhältnis zu den KaG gestellt hatte: *"Ich erkenne das apostolische Amt, welches zum Besten der allgemeinen Kirche wieder ins Leben gerufen worden ist, an. Ich sehe in den Aposteln meine von Gott mir gegebenen höchsten geistlichen Vorgesetzten; ich leiste ihnen freudigen Gehorsam in allen geistlichen Dingen und habe mich hiezu bei meiner Ordination verpflichtet."* (EDEL,1971,331)

1853 habilitierte sich Th. als Privatdozent für Philosophie und Geschichte, doch der kurhessische Innenminister H.D. v.Hassenpflug (1794-1862) verweigerte ihm auch auf diesem Gebiet die Lehrerlaubnis - mit der Begründung, dass nicht feststehe, ob Th. *"'bei dem christlichen Bekenntnis beharre'"*. Dieser *"verlangte Untersuchung wegen dieser folgenreichen und mit nichts bewiesenen Anschuldigung, aber umsonst"*.(WIGAND,1888,64 [s. den Wortlaut des Bescheides an Th. in der PKZ,1854,117f!]) Nach 1858 durfte Th. wieder Vorlesungen und Vorträge als Privatdozent halten (WIGAND,1888,65) - eine feste Anstellung erhielt er allerdings nicht.

Am 4.2.1849 hatte sich (vor allem aufgrund evangelistischer Vorträge von Th.) in Marburg eine kleine kap Gemeinde konstituiert.(Anm.43.a) Im Herbst d.J. besuchte Th. erstmals England: *"...ich fand mich in meinen Erwartungen nicht getäuscht und durch die genaueste Bekanntschaft mit den apostolischen Gemeinden und ihren Vorstehern in meinen Überzeugungen und Hoffnungen befestigt."* (WIGAND,1888,63) Ab 24.2.1850 (bis 20.9.1867) war Th. H.m.d.Ap. für Ndt., bald auch für Sdt. (spätestens ab 1855) und die Schweiz (spätestens ab 1859) sowie für Österreich. In dieser Eigenschaft unternahm er viele ausgedehnte Reisen zu den Gemeinden seines Zuständigkeitsbereiches (meist als Begleiter des Ap) bzw. nach England.(s.Anm.58.c) Es gab Jahre, in denen Th. 120 Tage auf Reisen war (z.B. 1854).(s. dazu WIGAND,1888,140f) Die finanzielle Situation seiner Familie war bis in die 60er Jahre hinein oft sehr angespannt, so daß Th. gezwungen war, durch Vorträge oder schriftstellerische Aktivitäten sein Einkommen aufzubessern.([s.EDEL,1971,333f] Th.Tgb.,16.2.1854: *"Völliger Geldmangel"*; 3.6.1858: *"Vorm. pfändete m[an] meine goldne Uhr wegen 17 Th. Schulgeld."* [s. auch Th.Br.,113/4, 161/3 u.ö.]) Neben seinen übergemeindlichen Aufgaben als Diener der AK stand er während seiner Marburger Zeit der dortigen kap Gemeinde (sowie ihrer Filiale in Kassel) als BE vor. Beide Gemeinden hatten in den ersten 1½ Jahrzehnten ihres Bestehens immer wieder mit Verboten und staatlichen bzw. kirchlichen Restriktionen zu kämpfen. (s.Anm.43.a,b) Th. selbst wurde am 10.6.1863 durch einen Beschluss des Kurfürstl. Konsistoriums in Kassel exkommuniziert. *"Die Ausschließung aus der lutherischen Gemeinde hat ihn tief geschmerzt."* (WIGAND,1888,342; s. Thierschs ausführliche Darstellung in CHRONIK Marburg,III,10.6.1863 [vgl. EDEL,1971,19f.85ff.332.336ff; WIGAND,1888,459ff; ACTA Marburg,II]) Das Konsistorium hatte bereits einige Jahre zuvor Thierschs Exkommunikation erwogen und diesbezüglich beim E.O. in Berlin um Rat nachgesucht (dessen Rat hieß übrigens: Zurückhaltung [V/229-239; vgl.Anm.50.c]). Im betr. Schreiben v. 28.10.1859 charakterisierte das Konsistorium Th. folgendermaßen: *"Seine trotz eines körperlichen Gebrechens höchst ehrwürdige äußere Erscheinung, in welcher das, was den Greis ziert, mit der Kraft des rüstigsten Mannesalters gepaart ist - Thiersch steht im 42ten Lebensjahre -, sein wahrhaft frommes und edles Wesen, das Wohlwollende seiner Gesinnung, seine Liebenswürdigkeit im Umgang, sein reiches Wissen auf dem Gebiet nicht nur der Theologie, sondern auch der Literatur und Kunst, die Leichtigkeit womit er demselben Ausdruck zu geben versteht, die Unbefangenheit seines politischen Urtheils, die Bekanntschaft mit dem In- und Auslande, welche er sich durch vielfache Reisen erworben hat, alles dieses übt auf die, welche mit ihm in Berührung kommen, eine solche Anziehungskraft aus, daß er gar nicht nöthig hat, in der Art anderer Sectenhäupter thätig zu sein ...*
Vermöge dieser persönlichen Anziehungskraft besteht ein sehr inniges Band zwischen ihm und seinen Anhängern; und, abgesehen von dem Schaden, den die irvingische Gemeinde durch ihr Dasein der Kirche thut, kann man sagen, daß dieselbe ein ansprechendes Bild darbietet. Sie besteht aus Gliedern, welche, nachdem sie schon von Haus aus in der christlichen

Erkenntnis über das Gewöhnliche sich erhoben, darin durch Thiersch *erheblich gefördert worden sind; sie zeichnen sich durch Reinheit des Wandels aus, hangen mit Liebe und Ehrfurcht an ihrem Lehrer und geben von ihrem inwendigen Leben und der sie beseelenden Hoffnung auf die baldige Wiederkunft des Herrn vor Solchen, zu denen sie christliches Vertrauen haben können, ein freudiges Bekenntnis."* (V/230v-231)
Von Juli 1864 bis Herbst 1869 wohnte Th. in München. Neben seinen übergemeindlichen Aufgaben nahm er von hier aus als BE auch die Aufsicht über die kap Gemeinden in Augsburg, Hürben/Krumbach, Stuttgart und Ulm wahr. In dieser Zeit entstand auch in München eine kleine kap Gemeinde, die sich in Thierschs Wohnung (Luisenstr. 6) traf (erste Eucharistie am 26.3.1865 [Th.Tgb.]).(s.Anm.64) Am 22.9.1867 hielt er in Berlin seine Abschiedspredigt als H.m.d.Ap. für Norddeutschland. In fast 20 Jahren hatte er durch unermüdliche Arbeit größten Anteil an der Ausbreitung und dem inneren Wachstum der kap Gemeinden in diesem *"Stamm".*
Am 12.7.1868 starb Bertha Th. im Alter von 49 Jahren an der Wassersucht. Ihr Tod war für Th. ein außerordentlich schmerzlicher Verlust.(s.WIGAND,1888,121-131)
1869 wurde Th. nach Augsburg versetzt, da die rasch wachsende Gemeinde dort der ständigen Anwesenheit ihres Vorstehers bedurfte.(s.ebd.,15ff.149f) 1875 wurde er von der Fürsorge für eine Einzelgemeinde entbunden, um ganz frei zu sein für seine übergemeindlichen Aufgaben. Im Herbst d.J. siedelte er nach Basel über, wo er die letzten 10 Jahre seines Lebens verbrachte. Es waren Jahre eines regen Kontaktes mit herausragenden Zeitgenossen, Jahre, angefüllt mit Vorträgen, Vorlesungen im privaten Kreise, Ausbildung von Priester-Kandidaten der KaG und einer reichen literarischen Tätigkeit sowie mit amtlichen und privaten Reisen.(s.ebd.,158-163.168-177) Im Winter 1884/85 erkrankte Th. ernsthaft. Es entwickelte sich eine schwere Form der Tuberkulose, an der er am 3.12.1885 im Alter von nur 68 Jahren starb.(s.ebd.,352-364) Mit ihm starb der Vater der kaB in Deutschland. Th. wurde in Basel beigesetzt. (Sein Grab musste in den 1960er Jahren dem Bau einer Straße weichen.[pA])
Th. war nicht nur einer der herausragenden Amtsträger der KaG, sondern zugleich auch einer ihrer bedeutendsten theologischen Schriftsteller. Sein literarischer Nachlass (EDEL führt über 90 Titel an [1971,347-352]; s. WIGAND,1888,178-268.463; WEBER,1977,Anh.,111-114) umfasst weit mehr als die Schriften für kap Gemeindeglieder. Sein umfangreicher (hand-)schriftlicher Nachlass (deponiert in der B.St.B. in München unter *"H.Thierschiana II"* [24 große Schachteln]) stellt einen bisher so gut wie ungehobenen Schatz dar (vor allem seine Tagebücher u. Briefe).
Abgesehen von den wichtigen Darstellungen durch WIGAND (1888) und EDEL (1971) sowie einigen kleineren Skizzen (s.u.) hat Th. als oekumen. Theologe, geistlicher Lehrer und herausragende Persönlichkeit des geistigen Lebens im Deutschland des 19. Jh. bisher zu wenig Beachtung gefunden. Auf diesen Umstand hat schon in den 1950er Jahren F.W.KANTZENBACH hingewiesen (s. dazu WEBER,1973,198), ohne freilich die von ihm angekündigte Th.-Biographie, in welcher der unveröffentlichte Nachlass verarbeitet werden sollte (F.W.KANTZENBACH,1956,58,Anm.13), vorlegen zu können. Diese Aufarbeitung bleibt eine wichtige und lohnende Aufgabe weiterer Forschung. - Zu Th. s. LUTHARDT,1889,232-248; ADB, Bd.38(1894),17-22; v.GERLACH,1903,II,315f.346.371.395 (vgl.Anm.46); DALTON,1906,I, 326ff; ZÖCKLER,1907 (S.684 Lit.); LÖHE,1956,V/2,1148f; KANTZENBACH,Briefe; ders.,Lebensbilder; ders.,1956, 1959 u. 1967; EDEL,1971,377-389 (Quellen u. Lit.); WEBER, 1973,193ff; BORN,1974,40,77f u.ö.; Dokumentation *"Die Anfänge von Gottes Werk in Deutschland"* (6f) in: UNSERE FAMILIE,1992,Nr.12.14. Siehe das Reg. d.v.U. (Thiersch).

37 (S.29) Dr. phil. Paul Wigand (geb. am 24.11.1853 in Marburg, + 30.7.1921 in Frankfurt/M.) war ein Sohn Albert Wigands (Anm.39.d). Von Beruf war er Gymnasiallehrer. 1879 P-Ord., 1880 E-Weihe, Tätigkeit als E-Ev, Koadj des BEv für Rheinland-Hessen (Franz Tramm [1848-12.8.1922]), am 29.6.1900 in Albury zum EE der AK ber. und am 13.7. d.J. als solcher eingesegnet. W. heiratete 1881 Luise Thiersch, die er von Kindheit an kannte.(vgl.Anm.36) Er hat eine Reihe geistlicher Schriften verfasst.(s.EDEL,1971,375)

38.a (S.30) Dr. jur. Dr. med. und Dr. theol. Heinrich Victor Andreä (1817-1889), ein Nachkomme des berühmten Württembergers Johann Valentin Andreae (1586-1654), war nicht nur Rechtsanwalt, sondern wirkte nach Abschlus eines Medizinstudiums als der erste in Frankfurt/M. praktizierende Homöopath (nach 1846). In späteren Jahren studierte er noch Theologie und erwarb den akademischen Grad eines Dr. theol. und Lic. der Theologie. A., *"ein ernster Laie von leicht erregbarer Einbildungskraft"* (EKZ,1848,414), war spätestens 1846 mit Caird und Böhm in Berührung gekommen und hatte sich der kaB angeschlossen. Am 18.6. d.J. schrieb Thiersch an seine Frau: "Sonnabend u. *Sonntag hatte ich außer Herrn Böhm noch einen höchst erfreuenden Besuch, Herrn Dr. Andreä aus Frankfurt, im Hauß. Dieß waren schöne, erhebende Tage. Andreä ist ganz unsers Sinnes und uns aufs innigste verbunden, dabei ein höchst edler Charakter."* (Th.Br.,72/3) Wenig später bezeichnete Thiersch ihn als *"meinen lieben Freund Andreae (einen solchen habe ich in Marburg nicht!)".* (ebd.,73/1f) Im Haus Andreäs (im damaligen Frankfurter Vorort Sachsenhausen, am Main gelegen) war Thiersch in der folgenden Zeit des öfteren zu Gast.(ebd.,75/1, 76/1) A., der sich im Okt. 1847 bereits wieder von der kaB zurückzog (s.u.) hat für die im selben Jahr erschienene Schrift des Ap Carlyle *"Die Mosaische Stiftshütte"* das Schlusswort geschrieben (in ²1899 nicht mehr enthalten). Er war in der kurzen Zeit seiner Zugehörigkeit zur kaB einer ihrer tatkräftigsten Förderer in Hessen.(zu A. s. DALTON,I,1906,473ff; HOPF,1913,I,433; Anm.41.b)

38.b (S.30) Der Verleger und Buchhändler Heinrich Zimmer (+ nach 1877) schloss sich spätestens 1847 der kaB an. Von Anfang an stellte er seinen Verlag für die Publikation kap Schriften zur Verfügung. Aus diesem Grunde kündigte er der Zeitschrift *"Der christliche Beobachter"*, dessen Redakteur, der Frankfurter Pfarrer Richter, die kaB heftig bekämpfte.(EKZ, 1848,414f; s.Anm.41.b) Z. war ein engagiertes Mitglied des Kreises von Anhängern der kaB, der sich 1846/47 in Frankfurt/M. um Caird, Böhm und Carlyle gesammelt hatte und sich häufig zum geistlichen Austausch traf. Thiersch erwähnt Z. zum ersten Mal in einem Brief v. 16.4.1847: *"Gegen Abend kamen wir bei dem guten alten Baurath Burnitz mit Herrn Zimmer, Cand. Pilgrim u. 2 anderen Freunden zusammen, wo ich mittheilte, was uns Herr Carlyle über die Geschichte des Elias gesagt hat. Unser Zusammensein u. Gespräch, war wie ich hoffe für uns alle erquickend."* (Th.Br.,75/3) Als einer der ersten Deutschen empfing Z. am 17.10.1847 die Versiegelung. Die (sporadischen) Gottesdienste der wenigen kap Christen in Frankfurt/M. fanden in den kommenden Jahren in seiner Wohnung statt.(s.Anm.43.c) Am 29.12.1847 wurde er (durch den Pr Smith) zum P-Amt ber., ein weiteres Mal am 28.12.1849 in Berlin.(s.S.43 d.v.U.) Z. diente gemeinsam mit Pilgrim (Anm.39.c) mehrere Jahre als D in Frankfurt/M.(BORN,1974,65) Um 1850 wohnte Z. vorübergehend in Erlangen.(s.Anm.35) In der 2. Hälfte der 50er Jahre löste er sich innerlich mehr und mehr von den KaG. Möglicherweise stand dies im Zusammenhang mit harten Schicksalsschlägen. Am 18.4.1851 war Zimmers erste Frau gestorben (in J.Chr.Blumhardts Pfarrhaus in Möttlingen [vgl.Anm.53]), am 19.4. und 25.5.1857 verlor er zwei kleine Kinder aus zweiter Ehe, während deren Mutter schwerkrank darniederlag.(s.CHRONIK Marburg,I u. III) Anf. 1859 erklärte Z. Thiersch (als seinem geistlichen Vorgesetzten) gegenüber seinen *"Austritt"* aus den KaG. Dies geht aus einem Brief v. 26.5.1859 hervor, mit welchem Thiersch den D umzustimmen suchte. (deponiert in: Universitätsbibliothek Marburg, Handschriftenabteilung MS. 927/2) Thierschs eindringliche Bemühungen hatten offenbar keinen Erfolg. Beide Männer blieben jedoch (auch in verlegerischer Hinsicht) zeitlebens in Verbindung. Zu Z. s.HOPF,1913,I,431.433.

38.c (S.30) Zu den wichtigsten Verlagen in Deutschland, die kap Literatur publizierten, gehörten neben dem von Heinrich Zimmer (Frankfurt/M.) die Verlage C. Gottlieb Brandis (Anm.55.d), Gottfried Hickethier (Anm.65.m), Johannes Hoffmann (bis mindestens 1908) und Herrmann Meier (alle in Berlin) sowie Richard Preuß in Augsburg. Seit Ende des 2. Weltkrieges erscheint kap Literatur für die deutschen Gemeinden im Verlag Herrmann Meier Nachf. in Siegen.

39.a (S.30) Caird und Böhm hatten bereits 1845/46 – teils in Privatzirkeln, teils öffentlich - in Marburg und Frankfurt/M. geistliche Vorträge gehalten. Die Vorträge, die Carlyle in Vorbereitung auf die beabsichtigte Gemeindegründung ab 1847 in beiden Städten hielt (erstmals im Jan. d.J. [CHRONIK Marburg,I]), beschäftigten sich hauptsächlich mit der typologischen Deutung (überwiegend) alttestamentlicher Texte in Bezug auf die Kirche. Der Inhalt einer ganzen Reihe von Vorträgen liegt gedruckt vor, und zwar in den beiden Schriften: *"Die Mosaische Stiftshütte"* (Frankfurt/M.,1847) und *"Die Vorbilder im dritten Buch Mose (Leviticus) Kap. I-XVI"* (das engl. Manuskript wurde von Thiersch übersetzt und - *"als Manuskript gedruckt"* - einigen Geistlichen zugeschickt; 1867 wurde es als Buch aufgelegt [WEBER,1977, Anh.,44]). Ein im Thiersch-Nachlass aufbewahrtes Notizbuch von Carlyle aus dem Jahre 1847 (B.St.B.,H.Thierschiana II,139) enthält stichpunktartige Auslegungen zu alttestamentlichen Texten (bes. aus Genesis, Exodus u. den "kleinen Propheten").
Eine wichtige Stütze hatte Carlyle in Thiersch gefunden, der seine Wohnung für Vorträge des Ap zur Verfügung stellte. *"Wenn der Apostel für Norddeutschland oder Evangelisten, von denen Thiersch und sein Haus belehrt wurden, nach Marburg kamen, so lud er wo(h)l christliche Freunde und Bekannte, bei denen er Interesse und Verständnis voraussetzte, zu diesen Belehrungen ein und suchte ihnen weiterzuhelfen."* (WIGAND,1888,338) Thiersch setzte sich übrigens sehr bald auch öffentlich für das kap Anliegen ein. So sprach er im Apr. 1847 in Frankfurt/M. auf einer Kirchenkonferenz vor 60 evang. Pfarrern offen u.a. *"über die Nothwendigkeit des prophetischen u. apostolischen Amts in der Kirche ..., damit sie vorbereitet werde auf ihr bevorstehenden Kämpfe u. auf den Tag des Gerichts"*.(Th.Br.,75/2; vgl. ZÖCKLER,1907,687)

Zu den ersten Anhängern der kaB in Hessen gehörten:

39.b (S.30) Der Privatdozent an der Marburger Universität Dr. phil. und Lic. theol. Ernst Adolf Roßteuscher (geb. am 26.7.1822 in Kassel, + 12.3.1892 in Leipzig, Sohn des Metzgermeisters Ernst Christian R. und seiner Frau Auguste). Er hatte in Marburg Theologie und Philosophie studiert und auch dort am 7.10.1845 die Ord. zum evang. Pfarramt empfangen. Mit seinem Kollegen Thiersch war er freundschaftlich eng verbunden (vgl.WIGAND,1888,424; bei Thierschs Tochter Mathilde z.B. war er Pate). Mit Vertretern der kaB hatte R. spätestens 1845

Kontakt. Am 20.1.1846 schrieb er aus Rom an Thiersch: *"Von den Engländern aus* Carlyles *Kreise habe ich allerdings keinen in Rom gefunden... Drum bin ich hier mehr u. mehr u. immer fester u. klarer zu dem Entschluß gekommen, mich auch zum Werkzeug darzustellen für eine christliche Vereinigung der Konfessionen in dieser Zeit, wo als im Anzug der letzten Gei(s)ter sich Alles auf Vereinigungen, - leider oft bloß äußerliche u. unheilige - richtete. Ich kenne leider, außer Ihnen u. Ihren gleichgesinnten Freunden, Niemanden der nicht von solcher Erklärung zurückschrecken würde; thut auch nichts, ich will rüstig mithelfen zum Anfang auf unserer Seite, der Herr kennt schon die Stunde für die Einberufung Mehrerer u. Besserer."* (S.2f [in: B.ST.B.,H.Thierschiana II,149])

Am 7.2.1849 erhielt R. die apHA in Marburg (durch Carlyle). Ab Anf. Nov. d.J. dort wieder wohnhaft, wurde er mit der Wahrnehmung diakonaler Aufgaben in der Gemeinde beauftragt. Am 28.12. Anb. zum P-Amt in Berlin (nicht ber.!), am 23.1.1850 in Marburg als D eingesetzt (wirkte als D-Ev). Am 13.8. d.J. reiste R. nach Brighton (England), um eine Privatlehrerstelle anzunehmen. 22.4.1851 Ber. zum P-Amt in London (Zentralgemeinde), P-Ord. am 3.7. in Albury (wahrscheinlich durch Carlyle), ab Juli d.J. P (Ä) in der Berliner Gemeinde (mit besonderer Beauftragung für die liturgischen Angelegenheiten). Am 7.7.1852 Eheschließung mit Sophie (Louise?) König (aus Kassel?). Am 13.9.1853 Anb. zum E-Amt (keine Ber.!); erneute Anb. und Ber. am 15.5.1858 (in beiden Fällen durch Geyer), am 7.10. d.J. E-Weihe, anschließend Dienst als EG in Berlin. BE ab Ende Aug. 1859 in Magdeburg, ab Okt. 1866 in Kassel und ab Apr. 1871 in Leipzig (ab 19.6.1874 als eE). Die heute noch benutzte Kirche in Leipzig-Ost (Friedrich-Liszt-Str. 22) wurde 1870/71 nach Entwürfen von Roßteuschers Bruder Ernst August erbaut. Ab 15.6.1862 war er auch Archidiakon für Norddeutschland.(pA)

R. gehörte zu den wichtigsten kap Schriftstellern in Deutschland (Lit. bei EDEL,1971,370). Neben der Abfassung eigener theologischer Arbeiten hat er eine ganze Reihe grundlegender kap Werke aus dem Englischen übersetzt bzw. herausgegeben: so z.B. die RUBRIKEN (1864, ²1880) oder die neue Ausgabe der LITURGIE für Ndt. (z.B. 1862, 1877 [vgl. KÖHLER, 1876,418; Anm.52]). Das HYMNOLOGIUM der deutschen Gemeinden ([1859, ²1866] s.S.64 d.v.U.) ist von R. zusammengestellt worden (4 Lieder stammen von ihm). Besonders erwähnenswert ist seine umfassende Darstellung der Anfänge der kaB *"Der Aufbau der Kirche Christi auf den ursprünglichen Grundlagen"* (1871, ⁴1969). Für das von H.Wagener herausgegebene *"Staats- und Gesellschaftslexikon"* schrieb er den Art. über Irving (Bd.X[1862], 159ff). Zu R. s. bes. CHRONIK Marburg,I,5.12f.19.26 u.ö.; BORN,1974,80; WEBER,1977, Anh.,103.

39.c (S.30) Der Gymnasiallehrer, Literat und Institutsvorsteher in Frankfurt/M. Dr. <u>Julius Pilgrim</u> (+ 1893). Kontakt zur kaB ab spätestens 1847, apHA am 17.10. in Frankfurt/M., dort Ber. zum P-Amt am 29.12. d.J., ein weiteres Mal am 28.12.1849 in Berlin. Diente als D unter den wenigen kap Gemeindegliedern in Frankfurt/M. Im Dez. 1856 wurde sein jüngstes Kind todkrank. P. legte ihm die Hände auf, und das Kind blieb am Leben. (CHRONIK Marburg,II,187) P-Ord. am 15.3.1866 in Basel, ab 1866 P-Vorsteher der am 19.6. d.J. gegründeten Gemeinde in Stuttgart. E-Weihe im Nov. 1870, BE in Stuttgart, ab 1876 EG in Zürich.(BORN,1974,65)

39.d (S.30) Der Marburger Privatdozent und spätere Professor für Botanik Dr. <u>Albert Wigand</u> (+ 22.10.1886), ein Freund Thierschs, schloss sich (1848?) ebenfalls den KaG an, ohne jedoch ein geistliches Amt zu bekleiden. Am 4.2.1849 empfing er in Marburg die apHA. W., zeitweilig auch Direktor des Marburger Botanischen Gartens, setzte sich in seinen über 40 naturwiss.

Veröffentlichungen u.a. kritisch mit dem Darwinismus auseinander.(Einzelheiten s. bei WEBER,1977,Anh.,123) Über W. s. OEHNINGER,1893,26-28; HOPF,1913,I,289; BORN,1974, 104; vgl.Anm.37.
Wigands Bruder Friedrich (+ 1895), evang. Pfarrer, war E in Kassel (1871-1876 BE) und in Barmen (1877-1887 BE, dann eE).(BORN,1974,55.66.104)

40 (S.31) Die apostolische Handauflegung oder Versiegelung (vgl. Apg. 8,17; 19,6; 2.Kor. 1,21f; Eph.1,13f) *"ist ein Sakrament oder eine heilige Handlung, worin denen, welche getauft und zu reifem Alter gelangt sind, die Gabe des Heiligen Geistes, des Trösters, ausgespendet wird"*. Durch dieses tauferganzende Sakrament wird der erwachsene Christ (Mindestalter 20 Jahre) nach kap Verständnis *"gestärkt und gekräftigt, gesalbet und versiegelt, und der Heilige Geist teilt darinnen Seine Gaben aus, einem jeglichen besonders, wie Er will"*. Der Versiegelte hat Anteil an der bei Jesaja 11,2 genannten *"siebenfältigen Gabe des Heiligen Geistes"* und empfängt die *"Offenbarung des Geistes"* (Charismata [nach 1.Kor.12,7-11]), *"die einem jeden gegeben wird zum Nutzen aller"*.(KATECHISMUS, Fragen 47-50, in: LITURGIE,1897,XIf [s. dazu die Erläuterungen bei ALBRECHT,1982,112-134]) Die Versiegelung wird durch den Ap, seinen Koadj oder vom Ap beauftragte Delegaten nach *"Erneuerung der Taufgelübde"* durch die Kandidaten (LITURGIE,1962,348-355; RUBRIKEN,1895,81ff) *"symbolisch vollzogen durch apostolische Handauflegung und Salbung* (der Stirn - Verf.) *unter Benutzung von Salböl (Chrisma, auch Chrisam genannt). Das gleiche Salböl findet auch Anwendung bei der Priesterordination und der Engelweihe. - Die Bestandteile des Salböles sind Myrrhe, Zimt, Kalmus, Kassia und Olivenöl (2.Mose 30,23-24)."* (BORN,1974,39) Das Chrisma wurde nur einmal im Jahr ("zentral") konsekriert, und zwar am Pfingstmontag in der Apostelkapelle in Albury für den Gebrauch bei allen apHA und Ordinationen (letztmalig 1900).(ALBRECHT,1924,46; zur Liturgie der apHA s. LITURGIE,1962,356-363; RUBRIKEN,1895,83-86)
Die apHA konnten auch Christen erhalten, die nicht Mitglieder der KaG waren (z.B. der südafrik. anglik. Bischof von Grahamstown Allan Becher Webb D.D. [COPINGER,1908,69], der anglik. Pfarrer Hooper in Albury [s.Anm.25.b] u. der reform. Pfarrer F.Oehninger [BORN, 1974,100]; s. auch CHRONIK Marburg III,14.4.1857; FLEGG,1992,87; Anm.103 d.v.U.).
Bereits bei der Ber. des Ap Cardale war die Ausspendung des Geistes als Auftrag der Ap bezeichnet worden (Anm.20.b.1). Dieser wurde durch ein Wort der Weissagung in der 6. Versammlung des *"Council of Zion"* am 1.12.1835 bekräftigt und präzisiert.(s.BORN,1974,27 [das betreffende Wort der Weissagung stammte von Taplin; CIRCULARE,1895,79]) Im Testimonium von 1836/38 wird die Versiegelung durch Ap angesprochen.(ROSSTEUSCHER, 1886,Beil.,25.80.86)
Jedoch erst 11 Jahre später wurde - im Zusammenhang mit einer Krise innerhalb der KaG (s.FLEGG,1992,85ff) und entsprechend dem Wort der Weissagung durch Taplin - die apHA eingeführt.(BOASE,Suppl.,837f; WOODHOUSE,1901,116-129; ALBRECHT,1924,37-45) FLEGG (1992,85) charakterisiert diese Situation als *"serious diminution in the expectancy of the imminence of the Second Coming"*. Nach Einführungsvorträgen über die *"Versiegelung"* (als *"gift of the 'Spirit of Power'"* im Unterschied zur Taufe mit dem Empfang der *"gift of the 'Spirit of Life'"* [ebd.]) durch den erstberufenen Ap vollzog Cardale am 31.5.1847 den ersten Dienst der apHA an den *"pillars"* der Pr, Ev und H in Albury. Es folgte die Versiegelung weiterer hoher Amtsträger der KaG. Am 8.6. empfingen alle E der KaG in England die apHA in der Londoner Zentralgemeinde. Vom 9.6. an folgte die Versiegelung der P, D und vieler Ge-

meindeglieder. Bis Ende Aug. d.J. hatten in England mehr als 1.000 Personen die apHA empfangen.(DOWGLASS,1852,36; BORN,1974,39; FLEGG,1992,86) Die Wirkungen (*"effects"*) der Einführung der apHA waren nach FLEGG (ebd.,87) *"remarkable: the apathy largely disappeared, and there was a renewed sense of urgency in the local witness of ministers and congregations. The apathy was indeed not to return, despite the severe trauma of the eventual passing of all the apostles..."*

Die apHA am 17.10.1847 in Frankfurt/M., auf die Carlyle hinwirkte, war - soweit bekannt ist - die erste Handlung dieser Art außerhalb Englands. Über die äußere und die innere Vorbereitung auf dieses Ereignis schrieb Thiersch am 26.9. und am 2.10. d.J. an seine Frau: *"Herr Carlyle hat seit seiner Ankunft in Frankfurt in einer Reihe von Vorträgen die Freunde über die Handauflegung, ihre Bedeutung, die Bedingungen für ihren Empfang u.s.f. zu belehren sich bemüht. Diese Belehrungen haben wir noch nicht empfangen, auch wir bedürfen sie, auch wir sollen sie gewiß vorher erhalten.*

Ferner aber ist dieß meine Meinung: wenn wir auch darüber nicht gewiß werden könnten, ob der HErr noch im Verlauf des jetzigen Menschenalters wiederkommen wird, um die Seinigen zu sich zu nehmen, so genügt, wie mir scheint, für den freudigen Empfang der Handauflegung wenn wir nur daran fest halten, daß es seine Absicht ist, uns hier einen Seegen in geistlichen Gaben mitzutheilen, den wir in dem bisher bestehenden Gottesdienst nicht empfingen, und den wir bedürfen, um uns auf Seine Zukunft bereit zu halten. Denn diese Bereitschaft ist es ja, welche der HErr ganz gewiß von uns verlangt. 'Was ich euch sage, das sage ich <u>allen</u>: wachet!'

Nun, eine Stärkung hiezu wird uns dargeboten, ein Gnadenmittel durch dessen gläubigen Gebrauch uns zu Theil werden soll, daß das Oel in unseren Lampen nicht versiege.

Ebenso wichtig und tröstlich ist aber die vollständige Feier der Eucharistie, nach des HErrn Sinn u. Anordnung, zu der wir geladen werden." (Th.Br.,82/2)

"Was haben wir in Frankfurt zu machen? Darüber sind meine Gedanken nach einem Brief, den ich gestern von Herrn Böhm erhielt folgende.

Allerdings gedenkt Herr Carlyle*, wenn nicht ein Verbot dagegen erfolgt, noch im October jene Feier in einem Privathause vorzunehmen. Aber wird die Zeit unsers Aufenthalts reichen, um uns darauf vollständig vorzubereiten, so daß wir ohne Zweifel, mit rechter Einsicht und völligem Glauben einen so unendlich wichtigen Schritt thun können? <u>Ich weiß es nicht</u>. Dieß wird sich erst zeigen müssen...*

Herr Böhm hat mir unter anderem geschrieben: 'Sind Sie der Ansicht, daß die Zeit noch nicht gekommen sei, einen solchen Schritt zu thun, so handeln Sie nach Ihrer Überzeugung u. warten Sie lieber bis Ihnen alle Schwierigkeiten aus dem Weg geräumt werden. Deswegen können Sie vielleicht doch eine kurze Zeit unter uns verweilen und die (sic) *Belehrungen des Herrn* Carlyle*, die diesen Handlungen vorangehen werden und die er um Ihretwillen aufgeschoben hat, beiwohnen. Auch möchten diese für Ihre Frau u. für Roßteuscher..., wenn er willens ist hieherzukommen, förderlich sein.'*

Glaube mir, meine Liebe, daß ich außerdem reifflich (?) *erwogen habe, ob ich und wie ich, wenn wir uns anschließen, dieß vor den Menschen, gegen die ich verpflichtet bin, verantworten kann, nämlich gegen meinen Vater und gegen diejenigen die mich angestellt haben. <u>Hier</u> liegen für mich die <u>größten</u> Schwierigkeiten, denn ich möchte, was ich thue, mit der größten Ehrlichkeit und Aufrichtigkeit gegen meine Vorgesetzten thun. Fast will es mir vorkommen, als müßte ich <u>erst</u> um Entlassung bitten, ehe ich mich dort zum Dienst anbiete, und nicht es auf Absetzung ankommen lassen."* (ebd.,83/1f)

Zur apHA (die nur bis 1901 erteilt werden konnte [s.S.189 d.v.U.]; nach FLEGG [1992,87] wurde die Zahl von 144.000 nicht erreicht) s. auch: CARDALE,1898/99,II,375-466; CARLYLE,1850,10-20; WOODHOUSE,1863,23-27; WRIGHT,1892; R.DAVENPORT,1974,129-136; WEBER,1977,58f; STANDRING,1985,74ff; FLEGG,1992,85ff.127-131; S.56 d.v.U.; (krit.:) MILLER,1878,I,248-254.

41.a (S.31) William Marriot White (+ Dez. 1863) gehörte als (P-?)Ev in Bristol zu den ersten Ev der kaB. Am 15.7.1835 erhielt er die E-Weihe und wurde den *"60 evangelists to the nations"* zugeordnet. Später diente er als BEv und Ev.m.d.Ap. für Russland (er sprach gut russisch), außerdem als Ev.m.d.Ap. für Irland und Griechenland. Im Herbst 1847 wohnte er in Frankfurt/M., um den Ap Carlyle in der Funktion eines H.(m.d.Ap.) zu unterstützen - besonders bei der ersten Eucharistie und apHA am 17.10.(BORN,1974,39). Im Okt. 1849 fuhr W. erst nach Moskau (um Mitglieder der Russ.-Orthod. Kirche aufzusuchen) und dann nach Griechenland, wo er gemeinsam mit dem vorausgereisten Ap Armstrong bis Sept. 1850 für die kaB wirkte. (vgl. AARSBO,1932,278; Anm.69.a d.v.U.) Beide reisten übrigens gegen Ende 1849 gemeinsam über Berlin.(KOEPPEN-Briefe) 1851 fuhr W. nach Riga, Dorpat, Reval und Petersburg, wo er Zar Nikolaus I. (1825-1855) das Testimonium übergab. Dieser befahl ihm jedoch (unter Androhung einer Verbannung nach Sibirien) Russland innerhalb von 8 Tagen zu verlassen. (s.Anm.69.a) Im Herbst 1854 reiste W. von Berlin an die russ. Grenze (und weiter?).(B.ST.B., H.Thierschiana II,Nr.149,Carlyle,7/3f) 1860 begleitete W. den Ap Dalton nach Florenz. In seinen letzten Lebensjahren wohnte er in Bath.

41.b (S.31) Die Gründe für die Abwendung Andreäs von der katholisch-apostolischen Bewegung sind schwer zu erhellen. Ein Freund des Rechtsanwaltes stellte in einem Artikel der EKZ (*"Vom Main. Der Irvingismus"*) die Dinge folgendermaßen dar: *"Schon dachte man daran, eine eigene Gemeinde in Frankfurt zu gründen, die dem Senat deshalb einzureichende Schrift war bereits aufgesetzt, zur letzten Vollendung des Werkes war ein 'Prophet' aus England verschrieben* (sic), *die der Sache Zugethanen von auswärts hatten sich versammelt: da bekam auf einmal das Werk einen Stoß. Der 'Prophet', mit seinem Zungenreden und Weissagen, brachte auf jenen Laien, auf den man vornehmlich gerechnet, die ganz entgegengesetzte Wirkung hervor. Er fühlte sich von dieser angeblichen Stimme Gottes abgestoßen, die Zweifel, die sich wohl schon länger in ihm gesammelt hatten, brachen hervor, und mit Gottes Hülfe war er in ganz Kurzem von seinem Irrthum frei."* (EKZ,1848,414) (Daß die Art der charismatischen Äußerungen von Smith für einige seiner Zeitgenossen etwas Spektakuläres hatte, kann man auch einer Notiz entnehmen, die sich in einem Bericht Thierschs von seiner Audienz beim König Friedrich Wilhelm IV. v. 13.4.1849 findet: *"...von Jonathan Smith war ihm eine mehr als fabelhafte Vorstellung gemacht worden"* [Th.Br.,89/3; vgl. Th.Tgb., 13.9.1853; Anm.28.a].)
Am 28.12.1847 schrieb Thiersch an seine Frau: *"Andreä habe ich absichtlich noch nicht besucht. Es ist ein gar zu trauriges Wiedersehen."* (Th.Br.,84) Und am 2.1.1848, hoffnungsvoller: *"Den Mittag war ich bei Andreä, den ich ruhiger fand als ich dachte; das Gerücht von dem Falliment war falsch."* (ebd.,86/2) A. war schwankend geworden, entschied sich aber letztendlich gegen die kaB. Auf Initiative des Frankfurter Pfarrers Richter (s.Anm.38.b) hielt er im Lokal des *"evangelischen Vereins"* öffentliche Vorträge gegen den *"Irvingismus"*, die bereits im Mai d.J. im Buchhandel erhältlich waren unter dem Titel: *"Lebensfragen der Kirche Christi. Zehn Betrachtungen, veranlaßt durch das Auftauchen des sogenannten Irvingismus in*

Deutschland" (126 S.). Im o.g. Artikel wird zu dieser Schrift bemerkt: *"Der Verf. bekennt selbst in der Vorrede, daß er die Missionare des Irvingismus 'lange als Morgensterne einer besseren kirchlichen Zukunft betrachten zu dürfen geglaubt', daß ihm aber doch nachmals mancherlei Bedenklichkeiten gekommen seyen, die er hier der Beurtheilung seiner christlichen Mitbrüder offen vorlege. Und am Schlusse sagt er, er könne sich irren; irre er aber, habe der Herr seiner Kirche wirklich wieder Apostel gegeben, so stehe er der Belehrung offen und werde jene nach gefaßter Überzeugung gerne anerkennen. Der liebe Verf. verräth also noch einen schwankenden Gemüthszustand, der sich mit dem Gewicht der von ihm wider den Irvingismus geltend gemachten Gründe, ja mit ausdrücklichen Behauptungen seines Schriftchens nicht reimt."* (EKZ,1848,415)

Nach BORN (1974,39) ist aufgrund der Auswirkungen dieser Gegenarbeit die Bildung einer kap Gemeinde in Frankfurt/M. lange Zeit nicht möglich gewesen.(vgl.Anm.43.c)

42.a (S.32) Die Worte, mit denen <u>Thiersch zum Priester-Amt berufen</u> wurde, lauten: *"Oh the long suffering of God! It is to lead to repentance. All the day long have I stretched out mine hand said the Lord, to a disobedient + gainsaying people, + they would not hear. Oh! it is to them that have gone away from the house of God their Father, to whom thou must speak. And thou must bid them, thou must entreat them to return. And canst thou weep for them as Jesus wept over his city - over his bretheren? They would not come - + he wept. And thou also shalt weep. Tears in secret thou hast shed. Are they treasured up? Hath God seen them? He hath seen, + he will reward. But look not for honor now.* (mehrmals) *Henceforth there may be sorrow. But it shall be turned into joy - joy which no man can take away - + which no man can give. It is in the heast. There it shall be planted. And give thou it forth to thy bretheren, to them who shall hear."* (in B.ST.B.,H.Thierschiana II,149,Carlyle,1)

Die nach Thierschs Ord. von Carlyle eigenhändig ausgestellte (formlose) Urkunde hat folgenden Wortlaut: *"Hiermit bescheinige ich, daß der Herr Doctor der Philosophie und Theologie, und Professor der Theologie, Heinrich Wilhelm Josias Thiersch, der sich freiwillig zum Amte in der Kirche Christi abgeboten hatte und darauf zum Priester=Amte durch einen ordinirten Propheten berufen worden ist, von mir in Frankfurt am Main, am Sonntag, dem zweiten Januars* (sic) *1848 zum Priester=Amte in der einen heiligen, allgemeinen und apostolischen Kirche ordinirt worden ist.*
              (gez.) *Thomas Carlyle*
Frankfurt a/M. den 2ten Januar 1848." (ebd.,2)

Thiersch war damit der erste kap P Deutschlands.(vgl. WIGAND,1888,269ff.306ff; Anm. 54.a-c)

42.b (S.32) <u>Emil Ludwig Geering</u>, V.D.M. (geb. am 22.12.1827 in Basel, + 29.8.1894 in Albury), Theologiestudent in Marburg, apHA Ende 1847 (25.12. [pA] ?) in Frankfurt/M. durch Carlyle, nach dem Studium reform. Geistlicher in der Schweiz (BORN,1974,81), hielt sich im Apr. 1848 in der kap Gemeinde in Berlin auf, P-Ord. 1852 in Basel, 1853 E-Weihe, BEv in der Schweiz, am 7.6.1875 in Albury zum Koadj für die Schweiz beauftragt (ab 1886 Koadj auch für Sdt.). G., der auch als Archidiakon für die Schweiz diente (Th.Tgb.,21.5.1862), war ein Schwiegersohn von Thiersch (Anm.36). Sein Grab befindet sich in Albury (Beisetzung am 1.9.1894).(NEWMAN-NORTON,1971,45; BORN,1974,81; Lit.: EDEL,1971,361)

42.c (S.32) Johann Jakob Traugott Geering (1822-1871), älterer Bruder von Emil G.(s.o.), Theologiestudium in Marburg, Vikar an einer evang. Gemeinde in Basel, apHA (ebenfalls Ende 1847 in Frankfurt/M. durch Carlyle? [BORN,1974,41]), Ber. zum P-Amt 1849 in Edinburgh (laut Thiersch haben G. u. Faesch [Anm.42.d] sich dort *"jahrelang"* aufgehalten [Th.Br., 149/3]), Einsegnung zum D-Amt, evangelistische Tätigkeit zur Sammlung einer kap Gemeinde in Basel.(vgl.BORN,1974,42) Ord. zum P-Amt am 21.5.1850 in der Londoner Zentralgemeinde, Ber. zum E-Amt Ende 1852 in Albury, am 13.6.1853 E-Weihe in Basel, von da an BE der dortigen Gemeinde (bis zu seinem Tode).

42.d (S.32) Leonhard Faesch (Faesch-Schneider, geb. 1825/26, + 8.2.1906), Schweizer, Theologiestudium in Marburg, Freund der Brüder Geering, apHA zusammen mit L.Geering (s.o.; laut BORN[1974,96] am 25.10.1847, was unwahrscheinlich ist), evang. Pfarrer in St. Margarethen (Kanton Basel), hielt sich im Apr. 1848 in der kap Gemeinde in Berlin auf, wirkte mit an der Sammlung der kap Gemeinde in Basel. Ber. zum P-Amt 1851 in Edinburgh (wo er - wie auch T.Geering [Anm.42.c] - *"jahrelang"* lebte [Th.Br.,149/3]), Ord. 1856, E-Weihe am 21.5.1863 (beides in Basel), seitdem Pr.m.d.Ap. für Sdt. und die Schweiz (diente 1863 auch in Ndt. [s. S.68.185.228 d.v.U.; Anm.75.a] u. 1877 zusammen mit Caird in Frankreich). (Faeschs Schriften s. bei EDEL,1971,360. Carlyle's Schrift *"Das apostolische Amt"* [1850] wurde von F. ins Deutsche übersetzt [WEBER,1973,206.211].)

42.e (S.32) Friedrich Wilhelm Becker (1808-26.12.1881), evang. Pfarrer in Neuenhain bei Bad Soden (Taunus), empfing Ende 1847 in Frankfurt/M. die apHA, Ber. zum P-Amt am 16.4.1849 in Berlin. Im Frühjahr 1851 verzichtete er auf sein Pfarramt, um seine ganze Kraft in den Dienst der KaG zu stellen. Thiersch schrieb dazu am 20.4. d.J. an seine Frau: *"Daß H. Pf. Becker schon jetzt abdankt kam uns unerwartet. Wir dachten frühestens am 1. Juli wird sein Pfarramt aufhören, u. vielleicht gestaltet es sich noch so. 3 Monate wird er in Berlin verweilen u. dann erst seinen Wohnsitz in Marburg nehmen. Seine Resignation geschah nicht auf* Carlyles *Befehl, sondern nur mit* Carlyles *Erlaubniß auf eigene Verantwortung. Möge Gott Seinen* (sic) *Glauben reichlich belohnen."* (Th.Br.,113/3f) Am 5.5.1851 P-Ord. in Marburg, am 4.7. d.J. Übersiedlung mit seiner Familie nach Berlin, im selben Monat Aufnahme Beckers in die Priesterschaft der Berliner Gemeinde (er wurde mit der Aufsicht über die Ev-Tätigkeit der Gemeinde beauftragt); seine Frau (Christiane B.) arbeitete in der Gemeinde mit als *"Gehilfin"* der Dkn (ebd.,121/2; Anm.61.b). Am 28.9.1852 Ber. zum E-Amt (durch Geyer), 14.10. E-Weihe (beides in Berlin), bald nach dem 22.10. d.J. Übersiedlung nach Stettin und Übernahme der dortigen Gemeinde.

Einen Eindruck von seinem erfolgreichen Wirken als BE in der pommerschen Metropole (und den Filialen) vermittelt Thiersch in einem Brief v. 13.9.1861: *"H. Pf. Becker ist weißhaarig doch blühend; sehr gesegnet in seinem Wirken, seine Mitdiener u. s. Gemeinden sind voll Eifer u. Willigkeit. Wir sahen ihn in Bromberg u. sehen ihn wieder in Stettin u. Posen nächste Woche."* (Th.Br.,284/2; vgl.S.88ff.174f d.v.U.) Spätestens ab 1863 diente B. als Koadj von Thiersch (s.Th.Br.,333/3, 379/2), am 20.9.1867 wurde er als dessen Nachfolger in das Amt des H.m.d.Ap. für Ndt. eingeführt. 1871 wurde B. eE der Stettiner Gemeinde. Obwohl die *"Einführung"* des E in eine Gemeinde grundsätzlich auf Lebenszeit galt, wurde B. 1875 von seinen Gemeinde-Aufgaben entbunden, um sich ganz dem übergemeindlichen Amt widmen zu können. Von Apr. 1881 an redigierte er die PM. Er starb 73j. in Berlin-Charlottenburg. Sein *"Hülfsbuch bei dem Unterricht im Katechismus"* (1870), ein für die religiöse Erziehung innerhalb der KaG grundlegendes Werk, hat 7 Aufl. erlebt.(BORN,1974,76f; Lit. bei EDEL, 1971,354f)

43 (S.32) Zur Entstehung und Entwicklung der katholisch-apostolischen Gemeinden in Marburg, Kassel und Frankfurt/M. hier einige Schwerpunkte:

43.a (S.32) Schon wenige Tage nach der P-Ord. begann Thiersch evangelistisch tätig zu werden: *"In Marburg begann ich sofort (Januar 1848) Evangelisten(-)Vorträge in der Wohnung der Stud(ieren)d(en) Geering u. Fäsch (Rundiels Haus auf dem Markt) (zu halten - Verf.). Im Februar wurden sie mir von dem Polizeidirector Wangemann untersagt; nur einmal setzte ich aus. Die Revolution kam und die Vorträge wurden fortgesetzt. Später in meiner Wohnung."* (CHRONIK Marburg,I,5) WIGAND (1888,338) ergänzt: *"Er begann sogleich mit öffentlichen Evangelistenvorträgen zu Marburg auf dem Rathause, in der Probstei und in dem kleinen Kirchlokale in der Untergasse und redete frei und offen auf dem Lande, wohin er gerufen wurde, auf Pastoralkonferenzen, in Predigten und Privatunterhaltungen von der Wiederherstellung der Kirche."*
Vom 29.1.-8.2.1849 hielt sich Carlyle wieder in Marburg auf. Am 4.2.1849 feierte er in Thierschs Wohnung die Eucharistie und vollzog an 10 Personen die apHA (darunter Dr. A.Wigand [Anm.39.d], A.Schmidt [Anm.65.i] u. stud. theol. F.Streibelein [Anm.60.a]). Dieser Tag kann als der Gründungstag der Gemeinde (der zweiten in Deutschland) angesehen werden.(zur Motivation für die Gemeindegründung s.WIGAND,1888,401f) Am 7.2. empfing Roßteuscher die apostolische Handauflegung. Regelmäßig fanden nun *"öffentliche Belehrungen"* an Sonntagnachmittagen (seit Nov. 1848) und Litanei mit anschließender *"Belehrung"* an Freitagabenden (seit Febr. 1849) in Privatwohnungen statt. Die Eucharistie wurde erst vierwöchentlich, ab Nov. 1849 vierzehntägig und ab Jan. 1850 wöchentlich gefeiert. Nach seiner E-Weihe am 18.4.1849 diente Thiersch seiner Gemeinde im bischöflichen Amt. Am 12.9. d.J. wurde der von der Gemeinde zum D gewählte Bäckermeister Mardorf durch den E in sein Amt eingesetzt. Ende 1849 zählte die Marburger Gemeinde bereits 50-60 Mitglieder. (JÖRG,1858,II,140) Ihr gehörten *"aus akademischen Kreisen die beiden Privatdozenten Roßteuscher und Wigand sowie einige Studierende an, außerdem eine Anzahl Bürger Marburgs und Bauern der Umgegend"*.(WIGAND,1888,338f) Folgende kleine Begebenheit vermittelt einen Eindruck von den äußeren Bedingungen für Thierschs pastorale Tätigkeit: *"Ein großer Teil der Marburger Gemeinde bestand aus Bauern Oberhessens... Thiersch hatte die in den oft sehr zerstreut liegenden Orten wohnenden Leute zu pflegen. Der lahme Mann bediente sich zu diesen Besuchen meist eines ihm eigens zu diesem Zwecke von einem Wehrshäuser Bauern zur Verfügung gestellten Pferdes, das er aber natürlich nur schlecht zu reiten verstand. Einmal wollte man den Ermüdeten mit Kühen nach Hause fahren, wagte aber nicht, ihm dies armselige Gefährt anzubieten. 'Wenn Rinder die Bundeslade ziehen sollten, so werden sie wo(h)l auch gut genug für mich sein,' sagte er und nahm dankend an."* (ebd.,334) Ab 16.12.1849 konnten alle Versammlungen der Gemeinde in einem gemieteten Saal im Hause des Gemeindegliedes Estor (Untergasse) stattfinden. Vom 23.3.-1.7.1850 evangelisierte der P-Ev M.v.Pochhammer (Anm.49.b) in M. und Umgebung. In diesem Jahr empfingen 44 Personen die apHA, weitere Männer wurden als D und UD eingesetzt. Als erste P dienten in M. ab 1851 F.W.Haeger (H) aus Berlin (Anm.55.g), E.Dietrich (Ä) (Anm.60.b) und F.Streibelein (Ev) (s.o.).(CHRONIK Marburg,I,4-43)

Seit ihrem Bestehen hatte sich die kap Gemeinde in M. aufgrund eines hess. Gesetzes v. 29.10.1848, in welchem *"das Recht zur freien Vereinigung behufs gemeinsamer Gottesverehrung und zur Gründung von Religionsgesellschaften"* verbürgt worden war, ungestört versammeln können. Im Febr. 1852 wurden in Kurhessen, wo vom 7.9.1850-19.12.1854 das Kriegsrecht galt, durch den Oberbefehlshaber Generalmajor Schirmer (Kassel) *"alle Versammlungen religiöser Secten"* verboten. Wie Thiersch in einer Eingabe an den Innenminister v.Hassenpflug v. 21.2.1852 weiter schreibt, wurden daraufhin *"die durch den Stadtcommandanten Generalmajor v. Kaltenborn früher ausdrücklich gestatteten Vorträge des in der apostolischen Gemeinde ordinirten Candidaten Streibelein in Cassel geschlossen, dann am 12. Febr. d. J. durch die Kurfürstliche Polizei zu Marburg den Mitgliedern daselbst ihre Versammlungen 'bei Meidung einer dreitägigen Gefängnisstrafe' untersagt. Die Veranlassung zu jenem Erlasse lag dem Vernehmen nach in dem Versuche einiger Baptisten zu Cassel, durch Austheilung von Tractaten auf das Kurfürstl. Militär einzuwirken."* (in: ACTA Marburg,I) Thierschs Eingaben beim Innenminister und beim Kurfürsten (v. 25.2.1852) führten zu keinem Erfolg.(ebd.)
Dieses Verbot traf die Marburger Gemeinde umso schwerer, als die luth. und reform. Geistlichen den rechtlich noch immer zu ihrer Kirche gehörigen kap Christen das Abendmahl verweigerten. Um den Gemeindegliedern den Empfang der Sakramente zu ermöglichen, entschloss sich Thiersch (mit Genehmigung des Ap), ab Okt. 1853 bei den sporadisch stattfindenden Eucharistiefeiern in Frankfurt/M. (ab Frühjahr 1854 auch mit den Amtsträgern in M.) genügend Brot für die Gemeindeglieder in M. zu konsekrieren und dasselbe anschließend durch die P und D der Marburger Gemeinde an die Mitglieder (einzeln in den Wohnungen) ausspenden zu lassen. (Die Anregung dazu stammt von einem Wort der Weissagung, das Geyer am 7.4.1853 in Berlin *"erhielt"* und niederschrieb.) Trotz des Versammlungsverbotes haben dennoch Zusammenkünfte in kleinen Kreisen, *"Belehrungen"* und Besuche, Taufen, Konfirmationen und Beerdigungen (mit behördlicher Genehmigung), selbst eine apHA für 19 Personen (20.11.1854) in M. stattfinden können.(ebd.; vgl.WIGAND,1888,62ff.338-345)
Nachdem die Versammlungen der kap Gemeinde aufgrund eines neuen Vereinsgesetzes und der daraufhin am 29.12.1854 eingereichten Statuten am 10.1.1855 wieder zugelassen worden waren, erfolgte am 8.8. d.J. (8 Tage vor einer geplanten apHA!) ein erneutes Verbot. Thiersch setzte die apHA nicht ab. Es kam zur Polizeikontrolle. Daß der Ap Woodhouse in dieser Situation die Sakristei auf dem Fluchtwege verlassen musste (s.S.161f d.v.U.), haben Thiersch und seine Gemeinde als eine ihrer tiefsten Demütigungen empfunden.(vgl.CHRONIK Marburg,II,104ff) In der folgenden Zeit feierten sie die Eucharistie *"im Stillen"* in einzelnen Wohnungen; auch neue Mitglieder wurden aufgenommen. Das blieb nicht verborgen: Am Sonntag, dem 29.3.1857, so berichtet Thiersch, *"kam auf Verlangen des Pf. Hügel Prof. Ranke, d. Z. Mitglied des Consistoriums nach Warzenbach, hielt Kirche, liess die Gem.glieder in das Schulhaus kommen, ermahnte sie, auf die Communion bei mir zu verzichten, sonst würden sie excommunicirt, u. gab ihnen Bedenkzeit. Am Abend besuchte er mich selbst u. theilte mir solches mit. Es geschah in friedfertigem Geiste. Unsere Communionfeier in den Häusern war bis vor Kurzem verborgen geblieben. Sie muss verrathen worden sein.*
Auf meinen Bericht erwiederte der Ap.: ich sollte alles thun um einen völligen Bruch mit dem Consist. zu vermeiden, umso mehr, da wir unter diesen Verhältnissen doch nicht völlig für unsere Leute sorgen können. Ich solle in dieser Zeit keine neuen Glieder förmlich aufnehmen. Doch wolle er nicht die von dem Ap. Carlyle eingeführte Feier der Euch. im Stillen u. die Communion in den Häusern aufheben.

In Folge dieser Anordnungen rieth ich dem Ludw. Schäfer in Warzenbach, sein Kind von dem Pf. Hügel taufen zu lassen." (in: CHRONIK Marburg,III)
Um eine Ende d.J. allen kap Gemeindegliedern angedrohte Exkommunikation zu verhindern, erklärte sich Thiersch (einem Rat von Woodhouse folgend) dem Konsistorium in M. gegenüber bereit, alle sakramentalen Handlungen einzustellen, bat aber gleichzeitig darum, ihm wenigstens zuzugestehen, dass er die seelsorgerliche Betreuung für Glieder seiner Gemeinde weiterführe. In seiner (erst am 28.7.1857 erteilten!) Antwort behielt sich das Konsistorium die Möglichkeit der Exkommunikation weiter vor. Viele kap Gemeindeglieder - darunter auch Schulkinder! - wurden in diesen Monaten (und auch später) auf Anordnung des Konsistoriums durch Pfarrer verhört und unter Druck gesetzt.(ebd.; ACTA Marburg,II; EDEL,1971,84ff)
Nach dem Ausscheiden v.Hassenpflugs aus der Regierung in Kassel kamen für die Gemeinde bessere Zeiten. Am 10.8.1858 wurden die Versammlungen polizeilich wieder zugelassen. Das Konsistorium änderte jedoch seine Haltung nicht, obwohl es z.B. in einem Schreiben an den E.O. in Berlin v. 28.10.1859 feststellen musste: *"Thatsächlich kommen die Irvingianer an Gottesfurcht und Erkenntnis den Besten unter den Gliedern der Kirche gleich, und übertreffen die Mehrzahl derselben bei weitem."* (V/232) Um diese Zeit gehörten zur Marburger Gemeinde etwa 100 Mitglieder (aus der Stadt u. aus mindestens 15 Dörfern der Umgebung). (ebd./229v)
Das charismatische Leben der Gemeinde war beachtlich: In den meisten Gottesdiensten kam es zu prophetischen Äußerungen und Glossolalie; Krankenheilungen waren nicht selten.(s. CHRONIK Marburg)
Thiersch leitete die Marburger Gemeinde bis zu seiner Übersiedlung nach München im Jahre 1864. Am 10.7. d.J. wurde sie dem BE Roßteuscher (in Magdeburg, später Kassel) unterstellt, ab 1871 dem BE F.Wigand in Kassel bzw. Barmen (vgl.Anm.39.d). Ab 1879/80 hatte sie wieder einen eigenen BE (Ludwig Kenter, seit 25.3.1866 P-Vorsteher in M. [1879 E Weihe in Berlin]). Himmelfahrt 1871 konnte die neuerbaute und noch heute benutzte Kapelle am Schlossberg (Renthofstr. 14) eingeweiht werden. 1882/83 gab es in M. und Umgebung mindestens 146 erwachsene Mitglieder der kap Gemeinde. (XXI/38) Nach Kenters Tod 1888 standen ihr die NBE Georg Kardorf (+ 1897) und Christian Arnold (1856-20.8.1936) vor. Ihr letzter P, Max Poller, starb 82j. am 14.10.1951.(CHRONIK u. ACTA Marburg; BORN,1974, 40.114; pA; s.Anm.60.a,b, 65.i,p) Die "Muttergemeinde" der kaB in Hessen wurde in ihrer Entwicklung von zwei ihrer "Kinder" an Bedeutung übertroffen: 1866-1876 unterstand sie als Filiale dem BE von Kassel, ab 1888 dem E der (Haupt-)Gemeinde in Frankfurt/M.

43.b (S.32) Die Anfänge der Gemeinde in Kassel reichen bis mindestens 1851 zurück. Am 21./22.8. d.J. hielt Thiersch zwei Ev-Vorträge im Hause der Eltern von E.A.Roßteuscher. Aufgrund der Bitte einiger Zuhörer *"um die Sendung neuer Evangelisten"* (CHRONIK Marburg, I,42; vgl.S.73f d.v.U.) wirkten ab Okt. d.J. der P-Ev Streibelein (s.Anm.43.a, 60.a) und etwas später der P-Ev F.W.Rührmund (Anm.60.c) in Kassel. Am 5.2.1854 wurden 13 Personen durch Rührmund dem Hirtenamt (Thiersch) übergeben.(CHRONIK Marburg,I,108) Die mit dieser *"Aufnahme"* gegründete kap Gemeinde in K. gehörte in den folgenden 10 Jahren als Filiale zu Marburg. Am 17.11. d.J. erhielten durch Carlyle 14 Personen die apHA (unter ihnen die Eltern Roßteuschers), einen Tag später erfolgte die Einsetzung zweier gewählter D (Rehbein u. Kisselbach) durch Thiersch.(vgl.S.53 d.v.U.) Die Feier der Eucharistie wurde zunächst sporadisch, später einmal im Monat durch Amtsträger aus Marburg gehalten. Auch die Kasseler Gemeinde war in den 1850er Jahren durch Versammlungsverbote betroffen, konnte aber aufgrund der geringen Mitgliederzahl leichter *"im Stillen"* zusammen kommen als die Gemeinde in Marburg. Im Okt. 1858 ließ sie sich als *"Verein für christliche Erbauung in Cassel"* registrieren.(ACTA Marburg,II [Statuten]) Ab Anf. 1859 evangelisierte der E-Ev v.Pochhammer mehrmals für Monate in Kassel. Im Okt. 1862 siedelte Dr. L.v.Fenneberg (Anm.70.a) von Marburg nach K. über. Damit erhielt die Gemeinde erstmals einen P-Vorsteher. Im Sept. 1863 dienten dort bereits 3 P; einen Monat später begann man mit der 14tägigen Feier der Eucharistie. Zur Gemeinde gehörten auch Personen aus anderen, z.T. weit entfernten Orten wie Hannover, Moringen (s.Anm.104), Uslar und Warburg. Ab 3.7.1864 unterstand K. dem BE Roßteuscher (bis Okt. 1866 als Filiale unter Magdeburg, dann bis Apr. 1871 unmittelbar). Weiter dienten als E in K.: BE F.Wigand (1871-1876), NBE Alwin Friebe (1877-1887 [unter Barmen]), der ehemalige evang. Pfarrer E.Reimann (NBE 1887-1890), BE H.Schäfer (1890-1900), BE H.Zimmerling (1900-1903/04) und BE Carl Rahm (1903/04-1928). 1882/83 umfaßte die Kasseler Gemeinde (einschließlich der Kinder) mindestens 350 Mitglieder.(XXI/38) (CHRONIK u. ACTA Marburg; BORN,1974,55; pA; s. auch Anm.82)

43.c (S.32) In Frankfurt/M. blieb die Zahl der kap Christen lange Zeit äußerst gering: Zu ihnen gehörten nur die D Zimmer und Pilgrim (Anm.38.b, 39.c) mit ihren Familien, einige in F. lebende Engländer sowie wenige Einzelpersonen. An den in der Wohnung von Zimmer (später bei Pilgrim) etwa aller drei Monate durch Amtsträger aus Marburg zelebrierten Eucharistiefeiern nahmen in den 1850er und 60er Jahren meist nur 6-8 Personen teil.(CHRONIK Marburg,I,51.61.66; III,11.-13.1.1864) Vereinzelt hat Carlyle in Zimmers Haus auch Vorträge für diesen Kreis gehalten (z.B. am 29.8.1852 [Th.Tgb.]). Hier in F. haben beide Ap für Ndt. einige Zeit gewohnt.(Carlyle 1847, Woodhouse u.a. im Herbst / Winter 1855/56, [vgl.S.58 d.v.U.]) Über eine Tätigkeit von Ev in F. vor 1870 ist nichts bekannt (was eine solche jedoch nicht ausschließt).
Eine kap Gemeinde entstand in dieser Stadt spätestens 1877. Im AdB von 1878 wird sie bereits aufgeführt, und zwar als Filialgemeinde unter Barmen. Ihr Leiter war der D Hugo Cramer, das Versammlungslokal befand sich am Kornmarkt 18. Als erster P-Vorsteher diente hier (ab Ende 1878?) der aus Marburg kommende frühere Lehrer Gustav Knebel (1827-26.12.1899). Ab 1881 leitete er die rasch wachsende Gemeinde als BE, ab 1888 als eE. Anf. der 80er Jahre wohnte und wirkte der E-Ev F.Stoll (Anm.73.c) in Frankfurt. 1883 zählte die Gemeinde mindestens 100 erwachsene Mitglieder, *"darunter eine größere Anzahl von Dienstboten, Knechte und Mägde; von bekannten und angesehenen Leuten aus der eigentlichen Bürgerschaft kaum Jemand"* sowie *"auch einige Katholiken"*.(XXI/30vf) Zur Ausbildung von Dkn als Krankenpflegerinnen hatte sich ein kap Verein unter dem Namen *"Salem"* gebildet. (ebd.) Als Knebel 1897 aus gesundheitlichen Gründen als E nach Koblenz ging, übernahm Rudolf Gerds (+ 1928; s.Anm.68.c) die Frankfurter Gemeinde (als BE). Bei seiner *"Einführung"* zum eE (nach März 1900) wurde diese prophetisch als Metropolitangemeinde *"kundgemacht"* (Anm.77.a), so daß Gerds fortan im Range eines EE stand. Die Gemeinde besaß eine Kirche in der Mörfelder Landstr. 41 (im 2. Weltkrieg völlig zerstört, heute Neubau) sowie (um 1900) eine Horngemeinde im Osten Frankfurts und eine Filialgemeinde in F.-Bockenheim. Weitere Filialen waren die Gemeinden in Darmstadt (NBE), Hanau, Höchst, Marburg (NBE), Offenbach, Saarbrücken u. Wiesbaden (NBE).(AdB 1878, 1900; BORN,1974,74; pA)

44 (S.32) Friedrich Wilhelm Hermann Wagener (1815-1889), dieser heute fast vergessene, geniale wie umstrittene preuß. *"konservative Sozialist"* (H.J.Schoeps), war - neben Drum-

mond - das politisch einflussreichste Mitglied der KaG. Eine umfassende Biographie dieser vielschichtigen Persönlichkeit fehlt bisher. (An dieser Feststellung von SCHOEPS [1964,246] hat sich bis heute nichts geändert.) Hier kann nur auf einen (allerdings sehr wesentlichen und bisher kaum erforschten) Aspekt seines Lebensweges näher eingegangen werden: seine Verbindung mit den KaG (zu Wageners politischer Biographie und seinem Sozialprogramm s.- SCHOEPS,1964). SCHOEPS (ebd.,249) schreibt: *"Um ihn richtig zu beurteilen, muß man seine religiösen Hintergründe ernstnehmen. Es ist nicht ganz zufällig, daß er kein Lutheraner war, auch nicht Unionist oder separierter Altlutheraner wie manche seiner feudalen Gesinnungsgenossen. Vielmehr war Wagener ... Irvingianer ... Bis in seine Parlamentsreden spielen Gesichtspunkte aus der Apokalypse Johannis hinein. Für Wageners Zeitdiagnose und soziale Therapie erklärt sich vieles von diesem Ausgangspunkte her..."*

Der folgende Lebenslauf, den W. für seine Bewerbung um eine Assessorstelle beim Evang. Konsistorium in Magdeburg am 20.3.1847 schrieb, wird hier erstmals veröffentlicht: *"Friedrich Wilhelm Herrmann Wagener, geboren den 8. März 1815 zu Seegeletz in der Mittelmark Kreis Neu=Ruppin, woselbst mein Vater evangelischer Geistlicher war. Meine Gymnasial= Bildung habe ich in der Zeit von Ostern 1828 bis dahin 1835 in Salzwedel erhalten, habe dann drei Jahre bis Ostern 1838 in Berlin die Rechte studirt, und gleich darauf bei dem Kammergerichte mein Auscultator=Examen absolvirt. Hiernächst habe ich in Guben in der Lausitz meiner Militär Pflicht genügt, und bei dem dortigen Land und Stadtgerichte zwei und ein halbes Jahr als Auscultator gearbeitet. Das zweite Examen machte ich im Februar 1841 bei dem Oberlandesgerichte in Frankfurt a/O, vertrat aber darauf längere Zeit einen Justizkommissarius, so daß meine wirkliche Beschäftigung als Referendarius erst mit dem Anfange September 1841 ihren Anfang nahm. Als Referendarius arbeitete ich bei dem Oberlandesgerichte in Frankfurt a/O bis Ende März 1843, ging dann nach Berlin und machte hier am 12ten December 1843 das dritte juristische Examen. Gleich nach meiner Ernennung zum Oberlandesgerichts=Assessor erhielt ich aber eine Anstellung bei den unter der Leitung des jetzigen Geheimen Ober Finanz Raths Baron Senfft von Pilsach stehenden Landes=Meliorationen, und wurde zu dem Zwecke, nachdem ich zuvor mit Vorbehalt des Wiedereintritts als Obergerichts Assessor unter dem 23ten Februar 1844 aus dem Justizdienst entlassen war, am 22. Mai 1844 unter Beibehaltung meiner Anciennität vom 12ten December 1843 zum Regierungs=Assessor ernannt. Als solcher habe ich bis jetzt unter dem Herrn p. Senfft von Pilsach gearbeitet, und habe zuletzt, vom 1ten Januar 1846 ab, ein fixirtes Gehalt von Achthundert Thalern aus dem Externdinarium der General=Staats Kasse bezogen.*
Magdeburg den 20ten März 1847.
(gez.) *Wagener"* (in: Akte X)

Neben Ernst Baron v.Senfft-Pilsach (1795-1882) gehörte auch der Magdeburger Oberlandesgerichtspräsident Ernst Ludwig v.Gerlach (Anm.46) zu den Gönnern Wageners. Auf Empfehlung v.Gerlachs (der W. schon seit 1841 kannte) erhielt er zum 1.4.1847 die Anstellung als Oberlandesgerichtsassessor und zugleich als 2. außerordentlicher Konsistorialassessor in Magdeburg. In dieser Eigenschaft hatte W. u.a. die Untersuchung gegen den ehemaligen Pfarrer Leberecht Uhlich (1799-1872), einem führenden Kopf der "Lichtfreunde", zu führen. (WAGENER,1884,3; vgl.S.129 d.v.U.) Zum 30.6.1848 wurde ihm vom Konsistorium gekündigt, offiziell wegen fehlender finanzieller Mittel für seine Stelle.(s.Akte X) Diese Entscheidung muss wohl auch im Zusammenhang mit den personellen Veränderungen in den Behörden nach der März-Revolution gesehen werden. Bereits Ende Mai siedelte W. nach Berlin über (v.GERLACH,1903,I,531), wo er der Redakteur der ab 1.7. d.J. herausgegebenen

"Neuen Preußischen Zeitung" (sog. Kreuzzeitung) und Vorstandsmitglied des am 3.7. in Nauen gegründeten *"Verein*(s) *für König und Vaterland"* wurde.(ENGELBERG,1985,296. 299) Gleichzeitig übernahm er eine Stelle als Rechtsanwalt am Berliner Obertribunal. Die Wahl Berlins als neuer Wohnort ist für W. sehr wahrscheinlich auch durch den Umstand beeinflusst worden, dass sich hier seit dem 19.3. d.J. eine kap Gemeinde befand.(vgl.Anm.45) Er hatte sich der kaB (nach BORN,1974,79) bereits 1843 zugewandt, offenbar durch die evangelistische Tätigkeit J.Barclays in Berlin. In den folgenden Jahren hielt er den Kontakt mit J.Barclay und Böhm (diesen traf er wiederholt auch in Magdeburg bei v.Gerlach [Anm.46]). Carlyle lernte er wahrscheinlich bereits 1847 kennen.(s.Anm.29) W. gehörte zu den Teilnehmern des Gründungsgottesdienstes der Berliner Gemeinde.(pA) Ob er bereits am 19.3.1848 oder erst in den folgenden Wochen die apHA empfing, ließ sich bisher nicht klären. Am 8.11.1849 wurde er als D eingesetzt. Wo er konnte, machte er seinen politischen Einfluss zum Wohl der KaG in Preußen geltend. Anf. Jan. 1852 hatte er ein Gespräch mit dem preuß. Innenminister F.v.Westphalen (1850-1858), in welchem W. im Namen der kap Gemeinden in Preußen vor allem die Gewährleistung der Versammlungsfreiheit bzw. des Rechtes der freien Religionsausübung ansprach. Dieses Anliegen ist von ihm noch einmal als Petition in schriftlicher Form am 15.1. d.J. v.Westphalen und dem preuß. Ministerpräsidenten O.Th. Freiherr v.Manteuffel (1850-1858) überreicht worden.(s.III/26-40v) In seiner Antwort versprach v.Westphalen (als zuständiger Minister), bei Behinderungen kap Amtsträger bzw. Gemeinden für Abhilfe zu sorgen.(s. den Wortlaut des Bescheides v. 22.3.1852 in Anm.94; vgl.S.149f d.v.U.) Wenn es zu solchen Behinderungen kam, wurde (wie in mehreren Fällen geschehen) W. beim Innenminister vorstellig bzw. beriet seine Amtsbrüder juristisch und politisch. (s.S.156.163 d.v.U.)

Innerhalb der kap Gemeinde in Berlin nahm W. diakonale (und liturgische?) Aufgaben wahr, soweit ihm dies aus beruflichen und politischen Gründen möglich war. Am 3.2.1852 wurde W. in Ermangelung eines Archidiakons zum vorläufigen Berater des Ap Carlyle in diakonalen Angelegenheiten bestimmt. Woodhouse bestätigte dies, indem er W. seinerseits am 24.8.1855 als *"Agent für die Geldangelegenheiten des ndt. Stammes"* einsetzte.(pA; vgl. Th.Br.,162/1; Anm.68.b,c) Diese Tatsache ist umso gewichtiger, als Wageners Umgang mit Geld in der Literatur bisher eher kritisch beurteilt wird (SCHOEPS [1964,249f] spricht - unter Berufung auf kritische Äußerungen E.L.v.Gerlachs - von *"läßlichen Verhaltensweisen in Geldfragen"* und von *"an die Verschwendungssucht streifende*[r] *Bonhommie"*). Fontane kommt der Wirklichkeit wohl am nächsten, wenn er über W. urteilt: *"Dabei war er von einer enormen Forscheté, ganz grand, ganz unkleinlich, und wenn man ihm, und mit Recht, einen grenzenlosen Geldkonsum vorgeworfen hat, so darf doch aber auch gesagt werden, er leistete was damit und hatte eine offene Hand und einen offenen Weinkeller."* (KRAMMER,1922,52) W., der (ab 1848 auch publizistisch) einflussreiche Konservative, hatte - quer durch das gesamte politische Spektrum des "Nach-März" hindurch - mehr Gegner als Freunde. Es gab auch Morddrohungen gegen ihn (WAGENER,1884,16) und sogar einen Attentatsversuch. So schrieb Thiersch am 12.4.1849 an seine Frau: *"Vielleicht hast Du von dem Mordanfall auf Assessor Wagener, u. von seiner fast wunderbaren Rettung (vorige Woche) gehört. Wenige Tage darauf (Samst.) war in unserer Kirche die Taufe seines jüngsten Kindes."* (Th.Br.,99/3) 1851 starb Wageners Frau. Wenige Jahre später heiratete er ein zweites Mal. 1852 nahm er Marie Koeppen, eine Tochter Albert Koeppens (Anm.48), in sein Haus auf, um ihr eine weitere Ausbildung zu ermöglichen.(KOEPPEN-Briefe, Br. v. 14.4.1852) Im Jan. 1854 verließ W. die NPZ. Politische Freunde sammelten *"zur Abfindung von der Kreuzzeitung"* die (für dama-

lige Verhältnisse bedeutende) Summe von 32.000 Talern und besorgten damit W. ein Rittergut bei Neustettin in Hinterpommern. (SCHOEPS,1964,249) Diese Region wurde dann auch sein Wahlkreis (W. gehörte dem Preuß. Abgeordnetenhaus bzw. dem Deutschen Reichstag von 1853-1873 an [BORN,1974,79]). 1855 erhielt er den Titel eines Justizrates (vgl.Th.Br., 162/1), ein Jahr später wurde er von Friedrich Wilhelm IV. *"unter die Zahl der Ritter des Hohenzollerschen Haus-Ordens aufgenommen"* (s. das Dankschreiben v. 5.8.1856 [XXVI/2f]). Diese Ehrung war keineswegs selbstverständlich, hatte doch der König des öfteren Grund gehabt (besonders im Zusammenhang mit einigen Artikeln in der NPZ), über W. verärgert zu sein und (1853) diesen u.a. mit den Worten kritisiert: Wagener *"sei ein Mensch der seine Kirche verlassen (als Irvingit)"*.(v.GERLACH,1903,II,169; vgl.SCHOEPS,1964,270)
Gegen Ende der 50er Jahre zog sich W. mehr und mehr aus den KaG zurück. Nach seinem Umzug von Potsdam (er besaß dort ein Haus [s.S.87 d.v.U.]) nach Berlin im Frühjahr 1858 wird er zwar noch einmal in einer (vom E Rothe geschriebenen) Ergänzungsliste zum Mitgliederverzeichnis der dortigen kap Gemeinde aufgeführt (VII/62v), in einer Liste der D vom Juni 1857 fehlt dagegen sein Name bereits (ebd./51-v). Wageners Rückzug geschah wahrscheinlich mit Rücksicht auf seine politische Karriere, die durch seine Mitgliedschaft in den KaG wohl eine geringere Perspektive gehabt hätte. Nur Drummond ist es "gelungen", zugleich bekanntermaßen Mitglied der KaG und Politiker (M.P.) zu sein. Andere, wie z.B. I.Capadose (Anm.78), haben sich zwischen einer hohen Staatsstellung und der aktiven Mitarbeit in den KaG entscheiden müssen. W., der von Bismarck 1866 zum Zweiten Vortragenden Rat ins Staatsministerium berufen und 1872 zum Wirklichen Geheimen Oberregierungsrat ernannt worden war, behielt offenbar zeitlebens eine innere Verbindung zur kaB. So wies er z.B. seinen Sohn Carl (6.12.1857-9.11.1922), den er evang. erzogen hatte, als Heranwachsenden auf die KaG hin, und zwar in einer Phase, in der sich dieser zur Röm.-Kath. Kirche hingezogen fühlte.(pA)

(Carl W. schloss sich den Gemeinden um 1875 tatsächlich an, studierte Theologie, diente als Hilfsgeistlicher an St. Golgatha in Berlin, schied 1885 aus dem Pfarramt u. wurde wenig später Amtsträger der KaG [6.4.1888 E-Weihe, 1892-1899 u. 1915-1922 BE der Hauptgemeinde in Breslau, 15.7.1895 in Albury Einsetzung als EE der AK, Archidiakon für Norddeutschland].[BORN,1974,106; Anm.68.c])

Es ist auch kein Zufall, dass H.W. in seinem Buch *"Die Politik Friedrich Wilhelms IV."* (1883) mehrfach auf Carlyle's *"Moral Phenomena"* zurückgegriffen hat.(S.26 u.ö.) Wenn W. auch ungefähr vom Beginn der 60er Jahre an äußerlich keine Kontakte mehr zu den KaG unterhielt, so blieb er doch bis über seinen Tod hinaus in den Augen der Öffentlichkeit (besonders der Presse) der *"(frühere) Irvingianer"*.(s. z.B. *"Evangelisch Kirchlicher Anzeiger"* v. 2.10.1885[Nr.4],S.347; *"Kölnische Volks=Zeitung"* v. 23.10.1900,Bl.1) W. gab ein *"Staats- und Gesellschaftslexikon"* heraus (vgl.Anm.39.b).

Um W. selbst und seine politische Existenz richtig zu beurteilen, darf man seine Persönlichkeit, seine politische Einstellung und seinen religiösen Hintergrund nicht isoliert voneinander betrachten, sondern muss sie zusammensehen. Fontane beschrieb den Menschen W. so: *"Er war wirklich eine superiore Natur und gehört zu den wenigen mir in meinem Leben begegneten Menschen, denen man diese Superiorität abfühlte... er hatte 'was bummlig Geniales, anscheinend leidenschaftsloses, viel Bonhommie, glänzenden Witz, wundervolle Einfälle und ließ dies alles ruhig spielen und gewärtigte die Wirkung aller dieser Gaben und Vorzüge."* (KRAMMER,1922,52) W., der zu keiner Zeit ein Opportunist gewesen ist, hat unter sein Porträt den Satz geschrieben: *"Konservative Gesinnung ist etwas Höheres und Tieferes als der kleinmütige Wunsch, das, was man hat, möglichst langsam zu verlieren."* (SCHOEPS, 1964,246) In dieser Devise liegt ein Schlüssel für das Verständnis sowohl seiner politischen Zielsetzung als auch seines Anschlusses an die kaB. Die Frage, inwieweit kap Gedanken sein politisches Denken und Handeln aufs Ganze gesehen beeinflusst haben, wäre eine eigene Untersuchung wert. Hier nur einige Beobachtungen zur Verwandtschaft der Anschauungen: 1. W. (der mit seinen sozialen Reformplänen seiner Zeit weit voraus war) war Mentor und Berater Bismarcks in allen Fragen der Sozialpolitik. Bismarcks Sozialgesetze basieren weithin auf Wageners Vorschlägen (verwirklichen diese jedoch leider nur unvollständig und halbherzig). Eine wesentliche Aufgabe des D-Amtes in den KaG liegt auf sozialem Gebiet: die *"Armenpflege"* (Fürsorge für ärmere Gemeindeglieder) durch einen auf mehr Gerechtigkeit zielenden innergemeindlichen finanziellen Ausgleich.(s.ALBRECHT,1982,103f; vgl.Anm. 54.d; S.50 d.v.U.) W. ist vor allem durch sein D-Amt mit Armut und der Frage, wie sie auf christlicher Basis behoben werden kann, konfrontiert worden. 2. W. weist in seinen sozialanalytischen Denkschriften für Bismarck mehrfach auf die zunehmende Bedeutung des nach seiner Ansicht unterschätzten Handwerkerstandes und der Arbeiterklasse hin.(vgl. SCHOEPS, 1964,250ff) In den KaG hat er erlebt, wie ein Maschinenbauer das P-Amt und ein Schneidergeselle das E-Amt auszuüben verstehen.(s.Anm.55.e,i) 3. Die von W. spätestens ab 1850 erhobene politische Forderung eines *"sozialen Königtums"* (auf christlicher Grundlage) deckt sich in ihrer Begründung weithin mit gesellschaftsanalytischen Gedanken der Ap, wie sie etwa im Testimonium ausgesprochen sind.(vgl. SCHOEPS,1964,257, mit ROSSTEUSCHER,1886,Beil.,76ff) Wenn JÖRG (1858,II,89f) - freilich in polemischer Absicht - gemeinsame Anschauungen zwischen Schriften der KaG und der sog. Kreuzzeitungspartei feststellt und resümiert: *"Ohne Zweifel hat diese enge Verwandtschaft mit der Zeitansicht einer mächtigen politischen Richtung den Irvingianismus in Deutschland ungemein gefördert"*, so ist diese Schlussfolgerung historisch gesehen zwar übertrieben, enthält aber im Kern einen richtig beobachteten Zusammenhang.

Es bleibt die Frage, wie stark und wie lange kap Gedankengut den religiösen Hintergrund für Wageners Politik bildete. Der Versuch einer Antwort: In der Zeit zwischen etwa 1845 und etwa 1858 ist W. von diesen Gedanken offenbar stärker beeinflusst worden (dies wird besonders deutlich am Wortlaut seiner o.g. Eingabe v. 15.1.1852). In späteren Jahren trat dieser Einfluss mehr und mehr hinter einer "pragmatischen" Politik zurück. (In den pA wird dies anders gesehen. Dort heißt es: *"Viele seiner rein politischen Anschauungen lassen Gedanken aus dem W.d.H. [Werk des HErrn = KaG - Verf.] erkennen. Insofern war H.W. seinem diakonalen Auftrag in einem viel weiter gesteckten Rahmen treu."*) Aber wie gesagt: diese Frage bedarf noch einer speziellen Untersuchung.

W. starb am 22.4.1889 in Friedenau/Berlin. - Sein schriftlicher Nachlass befindet sich (ganz?) in BAK/P,90.Wa 3, Nachlass H.Wagener. Zu W. s. SCHOEPS,1964,246-274 (dort Wageners Schriften u. Sekundärliteratur bis 1958); KRAMMER,1922 (Fontane über W.); EBERHARDT,1922; CHRISTOPH,1950.

45 (S.32) Auch Friedrich Rathmann (vor 1810-1875), aus dem Süden der preuß. Provinz Sachsen stammend, bis 1848 Oberlandesgerichtsrat unter E.L.v.Gerlach in Magdeburg, anschließend Geheimer Obertribunalrat in Berlin, gehörte zu den "Honoratioren" innerhalb der Berliner Gemeinde. Er ist wahrscheinlich schon vor 1845 durch J.Barclay oder Böhm für die kaB gewonnen worden.(vgl. v.GERLACH,1903,I,422f) E.L.v.Gerlach, der sich mit R. *"im Glauben eng verbrüdert wußte, ... namentlich in Sachen des 'Sommernachtstraums'"* (ebd.,

466; s.Anm.51), charakterisierte seinen Mitarbeiter einmal im Hinblick auf ein gemeinsam geführtes theologisches Gespräch *"über Gesetz und Evangelium"* als den *"lieben, mystisch=antinomistisch widerstrebenden Rathmann"* (v.GERLACH,1903,I,423).
In seiner Magdeburger Zeit wurde R. mehrfach von Böhm besucht (so z.B. - gemeinsam mit v.Gerlach - am 3.3.1847 [ebd.,469]; s.Anm.46). R. zog noch vor Apr. 1848 mit seiner Frau und seinen 6 Kindern nach Berlin um, wo er zu den ersten gehörte, die die apHA empfingen. Am 17.4. lernte ihn dort Thiersch kennen, der drei Tage später seiner Frau schrieb: *"Den Abend war ich bei Stahl in einer ziemlich steifen aristokratischen Gesellschaft. Weit besser gefiel es mir bei dem Geheimrath Rathmann am Mondtag Mittag, der zwar auch vornehm, aber voll christlicher Einfachheit ist."* (Th.Br.,90/1f) Auch in späteren Briefen lobte Thiersch die *"Sanftmuth u. Schlichtheit"* dieses Mannes (ebd.,106/2), der - trotz Übernahme des zweithöchsten Amtes in der Berliner Gemeinde - immer bescheiden und unauffällig im Hintergrund stand. Mitte Apr. 1848 hielt Thiersch in Rathmanns Wohnung einen biblischen Vortrag über Dan. 1 u. 2. (ebd.,90/2; vgl.S.36 d.v.U.) (Während seiner späteren Aufenthalte in Berlin wohnte Thiersch übrigens in der Regel bei Rathmann.)
Bei seiner Anb. und Ber. zum P-Amt am 22.6.1848 wurde R. als *"Helfer"* (des *"Ältesten"* Rothe) bezeichnet.(s.S.37 d.v.U.) Als dritter kap P in Deutschland erhielt er am 20.8. d.J. die Ordination. Im Apr. 1849 wurde er als (P-)Ä bestimmt, Ber. zum E-Amt (durch J.Smith) am 18.7.1850, E-Weihe am 29.7. d.J. (alles in Berlin). Fortan war R. als EG Stellvertreter des E Rothe. (Roßteuschers vorübergehender Dienst als EG in Berlin 1858/59 änderte daran nichts.) Ob R. bis zu seinem Tod als EG diente oder aus Altersgründen abgelöst wurde, als der ehemalige evang. Pfarrer J. Georg Müller diesen Dienst am 29.5.1870 übernahm (s.S.70 d.v.U.), ist dem Verf. nicht bekannt.
R. hatte 3 Söhne und 3 Töchter. Der älteste Sohn war Sup. (+ 1857), ein anderer Sohn war Assessor in Stendal.(Th.Tgb.,20.4.1858)

[46] (S.32) Ernst Ludwig v.Gerlach (7.3.1795-18.2.1877), seit 1844 Oberlandesgerichtspräsident und später Erster Appellationsgerichtspräsident in Magdeburg, kannte Böhm spätestens ab Anf. 1847. *"Um diese Zeit"*, so berichtet er selbst (v.GERLACH,1903,I,465), *"war Charles B ö h m - ein 'Evangelist' der Irvingianer - wochenlang unser Gast und Hausgenosse. Er malte, ohne Erfolg, meine Frau."* (Das Porträtieren war Böhms Passion - auch Thiersch wurde von ihm *"abgezeichnet"* [Th.Br.,71/2].) Der Ev hegte offenbar große Hoffnungen, den frommen, überkonfessionell gesinnten und politisch einflussreichen v.G. für die kaB gewinnen zu können, deshalb nahm er sich für diesbezügliche Besuche und Gespräche viel Zeit. Am 3.3.1847 suchte er den Magdeburger Oberlandesgerichtspräsidenten erneut auf. Aus dem Tagebuchbericht v.Gerlachs wird deutlich, in welchen Punkten er den kap Anschauungen nicht folgen konnte: *"'Böhm kam und blieb bis zum 8. März; zeichnete Friedrich für mich zu meinem Geburtstag, unähnlich. Seine Eingabe an den König, - englisch - hinweisend auf die Wunder in the West of Scotland - ohne Beglaubigung. Er dringt auf leibhaftiges, Autorität anerkennendes, von A e m t e r n und M ä n n e r n , als Organen des heiligen Geistes ('Aposteln') geleitetes Christenthum, mit reeller Beichte, Sünden=Vergebung, Heiligung u.s.w. - die Kirche gleich 'Gemeine der Getauften', - Taufe wahrhaftige Ueberwindung der Sünde und Wiedergeburt; - die Reformation habe allen Accent auf die Lehre gelegt, da doch nichts so klar sei, als daß der Herr zum Bau der Kirche Aemter und Männer gegeben. Dann eilt er - somewhat slightingly, wie ich ihm vorwerfe - über die Jahrhunderte von 100 n.Chr. bis 1847 hinweg. Bei seiner Zuversicht, nicht zu sterben sondern die παρουσια zu erleben,*

ist mir nicht wohl zu Muthe. Mein Weg ist safer, dem Herrn auf die Hand sehen, was er gethan hat und thut, und katholisch 'Ja' sagen zu a l l e n Thaten des Geistes und Aeußerungen lebendigen Glaubens.' Ferner: 'Abend bei R a t h m a n n s ; s e i n e innige Betrachtungen über Sünde und Versöhnung, und 'Gott hat Ihn dargestellt als einen Gnadenstuhl in Seinem Blut'. Als ich sagte, von eigentlicher 'Selbstgerechtigkeit' fühlte ich mich nicht angefochten, sondern von pantheistischem Leugnen der Sünde, sagte B ö h m : je tiefer Erkenntniß und Erfahrung, desto kräftiger und abscheulicher der Irrthum; gegen solche Anfechtungen sei das rechte Mittel A n b e t u n g , wovon wir wenig wüßten. Als er auf Wunder drang als Beweise, daß der HErr in unserer Mitte, erwiderte ich, er könne auf dem Domplatz in Magdeburg den Dom sehen, ein größeres Wunder, als die Römer gesehen hätten, an die Paulus schrieb.'" (v.GERLACH,1903,I,468f)

Gegen Ende seines Lebens schrieb v.G.: *"'Die erhabenen katholischen Anschauungen dieser Partei - damals in hohem Tone (in z u h o h e m , fand ich schon zu jener Zeit) in einem in London als Manuskript gedrucktem Aufrufe 'an alle Könige und Bischöfe der Welt' ausgesprochen - im Gegensatz zu allem sektierischen, b l o ß konfessionellem, subjektivistischem Wesen und auch zu römischer Ausschließlichkeit, - sprachen mich sehr an... Aber ihre 12 Schotten, als 'Apostel' erneuernd das Ur=Apostolat und ausgesondert als solche durch 'Propheten', die mit 'Zungen' redeten, imponierten mir nicht, und es ist mir noch unfaßlich, wie der treffliche T h i e r s c h, der so eminent christlich b e s o n n e n ist, von ihnen hat gewonnen werden und so der evangelischen Kirche relativ hat verloren gehen können."* (ebd.,465) Ende Aug. 1847 hatten v.G. und Adolf v.Thadden (1796-1882; vgl.Anm.85) während einer Durchreise Thiersch in München aufgesucht.(v.GERLACH,1903,I,485) Angesichts der Tatsache, daß sich dabei zwei Bekannte Böhms begegneten, ist eine kurze Mitteilung Thierschs über die Zusammenkunft interessant: *"Über Böhm sprechen sie wenig, vielleicht ist Thadden unbekannt mit der Sache."* (Th.Br.,77/4) Thiersch und v.G. blieben zeitlebens durch persönliche Begegnung und durch Briefwechsel in Verbindung.(vgl. S.133 d.v.U.; KANTZENBACH,1956; EDEL,1971,381) Thierschs Anschluss an die kaB ist von v.G. jedoch immer wieder bedauert worden: *"'In M ü n c h e n wurde sofort T h i e r s c h besucht (am 27.7.1869 - Verf.), ... irvingitischer Pastor (oder Engel), so zersplittern sich die schönen Kräfte der Kirche Gottes.'"* (v.GERLACH,1903,II,315) Und nach einem weiteren Besuch bei ihm (am 18.8.1873): *"Was könnte T h i e r s c h der Kirche sein, wenn sein Sektentum nicht wäre!"* (ebd.,371) Auch Wagener hat immer wieder mit v.G. über die kaB gesprochen (so z.B. am 1.7.1847, als er in einer kleinen Runde mit v.G., Rathmann und Bismarck von Carlyle erzählte [s.Anm.29!]). Doch v.G. nahm *"Anstoß an seinem Irvingianismus"*.(v.GERLACH, 1903,I,520)

Erwähnenswert ist noch, dass v.G. von 1848-1858 Vorsitzender der von ihm gegründeten Konservativen Partei in Preußen war. Auch in späteren Jahren war er politisch tätig. So schreibt SCHOEPS (1964,11): *"Obwohl bis an sein Lebensende treuer Protestant, ließ er sich zum Ehrenmitglied der katholischen Zentrumspartei ernennen und von ihr in den Reichstag wählen."* Hinsichtlich der KaG vertrat der General Leopold v.Gerlach (1790-1861) übrigens eine ähnliche Position wie sein Bruder. In einem Brief an Ernst Ludwig v. 21.8.1847 schrieb er: *"'Der Irvingismus fängt nun auch an Terrain zu gewinnen. Wie schön ist das, was diese Männer über die Bedürfnisse der Kirche und ihren jetzigen Zustand sagen, aber wie verkehrt dagegen ihr Apostolat! Wann werden diese Schafe ohne Hirten gesammelt werden?'"* (v.GERLACH,1903,I,484)

Zu v.G. s. JEDELE,1910; SCHOEPS,1964,11-114 (Lit.); Anm.53.

[47] (S.32) Carl Wilhelm Septimus Rothe (geb. am 7.1.1812 in Marienwerder, + 7.7.1876 in Berlin) hatte in Bonn und Berlin Theologie studiert und war nach seiner Ord. am 13.2.1842 als Hilfsprediger an der St.-Elisabeth-Kirche in Berlin dem dortigen Pfarrer Otto v.Gerlach (1801-1849) als Mitarbeiter zugeordnet. Er war verheiratet mit Amalie, geb. Schmidt (geb. 1820?). Aus dieser Ehe gingen 4 Kinder hervor. R. wurde vor 1844 (wahrscheinlich durch J.-Barclay) für die kaB gewonnen und gehörte damit zu ihren ersten Anhängern in Deutschland. 1844 erschien in Berlin sein Buch *"Die wahren Grundlagen der christlichen Kirchenverfassung"*, das bereits deutlich kap geprägt ist. R. schreibt z.B.: *"Ob eine Zeit sein werde, da die Kirche von Aposteln, die er gesandt hat, wird regiert werden? Wer möchte wagen, das zu bejahen? Doch das ist gewiß, daß nur dann von einer wahrhaften Einheit von Kirche und Staat in gegenseitiger Anerkennung, Freiheit und Liebe würde die Rede sein können. Doch ebensowenig, als wir wagen, dies zu bejahen, ebensowenig darf jemand wagen, es zu verneinen. Und alle jene Theorieen sind als irrig zu verwerfen, welche die Unmöglichkeit der zeitlichen Befreiung der Kirche durch Wiederherstellung der apostolischen Gnadengaben in sich schließen. Sie alle verfestigen die Kirche in den Elementen der Welt, sie nehmen ihren jetzigen unnatürlichen Zustand für den ursprünglichen, natürlichen an, sie wurzeln im letzten Grunde in einer tiefen Verkennung des Wesens von Kirche und Staat, von Welt und Reich Gottes."* (S.171) Und weiter unten: *"Diejenigen, welche gegenwärtig über die Kirche Gewalt haben, sollen bereit sein, jeden Augenblick die Macht, die sie über die Kirche besitzen, in die Hände des Herrn oder derer, die Er senden sollte, zurückzugeben."* (S.172) Dieser Satz ist außerordentlich bemerkenswert, denn hier wird ein Gedanke ausgesprochen, den ein Jahr später der preuß. König Friedrich Wilhelm IV. in zwei Aufsätzen *"über die Gestaltung der evangelischen Kirche"* formulierte: nämlich, daß er, als der Summusepiskopus, die Kirchengewalt *"in die 'rechten Hände' nieder(zu)legen"* beabsichtigte (mit den *"rechten Händen"* meinte der König *"wohlorganisierte apostolische Kirchen"*; v.GERLACH,1903,II,491; vgl. HECKEL,1922,446; BENZ,1953,129). Wenn auch hier ein direkter Zusammenhang nicht behauptet werden soll, so kann doch angenommen werden, daß der an Fragen der Kirchenverfassung stark interessierte Monarch Rothes Buch kannte (zumal Rothes Vorgesetzter und Freund, der spätere Hofprediger O.v.Gerlach, Zugang zum König hatte) und vielleicht sogar Gedanken daraus in seine Pläne aufnahm.(s.Anm.51) Ähnlich wie Carlyles *"Moral Phenomena"* (in deren 2. Aufl. 1845 übrigens aus Rothes Abhandlung zitiert wird [s. CARLYLE, 1878,133f; ders.,1870,246ff]) erscheint Rothes Buch wie zugeschnitten auf die Gedankenwelt Friedrich Wilhelm IV.
In dem von J.Barclay und Böhm gesammelten Kreis von Anhängern der kaB gehörte R. zu den besonders aktiven Mitgliedern. Doch in den Jahren vor der Gründung der Berliner Gemeinde wandte sich der vor allem an der sozialen Frage interessierte Pfarrer auch anderen Feldern zu. So unternahm er im Herbst 1845 eine vom MGA finanzierte *"Informationsreise"* nach Hamburg zum *"Rauhen Haus"* und nach Mecklenburg, um die Arbeit der dortigen *"inneren Mission"* zu studieren. Seine Beobachtungen legte er am 25.11. d.J. in einem *"Bericht über den Stand der inneren Mission im nördlichen Deutschland"* Minister J.A.F. Eichhorn (1840-1848) vor und fügte dieser Denkschrift eine Beilage mit dem Titel *"Einige Vorschläge zur Abhülfe des leiblichen und sittlichen Elendes der Armenbevölkerung zu Berlin insbesonder des ehemals sogenannten Voigtlandes"* bei. Eichhorn versprach, von der Beilage weiteren Gebrauch zu machen.(XX/47-48v.55v-108v) Am 4.2.1846 bat R. den König, als spezieller *"Seelsorger"* für soziale Belange der Mitglieder der Elisabeth-Parochie angestellt zu werden,

um auf diese Weise für die *"innere Mission"* in Berlin zu wirken. Das Vorhaben scheiterte am Einspruch O.v.Gerlachs (ebd./110-112v.136-142v). Am 12.2.1847 suchte R., der sich näher mit dem *"Volksunterricht"* beschäftigen wollte, beim MGA um eine finanzielle Unterstützung zur Anschaffung von Büchern nach. Eichhorn bewilligte daraufhin 40 Taler.(ebd./153-154) Als O.v.Gerlach im Frühjahr 1847 Hofprediger wurde, musste sich auch R. um eine neue Pfarrstelle bemühen. Im Herbst d.J. trat er als *"Diakon"* die neuerrichtete (personengebundene?) 2. Pfarrstelle in Trebbin an.(ebd./159-167; s. auch Akte XXVII) Am 19.3.1848 empfing R. in Berlin die apHA, am 22.6. wurde er durch Smith zum P-Amt (Ä) berufen. R., den Thiersch als *"trefflichen Theologen"* charakterisiert hat (Th.Br.,91/2), bat am 28.6. das Kons.Br. schriftlich um Entlassung aus dem Pfarrdienst.(eine Abschrift des Gesuchs in: H.Thierschiana II,Nr.150,Rothe) Das Kons.Br. entsprach diesem Wunsch. Am 2.8.1848 wurden in einem EKZ-Artikel die Gründung und das Wachstum der kap Gemeinde in Berlin beklagt. Auch R. fand dabei Erwähnung: *"Hiezu kommt, daß ein begabter Geistlicher unserer Provinz (Prov.Br. - Verf.) für die Sache gewonnen worden ist und ein Amt bei der neugestifteten Gemeinde hier zu übernehmen im Begriffe ist. Von seinen Talenten, von seiner vielfach (namentlich auch hier in Berlin) bewährten Treue und Hingebung ist zu erwarten, daß das Werk selbst dann, wenn der Apostel und Evangelist anderen Städten ihre Botschaft bringen sollten, hier nicht in Trümmer fallen, sondern gedeihen und wachsen wird. Und wenn somit die Besorgniß gerechtfertigt ist, daß unserer ohnehin bedrängten Evangelischen Kirche eine Anzahl ihrer Mitglieder - und wahrlich nicht die schlechtesten - verloren gehen, so darf die Ev.K.Z. umso weniger schweigen, als die Geistlichkeit Berlins dieser Bewegung bisher mit einer auffallenden Unthätigkeit zugesehen hat..."* (EKZ,1848,609f)
Am 20.8.1848 wurde R. zum P-Amt ord. (er war damit der zweite P in Deutschland). Nach seiner Übersiedlung von Trebbin nach Berlin am 13.9. d.J. diente R. als Ä unter dem BE Böhm. Es folgten: Ber. zum E-Amt durch Smith (die erste in Deutschland!) am 31.3.1849, E-Weihe (gemeinsam mit Thiersch) am 18.4. d.J., anschließend Einsetzung als BE der Berliner Gemeinde, am 27.1.1852 feierliche Einführung (erster eE in Deutschland [s.S.49 d.v.U.]). Am 19.4.1854 feierte er den ersten Gottesdienst mit der durch Ev gesammelten kap Gemeinde in Hamburg, die in der folgenden Zeit als Filiale unter R. stand. Vom 8.7.-10.8.1861 unternahm R. auf Einladung des Ap Woodhouse eine Reise nach England. Vom 1.4.1863 bis zu seinem Tode redigierte R. die von ihm begründete geistliche Monatsschrift *"Pastorale Mittheilungen"*. Nachdem die Berliner Gemeinde am 13.2.1873 zur Metropolitangemeinde erklärt worden war, stand R. im Rang eines Erzengels. In seine Amtszeit fallen der Bau der Kirche in der Stallschreiberstr. 8a (1860/61) und die Gründung der Horngemeinde Berlin-Nord (24.7.1873).(s.S.64f.69 d.v.U.) Am Abend des 7.7.1876 starb R. im Alter von 64 Jahren. Die Beerdigung fand am 10.7. statt, einen Tag später die Gedächtnisfeier.
R. war schriftstellerisch tätig (s. EDEL,1971,370f; WEINMANN,1963,294-307.342f [Briefe]) und hat auch Lieder für das Hymnologium verfasst (Nr.63,111,249). Sein Sohn Carl R. jun. (31.12.1849-30.8.1928) stand der Berliner Metropolitangemeinde vom Okt. 1882 an 46 Jahre als EE vor.
Zu Carl R. sen. s. XX/1-191; BORN,1974,72.

48 (S.33) <u>Albert August Otto Koeppen</u> wurde im Juli 1803 als Sohn eines Justizrats in Breslau geboren. Hier besuchte er auch das Gymnasium und die Universität, an der er Theologie studierte. K. wurde in dieser Zeit theologisch besonders durch die späteren Führer der separierten Lutheraner Prof. Johann Gottfried Scheibel und Prof. Heinrich Steffens (+ 1845) geprägt, de-

ren tiefe Gläubigkeit ihn sehr beeindruckte. Nach seiner Ord. war K. zunächst Hilfsprediger und Mitrektor einer höheren Töchterschule in seiner Vaterstadt. 1829/30 wurde er Hauslehrer der drei Söhne des Grafen Ferdinand zu Stolberg-Wernigerode (ab etwa 1837 Regierungspräsident in Liegnitz, dann [vor 1846] Präsident des Kons.Schl., Mitglied des Staatsrates) in Peterswaldau. Vier Jahre lang wohnte K. im Hause des mit ihm befreundeten Grafen. 1833 übernahm er eine *"Katechetenstelle"* (XIV/128v) in Meffersdorf im Eulengebirge (nahe Peterswaldau). Im selben Jahr heiratete er (in Memel) die aus Rujen in Livland stammende Pfarrerstochter Minna v.Bergmann.(Koeppens Eltern wohnten seit längerem im livländ. Schlock.) Vom 12.7.1835-31.8.1846 war K. Pfarrer in Bienowitz bei Liegnitz. Hier starb im Juni 1840 seine Frau an Schwindsucht. Zurück blieben sein Sohn Johannes (geb. am 27.5.1834, Anf. der 50er Jahre als Matrose auf hoher See ertrunken) und die Zwillinge Andreas und Marie (geb. 1838; ein weiterer Sohn war als Kleinkind gestorben). Am 28.12.1842 heiratete K. Bianca v.Polczynsky (geb. 1817, + nach 1868), Tochter eines poln. Oberst in Gnadenfrei, "Herrnhuterin". (Aus dieser Ehe gingen 10 Kinder hervor, von denen drei als Kleinkinder starben.) K. war ein außerordentlich engagierter Pfarrer, dessen Ausstrahlung weit über Bienowitz hinausreichte. 1836 stiftete er einen Missionsverein und veranstaltete (anfangs unter Missbilligung des Kons.Schl.) Missionsjahresfeste. 1845 führte er einige Neuerungen in seiner Gemeinde ein, so z.B. spezielle Gottesdienste für die Jugend. Theologisch vertrat er eine bibelorientierte, traditionell luth. Position (Bienowitz war 1822 der Union nicht beigetreten), setzte sich aber mit den separierten Lutheranern kritisch auseinander und verband sich mit Gleichgesinnten gegen die "Lichtfreunde" und "Deutschkatholiken". K. betätigte sich auch schriftstellerisch: 1845 erschienen von ihm zwei Bücher: *"Unterweisung zur Seligkeit"* und *"Die Kirchenordnung und Disciplin der alten Hussitischen Brüderkirche in Böhmen, Mähren und Polen"* (s. das Lit.verz.) sowie eine längere Artikelserie zum Thema *"Kirchenreform vom Standpunkte des praktischen Pfarramtes"* für den *"Kirchlichen Anzeiger"* in Schlesien. Im selben Jahr gründete er die hauptsächlich für die Landbevölkerung gedachte populärtheologisch gehaltene Monatsschrift *"Dorf=Kirchen=Zeitung"* (Auflage: 4.000 Exemplare [XIV/129v]), die er bis spätestens Mitte 1849 selbst redigierte.(s.Akte XXV)
Politisch war K. konservativ-monarchistisch eingestellt, nach eigenen Worten *"ganz auf Seiten der preussisch gesinnten Kreuzzeitung"* (KOEPPEN-Briefe, Br. v. 16.2.1856). Sein Wesen war temperamentvoll-kämpferisch, zugleich aber auch liebevoll und gutmütig. Graf F. zu Stolberg-Wernigerode charakterisierte ihn am 15.2.1846 (auf Anfrage des MGA) folgendermaßen: *"Auf Grund einer sechzehnjährigen näheren Bekanntschaft mit dem Pastor Köppen kann ich ihm das Zeugniß geben, daß er ein sehr begabter, vielseitig gebildeter Geistlicher ist, welcher die Pflichten seines Amtes mit der größten Treue erfüllt und einen bedeutenden und sehr gesegneten Einfluß auf seine Gemeinde ausübt. Auch seine häuslichen und socialen Verhältnisse sind würdig und vermehren die Achtung, in welcher er steht; ich darf jedoch nicht unerwähnt lassen, daß er sich von seinem an sich löblichen Eifer zuweilen hinreissen läßt und dann Mangel an Takt und Vorsicht an den Tag legt."* (XIII/236-v)
1846 wurde K. Nachfolger von Johannes Jänicke (1792-1829) und Johannes Evangelista Goßner (seit 1829) an der böhm.-luth. Bethlehems-Kirche in Berlin.(zur Bethlehemsgemeinde s.KNAK,1887) Goßner ([1773-1858] ehemals röm.-kath. Priester, 1826 zur Evang. Kirche übergetreten) hatte K. selbst als seinen Nachfolger ausersehen, wobei Koeppens Amtsqualitäten, besonders aber seine Schrift über die *"Kirchenordnung ... der alten Hussitischen Brüderkirche"* eine wichtige Rolle spielten. Am 12.11.1845 fragte Goßner bei K. an, ob er Pfarrer der Bethlehemsgemeinde werden wolle, am 3.4.1846 bewilligte der Patron der böhm.-luth. Ge-

meinde, König Friedrich Wilhelm IV., dessen Anstellung, am 26.4. sagte K. zu. Nachdem er und seine Familie am 2.9. in Berlin eingetroffen waren, wurde er am 13.9. in sein neues Amt eingeführt.(s. XII/23-26; XIII/224-297; Akte XXVIII; DALTON,1878,441; zu Goßner s. DALTON,1878; LEWALTER,1938,264ff)
Die Wirksamkeit Koeppens an der Bethlehemsgemeinde war so erfolgreich (vgl.BÖTTGER, 1858,79f), dass O.v.Gerlach im Frühjahr 1847 (nach seiner Berufung zum Hofprediger) sich diesen (und nicht C.Rothe!) beim König als Nachfolger an der St.-Elisabeth-Kirche ausbat. (vgl.Anm.47) K. lehnte ab. Er sehnte sich nach einer Pfarrstelle auf dem Lande zurück (wozu neben dem Übermaß an Beanspruchung auch die Missgunst seines Amtskollegen an der Bethlehemsgemeinde, Dr. J.W.Rückert [einem Schwiegersohn von Jänicke], beitrug). So bewarb sich K. im selben Frühjahr um eine Pfarrstelle in Rohrbeck (mit ausdrücklicher Unterstützung des zuständigen Patrons Leopold v.Gerlach). Das Vorhaben scheiterte (nach Protesten der Bethlehemsgemeinde) an der Ablehnung durch Minister Eichhorn. K. schrieb nach diesen Ereignissen am 27.4.1847 an seine Schwägerin: *"Ich werde im Leben kein Berliner! Mir ist das grosse Stadtleben zu schrecklich: Ich sehne mich nach Ruhe! Gott wird helfen."* Im Herbst d.J. versuchte K. noch einmal, einen Stellenwechsel zu erreichen. Der König bot ihm die Stiftspropststelle in Heiligengrabe an. Wieder setzte sich die Bethlehemsgemeinde intensiv für Koeppens Bleiben ein. Dieser verzichtete daraufhin am 2.2.1848 auf die ihm bereits zugesprochene Stelle.(XII/27-31; XIV/4-15v.28-48.74-82.102-106.128-129v; vgl. mit S.38 d.v.U.)
Den ersten Kontakt mit Vertretern der kaB hatte K. ungefähr Anf. 1847. In einem Brief an seine Schwägerin Laura v. 27.4. d.J. erwähnte er, dass ihn (J.) *"Barclay ... öfters besucht"*. Im selben Jahr lernte er auch Carlyle und Böhm kennen, deren Vorträge er besuchte. Im Febr. 1848 bat K. das Kons.Br. um die Genehmigung zur Benutzung des Betsaales der Bethlehemsgemeinde durch Böhm und Carlyle, die dort ihre Vorträge fortsetzen wollten. Der Antrag wurde jedoch abgelehnt.(IV/8) Wahrscheinlich im Frühsommer 1848 (zwischen Ende März u. Ende Juli) empfing K. die apostolische Handauflegung. Seine endgültige Entscheidung, sich der kap Gemeinde in Berlin anzuschließen, reifte jedoch erst in den folgenden Monaten. Ende 1848 schließlich bekannte er sich öffentlich zur kaB. Im Febr. 1849 schrieb er an seine Schwägerin: *"Hier in Berlin ist eine grosse apostolische Gemeinde gesammelt. Sie hat alles in ihrer Mitte, wie jene ersten Gemeinden. Ich habe den Apostel für Deutschland, Herrn Carlyle, ihren Evangelisten und Propheten kennen gelernt! O es ist ein Segen in ihrem Umgange zu leben. Sie bringen kein neues Evangelium, keinen neuen Christus, keinen neuen Heilsweg. Aber sie bringen ein Licht, über den prophetischen Teil des alten und neuen Bundes zum Erstaunen Aller. Und diese Gottesdienste! Dieser Wandel! Dieser Glaube! Diese Kräfte! Unsere Geistlichen in Berlin haben von der Kanzel mit Feuer und Schwerdt wider sie gepredigt und dadurch erst recht die Leute in ihre Gottesdienste getrieben. Ich habe, nach dreivierteljähriger Prüfung, mich offen für sie erklärt. Und nun stehe ich, meine liebe Laura, in einem Feuer, in einem Sturm, beim grossen Frieden meiner Seele! Meine Gemeinde hat Gossner aufgewühlt... Sie ist gespalten. Die Hälfte will mich vertreiben, die andere Hälfte die grössere, bleibt bei mir."* (zu Koeppens Motivation für seinen Schritt s. v.MICKWITZ,1895,94ff)
Nach seiner Suspension vom Amt und seiner Vernehmung durch eine Kommission des Kons.Br. bat K. am 19.4. um seine Entlassung aus dem Pfarramt. Dieser Bitte wurde bereits wenige Tage später entsprochen.(s. S.38.40f d.v.U.; Anm.56, 57!)
Während seines Berliner Aufenthaltes vom 11.-29.4.1848 wohnte Thiersch bei K. (Wilhelmsstr. 29) und hielt in dessen Gemeinde geistliche Vorträge und Predigten. (Th.Br.,87/2, 90/1f; s.S.36 d.v.U.) In einem Brief v. 15.4. beschrieb Thiersch seinen Gastgeber folgender-

maßen: *"Herr Pfarrer Köppen ist ein Mann mit grauem Haar, aber noch sehr beweglich u. rüstig, groß von Statur, seinem Ansehen nach von schwedischer Herkunft; von norddeutscher Sprache."* (Th.Br.,88/2)
Am 16.4.1849 wurde K. durch Smith zum P-Amt ber., es folgten: am 19.4. P-Ord., 3 Tage später Beauftragung als P-Ev, eine mehr als einjährige intensive Ev-Tätigkeit (s.Anm.59.a, 105), am 18.7.1850 Ber. zum E-Amt (Smith), am 29.7. E-Weihe. Im Nov. d.J. übernahm K. die am 9.9.1849 gegründete kap Gemeinde in Neustettin als Beauftragter Engel.(s. S.94-97 d.v.U.; bes.Anm.87) Am 10.9.1857 starb er, erst 54j., in Neustettin. Sein Freund Thiersch konnte in den letzten Tagen noch an seiner Seite sein. (s.s.97ff d.v.U.) Am 20.9. d.J. erschien Thierschs Nekrolog auf K. in der NPZ (Nr.220,Beil.).

K. gehörte zu den interessantesten Pfarrerpersönlichkeiten innerhalb der KaG. Worauf er sich einließ, führte er mit großem Engagement aus. Zugleich war er aber auch immer ein wacher, kritischer Geist, der unbequeme Fragen stellte, wenn sein Gewissen ihm das gebot (auch innerhalb der KaG! [s.Anm.91]). Sein schicksalsvoller Lebensweg läßt sich anhand seiner in Abschrift überlieferten Briefe an Verwandte und Freunde in Livland (vgl.v.MICKWITZ, 1895,86) sowie der in den Akten XII-XIV enthaltenen Unterlagen recht gut nachzeichnen. Die kommentierte Publikation des vorhandenen biographischen Materials dieses Mannes wäre (weit über den thematischen Bereich der KaG hinaus) eine interessante, lohnende Aufgabe. - Zu K. s. BORN,1974,51; v.MICKWITZ,1895,90-110.

49.a (S.33) H.Evers wird innerhalb der KaG als (evang.) *"Pastor"* bezeichnet.(pA) In den einschlägigen Verzeichnissen der ins Amt eingeführten Pfarrer der Mark Brandenburg fehlt jedoch sein Name.(s.PFARRERBUCH,1941) Mit Sicherheit kann also nur gesagt werden, dass E. Theologe war, aber noch kein kirchliches Amt bekleidete. Der kap Gemeinde in Berlin schloss er sich 1848 an; 4.3.1849 Einsetzung als UD, 26.3. Ber. zum P-Amt (Smith; s.S.39 d.v.U.), 19.4. P-Ord., am 22.4. vom Ap als (P-)Helfer eingesetzt. Ab Frühjahr 1850 diente E. als P(Ä) in Neustettin und ab Ende 1852 / Mitte 1853 in Stettin. 1878 war er P-Vorsteher der kap Gemeinde in Vierraden (bei Schwedt).(AdB)

49.b (S.33) Max v.Pochhammer (1821-1895) gehört zu den eindrücklichsten Persönlichkeiten der KaG. An ihrer Ausbreitung und ihrem Wachstum in Deutschland hatte niemand einen größeren Anteil als er.(s.S.180 d.v.U.!) M.v.P. wurde am 16.12.1821 in Trier geboren.(v.RICHTHOFEN,1933,6; VII/14-v) Sein Vater war der spätere preuß. General (zuletzt Divisionskommandeur in Frankfurt/O.) Wilhelm v.P. (+ vor 1854), der vom König Friedrich Wilhelm III. in den Adelsstand erhoben worden war (vor 1839 [v.ZEDLITZ-NEUKIRCH,1839,V,366]). Seine Mutter, Henriette v.P., war eine Tochter des Berliner Dompropstes Zöllner. Da sein Vater wünschte, dass v.P. einen technischen Beruf ergreifen sollte, studierte dieser an einem Polytechnikum das *"Bergfach"*. (v.RICHTHOFEN,1933,7) Seinen Beruf gab er später mit *"Techniker"* an (III/57; in den Akten des Berliner Polizeipräsidiums v. 15.4.1851 wird er dagegen als *"Architekt"* bezeichnet [VII/14v: *"Er ist Architekt, besitzt einen guten Ruf, gibt sich aber religiösen Schwärmereien hin."*]). Dem Wunsch seines Herzens folgend studierte v.P. noch Theologie.(v.RICHTHOFEN,1933,7)

Die kaB lernte er durch Böhm kennen. 1848 schloss er sich der kap Gemeinde in Berlin an, wo er wahrscheinlich im Sommer d.J. die apHA empfing. Am 4.3.1849 wurde er UD und am 9.4. Diakon. In den folgenden Monaten war er als D-Ev u.a. in Frankfurt/O. tätig. Am 28.12. d.J. wurde er in Berlin zum P-Amt ber.; 27.1.1850 P-Ord. in Neustettin, 18.7. Ber. zum E-

Amt (Smith) und 29.7. E-Weihe (beides in Berlin). Ab 1.8.1850 wohnte v.P. bei seinem pensionierten Vater in Berlin (Michael-Kirch-Str. 7).(VII/14)
M.v.P., der unverheiratet blieb *("um ganz allein und ungehindert in 'Seinem' Dienst zu stehen"* [v.RICHTHOFEN,1933,12]), arbeitete erst als P-Ev und dann als E-Ev im Ev-Werk der AK. Alle Orte, in denen er (meist in monatelanger Arbeit) Gemeinden sammelte bzw. zu vergrößern half, aufzuzählen, würde hier zu weit führen. Es seien nur einige Beispiele genannt: 1849 Stettin, Neustettin, Ratzebuhr, Bublitz, 1850 Marburg, 1851 London (1. Weltausstellung [s.Anm.59.b]), Spandau, Muddel/Pennekow, Königsberg, 1852 Burg, Königsberg, Memel, 1853 Königsberg (Vorträge vor bis zu 800 Zuhörern [s.S.151f d.v.U.]), Posen, 1854 Posen, Lindow bei Frankfurt/O., Danzig, 1856 Leipzig (viele Jahre wirkte er dort während der Ostermesse), Magdeburg (s.S.126ff d.v.U.), Erfurt, Frankfurt/O. (s. dazu TILLICH,1936,Beiheft,5ff), 1857 Magdeburg, Erfurt, 1858 Leipzig, 1859 Leipzig, Kassel, Erfurt, 1860 u. 1862 Kassel, 1863 Hamburg, Marburg, Kassel, 1864-1866 Niederlande (1867 konnten in Den Haag u. 1868 in Rotterdam Gemeinden gegründet werden [s.Anm.74.c, 78] - dazu der Kommentar des Grafen van Bylandt [zitiert nach TANG,1984,44]: *"Herr von Pochhammer hat so lange gepocht und so lange gehämmert bis er endlich eine Gemeinde gestiftet hat."*), 1868 Mönchen-Gladbach. Mehrfach wurde er aufgrund seiner Ev-Tätigkeit ausgewiesen (z.B. 1851 in Königsberg, 1860 in Marburg). M.v.P. arbeitete mit einem Fleiß und einer Hingebung, die selbst Thiersch in Erstaunen versetzte (s.S.153 d.v.U.!). Auch Kritiker haben dies gewürdigt. So heißt es in den *"Berlinischen Nachrichten von Staats= und gelehrten Sachen"* Nr. 222 v. 23.9.1857 im Hinblick auf v.Pochhammers Wirksamkeit in Magdeburg: *"Man darf behaupten, daß selten ein Sectirer mit so großer Regsamkeit, so rastlosem Eifer, zugleich aber auch mit Verschmähung aller, der Würde seiner Aufgabe nicht durchaus angemessener Mittel, für die Sache seiner Partei gewirkt hat."*
Am 25.6.1873 wurde v.P. in Albury zum Koadj ber., am 8.7. d.J. von Woodhouse für Österreich *"erwählt"*. Von 1877-1879 übernahm er außerdem Russland (NEWMAN-NORTON,1971,89) und nach Böhms Tod (1880) Norddeutschland. Zwischen 1875 und 1886 diente v.P. offenbar auch als Koadj in Süddeutschland.(BORN,1974,76-82) Vermutlich Mitte der 70er Jahre siedelte v.P. von Berlin nach Albury über, wo die Koadj von dieser Zeit an ihren Wohnsitz hatten. Er wohnte im dortigen Gästehaus für die auswärtigen Amtsträger (Weston Dene). Anf. 1889 musste v.P., der *"sein ganzes Leben sehr gesund und arbeitsfähig gewesen"* war (v.RICHTHOFEN,1933,17), aufgrund eines schweren Augenleidens und der Gefahr der völligen Erblindung auf die Ausübung seines Koadj-Amtes verzichten. Der Koadj für Sdt. L.Geering übernahm seinen Dienst. Um sich zu erholen, hielt sich v.P. einige Zeit in Italien (meist in Rom) und dann bei Verwandten (Familie v.Richthofen) in Liegnitz auf. Das südl. Klima und die Erholung verbesserten den Zustand seiner Augen, so daß v.P. ab Juli 1889 - wider Erwarten - sein Koadj-Amt erneut wahrnehmen konnte (jedoch beschränkt auf eine Hälfte von Ndt., die andere Hälfte übernahm der Koadj Diestel [Anm.71.a]).(v.RICHTHOFEN,1933,18) Bis 1893 war es ihm möglich, (einmal pro Jahr) nach Deutschland zu reisen, um die Gemeinden zu besuchen und die allein den Ap und Koadj vorbehaltenen E-Weihen vorzunehmen. Am 2.12.1895 starb v.P. (*"joyfully and peacefully"* [ebd.,22]) in Albury, wo er vier Tage später beigesetzt wurde.
Carolina v.Richthofen schreibt in ihren *"Erinnerungen an Max von Pochhammer"*: *"Immer fast hatte er etwas strahlend Freudiges und schien nur an andere zu denken, für andere zu leben. Seine Hoffnung war nicht Gefühl, sondern Ueberzeugung, sein Glaube nicht allein Dogma, sondern felsenfeste Gewißheit! Gern hätte er jeden Augenblick das Leben für seinen*

Glauben dahingegeben... Herr von Pochhammer machte mir stets den Eindruck eines besonders glücklichen Menschen! ... Kein Mensch, der ihn näher kannte, konnte sich dem Zauber seiner Persönlichkeit entziehen. Außerordentlich war die Tiefe seines Geistes, seine Beobachtungsgabe und das rege Interesse, welches er an allem und jedem nahm." (ebd.,6.12.18) M.v.Pochhammers Schwester Clara heiratete 1856 den späteren Koadj für Dänemark und Holland Sir G.J.R.Hewett (1818-1876).(BORN,1974,71f)
Zu v.P.: v.RICHTHOFEN,1933; NEWMAN-NORTON,1971,89; BORN,1974,82; WEBER, 1977,Anh.,99f; EDEL,1971,339-344.368; 2 Eingaben an Minister v.Westphalen v. 30.12.1851 (III/19-21) und an Friedrich Wilhelm IV. v. 1.8.1853 (I/254f); Anm.101; (krit.:) BÖTTGER, 1858,48-92; LUTHARDT,1889,243f.

49.c (S.33) Moritz von den Brincken (geb. 1799 in Blankenburg, + 21.1.1870 in Berlin) stammte aus einem sehr alten kurländ. Adelsgeschlecht.(v.ZEDLITZ-NEUKIRCH,1836,I,311f) Er war verheiratet mit einer Tochter des Staatsministers Motz (+ 1836) und hatte drei Söhne und eine Tochter. Um 1836 war er preuß. Major und Landstallmeister in Zirke/Warthe (Prov. Posen). 1848 lebte er in Berlin. Kurz nach der Revolution schloss er sich der dortigen kap Gemeinde an. Am 26.4.1848 schrieb Thiersch seiner Frau: *"Ich muß schließen, weil mich bei dem guten alten Capitain* (J.Barclay - Verf.) *ein Major v.Brinken erwartet, der fast tiefsinnig geworden durch die Revolution, Trost u. Rath bei uns sucht."* (Th.Br.,91/2) Bald darauf verließ v.d.B. die Armee.(ebd.,110/1) Am 22.6. bot er sich zum P-Amt an, wurde jedoch aufgrund einer noch *"unbestimmten Berufung"* zunächst als UD eingesetzt.(s.S.37 d.v.U.) Im Herbst d.J. siedelte er nach Frankfurt/O. über, wo es durch seine evangelistische Tätigkeit bald zur Bildung einer Gemeinde kam.(s.S.75ff d.v.U.) 9.4.1849 Einsetzung als D., 28.12. Ber. zum P-Amt, 21.1.1850 Ord. zum P-Amt, 18.7. Anb. zum *"höheren Amt"*, 29.7.1850 E-Weihe (alles in Berlin). Zusammen mit dem E Hermes ([Anm.55.c] NBE unter Rothe [CHRONIK Marburg, I,36]) wirkte v.d.B. in der Frankfurter Gemeinde, war aber nach seiner E-Weihe eigentlich E-Ev (Th.Br.,110/1). Im Jan. 1852 übernahm er (im Zusammenhang mit der Wahl Rothes zum eE) vorübergehend die Leitung der Berliner Gemeinde.(s.S.49 d.v.U.) Als der NBE Hermes Mitte 1852 nach Russland auswanderte, wurde v.d.B. kommissarisch mit der Wahrnehmung dieses Amtes in der Frankfurter Gemeinde betraut.(Th.Tgb.,3.7./11.10.1852) Am 2.4.1857 siedelte v.d.B. nach Berlin über und wurde stellv. Ev.m.d.Ap. für Ndt. (Koadj von Böhm). Während Böhms Abwesenheit leitete er das Ev-Werk der AK in Norddeutschland. Bis 1863 hatte v.d.B. u.a. an der Sammlung der Gemeinden Frankfurt/O., Lindow bei Frankfurt/O., Guben, Görlitz und Potsdam direkten Anteil.(vgl.S.178ff d.v.U.) Am 20.9.1867 wurde v.d.B. Nachfolger von Böhm im Amt des Ev.m.d.Ap. für Norddeutschland. Zweieinhalb Jahre später starb er (70j.) in Berlin.
1850 war in Berlin das Buch *"Die ersten und letzten Tage der Kirche Christi"* von C.M.Carré erschienen, das v.d.B. aus dem Französischen ins Deutsche übersetzt hatte.

50.a (S.33) Ludwig Gustav v.Thile (1781-1852), preuß. General und Politiker, Pietist, ab 1829 Generaladjutant von König Friedrich Wilhelm III., ab Okt. 1840 Mitglied des Staatsrates, *"einflußreichster Kabinettsminister"* (ENGELBERG,1985,176) und Schatzmeister Friedrich Wilhelms IV. (vom 9.3.1841 bis 18.3.1848). 1847 kannte er bereits das Testimonium (wie aus seinem Briefwechsel mit Bunsen hervorgeht [s.Anm.26]). Thiersch, den v.Th. gern als Theologieprofessor nach Preußen geholt hätte (Anm.63), lernte den ehemaligen Minister Ende März 1851 in Frankfurt/O. kennen.(Th.Br.,110/2) Über Einzelheiten der Kontakte zwischen v.Th. und Vertretern der kaB ist bis jetzt nicht mehr bekannt. Zu v.Th. s. auch WAGENER, 1883,17.23.

50.b (S.33) J.Bindewald, Assessor, Sekretär des Ministers v.Thile (bis zum 18.3.1848), Mitinitiator der sog. Kreuzzeitung (Entscheidung am 22.4. d.J. [s. v.GERLACH,1903,I,527]), Geh. Regierungsrat (ab 1852?) und *"rechte Hand"* (WAGENER,1884,13) des Ministers v.Raumer (MGA, 1850-1858), später (vor 1865) Geh. Oberregierungsrat im MGA (bis spätestens 1870). Thiersch lernte B. am 19.4.1848 kennen. Einen Tag später schrieb er an seine Frau: *"Ebenso gut (wie Rathmann - Verf.) gefällt mir der Assessor Bindewald (bekannt auch mit Roßteuscher) der mich gestern einlud. Er war Secretär des Ministers Thiele und muß nun befürchten, brodlos zu werden. In der Nacht der Revolution kam seine Frau nieder - sie hörte das schreckliche Schießen; man gab vor, es sei Freudenschießen. Das Kind starb nach 4 Tagen. Die guten Leute sind sehr betrübt. Doch finden sie so wie manche andere unserer Freunde di(e) auch viel verloren haben, großen Trost im Glauben an Gottes Werk in der Kirche."* (Th.Br.,90/2) B. schloss sich zwar - offenbar aufgrund politischer Rücksichten (ähnlich wie später Wagener [Anm.44]) - den KaG nicht an, blieb aber mit einigen ihrer Amtsträger freundschaftlich verbunden. So waren beispielsweise Carlyle und Thiersch am 9.9.1853 bei ihm zum Essen eingeladen. Am 27.8.1857 besuchte er Thiersch in Marburg, am 25.10.1865 verbrachte Thiersch einen Abend bei B. in Berlin.(Th.Tgb.)
Viele Eingaben kap Gemeindeglieder und Amtsträger an das MGA tragen einen Bearbeitungsvermerk Bindewalds, der als hochgestellter Mitarbeiter dieses Ministeriums u.a. für die Angelegenheiten der *"Religionsgesellschaften"* zuständig war (s. z.B. I/190.212.214.250.254, II/86.96.159.189.194). Wenn sich auch eine direkte Unterstützung der Anliegen der kap Bittsteller durch B. aufgrund des vorhandenen Aktenmaterials nicht nachweisen läßt, so kann doch festgestellt werden, dass der größere Teil der Bescheide auf die genannten Eingaben durch den Minister positiv ausfiel (s. S.142.150 d.v.U.; II/88 u.ö.; Anm.94). In der Frage einer Anstellung Thierschs an der Universität in Berlin konnte B. allerdings nichts erreichen.(vgl. Anm.63; Th.Tgb.,8./9.9.1853)

50.c (S.33) In diesem Zusammenhang sei auch der Theologe und OKR Prof. August Twesten (1789-1876) erwähnt (ab 1814 Professor für Philosophie u. Theologie in Kiel, ab 1835 Nachfolger Schleiermachers in Berlin, ab 1841 Mitglied des Kons.Br. u. ab 1852 auch des E.O. [RGG³,VI,1090]). T., der zwischen 1849 und etwa 1865 die meisten Gutachten über die KaG für das Kons.Br. und den E.O. schrieb (s.u.; wichtig in diesem Zusammenhang ist z.B. das von ihm verfasste Antwortschreiben des E.O. v. 24.8.1860 auf eine die KaG betreffende Anfrage des Luth. Konsistoriums in Marburg [V/235-239] [s.Anm.5, 36]) und auch die Verhandlung im "Fall Koeppen" leitete (s. S.40f d.v.U.; Anm.57), stand mit maßgeblichen Amtsträgern der KaG in persönlichem Kontakt. Möglicherweise gehörte er zu den *"four common friends at Berlin"*, denen Bunsen im Auftrage Carlyles 1845 je 1 Exemplar der *"Moral Phenomena"* zustellte.(BRASH,1904,38; s.Anm.26) Am 17.2.1848 schrieb Carlyle an T.: *"Verehrter Herr Cons.Rath. Erlauben Sie mir Ihnen noch eine Schrift zu überreichen die zur Fortsetzung der früheren und Erklärung der Art worauf Gott mit Seiner Kirche verfahren hat, dienen soll - Ich verbleibe mit aller Hochachtung der Ihrige (gez.) Thomas Carlyle."* (Universitätsbibliothek Marburg, Handschriften-Abteilung, MS. 783/1. T. erhielt durch Carlyle Woodhouse's Schrift *"Erzählungen von Thatsachen"* [1848]; bei *"der früheren"* handelte es sich wahrscheinlich um das Testimonium [V/169v].)

Am 16.4.1848 lernte Thiersch *"den redlichen biederen Prof. Twesten"* (wie er ihn im Brief v. 20.4. d.J. an seine Frau [Th.Br.,90/1] nannte) kennen. T. nahm wahrscheinlich auch an einer Abendgesellschaft teil, zu der J.Barclay für den 27.7.1850 eingeladen hatte. Thiersch schrieb einen Tag später an seine Frau: *"Abends war ich bei Barclay in Gesellschaft u. unterhielt mich mit Frau Prof. Twesten vortrefflich - fast humoristisch, was mir gewiß selten genug begegnet."* (Th.Br.,106/3)
Wenn T. den KaG auch im ganzen wohlwollend gegenüberstand (er gehörte im Kons.Br. und im Kollegium des E.O. immer zu den Gegnern eines restriktiven Vorgehens gegen die *"Irvingianer"* [s.V/239]), so änderte dies nichts an seinem evang. Standpunkt, den er z.B. in einem Bescheid an den Spandauer Oberpfarrer Guthke v. 23.6.1851 so formulierte: *"Was wir fordern oder hervorzurufen suchen müssen, ist die Ueberzeugung, daß die Evangelische Kirche in den Schriften und in der Lehre der wahren, von Gott bestellten und ausgerüsteten Apostel, Evangelisten und Propheten, oder der Bibel alles hat, was zu unserer Belehrung, Ermunterung, Tröstung, Befestigung, Beseeligung nöthig ist, die Zukunft des Herrn möge nun fern oder nahe seyn; denn nicht auf neue Propheten und Apostel sind wir hingewiesen, wo von der Zukunft die Rede ist; vielmehr werden wir vor falschen Propheten gewarnt, Matth. XXIV,11,24; und die Gemeinde zu Ephesus wird gelobt, Offenbahr.Joh.II,2, daß sie diejenigen geprüft hat, die sich für Apostel ausgegeben haben und es nicht waren."* (in: XXII)
Trotz dieser Position tolerierte er den Weg kap Christen und legte immer wieder größten Wert darauf, diese - sofern sie aus der Evang. Kirche kamen - weiterhin als ihrer Landeskirche zugehörig zu betrachten.(s.Anm.79.c!) Als z.B. der E.O. in einem Bescheid v. 8.3.1862 die kirchliche Trauung zweier zur Evang. Kirche gehörenden kap Christen gestattete, diese Genehmigung aber mit der Bemerkung abschloss, den Bittstellern sei vorzuhalten, *"wie die evangelische Kirche die Irrthümer, in welche die Gemeinschaft der Irvingiten verfallen ist, auf das Bestimmteste verwerfe und sich in dem vorliegenden Falle nur durch das Mitleid mit den betheiligten Personen bewogen finde, die Trauung zu vollziehen"*, schrieb T. unter seine Unterschrift auf der Textvorlage folgende Anmerkung: *"Coreferent bittet die Bemerkung hinzufügen zu dürfen, daß er, wegen der von uns getroffenen Entscheidung über das Verhältniß der Irvingianer zu der Evangelischen Landeskirche seine Unterschrift nur als Dissentiens* (sic) *geben kann, doch nicht nur, wie sich von selbst versteht, seine abweichende Ansicht der Entscheidung des Collegii unterordnend, sondern auch letztere als eine factische, wenn auch nur relative Anerkennung der Ansicht, daß jemand mit vollem Bewußtseyn ein Irvingianer seyn, und sich dennoch als der Evangelischen Kirche angehörig betrachten dürfe, mit Freude begrüßend."* (V/306; vgl.Anm.90)

50.d (S.33) Auch mit dem juristischen Mitglied des E.O. Prof. Dr. jur. <u>Richter</u> war Thiersch persönlich gut bekannt.(vgl. Th.Br.,88/1, 125/2; V/306v; s. auch Anm.109)

51 (S.33) Schon als Kronprinz hatte der spätere König <u>Friedrich Wilhelm IV.</u> (1795/1840-1861) Vorstellungen von einer Neugestaltung der Evang. Landeskirche in Preußen entwickelt. In ihnen verband Friedrich Wilhelm urchristliche, altkirchliche, anglik. und herrnhutische Verfassungselemente (vgl.BENZ,1953,138) zu einem <u>Kirchenideal</u>, das zu seiner Zeit zwar nur bei wenigen auf Verständnis stieß, aber im Hinblick auf die gegenwärtige Annäherung der Kirchen ein interessanter Diskussionsbeitrag im oekumen. Gespräch über Kirchen- und Gemeindeordnung wäre. Wenige Monate vor seiner Thronbesteigung beschrieb der Kronprinz in einem Brief an Bunsen v. 21.3./14.5.1840 erstmals ausführlich seinen (von ihm selbst scherz-

haft so bezeichneten) *"Sommernachtstraum"* - den Plan einer neuen Kirchenverfassung.(Original in: XI/33-47v; leicht gekürzt wiedergegeben bei v.RANKE,1873,46-76 [s.HECKEL, 1922,449]; zur Situation der Evang. Landeskirche in Preußen s.Anm.19) Die hier nur in Grundzügen skizzierten Vorstellungen entwickelte der König in 2 Aufsätzen *"Über die Gestaltung der evangelischen Kirche"* (begonnen am 23.2.1845, vollendet am 6.2.1846; abgedruckt bei v.GERLACH,1903,II,444-510) und in seinem Kirchenverfassungsentwurf von 1847 (Text bei HECKEL,1922,455-459) weiter. Am 2.10.1845 sprach Friedrich Wilhelm IV. gegenüber dem Berliner Magistrat erstmals öffentlich seinen Wunsch aus, die ihm als Summuspiscopus *"'übertragene Kirchengewalt ... in die rechten Hände zurückgeben'"* zu können. (Text in EKZ,1845,Nr.89; s. BENZ,1953,129; v.GERLACH,1903,II,441.452.479.491.502; vgl.Anm.47) Diesen Wunsch, der ein Grundmotiv für die kirchlichen Pläne des Monarchen war, bekräftigte Friedrich Wilhelm IV. noch einmal in seiner *"Allerhöchsten Cabinetts= Ordre betr. die Bestätigung des Entwurfs der revidirten Kirchen=Ordnung der rheinisch= westphälischen Kirche"* v. 13. Juni 1853: *"Was mein Verhältniß zur evangelischen Landeskirche und zu ihren Organen, den Consistorien, betrifft, so habe Ich bereits vor Jahren Meinen festen Entschluß öffentlich ausgesprochen: 'Meine ererbte Stellung und Autorität in der evangelischen Landeskirche allein in die 'rechten Hände' niederlegen zu wollen. Diese 'rechten Hände' sind aber 'apostolisch gestaltete' 'Kirchen' geringen übersichtlichen Umfanges, in deren jeder das Leben, die Ordnungen und die Aemter der allgemeinen Kirche des Herrn auf Erden, wie in einer kleinen Welt und für dieselbe thätig sind; es sind, kurz gesagt: die selbstständigen, zeugungskräftigen Schöpfungen, mit welchen, als mit lebendigen Steinen die Apostel des Herrn den Bau seiner sichtbaren Kirche begannen, und ihr im Feuer der Verfolgung den Sieg bereiteten."* (zitiert nach PKZ,1855,8; vgl.EDEL,1971,334f) Die Nähe zu kap Anschauungen ist von einigen Zeitgenossen deutlich empfunden worden. Auch der Kirchenhistoriker Karl (v.)Hase (1800-1890) brachte in seiner interessanten, kritischen Besprechung der A.K.O. (PKZ,1855,7-15) die Ansichten des Königs mit den KaG in Verbindung: *"Es ist nicht der Protestantismus, es ist nur der Irvingismus, der das Princip aufgestellt hat, die Kirchenverfassung, mit allen ihren phantastisch aufgefaßten Aemtern, sei schon in der apostolischen Zeit für alle Zeiten vollendet festgestellt, so daß keine Rettung sei aus den dermaligen Verderbnissen als die Rückkehr zu ihr im Gehorsam gegen die Anordnungen der Urkirche."* (ebd.,13; vgl.WIGAND,1888,340)

Ähnlichkeiten zwischen den Anschauungen des Monarchen und kap Positionen sind in der Tat unverkennbar. So gebraucht auch er den Begriff *"Kirchenabteilung"* für die einzelne Kirche im Verhältnis zur einen heiligen, katholischen und apostolischen (Gesamt-) Kirche (v.RANKE,1873,52f; v.GERLACH,1903,II,476; vgl.ROSSTEUSCHER,1886,Beil.,69 u.ö.). Größten Wert legte der König auf die *"apostolische Gestaltung"* der Kirche. In seinem 2. Aufsatz von 1845 schrieb er: *"'Wir' wollen keine Preußische Kirchen=Verfassung machen, keine lutherische oder reformirte, oder schottische, oder amerikanische annehmen, 'wir' wollen uns im Gehorsam der Erkenntniß zu den Einsetzungen der Apostel und der Kirchen = Zeit wenden, da der Quell, der am Pfingsttage aus dem Boden (eine neue Welt befruchtend) entsprang, noch in ungetrübter Klarheit floß... Ich sage es mit der Gewißheit eine Wahrheit auszusprechen: Der Tag an welchem unsere Landeskirche beschließt: sich im Gehorsam der apostolischen Ordnungen, Lehre und Leben zu gestalten, wird für die Geschichte der Kirche Christi ein wichtiger Tag, für die Evangelische Kirche ein neuer Zeugungstag."* (v.GERLACH,1903,II,508f) Zur apostolischen Ordnung gehörte für

Friedrich Wilhelm IV. vor allem das dreifache Amt in jeder (größeren) Ortskirche: Bischof (ihn bezeichnet der König im ersten Aufsatz zweimal als *"Engel der Gemeinde"*! [ebd., 459.467]), Presbyter bzw. Pfarrer und Diakon. In seiner Beschreibung des Aufgabenbereiches der Bischöfe (als Vorsteher großer Gemeinden bzw. eines Kirchengebietes in der Größe einer Superintendentur) und der Diakone (Assistenten im Gottesdienst, Verwaltungsdiakone) kommt der König kap Praxis erstaunlich nahe.(ebd.,456ff.475.483; HECKEL,1922,456f) Da jedoch diese Elemente nicht allein kap Ursprungs sind, können sie nicht als Beweis für einen kap Einflus auf die kirchlichen Pläne des Königs angeführt werden, zumal diese durchaus dem romantisch-religiösen Zeitgeist entsprachen und bereits vor seiner Begegnung mit Vertretern der kaB im wesentlichen entwickelt waren. (Zur Kirchenpolitik Friedrich Wilhelms IV. s. u.a. seine Briefe an v.Bunsen v. 28.9.1845 u. 2.3.1846 in: XI/67-68v.72-73v; v.GERLACH, 1903,II,74f; RICHTER,1861; SCHULTZE,1867; FRIEDBERG,1882; WAGENER,1883, 10.16.18-25.73ff.88ff.96f; HECKEL,1922; SCHAPER,1938; LEWALTER,1938; BENZ, 1953,126-147; MEHLHAUSEN,1982; BRENNECKE,1987.)

Welche Kontakte gab es zwischen Vertretern der katholisch-apostolischen Bewegung und dem preußischen König? Anf. 1843 hatte ihm der Ap Carlyle sein Buch *"The Moral Phenomena of Germany"* über Bunsen zugesandt, für das sich der Monarch mit einem Billett vom Sept. d.J. bedankte. Nach kap Angaben soll er sich für dieses Buch (dessen 2. erw. Aufl. Carlyle ihm ebenfalls überreichen ließ) interessiert und den Verfasser auf Schloss Charlottenburg empfangen haben. Letzteres ist zwar nicht ausgeschlossen, konnte aber bis jetzt nicht nachgewiesen werden.(s.Anm.26)

In einem langen Brief an Friedrich Wilhelm IV. v. 18.2.1847 kam Carlyle, der sich zu dieser Zeit gemeinsam mit Woodhouse in Berlin aufhielt (KÖHLER,1876,180), erstmals auf den erneuerten Apostolat und das Anliegen der KaG zu sprechen. (Das - offenbar von Böhm handgeschriebene - englische Original konnte vom Verf. d.v.U. aufgefunden werden [Akte XIX]. Es enthält jedoch keine Unterschrift, ein Anschreiben fehlt ebenfalls. Vermutlich ist es persönlich übergeben worden. Eine Übersetzung, die Carlyle als Verfasser nennt, befindet sich bei EDEL,1971,305-313.) Dieser Brief zeigt, wie gut der Ap über die kirchlichen Ansichten und Pläne des Monarchen sowie über ihre entmutigende Resonanz in der Evang. Landeskirche in Preußen (besonders während der Generalsynode Mitte 1846 in Berlin) informiert war. Carlyle spricht von *"Königen"*, die die Kirche *"ihrem Mann zurückgeben"* wollten ([ebd.,310] wie einst Abimelech Sarah an Abraham [Gen.20,7]) und sagt dann: *"They have earnestly enquired for those commissioned by him to receive her back out of their hands. They have mourned that such men could not be found. In fine, they have desired, although they knew it not, to see Apostles again.*

Such a King is Your Majesty - Convinced that Your relation to the church in Your realm is, although the unavoidable result of circumstances, in itself foreign to Your Royal office, You have justly felt that Your trust could not be relinquished, until the hands should be found, into which it could lawfully and safely be resigned... You have wisely feared to do so in the absence of an ecclesiastical authority, in which the wisdom and power of the Head of the Church should be present, to control and direct the functions of the body." (XIX/8-8v) Im Hinblick auf die in den Augen des Königs mehr oder weniger fehlgeschlagene Generalsynode weist Carlyle auf die Wichtigkeit der Kenntnis des "Ratschlusses" Gottes für seine Kirche hin und schreibt: Diese Kenntnis *"must be imparted by God to those ecclesiastical persons, who are entrusted with the execution of the purpose, and must proceed from them as from a centre throughout the whole church... Without a supreme ecclesiastical authority, there can be no fixed principles for the guidance of those, who give counsel. And without an authority, which embraces the whole church, the counsel given by any section of it, cannot consist with the interests of Christendom as a whole."* (ebd./9v-10) Zum Schluss spricht Carlyle das Hauptanliegen seines Briefes an: *"He has raised up again men called and separated to be Apostles. By their hands has He ordained prophets, evangelists and pastors. By their hands has He builded churches, shielded by Angels, (or bishops) ordered according to his will, instructed in the faith once delivered to the saints, blessed with the presence of the Comforter, and waiting for His Son from heaven. These churches are the seal of their Apostleship [1 Cor. IX.2]. But their Apostleship is for the blessing of the whole church of Christ. And wherever their calling is acknowledged, there are they ready to dispense the like blessing, to restore unity - to declare truth - to establish order - to minister the Holy Ghost for the cleansing and comfort of the Saints ...*

To this end have they framed a document addressed to all in Church and State to occupy the first places of responsibility to the Lord Jesus Christ. That document explains the origin, constitution and destination of the Christian Church, traces its history, compared its present state with that in which it should be found, describes the dangers which surround it, holds forth the hope by which it is to be safed, and concludes with a narrative of that which God has already wrought and is now working towards the final salvation of his people at the appearing and Kingdom of Christ.

Does Your Majesty love that appearing and seek the crown of those that love it? [2 Tim. IV.8] Does Your Majesty long to see this great salvation? Does Your Majesty desire to know how it shall be wrought? If such is Your devout wish and gracious pleasure, a copy of the above document shall be respectfully transmitted to Your Majesty. And any explanations, which You may feel to be needful, will be given in such manner as You may direct by one able to meet the wishes of Your Majesty." (ebd./11-v) Offenbar zeigte Friedrich Wilhelm IV. Interesse, denn bereits wenige Tage später überreichte ihm Böhm das Testimonium. Wie aus v.GERLACHs Tagebuch hervorgeht, geschah dies vor dem 8.3.1847: *"Seine* (Böhms - Verf.) *Eingabe an den König, - englisch - hinweisend auf die Wunder im the West of Scotland - ohne Beglaubigung."* (1903,I,469 [vgl. die betr. Passage im Testimonium bei ROSSTEUSCHER, 1886,Beil.,83]) Das Jahr 1847 als Zeitpunkt der Übergabe des Testimoniums bestätigt auch Wagener in seiner Eingabe v. 15.1.1852 (III/30).(Anm.44) Über die Reaktion des Königs auf das Testimonium, dessen Exemplar bisher noch nicht aufgefunden werden konnte, ist nichts bekannt.

Ein Jahr nach Gründung der kap Gemeinde in Berlin erhielt Thiersch Gelegenheit, eingehend mit dem König über die kaB zu sprechen. Am 12.4.1849 teilte er seiner Frau mit: *"Heute hat I. M(aj). die Königin einen Kammerherrn hergesandt u. mich (der ich mich gleichzeitig schon gemeldet hatte) auf morgen zu sich entboten, da sie meinen Namen im Fremdenblatt gelesen hatte."* (Th.Br.,99/3) Das Interesse der Königin an Thiersch rührte aus ihrer gemeinsamen Münchener Zeit her. Als einstige Schülerin von Friedrich Thiersch hat sie (so WIGAND, 1888,339) *"der Familie ihres Lehrers bis zuletzt ein dankbares Andenken"* bewahrt.(vgl.Anm. 36) Am 18.4.1849 berichtete Thiersch seiner Frau brieflich von dieser Audienz: *"Freitag den 13. mittags fuhr ich in einem eleganten Wagen hinaus nach Charlottenburg um Ihrer Majest. meine Aufwartung zu machen. Eine halbe Stunde unterhielt sie sich mit mir, theilnehmend sich erkundigend auch nach Dir u. den Kindern, nach meiner Stellung, nach Erlangen, nach Gobats. Der König trat plötzlich herein, begrüßte mich und forderte mich auf, in sein Cabinet zu kommen, weil er schon lange gewünscht, meine Ansicht über den Irvingianismus kennen zu*

lernen. Zwei Stunden behielt er mich, trug mir alle seine Wünsche und Ideen über die Kirche vor um sie mit den meinigen zu vergleichen, gab mir Gelegenheit, mich fast über alle Hauptwahrheiten auszusprechen und die falschen Berichte, die man ihm über das Werk des HErrn mitgetheilt hatte zu widerlegen. Ich war so ruhig und getrost und klar, daß ich glauben muß, der HErr stand mir bei. Die innigste Hochachtung für den König würde mir dieß Gespräch abgenöthigt haben, wenn ich sie auch vorher nicht schon gehegt hätte. Die Königin ist sehr traurig, gerne würde sie wohin fliehen, wo sie von Politik nichts hören würde, um den inneren Frieden zu finden u. zu bewahren. Schweige über mein Gespräch mit dem König, die Discretion gebietet es. Denke Dir, man hatte ihm gesagt: alle bestehenden Ämter u. Ordnungen würden von uns verworfen, Irving selbst sei abgefallen; von Jonathan Smith war ihm eine mehr als fabelhafte Vorstellung gemacht worden." (Th.Br.,89/2f) Dieses blieb offenbar das einzige Gespräch zwischen Thiersch und dem König über die kaB. In seinen Briefen berichtet Thiersch von zwei weiteren Audienzen bei der Königin: *"Am Charfreitag* (dem 18.4.1851 - Verf.) *zwischen 12 u. 1 war ich zur Königin nach Charlottenburg beschieden. Im Staatswagen fuhr ich an, als eben die Charlottenburger Kirche, in der auch die Majestäten gewesen waren, aus war. In dasselbe Zimmer mit Möbeln von Silber u. mit grünem Sammt überzogen wie vor 2 Jahren wurde ich geführt. Der König ging an mir vorüber u. fragte mich nach meinem Vater. Die Königin unterhielt sich mit mir eine halbe Stunde lang, über* Gobat, *meine Verwandten, meine jetzige Stellung, erkundigte sich nach unserem Gottesdienst. Ich bewunderte die edle Frömmigkeit und weibliche Bescheidenheit dieser Königin. Sie ist ganz anders als die norddeutsch geistreich-gelehrten Pietistinnen.* <u>Sage Niemand etwas von dieser Audienz.</u>*"* (ebd.,113/2) Am 30.1.1852 lud die Königin Thiersch zu einer viertelstündigen Audienz ins Berliner Stadtschloss ein. Wieder erkundigte sie sich *"sehr huldvoll"* nach Thierschs Eltern und Familie - die KaG wurden allerdings diesmal offenbar nicht erwähnt.(ebd.,121/1) Thiersch und die Königin standen auch brieflich in Verbindung.(s. WIGAND,1888,339f; Th.Br.,308/4)
Die <u>Haltung des Königs gegenüber den Katholisch-apostolischen Gemeinden</u> war einerseits kritisch (1853 äußerte er: Wagener [Anm.44] sei *"ein Mensch der seine Kirche verlassen [als Irvingit]"* [v.GERLACH,1903,II,169]; 1854 sprach er in einem Brief an Bunsen v. 6./8.10. abfällig von *"Irwingerey"* und betonte die Notwendigkeit eines geeinten Protestantismus [XI/ 200-201v]), andererseits zeigte er (wenige Wochen nach dem Gespräch mit Thiersch) Interesse für den "Fall Koeppen" (s.Anm.57) und griff mit grundsätzlichen Anordnungen zugunsten kap Gemeindeglieder in Entscheidungen kirchlicher Behörden ein (s.S.115 d.v.U.!). Letzteres hing jedoch weniger mit einer Förderung der KaG als vielmehr mit seiner Politik der Duldung gegenüber allen religiösen Gemeinschaften *"mit einem positiven christlichen Bekenntnis"* (besonders den Altlutheranern) zusammen. In einem Handbillett an die Minister v.Raumer (MGA) und v.Westphalen (IM) v. 2.6.1852 unterstrich der König noch einmal seine Position: *"Mein lieber Staats=Minister* von Raumer *und Staats=Minister* von Westphalen! *In Verfolg meines Handbillets vom 29ten v. M. wiederhole Ich Meinen Wunsch, daß dem Aufenthalte des Baptisten=Predigers* Onken *in Berlin keine Hindernisse in den Weg gelegt werden, und sein Verhältniß zur Berliner Baptisten Gemeinde ganz der letzteren überlassen wird. Bei dieser Gelegenheit will Ich im Allgemeinen die Erwartung aussprechen, daß Meine zum Oeftern seit Meinem Regierungs=Antritt geäußerten Ansichten über die Behandlung der Secten immer mehr das Verständniß auf den unteren Verwaltungs=Behörden finden. Ich wiederhole es, daß Mein Wille auf das Allerentschiedenste dahin geht, daß denjenigen Secten, welche auf dem Boden eines positiven christlichen Bekenntnisses stehen,* <u>in allen</u> *Dingen*

volle Freiheit gelassen wird, so lange nicht ihre Handlungen mit der Sicherheit des Staates und der öffentlichen Sittlichkeit in Conflict kommen; - daß aber denjenigen Secten, welche negativen und antichristlichen Richtungen folgen, die Religionsfreiheit also zur Bekämpfung der Religion und zur Förderung des Atheismus mißbrauchen, mit aller Schärfe entgegengetreten wird. Sans-souci, den 2.Juni 1852.
gez. Friedrich Wilhelm." (V/8 [Abschrift])
Es war vor allem diese Richtlinie, die den KaG in Preußen - trotz Behinderungen durch Lokalbehörden - eine relativ freie Ausbreitung ermöglichte. In einem Schreiben v.Raumers an den E.O. v. 15.9.1853 wird der Grundsatz des Königs noch einmal in Erinnerung gerufen und folgendermaßen formuliert: Der Wille des Königs gehe dahin, *"daß den auf dem Boden eines positiv christlichen Bekenntnisses stehenden Secten, denen die Irvingianer unleugbar beizuzählen sind, in allen Stücken, so mit es mit der Sicherheit des Staats und den Rücksichten auf die öffentliche Sicherheit vereinbar sei, volle Duldung und volle Freiheit gewährt werden solle."* (V/7; vgl.Anm.79.c) Auch v.Westphalen versuchte, diesem Grundsatz Geltung zu verschaffen.(s. Anm.94; S.163 d.v.U.) Ende 1855 schrieb der preuß. König einen Brief an den hess. Kurfürsten Friedrich Wilhelm I., in welchem er diesen (offenbar im Hinblick auf die KaG und die Baptisten) zur *"Duldsamkeit gegen religiöse Separationen"* aufforderte.(CHRONIK Marburg,II,125) Dieser Appell hatte anscheinend nur wenig Erfolg.(vgl.Anm.43.a)
Das *"Patent, die Bildung neuer Religionsgesellschaften betreffend"* v. 30.3.1847 (G.S.,1847, 121-125; s. dazu in EKZ,1847,Nr.55-58), das vor allem eine Reaktion auf die Bewegung der "Lichtfreunde" darstellte (Friedrich Wilhelm IV. an Bunsen v. 12.2.1847, in: XI/82v; vgl.KUPISCH,1975,60) und den Austritt von Dissidenten aus der Kirche rechtlich regelte, war für die kap Christen ohne Relevanz, da sie einen Austritt ablehnten.(vgl. S.288 d.v.U.; Anm.79.b)
Seitens der kap Gemeinden in Preußen ist man nach der Thiersch-Audienz von einer wohlwollenden Haltung des Königs ausgegangen und baute auf die Kenntnis, die dieser vom Anliegen der kaB hatte. So schrieb z.B. v.Pochhammer in einer Eingabe v. 1.8.1853: *"Eure Königliche Majestät kennen unsere Lehren, und wissen, daß wir fern von allem religiösen Parteihasse und treue Unterthanen sind."* (I/254v) Der Ausdruck "treue Unterthanen" war hier keine konventionelle Floskel, sondern aufgrund der konservativen und königstreuen politischen Einstellung kap Gemeindeglieder durchaus ernst gemeint. Am 1.10.1858 - nach der Erkrankung des Königs - feierte übrigens Rothe mit seiner Gemeinde in einem besonderen Gottesdienst (Freitag, 9 Uhr) eine Eucharistie für Friedrich Wilhelm IV.(Th.Tgb.)
Zur Haltung des Königs hinsichtlich der KaG läßt sich zusammenfassend folgendes sagen: Friedrich Wilhelm IV. interessierte sich im Hinblick auf seine kirchlichen Ideale und Pläne für alle, die diese teilten bzw. unterstützten. Dies betraf auch den Verfasser der *"Moral Phenomena of Germany"*, der in seinem Buch offen seine Sympathie für die kirchlichen Bestrebungen des Preußenkönigs zum Ausdruck gebracht hatte (von dessen Ap-Amt Friedrich Wilhelm IV. jedoch bis 1847 nichts wusste). Der Historiker H.v.TREITSCHKE schrieb einmal (zweifellos etwas überspitzt): *"In the whole world, only one person of note could be found to defend Frederick William's ecclesiastical policy. This was Thomas Carlyle ..., one of the twelve apostles of the Irvingite sect."* (VII,1919,104 [zitiert nach KRÄMER,1966,27]) Als der König 1847 durch Carlyle's Brief und das Testimonium mit dem Anliegen der kaB konfrontiert wurde (in einer Zeit, in der er seinen o.g. Kirchenverfassungsentwurf ausarbeitete), zeigte er offenbar Interesse für die von Carlyle vertretene Richtung, die manchen seiner Anschauungen entgegenkam. Aus seinem Gespräch mit Thiersch ist ersichtlich, dass der König bereits Informationen über den *"Irvingianismus"* eingeholt hatte. Interessant ist dieses Gespräch vor allem deshalb,

weil es dem Monarchen Gelegenheit gab, seine *"Wünsche und Ideen über die Kirche"* (s.o.) mit denen von Thiersch (also der kap Position) zu vergleichen.
Dass Friedrich Wilhelm IV. sich das kap Anliegen nicht zu eigen machen wollte bzw. konnte, hatte sicher mehrere Gründe: 1. Er war festgelegt auf seine eigenen Pläne, die er als "Inhaber" des "landesherrlichen Kirchenregiments" auch selbst zur Ausführung bringen wollte. 2. An eine erneute Sendung von Aposteln zu glauben, lag ihm offenbar fern. 3. Die kaB war in den Augen ihrer deutschen Zeitgenossen nicht mehr als die zahlenmäßig unbedeutende *"Sekte der Irvingianer"*. 4. Sie kam "von außen" - aus England - (nicht "von innen" als eine Erneuerungsbewegung innerhalb des deutschen Protestantismus). 5. Eine positive Aufnahme durch die in mehrere Lager gespaltene Evang. Landeskirche in Preußen (Generalsynode 1846) wäre undenkbar gewesen. 6. Ein öffentliches Eintreten für die kaB kam aus (vor allem innen-)politischen Gründen für den König nicht in Frage. So blieb die Haltung des Königs gegenüber den KaG eine wohlwollend-pragmatische. Er bemühte sich, die freie Religionsausübung dieser *"auf dem Boden eines positiven christlichen Bekenntnisses"* stehenden Gemeinschaft (s.o.) in Preußen zu garantieren. Fest steht, daß von allen Monarchen, denen das Testimonium übergeben worden ist, Friedrich Wilhelm IV. (trotz seiner Zurückhaltung) den KaG am nahesten gestanden hat.

52 (S.36) Mit *"our Baselers"* meint Carlyle wahrscheinlich L.Geering und L.Fäsch (Anm.42.b, d), die dann Mitte Apr. 1848 doch noch in Berlin eintrafen.(Th.Br.,90/1) -
Was die Entwicklung der katholisch-apostolischen Liturgie betrifft, so soll hier nur auf deren Einführung in Deutschland näher eingegangen werden.(zum Gesamtthema s. WEBER,1977, 50-57,Anh.,3-8; FLEGG,1992,70.81-84.215-291.500f) Abgesehen von einem ersten knappen lithogr. Liturgieformular (für Kommunion u. Taufe) v. 17.2.1838 (Wortlaut bei SHAW,1972, 104-108) gab es in Großbritannien erst ab 1842 eine eigene kap Liturgie, die 1843 gedruckt wurde.(vgl.WOODHOUSE,1901,86-98) Den Hauptanteil an ihrer Erarbeitung hatten die Ap Cardale (WEBER,1977,52), Tudor (BORN,1974,55) und Carlyle (nach BRASH [1904,34] soll die Zusammenstellung der Liturgie *"almost entirely his work"* gewesen sein, was wohl unzutreffend ist). Bis 1880 erschienen 7 weitere Aufl. der engl. Ausgabe der Liturgie, jeweils mit Erweiterungen bzw. Verbesserungen (seitdem nur unveränderte Neuauflagen).
Von der 2. Aufl. (*"The Liturgy And Other Divine Offices of The Church"*, 1847) ließ Carlyle durch Thiersch eine deutsche Übersetzung herstellen (wobei nicht ganz klar ist, ob Thiersch diese selbst anfertigte).(vgl.S.273 d.v.U.) Diese Übersetzung (um deren Rest Carlyle Thiersch in seinem Brief v. 27.3.1848 bat) wurde in Berlin unter dem Titel *"Die Liturgie. Erster Theil: Die Gottesdienste für das ganze Jahr. Zweiter Theil: Gelegentliche Handlungen und Gebete"* (o.J.) bei C.G.Brandis gedruckt und war (zumindest ihr 1.Teil) offenbar ab Frühjahr 1848 in Berlin in Gebrauch (s.EKZ,1848,659f; erwähnt wird sie z.B. auch im Sept. 1849 für Ratzebuhr [IV/17v; s. dazu S.105f d.v.U.]). Eine weitere Aufl. folgte 1850 (bei ROSSTEUSCHER, 1886,431, u. EDEL,1971,364, als 1. Aufl. bezeichnet). In den folgenden Jahren wurde die (ndt.) Liturgie nach der verbesserten engl. Ausgabe von 1853 revidiert, und zwar vor allem durch Thiersch und Roßteuscher (Anm.39.b). (Thiersch begann am 12.8.1854 mit den ersten Revision [Th.Tgb.; vgl.S.53 d.v.U.].) Am 14.9.1858 schrieb er an seine Frau: *"Seit ich hier bin (ab 8.9. - Verf.), habe ich mit Rothe und Roßteuschen an den Psalmen und der Liturgie scharf gearbeitet. Diese Arbeit muß Hn. Woodhouse vorgelegt werden. Er ist noch nicht hier und Einige sind durch sein Ausbleiben voll Besorgniß. Meine Zeit ist nicht verloren gegangen. Findet er die Arbeit fertig, so kann dann um so rascher vorangemacht werden."*

(Th.Br.,215/1) Diese Liturgie war einer der wichtigsten Verhandlungsgegenstände während der zweiten Berliner E-Konferenz 1858 (s.S.62 d.v.U.) und wurde am 21.8. d.J. in der Berliner Gemeinde, später auch in allen übrigen ndt. Gemeinden, eingeführt. Sie hieß *"Die Liturgie und andere Gottesdienste der Kirche. Neue Uebersetzung nach der Englischen Ausgabe von 1853"* und erschien 1860.(KÖHLER,1876,418. Eine gedruckte Ausgabe dieser Version gab es jedoch offenbar schon 1859 [COPINGER,1908,81].) Sie enthielt außer den liturgischen Formularen wahrscheinlich bereits den Psalter und den Katechismus (das Hymnologium [s.S.64 d.v.U.] wurde später angefügt). Der Katechismus war während einer besonderen Tagung der Ap und einiger ihrer Mitarbeiter (unter ihnen Thiersch) vom 24.7.-2.8.1854 in Albury beraten und verabschiedet worden.(Th.Tgb.) Am 5. u. 6.10. d.J. hatte Carlyle durch Vorträge die Berliner Gemeinde mit dem Katechismus bekannt gemacht (s.S.50 d.v.U.), der dann (zusammen mit Nachträgen zur Liturgie) im Jan. 1855 an diese ausgegeben wurde.(pA) Neben der englischen gab es 15 weitere Ausgaben der Liturgie, und zwar (in der Reihenfolge ihres Erscheinens): für Ndt. (dort allein zwischen 1897 u. 1962 mindestens 9 Aufl.!), Kanada, Sdt./Schweiz, Schottland, Frankreich, die franz. Schweiz, Dänemark, Italien, Holland, Schweden, Lettland, Estland und Polen sowie eine fläm. Ausgabe (Teilübersetzung [s.Anm.65.b]) und eine wend. Ausgabe. Es soll auch eine russ. (Teil-?) Ausgabe existieren (s.Anm.69.a).
(KÖHLER,1876,418; COPINGER,1908,81; WEBER,1977,57,Anh.,3ff; EDEL,1971,364; BORN,1974,38,42; H.THIERSCH,1932,41)
EDEL (1971,82) schreibt über die kap Liturgie: *"An der Liturgie ist bemerkenswert, daß sie als Ganzes nicht auf die katholisch=apostolischen Gemeinden zugeschnitten ist, sondern auf die eine Gesamtkirche Christi: auch das Wort 'Kirche' bezeichnet darin immer alle Getauften in allen 'Kirchenabteilungen'."* (s. auch Vilmars Urteil über die Liturgie in Anm.35) Zur kap Liturgie s. weiterhin CARLYLE,1854; CARDALE,1878; TRIPP,1969; STEVENSON,1982.
Die *"General Rubrics Or, Rules For the Celebration Of The Divine Offices"* (Anweisungen zur Ausführung der Liturgie) erschienen erstmals im Jahre 1847. In einem Schreiben v. 6.3.1856 beauftragte Thiersch den E Rothe mit deren Übersetzung. 1864 erschien die erste deutsche Ausgabe der *"Allgemeinen RUBRIKEN"* (hg. von Roßteuscher [²1880, ³1895]; s. dazu EDEL,1971,370f). WEBER (1977,Anh.,6) weist mit Nachdruck darauf hin, daß dieses Werk (nach Meinung der letzten Ap u. Koadj) nicht als ein zeitloses, *"permanent gültiges Gesetzbuch der Kirche"* aufgefasst werden darf (dasselbe gilt für die VORSCHRIFTEN,1880 [²1895]). -
Zu den kirchlichen Gewändern s. ROSSTEUSCHER,1880; RUBRIKEN,1895,124-133; ALBRECHT,1982,234-237; WEBER,1977,50ff; vgl.S.160f d.v.U. - Interessant ist die Schilderung eines kap Gottesdienstes (Vd u. Eucharistie) in der Berliner Gemeinde durch einen Außenstehenden bei SCHMIDT,1909,61-66.(zu den kap Gottesdiensten s.ALBRECHT,1982, 154-262; vgl.Anm.125)

53 (S.37) WIGAND (1888,340) schreibt: *"Auch versäumte Thiersch nicht, auf seinen vielen amtlichen Reisen, den ihm bekannten Männern der Wissenschaft und des Staatslebens, die geneigt waren, das apostolische Werk wegen seiner Unansehnlichkeit in den Augen der Welt ungeprüft zu verwerfen oder einfach zu ignorieren, Zeugnis abzulegen und sie auf dasselbe hinzuweisen. Es ist interessant, in den Briefen an seine Frau den verschiedenen Standpunkt Tholu(c)k, Hengstenberg, Savigny, Stahl u.a. zu Gottes Werk und den Grund, warum diese Männer dies Werk nicht auch annahmen, kennen zu lernen."* (s. auch ebd.,142.168f) Wie vielseitig Thierschs Kontakte waren, zeigt seine (bis heute leider nur in Bruchteilen veröffentlich-

te) umfangreiche Korrespondenz.(das meiste davon ist deponiert in: B.ST.B.,H.Thierschiana II,Nr.145-149.152) (Thierschs Besuche, Begegnungen und Gespräche würden Stoff für eine eigene Arbeit bieten; hier können nur einige Beispiele genannt werden:)
Während seines Berliner Aufenthaltes vom 11.-29.4.1848 traf er sich u.a. mit den Berliner Professoren F.C.v.Savigny (1779-1861), F.W.J.Schelling (1775-1854), F.J.Stahl (1802-1861), A.Neander (1789-1850), E.W.Hengstenberg (1802-1869) und A.Twesten (Anm.50.c) sowie mit dem ehemaligen Minister des MGA J.A.F.Eichhorn (der am 19.3.1848 zurückgetreten war) und mit dem einflussreichen Assessor J.Bindewald (Anm.50.b).(Th.Br.,88/3f, 90/1f, 92/3) Am Mittwoch, dem 26.4.1848, schrieb Th. an seine Frau: *"Bei Hengstenberg (Sonntag) u. bei Schelling (Mondtag) war ich zu Tisch. Mit Hengstenberg hatte ich Mondtag Abend einen langen Kampf; er faßt Gottes Werk in der Kirche sehr äußerlich, ja rationalistisch. Ich griff ihn mit aller Macht. Er blieb sanftmüthig gegen mich, aber zugleich kalt, wie es scheint, gegen die Sache. Bei Schelling mußte ich nach der Tafel Bericht erstatten, was Irving gewesen sei. Mit aufmerksamem Schweigen hörten die Damen u. Herren zu, wie ich die Fragen des alten Herrn, die er in sehr würdiger Weise stellte, beantwortete.*
So fand sich u. findet sich täglich Gelegenheit, ein Zeugniß abzulegen. Der Besuche, die ich noch zu machen habe, sind so viel, daß ich vor Freitag Abend nicht fertig werde...
Der Exminister von Savigny *Excellenz* (auch er musste am 19.3. d.J. zurücktreten - Verf.) *stattete selbst mir einen Besuch ab; dieser größte Jurist unsers Jahrhunderts hat ein wahrhaft christliches Gemüth, hätten es manche Orthodoxe so, z. B. Präsident von Gerlach, der Disputator, mit dem ich bei Hengstenberg u. Bindewald zusammen traf."* (ebd.,91/2) (Über Hengstenberg äußerte Th. später einmal gegenüber Oehninger: *"Aber er* [Vorreiter aus Gütersloh - Verf.] *schrieb in einer Zeit, wo (am Anfang der fünfziger Jahre) das durch Thomas Carlyle und Charles Böhm in Berlin abgelegte Zeugnis eine gewaltige* W i r k u n g a u f d i e e v a n g e l i s c h e K i r c h e N o r d - d e u t s c h l a n d s *hatte. Selbst Gegner, wie Hengstenberg, nahmen bewußt oder unbewußt eine Anzahl von Wahrheiten, die von dort aus verkündigt wurden, in ihr System und in ihre Bestrebungen auf."* [OEHNINGER,1888,58; vgl. EDEL,1971,254; Th.Br.,88/4; S.35f.61 d.v.U.]) Auf seiner Rückreise von Berlin machte Th. vom 30.4.-1.5.1848 in Halle bei A.Tholuck (1799-1877) Station, wo er mit weiteren Professoren (darunter seinem früheren Marburger Kollegen H.Hupfeld und J.J.Herzog [+ 1882]) zusammentraf. Am 2.5. schrieb Th. über Frau Tholuck: *"Am Mondtag Nachmittag - als ihr Mann bei den Wahlen war (die für ganz Preußen am 1. May gehalten wurden) rückte sie mit ihren Fragen nach dem 'Irvingianismus' heraus. Ich streuete guten Samen aus - auf Hoffnung. So auch bei Herzogs u. bei Dr. Daniel im Waisenhaus."* (Th.Br.,92/3) (Herzog hatte sich schon 1837 lebhaft für die kap Bewegung in Genf [Anm.24] interessiert u. seinem Freund Jakob Burkhardt [1818-1897] darüber schriftlich ausführlich berichtet [s.RE³,VII{1899},784].)
Mit Franz Delitzsch (1813-1890) sprach Th. am 9.5.1855 in Erlangen über die Albury-Apostel.(Th.Tgb.) Auch mit Johann Christoph Blumhardt (1805-1880) hatte Th. mehrfach Kontakt. Dieser stand den KaG sehr kritisch gegenüber.(vgl.ISING,1991,147) Nach einem Besuch in Bad Boll am 12.11.1856 notierte sich Th. Blumhardts Haupteinwände gegen die kaB: *"Nach dem Kaffee Gespräch auf s*(eine)*m Zimmer: ihr saget mit Unrecht: wir habens schon; wie konnten Ap. berufen w*(er)*den? d*(e)*r Pfingstgeist ist n*(ich)*t da; d*(e)*r Glaube an den leb. Gott erwacht üb*(er)*all; es kommt wie a. 1848 der Geist; m*(an) *muß nüchtern sein. - Gott heilt auch große Sünder aus Barmh*(erzigkeit)*. - Bei Woringer sah ich Fleisch, n*(ich)*t Geist. Ihr habt euch mit Unrecht separirt: Die ersten v*(on) *euch h*(a)*ben etw. erzwungen. Ich mahne d. Leute alle Tage vom Beten ab.*(? - Verf.) *Wir sind unt. einer Hülle einem Bann."*

(Th.Tgb.; vgl.ebd.,2.2.1856)
Siehe auch Anm.26 (Bunsen), 46 (Brüder v.Gerlach), 50.a (v.Thile) und 51 (König Friedrich Wilhelm IV. von Preußen u. die Königin).

54.a (S.37) Wie die meisten liturgischen Handlungen innerhalb der KaG entwickelte sich auch die Ordnung der "*Anbietung zum heiligen Amte*" (Priester-Amt) gegenüber der Frühzeit weiter, wobei sich an den Grundzügen nichts geändert hat. Die aufgrund langjähriger Erfahrung gestalteten Vorschriften für diese Handlung waren 1895 die folgenden: Wer sich zum P-Amt "*anbot*", musste versiegelt und volljährig sein und durfte nicht durch andere Verpflichtungen gehindert sein, sich auf das geistliche Amt vorzubereiten und darin zu dienen.(vgl.S.285 d.v.U.) Er musste seinen Wunsch spätestens 10 Tage vor dem festgesetzten und vom Ap bestätigten Termin dem E seiner Gemeinde angezeigt haben. Dieser hatte sich von der Befähigung und dem christlichen Lebenswandel des Kandidaten zu vergewissern und konnte ihm in begründeten Fällen abraten bzw. die Anb. ablehnen. Der E hatte außerdem dafür zu sorgen, "*dass der fungirende Prophet genügende Gelegenheit erhalte, die sich Darbietenden kennen zu lernen und namentlich mit Bezug auf ihre Anbietung mit ihnen zu verkehren*". Durch die Anb. verpflichteten sich die Kandidaten, "*jedes Amt zu übernehmen, zu dem sie ordnungsgemäss erwählt und angestellt werden möchten; auch alle nach dem Urtheil des Engels erforderliche Zeit für ihre Belehrung und Vorbereitung auf den Kirchendienst zu widmen*". Gleichzeitig wurden sie jedoch daran erinnert, "*dass sie, ungeachtet einer Berufung durch den Propheten, nur dann zur Ordination zugelassen werden dürften, wenn ihre Dienste wirklich nöthig, und sie selbst zur Erfüllung der Amtspflichten hinlänglich tauglich befunden werden würden*". Nach dem Dienst der Anb. hatte "*der Engel die dabei gesprochenen prophetischen Worte in der Reihenfolge, wie sie geäussert wurden, und mit Beschreibung aller Bewegungen und Handlungen des Propheten, durch welche Licht über die Worte gegeben werden möchte, dem Apostolischen Hirten zu übersenden, damit derselbe das Urtheil des Apostels bezüglich der durch die Prophetie zum Priesterthum Berufenen einhole*".(VORSCHRIFTEN,1895,45-48; zur Anb. zum P-Amt s. außerdem: LITURGIE,1897,365-372 [bes. das Gelübde S.371]; RUBRIKEN,1895,87f; THIERSCH,1976,9-16; CIRCULARE,1895,90.94f; ALBRECHT, 1982,84-87; S.318 u. Anm.42.a, 113 d.v.U. Über einen Anb.-Gottesdienst mit dem E-Pr Geyer am 27.9.1854 in Königsberg existiert eine detaillierte Darstellung [s. dazu S.160 d.v.U.]. Eindrücke eines zum P-Amt Berufenen kurz nach seiner Anb. sind bei v.MICKWITZ,1895, 80, wiedergegeben.) Es war auch möglich, dass sich - mit Zustimmung der betreffenden E und des Ap - Männer aus einer anderen Gemeinde bei einem solchen Dienst anbieten konnten.(s. z.B. CHRONIK Marburg,III,5.1.1858)
Diejenigen, die zum P-Amt ber. worden waren, dienten (nach dem der Ap die Ber. bestätigt hatte) zunächst als D und waren verpflichtet, "*sich unter der Leitung des Engels jeder Art von Studien und Uebungen zu widmen, welche zur Vorbereitung auf das Amt dienlich*" schienen. (VORSCHRIFTEN,1895,48) Die übrigen, die nur eine "*unbestimmte*" (allgemeine) Ber. oder "*Berufungsandeutung*" (intimatio) erhalten hatten, wurden als "*Amtskandidaten*" in ein spezielles Gemeinderegister eingeschrieben; eine wiederholte Anb. war möglich.(ebd.,46f.54. 134; s. das Beispiel Roßteuscher [Anm.39.b]) Zum P-Amt s.FLEGG,1992,139-142; zur Anb. zum "*höheren*" (E-)Amt s.Anm.58.b-c.

54.b (S.37) Die Zeitspanne zwischen Ber. und Ordination war unterschiedlich lang (in der ersten Zeit in Deutschland aufgrund des Priestermangels eher kürzer). Sie richtete sich nach den

Vorkenntnissen des Kandidaten (Koeppen wurde z.B. nach 3 Tagen ord. [s.S.41 d.v.U.]), nach der Dauer der vom zuständigen E festgelegten Ausbildungszeit (CIRCULARE,1895,36-40) sowie nach dem Zeitpunkt der Anwesenheit des Ap bzw. Koadj oder von Delegaten im E-Amt (die in späterer Zeit stellvertretend P-Ord. vornehmen durften). Auch finanzielle Erwägungen spielten vor einer Ord. eine Rolle. So durfte ein Gemeinde-E nur Kandidaten ord. lassen, deren Dienste wirklich gebraucht wurden *"und für deren Unterhalt, entweder aus dem Kirchengute oder aus ihren eigenen Mitteln, hinlänglich gesorgt"* war.(VORSCHRIFTEN,1895, 62) Jeder Ord. bzw. E-Weihe ging eine Prüfung der Kandidaten voraus.(zur P-Ord. s. ebd., 61f; LITURGIE,1897,395-412; RUBRIKEN,1895,94-97; THIERSCH,1976,16-33.43-69; ALBRECHT,1982,75-79) Diejenigen, die bereits durch in apostolischer Sukzession stehende Bischöfe ord. waren, erhielten keine kap P-Ord., sondern eine *"Bestätigung der Ordination"* (confirmatio ordinis [Anm.74.d]).

54.c (S.37) Einige Zeit nach der Ord. (nicht selten Jahre später) legte der Ap bzw. Koadj - aufgrund der jeweiligen Begabung des P sowie der diesbezüglichen Berichte des Gemeinde-E und des H.m.d.Ap. - den *"Amtscharakter"* des P fest, d.h. seine Zuordnung zu einer *"Klasse"* des *"vierfachen Amtes"*: Ä, Ev, Pr oder H.(s. CIRCULARE,1895,90.95.200f; VORSCHRIFTEN,1895,63f; BORN,1974,17f; vgl.Anm.65.f) Zum *"vierfachen Amt"* (Eph.4,11) im allgemeinen und in der Einzelgemeinde im besonderen, zu dessen Charakteristika und Aufgaben (bes. im *"vollständigen Morgen- und Abenddienst"*) s. ROSSTEUSCHER,1886,Beil.,20-31; DOWGLASS,1852,37f; WOODHOUSE,1901,64-79; ALBRECHT,1982,53-75; WEBER, 1977,77-80; CARLYLE,1851,14; DALTON,1865; H.GEYER,1855/56,16; SHAW,1972,89; BORN,1974,44; LITURGIE,1897,38-53.57-72 (in Verbindung mit RUBRIKEN,1895,24-30); CARDALE,1898/99,I,441-534; CIRCULARE,1895,201-204.(vgl. Anm.62.a)

54.d (S.37) Das Diakonen-Amt ist in den KaG hoch geschätzt worden.(ALBRECHT,1982,104) Es gab (in größeren Gemeinden) 7 sog. Siebendiakone (die Vollzahl [vgl.Apg.6,3]), von denen einer als *"Hauptdiakon"* primus inter pares (Vertreter der D vor dem E) und Ratgeber des E war. Die Siebendiakonen wurden von der Gemeinde gewählt (als *"Stellvertreter der Gemeinde"*), vom E eingesetzt und durch den Ap unter Handauflegung zu ihrem Dienst gesegnet. Je nach Größe einer Gemeinde konnte diese neben den Sieben noch weitere D haben, die von den Amtsträgern der Gemeinde vorgeschlagen und mit Einverständnis der Gemeinde eingesetzt und eingesegnet wurden. (Die Berliner Hauptgemeinde z.B. hatte zeitweilig 30-40 D [pA].) Zu den Aufgaben der D gehörte vor allem, die Gemeinde *"durch Wort und Beispiel auf den Pfaden der Gerechtigkeit zu leiten, den Priestern im Kirchendienste beizustehen, denen, die sich an sie wenden, in der rechten Beschickung ihrer irdischen Dinge beizustehen, und sich der Armen und Bekümmerten anzunehmen"*.(Katechismus, Antwort zur Frage 46 [im Anhang zur LITURGIE]; vgl. S.279.285 d.v.U.) Darüber hinaus waren D *"Sachwalter"* des E in Fragen des Kirchenbesitzes (in der Regel waren die Grundstücke der kap Gemeinden unter den Namen von D als Titularbesitz eingetragen [s.VORSCHRIFTEN,1895, 102-112; vgl.S.131 d.v.U.]) und zuständig für die Betreuung von Familien in der Gemeinde (eine gewisse Anzahl pro D). In größeren Gemeinden mit Ä-Bezirken war jeweils neben einem Bezirks-Ä ein sog. *"Gemeinde-Diakon"* für die diakonalen Angelegenheiten des Bezirkes verantwortlich.(s.S.50f d.v.U.) Kleine Filialgemeinden konnten auch durch D geleitet werden. Es gab des weiteren D, die als D-Ev im Ev-Werk der AK tätig waren.(Anm.59.b)

Außer den D gab es in den kap Gemeinden noch *"diakonale Hilfskräfte"* (sog. niedere Ordnungen der Kirche): UD, Dkn (Anm.61.b), Akoluthen (Helfer der D bei praktischen Diensten im Altarraum), Sänger und Lh.(s. VORSCHRIFTEN,1895,42-45.49-52; LITURGIE,1897, 363ff.373-380; RUBRIKEN,1895,86.89f; ALBRECHT,1982,106-111) Zu Einzelheiten des D-Amtes (Bedeutung, Einsetzung u. Aufgaben) s. CARLYLE,1934,80-86; BORN,1974,17; CIRCULARE,1895,3-26; VORSCHRIFTEN,1895,49-61; LITURGIE, 1897,380-394; RUBRIKEN,1895,90-94; ALBRECHT,1982,88ff.100-105; WEBER,1977, 75ff; FLEGG,1992,144-148. Ein schönes Beispiel für den beratenden Dienst des D-Amtes ist die kleine Schrift *"Ein zeitgemäßes Wort über ehrliche Wirthschafts- und Geschäftsführung. Nach Vorträgen aus dem diaconalen Gebiete, gehalten in der apostolischen Gemeinde zu Leipzig"* Leipzig, 1880.(vgl.Anm.68.b.)

55 (S.37) Über die Tätigkeit der katholisch-apostolischen Amtsträger in Berlin (besonders von Carlyle, Barclay, Böhm u. Rothe) sowie über das Anwachsen ihrer Gemeinde hieß es in der EKZ v. 2.8.1848 (Sp.609): *"Durch zahlreiche, von den eigentlichen Gottesdiensten völlig unabhängige Lehrvorträge, zu welchem der Zutritt Jedermann frei steht, wird dafür gesorgt, daß täglich Mehrere hinzugethan werden mögen, die gläubig werden; und bei dem unermüdeten Eifer, bei der Sicherheit und Begeisterung, mit welcher diese Männer predigen, bei den dringenden und inständigen Ermahnungen, mit welchen sie die Hörer beschwören, das einzige wahre Rettungsmittel, welches Gott in diesen letzten Zeiten dargeboten habe, nicht zu verschmähen, ist es nicht zu verwundern, wenn nicht nur die Theilnahme an der Sache überhaupt immer allgemeiner, sondern auch die Zahl der Beitretenden beträchtlicher wird."*

55.a (S.37) Eduard Schwarz (geb. um 1813 in Sardschau bei Danzig [das VERZEICHNIS,1982, 41, spricht von *"Gardschau"* - heute Godziszewo], + 17.2.1893 in Königsberg), Sohn eines Bauern, Tapezierer, Einsetzung als D im Nov. 1849, Ber. zum P-Amt am 28.12.1849, P-Ord. am 21.1.1850 (alles in Berlin). Am 20.4.1851 schrieb Thiersch an seine Frau: *"Die beiden Schwarz, der eine Tapezierer, der andre Schneider von Profession sind wirklich Männer vor denen man allen Respect haben muß, so viel Bildung und Amtstüchtigkeit ist in ihnen zu Stande gebracht."* (Th.Br.,113/3) Ende Okt. 1851 siedelte S. nach Rathenow über, wo er eine neugegründete Gemeinde als P-Vorsteher (Ä) übernahm. Ab 28.3.1852 kam Burg als Filiale hin zu.(s.S.84 d.v.U.) Am 28.9. d.J. Ber. zum E-Amt (Geyer), 14.10.1853 E-Weihe (beides in Berlin), Ende Okt. / Anf. Nov. d.J. Übersiedlung nach Königsberg. S. leitete die dortige Gemeinde zunächst als Ä (einziger P!), dann als NBE (unter Rothe?) und spätestens ab Herbst 1854 als BE.(am 24.5. d.J. bezeichnete er sich in einer Eingabe selbst als *"Oberhirte"* [auch für die Filiale Memel] III/102v; vgl.S.159ff d.v.U.) An der Ausbreitung der KaG in Ostpreußen hatte S. großen Anteil.(vgl.S.172f d.v.U.) Am 7.10.1862 wurde er als E der Königsberger Gemeinde feierlich *"eingeführt"* (er war damit der zweite eE in Deutschland nach Rothe!). S. diente zeitweilig auch als H.m.d.Ap. und Archidiakon für Russland. Er war verheiratet und hatte mindestens 5 Kinder (so 1859). Sein Sohn Carl Eduard (4.4.1852-24.7.1910) war EE in Bromberg und ab 13.7.1900 zugleich EE der AK.(BORN,1974,80f.99)

55.b (S.37) Friedrich Wilhelm Schwarz ([Bruder von Eduard S.] geb. am 11.4.1815 in Sardschau bei Danzig [vgl.Anm.55.a], + 6.12.1895 in Amsterdam), Schneidermeister, zählte bereits 1848 zu den ersten 7 D der Berliner Gemeinde. Vermutlich erste Anb. zum P-Amt am 22.6. d.J. (*"unbestimmte Berufung"*), 16.4.1849 Ber. zum P-Amt, P-Ord. am 25.7.1850 (zusammen mit Geyer). Seine Ord.-Urkunde lautet: *"Mit diesen Zeilen sollen alle Gläubige in Christo benachrichtigt werden, daß der vom Heiligen Geiste durch Weissagung zum Range der Priester berufene Friedrich Schwarz am fünf und zwanzigsten des Monats Juli und im Jahre des Herrn 1850 vor dem Apostel des Herrn in der Gemeinde zu Berlin vom Engel an der Gemeinde zu Berlin Carl Rothe dargestellt worden ist, damit er für eben diese priesterliche Stufe ordinirt werde und in der Gemeinde zu Berlin als Priester dienen möge, und daß er, nachdem der ebengenannte Engel der Gemeinde zu Berlin das Zeugniß abgelegt, daß derselbe Friedrich Schwarz für dies Amt würdig und geeignet sei, durch eben denselben Apostel mit Handauflegung als Priester in der Einen Heiligen Allgemeinen und Apostolischen Kirche ordinirt worden ist; in Gegenwart von Zeugen sowohl von solchen deren Namen unten unterzeichnet sind, als auch andrer. Daß solches also geschehen, wollen wir hiermit bezeugen im Auftrage des Apostels für Norddeutschland und haben zu dem Ende unsere Namen unterzeichnet.*

Namen der Zeugen, die bei der Ordination des vorgenannten Fr. Schwarz zugegen waren:		der Apostolische Evangelist
		(gez.) *John Barclay*
		der Apostolische Hirt
(gez.) *C. Rothe Engel an der Gem. zu Berlin*	/ LS /	(gez.) *Heinr. Wilh. Josias Thiersch."*

(Abschrift in: XXII, unter dem 26.10.1851)
S. betreute ab 22.6.1851 die neugegründete Gemeinde in Spandau als P-Vorsteher (von Berlin aus).(s.S.82 d.v.U.) Am 23.3.1855 ermächtigte Thiersch (im Auftrag des Ap Woodhouse) Rothe mit der Einsetzung des P S. als Ältester.(Th.Tgb.) S. stand einem der Berliner Ä-Bezirke vor.(s.S.51 d.v.U.) Am 15.5.1858 Ber. zum E-Amt durch Geyer. Ab Ende d.J. war er mit der Betreuung der Hamburger Gemeinde beauftragt, wohin er im Okt. 1859 mit seiner Familie übersiedelte (Holstenstr.3).(vgl. S.63 d.v.U.; Anm.121.a) Auch nach seiner E-Weihe am 10.10.1861 leitete er die Hamburger Gemeinde als *"regierender Ältester"* unter Aufsicht des E Rothe in Berlin. Am 4.1.1863 erkannte S. den durch Geyer heimlich zum Ap-Amt berufenen Rosochacky als Ap an, womit die Abspaltung der Hamburger Gemeinde von den KaG ihren Ausgang nahm.(Rosochacky hatte S. an diesem Tage als *"Engel"* der Hamburger Gemeinde eingesetzt und diese von der Berliner Gemeinde *"gelöst"*.) Am 11.1. wurde S. durch Rothe vorläufig suspendiert.
Da er dennoch an dem eingeschlagenen Weg festhielt, erfolgte seine Exkommunikation durch Woodhouse am 27.1.(s.S.222f d.v.U.) Am 25.5.1863 wurde S., der inzwischen von Preuß zum *"Pastor mit dem Apostel"* eingesetzt worden war, in Hamburg durch mehrere Personen zum *"Apostel"* ber. und dort am 8.9. für den Dienst in seinem *"Auftragsgebiet"* *"jenseits der Weser"* (s. dazu S.230ff d.v.U.) *"ausgesondert"*. Am 24.9.1863 traf er in Amsterdam ein. Er gründete das Verkündigungswerk *"Apostolische Zending"* (AZ). Am Himmelfahrtstag 1864 konnte er die ersten drei Personen versiegeln, von denen zwei bald abfielen und der dritte (der spätere *"Torprophet"* Ansingh) 1878 von S. exkommuniziert wurde. Die von S. unter großen Schwierigkeiten und im Laufe vieler Jahre gesammelten kleinen Gemeinden nannten sich später *"Hersteld Apostolische Zendingkerk"* (HAZ). S., der nur Deutsch sprach und außerstande war, die kap Liturgie ins Holländische zu übersetzen, schaffte - beeinflusst von Menkhoff (s.u.) - die liturgischen Gewänder und die kap Liturgie fast vollständig ab. Von 1864-1866 arbeitete v.Pochhammer in den Niederlanden - mit sehr viel mehr Erfolg als Schwarz.(vgl. Anm.49.b, 74.c, 78) Der Versuch des niederländ. Theologieprofessors J.H.Grunning, eine Aussöhnung zwischen beiden Männern zu erreichen, scheiterte.(TANG,1984,44) Als S. nach

relativ erfolgloser Tätigkeit versuchte, in die Hamburger Gemeinde (AcaM) zurückzukehren, wurde ihm dies von den dortigen Amtsträgern unter Hinweis auf seine Sendung verwehrt. (s.S.232 d.v.U.)
Mit Menkhoff legte S. (mehr oder weniger gewollt) die Grundlage für eine Entwicklung, die - unter weitgehender Ausscheidung kap Tradition - zur Herausbildung der *"neuen Ordnung"* (AG/NaG unter dem ersten *"Stammapostel"* Krebs) führte. Am 2.5.1887 hat S. einen Brief an Woodhouse geschrieben.(Einzelheiten sind nicht bekannt.)
Zu S. s. BORN,1974,56.59; WEINMANN,1963,68-75.146-156; OBST,1990,60-65; TANG, 1984,52ff; HEIJDER,1988.
Zu Gottlieb Schwarz (einem Bruder von F.W. S.) s.Anm.73.a.

55.c (S.37) J.W. (so eigenhändig in I/165; nach anderen Quellen auch H.W.) Hermes (um 1790-16.9.1860), Kaufmann (Uhrenhändler [Th.Br.,110/2]), war in zweiter Ehe mit einer Engländerin (geb. de Metz) verheiratet und hatte mindestens 4 Kinder (Friedrich, Wilhelm [Anm.65.b], Jacob u. Friederike [geb. etwa 1834]). H. - *"ein Mann voll Glaube, Eifer und Verständnis für die Ziele und Wege Gottes"* (BORN,1974,45) - empfing 1848 die apHA und gehörte zu den ersten von der Berliner Gemeinde gewählten Diakonen. Ber. zum P-Amt am 26.3.1849, 19.4. Ord., Ende 1849 / Anf. 1850 Übersiedlung nach Frankfurt/O., wo er die neugegründete Gemeinde als P-Vorsteher übernahm. Ber. zum E-Amt am 18.7.1850, am 29.7. d.J. E-Weihe. H. leitete die Frankfurter Gemeinde nun als NBE unter Rothe. Im Febr. 1852 wurde ihm vom Ap Carlyle die Aufsicht über die schles. Gemeinden in Buchwäldchen und Liegnitz übertragen. Doch es kam anders. Nur wenige Wochen später entschloss sich H. zur Auswanderung nach Südrussland. (Über seine Gründe ist nichts bekannt.) Am 26.6. d.J. sandte ihm Thiersch die Beurlaubungsurkunde zu, am 3.7. wurde der E-Ev v.d.Brincken mit der Leitung der Frankfurter Gemeinde beauftragt.(s.S.78f d.v.U.; Anm.49.c) Zwischen Ende Juli und Anf. Okt. 1852 wanderte der 62j. H. mit seiner Frau, seinem Sohn Jacob, seiner Tochter Friederike, dem Ehepaar Lutzkendorf, einem Bruder der Frau Lutzkendorf (namens Schulz) und der Magd Rosalie Hansel (alles kap Gemeindeglieder) in die Gegend am Asowschen Meer aus.(Th.Tgb., 11.10.1852; s.Anm.69.a)
Thiersch, in dessen Hause Friederike H. bis zum 13.7. d.J. für mehrere Monate Wirtschaftshilfe gewesen war, hielt briefliche Verbindung mit Hermes. Diesen erwarteten schlimme Zeiten. So schrieb Thiersch am 15.6.1853 an seine Frau: *"Von Hermes sind traurige Nachrichten da. Der Sohn ist unterwegs als Uhrmacher zurückgeblieben, Frau Hermes ist krank u. außer sich. Der alte Herr hat keine Aussichten, etwas zu verdienen, wenn ihn nicht der russische Stadthalter* Woronzoff *als Fabrikaufseher anstellt. Friederike ist ihnen die einzige Stütze."* (Th.Br.,140/3) Und 8 Tage später: *"Sie sind in Barschinok* (Berdianok - Verf.) *am asowischen Meer, Frau Hermes immer sehr übel dran, ihre Magd ist gestorben, ihr Knecht in andre Dienste gegangen. 13 Wochen waren sie unterwegs, meist Tag u. Nacht im Wagen; in den Steppen wurden sie von Nomaden, welche ihnen den zerbrochenen Wagen ausbessern sollten, beraubt und Friderike mußte sich mit Beißen und Kratzen vertheidigen. H. Hermes hat keine Hoffnungen mehr, wenn er nicht von Fürst* Woronzoff *zum Aufseher einer Seidenfabrik gemacht wird."* (ebd.,141/5) Von 1853-1856 fand der Krim-Krieg statt, am 8.9.1855 wurde Sewastopol durch die Franzosen erobert. Thiersch schrieb am 31.8. d.J.: *"H. Hermes wohnt jetzt im Innern der Krim* (in Ischotta bei Karasubasar - Verf.) *und hat 200-300 Mann russische Einquartierung darunter manche Verwundete."* (ebd.,160/3) Am 17.6.1856 fragte Thiersch schriftlich bei Woodhouse an, ob er an H. ein Testimonium schicken solle.(Th.Tgb.)

Nach AARSBO (1932,288) arbeitete H. eine Zeit lang evangelistisch unter den deutschen Kolonisten am Schwarzen Meer. (Erst am 8.4.1900 konnte aufgrund der Tätigkeit des BEv für Südrussland, August Koschkin [1858-1936], eine kap Gemeinde in Odessa [mit ca. 60 regelmäßigen Kommunikanten] gegründet werden.[BORN,1974,45]) H. starb am 16.9.1860, wahrscheinlich in Deutschland. (Dies kann aus der Tatsache geschlossen werden, dass Thiersch bereits 6 Tage später von Hermes' Tod wusste [Th.Br., 263/4].)
Friederike H. hatte Ende der 50er Jahre einen Dr. Keßler geheiratet, dessen Mutter in Magdeburg zuhause war. Das Ehepaar Keßler wohnte in Bobrowo bei Kaluga (Thiersch schickte am 23.1.1863 dorthin 2 Exemplare der PM [ebd.,314/2]).

55.d (S.37) C. Gottlieb Brandis (+ 21.3.1858), Buchdruckereibesitzer, ab 26.12.1849 UD, am 3.4.1850 als D der Berliner Gemeinde eingesetzt, erhielt am 3.2.1852 durch Carlyle die D-Einsegnung. B. druckte und verlegte ab 1848 kap Schriften (u.a. die LITURGIE sowie Schriften von Carlyle u. Böhm).(s.Anm.38.c, 52)

55.e (S.37) Der Maschinenbauer (Schlosser) Heinrich Deventer (+ 1902) wurde am 4.3.1849 UD, am 26.3. folgte die Ber. zum P-Amt, im Nov. d.J. Einsetzung als D der Berliner Gemeinde, 21.1.1850 P-Ord., Tätigkeit als P-Ev (in Rathenow? [s.S.83 d.v.U.]; ab Aug. 1851 in Königsberg, ab Ende d.J. in Memel), P-Vorsteher der am 19.12.1852 gegründeten Gemeinde in Memel, 15.5.1858 Ber. zum E-Amt (Geyer), 7.10. d.J. E-Weihe (beides in Berlin). D. leitete die Gemeinde in Memel zunächst als Ä (unter Königsberg) und nach 1861 als BE (bis zu seinem Tode). Er war später auch evangelistisch im Baltikum tätig und fungierte (nach dem Tode von E.Schwarz) 1893-1899 als H.m.d.Ap. für Russland. Von D. stammen einige kleinere Broschüren religiösen Inhalts.

55.f (S.37) August Mittendorf war Kantor an der Parochialkirche und Lehrer an einer Berliner Kommunalschule. Am 2.5.1849 wurde M., der zu den ersten UD der Berliner Gemeinde gehörte, als D-Helfer eingesetzt. 1857 war er D (VII/1).

55.g (S.37) Friedrich Wilhelm Haeger (geb. 1825 in Pasewalk, + 15.2.1899) stammte aus einer armen Arbeiterfamilie. Er wollte ursprünglich eine Missionsausbildung aufnehmen, erlernte dann aber das Schneiderhandwerk und arbeitete anschließend als Privatlehrer (für Deutsch u. Englisch) in Berlin. Hier schloss er sich der kap Gemeinde an und empfing noch 1848 die apHA. Ab Aug. d.J. warb er in Stettin für die kaB.(s.S.88 d.v.U.) Am 4.3.1849 wurde er UD, 28.12. Ber. zum P-Amt, P-Ord. am 21.1.1850. Vom 22.2.-5.5.1851 diente er als H in der Marburger Gemeinde (hauptsächlich, um Thiersch während seiner zeitweisen Abwesenheit zu vertreten). (CHRONIK Marburg,I,35.38)
H. wurde erster P-Vorsteher der am 19.4.1854 gegründeten kap Gemeinde in Hamburg (Anm.121.a). Am 26.11. d.J. wurde er dort im Zusammenhang mit einem polizeilichen Vorgehen gegen die Gemeinde für 9 Tage in Haft genommen. Die Anklage lautete auf *"vermutete demokratische Umtriebe..., unbefugte Administrierung der Sakramente..."* und *"heimliche(n) Aufenthalt"* Haegers in Hamburg (WEINMANN,1963,49).(s. ebd.,40-57.308-328; III/107f; s.Anm.82) H. musste am 22.1.1855 die Stadt verlassen und kehrte nach Berlin zurück. Ab Nov. 1859 diente er aus beruflichen Gründen (er arbeitete als Polizeibeamter [Th.Br.,410/5]) vorübergehend nicht als Priester.(vgl.S.64 d.v.U.) Ab Mai 1861 war er erst H, dann Ä in der Berliner Gemeinde, wurde (am 19.10.1865?) als E geweiht, übernahm später die am

24.7.1874 gegründete Horngemeinde Berlin-Nord zunächst als Ä, dann als E.d.H. von 1874 bis Okt. 1879. Danach war er bis 1895 EG in der Berliner Hauptgemeinde.(pA)
(Siehe Rothes Briefe an H. bei WEINMANN,1963,294-308.)

55.h (S.37) Der Schneidermeister G.Herbert (+ im Frühjahr 1858 [VII/63]) war vor Ende März 1850 D der Berliner Gemeinde.(I/81)

55.i (S.37) Der Schneidergeselle Carl Hennig ist ein interessantes Beispiel für die Entfaltung pastoraler Amtsqualitäten bei Mitgliedern der KaG, die aus ganz einfachen Verhältnissen stammten. Thiersch lobte ihn als einen *"treue(n) Mann voll Klarheit u. Eifer... Kaum nothdürftige Schulbildung hat er genossen und 2 Missionsanstalten denen er sich früher anbot, wiesen ihn zurück."* (Th.Br.,110/3; s.S.117 d.v.U.) H. empfing 1848 in Berlin die apHA, war spätestens ab 4.3.1849 UD, 9.4. Einsetzung als Diakon. Danach war er (gemeinsam mit v.Pochhammer) evangelistisch in Stettin tätig.(s.S.88 d.v.U.) Ber. zum P-Amt 28.12. d.J., P-Ord. am 21.1.1850, dann Ev-Tätigkeit im Raum Liegnitz, ab Frühjahr 1851 erster P-Vorsteher der neugegründeten Gemeinde in Buchwäldchen-Liegnitz. Im Febr. 1852 übernahm er die inzwischen eigenständige Gemeinde in Liegnitz, wohnte aber weiterhin in Buchwäldchen. 28.9. d.J. Ber. zum E-Amt (durch Geyer), 14.10.1853 E-Weihe (beides in Berlin). In den folgenden Jahren leitete H. die Liegnitzer Gemeinde als Ältester. Aufgrund wirtschaftlicher Schwierigkeiten durch die Armut seiner Gemeinde und wohl auch zum Zwecke der Weiterbildung (Th.Tgb.,4.4.1856 [s.S.119 d.v.U.]) diente H. von Nov. 1856 bis höchstens Mitte 1859 als Ä (Vorsteher eines Ä-Bezirkes [s.S.51 d.v.U.]) in der Berliner Gemeinde und kehrte danach in seine Heimat zurück. Spätestens 1861 war er BE in Liegnitz, ab 1873 EG in Stettin (von 1875-1877 leitete er [als amtierender BE?] die Gemeinde [s.S.90 d.v.U.]) und anschließend (den pA zufolge) bis 1894 EG in der Berliner Hauptgemeinde (gleichzeitig mit Haeger?). Er starb hochbetagt in Liegnitz (Sterbedatum unbekannt).

55.j (S.37) Der Tischlermeister H.F.Borchert (+ 4.4.1858) wurde am 28.12.1849 zum P-Amt ber. und am 21.1.1850 ordiniert. Am 31.3.1850 zeigte sich bei ihm erstmals die Gabe der Weissagung. Er diente später wahrscheinlich als P-Pr.(pA)

55.k (S.37) Der kap Gemeinde in Berlin hatten sich auch angeschlossen die Frau des Generals v.Zastrow (dieser starb im Mai/Juni 1854) sowie ihre beiden Töchter Mathilde (eine *"Stiftsdame"* [Th.Br.,335/3]) und C.v.Zastrow (die später Böhms Ehefrau wurde [Anm.28.c]).

56 (S.38) Gleich nach der März-Revolution hatte Koeppen (als Reaktion auf dieses Ereignis) damit begonnen, einen Kreis erweckter, *"auf* (dem) *Grund ...* (der) *Kirchenzucht Matth. 18 und des lutherischen Bekenntnisses"* stehender Christen zu sammeln, der (nicht nur Glieder der Bethlehemsgemeinde umfassend) schon bald auf 300 Personen angewachsen war. (v.MICKWITZ,1895,92; vgl.BÖTTGER,1858,79f) In diesem Kreis, der sich regelmäßig zu Erbauungsstunden traf, hielt Thiersch im Apr. 1848 geistliche Vorträge.(s.Anm.48) J.Barclay hatte bereits seit 1846 versucht, Mitglieder der Bethlehemsgemeinde für die kaB zu gewinnen, war aber mehr oder weniger am Widerstand Goßners gescheitert.(DALTON,1878,393f) Dieser reagierte nun auf Koeppens Offenheit für Barclay, Carlyle und Thiersch verbittert und aggressiv, da er befürchtete, daß die ganze Gemeinde durch K. katholisch-apostolisch werden könnte.(ebd.,394) So schrieb Goßner am 12.5.1848 an eine Bekannte: *"'K ö p p e n hatte im*

Sinne die Irvingianer in unsere böhmische Kirche einzuführen - ich übergab ihm die Heerde, sie zu hüten und er führt die Diebe und Wölfe in den Stall. Einen Fuß hatten sie schon darin und viele Schafe herausgeholt, ja sie rühmten sich bald in die böhmische Kirche einzuziehen. Ich trat aber öffentlich auf und entgegen. K ö p p e n drohte mich zu widerlegen, konnte aber nichts vorbringen als Persönlichkeiten. Da ließ ich den Prediger K l e i n s c h m i d t von der Brüdergemeinde statt meiner auftreten; der gab Zeugniß und bezeichnete die Secte so, daß alle Guten dankten und die Sectirer die Flügel hängen (lassen - Verf.)... *Der Satan will in der Gegenwart Kirche und Staat umwälzen und verkehren. Bei diesen Irvingianern verstellt er sich in einen Engel des Lichtes. Sie haben sehr guten Schein und verbergen die schlechten Lehrsätze I r v i n g s hinter dem Ofen, so daß sie Viele verführen."* (ebd.)
Ablehnung gab es auch in der Gemeinde. Prof. W.Bötticher, den K. zu einem der *"Ältesten"* des o.g. Kreises erwählt hatte (XIV/215-v), verfasste zwei Schriften gegen die KaG (BÖTTI-CHER,1848 u. 1849).
Nach Koeppens Predigt am 4.Advent und seinem offenen Bekenntnis zur kaB am Weihnachtstag 1848 (v.MICKWITZ,1895,95) regte sich in einem Teil der Bethlehemsgemeinde starker Widerstand gegen den *"Irvingianismus"* ihres Pfarrers. Die Aufregung nahm in den folgenden Wochen immer mehr zu.(XIV/153v) K. deprimierte dies alles sehr. Am meisten hat es ihn geschmerzt, dass die Kirchenvorsteher für ihren Antrag beim Kons.Br., K. zu suspendieren (v. 17.3.1849), Unterschriften in der Gemeinde gesammelt hatten.(XIV/165)

57 (S.41) Im Februar 1849, als in der Bethlehemsgemeinde die Forderung nach der <u>Suspendierung Koeppens</u> laut geworden war, hatte dieser an seine Schwägerin Laura, geb. v.Bergmann, geschrieben: *"Vielleicht hörst Du nächstens meine Vertreibung. Wie Gott will! Vielleicht giebt Er mir Arbeit in der apostolischen Gemeinde hier. Das Konsistorium ist auf meiner Seite! Das heißt, es teilt nicht meine Überzeugung, aber es findet keinen Grund, mich abzusetzen, weil ich nichts verleugne von der Lehre unseres Bekenntnisses. Um so härter ist der Kampf. Ich ginge am liebsten freiwillig - allein das heißen jene Männer* (Carlyle u. seine Mitarbeiter - Verf.) *nicht gut. Sie wollen, ich soll ausharren."* (v.MICKWITZ,1895,95) Koeppens Eindruck, dass das Kons.Br. auf seiner Seite sei, war insofern nicht ganz abwegig, als dieses seinen Fall auffällig moderat behandelte. In einem Bericht des Kons.Br. an das MGA v. 13.11.1849 über die kap Gemeinde in Berlin schrieb der OKR Twesten zur Verhandlung mit K.: *"Selbst in der Sache des Predigers Koeppen sind wir, obgleich natürlich ein großer Unterschied in der Beurtheilung eines Geistlichen und eines andern Gemeindegliedes ist, die einer andern Religionsgemeinschaft beigetreten sind, doch erst dann eingeschritten, nachdem uns zuerst durch seinen Vorgesetzten Superintendenten, dann durch die Beschwerde der Gemeinde selbst bekannt geworden war, daß diese an seinem Verhalten zur Irvingianischen Secte Anstoß nahm; auch haben nicht wir ... die Unvereinbarkeit der Stellung, worin er zu den Irvingianern getreten war, mit der als Geistlichen der Evangelischen Kirche ausgesprochen, sondern nachdem wir erst angefangen hatten, durch seine Vernehmung und ein mit ihm gehaltenes* Colloquium *die Data zu einem begründeten Urtheile, und zwar für diesen speciellen Fall, zu sammeln, fand er sich bewogen, - wie früher ganz unveranlaßter Weise Rothe, - sein Amt niederzulegen. In dem gedachten* Colloquium *kamen in der That auch nur zwei Punkte vor, welche auf einen Widerstreit der Annahme Irvingianischer Ansichten und der Augsburgischen Confession zu führen schienen: die Annahme einer Autorität neben der heiligen Schrift, und die Annahme, daß es außer der reinen Predigt des Worts und der schriftgemäßen Verwaltung der Sacramente noch anderer Bedingungen bedürfe, um in*

einer Kirche alles zu finden, dessen wir zu unserer Seeligkeit bedürfen." (IV/12-13) In der Verhandlung am 13.4.1849 äußerte sich K. laut Protokoll folgendermaßen: (auf die Frage nach Koeppens Verhältnis zu den KaG:) *"...es ist richtig, daß ich von dem Apostel* Carlyle *die Handauflegung empfangen habe, und dadurch in die bezeichnete Abendmahlsgemeinschaft getreten bin. Ich habe jedoch nur 2-3 mal an diesem Abendmahl theilgenommen, und keinesweges regelmäßig dem Gottesdienste der sogenannten Irvingianer beigewohnt, und die wenigen Male, wo dies geschehen ist, nur dem Wochengottesdienste, dagegen habe ich öfter den Lehr - Vorträgen derselben beigewohnt, um eben ihre Lehren zu prüfen. ";* (auf die Frage, welche Autorität er als luth. Geistlicher den Ap zumesse:) *"...ich räume hiermit ein, daß ich, indem ich diese Männer in ihrer in Anspruch genommenen Autorität anerkenne, auch ihren Lehren eine Autorität einräume. Diese Autorität ist aber nicht von der Art, daß ich dadurch in meinem amtlichen Verhältnisse zu meinen kirchlichen Obern gehindert, oder gestört zu sein glaube, indem ich nicht voraussetze, daß beide in Widerspruch treten können. Sollte aber wider Erwarten ein solcher Widerspruch eintreten, so würde ich mich in meinem Gewissen gedrungen fühlen, der hohen Autorität, die diese Männer in Anspruch nehmen, und die ich ihnen zugestehe, Gehorsam zu leisten. Wenn die lutherische Kirche eine solche Autorität auch für jetzt noch nicht anerkennt, so glaube ich doch nicht, daß eine künftige Anerkennung ihrem Wesen und ihrer Natur widerstreitet.";* (auf die Frage, ob erst die Ämter in den KaG der Kirche das brächten, was zur Seligkeit ihrer Glieder notwendig sei:) *"... ich glaube nicht, daß die Sendung jener Männer darauf geht, um uns Wahrheiten mitzutheilen, die nicht in der heiligen Schrift enthalten wären, sondern nur, um uns zu einer vollkommneren und einmüthigen Einsicht der in der Schrift enthaltenen Wahrheiten zu führen. Der bisherige Zwiespalt in der christlichen Kirche zeigt genügend, daß es solcher von Gott ausgerüsteter Männer bedarf, um diese Einmüthigkeit und vollkommene Erkenntniß herbeizuführen."* (XII/36v-38v)

Das insgesamt zurückhaltende Verfahren des Kons.Br. mit K. hebt dieser in einem Brief an den König v. 22.5.1849 noch einmal ausdrücklich hervor: *"Das Königliche Consistorium hatte meine Amtsthätigkeit einstweilen aufgehoben u. auf das Schonendste u. Freundlichste mit mir verhandelt, aber zu einem Wiederrufe* (sic) *habe ich mich gleichwohl nicht verstehen können, wodurch dann freilich meine definitive Suspension u. Amtsentfernung in Aussicht gestellt wurde."* (XIV/164v) Der Monarch hatte Mitte Apr. 1849 das MGA um nähere Auskunft über die Suspendierung Koeppens gebeten.(ebd./148) Möglicherweise hatte Thiersch diese Angelegenheit während seiner Audienz beim König am 13.4. d.J. angesprochen.(Anm.51)

K. wurde auf seinen Antrag v. 19.4. hin offenbar noch im Apr. aus dem Pfarramt entlassen (BORN,1974,51 spricht dagegen vom 6.9.1849). Bis zur Wiederbesetzung der Stelle (1850, durch Gustav Knak [+ 1878]) übernahm Goßner wieder seine ehemalige Gemeinde. K. bemerkt dazu in einem Brief an seinen Sohn Johannes v. 27.5.1849: *"Aber die Kirche ist jetzt ganz leer. Ein grosser Theil ist mit mir gegangen; Ein anderer kann sein Schimpfen auf der Kanzel wider mich nicht hören und geht anderswo hin. So haben sich denn die Herren Vorsteher verrechnet; sie werden nun viel angefeindet, müssen viel leiden, sind jetzt sehr artig gegen mich und möchten am Liebsten Alles rückgängig machen. Das Konsistorium hat mich nur aus dieser Gemeinde entfernt, die Kanzeln des ganzen Landes stehen mir offen. Nun will der König selbst hören. Professor Thiersch war hier und hat Audienz bei ihm gehabt. Es ist wahrscheinlich das ich in nächster Woche auch werde befohlen werden."* (KOEPPEN-Briefe) (Von einer Audienz für K. ist nichts bekannt.)

K., dem man die Ordinationsrechte offenbar belassen hatte, zog im Mai d.J. in eine andere Wohnung (Belle-Allianceplatz 14) um. Auf Fürsprache des Kons.Br. hin gestattete der König am 1.12.1849 der Behörde, auf die Rückerstattung einer Gehaltsvorauszahlung für K. zu verzichten.(XIV/167-168.217)

58.a (S.42) Das Amt des _"Engels"_ (s.Offb.2; 3) entspricht dem urchristlichen Amt des Gemeindebischofs (episcopus). Der E leitet die Gemeinde samt ihren Filialen, er verkündigt (nach dem Verständnis der KaG) als Christi Bote das ihm übergebene Evangelium entsprechend der Lehre der Ap, führt Aufsicht über die Tätigkeit der P und D sowie über das geistliche Leben aller Gemeindeglieder, hat die letzte Entscheidung in Fragen des Gemeindelebens, führt den Vorsitz im Gottesdienst und sorgt für die Pflege der Charismata in seiner Gemeinde. Nach kap Auffassung ist an das E-Amt die Gabe der Geisterunterscheidung gebunden.(s. WEBER,1977, 74f; Anm.110. Ein interessantes Beispiel für die Anwendung dieser Gabe bei für unecht befundener Prophetie findet sich in der CHRONIK Marburg,II,77 [vgl.ebd.,III,17.3.1857].) Wer sich zum E-Amt anbot, sollte zuvor als P (Ä) gedient haben.(WOODHOUSE,1901,34f) Zwischen E-Weihe und Einsetzung als Gemeinde-E arbeiteten die betreffenden Geistlichen in der Regel als Ä (s.Anm.55.b,i). Die Anstellung eines E hing immer auch von den finanziellen Verhältnissen der Gemeinde ab.
Zum E-Amt s. bes.: ROSSTEUSCHER,1886,355; THIERSCH,1976,70-114; CIRCULARE, 1895,197-200; ALBRECHT,1982,91-95; FLEGG,1992,131-138; Anm.62.a-b, auch 77.a-b.

58.b (S.42) Zur _"Anbietung zum höheren Amt"_ (E-Amt) - diese konnte nur in Anwesenheit eines Pr im E-Rang stattfinden - s. VORSCHRIFTEN,1895,65f; LITURGIE,1897,427-434; RUBRIKEN,1895,100ff; CIRCULARE,1895,90.94f. Zur Engel-Weihe (Konsekration): LITURGIE,1897,435-456; RUBRIKEN,1895,102ff.

58.c (S.42) Thiersch war am 17.4.1849 durch den E-Pr Smith mit folgenden Worten zum Engel-Amt ber. worden: "*Praise the Lord all ye people, praise Him ye His saints, praise Him ye ministers of His, ye angels of His, that do His pleasure, harkening to the voice of His word. Praise Him in the heavens above, praise Him in the earth beneath, praise Him in all lands throughout the earth, let every tongue praise Him, ye all things, that He hath made -*
The Lord accepteth thy offering and calleth His servant to serve Him and would have him to go whither He would send him. Oh, of Jesus there must be testimony born. Who will hear it? Who is he, that holdeth not his life dear unto himself, but will yield it willingly for Him, that gave His life for all, that ye may not die, but live everlasting.
The Lord desireth that His servant should see more of His way and of His work, that he may both see and hear and believe and speak-forth the same, whither he may be sent." (B.ST.B., H.Thierschiana II,Nr.149,Carlyle,4)
Unmittelbar vor Thierschs E-Weihe war eine dazu erforderliche _"Freigabeurkunde zum höheren Dienst"_ von J.Barclay und dem als H.m.d.Ap. fungierenden Layton ausgestellt worden. (s.EDEL,1971,381)
Nach der E-Weihe erhielt Th. eine schlichte handschriftliche Bescheinigung folgenden Inhalts: "*Hiemit bescheinige ich, daß Heinrich Thiersch, Priester in der Einen Heiligen, Allgemeinen und Apostolischen Kirche, der hier zum Engel Amt von einem Propheten berufen worden ist, hat heute von mir die Ordination eines Engels empfangen.*
Berlin, 18ten April 49. *Thomas Carlyle.*"
(B.ST.B.,H.Thierschiana II,149,Carlyle,4)

Während Rothe nach seiner E-Weihe die Leitung der Berliner Gemeinde übernahm, wurde Th. E der Gemeinde in Marburg und daneben bald mit dem übergemeindlichen Dienst des H.m.d.Ap. für Ndt. beauftragt. Am 24.2.1850 erfolgte dazu (schriftlich) seine vorläufige Beauftragung. Hier der Wortlaut (Abschrift):

"Marburg 24th Febr. 1850
Dear brother
With reference to your letter to me of this date expressing your willingness to labour in the universal church in the tribe of North Germany, I hereby empower you to assist me in the said tribe in the capacity of a minister of the universal church, + require you to hold yourself ready to fulfil any mission on which I may find it expedient to send you -
Professor Thiersch   Thomas Carlyle." (ebd.,5)

Mit der feierlichen Einführung in die apostolische Ratsversammlung in Albury am 21.7.1854 erfolgte Thierschs endgültige Anstellung als H.m.d.Ap. für Norddeutschland.(s.Anm.63) Ab etwa 1856 nahm er auch dieses Amt für Sdt. und ab 1859/60 für die Schweiz wahr. Am 20.9.1867 wurde er durch Becker im Amt des H.m.d.Ap. für Ndt. abgelöst, um sich fortan ganz Sdt. und der Schweiz widmen zu können.(Th.Br.,477/4)

Als H.m.d.Ap. war Th. der zuständige Mitarbeiter des Ap für pastorale Fragen und die amtliche Verbindungsperson zu den Gemeinde-Engeln. (Wichtig war hier vor allem die Korrespondenz. Zwischen dem 1.1. u. 22.4.1853 schrieb Th. z.B. 111 *"amtliche"* Briefe [Th.Tgb., 22.4.53].) Zu seinen Aufgaben gehörten weiterhin: Gemeindevisitationen, schriftliche und mündliche Belehrungen zu pastoralen Fragen, Abnahme schriftlicher und mündlicher Prüfungen bei Amtskandidaten (vor der Ord.), Assistenz bei Ordinationen und E-Weihen. (vgl.Th.Br.,106/2f, 111/1) Außerdem gehörte zu seinen Aufgaben die Teilnahme an den apostolischen Ratsversammlungen, die jährlich nach Pfingsten in Albury (im *"Chapter House"*) stattfanden.(s. dazu BURNE,1895,6) Bis 1863 war Th. siebenmal in England (Daten der Abreise bzw. Ankunft in Marburg): 14.9.-4.11.1849, 10.6.-11.8.1854, 6.5.-14.6.1856, 23.4.-27.5.1857, 10.6. (Ankunft in England, von Frankreich kommend) bis 19.7.1859, 14.5.-5.7.1861, 18.6.-16.7.1863. Zwischen 1864 und 1884 war er fast jedes Jahr in Albury. (vgl.WIGAND,1888,140f) Am 13.5.1856 diente Th. erstmals als H.m.d.Ap. in der Apostles' Chapel in Albury.(Th.Tgb.)

59.a (S.43) Der Aufenthalt Böhms in England galt vor allem der Teilnahme an der Ratsversammlung der Ap und ihrer Mitarbeiter in Albury, die jährlich nach Pfingsten und nach Weihnachten stattfanden.(vgl.BORN,1974,38) Am 19.10.1849 kehrte der E-Ev nach Berlin zurück. Koeppen, der von Ende Apr. d.J. bis Sommer/Herbst 1850 als Ev tätig war, füllte sein Amt mit großem Engagement aus. Am 27.5.1849 schrieb er an seinen Sohn Johannes: *"Du weist, dass ich in der apostolischen Gemeinde das Amt eines Evangelisten bekleide. Du hast Herrn Böhm gehört, ich bekleide sein Amt und seine Stelle! Ich predige am Sonntage und in der Woche und habe den Altardienst, doch noch mit fünf anderen Geistlichen. Ich habe den Konfirmandenunterricht, die Aufnahme und Prüfung aller derer, die in die Gemeinde wollen aufgenommen werden. Doch das Meiste ist die Korrespondenz... Bald nach Pfingsten werde ich nach Ballenstedt, wo Mama ist, die Herzogin von Anhalt will mich hören über Gottes Werk, von da gehts nach Hannover, nach Pommern, nach Schlesien. Ueberall will man Kunde haben von dem, was Gott gethan."* Und an seine Schwägerin Laura, geb. v.Bergmann, am 5./9.7.d.J.: *"Ich lebe vom Altar Gottes. Die apostolischen Gemeinden zahlen wieder den Zehnten wie in der alten Kirche, und wie er verstümmelt noch hier und da vorhanden ist. Sie*

zahlen den vollen Zehnten. Ein General mit seinen 4000 Taler zahlt als Glied freudig seine 400 Taler Zehnten dem Herrn, ein Tagelöhner, der seine 10 silbgr. verdient, lebt ebenso mit 9 silbgr. und zahlt seinen silbgr. Zehnten. So fliessen so viele Gelder zusammen, dass der Bischoff der Gemeinde und seine 6 Aelteste oder Presbyter noch keinen Mangel gehabt. Ich habe für Mai und Juni 300 Taler erhalten und brauche das lange nicht... Jüngst war ich am Hofe des Herzogs von Anhalt-Bernburg, musste vor den ganzen Hofstaat 12 Tage lang, täglich predigen, ass mit ihnen auf silbernen Tellern mit goldenen Gabeln und Messern und eilte dann nach Hannover in die Hütten der Bauern, dieselbe Kunde zu bringen. Morgen reise ich nach Pommern nach Stettin, um dort eine gesammelte Gemeinde zu organisieren und wieder an den Hof des Herzogs zu Bernburg, der mehr hören will und um meine Frau und Kinder von da heimzubringen... Im Herbst, wills Gott, geht mein Weg nach Schlesien."
(KOEPPEN-Briefe) Auf seiner Reise nach Schlesien hat K. (laut Thiersch) nicht näher beschriebene schmerzliche Erfahrungen machen müssen (s.NPZ,Nr.220[v. 20.9.1857],Beil.; vgl.S.111 d.v.U.) Während seiner Reise in die Gegend von Hannover besuchte er Geyer, den er für die kaB gewinnen konnte.(s.S.204 d.v.U.) In finanzieller Hinsicht hatte K. in dieser Zeit keine Sorgen: er erhielt pro Monat durchschnittlich 100 Taler.(Bericht des Sup. Kober an das Kons.Br. v. 23.3.1850, in: XXII; s. dazu VORSCHRIFTEN,1895,73ff)

59.b (S.43) Die evangelistische Arbeit der Katholisch-apostolischen Gemeinden wurde von zwei voneinander unabhängigen Einrichtungen getragen: dem sog. Evangelistenwerk der AK und der durch die kap Ortsgemeinden getragenen Ev-Tätigkeit.
Das Ev-Werk der AK wurde durch (im Range von EE stehenden) BEv geleitet, die unter der Aufsicht des jeweiligen Ev.m.d.Ap. arbeiteten.(s. S.184f d.v.U.; Anm.77.b) Für jeden *"Stamm"* waren 5 BEv vorgesehen (5 x 12 = 60 *"evangelists to the nations"* [vgl.ALBRECHT,1982,94f]) - nach kap Interpretation typologisch *"vorgebildet"* durch die 5 Säulen am Eingang der Stiftshütte (Ex.26,37). Dementsprechend wurden die *"Stämme"* in 5 Ev-Bezirke aufgeteilt. Die ndt. Ev-Bezirke waren: 1. Pommern, Ost- und Westpreußen, 2. Brandenburg, Schlesien, 3. Sachsen, Thüringen, 4. Hannover, Hamburg, Schleswig-Holstein, 5. Rheinland-Hessen.(BORN,1974,105f) Die Vollzahl von 5 BEv wurde nur in England und in Ndt. erreicht (zur Aussendung der BEv s. das Ritual in LITURGIE,1897,465-468; RUBRI-. KEN,1895,106f). Unter den BEv (von denen jeder einen Koadj haben konnte) standen (dem Bedarf entsprechend) weitere E-Ev. (Vor 1864 dienten als E-Ev in Ndt.: [A.C.Barclay, J.Barclay,] Böhm, v.Pochhammer, v.d.Brincken, Kleist, Rührmund u. Diestel. 1878 waren es bereits 9 E-Ev, im Jahre 1900 12 E-Ev unter 5 BEv [AdB].) Weiter dienten im Ev-Werk P-Ev und D-Ev, die von ihren Heimatgemeinden ganz oder teilweise für den übergemeindlichen Dienst freigestellt worden waren.
Während die Mitarbeiter des Ev-Werkes der AK den BEv unterstanden, arbeiteten die P-Ev und D-Ev der Einzelgemeinde unter der Aufsicht ihres E bzw. unter dem von diesem mit der Leitung des gemeindlichen Ev-Werkes beauftragten Ä (diese Funktion nahm z.B. Becker ab Juli 1851 in der Berliner Gemeinde wahr). Ihre Aufgaben lagen (abgesehen von den gottesdienstlichen Funktionen [s.Anm.54.c]) vor allem in der evangelistischen Wirksamkeit im Umfeld ihrer Gemeinde und in der Anleitung von Gemeindegliedern zu einer geeigneten Weise des *"Zeugnisablegens"* unter den Mitmenschen.(s.CIRCULARE,1895,137-142; zu Einzelheiten der Tätigkeit beider Ev-Werke u. ihres Verhältnisses zueinander s.VORSCHRIFTEN, 1895,66-73) Im Zirkular *"Ueber die Pflicht, öffentliches Zeugniß abzulegen"* (Febr. 1867) wird die *"doppelte Aufgabe"* der Ev-Tätigkeit so formuliert: *"1. die Erstlinge der großen Ern-*

te zu sammeln und 2. allen Getauften gegenüber Zeugniß abzulegen von dem bevorstehenden Kommen des HErrn, von dem Wege der Errettung und von den der unbußfertigen Christenheit drohenden Gerichten Gottes. Es ist wahr, daß diese beiden Aufgaben sich gleichzeitig lösen, wenn öffentlich gepredigt und als letztes und sichtbares Resultat eine kleine Schaar von Gläubigen gesammelt wird." (CIRCULARE,1895,138 [vgl.Anm.91]) Die Ev wandten sich mit ihrem Zeugnis in erster Linie an getaufte Christen - entsprechend der Sendung der Ap an die Christenheit (s. das Testimonium).(vgl.EKZ,1848,71f; zeitgenössische Reaktionen aus der Frühzeit in Ndt. s.ebd.,417f.609f) Die Praxis der Ev-Arbeit ist in ihren Grundzügen auf S.73f d.v.U. dargestellt. Hierzu weitere Einzelheiten: Zur Unterstützung ihrer Besuchs- und Vortragstätigkeit bedienten sich die Ev vor allem des gedruckten Wortes: an Interessenten wurden auf persönlichem Wege Broschüren evangelistischen Inhaltes (z.B. BÖHM,1850,1851) ausgegeben.(s. dazu WIGAND,1888,427!) Die KaG haben eine große Anzahl solcher Schriften herausgebracht. Für Einladungen zu öffentlichen Vorträgen (die in der Regel nicht in kap Kirchen stattfanden, sondern in gemieteten Räumlichkeiten) bediente man sich häufig gedruckter Handzettel, Plakate und Zeitungsannoncen. Ab 1853 wurden für Vorträge auch (unentgeltlich) Einlasskarten ausgegeben.(s.S.87.152 d.v.U.; in Berlin spätestens ab Febr. 1855 eingeführt [VII/112; vgl.CIRCULARE,1895,139f]) Ev der KaG nutzten vielfach auch Großveranstaltungen, um durch Vorträge oder Gespräche vor Besuchern *"Zeugniß abzulegen"*: z.B. während der 1. Weltausstellung in London im Frühsommer 1851 (wo v.Pochhammer im Mai u. im Juni Vorträge für deutsche Gäste hielt [Th.Br.,112/2; s.BORN,1974,43]), während der Leipziger Messe (v.Pochhammer [BÖTTGER,1858,48; LUTHARDT,1889,243]), während des Berliner Kirchentages im Herbst 1853 (*"allabendlich 'Evangelisten=Gottesdienst'"* [JÖRG,1858,II,90]) oder während der Tagung des "Evangelischen Bundes" im Sept. 1857 (Predigten von Böhm, v.d.Brincken u. Roßteuscher über die Wiederkunft Jesu [pA]). Für die Ausrichtung ihres Dienstes empfingen die Ev eine spezielle Einsegnung durch den zuständigen E (s. Anm.60.a; Th.Br.,104/3) und einen schriftlichen Ev-Auftrag.(s.S. 169 d.v.U.)

Die größte evangelistische Aktion der KaG fand Mitte 1866 in London statt: In großen öffentlichen Lokalen wurden 4 Vorträge *"über die bevorstehende Wiederkunft des HErrn und über die Vorbereitung der Kirche für dieselbe"* gehalten, an denen jeweils 7-8.000 Zuhörer (25% davon kap Gemeindeglieder) teilnahmen. *"Die Absicht bei diesem Unternehmen war, daß die ganze Bevölkerung dieser großen Stadt Kenntniß von dem Werke des HErrn bekommen und den Hall der Posaune hören sollte. Deswegen wurde Alles angewendet, um die Einladungen zu diesen Vorträgen möglichst zu verbreiten. In 19 verschiedenen Zeitungen ließ man wiederholt Inserate erscheinen, 34,000 kleine Circulare und 6000 Ankündigungen in Quart wurden versendet oder vertheilt und 1000 große Plakate an den Straßenecken, Bahnhöfen u.s.w. angeheftet. Um diese Verbreitung gleichartig durchzuführen, keinen Stadttheil und keine Klasse der Bevölkerung zu übergehen, wurde die Mitwirkung der Glieder der sieben Gemeinden in Anspruch genommen... Der Vortrag in St. Martins=Hall, welcher an einem Sonntag Abend gehalten wurde, war besonders für Leute niederen Standes bestimmt. Bei diesem Vortrag und bei dem in Hanover=Square war der Andrang der Zuhörer so groß, daß Manche wegen Mangel an Raum wieder weggingen."* (CIRCULARE,1895,139f; vgl. S.151f d.v.U.; VII/115-117)

Zielpunkt der Ev-Tätigkeit war die *"Übergabe"* der gesammelten und durch Unterweisung auf die Mitgliedschaft in den KaG vorbereiteten Gläubigen *"an das Hirtenamt"*, bei denen nun die Gemeinde-E die weitere Fürsorge übernahmen. Zu Einzelheiten s. VORSCHRIFTEN,1895, 19-23; LITURGIE,1908,313ff; RUBRIKEN,1895,78f.

Nach dem Tode des letzten Ap wurde das Ev-Werk der AK aufgelöst. Die Mitarbeiter übernahmen Aufgaben in den Einzelgemeinden.(s.S.189 d.v.U.)
Zur Ev-Arbeit s. BÖHM,1856; CIRCULARE,1895,137-148.151-156; ALBRECHT,1924, 50ff; ders.,1982,71; Anm.28.c, 49.b; S.275f d.v.U.)

60.a (S.45) Der aus Kassel stammende Friedrich Streibelein (1826-1852) gehörte der reform. Kirche in Kurhessen an und studierte in Marburg Theologie. Er empfing am 4.2.1849 in Marburg die apHA und ging im Herbst d.J. für 2 Semester an die Universität in Berlin. Am 26.12. wurde er in der Berliner Gemeinde als UD eingesetzt. Nach seiner Rückkehr nach Marburg wurde er von der Gemeinde und Thiersch als D erwählt, am 4.10.1850 eingesetzt und mit der Betreuung der Gemeindeglieder in Dreihausen bei Marburg beauftragt. Am 15.1.1851 wurde S. durch den Dekan der Theologischen Fakultät in einer Art Vernehmung über sein Verhältnis zur apostolischen Gemeinde befragt.(s. das Protokoll in: ACTA Marburg,I; vgl.EDEL,1971, 379) Thiersch bestand darauf, dass S. vor einer Anb. zum P-Amt sein theologisches Examen an der Universität abschloss.(Th.Br.,108/1) Am 10.4.1851 wurde S. durch Geyer zum P-Amt ber. und am 22.4. ord. (beides in Berlin). Anschließend diente er als P unter dem NBE Hermes in Frankfurt/Oder. Am 30.9. kehrte er nach Marburg zurück, wo er 2 Tage später von Thiersch den Segen für einen Ev-Auftrag in Kassel empfing. Am 26.10.1851 bekam er vom Kurfürstl. Innenministerium die Genehmigung, im Hause der Eltern von E.Roßteuscher religiöse Vorträge zu halten.(vgl.Anm.39.b, 43.b) Als diese Mitte Januar 1852 jedoch verboten wurden, kehrte er am 28.1. nach Marburg zurück. Dort starb er am 17.3.1852 an den Folgen einer Lungenentzündung. Thiersch erhielt vom Reform. Konsistorium die Erlaubnis, S. zu beerdigen (am 19.3.), jedoch unter der Bedingung, *"daß dabei keine 'Darlegung von Seiten der apostol. Gemeinde' geschehe".*(CHRONIK Marburg,I,50) Der reform. Pfarrer Schmidt war anwesend und sprach ein Gebet. Zu S. s.ebd.,5.27.36.42f.46ff.

60.b (S.45) Eduard Dietrich aus Wolfshagen bei Goslar, Theologiestudent in Marburg, am 12.8.1849 mit Segnung durch den E in die Marburger Gemeinde aufgenommen, 24.2.1850 apHA, 10.3. d.J. UD, 10.4.1851 Ber. zum P-Amt (Geyer), 22.4. Ord. (beides in Berlin), P (Ä) in Marburg. Während Thierschs Abwesenheit übernahm er die Leitung der Marburger Gemeinde. D. starb im Alter von nur etwa 28 Jahren am 24.3.1855. (s.CHRONIK Marburg, II,52f)

60.c (S.45) Wilhelm Rührmund (+ 18.5.1877), Schneidermeister, wurde am 17.11.1850 in der Berliner Gemeinde als UD eingesetzt, Ber. zum P-Amt am 10.4.1851, Ord. am 22.4.1851. R. diente von da an als P-Ev unter Böhm (im Ev-Werk der AK): u.a. in Kassel (1852, 1854), im Reg.Bez. Arnsberg (Anf. 1854 [s.S.177 d.v.U.]), in Magdeburg (Anf. 1856) und in Wittenberg (1857). Die wirtschaftliche Lage Rührmunds und seiner Familie war sehr angespannt. Am 31.8.1855 schrieb Thiersch an seine Frau: *"Neulich besuchte ich Frau Rührmund; sie hatte am Sonnt. Abend ihre 7 Kinder um sich, die Mädchen schnitzten Kohlraben und die kleinen Kinder aßen die rohen Stücken und bekamen nicht so viel davon als sie wünschten. Den andern Tag war Geburtstag, da schickte ich ihnen einen Apfelkuchen für ½ Thaler. Diese Ausgabe billigst Du gewiß."* (Th.Br.,160/4f) Nach seiner Ber. zum E-Amt am 15.5.1858 und seiner Konsekration am 7.10. d.J. diente R. als E-Ev unter v.d.Brincken, später als erster (pA) BEv für Ndt. (im Bezirk 2 [Brandenburg u. Schlesien]). Seine Ev-Vorträge hatten meist einen großen Zuhörerkreis.(z.B. im Mai 1862 in Berlin etwa 600 Personen [VII/111.119; vgl.S.87

d.v.U.]) Zwei seiner Söhne (Johannes [1849-1918] u. David [1861-1928]) dienten ebenfalls als BEv bzw. E-Ev in Norddeutschland.

60.d (S.45) C. August Schmidt, Gärtner im Botanischen Garten in Berlin, am 10.4.1851 zum P-Amt ber. und am 22.4. d.J. ord., diente als P in Berlin (bis spätestens 1859; im Nov. d.J. wird er nicht mehr erwähnt [s.S.63f d.v.U.]).

61.a (S.47) Die lange Zeit verbreitete Ansicht, die Berliner Gemeinde habe *"sich fortwährend stark aus den höheren Ständen" "rekrutiert"* (so z.b. in: Meyers Großes Konversationslexikon, [6]1905,X,36f), erweist sich bei näherem Hinsehen als Übertreibung. Zwar war der Anteil an Vertretern aus den *"höheren Ständen"* in Berlin größer als in den übrigen katholisch-apostolischen Gemeinden Deutschlands, doch stand dies eigentlich nur im proportionalen Verhältnis zur Sozialstruktur der Hauptstadt und hing wohl auch mit der Anziehungskraft dieser "zentralen" Gemeinde zusammen. Im übrigen nahm der Anteil der Honoratioren in späteren Jahren eher ab (er lag nie über ca. 3-4%; in der Provinz durchschnittlich 1-2% [vgl.S.87.100.129f.135f d.v.U.]). (Eine Ausnahme innerhalb der KaG stellte die 1871 gegründete Gemeinde in Petersburg dar, deren Mitglieder - fast alle Ausländer - zum größten Teil aus den *"höheren Ständen"* kamen. Eine Fürstin z.B. soll Dkn gewesen sein, ein Graf v.Sievers war UD, der erste E Carl v.Erdberg ein Ing.-General... [pA; vgl. EDEL,1971,89; Anm.69.a])

Thiersch schrieb am 20.4.1851 aus Berlin: *"Fräulein v.Schöning führt eine äußerst gewandte Rede, wie es bei vornehmen Damen gewöhnlich. Sie opfert sich als Diakonissin wahrhaft auf. Sie zählt etwa 42 Jahr. 60 mag die Mamsell Hünefeld alt sein. Auch der Gräfin Blankensee, einer geborenen Fürstin, Durchlaucht, wurde ich vorgestellt, Streibeleins Beschützerin, bei einem Kaffee bei Fräul. v.Schöning. Sonst sind keine Vornehmen mehr zur Gemeinde gekommen."* (Th.Br.,113/3)

61.b (S.47) Diakonissen (Dkn) innerhalb der KaG waren weibliche (Laien-) Helfer der D, P oder E, die ihre jeweiligen *"Amtsführer"* besonders in der Betreuung weiblicher Gemeindeglieder begleiteten oder vertraten (vor allem bei Krankenkommunion, Krankensalbung u. sonstigen Hausbesuchen). Eine weitere wichtige Aufgabe der Dkn war die Ausführung oder Beaufsichtigung von Handarbeiten für den Kirchenschmuck (besonders die Herstellung kirchlicher Gewänder [vgl.Th.Br.,121/2]). Dkn wurden (ähnlich wie die D u. UD) gewählt und erhielten zu ihrer Einsetzung den Segen des Engels.(s. VORSCHRIFTEN,1895,51; LITURGIE,1908, 347f; S.279 d.v.U.) Als erste Dkn der Berliner Gemeinde wurde am 5.8.1849 eine Frau Hensch (aus Charlottenburg) eingesetzt. Am 17.1.1860 wurde die Frau des P Messerschmidt als *"Oberin"* der Dkn gewählt. Diese Funktion ist jedoch auf einer Ratsversammlung der Berliner Amtsträger unter der Leitung des Ap Woodhouse am 5.11. d.J. wieder abgeschafft worden - die Dkn wurden den Ä und D unterstellt (pA). (Damit blieb der Grundsatz gewahrt, dass die Funktion der Dkn *"keine besondere Stufe des kirchlichen Amtes"* bildet u. *"keinerlei Rang über irgend einem der Diener der Kirche"* habe [VORSCHRIFTEN,1895,51].) Zum Dienst der Dkn s. ROSSTEUSCHER,1885; ALBRECHT,1982,107ff; FLEGG,1992,148ff.

62.a (S.49) Der *"eingeführte Engel"* (eE) oder *"Engel der Gemeinde" "steht zu der Herde, welche die Apostel seiner Obhut anbefohlen haben, in einem innigen geistlichen Verhältnis. Wenn ein Engel durch die Apostel feierlich eingeführt und dadurch mit der ihm vertrauten*

Gemeinde zu einer geistlichen Einheit verbunden ist, so soll sich durch diese Verbindung in der Einzelgemeinde das Geheimnis der geistlichen Ehe und Einheit zwischen Christus und seiner Kirche abspiegeln (Eph.5,32)." (ALBRECHT,1982,91) Die "Einführung" des E setzte das Vorhandensein des vierfachen priesterlichen Amtes voraus. Sie konnte nur nach einstimmiger Wahl durch die (erwachsenen) Gemeindeglieder geschehen und galt normalerweise auf Lebenszeit. (Eine Ausnahme gab es z.B. bei Becker [Anm.42.e].) Zum Ritual der Einführung s. LITURGIE,1897,456-464; RUBRIKEN,1895,104ff. Äußeres Zeichen der "Einführung" waren die symbolischen 7 Lampen (der Siebenarmige Leuchter als Hinweis auf die siebenfältige Fülle des Heiligen Geistes u. den Dienst durch das "siebenfältige Ältestenamt" [E u. 6 Ä], s.BORN,1974,43; vgl.Anm.21), die von der "Einführung" an bei den "vollständigen Morgen- und Abenddiensten" sowie bei der Eucharistie angezündet wurden.(RUBRIKEN,1895,26; s.Anm.54.c) Wo in einer Gemeinde neben dem E die P im vierfachen Amt anwesend waren, konnte in diesen "vollständigen" Gottesdiensten die "große Fürbitte" (die umfassendste Form der kap Fürbitte durch den E einer Gemeinde) dargebracht werden.
Berlin war die erste ndt. Gemeinde, die einen eE hatte. Bis 1863 folgten Königsberg und Bublitz, bis 1901 die Hauptgemeinden in Bromberg, Chemnitz, Danzig, Frankfurt/M., Hamburg, Hannover und Stettin sowie die Gemeinden in Breslau Nord, Dresden-Altstadt, Insterburg, Leipzig-Süd, Liegnitz, Magdeburg, Stargard/Pm. und Wuppertal-Barmen (insgesamt 18 Gemeinden). In Sdt. hatte nur Stuttgart einen eingeführten Engel. 1901 brannten weltweit über 60 kap Altären die Sieben Lampen. (Während diese nur in Kirchen hängen, in denen ein eE diente, befinden sich in jeder kap Kirche zwei Leuchter beiderseits des Altars "als Symbol für die der Kirche verordneten Ämter, insbesondere der Apostel und Propheten (Eph. 2 ,20), durch welche der Kirche das Recht und das Licht des Herrn kundgemacht werden sollen" [BORN,1974,44].)

62.b (S.49) E, die eine unabhängige Gemeinde leiteten, aber nicht eingeführt waren, hießen "beauftragte Engel" (BE). Auch sie konnten bei Vorhandensein des vierfachen Amtes die vollständigen Gottesdienste mit "großer Fürbitte" feiern, jedoch in einer etwas abgestuften Form und ohne Siebenarmigen Leuchter.
Engel, deren Gemeinde als Filiale unter einer Gemeinde mit BE oder eE standen (also noch nicht selbständig waren), wurden "nächstbeauftragte Engel" (NBE) genannt. Ihre Stellung war ähnlich wie die des EdH, wobei im Unterschied zu Horngemeinden Gemeinden mit NBE auch unabhängig werden konnten. (Zu Einzelheiten s. RUBRIKEN,1895,41-45; CIRCULARE,1895,204ff.)

63 (S.52) Bereits seit Apr. 1849 rechnete Thiersch mit der Möglichkeit, als Geistlicher der KaG nach Berlin versetzt zu werden, um von dort aus seinen übergemeindlichen Dienst wahrnehmen zu können.(Th.Br.,99/1; s.S.39.42 d.v.U.) Dies ließ sich jedoch nicht verwirklichen. Am 5.10.1852 schrieb er seiner Frau: *"Von einer Übersiedelung nach Berlin verlautet noch nichts. Es hapert am Geld und wenn sich nicht in Berlin ein Nebenverdienst für mich aufthut, wird auch so bald nichts daraus werden."* (Th.Br.,128/4) Nachdem Carlyle Ende Juni 1853 Th. zum wiederholten Male nach dessen Bereitschaft zur definitiven Anstellung als H.m.d.Ap. (bei Entbindung von den gemeindlichen Aufgaben) gefragt hatte (ebd.,142/2f; vgl.Anm.58.c), beschloss dieser, sich um einen *"Nebenverdienst"* an der Berliner Universität zu bemühen. (Sieben Jahre früher wären Thierschs Chancen sehr gut gewesen, denn aufgrund seines in "höheren Kreisen" Preußens mit großer Zustimmung aufgenommenen Buches *"Vorlesungen über*

Katholizismus und Protestantismus" hatte der damalige Staatsminister v.Thile sich intensiv um Thierschs Berufung nach Königsberg bemüht, die dieser jedoch damals ablehnte [WIGAND,1888,56f; Th.Br.,110/2].) Am 20.8.1853 reiste Th. nach Berlin, um beim Minister v.Raumer (MGA) eine Erlaubnis für einen Probevortrag an der Universität und beim Polizeipräsidenten K.L.Hinkeldey (1805-1856 [Tod durch Duell]) das Einverständnis für einen Zuzug zu erhalten. Beide Gespräche fanden am 30.8. statt (v.Raumer hatte Th. 1½ Stunden im Vorzimmer warten lassen [Th.Tgb.]). Am 2.9. berichtete Th. seiner Frau: *"Ich war beim Minister v. Raumer um wegen meines Auftretens an der Universität anzufragen. Er wich aus und verlangte Bedenkzeit. Ich war bei dem gefürchteten Polizei Präsidenten Hinkeldey, um wegen meiner Niederlassung zu fragen. Er brüllte mich an wie ein Löwe, wurde aber dann ganz höflich, versprach aber nichts. In den Zeitungen bin ich schon mehrmals hier aufgetaucht. Es kann Widerstand gegen meine Übersiedlung geben. Aber nur getrost! 'Du hättest keine Macht über mich, wenn sie Dir nicht wäre von oben gegeben' sagte unser HErr zu dem der das Schwert trug. Nur so weit wie es Gottes Güte uns zum Besten verordnet hat, werden sie gehen. - Der Minister v. Westphalen ist noch günstig gestimmt."* (Th.Br.,146/2) Am 1.1. 1854 hieß es in der PKZ (Sp.10): *"Von dem bekannten Irvingianer Professor T h i e r s c h in Marburg wollen mehrere Zeitungen wissen daß derselbe in B e r l i n eine Dozentenstelle erhalten solle."* Dies sollte sich jedoch als nicht zutreffend erweisen. Anf. Febr. erhielt Th. einen abschlägigen Bescheid von Hinkeldey. Auch Thierschs Eingabe an den Innenminister v. 24.2.1854 konnte daran nichts ändern.(Th.Tgb.; Einzelheiten s. in: B.ST.B.,H.Thierschiana II,Nr.3)

64 (S.52) Die Anfänge der katholisch-apostolischen Bewegung in Sdt. gehen auf die Wirksamkeit des E-Ev Caird zurück, der seit Anf. der 1840er Jahre in München, Augsburg, Karlshuld und anderen Orten tätig war.(s. S.27ff d.v.U., bes.Anm.29-34) Durch ihn konnten nicht nur die röm.-kath. Priester Lutz, Spindler, Fernsemer, Fischer, de Saint Marie und Egger, sondern auch eine Anzahl röm.-kath. Laien gewonnen werden. Neben Caird wirkte in der ersten Hälfte der 50er Jahre der als H.m.d.Ap. für Sdt. fungierende E Micaiah Smith (s.S.186 d.v.U.; ab 9.12.1859 H.m.d.Ap. für Schottland) in diesem *"Stamm"*, besonders in München. Einflüsse gingen (auf der Basis persönlicher Kontakte) auch von den kap Gemeinden in Basel, Marburg und Berlin aus. Die ersten kap Christen in Sdt. (fast ausschließlich Katholiken!) kamen aus Wiesentheid bei Würzburg, Mindelheim, München, Ulm, Augsburg und Stuttgart. Am 1.1.1852 empfingen die ersten Katholiken aus Sdt. in Berlin die apostolische Handauflegung. Thiersch schrieb 5 Tage zuvor an seine Frau: *"In der Gemeinde sind auch fünf Katholiken aus Bayern oder vielmehr Schwaben, köstliche Männer, drei von ihnen sind jetzt erst den weiten Weg vom Fuß der Alpen hergekommen um den Seegen Gottes in der Kirche zu finden. Manche von diesen Katholiken, vermuthe ich, werden uns noch weit übertreffen."* (Th.Br.,117/4) Am 21.5.1852 reiste der Marburger UD Anton Schmidt nach Berlin, um sich für eine (von Woodhouse gewünschte) Ev-Sendung nach Wiesentheid zurüsten zu lassen. (CHRONIK Marburg,I,55) In der folgenden Zeit gelang es ihm, einige Katholiken für die kaB zu gewinnen. Vom 18.8.-30.8.1854 hielt er sich erneut in W. und im Nachbarort Stadelschwarzach auf. Am 10./11.5.1855 traf sich Thiersch mit 7 kap Christen aus beiden Orten (den vier Brüdern Käppner, Michael u. Susanna Müller sowie einer Frau Stenger) in Würzburg.(Th.Tgb.) Fünf Wochen später sandte er den Marburger D G.Jacob nach Wiesentheid. Im Herbst d.J. wurden 10 Personen (der Familien Müller in W. u. Käppner in Stadelschwarzach) aus der Röm.-Kath. Kirche ausgeschlossen. (Die Exkommunikation wurde jedoch erst am 2. Advent öffentlich

von den Kanzeln in beiden Orten verkündet [s. *"Frankfurter Postzeitung"* v. 7.1.1856, 2.Beil.].) Im Okt. 1855 reiste im Auftrage Thierschs der Marburger P A.Schmidt nach W., *"wo er Nachts ankam u. Nachts wieder abreiste, er hielt sich im Hause des Michael Müller auf u. spendete daselbst die heil. Comm. an die von der römischen Kirche um der Wahrheit willen Ausgeschlossenen aus"*.(CHRONIK Marburg,II,113f) (Diese Praxis der Besuche mit Kommunion *"im Verborgenen"* wurde in den folgenden Jahren fortgesetzt.) Ein Brief an den röm.-kath. Bischof von Würzburg (v. 19.2.1856, mit beigefügtem Testimonium), in welchem Thiersch um Aufhebung der Exkommunikation bat, blieb ohne Erfolg.(Entwurf in ACTA Marburg,I) Nachdem Kunigunde Müller bereits am 29.8.1853 in Berlin versiegelt worden war, erhielten am 14.4.1857 Michael und Franzisca Käppner in Marburg die apostolische Handauflegung. Am 4.8. d.J. erhielt Thiersch die Nachricht, daß Susanna Müller aus W. (vermutlich Kunigundes ältere Schwester) *"laut einer Bekanntmachung des Pfarrers daselbst 'das tridentinische Glaubensbekenntniß abgelegt u. ihren Irrthum abgeschworen habe'"*. (CHRONIK Marburg,III,4.8.1857) Am 29./30.6.1858 traf sich Thiersch mit den 6 kap Christen aus W. und Stadelschwarzach in Schweinfurt und feierte mit ihnen in seinem Hotelzimmer die Eucharistie. Zu einer Gemeindebildung in W. oder Umgebung ist es auch später nicht gekommen.

Aus Mindelheim stammte die Familie Eberle. Ein Joh.Eberle war dort Dosenfabrikant. (Adresse im Th.Tgb.) Von den beiden jungen Männern, die am 28.9.1853 in Berlin (zusammen mit der *"alten"* Frau Eberle) die apHA empfingen, war der eine sehr wahrscheinlich J.B.Eberle (1831-1905 [15.5.1856 P-Ord. u. 2.12.1879 E-Weihe in Basel, P, EG u. von 1893 an BE in Ulm]). M. liegt in der Nähe von Dirlewang und Oberroth. Dirlewang war einst der Wirkungsort der "reformatorisch" gesinnten und oekumen. offenen röm.-kath. Priester Goßner und Bayr (letzterer war bis in die 1830er Jahre hinein Pfarrer in Dirlewang).(s.DALTON, 1878,95-124) Die Erinnerung an Goßner (der übrigens bis in die 1850er Jahre hinein religiöse Traktate nach Schwaben schickte [JÖRG,1858,II,195]) und Bayr war in der Gegend um Dirlewang lange Zeit lebendig und mag (ähnlich wie theologische Einflüsse von Sailer, Boos u. Lindl in Schwaben überhaupt) den Boden für die positive Aufnahme der kaB in Bayern mit bereitet haben.(vgl.Anm.30) So schrieb DALTON (1878,124) im Hinblick auf die Anhänger Goßners und Bayrs 1873 (1.Aufl.): *"Die kleine Schaar dort in der weiteren Umgebung, stark schon gelichtet, schwindet mehr und mehr dahin. Von den Eltern ist manches auf die Kinder in jenen Gegenden übergegangen; die suchen nun Bande kirchlicher Gemeinschaft und weil sie dieselben auch heute noch nicht in der römischen Kirche finden, läßt sich wohl in jenen Gegenden bei genauem Hinsehen eine Neigung entdecken, sich den Irvingianern anzuschließen..."* (s. dazu JÖRG,1858,II,193-198; WEBER,1973,209) Am 3.5.1853 schrieb Lutz aus Oberroth an Thiersch: *"Auch in hiesiger Gegend mehrt sich die Zahl derer, die durch des Herrn Gnade Sein Werk erfassen."* (ebd.,222)

In München, der Vaterstadt Thierschs, war durch M.Smith ein kleiner Kreis von Anhängern der kaB gesammelt worden. (Über eine Begegnung mit Smith im Sept. 1853 in M. berichtet LUTHARDT,1889,233f.) Zu diesem Kreis gehörten u.a. ein Dr. Eberle, Paul Salvenmoser und J. Georg Müller (Vorarbeiter in einer Lederfabrik in Giesling bei M., am 14.4.1851 in die Berliner Gemeinde aufgenommen, vor Nov. 1856 als D eingesetzt [Th.Br.,112/1]). Thiersch besuchte diesen Kreis (erstmals?) Ende Apr. / Anf. Mai 1855 und (speziell beauftragt von Woodhouse) im Nov. 1856. In der Zeit vom 1.-9.11. d.J. hielt er 5 Vorträge im Hause Salvenmosers (über Matth.5, 1.Sam.1-4 u. die Stiftshütte) und wies die Gläubigen an, die Gottesdienste der Landeskirche zu besuchen. Der D Müller war für die Betreuung dieses Kreises zuständig.(Th.Tgb.; CHRONIK Marburg,II,181) Bei einem weiteren Besuch vom 20.-27.6.1858 hielt Thiersch wiederum Vorträge und übertrug die geistliche Betreuung des Kreises dem P Spindler (die dieser von Augsburg aus wahrnahm [SCHOLLER,1891,140]).(s.Anm.33.b) Die Gründung einer kap Gemeinde war in Bayern aufgrund der religionsrechtlichen Situation und staatlicher Restriktionen vorerst nicht möglich. Eine im Juli 1857 an den bayr. König Maximilian II. (1848-1864) zwecks Bildung kap Gemeinden gerichtete Petition wurde abgelehnt. Erst ein drittes Gesuch v. 1.12.1859 führte zum Erfolg. Es handelte sich dabei mit hoher Wahrscheinlichkeit um die gedruckte, 51 S. umfassende Schrift: *"Bitte exkommunizirter Laien in Schwaben und Franken und fünf exkommunizirter katholischer Priester der Diözese Augsburg an die hohe Kammer der Abgeordneten in Bayern Schutz gegen Verfolgung und religiöse Freiheit betreffend"*, unterschrieben von Spindler, Lutz, Fischer, Fernsemer und Egger sowie 65 exkommunizierten Laien.(SPINDLER,Bitte; vgl. WEBER,1973,237; EDEL,1971, 355) Am 28.3.1862 wurde durch ein Edikt des Königs den Angehörigen der KaG in Bayern Kultusfreiheit gewährt.(WIGAND,1888,65; SCHOLLER,1891,140) Im BERICHT der Ap von 1863 (S.5) werden die Bedingungen genannt: *"Die königliche Regierung in Baiern hat uns Cultusfreiheit gewährt und uns als eine Privatreligionsgemeinschaft anerkannt. Doch dürfen wir Niemand zur Communion zulassen, der nicht zuvor seinem Pfarrer den Wunsch des Anschlusses an uns erklärt und von demselben eine schriftliche Bescheinigung hierüber empfangen hat."* Von 1864 bis 1869 wohnte Thiersch in M. und nahm von hier aus die Aufsicht über die wenigen kap Gemeinden in Sdt. wahr. Am 26.3.1865 feierte er erstmals mit kap Christen in M. die Eucharistie (in seiner Wohnung Luisenstr. 6 [Th.Tgb.; WIGAND,1888, 141]). Die kleine Münchener Gemeinde entwickelte sich nur sehr langsam. 1878 stand ihr der D M.Bild vor. Erst 1894 erhielt sie in Dr. C.O.Moré einen BE (zugleich H.m.d.Ap. für Sdt. [s.S.136 d.v.U.]). Ihr letzter E starb 1918.

Solange die Anhänger der kaB in Bayern durch kirchliche und staatliche Verfolgung an gottesdienstlichen Zusammenkünften gehindert wurden, blieb ihnen oft nur der Weg über die Grenze. Ein Teil der exkommunizierten Katholiken floh ins benachbarte Württemberg, wo in religiösen Angelegenheiten etwas mehr Toleranz herrschte. Der andere Teil nahm "gastweise" an der apHA außerhalb Bayerns teil. Am 16.8.1856 vollzog im unmittelbar an der Grenze zu Bayern gelegenen Ulm der Ap Drummond die erste apHA in Süddeutschland. Zu dieser Handlung (die in Cairds Wohnung stattfand) waren 18 Gläubige aus Bayern nach Württemberg gekommen.(Th.Br.,184/3f) Bei der nächsten apHA in U. am (29.[pA]?)/30.8.1857 wurden 37 Personen aus Bayern durch Drummond versiegelt.(Th.Br.,195/4) Zu diesem Zeitpunkt hatte sich bereits in U. die erste kap Gemeinde in Sdt. gebildet, die (nach dem 2.9.1857) der ehemalige röm.-kath. Priester J.A.Fischer (Anm.33.b) als P-Vorsteher übernahm (zunächst unter der Aufsicht des E T.Geering in Basel). Ihm standen zur Seite die P Fernsemer und J.B.Eberle aus Mindelheim. Bei einer weiteren apHA am 21.5.1862 waren von den 63 Versiegelten wiederum etwa 40 aus Bayern.(Th.Tgb.) Nach seiner E-Weihe am 10.5.1864 leitete Fischer für kurze Zeit die Ulmer Gemeinde als BE (+ 3.12.1865). Danach stand ihr J.B.Eberle vor (zunächst als P, ab 1879/80 als EG u. von 1893 bis + 1905 als BE). In der ältesten sdt. Gemeinde diente auch der letzte P dieses *"Stammes"* Friedrich Gommel (+ 15.8.1960).(vgl. S.194 d.v.U.; BORN,1974,50.132)

Die erste Gemeinde in Bayern wurde bald nach der Publikation des o.g. Edikts v. 28.3.1862 in Seifertshofen bzw. Hürben bei Krumbach gegründet. Am 13.7.1862 fand der erste Gottesdienst in Seifertshofen im Hause des D Vitus Goßner statt. Erster P-Vorsteher wurde Spindler, der die Gemeinde zunächst als Ä (unter Basel) und nach seiner E-Weihe am 21.5.1863 als BE leitete. Am 3.5.1863 vollzog Woodhouse die erste apHA in Seifertshofen (an 12 Personen). Am 29.10. d.J. wurde im nahegelegenen H. der Grundstein für den Bau einer Kirche gelegt, und zwar auf einem Grundstück, das ein ehemaliger Müller (der am 22.5.1862 in Ulm als D eingesetzte) Johann Miller der Gemeinde geschenkt hatte.(s.SPINDLER,1863) Im BERICHT 1863 (S.5) wird der Grund für den Ausbau der Hürbener Gemeinde als des ersten Zentrums der kap Christen in Bayern genannt: *"Die Gläubigen in Baiern wohnen in einem großen Bezirke zerstreut. In Hürben, welches ungefähr im Mittelpunkt liegt, wird eine kleine Kirche erbaut."* Am 1.1.1865 wurde die Kirche eingeweiht (Thiersch hielt die Homilie).(Th.Tgb.) Nachfolger Spindlers als E in H. waren Fernsemer (BE ab 1870), Valentin Buschor (BE ab 1875) und Daniel Rupflin (NBE ab 1893/94).(zu H. s. auch UNSERE FAMILIE, 1992/10,43f)

Am 19.8.1866 konnte (nach evangelistischer Vorarbeit durch den E-Ev L.Geering ab Anf. 1863 [BERICHT,1863,5]) eine Gemeinde in Stuttgart gegründet werden. Hier hatte sich bereits im Dez. 1855 der Ap Woodhouse aufgehalten.(Th.Tgb.) Ihr erster P-Vorsteher und BE (1870-1876) war Dr. J.Pilgrim (Anm.39.c). Ihm folgten A.Kugler (BE 1876-1888, eE bis 1898), A.Bonart (BE bis 1908) und der letzte E in Sdt. Heinrich Kintzinger (+ 2.10.1944). Die Gemeinde in S. war die einzige Gemeinde dieses *"Stammes"* mit einem eingeführten Engel. Um 1900 zählte diese größte sdt. Gemeinde 700 regelmäßige Kommunikanten.(1890: 454 Mitglieder [WÜRTTEMB.KG,1893,634])

Fast 30 Jahre nach dem ersten Besuch von Caird (u. nach evangelistischer Tätigkeit spätestens ab 1867) entstand im Okt. 1868 eine Gemeinde in Augsburg. 1869 bis 1875 wurde sie von Thiersch geleitet, ab 1875 von dessen Schwiegersohn Scholler ([s.Anm.36] BE bis kurz vor 1900), danach von L. Braun (NBE). Die Anzahl der kap Gemeinden in Sdt. betrug 1878: 13, 1901: 41, 1922: 31, 1980: 18 und 1990: 13.(vgl.S.183.186.193.196 d.v.U.; zu Sdt. s. WEBER, 1973; Art. *"Der Irvingismus in Baiern"* in: EKZ,1858,50; SCHOLLER,1891; BORN,1974, 50.57.65 u.ö.; bes. Thierschs *"Erklärung die katholisch=apostolischen Gemeinden in Baiern betreffend"* v. 19.2.1870 [Auszüge bei WIGAND,1888,343ff; s.Anm.79.b]; weitere Lit. bei EDEL,1971,347-389)

65.a (S.52) Carl Ferdinand Döhring (+ 1900) war Lehrer in Hütten, ehe er wegen seines Anschlusses an die KaG aus dem Schuldienst entlassen wurde (s.Anm.86). In einer Beurteilung durch Sup. Zahn in Neustettin aus dem Jahre 1847 heißt es über G.: *"Die Schule zu Hütten gehört mit zu den besten der Synode. Döhring ist ein sinniger, denkender, ohne Unterlaß vorwärts strebender, treuer und frommer Lehrer. Seine 17 Präparanden haben an ihm und seiner Schule gute Vorbilder."* (I/144)
1849 schloss er sich der kaB an, wurde am 2.2.1850 in Neustettin dem Hirtenamt übergeben und kurze Zeit später als Lehrer abgesetzt.(s.S.93 d.v.U.) Ber. zum P-Amt am 8.3.1851 (durch Geyer), P-Ord. 10.3. (beides in Neustettin), 16.3. Einführung als P-Vorsteher in der Gemeinde Bublitz (durch Carlyle), 13.9.1853 Ber. zum E-Amt durch Geyer in Berlin, 28.10.1854 E-Weihe in Neustettin (Carlyles letzte E-Weihe!), Dienst als Ä in Bublitz unter Koeppen, nach dessen Tod BE in Bublitz (Jan. 1858), ab 22.10.1862 eE (bis zu seinem Tode; D. war der 3. eE in Deutschland).Sein Sohn Carl August D. wurde EE der AK.(s.S.99 d.v.U.)

65.b (S.52) Wilhelm Hermes, Sohn von J.W.Hermes (Anm.55.c) wohnte um 1852 in Lüttich (Liège, Belgien).(Th.Br.,121/2) Am 8.2. d.J. wurde er in Berlin durch Geyer zum P-Amt ber. und am 19.2. durch Rothe als D eingesetzt. H. kehrte nach Lüttich zurück. Hier entstand im

Apr. d.J. (pA; nach AARSBO [1932,275] im Jahre 1853) eine kap Gemeinde, die zunächst der ehemalige röm.-kath. Priester Abbé M.Vleughel (confirmatio ordinis am 20.6.1852) als P-Vorsteher leitete. H. diente dort erst als D, wurde im Laufe der 1850er Jahre zum P ord. und leitete die Gemeinde in Lüttich ab 1859 als P-Vorsteher. 1861 übersetzte er Teile der Liturgie ins Flämische.(BERICHT,1863,4) Am 12.7.1863 wurde er in der Londoner Zentralgemeinde zum E-Amt ber. und 10 Tage später vom Ap King-Church in Lüttich zu diesem Amt geweiht. Von 1863-1869 diente er als BE in Brüssel. Später wirkte er auch als apostolischer Delegat in kap Gemeinden (z.B. vom 18.-26.12.1879 in Châtelet/Belgien). Von 1880 bis zu seinem Tode (26.12.1884) war er H.m.d.Ap. für die Niederlande.(NEWMAN-NORTON,1971,55; pA)

65.c (S.52) J. Friedrich Kleiner, Schuhmachermeister aus Fischerend bei Liegnitz, wurde am 8.2.1852 durch Geyer zum P-Amt ber. und bereits einen Tag später ordiniert.(beides in Berlin) Zusammen mit C.Renner (s.u.) diente er als P in Buchwäldchen. In der 2. Hälfte der 50er Jahre wohnte er in Heinersdorf bei Liegnitz und arbeitete vermutlich (bedingt durch die Armut seiner Gemeinde [vgl.Anm.55.i]) nebenbei in seinem Beruf.

65.d (S.52) Carl Renner aus Michlrädlitz bei Liegnitz, ber. am 8.2. und ord. am 9.2.1852, diente zusammen mit Kleiner als P in Buchwäldchen.

65.e (S.52) Carl Heinrich Olbrecht, Barbier (VII/1.51; in den *"Berlinischen Nachrichten von Staats= und gelehrten Sachen"* [Nr.222 v. 23.9.1857] wird er [abfällig?] als *"Hühneraugenoperateur"* bezeichnet), wurde am 26.12.1850 UD in der Berliner Gemeinde. Einsetzung als D am 4.12.1851, Ber. zum P-Amt (Geyer) am 5.7.1853, am 5.9. d.J. P-Ord., diente als P in Berlin, siedelte am 2.10.1857 nach Magdeburg über, wo er erster P-Vorsteher der dortigen Gemeinde wurde. Ab 1.11.1859 übernahm er die am selben Tag gegründete Gemeinde in Erfurt. Ber. zum E-Amt am 30.10.1860 (Geyer), 10.10.1861 E-Weihe (beides in Berlin). Ab etwa 1862 bis mindestens 1871 diente er als NBE in Erfurt.

65.f (S.52) Ludwig Beckemeyer, von Beruf Comptoir-Gehilfe (bzw. Expedient [VII/1.51]), wurde am 19.2.1852 in Berlin als D eingesetzt, am 5.7.1853 zum P-Amt ber. (Geyer) und am 5.9. d.J. zum P-Amt ordiniert. Von Mitte 1854 bis spätestens 1857 hielt er sich in Pommern auf (WEINMANN,1963,300), wo er möglicherweise als P tätig war. Ende 1859 diente er als H in der Berliner Gemeinde (s.S.63 d.v.U.; seine definitive Einsetzung in das H-Amt erfolgte am 7.11.1861 [vgl.Anm.54.c]). 1878 war er NBE in Cottbus.(AdB)

65.g (S.52) Der Glasermeister Gottfried Zwanzig aus Burg gehörte zu den ersten Mitgliedern der dortigen kap Gemeinde. Am 17.10.1852 empfing er in Burg die apHA und wurde am selben Tag als D eingesetzt. Am 5.7.1853 Ber. zum P-Amt (Geyer), 5.9. P-Ord. (beides in Berlin), ab 25.10. d.J. P-Vorsteher der Gemeinde in Burg (mit Rathenow), ab 29.4.1855 im Ä-Amt (in Burg), ab 1.1.1862 erster P-Vorsteher der Gemeinde in Wittenberg, 2.10.1867 Ber. zum E-Amt, 24.9.1869 E-Weihe, ab 26.9. d.J. BE in Frankfurt/O., ab 1.3.1887 EdH in der Horngemeinde Berlin-Ost, ab 1.1.1891 Dienst in der Berliner Hauptgemeinde (als EG?), von Juli 1893 bis März 1894 BE in Brandenburg.

65.h (S.52) Karl Hirsch, D der Gemeinde in Frankfurt/O. (eingesetzt nach Mitte 1851), wurde am 5.7.1853 in Berlin durch Geyer zum P-Amt berufen. Weiter ist nichts über ihn bekannt.

65.i (S.52) Anton Schmidt (+ nach 1867), Bauer (!) aus Wershausen bei Marburg, empfing am 4.2.1849 die apHA in Marburg. Am 27.5.1851 wurde er als UD der Marburger Gemeinde eingesetzt und bald darauf mit Ev-Auftrag ausgesandt (z.B. Mitte Juli d.J. in die Gegend südl. von Göttingen u. Mitte 1852 nach Wiesentheid bei Würzburg). Während eines Aufenthaltes in der Berliner Gemeinde trat bei S. am 4.6.1852 erstmals die Gabe der Prophetie hervor. Am 5.7.1853 wurde er durch Geyer in Berlin zum P-Amt ber., anschließend von Rothe als D eingesetzt und am 5.9. auch dort ord. (den Wortlaut der Berufungs-Worte s. in CHRONIK Marburg,I,87ff). Schmidts *"Primiz"* fand am 5.6.1854 (einem Pfingstmontag) in der Marburger Gemeinde statt.(Th.Tgb.) Dass sein Weg als P der KaG nicht unangefochten war, zeigt Thierschs bestürzte Tgb.-Eintragung v. 4.3.1856: *"Traurige Nachr. v. Ant. Schmidt, d(a)ß er untreu wird."* S. überwand jedoch seine Krise und blieb. Vom 6.1.-10.2.1857 vertrat er Geyers Stelle als Pr in der Berliner Gemeinde. Wenn Thiersch auf Reisen ging, so betraute er (ab 1854/55) S. mit der Aufsicht über die Marburger Gemeinde.(vgl.Anm.60.b) Ab Nov. 1862 setzte Thiersch (dessen übergemeindliche Aufgaben stark angewachsen waren) S. als P-Vorsteher ein und übertrug ihm die Leitung der Gemeinde ganz, wobei er weiter die Oberaufsicht wahrnahm. (Dass der Professor einen Bauern zu seinem Stellvertreter machte, ist nicht nur kennzeichnend für Thiersch, sondern durchaus charakteristisch für den "Geist" innerhalb der KaG.)

65.j (S.52) Carl Badow, Pantoffelmachermeister und Glockentreter an der St.-Nikolai-Kirche in Spandau, gehörte zu den Gründungsmitgliedern der dortigen kap Gemeinde. Sein zuständiger Pfarrer beschrieb ihn als einen *"sehr erweckten gläubigen, die Kirche fleißig besuchenden und an allen christlichen Vereinswerken eifrig theilnehmenden"* Mann.(Pfr. Guthke an das Kons.Br. v. 2.6.1851 [in: XXII]) Ende 1851 wurde er wegen seines Anschlusses an die KaG auf Weisung des Kons.Br. aus dem Dienst als Glockentreter entlassen. Bei seiner Anb. zum P-Amt am 5.7.1853 wurde er (durch Geyer) nicht berufen. Ob in späterer Zeit eine Ber. erfolgte, ist nicht bekannt.(vgl.S.81ff d.v.U.)

65.k (S.52) Christoph Mehlmann aus Niegripp gehörte zu den ersten Mitgliedern der kap Gemeinde in Burg. Am 17.10.1852 empfing er die apHA und wurde (zusammen mit Zwanzig [Anm.65.g]) als erster D der Gemeinde eingesetzt. Eine Ber. zum P-Amt er folgte bei seiner Anb. am 5.7.1853 nicht.

65.l (S.52) Friedrich Messerschmidt (1857 war er *"Königl. Pensionair"* [VII/51]) erhielt am 3.2.1852 in Berlin die D-Segnung durch den Ap Carlyle, wurde am 14.6.1854 zum P ber. und am 8.11. d.J. ordiniert. Er diente zunächst als H in der Berliner Gemeinde. Ab Herbst 1859 leitete er einen ihrer Ä-Bezirke.

65.m (S.52) Gottfried Hickethier, Korrektor in der Druckerei Hickethier (Familienbetrieb), Mitglied der Berliner Gemeinde, 19.9.1852 als Lh eingesetzt, 6.2.1853 UD, 8.6. d.J. Einsetzung als D, 14.6.1854 Ber. zum P-Amt, 8.11. d.J. P-Ord., dann Dienst als Hirte. Ende der 50er Jahre arbeitete er (vorübergehend?) nicht als P, sondern in seinem *"weltlichen"* Beruf.(s.S.64 d.v.U.) H. druckte nicht nur, sondern verlegte auch kap Schriften (z.B. ab 1863 die PM). (s.Anm.38.c)

65.n (S.52) Carl Wilhelm Louis Preuß wurde am 12.1.1827 als Sohn des *"Oekonomie-Verwalters"* Friedrich Gotthilf P. und seiner Ehefrau Eleonore Henriette, geb. Rahn, in Matzdorf/Niederlausitz geboren. Er erlernte das Tischlerhandwerk und schloss sich 1850/51 der kap Gemeinde in Berlin an. Etwa Anf. 1852 zog er nach Spandau. Am 24.10.1853 wurde er in Berlin in das D-Amt eingesetzt - vermutlich für die kap Gemeinde in Rathenow, wohin er im selben Jahr seinen Wohnsitz verlegte. Am 14.6.1854 wurde er durch Geyer zum P-Amt ber. und am 8.11. d.J. ord. (beides in Berlin).
Ab 21.7.1855 wohnte er in Hamburg und leitete die dortige Gemeinde als P-Vorsteher. (s.Anm.121.a) Wie schon in Rathenow arbeitete er auch hier als Tischlergeselle, später als Instrumentenbauer (bis 1866). Am 27.5.1860 heiratete er die Aufwärterin Anna Maria, geb. Hansen, verw. Todtmann (8.7.1816-3.8.1877) aus Hamburg.
P. folgte Anf. 1863 F.Schwarz in die Separation von den KaG. Im Frühjahr d.J. wurde er in der exkommunizierten Hamburger Gemeinde zum *"Apostel"* für Norddeutschland berufen (nicht durch Geyer!). Bis zu seinem Tode (er starb am 25.7.1878 in Hamburg an Magenkrebs) war er der offizielle "Leiter" der AcaM. Für Geyer (dem *"spiritus rector"* dieser Gemeinschaft) war die *"Berufung"* von P. *"im Wege der Unordnung geschehen"*. Da er sie jedoch *"nicht ungeschehen machen"* konnte, musste er sie notgedrungen akzeptieren.(H.GEYER, 1893,31; s. weiter S.228-237 d.v.U. [bes.Anm.126]) Zu P. ausführlich: WEINMANN,1963, 62-68.351-359.

65.o (S.52) Rozek (oder Rozeck; Pole?), aus Posen, wurde durch Böhm für die kaB gewonnen. Am 14.6.1854 erhielt R. in Berlin die Ber. zum P-Amt (durch Geyer). Beim ersten Besuch der Gemeinde in Posen durch Carlyle und Thiersch wurde R. am 2.11. d.J. vom H.m.d.Ap. geprüft, einen Tag später vom Ap ord. und als P-Vorsteher eingesetzt. R. hielt auch geistliche Vorträge in Polnisch und war prophetisch begabt.(Th.Tgb.)

65.p (S.52) Der Marburger stud. theol. Wilhelm Gundlach aus Veckershagen bei Kassel wurde am 16.12.1849 in die Marburger Gemeinde aufgenommen, am 24.2.1850 versiegelt und am 4.10. d.J. von Thiersch als D für die Gemeindeglieder im Nachbarort Sterzhausen eingesetzt. Im Frühjahr 1853 wollte Böhm G. nach Königsberg senden, womit Thiersch nicht einverstanden war.(Th.Tgb.,4./5.4.1853) Im Spätsommer war dessen Entsendung nach München geplant (ebd.,26./30.8.1853), die aber offenbar ebenfalls nicht zustande kam. Am 14.6.1854 wurde G. in Berlin durch Geyer zum P-Amt berufen. Bald darauf ging er nach Reval, wo er als Gymnasiallehrer tätig war.
Anf. Juni 1858 kehrte er nach Marburg zurück, ließ sich aber in der kap Gemeinde nicht mehr sehen. Thiersch, der den Grund dafür bald erfuhr, notierte in der CHRONIK Marburg (III): *"Am 3. July machte mir Frau Dr. Gundlach im Auftrag ihres Sohnes des Diacon Wilh. Gundlach die traurige Mittheilung: er habe dem Herrn Minister versprochen, aeusserlich keinen Verkehr mit uns zu pflegen; er bekomme eine Stelle in Hanau."* (Bemerkenswert ist in diesem Zusammenhang die folgende Passage aus einem Wort der Weissagung, das der P A.Schmidt kurz vor der Rückkehr Gundlachs aus Reval während eines Gottesdienstes aussprach: *"... Ah die Stunde des Abfalls ist gekommen. Habt ihr den Abfall vernommen? Kein Kriegsmann flicht sich in Händel der Nahrung auf dass er gefalle dem der ihn erwählt."* [ebd.,6.6.1858].) Zu G. s. auch WEINMANN,1963,306.

[66] (S.53) Schweden und Norwegen, ursprünglich MacKenzies Auftragsgebiet, waren 1846 dem Ap Dow übertragen worden.(s.Anm.67) Dieser unternahm 1851 eine Reise nach Schweden und schrieb einen Bericht über die kirchlichen Verhältnisse des Landes. (AARSBO,1932,288) In den folgenden Jahren (vermutlich schon 1853/54, auf alle Fälle jedoch vor 1858) versuchte der P-Ev George J.R.Hewett (1818-1876, ab 1865 Koadj für Dänemark u. Holland) in Norwegen Eingang für die kaB zu finden - jedoch ohne Erfolg.(ebd.,275)
Da der Ap Dow im Sommer 1854 sehr krank war (Th.Br.,154/2), übernahm Carlyle dessen Aufgaben in Skandinavien. (Seit 1852 war er auch für Polen verantwortlich [Anm. 99].) Ende Aug. reiste er zunächst nach Hamburg, wo er am 27. d.M. in der vier Monate zuvor gegründeten Gemeinde die erste apHA vollzog. Mit anwesend waren Rothe und sehr wahrscheinlich auch Böhm (der spätestens seit Mai 1854 in Kopenhagen für die kaB warb).(WEINMANN, 1963,300-303) Carlyle reiste anschließend über Kopenhagen, wo Böhm zurückblieb (ebd., 305), nach Norwegen (H.GEYER,1893,4; vermutlich in Begleitung von Hewett). Ob er sich dabei auch in Schweden aufhielt, bleibt fraglich. (Einigen Autoren zufolge soll Carlyle, der am 28.1.1855 heimgerufen wurde, nach einer anstrengenden Schweden-Reise gestorben sein [AARSBO,1932,285; WEINMANN,1963,34; BORN,1974,48].) Am 24.9.1854 schrieb der Ap aus Christiania (heute Oslo): *"Having finished my tour in Norway, I intend to start on Tuesday the 26th by Kiel + Hamburg direct for Berlin which I hope to reach on Friday the 28th or Sat*(ur)*d*(ay) *29th."* (B.ST.B,H.Thierschiana II,Nr.149,Carlyle 6/1; der 29.9.1854 war ein Freitag)
Carlyle kam offenbar sehr erschöpft in Berlin an. Rothe schrieb am 2.10. an Haeger in Hamburg: *"Wir haben den Apostel seit Freitag hier. Er wohnt in unserem Haus und ist, Gott sei Dank, etwas wohler geworden durch Ruhe und Pflege."* (WEINMANN,1963,307) Alles deutet darauf hin, dass Carlyle nach seinem Aufenthalt in Ndt. (er reiste - gesundheitlich sehr angeschlagen - am 21.11. ab) nicht nach Schweden fuhr, sondern nach England zurückkehrte. (s.S.53f d.v.U.)
Im Herbst 1857 reiste Böhm nach Schweden.(pA) Interesse an der kaB zeigte sich 1858 im südschwed. Smaland.(Th.Tgb.,10.9.1858). Am 21.1.1878 wurde in Stockholm die erste kap Gemeinde Schwedens gegründet (ab 1893 EE-Sitz). 1901 gab es in Schweden 15, 1922 16 (z.T. sehr kleine) kap Gemeinden. Heute existiert dort keine mehr. Die beiden ersten Gemeinden Norwegens entstanden in Drammen (1872) und in Christiania (Juni 1877, ab 1893 mit eE, ab 1899 Metropolitangemeinde). 1901 gab es dort 10 Gemeinden. 1939 starb der letzte E, 1956 der letzte P und 1959 der letzte Diakon. 1980 bestand noch eine einzige Gemeinde in Oslo (1990 nicht mehr).(BORN,1974,72ff.88.115; AdB 1922, 1980, 1990; vgl. NEWSLETTER,II,1952,14f; pA)

[67] (S.56) Duncan MacKenzie (1784/85-26.1.1855), Apotheker (wholesale chemist) in Islington, ehemals Ältester in Irvings schott.-presbyt. Gemeinde am Londoner Regent Square, gehörte zu den ersten Anhängern der kaB. Nach Irvings Amtsenthebung folgte er diesem in die spätere Londoner Zentralgemeinde (Newman Street), wo er am 5.4.1834 durch Taplin zum (P-)Ä ber. und 9 Tage später durch Cardale zu diesem Amt ord. wurde. Bald darauf übernahm McK. (ein *"Mann von bewährter Entschiedenheit"* [ROSSTEUSCHER,1886,427]) die kap Gemeinde in Islington als Ä, wurde dort am 20.8. zum E-Amt ber. und erhielt am 7.10.1834 die E-Weihe. Während seiner Amtszeit baute die Gemeinde Islington als erste der Sieben Gemeinden in London eine eigene Kirche (1972 abgerissen [R.DAVENPORT,1974,178.307]).

Als am Tage der Aussonderung der Ap (14.7.1835) D.Dow nicht erschienen war, stellten die 11 versammelten Ap nach interner Beratung zwei Kandidaten für die Stelle des 12. Ap auf: Dr. John Thompson (1786-8.12.1874, E in Southampton, ab 12.7.1836 *"Pfeiler"* der H) und MacKenzie. Letzterer wurde durch Taplin zum Ap berufen.(ROSSTEUSCHER,1886,463f; s.Anm.20.b.12) (Man war durch prophetische Worte darauf festgelegt, dass an diesem Tage zwölf Ap ausgesondert werden sollten; es gab keinen Aufschub der Entscheidung... [ROSSTEUSCHER,1886,457-461; vgl.EKZ,1837,438].) McK. erhielt das Auftragsgebiet Schweden und Norwegen. 1838 übergab er dem schwed. König und dem Erzbischof von Uppsala das Testimonium.(vgl.Anm.25.d, 66)

Als im Jahre 1840 Auseinandersetzungen über das Verhältnis zwischen dem Ap-Amt und den anderen Ämtern (besonders dem Pr-Amt) zu einer *"Crisis of Authority"* (FLEGG,1992,77) innerhalb der KaG geführt hatten und die Ap in dieser Situation zur Wahrung der Autorität ihres Amtes weitreichende Maßregeln trafen (Suspension des *"Council of Zion"*, vorübergehender Verzicht auf die Tätigkeit der apostolischen Mitarbeiter u. auf den Gebrauch prophetischer Worte), konnte McK. diese nicht mittragen und trennte sich im Aug. d.J. von den KaG. (s. DOWGLASS,1852,30; WOODHOUSE,1901,81-86; R.DAVENPORT,1974,117-123; BORN, 1974,35f)

WOODHOUSE (1901,84f) schrieb 7 Jahre später: *"Denn die Annahme dieser Maßregel, worin die Apostel für jenes eine und einzige Mal ganz allein stehen und für die Autorität des HErrn als des Hauptes und Regierers Seiner Kirche in allen Stücken auftreten und die wahre Lehre so entschieden verteidigen mußten - war für einen der berufenen Apostel der unmittelbare Anlaß seines Rücktrittes. Zu dieser Leistung apostolischer Macht über alle anderen Ämter, Propheten wie Engel, reichte sein Glaube nicht aus. Nachdem er allen damals ergriffenen Maßregeln zugestimmt hatte (so daß auch die erwähnten Grundsätze Apostolischen Regiments von allen Zwölfen einstimmig aufgestellt und genehmigt wurden), - weigerte er sich, für die Zukunft noch als ein Apostel zu handeln, und zog sich von der Ratsversammlung seiner Brüder und der Gemeinschaft der Kirche dauernd zurück. Er gab an, daß er an der Macht und dem Rechte der Apostel, in ihrem Amte irgendwie hervorzutreten (selbst unter solchen, die ihre Berufung und Autorität völlig anerkannten!), fortan und so lange zweifeln müsse, als ihnen nicht eine zweite Pfingstausrüstung, eine Macht übernatürlicher Äußerung verliehen sei, wodurch sie befähigt seien, in allen Fällen unter dem Antrieb des Heiligen Geistes zu handeln, nicht als vom Heiligen Geiste erleuchtete Menschen, die den Sinn Christi haben."*

Aus zwei Schriften des P der Londoner Zentralgemeinde Joseph AMESBURY (1853 u. 1854), der nachträglich die Kritik der von den 1840 verfügten Maßregeln betroffenen Amtsträger formulierte und sich leidenschaftlich für die Wiedereinführung des *"Council of Zion"* (u. damit des synodalen Prinzips) einsetzte, kann man einen interessanten Rückschluss auf die damalige Position MacKenzies ziehen. Das Dilemma bestand nach FLEGG (1992,77) in dem Grundsatzproblem: *"The apostles had been separated for their work in the Universal church by an act within the Council of Zion: was ultimate authority within the Catholic Apostolic body the prerogative of the Apostolic College alone, or did it rest with the apostles acting together with the Council? ... The situation had no doubt been exacerbated by the long absences of eleven of the apostles abroad."* Die Ap trafen nicht nur die hart umstrittene Entscheidung, das *"Council of Zion"* zu suspendieren, sondern sie sahen sich genötigt, auch Maßnahmen gegen einige ihrer engsten Mitarbeiter zu ergreifen: *"As a further protection of their authority, they dispensed with the services of the ministers who had travelled with them during their visitations of the tribes, some of whom had reported critically on their lack of missionary success. The great majority of the ministers and people accepted the conclusions and decisions of the apostles, though a few groups and individuals left the body on the grounds that the charismatic aspects of the Church were superior to the institutional ministry."* (ebd.,79)

ALBRECHT (1924,27) beschreibt, wie ernst die Krise um 1840 war: *"Es war eine Zeit schwerster Prüfungen. Denn die Apostel mußten gegen die irrenden Diener, namentlich auch gegen ihre Mitarbeiter, die den verkehrten Ansichten huldigten, ernste Maßregeln ergreifen, die aber unter Gottes Beistand Frucht trugen. Den meisten Amtsführern gab Gott Gnade, die von den Aposteln ausgesprochene Wahrheit zu erkennen und anzunehmen. Die apostolischen Mitarbeiter und die Engel der Gemeinden ließen sich nach und nach über das Wesen des apostolischen Amtes besser unterweisen und wurden schließlich - einige freilich nicht ohne manche Schwierigkeiten - von dem Irrtum frei, der sich bei ihnen eingenistet hatte und wodurch, wäre er wirklich geblieben, das mit soviel Kämpfen und Mühen geförderte Werk der Apostel beinahe hätte zerstört werden können."* (vgl.DOWGLASS,1852,6ff)

Zum Verhalten MacKenzies in dieser Situation schreibt R.DAVENPORT (1974,122): *"He seems to have gone a very long way with the other apostles in their handling of the crisis, and then to have been seized with misgivings. Having agreed to every paragraph of the ultimatum to the churches, he had then objected to its being signed and sent to the angels. His action had the awkward consequence that instead of being issued as an authoritative word of the whole college, the all-important document had to be published as an expression of the <u>sentiments</u> of the twelve, with an explanation of why it was so transmitted."*

ALBRECHT (1924,28) schreibt: *"Obwohl er allen damaligen Maßregeln der Apostel zugestimmt hatte, so weigerte er sich doch, ferner noch als Apostel zu handeln, und zog sich von der Ratsversammlung seiner Brüder ... zurück, wenn er auch, wie mir einer der apostolischen Koadjutoren vor vielen Jahren mitgeteilt hat, nicht daran zweifelte, daß er wirklich ein Apostel sei."* (vgl.MILLER,1878,I,270)

MacKenzies Schritt (ROSSTEUSCHER [1886,456] spricht im Hinblick auf dessen persönliche Situation von einer *"Katastrophe"*) musste die Ap besonders erschüttern, da sie durch prophetisches Wort *"gewarnt"* worden waren, *"daß sie vor allem ihre zwölffältige Einheit bewahrten. 'Wenn Ein Apostel Nein sagt, so habt ihr nicht den vollkommenen Sinn des HErrn; wenn Ein Grund fehlt, wie soll die Stadt gebaut werden!'"* (ebd.; vgl.WOODHOUSE,1863, 14ff)

Die 11 Ap bemühten sich intensiv, McK. zurückzugewinnen, doch ohne Erfolg. WOODHOUSE (1901,85f) schreibt: *"Nachdem alle Versuche der Apostel, den zurückgetretenen Bruder wieder herbeizubringen, völlig fehlgeschlagen waren, da er sich entschieden weigerte, mit ihnen über seine eigentümlichen Anschauungen irgendwie sich zu besprechen: mußten sie der Lage entsprechend handeln. Unter dem tiefen Eindruck, wie sehr der Abfall Eines aus ihrer Mitte für sie als ein Kollegium erheblich sei, und nicht ohne Wirkungen für ihr gemeinsames Handeln bleiben und den Glauben vieler neuerdings erschüttern könnte: beschlossen sie, alle Gemeinden persönlich oder durch einen besonders instruierten Mitarbeiter zu besuchen. Sie meldeten ihnen das Ereignis und dessen Ursachen, bezeugten ihre eigene unwandelbare Zuversicht auf den HErrn, der sie bisher geleitet, und ihren Entschluß, die Gemeinden auch ferner nach bestem Vermögen auf dem Wege des HErrn zu lenken. Sie beschworen alle, denen der gleiche Glaube geschenkt war, sich mit ihnen in Gebet und Flehen zum HErrn zu wenden, daß Er hervortrete und ihnen aus der gegenwärtigen Not helfe, und wenn irgend möglich*

auch jenen wiederbringen wolle, der seinen Glauben und sein Amt verlassen habe. Diesem Aufruf entsprechend haben alle Gemeinden ihr unerschüttertes Vertrauen auf Gott ausgedrückt, sowie ihr Mitgefühl mit den Aposteln und ihre Willigkeit, zu ihnen zu stehen und ihrem Glauben zu folgen, als dem einzigen Weg zu ihrer Vollkommenheit."
MacKenzies Auftragsgebiet übernahmen 1846 W.Dow, 1855 King-Church, 1865 Cardale und 1877 Woodhouse.(BORN,1974,48) Im Sommer 1851 unternahmen die Ap Perceval, Dow und Armstrong noch einmal einen Versuch, McK. zur Rückkehr zu bewegen. Auch dieser *"blieb ohne Erfolg"*.(ebd.,36; vgl.CARLYLE,1851,15!) McK. starb in London-Barnsbury, Hemmingford-Road.(NEWMAN-NORTON,1971,74) (KOLDE [RE^3,IX,432] zufolge soll McK. in *"Kapland"* verstorben sein, was wohl unzutreffend ist.)
Nach MacKenzies Tode warf der Berliner E Rothe die Frage auf, ob bei der jährlichen Verlesung der Namen der entschlafenen Amtsträger und Gemeindeglieder am Allerheiligen-Fest (s. dazu RUBRIKEN,1895,65f) auch McK. erwähnt werden solle. Woodhouse lehnte dies kategorisch ab. In einem (bisher unveröffentlichten) Brief v. 5.2.1856 an Thiersch begründete er seinen Standpunkt: *"As to McKenzie - I think Rothe is going out of his way to bring this matter forward - However as he has done it I must give him a reply - McKenzie for. 14 or 15 years before his death* (he) *not only wholly absented himself from his duties as an apostle, but from all communications of an official nature with the rest of the Apostles - and from all participation in the services and sacraments of the House of God among us, he held and adopted strange views and doctrines, and condemned and discountenanced the doctrines which we held - he held intercourse with persons formerly associated with us, (who had drawn aside), and with others believed by us to be under evil spiritual power. And so long I think as ten years ago the Apostles intimated to him and to the Churches they could no longer consider him to be of one spirit with them. In fact Mr. McKenzie had for 15* (eine nicht eindeutig im Text verbesserte *"12"* - Verf.) *years absented himself from all our worship and service and communion; and no angel would have been justified in giving him the communion without the authority of the Apostles for so doing - It is one thing for the Apostles to refuse to consider one to be one spirit with them who has thus acted; and another thing for them to pass judgment on him as an Apostate and to anticipate the final judgment of God about him, and to set about filling up his place. - The suggestion that Mr. McKenzie's name should be coupled with those who have served the Lord in life and remained faithful unto death, coming from the Angel of the Church in Berlin rather surprizes me - If one of Mr. Rothes flock - a priest - refused to fulfil his duties, absented himself for 15 years from the Church fell into sundry errors, associated with those known to be under evil spiritual power and refused every dealing of the Angel to bring him back and died in this state, would Mr. Rothe commemorate him among the faithful departed - win though such a person all along admitted his priestly standing - McKenzie being a called separated Apostle, we cannot interfere with his apostleship. But would Mr. Rothe or any Priest commend one who thus acted among the faithful unto death, among the holy men a*(nd) *women."* (B.ST.B.,H.Thierschiana II,149,Woodhouse,1/1f)
Bis heute ist MacKenzies Name auf der zu Allerheiligen verlesenen Liste der verstorbenen Amtsträger der KaG nicht enthalten, ebenso fehlt sein Bild auf Fotomontagen vom Ap-Kollegium (ein Foto von ihm existiert jedoch).
Zu McK. s. WOODHOUSE,1901,84ff; MILLER,1878,I,90.158.214ff.236.240.270 u.ö.; ROSSTEUSCHER,1886,363.427.456.463f u.ö.; ALBRECHT,1924,27ff.58; NEWMAN-NORTON,1971,74; R.DAVENPORT,1974,122f.142; BORN,1974,35f.48.

68.a (S.57) Christopher Heath (26.3.1802-1.11.1876), Sohn eines Schiffsarztes, von Beruf Zahnarzt, *"ein Mann von guter Erscheinung und festem Charakter"* (BORN,1974,72), hatte sich Anf. der 1830er Jahre Irvings Gemeinde (der späteren Londoner Zentralgemeinde) angeschlossen, war am 14.4.1833 durch Cardale zum P ord. und im Dez. d.J. als Ä eingesetzt worden. Nachdem er einige Zeit als Ä in der Gemeinde Islington gedient hatte, wurde er während eines Konzils in London am 3.6.1835 zum E-Amt ber., am selben Tag durch Cardale konsekriert und als Nachfolger Irvings mit der Leitung der Zentralgemeinde beauftragt. H. gehörte damit zu den Sieben E der Londoner Gemeinden, welche am 14.7. d.J. die Ap unter Handauflegung für ihren Dienst in der Universalkirche aussonderten.(s.S.234 d.v.U.) Mehr als 40 Jahre stand er der Londoner Zentralgemeinde vor. In dem zur Aus- und Weiterbildung kap Amtsträger eingerichteten *"College"* (s.Anm.28.b) lehrte er Musik. H. hatte 18 Kinder, von denen 4 Söhne im E-Amt dienten. Sein achter Sohn, Edward H., wurde Koadj (Anm.101), ein anderer, James H. (1834-1915), EE der AK (eingesegnet am 13.7.1900). Von Christopher H. existiert in London eine Marmorbüste.(pA; s. auch NEWMAN-NORTON,1971,53; BORN, 1974,72)

H. verließ Berlin am 28.8.1855. Über die dortige Gemeinde verfasste er einen Bericht, den Woodhouse den Berliner Amtsträgern am 7.9. d.J. zur Kenntnis gab.(Th.Tgb.)

68.b (S.57) Auf dem *"Council of Zion"* am 3.6.1835 wurden die Sieben Engel der Londoner Gemeinden beauftragt, *"die Diakonen der Gesamtkirche zu sein und als solche die Zehnten und Opfer zu verwalten, bzw. als höchste diakonische Instanz deren Verwaltung in allen Gemeinden zu beaufsichtigen, sowie ferner, den Besitztitel aller kirchlichen Gebäude in allen Stämmen, soweit diese von deren Gemeinden aufgerichtet waren, innezuhaben"*. (BORN,1974,24f; s.ROSSTEUSCHER,1886,450ff)

Unter diesen Sieben Archidiakonen der Allgemeinen Kirche war Heath als E der Zentralgemeinde der primus inter pares. An die Archidiakonen der AK wurde seit dem 23.5.1835 aus allen Gemeinden der *"Zehnte der Zehnten"* abgeführt, der bestimmt war zum Unterhalt der Diener der AK (Ap u. ihre Mitarbeiter, Ev im Ev-Werk der AK). (BORN,1974,24) Daneben hatte jeder *"Stamm"* einen eigenen Archidiakon. Abgesehen von Ausnahmen in der Frühzeit der KaG (s.u.) musste auch dieser Archidiakon ein konsekrierter E sein. Er war *"der höchste Amtsträger eines Stammes in diakonalen Angelegenheiten und gehörte, soweit er diese Funktion ausübte, zu den Dienern in der allgemeinen Kirche. Er war der Betreuer der Gemeinden gegenüber dem kirchlichen Amt und besuchte zu diesem Zweck in größeren Abständen die ihm zugeordneten Gemeinden. Ihm oblag die Verwaltung und Rechnungslegung der Zehnten und Opfergaben aus den Gemeinden und auch des Witwenfonds, sowie die Genehmigung des Erwerbs von Grundstücken und der Errichtung von Gebäuden für kirchliche Zwecke."* (ebd.,80)

Die Entrichtung des *"Zehnten"* (d.h. des zehnten Teils alles reinen Einkommens) wurde in den KaG ab Jan. 1835 praktiziert.(ebd.,21f) Sie galt als eine *"heilige Pflicht"*, erfolgte aber ohne jegliche Kontrolle.(s.S.280.285 d.v.U.) Nach kap Anschauung werden die Zehnten *"Gotte entrichtet gemäss Seinem Gebote, und nicht Menschen. Darum wird in der Kirche von Zeit zu Zeit über ihre Darbringung, Bestimmung und Austheilung von den Aposteln nach dem Gebote des HErrn verfügt.*

... Alle Diener, welche etwas aus Zehnten oder Opfern empfangen, bekommen es als Geschenke oder Benefizien von Gott zur Erleichterung ihrer Wirksamkeit, nicht als einen Lohn ihrer Arbeiten, den sie zu beanspruchen hätten, noch als eine Bezahlung von Seiten des Volkes.

Solche Zutheilungen werden ihnen auf einen gewissen Zeitraum im Voraus dargereicht, ohne jegliche Gewähr oder Einräumung eines Anspruchs für weitere Auszahlungen. Die Dienste der Amtsführer sind nicht als Leistungen für die empfangenen Benefizien zu betrachten; sie müssen vielmehr stets dargebracht werden gemäss der, unabhängig von allem dienstlichen Einkommen, ihnen obliegenden Pflicht. Alle Amtsführer bis zum Diakon einschliesslich haben einen Revers zu unterzeichnen, durch den sie diese Grundsätze anerkennen und sich darauf verpflichten." (VORSCHRIFTEN,1895,73f; s. weiter ebd.,73-79; BORN,1974,21f; EDEL, 1971,333f; CIRCULARE,1895,26-35.173ff)

Bis weit in die 1860er Jahre hinein reichten in vielen kap Gemeinden Deutschlands die gesammelten Zehnten nicht völlig aus, um den aus ihren weltlichen Berufen *"gelösten"* E und P einen Mindestunterhalt zu ermöglichen. Sie waren auf Zuschüsse durch die Sieben Diakonen der AK angewiesen. (Eine detaillierte Schilderung der finanziellen Situation der ndt. Gemeinden im Jahre 1862 enthält der Artikel *"Ueber die dem Dienste der Allgemeinen Kirche gewidmeten Opfergaben, insbesondere an den hohen Festen und anderen Gedenktagen"* in den PM,1863,49-58, dessen Nachdruck in der 2. Aufl. der betr. Nummer der PM auf Wunsch des Ap weggelassen wurde [ebd.,155; s. auch S.64 d.v.U.; Anm.123.b; WEINMANN,1963, 294-308].)

Neben der Beaufsichtigung der Verwendung der Zehnten und Opfergaben gehörte zu den Aufgaben des Archidiakons auch die Teilnahme bei feierlichen Anlässen wie der *"Einführung"* eines E (vgl.S.167 d.v.U.) oder der Erhebung einer Gemeinde in den Stand einer Metropolitangemeinde sowie die Redaktion der Adressbücher der Gemeinden.

68.c (S.57) Als <u>Archidiakone</u> bzw. *"Receiver"* (d.h. Empfänger u. Verwalter der für die AK bestimmten *"Zehnten der Zehnten"* u. Opfergaben) dienten <u>in Norddeutschland</u>:

    H.Wagener (Anm.44) - wurde in Ermangelung eines Archidiakons am 3.2.1852 zum vorläufigen Berater des Ap Carlyle in diakonalen Angelegenheiten in Ndt. ernannt und am 24.8.1855 durch den Ap Woodhouse als *"Agent für die Geldangelegenheiten des norddeutschen Stammes"* eingesetzt (pA), d.h., W. war fung. Archidiakon

    Prof. C. Gustav v.Kries (+ 13.2.1858; seit 8.6.1853 D der Berliner Gemeinde, verzog am 21.11.1856 nach Marienwerder, s.S.50 d.v.U.) - wurde am 24.8.1855 von Woodhouse als *"Agent der Sieben Diakone in London"* (<u>Receiver</u>) eingesetzt

    Sommer (Vorname?, UD in Berlin, + vor dem 15.5.1862) - übernahm nach dem Wegzug von v.Kries die Aufgaben des Receivers

    E.A.Roßteuscher (Anm.39.b) - Archidiakon ab spätestens 1862 bis + 12.3.1892 (1864 eingeführt? [BORN,1974,80]); R. übernahm ab 15.5.1862 die Aufgaben des Receivers

    Carl Louis Wilhelm Wagener (Anm.44) - eingeführter Archidiakon von März 1892 bis + 1922

    Rudolf Gerds (+ 1928; 1892-1897 EdH der Gemeinde Berlin West, seitdem E der Hauptgemeinde in Frankfurt/M., 1900 eE u. EE [s.Anm.43.c]) - von 1892 bis 1928 Receiver

    Alwin Ottomar Theodor Friebe (25.1.1848-25.4.1926; 2.11.1876 E-Weihe, NBE in Kassel, BE in Frankfurt/O., 24.5.1895 Einsegnung durch Woodhouse zum *"Gehilfen"* des H.m.d.Ap. für Ndt. F.J.Arndt u. nach dessen Tode 1909 fung. H.m.d.Ap., ab 1920 BE der Gemeinde in Berlin-Charlottenburg [BORN,1974,

108; vgl.S.192 d.v.U.]) - von Nov. 1922 bis + 1926 fung. Archidiakon
Rudolf Gerds (s.o.) - von Apr. 1926 bis + 1928 fung. Archidiakon
Friedrich Bosch (1863-1.12.1948, von Beruf kaufmännischer Direktor, Ä u. letzter P-Vorsteher der [Haupt-]Gemeinde in Frankfurt/M. [BORN,1974,121]) - von 1928 bis + 1948 fung. Archidiakon
Carl Schrey (16.2.1869-3.11.1960, 21.5.1900 E-Weihe in Albury, NBE in Glogau u. Waldenburg, ab 1910 BE in Siegen; s. Zur Erinnerung,1960,28) – fung. Archidiakon von Dez. 1948 bis + 1960
(Nicht aufgeführt werden hier die zeitweilig fung. Archidiakone für bestimmte Gebiete Norddeutschlands.)
Am 10.12.1958 wurde die *"Archidiakonale Verwaltung (Vermögensverwaltung der Katholisch-apostolischen Gemeinden Stammeskasse Norddeutschland)"* mit Sitz in Frankfurt/M. gegründet.(BORN,1974,138) Deren Vorsitzende waren: Carl Schrey (bis + 1960), der Berliner D Otto Terwede (bis + 1965) und der D Johannes Strelow in Bremen (bis + 18.10. 1970). Heute wird die *"Archidiakonale Verwaltung"* durch ein Gremium von UD und Lhf wahrgenommen.

Süddeutschland wurde durch die Archidiakone für die Schweiz mitversorgt (leider war es nicht möglich, in jedem Fall vollständige bzw. völlig gesicherte Angaben zu ermitteln):
E.L.Geering (Anm.42.b) - fungierte als Archidiakon während einer apHA am 21.5.1862 in Ulm (Th.Tgb.); fung. Archidiakon bis 1870?
Ph.J.Spindler (Anm.33.b) - (eingeführter?) Archidiakon von 1870 bis + Aug. 1880
L.Egger (Anm.33.b) - (eingeführter?) Archidiakon (WEBER,1973,230) von Aug. 1880 bis 1888 (?)
Paul Tappolet (1842-7.3.1914, ehemaliger evang. Pfarrer, E-Weihe vor 1887, 1892-1914 BE, dann eE in Zürich) - eingeführter Archidiakon von 1888-1914
Ludwig Alphons Woringer jun. (16.8.1849-8.4.1923, E-Weihe vor 1884, ab 1884 Ev.m.d.Ap. für die Schweiz u. Frankreich, ab 1895 auch für Sdt., daneben BE für die kap Gemeindeglieder in Florenz u. Rom) - von März 1914 bis + 1923 fung. Archidiakon

69.a (S.62) In Russland hat die kaB erst relativ spät Eingang gefunden, und zwar hauptsächlich unter Nichtrussen. Von den mindestens 19 Gemeinden, die im zaristischen R. gegründet wurden, befanden sich 8 in Lettland, 2 in Estland, 2 auf dem Gebiet des heutigen Finnland und nur 7 im übrigen Russland.(Petersburg, Moskau, Odessa, Kiew, Mohilew/Mogiljow am Dnepr, Petrowitschi u. Grudinowka) Für einige Jahre existierte auch eine P-Gemeinde im ehemals zu R. gehörenden Warschau (s.Anm.99). Schätzungsweise 80% aller kap Gemeindeglieder waren Deutsche und Letten.
Der Ap Dow hatte sein Auftragsgebiet erstmals 1838 besucht. Er hielt sich damals u.a. in Odessa auf.(NEWMAN-NORTON,1971,33) Später versuchte der E-Ev W.M.White (Anm. 41.a) durch das Anknüpfen persönlicher Kontakte Anhänger für die kaB zu gewinnen. Im Okt. 1849 reiste er über Berlin wieder nach Russland. Koeppen schrieb wenig später an seine Schwägerin: *"Jüngst ging hier durch einer der Evangelisten für Russland, und der Apostel für Griechenland (Armstrong - Verf.), beide treffliche herrliche Männer; der erstere spricht fertig russisch, der andere fertig Neugriechisch. Gern hätte ich dem ersteren Grüsse an euch mitgegeben, allein er ging direkt nach Moskau und wendet sich direkt an die Griechische Kirche. Die Deutschen im russischen Reiche haben es mit uns deutschen Evangelisten zu thun.*

Der Bruder von dem lieben Pastor Bienemann in Dorpat, ein Kaufmann in Amsterdam, gehört auch der dortigen Apostolischen Gemeinde (eine kap Gemeinde in Amsterdam konnte erst 1887 ins Leben gerufen werden - Verf.) *an, vielleicht kannst Du manches auf dem Wege erfahren, oder er durch euch!"* (KOEPPEN-Briefe, Br. vermutlich v. Okt./Nov. 1849) 1851 besuchte White neben Riga, Dorpat und Reval auch Petersburg, wo er dem Zaren Nikolaus I. (1825-1855) das Testimonium überreichen wollte. Dieser empfing zwar den Ev, *"aber die Unterhaltung mit ihm bestand darin, daß der Zar ohne weiteres erklärte: 'Wenn Sie nicht binnen acht Tagen Rußland verlassen haben, schicke ich Sie nach Sibirien!'"* (H.THIERSCH, 1932,40).(vgl.Anm.25.d) Im März d.J. und im Aug. 1852 hielt sich Dow in Berlin bzw. in Marburg auf - möglicherweise reiste er anschließend nach R. weiter. Doch die Gründung der ersten kap Gemeinde in seinem Auftragsgebiet erlebte er nicht mehr.
Im Spätsommer 1852 wanderte der E J.W. Hermes mit seiner Familie nach Südrussland aus. (s.Anm.55.c) Im Herbst 1854 reiste der Ev White ein weiteres Mal nach Russland (zumindest bis an die russ. Grenze [s.Anm.41.a]).
Nach dem Tod des Ap Dow (3.11.1855) übernahm Woodhouse diesen *"Stamm"*. Die ersten Christen aus R. empfingen am 22.4.1858 in Berlin die apostolische Handauflegung. Diese stammten wahrscheinlich aus Estland und Lettland und waren durch persönliche Kontakte mit deutschen kap Gemeindegliedern (besonders aus Berlin, Königsberg u. Memel) gewonnen worden. Auch Koeppens Beziehungen zu Verwandten und Freunden in Reval, Riga, Dorpat und anderen livländ. Orten haben offenbar manchen Grundstein gelegt. In Reval war er befreundet mit der Familie v.Mickwitz.(s.u.) Hier hielt sich 1857/58 W.Gundlach auf (Anm.65.p).
Im Herbst 1862 siedelten 3 Berliner Gemeindeglieder (der Schlosser F.Born mit Frau u. der Schlosser A.Fitzner) nach Riga über.(VII/87v) In diesem Jahr fand erstmals eine größere Anzahl von Litauern zur kaB, unter ihnen ein junger luth. Pfarrer, der auch evangelistisch tätig wurde.(BERICHT,1863,6) Im Sept. 1862 besuchten Christen aus Petersburg die kap Gemeinde in Königsberg: Der Hofrat Alexander v.Dittmann (später P in Petersburg, + 1892) mit Frau, Töchtern und den Söhnen Woldemar (Arzt, später Leibarzt am Zarenhof, 1883-1886 BE u. 1886-1904 eE der Gemeinde in Petersburg, bis 1898 H.m.d.Ap. für R., Finnland u. Holland, + 1905) und Victor (geb. 1842, studierte Theologie, 27.9.1866 P-Ord. in Königsberg [s.u.], wirkte als P-Ev im Baltikum u. in Petersburg, arbeitete auch als Grundschullehrer in Petersburg, 1870[?] E-Weihe, E-Ev, nach 1878 Ev.m.d.Ap. für R. [bis 1898], dann H.m.d.Ap. für R., Finnland u. Holland, Archidiakon für R., ab 1904 BE der Petersburger Gemeinde; V.v.Dittmann konnte in 12 Sprachen predigen u. verfasste auch kap Literatur, + 3.2.1917). Während A.v.Dittmann und seine Kinder aus Zeitgründen den Besuch des Ap nicht abwarten konnten, blieb seine Frau noch einige Tage in Königsberg und empfing am 29.9.1862 die apostolische Handauflegung.(Th.Br.,310/2f; s.S.167 d.v.U.)
Ebenso wie mit dem Namen v.Dittmann ist die Geschichte der kap Gemeinde in Petersburg mit dem Namen v.Erdberg verbunden. Thiersch lernte die Familie v.Erdberg im Sept. 1865 in Königsberg kennen. Am 19. d.M. schrieb er an seine Frau: *"Hier habe ich eine sehr liebenswürdige Familie aus Rußland, eine deutsche Familie, kennen gelernt: Baron Erdberg mit Gemahlin und Tochter; er ist Oberst und Ingenieur, Erbauer der Dünaburger Eisenbahn... Die Tochter Alida ist verlobt mit dem ebenfalls hier anwesenden Candidaten Victor Dittmann; sie wußte von Dir und meinen Töchtern durch Malchen Groß, welche ihre Tante wird, indem sie den jüngeren Baron Erdberg heirathet..."* (Th.Br.,401/4) Die Familie v.Erdberg und einige andere Gäste aus Petersburg gehörten offenbar zu den 66 Personen, die am 18.9.1865 in

Königsberg die apHA empfingen. Am 29.9.1866 schrieb Thiersch aus Königsberg an seine Frau: *"Der alte Hofrath Dittmann, seine Frau und sein Sohn waren hier, dazu sein Tochtermann Dr. Adams mit Frau und Fräulein Alida von Erdberg, alle aus Petersburg, edle, hochgebildete und doch ganz kindlich glaubende Menschen. Der Sohn Victor Dittmann (24 J. alt, Cand. Theol.) wurde ordinirt. Die anderen sind schon nach Petersburg heimgereist. Ich denke im Ernst daran, unseren August später zu Hn. v.Erdberg zu schicken, der die Militärbauten in ganz Rußland unter sich hat."* (Th.Br.,440/3) Baron Carl v.Erdberg (spätestens 1876 General-Major i.R.) wurde am 22.1.1870 (in Albury?) zum E-Amt ber., Ende 1871 in Petersburg zum E-Amt geweiht, war von da an E der dortigen Gemeinde und wurde nach deren Erhebung zur Metropolitangemeinde (Anm.77.a) am 19.5.1879 EE (+ 31.3.1883). Dr. Arcadius v.Adams war später (E-?)Pr in der Petersburger Gemeinde und diente von 1885/86 bis zu seinem Tode (1891) als Pr.m.d.Ap. für Russland.
Die ersten Gemeinden in R. entstanden nach 1866 - vor allem durch die Tätigkeit des 1863 nach R. entsandten E-Ev Diestel (Anm.71.a) und des P-Ev V.v.Dittmann. Zuerst konnte eine kap Gemeinde im lett. Mitau (heute Jelgava, 40 km südwestl. von Riga) gegründet werden (1878 mit P-Vorsteher, stand unter Riga, E-Sitz nach 1886 [bis 1944], 1895/96 neues Kirchgebäude; 1980 lebten dort noch lett. Gemeindeglieder [pA]).
Nach evangelistischer Vorarbeit durch V.v.D. *"richtete"* Ende 1871 der Ap Woodhouse in St. Petersburg eine kap Gemeinde *"auf"*. Die Gemeindegründung wurde (wie aus einem 1887 in Reval veröffentlichtem *"Memorandum über die Katholisch-Apostolischen Gemeinden in Rußland"* hervorgeht) durch *"fünf gleichlautende Bittschriften aus Petersburg, Reval, Riga, Mitau und Libau"* "flankiert", *"in welchen die Erlaubniß erbeten"* wurde, *"in den genannten Städten Katholisch=Apostolische Gemeinden zu bilden. Diese Bittschriften wurden dem Minister des Innern eingehändigt den 29. December 1871."* (Auf Wunsch der Russ. Regierung wurden am 11.2.1872 *"elf Bücher in deutscher, französischer und englischer Sprache über die Geschichte und das Wesen dieser Gemeinden"* nachgereicht.) (MEMORANDUM,1887,17) Die Rahmenbedingungen für die Gemeindegründungen waren dadurch erschwert, daß die Leitung der Russ.-Orthod. Kirche (der Heiligste Regierende Synod) und (ihr folgend) die Regierung russ.-orthod. Christen einen Anschluss an die kaB untersagten. Außerdem verbot das Landesgesetz ganz allgemein das *"Abwendigmachen von der Griechisch=Orthodoxen Landeskirche"*. Da die KaG aufgrund ihres Kirchenverständnisses (Doppelmitgliedschaft!) die Teilnahme orthod. Christen an ihren Gottesdiensten nicht als ein *"Abwendigmachen"* ansahen, sondern diese zur Eucharistie zuließen, verbot *"die höchste gesetzliche Obrigkeit in Petersburg"* (zwischen 1871 u. 1887) den KaG direkt *"die Aufnahme griechisch=orthodoxer Landeskinder in ihren Verband"*, einschließlich deren (gastweise) Zulassung zur kap Eucharistie.(MEMORANDUM,1887,16f) So setzte sich die neue Gemeinde im wesentlichen aus Nichtrussen (Deutschen, Letten, Engländern u. Schweden) zusammen, die fast alle den "höheren Ständen" angehörten (s.Anm.61.a [In Petersburg lebten in der 2. Hälfte des 19. Jh. 15-20.000 Deutsche.]). Die Ev-Predigten fanden in Deutsch oder Englisch, die Gottesdienste normalerweise in deutscher Sprache statt. Gottesdienste in russ. Sprache durften nie gehalten werden.(BORN,1974,49) Erster BE der Petersburger Gemeinde wurde v.Erdberg, dessen E-Weihe im Zusammenhang mit der Gemeindegründung erfolgte.(ebd.,69) 1876 (u. noch einmal 1884) zog der russ. Botschafter in Berlin unter Einbeziehung des deutschen Auswärtigen Amtes nähere Erkundigungen über die KaG, besonders über V.v.Dittmann und C.v.Erdberg, ein.(II/242-249.272-276v)

Insgesamt gesehen verhielten sich die höheren staatlichen Behörden in R. den kap Gemeinden gegenüber (laut Diestel) *"gerecht und wohlwollend".*(pA) Am 15.10.1880 wandten sich die leitenden Amtsträger der KaG in R. noch einmal an die Russ. Regierung mit einer *"schriftliche(n) Darlegung der Bedrängniß der Katholisch=Apostolischen Gemeinden in Rußland, die dadurch entstanden ist, daß die Evangelisch=Lutherische Geistlichkeit in Rußland den Gliedern derselben die Sacramente der hl. Taufe und der Segnung ihrer Ehen, sowie auch das christliche Begräbniß ihrer Leichen verweigert, und die Bitte um die Gewährung des Rechts, diese heiligen Handlungen für sich selbst verrichten zu dürfen".*(MEMORANDUM,1887,18) Über den Ausgang dieser Petition ist nichts bekannt.

Bald schon war in der Petersburger Gemeinde das vierfache Amt vorhanden. 1879 (am 19.5.?) wurde die russ. Hauptstadt als EE-Sitz *"kundgemacht".* 1882 konnte eine eigene Kapelle eröffnet werden. Im Apr. 1883 übernahm der bisherige EG Woldemar v.Dittmann sen. die etwa 200 regelmäßige Kommunikanten zählende Gemeinde als BE (ab Dez. 1886 als eE). Ihm folgten V. v.Dittmann (BE von 1904 bis + 1917) und der P-Vorsteher Woldemar v.Dittmann junior. Um die Jahrhundertwende bestand die Petersburger Gemeinde zur Hälfte aus Deutschen, zu einem Viertel aus Esten, der Rest setzte sich aus Letten, Engländern, Schweden und wenigen Russen zusammen. Bald nach 1922 wurde die Gemeinde aufgelöst.

Weitere kap Gemeinden entstanden bis 1878 in Riga (die größte Gemeinde in R.!; 1874 gegründet, 1879 mit BE, 1886 Hans Martinsohn eE, ab 1899 lett. Horngemeinde neben der deutschen Hauptgemeinde, letzter BE Johannes Rose [Erfinder der lett. Stenographie, E-Weihe am 16.3.1898 in Berlin] bis + 3.10.1942; 1985 lebten dort noch kap Gemeindeglieder [pA]), im lett. Libau/Liepaja (deutsche Hauptgemeinde [1886 mit NBE unter Riga, um 1900 mit eE], lett. Horngemeinde - beide mit über 1.000 regelmäßigen Kommunikanten; 1979 noch kleine Gemeinde mit UD) und im estländ. Reval/Tallin (1878 D-Gemeinde, 1886 mit NBE unter Petersburg, letzter BE: August Koschkin + 12.5.1936; eine zweite estländ. Gemeinde entstand vor 1886 im Dorf Kirrimäggi bei Hapsal. Anf. 1937 Verbot der beiden kap Gemeinden in Estland; 1985 lebten noch kap Gemeindeglieder in Reval [BORN,1974,114; pA]).

Ende 1886 gab es in R. 6 kap Gemeinden: in Petersburg (eE/EE), Riga (eE), Mitau (P), Libau (NBE), Reval (NBE) und Kirrimäggi (P?).(MEMORANDUM,1887,12)

1896 fanden Evangelisationen in russ. Sprache in Pskow, Charkow und Moskau statt. (pA) Vor 1901 empfingen jährlich 100-200 Personen in R. die apostolische Handauflegung.(pA) Anf. 1900 gab es dort 13 Gemeinden (darunter zwei finn. Gemeinden in Helsingfors/Helsinki u. Tammerfors), denen 2 eE, 1 BE, 4 NBE, 4 P und 2 D vorstanden. 1922 waren es 14 Gemeinden unter 2 BE, 4 NBE und 4 Priestern. Vier sehr kleine Gemeinden hatten zur Betreuung nur noch Unterdiakone.(AdB 1900 u. 1922) Großen Anteil an der Entwicklung der kap Gemeinden in diesem *"Stamm"* hatten vor allem Diestel (vom 18.6.1879-30.7.1899 Koadj für R.) und der aus Reval stammende Karl Magnus v.Mickwitz (14.3.1842-7.10.1912, Lehrer an der kaiserlichen Kommerzschule in Petersburg, 1873 P-Ord., 1879 E-Weihe, ab 1891 BEv, 1898 Ev.m.d.Ap. für R., Verfasser mehrerer kap Schriften [s.EDEL,1971,365f]). Capadose, der im Sommer 1899 Koadj für R. wurde und diesen *"Stamm"* im Okt. d.J. erstmals besuchte, äußerte nach seinem Besuch: *"Eine der größten Schwierigkeiten, mit denen wir zu kämpfen haben, ist die Mannigfaltigkeit der Nationalitäten in unseren Gemeinden, während wir die eigentlichen Russen noch nicht erreicht haben."* (pA) Als Hauptgrund für diesen Umstand sah Diestel, daß *"bei den russischen Geistlichen und Laien die Überzeugung"* herrsche, *"daß die griechische Kirche allein die ursprüngliche Lehre und Ordnung der Kirche Christi bewahrt habe, so fest gewurzelt, daß jeder Versuch, den gesunkenen Zustand der ganzen Kirche*

darzustellen, Unwillen und Widerstand" hervorrufe.(ebd.)
Eine Liturgie in lett. Sprache lag 1880 in Auszügen und 1903 vollständig vor, die estländ. 1890 bzw. 1898. Den pA zufolge wurde die Liturgie vollständig ins Russische übersetzt, durfte aber nicht gedruckt werden (BORN,1974,38, spricht von einer Teilübersetzung). Nach H.THIERSCH (1932,41) hat Capadose *"die russische Ausgabe der Liturgie besorgt"*.(s.Anm. 52) Die Oktober-Revolution 1917 und die ihr folgenden Jahre bereiteten den kap Gemeinden in der ehemaligen Sowjetunion ein frühzeitiges Ende. Die Amtsträger und viele Gemeindeglieder wurden Opfer von Repressalien. So wurde z.B. 1918 der P Fritz Eisengraud aus Petrowitschi in Weißrussland in den Ural, später nach Sibirien verbannt, wo er vermutlich 1932/33 starb (v.RICHTHOFEN,1933,7). Der Hauptdiakon der Gemeinde in Petrograd/Petersburg Alexander von Dittmann starb am 28.5.1924 im Gefängnis.(BORN,1974,103) 1925 war das gottesdienstliche Leben der Gemeinde erloschen. Relativ unbeeinträchtigt (abgesehen von der Zerstörung der Kirchgebäude 1944/45 und der Flucht deutscher Gemeindeglieder) blieben nur die kap Gemeinden in Lettland. Der letzte dortige E (Wilhelm Seemann) starb 1945, der letzte P 1947 und der letzte D 1958. 1985 existierten noch sehr kleine Gemeinden in Riga, Jelgava, Liepaja und in Tallin.(pA; s. auch BORN,1974,49.69.102f.114.119; zu Finnland s. NEWSLETTER,II,1952,14f)

69.b (S.62) Dänemark ist das Land, das 1901 im Verhältnis zur Bevölkerungszahl und zur Größe des Territoriums die größte Dichte an kap Gemeinden aufwies. 1838 hatte der zuständige Ap King (-Church) zusammen mit Böhm sein Auftragsgebiet Niederlande und D. erstmals besucht. Im Sommer 1854 hielt sich Böhm für mindestens 3 Monate in D. auf, ohne evangelistischen Erfolg zu haben.(WEINMANN,1963,300) Er überreichte in dieser Zeit dem luth. Bischof Martensen in Kopenhagen das Testimonium. (Anm.25.d) In den Jahren 1857 bis 1862 war Böhm jeweils für mehrere Wochen in D. tätig (z.B. im Sept. 1857, Mitte Mai bis Mitte Juni 1858, Mitte 1861 u.ö.). Ab 1858 arbeitete dort auch der P-Ev George Hewett. Am 22.4. erhielten die ersten dän. Anhänger der kaB in Berlin die apostolische Handauflegung. Im Sept. d.J. hielt sich der dän. Gutsbesitzer Adolph Frederick Hilarius Fleischer (später einer der wichtigsten Amtsträger in D.) in Berlin auf.(Th.Tgb.,10.9.1858) Am 14.6.1861 wurde im Beisein des Ap King-Church die erste kap Gemeinde Dänemarks in Kopenhagen gegründet. Ihr erster P-Vorsteher Hewett konnte bald von Fleischer abgelöst werden, der noch im selben Jahr die P-Ord. empfing. 1862 hielt Böhm (als fung. Ev.m.d.Ap. für D.) 6 Wochen lang Vorträge und Predigten in Kopenhagen vor einer großen Zuhörerschaft. Im Juli/Aug. d.J. konnten 42 Personen die apHA empfangen.(BERICHT,1863,3) 1863 hielt sich King-Church erneut in D. auf. Am 16.8. d.J. weihte er Fleischer zum E der Gemeinde Kopenhagen (ab 7.4.1877 eE; Fleischer diente auch als apostolischer Mitarbeiter in D., 1894 pensioniert, + 11.10.1895). Wenig später schloss sich der junge luth. Pfarrer Julius Olaf Thomsen der kaB in D. an (am 25.10.1865 P-Ord. in Berlin, 1867 E-Weihe, 1877 Ev.m.d.Ap. für D., Niederlande, Norwegen u. Schweden, + 1.2.1906).
Nach dem Tode von King-Church (am 16.9.1865) übernahm Cardale dessen Auftragsgebiet. Er lernte Dänisch und besuchte viermal dieses Land (zuletzt 1873). Am 1.8.1871 weihte er die Altarplatte der neuerbauten Kirche in Kopenhagen (spätere Hauptgemeinde; die endgültige Einweihung erfolgte [nach dem die Kirche schuldenfrei war] am 9.4.1877 durch den Koadj Capadose).(AARSBO,1932,270f) 1878 gab es 9 kap Gemeinden in D., denen 1 eE (Kopenhagen), 1 P (Aarhus) und 5 D vorstanden (an zwei Orten gab es vorerst noch keine Amtsträger).(AdB) Bis 1901 konnten dort 59 Gemeinden gegründet werden, darunter 5 mit einem eE

(Aalborg, Aarhus [Hauptgemeinde], Kopenhagen [Hauptgemeinde], Odense u. Silkeborg). Kopenhagen war seit dem 27.11.1896 EE-Sitz. In der Hauptgemeinde dienten 1901 neben dem EE 12 P und 20 D (bei etwa 500 regelmäßigen Kommunikanten). Außerdem hatte sie drei Horngemeinden (entstanden 1889, 1895 u. 1897). 1922 existierten noch 55 Gemeinden (mit 15 E).(AdB) Der letzte dän. P starb 1958 (s.NEWSLETTER,XII[1959],12), der letzte D 1964. Das AdB von 1990 weist noch 8 Gemeinde-Anschriften auf (darunter 5 Orte mit regelmäßigen Gebetsdiensten). Koadj für D. waren G.Hewett (bis + 15.4.1876) und Capadose.
Etwa 1950 bis 1959 erschien in D. eine ähnliche kleine Zeitschrift mit Berichten aus den KaG wie die engl. *"Newsletter"*.(s.S.16 d.v.U.) Sie hieß *"Ungdomsbladet av de Katolsk apostolsk Menigheder"* und wurde innerhalb der kap Gemeinden verbreitet.
(Zu D. s. auch BORN,1974,47.55f.64f.88.112.130; Anm.66.)

69.c (S.62) In dem bis 1918 zu Österreich gehörenden Gebiet des heutigen Tschechien und der Slowakischen Republik konnten nur 3 kleine kap Gemeinden gegründet werden: in Prag (um 1870), Brünn/Brno (1896 erste Eucharistie) und Preßburg/Bratislava (1898). Am 27.10.1862 erhielten 4 Personen aus Prag die apHA in Berlin.(Th.Br.,313/4) In den folgenden Jahren wurden die Anhänger der kaB in Prag durch Ev besucht und betreut. (BERICHT,1863,7) 1878 gab es dort eine Gemeinde, die durch den P Franz Müller geleitet wurde und als Filiale unter Wien stand (ab 1883 Filiale unter Dresden-Neustadt). Nach Müllers Tod (1893) erhielt die kleiner werdende Gemeinde in Prag keinen eigenen P mehr. Sie bestand nur bis 1918.
Die Gemeinde in Preßburg/Bratislava (Filiale unter Wien) existierte bis 1938. Die Gemeinde in Brno, die überwiegend aus röm.-kath. Christen bestand, wurde durch den Wiener P Anton Wanke (+ 18.11.1944) betreut. 1945, als viele Deutsche das Land verlassen mussten, schrumpfte die Gemeinde bis auf wenige Personen zusammen. 1958 gab es dort noch 7 Gemeindeglieder, die sich unter der Leitung eines 80j. UD zweimal monatlich zu Litanei und Gebetsdienst versammelten, an den Sonntagen aber die Gottesdienste der Röm.-Kath. Kirche besuchten.(NEWSLETTER,XII[1959]11f; BORN,1974,119)

70.a (S.62) Dr. Ludwig Fenner v.Fenneberg (+ 1899), Philosophiestudent in Marburg, wurde am 12.8.1849 in die dortige Gemeinde aufgenommen, erhielt am 24.2.1850 die apHA und diente mehrere Jahre als Laienhelfer. Ende 1853 trat er eine längere Reise nach England an. Im Herbst 1857 siedelte er nach Berlin über. Dabei gab er seinen Beruf als *"Cand. des höheren Schulamtes"* an.(VII/5.59) Am 26.12. d.J. wurde er durch Geyer zum P-Amt ber. (Berufungs-Worte in CHRONIK Marburg,III,5.1.1858) und am 14.5.1858 ordiniert. Er diente zunächst 11 Monate als P in Berlin (nach Thierschs Worten *"thätig und hochgeachtet"* [Th.Br.,220/2]), dann kurze Zeit in Marburg und von Mitte Juli 1859 bis Ende Apr. 1860 in Stettin. Anschließend kehrte er nach Marburg zurück. Ende Okt. 1862 verlegte er seinen Wohnsitz nach Kassel, diente dort als P-Vorsteher und ab Okt. 1866 als Ä unter dem BE Roßteuscher. Anf. 1865 heiratete er in Erfurt eine Frau aus der dortigen Gemeinde. Die Trauung wurde durch einen evang. Geistlichen vollzogen.(IX/233v-234; s.Anm.90) Nach seiner E-Weihe 1871 übernahm v.F. die Erfurter Gemeinde als NBE.(vgl.S.136 d.v.U.) Vor 1878 wurde er EG in Leipzig und später (vor 1890) einer der 6 *"regierenden Ältesten"* in der Berliner Hauptgemeinde. (Zusammen mit dem E - diesem jedoch untergeordnet - bildeten die 6 *"regierenden Ältesten"* in einer großen Gemeinde das [vollständige] *"siebenfache Ältestenamt"*, durch das die Gemeinde geleitet wurde [s. WEBER,1977,75; Anm.62.a].) (CHRONIK Marburg)

70.b (S.62) Johann Ferdinand Kleist (+ 1887), ein aus Danzig stammender (Th.Br.,119/3) Landschullehrer und Küster in Thurow bei Neustettin, hatte 1848 einen kleinen religiösen Zirkel gegründet, der 1848/49 mit der kaB in Berührung kam.(s.S.91 d.v.U.) K. schloss sich am 2.2.1850 der neugegründeten kap Gemeinde in Neustettin an und wurde daraufhin am 28.12. d.J. durch die Kgl.Reg. in Köslin seines Schulamtes enthoben.(s.Anm.86) Am 8.3.1851 Ber. zum P-Amt (durch Geyer), Ord. Mitte Jan. 1852 (beides in Neustettin [s.S.93f d.v.U.]), Tätigkeit als P-Ev in Ratzebuhr und Bütow, ab Ende 1853 in Danzig, wo am 17.9.1854 eine kap Gemeinde gegründet werden konnte.(s.S.168f d.v.U.) Im Aug. 1856 hielt K. auch in Köslin religiöse Vorträge. Das deutliche Interesse unter einem nicht geringen Teil der Einwohnerschaft veranlasste die Ortspolizei, Kleists vierwöchige Aufenthaltsgenehmigung nicht zu verlängern. Diese Entscheidung wurde vom IM in Berlin nicht korrigiert.(III/137-147 [vgl. Anm.94]) Die evangelistische Tätigkeit des P-Ev beschränkte sich übrigens nicht nur auf Hinterpommern. Am 15.5.1858 wurde er durch Geyer zum E-Amt ber. und am 7.10. d.J. geweiht (beides in Berlin). K. diente fortan als E-Ev und später als BEv in Norddeutschland.

71.a (S.62) Friedrich Bolko Alexander Diestel wurde am 14.8.1821 als Sohn eines Predigers (V/245v) in Königsberg geboren, studierte Philosophie (Studienkollege von v.Pochhammer [WEBER,1977,Anh.,59]?; Dr. phil.) und hielt sich spätestens ab 1847 (zu-nächst) in Berlin auf (II/108f). Ab wann er Kontakt mit der kaB hatte, ist unklar. Im Juni 1853 besuchte Thiersch in Königsberg u.a. den *"alten Prediger Diestel"*. In diesem Zusammenhang erwähnt er noch einen anderen Diestel (F.D.?), mit dem er und v.Pochhammer innerhalb weniger Tage mehrmals zusammenkam.(Th.Tgb.,9.-15.6.1853 [Königsberg]; zur Freundschaft zwischen F.D. u. v.Pochhammer s. auch v.RICHTHOFEN,1933,7. - Ein größerer Teil der kap Gemeindeglieder in Königsberg soll übrigens aus den Gemeinden *"der beiden 1842 in Folge eines Criminalprocesses und wegen theosophischer Grundsätze abgesetzten Prediger Ebel und Diestel"* gestammt haben [JÖRG,1858,II,188].) Spätestens 1856 trat F.D. der Königsberger Gemeinde bei. Er war zu diesem Zeitpunkt Oberlehrer am Evang. Gymnasium in Lyck. Der Anschluss an die KaG kostete ihn seinen Beruf: Am 3.2.1857 verfügte der Minister v.Raumer (MGA) Diestels Entlassung - wegen *"Uebertritt zu der Sekte der Irvingianer"*. (I/308) Im Okt. d.J. schied D. "freiwillig" aus dem Schuldienst.(II/108f; s.Anm.86) Im Sept. 1858 war er bereits als P-Ev in Erfurt tätig.([s.S.135 d.v.U.] Tag u. Ort seiner Ord. konnten vom Verf. nicht ermittelt werden; 1849 [BORN1,1974,86] ist sehr unwahrscheinlich!) Am 16.3.1859 verlegte D. seinen Wohnsitz von Berlin nach Bromberg (VII/67), wo er eine kap Gemeinde sammelte.(s.S.176 d.v.U.) Am 30.10.1860 Ber. zum E-Amt (durch Geyer), am 10.10.1861 E-Weihe (beides in Berlin), E-Ev für den östl. Teil Norddeutschlands und (ab 1863) für das Baltikum bzw. Russland. Bei der *"Einführung"* des E Schwarz in Königsberg am 7.10.1862 fungierte D. auch als Archidiakon.(s.S.167 d.v.U.) Spätestens ab Sept. 1867 diente D. als Koadj des Ev.m.d.Ap. für Ndt. v.d.Brincken und ab 1870 als dessen Nachfolger. Am 18.6.1879 wurde er als Ap-Koadj ber. und am 21.6. d.J. von Woodhouse als Koadj für Russland erwählt. Von 1889-1895/96 übernahm D. zur Unterstützung v.Pochhammers zusätzlich die Hälfte von Ndt. als Koadjutor. Am 30.7.1899 übergab D. aus gesundheitlichen Gründen sein Koadj-Arbeitsgebiet Russland an Capadose.(s.Anm.101) D., *"der mit Hn. Caird an Heiterkeit wetteifernde Kinderfreund"* (so Thiersch in einem Br. v. 19.9.1865 [Th.Br., 401/4]), starb als drittletzter der Koadj am 24.12.1899 in Albury (in seinem dortigen Wohnhaus Lyne Cottage). Sein Grab befindet sich auf dem Ortsfriedhof von Albury.(NEWMAN-NORTON,1971,31; BORN,1974,86)

71.b (S.62) Eduard Furch, Schneidermeister in Frankfurt/O., diente von 1851/52 bis mindestens Sept. 1862 (Th.Br.,308/4) als P in seiner Heimatstadt.

71.c (S.62) August Zimmermann, Tischlermeister in Frankfurt/O., dort P ab 1851/52, sammelte die kap Gemeinde in Lindow bei Frankfurt/O.(s.S.79f d.v.U.). 1878 P-Vorsteher in Graudenz (AdB).

71.d (S.62) Julius Koska, Lehrer in Streitzig bei Neustettin, schloss sich der kap Gemeinde in Neustettin am 2.2.1850 an, wurde bald darauf als Lehrer entlassen (s.Anm.86), Ber. zum P-Amt am 8.3.1851 (durch Geyer), Ord. Mitte Jan. 1852 (beides in Neustettin), leitete von 1853 bis 1863 die Gemeinde in Bütow als Ä (s.S.108 d.v.U.), Ber. zum E-Amt am 30.10.1863 (durch Faesch), E-Weihe am 13.10.1864 (beides in Berlin), fortan EG in Bublitz bis + 1886.

71.e (S.62) August Sonnenberg, nach seiner P-Ord. 1854 in Neustettin P in Ratzebuhr (bis mindestens 1857, dann in Neustettin oder Bublitz?), ab 1869 NBE und später (vor 1878) BE in Danzig bis + 29.9.1890.(s.S.171 d.v.U.)

72 (S.63) Rev. Henry Dalton (Anm.20.b.8) hatte in Dublin Theologie studiert (am Trinity College; 1827 B.A.), 1826 die Diakonatsweihe der Church of England und 1827 die Priesterweihe erhalten. Ab 1832 diente er als Priester (perpetual curate / incumbent) an der St. Leonard's Church in Bridgnorth/Shropshire (eine Kleinstadt westl. von Birmingham). Aufgrund seines Eintretens für eine charismatische Erweckung wurde er (nach einem zweijährigen Verfahren) am 28.7.1835 seines Amtes in Bridgnorth enthoben. (Einzelheiten s. bei WEBER,1977,Anh.,52f) Bereits am 15.3.1834 war er als E für die kap Christen in Bridgnorth und Wolverhampton ber. worden. Am 31.10. d.J. wurde er als E der Gemeinde in Birmingham eingesetzt und am 4.3.1835 als Ap berufen. Nach der Aussonderung der Ap erhielt er Frankreich und den röm.-kath. Teil der Schweiz als Auftragsgebiet.

Bis 1845 beteiligte er sich an den Beratungen und Handlungen des Ap-Kollegiums, unternahm Visitationsreisen in England, besuchte Frankreich (z.B. 1836 u. 1837) und übergab (gemeinsam mit MacKenzie) das Testimonium in Schweden.(s. NEWMAN-NORTON,1971,28; Anm.25.d) 1845 wohnte er in Yorkshire und diente zeitweise in der Church of England unter (dem rector?) Dr. Hook in Leeds. Im selben Jahr erwarb er auch den M.A.-Grad.

Am 12.1.1846 nahm er unerwartet an der Ratsversammlung der Ap in Albury nicht teil. (Dieses - offenbar nach längerer Pause anberaumte - Treffen der Ap war durch die Krise um Einführung neuer liturgischer Formen veranlasst worden [BORN,1974,37].) NEWMAN-NORTON (1971,28) schreibt: *"... though retaining his faith in the work* (of the Lord - Verf.) *he wrote that he felt it inconsistent with those duties* (in the Church of England - Verf.) *to attend the Council of the Apostles in Jan. 1846".* Dass D. sich aufgrund seiner Aufgaben in der Anglik. Kirche *"gehindert fühlte",* als Ap tätig zu sein, meinen auch MILLER (1878,I,240), SHAW (1972,80) und R.DAVENPORT (1974,94). BORN (1974,67) schreibt: D. *"verharrte auch künftig in der Trennung von den anderen Aposteln. Die Ursache dieser Trennung ist von allen Beteiligten als ein Geheimnis gewahrt geblieben."* Es ist nicht auszuschließen, dass D. von Zweifeln über Sinn und Zukunft der kaB geplagt war. Vor allem die Jahre von 1845 bis 1847 waren gekennzeichnet von einer "Identitätskrise" innerhalb der KaG Englands, verbunden mit Auseinandersetzungen (auch im Ap-Kollegium) und Rücktritten von Amtsträgern. (s. WOODHOUSE,1901,112f.115f; FLEGG,1992,85ff) AARSBO (1932,282) meint dage-

gen, dass D. sich auf eine Tätigkeit innerhalb der Church of England konzentrierte, weil in seinem Auftragsgebiet *"die französischen Gesetze nach einigen Jahren alle weitere Arbeit hinderten"*. Die Weiterarbeit in Frankreich übernahm Drummond. 1846 wurde D. (persönlicher?) Kaplan (chaplain) des Duke von Leinster (diese Stelle behielt er bis zum Lebensende), gleichzeitig war er von 1847-1857 anglik. Priester (curate) in Clovelly/Devonshire (hier soll er auch Ratgeber seines Bischofs gewesen sein [ebd.]) und von 1856/57(?)-1859/60 Priester (perpetual curate [FLEGG,1992,66, spricht von *"vicar"*]) in Frithelstock/Devonshire. Am 2.6.1852 erwarb er in Oxford seinen zweiten M.A.-Grad.
Die übrigen 10 Ap scheinen den "Fall Dalton" grundsätzlich anders bewertet zu haben als den "Fall MacKenzie". So sprach Carlyle in seinem am 4.4.1851 in Buchwäldchen gehaltenen Vortrag über *"Die Geschichte des apostolischen Werkes"* nur von einem *"untreu geworden (en)"* Apostel.(CARLYLE,1851,15) Im Juni d.J. wurde D. von einer Abordnung (bestehend aus den Ap King-Church u. Tudor sowie dem *"Pfeiler"* der Ev William Henry Place [1800-21.6.1866] und dem *"Pfeiler"* der H Dr. John Thompson [8.11.1786-8.12.1874]) besucht, *"but he was troubled with certain doubts"* (NEWMAN-NORTON,1971,28). D. ließ jedoch die Verbindung mit den übrigen Ap nicht abreißen und nahm in den 50er Jahren sogar an Sitzungen der Albury-Konzilien teil (so z.B. im Jan. 1853 [ebd.]; Thiersch notierte am 9.5.1856 [während eines Besuches in Albury] im Tgb.: *"Dalton 1. mal gesehen am Kamin im Council Room."*). Nach dem Tode des Ap Perceval (16.9.1859) nahm D. seine Arbeit als Ap wieder auf (und zwar für die Auftragsgebiete Frankreich u. Italien). Am 22.9.1859 teilte Woodhouse diese Neuigkeiten den in Berlin versammelten leitenden Amtsträgern der kap Gemeinden in Ndt. mit (*"Um ½ 10 ernste Sitzung in d. Kirche[.] Woodh. beweinte Percevals Tod. Theilte mit gute Botschaft üb. Dalton u. üb. Böhm."* [Th.Tgb.]). D. führte in den folgenden Jahren zahlreiche Visitationsreisen durch (z.B. nach Italien im Juni 1860 u. Apr. 1864, nach Frankreich im Sept. 1863 u. 1865). 1865 (nach dem Tode des Ap King-Church) übernahm er zusätzlich die Auftragsgebiete Schottland, den franz. sprechenden Teil der Schweiz und Belgien. Um 1863 wohnte er in der Nähe von Bath.(Th.Tgb.,Bd.IV,Ende) D. starb 64j. am 6.11.1869 in Hastings (NEWMAN-NORTON,1971,28; nach WEBER [1977, Anh.,53] in Albury, wo er auch begraben liegt). Aus Daltons Feder stammen eine größere Anzahl kap Schriften, darunter viele Predigten und Vorträge.(s.ebd.,53f; zu D. außerdem: AARSBO,1932,282f; BORN,1974,67f)

73.a (S.63) Gottlieb Schwarz (+ 17.1.1895), Bruder von Eduard und Friedrich S. (Anm.55.a, b), *"Partikuliar"* (VII/6), wurde am 8.5.1851 in der Berliner Gemeinde als D eingesetzt, diente (ab 1853?) als D-Vorsteher der Gemeinde in Spandau, wurde am 12.10.1858 in Berlin zum P-Amt ord. (Ber. am 26.12.1857?), P-Vorsteher in Spandau, am 17.9.1859 durch Woodhouse nach Berlin ber. (als Nachfolger für den nach Hamburg versetzten Ä Friedrich S.), *"Gehilfe"* des Ä und Leiter eines Ä-Bezirkes (s.S.51 d.v.U.), am 24.10.1861 durch Woodhouse ins Ä-Amt eingesetzt (vgl.Anm.54.c), ab 1868 Vorsteher der Gemeinde in Brandenburg a.H. (erst als P-Vorsteher, vor 1878 NBE, später BE bis Juli 1893 [s.S.85 d.v.U.]). Sein Sohn, Friedrich Eduard Gottlieb S. ([1857/58-23.8.1927] er trägt die Vornamen der drei Brüder!), war ab 10.7.1898 BE der Metropolitangemeinde Hamburg mit ihren 4 Horngemeinden (vgl.Anm.76).

73.b (S.63) Ludwig Hoffmann, *"Comptoirdiener"* (VII/1), wurde am 20.9.1854 in der Berliner Gemeinde als D eingesetzt, Ber. zum P-Amt am 26.12.1856, Ord. am 4.10.1859, Ä-Helfer, am 24.10.1861 als Ä der Berliner Gemeinde eingesetzt. Später gab er kap Literatur heraus (z.B. das AdB 1878) und redigierte im Febr. 1882 die PM. Er gehörte zur Verleger-Familie Hoffmann in Berlin.(vgl.Anm.38.c)

73.c (S.63) Friedrich Stoll (Musiker?), zunächst UD der Berliner Gemeinde, wurde am 23.9.1855 als Chorleiter eingesetzt (s.S.47 d.v.U.), Ber. zum P-Amt am 26.12.1856, Ord. am 12.10.1858, diente zeitweilig als P-Pr (s.S.63 d.v.U.), E-Weihe am 25.10.1866, (ab?) Anf. 1867 evangelistisch in Wien tätig, diente später als E-Ev für Sdt. und Österreich (u.a. 1877 in Bayern), war 1876/77 vorübergehend mit der Betreuung der kap Gemeinde in Wien beauftragt (vgl.Anm.97), diente zuletzt als E-Ev für Norddeutschland.(pA) 1883 hatte er seinen festen Wohnsitz in Frankfurt/M. (seinen Beruf gab er im städtischen Adressbuch mit *"Missionar"* an [XXI/30v]).

73.d (S.63) Heinrich Flegel (geb. am 24.5.1824 in Sevtendorf, + 1892), Lederzurichter, seit 1845 in Berlin ansässig (VII/81-v), schloss sich vor 1857 der dortigen kap Gemeinde an und war bald darauf als D-Ev tätig. Ber. zum P-Amt am 18.5.1859 in Stettin (durch Geyer), Ord. am 4.10. d.J., P-Ev, Ende 1859 / Anf. 1860 volle Anstellung als P der Berliner Gemeinde, hielt öffentliche Ev-Vorträge (z.B. im Dez. 1861 in Potsdam [s.S.87 d.v.U.]). Vor 1878 wurde er der erste BE der Gemeinde in Breslau (eE 1889).(s.S.122 d.v.U.) - Sein Sohn Dr. phil. Johannes F. (+ 1911) war BEv für Polen.

73.e (S.63) W.Beulig, Arbeiter (VII/12), schloss sich spätestens 1850 der Berliner Gemeinde an, wurde am 26.12. d.J. als UD und am 8.5.1851 als D eingesetzt. Bald schon zeigte sich bei ihm eine prophetische Begabung. Am 15.2.1852 wurde er mit der Wahrnehmung des Pr-Dienstes in der Berliner Gemeinde beauftragt (anstelle des P-Pr Geyer, der sich von Mitte Febr. bis Ende Apr. d.J. in England aufhielt [s.S.206 d.v.U.]). Unklar ist, ob B. bereits zu dieser Zeit P war. Anlässlich eines geplanten Anb.-Dienstes zum P-Amt in Stettin stellte es Thiersch am 21.7.1854 brieflich dem E Rothe frei, Geyer oder B. zu entsenden.(Th.Tgb.) Im Sommer 1856 war B. vorübergehend von Rothe suspendiert worden. Thiersch beauftragte daraufhin Rathmann, Rührmund und die D Schubert und Engelhardt mit der Untersuchung der Angelegenheit (Einzelheiten sind nicht bekannt [ebd., 7.8., 9. u. 16.9.1856]). Im Nov. 1859 diente B. als H in der Berliner Gemeinde.

74.a (S.65) Hallberg (geb. 1814), Schwabe, von Beruf Gerber, war D in Basel. Er reiste Ende Sept. 1861 von dort über Marburg nach Berlin, wurde am 3.10. zusammen mit Bülow (aus der Stettiner Gemeinde) und Jacobs durch die Diener der AK geprüft und einen Tag später (wie auch Bülow) ordiniert. (Hallbergs Gefängnis-Aufenthalt hing offenbar mit seinem Eintreten für die kaB zusammen [vgl.Anm.33.b, 64].)

74.b (S.65) R.F.Jacobs (+ 10.6.1903), ehemals Mönch, röm.-kath. Priester, erhielt am 5.10.1861 in Berlin durch Woodhouse die confirmatio ordinis (Anm.74.d), wurde im Frühjahr 1862 in die Niederlande entsandt, diente zunächst als P unter dem Ä und späteren BE W.Hermes (Anm.65.b) in Lüttich/Liège und anschließend (ab 1867/68?) als P in Den Haag. Ber. zum E-Amt am 10.3.1873, E-Weihe 12.11.1875, zunächst offenbar EG und ab März 1882 BE (24.9.1889 eE) der Gemeinde in Den Haag.

74.c (S.65) Die Ausbreitung der KaG in Holland begann erst relativ spät. Im Bereich der früheren Vereinigten Niederlande entstanden die ersten kap Gemeinden im 1830 unabhängig gewordenen Belgien (Lüttich im Apr. 1852, Brüssel Ende der 50er Jahre, Châtelet am 17.5.1868 [s. auch BERICHT,1863,4]). In Holland, das vom Ap King-Church in den Jahren 1838/39, 1847, 1848, 1850, 1851 und 1863 besucht worden war (NEWMAN-NORTON,1971,66; vgl.TANG,1984,43), konnte (nach intensiver evangelistischer Vorarbeit durch v.Pochhammer 1864-1866) am 24.2.1867 eine erste Gemeinde in 's Gravenhage/Den Haag gegründet werden. Erster P-Vorsteher, ab 1868 BE und ab 28.10.1873 eE war Jacobus Johannes Landsman (24.10.1825-1.3.1882, E-Weihe am 1.4.1868 dort durch Woodhouse). Die Gemeinde in Den Haag war ab 27.2.1898 Metropolitangemeinde. Weitere Gemeinden entstanden 1868 in Rotterdam und 1873 in dem kleinen Dorf Nieuwerkerk/Provinz Zeeland (in Amsterdam erst 1887).

1878 gab es in den Niederlanden 6 Gemeinden (denen 1 eE, 3 P u. 2 D vorstanden), 1900 16 Gemeinden (unter eE 1, BE 1, NBE 4, P 5, D 5 Gemeinden), 1901 17, 1922 15 (mit 3 E) und 1990 7 Gemeinden. In Belgien gab es 1878 3 Gemeinden unter 1 BE u. 2 P. Noch heute (1990) existieren in Belgien kleine Gemeinden in Antwerpen, Brüssel und Chatelet.(AdB; vgl. BORN,1974,66.88 u.ö.; TANG,1984,43ff; Anm.55.b, 65.b, 78)

74.d (S.65) *"Die Bestätigung des Priestertums solcher, die von einem Bischofe ordiniert sind"* (confirmatio ordinis), war eine Segenshandlung (keine neue Ord.!), bei welcher die Priesterweihe, die von in apostolischer Sukzession stehenden Bischöfen vorgenommen worden war (bei röm.-kath. u. anglik. Priestern, nicht bei Pfarrern der Evang. Kirchen in Deutschland!), durch die Ap anerkannt und bestätigt wurde.(zum Ritual s. LITURGIE,1897,413-418; RUBRIKEN,1895,97f) FLEGG (1992,143) weist darauf hin, dass *"no Anglican or Roman Catholic priest was permitted to celebrate the Catholic Apostolic Eucharist or minister its sacraments without an apostolic laying on of hands"*. Auf die unterschiedliche Behandlung der innerhalb und "außerhalb" der (historischen) apostolischen Sukzession stehenden Geistlichen der verschiedenen Denominationen durch die Ap geht Woodhouse im Zirkular *"Ueber die Stellung der nicht von Bischöfen ordinirten Geistlichen"* (v. Juli 1868, in: CIRCULARE, 1895,149ff) näher ein: *"Die Apostel erkennen die bischöfliche Ordination an und betrachten die von Bischöfen Ordinirten als Priester, und wenn solche in den Dienst unter den Aposteln eintreten wollen, so geben wir ihnen die Confirmation oder Bestätigung ihrer Priesterweihe und keine neue Ordination.*

Was dagegen diejenigen Kirchen betrifft, in welchen das Kirchenregiment nicht von Bischöfen sondern von Presbytern geführt wird, so halten wir nicht dafür, daß die daselbst übliche Einsetzung ins geistliche Amt mit der eigentlichen Priesterweihe gleich geltend sei: jedoch bezweifeln wir nicht, daß die Geistlichen, welche nach der in solchen Kirchengemeinschaften festgestellten Ordnung ins Amt eingeführt worden sind, ein Maß der Gnade Gottes empfangen und ausspenden. Wir halten sie für Diener Christi im allgemeinen oder weiteren Sinne. Da uns aber die gewisse Versicherung fehlt, daß sie in rechtmäßiger Weise zu Priestern eingesetzt sind, halten wir es für den rechten und sichern Weg, daß solche Diener erst zur prophetischen Berufung dargestellt und durch Apostel ordinirt werden. Wir thun dies um die wahre geistliche Stellung aller derer, die unter den Aposteln als Priester dienen, zu sichern; wir thun es zugleich um der Männer selbst willen, damit sie von aller Ungewißheit in dieser Angelegenheit befreit werden. Dabei aber wollen wir die Berechtigung der nicht von Bischöfen ordinirten Geistlichen, als Diener Christi zu gelten, nicht bestreiten oder schmälern, und die Giltigkeit ihrer geistlichen Amtshandlungen nicht in Frage stellen." (ebd.,149; vgl.S.198 d.v.U.; s. auch FLEGG,1992,142ff; Anm.32, 33.b)

75.a (S.68) Theodor de la Chevallerie (geb. am 8.12.1816 in Ehrenbreitstein bei Koblenz, + 2.8.1898 in Ryde auf der Insel Wight/England) entstammte einer vornehmen franz. Familie, aus der mehrere Mitglieder in preuß. Dienst standen. Sein Vater, A.G.K.F. de la Ch. (+ 1833), war Major und zuletzt Kommandeur eines Landwehrbataillons in Burg (Träger des Eisernen Kreuzes 1. Klasse). Auch Th. de la Ch. und 3 seiner Brüder dienten als Offiziere in der preuß. Armee; ersterer als Hauptmann (vgl.v.ZEDLITZ-NEUKIRCH,1836,I,366f). 1854 wohnte de la Ch. mit seiner Familie in Danzig. Wahrscheinlich kam er hier durch Kleist und v.Pochhammer mit der kaB in Berührung. Am 17.9. d.J. gehörte er mit zu den Gründungsmitgliedern der dortigen kap Gemeinde. Die apHA empfing er wahrscheinlich einen Monat später in Königsberg.(S.160 d.v.U.) Am 20.1.1855 ermächtigte Thiersch im Auftrag von Woodhouse den E E.Schwarz in Königsberg, dem die Gemeinde in Danzig als Filiale unterstand, de la Ch. als D einzusetzen. Dieser arbeitete zunächst als Mitarbeiter des Ev-Werkes im nordöstl. Teil Deutschlands, vor allem in Köslin, wo er offenbar 1856/57 mit seiner Familie wohnte (u. als Offizier tätig war? [Th.Tgb.,5./6.10.1857]). Im Juli 1856 hatte er dort "Vorarbeit" für die im Aug. d.J. gehaltenen Ev-Vorträge von Kleist geleistet (s.Anm.70.b). 1858 wohnte er wieder in Danzig. (Thiersch, der während seiner dortigen Aufenthalte de la Ch. häufiger besuchte, erwähnt in seinem Tgb. [4.5. d.J.] ein Gespräch mit ihm über Swedenborg.) Am 13.10.1859 wurde de la Ch. in Danzig durch Woodhouse als D eingesegnet und am 10.9.1861 in Königsberg zum P-Amt ordiniert. Ab 1862 diente de la Ch. in Danzig als P-Prophet. Nach der Suspension und Exkommunikation Geyers wurde de la Ch. nach Berlin versetzt und am 19.5.1863 als P-Pr in die dortige Gemeinde eingeführt. Bei der Anb. zum höheren Amt am 30.10. d.J. diente aushilfsweise der Baseler E-Pr Faesch, durch den am selben Tag auch de la Ch. zum E-Amt ber. wurde (die E-Weihe erfolgte am 13.10.1864 [beides in Berlin]).(vgl. Anm.42.d; S.184f.227f d.v.U.) Th. de la Ch. fungierte offenbar bereits ab Ende 1863 als Pr.m.d.Ap. für Ndt., nahm ab 1865 an den wieder aufgenommenen jährlichen *"prophetic meetings"* in Albury teil und wurde dort schließlich am 26.6.1867 offiziell als Pr.m.d.Ap. für Ndt. in die Ratsversammlung der Ap eingeführt (Th.Br.,475/3; zu dieser Zeit waren Thiersch u. er die einzigen Deutschen im Apostolic Council [ebd.,476/3]). Als solcher diente er bis zu seinem Tod. (Nachfolger wurde sein Koadj Eduard Pauli [1839/40 - 28.4.1909, 1880 E-Weihe].) Th. de la Ch. hatte vor 1861 seine Frau verloren.(Th.Br.,284/1) Durch seine zweite Frau wurde er der Schwager von Diestel.(ebd.,391/3) Einige kap Schriften hat de la Ch. aus dem Englischen und Holländischen ins Deutsche übersetzt.(s.EDEL,1971,354.357)

75.b (S.68) H.W.Buchholz, Oberlehrer in Neustettin (Th.Br.,108/2), schloss sich spätestens Anf. 1851 der kap Gemeinde an.(s.S.94 d.v.U.) Seine Wirkungsmöglichkeiten innerhalb der Gemeinden waren durch eine außerordentlich schwierige Ehesituation stark eingeschränkt. Seine Frau trat (privat wie in der Öffentlichkeit) so streitsüchtig auf, dass Koeppen sich genötigt sah, sie bis zur Änderung ihres Verhaltens von der Eucharistie auszuschließen. Sie verließ daraufhin die kap Gemeinde, der sie sich wohl von Anfang an nicht aus Überzeugung angeschlossen hatte.(B.St.B.,H.Thierschiana II,149,Koeppen,1/4, 2/3) 1855 starb sie an Cholera. Anf. 1858 heiratete B. zum zweiten Mal.(Th.Br.,207/2) Bereits 1854 war er Diakon. Im Sommer d.J. besuchte er England.(WEINMANN,1963,300) Anf. 1858 wurde er zum P-Amt ord. (pA) und übernahm anschließend die Gemeinde in Danzig als erster P-Vorsteher. Am 30.10.1863 erfolgte seine Ber. zum E-Amt und am 13.10.1864 seine E-Weihe (beides in Berlin). B. leitete die Danziger Gemeinde als NBE unter dem E E.Schwarz in Königsberg bis 1869.(s.S.171 d.v.U.)

75.c (S.68) Ferdinand Grahmann (+ 1884?) aus Frankfurt/O., schloss sich schon früh der dortigen Gemeinde an, wurde als UD eingesetzt und war bereits 1849 evangelistisch in Guben tätig. Am 13.11.1854 empfingen er und H.Zimmermann die P-Ord. in Frankfurt/O. durch Carlyle (dessen letzte Ord.!).(s.S.79 d.v.U.) Ab 1855 arbeitete er als 2. Betriebsleiter der Weber'schen Tuchfabrik in Görlitz, wo er öffentliche Vorträge über die kaB hielt und einige Personen für sie gewann.(ebd.,86.120) Spätestens ab 1860 war er P-Vorsteher der Gemeinde in Guben und ab Ende 1860 / Anf. 1861 der erste P-Vorsteher der Gemeinde in Bromberg, die er bis 1884 leitete (nach seiner Ber. zum E-Amt am 30.10.1863 u. seiner E-Weihe am 13.10.1864 als BE).

75.d (S.68) Carl Kuchenbecker (+ 1891) gehörte zu dem religiösen Kreis, der sich 1848 um J.F.Kleist in Thurow gesammelt hatte. Kuchenbecker hörte bei einem Onkel in Stettin von der kaB und regte eine Kontaktaufnahme seines Kreises mit der Berliner Gemeinde an. Diese erfolgte im Febr. 1849 durch H.Berg.(s.S.91 d.v.U.; vgl.Anm.70.b) Am 9.9.1849 wurde K. in Neustettin dem Hirtenamt übergeben, am 8.3.1851 durch Geyer zum P-Amt ber. und bereits 2 Tage später ordiniert. Er diente zunächst als P unter dem E Koeppen in Neustettin und übernahm spätestens Ende 1851 die neugegründete Gemeinde in Muddel und Pennekow als erster P-Vorsteher. 1853 wurden K. und seiner Braut vom zuständigen evang. Pfarrer das kirchliche Aufgebot verweigert. Die Eheschließung kam dennoch zustande.(vgl.Anm.90) Nach Koeppens Tod übernahm K. als leitender Ä die Neustettiner Gemeinde (wahrscheinlich ab Anf. 1858). Am 30.10.1863 wurde er zum E-Amt ber., am 13.10.1864 erfolgte seine Konsekration (beides in Berlin). K. diente anschließend wahrscheinlich als NBE in Neustettin (unter dem eE C.Döhring in Bublitz) und ab 1871 als BE (bis zu seinem Tode). 1874 war das vierfache Amt vorhanden, so dass die vollständigen Md und Ad gefeiert und damit die *"große Fürbitte"* dargebracht werden konnte.(s.Anm.54.c, 62.a)

76 (S.69) *"'Horn' ist die symbolische Bezeichnung bestimmter Gemeinden, die - nicht mehr als vier an der Zahl - unter der Oberleitung des Engels einer Haupt- oder Mutterkirche von einem Engel mit Priestern des vierfachen Amtes versehen werden; dieselben können auch ihrerseits Filialgemeinden in unbeschränkter Anzahl haben."* (RUBRIKEN,1895,41) Horngemeinden stehen wie die vier Hörner des Brandopferaltares der Stiftshütte (Ex.27,2) "um" den Altar der Hauptgemeinde in einer Stadt und bilden mit diesem nach kap Verständnis eine geistliche Einheit. Der Vorsteher der Horngemeinde wird *"Engel des Horns"* (EdH) genannt und steht in ähnlichem Verhältnis zum E der Hauptgemeinde bzw. zu der ihm anvertrauten Gemeinde wie der NBE (Vorsteher einer Filiale mit E-Amt).(vgl.Anm.62.a-b) Abgesehen von der unabhängigen Jurisdiktion ihres E unterscheidet sich die Hauptgemeinde von der Horngemeinde durch das äußere Kennzeichen des Siebenarmigen Leuchters.(RUBRIKEN,1895,42) Beim Vorhandensein des vierfachen Amtes konnten auch in der Horngemeinde die *"vollständigen Morgen- und Abenddienste"* sowie an Sonntagen die vollständige Form der Eucharistie gefeiert werden.(s.Anm.54.c)
Die Gemeinde Berlin-Nord war die erste Horngemeinde innerhalb der KaG.(BORN,1974,70. Die Sieben Gemeinden in London waren jede für sich eine Metropolitangemeinde und unterstanden nicht der Zentralgemeinde.) Folgende 12 Gemeinden in Deutschland hatten

Horngemeinden: je 4 Berlin (-Nord, -Ost, -West, -Wedding) und Hamburg (-Altona, -Barmbeck, -Eimsbüttel u. in Harburg), 3 Stettin (-Bredow, -Nord, -Süd), je 2 Barmen (-Rittershausen u. in Elberfeld), Dresden (-Neustadt, -Johannstadt) und Hannover (-Linden, -Nord) und je 1 Breslau (-Süd), Bromberg (Horngemeinde), Chemnitz (-Nord), Frankfurt/M.(-Ost), Königsberg(-Süd) und Leipzig (-Ost). Weltweit gab es sonst nur noch 8 Gemeinden mit Horngemeinden: Wien, Riga, Libau, Kopenhagen, Aarhus, Glasgow, New York, Chicago (keine in Sdt.).

77.a (S.70) *"Nach Offb. 21,17 sollen einst 144 Engel die Mauer des himmlischen Jerusalems bilden. Gemäß dem Lichte der Weissagung* (in den KaG - Verf.) *sind diese Engel erstens Erzengel in der Allgemeinen Kirche, und zwar sechs in jedem Stamme, also 6 x 12 = 72 in allen Stämmen, und sodann Engel der Erzengelsitze, auch sechs in jedem Stamme oder 72 in allen zwölf Stämmen."* (ALBRECHT,1924,51) Gemeinden, die in den Rang eines kap EE-Sitzes bzw. einer Metropolitangemeinde erhoben worden waren, gab es in 25 großen Städten. Die Vollzahl (6) wurde nur im *"Stamm"* Ndt. erreicht. Zu den Metropolitangemeinden wurden meist große, unter der Leitung eines eE stehende Gemeinden, sofern sie durch prophetisches Wort des jeweiligen Pr.m.d.Ap. als EE-Sitz *"kundgemacht"* waren und der Ap dies bestätigte. Die ndt. EE-Sitze waren (genannt werden die eE zur Zeit der *"Kundmachung"*, das *"Kundmachungs"*-Datum und [so bekannt] das Datum der Bestätigung durch den Ap):

    1. Berlin   (C.Rothe sen., 13.2.1873/1873 [S.49.70 d.v.U.])
    2. Hamburg   (F.Krasper, 3.5.1891/27.7. d.J. [Anm.121.a])
    3. Stettin   (E.Tillich, 7.8.1892 [S.90 d.v.U.])
    4. Königsberg (E.Schwarz sen. [+ 17.2.1893], 1892/11.1.1899 [zu dieser Zeit wurde
                    K. durch den BE O.Strelow geleitet; S.168 d.v.U.])
    5. Hannover (W.Kenter, 2.2.1896)
    6. Frankfurt/M. (R.Gerds, zwischen März 1900 u. Febr. 1901 [Anm.43.c])

Als EE-Sitze des *"Stammes"* Polen galten: Bromberg (E. Schwarz jun., 3.8.1894/1895 [S.176 d.v.U.]) u. Danzig (J. Döhring, 15.8.1898/11.1.1899 [S.171 d.v.U.]).(s.Anm.99) Die Gemeinde Wien war der einzige EE-Sitz im *"Stamm"* Sdt./ Österreich (*"Einführung"* des E O.Lindner u. *"Kundmachung"* am 10.12.1892). Die übrigen EE-Sitze waren - in England: Birmingham, Leeds, Newcastle-on-Tyne, Southampton u. Manchester; in Schottland: Edingburgh, Glasgow u. Dundee; in Irland: Dublin; in Holland: Den Haag (R.F.Jacobs, 27.2.1898); in Dänemark: Kopenhagen; in Russland: St. Petersburg (C.v.Erdberg, [März {BORN,1974, 69} / 19.5.?] 1879); in Schweden: Stockholm (H.P.Jensen, 1893); in Norwegen: Christiania/ Oslo (M.Olsen, 31.5.1899); in den USA: New York; in Kanada: Toronto und in Australien: Melbourne.(ALBRECHT,1924,51f; BORN,1974,87f) Es fällt auf, daß die Schweiz (1900: 40 Gemeinden; in Basel, Gossliwyl und Zürich mit eE [AdB]) keinen EE-Sitz hatte.

77.b (S.70) Die <u>Erzengel der katholisch-apostolischen Bewegung</u> setzten sich aus zwei *"Klassen"* von Amtsträgern zusammen: den EE *"ex officio"* und den *"persönlich berufenen"* EE (EE der AK). Zu den EE *"ex officio"* gehörten: alle Mitarbeiter der Ap (Koadj, Pr-, Ev- u. H.m.d.Ap.) - sofern sie als solche auch offiziell in ihr Amt eingeführt worden waren (vgl.Anm.58.c) -, die 5 *"Pfeiler"*-Ev in London und die je 5 BEv in den *"Stämmen"* (die *"sixty to the nations"*), die E der Sieben Gemeinden in London und die E der Metropolitangemeinden.(STEWART,1907, 1-4; ALBRECHT,1924,50f) Letztere waren den eE und BE ihrer Nachbargemeinden nicht als Oberhirten übergeordnet, ihre Aufgabe war vielmehr (bei voller Gleichberechtigung) *"to help*

the neighbouring churches in their districts. They and their churches are called to be storehouses of apostolic truth, of apostolic blessing in the time that is coming.
God will manifest those churches which He has designated as Archangels' seats as centres of light, centres of blessing, centres of grace for the blessing of all Christian men in their district." (H.HEATH,1905,2)
Während diese EE einen territorial begrenzten Aufgabenbereich hatten, standen die *"persönlich berufenen"* EE den Ap bzw. ihren Koadj für konkrete *"universalkirchliche"* Aufgaben zur Verfügung. ALBRECHT, selbst EE der AK, schreibt (1924,50f): *"Die Erzengel in der Allgemeinen Kirche gehören zu keinem besondern Stamme und empfangen ihre Aufträge unmittelbar von dem apostolischen Amte; sie haben ihre geistliche Heimat in Albury und sind Mitglieder der dortigen Ratsversammlung."* Als <u>apostolische Delegaten</u> führten sie (verstärkt ab 1890) stellvertretend für den Ap und die Koadj Gemeindebesuche durch, wobei sie alle apostolischen Amtshandlungen ausführen durften (bis auf die E-Weihe, die dem Ap bzw. Koadj vorbehalten blieb). Eine apostolische Delegation bestand *"aus zwei dazu auserwählten Dienern im Engelamt, von denen einer den Rang eines Erzengels aus einer der drei verschiedenen Klassen* (ap. Mitarbeiter, BEv oder Gemeinde-EE - Verf.) *haben sollte".*(BORN,1974, 79; vgl. ALBRECHT,1924,49; WEBER,1977,84; S.183f d.v.U.) Bereits vor der von BORN (1974,28) als erste Delegation bezeichneten Entsendung von EE nach Kopenhagen im Jahre 1865 gab es einen *"act of delegation":* Stellvertretend für den Ap Drummond besuchten Thiersch und Caird Anf. Juni 1859 mit einer von Drummond und Cardale ausgestellten Vollmacht die Gemeinde in Basel, um den Dienst der Anb. des ehemaligen röm.-kath. Priesters Lutz zum E-Amt am 4.6. d.J. zu leiten.(Th.Tgb.,1.-4.6.1859; vgl.S.210 d.v.U.)
"Persönlich berufene Erzengel oder, was dasselbe ist, Erzengel in der Allgemeinen Kirche wurden aus der Zahl der Engel genommen. Aber sie wurden zuvor in einem besondern Dienste in der Kapelle der Apostel zu Albury dargestellt und, wenn sie durch das profetische Wort berufen waren, empfingen sie von dem Apostel die Segnung für ihr Amt." (ALBRECHT,1924, 50)
Folgende Männer wurden als <u>Erzengel der Allgemeinen Kirche</u> eingesetzt (außer den Lebensdaten werden Berufungs- und der Einsegnungstag angegeben; s. die Kurzbiographien bei NEWMAN-NORTON,1971; u. BORN,1974):

Archibald Campbell Barclay	(1804-25.6.1860; 7.2./11.2.1839; Anm.23.b)
Dr. Augustus Frederic Bayford	(16.1.1809-11.5.1874; ?/11.2.1839)
George Cornish Gambier	(1795-18.6.1879; am 30.9.1835 zum Diener der AK geweiht; 11.2.1839 Einsetzung als EE?, s. BORN,1974,74f)
Richard Thomas Roskilly	(1834-3.6.1888; Jan.1877/11.1.1878)
Newdigate Hooper Kearsley Burne	(14.11.1830-3.5.1898; 18.6.1879/18.6.1879; s. Anm.25.b)
Charles Lindley Perry	(? - Jan.1925; 18.6.1879/11.5.1886)
Jens Peter Jensen	(1844/45-3.6.1909; 1894/20.7.1894)
Frederic Christian Bertelsen	(1838-13.10.1916; 27.5./15.7.1895)
Sir John Hay Athol MacDonald, Lord Kingsburgh	(28.12.1836-9.5.1919; 27.5./15.7.1895)
Pfr. Carl Louis Wilhelm Wagener	(6.12.1857-9.11.1922; 27.5./15.7.1895; s.Anm.44, 68.c)
Carl August Döhring	(1844-28.8.1927; 27.5./15.7.1895 [vgl.S.99 d.v.U.])

Dr. Richard Hughes (20.8.1836-3.4.1902; 29.6./13.7.1900)
Carl Eduard Schwarz jun. (4.4.1852-24.7.1910; 29.6./13.7.1900 [vgl.S.176 d.v.U.])
Rev. Philip Denton Toosey (12.5.1826-28.3.1914; 29.6./13.7.1900)
James Heath (24.1.1834-16.6.1915; 29.6./13.7.1900)
Dr. Paul Wigand (24.11.1853-30.7.1921; 29.6./13.7.1900; Anm.37)
Pfr. Ludwig Albrecht (5.7.1861-28.2.1931; 29.6./13.7.1900; Anm.104)
Beim Tod des letzten Ap lebten noch 12 EE der AK. - Einzelheiten zu den Metropolitangemeinden und zum EE-Amt s. bei: WOODHOUSE,1878; H.HEATH,1905; STEWART,1907; ALBRECHT,1924,50ff; BORN,1974,28.34f.79.81f.87f; NEWMAN-NORTON,1975,19; WEBER,1977,84-87; vgl.S.190f der vorliegenden Untersuchung.

[78] (S.71) Dr. Isaac Capadose wurde am 2.8.1834 als Sohn des jüdischen Arztes Dr. Abraham C. (+ 16.12.1874) und Adriana, Tochter des Präsidenten eines Den Haager Handelshauses Christiaan van der Harven, (vermutlich) in Den Haag geboren. Abraham C., Nachkomme sephardischer Juden aus Portugal, die sich auf der Flucht vor der Inquisition um 1500 in Amsterdam niedergelassen hatten, war (zusammen mit seinem Freund, dem Schriftsteller Isaac da Costa [s.u.]) durch Taufe am 22.10.1822 zur Reform. Kirche Hollands konvertiert.(s. CAPADOSE,1923; v.GERLACH,1903,II,307f; BORN,1974,67, FLIKKEMA,1993,27f!. Abraham C. korrespondierte übrigens auch mit Friedrich Wilhelm IV. von Preußen [s. seine Briefe in GSTA{PK}/M,HA 50].)
Isaac C. studierte an der Universität in Leiden Jura und erwarb den akademischen Grad des LL.D. (Dr. jur.). Anschließend trat er als Mitarbeiter in das Holl. Kolonialministerium ein. Am 3.6.1857 heiratete er in Den Haag Anna Gertruida (24.1.1834-16.4.1906), Tochter des Finanzministers Dominicus van Hoytema. Eine glänzende Karriere stand ihm offen. Spätestens 1865 lernte er v.Pochhammer kennen, der von 1864-1866 in den Niederlanden (besonders in Den Haag) für das Anliegen der kaB warb.(s.Anm.49.b, 74.c) C. nahm ihn ein Jahr lang in seinem Hause (Den Haag, Koni[n]ginnengracht 2 [Th.Tgb.,IV,Anschriften]) auf und wandte sich bald ganz den KaG zu.(TANG,1984,44) Er verzichtete auf das Angebot, Gouverneur von Niederländisch-Surinam zu werden und gab seine Position im Kolonialministerium auf.(s. NEWMAN-NORTON,1975,11f) Während des Aufenthaltes des Ap Woodhouse zur Gründung der Gemeinde in Den Haag (apHA am 24.2.1867) bot er sich zum P-Amt an (am 26. od. 28.2.), wurde - durch de la Chevallerie - ber. und bereits am 10.3. d.J. ordiniert. Er diente zunächst als P-Ev unter v.Pochhammer. Am 2.10. d.J. wurde C. in Berlin zum E-Amt ber. (ebenfalls durch de la Chevallerie) und am 1.4.1868 in Den Haag durch Woodhouse geweiht. Er diente danach als E-Ev, übernahm 1871 vorübergehend die Gemeinde in Brüssel als BE (ders.,1971,19), wurde am 13.3.1873 BEv und am 14.9. d.J. Ev.m.d.Ap. für Holland. *"His obvious ability and zeal caused him to be presented for call as a Coadjutor to the Apostles"* (ders.,1975,12), und so wurde er - nur etwa 10 Jahre nach seinem Abschluß an die kaB! - am 7.6.1875 in Albury als (8.) Koadj berufen. Nach dem Tode des Koadj G.Hewett (15.4.1876) wurde C. von den Ap Cardale und Woodhouse am 27.6.1876 als Koadj für die Niederlande und Dänemark erwählt und am 30.6. d.J. dazu eingesegnet.(ders.,1971,19) Im selben Jahr siedelte C. nach Albury über und wurde brit. Staatsbürger. Er wohnte mit seiner Familie zuerst im *"Holland-House"* (wo einst Carlyle gewohnt hatte [Th.Br.,103]) und nach dem Tod des Ap Woodhouse in *"The Grange"* / *"Cooke's Place"* - in *"unpretending style"* (NEWMAN-NORTON,1975,12).(vgl.S.187 d.v.U.) Als Koadj war C. bald auch für Schweden und Nor-

wegen, Italien (ab 1890), Ndt. (ab Ende 1895), Russland (ab 30.7.1899), Polen und Frankreich (mit Belgien u. Spanien [ab 1899]) sowie Portugal zuständig.(ALBRECHT,1924,63; BORN, 1974,104) C., der 6 Fremdsprachen beherrschte, unternahm sehr viele Visitationsreisen - z.B. 1876, 1877, 1878, 1883, 1888, 1889 nach Frankreich, 1878, 1882, 1883, 1888 nach Belgien, 1877 nach Norwegen (20.4. apHA in Drammen), 1880 nach Litauen, Lettland und Estland, 1884 in die Niederlande, 1891, 1894, 1895, 1898 nach Italien (besonders Florenz u. Rom [s.- BORN,1974,84]).(NEWMAN-NORTON,1971,19) Nach dem Tode von Woodhouse am 3.2.1901 führte er (zur Beratung über die eingetretene Situation) mehrere regionale E-Konferenzen durch.(s.S.191 d.v.U.)

C. hat schwere Prüfungen hinnehmen müssen. So verlor er 1901 seine 29j. Tochter Mary (ihre Beisetzung in Albury fand einen Tag nach dem Tode des letzten Ap statt). Im Aug. 1906 wurde C. infolge einer schweren Erkrankung an beiden Beinen gelähmt und war seit dieser Zeit an sein Haus bzw. an den Rollstuhl gebunden.(BORN,1974,104. Nach NEWMAN-NORTON [1975,13] war er von 1905 bis 1907 sehr krank u. behielt nach einem Rezidiv im Febr. 1910 [welches so lebensbedrohlich war, dass sich die kap Gemeinden veranlasst sahen, in einem besonderen eucharistischen Gottesdienst eine spezielle Fürbitte für den erkrankten Koadj *"darzubringen"*] eine Lähmung beider Beine zurück. In den Vier Predigten [1952,10] wird letzteres auf den Juni 1907 datiert.) C. war jedoch trotz dieser Behinderung imstande, *"sein Amt wieder zu versehen, obgleich nicht bis zu dem Umfange, um in der Apostelkapelle wieder zelebrieren zu können. Er wurde jedoch in seinem Rollstuhl dorthin zu den Diensten gefahren und war im übrigen fähig, mit den auswärtigen Gemeinden, für die er Auftrag hatte, schriftlich zu verkehren, und mit den Dienern zusammenzutreffen, welche nach Albury kamen, um mit ihm Rat zu pflegen."* (ebd.)

C. starb 86j. am 13.10.1920 in Albury und wurde 3 Tage später auf dem dortigen Friedhof beigesetzt. Er gehörte zweifellos zu den interessantesten Gestalten der KaG.(s. die Beschreibung seiner Persönlichkeit durch Isaac da Costa [zitiert bei NEWMAN-NORTON,1975,12f]) Zu C. s. ders.,1971,19; ders.,1975,11ff u.ö.; BORN,1974,66f.104. Seine Schriften sind aufgeführt bei COPINGER,1908,10; EDEL,1971,357; WEBER,1977,Anh.,32-35; s. auch S.192f der vorliegenden Untersuchung.

79.a (S.78) Der Bescheid des preußischen Innenministeriums v. 30.9.1850 basierte auf einem die Frankfurter Eingabe betreffenden Votum des MGA (EA [v.Mühler]) v. 21.5. d.J., in dem es hieß: Die EA erkläre, *"daß sie, abgesehn von der Stellung, welche die genannten Antragsteller und ihre Genossen für ihre Person zu der evangelischen Kirche in Preußen einnehmen mögen - als um welche es sich hier nicht handelt - jedenfalls gegen eine Anerkennung der besonderen gottesdienstlichen Vereinigungen dieser Personen, als innerhalb der evangelischen Kirche stehend, und der dieser Kirche zuständigen politischen Rechte theilhaftig, sich verwahren muß, da der Nachweis nicht geführt ist, und nach dem, was anderweitig darüber bekannt ist, auch voraussichtlich nicht geführt werden kann, daß die in der Vorstellung erwähnte Lehre dieser Genossenschaft, von den Ordnungen und Aemtern der Kirche mit den Bekenntnissen der evangelischen Kirche im Einklange stehe."* (IV/96-v; s.u.)

Auch wenn die Akten über den Fortgang der Angelegenheit keine weitere Auskunft geben, so ist doch anzunehmen, dass der Frankfurter Gemeinde keine andere Wahl blieb, als sich (als erste Gemeinde in Preußen) ins Vereinsregister eintragen zu lassen.(vgl. S.66f.129.154.157. 277-280 d.v.U.; Anm.43.b)

79.b (S.78) Die Mitglieder der <u>Katholisch-apostolischen Gemeinden</u> haben immer an ihrem <u>Grundsatz</u> festgehalten, sich <u>weiterhin</u> als <u>Glieder ihrer Landeskirche</u> zu betrachten und diese nicht freiwillig zu verlassen. Weder kirchlicher Druck noch das Inaussichtstellen von juristischen Vorteilen haben sie davon abbringen können. In seiner Eingabe an v.Westphalen v. 15.1.1852 schrieb Wagener: *"Man hat uns günstigere Behandlung versprochen, wenn wir uns von der bestehenden Kirche förmlich lossagen wollten. Werden aber solche geschont, welche sich in sektiererischer Gesinnung trennen, so darf gewiß unsere entgegengesetzte Gesinnung nicht auf geringere, sondern auf größere Duldung Anspruch machen."* (III/35v) Den genannten Grundsatz durchzuhalten bedeutete auch, neben dem *"Zehnten"* (in den KaG) noch die kirchlichen Abgaben aufzubringen. (Dass dies tatsächlich geschah, bestätigt z.B. das Kons.Pr. in einem Bericht an den E.O. v. 26.4.1856 [V/101]; vgl.S.200 d.v.U.) Die Frage des Bleibens innerhalb der Kirche berührte den status confessionis kap Christen. So äußerte der Memeler P Deventer gegenüber dem E.O. (in einem Schreiben v. 24.3.1858 [die ihm versagte kirchliche Trauung betreffend; s.Anm.90]): *"Wollte ich aus der Evangelischen Kirche austreten, so würde ich dadurch thatsächlich meinen Glauben verläugnen und meinem Bekenntnisse von der Einheit der Kirche des HErrn, der ganzen Christlichen Kirche widersprechen."* (V/215v) Thiersch hat in seiner *"Erklärung die katholisch=apostolischen Gemeinden in Bayern betreffend"* (v. 19.2.1870) die Haltung der KaG zur Frage eines Kirchenaustritts folgendermaßen formuliert: *'"Die herkömmliche Ausdrucksweise, bei der von A u s t r i t t und Ü b e r - t r i t t die Rede ist, beruht auf dem gespaltenen Zustand der christlichen Kirche. Die verschiedenen Abteilungen derselben verhalten sich ausschließend gegen einander, und in der Regel verlangt eine jede, daß, wer in ihr die heiligen Sakramente empfängt, seine kirchliche Gemeinschaft und Verbindung mit der andern als abgebrochen und aufgelöst betrachte. Die christliche Wahrheit verbietet uns, auf eine solche Anschauung einzugehen. Wir beklagen die vorhandene Kirchenspaltung als etwas, das dem Sinne Christi gänzlich widerspricht, und unser ganzes Bestreben ist darauf gerichtet, nicht daß die Spaltungen vermehrt und verschärft, sondern daß sie geheilt werden. Wir halten dafür, daß die Trennung der Christen in verschiedenen Kirchenparteien nicht auf einer göttlichen Anordnung, sondern auf einer Verirrung der Menschen beruht. Wir sind überzeugt, daß vor Gottes Augen alle, welche getauft sind und den Glauben an Christum bekennen, die Eine christliche Kirche bilden, und daß diese Einheit fortbesteht ungeachtet der Scheidewände und Schranken, welche von den Menschen innerhalb der Kirche aufgerichtet worden sind... Diese Einheit der Kirche ist uns heilig, und wir wollen sie unter keiner Bedingung verläugnen.'*
'Wir erkennen, daß Gott die Segnungen des apostolischen Amtes wiederhergestellt hat, und daß Er sie allen Christen anbietet, um alle, die Seine Hilfe annehmen, auf die Wiederkunft Christi vorzubereiten und vor dem bevorstehenden Gericht zu beschützen, wenn sie die rechten Früchte des Geistes bringen. Wir verlangen, an diesen Segnungen teilzunehmen; wir erklären deshalb unsern A n s c h l u ß an die Gemeinde, wo dieselben gespendet werden; aber weit entfernt, dadurch die Einheit der Kirche zu verläugnen, legen wir vielmehr durch die Wahrheiten, die wir bekennen, und durch die Gottesdienste, die wir feiern, Zeugnis für die Einheit ab.'
'Eben deshalb liegt jedem von uns der Gedanke fern, jenes Band der Gemeinschaft zu zerreißen, das uns mit den Christen und insbesondere mit den Geistlichen der Kirchenabteilung, in der wir erzogen worden sind, verbindet. Wir erkennen vielmehr in unsern Mitchristen die Christenwürde an, wir ehren die Geistlichen in ihren verschiedenen Stellungen als Priester Gottes und Diener Christi, und wir halten die von ihnen vollzogenen heiligen Handlungen für

giltig und wirksam. Deshalb ist denn auch von unserer Seite solchen, die mit uns die Sakramente genießen wollen, niemals die Forderung eines Abbruchs ihrer bisherigen kirchlichen Gemeinschaft gestellt worden...'
'Wenn jemand infolge einer Veränderung seines Wohnortes oder aus einer andern Veranlassung von einer Parochie in eine andere übergeht, so ist es geziemend und unverfänglich, daß er sich bei seinem bisherigen Geistlichen ab= und bei dem neuen anmelde. Wir betrachten die ganze christliche Kirche als eine solche in sich einige Gemeinschaft, und unsere besondere Gemeinde nur als eine Parochie innerhalb derselben, der wir aus inneren Gründen uns anschließen.'" (WIGAND,1888,343ff; vgl. S.282.288 d.v.U.; Anm.3, 98, 102. Zur Frage der Gründung eigener kap Gemeinden s.Anm.91; zur kap Ekklesiologie FLEGG, 1992,97-208.491-494.)

79.c (S.78) Die <u>Evangelische Landeskirche sah</u> jedoch <u>in der</u> Entstehung und <u>Ausbreitung von katholisch-apostolischen Gemeinden</u> in Preußen keineswegs eine innerkirchliche Bereicherung, sondern <u>eine</u> zusätzliche <u>Gefahr</u> in ohnehin schwierigen Zeiten. Seit etwa 1830 hatten separatistische und dissidentische Bewegungen innerhalb der Kirche deutlich zugenommen (Altlutheraner, Lichtfreunde, religiöse Separatisten, Baptisten [s. S.21 d.v.U.; Anm.85]). Wenn die Landeskirche auch in dem sog. Toleranz-Patent v. 30.3.1847 eine Hilfe sah, das Dissidenten-Problem durch juristisch erleichterten Kirchenaustritt zu lösen, so beobachtete sie andererseits (durch die März-Revolution und erste Ansätze einer Lockerung des Staat-Kirche-Verhältnisses nach 1848 verunsichert) mit einer gewissen Sorge die sich in liberaleren gesetzlichen Bestimmungen niederschlagende und durch ihre Praxis durchaus nicht immer im kirchlichen Interesse liegende staatliche Toleranzpolitik gegenüber religiösen Bewegungen, denn diese Toleranzpolitik erleichterte die Ausbreitung neuer Religionsgesellschaften (vgl.Anm.51, 94) und erschwerte die von kirchlichen Behörden als notwendig erachteten Gegenmaßnahmen (z.B. in Fällen *"unbefugter Vornahme geistlicher Amtshandlungen"* durch nicht kirchlich ord. Personen [Anm.83]). Während sich die Baptisten in Preußen nach 1850 (auf der rechtlichen Grundlage der V.U. § 12 u. des Vereinsgesetzes v. 11.3.1850) zu einer von der Landeskirche unabhängigen Religionsgesellschaft etablierten und deren Mitglieder - sofern sie nicht aufgrund der Zweit-Taufe kirchlicherseits exkommuniziert worden waren - tatsächlich aus der Evang. Kirche austraten, sah sich die Evang. Landeskirche Preußens im Falle der KaG einem neuen Phänomen gegenüber: einer (engl.) *"Sekte"* (so das allgemeine Urteil), deren Leiter den Anspruch höchster geistlicher Autorität über die ganze Christenheit erhoben, Gemeinden, die sich fast ausschließlich aus gläubigen evang. Christen zusammensetzten, eine durchorganisierte kirchliche Struktur mit einem eigenen - von der Evang. Kirche als fremd empfundenen - Kultus (einschließlich der Sakramentsverwaltung durch nicht kirchlich ord. Amtsträger) und Mitglieder dieser Gemeinden, die (trotz eindeutigen Anschlusses an die KaG) darauf bestanden, auch weiterhin als Glieder der Evang. Kirche angesehen zu werden. Aus der Sicht der Landeskirche lagen die Probleme nicht nur in der Unterordnung (evang.-) kap Christen unter eine andere kirchliche Autorität (Ap, E) und in den kap "Besonderheiten" (Ämter, Kultus, Charismata, Naherwartung, überkonfessionelles Selbstverständnis), sondern vor allem in dem Faktum, daß diese Gemeinden nicht (wie die Baptisten) eine von der Evang. Kirche getrennte Religionsgesellschaft bilden wollten, sondern daß sich ihre Mitglieder vielmehr als innerhalb der Evang. Landeskirche stehend betrachteten (so nannte sich z.B. die Gemeinde in Pennekow anfangs *"apostolische Gemeinschaft in der evangelischen Landeskirche"* [S.104 d.v.U.] u. die in Königsberg *"Evangelisch-apostolische Gemeinde"* [S.160

d.v.U.]). Gerade diese Frage spielte in der Auseinandersetzung der Evang. Landeskirche mit den KaG eine wichtige Rolle. Sie ist jedoch von offizieller Seite nie eindeutig zugunsten des Anliegens kap Christen bejaht worden.
Um sich einen ersten Überblick zu verschaffen, ersuchte das MGA (EA) in einem Zirkular v. 23.2.1850 die Konsistorien um Mitteilung, ob und wie weit in ihren Provinzen kap Gemeinden verbreitet seien.(IV/37) In einem weiteren Zirkular v. 15.11.1853 bat der E.O. die Konsistorien um Prüfung einiger Vorschläge, die Maßnahmen gegen die Mitglieder kap Gemeinden und auch der Baptisten betrafen.(V/16-19v) Danach sollten alle diejenigen als aus der Kirche ausgetreten angesehen werden, die *"von fremden Sectenoberen den Auftrag zur Verkündigung des Worts und zur Verwaltung der Sacramente annehmen und ausüben"*. Alle anderen, die an *"sectirerischen Gottesdiensten"* teilnähmen, sollten zunächst nicht als *"ausgeschieden"* angesehen werden, *"sondern es würde gegen solche irrende Glieder vorerst nur mit der Seelsorge und wo diese sich unwirksam erweist, mit der Kirchenzucht einzuwirken sein"*. Führe dies zu keinem Erfolg, so seien sie *"von der Theilnahme an den Sacramenten auszuschließen"*.(ebd./17v.19) Einen Einspruch seitens der Konsistorien gegenüber diesen Vorschlägen gab es nicht.
Besonders kompromisslos den KaG gegenüber trat das Kons.Pr. in Königsberg auf. In einem Bericht an den E.O. v. 7.9.1854 wird die staatliche Toleranzpolitik angegriffen: es sei nur (so heißt es dort) *"ein sehr unvollkommener Schutz, den der Staat der Kirche gewährt, welche ihm die Bedingungen seines eigenen Bestehens darbietet und sichert, wenn derselbe mit gleicher Sorgfalt jede Karikatur des kirchlichen Lebens pflegt und schützt, welche sich menschlicher Wahn oder geistliche Eitelkeit irgendwo zurechtmacht. Wir sind davon weit entfernt, gegen die Existenz der Sekten den weltlichen Arm aufrufen zu wollen; wir wünschen aber allerdings sehr dringend, daß der christliche Staat das Bewußtsein der ihm vertrauten Güter und der daraus fließenden Verpflichtungen den Sekten gegenüber durch die Forderung solcher Garantieen an den Tag lege, welche den allgemein christlichen Charakter derselben sicher stellen und unchristliche Extravaganzen abschneiden, von denen auch der Staat zuletzt am meisten zu leiden hat."* (V/43-v [dieser Bericht wurde dem Minister v.Raumer zur Kenntnisnahme vorgelegt]) In seiner Antwort auf einen weiteren Bericht des Kons.Pr. v. 20.1.1855 formulierte der E.O. einen Grundsatz kirchlicher Auseinandersetzung mit den KaG: *"Inzwischen können wir nicht unbemerkt lassen, daß wir Bedenken tragen, den am Schlusse des Berichts in Aussicht gestellten Antrag auf Anrufung der bürgerlichen Autorität wider die Zusammenkünfte u. Religionshandlungen solcher Sekten uns anzueignen, vielmehr der evangelischen Kirche die uns unter der Voraussetzung einer Enthaltung von derartigen Anträgen zu begründende Freiheit, gegen solche Erscheinungen die Mittel des Worts und der kirchlichen Zucht in vollem Maaße anzuwenden, gewahrt zu wissen wünschen."* (V/53v-54)
Im Zusammenhang mit den Entwicklungen in Königsberg (s.S.164ff d.v.U.) sah sich der E.O. veranlasst, eine Generalrichtlinie für das Verhalten der Landeskirche gegenüber den KaG zu erarbeiten. Mit dem theologischen Hauptgutachten wurde (nach dem Eingang der Vernehmungsprotokolle Königsberger kap Christen beim E.O. [Anm.98]) der OKR Prof. A.Twesten (Anm.50.c) beauftragt. Sein hochinteressantes Gutachten v. 16.2.1857 (das ca. 50 Schreibmaschinenseiten füllen würde) kann als die gründlichste und korrekteste Auseinandersetzung mit den KaG seitens der Evang. Landeskirche in Preußen angesehen werden.(V/169-180v) Twesten, der sich eingehend mit kap Quellenschriften beschäftigt hatte, legte seinem Gutachten folgende, im Kollegium des E.O. diskutierte Frage zugrunde: *"Sollen die Evangelischen Kirchenbehörden die Irvingiten in Königsberg noch ferner als Mitglieder der Evangelischen*

Landeskirche ansehn, und gegen sie um ihrer Eigenmächtigkeiten und um der Verirrung willen, welche sie in der Kirche anrichten, mit der Kirchendisciplin einschreiten? oder: Müssen diese Irvingiten als solche angesehen werden, welche sich durch entscheidende Thatsachen definitiv von der Evangelischen Kirche des Landes getrennt haben, und mit denen daher die Gemeinschaft in ecclesiasticis *nunmehr förmlich und durchgängig aufzuheben ist?"* (ebd./169) In einem ersten Kapitel setzt sich Twesten mit der kirchlichen Verfassung, dem Kultus und der Lehre der KaG auseinander und vergleicht diese insbesondere mit den evang. Bekenntnisschriften. Er erinnert an die Situation der Protestanten im 16. Jh. und fragt, ob es Sache der Evang. Kirche sei, (so wie die Röm.-Kath. Kirche im Tridentinischen Konzil) *"das Anathem über religiöse Gemeinschaften auszusprechen".*(ebd./169v) Er stellt fest, *"daß weder in formeller noch in materieller Hinsicht, weder hinsichtlich der dominierenden geistigen Richtung noch der wesentlichen Lehrbestimmungen, der Irvingianismus den Stempel des Häretischen trägt".*(ebd./170) *"Als einen Widerstreit mit dem formalen Princip des Evangelischen Glaubens pflegt man es zu betrachten, wenn die Irvingianer den Offenbarungen ihrer Propheten und den Entscheidungen ihrer angeblichen Apostel eine höhere Autorität beylegen. Ich glaube nicht, daß man darin Recht hat. Auf der einen Seite nämlich darf man nicht aus den Augen setzen, was denn eigentlich in dem formalen Principe der Evangelischen, namentlich der Lutherischen Kirche liegt; nämlich nicht, daß es für den Evangelischen Christen gar keine andere Quelle der Erkenntniß(,) keine andere Autorität gebe, als die heilige Schrift; sondern nur: daß diese 'die einige Regel und Richtschnur sey, nach welcher alle Lehren und Lehrer gerichtet und beurtheilt werden sollen,'* (Concordienformel;) *was der heiligen Schrift zukommt, ist die* summa autoritas normativa, *nach welcher nichts zugelassen werden darf, was der h. Schrift widerstreitet."* (ebd.)

Twesten stellt klar, dass die KaG den Ap und Pr keine höhere Autorität als der Bibel beimessen. *"Was sie von ihren Propheten und Aposteln erwarten und rühmen, ist vornämlich, daß sie ihnen den wahren tiefen Sinn der heil. Schrift aufschließen und bekräftigen...; doch wird auch anerkannt, daß der wahre Ausleger der h. Geist sey..." "Was das sogenannte materielle Princip der Evangelischen Lehre betrifft, so muß es allerdings dem Leser Irvingianischer Schriften auffallen, daß von der Rechtfertigung allein durch den Glauben kaum in denselben die Rede ist, wogegen die Reinigung von der Sünde und die fortschreitende Heiligung desto häufiger als Forderung und Aufgabe des christlichen Lebens geltend gemacht wird."* (ebd./170v) Twesten geht dann auf den der Anglik. Kirche verwandten Kultus und die Parusie-Erwartung der KaG ein, wobei er die letztere als biblisch begründet (und von der Evang. Kirche vernachlässigt) hervorhebt. Letzteres gelte auch von den Charismata, *"von welchen nirgend gesagt wird, daß sie einmal aufhören sollen, für welche vielmehr (in der angeführten Stelle Eph.IV,13) ein Termin bestimmt wird, von dem man werde einräumen müssen, daß er noch nicht erreicht sey".*(ebd./171v) Auch wegen des Gebrauches der prophetischen Gabe könnten die KaG nicht verurteilt werden; denn die *"Schrift fordert, den Geist nicht zu dämpfen, die Weissagung nicht zu verachten, aber alles zu prüfen und das Gute zu behalten..."* (ebd./172) Ein wesentliches Kriterium für falsche Prophetie sei in 1.Joh.4,1-3 genannt, doch: *"Noch hat Niemand behauptet oder behaupten können, daß die Irvingianischen Propheten Christum als Herrn, Christum den Mensch gewordenen, verleugnet hätten."* (ebd.) Was die Einsetzung von Amtsträgern und deren Wortverkündigung sowie die Verwaltung der Sakramente beträfe, so würde evangelischerseits auf den Widerspruch mit Art. XIV der CA hingewiesen - nach Twesten jedoch nicht zu Recht: *"Es darf nämlich dieser Artikel nicht gegen die Irvingianer geltend gemacht werden, als wenn ihre Evangelisten, Engel u.s.w.*

'ohne ordentlichen Beruf' lehrten oder die Sacramente verwalteten, weil sie nicht durch und nach Ordnung unserer Kirche berufen sind; denn über die Form der Berufung setzt unsere Confession nichts fest..." (ebd./172v) Twesten geht dann auf das dreifache Amt (E, P, D), den Gottesdienst und die Eucharistie ein, wobei er betont, daß Unterschiede nur die Evang. Kirchen, weniger aber die großen Kath. Kirchen beträfen. Das kap Eucharistieverständnis unterscheide sich jedoch durchaus von der röm.-kath. Auffassung eines eucharistischen Opfers; das evang. Abendmahl werde von den KaG als vollgültig anerkannt.(ebd./173-174)
In einem zweiten Kapitel geht Twesten auf das Verhältnis der KaG zur Landeskirche ein und stellt die Frage: "... *warum sollte es an sich nicht zulässig seyn, daß in dem allgemeinen Verbande der Evangelischen Kirche noch besondere Vereinigungen auf Grund besonderer Bedürfnisse bestünden?"* (ebd./174v) In der Röm.-Kath. Kirche gäbe es z.B. die Orden, in denen es *"an eigenthümlichen Glaubensansichten nicht fehlt"*. Die theologischen Gegensätze etwa der Dominikaner und Franziskaner seien *"so durchgreifender Art ..., wie kaum die Dogmatik Lutherischer und Reformirter Theologen des siebzehnten Jahrhunderts. Es ist aber auffallend genug, daß bis jetzt in dieser Hinsicht der Protestantismus sich engherziger gezeigt hat als der Katholizismus..."* (ebd.) Es müsse auch berücksichtigt werden, dass sich die KaG nicht als eine Religionsgesellschaft nur innerhalb der protest. Kirche betrachtete, sondern eine gleiche Haltung gegenüber allen Denominationen einnähme. *"Doch bietet sich hier eine Analogie dar, von der wohl zu fragen ist, ob nach derselben nicht auch das Verhältniß der Evangelischen Landeskirche zu den Irvingianern zu bestimmen ist? es ist das Verhältniß der Evangelischen Landeskirche zu der erneuerten Brüdergemeinde, besonders wenn wir an die erste Zeit derselben denken, da sie noch durch den Grafen von Zinzendorf geleitet wurde."* (ebd./175) Diese stünden zur deutschen Evang. Kirche in keinem anderen Verhältnis als zu der Anglik. Kirche und anderen evang. Religionsgesellschaften in Großbritannien und in Nordamerika, und *"'behaupten mitten unter den verschiedenen Kirchenpartheyen ihre Allgemeinheit'"* (Twesten bezieht sich hierbei auf J.A.Bengel, Abriß der sogenannten Brüdergemeinde, 1751, 374).(V/175; vgl.Anm.5!)
Twesten stellt grundlegende Parallelen zwischen der Brüdergemeinde und den KaG heraus und fährt fort: *"... fragen mögte ich, weshalb, da man doch nichts dagegen hat, wenn Glieder der Evangelischen Landeskirche den Gottesdienst der Brüdergemeinde besuchen, an ihrem Abendmahle theilnehmen, sich mit ihren Geistlichen und Diaspora=Arbeitern in Verbindung setzen: da man auch solche, die speciell in die Brüdergemeinde aufgenommen sind, dennoch als unserer Landeskirche angehörig betrachtet und behandelt: weshalb dasselbe nicht auch in Bezug auf die Irvingianer sollte geschehen können? ... ich glaube nicht, daß wir die Milde u. Nachsicht zu bereuen haben, die jener von Seiten unserer Behörden zu Theil geworden ist."* (V/175v) Aber auch wenn man glaube, *"diese Analogie nicht zulassen zu dürfen"*, so bestünde doch kein Zweifel daran, daß sich die KaG der Landeskirche gegenüber anders verhielten als etwa die *"freien Gemeinden"* und dass sie mit jener am *"Christlichen Offenbarungs=Glauben"*, den altkirchlichen Symbolen und den christlichen Grundlehren festhielte. Somit sei *"die Irvingianische Religionsgemeinschaft als eine solche anzuerkennen, welche in ihren fundamentalen und principiellen Grundsätzen mit der Deutsch=Evangelischen Kirche einig ist, und sich zu derselben nicht anders verhält, als etwa die Bischöfliche Kirche Englands..."* (ebd./176)
Im dritten und letzten Kapitel wendet sich Twesten schließlich der Frage zu, ob kap Christen als innerhalb der Landeskirche stehend anerkannt werden können bzw. wie diesen zu begegnen sei. In einer grundsätzlichen Vorbemerkung erinnert er an die großen theologischen

Gegensätze innerhalb der Kirche in der apostolischen Zeit und die Notwendigkeit, sich - um der Einheit willen - *"gegenseitig in Liebe zu tragen".*(ebd./177v) Im Hinblick auf die Gründung kap Gemeinden schreibt er dann: *"Ob sie aber recht gethan haben, die Befriedigung ihrer religiösen Bedürfnisse außerhalb der landeskirchlichen Gemeinschaft des Gottesdienstes und des Gemeindelebens in einer besondern religiösen Verbindung mit eigenthümlichem Cultus u.s.w. zu suchen, (was wir an den Genossen der Brüdergemeinde nicht tadeln,) mag in Zweifel gezogen werden. Da sie jedoch nicht bloß den gemeinsamen Grund Christlicher und Evangelischer Lehre festhalten, nicht bloß die Kraft und Wirksamkeit der von uns verwalteten Gnadenmitteln anerkennen, sondern nicht aufhören wollen, als Glieder der Evangelischen Landeskirche angesehen zu werden: wird es da recht und Christlich seyn, wenn wir von unserer Seite jede Gemeinschaft* in ecclesiasticis *mit ihnen abbrechen? Ich glaube vielmehr, daß, wenn einmal die Einheit in ihrem vollen Sinne nicht erhalten werden kann, dann doch die Trennung nicht über das Nothwendige ausgedehnt werden darf. Zu trennen und zu spalten ist leicht; man braucht nur das Fleisch walten zu lassen, zu dessen Werken auch Hader, Zank, Zwietracht, Rotten gehören, (Gal.V,20;) einmal gebildete Spaltungen wieder aufzuheben, ist, wie die Geschichte und unsere eigene Erfahrung lehrt, sehr schwer..."* (ebd./178) Twesten spricht sich dann für folgende konkrete Verhaltensmaßregeln der Evang. Landeskirche aus: 1. Den Grundsatz des E.O., *"Irvingianer"* nicht in kirchlichen Ämtern zu belassen, bejaht er. 2. Den kap Christen sei der Zugang zu den Sakramenten nicht zu verwehren (ihre Haltung zu Taufe u. Abendmahl sei vorbildlich). 3. Für die Wählbarkeit und Wahlberechtigung im Hinblick auf den Gemeindekirchenrat könne der unter 1. genannte Grundsatz gelten. 4. Einer Zulassung zum Patenamt dürfe nichts im Wege stehen, wobei es darauf ankäme, ob man die Taufe als eine Aufnahme in die Evang. Kirche auffasste, *"denn freylich kann es bedenklich seyn: jemand als Pathen zuzulassen, der doch ein anderes Ziel im Auge hat, als die Erziehung für die Evangelische Landeskirche, in deren Namen der Taufact vorgenommen wird; wiewohl man doch wird festhalten müssen, daß die Taufe wesentlich nicht die Aufnahme in eine besondre Kirchengemeinschaft, sondern in die allgemeine Christliche Kirche ist."* (ebd./179) 5. Den kap Christen die (mit zivilrechtlichen Wirkungen verbundene) evang. Trauung zu gewähren, geböte die *"Liebespflicht Christlicher Religionsgemeinschaften gegen einander, sich in solchen Dingen auszuhelfen"* (ebd./179v). 6. Dass es Aufgabe des evang. Geistlichen bliebe, sich kap Christen in seiner Gemeinde seelsorgerlich zuzuwenden, sei selbstverständlich. 7. Schwieriger sei *"die Frage in Betreff der Kirchenzucht. Die Kirchenzucht setzt ... Sünde voraus... Ist einer solchen jeder schuldig, der sich den Ansichten, den Einrichtungen, dem Gottesdienste der Irvingianer zuneigt oder hingiebt?"* (ebd.) Wenn man - so Twesten - als Grund für Kirchenzucht (wie in der Röm.-Kath. Kirche) *"Ungehorsam"* annähme, so setze diese verbindliche kirchliche Anordnungen voraus, doch *"Anordnungen, die das Gewissen binden, die* sub ratione peccati *Geltung haben, können nur solche seyn, die eigentlich nur eine Erklärung der göttlichen Vorschriften sind. Kann dazu nun wohl eine Vorschrift gerechnet werden, sich der Theilnahme an den Irvingianischen Versammlungen zu enthalten?*
Wenn ein Irvingianer, dem eine solche Vorschrift ertheilt ist, erklärt: in diesen Versammlungen sey er zum Glauben erweckt, sey er von seinem Sündenwege abgebracht, sey er ein neuer Mensch geworden, habe er Christum und den Weg zum ewigen Leben gefunden: (unter den Aussagen der Königsberger Irvingianer sind mehrere, die eine solche Antwort erwarten lassen:) wird man ihm in Christi Namen untersagen dürfen, diesem Pfade zu folgen? wird man ihm etwas bieten können, wovon man derselben Wirkung gewiß ist?

Und doch werden wir sagen müssen, daß, wenn der Herr einst diejenigen frägt, denen er die Macht zu binden und zu lösen verliehen hat, welchen Gebrauch sie von dieser Macht gemacht haben: Er nicht darauf setzen wird, ob sie jemand verhindert haben, einer andern Religionsgemeinschaft als der Landeskirche anzugehören, sondern ob sie ihm einst vielleicht die Thür, durch die der Herr ihn in das Himmelreich einführen wollte, verschlossen haben." (ebd./ 180)

Soweit Twestens Gutachten. Der von ihm aufgezeigte Weg eines offeneren Verhältnisses der Evang. Landeskirche zu den KaG wäre auch denkbar gewesen. Doch die Mehrheit im Kollegium des E.O. entschied anders, wobei das knapp 3 Wochen nach Twestens Gutachten vom OKR Prof. K.I.Nitzsch (1787-1868; vgl.S.21 d.v.U.) vorgelegte Zweit-Gutachten v. 5.3.1857 (V/181-183) eine entscheidende Rolle spielte. Dieses Gutachten (in fast jeder Beziehung das völlige Gegenteil zu dem von Twesten) beschwört u.a. die Gefahr der Auflösung des *"Deutschen Evangelismus"* durch die KaG und spricht sich für ein restriktives Vorgehen gegen dieselben aus. Am 15.5.1857 schloss das Kollegium seine Beratungen über das Verhältnis der Landeskirche zu den KaG ab und fasste einen Beschluss, der als (General-)Verfügung am 29.5. dem Kons.Pr. und (auf Anordnung des E.O.-Präsidenten v.Uechtritz) am 9.6. d.J. allen übrigen Konsistorien zugesandt wurde und auf lange Sicht das Vorgehen der Kirche gegenüber den KaG bestimmte. Twesten stimmte nicht zu. Er schrieb neben den Originaltext des Beschlusses (V/187-190): *"Da ich mir den Inhalt dieses Erlasses nicht aneignen kann, vielmehr denselben mit meiner, wenn auch von dem Hochwürdigen Collegio nicht angenommenen, doch wohl erwogenen Ueberzeugung in Widerspruch finde: auch bey dem Schlusse der Berathung nicht zugegen gewesen bin, worauf derselbe beruht; so glaube ich mich von der Unterschrift dispensiren zu dürfen, da diese ja weder die Bedeutung einer Zustimmung noch auch nur des Zeugnisses über das Beschlossene haben könnte. (gez.) Twesten."* (V/187; vgl.Anm.50.c, 57)

In der Verfügung v. 29.5.1857 veranlasste der E.O. des Kons.Pr., *"eine öffentliche Bekanntmachung von den Kanzeln in der Stadt Koenigsberg anzuordnen, in welcher die evangelischen Gemeindeglieder ... gewarnt werden, mit derjenigen religiösen Gemeinschaft in Berührung zu treten, ... welche sich selbst die 'Evangelisch-Apostolische Gemeinde,' oder auch die 'Apostolisch=Catholische' nenne... Es wird in dieser Bekanntmachung darauf hinzuweisen sein, daß man in jener Gemeinschaft geflissentlich den Irrthum zu nähren bedacht sei, als könne jemand Mitglied dieser besonderen Gemeinschaft werden, und doch zugleich Mitglied der Kirche bleiben, welcher er bisher angehört habe, während doch jene Gemeinschaft sich für die wahre Kirche Christi ausgebe und unter der unmittelbaren Leitung von Gott neu erweckter und mit göttlicher Vollmacht ausgerüsteter Apostel zu stehen vermeine. Gegen diesen gefährlichen Irrthum müsse die evangelische Kirchenbehörde, feststehend auf dem Grunde deutscher Reformation, eindringlich warnen, und Sorge tragen, daß die von unserer Kirche verwalteten Gnadenmittel nicht, wie es von dem Standpunkte solches Irrthums aus geschehe, in Geringschätzung oder gar nur zum Scheine gesucht und empfangen würden."* (V/187-188) Es sei angeordnet, dass die Geistlichen der Stadt Königsberg alle, die sich der kap Gemeinde angeschlossen haben, *"nicht ohne Weiteres in den evangelischen Kirchen der Stadt ferner zum Tisch des Herrn zulassen sollen, sondern daß solche Personen, wenn sie nach dem Sakrament Verlangen tragen, sich zuvor bei ihrem bisherigen Seelsorger zu melden haben, um von diesem, nach vorgängiger Prüfung ihres Seelenzustandes und Belehrung über ihre Irrthümer über ihre Zulassung zum Sakrament in unserer evangelischen Kirche näher beschieden zu werden."* Die Pfarrer seien zu ermahnen, *"die Zulassung zum heiligen Abend-*

mahle abzulehnen, je entschiedener sich der Anhänger der Irvingitischen Gemeinschaft zu deren Grundsätzen bekennt, oder je weniger er seinen Schritt durch örtliche oder sonstige persönliche Umstände zu rechtfertigen vermag". (ebd./188v-189v) Der Inhalt der Königsberger Kanzelabkündigung v. 25.6.1857 ist schärfer gefasst als der der E.O.-Verfügung: Nach Auffassung des Kons.Pr. treten die KaG *"mit der evangelischen Kirche und ihrer Grundlehre von der Rechtfertigung und Seligmachung durch den Glauben allein in einen seelengefährlichen Widerspruch... Wir sind weit entfernt davon, Andersgläubige lieblos geringschätzen oder richten zu wollen; wenn aber jene aus der Fremde gekommene Gemeinschaft sich selbst für die wahre Kirche Christi ausgiebt und gar unter der unmittelbaren Leitung göttlich bevollmächtigter Apostel zu stehen, also auch allein die rechten und kräftigen Sakramente und Heilsmittel zu besitzen vermeint, unsere theure evangelische Kirche dagegen, welche durch die gesegnete Reformation auf den ewigen Grund der wahren Propheten und Apostel gestellt ist, mit ihrem Wort und Sakrament als eine unvollkommene, unerleuchtete und unkräftigere geringachtet und darum ihre Ordnungen rücksichtslos durchbricht und schmäht: so ist es mit der Treue gegen unsere evangelische Kirche, mit der Pflicht eines reinen und lautern Bekenntnisses der evangelischen Wahrheit unvereinbar, daß ein rechtschaffenes Mitglied der evangelischen Kirche Theil habe an der Gemeinschaft und insonderheit der selbsterwählten Sakramentsfeier jener Secte."* (V/203-v) Der Text dieser Königsberger Kanzelabkündigung (der auch öffentlich ausgehängt wurde) hat später in der Prov.S. als Vorlage für eine in den wesentlichen Punkten gleichlautende, z.T. jedoch schärfer gefasste Kanzelabkündigung gedient (am 3.1.1861 in Magdeburg, Erfurt u. Wittenberg [s. S.132 d.v.U.; Anm.80).
Zu kirchlichen Reaktionen auf die KaG s. auch Anm.36, 64, 80, 81, 88, 90, 98; vgl. ROSSTEUSCHER,1886,479! (betr. die freundliche Haltung der Anglik. Kirche den kap Gemeinden in Großbritannien gegenüber).

80 (S.80) Die Frage, ob Mitglieder der Landeskirche, die sich den KaG angeschlossen hatten, zum evangelischen Abendmahl zuzulassen seien, ist von offizieller kirchlicher Seite her (nach anfänglicher Unsicherheit u. milderer Praxis) zunehmend restriktiver behandelt, andererseits "vor Ort" recht unterschiedlich gehandhabt worden. Probleme entstanden vor allem an denjenigen Orten, in denen die kap Eucharistie noch nicht wöchentlich gefeiert werden konnte, denn dort nahmen die kap Christen ansonsten regelmäßig am evang. Gottesdienst teil.
Einen der ersten Anstöße, diese Frage im MGA(AE)/E.O. zu behandeln, gab der Bericht des Kons.Pm. an das MGA(AE) v. 27.9.1849 über die kap Aktivitäten in Ratzebuhr und die vom zuständigen Superintendenten verhängte Ausschließung vom Abendmahl für diejenigen, die an der ersten kap Eucharistiefeier in Thurow bei Neustettin teilgenommen hatten.(IV/14-22 [s.S.106 d.v.U.]) Es wurde darin um Anweisung gebeten, wie man sich (vor allem in der Frage des Abendmahls) den *"Irvingianern"* gegenüber verhalten solle. In einer (vom MGA erbetenen) *"gutachtlichen Äußerung"* des Kons.Pr. zu dieser Angelegenheit v. 15.11. d.J., die dem Kons.Pm. am 3.12. d.J. als Antwort zugesandt wurde (IV/25-v), heißt es: Das Kons.Pr. (MGA/AE) müsse *"eine allgemeine Anweisung über das Verhalten der evangelischen Geistlichen gegenüber den Gliedern der sg. apostolischen Gemeinde so lange für bedenklich halten, als die letztre sich nicht weiter entwickelt und namentlich über ihre individuelle dogmatische Grundlage klar und zuverlässig ausgesprochen hat. Bis dies geschehen sein wird, hat vielmehr die Kirche gegenüber den sg. Irvingianern keinen anderen Standpunct als den, welchen sie in Beziehung auf ihre irrenden Brüder überhaupt einnimmt. Sie wird mithin an denselben die Pflicht der Liebe durch Ermahnungen und Warnungen ohne Unterlaß, in jedem Falle*

aber dann zu üben haben, wenn sie die Zulassung zu dem Sacrament begehren. Über das weitere Verfahren aber werden alsdann die Natur jedes einzelnen Falles und die Grundsätze der Pastoralpraxis entscheiden. Ergiebt sich also, wie meist geschehen wird, daß die betreffenden Individuen ohne Bewußtsein, im Drange eines dunklen Gefühles, in die in sich selbst noch unklare und unfertige Entwicklung eingetreten sind, so wird der Geistliche vollständig gerechtfertigt sein, wenn er sie von der Gemeinschaft der Kirche, welche sie selbst noch suchen, nicht zurückweist, mithin ihnen das Sacrament nach vorgängiger eindringlicher Belehrung spendet. Sollten aber in einzelnen Fällen die Sinnesäußerungen solcher Personen besonderes Bedenken gegen die Zulassung erregen, so wird ihnen dies in schonender Weise zu eröffnen, und wenn sie auf ihrem Verlangen beharren, in Gemäßheit der bestehenden gesetzlichen Vorschriften, die Entscheidung des tit. (Kons.Pm. - Verf.) einzuholen sein."

Ein neuer Anstoß zur Erörterung dieser Frage kam im Herbst 1851 aus Schlesien. Die Mitglieder der kap Gemeinde in Buchwäldchen wurden vom Pfarrer Gröger im benachbarten Schönborn (gegen den Willen seines Superintendenten) zum Abendmahl zugelassen.(s.S.113f d.v.U.) Der P Hennig meldete die Gemeinde und sich selbst zwei Tage vor dem Abendmahl bei Gröger persönlich an.(IV/230) Die diesbezüglichen Berichte des Kons.Schl. an den E.O. veranlassten letzteren zu seinem Erlass v. 29.3.1852 (ebd./233-v.236-v), der nicht nur nach Breslau, sondern zugleich an die Konsistorien der übrigen 5 östl. Provinzen Preußens geschickt wurde. In dieser Zirkular-Verfügung wird (von Hennig ungewollt angeregt) den evang. Gemeinden die Wiederbelebung des alten Brauchs der persönlichen Anmeldung zum Abendmahl dringend empfohlen, und zwar unter direktem Hinweis auf die Anhänger des *"Irvingismus"* innerhalb der Landeskirche. Die Verfügung nimmt den im Rundschreiben des Kons.Pr. v. 7.5.1852 ausgesprochenen Grundsatz zur Frage der Abendmahlsverweigerung auf (zitiert auf S.150f d.v.U.), der übrigens fortan als Richtlinie innerhalb der Landeskirche diente. Schließlich wird noch die *"Überzeugung"* zum Ausdruck gebracht, *"daß die evangelische Kirche im Besitze aller der Gnadenmittel ist, deren es zur Seligkeit bedarf, und daß sie daher nicht darauf angewiesen ist, auf neue Apostel und Propheten zu harren."* (IV/236-v) In einem Begleitschreiben an das Kons.Schl. v. 29.3.1852 wird die *"Verwahrung durch einen allgemeinen Act"* *"aus mehrfachen Gründen"* (die nicht genannt werden) als *"nicht rathsam"* angesehen, vielmehr müssten die einzelnen Anhänger der KaG *"in das Auge zu fassen sein"*. Gegen die, welche *"unerachtet ihres Zutrittes zu der sg. apostolischen Gemeinde"* behaupteten, *"die Mitgliedschaft in der evangelischen Kirche nicht verloren zu haben u. das evangelische Sacrament suchen zu dürfen"*, würde *"zunächst dasjenige Mittel anzuwenden sein, welches den Geistlichen an die Hand gegeben ist, um in Beziehung auf die Spendung des Sacramentes sowohl ihr Gewissen als dasjenige der Kirche zu wahren. Melden sich also Personen zum Abendmahl, welche sich selbst als Anhänger des Irvingismus bekennen oder als solche bekannt sind, so hat der Geistliche sie über ihren Irrthum zu belehren u. vor den falschen Propheten und Aposteln zu warnen. Erklären sie sich hierauf nicht in befriedigender Weise, so wird der Geistliche alsdann nach den gesetzlichen Bestimmungen (A.L.R. II. 17.57.88.) zu verfahren und ihnen zu eröffnen haben, daß er zunächst die Entscheidung der vorgesetzten geistlichen Behörde einzuholen, bis dahin aber ihnen das Abendmahl nicht reichen werde."* (IV/232; der Inhalt des Schreibens wurde 2 Monate zuvor vom E.O. auch dem Kons.S. mitgeteilt als Richtlinie für das Vorgehen gegen die *"Irvingianer"* in Burg [IX/28-30])

Die Verfügung des E.O. v. 29.3.1852 wurde von den Konsistorien der östl. Provinzen in den folgenden Wochen innerhalb ihrer Aufsichtsbereiche bekanntgemacht, wobei nur durch das

Kons.Schl. und das Kons.Pr. die *"Irvingianer"* als Anlass direkt genannt wurden. Die Nichterwähnung der *"Irvingianer"* begründete das Kons.Br. in einer (von Twesten formulierten) Mitteilung an den E.O. v. 22.5.1852 mit *"Bedenken..., einzelnen, vielleicht von mehr Eifer als Einsicht geleiteten Geistlichen Anlass zu geben, gegen sie, als gleichsam schon der excommunicatio latae sententiae verfallen, zu verfahren. Denn überhaupt scheint uns die Aufhebung der Sacramentsgemeinschaft mit andern Partheien oder Secten eine sehr bedenkliche Sache, da doch bei der gegenwärtigen Zerrissenheit der Christenheit die Gemeinschaft der Gnadenmittel, /: wo sie nicht durch die Grundverschiedenheit in der Ansicht derselben selbst nothwendig gemacht wird, :/ die einzige Weise ist, die Einheit der Kirche zur Anschauung zu bringen... da eine Secte oft erst durch eine solche Ausschließung zu einer gesellschaftlichen Consistenz gelangt, /: weshalb gläubige Mitglieder der anglicanischen Kirche die Ausschließung der Methodisten oft genug bedauert haben; :/ da es uns in der evangelischen Kirche selbst an den Formen fehlt, wie eine solche Ausschließung zu vollziehen ist, /: denn ein Urtheil der Excommunication sollte doch nicht ohne vorhergehende gründliche Untersuchung, nicht ohne den andern Theil gehört zu haben, nur durch eine Behörde von unzweifelhafter allgemeiner Competenz gefällt werden, :/ nur da wir uns des Bewußtseins nicht entschlagen können, daß es gegenwärtig in Mitten der evangelischen Kirche weit erheblichere Abweichungen des Glaubens giebt, die wir doch tragen und tragen müssen."* (IV/263-264v) Auch das Kons.Pm. hatte Bedenken, die KaG zu erwähnen, da *"einige Geistliche unserer Provinz ein überaus rigoristisches Verfahren gegen die zum Irvingismus sich hinneigenden Mitglieder ihrer Gemeinden in Anwendung zu bringen geneigt sind, während die Erfahrung uns gelehrt hat, daß freundliche Milde in der Behandlung der Irrenden von einem günstigen Erfolge begleitet gewesen ist."* (an den E.O., v. 27.4.1852 [IV/245v]; vgl.S.95f d.v.U.) Dennoch: *"Wir sind der Meinung, daß die Ausschließung vom heiligen Abendmahle auch gegen Irvingianer zur Anwendung kommen müsse..."* (IV/245)

Ungefähr zur gleichen Zeit griff König Friedrich Wilhelm IV. persönlich in die Diskussion um diese Frage ein. Durch den Minister v.Raumer ließ er am 29.6.1852 den E.O. wissen, dass er eine Ausschließung kap Christen *"nicht für begründet"* erachte.(s. den vollständigen Text dieser Mitteilung sowie die Reaktion des E.O. auf S.115 d.v.U.) Das sowohl vom König als auch vom Kons.Br. gewünschte "mildere" Verfahren gegenüber kap Christen wollte sich der E.O. nicht zu eigen machen, und so blieb es bei der im Begleitschreiben an das Kons.Schl. v. 29.3.1852 formulierten Richtlinie. Nach ihr ist in den meisten Fällen verfahren worden. Es gab jedoch auch härtere Positionen. So verabschiedete das Kons.S., das bereits im Herbst 1856 von den Kanzeln der Stadt Magdeburg mit dem Ausschluss kap Christen vom Abendmahl gedroht hatte (s.S.128 d.v.U.), mit Genehmigung des E.O. am 3.1.1861 eine Kanzelabkündigung für Magdeburg, Erfurt und Wittenberg, die auf einer entsprechenden Veröffentlichung des Kons.Pr. v. 25.6.1857 (s.Anm.79.c) basierte.(V/240-241v.250-v; IX/90-95) Während die Magdeburger den Königsberger Text in den meisten Punkten wörtlich übernahmen, gingen sie doch im Hauptpunkt noch über diesen hinaus: es sei *"mit der Treue gegen unsere evangelische Kirche und mit der Pflicht eines reinen und lautern Bekenntnisses der evangelischen Wahrheit unvereinbar, daß ein Mitglied der Kirche dieser Secte angehöre und insonderheit an ihren selbsterwählten Sacramentsfeiern Theil habe.*
Demzufolge haben wir die evangelischen Geistlichen dieser Stadt beauftragt, solche Personen, welche eingestandenermaßen einer irvingitischen Gemeinde beigetreten sind, so lange, als sie derselben angehören, zum heiligen Abendmahle nicht zuzulassen, die Zulassung aber auch denjenigen zu versagen, welche sich nur zu der irvingitischen Secte halten, ihre

Versammlungen besuchen, zu ihren Irrthümern sich bekennen und sich durch wiederholte Belehrung nicht davon zurückbringen lassen." (V/250v; Anlass für diese Kanzelabkündigung war vor allem die bevorstehende Gründung einer kap Gemeinde in Wittenberg [vgl.S.138f d.v.U.])

Einige Beispiele illustrieren, wie in der Praxis in konkreten Einzelfällen verfahren wurde: Der schles. Pfarrer Gröger reichte nicht nur kap Christen aus der Gemeinde Buchwäldchen, sondern selbst ihrem P Hennig das Abendmahl. Gröger übertrat damit ein ausdrückliches Verbot seines Superintendenten, der dieses im Hinblick auf Hennig folgendermaßen begründet hatte: Hennig wäre *"3, der Verwüster der Kirchgemeinde Schönborn; 4, durch gereichtes Abendmahl würde* (der) *Pastor* (Gröger - Verf.) *selbst die Lüge bekräftigen, Hennig sei Mitglied und Freund der evangel. Kirche"*.(Sup. Stiller an das Kons.Schl. v. 30.10.1851 [IV/218v])

In Spandow hatte sich der Arbeiter Kosewsky von der kap Gemeinde wieder zurückgezogen, während seine Frau einen solchen Schritt verweigerte. Dennoch ließ der zuständige Pfarrer Guthke (auf Kosewskys *"dringendes Verlangen"*) beide zum Abendmahl zu. Diese Entscheidung wurde vom Kons.Br. gebilligt.(Kons.Br. an Guthke, v. 20.12.1852 [in: XXII]) Dagegen bestätigte das Kons.Br. die Maßnahme gegen die kap Christen in Lindow unter Bekräftigung des vom E.O. gegenüber dem Kons.Schl. am 29.3.1852 (Begleitschreiben, s.o.) ausgesprochenen Grundsatzes.(Kons.Br. an den Prediger Degener in Lossow, v. 21.2. u. 5.4.1854 [in: XXII]) Zwei erwachsene Töchter des Bäckermeisters Chr.Kleist in Lindow, die im Sommer 1854 *"feierlich ihren Rücktritt vom Irvingismus erklärt"* hatten, wurden zum Abendmahl wieder zugelassen.(V/39)

In Rathenow nahmen die Mitglieder der kap Gemeinde (zusammen mit ihrem D-Vorsteher Carl Reinsch) bis mindestens Mitte der 1860er Jahre regelmäßig am evang. Gottesdienst teil, da die Eucharistie nur alle vier Wochen durch einen auswärtigen P gefeiert werden konnte. Bis 1865 waren Reinsch und die anderen kap Christen sowohl von den zuständigen Pfarrern als auch vom Superintendenten zum evang. Abendmahl zugelassen worden. Nach einem Pfarrerwechsel verweigerte der neue Pfarrer am 26.8.1865 Reinsch das Abendmahl, obwohl er diesem bescheinigte, dass er *"in der That einer der fleißigsten Kirchenbesucher"* sei und gegen die Person desselben *"kein Grund zur Ausschließung vom Sacrament"* vorliege. Er sei *"ein bürgerlich achtbarer Mann"* und bekenne sich *"zu den Glaubenslehren der evangel. Kirche"*. Er, der Pfarrer, sei zwar geneigt, *"manches für Zulassung der Irvingiten geltend zu machen"*, halte aber angesichts der förmlichen Gemeindebildung mit Eucharistiefeiern sowie der Stellung von Reinsch als D-Vorsteher *"eine bestimmte Trennung der unverbesserlichen"* für *"ein geringeres Übel..., als eine Zwitterstellung, in welcher sie ihren wichtigsten Schutz und ihre Kraft suchen"*. In einer Antwort des Kons.Br. auf Reinschs Beschwerde wird die verweigerte Zulassung mit der Begründung bestätigt, dass Reinsch der Forderung, sich *"der Theilnahme an jener Secte, resp. der Leitung ihrer Gottesdienste"* zu enthalten, *"den Gehorsam verweigert"* habe.(Reinsch an Kons.Br., v. 27.8.1865; Prediger Kannegiesser an Kons.Br., v. 29.8., u. Kons.Br. an Reinsch, v. 13.9.1865 [in: XXII]) Dieser "Fall" veranschaulicht in besonderer Weise die beiderseitige Problemlage in der Frage der Zulassung oder Nichtzulassung kap Christen zum Abendmahl in der Evang. Landeskirche. (Man kann bedauern, dass die von Twesten empfohlene Haltung der Evang. Landeskirche in Preußen gegenüber den KaG - von wenigen, stillen Ausnahmen abgesehen - nicht eingenommen worden ist. Die Zeit war dafür vielleicht nicht reif.)

Die kap Position in der Frage der gegenseitigen Zulassung zum Abendmahl formulierte Woodhouse 1857 folgendermaßen: Es gelte das Prinzip, dass *"every baptized person has a right to the Lord's Supper, and if he desires to receive it and is neither a heretic nor of ungodly life, we have no right to exclude him... And not only is there no principle on which we can exclude any man or woman, but it is our privilege and duty to seek to partake of the communion with our fellow Christians."* (W.W.Andrews' notes, [August 18th 1857], zitiert nach SHAW,1972,81f)

81 (S.80) In einem Schreiben an das Kons.Br. v. 5.4.1854 hatte der Ortspfarrer Degener dasselbe um *"Rath und Aufschluß"* in der Frage der Zulassung von Kindern katholisch-apostolischer Eltern zur Konfirmation gebeten und im Hinblick auf ein Mädchen ausgeführt: *"Es unterliegt bei mir keinem Zweifel, daß dieselbe, bestimmt durch den Einfluß ihrer Aeltern, gleich nach ihrer Einsegnung sich zu der Secte der Irvingianer schlagen wird, da sie jetzt nicht den Muth hat, mir das bestimmte Versprechen abzulegen, sich von jener Secte zurückzuhalten... Daher bin ich gesonnen, die* Auguste Amalie Kleist nicht *einzusegnen."* (in: XXII) Das Kons.Br. antwortete am 18.4. d.J.: *"Wir sind mit tit. ... ausgesprochenen Ansicht ganz einverstanden, daß, wenn Sie darüber Gewißheit haben, daß die* Auguste Amalie Kleist *aus* Unter-Lindow *nach ihrer Confirmation zu den Irvingianern übertreten will, dieselbe zur Confirmation nicht zugelassen werden kann. Letztere schließt das Gelübde der Treue auch gegen* die Kirche *in sich, zu welcher ein junger Christ durch die Confirmation und die darauf folgende Sacraments-Gemeinschaft sich bekennt. Es würde also mit dem Confirmationsgelübde spielen heißen, wenn es in der Absicht, es zu brechen, abgelegt würde... Zugleich aber müssen wir Sie auffordern, das Mädchen und dessen Eltern in Ihre ganz besondere geistliche Pflege zu nehmen, um sie wo möglich von den betretenen Irrwegen wieder zur Wahrheit zurückzubringen."* (ebd.) (Theologisch gesehen ist die Interpretation des Konfirmationsversprechens als einer gleichzeitigen Treueerklärung gegenüber der Evang. Kirche fragwürdig!)
In größeren kap Gemeinden erteilten die Geistlichen selbst Konfirmandenunterricht und vollzogen auch Konfirmationen.(z.B. Thiersch in Marburg [CHRONIK Marburg,II,16] - ihm war die Erteilung des Unterrichts aufgrund einer Eingabe der betroffenen Eltern 1852 durch das Ministerium des Innern in Kassel mit der Auflage gestattet worden, dass die Konfirmation *"privatim"* im elterlichen Hause des jeweiligen Kindes stattzufinden habe, *"unter Zuziehung von nicht mehr als zwei Zeugen"* [Auszug aus dem Protokoll des Kurfürstl. Ministeriums des Innern in Kassel v. 5.7.1852, in: ACTA Marburg,I]) Anf. 1856 wurde die o.g. Tatsache durch die Anfrage eines Berliner Pfarrers dem Kons.Br. bekannt, welches sich daraufhin am 26.2. d.J. an den E.O. wandte: *"Durch einen Specialfall ist es zu unsrer Kenntniß gekommen, daß die hiesige Secte der Irvingianer den Kindern ihrer Genossen nicht nur Confirmanden-Unterricht erteilt, sondern an denselben auch die Confirmation vollzieht, und daß diese Ertheilung des Confirmanden-Unterrichts durch einen gewissen Roßteuscher bereits seit 7 Jahren geschieht.*
Welche unbefugten Eingriffe damit in die Rechte aller autorisirten Landeskirchen geschehen und welche unabsehbaren Verwicklungen diese Confirmation der Irvingianer für die Zukunft herbeiführen muß, bedarf keiner weiteren Ausführung, und bitten wir deshalb den tit. (E.O. - Verf.) *ehrerbietigst, diesem unberechtigten Treiben der hiesigen Irvingianer hochgeneigtest steuern zu wollen. Um unsrerseits den verwirrenden Folgen desselben nach Möglichkeit entgegen zu treten, haben wir uns veranlaßt gesehen, unsre über die Bedeutung der Confirmationsscheine unterm 30ten März 1827 erlassene Verfügung den sämmtlichen Geistlichen der Provinz in Erinnerung zu bringen..."* (in: XXII) Ein entsprechendes gedrucktes Zirkular an alle Superintendenten der Prov.Br. erging noch am 26.2.1856. Zu einer nennenswerten

Wiederbelebung des Gebrauchs der Konfirmationsscheine kam es nicht. Es blieb zunächst dabei, dass vielerorts Kindern kap Eltern die Konfirmation verweigert wurde und diese innerhalb der KaG ihre Einsegnung empfingen. In einem von Twesten (Anm.50.c) verfassten Schreiben des E.O. an das Kons.Pr. in Königsberg v. 24.3.1863 deutete sich jedoch eine Wandlung in der Einstellung an, die sich ab Mitte der 1860er Jahre auch nach und nach in Preußen durchsetzte: *"Eine Zurückweisung der Kinder von Irvingiten vom Confirmationsunterricht könnte um so weniger zweckmäßig seyn, als ja gerade dieser Unterricht Gelegenheit bietet, irrige Vorstellungen, die sie etwa mitbringen mögten, zu berichtigen; eine Zurückweisung vom Confirmationsacte könnte nicht angemessen seyn, wenn sie, über die Bedeutung desselben belehrt, die Theilnahme an demselben aufrichtig begehren."* (VI/29v)
In Akte XXII findet sich die Abschrift einer kap Konfirmationsurkunde: *"Confirmationsschein. Johann Gottlieb Zurack, geboren am 11. September 1852 (ein tausend acht hundert zwei und fünfzig) zu Kaltenborn, Sohn des Gärtners Johann Gottlieb Zurack und seiner Ehefrau Johanne Karoline geb. Strauss ist am 24. Februar 1867 (ein tausend acht hundert sieben und sechszig) in der apostolischen Gemeinde zu Guben von dem Unterzeichneten eingesegnet worden. Guben 25. Februar 1867. gez. Becker, Pastor und Oberhirte der apostolischen Gemeinde zu Guben."* (vgl.S.86.89f d.v.U.)

[82] (S.83) Johann Gottfried (Georg? [III/107]) Hochschildt (geb. 1825 [WEINMANN,1963,52; laut VII/16f: 1832]), Sohn eines Hirten aus Melzow (bei Prenzlau), Schneidergeselle, wurde 1849 in die Berliner Gemeinde aufgenommen. 1849/50 wohnte er beim P Evers (Anm.49.a) in der Jerusalemer Str. 66 in Berlin.(VII/16) Am 17.11.1850 wurde er als UD eingesetzt. Im Frühjahr 1851 begann er mit der Sammlung einer kap Gemeinde in Rathenow.(s.S.83 d.v.U.) Am 8.5. erfolgte seine Einsetzung als D, am 20.10.1851 erhielt er einen Ev-Auftrag für Burg. (s.S.123 d.v.U.) Dort legte er ebenfalls den Grundstein für die Entstehung einer kap Gemeinde. 1852 siedelte er nach Hamburg über, um für die Sammlung einer Gemeinde zu wirken (die Gründung erfolgte am 19.4.1854 [Anm.121.a]). Der dortige P Haeger und sein D H. wurden aufgrund einer anonymen Anzeige am 26.11.1854 für 9 Tage in Haft genommen, ihre Briefe, Bücher und liturgischen Gegenstände wurden konfisziert, und sie mussten am 22.1.1855 Hamburg verlassen.(s. WEINMANN,1963,39-57.294-328; BORN,1974,47; Anm. 55.g) H. diente in den folgenden Jahren als D-Ev bzw. P-Ev (Ord. am 7.11.1860 in Magdeburg) in Stettin. Von dort aus wirkte er auch als Mitarbeiter im Ev-Werk der AK unter der Leitung des E-Ev v.Pochhammer (u.a. ab Ende Mai 1858 u. von Ende Nov. 1861 bis März 1862 in Kassel [CHRONIK Marburg,III]; vgl.Anm.59.b).

[83] (S.84) Die Frage, wie die *"unbefugte Vornahme geistlicher Amtshandlungen"* (ALR,Th.II, Tit.10,§§ 76 u. 77; G.S.,1834,60) durch Geistliche der KaG zu ahnden sei, bedurfte einer Klärung; stand doch einerseits auf den Verstoß bei zivilrechtlich relevanten Amtshandlungen gemäß § 104 des SGB v. 14.4.1821 eine Gefängnisstrafe bis zu einem Jahr und auf der anderen Seite das Problem, wie bei zivilrechtlich nicht relevanten Handlungen (z.B. der Feier des Abendmahls) - auf die der genannte SGB-Paragraph nicht zutraf - zu verfahren sei.
Meist erfolgten durch die Ortspolizei Anzeigen beim Staatsanwalt, die jedoch - wie in Rathenow, Burg, Magdeburg oder Königsberg (S.84.124.128f.159 d.v.U.) - zurückgewiesen wurden. In anderen Fällen wurden die betr. kap Amtsträger tatsächlich verurteilt: in Buchwäldchen aufgrund einer Taufe zu "Recht" (S.113 d.v.U.), in Memel zu Unrecht (S.146 d.v.U.).

Das unterschiedliche Verfahren drängte nach einer einheitlichen Regelung. Diese wurde nach Verhandlungen zwischen Minister v.Raumer (MGA), dem Innenminister v.Westphalen und dem Justizminister Simons von letzterem den Oberstaatsanwälten mitgeteilt. Es heißt im Rundschreiben vom 13.12.1852: *"Ueber die Frage, in welchen Fällen und unter welchen Voraussetzungen wegen der von Dissidenten=Predigern vorgenommenen geistlichen Amtshandlungen die gerichtliche Verfolgung stattzufinden habe, sind Zweifel entstanden. Um denselben zu begegnen wird Ihnen im Einverständniß mit den Herren Ministern der geistlichen pp. Angelegenheiten und des Innern hierdurch Folgendes eröffnet:*
Bezüglich solcher Amtshandlungen der Dissidenten=Prediger ist zu unterscheiden zwischen rein religiösen *Handlungen und solchen Handlungen, welche zugleich* eine bürgerliche Bedeutung *haben.*
Was die erstere *Kategorie, also namentlich Einsegnungen und Austheilungen des Abendmahls betrifft, so ist es nicht unzweifelhaft, ob die unbefugte Vornahme solcher Handlungen, welche die rechtliche Sphäre des Staats nicht direkt berühren, unter das Strafgesetz zu subsummiren ist. Indessen kann die Entscheidung über diese Frage einstweilen um so mehr auf sich beruhen, als nach der Aeußerung der Herren Minister der geistlichen Angelegenheiten und des Innern die Abwehr derartiger Eingriffe in die kirchliche Ordnung einstweilen und bis etwa das praktische Bedürfniß zu einer anderen Auffassung und Behandlung führen möchte, der Kirche selbst zu überlassen ist.*
Demgemäß haben Sie eine Verfolgung der geistlichen Amtshandlungen der Dissidenten= Prediger, welche das rein religiöse Gebiet betreffen, zur Zeit nicht *einzuleiten."* (V/51) Diese Verfügung wurde durch das MGA und das IM am 8.2.1853 an die Regierungsbezirke weitergeleitet. Mit Rundschreiben v. 28.2. d.J. informierte das E.O. die Konsistorien.
Auch die Kirche sah sich veranlasst, im Falle der *"unbefugten Vornahme von geistlichen Amtshandlungen"* Maßnahmen zu ergreifen. So stellte in einem weiteren Rundschreiben v. 15.11.1853 der E.O. den Konsistorien gegenüber kirchliche Maßregeln zur Diskussion, nach denen z.B. alle, die *"von fremden Sectenoberen den Auftrag zur Verkündigung des Worts und zur Verwaltung der Sacramente annehmen und ausüben, ... als solche angesehen und behandelt werden, welche thatsächlich ebenso aus unserer evangelischen Kirche hinausgetreten seien, wie wenn sie solches gerichtlich erklärt hätten".* (ebd./17f-v)
Ab 1853 wurde nach der Verfügung des Justizministers verfahren: *"Rein religiöse Handlungen"* wie Abendmahlsfeier oder Konfirmation lagen außerhalb des unmittelbaren Interesses des Staates und wurden als interne Angelegenheit der betreffenden Religionsgemeinschaft angesehen, bei der es (wie der Fall v.Pochhammers 1856 zeigt [S.128f d.v.U.]) ausreichte, wenn nachgewiesen werden konnte, dass der Geistliche nach den in seiner Gemeinschaft geltenden Regeln rite ordiniert war.

[84] (S.90) Dr. phil. Paul v.Gersdorf (1835?-28.7.1915) entstammte einer sehr alten, weitverzweigten Familie, die vor allem in der Niederlausitz viele Besitzungen hatte.(v.ZEDLITZ-NEUKIRCH,II,1836,227-230) In den Th.Tgb. wird der damalige cand. theol. v.G. erstmals am 16.9.1862 erwähnt. Der junge Theologe hielt sich zu dieser Zeit gemeinsam mit seiner Schwester in der kap Gemeinde Magdeburgs auf und empfing dort wahrscheinlich am 15.9. d.J. die apostolische Handauflegung.(vgl.S.133 d.v.U.) Spätestens 1867 wurde er Hofprediger in Muskau bei Forst (am Hofe des Fürsten v.Pückler). Laut BORN (1974,101) diente er (dann) als P in der kap Gemeinde Görlitz. Von 1873-1878 war v.G. EG in Stettin.(s.S.90 d.v.U.) Ab Pfingsten 1878 leitete er als NBE und ab 1890 als BE die Gemeinde in Görlitz.

(s.S.121 d.v.U.) 1897 übernahm er als BE die Gemeinde in Halle, die er bereits 1905 wieder verlassen musste. Die Gründe dafür bleiben unklar: nach Aussagen von Zeitzeugen habe v.G. die Konsequenz aus dem Freitod seiner Tochter gezogen; aus seiner Korrespondenz geht jedoch hervor, dass er sehr krank war und deshalb in den Ruhestand ging (auf seine Besitzung in Niederlößnitz bei Dresden). Paul v.G. starb am 28.7.1915 in Niederlößnitz. Er hat mehrfach (zusammen mit einem EE) als Delegat gedient.(vgl.Anm.77.b)

85 (S.91) Hinterpommern, besonders dessen östl. Teil, bot um die Mitte des 19.Jahr-hunderts in religiöser Hinsicht ein buntes Bild. Schon bald nach den Befreiungskriegen entstanden hier mehrere einflussreiche Erweckungszentren, die z.T. eine enthusiastische und separatistische Entwicklung nahmen. Begünstigende Faktoren für die Erweckung in Pommern waren (nach dem Urteil eines dortigen Pfarrers) zum einen der Überdruss evang. Gemeinden an "rationalistischer" Verkündigung, zum anderen die bei der pommerschen Bevölkerung vorhandene *"Neigung zum Gefühlssubjectivismus und... zu Schwärmerei"*, durch die die Menschen in dieser Gegend *"auch für sectirerische Einflüsse leicht empfänglich"* waren. Der erwähnte Pfarrer schreibt: *"Die Prediger waren sämmtlich Rationalisten vom reinsten Wasser, in Hinterpommern verkündigten nur noch etwa 3 oder 4 die evangelische Lehre von der Gnade Gottes in Christo..."* (NkZ,1856,18.21f) HEYDEN (1957,II,179) urteilt ähnlich: *"... der unmittelbare und unverbildete Sinn des einfachen Mannes insonderheit, der nicht mehr Steine statt Brot haben wollte, rebellierte innerlichst gegen die immer größer werdende Verflachung und Verarmung des Glaubenslebens."*
Zu den religiösen Bewegungen, durch die das kirchliche Leben Pommerns in der 1. Hälfte des 19. Jh. beeinflusst wurde, gehörten die Erweckungsbewegungen in der Kamminer Gegend (ab 1810) sowie unter Herrnhutern und Französisch-Reformierten in Stettin (in den 20er Jahren), die Bewegung um den (u.a. durch Martin Boos geprägten) Pietisten Adolf v.Thadden (s. Anm.46; ENGELBERG,1985,183-191) mit den ab 1829 regelmäßig veranstalteten und stark besuchten *"Trieglaffer Konferenzen"* (*"die mit der Zeit für das ganze nördliche Deutschland zu Treffpunkten der offenbarungsgläubigen Pastoren werden sollten"* [HEYDEN,1957,II, 184]), die Erweckungen im Umkreis der Pastoren Moritz Görcke (+ 1883) und Gustav Knak in Wusterwitz (ab 1834), außerdem die der Berliner Missionsgesellschaft nahestehenden pommerschen Missionsvereine (ab 1824) mit ihren erwecklichen Missionsfesten. Infolge des Streits um die Union, um Agende und Bekenntnis entstanden auch in Pommern altluth. Gemeinden, besonders durch die Wirksamkeit des 1834 amtsenthobenen Pfarrers Lasius aus Prittich. Erweckte Kreise (v.Thadden, 1848) und separatistische Bewegungen (z.B. die Konventikel des Armenschullehrers Bagan und des Tischlers Zühlsdorff in der Kamminer Gegend) schlossen sich den separierten Lutheranern an. 1847 gab es in 164 Orten Pommerns insgesamt 2.255 Altlutheraner. (Die unierte Landeskirche zählte zur gleichen Zeit über 1 Mio Mitglieder.[ebd.,199.201]) Um 1850 kam jedoch die Ausbreitung der altluth. Bewegung in Pommern im wesentlichen zum Stillstand, es erfolgten Rücktritte zur Landeskirche. Ein Teil der Separatisten wanderte aus religiösen und wirtschaftlichen Gründen nach Amerika aus. (ebd.,196)
Zum religiösen Spektrum Pommerns gehörten weiterhin die Baptisten (ab 1840, vor allem im Raum Stettin, Bütow, Rummelsburg u. Bublitz), deren enthusiastische Tendenzen Schlagzeilen machten (Todesfall bei Exorzismus im Jahre 1853 in der Nähe von Rummelsburg, Fälle von religiös motiviertem Exhibitionismus [NkZ,1856,31-41]), außerdem Swedenborgianer, Gichtelianer (Johann Georg Gichtel [1638-1710], Mystiker; verwarf u.a. die Ehe u. theolo-

gische Wissenschaft, forderte Armut und *"Priestertum der Erleuchteten"*), Lichtfreunde und Deutschkatholiken (mit nur geringem Erfolg) sowie verschiedene andere schwärmerische und separatistische Gruppen (vor allem im östlichen Hinterpommern).
Besonders erwähnenswert ist eine nach 1818 entstandene charismatische Erweckungsbewegung im Raum von Stolp und Schlawe, die mit den Namen der Brüder v.Below verbunden ist. Ihr Mittelpunkt wurde der Sitz Heinrich v.Belows, Schloss Seehof bei Stolp. Doch nicht nur in den dazugehörigen Dörfern (darunter Pennekow, Dünnow u. Mützenow) hatte die Bewegung viele Anhänger, sondern auch in der Neustettiner, Kösliner, Bublitzer, Belgarder, Lauenburger, Quackenburger und Rummelsburger Gegend. Die v.Belowschen Bibelstunden und Gebetsversammlungen, in denen alle Standesunterschiede demonstrativ aufgehoben worden waren, wurden (auf kirchliche Beschwerden hin) ab 1821 polizeilich überwacht und nicht selten mit restriktiven Maßnahmen belegt. Es fanden auch Erweckungsversammlungen großen Stils statt, *"zu denen oft an die tausend Menschen ... strömten"*.(HEYDEN,1957,II,182) Versuchte man anfangs noch, die Verbindung zur Evang. Landeskirche zu halten, so entfernte sich die Bewegung in den 30er Jahren immer mehr von ihr. Charismatische Vorgänge gewannen Raum: *"Man hatte Verzückungen und Gesichte, heilte Kranke und weissagte."* (ebd., 183; vgl.NkZ,1856,29.31) (Von kap Seite wird im Zusammenhang mit der Darstellung der Anfänge der kaB auf das in etwa zeitliche Zusammentreffen charismatischer Aufbrüche unter Katholiken auf dem Donaumoos/Sdt. [Anm.30, 32, 33.a-b], unter Presbyterianern in Schottland, unter Anglikanern in England sowie unter Lutheranern im Reg.Bez. Köslin/Pm. um das Jahr 1830 hingewiesen [ALBRECHT,1924,6].) Durch den Einfluss von Lasius (*der dem "Separatistenwesen"* in Pennekow sowie in anderen Orten um Stolp zu einem starken Aufschwung verhalf) wurden die v.Belowschen Kreise nach 1835 in die altluth. Bewegung hineingezogen, aus der sie sich jedoch 1842 wieder lösten. In diesen Jahren nahmen die "charismatischen" Vorgänge und die Bekehrungspraxis immer ungesündere Formen an. 1850 nannte sich die v.Belowsche Bewegung *"Separierte evangelisch-lutherische Gemeine in Hinterpommern"* und zählte 1.500 Mitglieder in mehreren Ortschaften des Kreises Stolp. Sie war im Laufe ihrer Geschichte immer wieder von Spaltungen betroffen; auch Heinrich v.Belows Brüder Karl und Gustav (1791-1852) hatten sich wieder von ihr getrennt. H.v.Below starb 1855. Neben den genannten Bewegungen gab es noch eine Vielzahl kleiner religiöser Privatzirkel, deren Mitglieder eine Erneuerung ihres Christseins und eine Erweckung innerhalb der Kirche anstrebten.(Einzelheiten s. in: HEYDEN,1957,II,179-203; NkZ,1856,18-51; vgl.Anm.89.a)
Diese Verhältnisse fanden die Ev der KaG in Hinterpommern vor, an diese Situation mussten und konnten sie anknüpfen besonders in Pennekow (s.u.) sowie in der Gegend um Neustettin, Ratzebuhr, Bublitz, Bütow und Rummelsburg. Hier konnte sich auch die kaB bemerkenswert rasch ausbreiten. Die meisten der von ihnen gewonnenen Anhänger kamen aus der Evang. Landeskirche, ein Teil aber auch aus der v.Belowschen Bewegung. Der religiöse Kontext in Hinterpommern brachte für die KaG manche Probleme mit sich. Nicht selten wurden in den 50er Jahren spektakuläre religiös-schwärmerische Vorgänge (besonders innerhalb von Baptistengemeinden [s.o.]) in der Öffentlichkeit der kaB angelastet. So schrieb J.G.Lutz am 3.5.1853 an Thiersch: *"Das heillose Treiben in Hinterpommern ist von den Zeitungen auch in Süddeutschland sehr redselig erzählt und natürlich den 'Irvingianern' auf Rechnung geschrieben worden. Doch aber war Ein Blatt so redlich, die Sache nach einigen Tagen dahin zu berichtigen, daß zwar die Thatsache wahr, aber der Irvingianismus ihr fremd sei."* (WEBER,1973,222)

86 (S.93) Der "Fall Koska/Kleist/Döhring" steht als Beispiel für eine Reihe von Entlassungen aus dem Schuldienst wegen der Mitgliedschaft in den Katholisch-apostolischen Gemeinden. Nachdem die drei Lehrer am 2.2.1850 in die KaG aufgenommen worden waren, wurden sie vier Tage später darüber durch den Neustettiner Sup. Zahn vernommen.(IV/35-v)
Am 23.2. begrüßte der E.O. in einem Schreiben an das Kons.Pm. ausdrücklich die Eröffnung eines Verfahrens gegen die Lehrer der evang. Schulen, von denen zwei (Kleist u. Döhring) zugleich Küster waren, und führte u.a. aus: "Die evangelische Kirche würde sich selbst verleugnen, wenn sie ihren Dienern gestatten wollte, einer Gemeinschaft, die von der Voraussetzung der Verderbtheit der bestehenden Kirchen ausgeht sich anzuschließen, und doch zugleich in ihrer besonderen kirchlichen Stellung zu verbleiben." (ebd./36) Der zuständige Minister v.Ladenberg (MGA) drängte in seinem Schreiben an die Kgl.Reg. zu Köslin vom 7.4. d.J. auf eine Beschleunigung des Disziplinarverfahrens gegen die inzwischen suspendierten Lehrer.(ebd./130-131v) Dieses fand am 28.12.1850 in Köslin statt. Das Urteil lautete auf Entlassung aus dem Schuldienst, die Kosten des Verfahrens wurden den Angeklagten auferlegt. In der Begründung hieß es: *"Die 3 Lehrer ... haben bis zur Zeit ihres Uebertritts zur apostolischen Gemeine durch ihr Verhalten in und außer dem Amte zu keiner Klage Veranlassung gegeben, vielmehr die Zufriedenheit ihrer Vorgesetzten, sowie die Achtung und das Vertrauen der Gemeindeglieder genossen.*
Döhring ist mit einem sehr guten Zeugnisse ... vom hiesigen Seminar entlassen worden. Der frühere Regierungs- und Schulrat Kawerau bezeichnet ihn als einen sehr bewährten Mann, welcher einen bildenden, recht guten Unterricht erteile, und zu den besten Lehrern unseres Landes gehöre...
Kleist ... ist ... verständig fleißig und treu und weiß den Unterricht methodisch zu geben. Die Schüler zeigen im Christentume, in der Bibelkenntnis, im Lesen, Schreiben, besonders aber im Gesange gute Kenntnisse, resp. Fertigkeiten. Der Lehrer hat namentlich wegen seines Eifers für die Förderung des Gesanges seitens der Regierung lobende Anerkennung gefunden. Auf seine Veranlassung versammelte sich ein Chor von etwa 30 Erwachsenen beiderlei Geschlechts des Sonntags in der Schule und wurde im mehrstimmigen Chor- und Choralgesang von dem Lehrer eingeübt. Der Lehrer lebte friedlich und freundlich mit der Gemeine und diese freute sich der Schule. Noch anderweitig ist Kleist seitens der Regierung belobt und von dem Superintendenten Zahn im Jahre 1846 über ihn geurteilt worden, daß er ein eifriger und treuer Mann in seinem Amt sey und seine Schule zu den besten gehöre...
Daß dieselben in Folge ihres Uebertritts das Vertrauen ihrer Gremien verloren haben, ergeben zahlreiche Vorstellungen der Schulgremien zu Hütten, Thurow und Streitzig ... In denselben sprechen die Gremien und zwar sowohl gleich nach dem Uebertritte der Lehrer, als auch später fortgesetzt aus, daß die letztern ihr Vertrauen in Folge ihres Uebertritts zur irvingianischen Sekte verloren hätten und daß sie, da sie bei dem Glauben ihrer Väter festhalten und wünschen müßten, daß ihre Kinder demselben getreu blieben, diese ferner den Lehrern nicht in die Schule schicken würden. Wenn nun auch seitens der Angeschuldigten behauptet worden ist, daß sie noch das Vertrauen eines großen Teiles ihrer Gemeinen genössen und sie dafür den Beweis anzutreten sich bereiterklärt haben, so würde ein solcher Beweis doch zur Widerlegung der vorliegenden und bei der getroffenen Entscheidung berücksichtigungswerten Tatsachen, nicht von wesentlichem Einflusse sein. Aus den Vorstellungen ergibt sich mindestens, daß ein großer Teil der Gemeinen den Lehrern das Vertrauen entzogen hat. Eine weitere Folge hiervon war, daß der Schulbesuch, welcher früher regelmäßig und gut war, eingestellt worden und eine große Erbitterung gegen die Lehrer, welche sich durch

manigfache nicht zu entschuldigende Ereignisse und leidenschaftliche Aeußerungen kund gegeben hat, eingetreten ist.
Daß die Lehrer das Vertrauen ihrer Gemeinen verloren haben, und in Folge dessen der Schulbesuch sich so gemindert hatte, daß in Streitzig fast alle Kinder fortgeblieben sind, in Thurow und Hütten ungefähr die Hälfte, wird durch die amtlichen Berichte des Landrats, des Superintendenten und des Predigers Dreist zur Genüge bestätigt...
Die Angeschuldigten haben aber nicht blos das Vertrauen ihrer Gremien, sondern auch ihrer Vorgesetzten verloren. Es kann die Erteilung des Religionsunterrichtes an solchen Schulen, welche wie die zu Thurow, Hütten und Streitzig, der evangelisch-lutherischen Konfession angehören, nur von evangelischen Lehrern erfolgen...
Durch ihren Uebertritt zur apostolischen Gemeine haben sie sich um dieses Vertrauen gebracht. Sie haben sich dadurch eines Dienstvergehens schuldig gemacht. Denn nach § 2 der Verordnung vom 11ten Juli 1849 mußten sie sich bemühen, sich das Vertrauen zu erhalten, welches zu ihrem Berufe erforderlich war." (I/144-146v [zitiert nach einer Abschrift]) Gegen dieses Urteil legten die drei Lehrer beim Kgl. Disziplinarhof in Berlin Berufung ein, der am 24.5.1851 auch stattgegeben wurde.(ebd./175) Sie wurden zwar "rehabilitiert", erhielten aber ihre Stellen nicht zurück. Ebenfalls am 28.12.1850 beschloss das Kons.Pm., Kleist und Döhring zugleich aus dem Küsterdienst zu entlassen.(IV/137) Auch gegen diesen Beschluss legten beide am 3.2.1851 beim E.O. Berufung ein. Diese wurde jedoch abgewiesen.(ebd./171-172; vgl. Anm.65.a, 70.b, 71.d; S.110 d.v.U.)
Neben Döhring, Kleist und Koska gab es weitere Lehrer, die aufgrund ihres Anschlusses an die KaG aus dem Schuldienst entfernt wurden (bzw. deren Schulen man schloss). Der erste, dem dies widerfuhr, war H.Geyer.(S.204 d.v.U.) Der Oberlehrer F.Diestel wurde 1857 entlassen.(Anm.71.a) H.Lentz in Memel und W.Fährmann in Neustettin mussten ihre Schulen schließen.(s. S.143 d.v.U.; Anm.92) Dagegen hatte Koeppen in Neustettin die Lizenz zur Führung einer Privatschule.(s.Anm.87) Dies blieb jedoch eine Ausnahme.
Noch zu Beginn der 1860er Jahre galten in Preußen (wie auch im übrigen Deutschland) die Mitgliedschaft in den KaG und die Bekleidung eines Schulamtes als unvereinbar. So schrieb beispielsweise Minister v.Bethmann-Hollweg (MGA) am 15.7.1861 an die Kgl.Reg. zu Merseburg im Zusammenhang mit der Entlassung von J.Arndt aus dem Schuldienst (Anm.95): *"Auf den Bericht vom 25. April d.J. ... erwidere ich der pp., daß nach dem Verhältnisse, in welchem die Secte der Irvingianer zur evangelischen Landeskirche steht, und nach Maßgabe der den Schulvorständen obliegenden Aufgabe, ein Mitglied der ersteren nicht befähigt ist, in dem Vorstand einer evangelischen Schule zu fungiren."* (II/13; vgl.RE³,XVIII [1906],165)

[87] (S.93) Thiersch bezeichnete 1851 Neustettin als ein *"Städtchen, einem Dorfe sehr ähnlich"*. (Th.Br.,108/2) In dieser neuen Heimat ist die Familie Koeppen offenbar nicht recht froh geworden. Am 9.1.1852 schrieb Thiersch an seine Frau: *"In Neustettin zogen wir bei Köppens in ihrem niedrigen aber wohnlichen Hause ein. Die kleine Frau Köppen (Bianca von Polschinsky* [v. Polschynsky - Verf.]*) hat ihre rechte Last mit ihren vielen kleinen Jungen, ist nervenschwach, muthlos über das sibirische Pommerland, über die Einsamkeit u. Entfernung von allen Verwandten verstimmt."* (ebd.,118/2) K. selbst äußerte sich in Briefen an seine Schwägerin folgendermaßen: *"Seit ich ... in Neustettin lebe, bin ich bemüht, um der Bildung der Kinder wegen, eins nach dem andern in andere Orte zu bringen und unter andere Menschen. Neustettin ist ein erbärmlicher Ort, der Lage und Bildung nach... Wir waren kaum einige Wo-*

chen hier in Neustettin, da bekam Marie von einem grösseren Schulmädel auf öffentlicher Strasse auf dem Schulwege eine Ohrfeige, mit den Worten: Du Zigeunermädel. Da habt ihr einen kleinen Maßstab der hiesigen Bildungsstufe! Ein zerlumptes Gassenmädel begegnet also einem kleinen bildschönen Mädchen gebildeter Eltern!" (KOEPPEN-Briefe, Br. v. 16./19.2.1856) Und am 21.2.1853: "Es will viel sagen mit 400 Taler Weib, 7 Kinder und 2 Dienstleute zu erhalten. Es will oft garnicht gehen. Wenigstens gelingt es der lieben Bianka nicht; wiewohl wir doch dabei noch freie Wohnung im eigenen Häuschen und noch ein paar Thaler Interressen haben. Aber wir haben es eben früher anders gehabt und müssen erst bei der Armuth in die Schule gehen. Ich bewarb mich vor kurzem in Berlin um eine Schulrathstelle, die der dortige Magistrat zu besetzen hatte, aber er hatte schon einen andern Mann im Auge. Ich würde mich ernstlicher und dringender um Stellungen bewerben, die meiner Familie eine bessere Lage bereitete - ich habe natürlich dazu von meinen Vorgesetzten Erlaubnis - und es ist meine Pflicht für sie Sorge zu tragen, d.h. so dass wir uns genügen lassen, wenn wir Nahrung und Kleidung haben. Allein ich bin fest überzeugt, dass wir der Zeit ganz nahe stehn, wenigstens im westlichen Europa, da die Armen und Besitzlosen nach den Gütern und der Habe der Besitzenden greifen werden ohne Barmherzigkeit! Vielleicht bin ich also auch noch zu schwer beladen (!) für manchen hungrigen und scheelsehenden Tagelöhner mit auch 7 Kindern!" (ebd.) Am 14.4.1852: "Das war eine allgemeine Rede unter den Gläubigen, selbst unter meinen Freunden! Koeppen ist mit englischem Golde bestochen! (Welch gemeiner Sinn wohnt noch in gläubigen Herzen) Sie konnten Gott die Ehre nicht geben, dass Er noch heut die Leute stark machen kann, Alles zu verlassen um Seinetwillen; lieber schreiben sie es Satan zu. Aber so ging es auch dem Herrn selbst! Ich war still und litt lieber Unrecht und that meinen Mund nicht auf. Jetzt sehen alle besser und schon mancher hat um Verzeihung gebeten und manchem geht meine Noth zu Herzen. Andere sprechen: Ehrgeiz hat ihn verleitet! Jetzt wissen Alle, dass ein apostolischer Bischof kein Römischer Bischof ist, und seine Ehre in der Welt nichts nichts ist." (ebd.) K. wäre auch zur Übernahme einer evang. Pfarrstelle in Livland bereit gewesen. Während eines Besuches in Riga schrieb er: "Bergholz ... ist begeistert für meine Berufung nach Wenden und wünscht den Plan realisirt und hält ihn für leicht realisirbar. Wie Gott will! Ists sein Wille, mags geschehen, zu meiner Freude und zu vieler Freude auch hier in Riga. Ists nicht sein Wille, so wirds nicht bestehen." (ebd., Br. aus dem Jahre 1854)

K. blieb in N. bis zu seinem frühen Tode. Interessant ist jedoch die Tatsache, dass er (ungeachtet seines E-Amtes) aus der Sicht der Ap um seiner Familie willen jederzeit hätte einen Beruf außerhalb der KaG ausüben dürfen. Übrigens leitete K. bis Frühjahr 1857 nebenberuflich eine durch die Kgl.Reg. in Köslin konzessionierte Privatschule in N., in der Kinder auf das Gymnasium vorbereitet wurden. Diese Schule füllte in N. eine wichtige Lücke und hatte einen guten Ruf.(I/333-334v [vgl.Anm.92]) Dass es K. insgesamt in N. nicht leicht hatte, zeigen z.B. Erfahrungen und Erlebnisse, wie er sie Thiersch in einem Brief v. 20.6.1853 mitteilte: "Neu-stettin ist u. bleibt, wie es scheint, ein ominöser Ort! Sie kennen doch die Geschichte im Gasthause, die Herrn Barclay u. mir begegnet, da man unser Gespräch behorcht, aufgeschrieben u. Abends in der Resource zum Besten gab. Hier hab ich den Tod meines Johannes erfahren, hier hab ich Manch Trauriges erfahren, hier liegen gewiß auch die verlorenen Briefe! - Da sie mir zu wichtig erschienen, habe ich sie selbst auf die Post gebracht. Heut, gleich nach Empfang Ihres Briefes, ging ich zum Postmeister, Herrn Tobolk, trug ihm die Sache vor. Er zuckte mit den Achseln. Es ist nichts zu machen... Ich weiß zwar nicht, ob Ihr Brief Geheimnisse enthällt (sic), die meinem Rufe schaden könnten, mehr schmerzt mich, daß

Hr. Carlyle m. Brief nicht erhalten u. er so lange ohne Antwort geblieben u. in Ungewißheit über mich." (B.ST.B.,H.Thierschiana II,149,Koeppen,2/1)

88 (S.97) In Bezug auf die <u>Eintragung von Taufen in die Kirchenbücher</u> standen die Mitglieder der KaG in Deutschland vor einem Problem: Da die Taufregister der beiden großen Kirchen zugleich die Funktion eines offiziellen (staatlichen) Geburtsregisters erfüllen mussten, hatten Taufen im Zusammenhang mit der Registrierung der Geburt zivilrechtliche Bedeutung. Anfangs verfolgte man (in mehreren Fällen) die Ausführung von Taufen durch Geistliche der KaG als *"unbefugte Vornahme geistlicher Amsthandlungen"*, die unter Strafe stand. (s.Anm.83) Dies galt (juristisch gesehen) jedoch nur für Taufen, die an Kindern von Mitgliedern der Evang. bzw. Röm.-Kath. Kirche (als die sich kap Gemeindeglieder ja betrachteten) vollzogen wurden.(IV/322) In einer Eingabe der KaG in Preußen an den Minister v.Raumer (MGA) v. 8.6.1851 erklärten sich die Antragsteller bereit, *"die unter uns getauften Kinder in die Kirchenbücher der Landesgeistlichen eintragen zu lassen und die diesen Geistlichen zukommenden Gebühren zu entrichten".*(IV/184v; vgl.S.45f.287f d.v.U.)

Später (ab Ende der 1850er Jahre) duldete man zwar die Taufen innerhalb der KaG, gestattete ihnen jedoch nicht, eigene Kirchenbücher zu führen. Dieses Privileg war an die Verleihung von Korporationsrechten gebunden, welche den KaG jedoch lange Zeit nicht zugestanden wurden.(s.Anm.96) Bis zur Verleihung von Korporationsrechten blieb den KaG nichts weiter übrig, als die unter ihnen vollzogenen Taufen in die evang. bzw. röm.-kath. Kirchenbücher eintragen zu lassen. Damit waren sie jedoch nicht nur vom Wohlwollen der betr. Pfarrer abhängig, sondern standen auch vor einem Dilemma: Einerseits wirkten sie durch diese Praxis (im Gegensatz zu ihrem Selbstverständnisse, keine eigene Religionsgemeinschaft neben anderen zu sein) wie ein "Fremdkörper", der bestenfalls geduldet wurde. Andererseits blieben kap Gemeindeglieder durch die Entrichtung ihrer kirchlichen Abgaben dennoch (zahlende!) Mitglieder ihrer Heimatkirche.(VI/169v) Mancherorts wurden kap Taufen nur als *"Nottaufen"* anerkannt und als solche in die Kirchenbücher eingetragen.

Dafür, dass Koeppens Ankündigung, die kap Taufe gerichtlich bestätigen zu lassen, Praxis geworden ist, gibt es nur wenige Beispiele (so etwa ein Fall aus Günstedt / Reg.Bez. Erfurt 1860 [V/252]). Denn diese Praxis setzte den Kirchenaustritt der betreffenden Eltern voraus, wozu kap Gemeindeglieder nicht bereit waren (auch im Günstedter Fall ist der Austritt nur [aus der Not geboren "pro forma"?] angekündigt, nicht aber vollzogen worden!).

In einem Schreiben des Kons.S. an den Sup. Schmidt in Weißensee v. 6.3.1861 heißt es: *"Wenn Mitglieder dieser sogenannten apostolischen Gemeinde nicht austreten, also rechtlich Mitglieder ihrer Kirchgemeinde bleiben, so folgt aus der zugleich bürgerlichen Natur der Kirchenbücher, daß die ihnen geborenen Kinder in die Kirchenbücher ihrer Parochie als geboren eingetragen werden müssen. Dagegen kann die Kirche die von den Priestern der Secte vollzogenen Taufen als ordentliche Taufen nicht anerkennen, weil sie von keinem in einem kirchlich anerkannten Amte stehenden Geistlichen vollzogen sind, und können deshalb diese <u>Taufen</u> auch nicht in die Kirchenbücher eingetragen werden."* (V/254) Um zu einer einheitlichen Praxis zu kommen, die staatliche Interessen berücksichtigte, beauftragte der preuß. Kultusminister v.Mühler (MGA) am 28.6.1862 die Konsistorien in Magdeburg und Stettin, *"die Geistlichen dahin anzuweisen, daß sie die gedachten Geburten und Sterbefälle auf besonderen Folien des Kirchenbuches unter Beobachtung der für die Führung der Kirchenbücher bestehenden allgemeinen Vorschriften auf erfolgte Anmeldung einzutragen haben".* (V/347v [vgl.I/357-363]) Bei dieser Regelung blieb es. (Zur Beurkundung von Geburten der

Kinder kap Eltern s. auch II/81-99.149ff.)
Eine ähnliche Situation hinsichtlich der zivilrechtlichen Bedeutung der Kirchenbücher bestand übrigens auch in Dänemark.(BERICHT,1863,3f)

89.a (S.101) Der Bublitzer D Teske (s.S.46 d.v.U.) ist höchstwahrscheinlich mit dem bei HEYDEN (1957,II,200) erwähnten *"Schwärmer"* T. identisch: *"In Bublitz trieb ein Schumacher Teske sein Unwesen, der wiederholt Briefe an den König mit Bußmahnungen schrieb. Im Juli 1830 machte er sich auf den Weg, um den König persönlich zu sprechen und ihm wegen der allgemeinen Gottlosigkeit den Untergang von Staat und Welt anzukündigen..."*

89.b (S.101) Anf. 1863 gab es in Bütow einen P Eduard Freischmid und einen D Ferdinand F., die sich beide nach der Vorstellung des "neuen Apostels" Rosochacky (am 4.1. d.J.) Geyer angeschlossen hatten und daraufhin von ihrem zuständigen E C.Döhring (in Bublitz) exkommuniziert wurden.(s.S.310 d.v.U.) Daß zwischen Geyer und den Freischmids freundschaftliche Beziehungen bestanden, wird auch aus der Tatsache deutlich, dass ab Frühjahr 1858 eine Alwine F. aus Bublitz (dem ursprünglichen Wohnort der Brüder [?] F.) bei der Familie Geyer in Berlin wohnte.(VII/5v.63) Ein F. *"aus Bütow"* hatte die Gabe der Weissagung (Th.Tgb., 7.5.1858). Dieser war später Pr und berief am 29.5.1887 den zur AcaM gehörenden P Ernst Obst (1841-1919) aus Schönau/Schl. zum Ap, bekämpfte dann aber energisch dessen Anschluss an die nap Ap Schwarz, Menkhoff und Krebs.(SALUS,1913,293; vgl. WEINMANN, 1963,119; OBST,1990,67; zu F. s. auch S. 46.100.108.244 d.v.U.)

90 (S.104) Die kirchliche Aufgebotsverweigerung für Mitglieder der Katholisch-apostolischen Gemeinden traf diese besonders hart. Das Problem machte Minister v.Raumer in einem interessanten Schreiben an den E.O. v. 15.9.1853 deutlich, welches das Ehegesuch von C.Hennig (Anm.55.i) und Ignatz Stelzer aus Carthaus bei Liegnitz betraf: *"Beide sehen sich in ihrem Vorhaben, eine Ehe einzugehen, dadurch gehemmt, daß die competenten Pfarrer ihnen unter Genehmigung des Consistoriums und des Evangelischen Ober=Kirchenraths, die Trauung und selbst das Aufgebot, beziehungsweise die Ertheilung eines Dimissioriales verweigern, auf Grund dessen die Bittsteller ihre Trauung bei einer ausländischen Kirchengemeinschaft nachzusuchen gedachten.*
Da die Irvingianer nach ihren bekannten Grundsätzen nicht aus der evangelischen Landeskirche austreten, und ihnen sonach die bürgerliche Eheschließung nicht offen steht (diese setzte den Kirchenaustritt voraus - Verf.), so können sie nur durch kirchliche Trauung eine gültige Ehe schließen. Wenn die Kirche ihnen diese beharrlich versagt, wird ihnen, so fern sie nicht ihrer Ueberzeugung zuwider, den Austritt erklären wollen, voraussichtlich nichts übrig bleiben, als das Vaterland zu verlassen und auszuwandern.
Ich erkenne nicht, daß vom Standpunkt der evangelischen Landeskirche ein strenges Verhalten gegen die genannte Secte gerechtfertigt sein mag. Indeß kann ich das Bedenken nicht zurückhalten, ob eine Maaßregel, wie die vorliegende, welche den Irvingianern Trauung, Aufgebot und Dimissoriale, also überhaupt die Möglichkeit, unbeschadet ihrer Ueberzeugung von der Unzulässigkeit der Austritts-Erklärung eine gültige Ehe zu schließen, abschneidet, bei den harten Folgen für die bürgerlichen Verhältnisse der Betheiligten das gebotene Maaß der Strenge nicht überschreiten möchte. Dazu kommt, daß die Versagung des Aufgebots, da solches wesentlich nur bürgerliche Bedeutung hat, vom Standpunkt der Kirche aus überhaupt kaum zu motiviren sein dürfte... (Es folgt ein Hinweis auf die Position des Königs in Bezug

auf die KaG [s.Anm.51]! - Verf.)
Hiernach erlaube ich mir, der gefälligen Erwägung des Evangelischen Ober Kirchenraths ganz ergebenst anheim zu geben, ob nicht die Angelegenheit zu gleichmäßiger Wahrung der Stellung der evangelischen Kirche wie der Rechte der Betheiligten in der Art zum Austrag gebracht werden kann, daß der competente Pfarrer das Aufgebot, etwa unter Weglassung oder Modification der daran zu knüpfenden Fürbitte, verrichtet und demnächst ein Dimissoriale ertheilt, auf Grund dessen die Betheiligten die Trauung bei einem andern in- oder ausländischen Pfarrer nachsuchen können." (V/6f)
Der E.O. bevorzugte jedoch die harte Linie: In einer Verfügung v. 24.11.1853 wurde das Kons.Schl. angewiesen, *"in künftigen ähnlichen Fällen ebenso zu verfahren".* Zur Begründung hieß es: *"Diese Anordnung ist als ein Akt der Notwehr geübt worden, um zu manifestiren, daß die evangel. Kirche mit denjenigen, welche mit Bewußtsein und Absicht darauf ausgehen, die Ordnungen der evangel. Kirche zu untergraben, und wo möglich die ganze ev. Kirche mit den Grundsätzen der irvingitischen Gemeinschaft zu erfüllen, keine Gemeinschaft haben wolle und könne; und es ist dieser Standpunkt demnächst in einem Votum an den Minister d. geistl. Angel. vom 7. Octob. 1853 u. in einem Circulare an sämmtliche Consistorien vom 15. Novbr. ausführlicher dargelegt."* (V/117f) Im letztgenannten Zirkular schlug der E.O. vor, kap Amtsträger automatisch als aus der Evang. Kirche ausgeschieden zu betrachten, und fügte hinzu: *"Die unmittelbare Folge dieses Grundsatzes würde sein, daß solche Personen weder an den äußeren Rechten der kirchlichen Gemeindegliedschaft ferner Theil nehmen können, noch auch des Rechtes der Taufzeugenschaft ferner genießen und überhaupt keinerlei Anspruchnahme auf die Sacramente der Kirche und die pfarramtliche Hülfe ihrer Geistlichen haben, namentlich nicht mehr an der Abendmahlsgemeinschaft derselben Theil nehmen, und weder Proklamation noch Trauung in der evangelischen Kirche fordern können."* (V/17f-v [vgl.Anm.83])
Ein weiterer Fall der Aufgebotsverweigerung betraf Deventer in Memel. Ihn verwies das Kons.Pr. in einem Bescheid v. 9.10.1857 an die "Notzivilehe": *"Es kann Ihnen ... nur überlassen werden, unter Aufgabe des täuschenden Vorwandes, als gehörten Sie der evangelischen Kirche an, die Vollziehung Ihrer Ehe auf dem durch die Verordnung vom 30. Mai 1847 dargebotenen Wege zu ermöglichen."* (V/211) Auch seine Beschwerde blieb (wie bei anderen Betroffenen) erfolglos.(I/346-349; V/207-218v) Dennoch konnten in allen diesen Fällen die Eheschließungen nicht verhindert werden, wobei über den Weg nichts bekannt ist.(vgl.107 d.v.U.)
Die Mehrheit der kap Ehewilligen sind offenbar anstandslos kirchlich aufgeboten und getraut worden, unter ihnen der D H.Serger 1855 in Königsberg und der Kasseler P-Vorsteher L.v.Fenneberg (1865 in Erfurt).(V/135; Anm.70.a)
Die noch auf Jahre hin im Grundsatz ungeklärte Situation änderte sich erst nach Einführung der obligatorischen Zivilehe (in Preußen am 9.3.1874, im Deutschen Reich am 6.2.1875).

91 (S.108) Koeppen fährt in seinem Brief fort mit sehr ernsten, grundsätzlichen Anfragen: *"Wenn ich nun aber auch mir kein Urtheil anmaße über die Arbeit eines Engel Eva(n)gl. doch bin ich wieder in einem Zweifel bestärkt worden, mehr denn je!*
Es ist unwahr, lieber Hr. Professor, wenn wir predigen: wir trennen uns nicht von der Eva(n) gl. Landeskirche; es ist wirklich unwahr u. mein Gewissen wird jedesmal verletzt wenn ich solches besthätigen muß, um nicht den Evangelisten zu widersprechen.

Die ganze Verstimmung meines u. meiner Frau Herzen rührt nur daher, daß auch uns Herr Böhm damals predigte: kein Verlassen der Kirche, keine Gemeindebildung! (von Thiersch angemerkt: "?" - Verf.) *u. hernach kam doch Alles hinterdrin u. wie mir, so ists den meisten hinterdrin ergangen u. die Geschichte erneuert sich bei jeder neuen Gemeinde.*
Ich werde Ihnen hier ganz offen m. Meinung zur Begutachtung vorlegen.
Alle Kirchenpartheien haben etwas Allgemeines, Katholisches, das natürlich verlassen die Leute nicht, *aber eben das hätten sie also auch in ihrer Particularkirche. Aber wir sagen nicht: ihr dürft nicht das Allgemeine, Katholische in eurer Kirche verlassen, wir sagen* nicht: *ihr dürft nicht die christl. Kirche im allgemeinsten Sinn des Wortes verlassen, denn das wäre Unsinn, das versteht sich von selbst; sondern wir meinen doch mit jenem Nichtverlassendürfen: ihr dürft nicht eure Eva(n)gl. luth. Kirche, eure Landeskirche, in kathol. Gemeinden: eure kathol. Kirche verlassen! Und eben das nenne ich unwahr! Eine Particularkirche entsteht u. lebt fort eben durch das Besondere was sie hat u. sie unterscheidet von andern u. das verlassen wir grade, allerdings! Mir deucht es liegt eine Gott mißfällige Zweideutigkeit u. Spitzfindigkeit in unserm Reden vom Nichtverlassen! Das macht uns vor denen die solches beurtheilen können, vor der Geistlichkeit des Landes, am meisten verhaßt. Unsere Amtskleider sind anders unsere Gottesdienste anders - unser Regiment anders - unsere Lehre anders u. dabei doch unsere Predigt: Ihr verlaßt nicht die eva(n)gl. Kirche! Es ist unwahr, unwahr! Und wenn nun die Leute thun nach unsern Worten? Die Evangelisten entfernen sich - es kommt zur Gem.bildung - was dann, wann sie ihre Hirten, ihre Gottesdienste, ihr Regiment nicht verlassen?!*
Wir verlassen grade u. allerdings das Particulare u. Besondere. Will man sagen: Die Kleider sind etwas Gleichgiltiges -. Wenn das, warum behalten wir nicht das Alte bei, warum legen wir *Gewicht auf die unsrigen. Will man sagen: Apostel sind das v. Gott gewollte Regiment -, nun gut, aber unsere Consistorien erkennen sie doch nicht an, also müssen wir den Consistorien den Gehorsam versagen, wir verlassen das eva(n)gl. Kirchenregiment* (Thiersch: "wahr" - Verf.). *So mit den Gottesdiensten. So selbst mit gewichtigen Lehrpunkten. Die ev. luth. Kirche lehrt nichts v. e. eucharist. Opfer die kathol. von e. Wiederholung jenes Opfers am Kreuz - das muß verlassen werden! Ebenso könnte die luther. Kirche sagen: wir haben die römische Kirche nicht verlassen, wir haben nur Kleider, Gottesdienste, Regiment, Lehre verändert, verbessert! Es wäre das e. Unwahrheit. Und warum wollen wir nicht ausscheiden? Sagt nicht die Offenb.: mein Volk gehe aus* Babylon, *u. sind nicht die Kirchen* Babylon *geworden, lehren wir nicht also?*
Warum lassen sich so viele der Gesammelten unsere Predigt vom Nichtverlassen ruhig gefallen, wiewohl sie hinterdrin doch sehen, daß es e. Verlassen gilt? - weil sie viel lieber zu verlassen geneigt sind, somit legen sie kein Gewicht auf unsere Rede vom Nichtverlassen. Hr. Böhm erzählte mir daß vor einiger Zeit e. Berathung in Berlin stattgefunden (Thiersch: "wann?" - Verf.), *an welcher er, Rothe u. die Berliner Priester Theil genommen, über diesen Gegenstand, u. wie Rothe u. Roßteuscher für Ausscheiden gewesen, er aber mit s. Meinung gesiegt habe. Hätte ich damals Sitz u. Stimme mitgehabt* (Thiersch: "kein Beschluss!" - Verf.) *-, u. ich meine die andern Engel der Gemeinden hätten in e. so wichtigen Angelegenheit auch müssen gehört werden, wenigstens so viel als die Priester einer Gem. - ich hätte entschieden wider* Böhm *gestimmt. Denn wenn* Böhm *sagt: 'was wäre der Erfolg? hätten wir dann noch Antheil an d. Altären der eva(n)gl. Kirche, wo keine Gemeinden sind?' So ist das zwar sehr klug berechnet, aber der Erfolg entscheidet keineswegs über die Richtigkeit eines Prinzips. Wahrheit bleibt Wahrheit, wenn auch die Erfolge für uns schmerzhaft sind. Ich, für m. Theil,*

befinde mich in diesem Punkt immer in übler Lage. Nicht wie wenn die Sache selbst von so sehr großem Gewicht wäre (doch ist sie wahrlich auch nicht unwichtig) sondern mehr darum, weil eine einzige Unwahrheit oder Unlauterkeit das ganze Werk richten muß in den Augen der Ununterrichteten. Sie selbst haben mit mir in Pennekow die köstl. Predigt des Apostel gehört: warum müssen *Gemeinden in d. Xstenht (Christenheit - Verf.) aufgerichtet werden: 1, sie sind d. Mustergemeinden 2, sie sind die Thür, durch welche d. HE*(rr) *kommt.(vgl.S.104 d.v.U. - Verf.) Also es ist Grundsatz: Gemeinden aufzurichten! Warum antworte*(te) *mir Herr Böhm damals auf m. Frage, die ich als Pfarrer der Böhm. Gem. an ihn richtete: gehen Sie darauf aus Gem. aufzurichten? mit nein!* (Thiersch: "NB" [nota bene] - Verf.) *Und warum antworten noch also die Evangelisten überall da, wo noch keine Gem. sind u. wo sie darum gefragt werden? warum mit 'nein' wenn es Grundsatz ist, Wille Gottes ist! Geht hier die Accomodation an die Schwachheit nicht zu weit, leidet nicht die Wahrheitsliebe, kommen die Folgen nicht nach, wird nicht der Verdacht rege: wer weiß was jetzt noch deiner Schwachheit vorenthalten wird? Belehren Sie mich einmal recht gründlich über das Nichtverlassendürfen oder legen Sie die Sache einmal dem Apostel vor. Ich schäme mich jedesmal, wenn mir e. Pfarrer sagt: ihr verfahret jesuitisch mit euerm Sagen: ihr verlaßt nicht u. factisch verlaßt ihr doch. In Bütow hat es böse Früchte getragen. Der dortige 2. Prediger hat es den Leuten v. d. Kanzel voraus gesagt.* Jetzt *sprechen sie so, gebt nur acht was kommen wird, ihr werdet* doch *aus d. Kirche gezogen. Die Zuhörer widersprachen u. nun -. Koska wird in Bütow e. schweren Stand haben."* (Brief v. 19.3.1853, in: B.ST.B.,H.Thierschiana II,149,Koeppen,1/2ff)
Thiersch erhielt Koeppens Brief am 6.4. d.J. Er notierte an diesem Tag: *"Schwere Nachrichten aus Hinterpommern... Unruhige Nacht".* Und am 7.4.: *"An Carlyle (Köppens Bericht u. Brief, Böhms Brief dazu...) ... Den Unterricht üb. d. Beichte abgeschr. für Köppen."* 8.4.: *"An Köppen (n*[ich]*t eilen mit der Verantw.; Unterricht üb. d. Beichte)";* 9.4.: *"An Böhm".* (Th.Tgb.) Vom 13.-17.5. d.J. besuchte Thiersch K. in Neustettin. Gleich nach seiner Ankunft führte er ein erstes *"ernstes Gespräch mit Köppen"* über die aufgeworfenen Grundsatzfragen; ein weiteres folgte nach dem Eintreffen eines wichtigen Briefes von Carlyle am 14.5. (Th.Tgb.) Offenbar konnte bald eine Klärung erreicht werden, denn am 20.5. schrieb Thiersch seiner Frau aus Königsberg: *"Ich vermuthete, lange in Neustettin bleiben zu müssen, es war aber nicht nöthig."* (Th.Br.,137/4)
Die von K. beschriebenen Probleme werden von anderen Quellen bestätigt. So wird in dem Artikel *"Mittheilungen aus den religiösen und kirchlichen Zuständen Pommerns"* der NkZ (1856,42) offenbar auf die Situation vor der Gründung der kap Gemeinde in Bütow Bezug genommen: *"Häufig freilich verlor sich der erste Andrang, wenn bei Denen, welche nur die Neugierde herbeigelockt hatte, diese befriedigt war, oder wenn die Absicht, eigene Gemeinen zu bilden und die Leute aus ihren bisherigen Gemeinschaften herauszuführen, klar hervortrat."*
Diejenigen, die sich zu einer kap Gemeinde zusammenschlossen, taten dies jedoch mit dem Vorsatz, ihre Kirche nicht zu verlassen. So heißt es in einem Bericht des Kons.Pm. an das MGA v. 27.9.1849, dass *"dieselben ... die Erklärung abgeben, aus der Gemeinde, der sie angehören, gar nicht scheiden zu wollen, wenngleich sie andererseits doch auch zur apostolischen Gemeinde zu gehören behaupten. Es geht hieraus hervor, daß die Betreffenden Personen über die Verhältnisse sich im Unklaren befinden und ... nur einer innerhalb der evangelischen Kirche stehenden, religiöse Erbauung bezweckenden Gemeinschaft beigetreten zu sein vermeinen."* (IV/20-v [vgl. NkZ,1856,44f; Anm.79.a-c])
Ein im Mai 1854 von Böhm (!) verfasstes Rundschreiben für die kap Amtsträger in Ndt.

"Ueber die Stellung des apostolischen Werkes den alten kirchlichen Ordnungen gegenüber" (CIRCULARE,1895,124-130) kann als (indirekte) offizielle Antwort der Ap auf die von K. aufgeworfene Grundsatzfrage angesehen werden. Die von K. als schwer erträglich empfundene Spannung zwischen dem Anspruch der Ap, an die Universalkirche gesandt zu sein einerseits und der faktischen Errichtung eigener Gemeinden andererseits, wird hier versucht auszuhalten. Böhm entwickelt zunächst die grundsätzliche Position aus der alttestamentlichen Typologie der Stellung Davids zu Saul und schreibt dann: *"Wenn hier allgemeine Grundsätze für unser Verhalten den alten kirchlichen Ordnungen gegenüber gegeben geworden sind, so versteht es sich von selbst, daß es immer Sache der einzelnen Diener Gottes bleiben muß, zu unterscheiden, wie er in jedem besonderen Falle nach diesen Grundsätzen zu verfahren hat. Die Stellung eines Evangelisten gestaltet sich hier z.B. anders, als die eines Hirten. Der Evangelist, sofern er nicht an einem Ort arbeitet, wo schon der Altar neu aufgerichtet ist, hält sich an den alten Altar und beweist durch Thaten vor aller Welt, daß er kein Feind der bestehenden Kirchen und Sekten ist, sondern in seinem Herzen Gemeinschaft hat mit allen, die in der Taufe Kinder Gottes geworden sind. Die Anwesenheit des Hirten dagegen setzt die Erneuerung des Altars und des Gottesdienstes voraus. Er hat weniger Gelegenheit, durch Thaten seine Anerkennung des Alten und seinen Zusammenhang mit der Gesamtheit zu beweisen. Dennoch soll in beiden, in den Hirten sowohl, als in den Evangelisten, dieselbe Gesinnung vorhanden sein, und wenn in beiden der wahrhaft katholische Geist ist, so werden sie auch allmählich alle unter ihnen stehenden vom Sektengeist befreien.*
Die wahre Katholicität ist jetzt nirgends in der Christenheit zu finden, und da Gott uns aus der Christenheit, wie sie jetzt ist, gesammelt hat, so war sie auch nicht in uns. Auch werden wir sie nicht dadurch erreichen, daß wir den Unterschied, der zwischen uns und den übrigen Getauften besteht, verleugnen oder verwischen. In dem Maße, worin wir das thun, sinken wir zu ihrem nicht katholischen Standpunkt herab und vertauschen höchstens einen Sektengeist mit dem anderen. Die wahre Katholicität erreichen wir nur, wenn wir Gott sie in uns durch Sein katholisches Werk wirken lassen. Also nicht durch die Verleugnung des uns Eigenthümlichen, sondern durch dessen Behauptung, Erhaltung, Fortentwicklung werden wir katholisch werden. Dennoch müssen wir dieses Eigenthümliche so behaupten, daß wir dadurch nie unseren Zusammenhang mit der Gesamtheit der Getauften verleugnen und lieber riskiren, mißverstanden und für Heuchler und Betrüger erklärt zu werden (2. Corinth. 6,8), als durch Wort oder That als solche zu erscheinen, die aus Gottes Werk ein Sektenwerk machen." (ebd.,129f; vgl.WOODHOUSE,1854,11f.15f [Zur Notwendigkeit der Bildung kap Gemeinden und ihrer Stellung innerhalb der Gesamtkirche s. bes. WOODHOUSE,1901,99ff!; v.DITTMANN, 1878,49-56; ROSSTEUSCHER,1886,508f!; WIGAND,1888,334ff; v.MICKWITZ,1895, 97ff; ROTHE,1896,68; S.59f d.v.U.; Anm.3.]) Das von K. angesprochene Problem des praktischen (nicht des theoretischen) Verhältnisses der KaG zu den übrigen Denominationen besteht bis heute.(vgl.S.197-202.263 d.v.U.)

[92] (S.108) Wilhelm Fährmann aus Bütow wurde nach einem Resolut des MGA v. 5.3.1857 von der Kgl.Reg. in Köslin am 27.4. d.J. *"wegen Uebertritt zur apostolischen Gemeinde"* aus dem Schuldienst entfernt. Koeppen, der dem Familienvater helfen wollte, nahm ihn daraufhin in seine Privatschule auf. Nach dem Tode Koeppens (10.9.1857) suchte F., der dessen Privatschule nun leitete, bei der Kgl.Reg. in Köslin um eine Konzession zur Weiterführung der Schule nach. Sein Gesuch wurde am 10.2.1858 abgelehnt. F. musste die Schule sofort schließen.(I/302ff.333-334v.335ff) Noch im selben Jahr (am 10.5.) empfing er in Bublitz die

P-Weihe.(s.S.102 d.v.U.) Wo er anschließend als P diente, ist unbekannt.

93 (S.119) Bolko Freiherr v.Richthofen (1821/22-31.1.1899) entstammte einer alten, bedeutenden und wohlhabenden Familie, die vor allem in Schlesien (um Liegnitz u. um Schweidnitz) Besitzungen hatte, und von der mehrere Linien am 6.11.1741 durch den preuß. König Friedrich II. in den Freiherrenstand (Baron) erhoben worden waren. (Näheres s. in: ZEDLITZ-NEUKIRCH,1837,IV,114)
Der zum "Liegnitzer Zweig" der Familie gehörende B.v.R. (Fideikommissherr auf Groß Rosen, Klein Rosen, Stanewitz, Mertschütz u. Kuhnern [bei Liegnitz]) war einer der wichtigsten Förderer der kaB in Schlesien. Buchwäldchen, wo Carlyle 1851 seinen Vortrag über die *"Geschichte des apostolischen Werkes"* gehalten und eine kap Gemeinde *"aufgerichtet"* hatte (s.S.112 d.v.U.), gehörte ebenfalls zu den Gütern des Barons.(pA) Den KaG scheint er sich offenbar schon 1854 zugewandt zu haben (bereits in diesem Jahr wird er als einer der Honoratioren unter den Mitgliedern der KaG genannt [WEINMANN,1963,51]). Am 24./25.10.1859 besuchte Thiersch den Baron in Groß Rosen.(Th.Tgb. [Der Ortspfarrer Maydorn, bei welchem Thiersch übernachtete, war zunächst für die kaB *"sehr empfänglich"*, verhielt sich später jedoch ablehnend {ebd.,24.10.1859,. 22.9.1862}.]) Von einem weiteren Besuch in Groß Rosen am 22./23.9.1862 schrieb Thiersch an seine Frau: *"Am Abend folgte ich einer Einladung zu Baron von Richthofen nach Groß Rosen. Dort war ich zum Abendessen, über Nacht, u. reiste heute früh mit dem Baron zurück* (nach Liegnitz - Verf.) ... *Pastor Maydorn hat sich leider vom Werke des HErrn entfernt während Richthofens sich anschlossen, u. wollte mich nicht sehen."* (Th.Br.,309/1)
B.v.R. wurde P und bald darauf zum E-Amt geweiht. 1873 übernahm er die Leitung der Liegnitzer Gemeinde, zunächst als BE und ab 16.4.1875 als eE (bis 1895). In den ersten Jahren seines E-Amtes baute er der Liegnitzer Gemeinde auf seinem Grundstück eine Kirche, die noch heute (1995) steht. B.v.R. übersetzte Carlyles *"Moral Phenomena"* und den I. Band von CARDALEs *"Readings Upon The Liturgy"* ins Deutsche.(s.Anm.26) Außerdem stammen einige kleinere kap Schriften aus seiner Feder.(s.EDEL,1971,358.369) Er war verheiratet mit Gertrud, geb. Freiin von Tschammer-Osten (+ 3.9.1890 [Verfasserin von 7 Liedern im kap Hymnologium]).(BORN,1974,85)
Drei Söhne des Barons haben wichtige Ämter innerhalb der KaG bekleidet:
    Carl Ernst Gotthard Freiherr von Richthofen (1851-26.8.1915) arbeitete ab 1870 im Ev-Werk und war ab 1892 Ev.m.d.Ap. für Sdt. und Österreich. Er wirkte vorwiegend auf dem Balkan, hielt u.a. Vorträge in Belgrad und Rumänien und konnte in Budapest eine kleine kap Gemeinde gründen.(ebd.,85.102; s.SCHIAN,1940,11f)
    Ernst Freiherr von Richthofen (4.3.1858-11.6.1933), Landrat und Mitglied des Preuß. Abgeordnetenhauses, daneben P und später im E-Amt. E.v.R. wurde nach Erkrankung des Vaters 1895 BE und ab 14.11.1899 eE der Liegnitzer Gemeinde. 1895 schied er zwar aus dem Staatsdienst aus, blieb aber Mitglied des Abgeordnetenhauses.
    Bolko (jun.) Freiherr von Richthofen (+ 1915) wurde am 30.3.1881 zum P-Amt ord., war später NBE in Freiburg/Schl. und seit 1899 BE der Gemeinde in Breslau.

94 (S.126) Über eine Begünstigung der Katholisch-apostolischen Gemeinden seitens des preußischen Innenministers v.Westphalen gab es bereits in der ersten Hälfte der 1850er Jahren Mutmaßungen. So schrieb die PKZ (1856,Sp.706) am 26.7.1856: *"Nachrichten... Magdeburg.*

In Bezug auf die Wirksamkeit des Irvingianer=Apostels v. Pochhammer... wird wieder bemerkt, daß seine Zuhörer fast ausnahmsweise der kirchengläubigen Parthei angehören. Ein hoher Name soll in die Sache mit hineingezogen werden und obwohl man dies nur für einen Kunstgriff zur Anlockung hält, zweifelt man doch nicht an Concessionirung der Secte. Nichtsdestoweniger möchte diese, nach dem bisherigen Verhalten der Staatsbehörde an andern Orten zu urtheilen, wohl sehr unwahrscheinlich sein."

Ähnliches war auch an anderen Orten beobachtet worden. So schrieb die Kgl.Reg. zu Arnsberg am 15.4.1854 an das IM: *"Nach einem Berichte des Landraths Freiherrn von Schrötter zu Berleburg vom 27. v. Mts. soll ein Mitglied der Irvingianer oder sogenannten Apostolische Gemeinde zu Berlin - Namens Rührmund - zu seiner Legitimation und um die Erlaubniß zur Haltung öffentlicher religiöser Vorträge zu erhalten, eine Verfügung Ew. Excellenz präsentirt haben, wodurch ihm die Zusicherung ertheilt war, daß den Mitgliedern der apostolischen Gemeinden in dem Königlichen Preußischen Staate nicht nur kein Hinderniß irgend einer Art von den Polizeibehörden in den Weg gelegt werden solle, sondern daß sie auf den Beistand der Letzteren rechnen könnten, wenn ihnen von anderer Seite her Hemmnisse bereitet würden."* (III/79)

Innenminister v.Westphalen hat die Ausbreitung und Wirksamkeit der KaG in Preußen tatsächlich in gewisser Weise geschützt und dabei den Grundsatz des Königs Friedrich Wilhelm IV. umgesetzt, der sich dafür ausgesprochen hatte, dass den *"Irvingianer(n) ... volle Duldung und volle Freiheit gewährt werden solle".*(V/7 [s.Anm.51])

Nach dem ausführlichen Gespräch zwischen Wagener und v.Westphalen Anf. Jan. 1852 über die KaG und der darauffolgenden Eingabe v. 15.1. d.J., in der Wagener auf ausdrücklichen Wunsch des Ministers *"die Entstehung, den Glauben und die Hoffnung der in den Preußischen Landen gegründeten apostolisch-katholischen Gemeinden"* noch einmal schriftlich darlegte (übrigens unter weitgehender Verwendung des Textes der Eingabe v. 8.6.1851 [s.S.45f d.v.U.]), äußerte sich v.Westphalen in einem Reskript v. 22.3.1852 grundsätzlich zur Haltung, die er (nun) gegenüber der KaG einnahm. Der Text, auf den sich fortan kap Amtsträger beriefen, wenn es Schwierigkeiten mit den Lokalbehörden gab (VII/38), hat folgenden Wortlaut: *"... Herrn Assessor Wagener Wohlgeb., Dessauer Str.*

Ew. Wohlgeboren eröffne ich auf die Vorstellung vom 15ten Januar d.J. bei Rücksendung der eingereichten Druckschriften, daß, nach dem von Ihnen Vorgetragenen die sogenannten Irvingianer keine Veranlassung haben dürften, ein hinderndes Einschreiten der zu meinem Ressort gehörenden Behörden im Allgemeinen vorauszusetzen.

Sollte dies gleichwohl in einzelnen Fällen geschehen so kann ich nur anheimstellen, hiergegen den vorschriftsmäßigen Weg der Beschwerde zu betreten und werde ich meiner Seits stets gern bereit sein, sobald meine Competenz eintritt und die Sachlage hierzu angethan ist, Abhülfe herbei zu führen.

Berlin, den 22ten März 1852
Der Minister des Inneren
(gez.) von Westphalen"

(VII/39 [eigenhändiger Entwurf des Ministers in III/42-v])

In der Tat hatten kap Amtsträger, die sich in den folgenden Jahren an v.Westphalen wandten, meistens Erfolg. So schrieb Carlyle am 31.8.1852: *"Der Umstand allein, daß nicht bei allen Königlichen Localbehörden dieselbe Sachkenntniß und dieselben Maximen wie bei Euer Excellenz vorauszusetzen sind, veranlaßt mich zu der vertrauensvollen Bitte: Euer Excellenz mögen hochgeneigtest verfügen, daß meinem bevorstehenden Besuch in Königsberg und Me-*

mel ... von den betreffenden Königlichen Polizeibehörden nicht störend entgegengetreten werde." (III/66-67) Durch die Einflussnahme des Ministers konnte der Ap tatsächlich ungestört an beiden Orten wirken.(s.S.158 d.v.U.) Auch Woodhouse, der 1855 mit v.Westphalen sprechen konnte, erfuhr dessen Unterstützung.(s.S.163 d.v.U.) Freilich gab es auch Ausnahmen. So hatte z.B. der P-Ev Kleist mit einer Beschwerde im Jahre 1856 beim IM keinen Erfolg.(Anm.70.b) Die Zusage des Ministers konnte auch nicht immer eingehalten werden. So schrieb Thiersch nach seiner und des Ap Woodhouse's Ausweisung am 3.10.1855 aus Königsberg: *"... doch kann ich nicht einsehen daß ich unklug gewesen, denn der Minister des Innern hatte die mündliche Versicherung gegeben, es solle nicht wieder geschehen".*(Th.Br.,167/3)
Die freundliche Duldung der KaG seitens der Preuß. Regierung ist auch im Ausland aufmerksam beobachtet worden. So schrieb der Preuß. Geschäftsträger in Dänemark R.Quehl: *"Was diese Sekte selbst betrifft, so wollen wir nicht leugnen, dass Vieles, was wir von ihr gehört, und insonderheit die Schriften eines ihrer vorzüglichsten Vertreter, nicht ohne grosse Anziehungskraft für uns sind. Was aber die ganze Sache uns doch nicht wenig bedenklich macht, das ist gerade die politisch religiöse Stellung angesehener I r v i n g i a n e r   in   P r e u s s e n , das sind die polizeilichen Begünstigungen, deren sich diese Sekte dort zu erfreuen hat, obschon wir es trotz der sonstigen Zuverlässigkeit der Personen, von denen wir diese Mittheilung haben - doch für nicht wahr zu halten vermögen, dass die Emissäre dieser Sekte ein Recht gehabt hätten, sich in   C o p e n h a g e n   auf die besondere Begünstigung zu beziehen, deren sich die Sekte von höchst hervorragenden Personen im preussischen Kirchenregimente zu erfreuen hätte."* (QUEHL,1856,321)
Dass die KaG in Preußen sowohl seitens des Königs Friedrich Wilhelm IV. als auch seitens der Minister v.Westphalen (IM) und v.Raumer (MGA; s.Anm.90) nicht nur freundliche Duldung, sondern im Endeffekt Unterstützung erfahren haben, liegt wohl zum einen an der positiv-christlichen und monarchistisch-konservativen Grundhaltung der kap Gemeindeglieder, zum anderen aber auch an konkreten Gesprächen (Thiersch mit dem König [Anm.51], Wagener mit v. Westphalen).
Aufs Ganze gesehen hat vor allem die Haltung v.Westphalens die Ausbreitung der KaG in Preußen begünstigt.

95 (S.129) Dr. phil. Ferdinand Julius Arndt (1827-19.1.1909) war Gymnasiallehrer und *"Alumnen-Inspektor"* am Kloster *"Unser Lieben Frauen"* in Magdeburg und wohnte in der Schulstr. 5 (nur 2 Häuser neben dem ersten Versammlungslokal der dortigen kap Gemeinde). Aufgrund seines Anschlusses an die KaG wurde ihm im Apr. 1860 die Ausübung seines Berufes an der Klosterschule untersagt. Obwohl das MGA in einem Schreiben an die Schule v. 16.4. d.J. eingeräumt hatte, dass *"das Ausscheiden des p. Arndt aus dem öffentlichen Lehramt ... nach dem, was das pp. über die schätzenswerten Eigenschaften desselben mittheilt, als ein Verlust angesehen werden"* müsse, verfügte es am 6.7. d.J. die Entlassung Arndts zum 1.10.1860.(II/2-v.4f.13) Am 22.10. d.J. wurde A. in Magdeburg durch Woodhouse zum P-Amt ordiniert. Am 20.10.1864 berief ihn der E-Pr de la Chevallerie in Berlin zum E-Amt. Von Okt. (?) 1866 bis 1883 leitete A. die Magdeburger Gemeinde als Beauftragter Engel. Ab 1881 diente er zugleich als Koadj des H.m.d.Ap. für Ndt. Becker und wurde 1882 dessen Nachfolger. A. starb 81j. in Osnabrück.(s. auch NEWSLETTER,VIII[1955],14ff; BORN,1974,50.97)

96 (S.131) Eine Reihe von wichtigen praktischen Fragen veranlasste die KaG in Preußen, die Verleihung von Korporationsrechten zu beantragen. Es ging dabei vor allem um das Recht der

KaG auf eigenen Grundbesitz (bisher wurden alle Immobilien auf die Namen von Privatpersonen [Diakone] ins Grundbuch eingetragen) und um das Recht zur Führung eigener Kirchenbücher für Taufen, Trauungen und Beerdigungen. Am 20.6.1859 gab es einen ersten Antrag der Gemeinde in Magdeburg (S.131 d.v.U.) und am 2.10. d.J. einen weiteren in Königsberg (S.166 d.v.U.). Als diese Anträge abgelehnt wurden, suchten die KaG in Preußen durch ihre Petition an den König Wilhelm I. v. 25.11.1861 um die Anerkennung als *"geduldete Religionsgemeinschaft"* nach.(s.S.280-290 d.v.U.; zu den juristischen Details s. bes. S.486ff!) Dieser Status hätte zwar nicht ganz so weitreichende Vergünstigungen wie bei den eigentlichen Korporationsrechten gebracht, wurde aber dennoch ebenfalls abgelehnt.(III/214-222; s.S.67f d.v.U.)

Die verfassungsrechtlichen Grundlagen zur Verleihung von Korporationsrechten waren vorgegeben in der V.U. v. 31.1.1850, Art. 13 (*"Die Religionsgesellschaften, so wie die geistlichen Gesellschaften, welche keine Korporationsrechte haben, können diese Rechte nur durch besondere Gesetze erlangen."* [G.S.,1850,19; dieser Art. fehlte in der V.U. v. 5.12.1848!]) und Art. 31 (*"Die Bedingungen, unter welchen Korporationsrechte ertheilt oder verweigert werden, bestimmt das Gesetz."* [G.S.,1850,21]). Der Staatsrechtler C.F.Koch macht jedoch in der kommentierten Ausgabe des Gesetzeswerkes *"Allgemeines Landrecht für die Preußischen Staaten"* (Berlin,1854,Bd.3,517,Anm.7) im Hinblick auf das ALR II, Tit.6, sowie Art. 31 der V.U. deutlich, daß diese Bedingungen gesetzlich nicht geklärt waren: *"Deshalb finden sich nirgend Bedingungen vorgeschrieben, unter welchen Korporationsrechte ertheilt oder verweigert werden sollen... Schon nach dem jetzigen Stande der Gesetzgebung ist nicht zu bezweifeln, daß die Aufhebung so wenig wie die Errichtung einer Korporation eine Justizsache ist; aber welche Autoritäten sonst zuständig sind, bedarf noch ebenso der gesetzlichen Bestimmung wie die Bedingungen ihrer bedürfen. Die Praxis richtet sich bei der Bestätigung und Konzessionierung nach den alten Gesetzen, wonach dieselbe dem Landesherrn gebührt."* An dieser Lage hatte sich bis 1861 nichts geändert.(III/217ff) Kochs Aussage zeigt, dass die Ablehnung der kap Anträge auf Verleihung von Korporationsrechten weniger auf klarer juristischer Grundlage, sondern letztlich auf der Basis des persönlichen Ermessens der beteiligten Minister bzw. des Monarchen (man könnte auch sagen: willkürlich) erfolgte. Dass es vor allem am politischen Willen fehlte, *"zur Vermittelung der Corporationsrechte für die sogenannten apostolischen Gemeinden durch Vorlegung eines Gesetzentwurfs an die beiden Häuser des Landtags die Initiative zu ergreifen"*, wird aus der Stellungnahme der Minister v.Bethmann-Hollweg (MGA) und v.Schwerin (IM) zur o.g. Petition der KaG an Wilhelm I. v. 6.2.1862 deutlich.(ebd./214-219) Neben wenig überzeugenden juristischen Erörterungen findet sich darin (faktisch als Hauptgrund für die Ablehnung!) die Aussage: *"Denn sowohl die sogenannten apostolischen Gemeinden mit den im westphälischen Frieden anerkannten Religionsparteien sicher Vieles gemein haben, sind sie denselben doch wieder augenscheinlich in so wesentlichen Punkten ungleich, daß es für den Staat schwerlich ausführbar sein würde, nichts desto weniger ihre wesentliche Übereinstimmung, sei es mit der evangelischen, sei es mit der katholischen Kirche, festzustellen und auf dieses Urtheil ihre Anerkennung mit der oben bezeichneten Wirkung in Betreff der civilrechtlichen Wirkung der von ihren Engeln und Prie-stern vollzogenen geistlichen Akte zu gründen."* (ebd./216)

In einigen deutschen Staaten besaßen die KaG in späterer Zeit Korporationsrechte (z.B. nach 1900 in Preußen, Sachsen u. Bayern).(s. auch RE³,Bd.18[1906],162ff)

97 (S.154) Heinrich Serger (+ 1917), Sohn eines Lederhändlers in Königsberg und von Beruf Lehrer (V/72v; 1855 wird er auch als Kaufmann bezeichnet [ebd./135]), gehörte zu den Gründungsmitgliedern der dortigen kap Gemeinde (s.S.153f d.v.U.). In Berlin erhielt er am 29.8.1853 die apHA und wurde 3 Tage später als UD für die Königsberger Gemeinde eingesetzt. Ber. zum P-Amt durch Geyer in Königsberg am 27.9.1854 (s. dazu den Bericht in V/74v-77), P-Ord. am 4.10.1859 in Berlin, Einsetzung als P-Ev, am 18.10.1863 Übersiedlung nach Berlin, dort E-Weihe am 25.10.1866. Von da an diente er als E-Evangelist. S. wirkte vor allem durch evangelistische Vorträge (z.B. in Berlin [VII/90-100.112] u. 1869 in Hannover, wo 1870 eine kap Gemeinde gegründet werden konnte [BORN,1974,69]). Am 29.9.1872 übernahm er die am selben Tage durch Woodhouse mit 48 Personen gegründete Gemeinde in Wien als Beauftragter Engel.(ebd.,70) 1876/77 (während eines rund einjährigen Verbotes der Gottesdienste der dortigen Gemeinde [die sich insgesamt viele Jahre lang nur in Privatwohnungen versammeln durfte]) wirkte er evangelistisch in Preßburg (Bratislava). Nach einem erneuten Verbot der Wiener Gemeinde 1879 ging S. nach Ndt. zurück, wo er als E-Ev tätig war. 1900 wohnte er in Wiesbaden.(AdB) Möglicherweise wurde er Ende d.J. Nachfolger von Paul Wigand (Anm.37) im Amt des Koadj des BEv F.Tramm (für den Ev-Bezirk Rheinland-Hessen).(vgl. BORN,1974,105; V/135-136; Anm.90)

98 (S.165) Im Dez. 1856 und Jan. 1857 sind durch Königsberger Pfarrer insgesamt 105 evangelische Mitglieder der dortigen katholisch-apostolischen Gemeinde vernommen worden. (V/120v) Die Protokolle (Abschriften in V/123-136v) vermitteln einen interessanten Eindruck von der damaligen Haltung kap Christen, vom Gemeindealltag und auch davon, wie sich Lehrpositionen der Albury-Ap in der Auffassung und den Aussagen einfacher kap Gemeindeglieder niederschlugen. So führte z.B. Pfarrer Cossack in seinem Protokoll aus: *"Ich möchte die mir vorgekommenen Sectirer ... in drei Kategorieen eintheilen. Die Einen sind mir als aufrichtig und tief fromme Seelen erschienen, welche in einem höchst achtungswerthen, schönen und erfolgreichen Heiligungsstreben begriffen, vor Allem die schmerzliche Klage in mir hervorriefen, daß solche Kräfte der Kirche verloren gehen. Diese Leute sind wohl sämmtlich mächtig angefaßt von Gottes Geist bereits in die Secte eingetreten. Andere sind mir vorzugsweise als Fanatiker, martyriumsdurstig, oder doch wenigstens geneigt, als Confessoren aufzutreten, erschienen; sie meinten, die Runden der Verhandlung mit ihnen besonders zu einem Zeugniß von dem 'Wort des Herrn' (ein bei Allen beliebter terminus) ausbeuten zu müssen, einige vielleicht nicht ohne die Hoffnung, an dem mit ihnen Verhandelnden, Propaganda machen zu können. Eine dritte Klasse möchte ich als die der Eigensinnigen, Trotzigen, Verbitterten, Oppositionellen ... bezeichnen, welche wenig von wahrhaft geistlicher Erweckung spüren ließen... Der Verhandlung entzogen hat sich keiner."* (V/123v.124) In der am 21.1.1856 stattgefundenen "Vorladung" des E E.Schwarz äußerte dieser (laut Protokoll): *"Aus der Landeskirche ausscheiden könne die Gemeine schon darum nicht, weil sie vielmehr hoffe, die Landeskirche in sich aufzunehmen und zu umfassen. Ihre jetzige Absonderung sei nur scheinbar und nothwendig um in der evangelischen Kirche gleichsam ein Organ vorzubereiten, das geschickt und würdig sei, die Lehren der Apostel (d.h. der jetzt herumreisenden) zu verstehen, aufzunehmen und zu verbreiten. Sie würden sich nie weigern das heil. Abendmahl auch in der Evangl. Kirche mit zu genießen, und in dem Sacramente der Taufe fänden sie vor allem das Band, das sie mit der Ev. Kirche unauflöslich verbindet."* (V/133v-134) Der Schuhmacher H.Telchow sagte zum Gebrauch der Geistesgaben in der Gemeinde: *"Der heil. Geist verleihet wem Er will, noch andere besondere Gnadengaben z.B. das Zungenreden, das Träu-*

men, das Auslegen der Träume, das Krankenheilen durch Gebet und Handauflegen, was hier erfolgt ist, doch bin ich außer Stande den Namen des Geheilten anzugeben. Die Heilung selbst wurde durch den Engel Herrn Schwarz vollzogen ... Das Zungenreden und Zungensingen war gewöhnlich nur dem verständlich, dem die Gabe des Geistes verliehen wurde, zuweilen wurde von dem Inspirirten selbst das Zungenreden nicht, aber das Weissagen der Gemeinde erklärt. Nach der Feier des heil. Abendmahls am Sonntage bleibt die Gemeine beisammen um in der Stille auf die Gaben des heiligen Geistes zu warten."(V/131v) Interessant ist auch folgende Aussage der Aufwärterin C.Eggert im Hinblick auf die (feststehende) Zwölfzahl der Albury-Ap (vgl.Anm.118): "Das Einzige wodurch die Apostl. Gemeinde sich von der evangl. Landeskirche unterscheidet, ist dieser Glaube: daß der Herr 12 Apostel gesendet hat, um seine Kirche zu sammeln und Alle zu vereinen, aber es sind dieß 12 andere Apostel als die in der Bibel genannten Jünger, denn es stehet in der Offenbarung Johannis, daß 24 Aelteste um den Thron des Königs stehen sollen..." (V/128v)
Im Abschlussbericht über die Vernehmungen (für den E.O.; v. 26.4.1856) stellte das Kons.Pr. fest, "daß die vorgebliche Zugehörigkeit (der KaG - Verf.) zu unserer Kirche in unverträglichem Widerspruche mit aller Ordnung derselben steht" und forderte, daß "die evangelische Kirche nicht länger dem Proselytenmachen der Irvingiten schutzlos Preis gegeben werde ... Es gehört dazu zunächst die deutliche und unzweideutige Erklärung des Kirchen=Regimentes, daß die Irvingiten eine mit der evangelischen Landeskirche unverträgliche Sekte bilden und als solche nicht mehr zu derselben gehören. Eine natürliche Folge hiervon ist, und dies würde demnächst anzuordnen sein, daß Irvingiten in der evangelischen Kirche nicht zum Pathenamte zu kirchlichen Aemtern und zum Genusse des heil. Abendmahles zuzulassen, auch nur ohne besondere kirchliche Feierlichkeiten auf evangelischen Kirchhöfen zu beerdigen sind, ihre Kinder nicht von den evangelischen Geistlichen getauft und Trauungen bei ihnen nicht vollzogen werden dürfen.
Den Evangelischen Ober=Kirchenrath bitten wir ehrerbietigst, uns so schleunig als möglich zur Ergreifung solcher unsrer bischöflichen Pflicht entsprechenden Maaßregeln für unsere Provinz zu autorisiren..." (V/102v.104-v)
Der E.O. reagierte (nach mehrfachem Drängen des Kons.Pr. und nach der Erstellung von Gutachten) erst ein Jahr später mit der Verfügung v. 29.5.1857, in der das Kons.Pr. autorisiert wurde, die Zulassung kap Christen zum Abendmahl von einem Gespräch mit dem jeweiligen Pfarrer abhängig zu machen.(s. V/194; Anm.79.c!) In einem Begleitschreiben (v. 23.6.1857) zur öffentlichen Kanzelabkündigung v. 25.6. d.J. konkretisierte das Kons.Pr. die Aufforderung des E.O. an die Königsberger Pfarrer: "Wir weisen dieselben zugleich an, nach den in der Ansprache ausgesprochenen Grundsätzen zu verfahren und in vorkommenden Fällen die Zulassung zum h. Abendmahle abzulehnen, je entschiedener sich der Anhänger der irvingitischen Gemeinschaft zu deren Grundsätzen bekennt, oder je weniger er seinen Schritt durch örtliche oder sonstige persönliche Umstände zu rechtfertigen vermag. Indem wir bei einer solchen dem Seelsorger selbst schmerzlichen Veranlassung der besonderen Mahnung zu liebreicher und mitleidig schonender Behandlung der verirrten Gemeindeglieder billig überhoben zu sein achten: sprechen wir nur noch das Verlangen aus, von jedem solchen Falle sofort Anzeige zu machen." (V/204-v) Diese Maßregel erwies sich jedoch als kaum durchführbar. So heißt es 10 Jahre später in einem Bericht des Kons.Pr. an den E.O. v. 9.2.1867: "Auch die Beschränkung auf die Ausschließung vom h. Abendmahle hat sich als wenig wirksam erwiesen. Denn einestheils ist es den Geistlichen, zumal hier in Königsberg, nicht bekannt, wer zur Irvingiten=Gemeinde gehört, oder doch nicht so gegenwärtig, daß der Ausschluss

vom h. Abendmahle erfolgen könnte." (VI/73v)

99   (S.171)   Polen (Auftragsgebiet des Ap Tudor [+ 1861], 1852 vom Ap Carlyle übernommen [NEWMAN-NORTON,1971,21]) war auf dem Wiener Kongress (1815) zwischen drei Staaten aufgeteilt worden. Im österr. Teil entstanden keine kap Gemeinden, im russ. Teil gab es nur eine kleine P-Gemeinde in Warschau, zu der auch einige kap Christen in Lodz gehörten. (BORN,1974,55. Bereits am 2.10.1861 hatte ein Deutscher aus Warschau - der Maler Blödner - in Berlin die apHA empfangen.[s.S.65 d.v.U.] 1883 hielt der E-Ev V.v.Dittmann im Saal der Herrnhuter Brüdergemeine [!] in Warschau einen Vortrag über die KaG. Eine kap Gemeinde konnte dort jedoch erst nach 1900 ins Leben gerufen werden.[pA])
Die meisten kap Gemeinden gab es im preuß. Teil des ehemaligen Polen. Ihre Mitglieder waren zumeist Deutsche.(AARSBO,1932,281) Interessanterweise wurden zwei der dortigen Gemeinden bei ihrer Erhebung in den Rang einer Metropolitangemeinde als EE-Sitze im *"geistlichen Stamm Polen"* (BORN,1974,48) angesehen: Danzig (Gdansk) und Bromberg (Bydgoszcz).(s.Anm.77.a) Bemerkenswert daran ist, dass seit der Aufteilung der Christenheit in *"Stämme"* für die Ap im Jahre 1836 in den KaG Polen immer als ein eigenständiges Auftragsgebiet betrachtet worden ist, obwohl es einen poln. Staat zwischen 1815 und 1918 gar nicht gab und dessen Wiedergeburt auch nicht in Sicht war. Für P. gab es (lange vor 1900) eigene apostolische Mitarbeiter und eigene Abschnitte in den jährlichen Ap-Berichten. Nach Ansicht kap Christen haben die Worte der Weissagung aus dem Jahre 1836 die politische Realität vorweggenommen, die 82 Jahre später eintrat.
1898 wurde für den preuß. Teil Polens ein eigener Ev-Bezirk eingerichtet (betreut vom BEv Dr. Johannes Flegel [+ 1911] u. seinem Koadj, dem E-Ev R.Christburg [vgl.S.70 d.v.U.]), wodurch ein besserer Kontakt zur poln. sprechenden Bevölkerung hergestellt werden konnte. Es gab auch poln. Amtsträger im E-Rang.(pA [unter Berufung auf Capadose]) 1902 erschien in Berlin die poln. Ausgabe der Liturgie (als Übersetzung der ndt. Liturgie). 1918 gehörten zur neugegründeten Republik Polen die kap Gemeinden in Bromberg (nun Bydgoszcz), Posen (Poznan), Gnesen (Gniezno), Thorn (Torun), Graudenz (Grudziadz), Lissa (Leszno), Schöneck (Skarszewy) und Stargard/Wpr. (Starograd). Die *"Freie Stadt Danzig"* gehörte ab 1921 zum poln. Einflussbereich. Durch Aus- und Übersiedlung vieler Deutscher nach 1918 wurden diese Gemeinden (bis auf die in Danzig) erheblich dezimiert. Die Gemeinde in Gniezno löste sich auf. 1922 existierten noch 7 kap Gemeinden in P. (darunter auch die vom D Carl Triemer geleitete Gemeinde in Warschau).(AdB; vgl. BORN,1974,103; S.193 d.v.U.) Auch nach dem 2. Weltkrieg gab es noch (poln.) kap Gemeindeglieder in Polen. So lebte z.B. 1968 noch ein UD in Torun.(pA; vgl.NEWSLETTER,XII[1959],21f)

100   (S.173)   Thiersch schildert die dramatischen Ereignisse in einem Brief v. 7.9.1864 an seine Frau folgendermaßen: *"Nachmittags nachdem wir in unserem Gasthause gespeist hatten, gingen wir bei strömendem Regen wieder zur Kirche um die 4 Uhr Predigt zu halten. Die Kirche ist auf einer Anhöhe vor dem Thore. Ehe wir zum Thore kamen, begegneten uns einige Kühe. Plötzlich wurde eine von diesen wild und sprang gegen Hn. Woodhouse, er hielt seinen Regenschirm vor, das Eisen zerbrach, H. Schwarz wollte ihm helfen und schlug nach der Kuh, dann sprang sie gegen diesen, warf ihn um und versuchte mit den Hörnern zu stoßen, auf einmal wendete sie sich gegen mich, schoß aber vorbei und wenige Schritte entfernt stürzte sie und zwar so daß sie nicht wieder aufstehen konnte. Alles dies geschah in einem Augenblick. Ich fragte nur, ob H. Schwarz nicht verletzt sei; bloß am Daumen hatte er sich*

verstaucht; erst nachher wurde uns recht klar, welche große Gefahr und welcher göttliche Schutz hier stattgefunden hatte." (Th.Br.,361/1f)

[101] (S.183) Folgende 12 Männer haben als <u>Koadjutoren der Apostel</u> gedient: (Außer den Lebensdaten werden der Berufungs- u. der Einstellungstag, der *"Prinzipal"* [der für die Tätigkeit des Koadj verantwortliche Ap] u. die Arbeitsgebiete genannt. Es ist zu beachten, dass grundsätzlich jedem der 12 Ap [u. damit seinem *"Stamm"*] nur ein Koadj zugeordnet werden sollte. Da die Koadj - ebenso wie die Ap - keine Nachfolger hatten, wurde nach dem Tode eines Koadj das Arbeitsgebiet von einem anderen Träger dieses Amtes mit übernommen. Aus der grundsätzlichen Zuordnung eines Koadj zu einem der 12 Ap ergibt sich auch, dass die letzten Ap nicht mehrere Koadj hatten, sondern ihre Rolle als Prinzipale stellvertretend für ihre heimgerufenen Kollegen wahrnahmen [so war beispielsweise Böhm eigentlich Koadj des Ap Carlyle für Ndt., diente aber tatsächlich unter Woodhouse, dem nach dem Tode Carlyles die Fürsorge für diesen *"Stamm"* übertragen worden war]. In der Praxis haben Koadj auch außerhalb ihrer Arbeitsgebiete apostolische Aufgaben wahrgenommen.)

1. Charles J.T. Böhm (1812-11.4.1880; 17.7.1859/Sept. d.J.; Koadj unter dem Ap Woodhouse: für Ndt.; von 1870/75 bis 1877 zusätzlich in Russland; Böhm diente auch als Koadj unter dem Ap Armstrong ab 1865 in Irland [NEWMAN-NORTON,1971,12; BORN,1974,52; Anm.28.c])

2. William R. Caird (30.10.1802-23.10.1894; 2.8.1865/Dez. d.J.; Koadj unter dem Ap Woodhouse: für Sdt., Schottland, Schweiz; ab 1875 stattdessen [nach dem Tode des Koadj Symes, s.u.] in Kanada, den USA, Frankreich u. Belgien [Anm.25.c])

3. John Leslie (3.11.1814-4.11.1897; 2.8.1865 / Febr. bzw. 5.4.1866; Koadj des Ap Cardale: für England, Nordamerika [pA]? u. Australien; 1875 vorübergehend in Schottland u. Irland, ab 1877 in Indien, ab 1888 in Irland [NEWMAN-NORTON,1971,71])

4. Sir George John Routledge Hewett (21.9.1818-15.4.1876; 2.8.1865/Aug. d.J.; Koadj des Ap King-Church: für Dänemark u. die Niederlande, zeitweise auch in Schweden u. Norwegen [ebd.,56]. - H. war verheiratet mit der Schwester M.v.Pochhammers. Sein Vater, der E-Ev George Henry H. [+ 30.5.1862], war durch Taplin am 10.7.1860 prophetisch als Koadj bezeichnet, bis zu seinem Tode aber durch die Ap nicht zu diesem Amt erwählt worden [s. Anm.116; BORN,1974,72].)

5. Dr. William Flewker (6.9.1805-16.1.1876; 12.1.1870/7.7. d.J.; Koadj unter dem Ap Armstrong: für Italien u. Spanien/Portugal [ebd.,71]; NEWMAN-NORTON,1971,41)

6. Langford Rowley Symes (1801-27.3.1875; 12.1.1870/7.6. d.J.; Koadj unter dem Ap Woodhouse: für Frankreich [ebd.,105])

7. Max v.Pochhammer (16.12.1821-2.12.1895; 25.6.1873/8.7. d.J.; Koadj des Ap Woodhouse: für Österreich, ab 1875 auch für Sdt. [BORN,1974,76.82]; 1877-1879 in Russland, ab 1880 zusätzlich in Ndt.[Anm.49.b])

8. Dr. Isaac Capadose (2.8.1834-13.10.1920; 7.6.1875/30.6. d.J.; Koadj unter den Ap Cardale u. Woodhouse: in Dänemark u. den Niederlanden, bald auch in Schweden u. Norwegen, ab 30.7.1890 in Italien, ab Ende 1895 in Ndt., ab 1899 in Russland, Polen, Frankreich [mit Belgien], Spanien u. Portugal

[Anm.78])
9. Emil Ludwig Geering   (22.12.1827-29.8.1894; 7.6.1875/8.7. d.J.; Koadj unter dem Ap Woodhouse: in der Schweiz, [zwischen 1875 u. 1880 offenbar vorübergehend auch Schottland {AARSBO,1932,274; s. jedoch CIRCULARE, 1895,236}], ab 1886 auch in Sdt. [Anm.42.b])
10. Friedrich B.A. Diestel   (14.8.1821-24.12.1899; 18.6.1879/1879; Koadj unter dem Ap Woodhouse: in Russland, ab 1889 übernahm er die Hälfte von Ndt. [möglicherweise auch schon ab 1886 {s.WEBER,1977,83}] [Anm.71.a])
11. Edmund Lewis Hooper   (10.3.1828-19.1.1888; 29.12.1880/Apr. 1881; Koadj unter dem dem Ap Woodhouse: für Irland u. in Schottland; nach BORN [1974,78] auch in den USA u. Kanada; NEWMAN-NORTON,1971,59)
12. Edward Heath   (5.7.1845-29.8.1929; 24.6.1886/1886; Koadj unter dem Ap Woodhouse: in Australien u. Neuseeland, ab 1888 zusätzlich in Schottland, USA u. Kanada, ab 1891 Japan, ab 1895/96 Schweiz, Sdt., Österreich, ab 1897 England [NEWMAN-NORTON,1971,54])

Bereits Ende 1838 war in der Versammlung der Sieben Gemeinden in London durch ein Wort der Weissagung ausdrücklich auf das Koadj-Amt *("Helfer"* für alle Ämter vom P aufwärts) hingewiesen worden. Am 28.10.1852 beschlossen die Ap, *"upon resolutions authorising each Apostle, with the approval of his brethren, to appoint an ordained Angel to be his Coadjutor; and also authorising an Apostle in like manner to nominate to the Apostles, in respect of any Tribe not originally under his care, but committed to him temporarily, an ordained Angel to act as his Coadjutor, while he should remain in charge of the Tribe".*(CARDALE,1865,2) Abgesehen von der Ber. und Anstellung Böhms 1859 wurde erst 1865 von dieser Möglichkeit Gebrauch gemacht. *"Im Januar 1865 wurde dann von den Aposteln nach profetischem Lichte bestimmt, daß d i e Engel, die zu apostolischen Gehilfen erwählt würden, zuvor durch das Wort der Weissagung zu diesem Amte berufen sein müßten. Und zwar sollte die Anbietung von Männern zu dem Amte apostolischer Koadjutoren in der Versammlung der Sieben Gemeinden in London stattfinden; der Profet, der bei dieser Gelegenheit amtlich zu dienen hatte, sollte vorzugsweise der älteste unter den Profeten mit den Aposteln sein."* (ALBRECHT,1924,48) Am 1.8.1865, dem Vortag zum ersten Anb.-Dienst dieser Art, äußerte sich der Ap Cardale in der Versammlung der Sieben Gemeinden in London grundsätzlich zum Amt und den Kompetenzen apostolischer Koadjutoren. In seinen *"Notes of a Ministry on the Office of Coadjutor, and particularly on the Office of Coadjutor To An Apostle"* sagte er: *"From the year 1839 to 1851, the attention of the Apostles was directed to matters which rendered it impossible to consider the question of the appointment of their own Coadjutors; but towards the latter end of this period their labours in the lands of Christendom had greatly increased upon them, and on their reassembling in the latter end of 1851 they applied themselves to this subject of the choice of Coadjutors... ...*

... From time to time words of prophecy have been spoken, designating, or giving light, as to the eligibility of certain individuals to be Coadjutors to Apostles; but there had been no direct light showing the necessity or place for any call or designation by prophecy, as an universal rule, previously to December last.

...And as the Coadjutor exists, so to speak, only in his Principal, and ceases from office when his Principal ceases; so, when the Apostle ceases from his ministry here, the only ostensible and tangible position on which his Coadjutor falls back, would seem to be that of an Angel, but of an Angel at the disposal of the Apostles for the work of Coadjutor.

... 3. And in reference especially to the Apostle, we are not hereby making provision for the decease of the Principal. When the Principal ceases from his charge, the Coadjutor ceases from his office. He cannot be a Coadjutor to one who has not chosen him. We must therefore dismiss from our minds the idea that, in choosing Coadjutors, the Apostles are providing ministers who will remain in office after the decease of those who choose them. They will, however, still fulfil the office of chosen councillors, and remain at the disposal of the Apostles, for the fulfilment of apostolic functions.

... In order to enable the Apostles to meet these increasing duties, we have seen that the Lord has shown to the Apostles their privilege of appointing a number of Coadjutors, not only equal to the number of surviving Apostles, but equal to the original number of twelve (sic). *At the bidding of the Apostles appointing them, under their direction, in their name, in their spirit, in the fullness of the Apostolic ministry, these Coadjutors will go forth; and although not themselves Apostles, yet, through the presence with them of the Apostles in the Holy Ghost, they will minister the grace which by Apostles only can be ministered.*

... And lastly, in the Apostles' Chapel, at the head, as it has been called, in the house of worship at the seat of the Apostles, we may trust that the voice of intercession and the sweet odour of incense will ascend up continually and without interruption from the lips and hand, either of an Apostle or of one who will be his full and perfect representative." (CARDALE, 1865,2ff; s. auch CIRCULARE,1895,233-236; ALBRECHT,1924,48; BORN,1974,45.64.75f. 109; WEBER,1977,80-84; Fotos von 10 Koadj [es fehlen Flewker u. Symes] s. in NEWS-LETTER,XII[1959],3)

[102] (S.186) Einigermaßen genaue Aussagen über die <u>Zahl der Mitglieder der Katholisch-apostolischen Gemeinden</u> zu treffen ist - da die Gemeinden selbst keine statistischen Angaben veröffentlicht haben - nahezu unmöglich. Wer aus den in der Literatur vorhandenen Zahlen Schlussfolgerungen für eine Gesamtschätzung ziehen will, muss folgendes beachten: 1. Die KaG selbst gaben bei behördlichen Nachfragen in der Regel nur die (erwachsenen) *"regelmäßigen Kommunikanten"* an, d.h., die Zahl derjenigen, die sich durch kontinuierliche Teilnahme an der Eucharistie verbindlich zur kap Gemeinde hielten. Nicht berücksichtigt sind dabei also alle Minderjährigen und *"gelegentliche Kommunikanten"* (schätzungsweise 5-10% aller Kommunikanten). 2. Bei offiziellen Volkszählungen haben viele kap Christen mit ihrem Verständnis von einer Doppelmitgliedschaft ernst gemacht und sich als Glieder der Kirche eingetragen, zu der sie von Geburt an gehörten (so vor allem in Preußen; in Sachsen z.B. ist eine Doppelmitgliedschaft bis in die Mitte des 20. Jh. nicht möglich gewesen). 3. Bei den Volkszählungsergebnissen muß im Hinblick auf die Religionszugehörigkeit unbedingt beachtet werden, dass bei der in Preußen und im Deutschen Reich angegebenen Rubrik (*"Irvingianer"/*) *"Apostolische Gemeinde"* vor dem 1. Weltkrieg zwischen den KaG und nap Gemeinschaften (AcaM, NaG u.a.) nicht unterschieden wurde (vgl.HANDTMANN,1907,23f. Ab 1900 druckte man in Preußen auf Beschwerde hin in die Volkszählkarten nicht mehr *"Irvingianer"*, sondern *"Apostolische Gemeinde [Irvingianer]"*.)! (s.Anm.3)

Im folgenden sollen aus dem vorliegenden Zahlenmaterial einige Beispiele aufgeführt werden: Ende 1863 gab es in <u>Preußen</u> mindestens 4.000 erwachsene Mitglieder der KaG (s.S.181 d.v.U.). Offiziellen staatlichen Angaben zufolge zählten die *"Irvingianer"* hier 1890: 16.081 Personen über 14 Jahre, 1895: 22.610 (davon in der Provinz Brandenburg 3.538, in Pommern 3.125, in den Rheinlanden 1.384 u. im Stadtkreis Berlin 3.073), 1900: 32.215 (nach den Altlutheranern u. den Baptisten die drittstärkste Religionsgesellschaft neben den großen Kirchen!

[ein Viertel aller Mitglieder nebenkirchlicher Religionsgesellschaften im Deutschen Reich gehörten zur *"Apostolischen Gemeinde"*!]) und 1905: 45.654 (die Angaben zu den Provinzen s. in RE³,XXI[1908],834).(ebd.,IX[1901],436, u. XVIII[1906],165; HANDTMANN,1907,23f) Die Zahl der kap Christen in Berlin wurde vom KPPr für 1876 mit ca. 3.000 und für 1894 mit ca. 8.500 angegeben.(II/246; VII/274-275v) Um 1910 lag sie schätzungsweise bei 10.000. Ohne die Filialen zählten die 5 großen Berliner Gemeinden 1898 5.300 (VII/300) und um 1910 7.000-8.000 Mitglieder. In der Hauptgemeinde dienten zeitweilig mehr als 30 Diakone. Einer Mitteilung des E.O. an das MGA v. 15.4.1884 zufolge verfügten die *"Irvingianer"* Ende 1883 in Ost- und Westpreußen über 2.500 Mitglieder in *"11 Diöcesen"* (davon 1.100 in Königsberg, ca. 400 in Insterburg, ca. 120 in Memel u. ca. 90 in Wehlau [XXI/80]), in Pommern *"außer vielen Zerstreuten etwa 2300 mit 8 Geistlichen in 15 geschlossenen Gemeinden"*, in Posen 1.100 mit 7 *"Bethäusern"*, in Westfalen *"an 8 Orten je 5 bis 20, die hier in eine holländische und eine englische Partei feindlich gespalten sind"* und in der Rheinprovinz *"außer kleineren Gruppen von Einzelnen in 5 Diöcesen noch ca. 250..."*.(II/274-v) Diese Angaben sind natürlich unvollständig und fallen auch zu niedrig aus. In Sachsen wurden von 1870-1890 5.400 *"Übertritte aus der Landeskirche zur Apostol. Gemeinde"* gezählt.(RE³,XVIII [1906],166) 1895 gab es z.B. in den 3 kap Gemeinden Leipzigs - nach Angaben des dortigen E Albin Lorenz - insgesamt rund 1.400 Mitglieder (einschließlich der Kinder).(XXIII/18v) Die Zahlenangaben in der Sekundärliteratur sind fast alle zu niedrig. (Laut RE³ z.B. betrug die Mitgliederzahl der KaG in Bayern 1890: 355 [II{1897},489], in Dänemark 1890: 2.609 [IV {1898},420], in Schweden 1900: 365 [XVIII{1906},36].) Ein Vergleich macht dies deutlich: Nach WOODHOUSE (1854,12) hatten die KaG bereits 1854 in England 32 Gemeinden mit 7.400 Mitgliedern.(vgl.R.DAVENPORT,1974,136) KOLDE gibt für 1901 dagegen nur 37 Gemeinden mit ca. 4.700 Mitgliedern an ([RE³,IX{1901},436] - tatsächlich waren es 315 Gemeinden [BORN,1974,88]!). Einen Eindruck von den tatsächlichen Zahlen vermitteln (leider nur bruchstückhaft) die kap Quellen selbst: so empfingen z.B. 1863 in Ndt. 522 und allein 1875 in Deutschland 1.000 Personen die apHA; 1899 bereiteten sich in Ndt. 46 P-Kandidaten auf ihr Amt vor.(BORN,1974,62; MILLER,1878,I,314; CIRCULAR,1899,2)

103   (S.187)   Folgende 30 <u>deutsche evangelische und römisch-katholische Theologen innerhalb der Katholisch-apostolischen Gemeinden</u> sind dem Verf. namentlich bekannt: der Theologieprofessor Thiersch (Anm.36), der Privatdozent Roßteuscher (Anm.39.b), die ordinierten evang. Pastoren Rothe sen. (Anm.47), Becker (Anm.42.e), Koeppen (Anm.48, 56f), Hofprediger v.Gersdorf (Anm.84), Scholler (s.Anm.36, 64), J.G.Müller (Pfarrer in Ehringen/ Hessen, später in Kassel, ab 1876 BE der Berliner Hauptgemeinde [BORN,1974,109]; s.S.70 d.v.U.), E.Reimann (P-Vorsteher in Halle, 1886 E-Weihe, NBE 1887-1890 in Kassel u. 1890-1894 in Wiesbaden, ab 1894 EG in Frankfurt/O. [pA]), F.Wigand (s.Anm.39.d, 43.b), Heinrich Rudolf Alpers (1883 *"Amtsentsetzung wegen 'Zugehörigkeit zur Secte der Irvingianer'"* [XXIX/1], 1884 P-Ord., 1888 E-Weihe, EG in Hannover, + 22.3.1909 [BORN,1974,68f]), C.L.W.Wagener [ebd.,106; s.Anm.44], Albrecht (Anm.104), Dr. Ernst Gaab (trat 1861 über [WÜRTTEMB.KG,1893,634; vgl.GAAB,1869]) und A.Müller (1870 aus dem Dienst der Hess. Landeskirche entlassen [KÖHLER,1876,430]) sowie die Studenten bzw. Kandidaten der (evang.) Theologie Evers (Anm.49.a), Streibelein (Anm.60.a), Dietrich (Anm.60.b), V.v.Dittmann (s.Anm.69.a), Gundlach (Anm.65.p), v.Pochhammer (hat zusätzlich Theologie studiert [Anm.49.b]) und Rothe jun.(BORN,1974,109; vgl.S.70 d.v.U.).

Mehrere Pfarrer empfingen die apHA und betrachteten sich als den KaG zugehörig, blieben aber im Pfarrdienst ihrer Kirche (z.B. der Schweizer F.Oehninger - ihm hatte Thiersch das Verbleiben in seiner reform. Gemeinde mit den Worten empfohlen: *"'Es sind auch Schafe Christi, die Sie dort weiden.'"* [BORN,1974,100; s.Anm.33.a, 40]). Nicht immer sind in Deutschland Pfarrer aufgrund ihres Anschlusses an die KaG aus dem Dienst entlassen worden: 1900 beispielsweise wurde in Baden Pfarrer Knausenberger mit seiner Familie in die KaG aufgenommen. Er informierte den bad. Oberkirchenrat von seinem Schritt. Dieser reagierte nicht mit disziplinarischen Maßnahmen, sondern verpflichtete Knausenberger lediglich, *"keine Werbung für die KaG zu veranstalten"*.(vom Sohn, Winfried K., mitgeteilt)

Auf röm.-kath. Seite schlossen sich den KaG an die geweihten Priester Dekan Lutz (Anm.30ff), Spindler, Fernsemer, Fischer, Baron de Saint Marie Eglisa und Egger (Anm.33.b) sowie Jacobs (Anm.74.b). Weitere acht "Sympathisanten" unter den röm.-kath. Priestern sind namentlich bekannt.(Anm.33.b) Soweit der Verf. sieht, ist - abgesehen vom Dekan Lutz - in Deutschland kein "höhergestellter" Geistlicher Mitglied der KaG geworden.

Heute (1997) gibt es in Deutschland mindestens 20 evang. Pfarrer kap Herkunft.

104 (S.193) <u>Ludwig Albrecht</u> wurde am 5.7.1861 in Moringen geboren. Sein Vater Ludwig A. sen. und dessen Bruder Friedrich hielten sich spätestens ab 1856 zur kap Gemeinde in Marburg. Während Ludwig A. sen. am 26.10. d.J. dort die apHA empfing (CHRONIK Marburg,II, 159.178f), blieb sein Bruder *"gelegentlicher Kommunikant"* (ohne Empfang der apHA [ebd., III,15.4.1857]). Am 29.12.1861 wurde Ludwig A. sen. von Thiersch als Lhf der Marburger Gemeinde eingesegnet.(ebd.,29.11.1861)

Ludwig A. jun. studierte evang. Theologie, wurde 1885 zum Pastor der Ev.-Luth. Landeskirche Hannover ord. und in die Pfarrstelle Scharnebeck bei Lüneburg entsandt. Spätestens 1880 hat er sich den KaG zugewandt.(pA) Am 7.2.1889 wurde er in Hamburg als D gesegnet und am 18.3. d.J. in Kassel zum P geweiht. Im selben Jahr (zwischen beiden Ereignissen?) wurde er *"wegen Übertritt zu den Irvingianern"* (BORN,1974,111) aus dem Pfarrdienst entlassen. Er diente zunächst als P in der kap Gemeinde in Kiel, wurde am 4.12.1891 zum E geweiht und stand ab 22.7.1894 der Gemeinde in Bremen als BE vor. Er diente auch im Ev-Werk der Allgemeinen Kirche. In dieser Funktion wurde er (im Frühjahr 1900) evangelistisch in Spanien tätig. Er trat dort u.a. in einen Dialog mit hochrangigen Vertretern der Röm.-Kath. Kirche. (pA)

Am 13.7.1900 wurde A. in der Apostelkapelle zu Albury als EE der AK eingesegnet (Ber. zum EE-Amt am 29.6. d.J.).(Anm.77.b) Von da an war er vorwiegend als Delegat auf Visitationsreisen zu den Gemeinden unterwegs (auch in Übersee, so z.B. 1904 in Nordamerika). Auch nach der letzten Ratsversammlung der Diener der AK in Albury im Apr. 1914 (BORN,1974,101) hielt sich A. mehrfach in diesem zentralen Ort der kaB auf (z.B. im Aug. d.J. u. im Juli 1922). Sein Wohnsitz blieb Bremen. Unermüdlich hat er in seinen letzten Lebensjahren den KaG (nicht nur in Deutschland) durch seine Besuche, Predigten und Schriften gedient. Er starb während einer Dienstreise, die ihn ans Bett des schwerkranken E der Hamburger Gemeinde Wilhelm Fricke (s.Anm.121.a) führte, im Alter von 69 Jahren am 28.2.1931 im Hamburger Hotel *"Reichshof"*. Zu dieser Zeit war er als letzter EE der AK der ranghöchste kap Amtsträger. Der Tod von *"Pastor Albrecht"*, der - weil er häufig das Flugzeug benutzte - scherzhaft auch *"the flying angel"* genannt wurde (pA), ist von den KaG als ein großer Verlust empfunden worden.

A. beherrschte neben den Altsprachen (Hebräisch, Griechisch u. Latein) auch Englisch, Französisch, Spanisch, Italienisch, Holländisch, Dänisch und Norwegisch. In einigen dieser Sprachen hielt er Predigten. Er hinterließ ein umfangreiches literarisches Werk.(s. EDEL,1971, 352f; WEBER,1977,Anh.,10) Weit über die KaG hinaus wurde er bekannt durch seine Übersetzung des Neuen Testamentes *("Das Neue Testament in die Sprache der Gegenwart übersetzt und kurz erläutert"),* die bisher mindestens 15 Aufl. erlebte und noch heute viel benutzt wird. Von 1929-1931 war A. der letzte Herausgeber der *"Pastoralen Mittheilungen".*(BORN, 1974,111f; NEWMAN-NORTON,1971,1)

[105] (S.204) Unklar ist, um welche Schrift es sich bei der von Geyer gefundenen Broschüre handelte - eine evangelistische Schrift Koeppens ist nicht bekannt. Denkbar sind das Testimonium oder WOODHOUSE,1848, oder eine Schrift von Böhm.
Der Zeitpunkt des Besuches bei G. ergibt sich aus zwei Briefen von Koeppen v. 27.5. und 5./9.7.1849 (s.Anm.59.a).

[106] (S.204) Dem Ehepaar Geyer wurden mindestens 6 Kinder geboren: In Lutterbeck eine Tochter Marie (1840?) und ein Sohn Johannes (1841?). Beide starben 1844 an einer Fieberepidemie. In Dinkelhausen wurden die Söhne Hermann (1843?) und Theobald (1844?), in Volpriehausen Heinrich (1847?) und am 28.6.1851 in Berlin der vierte (überlebende) Sohn Gottlieb ([+ 11.7.1941 in Hamburg] Vater von Johannes G., dem Verfasser von J.GEYER, 1918) geboren.(J.GEYER,1918,7-9.14f; Th.Br.,159/3; WEINMANN,1963,139; s. auch Anm. 109)
Zu Geyers Physiognomie: Sein Enkel und Biograph Johannes G. zitiert das *"Zeugnis"* des *"Psychologen Albert Schnelle, der am 29. Juli 1855 über seine* (H.Geyers - Verf.) *Profil-Form folgendes schrieb: 'Schädel-Form idealische Hoheit. Wie die Form so das Profil. Wem bürgt nicht diese Stirn, Nase, Mund, Kinn für Gutmütigkeit, Treuherzigkeit und Liebe ? Eine Mischung von weiblicher Delikatesse und männlicher Festigkeit, Adel, Einfachheit, Ruhe der Seele! Wahre, echte, geniessende Aufmerksamkeit mit prüfender, sondernder Überlegung. Die Nase fein und witternd. Im Munde feine Laune und biegsame Sprache. Ein Gesicht voll Salbung, voll still wirkender ruhiger Energie. Es atmet den Geist einer höheren Welt.'"* (J.GEYER,1918,16)

[107] (S.205) John Taylor (geb. 1795 [1798?] in Mahé an der südind. Malabar Küste, + im Jan. 1864 [Beisetzung am 26.1. d.J. in Albury]), capitain im ind. Dienst (BORN,1974,62), wurde im Sept./Okt. 1834 in Southampton zum P-Amt ord. und nach seiner Ber. zum Pr-Dienst (am 3.7.1838 in London) am 24.10.1838 als P-Pr eingesegnet (pA; NEWMAN-NORTON, 1971,107). 1838 begleitete er den Ap King-Church und den BEv Böhm in die Niederlande und nach Dänemark.(s.Anm.28.c) T. diente bis zum Sommer 1849 in Southampton und wurde dann nach Berlin entsandt (wo er mindestens bis Apr. 1851 seinen Wohnsitz hatte [Th.Br.,109/3]), um die Gemeinde in der Ausübung der Charismata zu unterweisen (vgl.S.43 d.v.U.). Thiersch schrieb am 28.7.1850 über T.: *"Ganz anders freilich* (als bei Geyer - Verf.) *sieht es im äußeren bei dem* Capitän Taylor *aus, bei dem ich am ersten Mittag zu Tische war. Doch nur im Äußern - denn wer kann die Lauterkeit u. Frömmigkeit im Innern dieses Mannes verkennen. Er ist in den Fünfzigern; er hat schon 1817.18 große Feldzüge in Indien mitgemacht. Seine Kinder sind ihm dort gestorben. Er steht jetzt mit seiner Frau allein."* (Th.Br.,106/2) Bis zu seinem Tode diente T. als Pr der AK - erst als P-Pr, später als E-

Prophet.(vgl.WOODHOUSE,1863,13) Er war Teilnehmer der Pr-Konferenzen in Albury (Anm.115) und wirkte ab 1861 als Pr.m.d.Ap. für Belgien, Holland und Dänemark an der Seite des Ap King-Church. Erst 1861 trat er als capitain im Indien-Dienst in den Ruhestand. In seinen letzten Lebensjahren lebte er im *"Weston Lodge"* in Albury. In Ndt. sind mehrere Amtsträger durch ihn zum geistlichen Amt ber. worden. Ob H.Geyer durch T. (so nach einer Notiz von Robert Geyer) oder durch J.Smith ber. wurde, konnte vom Verf. nicht eindeutig geklärt werden.

[108] (S.205) Der Text der Ord.-Urkunde von F.Schwarz ist überliefert (Anm.55.b). Die Wege von Geyer und Schwarz waren auch später eng miteinander verbunden: so dienten beide Mitte der 1850er Jahre im selben Ä-Bezirk der Berliner Gemeinde (belegt für Mai 1855 [pA]). Bei der Abspaltung der Hamburger Gemeinde von den KaG waren sie die Initiatoren. Schwarz ist durch G. zum Ap-Amt ber. worden. In späteren Jahren distanzierten sich die beiden Männer immer stärker voneinander.

[109] (S.205) Im Brief v. 20.4.1851 an seine Frau erwähnt Thiersch Geyers soziale Lage und vergleicht sie mit der des befreundeten Prof. Richter (Anm.50.d): *"Auch bei Geyers war ich wieder u. wunderte mich aufs neue über ihre Armuth u. ihre Zufriedenheit. Sie kommen bei 4 Kindern mit 300 Thaler aus. Freilich ohne Magd. Richters versichern mich daß sie bei aller Sparsamkeit 2000! Thaler brauchen."* (Th.Br.,113/2) (Mitte 1851 wohnte G. in der Schönbergerstr. 6.[VII/12v]) Zur finanziellen Situation der Familie Geyer in der 2. Hälfte der 1850er Jahre schreibt Geyers Enkel Johannes: *"Durch Schriftstellerei und durch Aufnahme von Pensionären suchte er sein recht bescheidenes Einkommen zu vergrössern. Seine vier Jungen hatten einen gesunden Appetit, und da sie alle das Gymnasium zum Grauen Kloster besuchten, kosteten sie ihm eine Menge Geld. Da er über ein reiches Wissen und eine edle Ausdrucksweise verfügte, fand er als Volksschriftsteller ebenso viel Anklang wie als Prediger."* (J.GEYER,1918,15 [Anm.117])
Zwischen Thiersch und Geyer entwickelte sich ein ausgesprochen freundschaftliches Verhältnis. Dies belegen viele Aussagen in den Th.Br. und im Thiersch-Tagebuch. So schrieb Th. z.B. während einer Reise nach Pommern im März 1851 an seine Frau: *"Auf unserer Heimfahrt hatten wir Geyer mit uns, in dessen Nähe ich mich so sehr gehoben fühle."* (Th.Br.,109/2f) Am 28.6.1853 notierte er in Frankfurt/O. (Th.Tgb.): *"Reichhalt. Gespräche mit Geyer."* Von einem Aufenthalt in Guben schrieb Th. am 1.7. d.J.: *"Mit Geyer u. Hn. v. Brinken habe ich glückliche Tage verlebt, wir waren höchst gemüthlich u. einig zusammen, jeder fühlte sich in seinem Wirken gehoben und viel Gutes wurde dadurch gestiftet."* (Th.Br.,142/3, vgl.S.86 d.v.U.) Und am 1.8.1854 aus Albury: *"Gestern Abend hatte ich mit Herrn Taplin, welcher das Haupt des prophetischen Amtes ist, eine Unterredung(, die) ebenso wohlthuend wie unser Verkehr mit Herrn Geyer war."* (Th.Br.,154/3) Hielt sich Th. in Berlin auf, so war er häufig bei Geyers zu Gast: *"Zu Geyers schöner Abend ... v. Geyer heimbegleitet"*; oder: *"Abends sehr gemüthlich bei Geyers, unangemeldet, sorgenfrei"*.(Th.Tgb.,19.8. u. 1.9.1855) Wenn sich Zeit und Gelegenheit fanden, unternahmen Th. und G. gern gemeinsame Ausflüge. So z.B. am 8.6.1859, als sich beide Männer auf der Reise zum zweiten *"prophetic meeting"* (in Albury) einen eintägigen Aufenthalt in Paris gönnten, eine Fiaker-Tour durch die Stadt unternahmen und sich an Sehenswürdigkeiten erfreuten. Die kleine Szene, die Th. vom Ausklang dieses Tages im Tgb. festhielt, spricht im Hinblick auf das vertrauensvolle Klima zwischen den beiden für sich: *"Abends ungeh(euer) heiß u. müde. Mit Geyer in Fenster des*

Hotel gesessen u. geraucht." Ein Ausdruck der engen persönlichen Beziehung zwischen Th. und G. ist auch die Tatsache, dass letzterer Pate des Kindes Heinrike (nach Geyers Vornamen!) Pauline Johanna Thiersch (get. am 7.7.1855, + 14.1.1856) wurde. Geyers Enkel Johannes bestätigt: *"Eine besondere Freundschaft verband ihn (G. - Verf.) jahrelang mit ... Heinrich Thiersch."* (J.GEYER,1918,17)
Doch nicht nur in privater, sondern auch in dienstlicher Beziehung bestand zwischen Th. und G. ein reger Kontakt. Ihr Briefwechsel (der heute offenbar nicht mehr existiert) war sehr umfangreich, da auch ein Großteil des amtlichen Schriftverkehrs zwischen dem Ap und G. über den H.m.d.Ap. lief. Mehrere Male kam der E-Pr auf ausführlichen Besuch nach Marburg (zum einen, um der dortigen Gemeinde geistlich zu dienen, zum anderen, um die freundschaftliche Verbindung mit Th. zu pflegen): z.B. vom 10.-22.5.1854 (s.CHRONIK Marburg,II,10-16), vom 2.-22.6.1855 (s. ebd.,76-88; H.GEYER,1855/56,10ff) und - mit seiner Familie - vom 14.8.-1.9.1857 (vgl.CHRONIK Marburg,III,30.8.1857).(Th.Tgb.)

110 (S.205) In einem Brief v. 13.4.1850 hatte Taplin im Auftrage des Ap Carlyle den Berliner E Rothe bereits näher über die Aufgaben eines P-Pr unterrichtet.(eine Abschrift des Briefes befindet sich in CHRONIK Marburg,I [vor S.1])
Das grundsätzliche Verhältnis zwischen dem prophetischen Zeugnis der Heiligen Schrift und den durch Pr in der Gemeinde geäußerten Worten der Weissagung beschreibt ROSSTEUSCHER (1886,209) so, dass er ersteres als *"die vorklingende, die lebendige Weissagung(, als) die dienende Stimme"* bezeichnet und dann weiter ausführt: *"Die Schrift ist das seit den Tagen der Grundlegung bleibende Zeugnis der göttlichen Ratschlüsse, die unerschöpfliche Vorratskammer jener Wahrheit, die am Ende nicht anders und nicht größer sein kann als am Anfang, weil sie Eine ist. Die Weissagung in der Gemeinde Christi ist, abgesehen von ihrem Nutzen für andere jeweilige Bedürfnisse des kirchlichen Lebens, nur die stets erneuerte authentische Erinnerung und Eröffnung der Schrift. 'Der Heilige Geist wird euch erinnern alles dessen, das Ich euch gesagt habe'1)... 1) Joh.14,26."*
Die <u>Stellung des Propheten-Amtes in den Katholisch-apostolischen Gemeinden</u>, der AcaM und der frühen nap Bewegung bedürfen einer gesonderten Untersuchung. In d.v.U. können Aufgaben und Kompetenz dieses Amtes (nach kap Auffassung) nur skizziert werden. Dabei ist grundsätzlich zu sagen, dass die KaG an der Hochschätzung des Pr-Amtes immer festgehalten haben. Daran haben auch negative Erfahrungen (z.B. der Kompetenzstreit zwischen Pr u. den Ap in der Krise von 1840 [s.S.26 d.v.U.] oder der "Fall Geyer") kaum etwas geändert. Allerdings trat durch die Erfahrungen, die die Ap mit Pr gemacht hatten, neben die Betonung der Aufgaben und der Bedeutung des Pr-Amtes zunehmend die Beschreibung der Abgrenzung der unterschiedlichen Verantwortungsbereiche der beiden *"Grundämter"* (Eph.2,20). Dies gipfelte schließlich in der Warnung vor ungeprüften prophetischen Äußerungen für diejenigen kap Gemeinden, bei denen das für die Unterscheidung von Weissagungen zuständige E-Amt nicht (mehr) vorhanden war. (s.BORN,1974,124) Die ungebrochene Bedeutung des Pr-Amtes in den KaG kommt in einer Äußerung des Ap Woodhouse zum Ausdruck, der am Pfingstmontag 1867 (rund 4 Jahre nach dem "Fall Geyer") vor den Teilnehmern des *"prophetic meeting"* bekannte: *"I have often thought of the prophetic ministry among us, and have been best in a condition to realize to myself the value of it, by thinking what or where we should be without it."* (WOODHOUSE,1867,16; s. ders.,1877,3; Anm.115 d.v.U.)
Im Testimonium von 1836/38 heißt es: *"Der Prophet ist der Kanal, wodurch der verborgene Sinn Gottes in der Kirche kund gemacht wird, durch Offenbarung, nicht in Form der Lehre,...*

sondern als Licht von Gott, durch welches die Apostel erkennen können, wie sie in der Ausübung ihres Regimentes in der Kirche Christi verfahren sollen. Die Propheten sollen die mancherlei Geheimnisse, die im Gesetz und in den Propheten des alten Testamentes enthalten sind, offenbaren, damit die Apostel sie der Kirche als heilige Lehre darreichen können... Endlich sollen sie den Willen Gottes bezüglich Seiner Diener, die Er im Amte gebrauchen will, erklären, welchen dann die Apostel durch die Ordination zu vollstrecken haben... In diesem allen sind die Propheten gleichsam die Ergänzung der Apostel, als der Gründe, worauf die Kirche gebaut ist; sie sind die Kanäle zur Offenbarung der Geheimnisse, deren Haushalter die Apostel sind; sie sind das an einem dunklen Orte scheinende Licht, bei welchem Jene sichere Schritte thun können..."* (ROSSTEUSCHER,1886,Beil.,26f) Als es 4 Jahre später durch den Streit über die Befugnisse der Pr zu einer ernsthaften Krise innerhalb der KaG kam, sahen sich die Ap genötigt, die Kompetenzen beider Ämter stärker gegeneinander abzugrenzen. In ihrem statement *"On the Apostolic Office"* (1840) heißt es: *"'God has ordained that His Apostles should receive light through Prophets. It is their duty to seek that light...' 'The interpretation of all Scriptures in respect of doctrine and the declaration of the faith of the Church belong to the Apostolic office. The opening of those Scriptures which contain symbols, types, and mysteries, in respect of such symbols, types, and mysteries, is within the province of prophets; and to prophets, and not to themselves, should Apostles look for such openings. These openings, when given, it is the duty of the Apostles to interpret. They are stewards of them... And no interpretations ought to be received by the Church except those which are sanctioned and ministered by Apostles.'"* (zitiert nach WOODHOUSE,1867,11f [vgl.FLEGG, 1992,80])

Von größerer Tragweite als die Schriftauslegung waren jedoch die prophetischen Worte, die konkrete Schritte ansprachen. Der Ap Carlyle sagte in einem Vortrag 1851 im Hinblick auf prophetische Berufungen Anf. der 1830er Jahre, diese seien *"aber keine Einsetzung ins Amt. Das Wort der Weissagung bewirkt nichts, sondern deutet nur hin auf das, was anderswie bewirkt werden soll. Darin sieht man die Nothwendigkeit des apostolischen Amtes, um die Weissagung zu regeln und auszuführen."* Die Weissagung solle *"nicht aus Befehlen bestehen, sondern aus Licht zur Erleuchtung für die, welche das Regiment führen".*(CARLYLE,1851, 10.13) In seinem Zirkular *"Ueber das prophetische Amt"* v. Juni 1862 (das eine ausführliche Würdigung des kurz zuvor verstorbenen Pr Taplin enthält [Anm.22.b]) bezeichnet Woodhouse das Pr-Amt als ein Amt, *"welches in nothwendiger Verbindung mit dem apostolischen Amte steht, und diesem untergeordnet ist".* Gleichzeitig hält er an der wichtigen Funktion des Pr-Amtes fest: *"Das Wort der Weissagung, an das Ohr der Apostel geredet und von ihnen nach der Gabe der Weisheit geprüft und beurtheilt, dient als Leitfaden, Richtschnur und Wegweiser für die Apostel in der Erfüllung ihrer Amtspflichten; so werden sie befähigt, die Gemeinden nach der vollkommenen Ordnung Gottes zu bauen..."* (CIRCULARE,1895,73.76f; s. auch S.315f d.v.U.; vgl.Anm.118).

Die Begrenzung der Kompetenzen des Pr-Amtes formulierte WOODHOUSE besonders deutlich am 19.2.1863 (1863,39f; im Rundschreiben zum "Fall Geyer"): *"Der Dienst des Propheten in übernatürlicher Aussprache in der christlichen Kirche ist wesentlich ein Dienst, um den Regierern in Wort, Lehre, Zucht und Herrschaft Licht zu gewähren. Es kann keinen größern Fallstrick für einen Propheten geben, als diesen, wenn er sich einbildet, er sei genugsam, mit seinem Verstande den Gegenstand, worüber seine Worte Licht geben, zu begreifen und zu bemeistern, oder er wüßte durch unmittelbare Offenbarung und ohne Dazwischenkunft des Urtheils der geistlichen Regierer genau, was nun geglaubt oder in Ausführung gebracht werden soll. Während er sich bewußt sein sollte der Erleuchtung des heiligen Geistes in seinem Geiste, und in seinem Herzen versichert, daß die Worte, die er ausspricht, vom heiligen Geiste eingegeben sind, ist es seine Bewahrung, sich zu erinnern daß seine Worte in das Ohr anderer geredet sind, denen er als Ordnung zur Mittheilung des Lichtes gegeben ist, und deren Amt es ist, schließlich zu entscheiden. Er soll sich erinnern, daß seine Worte, nachdem sie geredet sind, nicht ihm gehören. Sie sind das Eigenthum und der Schatz Christi, welchen Christus den Aposteln anvertraut. Hält der Prophet diese Wahrheit nicht fest, so werden seine Worte nicht bloß Gestalt und Färbung von seinem eigenen Geiste annehmen, sondern wahrscheinlich auch ihren Inhalt von den Gedanken seines eigenen Herzens hernehmen und nicht mehr rein sein."*

Um die Bedeutung der beiden *"Grundämter"* der Kirche zu unterstreichen, ordneten die Ap Pfingsten 1852 die Aufstellung zweier Leuchter zu beiden Seiten des Altares an als Symbol für das Ap- und das Pr-Amt (Eph.2,20), *"durch welche der Kirche das Recht und das Licht des Herrn kundgemacht werden sollen. Sie werden angezündet, wenn in der Feier der Eucharistie die Konsekration stattfindet."* (BORN,1974,44)

Zu den Aufgaben der Propheten innerhalb der einzelnen Gemeinden gehörten die prophetische Schriftauslegung (*"die prophetische Gabe im Heiligen Geist ist eine Gabe, die Geheimnisse der Schrift zu verstehen"* [CIRCULARE,1895,88; vgl.WEBER,1977,117f.368]), die Belehrung und Auferbauung der Gemeinde im Md und Ad (zusammen mit den übrigen *"Amtsklassen"* des vierfachen Amtes; nach dem Verlesen eines Schriftabschnittes konnte der Pr eine Weissagung anschließen *"zur Aufschließung der Geheimnisse der Schrift oder zur Warnung, zur Ermahnung und zum Troste"* [CIRCULARE,1895,83.87f; vgl. LITURGIE,1897,38-53.57-72; RUBRIKEN,1895,24-30; Anm.54.c]) und charismatische Äußerungen im Verlaufe von Gottesdiensten und Gebetsversammlungen (*"Auch werden die Propheten und die prophetisch begabten Laien vom Heiligen Geiste gebraucht, um das Lob Gottes in Psalmen, Hymnen und geistlichen Liedern hervortönen zu lassen, insonderheit zur Zeit der heiligen Communion und bei anderen geeigneten Gelegenheiten."* [CIRCULARE,1895,83; s.Anm.113]). Weiterhin gehörten zu den Aufgaben des Pr: Vorträge und Belehrungen (meist an Sonntagnachmittagen) - besonders zu biblischen Themen und über die Charismata -, die Anleitung der Gemeindeglieder im Gebrauch der geistlichen Gaben (im besonderen Versammlungen, die unter der Leitung des E oder eines vom Ap bevollmächtigten Vertreters [in der Regel eines P] stattfanden [RUBRIKEN,1895,55f; CIRCULARE,1895,96-99]) sowie die Beratung des E bei der Beurteilung prophetischer Äußerungen weissagender Personen (s. dazu den o.g. Brief von Taplin an Rothe v. 13.4.1850).

Grundsätzlich unterstanden die Pr der einzelnen Gemeinden der Aufsicht des jeweiligen E (*"Die prophetischen Personen und Gaben sind in der Hand und Bewahrung des Engels. ... alle geistlichen Gaben, in welcher Form sie auch erscheinen, müssen von Seiten derjenigen, die sie besitzen, unter der Kontrole [sic] und Verantwortlichkeit des Engels ausgeübt werden."* [CIRCULARE,1895,89f]). Der E hatte jedoch nicht nur die Aufgabe, die gesprochenen Worte der Weissagung zu prüfen (nach kap Auffassung verfügt der E kraft seines Amtes über die Gabe der Unterscheidung [vgl.ebd.,83.90.100]), sondern neben der Beaufsichtigung des Gebrauches der Geistesgaben diese auch zu fördern und zu pflegen (der E konnte sich dabei der Hilfe der Ä oder der *"vorhandenen erfahrenen Propheten"* bedienen [ebd.,93]). Worte der Weissagungen, die in Gottesdiensten oder anderen gottesdienstlichen Versammlungen der Gemeinde geäußert wurden, hielten Schreiber stenographisch fest. Der E prüfte dann diese Äußerungen auf ihre Übereinstimmung mit der Heiligen Schrift, der Lehre

der Ap und dem bisherigen prophetischen *"Licht"* und sandte das, *"das ihm neu schien"*, vierteljährlich an den Apostel.(ebd.,86; VORSCHRIFTEN,1895,29ff) Aus diesen eingesandten Weissagungen stellten die Ap den jährlich erscheinenden *"Record"* zusammen, der den Pr zur Kenntnis und den E zur verantwortungsbewußten Verwendung bei Belehrungen zugeleitet wurde.(s.CIRCULARE,1895,99-102 [als Beispiel s.THIERSCH,1857/58]; in die Zusammenstellung des *"Records"* wurde der zuständige Pr.m.d.Ap. bzw. E-Pr mit einbezogen)
Zu den wichtigsten Aufgaben der Pr (besonders derjenigen mit übergemeindlichem Auftrag) gehörte der Ber.-Dienst bei der Anb. von Männern zum P- bzw. höheren Amt.(s. dazu Anm.54.a, 58.b, 112-113) Pr hatten - wie alle übrigen P bzw. E - das Recht, Gottesdienste zu halten, die Eucharistie zu zelebrieren und die Homilie zu übernehmen.
Zum Amt des Pr s. vor allem CIRCULARE,1895,69-102 (7 Zirkulare von Woodhouse, Böhm u. Prentice aus den Jahren 1862-1882); DALTON,1865 (bes. über die Einordnung des Pr-Amtes in das vierfache Amt); WOODHOUSE,1867 (bes. über die Abgrenzung zwischen Ap- u. Pr-Amt); CARDALE,1868; HEATH,1891 (bes. über die Kriterien zum Gebrauch der Prophetie), ALBRECHT,1982,70ff und FLEGG,1992,174-178. (Diese Lit. stellt nur eine kleine Auswahl kap Schriften zur Prophetie dar.)
Übrigens war ein Pr der letzte P der KaG (Davson).

111 (S.206) (Merkwürdigerweise erwähnt Thiersch bei der Aufzählung der in Buchwäldchen versammelten Amtsträger ausgerechnet G. nicht [Th.Br.,111/1], so dass dessen dortige Anwesenheit nicht zweifelsfrei festgestellt werden kann.) Den <u>Aussagen Geyers</u> in seinen Erinnerungen aus dem Jahre 1893 wird der Wortlaut der entsprechenden Passage in <u>Carlyle's Vortrag</u> gegenübergestellt. Dabei fällt auf, wie G. den Inhalt im Sinne seiner eigenen Überzeugungen interpretiert (und damit häufig auch verändert) - eine Art des Umgangs, die immer wieder bei ihm anzutreffen ist. H.GEYER schreibt (1893,2f): *"Es war im Anfange der fünfziger Jahre als ich mit dem Apostel* Carlyle *eine Reise nach* Schlesien *machte, wo derselbe mit dem apostolischen Hirten Dr. und Professor* Thiersch *und mir eine Gemeinde in Buchwäldchen besuchte. In dieser Gemeinde erzählte der Apostel in einer Predigt von der Gründung des apostolischen Werkes. Er erwähnte unter Anderem darin besonders nur zwei verschiedener Rathsversammlungen: <u>Die Mauern Zions</u> und <u>die Mauern Jerusalems</u>. Die Mauern Zions wären eine Rathsversammlung aller Diener, welche <u>zu den sieben Gemeinden</u> in* London *gehörten, und an dem Tage <u>nach der Versammlung der sieben Gemeinden</u> in* London *und mit den Aposteln und an deren Dienern versammelt wären, zu besonderen Berathungen. Dieser habe auch ich öfters mit beigewohnt.*
Die andere aber, <u>die Mauern Jerusalems</u>, sei eine zweite Rathsversammlung, zu welcher auch aus allen Reichen die höheren Ämter der Kirche gehörten. Die letztere Rathsversammlung der <u>Mauern Jerusalems</u>, sei von den Aposteln aufgelöst, weil diese nur unter dem Vorsitz der <u>zwölf Apostel</u> stattfinden könne; da aber zwei Apostel abgefallen wären (G. denkt an Mac-Kenzie u. Dalton - Verf.), habe die Rathsversammlung aufgelöst werden müßen, bis die Zahl der <u>Zwölf</u> erst wieder <u>vollzählig sei</u>. Diese Predigt, wie gesagt, habe ich persönlich gehört, und dieselbe ist auch nachmals in deutscher Sprache gedruckt erschienen; ob sie jetzt noch zu haben ist, weiß ich nicht.
(Siehe hier in Uebereinstimmung mit Epheser 4,11-14)
*Hiermit aber haben wir, was besonders hervorgehoben werden muß, die Autorität der damals noch vorhandenen <u>zehn Apostel</u> und nicht blos <u>einzelner</u>, **eines** Apostels: daß die <u>Zwölfzahl</u> <u>der Apostel</u> wieder erwartet wurde, um die ganze Kirche dem Herrn in ihrer Vollendung ent-*

gegen zu führen, sammt den übrigen Ordnungen Ämtern und Gaben."
Im Vortrag des Ap C. heißt es dagegen (CARLYLE,1851,14f): *"Um die Kirche recht zu regieren, brauchen die Apostel den Rath der ganzen Kirche. Sie theilen den Heiligen Geist aus. Dann ist das Volk im Stande, den Aposteln mit Rath zu helfen. Die 7 Gemeinden sind Zion. Ihre Mauern sind Priester, welche die Kirchenversammlung Zions bilden, die einzige, die nach dem apostolischen Concilium, Apostelgeschichte 15, wieder vollkommen nach Gottes Willen gehalten worden ist. Die Apostel führten den Vorsitz, wagten aber nicht zu regieren ohne den Rath der Aeltesten und der Brüder (der Priester und der Diaconen als Vertreter der Gemeinden).*
Gott hat aber auch von einer anderen Kirchenversammlung zu uns geredet: von dem Concilium Jerusalems, das heißt der Versammlung der Engel aller Stämme der Christenheit. In Verbindung damit wird die Aussendung der Apostel stehen. Wie diese sich gestalten wird, darüber dürfen wir nicht vorwitzig fragen. Aber das wissen wir: sie wird in Verbindung stehen mit der Kirchenversammlung Jerusalems. Dann werden die Apostel eine Kraft und Vollmacht bekommen, wie jetzt noch nicht. Dies wird der dritten Salbung Davids, seiner Salbung über ganz Israel entsprechen. Die erste und zweite Salbung ist geschehen. Die erste geschah bei ihrer Berufung. Die zweite, als die Apostel ausgesondert wurden. Da wurde von den Gläubigen des Stammes Juda das göttliche Regiment anerkannt. Diese zweite Salbung ward an David unmittelbar nach Sauls Tode vollzogen. Mit ihr verhallte die Vollmacht des Papstes und aller, welche bisher die Kirche regiert haben. Seit der Zeit sind die Vorsteher der Chri-stenheit solche, deren Tag vorbei ist.
Ihr seid berufen, nicht Zuschauer, sondern Mitwirker zu sein, nicht abzuwarten, was die Apostel für Heldenthaten thun werden, **sondern unablässig zu bitten, daß ihre Zahl voll werde** *- denn einer der Apostel ist untreu geworden (s.Anm.67 - Verf.) -* **daß sie alle in volle Thätigkeit kommen,** *daß sie in allen Stücken einig werden, daß sie ihre volle Befähigung erhalten, den ganzen Rathschluß Gottes mit der Kirche auszuführen. Mit ihnen und durch ihr Werk sollt ihr vor dem Antichrist bewahrt und befähigt werden, den Antichrist zu richten."* (vgl.WOODHOUSE,1885,42f)
Während C. die Rückkehr des Ap MacKenzie und die Aussendung aller 12 Ap in größerer Vollmacht meinte, suggeriert G., der Ap hätte sich für die Auffüllung vakanter Ap-Stellen ausgesprochen, um die Zwölfzahl zu erhalten.(vgl.Anm.118)

112 (S.207) Das folgende Beispiel zeigt eine der <u>Reisen</u>, die <u>Geyer</u> im Auftrag des Ap allein unternahm: Im Sept. und Okt. 1854 besuchte G. in Vorbereitung einer Visitationsreise von Carlyle, Böhm und Thiersch kap Gemeinden in Pommern und in der Provinz Preußen, um bei der Anb. zum P-Amt zu dienen (so in Stettin, Neustettin u. Königsberg). In Königsberg hatte er sich (aus Vorsicht vor Restriktionen seitens der dortigen Polizei) als *"Privatlehrer"* ausgewiesen und *"als Zweck seiner Reise Privatunterricht angegeben"*. (V/74v) Der Besuch des E-Pr war ein besonderes Ereignis im Leben der jungen Königsberger Gemeinde. G. hielt dort mehrere Vorträge, äußerte in den Gottesdiensten Worte der Weissagung und fungierte am 27.9.1854 im Dienst der Anb. zum P-Amt.(vgl. S.160 d.v.U.; WEINMANN,1963,306)
Von den vielen Reisen, die er als Amtsträger der KaG allein oder gemeinsam mit anderen unternahm, seien hier nur einige genannt: März 1851 Pommern, Frühjahr 1852 England, Juni 1853 Guben u. Frankfurt/O., Mai 1854 Marburg u. Kassel, Dez. 1856 / Jan. 1857 Basel, Febr. 1857 Marburg, Febr. 1858 Königsberg u. Pommern, Mai/Juni 1859 Marburg u. Basel, Anf. 1860 Königsberg, Aug. 1861 Magdeburg, Mai 1862 Zürich, Ulm, Bern u. Basel, Okt. 1862

Provinz Preußen u. Pommern. Hinzu kamen die Reisen zu den *"prophetic meetings"* in Albury in den Jahren 1858-1861. Insgesamt war G. während seiner Amtszeit innerhalb der KaG siebenmal in England.(J.GEYER,1918,15 [vgl.H.GEYER,1855/56])

113 (S.207) Im Th.Tgb. und in der Marburger Gemeindechronik finden sich für die charismatische Begabung Geyers zahlreiche Belege: Th.Tgb.,14.5.1854 (Marburg): *"Um 10 d. h*(eil.) *Euch. in Mardorfs großer Stube* (;) *herrl. Weiss*(a)g(un)*gen durch A. Schmidt u. Geyer."* 21.5. d.J. (Marburg): *"Nach dem Gebet in der Kapelle Gebet Geyers im heil. Geist."* 10.6.1855 (Marburg): *"d. h. Euch. u. Homilie. - Gesang im heil. Geist durch Geyer".* In der CHRONIK Marburg (II,77f) sind der Wortlaut des Gesanges und die Reaktion in der Gemeinde festgehalten: *"H. Geyer. gegen Ende der Comm. Gesang in Zungen. Dann Gesang: Der HErr bereitet dir einen Tisch im Angesichte des Feindes. Der HErr [schenket dir voll ein?] u. salbet dein Haupt mit frischem Oel, mit Oel der Freude. Jauchze, o jauchze. Er stehet an der Thür: Er legt seine Hände an den Riegel... Hallelujah der Tag naht. O lass füllen dein Herz mit Seiner Liebe. Hallelujah der Tag des Sieges naht. Frohlocke vergiss den Streit. Schaue in Sein Angesicht mit Frohlocken.*

Anm. Etwas so himmlisches war noch nie in der Gem. gehört worden. Einige waren zu Thränen gerührt."

Die Worte der Weissagung konnten nicht nur anbetenden oder tröstenden, sondern auch ermahnenden Charakter haben, wie das folgende Beispiel zeigt (G. in Marburg, 16.6.1855): *"Abenddienst. Nach der Lection Act.20. H.Geyer: Ah die Jünger an sich zu ziehen! O hütet euch, die Jünger an euch zu ziehen. Suchet sie zu Christo zu ziehen, dem Haupt. Daran erkennt die Rotten. Daran werdet ihr sie erkennen, dass sie suchen die Jünger zu sich zu ziehen statt sie zu Ihm zu führen. Führet sie zu Jesu ihrem Haupte. Sehet zu wie ihr Ihm gefallet. Werdet nicht menschengefällig, sondern sehet zu wie ihr Ihm gefallet..."* (ebd.,87)

Zur Gabe der Unterscheidung der Geister s. Geyers eigene Ausführungen in H.GEYER, 1855/56,1ff.

Krankenheilungen kamen in den KaG nicht selten vor.(s.Anm.98) Sie wurden im Anhang des jährlichen *"Record"* (Anm.110) festgehalten, nicht aber in die Öffentlichkeit getragen. G. war zwar nicht der einzige kap Amtsträger, der über die Gabe der Krankenheilung verfügte, doch er gehörte zu denen, die diese Gabe in reichem Maße besaßen. Hier ein Beispiel aus dem Jahre 1855 (CHRONIK Marburg,II,92, von Thiersch niedergeschrieben): *"Donnerstag den 14. Jun. ging H. Geyer nach Sterzhausen. Der alte Joh. Martin, ohnehin von gebrechlicher Körperbeschaffenheit, litt in der letzten Zeit so sehr an einem Wanken der Kniee, dass er sich nur mit Krücken forthelfen u. sich nicht ohne Hilfe setzen konnte. Er kam in die Versammlung im Hause des Diacon Werner u. empfing am Schlusse die Krankencommunion durch den Pr*(ie*)ster) Schmidt. Hierauf wurde H.Geyer vom h. Geiste bewegt, mit einem Gebet, das ihm eingegeben wurde die Hände auf die Füsse des alten Mannes zu legen. Der Kranke glaubte, stand auf, konnte fest stehen, u. gehen, nahm seine Krücken in die Hand u. ging so nach Hause."* (Weitere eindrucksvolle Beispiele s. ebd.,33.91ff; Th.Tgb.,2.9.1857; vgl.H.GEYER, 1855/56,13.)

Als Beispiel für prophetische Berufungsworte Geyers sei hier die Anb. Eduard Neumanns (Anm.122) zum P-Amt am 11.6.1855 angeführt (CHRONIK Marburg,II,84): *"Eile, eile, du hast viel Arbeit. Wisse die Zeit ist nahe. Folge ihm in der Willigkeit deines Herzens u. lass deine Gedanken die Gedanken des HErrn sein u. des HErrn Gedanken deine Gedanken. O lieblich sind die Füsse der Boten, die da Frieden verkündigen, Heil u. Segen. Der HErr legt dich auf Seinen Bogen zum Pfeil. Er sendet dich. Er will dir geben ein höheres Maass. Aber fasse es, lass es nicht verschüttet werden. Was du redest, rede es als Gottes Wort u. nicht als Menschenwort. Sei gegürtet: im Glauben, du Streiter Jesu Christi. Lass den Gurt der Lenden nicht abhanden kommen u. sei an den Beinen gestiefelt u. nimm das Schwert Seines Geistes. Das Wort, das von dir ausgehet, soll ausrichten, wozu es gesendet wird. Du wirst gehen als ein Priester. Der HErr hat dich erwählet, der HErr freut sich deines Opfers."* (Weitere Beispiele: ebd.,I,87ff; II,78-86; III[5.1.1858]; vgl. v.POCHHAMMER,1892,25!; S.244 d.v.U., Anm.42.a, 54.a, 58.c, 110; H.GEYER,1855/56,10f)

114 (S.208) Thiersch dachte damals offenbar ähnlich. In einem Brief, den er angesichts der schweren Erkrankung Carlyle's (s.S.53ff d.v.U.) am 24.12.1854 an J.Barclay schrieb, heißt es: *"Doch wollen wir uns hüten zu sagen: mit dem Ap. stirbt das ap. Amt. Wir wollen nicht den HErrn aufs neue beleidigen; Er will uns von den Menschen entwöhnen u. in Seine eigne Gemeinschaft tiefer einführen. Wir wollen eilen, diess zu lernen, damit wir eine so schwere Züchtigung nicht bedürfen."* (B.ST.B.,H.Thierschiana II,Nr.148,J.Barclay; s. auch WEINMANN,1963,308) Ähnlich wie Thiersch dachten auch weitere E in Norddeutschland. (s.S.291.311 d.v.U.)

115 (S.210) Die *"prophetic meetings"* fanden zwischen 1858 und 1861 zu folgenden Terminen statt: 20.5.-2.(?)6.1858, 16.-29.6.1859, 29.(?)5.-9.(?)6.1860, 20.5.-1.6.1861.(BORN,1974, 51.54) Dass 1862 und 1863 die Pr-Konferenzen ausgesetzt wurden, hängt wohl mit dem Tod des *"Pfeilers"* der Pr Taplin (1862) zusammen. An der ersten Versammlung nahmen 13 Pr teil: aus England Taplin (Anm.22.b; als *"Pfeiler"* der Pr Diener der AK), Prentice (ebd.; E-Pr in London-Islington [Th.Br.,327/2]), Bligh (Anm.22.b; E-Pr in London-Bishopsgate), N.Davidson (seit Mai 1857 P-Pr in Albury [s.NEWMAN-NORTON,1971,29]), Esterford (E-Pr? [pA]), Hester (Anm.22.b; Pr.m.d.Ap. für Irland u. Amerika [NEWMAN-NORTON,1971,56; BORN,1974,75]), Smith (Anm.28.a; um 1858 E-Pr in London-Zentralgemeinde oder -Chelsea?), Taylor (Anm.107; E-Pr, Diener der AK), Edward Kerswell Watt (Pr in Bath seit dem 30.4.1856 [NEWMAN-NORTON,1971,116]), aus Schottland Henry Jeffrey (ab 1870 Pr.m.d.Ap. für Schottland, + 25.5.1872 [ebd.,64]), aus der Schweiz Faesch (Anm.42.d; P-Pr aus Basel), Francois Louis Petitpierre (1810-9.12.1896, E-Pr in Saulzoir, ab 1862 in Paris, Pr.m.d.Ap. für Frankreich [NEWMAN-NORTON,1971,87]) und aus Ndt. Geyer.(BORN, 1974,51; WOODHOUSE,1863,12f) 1858 reiste G. zusammen mit Woodhouse und v.d.Brincken nach Albury. Thiersch konnte 1858 und 1860 nicht am *"prophetic meeting"* teilnehmen. G. beschreibt den Zweck der Pr-Versammlungen folgendermaßen:

"1) *Die Meetings sind zu einem dreifachen Zweck:*
  a) *Lesen der heiligen Schrift und dabei Ausübung der Gabe der Weissagung v. S. des Propheten über den betreffenden Abschnitt.*
  b) *Dann folgt Besprechung über den Rekord, das weitere prophetische Licht soll nicht sowohl durch den Geist, sondern durch den Verstand gegeben werden.*
  c) *Folgt Belehrung der Propheten von Seiten des Apostels in Ausübung ihres Amtes und Gft* (gift? - Verf.).
2) *Das offenbarte Licht gehört den Aposteln, niemand hat ausser ihnen Befugnis, dasselbe weiter mitzuteilen.*
<u>Am 20.3.1855</u> (muß 20.5.1858 heißen - Verf.) <u>wurde gelesen Esra 1.</u>

Mr. Taplin las, sodann folgten von dem Propheten Weissagung, darnach die Besprechung der Apostel." (H.GEYER,1855/56,70f)
Gegen Ende seines Lebens beschrieb G. aus der Erinnerung noch einmal das Verfahren bei den *"prophetic meetings"* (ders.,1893,5f): *"Diese Rathsversammlung wurde täglich mit der Feier der heil. Eucharistie sehr feierlich eröffnet und sodann abgehalten in dem Saal der Concilien worin um einen großen runden Tisch die 12 Stühle der Apostel standen, hinter denselben die Sitze der Propheten. Mitten in dem großen Tische der Apostel waren noch Sitze für die Schreiber der etwaigen Beschlüsse und Weissagungen der Propheten.*
Dieser Concilienraum steht in Verbindung mit dem Gotteshause durch einen Gang.
Die Anordnung der Apostel für unsere Versammlung war, daß jedes Jahr ein besonderes Buch der heil. Schrift, täglich ein oder zwei Capitel, durch die Propheten der Reihe nach vorgelesen, und darauf das Licht der Weissagung erwartet werden sollte." (vgl.Th.Br.,227; zu den *"prophetic meetings"* s. auch WOODHOUSE,1867,17-20) Ein großer Teil der Ergebnisse dieser Versammlungen bildet die Grundlage für eine Reihe von Vorträgen und geistlichen Schriften der Ap und ihrer Mitarbeiter (u.a. Thiersch).(s. WOODHOUSE,1859; CARDALE,1860; vgl.WOODHOUSE,1863,37ff)

[116] (S.212) Abgesehen von den authentischen, leider unzugänglichen Konzilsprotokollen aus Albury gibt es offenbar <u>keinen anderen Augenzeugenbericht</u> als den von Geyer. Darin liegt ein Problem, besonders was die Nachprüfbarkeit der gewichtigen Aussagen Taplins und die Mitteilung des Ap-Kollegiums durch Woodhouse betrifft. Auf <u>Geyers Bericht</u> stützt sich (mit bezeichnender Auswahl!) WEINMANN (1963,81ff). BORN (1974,54) ergänzt zwar die konkrete Datumsangabe (30.5.), scheint aber (wie auch an anderen Stellen) WEINMANNs Darstellung als Quelle benutzt zu haben. W.SCHWARZ (1877,367) zufolge sollen Böhm und Caird für Carlyle und Drummond ber. worden sein. (s.u.) (Zur Zuordnung europäischer Hauptstädte zu den 7 Städten Kleinasiens in Offb. 2 u. 3 s.WOODHOUSE,1867,18.)
WOODHOUSE schrieb im Februar 1863 über Geyers Weissagung (1863,10f): *"Die seltsamen Behauptungen, welche H.G., wo er ein geneigtes Gehör fand, ausgebreitet hat, kommen nur nach und nach zu unserer Kenntniß. Dazu gehört die Aussage, die von ihm ausgegangen sein soll, der heilige Geist habe überall durch die Propheten bezeugt, daß die Stellen der entschlafenen Apostel ausgefüllt werden sollten, dasselbe sei im Worte der Weissagung durch Herrn Taplin, die Säule der Propheten, gesagt worden, diesen hätten die Apostel deshalb suspendirt und er sei vor Gram darüber gestorben. An diesen Angaben ist kein wahres Wort. Keine Weissagungen haben stattgefunden über die Wiederbesetzung der erledigten Apostelstellen, kein Beispiel einer Berufung eines neuen Apostels ist seit der Aussonderung der Apostel im Jahre 1835 vorgekommen; *) ...*
  *) Einige Worte durch Herrn Geyer gesprochen und von ihm selbst so gedeutet sind von den Aposteln theils ganz anders erklärt, theils sofort als unächt abgewiesen worden."
(s.S.315 d.v.U.) Streng genommen hat der Ap mit der Feststellung, dass - abgesehen von Geyers Weissagungen über Böhm, Caird und Rosochacky - keine konkrete Ber. neuer Ap stattgefunden habe, nicht recht: Böhm erwähnt eine weitere Ap-Ber. Geyers aus dem Jahre 1861/62 in Berlin (s.S.213 d.v.U.). Und es hat prophetische Worte gegeben, die als Aufforderung, die vakanten Ap-Stellen wieder zu besetzen, verstanden werden konnten. So heißt es im *"Record"* 1858 (in einem am 5. Sonntag nach Pfingsten d.J. in Albury nach Verlesung von Hesekiel 1 gesprochenen Wort der Weissagung): <u>*"O, verlieret nicht eure Stelle, O, ihr Knechte des Herrn verlieret nicht eure Stelle. Eine Stelle ist verloren gegangen, auf daß die*</u>

Schrift erfüllet würde; nicht der Mann, sondern die Stelle. Ein Tag kommt, an dem das Bistum wird besetzt werden; beschleuniget den Tag, denn wenn Er kommt, muß Er Seine Zwölf haben. -
Er kommt, Seine Heerscharen zu zählen, Seine Auserwählten zu versammeln. Seid darauf gerüstet durch einen Andern (sc. Apostel). Eben in dem Maße, als ihr an der Gabe Gottes teilnehmet, ist Er fähig, in euch und durch euch zu wirken. - Die Räder, die Räder, die Räder sind aufgehalten worden." ("Record" v. Aug. 1858, übersetzt von Thiersch, zitiert nach einer dem Verf. vorliegenden handschriftl. Abschrift von R.Geyer [dort S.84f; abgedruckt in: THIERSCH,1857/58,259])

Zu den Ereignissen vom 30.5.1860 schrieb der Koadj v.POCHHAMMER in einem Brief zum "Fall Geyer" (1892,24f): *"So ist es auch mit der Behauptung der Abgefallenen, im Jahre 1860 wären zwei Evangelisten in Albury zu Aposteln berufen worden. Das klingt, als ob jene Worte der Weissagung eine deutliche Berufung zum Apostel=Amte enthalten hätten. Die Worte aber lauteten so, daß sie ganz treu dadurch erfüllt worden sind, daß diese beiden Männer zu Coadjutoren, d. h. zu Gehülfen der Apostel erwählt worden sind. Es wird auch sonst so dargestellt, als ob das Amt der Coadjutoren ein Nothbehelf wäre, den die Apostel erfunden hätten, um ohne neue Apostel auszukommen, aber schon zu Anfang des Werkes Gottes in den 30er Jahren, als der HErr den Aposteln das Geheimniß des Vorbildes der Stiftshütte offenbarte, wurde das Amt der Coadjutoren als die gottgewollte Ergänzung jedes selbstständigen Amtes in der Kirche erklärt. Coadjutoren gehören zu dem ewigen und unvergänglichen Organismus der Kirche Gottes. So sind denn auch die Coadjutoren (oder Gehülfen) der Aeltesten, der Sieben=Diakonen und der Engel schon sehr früh dagewesen; die der Apostel sind freilich erst später nöthig geworden, aber von Anfang an hat der HErr auf dieselben, wie auch auf die Delegaten, hingewiesen."* (s.Anm.101)

In einem Brief an seine holl. Gemeinden v. 29.4.1891 beschrieb der spätere Ap F.Schwarz Geyers Reaktion auf die Ablehnung der Berufungen: *"Auf seiner Rückreise kam er über Hamburg und besuchte mich, ohne daß ich vorher etwas davon wußte. Wie es ja natürlich ist, erzählte er, daß in der Zusammenkunft in Albury der Herr den Engel=Evangelist Böhm zum Apostel für Deutschland und den Engel=Evangelist K a i y e r t (Caird - Verf.) als Apostel für Frankreich usw. gerufen habe, - ich freute mich darüber. Doch Bruder Geyer fügte hinzu, die sechs Apostel nahmen die Berufung nicht an und wollen wohl beide zu apostolischen Coadjutoren (Apostelhelfer) machen. Der Prophet Geyer war darüber unzufrieden, daß erst einzelne Apostel die Berufung der zwei Brüder annahmen und nach einer Konferenz der Apostel sagten: W i r n e h m e n i n u n s e r e r M i t t e k e i n e A p o s t e l m e h r a u f. Ich gab Bruder Geyer den Rat, stille zu sein und sich willig zu unterwerfen unter dem, was die Apostel aufgestellt hätten; denn die Verantwortung liege auf den Aposteln und nicht auf ihm. Er zog darauf in Frieden nach Berlin, dieses konnte ich bei ihm wahrnehmen."* (zitiert nach SALUS,1913,270) Interessant ist übrigens, dass nur 10 Tage nach den Ereignissen von Albury Taplin am 10.7.1860 den E-Ev George Henry Hewett (18.5.1791-30.5.1862, Vater des späteren Koadj Hewett) prophetisch *"für das Amt eines apostolischen Koadjutors bezeichnet ..."* hat. *"Eine Erwählung hat jedoch bis zu seinem Tode nicht stattgefunden."* (BORN,1974,72)

[117] (S.212) Geyer war publizistisch sehr aktiv. An <u>Zeitschriften</u>, die z.T. im Selbstverlag erschienen und deren Artikel zu etwa 75% aus seiner Feder stammten, gab er heraus: *"Die Morgenröthe. Ein christliches Sonntags=Blatt für Stadt und Land."* (Berlin, 10.11.1860 bis

März 1863); *"Der Sendbote. Frische Blätter und Früchte vom Baume des Lebens zur Gesundheit des christlichen Volkes. Ein Sonntagsblatt für Stadt und Land."* (Hamburg, 26.7./11.10.1863 bis 24.9.1865); *"Der Sendbote. Eine Wächterstimme aus Zion, an alle Reichsgenossen Jesu Christi, zur brüderlichen Vereinigung und Vorbereitung auf den großen Tag des Herrn. Monats=Blatt der allgemeinen, christlichen, apostolischen Mission."* (Hamburg, 1.10.1865 bis Dez. 1873); *"Abend- und Morgenroth der Kirche Christi; ihre Vergangenheit, Gegenwart und Zukunft. Geschauet* (später: *Beleuchtet* - Verf.) *im Lichte des Wortes Gottes, an der Hand der Geschichte. Monats-Blatt für denkende Christen und Geistliche aller Confessionen."* (Hamburg [erschien im Selbstverlag von G.!], Juli 1873 bis Dez. 1887); daneben: *"Der Säemann. Monats=Blatt für häusliche Erbauung und christlichen Religionsunterricht der Kinder. Praktisches Hülfsmittel für Eltern, Lehrer, Erzieher, Gouvernanten, so wie für alle Freunde des göttlichen Wortes."* (Hamburg [Selbstverlag von G.], Jan. 1878 bis Dez. 1879); *"Der Prediger in der Wüste. Monats=Blatt. Eine Wächterstimme an alle Christen, zur Vorbereitung auf die Wiederkunft unseres HErrn Jesu Christi."* (Hamburg, Okt. 1887 bis Sept. 1889); *"Blitze, Donner und Stimmen. Zeugnisse der Wahrheit an das christliche Volk. Monats=Blatt."* (Hamburg, Jan. 1891 bis Juni 1892). Die Artikel und Beiträge des vielseitig gebildeten G. weisen eine große inhaltliche Vielfalt auf: So beschäftigte sich dieser nicht nur mit biblischen Themen, sondern auch mit theologischen, liturgischen, religionsgeschichtlichen (u.a. mit Swedenborg!), seelsorgerlichen, kirchengeschichtlichen, allgemeingeschichtlichen, geographischen, politischen, sozialen, pädagogischen, literarischen und anderen Fragen. Beiträge, die sich mit den KaG oder der AcaM beschäftigten, sind sehr selten. Die Tendenz der Artikel ist oekumenisch, christlich-konservativ, sozial. Viele Liedtexte und Gedichte (meist unsigniert) hat G. für seine Zeitschriften gedichtet. SCHMIDT urteilt über Geyers Zeitschriften (1909,93): sie seien *"alle miteinander still, erbaulich gehalten, nüchtern, ohne stark hervorgekehrtes neuirvingianisches Kolorit"*. Große Sorgen hatte G. meist mit einem *"drückenden Rückstand an Druckkosten"* (Sendbote 6/66,48).

G. verfasste auch Traktate für die missionarische Arbeit. So erschienen (vor 1872) z.B. die Blätter *"Eine Botschaft an alle Christen von H. Geyer"* (4 Doppelseiten) und *"Vergangenheit und Zukunft der Kirche von H. Geyer"* (8 Doppelseiten), hg. vom Central-Vorstand der AcaM. (WEINMANN,1963,134)

"Auch für Tageszeitungen schrieb er Aufsätze über die verschiedensten Lebensgebiete." (J.GEYER,1918,27)

Von G. sind weiterhin folgende Bücher erschienen: *"Der christliche Katechet oder Anleitung zum Religionsunterricht in der Kirche, Schule und Haus"* (Frankfurt/M.,1857,200 S.; das Manuskript hat Thiersch durchgesehen [Th.Tgb.,23.4.1857]); *"Die christlichen Dienstboten und Dienstleute, ihre Stellung und Dienstpflichten dargestellt im Lichte der zehn Gebote Gottes"* (Berlin,1858,176 S.); *"Historische Gemälde aus dem Leben der alten Deutschen"* (1. Heft: *"Die alten Pommer-Wenden"* [Cassel,1859,76 S.]); *"Historische Gemälde des biblischen Altertums. Eine Volksschrift zur Belehrung und Unterhaltung."* 1.Teil: *"Die Urwelt und ihre Bewohner (Die Urgeschichte der Welt bis zur Sündfluth)"* (Cassel,1859,255 S. [Nachaufl. 1862?; 2.Aufl. Hamburg,1889; 3.Aufl. unter dem Titel: *"Von der Schöpfung der Welt bis zum Untergang der Erde durch die Sündfluth. Historische Gemälde aus dem biblischen Alterthume"*, Hamburg,1891]), 2.Teil: *"Die heiligen Patriarchen"* (Cassel,1861); *"Offenes Sendschreiben an die apostolischen Gemeinden Deutschlands"* (Berlin,1863 [als Manuskript gedruckt]); *"Vergangenheit und Zukunft der Kirche Christi"* (Hamburg,1889,30 S.).

Die späteren Schriften und Zeitschriften Geyers erschienen im Verlag von Heinrich W. Lehsten, der seit 1890/91 Bischof der Hamburger AcaM-Gemeinde war.(s.S.244 d.v.U.)
Von den handschriftlichen Aufzeichnungen sind überliefert: H.GEYER,1855/56; ders.,1893 und *"Aus der Mappe eines alten Schulmeisters"* von H.Reyeg (= Geyer) - letztere befindet sich im Archiv der NaK in Hamburg (WEINMANN,1963,77).
An der Erarbeitung der Liturgie der AcaM (*"Die Liturgie, nebst anderen gottesdienstlichen Handlungen der Kirche"*, Hamburg,1864 [s. LITURGIE/AcaM,1894; Anm.125; HANDTMANN,1907,13f]) hatte G. maßgeblichen Anteil.
Geyers *"Schriftstellerei"* ist übrigens bei seinen kap Amtsbrüdern auf ernste Bedenken gestoßen.(s.S.292f d.v.U.)

118 (S.213) In seiner kleinen Schrift *"Vergangenheit und Zukunft der Kirche Christi"* (1889) verteidigte Geyer seine Position in der Frage der Besetzung vakant gewordener Apostel-Stellen. Er äußerte sich in diesem Zusammenhang auch noch einmal grundsätzlich zum Verhältnis von Ap- und Pr-Amt. Bezugnehmend auf Eph.2,19-22 schrieb G. (zunächst zu dieser Frage): *"Gab Gott aber diesen beiden Aemtern der Kirche die Offenbarung Seiner Rathschlüsse, und werden Beide zu gleich als die z w i e f a c h e Grundlage der Kirche bezeichnet, weil ein e i n z e l n e s Zeugniss nicht ausreichend ist, so geht daraus hervor, daß beide Aemter auch als unabhängig Eins vom Andern, u n m i t t e l b a r vor Gott standen und ihre Offenbarungen als ein zwiefaches Zeugniß von Ihm empfingen, durch den heiligen Geist, das jede Beeinflussung des Anderen hierbei unstatthaft seyn mußte, weil dadurch sofort der z w i e f a c h e Charakter gestört und aufgehoben worden wäre. Durch dieses zwiefache Zeugen=Amt geschah auch die Berufung und Sendung der Diener Jesu Christi. Durch die Stimme der Weissagung berief der heilige Geist durch Propheten die Diener für ihr Amt zu Aeltesten und Bischöfen, und durch die Auflegung der Hände wurden sie von Aposteln ausgerüstet, ordinirt und gesandt (1. Tim. 1.18 und 4, 14). S e l b s t d i e A p o s t e l , welche nach dem Pfingstfeste als solche dem HErrn dienen sollten, empfingen ihre Berufung durch das Wort der Weissagung aus dem Munde eines P r o p h e t e n , wie der heilige Geist (Apostelgesch. 13) bei Gelegenheit der Aussonderung der beiden Apostel Barnabas und Paulus ausdrücklich sagt: 'Sondert mir aus Barnabas und Saulum zu dem Werk, dazu ich sie berufen habe.' Hier spricht der heilige Geist es bestimmt aus, daß Er sie berufen habe..."* (S.6 [s. weiter ebd.S.20]; vgl. H.GEYER,1855/56,13ff; Anm.110; S.326ff d.v.U.; vgl. PM,1863,36f [1.Aufl.!])
F.SCHWARZ, durch schlechte Erfahrung vorsichtig geworden, schrieb gegen Ende seines Lebens: *"De Profeten zijn echter niet de H. Geest, zij hebben ook een eigen geest en een boos hart, waardoor zij zich verheffen en laten verheffen... De profeet Geyer zeide tot mij: 'Een Profeet heeft niet noodig door den H. Geest gedreven te worden; 'wat de Profeet spreekt is de H. Geest zelf.' Ik als Apostel, wil een zoodanigen God H. Geest niet hebben. Geliefde Broeders, doe echter de oogen open en ziet de oorzaak of grond der verwarring. De Apostelen hadden voor 50 jaren niets te zeggen, wel echter de Profeten en de Profeteerende personen. Doch zóó konde het niet blijven."* (F.SCHWARZ,Concept,18) Und in seinem Testament legte er in einer Nachfolgeregelung detailliert fest, wie ein altersschwacher Ap zu vertreten sei und welches Verfahren bei der Ber. und Aussonderung von Ap beobachtet werden sollte, um Missgriffe zu vermeiden; außerdem, wieweit die Kompetenzen des Pr-Amt in diesem Falle reichen.(Schwarz vertritt in seinem Testament übrigens die Auffassung, dass es mindestens 576 Ap [= 4 x 144 Ellen Umfang der Mauern des himmlischen Jerusalem

{Offb. 21,16f}] geben könne.[F.SCHWARZ,Testament,5-21])
In der zentralen Frage nach der Möglichkeit, vakante Ap-Stellen wieder aufzufüllen, wandte sich G. gegen die Auffassung, die Kirche solle durch 12 bestimmte Personen im Ap-Amt der Vollendung entgegengeführt werden und eine Ergänzung widerspräche dem Bild der 24 Ältesten in Offb.4,5 (das von kap Seite auf die Jünger Jesu u. die Albury-Ap gedeutet wurde [s. z.B. CARDALE,1898/99,I,320ff; DALTON in: PM,1870,15; Th.Tgb.,19.8.1860; V/128v]). G. fasste den Apostolat eindeutig als Institution auf. Der tiefste Grund für seine von der kap Lehre abweichende theologische Haltung ist in einer im Verhältnis zu den KaG deutlich geringeren Naherwartung der Parusie Jesu zu sehen. (Nach WOODHOUSE,1863,19, ist G. zu dem Schluss gekommen, *"daß das Kommen des HErrn und unsere Versammlung zu ihm für eine lange Zeit noch nicht zu erwarten sei..."*. Rothe, der die Ablehnung einer Ber. neuer Ap gerade mit der Hoffnung auf die baldige Parusie Jesu begründete, fasste Geyers Position in dieser Frage in seinem Br. v. 6./9.1.1863 prägnant zusammen.[s.S.291f d.v.U.])

H.GEYER (1889) schreibt: *"Die ersten Christen hatten die Verheißung empfangen..., daß die* **Kirche***, insoweit sie aus lebendigen Menschen besteht, welche die Wiederkunft Jesu Christi erleben würde,* d e n T o d n i c h t s e h e n , *sondern in* **verwandelten Leibern** *dem HErrn entgegengerückt werden würde (1. Kor. 15, 51-54)... Was thaten nun aber die Christen...? Sie bezogen diese Verheißungen nicht auf die Kirche im Ganzen, sondern auf ihre* **eigene Person***, so daß sie, und selbst ein* **Apostel Paulus** *eine Zeitlang in der Hoffnung stehen mochten, sie würden* n i c h t s t e r b e n , *sondern es noch persönlich erleben, daß Christus wiederkäme."* (S.10)

"Weil die Apostel sowohl als die Christen nur dachten, d i e s e j e t z t l e b e n d e n M e n s c h e n , d i e s e A p o s t e l s o l l e n d i e K i r c h e *der Vollendung entgegenführen, und die Zukunft Christi erleben, so war es ganz natürlich, daß mit dem Aussterben derselben auch die Hoffnung allmählich dahinschwinden mußte. Ist es aber ausgemacht, daß jene* v i e r A e m t e r , *welche in der Epistel an die Epheser Kap.4, 11 etc. für alle Zeiten als die* e w i g e n O r d n u n g e n *der Kirche gegeben sind, bis alle zu einerlei Glauben und Erkenntniß des Sohnes Gottes hinankommen; bis die* g a n z e K i r c h e *wie* **Ein vollkommener Mann***,* i n d e r M a a ß e d e s v o l l k o m m e n e n A l t e r s C h r i s t i d a s t e h e : *dann ist es auch zu erwarten, daß jene vacanten Plätze auch noch wieder besetzt werden müssen."* (S.11f) *"Die Hoffnungen der Kirche knüpfen sich nicht an* e i n z e l n e M e n s c h e n , *welche ein Amt in der Kirche bekleiden, und wäre es das* **apostolische***; sondern an das* **Amt selbst***, in welchem* **Christus** *das* **Haupt** *der* K i r c h e , *vertreten wird."* (S.13)

"Redet man von der V o l l z a h l *der Apostel, so zeigt das ganze neue Testament, daß es die* Z w ö l f *ist. Unser HErr erwählte sich die* Z w ö l f e , *und als Judas Ischariot davon verloren ging, wurde seine Stelle durch Matthias ersetzt. Der HErr sprach zu ihnen, daß sie sitzen sollten auf* z w ö l f *Stühlen, zu richten die* z w ö l f *Geschlechter Israels. Von der Mauer des neuen Jerusalems wird gesagt (Offb.21, 14), daß sie* z w ö l f *Gründe oder Grundsteine hat, und auf denselben die Namen der* **zwölf Apostel** d e s L a m m e s . *Damit ist jedoch keineswegs gesagt, daß* n i c h t m e h r a l s ü b e r h a u p t n u r z w ö l f M e n s c h e n *jemals im Apostelamte dienen durften. Apostelg. 14, 14 werden ausdrücklich noch zwei Apostel erwähnt, nämlich* **Barnabas** *und* **Paulus***, welche nicht zu der Zahl der ersten Zwölfe gehörten, und doch saßen sie (s. Kap. 15) auf dem Concilium zu Jerusalem mit den anderen Aposteln im Rathe, obwohl sie anfänglich von denselben mit Mißtrauen angesehen und nicht als Apostel anerkannt waren... Sollten nun Barnabas und Paulus in der zukünf-*

tigen Welt nicht berechtigt sein, mit den ersten Zwölfen auch auf den zwölf Stühlen mit zu sitzen? Oder sind ihre Namen nicht mit auf den zwölf Grundsteinen des neuen Jerusalems verzeichnet? Wir sehen gewiß klar ein, daß eine solche Auffassung fleischlich und zu persönlich gedacht sein würde. Wenn sich nun vollends die Meinung geltend gemacht hat, als seien unter jenen 24 Aeltesten auf den 24 Stühlen (Offb. Joh. 4 und 5) ebenfalls z w e i m a l z w ö l f A p o s t e l gemeint, welche am A n f a n g e und am E n d e dieser neutestamentlichen Haushaltung erscheinen und somit das vollständige Apostolat der zukünftigen Welt ausmachen würden, in auferstandenen und verwandelten Aposteln, so ist man doch genöthigt, wenn jene 24 Aeltesten überhaupt als Apostel gelten dürfen, anzunehmen, daß diese Zahl 24 entweder nur eine symbolische Zahl ist und in diesem Falle nur die Zahl des Collegiums oder ihrer Plätze angedeutet wird und nicht die Zahl der Männer, welche überhaupt jemals dem HErrn als Apostel gedient haben, oder es liegt darin die absurde Behauptung, als wären überhaupt nur z w e i m a l z w ö l f Menschen der ganzen Erde erwählt oder f ä h i g , diese Stühle einzunehmen... Wir können uns nicht entschließen, die ehrwürdigen Apostel Barnabas und Paulus von den zwölf Stühlen, oder von den 24 Stühlen, oder von den zwölf Grundsteinen des neuen Jerusalems auszuschließen, so wenig, als a l l e d i e j e n i g e n , welche der HErr bis zu Seiner Wiederkunft noch als Apostel gebrauchen mag. Apostel sind so wenig unersetzlich wie jeder andere Diener der Kirche." (S.14ff. Zur Bedeutung von Paulus u. Barnabas s.CARLYLE,1850,62-64. Es heißt dort [S.64]: "So muß denn das besondere Werk, welches Paulus und Barnabas begannen, durch ein zwölffaches Apostolat vollendet werden, von dem jene die Erstlinge waren und der Keim, und mit der Herstellung eines solchen Apostolats ist [sind - Verf.] die aller andern von Gott stammenden Aemter unzertrennlich verbunden.")
Im zweiten Teil der Schrift (S.21-30) verteidigte G. seine Entrückungs- bzw. Auferstehungslehre, auf die hier im einzelnen nicht näher eingegangen werden kann.(s. dazu H.GEYER, 1893,10-25; S.293f.327 d.v.U. sowie [als Erwiderung] PM 1/1863[1.Aufl.],9-16, 2/1863 [1.Aufl.],32-37; WOODHOUSE,1863,17-40; vgl. ROSSTEUSCHER,1886,Beil.,81; SITWELL,1888,221-258; TAPLIN,1960; BERICHT,1863,7; ALBRECHT,1982,263-269; HANDTMANN,1907,14-18) (Zur kap Eschatologie s. FLEGG,1992,292-441.494-498.)

[119] (S.214) SCHMIDT (1909,90) kommentiert Geyers Aufforderung an Rosochacky, die Berufung zunächst zu verschweigen, mit den Worten: "Dies Verfahren verrät zweifellos ein sehr schlechtes Gewissen." - Eine etwas andere Darstellung der Ereignisse gibt KÖHLER,1876, 113 (vgl. HANDTMANN,1907,9f; BORN,1974,57). In den VORSCHRIFTEN (1895,30) heißt es übrigens im Hinblick auf die "Ausübung der prophetischen Gabe": "Vor Weissagen in häuslichen und Privatkreisen ist zu warnen." Diese Aussage gründet sicher auch in der 1862 mit G. gemachten Erfahrung.(vgl.WOODHOUSE,1863,39f!)

[120] (S.214) Dass zwischen Thiersch und G. damals noch ein ungebrochen freundschaftliches Verhältnis bestand (J.GEYER,1918,17), zeigt eine briefliche Äußerung des H.m.d.Ap., der nur zwei Tage zuvor aus Bublitz geschrieben hatte: "In dieser Abgelegenheit und Stille, im gemütlichen Verkehr mit Döhrings und Hn. Geyer erholte ich mich und fühlte mich nach meiner Erschöpfung wie verjüngt..." (Th.Br.,312/2) Bald darauf musste Thiersch (ebenso wie Woodhouse, Böhm u. Rothe) erkennen, daß Geyer heimlich in vielen Fällen versucht hatte, kap Glaubensgeschwister in seinem Sinne zu beeinflussen.(vgl.S.291ff.297f.310f.315.322f d.v.U.) Am 6.2.1863 schrieb Woodhouse an die abgefallene Hamburger Gemeinde, G. sei ein

Prophet *"mit einer mächtigen Gabe, dessen Gabe aber nur um so gefährlicher wurde, nachdem es dem Feinde gelungen war, sie zu verfälschen"*; seine *"lang fortgesetzte Verheimlichung, Unlauterkeit und geheime Wirksamkeit"* käme *"immer deutlicher ans Licht"*.(WEINMANN,1963,349) Und 12 Jahre später schrieb der Ap an den E Landsman in Den Haag (s.Anm.74.c): *"Es scheint, daß der Prophet Geyer schon Jahre lang bemüht gewesen ist, Mißtrauen gegen die Apostel und Empörung gegen den HErrn in ihnen zu erregen, wo er nur Jemanden finden konnte, der bereit war, auf ihn zu hören. Und er suchte in einer sehr hinterlistigen Weise durch private Bemühungen Diener von ihrer Treue abwendig zu machen und zwar bei Gelegenheit seiner Anwesenheit in verschiedenen Gemeinden Norddeutschlands, wenn er den Apostel bei seinen Visitationen begleitete und von diesem als apostolischer Prophet in dem Stamme benutzt wurde, obwohl er thatsächlich nie in dies Amt gesetzt worden war."* (WOODHOUSE,1875,3)

Auch v.Pochhammer äußerte sich Jahre später noch einmal zu G.: *"Dieser arme Mann war Prophet an der Gemeinde in Berlin, und obgleich er zum Engel=Amte geweiht war und auch oft zeitweise im höheren Amte gebraucht wurde, konnte sich doch der Apostel nicht entschließen, ihn zu einem Propheten mit dem Apostel zu erwählen. Er fühlte immer eine innere Warnung dagegen. Das machte den Propheten ungeduldig, er klagte gegen Freunde darüber, daß er nicht befördert würde; und anstatt sich selbst zu prüfen, was wohl die Ursache sei, die den HErrn hindere ihn zu erhöhen, zürnte er dem Apostel darüber und sein Herz wandte sich von ihm ab. Heimlich ging er mit bösen Plänen um, listig und unter gutem Scheine suchte er Einen nach dem Andern zu verführen. Auch mit mir hat er's versucht; als ich ihm aber sagte, ich wollte treu zu den Aposteln stehen, und würde nur aus deren Händen Lehren und Anordnungen annehmen, wie geschrieben steht, daß nur die 300 des Gideon zum Siege tauglich waren, die aus der Hand getrunken hatten, da gab er mir ganz recht und meinte, er habe das auch nicht anders gemeint. Ich ließ mich leider von ihm betrügen, und anstatt ihn zu verklagen glaubte ich ihm, er hätte es nicht so schlimm gemeint. Er meinte es aber sehr schlimm, und wo er Eingang fand, da bereitete er mit Lüge und Heuchelei den späteren Abfall vor."* (v.POCHHAMMER,1892,18f)

121.a (S.217) Die katholisch-apostolische Gemeinde Hamburg (aus sehr bescheidenen Anfängen kommend und durch die Ereignisse im Jan. 1863 von ca. 150 auf 5-7 Mitglieder reduziert) hat sich trotz der Spaltung zu einer der größten Gemeinden auf dem europäischen Kontinent entwickelt. Nach mehrjährigen evangelistischen Vorarbeiten durch Böhm und (ab 1852) Hochschildt (Anm.82) konnte der Berliner E Rothe am Mittwoch, dem 19.4.1854, mit den gesammelten Gläubigen in der Wohnung des Tischlers E.F.E. Gronau (Lilienstr. 53) den ersten Gottesdienst feiern. Dieser Tag gilt als der Gründungstag der Gemeinde. (Zu Einzelheiten der Frühgeschichte der Hamburger Gemeinde bis 1878 s.WEINMANN,1963,35-75.83f.90-123.134-141.) Anf. Mai entsandte Rothe Haeger (Anm.55.g) als P-Vorsteher in die neue Gemeinde, die eine Filiale der Berliner Gemeinde war. Die erste apHA in H. vollzog der Ap Carlyle am 27.8.1854. (Die Gottesdienste fanden von Mai bis Nov. 1854 in der Schauenburger Str. 10 u. dann in der 2. Marienstr. 10 [bei Fam. Schleicher] statt.) Im Herbst d.J. wurden Haeger und die beiden D Hochschildt und Merckel verhaftet, für einige Tage inhaftiert und am 22.1.1855 schließlich ausgewiesen. Nachdem das verhängte Versammlungsverbot für die Gemeinde gelockert und ein *"stiller Gottesdienst"* gestattet worden war, kam am 21.7. d.J. Preuß (Anm.65.n) als P (offiziell als Tischlergeselle) nach Hamburg.(WEINMANN,1963,61) Ab 1859 fanden die kap Gottesdienste am Valentinskamp 58 statt. Im Okt. 1859 wechselte

F.W.Schwarz (Anm.55.b) von Berlin in die Hansestadt. Auch nach seiner E-Weihe (am 10.10.1861 in Berlin) diente er in H. als *"regierender Ältester"* unter der Aufsicht des E Rothe in Berlin.(vgl.S.296 d.v.U.) Unter seiner Leitung wuchs die Gemeinde auf etwa 150 Mitglieder an.(WEINMANN,1963,91)
Die Hamburger Gemeinde ist bis 1863 verhältnismäßig häufig und ausführlich von ihrem E bzw. von Dienern der AK besucht worden (so z.B. von Rothe vom 6.4.-21.[?]4.1854, vom 17.10.1858 an für mehrere Tage [zur Vorbereitung auf die apHA], vom 25.6.-1.8.1860 u. vom 20.6.-3.7.1862; von Thiersch vom 16.-19.9.1858 sowie von Woodhouse, Thiersch u. Rothe vom 12.-15.10.1861 [13.10. apHA an 41 Personen, 14.10. Einsetzung der D Thiem u. Stechmann, Th.Tgb.; pA]). Außerdem machten Carlyle und Woodhouse auf ihren Reisen nach Deutschland und zurück nach England meist in H. Station. Ab 24.8.1862 versammelte sich die Hamburger Gemeinde in einer neuerbauten Kapelle in der 1. Marienstr. 5 (Hinterhaus). (vgl.WEINMANN,1963,71)
Als sich die Hamburger Gemeinde am 4.1.1863 dem "neuen Apostel" Rosochacky unterstellte und damit faktisch die Trennung von ihrer Muttergemeinde bzw. den KaG vollzog, weigerten sich nur 3 Mitglieder (der D Neumann sowie die UD Lhotzky [vgl.S.87 d.v.U.] u. Köster), diesen Weg mitzugehen.(laut BORN [1974,58] waren es fünf Personen) Unter schwierigsten Bedingungen begann Neumann mit der Sammlung einer neuen kap Gemeinde in Hamburg. Bereits Anf. Febr. 1863 zählten *"die Treugebliebenen und Wiedergewonnenen ... etwa 35"* (s.S.309 d.v.U.; vgl.BERICHT,1863,7). Der E-Ev Rührmund hatte bereits im Jan. versucht, durch Besuche bei einzelnen Familien Gemeindeglieder zur Rückkehr zu bewegen bzw. die *"Wiedergewonnenen"* zu stärken.(s.S.297 d.v.U.) In gleicher Mission hielt sich v.Pochhammer ab Febr. 1863 in H. auf, doch es blieb bei den etwa 30 Zurückgewonnenen.(s. v.POCHHAMMER,1892,23)
Erst 9 Jahre später konnte erneut eine kap Gemeinde in H. ins Leben gerufen werden: Ostern 1872 wurde eine Schar von 31 Kommunikanten der Fürsorge des Magdeburger E Arndt (Anm.95) unterstellt. Die Feier der Eucharistie konnte zunächst nur aller drei Wochen (im Cremon 30 [s.S.243 d.v.U.]) durch einen auswärtigen P (W.Kenter aus Hannover) gefeiert werden.
1877 wurde die Leitung der Gemeinde dem P Friedrich Krasper aus Magdeburg übertragen. 2 D wurden eingesetzt, ein Chor wurde gegründet, die Eucharistie konnte wieder sonntäglich gefeiert werden. Mit der Konsekration Kraspers zum E-Amt und seiner Einsetzung als BE im Jahre 1884 wurde die Hamburger Gemeinde selbständig und erhielt als Filialen die Gemeinden in Kiel, Lübeck, Flensburg und Harburg. Am 1.8.1890 erfolgte die feierliche Einführung Kraspers (eE). Ein Jahr später war die Gemeinde (als 2. in Ndt.!) bereits Metropolitangemeinde (prophetische *"Kundmachung"* am 3.5.1891, apostolische Bestätigung am 27.7. [BORN,1974,59] od. am 27.6. d.J. [ebd.,112]).
Nach Kraspers Tod (25.5.1898) übernahm Friedrich Eduard Gottlieb Schwarz (1858?-23.8.1927 [ein Neffe von Friedrich Wilhelm Schwarz!], 1886 P, 1895 E, EG in der Berliner Hauptgemeinde) am 10.7.1898 die Hamburger Metropolitangemeinde als Beauftragter Engel. In seine Amtszeit fällt die Errichtung der großen, zweitürmigen, 800 Plätze umfassenden Kirche in der Eiffestr. (eröffnet am 14.1.1906; zweitgrößte kap Kirche in Ndt.), die die am 15.11.1885 in Benutzung genommene erste Kapelle im Schultzweg 24 ablöste und 1943 durch Luftangriff zerstört wurde. Nach F.Schwarz leiteten die Hamburger Hauptgemeinde: Wilhelm Fricke (vorher E.d.H. in H.-Barmbeck [+ 1.9.1932]), der P-Pr August Rahm (er starb am 27.7.1943 beim Luftangriff im Feuersturm - zusammen mit dem P Oswald Schweyda u. 75

Gemeindegliedern [NEWSLETTER,VI{1954},9]) sowie der aus Riga nach H. geflüchtete P Andreas Kander ([+ 25.8.1957] BORN,1974,129). Am 6.3.1961 starb der letzte D der Hamburger Gemeinden, August Schenk, im Alter von 85 Jahren.
Drei Filialen der Hamburger Hauptgemeinde wurden 1900 bereits von NBE geleitet (Flensburg, Kiel u. Lübeck).(AdB) Als einzige kap Gemeinde neben Berlin hatte die Hamburger vier Horngemeinden: Altona (am 26.7.1891 erste Eucharistie, 1897 eigene Kirche in der Gerichtsstr. 15, E.d.H.: F.Rahm - spätestens 1900 NBE [+ nach 1922]), Barmbeck (15.6.1893 erste Litanei, 2.9.1896 erste Eucharistie, 15.10.1899 Eröffnung der Kapelle in der Finkenau 5, Horngemeinde ab 19.9.1900, E.d.H.: W.Fricke; zu Einzelheiten s.NEWSLETTER,XI[1958], 8f.12ff), Eimsbüttel (21.6.1896 erste Eucharistie, Horngemeinde 1900, Kapelle Osterstr. 7, E.d.H.: H.Erichsen u. [um 1922] Chr.Freitag) sowie Harburg (Kapelle Kl. Feldstr. 14, E.d.H.: Albert Schröder). Die Kapellen in Eimsbüttel und in Harburg wurden ebenfalls 1943 durch Luftangriffe völlig zerstört. Die Gemeinden in Altona und Barmbeck hatten noch 1990 eigene UD (AdB) und gehören bis heute zu den größten kap Gemeinden in Norddeutschland. (Zu H. s. NEWSLETTER,VI[1954],9f; ebd.,XII[1959],18; WEINMANN,1963,294-352; BORN, 1974,47.118)

121.b (S.217) Geyer und Schwarz sind möglicherweise von vornherein davon ausgegangen, dass die Ber. Rosochackys von den Albury-Ap nicht anerkannt werden würde. Indem man in Hamburg vollendete Tatsachen schaffen und durch Akklamation einer so großen Gemeinde ein Veto der Ap unmöglich machen wollte, ist das Schisma mehr oder weniger bewusst provoziert worden. Oder Geyer täuschte sich (trotz der Ereignisse von 1860 in Albury), als er meinte, das prophetische Wort hätte noch solchen Einfluss wie in den ersten Jahren der kaB. (vgl. Anm.110; S.297.304 d.v.U.)
Auf wen der Plan, den neuen Apostel am 4.1.1863 in Hamburg vorzustellen, zurückgeht, ist aufgrund einander widersprechender Berichte nicht mehr exakt zu klären. F.Schwarz beschrieb später die Vorgeschichte folgendermaßen: *"Nach einigen Monaten empfing ich im November 1862 einen zweiten Brief von Br. Geyer, worin zu lesen war, ich habe dir viel Neues mitzuteilen. Ich schrieb ihm zurück: Was hast du mir mitzuteilen? Schreibe mir das Neue. Der Brief kam. Darin war zu lesen: Ich, Geyer, war mit dem Apostel Woodhouse in Königsberg, um die Dienste dort in der Kirche zu verrichten. Ich logierte bei dem Ältesten Rosochasky. Als wir* (sic) *im Gebete mit ihm zu Hause waren, sprach der Herr durch mich: Rosochasky, der Herr ruft dich zum Apostel! Also der Bruder R. ist hinzugefügt als der siebente Apostel.* (Bei der Ber. in Königsberg hatte es - laut Geyer - geheißen, daß mit R. *'eine neue Reihe der Zwölfzahl beginnen würde'* [s.S.214 d.v.U.] - Verf.!) *... Da kein Verbot war, Männer zu rufen, die als Apostel des Herrn stehen sollen - Paulus und Barnabas in Antiochien wurden in der Gemeinde auch o h n e W i s s e n d e r A p o s t e l gerufen -, und da der Herr alle Brüder in Deutschland durch Br. Geyer ins Amt rief, war es meine Pflicht, die Frage an Br. Geyer und Rosochasky zu stellen, ob sie beide vor dem Richterstuhl Gottes die Tat als von Gott verrichtet mit 'Ja' beantworten könnten. Beide sagten: 'Ja'. Diese Tat teilte ich der Gemeinde mit und ließ beide nach Hamburg kommen im Anfang Januar 1863..."* (F.SCHWARZ, 1891 [zitiert nach SALUS,1913,271f])
Daß Schwarz in der Frage neuer Ap schon seit längerer Zeit eine ähnliche Position wie G. vertrat, zeigt folgende Äußerung: *"Als der erste der jetzigen Apostel starb, sagte ich: wir haben durch den Tod des Bruders Carlilley* (Carlyle - Verf.) *nicht das Apostelamt verloren, das zurückempfangene Amt geht über auf einen anderen Bruder, welchen der Herr Jesus dazu*

berufen wird." (ebd.,271)

G. stellt die Vorgänge folgendermaßen dar: *"Inzwischen wurde die Gemeinde in Hamburg von diesen Vorgängen in Kenntniß gesetzt und zwar auf officiellen Wegen, daß ich vom Amte entlassen war etc. Da aber hatte man in* Hamburg *Nachricht erhalten durch den Apostel* Rosochazki, *und zwar auf Anfrage des in* Hamburg *fungirenden Priesters* Friedrich Schwarz, *durch den* Rosochazki *zur Gemeinde gelangt war* (!), *daß er als Apostel für Norddeutschland berufen sei. Jetzt erhielten wir beide,* Rosochazki *und ich, am Neujahrstage 1863 ein Telegram*(m), *am 3ten Januar uns in* Hamburg *einzufinden und es geschah also. Ich übergehe hier die freudige Empfangnahme und alle Einzelheiten."* (H.GEYER,1893,26) Trotz der Widersprüche in beiden Berichten kann man davon ausgehen, daß G. den Ä Schwarz schriftlich von der Ap-Ber. informiert hat und dass dieser die Vorstellung Rosochackys in H. betrieb, indem er die ihm unterstellten Diener und die Gemeinde mehrere Wochen lang auf das Ereignis vorbereitete. Schließlich lud Schwarz G. und Rosochacky nach H. ein. Daß er dies unter bewusster Verletzung der Informationspflicht gegenüber seinem Vorgesetzten Rothe tat, zeigt, wie sehr er sich über das Illegale seiner Unternehmung im klaren war. Dieses Vorgehen ist nur aus der Absicht von Schwarz und G. zu erklären, vollendete Tatsachen zu schaffen.

122 (S.218) Sehr merkwürdig und auffällig sind Rosochackys Aufforderung an die Hamburger Amtsträger, *"sich auch unter denselben Bann"* wie G. zu *"stellen"*, seine Erteilung der *"Absolution"* und die Wiedereinsetzung der Amtsträger in ihre Ämter *"zum Voraus"*. Ein solcher Vorgang war in den KaG ohne Beispiel und musste von den leitenden Amtsträgern in Berlin, Marburg und Albury als ein Akt der Aufsässigkeit gegen die Autorität des E und der Ap empfunden werden.
Eduard Neumann (aus Berlin stammend?) gehörte zur kap Gemeinde in Marburg. Er wurde dort am 5.6.1854 als UD eingesegnet und am 29.9. d.J. vom E Thiersch *"als Diacon zur Verkündigung des Evangeliums"* eingesetzt. Am 11.6.1855 wurde er bei einer Anb. in Marburg durch Geyer zum P-Amt berufen.(s.Anm.113! 1863 war er jedoch noch nicht ordiniert.) N. wohnte spätestens ab 1861 in Hamburg (Neustädter Neustr. 86), arbeitete als Stuhlmachermeister und diente als D in der dortigen kap Gemeinde.(Th.Tgb.,1.3.1861; ebd.,Teil II,Ende; CHRONIK Marburg,II,17.32.53.78.84; BORN,1974,59)

123.a (S.226) Es ist völlig abwegig, anzunehmen, Woodhouse habe Geyer "kaufen" wollen. Vielmehr hatte er Geyers schwierige finanzielle Lage im Blick, denn dieser erhielt ja aufgrund seiner endgültigen Suspension kein Gehalt mehr. G. hat in seiner damaligen inneren Verfassung das Angebot der Unterstützung durch Woodhouse offenbar völlig missverstanden.
Der zitierte Bericht weist auf einen sehr wichtigen Punkt hin: G. war und blieb von der Echtheit der prophetischen Ber. Rosochackys überzeugt. Es war ihm als Pr unmöglich, eine als echt geglaubte Weissagung zu verleugnen und sie als nicht vom Heiligen Geist (also vom Satan) stammend zu bezeichnen. Diese Überzeugung war es, die ihm den Weg zurück in die KaG unmöglich erscheinen ließ.

123.b (S.226) In der Nr. 2 der Pastoralen Mitteilungen (s.S.68 d.v.U.) vom Mai 1863 (1.Aufl.) erschien ein Beitrag unter dem Titel: *"Herr Geyer und die letzten Nummern seiner Morgenröthe"* (S.32-37). (In einem Nachdruck der Nummern 1-3 der PM Ende 1863 musste übrigens auf Anweisung des Ap Woodhouse dieser Artikel weggelassen werden. Rothe schreibt dazu [PM,1863,S.155]: Es *"finden sich in diesen ersten Nummern einige Stücke, welche eigentlich* nicht in diese pastoralen Mittheilungen gehören... Obwohl der Apostel nichts gegen die Richtigkeit des Inhalts dieser Stücke eingewandt hat, hätte er es doch lieber gesehen, wenn sie hier nicht erschienen wären. Diese werden also in dem erneueten Abdrucke wegfallen. Auch das Inhaltsverzeichniß wird sie nicht erwähnen." [vgl.Anm.68.b])

In diesem Artikel setzte sich der Verfasser (Rothe?) auf dem Hintergrund der weiteren Entwicklung in Hamburg mit Geyers theologischen Positionen und Rechtfertigungsversuchen auseinander. Es heißt dort: *"Die eigentliche Frage zwischen Herrn Geyer und seinen Vorgesetzten ist die, ob der Priester in Königsberg, oder der andere in Hamburg, die Herr Geyer für Apostel ausgiebt, ob sie wahre oder falsche Apostel sind? Ob es überhaupt möglich ist, daß Gott einen Mann, der sich heimlich auf seiner Stube von einem Propheten zum Apostelamt berufen läßt und nachher in einer anderen Gemeinde, die sich gegen ihren Engel empört und seine Autorität verworfen hat, von einem suspendirten Propheten bestätigen läßt - oder wie es bei dem Herrn Preuß der Fall ist, ob es möglich und denkbar ist, daß Gott einen Mann, der wegen der gröbsten Verletzung und Verleugnung seiner feierlichen priesterlichen Gelübde vom Apostel des Herrn suspendirt und excommunicirt worden - ob es möglich ist, daß Gott solche Leute zu Aposteln macht? Das ist die Frage, worum es sich handelt. Dieses Alles berührt Herr Geyer in seinen Aufsätzen gar nicht, sondern sagt nur ganz kurz am Schlusse, 'durch Thaten Gottes' hätten sie jetzt in Hamburg dieselben Aemter und Ordnungen, die Gott schon durch sein Werk in unseren Tagen seiner Kirche gegeben, die aber freilich Herr Geyer und die Hamburger verworfen haben!"* (S.33f) *"Einen wichtigen Beitrag zur Erklärung der so traurigen Geschichte der Herren Geyer und seiner Genossen liefert die neue Lehre, die Herr Geyer aufstellt von der, wie er behauptet, gleichberechtigten Stellung der Apostel und Propheten in der Kirche Christi. Im Widerspruche mit der Lehre des Apostels, daß Gott in der Gemeinde gesetzt hat z u e r s t Apostel (1 Cor. 12, 28), und im Widerspruch mit dem Zeugnisse des ganzen neuen Testaments, daß die Apostel über den Propheten und allen übrigen Aemtern in der Kirche standen, lehrt Herr Geyer, daß Apostel und Propheten coordinirt und gleichberechtigt sind, daß der eine so viel zu sagen hat als der andere und keiner dem andern unterthan sein soll. Wie dann überhaupt ein Regiment in der Kirche möglich sein soll, ist in der That schwer zu erklären. Herr Geyer sagt: 'Uebergab Gott diesen beiden Aemtern der Kirche die Offenbarung seine Rathschlüsse, und werden beide zugleich als die zwiefache Grundlage der Kirche bezeichnet, weil ein einzelnes Zeugniß nicht ausreichend ist, so geht daraus hervor, daß beide Aemter a u c h a l s u n a b h ä n g i g e i n s v o m a n d e r n unmittelbar vor Gott standen und ihre Offenbarungen als ein zwiefaches Zeugniß von Ihm empfingen durch den heiligen Geist, und d a ß j e d e B e e i n f l u s s u n g d e s a n d e r n hierbei unstatthaft sein müßte, weil dadurch sofort der zwiefache Charakter zerstört und aufgehoben worden wäre'. So daß also nach Herrn Geyer die Apostel unbedingt Alles anzunehmen haben, was die Propheten reden, keine Prüfung ihrer Worte, keine Unterscheidung ihrer Gabe ausüben dürfen. Bei solchen Gedanken kann man sich nicht wundern, wenn Herr Geyer jedes Urtheil seines Engels über seine Worte der Weissagung verwarf, und sich für berechtigt hielt, seine Gabe wo und wann er wollte und in völliger Unabhängigkeit auszuüben, wie z.B. als er in Königsberg hinter dem Rücken und ohne Wissen des Apostels auf der Stube des Herrn R. diesen Mann zum Apostel rief, oder als er, obgleich von seinem Engel suspendirt, sich erlaubte, in Hamburg in geistlicher Kraft zu reden...*

Ebenso unehrlich und vermessen ist der Versuch des Herrn Geyer, seine Apostel mit Paulus zu vergleichen und in dieselbe Kategorie zu bringen. Paulus, der von sich selber erzählt (Gal. 1 u. 2), daß er 14 Jahre lang eine von den anderen Aposteln ganz unabhängige und selbst-

ständige apostolische Wirksamkeit hatte, wobei er neue Gemeinden sammelte und erbaute und Gott ihm auf diese Weise den andern Aposteln gegenüber das Zeugniß gab, daß er ein Apostel des HErrn sei, er wird verglichen mit einem untreuen und einem suspendirten Priester, die ihre angebliche apostolische Thätigkeit damit anfangen, daß sie in einer Gemeinde, die von Aposteln erbaut war und unter Aposteln stand, sich apostolische Funktionen anmaßen, indem sie mit der Liturgie der wahren Apostel in der Hand nur das nachzuäffen suchen, was sie diese Männer haben thun sehen!!
Es sollte uns nicht wundern, daß jetzt, wo der HErr die ursprünglichen Ordnungen seiner Kirche wiederhergestellt, der Teufel den Versuch macht, Gottes Werke nachzuäffen und die Gemeinden durch falsche Apostel und Propheten zu verführen... Der Engel der Gemeinde zu Ephesus wird gelobt (Offenb. 2, 2), weil er diejenigen geprüft hatte, die sich für Apostel ausgaben und als Lügner erfunden wurden." (S.36f)
Dieser Beitrag in den PM macht deutlich, dass durch die Ereignisse in Hamburg ein Nerv der KaG getroffen worden war.
1875 stellte Woodhouse in einem Brief an den E Landsman im Haag klar, welche Position die KaG gegenüber F.Schwarz, Preuß und deren Gemeinden eingenommen haben. Gleichzeitig liegt in dieser Klarstellung eine Begründung für die Tatsache, dass Schreiben von nap Seite durch Woodhouse grundsätzlich nicht beantwortet wurden:
"Es muß ebenso ganz klar sein, daß seine Stellung und die Stellung derer mit ihm grundverschieden ist von der Anderer, welche mit uns Glieder des Einen Leibes Christi sind, aber nie das gegenwärtige Werk des HErrn unter Aposteln anerkannt haben, welche nie direkt einen Segen durch ihre Hände empfangen haben, und welche deshalb nie, wie Jene es gethan haben, den Glauben der Apostel verlassen und ihrer Autorität Trotz geboten haben.
Es mag zu Schwarz' augenblicklicher Absicht passen, eine Verbindung mit denen, welche er geringschätzt und denen er ungehorsam ist, vorzugeben (wie es scheint mit dem Gedanken, daß der falsche Apostolat, dem er folgt, zuletzt durch die Apostel des HErrn anerkannt werden möchte). Aber Diener und alle Anderen, welche gläubig unter Aposteln stehen, müssen berücksichtigen, daß er ein exkommunizirter Mann ist und daß er, bis er Buße thut und durch gehörig beauftragte Personen wiederhergestellt ist, vom Leibe Christi und von aller geistlichen Gemeinschaft in demselben abgeschnitten ist." (WOODHOUSE,1875,5f)
Thiersch, in dessen Nachlass sich kein Schriftstück von oder an G. mehr findet, schrieb am 5.10.1877 an F.Oehninger: *" G e y e r hat die Weissagung verfälscht, den Gehorsam abgeworfen, die Treue und Liebe verletzt; alles sein und der Seinigen Treiben ist unrein seitdem."* (OEHNINGER,1888,30)
Die ausführlichste und gründlichste Auseinandersetzung mit den *"Abgefallenen"* enthält der Brief des Koadj v.Pochhammer an einen Amtsbruder aus dem Jahre 1892. Darin heißt es (z.T. über den bisher dargestellten Zeitraum hinausgreifend): F.Schwarz *"schreibt selbst, wie er es gemacht hat. Er hat den abgefallenen Propheten und den falschen Apostel gefragt, ob sie beide vor dem Richterstuhle Gottes die That als von Gott verrichtet mit Ja beantworten können: 'Beide sagten Ja!' Welch' eine Unvernunft ist das! Hätte der Engel von Ephesus es so gemacht, so hätten jene falschen Apostel gewiß auch vor Gott versichert, daß ihr Werk von Gott wäre. Alle Irrlehrer thun das. Der HErr hat uns nicht geboten, die falschen Propheten zu fragen, ob s i e vor Gott Ja sagen können; sondern Er hat gesagt: 'Sehet euch vor vor den falschen Propheten, die in Schafskleidern zu euch kommen, inwendig aber sind sie reißende Wölfe. An ihren Früchten sollt ihr sie erkennen... Ein guter Baum kann nicht arge Früchte bringen, und ein fauler Baum kann nicht gute Früchte bringen.'"* (v.POCHHAM-

MER,1892,15f)
Als der *"Versucher diesen unsern Brüdern Macht und Ehre anbot, nahmen sie sie aus seinen Händen an und sind betrogen, und der Segen ist von ihnen gewichen, und noch immer quälen sie sich in dem schweren Dienste des Feindes und werden von ihm gequält. Sie haben falsche Weissagungen gegen ihre Vorgesetzten geltend gemacht, und konnten es denn nicht hindern, daß nun auch ihre Untergebenen falsche Weissagungen gegen sie selber geltend machten, und so ist unter ihnen die falsche Weissagung zu einer Macht gekommen, die nicht einmal der echten Weissagung gebührt, denn Gott hat die Apostel zuerst gesetzt in der Kirche Gottes, und die Propheten an die zweite Stelle..."* (ebd.,28)
"Als der Apostel die Gemeinde auflöste und exkommunizirte, sagte er es ihnen, daß der Feind, dem sie sich ergeben hätten, nicht imstande sein würde sie zusammen zu halten. Darüber lachten sie und sagten, es ginge im Gegentheile jetzt Alles fröhlich vorwärts, das bisher aus Mißgunst gehindert worden sei. Und so erschien es auch äußerlich; denn durch falsche Weissagungen wurden nun Viele in allerlei Aemter gerufen, und ein Zerrbild einer apostolischen Gemeinde hergestellt.
Es kam aber, wie der Apostel vorausgesagt hatte. Es entstand Zank und Spaltung unter ihnen. Der abgefallene und abgesetzte Aelteste, der sich fälschlich zu einem Engel hatte machen lassen, wurde der Gemeinde dadurch beraubt, daß er durch falsche Weissagungen angeblich zum Apostel für Holland berufen wurde. Er mußte dorthin reisen und verlor die Gemeinde, die er durch Verrath an sich gebracht hatte. Als er nach einigen Jahren zurückkehrte, weil er in Holland nichts Bleibendes hatte aufrichten können und nun die frühere Gemeinde wieder übernehmen wollte, ward er zurückgestoßen und mußte nach Holland zurückkehren. Damals bekannte er in einem Briefe an seine Verwandten (seine Brüder Eduard [eE in Königsberg] u. Gottlieb [BE in Brandenburg] ? - Verf.), *es geschehe ihm recht, denn er habe die Gemeinde mit Unrecht an sich gebracht; und man thue ihm nun, wie er früher seinem Engel gethan hatte. Aber doch war diese scheinbare Reue nicht aufrichtig, denn er wollte es nicht eingestehen, daß dieser ganze Abfall ein Werk dessen ist, der der Vater der Lüge ist.*
Auch der abgefallene Prophet ist von denen, die er verführt hat, verworfen worden, und konnte nur eine ganz kleine Anzahl Anhänger in Hamburg behalten. Aber an manchen anderen Orten haben die Abgefallenen einen vorübergehenden Erfolg erlangt und das Werk Gottes nachzuahmen gesucht. Am meisten richten sie durch die falschen Weissagungen aus, die sich reichlich und in wilder Weise unter ihnen zeigen." (ebd.,21f)
"Ich sage also zum Schlusse: Wir haben versucht die, so da sagen, sie seien Apostel, und sind es nicht, und haben sie (als) *Lügner erfunden. Ich sage, daß sie von dem Teufel verführt sind, und des Teufels Macht und Offenbarungen und lügenhafte Wunder in ihrer Mitte haben.*
Sie nennen diese meine Erklärung die Sünde gegen den Heiligen Geist, die nicht vergeben werden kann; damit wollen sie uns schrecken und uns einschüchtern. Es ist aber eine Pflicht wahrer Gottesfurcht, nicht allein Gott zu preisen und seine Werke zu rühmen, sondern auch den Teufel zu entlarven und vor ihm und seinen lügenhaften Werken zu warnen. Darum warne ich vor jeder Berührung und jedem Umgange mit den Abgefallenen. Niemand kann mit ihnen freundschaftlichen Umgang pflegen und eine geistliche Gemeinschaft haben, ohne schweren Schaden an seiner Seele zu nehmen und sich in große Gefahr zu bringen. In keine Gemeinde dürfen sie gastlich aufgenommen werden. Unter keiner Bedingung darf man sie auch nur gastweise oder ausnahmsweise zum Altare und zum heiligen Sakramente zulassen. Sie sind unrein, geistlich tief verunreinigt, und ihre bloße Gegenwart in einem Gottesdienste ist schon eine Betrübung des Geistes und eine Hinderung für die Erfahrung der gnadenvollen Gegen-

wart Gottes. Selbst wenn sie sagen, daß sie umkehren wollen, ist große Vorsicht und geistliche Unterscheidung nöthig. Und wenn ein Abgefallener bekennt, alles zu glauben, was die Evangelisten predigen, und wenn er diesen Abfall ganz und gar verwirft, so darf ihn ein Evangelist doch nicht eher dem Hirten=Amte übergeben, als bis er den Abfall als eine schwere Sünde aufrichtig bereut und gebeichtet hat und Befreiung von der Macht des Feindes sucht und gefunden hat: denn der Macht des Feindes hat er sich übergeben." (ebd.,30)

Der frühere BEv v.Pochhammer hat sich oft mit Anhängern der nap Bewegung auseinandersetzen müssen, nicht nur in Hamburg, sondern auch in Holland (vgl. KÖHLER, 1878,135f.190ff; WEINMANN,1963,148-152). Seine kompromisslose Haltung muss auf dem Hintergrund der dabei gemachten Erfahrungen gesehen werden. Gleichzeitig spiegelt sie die Grundtendenz der Haltung der KaG wider, die diese bis heute gegenüber der NaK einnehmen.

[124] (S.232) Das Wort *"katholisch"* wurde mit *"allgemein-christlich"* übersetzt, mit dem Ausdruck *"Mission"* sollte der Sendungscharakter (und zwar einer Sendung von Ap an die Kirche) unterstrichen werden.(HANDTMANN,1907,12) In dieser Namensänderung klingt Geyers Auffassung vom Fortwirken des zwölffachen Apostolats an: nicht mehr *"katholisch-apostolisch"* im Sinne des Nicaenums, nicht mehr *"Gemeinde"* als Sammelort der *"Erstlinge"*, sondern eine zeitlich und personell ganz offene Mission durch lebende Ap, deren Amt bleibt bis zur Parusie Christi und der allgemeinen Auferstehung. Die betont oekumenische Gesinnung der AcaM wird in den Statuten von 1866 (s.S.330ff d.v.U.) zum Ausdruck gebracht.

[125] (S.233) Eine weitere, überarbeitete Aufl. erschien 1894. Bei dieser (letzten) Ausgabe, die seitdem innerhalb der AcaM/AAM in Benutzung blieb, handelt es sich offenbar um die 2.Aufl. der Liturgie der Allgemeinen christlichen apostolischen Mission von 1864. Vor dem Gebrauch einer eigenen Liturgie hat man sich vermutlich der katholisch-apostolischen Liturgie (ndt. Ausgabe) bedient. Letztere ist dann von der AcaM überarbeitet worden, wobei sicher G. die Federführung hatte.

Einen detaillierten Vergleich zwischen beiden Liturgieen muss sich der Verf. an dieser Stelle versagen, dennoch sollen einige Grundzüge skizziert und Besonderheiten aufgezeigt werden (verglichen werden die AcaM-Liturgie von 1864 bzw. 1894 und die kap LITURGIE von 1897):

In der Liturgie der AcaM sind die Rituale zahlenmäßig reduziert und vereinfacht worden, wobei jedoch eine deutliche Ähnlichkeit mit der kap Liturgie erhalten blieb. Statt 15 enthält die AcaM-Liturgie 1894 nur noch 7 Rituale für die *"sonntäglichen und täglichen Dienste"* (1864: 8 [mit *"Litanei"*]), für *"hl. Zeiten und Tage"* (LITURGIE,1897,III) 19 statt 28 (es fehlen z.B. die Rituale für die 2. u. 3. Feiertage u. für die Oktaven nach den hohen Festen sowie das Ritual für den 14. Juli, dem *"Tag der Aussonderung der Apostel"* [!]). Dagegen sind zusätzliche Rituale für das Epiphaniasfest und die Passionszeit aufgenommen und die Feier der heil. Eucharistie für die Sieben Gemeinden beibehalten worden. Letztere *"wird gefeiert jeden vierten Dienstag, vom 19. Mai 1863 ab gezählt"* (LITURGIE/AcaM,1894,Liturgie,181). Die AcaM-Liturgie von 1864 enthält dagegen noch 21 Rituale (mit *"Sonntag nach Himmelfahrt"* u. *"Am Pfingstmontage"*). Von den 14 *"Ordnungen... bei besonderen Veranlassungen"* sind in der AcaM-Liturgie 1894 11 weggelassen (1864: noch alle), von den 50 *"Ordnungen für die gelegentlichen kirchlichen Handlungen"* (LITURGIE,1897,IV) fehlen 28 (1864:36).

Dagegen sind im letztgenannten Teil (in der AcaM-Liturgie 1894: *"Rituale zu verschiedenen amtlichen Handlungen"*) 10 Rituale zusätzlich aufgenommen worden: z.B. Gebete und Danksagungen zu verschiedenen Anlässen (Schwangerschaft, Geburt, Genesung, vor u. nach dem priesterlichen Dienst usw.). Weiterhin sind Ordnungen für die *"Confirmation junger Christen oder Erneuerung und Bestätigung des Taufbundes"* (LITURGIE/AcaM,1894,Liturgie,197-204 [betrifft Jugendliche im 14./15. Lebensjahr; weitgehend evang. Konfirmationspraxis entsprechend - einer der auffälligsten Unterschiede zur kap Liturgie!]), *"Ritual zur Aufnahme in die Gemeinde"* (ebd.,204-207) und *"Bischöflicher Segen über solche, welche vorher durch Priester aufgenommen sind"* (ebd.,207) enthalten. Die Ordnung zur *"apostolischen Handauflegung"* ist (abgesehen von kleineren Zusätzen) im Kern die gleiche geblieben. Ebenso die Eucharistie, wobei der Begriff *"Communion"* an einigen Stellen durch *"heiliges Abendmahl"* ersetzt ist und das *"Opfer=Gebet nach der Consecration"* andere Formulierungen enthält (dabei ergeben sich aber kaum theologische Unterschiede).

Interessante Akzentverschiebungen enthält das Ritual für den Tag vor Pfingsten mit den eindrucksvollen vier Bußgebeten über den Verlust der urkirchlichen Ämter und Gaben und die *"Verweltlichung der Kirche"* (ebd.,153; LITURGIE,1897,231), die vom vierfachen Amt dargebracht werden: Die AcaM-Liturgie enthält nicht nur eine neue Zuordnung der Gebete zu den vier Amtsträgern (wodurch der ursprüngliche Symbolgehalt erheblich verschoben wird), sondern verändert in charakteristischer Weise den Gebetstext des Pr (bisher über den *"Verlust der Ordnungen der Kirche"* [ebd.,228f], jetzt *"Ueber den Verlust des Propheten-Amtes, und das Aufhören der geistlichen Gaben"* [LITURGIE/AcaM,1894,Liturgie,150f]; in der kap LITURGIE,1897,229ff, ist das Gebet über das *"Aufhören der Ausübung der Geistesgaben"* dem Ev zugeordnet). Keine Entsprechung in der kap Liturgie findet das Gebet des Pr an dieser Stelle der LITURGIE/AcaM,1894 (in der auch das Wort *"Prophet"* gegenüber den übrigen Amtsbezeichnungen schon optisch hervorgehoben ist [vgl.S.150 mit 148.152f!]). Es heißt dort: *"O Herr, der Du, nachdem Du Deine Apostel eingesetzt, auch das Amt Deiner Propheten gegeben hattest, auf daß Du Deine Kirche erbauetest auf der Grundlage der Apostel und Propheten, da Du der Eckstein selber bist, und Deine Kirche erfüllet würde mit dem Lichte und Erkenntniß über Deine ewigen Rathschlüsse, und Du als der wahre Hohepriester aus Beiden hervorleuchten ließest das Licht und Recht. Du offenbartest durch den Mund Deiner Propheten das Wort Deines Heiligen Geistes, und machtest durch sie kund, welche Du erwählet hattest Dir zu dienen im Heiligthume... Erwecke Deine Propheten in voller Kraft und Zahl, schaffe Raum für die Wirksamkeit Deines Heiligen Geistes in Deiner ganzen Kirche, auf daß wieder erwecket werden alle geistlichen Gaben und Kräfte."* (S.150f) Im Vorwort des Rituals *"Die Darstellung zum Priester=Amte"* (S.232f) findet sich gegenüber der kap LITURGIE (1897,365) folgender Zusatz, der sich auf die prophetische Ber. der Dargestellten bezieht: *"Ohne ein solches Wort der Berufung darf Niemand zum Amte ordinirt und zugelassen werden."*

Weiterhin wird in der AcaM-Liturgie *"Engel"* als Amtsbezeichnung durchweg mit *"Bischof"* wiedergegeben. Lektionarium und Psalter (allerdings ohne Psalmmelodien) wurden übernommen, dagegen fehlen die Psalmentabelle, die Ostertafel und der Katechismus. Statt der 346 Lieder des kap Hymnologiums enthält die AcaM-Liturgie im Anhang nur 10, in den Ritualen ca. 30 (vorwiegend evang.) Kirchenlieder.

Im dritten Teil der AcaM-Liturgieen von 1864 und 1894 bestehen nur geringe Unterschiede. Die Ausgabe von 1864 enthält noch die Rituale *"Einführung eines geweihten Bischofs in einer Gemeinde"*, *"Einführung eines Priesters"* sowie Gebete vor und nach der Predigt (letztere kommen in der kap Liturgie nicht vor). Während diese Stücke 1894 fehlen, ist diese Ausgabe ergänzt um die Rituale: *"Confirmation eines Priesters, welcher vorher schon durch einen Bischof ordinirt ist"*, *"Gebete bei und nach einer Rathsversammlung"*, die *"Einweihung eines Kirchen=Lokales"* sowie *"Weihung einer Orgel, kirchlicher Gewänder, des Lichts und Oel's bei Kranken"*.

Zusammenfassend kann festgestellt werden: Die AcaM-Liturgie unterscheidet sich (wenn auch nicht grundsätzlich, so doch insgesamt spürbar) von der kap Liturgie, und zwar durch Vereinfachung und Straffung, durch Umformulierung vieler Gebete und Texte, durch evang. Einflüsse und durch die größere Aufmerksamkeit, die dem Pr-Amt gewidmet ist.

In der Ämterlehre der AcaM gibt es einen nicht unbedeutenden Unterschied zur kap Tradition. So heißt es in der LITURGIE der AcaM (1894,Liturgie,257) im Zusammenhang mit der *"Weihe zum Amte eines Bischofs"*: *"Durch die Weihe zum Bischof erhält Niemand ein n e u e s oder höheres Priesterthum; das Priesterthum eines Bischofs b l e i b t , was es ist. Die priesterliche Handlung eines Bischofs ist nicht größer, wie die eines Priesters. Ein Bischof hat Theil am Regiment der Allgemeinen Kirche unter Aposteln; darin liegt die Bedeutung."* Dagegen hat nach kap Verständnis die E als Oberhirte ein höheres Amt im Vergleich zum P (THIERSCH,1976,70ff; s.ALBRECHT,1982,92f!). Ansonsten kennt auch die AcaM das vierfache Amt in der AK und in der Einzelgemeinde. Nach ihrem Verständnis haben die 12 Ap ihren Sitz in je einer *"Torgemeinde"*, zusammen mit den apostolischen Mitarbeitern (dem *"Tor-Ev"*, *"Tor-Pr"* u. *"Tor-H"*). Streng genommen war nur Hamburg eine solche *"Torgemeinde"*.

[126] (S.233)   Für diesen Umstand gibt es mehrere Gründe: Die Ber. von Preuß hatte bei G. keine Freude ausgelöst, sondern war mehr oder weniger notgedrungen von ihm *"bestätigt"* worden. Außerdem bestanden offenbar gegenseitig persönliche Ressentiments. In der Literatur wird gern auf Geyers Aufwertung des Pr-Amtes und dessen Gleichstellung mit dem Ap-Amt als Konfliktfeld mit Preuß hingewiesen (z.B. bei HUTTEN,1982,472). Viel entscheidender waren jedoch die unterschiedlichen Begabungen von Preuß und Geyer. Während ersterer zwar mit Elan und Tatkraft versuchte, sein Ap-Amt auszufüllen, blieb ihm doch letzterer geistig, an Erfahrung, an Weitblick und Ausstrahlungskraft deutlich überlegen. Zweifellos war G. die prägende und führende Gestalt innerhalb der AcaM bis 1878.

Die zunehmende Verschlechterung des Verhältnisses zwischen Preuß und Geyer (besonders in der zweiten Hälfte der 1870er Jahre) führte in der Hamburger Gemeinde zur Herausbildung zweier Parteien, von denen die weitaus größere zu G. hielt. Die Streitigkeiten und gegenseitigen Schuldzuweisungen müssen z.T. schlimm gewesen sein. SALUS wirft (allerdings in maßloser Polemik) G. vor, er habe die neuen Ap als *"Vasallen"* angesehen, die er kontrollieren müsse: *"Er selbst hielt sich dafür, die Apostel mit seinem Lichte zu umgeben, damit sie nicht strauchelten."* (1913,345) Weiterhin habe G. dem Ap Preuß nicht nur *"Ärger, Verdruß und Sorge ... verursacht"* (ebd.,348), sondern es *"stellte sich Ende der siebziger Jahre immer mehr heraus, daß Geyer ... eine verräterische Wirksamkeit offenbarte. Da er auch ohne Apostel fertig zu werden glaubte, hatte er heimlich hinter dessen Rücken Glieder versammelt, um allerhand Ränke zu schmieden. Anstatt das apostolische Werk nach allen Kräften zu fördern, hinterging er seinen Apostel auf das schmählichste. Diesem waren von dritter Hand (!) briefliche Mitteilungen zugegangen, die nach eingehenden Untersuchungen keinen Zweifel mehr darüber ließen, daß Geyer zu einem Gefäße der Unehre geworden war.(2.Tim. 2,20.) Diese Tatsache bereitete dem Apostel Preuß unendlichen Schmerz..."* Preuß hatte *"eine

Gemeinde, die nur dem Namen nach zusammengehörte, in Wirklichkeit aber aus zwei Parteien bestand... Trotz der Anstrengungen des Apostels Preuß, die Einheit wiederherzustellen, setzte der Prophet sein hinterlistiges Treiben fort. Alles Gegenwirken des Apostels war umsonst..." (ebd.,287f)
"Apostel Preuß war wie Moses ein g e p l a g t e r   M a n n , und am meisten hat Geyer dazu beigetragen." (ebd.,348)
H.GEYERs Kommentar zur Ap-Ber. von Preuß (1893,31) ist bereits erwähnt worden (S.228 d.v.U.): *"Wir mußten nun unser Schicksal tragen, bis am 25. Juli 1878 dieser Bruder* Preuß *starb. Ich schweige von all dem Leiden, welches uns während der zeit* (sic) *wiederfuhr."*
Zu den Rivalitäten und Auseinandersetzungen zwischen dem Ap und dem Pr kamen offenbar noch Kontroversen in Lehr- und liturgischen Fragen hinzu. So behauptete später der Ap Schwarz: *"Zwischen Apostel Pruiß ... und dem Propheten Geyer war Streitigkeit über mehrere Lehrsätze, u.a. behauptete dieser Prophet daß alle Christen Erstlinge seien; und daß darum Versiegeln nicht nötig wäre. Alle Gläubigen, wozu auch wir gehören, so sagte er, sind die Sonnenfrau* (Offb. 12,1ff - Verf.) *und müssen nach Brasilien fliehen."* (F. SCHWARZ,Testament,3 [vgl.WEINMANN,1963,362])
Unklar ist, inwieweit Menkhoff (Anm.128) direkt oder indirekt diesen Konflikt beeinflusst hat. Fest steht, dass Krebs im Zusammenwirken mit Wichmann und Wachmann die Opposition gegen G. geschürt hat.(WEINMANN,1963,138f.367) Die 1864 ber. Ap waren in ihren Auftragsgebieten tätig und konnten nicht klärend eingreifen. Nach 1878 standen sie auf unterschiedlichen Seiten.(vgl.S.334ff d.v.U.)

127 (S.234) Diese Beauftragung der neuen Apostel zielte auf eine Mission in relativ leicht erreichbaren Ländern Europas, wobei kap "Hochburgen" wie England, Dänemark und die Schweiz ebenso gemieden wurden wie Länder mit einer starken Röm.-Kath. Kirche, in denen auch die KaG nur geringe Erfolge hatten. Skandinavien war (neben Ndt.) Auftragsgebiet von Preuß, in den Niederlanden wirkte Schwarz. In den erwähnten Gebieten der österr. Monarchie hoffte man wohl vor allem, Glieder der protest. Kirchen zu gewinnen. Stechmann war in erster Linie für Siebenbürgen beauftragt.(VERZEICHNIS,1982,41) - Nach WEINMANN (1963,108) fand die Ber. in einem Vormittagsgottesdienst statt.(vgl.S.331f d.v.U.!)

127.a (S.234) Der Ap Johann August Ludwig (Louis) Bösecke (geb. am 14.4.1821 in Schwedt, + 2.8.1886 in Breslau, verheiratet, 3 Kinder) war von Beruf Schuhmacher, arbeitete aber Mitte der 1860er Jahre als Porzellanhändler. Von 1856 bis 1872 war er in Berlin ansässig (zuletzt wohnhaft Gartenstr. 121).(XXIV/17)
Bevor er 1872 auftragsgemäß nach Schlesien ging, wirkte er sowohl an der Seite des Ap Preuß in Hamburg und Umgebung als auch in Berlin (s.u.). Er gehörte zum Central-Vorstand der AcaM. Nach seiner Ber. zum Ap trat er in der Öffentlichkeit als *"Prediger"* der AcaM auf. Am 7.9.1874 konnte er im schles. Schönau und wenig später in Hirschberg eine Gemeinde gründen.(XXIV/35) (Diese Gemeinden sind in den 1880er Jahren öfters von Güldner u. Geyer besucht worden.[WEINMANN,1963,118f; s.Anm.127.c])
Seit dem 1.12.1878 wohnte B. wieder in Berlin, um die dortige AcaM-Gemeinde, *"welche sich inzwischen aufgelöst hatte, wieder zusammenzubringen"* (s.Anm.129). (XXIV/17) Die Gottesdienste hielt er in seiner Wohnung (Neue Friedrichs-Str. 13 [dort wohnte auch der Pr Rudolph Marticke]). B., der seinen Beruf nicht mehr ausübte, wurde vom Hamburger Central-Vorstand unterhalten, seine Familie, die er in Schönau zurückgelassen hatte, von der dortigen

Gemeinde.(ebd./17-v)
In Schönau hatte sich am 7.9.1874 der spätere Ap für Ostpreußen und Berlin, Ernst Traugott Hallmann (geb. am 21.10.1854 in Alt-Schönau/Schl., + 20.3.1922 in Berlin, Kartonarbeiter), der dortigen Gemeinde angeschlossen, nachdem er zuvor aus der Evang. Kirche ausgetreten (!) war.(XXIV/33.35) Er empfing die Versiegelung durch B., wurde 1875 UD, 1876 D, vor 1879 P, 1883 Ä, 1893 Bischof und am 19.9.1897 durch Krebs ins Ap-Amt *"eingesetzt"*.(SALUS,1913,293) 1879 holte B. Hallmann nach Berlin und übergab ihm die dortige AcaM-Gemeinde, die dieser (gegen den heftigen Widerstand von Marticke) bald der AG unter Krebs zuführte.
Spätestens 1883 zog B. (von Krebs veranlasst?) nach Breslau um und versuchte dort (seinem ursprünglichen Auftrag folgend) *"'das Tor' für Schlesien zu setzen"*, jedoch ohne Erfolg. (WEINMANN,1963,109f) Im Nov. d.J. war der "Machtwechsel" in Berlin bereits vollzogen: als *"Vorstandsmitglieder der Apostolischen Gemeinde norddeutschen Stammes"* traten jetzt Krebs, Sebastian und Frank auf. In einem Bericht des KPPr v. 10.11.1883 heißt es zwar: *"Die Oberaufsicht über den norddeutschen Stamm der apostolischen Gemeinde führt der Missionsprediger Bösecke in Breslau, welcher seiner Kränklichkeit wegen selten die Heimath verläßt und deshalb die vorgenannten 3 Personen allmonatlich als Stellvertreter entsendet."* (XXIV/37-v) Doch Böseckes Zeit war (zumindest in Berlin) abgelaufen. 1884 übergab er die ca. 20 erwachsene Mitglieder zählende Gemeinde dem Ap Krebs.(ebd./43; SALUS,1913,322) Am 6.4.1884 besuchte Menkhoff die Gemeinde.(XXIV/45) Am 28.11. d.J. teilte Krebs dem KPPr mit: *"Der Herr L. Böseke, als Vorsteher dieser Gemeinde ist in Folge Reorganisation der Vereine nach Breslau verzogen und hat darauf der Unterzeichnete die Leitung dieser Gemeinde übernommen...*
Nicht wissend, wie vom Herrn Böseke die derzeitige Eingabe (v. 2.12.1878 - Verf.) gemacht ist, erlaubt sich der jetzige Central=Vorstand... die Statuten und Glaubensbekenntnisse der allgemeinen christlichen apostolischen Gemeinden, in allen Provinzen des Königreichs geltend ... zur Anmeldung des hierauf sich constituirten Vereins und obige Veränderung gehorsamst zu berathen..." Außer den Statuten (v. 26.11.1881), die sich in ihrer Tendenz auffallend von denen der AcaM (S.330ff d.v.U.) unterscheiden, reichten Menkhoff und Krebs die Broschüre *"Grundsätze und Glaubens-Bekenntniß der Apostolischen Gemeinde in Bielefeld"* (s.Anm.128) ein.(XXIV/46-49) Im Nov. 1886 (3 Monate nach Böseckes Tod) wurde in der Berliner Gemeinde die auf Menkhoffs Einfluß zurückgehende *"reformierte"* Gottesdienstform eingeführt.(ebd./55-v) Ab Juli 1888 benutzte die Gemeinde unter Hallmann den Namen *"Apostolische Gemeinde"*.(ebd./58) Dies war offenbar der Anlass zur Spaltung der Gemeinde in drei Teile: Im Sept./Okt. d.J. verließen 11 Personen gemeinsam mit dem Pr Marticke Hallmanns Gemeinde (Versammlungslokal Wasserthorstr. 47). Über Marticke heißt es in einem Bericht der KPPr v. 20.4.1889, er lebe *"von seiner Frau getrennt und giebt absichtlich falsche Wohnungen an"*.(ebd./69v) Diese Gemeinde, die anscheinend unabhängig bleiben wollte, löste sich im Nov. 1889 aus finanziellen Gründen auf.(ebd./74) Ein anderer Teil separierte sich unter dem P Albert Möllmer und dem D Ernst Schwarz im Okt. 1889 und versammelte sich fortan in der Stralauer Str. 58 unter dem bisherigen Namen *"Christlich-Apostolische Missions=Gemeinde zu Berlin"*. Sie wurde im Okt. d.J. von Geyer (u. von Hoppe? [s.Anm.127.c]) besucht und blieb in Verbindung mit der Hamburger AcaM. G. hat hier auch später öffentliche Vorträge gehalten. Diese Gemeinde wird in den vorliegenden Akten nur bis 1895 erwähnt. Der dritte Teil (Versammlungslokal Prinzessinnenstr. 22) gehörte unter der Leitung von Hallmann der AG unter Krebs an.(XXIV/60-78.177)

Bösecke war ein rechtschaffener Mann, aber ein schwacher Apostel. In seinen letzten Lebensjahren war er kränklich. Von Menkhoff und Krebs hat er sich die Berliner Gemeinde "abnehmen" und sich gegen G. einnehmen lassen. In Schlesien (seinem Auftragsgebiet) kam er über die Gründung zweier Gemeinden nicht hinaus, deren Stellung zur AcaM in Hamburg schwankend war.(vgl.WEINMAN,1963,118f) Nach seinem Tode stand der nap "Reorganisation" seiner Gemeinden durch Krebs nichts mehr im Wege. (vgl.S.243f d.v.U.)

127.b (S.234) Der Ap Johann Christoph Leonhard Hohl (geb. am 8.6.1822 in Weikersheim/ Württ., + 20.5.1887 Frankfurt/M.) wohnte seit 1844 in Hamburg, wurde 1854 Schlossermeister und betrieb ab 1862 eine eigene Werkstatt. Aus seiner 1849 geschlossenen Ehe gingen sechs Kinder hervor. Der kap Gemeinde scheint er sich noch in den 1850er Jahren angeschlossen zu haben. Anf. 1863 diente er als D in Hamburg. Sein Ap-Auftragsgebiet war Württemberg und Hessen. Im März 1865 siedelte H. mit seiner Familie nach Württemberg (in seinen alten Heimatort Weikersheim) über, um von hier aus Mission zu treiben. Diese blieb (anscheinend aufgrund finanzieller Not) lange Zeit erfolglos. Erst ab 1881 trug die Zusammenarbeit mit dem Ev und späteren Ap Ruff (s.S. 234 d.v.U.) in Gießen und Umgebung spärliche Früchte. Ab 1.3.1885 wohnte der insgesamt recht erfolglose Ap in Frankfurt/Main. Näheres zu H. s. bei WEINMANN,1963,111-117.

127.c (S.234) Heinrich Ferdinand Hoppe (geb. am 1.5.1830 in Hamburg, + 24.2.1903 in New York) gehörte möglicherweise zu den ersten Mitgliedern der kap Gemeinde in Hamburg, denn ein gewisser Hoppe wird in einem Brief des E Rothe an F.W.Haeger v. 14.6.1854 erwähnt (WEINMANN,1963,300). Ende 1854 zählte ein 45j. Johann Friedrich Hoppe (Krankenwärter) zur Hamburger Gemeinde.(der Vater? [ebd.,310.316]) Im Okt. 1864 war Ferdinand H. offenbar D der Hamburger Gemeinde. In einem Personenbogen v. 27.2.1872 für den Pass zur Ausreise nach New York (deponiert im Staatsarchiv Hamburg) wird sein Beruf mit *"Lehrer"* angegeben (erlernter Beruf: *"Korbmacher"*, seither ausgeübter Beruf: *"Polizeiwächter"*), seine Religion mit *"lutherisch"*, Familienstand: *"ledig"*, Bürge für die Ausreise: *"Louis Preuß"*. (ebd.,117f) Die Behauptung, H. sei evang.-luth. Pastor in Deutschland gewesen (ebd.,392), trifft sicher nicht zu. Möglicherweise hat er zeitweise als Religionslehrer gearbeitet. In welcher Weise H. zwischen 1864 und 1872 als Ap tätig war, ist nicht bekannt.
H. reiste am 28.2.1872 mit dem Dampfer *"Holsatia"* nach New York ab, wo er im Apr. ankam. Er nahm seinen Wohnsitz in Chicago (Illinois) und gründete die *"First General Apostolic Church in Chicago"*, eine kleine, vorwiegend aus deutschen Auswanderern bestehende Gemeinde, die er selbst leitete. Neben H. diente in der Gemeinde noch der D Kempe, ein gebürtiger Däne. Die Gemeinde traf sich zunächst in einem Privathaus und baute später eine kleine Kirche in der Superior Street.(UNSERE FAMILIE/Kalender 1968,95)
Zu dieser Gemeinde gehörte der Pr Jakob Westphaln (geb. um 1840 in Dithmarschen, + 1925 in Grey's Lake bei Chicago, von Beruf Schreiner). Westphaln war offenbar erst nach 1863 mit der Hamburger AcaM in Kontakt gekommen. Nach WEINMANN (ebd.,94) hatte er unter einer schweren Allergie gelitten und war durch öffentliche Fürbitte des Ap Preuß im Gottesdienst von seiner Krankheit geheilt worden. Daraufhin hatte er sich mit seiner Frau ganz der AcaM-Gemeinde in Hamburg angeschlossen, wo er auch H. kennenlernte. Westphaln wanderte zwischen 1864 und 1874 nach Chicago aus (das genaue Jahr ist nicht bekannt; wahrscheinlich Ende der 1860er Jahre). Es spricht einiges dafür, dass er zu diesem Zeitpunkt bereits zum P-Amt ord. war (anderen Berichten zufolge wurde er erst 1874/77 ord.) und durch

die Sammlung von Gläubigen in Chicago (mit *"Sendungsauftrag"*?) die Ankunft des Ap H. vorbereitete.(ebd.,94f) Das Ehepaar Westphaln hatte mindestens 2 Kinder: Otto Friedrich (von H. get. am 2.8.1874) und William Bernhard (von H. get. am 10.3.1878). Westphaln war ab ca. 1880 Vorsteher der Gemeinde in Chicago. Spätestens um die Jahrhundertwende diente er als E-Prophet. Er hat auch mehrere kleine Schriften religiösen Inhalts verfasst. Die Gemeinde in Chicago, der Westphaln bis zu seinem Tode diente, baute 1905 eine neue Kirche. Das Gelände gehört heute offenbar der NaK.(ebd.,98)

H. war verheiratet und hatte eine Tochter. Seine wirtschaftliche Situation war schwierig. WEINMANN schreibt: *"Er war dauernd in Geldnöten... Die dortigen Geschwister richteten ihm einen Tabakladen ein, der ihn und seine Familie ernähren, ihm aber auch genügend Zeit lassen sollte für seine Amtstätigkeit. Hoppe aber war kein Kaufmann und kein Geschäftsmann, und so mußte er bald seinen Laden wieder zumachen, weil er stark verschuldet war."* (ebd.,97) H. wirkte bis etwa 1880 (ebd.,98) in Chicago und Milwaukee (vorwiegend unter Deutschstämmigen) und von da an in New York, wo er eine kleine, offenbar ebenfalls vorwiegend aus Auswanderern bestehende Gemeinde gründete und leitete. 1889 besuchte er (gemeinsam mit Geyer [ebd.]) einige Gemeinden der AcaM in Schlesien (u.a. die von Bösecke gegründete Gemeinde in Hirschberg). Daraus kann der Schluss gezogen werden, dass beide die Gemeinden vor dem Zugriff des bald zu Menkhoff und Krebs gehörenden Ap Obst, der 1887 im schles. Schönau zum Ap ber. worden war, schützen wollten.(s.S.243f d.v.U.)

Nach einem bei WEINMANN wiedergegebenen *"Bericht"* (1963,392ff) arbeitete H. angeblich als *"Pastor"* in einer deutsch-luth. Gemeinde in New York. Diese Darstellung ist stark anzuzweifeln! Da er aber auf einem Friedhof der altluth. Gemeinde begraben wurde (s.u.), ist eine Verbindung zu ihr nicht ausgeschlossen. In seinen letzten Lebensjahren hat H. möglicherweise vor allem in einer kleinen apostolischen Gemeinde in New York gewirkt, die ihr Versammlungslokal in der 52th Avenue hatte. Vertreter der deutschen AG scheinen versucht zu haben, H. bzw. seine Gemeinden zu sich herüberzuziehen, jedoch ohne Erfolg. H., der als Korbflechter tätig war und in sehr armseligen Verhältnissen lebte, blieb offenbar bis zuletzt der AcaM treu. Nach WEINMANN (UNSERE FAMILIE/Kalender 1968,98) hat H. in den letzten Lebensjahren *"sein Brot als Janitor (Hausmeister, Pförtner) verdient. Er starb in New York... Wie im Gebet versunken hatte man ihn eines Tages tot aufgefunden."*

Einzelheiten über Hoppes Tätigkeit sind leider nicht bekannt. H., der in den USA auch eine *"Gesellschaft zur Förderung der Frömmigkeit unter den Matrosen"* gegründet hatte, ruht auf dem altluth. Friedhof in Brooklyn. (Das bei WEINMANN [1963,117.123] als *"vermutliches"* H.-Bild ausgewiesene Foto zeigt nicht H.F.Hoppe. Eine Fotografie dieses Mannes befindet sich im Besitz des Verfassers.)

Hoppes Pr Westphaln kam 1913 nach Deutschland, um einen neuen Ap für die verwaisten Gemeinden in den USA zu berufen.(Dies könnte ein Hinweis darauf sein, dass diese Gemeinden zahlenmäßig nicht unbedeutend waren. Denkbar ist aber auch, dass man Westphaln als letzten lebenden E-Pr der AcaM nach Deutschland bat, um den "Nachwuchs" unter den leitenden Amtsträgern der AAM zu sichern.)

127.d (S.234) <u>Peter Wilhelm Louis Stechmann</u> (geb. am 27.5.1837 in Hamburg Steinwerder, + 28.3.1911 in Hamburg) war von Beruf Steinkohlenmakler. Am 13.4.1861 suchte er um das Hamburger Bürgerrecht nach. Seit dem 14.10.1861 diente S. als D in der Hamburger Gemeinde. Vor dem 19.5.1863 wurde er als E-Ev ber. und eingesetzt. Nach WEINMANN (1963,354) reiste er bereits Ende Nov. 1864 nach Amsterdam, um sich von Schwarz, mit dem er befreundet war und bei dem er zeitweilig in Hamburg gewohnt hatte, zum Ap-Amt zurüsten zu lassen. Er wurde von diesem als Bischof der AZ in Amsterdam eingesetzt. Zu diesem Zweck hatte er ein E-Gewand mitgebracht. Seine Tätigkeit innerhalb der sehr kleinen Gemeinde war jedoch so wenig erfolgreich, dass er Amsterdam bald wieder verließ. (SMIT,1869,9) Später wirkte er auftragsgemäß in Siebenbürgen, aber auch dort ohne nennenswerten Erfolg. Spätestens 1872 hielt er sich wieder in Deutschland auf.(s.Anm.130) S. war verheiratet mit Johanna Henriette Catarina Brandes (geb. am 2.2.1845 in Burgdorf). Aus dieser Ehe gingen 4 Kinder hervor, die zwischen 1870 und 1881 geboren wurden. Das dritte Kind wurde am 12.8.1880 in Budapest (!), die übrigen in Hamburg geboren. Am 19.3.1892 wohnte er in Hamburg, Lessingstr. 10. Seine Firma *"Louis Stechmann"* wurde am 24.10.1893 ins Handelsregister eingetragen (sie hat bis 1911 existiert). In späteren Jahren hat er offenbar nicht mehr als Ap gewirkt, sondern ist wieder seinem Beruf nachgegangen. Dem Verf. liegt ein Brief des Ap v. 15./18.10.1909 (im Original) vor, der keine Anrede enthält, aber einen (offenbar von R.Geyer stammenden) Antwortvermerk v. 24./25.6.1910 trägt. Dieser bemerkenswerte Brief hat einen nachdenklichen, endzeitorientierten Grundtenor, ist evangelistisch gehalten und atmet kap Geist. S. distanzierte sich von Geyer und der Abspaltung 1863. Das eigene Ap-Amt scheint keine Rolle mehr zu spielen. Er schreibt u.a.: "Hier in Hamburg *wurden s. Z. die Vorträge in einem Keller abgehalten, bis dann nach und nach später hier in Hamburg eine große herrliche Gemeinde stand, die erfüllt war mit den Gaben des heiligen Geistes. Im Jahre 1862 kam in den Gottesdiensten immer diverse sehr starke Weissagungen: Stehet fest, und wanket nicht.*

Der Feind hat euer begehrt, euch zu sichten. Wir dachten damals, die Weissagungen bezögen sich auf den Wandel der Einzelnen. Heute verstehe ich freilich diese Weissagungen, als der Prophet Geyer in unsere Gemeinde eindrang, haben wir ihn nicht zurück gewiesen, wir haben nicht fest gestanden, sondern wir sind gewanket und gesichtet worden. Die herrliche Hamburger Gemeinde ist zerstört worden.

Als seiner Zeit das Volk Israel den Altar aufgerichtet hatte, da sind die Feinde der Juden gekommen und haben sie an den Weiterbau gehindert. Ob es nun Gottes Wille war, daß auch im Werk Gottes eine Pause entstehen sollte nachdem der Altar, die Gottesdienste aufgerichtet waren? Es ist ja factisch ein Stillstand eingetreten; die wilden Auswüchse, welche leider entstanden sind, werden nicht von Dauer sein.

Der liebe Gott ist derselbe, der er von Anfang an gewesen ist; wenn Er sein Werk weiterführen will, kann es nur durch das Urim und Thumim geschehen, durch Apostel und Propheten unter Leitung des Hohenpriesters, unserm Herrn Jesus Christus der zur Rechten Gottes sitzt... Mitten in der Trübsal, will der Herr seine Rechte ausstrecken, das apostolische Amt, um in der Christenheit den 7armigen goldenen Leuchter, die 7 Gemeinden in den 7 Hauptstädten aufzurichten. Der Herr wird die 70 Aeltesten erwählen und jeglicher dieser 7 Gemeinden 10 Aelteste zuteilen; und jeder dieser 70 Aeltesten, hat in seinem Kreise wieder 7 Gemeinden aufzurichten, und alle diese 70 mal 7 Gemeinden, werden mitten in der Christenheit stehen und Vergebung der Sünden predigen, bevor die letzte große Sündenfluth über die Christenheit hereinbrechen wird...

An uns ist es zu beten, und in Geduld zu warten auf die Befehle des Herrn, denn es soll nicht ausgerichtet werden durch Heere oder Kraft, sondern allein durch den Geist Gottes.

(gez.) *Louis Stechmann"*
(Einzelheiten zu S. s. bei WEINMANN,1963,120ff)

[128] (S.234) Friedrich Wilhelm Menkhoff (geb. am 2.6.1824 in Wallenbrück/Westfalen, + 21.6.1895 in Bielefeld, Sohn von Hartwig Heinrich Menkhoff u. Catharine Marie, geb. Dröge), reform. Prediger in einer kleinen freien Torfbauerngemeinde in Ouderkerk bei Amsterdam, war vom Missionsverein in Quelle bei Bielefeld 1848 nach Holland geschickt worden. Bald nach 1863 lernte er durch Vermittlung von Jan de Liefde (dem Gründer der freien evang. Gemeinde *"Tecum Habita"* in Amsterdam; einer der ersten drei durch Schwarz [zu Himmelfahrt 1864] in den Niederlanden Versiegelten!) Schwarz kennen und schloss sich (nach anfänglichem Widerstand gegen dessen Lehre) der HAZ an. Der Ap und M. beeinflussten sich theologisch wechselseitig. 1867 empfing M. durch Schwarz die Versiegelung und musste aufgrund seines Anschlusses an die AZ sein Amt in Holland aufgeben.

Seine Amtsenthebung hatte offenbar jedoch noch einen anderen Grund: Nach den durch Briefe belegten Aussagen von Ijsbrand Smit, einem ehemaligen D der AZ, hatte M. mit seiner Dienstbotin Catharina Wilhelmina Henrichs (geb. am 22.12.1835 in Amsterdam) ein uneheliches Kind. Die Art und Weise, wie M. sich dabei aus der Affäre zog, war alles andere als ehrenvoll. Sein Kind, das ebenfalls Catharina Wilhelmina hieß, wurde am 8.11.1859 geboren. Bereits am 19.4. d.J. hatte M. jedoch Aukje Smeding (19.2.1835-12.7.1889) aus Leeuwarden geheiratet. Die Mutter des unehelichen Kindes wohnte noch bis zum 25.7. d.J. in der Wohnung des Ehepaars M. und heiratete dann in Amsterdam Meindert Breukelaar. Sie starb bereits am 12.3.1862 (in Haarlemmermeer). Breukelaar heiratete am 30.3.1864 Margaretha Elizabeth Schaake, starb aber selbst bereits am 18.11.1866. Im Sept. 1869 (M. war am 28.9.1868 nach Bielefeld verzogen) begab sich die Witwe Breukelaar mit ihrer Stieftochter (dem Kind von M.) in das Versammlungslokal der AZ in Amsterdam in der Warmoesstraat, um nach dem Gottesdienst mit Schwarz über eine finanzielle Regelung hinsichtlich ihrer Stieftochter zu sprechen (offenbar erhielt sie von M. keine Unterstützung). Ihr Versuch hatte keinen Erfolg. M. ist trotz dieses peinlichen Sachverhalts innerhalb der AZ offenbar weitgehend unangefochten geblieben.(s.SMIT,1869,24-30)

Am 14.6.1868 wurde M. in Amsterdam zum Ev ber. und nach seiner Ord. am 20.9.1868 nach Westfalen (Bielefeld) entsandt. Er kehrte mit seiner Frau und seinen 3 Kindern (2 waren gestorben) nach Deutschland zurück und sammelte in Westfalen (hauptsächlich im Raum Bielefeld) und im Rheinland als *"freier apostolischer Prediger"* bzw. als Ev Anhänger für das apostolische Werk unter Schwarz. Noch 1868 konnten in Bielefeld eine apostolische Gemeinde gegründet und durch Schwarz mehr als 100 Personen versiegelt werden. Zu den ersten, die durch M. gewonnen und durch Schwarz versiegelt wurden, gehörte der spätere *"Stammapostel"* Hermann Niehaus (1848-1932). 1869 wurde M. durch Schwarz in das Bischofsamt gesetzt. In diesem Jahr verfasste M. die kleine Schrift *"Grundsätze und Glaubens-Bekenntniß der Apostolischen Gemeinde in Bielefeld. Eine Form, worin man das h. Abendmahl feiern kann".*

M. war es, der Schwarz 1870 dazu brachte, die kap liturgischen Rituale und Gewänder, die im calvinistisch geprägten Holland nur hinderlich seien, zugunsten schlichterer, reform. Gottesdienstformen abzuschaffen. SALUS (1913,311) schreibt: *"Die Tätigkeit des Apostels Menkhoff war nicht bloß grundlegender und aufbauender, sondern in hervorragendem Maße reformatorischer Art. Als der Apostel Schwartz nach Holland kam, brachte er alles mit, was er von seinen Vätern überkommen hatte: Gewänder, Zeremonien, Liturgien usw. In dem freien Holland war dafür kein Boden. Menkhoff, früher der reformierten Kirche angehörig, stritt heftig dagegen und überzeugte nach langem Kampfe den Apostel Schwartz von der Entbehrlichkeit der altapostolischen Kultusordnung, so daß dieser sich entschloß, die äußeren Hei-*

ligenkleider und sonstiges abzulegen, was ihm aber sehr schwer fiel." (s.u.) Eine Folge dieses Schrittes waren erhebliche Differenzen mit den deutschen AcaM-Gemeinden (besonders Hamburg!).(s.S.232 d.v.U.) Durch diese Umgestaltung wurde M., gemeinsam mit Schwarz, zu einem der "Väter" der von den KaG und der AcaM so grundverschiedenen Verfassung der apostolischen Gemeinden *"neuer Ordnung"*.

Am 19.5.1872 wurde M. in Amsterdam durch den *"Stamm-Propheten"* Edzard Willem Ansingh (20.8.1826-15.9.1910) zum Ap des *"Stammes Isaschar"* (Westfalen u. Rheinland) ber. und durch Schwarz ausgesondert. Es zeigen sich hierbei bereits 1872 zwei für die spätere nap Bewegung zwei charakteristische Momente: Weitgehende Preisgabe der reichen kap Liturgie und *"Einsetzung"* von Ap nach Gutdünken der amtierenden Apostel. M. hatte kap Tradition nie kennengelernt, sondern war vielmehr von reform.-pietistischen Einflüssen geprägt. Damit war sein Ansatz im *"apostolischen Werk"* ein gänzlich anderer als der von Geyer und seinen Anhängern. Konflikte waren so vorprogrammiert und brachen um 1878 tatsächlich aus.(Näheres s. bei OBST,1990,1ff) Menkhoffs Tätigkeit und sein Auftragsgebiet standen auch nicht unter der Aufsicht des Central-Vorstandes der AcaM, sondern unter der von Schwarz.

Am 19.5.1872 wurden in Amsterdam übrigens außer M. noch zwei weitere Männer durch Ansingh zu Ap ber.: ein namentlich Unbekannter für Italien und G.F.Lankamp für Frankreich. Letzterer leitete seit 1865 die *"Vereeniging tot verbreiding der Waarheid"* in Enkhuizen und diente seit dem 5.5.1869 in der dortigen HAZ-Gemeinde als Bischof (*"opziener"*). 1878 wurde er durch Schwarz seines Amtes enthoben.

Weitere Gemeinden konnte M. in Ruhrort und in Iserlohn ins Leben rufen. Bis zu seinem Tode entstanden im *"Apostel-Bezirk"* Bielefeld noch weitere 13 apostolische Gemeinden.

Nach der Spaltung der AcaM im Jahre 1878 übernahm M. die Betreuung der Hamburger Restgemeinde.(WEINMANN,1963,142f) Zu dem folgenden Abschnitt der Geschichte der AG schreibt SALUS (1913,311): *"Ein anderes großes Verdienst hat sich der Apostel Menkhoff um die Erhaltung des apostolischen Werkes erworben. Nach dem Tode des Apostels Preuß (1878) übernahm er den verwaisten Stamm Hamburg und führte das Volk Gottes, bis der Bahnmeister Krebs 1881 Hamburg übernahm. In Hamburg fing Menkhoff gleichfalls zu reformieren an. 1885 wurden in Hamburg und Berlin die Kirchengewänder auf ein= und denselben Tag abgelegt, wodurch ein großer Anstoß für manche Seelen, sowie äußere Gewandheiligkeit beseitigt wurde. Von den sonstigen äußeren Gebräuchen verschwand nach und nach ein Stück nach dem anderen. Das monotone Absingen und Ablesen der liturgischen Gebete hörte ungefähr um dieselbe Zeit auf. Gegen Ende der achtziger Jahre waren alle katholisch-apostolischen Spuren verwischt, und man hatte sich praktisch davon überzeugt, welch ein Segen ohne Gewand und Liturgie hervortrat. Die Abschaffung der altapostolischen Kultusordnung ist ein großes Werk, aber nur dem A p o s t e l   M e n k h o f f zuzuschreiben. Selbst der feurige Krebs konnte sich   s c h w e r   von seinen scheinbaren Heiligtümern trennen."* (vgl.WEINMANN,1963,182)

Von 1884 bis 1892 war M. Hrg. und Redakteur der nap Monatsschrift *"Der Herold"*. Die Tendenz dieser Zeitschrift unterschied sich deutlich von der irenischen Haltung der AcaM. So liest man z.B. im *"Herold"* 11/1892,S.86f über die Kirche: *"Die ihr auch in jetziger Zeit durch die Amtswirksamkeit der erwählten und gerufenen Knechte Jesu Christi zugerufen wird, taub ist, so spricht der Herr selbst ein Zeugnis über sie aus, indem Er ihren Kindern befiehlt: hadert mit ihr, denn sie ist zu einer Hure geworden... 'Babel sollte geheilt werden, aber Babel will sich nicht heilen lassen, darum laßt sie fahren!'"*

M. erblindete im Alter.(s. auch SALUS,1913,308-313; OBST,1990,61-67)

[129] (S.235) In einem Schreiben an das Berliner KPPr v. 21.12.1865 zeigte Geyer (entsprechend dem Vereinsgesetz v. 11.3.1850) an, dass er in seiner Wohnung sonntags 15-17 Uhr sowie montags und donnerstags 19.30-21.30 Uhr für <u>die Berliner Gemeinde der Allgemeinen christlichen apostolischen Mission</u> eine *"Missions= und Bibelstunde"* für *"christliche Personen"* halten wolle. *"Der Zweck dieser Bibel= und Missions=Stunden ist, die Christen zu einem gottseligem Wandel, zum fleißigen Kirchenbesuch, und zur Treue und Gehorsam gegen König und Obrigkeit zu ermuntern. Ganz besonders liegt es mir am Herzen, eine wahrhaft christliche Kinderzucht und sittliches, friedliches Familien=Leben, da wo es zerstört ist, wieder hervorrufen zu helfen."* Da G. aufgrund von Krankheitsfällen in der Familie für einige Wochen nach Hamburg zurück müsse, solle das KPPr die Genehmigungsbescheinigung *"an den hiesigen Bürger und Porcellanhändler Louis Bösecke"* schicken, der *"bis zu meiner Rückkehr in meiner Wohnung in der Leitung der Bibelstunden meine Stelle vertreten wird... Berlin den 21. Decbr. 1865... H. Geyer. Prediger."* (XXIV/2-2v) Die Versammlungen fanden zwei- bis dreimal wöchentlich statt und wurden regelmäßig von 10-12 Personen besucht.(ebd./3)
Am 2.3.1866 teilte G. dem KPPr mit, *"daß sich an dem heutigen Tage unter meiner Leitung (!) in hiesiger Stadt ein christlicher Missions=Verein gebildet hat, unter dem Namen: 'Gemeinde der allgemeinen, christlichen, apostolischen Mission', welcher sich dem in Hamburg unter gleichem Namen existirenden älteren Bruder=Vereine sich als eine weitere Central= Gesellschaft angeschlossen hat.*
Die ... gemeinsamen Statuten, welche unterm 22. v. M. erneuert sind (!), werden den nöthigen Einblick in unsere Bestrebungen gewähren, wie auch wir zu unserm geringen Theile an der allgemeinen Wohlfahrt unseres theuern Vaterlandes, wie der Kirche auf religiösem Wege mitzuwirken suchen." (ebd./4) Als Versammlungsort diente ein Saal im Hause des Schankwirts Boelicke, Bischofs-Str. 18.(ebd./7v) Unterzeichnet war die Anzeige, der neben den Statuten das Verzeichnis der Mitglieder sowie der *"zeitweiligen Vorsteher"* beigefügt war, mit *"H. Geyer. Prediger Linienstr. 103. L. Böseke* (sic) *Gartenstr. 157"* ([ebd./4v] G. hatte gleich für Bösecke mit unterschrieben...)
Die hinsichtlich ihrer kirchenfreundlichen Haltung bemerkenswerten Statuten sind offensichtlich von G. verfasst worden.(s. den Wortlaut auf S.330ff d.v.U.) Das Mitgliederverzeichnis (v. 2.3.1866 [von G. u. Bösecke unterschrieben]) umfasste insgesamt 16 Personen, darunter: G., Heinrich Geyer jun. (Bildhauergehilfe), das Ehepaar Bösecke, Prof. a.D. Dr. phil. Alexander Theodor Mückel aus Görlitz (*"ist noch nicht hier wohnhaft, wird aber baldigst hier einziehen, und Wohnung nachweisen"*) und der spätere Pr Rudolph Marticke (Schuhmachergeselle, später Schlächter). Neben einzelnen Frauen gehörten zur Gemeinde sonst nur Angehörige des Handwerkerstandes. Als *"Vorstand und resp. Redner"* hatten unter zeichnet: *"Prediger"* H. Geyer. Louis Böseke. *Professor* Dr. A. Th. Mückel".(XXIV/6)
Im Apr. 1866 hatte sich die Zahl der Mitglieder auf etwa 20 Personen erhöht. Einer polizeilichen Aktennotiz (v. 4.1. d.J.) zufolge hielt G. die *"Tendenz seiner Missionsstunde... nach seiner Angabe streng inne".*(ebd./2v) In einem Polizeibericht v. 15.4.1866 heißt es: *"Der Gottesdienst am Sonntage Nachmittags besteht aus Gesängen und vielen der katholischen Messe entlehnten Gebeten, die von dem am Altar, mit einem weißlinnenen Gewand - wie die* Alba *der katholischen Priester - und einer dunkelblauen* Stola *(Farbe des Pr - Verf.) bekleideten Geistlichen* (demnach G. - Verf.) *knieend zum Theil gesprochen zum Theil gesungen werden, woran die Anwesenden, deren der Unterzeichnete heute nur drei Männer und vier Frauen sowie ein kleines Mädchen vorfand, gleichfalls auf den Knieen Theil nehmen. Es wird dabei*

Brod und Wein mittelst der Einsetzungsworte consecrirt und nach einer Reihe von Gebeten das Abendmahl ertheilt. Den Schluß bildet eine Predigt und ein Lied." (ebd./7v)
Die Versammlungen der AcaM-Gemeinde in Berlin fanden (mit jeweils 12-16 Personen) bis zum Sommer 1866 regelmäßig, in der zweiten Jahreshälfte dagegen nur in größeren Abständen statt, da G. für längere Zeit zu seiner Familie und der Gemeinde nach Hamburg zurückgekehrt war. Bösecke hatte bereits im Mai B. wieder verlassen. Ab Dez. kam die Gemeinde vorübergehend in Geyers neuer Wohnung (Sophienstr. 18^{II}), ab Febr. 1867 in Böseckes Wohnung (Bergstr. 1/2, Hof, letzte Tür, 2 Tr.) zusammen. Interessanterweise galt G. als Vorsteher der Gemeinde, der Ap Bösecke dagegen nur als *"Mitvorsteher"*, der bei Geyers Abwesenheit die Versammlungen leitete.(ebd./8-11) Der andere *"Mitvorsteher"*, Mückel, war nicht (wie angegeben) nach B. umgezogen...(ebd./11v)
Zur weiteren Geschichte der Berliner AcaM-Gemeinde s. Akte XXIV und Anm.127.a.

[130] (S.235) Dazu wurde ihm vom Central-Vorstand der AcaM in Hamburg eine Legitimationsurkunde ausgestellt, die folgenden Wortlaut hat: *"Der unterzeichnete Central=Vorstand der allgemeinen, christlichen, und apostolischen Kirche für Norddeutschland und Skandinavien, Hauptsitz zu Hamburg, bezeugt hierdurch dem Herrn Johann August Ludwig Bösecke aus Berlin, daß derselbe gleichfalls Mitglied des Central=Vorstandes der allgemeinen, christl. apostolischen Kirche, und zwar insbesondere für Schlesien, Böhmen, Lausitz und Polen ist, und daß derselbe in dieser Eigenschaft befugt und beauftragt ist, selbstständig (!) das Evangelium vom Reiche Gottes zu verkündigen, so wie in jeder Beziehung alle Funktionen unseres kirchlichen Ritus amtlich zu vollziehen.*
Hamburg, den 21. Februar *1872.*
Der Centralvorstand der allg. christl. apostol. Kirche, Theil Norddeutschland u. Skandinavien.

    (gez.)   H.F.Hoppe   Louis Stechmann   H.Geyer.
                                  L.Preuß"

(XXIV/16; Vorlage: Original. Der Text wurde von G. geschrieben, die Unterschriften sind eigenhändig. Hoppe u. Stechmann befanden sich also im Febr. 1872 [noch bzw. wieder?] in Hamburg, Hohl dagegen bereits in Süddeutschland. Schwarz gehörte anscheinend nicht zum Central-Vorstand der AcaM. Im Unterschied zum o.g. Auftragsgebiet Böseckes fehlt hier Mähren. Auffällig ist auch die Bezeichnung *"Centralvorstand... für Norddeutschland u. Skandinavien"* angesichts der Unterschriften der Ap für Nordamerika u. Ungarn.)

[131] (S.236) Johann Friedrich Ludwig Güldner (geb. am 20.5.1837 in Mühs bei Schwerin, + 31.3.1904 in Hamburg) war Besitzer einer Kohlenhandlung in der Lembkentwiete 19 in Hamburg. Ap Schwarz zufolge hat Geyer den Ap G. *"im Verborgenen zum Apostel"* berufen. (F.SCHWARZ,Testament,3) Möglicherweise ist er jedoch über Geyer und G. absichtlich falsch informiert worden.
Dem Verf. liegt der Bericht einer Augenzeugin (Sophie Geß) mit deren eigenhändiger Unterschrift vor. Es handelt sich dabei um eine *"wortgetreue Protokoll=Abschrift"* eines Gespräches, das R.Geyer und Hugo Sühlsen am 28.5.1934 in Hamburg mit S.Geß geführt haben.(den Wortlaut s.S.333f d.v.U.) Dort heißt es: *"Bei der Berufung des Apostels Johann Güldner war ich persönlich zugegen, sie erfolgte im Jahre 1878 (Datum weiss ich nicht mehr) im eucharistischen Gottesdien(s)t in der Kapelle Breite Strasse Nr. (25 - Verf.) in Hamburg. Die Berufung des Diakonen J. Güldner zum Apostelamt erfolgte nach der Homilie durch den Prophe-*

ten Heinrich Geyer. Anwesend waren als Diener ausserdem noch der Priester (Älteste) Eduard Wichmann, Evangelist Gerstenkorn, Hirte Böcke, wahrscheinlich auch der Hirte Herm. Bachstein. Der damals noch lebende Apostel Preuss war meines Wissens nicht zugegen, er war schon krank und starb bald darauf (25. VII. 1878) am Schlaganfall." (s. weiter S.237f d.v.U. [S.Geß erinnert sich allerdings an die Ereignisse vom 31.3. u. 4.8.1878 so, als seien sie an einem Tage geschehen.])
Bemerkenswert an dieser Ber. ist die Tatsache, dass sie an einem Zeitpunkt geschah, an welchem der eigentliche Ap für Ndt. und Skandinavien noch lebte. WEINMANN (1963,356) zufolge soll sich Preuß zu dieser Zeit auf einer Besuchsreise nach Schlade, Braunschweig und Wolfenbüttel befunden haben. Weiter unten widerspricht er sich jedoch selbst, wenn er schreibt: "Apostel Preuß hatte vor seinem Tod lange Zeit schwer krank im Bett gelegen." (ebd.) SALUS erwähnt die Ber. Güldners bezeichnenderweise mit keinem Wort; dafür erscheint bei ihm der Name Güldner im Zusammenhang mit Geyer, Hoppe, Strube und anderen, die nicht der von Krebs eingeschlagenen Linie folgten, mit der den Ton seiner ganzen Darstellung kennzeichnenden Bemerkung: *"Und weshalb sollten wir über ein paar Eintagsfliegen oder Mistkäfer, die in die Hütte Gottes geschlichen sind, stolpern!"* (1913,352)
H.GEYER schrieb 1893 (31f): "Schon am 31. März 1878, wo durch Preuß *ein Aufruhr in der Gemeinde heimlich vorbereitet war*, wurde der Bruder Güldner *als Apostel durch das Prophetenamt berufen, und am 8ten Sonntage nach Pfingsten als Apostel für Norddeutschland und* Skandinavien *(Dänemark, Schweden u. Norwegen) ausgesondert."* (In seiner Zeitangabe irrt G.: Der 8. Sonntag nach Pfingsten im Jahre 1878 war nicht der 4. Aug., sondern der 6. Juli.)

[132] (S.246) Die bisher kaum bekannte Alt-Apostolische Gemeinde (AAG) geht auf Friedrich Strube (+ nach 1931) aus Stapelburg/H. zurück. Der Schulze a.D. Strube (von Beruf Ökonom? nach anderen Quellen hat er angeblich Theologie studiert, war dann aber Bauer) gehörte zunächst der AcaM (Gemeinde Osterode?) und nach 1878 der AG an. Auf der Versammlung in Braunschweig am 25.7.1879, auf der ein Nachfolger für Güldner gefunden werden sollte, wurde Strube durch *"Bischof"* Wichmann aus Hamburg (vgl.S.239 d.v.U.) zum P-Amt berufen.(Protokoll der Versammlung,S.1 [vgl.S.334ff d.v.U.]) Er diente zunächst als P-Pr unter dem Ap Menkhoff und ab 1881 unter dem Ap Krebs in Stapelburg/Harz. (Menkhoff hielt sich z.B. am 22.1.1884 bei Strube auf. [WEINMANN,1963,371]) In einer holländ. *"Lijst der Apostolische Gemeenten"*, o.O., o.J., wird eine nap Gemeinde in Stapelburg aufgeführt (zum *"Stamm Efraim / Apostolat Braunschweig / Distrikt Harz [Osterode]"* gehörend).
Nach Aussagen R. Geyers (Anm.133) in einer von ihm verfassten kleinen Begleitbroschüre zur Liturgie der AAG mit dem Titel *"Allgemeine Apostolische Kirche"* (1900) hatte sich bei Strube und Gleichgesinnten Opposition gegen Krebs geregt, der (als Ap für den *"Stamm Ephraim"*) sich - nach ihrer Ansicht - unrechtmäßig den *"Stamm Benjamin"* des 1878 verstorbenen Ap Preuß einverleibt habe. Der *"Stamm Benjamin"* war nach ihrer Auffassung noch immer verwaist. *"Daher richtete Gott den wahren Stamm Benjamin dadurch wieder aus den Trümmern auf, daß Er diesem in Norddeutschland und insbesondere am Harze seßhaften Stamme auch dort wieder einen Apostel und die andern Ämter erweckte durch das Zeugnis Seines Heiligen Geistes und ihm wieder Glieder gab. Die Neuorganisation des wahren Stammes Benjamin ging angesichts vieler Feindschaft unter Zeichen und Wundern vor sich. Durch mehrfache Zeugnisse des Heiligen Geistes in Weissagungen und Visionen wurde Anfang der 90er Jahre zunächst der frühere Prophet Friedrich Strube in Stapelburg a. Harz zum Apostel*

des seit dem Jahre 1879 (1878 - Verf.) *verwaisten, wahren Stammes Benjamin und somit zum Nachfolger des selig entschlafenen Apostels Preuß berufen."* (R.GEYER,1900,VI; s. dazu SALUS,1913,351) Strube, dessen prophetischer Dienst unter Krebs immer mehr beschnitten worden war, trennte sich (1886?) von der "Apostolischen Gemeinde".(OBST,1990,67)
Zu seinen Mitarbeitern gehörten der frühere *"Torprophet"* des *"Stammes Isaschar"* August Hugo in Hossen bei Isserhorst i. Westf. (ab 1898 [s.ebd.,66ff]), der *"Stamm-Bischof"* wurde, Friedrich Mitteldorf aus Stapelburg als *"Torprophet"* und der ehemalige nap P R.Geyer, der sich im Herbst 1898 der AAG anschloss, als *"Evangelist im Stamme Benjamin"* (vor Apr. 1900).(R.GEYER,1900,VII.XIf) Im Herbst 1899 beauftragte Strube Geyer mit der Herausgabe einer Liturgie für die AAG, da die bis dahin benutzte AcaM-Liturgie von 1864 vergriffen war. Die von Geyer bearbeitete Liturgie (am AcaM-Vorbild orientiert, aber stark gekürzt) erschien 1900 im Selbstverlag von F.Strube in Stapelburg unter dem Titel *"Die Liturgie. Andachts= Buch zum Gebrauch bei allen Gottesdiensten und gottesdienstlichen Handlungen der Allgemeinen Apostolischen Kirche (Alt=Apostolische Gemeinde)."* (167 S., sie enthält auch *"Die Grundsätze und das Glaubens=Bekenntnis der [Alt-]Apostolischen Gemeinden")*
Unter dem Einfluss von Strube, besonders aber von R.Geyer, legte die AAG Wert auf die "alte" apostolische Liturgie (Gottesdienstordnung, Gewänder!), die Bedeutung des vierfachen Amtes (einschließlich des Pr-Amtes), Weissagungen in den Gottesdiensten (diese wurden stenographiert), die Notwendigkeit der prophetischen Ber. von Ap und den Gebrauch von Geistesgaben.
Der AAG sind außer dem Ap Strube (*"Stamm Benjamin"*) noch die Ap Luitsen B. Hoekstra in Hoorn/Nord-Holland (28.7.1860-19.6.1955, Ap seit 19.9.1897, *"Stamm Juda"*) und G.Sümmen (?) in Frankfurt/M. (*"Stamm Sebulon"*) zuzurechnen. AAG-Gemeinden gab es u.a. in Berlin (Skalitzerstr. 10), Braunschweig, Bielefeld, Driesen a.d. Netze, Frankfurt/M. (Kapelle Rotlindstr. 14), Griesheim (Hochstr. 25), Hamburg (Holzdamm 38), Stapelburg (in Strubes Haus), Werneuchen und Zeulenroda. (Einige dieser Gemeinden existierten offenbar nur kurze Zeit.) Die Mitgliederzahl dürfte bei einigen hundert gelegen haben.
Auch in Jena gab es eine Gemeinde, die um 1900 ca. 50-60 Mitglieder (u.a. auch aus Uhlstädt) zählte und ihr Kirchenlokal zunächst in der Dornburgerstr. 3 hatte. Diese Gemeinde war ab 1898 durch R.Geyer gesammelt worden, der sie auch als P betreute. G. engagierte sich sehr für die AAG, die sich unter seinem Einfluss vorübergehend *"Allgemeine Apostolische Kirche"* nannte.(s.o.) Am 30.9.1906 weihte der Ap Strube in Jena das neue Kirchenlokal der Gemeinde Am Rähmen 2a[1] ein. Bei diesem Gottesdienst wirkten u.a. der Tor-Pr Mitteldorf und ein Pr der Jenaer Gemeinde (Luge) mit. (handschr. Aufzeichnungen von R.Geyer) An 13 Personen (darunter auch Kinder!) wurde die Versiegelung vollzogen, ein D wurde eingesetzt.
Nachdem R.Geyer 1908/09 mit der AcaM in Hamburg in Verbindung gekommen war, versuchte er, Strube für einen Anschluss an diese Gemeinde zu gewinnen. Strube lehnte entschieden ab. So kam es zur Spaltung in Jena. Ein Teil der Gemeindeglieder (unter ihnen O.Ratzmann [s.u.]) gründete die *"Allgemeine Apostolische Mission"* und schloss sich unter Geyers Führung der AcaM in Hamburg an. Diese blieben im Kirchlokal Am Rähmen 2a, während der AAG-Teil sich ab 1909 am Magdelstieg 33 (Hinterhaus) versammelte.
1931 hatte die AAG Mitglieder aus Jena, Eisenberg, Rudolstadt, Orlamünde, Gumperda und der Gegend um Kahla. Vorsteher (Bischof) war seit 1924 Albert Kurt Werner (+ 1954, wurde noch als Ap ber., jedoch nicht ausgesondert) aus Jena, als Priester dienten u.a. aus Jena: Steinhauer, Hoffmann und Luge (Pr) und aus Orlamünde ein Mann namens Göpfarth. Neben dem sonntäglichen Gottesdienst (mit parallelem Kindergottesdienst; Abendmahl 14tägig) fand

jeden Mittwoch ein Abenddienst statt. 1947/48 zählte die AAG noch ca. 40 Mitglieder und nannte sich *"Altapostolische Gemeinschaft"*. Nachdem sie 1950 verboten wurde (angeblich wegen der zu geringen Anzahl der Mitglieder) löste sich die Gemeinde auf. Heute leben nur noch sehr wenige ehemalige Mitglieder der AAG, von denen sich die meisten zur Evang. Kirche halten.

Um 1910 gab die AAG die Zeitschrift *"Die Morgenröte. Missionsblatt für wahres Christentum"* heraus, die in mindestens 3 Jahrgängen erschien (in Berlin-Charlottenburg).

Die AAG sind vor allem als eine Protestbewegung gegen die AG unter Krebs zu sehen - besonders gegen deren Verstümmelung der kap Liturgie, die Zurückdrängung des Pr-Amtes und der in ihren Augen höchst ungeistlichen Machtentfaltung der nap Apostel. Deutlich ist das Bemühen, an alte AcaM-Traditionen anzuknüpfen. Dabei muss berücksichtigt werden, dass keiner der Amtsträger aus den KaG stammte und nur wenige von der Hamburger AcaM geprägt waren. -

Die AAG ist nicht zu verwechseln mit der 1960/61 durch den aus der NaK ausgeschiedenen P H.Seller in Wien (+ 1993) gegründeten Gemeinschaft gleichen Namens. Diese hat sich 1993 der durch den früheren Ap Hermann Gottfried Rockenfelder aus Wiesbaden (geb. am 21.6.1932, Ap seit 1976, 1989 Ausschluss aus der NaK) im Jahre 1989 gegründeten *"Apostolischen Gemeinde"* angeschlossen.

[133] (S.247)   Robert Her(r)mann Geyer (+ 9.10.1957 in Camburg) wurde am 8.4.1874 als erstes Kind des Landwirts Franz Herrmann G. (geb. in Wolfsgefährt bei Weida, evang.) und dessen Ehefrau Bertha, geb. Dix (aus Nattersmühle bei Weida) in Weida geboren. (Viele der folgenden Angaben stammen aus einem eigenhändigen Lebenslauf R.Geyers v. 19.5.1904, der dem Verf. in Abschrift vorliegt.) Von 4 Geschwistern starben 2 im Kindesalter. 1880-1887 besuchte G. die Bürgerschule in Weida. Von einem Onkel erhielt er Privatunterricht in Latein. 1887 trat er in das Fürstl. Gymnasium in Gera ein, das er bis 1892 besuchte. Am 28.3.1888 wurde er konfirmiert. Noch vor seinem 18. Geburtstag beschloss er, nach Amerika zu gehen, um luth. Christen mit dem Wort Gottes zu dienen. Daraus wurde jedoch nichts. G. besuchte ab 1892 das Städtische Gymnasium in Greiz, wo er am 19.3.1895 das *"Abiturientenexamen"* ablegte. Im Zeugnis erhielt er im Fach *"Religion"* die Note *"Gut"* mit der Bemerkung: *"Er hat eine gute christliche Erkenntnis, aber sein Wissen ist wirr, und er eifert mit Unverstand für die Lehren einer Sekte."* (Manuskript unter dem Titel *"Apostolische Sukzession"* [von K.Herbst?], S.5)

G. selbst berichtet in seinem Lebenslauf: *"In Greiz trat eine große Wendung meines Lebens ein. Es war von Jugend auf mein eifrigster Wunsch gewesen, ein wahrer Diener Gottes zu werden. Im Jahre 1894 lernte ich jedoch in Greiz die Neu-Apostolische Gemeinde ... kennen. Ich konnte sofort an die Wiederaufrichtung des Apostolats und aller anderen ursprünglichen Ämter Jesu Christi und an das Wiedererwachen der geistlichen Gaben glauben und schloss mich der Gemeinde an. Am 1. heiligen Pfingsttage empfing ich mit über 500 anderen Gläubigen durch den Apostel Krebs die heilige Versiegelung. 4 Wochen später wurde ich in das Unterdiakonenamt eingesetzt, Ostern 1895 ins Diakonenamt. Seit meinem Übertritt zur apostolischen Gemeinde hat*(te) *ich die furchtbarsten Verfolgungen zu bestehen; meine Mitschüler, meine Lehrer, der Gymnasialdirektor und sogar meine Eltern wandten alle Mittel an, mich davon abzubringen; doch vergeblich. Bald nach meinem Übertritt wurde in vielen Zeitungen Thüringens berichtet, ich sei in religiösen Wahnsinn verfallen und müsse darum in eine Irrenanstalt überführt werden. Alles konnte mich nicht zum Rückfall bewegen. Doch nun*

trat die Wahl meines Berufs an mich heran. Pfarrer konnte ich nach der Lehre der apostolischen Kirche nicht werden, denn Gott beruft seine Diener selbst und bedarf nicht der Gelehrten." Am 28.5.1895 trat G. aus der Evang. Kirche aus. Am 7.11.1895 wurde er in Leipzig zum P-Amt ber. und durch Krebs ordiniert (Ord. am 8.12. d.J.?).
Um Tierarzt zu werden, ließ sich G. *"zu Michaelis 1895"* an der *"Königlich Sächsischen Tierärztlichen Hochschule"* in Dresden immatrikulieren. Da er *"Vivisektionen und andere Tierquälereien nicht mitansehen"* konnte, gab er nach 2 Semestern das Studium auf (1896). G. wohnte damals in Loschwitz und wirkte während seines Studiums als Ev der AG in und um Dresden (in einem Zeugnis der Hochschule für den *"Einjährigen"*-Militärdienst vom Sept. 1897 wird er als *"Prediger"* bezeichnet). Er sammelte innerhalb kurzer Zeit in Dresden eine nap Gemeinde, die er auch als P betreute. Im Febr. 1896 empfingen bereits 27 Personen die Versiegelung durch Krebs. Im selben Monat korrespondierte G. mit dem eE der kap Gemeinde in Dresden Hildebrandt (s.S.130 d.v.U.), wobei die Gegensätze zwischen den Vertretern der *"alten"* und der *"neuen Ordnung"* unüberbrückbar blieben. Hildebrandt schrieb am 18.2.1896: *"... Sie befinden sich in dem Irrtum, beide Gemeinschaften könnten sich miteinander verständigen, resp. ergänzen.*

Lassen Sie mich ein etwas kräftiges Bild gebrauchen. Wenn Jemand ein großes Haus und eine Anzahl kleinerer Häuser besäße, und es käme Einer über nacht u. raubte ihm eines derselben durch einen heimlichen Gewaltstreich, so kann man nicht sagen: Der Besitzer der alten Ordnung u. der Besitzer der neuen Ordnung, sondern es wird der Besitzer des geraubten Hauses stets ein Räuber bleiben, und die diesen Besitz ererben, sind Besitzer geraubten Gutes." (Vorlage: Original) Aus dieser Zeit rührt möglicherweise auch Geyers Bekanntschaft mit Titus Kopisch her, der 1913 innerhalb der AAM in Hamburg zum Ap für Ndt. ber. wurde (s.S.247f d.v.U.).

G. schreibt im Lebenslauf: *"Als ich zu Ostern wegen Aufgabe meines Studiums wieder fortwollte, wurde es mir sehr schwer, die Gemeinde zu verlassen... Der Apostel Krebs ordnete jedoch an, daß ich in Dresden bleiben solle, er wolle für mich sorgen. Er that dies insofern, als er unter den Gemeindegliedern eine Zeichnungsliste herumgehen ließ, worin insgesamt 36 M monatlich gezeichnet wurden (und das war genug, denn es waren meist arme Leute). In den folgenden Monaten kam indes weniger ein; ich mußte in der großen Stadt, wo das Leben so teuer ist, also ein recht kümmerliches Dasein führen..."* G. gründete ein Geschäft in Loschwitz und heiratete (da er *"ein solches Geschäft nicht ohne Frau führen konnte"*) am 27.3.1897 die zur AG gehörende Marie Anders aus Rietschen bei Görlitz. G.: *"Vor der Verheiratung ließ ich dieselbe die Schneiderakademie in Dresden besuchen und das Putzfach erlernen. Mit der Verheiratung eröffnete ich ein Putz- und Modenwarengeschäft..."* Obwohl das Geschäft gut ging, verließ G. bereits 6 Monate später Dresden: *"Vorgänge in der Gemeinde nötigten mich von dort fort. Der Apostel Krebs ließ durch seine Günstlinge im Jahre 1897 die Lehre verkündigen, er sei Christus im Fleisch geoffenbart und verlangte eine geradezu göttliche Verehrung. Hierzu ließ ich mich nicht bewegen... An Eifer für die wahre Lehre Christi hatte es mir nicht gefehlt: Hatte ich doch außer in Dresden auch in Ebersbach und Alte und Neugersdorf in der Oberlausitz Gemeinden gesammelt, ja mein Eifer war so groß, daß ich von der Polizei verfolgt wurde, ich habe Gottes Ehre vor dem Amtsgericht Ebersbach, vor dem Landgericht Bautzen und vor dem Oberlandesgericht Dresden mit Freudigkeit verteidigt. - Trotzdem galt ich, seitdem ich gegen die neue Lehre auftrat, als Ketzer, Rebell und schlechter Mensch. Diese Anschauungen ließ sich auch meine Frau einimpfen. Ich legte daher mein Amt nieder, verkaufte das Geschäft in Loschwitz und zog nach Jena, um dort ein anderes Geschäft zu er-*

richten und aus dessen Erträgnissen zu studieren." (Lebenslauf) G. siedelte Anf. Okt. 1897 nach Jena über und eröffnete ein Delikatessengeschäft. Eine am 20.3.1898 geborene Tochter starb nach 8 Wochen. Im Juli d.J. verließ ihn seine Frau (nach Geyers Angaben auf Druck ihrer Krebs-loyalen nap Familie). (Die Ehe wurde 1903 geschieden.) G. musste sein Geschäft aufgeben.

Das im Herbst 1897 in Jena begonnene Jurastudium (er studierte bis zum Sommer 1901) konnte er nicht beenden, da sein Vater nicht in der Lage war, die finanzielle Unterstützung aufrechtzuerhalten. 1898 war er nach Lichtenhain bei Jena gezogen, wo er sich 1901/02 als Rechtskonsulent niederließ und 1911 zum Schultheiß gewählt wurde. Er übte diese Tätigkeit bis zur Eingemeindung des künftigen Jenaer Stadtteils am 1.1.1913 aus. In seinem Gemeindevorstand war auch der spätere P der Jenaer AAM-Gemeinde Otto Ratzmann (ursprünglich ebenfalls Mitglied der AG) als Büroangestellter tätig.

Im Herbst 1898 hatte G. den Ap F.Strube in Stapelburg kennengelernt und sich daraufhin der AAG (Anm.132) angeschlossen. Über die Gründe für diesen Schritt schrieb er 1½ Jahre später: *"Seit Anfang der 90er Jahre tauchte zuerst im Stamme Ephraim* ('Stamm' des Ap Krebs - Verf.) *eine sehr fühlbare Priesterherrschaft auf, die bald so zunahm, daß heute, ohne jede Übertreibung, die hierarchischen Tendenzen der Jesuiten derselben nicht mehr gleichkommen... Die Umgestaltung und Verdunkelung der reinen apostolischen Lehre begann mit der Unterdrückung des Prophetenamtes...*
Demzufolge bittet dieser Apostel (Krebs - Verf.) *auch Gott nicht mehr darum, daß Er durch die Weissagungen der Propheten würdige Männer zu Knechten Gottes berufen möchte, sondern er sucht sich einfach nach seiner Ansicht geeignete Personen aus und setzt sie in die Ämter ohne jede vorherige prophetische Berufung, nur nach seinem Gutdünken ein; die Propheten und andern Weissager haben dies dann nur einfach als Gottes Willen zu bestätigen...*
Dabei blieb es aber nicht, sondern die Umbildung der Lehre ging immer weiter, bis sie im Jahre 1898 ihren Höhepunkt erreichte. Dem Apostel des Stammes Ephraim war es nicht mehr genug, daß die Mitglieder ihn für unfehlbar hielten, sondern er wollte Christus selbst sein. Die Bibelstelle 'Wer euch [Apostel] hört, hört mich [Jesum]' und einige ähnliche Bibelstellen wurden von nicht ungeschickten Günstlingen dieses Apostels zu diesem Zweck bald dahin gedeutet, daß Christus im Himmel überhaupt nicht mit den Menschen verkehren könnte und darum wieder eine Fleischeshülle und zwar die dieses Apostels angenommen hätte: dieser Apostel sei also 'C h r i s t u s   i m   F l e i s c h e' und wer ihn höre, der höre wahrhaftig den Gottessohn." (R.GEYER,1900,VIIIf)

In der AAG nahm G. bald eine wichtige Rolle ein. Nicht lange nach seinem Anschluss gründete er eine Gemeinde in Jena und Uhlstädt. Er wurde (vor Apr. 1900) zum *"Evangelisten im Stamme Benjamin"* (ebd.,XIII) eingesetzt und im Herbst 1899 vom Ap Strube mit der Bearbeitung einer Liturgie für die AAG beauftragt. Diese Arbeit, die er bis zum 10.3.1900 beendete, gab ihm Gelegenheit, die liturgischen Traditionen der AcaM aufzunehmen. Intensiv beschäftigte er sich in dieser Zeit mit Geschichte und Tradition der KaG und der AcaM. Zu diesem Zweck besuchte er auch kap Gemeinden (z.B. 1899 in Plauen).

Am 24.12.1904 heiratete er Selma Martin (+ 1948) in Orlamünde. Sein (einziger) Sohn Lot kam am 31.1.1945 in Schweidnitz ums Leben, seine Tochter heiratete später nach München. In Jena gründete G. einen *"Verein der Tier- und Menschenfreunde e.V."*.

Im Jahre 1909 kam G. durch den Kaufmann Friedrich Emil Herold (geb. am 24.3.1874 [später D bzw. P in Geyers Gemeinde; verließ diese jedoch vor 1931]) mit der AAM in Hamburg in

Verbindung. Er wurde Mitglied der AAM, versuchte Strube für den Anschluss an diese Gemeinde zu gewinnen und trennte sich, nachdem letzterer abgelehnt hatte, 1909 von der AAG in Jena. Er gründete mit einem Teil der AAG-Mitglieder, die ihm gefolgt waren, eine AAM-Gemeinde in Jena. Diese warb übrigens mit einer *"Brocken-Sammlung"*, als deren Zweck die *"Sammlung und Nutzbarmachung von zurückgestellten und entbehrlich gewordenen Gegenständen für die Armen a l l e r Konfessionen"* angegeben wurde.

G. trat auch mit evangelistischen Vorträgen an die Öffentlichkeit. Der P war in seiner Gemeinde ehrenamtlich tätig. Seine Einkünfte bezog er durch die Erteilung von Rechtsauskünften.

Am 12.10.1913 wurde er durch J.Westphaln in Hamburg zum Ap für Amerika berufen. Seine *"Aussonderung"* erfolgte in Hamburg am 15.5.1921.(s.S.249 d.v.U.) Die Gemeinden des Ap Hoppe in den USA besuchte er jedoch erst vom 20.11.1925-2.2.1926.

Am 3.2.1920 war G. nach Camburg verzogen, wo er bereits seit 1914 beim Amtsgericht als Prozessagent bzw. Rechtskonsulent zugelassen war. In Jena unterhielt er ein Zweigbüro. Seit dem Umzug lebte der Ap von seiner Frau getrennt.

Nachdem er 1924 mit Bischöfen der gallikan. Kirche in der apostolischen Sukzession des Patriarchats von Antiochien in Kontakt gekommen war, empfing er durch diese am 10.5.1925 in der Methodistenkirche in Stuttgart die Diakonen-Segnung und die Priesterweihe sowie am 25.8.1925 in der Methodistenkirche in Bern die Weihe zum Erzbischofsamt.(s.S.251 d.v.U.) Er nahm den Weihenamen *"Barnabas"* an. In einem Brief an Friedrich Heiler v. 14./15.6.1932 schrieb G.: *"Ich habe die kanonischen Weihen auch gar nicht gesucht, aber T.* (Timotheus [Aloysius Stumpfl] - Verf.) *hat sie mir sehr warm empfohlen. Wenn ich auch heute noch vollkommen von der Gültigkeit unserer pneumatischen Berufungen und Weihen, die wir ja schon hatten, überzeugt bin, so erblickte ich doch in der gebotenen Gelegenheit, die kanonischen Weihen noch dazu erhalten zu können, einen göttlichen Willen und Wink, damit wir dadurch auch in direkte und organische Verbindung mit den katholischen Kirchen und mit dem biblischen Apostolat kämen. Auch erinnerte ich mich, daß unseren alten kathol. apostolischen Amtsbrüder(n) besonders von katholischen Mitchristen der Mangel der kanonischen Weihen zum Vorwurf gemacht wurde. Ehe ich die Weihen annahm, habe ich ausdrücklich hervorgehoben, daß ich die Weihen nur annehmen würde, wenn die Gehorsamsgelübde gegenüber den Konsekratoren vollständig beiseite gelassen würden, weil ich bei dem mir von Gott anvertrauten Amte keinem andern kirchlichen Amte unterstehen u. kanonischen Gehorsam leisten kann. Ich hob hervor, daß das kein Hochmut ist, sondern das Wesen meines Amtes erfordert. Sowohl* Timotheos *als auch die lieben französischen Bischöfe* Giraud *und* Vigue *haben dies eingesehen u. meinem Wunsche gern entsprochen. Ich bin darauf hin ohne Ablegung der Gehorsamsgelübde geweiht worden."*

G. wollte damals auch nicht, dass seine religiösen Titel in der Öffentlichkeit gebraucht wurden. So antwortete er einem von Stumpfl geweihten Priester, der G. als *"ehrwürdigen Herrn Erzbischof Barnabas"* anschrieb: *"Vor allem bitte ich darum, mich in Brief- und Kartenadressen nicht mit 'Erzbischof' oder 'Bischof' zu bezeichnen, zumal dies in dieser ungläubigen Gegend nur Spott hervorruft. Ich bin von Beruf Jurist, ehrenamtlich auch Stadtrat und Kurdirektor; die Leute wissen auch, dass ich Vorsteher einer religiösen Gemeinschaft bin."* (Brief an J.K.Gotlinger v. 28.9.1928 [zitiert nach *"Apostolische Sukzession"*, S.6])

Von der ihm übertragenen Weihe-Befugnis hat G. mindestens fünfmal Gebrauch gemacht. So weihte er zu Bischöfen: am 26.5.1929 den EE-Pr Wilhelm Güldner, am 24.6.1929 in Rüschlikon den E-Ev Karl Eugen Herzog ([Ber. am 17.6. d.J.] Weihename *"Stephanus"*), am

16.6.1934 in Oberweiler (Badenweiler) Gotthilf Haug (Anm.135), am 21.9.1953 in Bochum den EE (-H) Martin Schelker (Anm.137.c) und den EE-Pr Nicolaus Heß (Anm.137.b). Am 6.12.1928 besuchte G. (in Begleitung von Lehsten) erstmals den SDV im Nidelbad/ Rüschlikon. Seitdem nahm er relativ regelmäßig an den alljährlich im Juni stattfindenden Kirchentagen und Konzilien teil. Bis zu seinem Tode bestand ein reger Briefverkehr mit Haug und M.Schelker.
In einem Bericht des Regierungsassistenten Sölter aus Camburg v. 8.5.1936 wird der Ap folgendermaßen charakterisiert: *"Geyer geniesst in Camburg und Umgebung als Rechtsberater, der beim Amtsgericht in Camburg als Rechtsbeistand zugelassen ist, einen guten Ruf. Er ist überall als anständiger, ruhiger und kluger Mensch bekannt, der einige philanthropische Neigungen hat. Er ist Vorsitzender des hiesigen Tierschutzvereins und Anhänger der Naturheilmethode Kneipp. Ausserdem steht er einem Verschönerungsverein vor. Durch seine ruhige und kluge Art hat er nur überall Freunde. Es entspricht sicher seinem inneren Wesen, mit allen Menschen Frieden zu haben. Auch in seiner beruflichen Tätigkeit ist er sehr verständig und vornehm."* (XXX/82)
Obwohl G. ab etwa 1935 als Rechtskonsulent im Ruhestand lebte, hat er diesen Beruf noch viele Jahre ausgeübt. Mit seinem stadtbekannten Schimmelgespann fuhr er zu seinen Kunden, um sie in Rechts- oder Vermögensangelegenheiten zu beraten.
In Rüschlikon und Oberweiler genoss er großes Ansehen. Hier galt sein Einsatz besonders der Verwirklichung oekumen. Gemeinschaft zwischen den Konfessionen. In Jena hielt er seit etwa 1935 oekumen. Gottesdienste unter Beteiligung von Geistlichen verschiedener Kirchen. Zur evang. und röm.-kath. Gemeinde in Camburg pflegte er freundschaftliche Kontakte.
Nach 1945 wurde er vom SDV wirtschaftlich so treu unterstützt, dass er diesen in einem Testamentsentwurf vom 8.4.1953 zum Alleinerben einsetzte.
Die letzten Lebensjahre waren erschwert durch die deutsche Teilung. 1952 war die AAM in der damaligen DDR noch nicht wieder zugelassen. G. durfte zum ersten Mal im Herbst 1953 in die BRD ausreisen. Während dieser Reise besuchte er AAM-Gemeinden in West- und Süddeutschland, konsekrierte auf einem AAM-Konzil in Bochum Heß und M.Schelker zu Erzbischöfen (Anm.137.b-c) und nahm in München 3 P-Ord. und 2 D-Segnungen vor. In Bochum brachen Grundsatzdiskussionen zwischen G. und einer Reihe von Amtsbrüdern (besonders des SDV) auf, die ein Konfliktpotential offenbarten, das in den folgenden Jahren nicht abgebaut werden konnte, sondern eher zunahm.(s.Anm.138)
Bis zu seinem Tode hielt G. Gottesdienste in Jena (sonntagnachmittags!) - mit meist nicht mehr als 6-8 Personen.
Auffällig war Geyers zunehmender "Titel-Fetischismus", der von Mitbrüdern mehrfach kritisiert wurde. Als er z.B. am 1.8.1954 der evang. Gemeinde in Camburg zur Glockenweihe gratulierte, verwendete er einen Kopfbogen mit der Aufschrift *"Katholisch=Apostolische Kirche (Urkirche) in kanonischer Succession der Katholisch=Apostolischen Urkirche von Antiochien. Oekumenische Mission des Eucharistischen Samariter=Ordens e.V."* und unterschrieb: *"Für die Ökumenische Apostolische Kirche (gez.) Barnabas Geyer, Archiepiscopus".* Das dabei verwendete Siegel zeigt im Kleeblattkreuz die Symbole der vier Evangelisten und trägt die Umschrift: *"Sigillum collegii apostolorum Jesu Christi oekumeniorum".* Trauungen beurkundete er in staatlichen Familienbüchern z.T. mit dem nur als Papstkreuz gebrauchten Kreuz mit drei Querbalken! Am 1.11.1955 ernannte (durch Charles Brearley vermittelt) das *"Ministerial Training College"* in Sheffield/England G. zum *"Doctor of Divinity h.c.".* (Er hat nie erfahren, dass diese "Doktorwürde", auf die er so stolz war, keine akademische An-

erkennung besaß.) G., den man in seinen letzten Lebensjahren als *"'Apostel' 'mit der traurigen Gestalt'"* bezeichnen könnte, verwendete im Jahre seines Todes folgende Visitenkarte:

"++ (Erzbischofskreuz - Verf.) *Barnabas Robert Geyer D.D.*
katholisch-apostolischer Erzbischof
in kanonischer Succession der
katholisch-apostolischen Urkirche
von Antiochien"

Von seinen Anhängern ließ er sich - nach Aussage von Zeitzeugen - mit *"Herr Apostel Barnabas"* anreden.

In einer *"Belehrung"* v. 2.8.1956 (s.Anm.138) musste G. sich mit dem Vorwurf einiger Amtsbrüder (unter ihnen Belz) auseinandersetzen, er sei seiner Ber. für Amerika nicht nachgekommen, sondern - ungehorsam - in Deutschland geblieben. Ein Hintergrund der Erneuerung dieses alten Vorwurfs gegen G. war die Ber. von G.Edel (Anm.136) zum Ap "für die ganze Christenheit mit Sitz in Deutschland", auf die G., der sich nun überflüssig fühlte, sehr empfindlich reagierte: "Wenn ich nun in Deutschland und in der Schweiz überflüssig geworden bin und meine weitere Anwesenheit in diesen beiden Ländern unerwünscht ist, so wird dem nur abgeholfen, wenn mich mein Herr und Sender Jesus Christus aus dieser Zeit abberuft." (in Masch.schr., S.6)

G. starb - einsam - am 9.10.1957. Die Beerdigung am 15.10. in Camburg nahm sein Koadj Eugen Belz vor. Auf dem Weg zum Friedhof gab es Probleme. So vermerkt das evang. Kirchenbuch in Camburg: *"Achse vom Leichenwagen gebrochen, Sarg auf Karren transportiert"*. An der Trauerfeier nahmen - obwohl G. in Camburg geachtet war - nur ca. 20-30 Personen teil. Die Kosten für den Grabstein und eine 20jährige Grabpflege übernahm der röm.-kath. Pfarrer von Camburg Karl Herbst, mit dem G. freundschaftlich verbunden war. Dieser entwarf auch die Grabinschrift: *"HIER HARRT DER AUFERSTEHUNG / ROBERT HERMANN GEYER DD / BARNABAS / APOSTOLUS JESU CHRISTI ET ARCHIEPISCOPUS / IN SUCCESSIONE ECCLESIAE CATHOLICAE / ET APOSTOLICAE ANTIOCHIENSIS / GETAUFT AM 26. APRIL 1874 / HEIMGERUFEN AM 9. OKTOBER 1957 / R.I.P."*

[134] (S.251) Die <u>Weiheurkunde R.Geyers</u> hat folgenden Wortlaut:
"Wir
L o u i s F r a n ç o i s ,
durch die Gnade des ewigen Gottes
E r z b i s c h o f v o n A l m y r e
in der Succession der apostolischen Kirche von Antiochien,
bezeugen durch dieses, dass wir am 18. Tage des Monats August 1925 in B e r n , Schweiz, unseren geliebten
Bruder
B a r n a b a s ,
in der Welt genannt: Hermann Robert G e y e r ,
<u>als Erzbischof der allgemeinen apostolischen Kirchengemeinschaft</u> nach dem Pontifikale Romanum konsekriert haben unter
kanonischer Assistenz der Bischöfe
Gaston und Timotheos.
Gegeben zu Gazinet, Gironde, Frankreich,
31. Oktober 1925.

(gez.)	++ *Louis François*	+ *Timotheos*	+ *Pierre*
	archevêque	*Ap.M.*	*Gaston*
	d' Almyre		
	Primat."	(XXX/95)	

Die Sukzessions-Liste, auf die sich die gallikan. Bischöfe des Patriarchats von Antiochien gründen und die mit dem 144. Nachfolger des Apostels Petrus einsetzt, ist in Abschrift enthalten in: XXX/85.128-130. Unter den freibischöflichen "Vorgängern" Geyers befinden sich allerdings einige umstrittene Weiheträger, die praktisch keine eigenen Gemeinden hatten, dafür aber z.T. recht abenteuerliche Biographien (wie z.B. René Joseph Vilatte alias *"Mar Timotheus I."*). Aloysius Stumpfl (*"Mar Timotheos II."*, später Titularbischof *"Metropolit von Aquileia"*) aus Ried/Oberösterreich etwa, der sich auch *"Apostolischer Missionar"* der *"Altchristlichen Mission. Vereinigung, Ausbreitung und Pflege des Urchristentums"* nannte und bei der Weihe Geyers erst 26 Jahre alt war, hat durch die Weitergabe seiner Weihe mit dafür gesorgt, daß aufgrund der zahlenmäßigen Zunahme der *"Episcopi vagantes"* der "freibischöfliche Bereich" heute so unübersichtlich geworden ist.(s.S.252 d.v.U.) Dies zeigt die Problematik der "Weihen aus zweiter Hand", hinter denen nicht selten ein persönliches Interesse am Bischofsamt steht, das man eigenmächtig zu erwerben sucht. G. ist jenen zuzuordnen, die die freibischöflichen Weihen und Würden an die Existenz konkreter Gemeinden binden wollten und konnten. Die AAM jedoch existiert inzwischen nicht mehr.

135 (S.253) Gotthilf Haug (22.2.1875-19.10.1951) war Bruder des Baseler Diakonenhauses. Zusammen mit Jakob Schelker zog er 1899 nach Zürich, um dort *"auf breiter Basis männliche Diakonie zu treiben"*. Aus dieser Arbeit erwuchs 1905 die *"Bruderschaft vom gemeinsamen Leben"* (Brüderhaus Philadelphia, Zürich). Zusammen mit Schwestern und Verheirateten wurde 1906 die *"Körperschaft vom gemeinsamen Leben"* gebildet, aus der heraus der *"Schweizerische Diakonieverein"* (1908 Diakonenhaus St. Stephanus im Nidelbad bei Rüschlikon, Zürich) gegründet wurde. 1915 wurde in Oberweiler (Ortsteil von Badenweiler/ Südschwarzwald) eine Diakoniestation ins Leben gerufen, das spätere *"Kurheim Bethesda"*. Am 10.8.1934 wurden die deutschen Diakoniestationen (Oberweiler, Heidenheim, Freiburg u. Stuttgart) organisatorisch vom SDV getrennt, nahmen die Bezeichnung *"Deutsche Oekumenische Christentumsgesellschaft"* an, blieben aber in enger Verbindung mit dem SDV. 1936 waren diesem Verbund 8-10 Diakoniestationen mit insgesamt ca. 70-80 Mitgliedern angeschlossen.
H. leitete die *"Bruderschaft/Körperschaft vom gemeinsamen Leben"* (die 4. Hauptabteilung des SDV). Am 10.12.1928 wurde er in die AAM aufgenommen und einen Tag später durch Geyer versiegelt. Am 28.3.1932 (2. Osterfeiertag) wurde er in Oberweiler (im Gottesdienst mit vierfachem Amt) durch W.Güldner zum Ap ber. und bereits am frühen Morgen des folgenden Tages durch drei Bischöfe (Lehsten, Güldner u. Glinz [22.8.1877-24.4.1933]) ausgesondert (für die Schweiz?). Als Ap stand er auch der *"apostolisch-katholischen Gruppe"* innerhalb der kirchlichen Hauptabteilung des SDV vor.(zu Anliegen u. Struktur des SDV s. HOCHKIRCHE,1931,5-19; ebd.,1932,256-263) Diese Gruppe pflegte die kap bzw. AcaM-Tradition und stand mit der AAM in Deutschland in enger Verbindung. Nachdem er am 24.2.1934 zum D und einen Tag später zum P geweiht worden war, empfing er am 17.6.1934 in Oberweiler die Bischofsweihe und den Weihenamen *"Matthias II."* durch Giraud (Assistenten waren: Geyer, Güldner, Lehsten, Herzog). H. konsekrierte am 24.6.1934 den E-Ev Heimeroth und am 27.6.1937 den E(-H) Eugen Belz aus Bayern zu Bischöfen.

[136] (S.253)   Gottfried Edel (geb. am 14.2.1929) erhielt die Diakonatsweihe (am 16.10.1952 in Basel) und wurde (offenbar unter dem Eindruck des Todes von Haug) am 18.10. d.J. in Badenweiler durch Güldner zum Ap (nach eigen Angaben) "für die ganze Christenheit mit Sitz in Deutschland" berufen. In seinem Testamentsentwurf von 1953 bezeichnete ihn Geyer schon als Erzbischof (E. wurde jedoch bis heute nicht geweiht). Und in einem Reise-Bericht aus demselben Jahr schrieb der Ap über E., den er in Bochum getroffen hatte, enthusiastisch: *"Der neue Apostel scheint sich als eine ganz bedeutende Persönlichkeit zu entwickeln. Schon äusserlich ist er eine imponierende Gestalt von 1,87 m Grösse. Trotz alledem ist er demütig wie ein Kind."* E. wurde jedoch (auf eigenen Wunsch?) nicht zum Ap-Amt ausgesondert.(s. auch Anm.138)

[137.a] (S.255)   Eugen Karl Belz (2.9.1900-25.7.1987, gelernter Kaufmann) wurde am 27.3.1932 in Rüschlikon in die AAM aufgenommen, empfing einen Tag später die Versiegelung und die Segnung zum D-Amt sowie am 29.3. d.J. die P-Weihe durch Geyer und Haug. Am 25.6.1937 wurde er in Rüschlikon durch Güldner zum E ber. und zwei Tage später durch Haug, Geyer und Güldner zum E-Ev geweiht (Weihename *"Titus"*).
Nachdem die Nationalsozialisten etwa 1938 die von B. geleitete Diakoniestation in Heidenheim geschlossen hatten, gingen B. und einige Brüder nach Holland, um dort eine neue Arbeit zu beginnen, die jedoch nach der deutschen Besetzung wieder abgebrochen werden musste. B. kehrte (1945?) nach Deutschland zurück.
Am 13.8.1949 erwählte ihn Haug zu seinem Koadjutor. Nach dessen Tod diente er als Koadj des Ap Geyer (ab 7.6.1952). In den Nachkriegsjahren hatte, solange Geyer nicht in die Westzonen reisen durfte, B. die Versammlungen der Amtsträger in Deutschland und der Schweiz zu leiten.
Am 12.9.1968 wurde er durch Heß (Anm.137.b) zum Ap ber. und am 22.9.1968 ausgesondert. B. war Vorsteher (*"Ältester"*) der *"Bruderschaft vom gemeinsamen Leben"* und lebte in Stuttgart.

[137.b] (S.255)   Johann Nicolaus Richard Heß (geb. am 10.2.1907 in Hamburg, evang.-luth. Pfarrer in Nürnberg, ord. am 30.11.1930) empfing die Versiegelung am 8.8.1949 in Heidenheim durch Koadj Belz, wurde am 10.8.1949 in Rüschlikon durch Güldner zum Pr im Bischofsamt ber., am 20.12.1950 in Nürnberg als D eingesetzt und am 12.2.1951 in Heidenheim zum P (Pr) geweiht. Am 21.9.1953 empfing er in Bochum die Weihe *"zum Erzbischof im Prophetischen Säulenamt für die Schweiz"* (jedoch ohne Weihebefugnis) durch Geyer, Belz und Heimeroth. Ab 6.9.1968 diente er als Koadj des Ap Belz.

[137.c] (S.255)   Paul Johann Martin Schelker (1.8.1884-7.5.1969, Bruder des Mitbegründers der *"Bruderschaft vom gemeinsamen Leben"* Jakob Schelker [s.Anm.135]), wurde am 10.12.1928 in Rüschlikon in die AAM aufgenommen und einen Tag später versiegelt. Am 22.6.1929 wurde er ins D-Amt eingesetzt, am 28.3.1932 in Oberweiler durch den P-Pr Sippel und Güldner zum H-Amt ber. und am 29.3.1932 durch Geyer zum P (H) geweiht. Am 10.8.1949 durch Güldner zum Bischofsamt (H) ber., empfing er am 21.9.1953 in Bochum die Weihe zum *"Erzbischof im Pastoralen Säulenamt für die Schweiz"* (jedoch ohne Weihebefugnis) durch Geyer, Belz und Güldner.

138 (S.255) Es heißt im Protokoll über das "Apostolische Konzil in Bochum. 19.-21. September 1953" (S.7ff): "Nach dem Essen am Nachmittag Besprechung unter Leitung von Br. Geyer. Dieser erklärt den Namen und Titel der jetzigen apostol. Kirche, die er vertritt. 'Kathol. apostol. Kirche' sei der Name der Christenheit nach dem Glaubensbekenntnis. Es müsse aber auch das besondere Werk Gottes einen Titel und kennzeichnenden Namen tragen, der u.a. in dem Stempel der Amtsträger, Gemeinden und der Kirche sichtbar werde. Da gebe es den Stempel des vierfachen Amtes, dann den Stempel der Gemeinden z.B. 'Kath. apostol. Gemeinde Bochum' und es müsse den der ganzen Kirche geben, und der sei nun doch ganz einfach 'Kathol. Apostol. Kirche'. Dazu, wie er später noch erklärt, der Zusatz: 'in der kanonischen Sukzession von Antiochien - Sitz Schweiz'. Br. Geyer betont, wir müssten uns als Nachfolger und Fortsetzer des alten Werkes ansehen, denn sie seien es eigentlich nicht mehr, da sie keine Apostel, Propheten und Engel mehr hätten, also auch gar nicht rechtskräftig mehr seien. Hier fragt Br. Hess: Die alten Apostel hätten sich u. d. Werk eigentlich nicht apostol. Kirche genannt, sondern 'Katholisch-apostolische Gemeinden innerhalb der einen heiligen katholischen und apostolischen Kirche'. Br. Geyer meint, dieser Titel sei zu lang, auch sei in der Ostzone jetzt das Werk unter diesem obigen Titel angegeben, auch müsse ja das Gesamte einen Gesamt-Titel tragen. Br. Eugen (Belz - Verf.) fragt, warum Sitz in der Schweiz? Das sei, sagt Br. Geyer, mit Br. Haug so ausgemacht worden. Es sei nötig, dass man in der Schweiz die rechtliche Anerkennung suche, ob man nicht auch daran denken solle, bei notw. Aufgabe der Kapellen des alten Werkes die in Zürich käuflich zu erwerben. Br. Hess meinte nochmals, dass doch im alten Werk auch die Gemeinden Rechtstitel auf sich vereinigten, so also die 7 Gem. i. London die Rechtsträger alles Grundbes. usw. waren. Kirche, kath. apostol. Kirche, sei doch die ganze Christenheit und wir könnten diesen Titel nicht einfach an uns nehmen. Die Apostel hätten Gemeinden gesammelt in der k.a. Kirche. Br. Geyer: Gemeinden sind keine Kirche. Wir haben keine Einheit mehr, wenn wir uns in Gemeinden zersplittern. Br. Panten: Wir brauchen doch eine Organisation, in der sich die sammeln unter Aposteln, die diese als Braut dem HErrn entgegenführen wollen. Br. Geyer weist noch hin wie es zur apostolischen Sukzession im kanonischen Sinne kam. Sie bildet durch die Handauflegung eine direkt körperliche Brücke von den ersten Aposteln bis heute. Darum sei sie auch für uns von Wichtigkeit und um des oekum. Zusammenhanges willen.

Nach dem Abenddienst kommt es nach vorhergehenden persönlichen Gesprächen zwischen Br. Geyer, Güldner, Belz, Edel und Hess, auch Br. Heimeroth zu einem Austausch über die Frage der kanonischen Weihen. Zunächst bittet Br. Belz darum, dass Br. Geyer nicht an Br. Edel in seiner Eigenschaft als Erzbischof die kanon. Weihen weitergeben möchte, wie geplant, da sonst der Eindruck erweckt werden könne, als brauche ein Apostel von dem anderen Apostel eine Weihe. Solcher Eindruck müsse unbedingt um der Integrität, Reinheit des apostol. Amtes vermieden werden. Er (Br. Geyer) sei eben nicht nur Erzbischof, sondern auch Apostel und das könne man nicht einfach trennen. Wenn, dann solle Br. Edel von einem etwa gallik. Bischof nach dem Rit(uale) Rom(anum) geweiht werden. Br. G. kann nicht gleich darauf eingehen, sondern begründet den von ihm nicht gewollten Weg, auf dem er zur kanon. Weihe kam und warum er nunmehr diese für notwendig ansehe. Sie solle auch immer mit erteilt werden bei allen apostol. Weihen. Hier wendet Br. Hess ein, dass wir in dem Diak. Verein die Notwendigkeit der kanon. Weihen immer eingesehen hätten u. Br. Haug sie auch habe an sich vollziehen lassen und an den Brüdern. Aber andererseits dürfe doch die apostol. Weihe nicht mit der kanon. wie in eins gesetzt werden. Es müsse um der Reinheit des apostol. Werkes willen auch nur eine apostol. Weihe geben, Diener, die nur diese empfangen haben.

Sonst würden die evangel. Brüder und Gemeinden meinen müssen, das apostol. Werk sei katholisch.-institutionell, nicht wirklich charismatisch unmittelbar, sondern römisch bestimmt. Darüber eine längere Aussprache, in der Br. Geyer seine Befürchtung erklärt, es komme dann ein Riß in das apostol. Werk und warum die kanon. Weihen so wichtig seien. Doch erklären die Brüder des Schw(eizerischen) *Diak. Vereins, dass die Einheit gerade im Apostolat, in Christus, ruhe. Br. Edel spricht für seine Person von dem gleichen Anliegen und möchte sich im Blick auf die kanonischen Weihen noch nicht binden. Fest steht, dass im apostol. Werk die Sukzessions-Weihen erhalten bleiben und dass weder die pneumatisch - unmittelbare Seite des apostol. Werkes noch die kanonisch-successionelle der kathol. Kirchen beeinträchtigt werden sollen."*

Am Nachmittag des 20.9.1953 *"kommt es im Austausch noch zu einer Erklärung von Br. Hess, dass die Brüder innerhalb des Vereinswerkes und der Körperschaft vom gemeinsamen Leben gegenwärtig noch eine Zeit der Vorbereitung sehen, dass sie bei aller treuen Arbeit innerhalb der verschiedenen Kreise und Gruppen noch nicht die Zeit der großen Sendung nach Außen für gekommen erachten. Es sei neben dem Anliegen von Br. Geyer auch das Anliegen und das Erbe der beiden heimgegangenen Apostel Haug und Riedinger zu wahren, das Apostolat der allumfassenden Diakonie und der göttlichen Liebe, eben das der Einheit inmitten der Christenheit und all ihrer Kirchen und Gemeinden. Br. Geyer meint, das sei zu sehr nach innen gerichtet, er sei noch mehr Aktivist und auch Br. Haug habe gemeint, dass Evangelisten nötig seien."*

In den *"Belehrungen des Apostolischen und Erzbischöflichen Amtes in Camburg-Saale vom 2. August 1956"* spiegelt sich die Kontroverse zwischen G. und Vertretern des SDV in der Frage nach dem Selbstverständnis und dem Auftrag der AAM wider: *"Ich habe schon längere Zeit gefühlt, dass ich manchen Schweizer Amtsbrüdern wahrscheinlich wegen meiner streng alten apostolischen Anschauungen und Amtsführung im Wege bin, weil ich nicht mit allen Einrichtungen und Zielen des Schweizer Diakonievereins einverstanden sein kann. Der Diakonieverein lehrt, dass die apostolische Kirche nur ein Musterkirchlein in der Gesamtheit der anderen Konfessionskirchen sei und sich in der apostolischen Amtsführung mehr oder weniger nach anderen Kirchen, insbesondere nach der evangelischen lutherischen oder Schweizer reformierten Kirche, teilweise auch nach den Anschauungen und Anforderungen der französischen gallikanischen Bischöfe richten müsse. Daher tragen manche Schweizer Amtsbrüder und Geschwister, obwohl sie der apostolischen Kirche als Mitglieder angehören, gar keine Bedenken, ihre Kinder in evangelischen Kirchen taufen zu lassen, ihre Trauungen und Totenbestattungen durch evangelische bezw. protestantische Pfarrer vollziehen zu lassen und Bischofsweihen von gallikanischen (französischen) Bischöfen anstatt von den Aposteln vollziehen zu lassen. Ein alter, handfester und apostolischer Amtsbruder sagte einmal und auch öfter, dass solche apostolische Kirchenmitglieder wegen ihrer Unentschiedenheit als halb Fisch und halb Frosch zu betrachten seien. Solche Unentschiedenheit kann auch ich nicht gut heissen. Wer das Heilige Sakrament des Abendmahls in der apostolischen Kirche geniesst, müsste auch alle anderen Sakramente, Weihen und Segnungen in der apostolischen Kirche von apostolischen Amtsträgern erbitten und dankbar annehmen. Nach meiner alten und wahren apostolischen Glaubenslehre und Anschauung ist die katholisch apostolische Kirche kein Kirchlein in beigeordnetem Rang mit den anderen Konfessionskirchen, sondern die von Christo allen anderen Kirchenabteilungen <u>übergeordnete und alle Getauften zusammenfassende christliche Urkirche</u>. Die Apostel und Propheten sind also nicht nur Diener und Amsträger der katholisch-apostolischen Gemeinden, sondern Vorsteher und gottverord-*

nete Botschafter für die Gesamtheit aller anderen Kirchenabteilungen. Wenn wir die apostolische Kirche nur als gleichberechtigtes Kirchlein neben den anderen Kirchen betrachten, dann wäre die katholisch-apostolische Kirche ja nur eine von den vielen Kirchengemeinschaften abgetrennte neue Sekte. Das müssen wir aber als falsch entschieden ablehnen."
Geyers Tod entschied die Kontroverse zugunsten einer bis heute vom SDV geübten oekumen. Praxis, die vom Modell der " *ecclesiola in ecclesia* " her lebt und von daher nicht in der Gefahr steht, sektiererische Züge anzunehmen. R.Geyer hat das "Werk" (den SDV) nicht wirklich verstanden, weil er zu sehr hierarchisch dachte, den diakonischen Ansatz Haugs jedoch nicht begriff. Die AAM unter Geyer erwies sich als nicht überlebensfähig. Die Amtsträger des SDV hatten verstanden, dass das kap Werk in seiner ursprünglichen Gestalt der KaG eine historisch begrenzte Erscheinung war. Anders als die AAM erlagen sie nicht der Versuchung, die Gemeindeverfassung der KaG zu kopieren bzw. künstlich aufrechtzuerhalten. Sie haben das oekumen. (weniger das endzeitliche) Anliegen der Albury-Ap aufgenommen, das sie auf ihre Weise unaufdringlich, brüderlich und integrierend leben - bis heute.

Themenregister zu den Anmerkungen

(Bei mehreren Angaben bezieht sich die fettgedruckte Anmerkung auf die Hauptanmerkung[en] zum jeweiligen Stichwort. Auf den Seiten des Anmerkungsteiles sind oben die das Stichwort betreffenden Seiten im Darstellungsteil angegeben. Ein chronologisch geordnetes Ortsregister zu den bis 1863 in Preußen gegründeten kap Gemeinden ist auf S. 178ff der vorliegenden Untersuchung zu finden.)

	Anmerkung
Abendmahl, evangelisches (Zulassung für kap Christen)	36, 79.c, 80, 98
	(s. auch unter Exkommunikation)
Albrecht, Ludwig (EE der AK)	104
Albury	**25.b**, 49.b, 78, 107
Albury-Konferenzen	25.b
Allgemeine christliche apostolische Mission	117, 123.b, 124-131, 132
	(s. auch unter H.Geyer, Preuß, F.Schwarz)
Alt-Apostolische Gemeinde (Ap Strube)	132
"Amtscharakter" s. vierfaches Amt	
Amtshandlungen, geistliche ("Anmaßung" durch kap Amtsträger)	79.c, **83**
Anbietung zum	
- Priester-Amt	54.a
- Engel-Amt	58.b
Andreä, Heinrich Victor (Rechtsanwalt)	35, **38.a**, **41.b**
Anfänge der katholisch-apostolischen Bewegung / KaG	
- im Baltikum	55.e, **69.a**, 78
	(s. auch unter Russland)
- in Belgien	65.b, **74.c**, 78
- Dänemark	28.c, 66, **69.b**, 78, 107
- Deutschland	23.a, 25.c, 26, 28-53, 55-57, 58.c, 59.a-61.b,
	65, 70-71, 73, 75, 79-98, 107-109, 111-112
	(s. auch unter Anfänge - Süddeutschland)
- England	20.a-b, 21, 22.b, 23.a, 25.a-c,
	28.a-b, 66, 68.a, 72, 101, 107, 110
- Frankreich	22.a, 28.b, 72, 78
- Griechenland	41.a
- Irland	77.a
- Italien	25.a, 25.c, 41.a, 72, 78
- Kanada	22.a, **25.a**, 28.a
- den Niederlanden	28.c, 55.b, 65.b, 74.b, **74.c**, 78, 107, 123.b
- Norwegen s. unter Schweden u. Norwegen	
- Österreich	97
- Polen	73.d, 77.a, 78, **99**
- Portugal s. unter Spanien u. Portugal	

- Russland	25.a, 41.a, 55.a, 55.c, 55.e, **69.a**, 71.a, 78
- Schottland	23.a, 25.c
- Schweden u. Norwegen	28.c, **66-67**, 78
- der Schweiz	24, 42.b-d
- Slowakische Republik	**69.c**, 97
- Spanien u. Portugal	78, 104
- Süddeutschland	**64**, 79.b
- Tschechien	69.c
- den USA	22.a, **25.a**
- (Literatur)	20.a
Apostel - Auftragsgebiete ("Stämme")	20.b-21
- Berufungen der Albury-Apostel	20.b
- Berufungen neuer Apostel	116
- Kurzbiographien der Albury-Apostel	20.b
(biographische Einzelheiten s. unter den Namen der Apostel)	
- Nachfolger (Frage der Auffüllung vakanter Ap-Stellen)	111, 114, **116**, 118, 123.b
- Verhältnis zwischen Ap-Amt u. Pr-Amt	**110**, 118, 123.b, 126
Apostles' Chapel	25.b
Apostolische Handauflegung	40
Archidiakon	39.b, **68.b**
Armstrong, Nicholas (Ap)	**20.b.5**, 25.a
Arndt, Ferdinand Julius (H.m.d.Ap.)	**95**, 121.a
Aufgebotsverweigerung für Amtsträger der KaG	75.d, 79.b, **90**
Augsburg (kap Gemeinde)	64
Badow, Carl (D)	65.j
Barclay, Archibald Campbell (EE der AK)	23.b
Barclay, John (Ev.m.d.Ap.)	**23.c**, 44-48, 49.c, 50.c, 56, 114
Beckemeyer, Ludwig (E)	65.f
Becker, Friedrich Wilhelm (H.m.d.Ap.)	**42.e**, 81
Belz, Eugen Karl (Ap der AAM/SDV)	137.a
Berlin (AcaM-Gemeinde)	129
Berufsverbot wegen Mitgliedschaft in den KaG	28.b, 36, 65.j, 70.b, 71.a, 71.d, **86**, 92, 95, 103, 104
Beulig, W. (P)	73.e
Bibliographien kap Literatur	8
Bindewald, J. (Assessor)	50.b
Blumhardt, Johann Christoph (evang. Pfarrer)	53
Böhm, Charles John Thomas (Koadj)	**28.c**, 38.a,b, 39.a, 40, 44-48, 49.b, 51, 59.a, 66, 69.b, 91, 101.1, 107, 116, 121.a
Bösecke, Johann August Ludwig (Ap der AcaM)	**127.a**, 129-130
Borchert, H.F. (P)	55.j
Brandis, C. Gottlieb (D)	38.c, 52, **55.d**
Brincken, Moritz von den (Ev.m.d.Ap.)	**49.c**, 109, 115
Buchholz, H.W. (E)	75.b

Bunsen, Christian Carl Josias Freiherr von (Diplomat)   26, 50.a, 50.c, 51

Caird, William Renny (Koadj)   25.c, 26, 29-32, 34, 39.a, 64, 101.2, 116
Capadose, Isaac (Koadj)   69.a-b, **78**, 101.8
Cardale, John Bate (Ap)   **20.b.1**, 69.b, 101
Carlyle, Thomas (Ap)   20.b.9, **23.a**, 26-27, 29, 35, 39.a, 43.c, 46, 48, 50.b-c,
  51-52, 58.c, 65.a, **66**, 75.c, 94, 110-111, 116, 121.a
Charismata in den KaG   98, 107, **113**
Chevallerie, Theodor de la (Pr.m.d.Ap.)   **75.a**, 78, 95
confirmatio ordinis   32, 33.b, 54.b, 74.b, **74.d**

Dalton, Henry (Ap)   20.b.8, **72**
Delegationen   77.b
Deventer, Heinrich (E)   **55.e**, 79.b, 90
Diakonen-Amt   54.d
Diakonissen in den KaG   61.b
Diestel, Friedrich Bolko Alexander (Koadj)   69.a, **71.a**, 101.10
Dietrich, Eduard (P)   60.b
Dittmann, Victor von (BEv)   69.a
Döhring, Carl Ferdinand (eE)   65.a
Dow, David (P)   20.b.12
Dow, William (Ap)   **20.b.11**, 66, 69.a
Drummond, Henry (Ap)   6, 20.b.2, 24, **25.b**, 64, 116

Edel, Gottfried (berufener Ap der AAM)   136
Egger, Lorenz (eE)   33.b
Engel-Amt
  - Aufgaben, Berufung, Weihe   **58.a-c**, 110, 132
  - Beauftragter Engel, Nächstbeauftragter Engel   62.b
  - eingeführter Engel   62.a
  - Engel des Horns   76
Erweckungen (1. Hälfte des 19. Jahrhunderts)   32, **85**
  (s. auch unter Anfänge der kaB - England)
Erzengel-Amt   77.b
  (s. auch unter Metropolitangemeinde)
Erzengel der AK (Aufzählung)   77.b
Evangelische Landeskirchen in Deutschland
  - Verhältnis zu den KaG   79.a, 79.c, 80-81, 88, 98
  - Verhältnis der KaG zur Landeskirche   **79.b**, 91, **98**
Evangelisten-Amt   23.b-c, 28.c, 59.a, **59.b**
Evangelisten-Werk der KaG   59.b
Evers, H. (P)   49.a
Exkommunikation (für kap Christen)   36, **79.c-80**
  (s. auch unter Abendmahl)

Fährmann, Wilhelm (P)	92
Faesch, Leonhard (Pr.m.d.Ap.)	**42.d**, 52, 115
Fenneberg, Ludwig Fenner von (E)	70.a
Fernsemer, Balthasar (E)	33.b
Fischer, Johann Adam (E)	33.b
Flegel, Heinrich (eE)	73.d
Frankfurt/M. (kap Gemeinde)	41.b, **43.c**
Freischmid, Eduard (P)	89.b
Freischmid, Ferdinand (D)	89.b
Friedrich Wilhelm IV. (König von Preußen)	26, 47, **51**, 57, 80
Furch, Eduard (P)	71.b
Geering, Emil Ludwig (Koadj)	**42.b**, 52, 68.c, 101.9
Geering, Johann Jakob Traugott (E)	42.c
Geistliche *"großer"* Kirchen in den KaG	(s. unter Theologen)
Gerlach, Ernst Ludwig von (Oberlandesgerichtspräsident)	44, **46**
Gersdorf, Paul von (E)	84
Geyer, Johann Heinrich Ernst Ludwig (E-Pr)	55.b, 89.b, **105-106**, 108-109, 111-112, **113**, 115-116, **117-120**, 121.b, 122, **123.a**, 123.b, 126, 129-131
Geyer, Robert (Ap der AAM)	132, **133**, 134
Goßner, Johannes Evangelista (evang. Pfarrer)	48, 56
Grahmann, Ferdinand (E)	75.c
Große Fürbitte	62.a
Güldner, Johann Friedrich Ludwig (Ap der AcaM)	131
Gundlach, Wilhelm (D)	**65.p**, 69.a
Haeger, Friedrich Wilhelm (E)	**55.g**, 121.a
Hallberg (P)	74.a
Hamburg	
- AcaM-Gemeinde	23.b, 126, 131
- kap Gemeinde	55.g, 66, 82, **121.a**
Haug, Gottfried (Ap der AAM/SDV)	135
Heath, Christopher (EE, Archidiakon der AK)	68.a
Heath, Edward (Koadj)	101.12
Hennig, Carl (E)	55.i
Herbert, G. (D)	55.h
Hermes, J.W. (E)	55.c
Hermes, Wilhelm (H.m.d.Ap.)	65.b
Herrnhuter Brüdergemeine	5, 79.c
Heß, Johann Nicolaus Richard (Erzbischof der AAM/SDV)	137.b
Hickethier, Gottfried (P)	65.m
Hinterpommern (religiöse Situation)	**85**, 89.a
Hirsch, Karl (D)	65.h
Hirte mit dem Apostel (Amt)	58.c
Hochschildt, Johann Gottfried (P)	**82**, 121.a

Hoffmann, Ludwig (P)	3.b
Hohl, Johann Christoph Leonhardt (Ap der AcaM)	**127.b**, 130
Hoppe, Heinrich Ferdinand (Ap der AcaM)	**127.c**, 130-131
Horngemeinde	76
Hürben (kap Gemeinde)	64
Hymnologium	39.b
Irving, Edward	3
"Irvingianismus"	3
Jacobs, R.F. (eE)	74.b
Kassel (kap Gemeinde)	**43.b**, 60.a
Katechismus (kap)	52
King(-Church), Henry John (Ap)	**20.b.3**, 69.b, 74.c, 107
Kirche	(s. unter Evangelische Landeskirchen in Deutschland u. Römisch-Katholische Kirche)
Kleiner, J. Friedrich (P)	65.c
Kleist, Johann Ferdinand (BEv)	70.b
Koadjutoren	
- Amt	28.c, **101**
- Koadjutoren der KaG	101
Koeppen, Albert August Otto (E)	19, 27, **48**, 51, **56-57**, **59.a**, 69.a, **87**, **91**, 92, 105
Konfirmation (Zulassung kap Kinder)	81
Konzilien der Ap u. ihrer Mitarbeiter	25.b, 58.c, 59.a, 72, 75.a, 104
Korporationsrechte (für die KaG in Preußen)	96
Koska, Julius (E)	**71.d**, 86
Kuchenbecker, Carl (E)	75.d
Layton, Frederick William Hanham (EE)	28.b
Liturgie der	
- AAM	132, 133
- AcaM	125
- KaG	**52**, 65.b, 69.a, 99, 125
Löhe, Wilhelm (evang. Pfarrer)	34
Lutz, Johann Evangelist Georg (BEv)	**29-33.a-b**
MacKenzie, Duncan (Ap)	20.b.12, 25.b, **67**
Marburg (kap Gemeinde)	**43.a**, 55.g, 60.a-b, 64, 65.i, 81, 109, 113
Mehlmann, Christoph (D)	65.k
Menkhoff, Friedrich Wilhelm (Ap der HAZ/AG)	55.b, **128**
Messerschmidt, Friedrich (P)	65.l
Metropolitangemeinde (KaG)	43.c, 47, 66, 68.b, 69.a-b, **77.a**, 74.c, 121.a
Mindelheim (Sdt.)	64
Mitgliederzahl (KaG)	102

Mittendorf, August (D)	55.f
München (kap Gemeinde)	64

Name
- "Allgemeine christliche apostolische Mission" — 124
- "Katholisch-apostolische Gemeinden" — 3

Neumann, Eduard (D)	113, 121.a, **122**
Neustettin (Ort)	87
NEWMAN-NORTON, Mar Seraphim	9
Olbrecht, Carl Heinrich (E)	65.e
Ordination zum Priester-Amt	54.b
Perceval, Spencer (Ap)	20.b.4
Pilgrim, Julius (E)	39.c
Pochhammer, Max von (Koadj)	43.b, **49.b**, 51, 55.b, 71.a, 74.c, 78, 101.7, 116, 123.b
Preiswerk, Samuel	24
Preuß, Carl Wilhelm Louis (P; Ap der AcaM)	**65.n**, 121.a, 126, 130-131
Preußen - innenpolitische Situation vor u. nach 1848	18-19
- Verhältnis der Obrigkeit zu den KaG	51, 94
Priester-Amt	(s. unter Anbietung u. unter Ordination)
Propheten-Amt	22.b, 67, 73.e, 75.a, **110**, 112, 115, 132
Propheten-Versammlungen in Albury	115
Rathmann, Friedrich (E)	**45**-46
Record	110, 113
Renner, Carl (P)	65.d
Richarz, Peter von (röm.-kath. Bischof)	29
Richthofen, Bolko Freiherr von (eE)	93
Römisch-Katholische Kirche	
- Verhältnis zu den KaG	32, 33.b, 64
Rosochazky, Rudolf (E)	55.b, 119, 121.a-b
Roßteuscher, Ernst Adolf (eE)	**39.b**, 43.a-b, 52, 68.c, 91
Rothe, Carl Wilhelm Septimus (EE)	**47**, 52, 66-67, 91, 121.a, **123.b**
Roze(c)k (P)	65.o
Rubriken, Allgemeine	52
Rührmund, Wilhelm (BEv)	60.c
Schelker, Paul Johann Martin (Ap der AAM/SDV)	137.c
Schmidt, Anton (P)	65.i
Schmidt, C. August (P)	60.d
Scholler, Ludwig Wilhelm (E)	36, 64
Schwarz, Eduard (eE)	**55.a**, 98, 100
Schwarz, Carl Eduard jun. (EE)	77.b
Schwarz, Friedrich Wilhelm (Ap der AZ/HAZ)	**55.b**, 108, 116, 118,

	121.a-b, 123.b, 126, 131
Schwarz, Gottlieb (E)	73.a
Serger, Heinrich (E-Ev)	97
Sieben Gemeinden (in London)	21, 67, 68.a, 101
Sieben Propheten	**22.b**, 28.a, 115
Siebenarmiger Leuchter	
- Symbolik für die Universalkirche	21
- Kirchengerät in der kap Einzelgemeinde	62.a
Sitwell, Francis (Ap)	20.b.10
Smith, Jonathan (Pr.m.d.Ap.)	**28.a**, 41.b, 51, 115
Spindler, Philipp Jakob (BEv)	33.b
Sonnenberg, August (E)	71.e
Soziologische Struktur der KaG (besonders in Berlin)	61.a
"Stämme der Christenheit"	(s. unter Apostel - Auftragsgebiete)
Stechmann, Peter Wilhelm Louis (Ap der AcaM)	**127.d**, 130
Stoll, Friedrich (E-Ev)	73.c
Streibelein, Friedrich (P)	60.a
Strube, Friedrich (Ap der AAG)	132
Stuttgart (kap Gemeinde)	64
Taplin, Edward Oliver ("Säule der Propheten")	**22.b**, 28.c, 109-110, 115-116
Taufe, evangelische (für Kinder kap Eltern)	88
Taylor, John (Pr.m.d.Ap.)	**107**, 115
Teske (D)	89.a
Testimonium	**25.d**, 51, 72
Theologen "großer" Kirchen in den KaG	
- Church of England	20.b, 28.b, 33.a, 72
- Evang. Kirche	19, 24, 33.a, 36, 39.b, 42.e, 44,
	47-49.b, 60.a-b, 65.p, 69.a, 84, **103**, 104
- Röm.-Kath. Kirche	29-33.a, **33.b**, 64, 74.b, 103
Thiersch, Heinrich Wilhelm Josias (H.m.d.Ap.)	24, 26, 35, **36**, 38.a-b, 39.a-b, 40, 41.b,
	42.a, 42.e, 43.a-b, 45-46, 48, 50-**53**, 55.b-c,
	58.c, **63**-64, 65.i, 65.p, 69.a, 71.a, 75.a, 79.b, 81,
	91, 100, 107, 109, 113-115, 120, 121.a, 123.b
Thile, Ludwig Gustav von (preuß. Kabinettsminister)	26, **50.a**
Tudor, John Owen (Ap)	20.b.7
Twesten, August (Theologe)	5, **50.c**, 57, **79.c**, 80
Ulm (kap Gemeinde)	64
Verlage der KaG in Deutschland	38.c
Versiegelung	(s. unter Apostolische Handauflegung)
vierfaches Amt	**54.c**, 62.a
Vilmar, August Friedrich Christian (Theologe)	35

Wagener, Carl Louis Wilhelm (EE der AK, Archidiakon)	44, 68.c
Wagener, Friedrich Wilhelm Hermann (D)	29, **44**, 46, 51, 68.c, 79.b, **94**
Westphalen, Ferdinand von (preuß. Innenminister)	44, 51, **94**
Westphaln, Jakob	127.c
White, William Marriot (Ev.m.d.Ap.)	**41.a**, 69.a
Wiesentheid (Sdt.)	64
Wigand, Albert (Botaniker)	39.d
Wigand, Friedrich (eE)	39.d
Wigand, Paul (EE der AK)	36, **37**
Woodhouse, Francis Valentine (Ap)	20.b.6, **25.a**, 43.a, 43.c, 64, 67, 69.a, 100, 110, 115-116, 121.a, 123.a-b
Zastrow, von (Familie)	55.k
Zehnten	68.b, 79.b
"Zeugnisschriften" der KaG	(s. unter Testimonium)
Zimmer, Heinrich (Buchhändler)	38.b
Zimmermann, August (P)	71.c
Zwanzig, Gottfried (E)	65.g

----

www.ingramcontent.com/pod-product-compliance
Lightning Source LLC
Chambersburg PA
CBHW031933290426
44108CB00011B/541